KAISER AUGUSTUS UND DIE VERLORENE REPUBLIK

VERLAG PHILIPP VON ZABERN · MAINZ AM RHEIN

ANTIKENMUSEUM BERLIN
Staatliche Museen
Preußischer Kulturbesitz

KAISER AUGUSTUS UND DIE VERLORENE REPUBLIK

Eine Ausstellung im Martin-Gropius-Bau, Berlin
7. Juni−14. August 1988

Berlin − Kulturstadt Europas 1988

Die Ausstellung wurde ermöglicht durch die finanzielle Unterstützung des Senats von Berlin im Rahmen von «Berlin — Kulturstadt Europas 1988»

Ausstellung und Katalog

Gesamtorganisation	M. Hofter
Konzeption und Leitung	W.-D. Heilmeyer, E. La Rocca, H. G. Martin
Wissenschaftliche Beratung	H. v. Hesberg, T. Hölscher, E. Künzl
Wissenschaftliche Mitarbeit	B. Andreae, H. Bauer, M. Bertoletti, E. Buchner, A. M. Cagnetta, L. Canfora, G. Carettoni, F. Coarelli, M. Fuhrmann, J. Ganzert, L. Giuliani, P. Gros, H. v. Hesberg, T. Hölscher, M. Hofter, V. Kockel, J.-S. Kühlborn, E. Künzl, E. La Rocca, C. Maderna-Lauter, H. G. Martin, J.-P. Morel, E. Nedergaard, C. Reusser, S. Sande, G. Sauron, Th. Schäfer, S. Settis, S. Storz, M. Torelli, E. Touloupa, W. Trillmich, A. Viscogliosi, J. Zahle, P. Zanker
Architektonische Gestaltung	W. Kampmann und Mitarbeiter
Grafik	W. Schütz, D. Weiss
Sekretariat	M. Hofter, J. Huber, W. Ludwig, K. Schnabel
Großfotos	Studio für Großfotos Wolfgang Schackla, Berlin
Fotosatz für Texte in der Ausstellung	Mohr + Partner, Berlin
Restauratorische und technische Objektbetreuung	T. Scharsich, H.-R. Schmuck, H.-U. Tietz
Modelle	C. Braun — R. Biering, München B. Grimm — J. Kraege, Hamburg
Gipsabgüsse	Gipsformerei, SMPK, Berlin; J. Horne, Rom; D. Linke, Hamburg; Plowden & Smith, London; Statens Museum for Kunst, Kopenhagen
Katalogredaktion	M. Hofter, V. Lewandowski, H. G. Martin, J. Schiek, S. Schljapin, M. Schmitz
Kataloggestaltung	W. Schütz und A. Arenhövel
Besucherbetreuung und Führungen	Werkstatt Berlin 1988 e. V.
Transporte	Schenker Art Trans, Berlin
Versicherung	Voss-Schild & Co., Berlin

Herstellung und Vertrieb

Lithos	Witzemann & Schmidt, Wiesbaden
Satz	Robert Hurler, Notzingen
Druck	Zaberndruck, Mainz
Vertrieb über den Buchhandel	Verlag Philipp von Zabern, Mainz ISBN 3-8053-1007-2

Wir danken für freundliche Mithilfe:

B. Andreae, Rom
M. Esser, Berlin
Botschafter L. V. Ferraris, Generalkonsul G. Bosco
und ihren Mitarbeitern, besonders B. Mocci
P. Guzzo, Tarent
Senator V. Hassemer, Berlin, und allen am
Kulturstadt-Programm Beteiligten
H.-G. Horn, Düsseldorf
I. Jacopi, Rom
H.-M. von Kaenel, Rom
H. Kyrieleis, Athen
A. La Regina, Rom
S. E. Dr. J. Kardinal Meisner, Bischof von Berlin
J. Merkert und den Mitarbeitern der Berlinischen
Galerie, Berlin, besonders M. Schulz
K. Miller, London
R. Di Mino und den Mitarbeitern im
Thermen-Museum, Rom
The Estate Office, Hever Castle, Kent GB
C. Pietrangeli und den Mitarbeitern in den
Vatikanischen Museen, Rom
Botschafter F. Ruth und P. v. Wesendonck, Rom
M. Schmitz, Berlin
A. Mura Somella und den Mitarbeitern der
Kapitolinischen Museen, Rom
O. Tsachou Alexandri und I. Tsedakis, Athen

**Fotos der genannten Museen, Leihgeber und
Mitarbeiter sowie:**

Alinari, Florenz
Anderson, Rom
Archäologisches Institut der Universität, Mainz
G. Brenci, Rom
Deutsches Archäologisches Institut, Athen
Deutsches Archäologisches Institut, Rom
F. Fiaschi, Volterra
G. Fittschen-Badura, Augsburg
Foto Kaufmann, München
Foto Marburg, Marburg
Fototeca Unione Rom
Ch. Heusinger, Braunschweig
Hirmer Verlag, München
A. Idini, Rom
J. Laurentius, Berlin
I. Luckert, Wiesbaden
B. Paetzel, Freie Universität Berlin
B. Malter, Rom
Museum für Vor- und Frühgeschichte, SMPK, Berlin

Umschlag- und Plakatmotiv: Kat. 149,
Foto Elmar Gehnen, Athen

Leihgeber: Archäologisches Nationalmuseum, Athen

Museum für Abgüsse antiker Plastik, Berlin

Kunstsammlungen der Ruhr-Universität, Bochum

Rheinisches Landesmuseum, Bonn

Lapidarium D. Heikamp, Basilica di S. Lorenzo, Florenz

Römisch-Germanisches Museum, Haltern in Westfalen

Kestner-Museum, Hannover

Niedersächsisches Landesmuseum, Hannover

Römisch-Germanisches Museum, Köln

Dänisches Nationalmuseum, Kopenhagen

Ny Carlsberg Glyptotek, Kopenhagen

Statens Museum for Kunst, Kopenhagen

Thorvaldsens Museum, Kopenhagen

Rijksmuseum van Oudheden, Leiden

The British Museum, Dept. of Greek and Roman Antiquities und Dept. of Coins and Medals, London

Römisch-Germanisches Zentralmuseum, Mainz

Museum für Abgüsse antiker Bildwerke, München

Staatliche Münzsammlungen, München

Westfälisches Museum für Archäologie, Münster

Museo Nazionale, Neapel

Musée du Louvre, Dept. des Antiquités grecques et romaines, Paris

Musei Capitolini, Rom

Museo della Civiltà Romana, Rom

Museo Nazionale Romano, Rom

Württembergisches Landesmuseum, Stuttgart

Musei e Gallerie Pontifiche, Vatikan

Kunsthistorisches Museum, Wien

Martin von Wagner-Museum, Würzburg

Die Ausstellung steht unter der Schirmherrschaft
des Präsidenten der Republik Italien
Prof. Dr. Francesco Cossiga
und des Präsidenten der Bundesrepublik Deutschland
Dr. Richard von Weizsäcker

Vorwort

Die Ausstellung «Kaiser Augustus und die verlorene Republik» ist in Rom konzipiert worden, und sie ist einem Thema gewidmet, das in Rom seine monumentale Anschauung findet. Wenn wir uns in Berlin diesem Thema zuwenden, entspricht das einer jahrhundertealten Tradition, von hier aus klassische Themen und Monumente zu betrachten. Wir wollen ihre Andersartigkeit gegenüber unserer Situation verstehen und aus dieser Andersartigkeit lernen. So hat die Berliner Altertumskunde lebhaft an den Diskussionen der vergangenen hundert Jahre teilgenommen, die dem Verständnis der Kultur des Zeitalters galten, in dem unsere christliche Zeitrechnung begann, des Zeitalters also, das auch in der Bibel mit dem Namen des Kaisers Augustus verbunden ist, und der Kultur, die man die augusteische nennt. Diese Diskussionen hatten in Rom und in Berlin vor fast genau fünfzig Jahren einen eigentümlichen Höhepunkt erreicht, als führende Archäologen an beiden Orten, beeinflußt von dem politischen Geschehen, in dem sie lebten, in Ausstellungen, Vorträgen und Publikationen die «Kunst um Augustus» präsentierten mit dem Ziel, sich dabei auch der «Gestalt des Schöpfers des römischen Imperiums als wirklicher, irdischer, festumrissener Persönlichkeit» (G. Rodenwaldt) zu vergewissern.

Es ist von geistesgeschichtlichem Interesse zu beobachten, was heute in den Demokratien der zweiten Hälfte des 20. Jahrhunderts Historiker und Archäologen zu unserem Thema zu sagen haben. Denn dieses erfreut sich nach der generellen Verschiebung der Fragestellungen vor allem in der italienischen Archäologie der letzten 30 Jahre jetzt wieder großer Aktualität, auch auf dem deutschen Büchermarkt. Wir hatten geglaubt, die Ausstellung als eine Art *Resümee* fünfzig Jahre nach der «Kunst um Augustus» aus Rom übernehmen zu können. Während der Arbeiten an ihrer Realisierung in Berlin haben wir jedoch verstanden, daß wir ebensogut von einem *Ausblick* sprechen können, und das scheint uns für die Besucher der Ausstellung von größerer Bedeutung: die augusteische Architektur wird gerade mit moderner Akribie vermessen und dadurch neu erschlossen, die Staatsreliefs werden auf ihr Aussagegefüge hin untersucht, das den Vergleich mit heutiger Propaganda nicht zu scheuen braucht; in den Porträts des Augustus sehen wir nicht mehr seine Lebenszüge, vielmehr das Bild, das man sich vom Princeps, dem Ersten im Staat, offiziell machen sollte, und wenn wir die schnelle Ausbreitung augusteischer Kultur in die römischen Provinzen betrachten, wofür in unserer Ausstellung modellhaft Germanien steht, wird uns deutlich, daß die hier gezeigten Gegenstände unmöglich alle vom Willen eines einzelnen geprägt sein können, sondern Teile einer Welle sind, auf der eine Zeitlang auch der Mann schwamm, der den Namen Caesar (‚Kaiser‘) von seinem Großonkel und Adoptivvater hatte und Augustus (‚Hoheit‘) erst mit dem Erreichen der Machthöhe genannt wurde. Diese Welle kommt aus der römischen Republik und bezieht dorther ihren Schwung, auch wenn sie sie letztlich überschwemmt hat: das wird in der Ausstellung öfter angesprochen.

Archäologische Objekte sind notwendigerweise trümmerhafte Fragmente aus größeren Inszenierungen oder kleineren Zusammenhängen. Insofern begrüßen wir es, wenn vor unserer Ausstellung die nicht weniger isolierten Hinterlassenschaften der Aktionen von Joseph Beuys im Martin-Gropius-Bau zu sehen sind und gedeutet werden. Als Zeugnisse einer über 2000 Jahre von uns entfernten Kultur bedürfen auch die Antiken der Erläuterungen, der Rekonstruktionen und der Bereitschaft der Betrachter, sich darauf einzulassen. Wir danken Eugenio La Rocca, der die Idee zu dieser Ausstellung hatte, Hanz Günter Martin, der sie in Berlin realisieren half, den Mitarbeitern am Katalog, den Leihgebern und denjenigen, die die Ausstellung durchgeführt haben. Wir sind ihnen dankbar, daß sie soviel Wissen eingebracht haben und vermitteln, besonders Mathias René Hofter, der außerdem die gesamte Organisation bewältigt hat. Der aesthetische Reiz vieler der gezeigten Antiken kann die Betrachter allerdings auch unmittelbar erreichen, handwerkliche Qualität ist offensichtlich ein eigener Wert augusteischer Kunstproduktion. Daher sind die ausgestellten Werke nüchtern als solche präsentiert, auch wenn es sich um Bruchstücke handelt, und nur bei der römischen Wandmalerei, deren erhaltene Reste in der Regel nicht transportierbar sind, werden photographische Rekonstruktionen größerer Zusammenhänge in den Vordergrund gerückt.

Daß wir diese in Rom schon so lange geplante Ausstellung in Berlin ins Werk setzen konnten, verdanken wir dem Interesse von Winfried Fest, dem Sprecher des Senats, und Eberhard Diepgen, dem Regierenden Bürgermeister von Berlin, aber ebenso dem Entgegenkommen von Ludovico Gatto, Assessore alla Cultura del Comune di Roma, Francesco Sisinni, Direttore Generale nel Ministero per i Beni Culturali ed Ambientali in Rom, und allen für die Leihgaben Verantwortlichen. Sie ist als Beitrag des Antikenmuseums der Staatlichen Museen Preußischer Kulturbesitz in das Programm „Berlin − Kulturstadt Europas 1988" eingefügt worden und vertritt dort mit anderen Projekten die historische Dimension Europas, die zu bedenken in Berlin besonders wichtig erscheint.

Berlin, April 1988   Wolf-Dieter Heilmeyer

Inhalt

I. ZUR EINFÜHRUNG

Eugenio La Rocca

Einleitung

Die Berliner Ausstellung ist nach langen Vorarbeiten entstanden. Die Idee nahm 1978 in den Kapitolinischen Museen mit dem Vorschlag Gestalt an, eine Gesamtaufnahme aller archäologischen Zeugnisse aus augusteischer Zeit in Angriff zu nehmen und mit ihnen eine Ausstellung zu organisieren; dies konnte die konkrete Gelegenheit sein, die urbane Struktur Roms zum Zeitpunkt der Konstituierung des augusteischen Prinzipats aus einem anderen Blickwinkel heraus neu zu untersuchen. Seit der großen Ausstellung im Jahre 1937, die noch immer den gewichtigsten Kern des Museo della Civiltà Romana ausmacht, war bereits ein Zeitraum von 40 Jahren verstrichen, in dem viele neue Forschungsergebnisse erzielt worden waren; ebenso waren inzwischen Regimes zusammengebrochen, die gerade der augusteischen Epoche die spezifischen Elemente ihrer politischen Propaganda entnommen hatten. Die Anfangszeit des Prinzipats wurde damals als ein wahrhaft goldenes Zeitalter hochgepriesen; lateinische Dichter, unter ihnen besonders Vergil und Horaz, wurden paraphrasiert und aus ihren Versen die verborgensten rhetorischen Anspielungen an die Gegenwart herausgelesen. Die *imitatio Augusti* gewann die Oberhand; das Mausoleum des *princeps*, heute ein stilles Auditorium für musikalische Veranstaltungen, wurde einer ersten radikalen – und nicht zu Ende geführten – Restaurierung unterzogen, um es zu einer Stätte des Römertums, des kaiserzeitlichen wie des faschistischen, umzugestalten.

Doch kurz vor Ausbruch des Zweiten Weltkrieges erschien 1939 Ronald Symes einschneidende Publikation mit dem suggestiven Titel «Die Römische Revolution». Von nun an konnte man die Geschichte der späten Republik nicht mehr anders durchdenken als in den Begriffen des australischen Forschers. Der hochgelobte Frieden, die *pax*, war das wackelige Resultat eines Kampfes um die Macht; die Einigkeit unter den Parteien, den *partes*, war durch die systematische Unterdrückung jeglicher Opposition erzielt worden. Octavian war der Sieger und Herr über einen erschöpften Staat.

Symes düsteres Bild ist im Laufe der Zeit präzisiert worden, ja mittlerweile gelten viele Positionen des großen Historikers als überholt; doch niemand hat die Bedeutung seines Gesamtbildes in Frage gestellt oder den Scharfsinn, mit dem er die sehr häufig persönliche Motivation der Protagonisten in einem der dramatischsten Abschnitte der Geschichte ergründete. Vielmehr ist man von der Erforschung individueller Handlungen zu einer tiefergreifenden Untersuchung der wirtschaftlichen und sozialen Struktur des Römischen Reiches übergegangen; ein weiteres neues Forschungsgebiet ist auch die Suche nach den Ursachen einer Krise, die die politische Ordnung des Römischen Staates, wie sie seit Anbeginn der Kriege gegen Hannibal bestand, erneut in Frage stellte.

Dennoch fielen, was die Archäologie anbelangt, einige Widersprüchlichkeiten auf. Man sprach andauernd von Augustus und vom augusteischen Rom, doch beinahe alle Denkmäler, die dieser Zeit zugeordnet werden konnten, waren unpubliziert oder wenig bekannt. Dies galt für das Augustus-Forum, das Marcellus-Theater, den Apollo-Sosianus-Tempel wie für das Augustus-Mausoleum.

Darüber hinaus wurde in der Nachkriegszeit, gewissermaßen als Reaktion auf die faschistische Augustus-Rezeption, das gesamte augusteische Kunstschaffen als akademisch und bar jeder Originalität abgewertet. Den bildenden Künsten dieser Epoche haftete noch der Makel eines dominierenden, starren Klassizismus an; auch hervorragende Kunstkomplexe wie die

Gebiet des römischen Reiches

Klientelstaaten

Kat. 378   Die Reichsgrenzen unter Augustus (siehe S. 552 ff.)

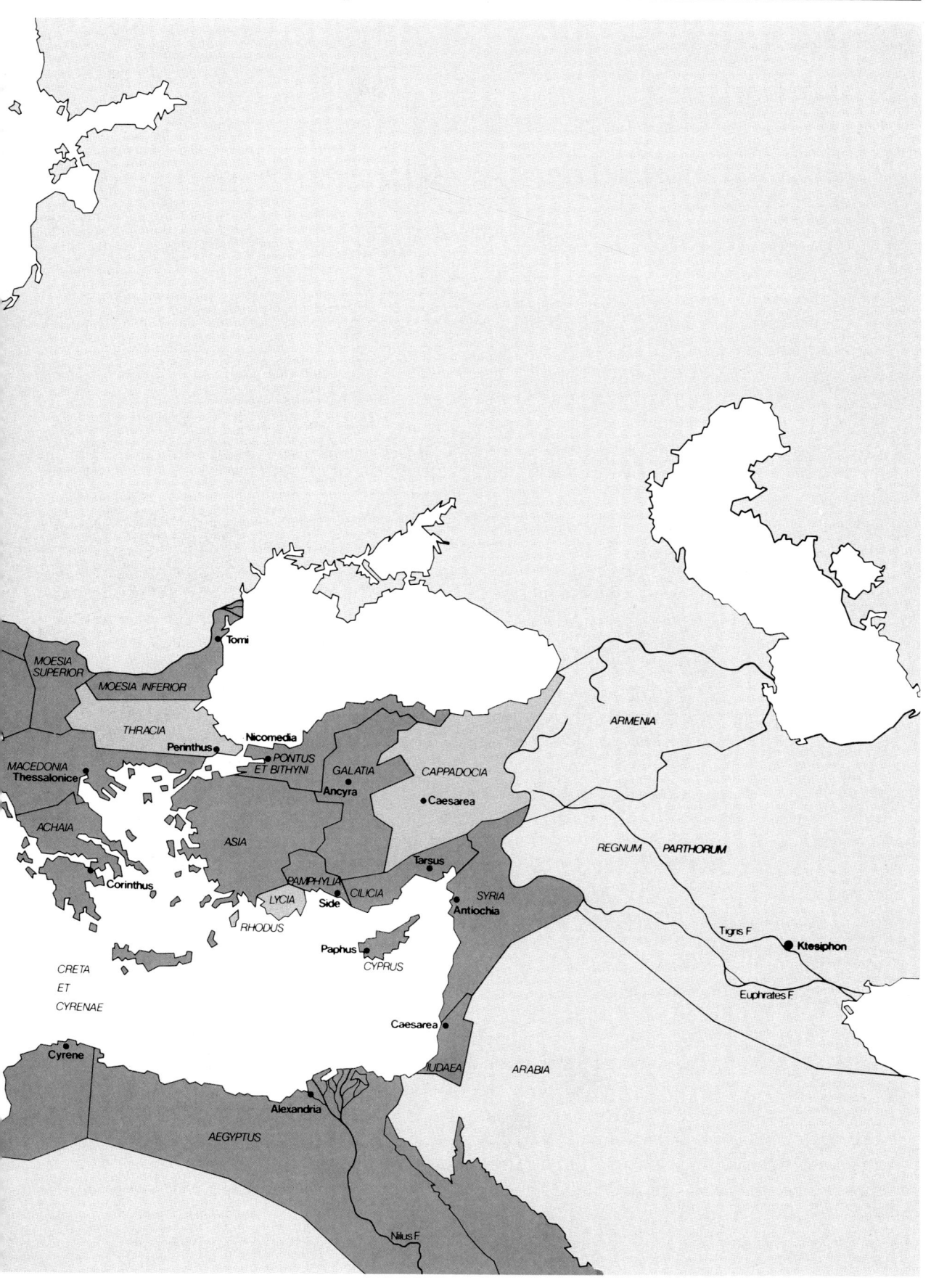

MOESIA
SUPERIOR

MOESIA INFERIOR

THRACIA

Tomi

Nicomedia

Perinthus

MACEDONIA
Thessalonice

PONTUS
ET BITHYNI

GALATIA

Ancyra

CAPPADOCIA

Caesarea

ARMENIA

ACHAIA

ASIA

Corinthus

PAMPHYLIA

LYCIA

RHODUS

Side

CILICIA

Tarsus

SYRIA

Antiochia

REGNUM   PARTHORUM

Tigris F

Ktesiphon

Paphus

CYPRUS

Euphrates F

CRETA
ET
CYRENAE

Caesarea

Cyrene

IUDAEA

ARABIA

Alexandria

AEGYPTUS

Nilus F

Ara Pacis erlitten dadurch indirekt Schaden, indem sie falsch interpretiert wurden. Die prachtvollen Grimani-Reliefs, denen man in der Zwischenzeit die neue Platte aus Palestrina mit der
Bache hinzugefügt hatte, konnten gerade deswegen nicht augusteisch sein, da ihnen diese
angenommene klassizistische Patina fehlte.

Dies war das Ergebnis jahrzehntelanger rhetorischer Formulierungen, die überhaupt nicht
mehr berücksichtigten, daß Bildprogramme in ihrer Gesamtheit und in ihrem sozialen Kontext
interpretiert werden müssen und daß sich der künstlerische Ausdruck zwangsläufig an eine spezifische politische Realität anpaßt.

Hieraus entstand die Hypothese einer großen Ausstellung, die erstmals systematisch das
Rom des Triumvirn Octavian und dann des Augustus auf der Grundlage der Monumente dokumentieren sollte, indem man aus den Magazinen die unglaubliche Menge an architektonischem
und dekorativem Material hervorzuholen plante, das sich dort in Jahrzehnten angehäuft hatte.
Die Anfangsarbeiten brachten sofort völlig unerwartete Ergebnisse. Man bemerkte, daß die
Ausstellung die Gelegenheit bieten könnte, das Interesse für archäologische Zonen wiederzu-
erwecken, die seit langer Zeit nicht mehr wissenschaftlich erforscht worden waren; weiter
begünstigt wurde die Arbeit durch das gleichzeitig begonnene Restaurierungsprogramm der
archäologischen Denkmäler Roms, das aufgrund des Gesetzes Nr. 92 vom 21. März 1981, besser bekannt unter dem Namen des eingebenden Ministers Biasini, ermöglicht worden war. So
gab es in diesem Jahrzehnt in Rom keine archäologische Zone, die nicht systematisch untersucht worden wäre; alle erhaltenen Baustrukturen wurden vermessen und zeichnerisch aufgenommen, das Material in den Magazinen katalogisiert.

Die Ausstellung sollte nicht nur die wissenschaftlichen Ergebnisse der Augustus-Forschung
nach einer Zeitspanne von über 40 Jahren vorstellen, sondern verstand sich darüber hinaus als
eine Art «work in progress», eine Darstellung dessen, was durch Beiträge zahlreicher Gelehr-
ter auf diesem Forschungsgebiet erreicht werden konnte. Man kann sagen, daß in diesen wenigen Jahren unser Bild von Kunst und Kultur zur Zeit des Augustus an Tiefe und Klarheit
wesentlich gewonnen hat; dies wird durch neueste, mitunter hochwertige wissenschaftliche
Arbeiten eindrucksvoll bezeugt. Die Untersuchungen zum Augustus-Forum, zum Solarium,
zum Haus des *princeps* auf dem Palatin, zu den beiden Tempeln des Apollo Sosianus und Palatinus, sowie zum Forum Romanum haben verdeutlicht, mit welch enormer Tragweite ein ideologisches Bildprogramm, das vom *princeps* selbst und von seinen Mitarbeitern geschickt koor-
diniert wurde, bis in die kleinsten Architekturornamente hineinreichte.

Sehr viele Gründe verhinderten die Realisierung dieser Ausstellung, die für Rom konzipiert worden war. Möglicherweise waren es der gewaltige Umfang, den das Vorhaben angenommen hatte, die Notwendigkeit dauerhafter Geldquellen für die Restaurierung der Denkmäler sowie die teilweise unerwartet hohen Problemstellungen, wie sie die einzelnen Monumente aufwiesen, die es ratsam erscheinen ließen, auf einen günstigeren Augenblick für die
große Ausstellung in Rom zu warten.

In Berlin ist die Idee, eine Ausstellung im Sinne der für Rom geplanten zu organisieren,
begeistert aufgenommen worden, wenngleich das Konzept zu großen Teilen umgeändert und
der Bereich bildnerischer wie statuarischer Kunst zwangsläufig in den Vordergrund gerückt
wurde; die neue urbane Struktur, die Rom durch Augustus erhielt, ein klares Spiegelbild institutioneller und administrativer Veränderungen, die durch das Aufkommen des Prinzipats verursacht worden waren, nimmt nur noch eine Randstellung innerhalb des Ausstellungskonzepts
ein. Dies ist darauf zurückzuführen, daß die antike Stadtanlage mit ihren Monumenten und
Wohnvierteln hier unmöglich bildhaft vor Augen geführt werden kann.

Doch die Ausstellungsstücke — unter ihnen auch viele, die zum ersten Mal der Öffentlichkeit präsentiert werden — werden dem Besucher ein neues, äußerst eindrucksvolles Bild vermitteln von einem der bewegtesten Zeitalter der Antike, das eine aufmerksame Betrachtung
durchaus verdient. Eine Frage wird sich möglicherweise stellen: Warum ist Augustus im Lauf
der Jahrhunderte immer wieder ein gefährlicher, zwiespältiger Bezugspunkt für solche Leute

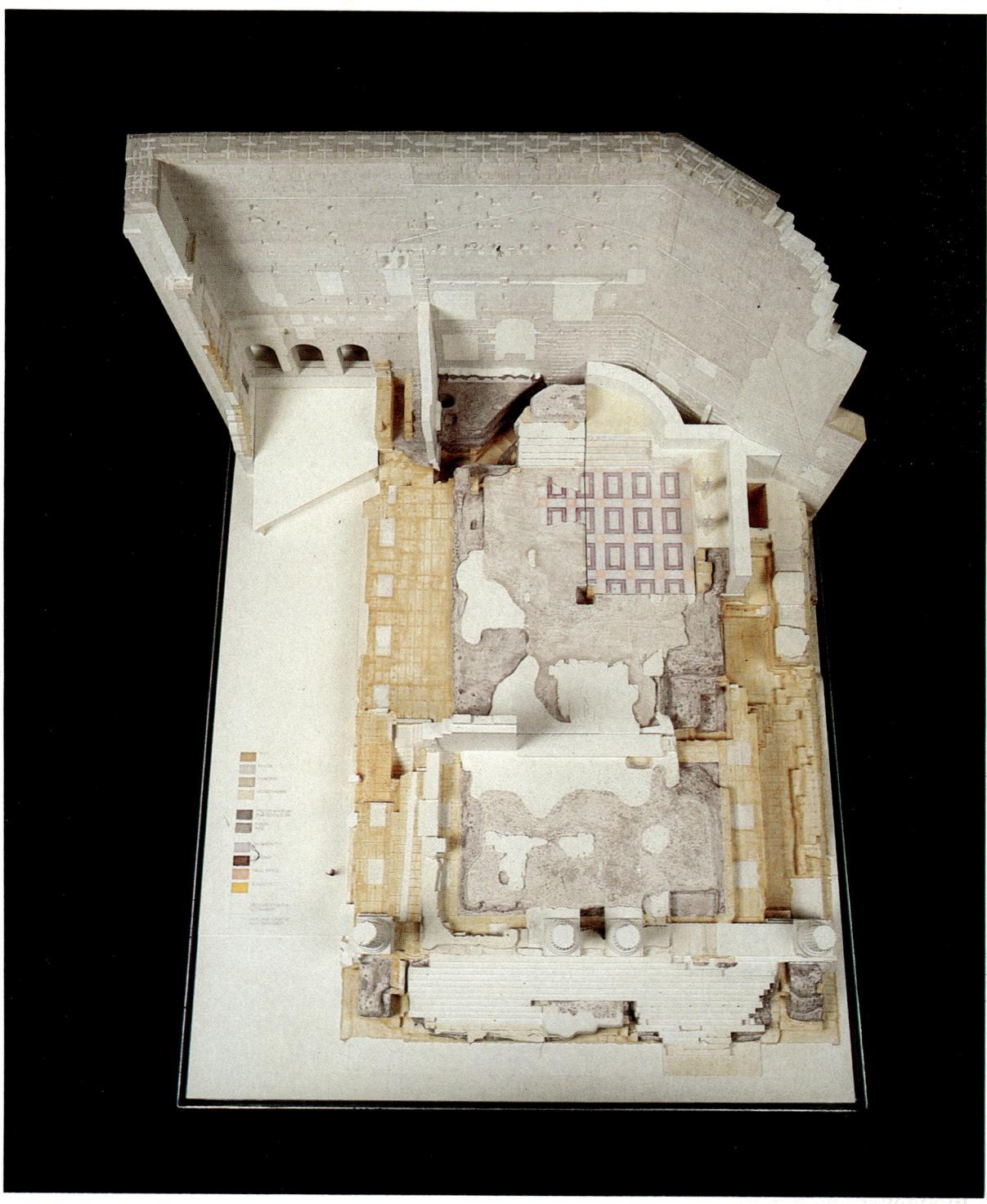

1   Umfassungswand Rückseite

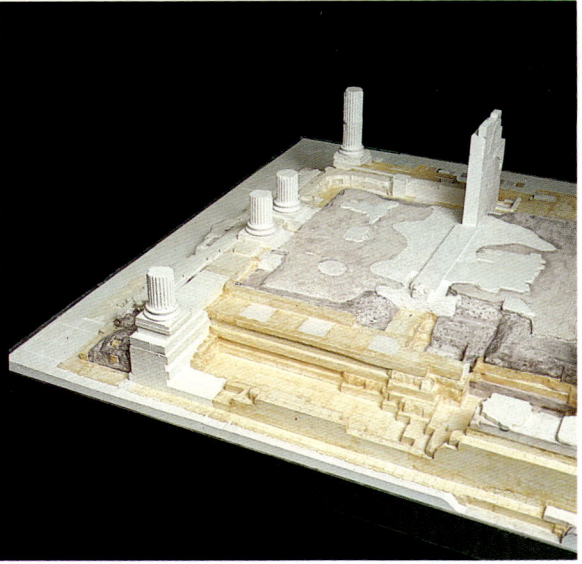

2   W-Bereich des Tempelpodiums von O

3   O-Bereich des Tempelpodiums von W

4   Rekonstruktionsteil

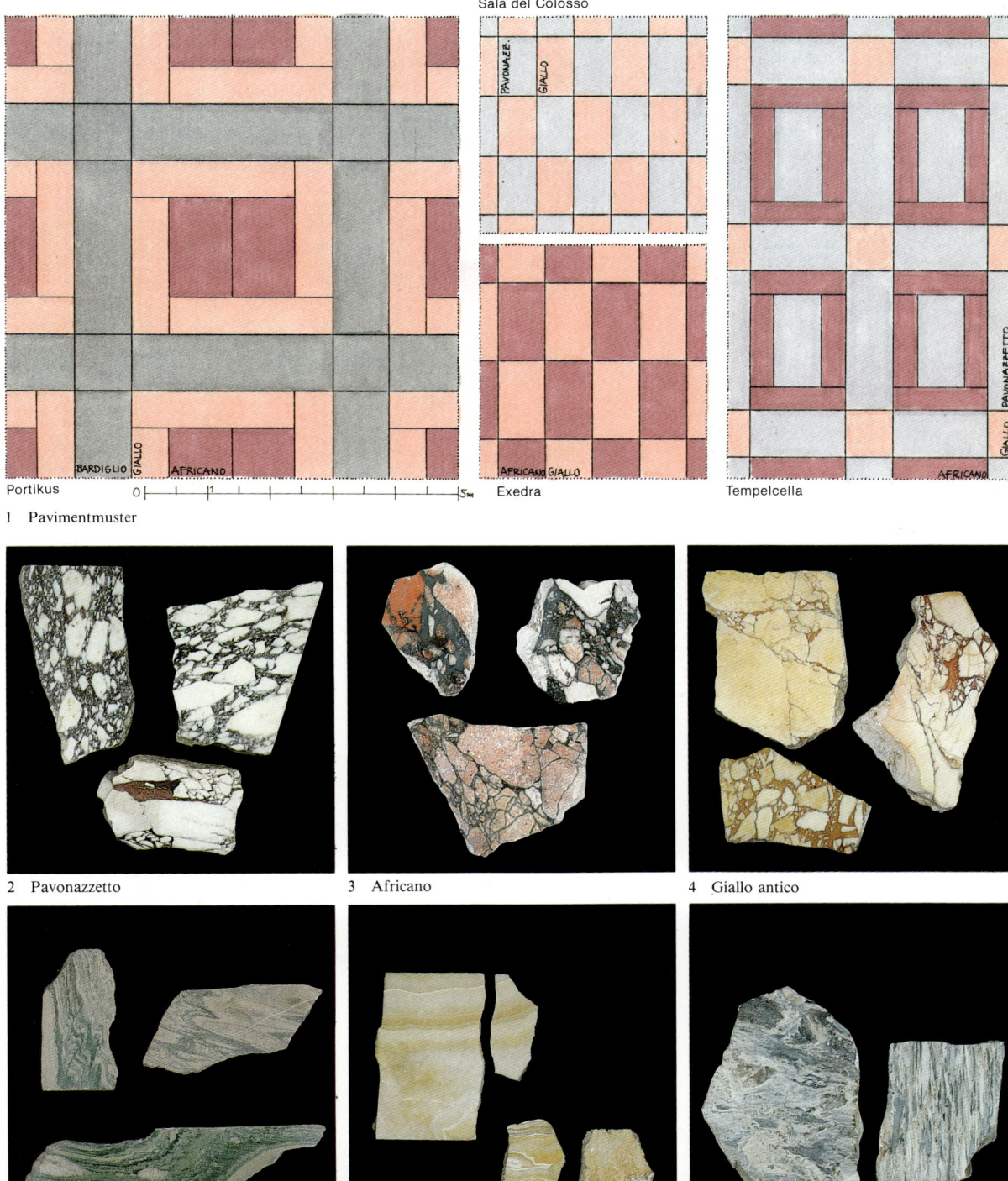

Sala del Colosso

PAVONAZE. GIALLO

Portikus

0 ⊢—L—⊢ 1 —⊢—L—⊢—L—⊢ 5m

BARDIGLIO GIALLO AFRICANO

Exedra

AFRICANO GIALLO

Tempelcella

GIALLO PAVONAZZETTO

AFRICANO

1 Pavimentmuster

2 Pavonazzetto

3 Africano

4 Giallo antico

5 Cipollino

6 Alabaster

7 Bardiglio

1 (oben): Wand A

2 (unten): Wand B

gewesen, die das konstitutionelle System des Staates umzustürzen versuchten? Die Antwort ergibt sich teilweise gerade aus der Betrachtung der zweideutigen, verführerischen Anmut des augusteischen Bildprogramms mit seiner harmonischen Ausstrahlung, die ein entsprechendes Programm sozialer Gerechtigkeit und moralischer Ordnung widerzuspiegeln scheint.

Augusteische Kunst und klassische Normative

Die Struktur der augusteischen Kunstsprache kann nicht auf eine einheitliche Formel reduziert werden. Dem widerspricht nämlich ihre eigene Anlage: Der ständige Versuch, eine verbindliche, ja sogar kanonische Beispielhaftigkeit zu erreichen, die über die Grenzen der Kunstproduktion der Stadt Rom hinauszureichen imstande sei.

Die Motivationen sind in erster Linie politischer Art. Zum ersten Mal in der römischen Geschichte hatte ein einziger Mann, Octavian, alle Macht unter der zweideutigen Formel eines allumfassenden *consensus* inne; dieser war vielleicht nur eine beruhigende Illusion, beruhte aber, nach aufreibenden Jahrzehnten politischer Kämpfe und schwerer Repressionen, die das Gefüge der römischen Gesellschaft zerrissen hatten, auf einer tatsächlichen Übereinstimmung der Interessen.

Der neue *princeps* sah sich der dringenden Notwendigkeit einer Neuordnung der Verhältnisse gegenübergestellt. Er mußte zuallererst die Tatsache vergessen machen, daß er selbst ein nicht gerade zweitrangiger Protagonist der Bürgerkriege gewesen und daß seine Macht das Ergebnis eines Sieges und nicht nur des Volkswillens war; er mußte also, mit anderen Worten, seine Handlungen über eine wohldurchdachte und gesteuerte politische Propaganda in einen psychologischen Mantel hüllen.

Das ist leicht gesagt, doch die Verwirklichung sollte nicht so einfach sein; auf formaler, aber auch auf politischer Ebene, und da vielleicht besonders, war damit die Umwandlung des Bildes von Octavian verbunden: Vom gewohnten heroischen, äußerst pathetischen Schema, das von den hellenistischen Herrschern übernommen worden war, zu einem ruhigeren, gelasseneren, in Anlehnung an die olympische Ruhe und heitere Größe der griechischen Heroen, wie sie im 5. Jh. v. Chr. dargestellt wurden. Das Ungestüm Alexanders wich der Ausgewogenheit und Ruhe der athenischen Heroen des 5. Jhs., die etwas Göttliches ausstrahlten. Auf thematischer Ebene wiederum wurde die Erinnerung an die Bürgerkriege schlichtweg ausgelöscht, als wenn es sie gar nicht gegeben hätte. Die Namen der Antonii wurden nicht oder vielmehr, wie Taylor und Coarelli vorschlagen, erst dann aus den Fasti auf einem Bogen des Forum Romanum ausgetilgt, als Iullus Antonius 2 v. Chr. in den unglücklichen Skandal um Iulia verwickelt war; die Schlacht von Actium wurde in das gewohnte Schema des Kampfes zwischen Osten und Westen eingefügt, in diesem Fall des Kampfes gegen eine ruchlose Königin, die zu glauben gewagt hatte, das gesamte Römische Reich ihrer ausschweifenden Herrschaft unterwerfen zu können. Ikonographische Schemata, die die Griechen während der Perserkriege entwickelt hatten, wurden sorgfältig wiederaufgegriffen und einmal mit geringen formalen Veränderungen verwendet, ein andermal so, daß man griechische Originalarbeiten, die ursprünglich anderen, wenn auch analogen symbolischen Zwecken dienen sollten, in einen ‚römischen‘ Kontext versetzte. Bei diesen Darstellungen erinnert nichts an die Feindseligkeiten zwischen Römern, im Gegenteil, Octavian besiegt beinahe wie ein neuer Herakles oder Theseus eigenhändig die Amazonenkönigin, in der man über eine ganz einfache Gleichsetzung Kleopatra erkennen kann.

Doch der *princeps* mußte noch ein weiteres, vielleicht komplexeres Problem bewältigen. Kein hellenistischer Herrscher außer Alexander dem Großen hatte sich in der Lage befunden, über ein derart großes Reich zu gebieten und demnach ein dichtes Netz von propagandistischen Maßnahmen ausbreiten zu müssen, wie es zur geschickten, dem Anschein nach wohltätigen Kontrolle von unterschiedlich strukturierten Staaten nötig war. Alexander war gestorben, bevor dieses Problem sich brennend gestellt hätte; seine Nachfolger zogen es vor, es zu umgehen, indem sie das Reich in begrenzte Herrschaftsbereiche zerteilten. War es in Wirklichkeit überhaupt möglich, Länder mit solch unterschiedlichen Wirtschafts- und Sozialstrukturen ideologisch zu einigen, ohne Unruhen und Aufruhr zu verursachen? Mit anderen Worten, war es für den *princeps* möglich, seine Botschaften in der verschlüsselten Sprache der Bilder so zu übermitteln, daß sie alle Bewohner und Untertanen seines Reiches in gleicher Weise aufnehmen konnten?

Ich glaube nicht, daß irgendein hellenistischer Herrscher einer vergleichbaren Aufgabe gegenübergestellt war. Es ist durchaus kein Zufall, daß nur ganz wenige Porträts der Seleukidenkönige erhalten sind, obwohl jene doch über einen Staat beträchtlichen Ausmaßes herrschten. Nicht viel anders verhält es sich mit den Attaliden in Pergamon oder den Antigoniden in Makedonien, wobei deren Staaten sogar noch wesentlich kleiner waren. Über die Ptolemäer in Ägypten sind wir vielleicht besser informiert; doch von ihrem politischen Zentrum, dem berühmten Alexandria, sind uns nur kümmerliche Reste überkommen, die über die ptolemäische Art der Selbstdarstellung in öffentlichen Denkmälern nicht viel Aufschluß geben.

Die ideologische Funktion der bildenden Künste über Programme, die bis in kleinste Details sorgfältig geplant sind, ist natürlich keine Erfindung der augusteischen Zeit. Bereits Themistokles und Kimon sowie später auf eindrucksvolle Weise Perikles hatten in Athen Bildprogramme mit rein symbolischem Charakter realisiert. Der komplexe Entwurf der perikleischen Akropolis ist wie eine lange Reihe von feinen Anspielungen an das rechtliche, politische und religiöse System der Polis, das so stark in sich verwoben ist, daß die soziale Struktur des demokratischen Athen mit seinen Denkmälern gleichgesetzt wird und Perikles als sein Vorbild und mustergültiger Beweis erscheinen muß. Das Porträt des Staatsmannes, wahrscheinlich ein Werk des Kresilas, bekommt somit auf gewisse Weise einen besonderen ideologischen Wert; das Bildnis entbehrt jedes ‚veristischen‘ Details, lehnt sich statt dessen der Darstellungsweise von Heroen im Mannesalter an und wird so zu einem Symbol der demokratischen Polis.

Auch Octavian wird den Prozeß der Angleichung mit der *res publica* erproben; nachdem ihm der Titel Augustus verliehen wird, läßt er sich nämlich so darstellen, daß seine spezifische Physiognomie in die des polykletischen Doryphoros gepreßt wird, der Statue, die im Späthellenismus zum idealen und unübertrefflichen Musterbeispiel der ‚Klassik‘ avanciert war. Unter verschiedenen Gesichtspunkten scheint das – mit Sicherheit griechischen Schriftstellern des Hellenismus entnommene – Urteil Varros, Polyklet habe Werke *paene ad exemplum* geschaffen, sehr gut das Interesse der augusteischen Kunst widerzuspiegeln, Formen zu kodifizieren und einen Kanon wieder aufzustellen, der für die gerade entstehende neue Kunstsprache maßgebend sein und bis zu den entferntesten Grenzen des Reiches exportiert werden können sollte.

Natürlich bliebe noch zu klären, warum die grundsätzliche Wahl, aber nicht nur diese, für die offizielle Kunstsprache gerade auf diejenige Athens der zweiten Hälfte des 5. Jhs. bis zum Ende des 4. Jhs. v. Chr. gefallen ist. Die Römer der späten Republik hätten unter den vielen Ausdrucksformen, die die Griechen im Laufe von Jahrhunderten vielfältiger Formensuche ausprobiert hatten, ebensogut doch auch eine andere Kunstsprache wählen können. Und dennoch zog man es an einem gewissen Punkt der geschichtlichen Entwicklung vor, aus einer bereits vielfach bewährten Formensprache zu schöpfen; damit ging man so weit, bis man sie wie dehnbares Metall in den Dienst einer andersartigen sozialen und politischen Struktur biegen konnte.

Was bedeutet diese Wahl? Athen wird zu einem starken Bezugspunkt, mit dem von nun an gerechnet werden muß. Man hatte sich dazu entschlossen, die athenische Kunst der Zeit, die wir heutzutage ‚klassisch‘ nennen, auf eine bestimmte Art als ‚normativ‘ anzusehen.

Auch dieser Gedanke war nicht unbekannt. Nachweislich hatten die Athener selbst seit dem 4. Jh. v. Chr. die Kunst des perikleischen Zeitalters als Vorbild für ihre eigenen Schöpfungen angesehen; vom 2. Jh. v. Chr. an wurden Werkstätten in Athen eigens zu dem Zweck eingerichtet, die Nachfrage nach dekorativen Werken für die Villen der neuen Mächtigen zu stillen; dies führte zu einer Zirkulation von Produkten, die die großen Schöpfungen aus der Zeit des Höhepunktes athenischer Macht nachahmten oder von ihnen inspiriert waren. Die Sammelleidenschaft der Attaliden zum Beispiel spielte für die Entstehung einer von klassischen Einflüssen durchdrungenen Kunstsprache sicherlich eine wichtige Rolle. Attalos I. hatte die Gemälde des Polygnot in der Lesche der Knidier zu Delphi kopieren lassen, und Eumenes II. hatte seine Bibliothek mit einer Replik der Parthenos des Phidias ausgeschmückt, die zwar keine Kopie im engeren Sinn darstellt, aber dem Vorbild typologisch treu bleibt.

In beiden Fällen wurde die Wahl zwar nicht ausschließlich, aber auch durch das Bildprogramm motiviert; die Übertragung der Parthenos von einem Tempel in eine Bibliothek scheint aber deutlich zu machen, wie in der Zeit zwischen Perikles und Eumenes mit dem Gebrauchswandel zwangsläufig auch eine geistige und ideologische Entfremdung einhergegangen war.

Der Tendenzwandel innerhalb der pergamenischen Kunst von einem ausschweifenden Barock zu einem gemäßigteren, stark klassizistisch geprägten Stil ist ein eindeutiger Hinweis auf die Veränderung des Geschmacks. Ungefähr zur selben Zeit besuchte Aemilius Paullus Olympia und sah in der goldelfenbeinernen Statue des Zeus den vollkommensten Ausdruck des Göttlichen. Der Überlieferung nach habe er bei dieser Gelegenheit den berühmten Satz gesprochen: «Phidias hat Zeus so dargestellt, wie er von Homer gedacht war». Es scheint beinahe auf der Hand zu liegen, daß man beim Wiederaufbau des Tempels des Iuppiter Optimus Maximus auf dem Kapitol das beim Brand des Jahres 83 v. Chr. zerstörte archaische, vielleicht von Vulca aus Veji geschaffene Kultbild durch ein neues ersetzte, das höchstwahrscheinlich, auch was Technik und Material anbelangt, nach dem Vorbild der Statue des Phidias gearbeitet war.

Doch auf begrifflicher Ebene beruhte der Unterschied zu echten Werken der Klassik auf einer Interpretation platonischer Gedanken über den Wert des Kunstschaffens, die beinahe wie ein glückliches Mißverständnis anmutet; die beste Quelle hierfür ist Cicero (orat. 2,8−9):

«Meiner Meinung nach aber ist auf keinem Gebiet etwas so schön, daß nicht jenes noch schöner wäre, dem es − gewissermaßen wie einem Gesicht die Wachsmaske − nachgebildet ist; jenes können wir weder mit den Augen noch mit den Ohren noch mit irgendeinem Sinn aufnehmen als vielmehr allein im Geiste erfassen. So sehen wir zwar nichts in ihrer Art Vollkommeneres als die Bildwerke des Phidias − und dennoch können wir uns in Gedanken noch Schöneres als sie und jene Bilder, die ich schon nannte, vorstellen. Auch hat jener Künstler, als er die Gestalt des Zeus oder der Athena bildete, nicht irgendein Modell betrachtet, von dem er dann die Ähnlichkeit herleitete; ihm schwebte vielmehr im Geiste ein Bild außergewöhnlicher Schönheit vor, das er anschaute und auf das konzentriert er nach diesem Vorbild seine Künstlerhand lenkte.»

Platons Ablehnung künstlerischen Schaffens, die darauf beruht, daß er die Nachahmung einer Welt der Erscheinungen verurteilt, ist hier überwunden; die Kunst, die über die empirische Realität hinausgeht, indem sie sich durch die dem menschlichen Geist innewohnende Idee anregen läßt, wird zu einer der erhabensten Ausdrucksformen des Gedankens, der Philosophie kaum nachstehend.

Von diesem Punkt aus, im Bewußtsein des formativen Wertes der Kunst als Erkenntnisgrad, entsteht die Angleichung der Götter- und Heroenbilder an die Schemata des ‚klassischen‘ Zeitalters, die − besser als andere Kunstformen − höchste moralische Werte widerspiegeln. Phidias hatte nach einer Kunsttheorie, die B. Schweitzer als ‚klassizistisch‘ bezeichnet hat, auf beispielhafte Weise den Gedanken von *pondus* und *auctoritas* Ausdruck verliehen; Polyklet wiederum hatte seine Athleten mit einem *decor supra verum*, einem übernatürlichen Schmuck, versehen. Vom 2. Jh. v. Chr. an werden die Götterbilder des Phidias und die Athletendarstellungen Polyklets zu unumgänglichen Bezugspunkten bei der Schaffung von Kultbildern oder Idealskulptur mit besonderer ethischer Bestimmung. Die Werke der berühmtesten Bildhauer des 5. und 4. Jhs. v. Chr. schließen sich in loser Reihenfolge an, jedes einzelne mit seinen unverwechselbaren Kennzeichen, und stehen zur Verfügung, auf die Ebene eines Beispiels für vielleicht weniger hohe, auf jeden Fall aber bedeutungsvolle Tugenden reduziert zu werden: Sei es die *elegantia* der anmutig leichten Gestalten des Kallimachos mit ihren fast tänzelnden Bewegungen, sei es die Schönheit, *pulchritudo*, der praxitelischen Statuen, die jugendliche Gottheiten noch ohne Bewußtsein um ihre erzieherische Aufgabe − zumindest auf moralischer und religiöser Ebene − darstellen sollen, oder die *veritas* der lysippischen Bronzebilder, die gerade wegen ihrer Wirklichkeitsnähe bewundert wurden.

Auf diese Weise wird ein System von Sinnbildern geschaffen, innerhalb dessen jedes einzelne eine ganz bestimmte Bedeutung gemäß einer genauen Kodifizierung ausdrücken kann, wie sie für Künstler und Kunsthandwerker seit der späten Republik allgemeine tägliche Praxis geworden war. Auch der Archaismus bietet in diesem Zusammenhang seine Sinnbilder an. Dies erscheint auf den ersten Blick wie eine Abweichung von der Norm des ‚Klassischen‘; dem ist aber nicht so. Eine archaistische Komponente gab es in Griechenland auch zur Zeit des Höhepunktes der klassischen Kultur, und zwar hauptsächlich im religiösen Bereich, wenn es nötig war, eine Gottheit nach ikonographischen Formen darzustellen, die bereits durch Kultgewohnheiten festgelegt waren. Aischylos hatte geäußert, daß die Kultbilder von Künstlern seiner Zeit schön seien, daß die älteren jedoch ein höchstes Maß an Göttlichkeit beinhalteten. Ein ähnliches Gefühl hatte die Athener dazu bewogen, den Hermes Propylaios nach seiner archaischen Typologie wiederzugeben, und damit einer ganz bestimmten religiösen Notwendigkeit entsprochen.

Ganz genau so sahen die Römer archaistische Darstellungen von Athena oder Artemis als besser zu den religiösen Wertvorstellungen ihrer Väter passend an; so übertrugen sie diese in ihr Bildrepertoire, mit all den Abweichungen, die durch Geschmacksveränderung entstanden waren und viel mehr auf formaler denn auf ikonographischer Ebene wahrgenommen werden können.

In der vielfältigen Typologie, die sich zu dieser Zeit festsetzt, fehlt es auch nicht an hellenistischen Komponenten; zwangsläufig, möchte ich sagen, da sie in das geläufigere Bildrepertoire Eingang fanden; sie gehörten auch zum Formenvorrat der Werkstätten, die sich in derlei künstlerischen Techniken größtenteils geschult hatten. Nur wurden natürlich auch diese Bildrepertoires auf eine gewisse Weise ‚klassisch‘ umgestaltet und nach einem klareren, rationalen Muster neugeordnet. Typisch hellenistische Darstellungen wie Satyrn, Giganten, Mänaden und Bilder der Gewalt wurden größtenteils in den Bereich der Dekoration von Privatgebäuden und -gärten verbannt. Asinius Pollios *monumenta*, die mit klassischen und hellenistischen Statuen von höchster Dramatik ausgeschmückt waren wie etwa der Bestrafung der Dirke, die von Amphion und Zethos an einen rasenden Stier gebunden wurde, wären in der fortgeschrittenen augusteischen Zeit nicht mehr denkbar. Doch der eklektische Wesenszug eines Bildhauers wie Pasiteles, der sich nicht scheute, die besten griechischen Originale nachzuahmen. indem er sie nach dem Zeitgeschmack umgestaltete, gleichzeitig aber auch bestrebt war, die wilden Tiere in den Käfigen am Hafen von Pozzuoli realistisch wiederzugeben, dieser Wesenszug blieb in der augusteischen Kultur lebendig, wenn auch eingebunden in das System eines dominierenden Klassizismus. Die Möglichkeiten, die sich einem römischen Redner boten, zwischen der ‚asianischen‘ und der ‚attischen‘ Strömung oder gar einer geschickten, ausgewogenen Mischung von beiden zu wählen, entsprechen mehr oder weniger den Auswahlmöglichkeiten für einen Künstler, dem es darum geht, möglichst genau den Bedürfnissen seiner Auftraggeber entgegenzukommen. Nicht alle Aufträge hatten politische Zwecke zu erfüllen; und wenn auch in augusteischer Zeit nüchterne ‚neuattische‘ Kunstformen bevorzugt wurden, so gab es doch noch gegenläufige Tendenzen bis ins Kaiserhaus hinein, wo Tiberius im privaten Umfeld einen völlig andersartigen Kunstgeschmack bewies, der durchaus in der ästhetischen Tradition römischer Optimaten zur Zeit der späten Republik stand.

Doch dies verhindert nicht, daß sich in augusteischer Zeit eine Hofkunst entwickelt, deren klassische und hellenistische Komponenten, bei deutlichem Übergewicht der ersteren, ganz genau festgelegt sind. Von nun an wird dieses neue stilistische Konglomerat, gemäß der unterschiedlichen römischen Mentalität, zur Umgangssprache, einer Art Esperanto, das die kulturellen und sozialen Schranken zwischen den Ländern des Reiches überschreitet. König Juba II., ein Fürst aus bester griechisch-hellenistischer Tradition, schafft mit seiner Hauptstadt Caesarea, dem heutigen Cherchel in Algerien, ein Stadtbild, das dem von Rom sehr ähnlich sieht, indem er die besten Arbeiter aus der Urbs rufen läßt; sein Bildnis paßt sich dem des Augustus vollkommen an, beinahe als sei er sein Sohn.

Zusammenfassend läßt sich sagen, daß die augusteische Variante im Gegensatz zu allen vergleichbaren früheren Erfahrungen, sei es die Hofkunst hellenistischer Herrscher oder der Versuch einiger römischer Optimaten der späten Republik, sich solch einer künstlerischen Ausdrucksweise anzupassen, daß also die neue künstlerische Normative durch den Willen eines einzelnen entsteht und seinen jeweiligen Verfügungen folgt. Im Zusammenhang der historischen Fragestellung ist es dabei nicht so wichtig, daß diese Norm in Wahrheit natürlich das Ergebnis beträchtlicher Beiträge zahlreicher den *princeps* umgebender Berater ist. Offiziell ist das Resultat einheitlich und trägt allein die Unterschrift des Augustus, mit dem sich die Kunstformen von einem gewissen Punkt ihrer Entwicklung an identifizieren.

Nützlich scheint der Vergleich mit den einzelnen Teilen der Rhetorik, wie sie uns vom Autor der *Rhetorica ad Herennium*, eines Zeitgenossen Ciceros, der sicher durch die aristotelische Lehre beeinflußt ist, überliefert werden; demnach könnte man sagen, daß die augusteischen Bildprogramme aufgrund von Komponenten konstruiert worden sind, die rhetorisch mit den Begriffen *inventio*, *dispositio* und *compositio* bezeichnet werden. Mit anderen Worten wird das vom *princeps* und seinen Mitarbeitern beschlossene Programm, die *inventio*, über symbolische Bilder genau artikuliert, was der *dispositio* entspricht; Künstler oder Kunsthandwerker werden schließlich diesen Bildern mit ihrer *ars* Leben verleihen, was mit *compositio* umschrieben werden kann. In ganz wenigen Fällen besteht eine völlige Übereinstimmung, sei sie nun natürlich oder gewollt, zwischen den drei Komponenten, dann nämlich, wenn sich die das Programm anregenden Leute sowie die Künstler mit dem Antragsteller auf einer Ebene befinden. Im speziellen Fall der augusteischen Zeit wird das politische Programm, das darauf hinzielte, die für die Zerstörung des sozialen Gefüges verantwortlichen politischen Parteien zu erneuern, vom Großteil der *res publica* voll akzeptiert und von den aufstrebenden Schichten mitgetragen; die Gegner wiederum waren im Verlauf der politischen Auseinandersetzungen eliminiert worden. So geschieht die Neuauflage der *virtutes*, der Tugenden, die Rom groß und mächtig gemacht hatten, auf metaphorischer Ebene, indem das Bild des *princeps* mit dem der *res publica* gleichgesetzt wird. Hätte es eine bessere Möglichkeit gegeben, Augustus' *pondus*, *auctoritas*, *pietas* und *clementia*, also sein Ansehen, seine Frömmigkeit und seine Milde darzustellen, als in den vorbildhaften Formeln, die im perikleischen Zeitalter festgelegt worden waren, als sich die gesamte athenische Polis mit ihrem Staatsmann und ihren Göttern identifizierte? Die Akropolis stand immer noch sichtbar in ihrer glänzenden Schönheit vor Augen, und ihre Gebäude zeugten noch eindrucksvoll von einer unwiederholbaren Zeit, in der die Übereinstimmung zwischen ethischen, politischen und bildlichen Werten erreicht gewesen zu sein schien. Dabei war es kaum von Bedeutung, ob es sich hier, wie in vielen analogen Fällen, um eine Illusion handelte, die den Zusammenhang mit der tatsächlichen Abhängigkeit der ‚verbündeten‘ Städte vom Willen Athens verschleierte.

Wenn auch die römische Mentalität und somit die römischen Symbolschemata nicht mit den athenischen übereinstimmten, so blieb dennoch unerschütterlich die Eigenständigkeit der klassischen Darstellungen mit ihrer Fülle an *maiestas* und ihrem heiteren Wesen, das den Göttern bei Lukrez gleicht, erhalten. Der entscheidende Schritt, jenen Bildern die Funktion aufzudrücken, neue, rein römische Konzepte zu vertreten, wurde wohlüberlegt vom Tempel des Divus Iulius über die Tempel des Apollo Sosianus und des Apollo Palatinus bis zum Augustus-Mausoleum immer stärker in die Tat umgesetzt, um schließlich in der Ara Pacis und im Augustus-Forum seine beispielhafte und maßgebende Vollendung zu erreichen.

Sogar die aus dem Hellenismus gewonnenen formalen Anregungen, die man offenbar nicht verdrängen konnte, wurden ihrerseits ‚klassisch'. Die stille Größe und bestechende Schlichtheit der Grimani-Reliefs, einer der höchsten Errungenschaften augusteischer Kunst, muß einfach beeindrucken. Der Illusionismus der Landschaftsdarstellung ist zurückhaltend wie auf dem Relief mit Äneas' Opfer an die Penaten auf der Ara Pacis, die Komposition mit dem thematischen Brennpunkt der ‚Mütter' wird auf beste klassische Manier durch den Reliefgrund begrenzt. Ich frage mich, wie Parrhasios, der große Maler der zweiten Hälfte des 5. Jhs. v. Chr., seinerseits die Kentaurin dargestellt hätte, die ihre Jungen säugt; auf kompositorischer Ebene vielleicht auch nicht anders.

Ein weiterer Gedanke verdient gebührende Aufmerksamkeit. Jedes Kunstwerk setzt Zeichen, die aufgenommen werden wollen; das Verständnis kann auf verschiedene Art und Weise erreicht werden, je nach den geistigen, kulturellen und seelischen Voraussetzungen des Betrachters. Erziehung in Kunst und Kultur sowie ein spezieller Unterricht auf diesem Gebiet erlauben Interpretationen, die für den Großteil der Betrachter unvorstellbar sind. Der Fall der an den Tempel des Apollo Palatinus anschließenden Porticus der Danaiden ist in diesem Sinne beispielhaft. Um die eigentliche Porticus herum standen die Statuen der Danaiden als Wasserträgerinnen, *hydrophoroi*. Dies ist ein einfaches und zugleich sehr wirkungsvolles Dekorationsschema, vergleichbar, wenn man so will, der Art, in der die berühmten Bronzestatuen aus der Villa dei Papiri in Herkulaneum — die deswegen auch die ‚Herkulanerinnen' genannt werden — um einen Euripus herum angeordnet waren, als seien sie gerade im Begriff, ihre Gefäße mit Wasser zu füllen. Doch ein erfahrenerer Betrachter wußte wohl, daß die Danaiden ihre Ehemänner, die Söhne des Aigyptos, getötet hatten, um die Schmach ihres Vaters zu rächen. So wurde die mythische Handlung über eine einfache Analogie automatisch mit einem speziellen historischen Ereignis verbunden, dem Sieg Roms über Ägypten. Die Ausstattung der Porticus konnte also symbolisch im Sinne einer proaugusteischen Propaganda interpretiert werden. Ebenso erreicht die elfenbeinerne Tür des Tempels mit ihrer Darstellung der Vertreibung der Barbaren aus Delphi und der Erschießung der Niobiden einen symbolischen Stellenwert, der über die näherliegende Interpretation im apollinischen Sinne weit hinausgeht. In beiden Fällen handelt es sich um den Sieg über maßlosen Hochmut, der von den Göttern grausam bestraft wird. Die Galater, die es gewagt hatten, den heiligen Tempel des delphischen Apollon anzugreifen, können mit den nordischen Barbarenvölkern gleichgesetzt werden, die Octavian besiegt hatte; letzterer feierte im Jahre 29 v. Chr. übrigens einen dreifachen Triumph, der an seine Siege bei Actium, über die Ägypter sowie über die dalmatischen Völker erinnerte; Niobe wiederum steht in Zusammenhang mit Kleopatra, die es mit gleicher Schamlosigkeit gewagt hatte, die von Rom im Mittelmeergebiet aufgestellte gerechte Ordnung zu untergraben.

Und so gibt es auch weitaus komplexer zu interpretierende Darstellungen, die kaum mehr erklärt werden können; die von den römischen Künstlern oder vielmehr von denen, die die Konzepte bestimmten, gewollten Anspielungen konnten, ähnlich einem Rätsel, nur noch von wenigen Intellektuellen verstanden werden oder aber von Reiseführern, denen es darum ging, den Reisenden philologische Spitzfindigkeiten vorzuführen.

Die Stierschädel etwa, an denen die Lorbeergirlanden auf dem äußeren Fries des Apollo-Sosianus-Tempels hängen, weisen die Besonderheit auf, daß ihre Orbitalknochen nach einer Art modelliert sind, die dem Schema zweier heraldisch angeordneter Delphine entspricht. Dieses wiederum ist ein Symbol des Apollo, für Seesieg und darüber hinaus das Zeichen der *quindecimviri sacris faciundis*, des Priesterkollegiums, das mit dem Kult des Apollo betraut war. Des weiteren stehen die figürlich geschmückten Kapitelle der Cella des gleichen Tempels, auf denen zwischen den Akanthusblättern ein Dreifuß und zwei durch einen Heraklesknoten verbundene Schlangen erscheinen, sicherlich symbolisch für Apollo und seine Eigenschaft als *medicus*; doch die heraldisch an den Seiten der Abakus-Blume anstelle der gewöhnlichen Voluten angeordneten Schlangen erinnern auch unmittelbar an das ägyptische Königsemblem, die Uräus-Schlange, die nun dem göttlichen Apollo und seinem Schützling Octavian untersteht.

Der Tradition nach hatte Atia, die Mutter des *princeps*, ihren Sohn eben im Tempel des Gottes – natürlich im republikanischen – empfangen, wo sich Apollo selbst in Gestalt einer Schlange mit ihr vereinigt hatte.

Es handelt sich also um höchst anspruchsvolle Kunst, die auf verschiedenen Ebenen interpretiert werden kann, dem Anschein nach einfach durch den klaren bildlichen Aufbau, in Wahrheit reich an Anspielungen und Verweisen, wie bei Schallwellen, die sich von einem Zentrum her ausbreiten und immer schwächer werden. Augenscheinlich hat diese Kunst die Aufgabe, den Staat, seine Götter und seine traditionellen moralischen Werte zu preisen, sie spiegelt aber das Bild eines einzelnen Mannes wider, der all diese Werte symbolisch wieder aufgreift und deren einziger Nutznießer wird.

Die römischen Optimaten, Mitglieder der Familien, die das Reich geschaffen hatten und seit Jahrhunderten an Triumphe gewöhnt waren, sahen ihre apologetischen Vorrechte auf ein Mindestmaß reduziert; dies geschah im Namen der Einheit um den *princeps*, die einer völligen Vernichtung ihrer Formen der Selbstdarstellung entsprach. Der Circus Flaminius, Ausgangspunkt des Triumphweges, wurde innerhalb kurzer Zeit ein dem julischen Hause geweihter Platz; die großen Triumphatoren der Vergangenheit wurden mit Statuen und entsprechenden *elogia*, erläuternden Inschriften, in das Augustus-Forum verbannt, wo sie zu Zeugen der wachsenden Größe desjenigen wurden, der den Staat wieder in Ordnung gebracht hatte, der höchster Ehren würdig war, Vater des Vaterlandes und Begründer des neuen goldenen Zeitalters im Zeichen des wiedergewonnenen Friedens. Das für alle Nicht-Angehörigen des Kaiserhauses geltende Verbot, Triumphe abzuhalten – und hierbei spielt es keine Rolle, ob es auf tatsächlichen Verordnungen beruhte oder auf Gewohnheit –, war nichts anderes als die Festlegung einer politischen Realität, die keine Abweichungen duldete.
Augustus und das Römische Reich waren ein und dieselbe Sache.

Aus dem Italienischen von M. Maischberger

Mario Torelli

Gesellschaft und Wirtschaftsformen der augusteischen Zeit: Der *Consensus Italiae*

Versuch einer Soziologie der *res publica amissa*

Die Erarbeitung einer hypothetischen Soziologie der *res publica amissa* hat mit der bekannten Schwierigkeit zu kämpfen, die sich jeder Soziologie der antiken Welt entgegenstellt, einer Schwierigkeit, deren Ursache in der Beschaffenheit der uns verfügbaren Dokumentation besteht. Zum einen fehlen hier quantitative Daten fast völlig, zum anderen spiegelt die literarische Überlieferung in der Regel die rein ideologischen Positionen eines kleinen Kreises innerhalb der herrschenden Klasse wider. Dennoch hat die moderne Geschichtsschreibung seit dem 19. Jh. auch dort, wo sie nicht beabsichtigte, eine Sozialgeschichte des Übergangs von der Republik zum Prinzipat zu schreiben, immer die tiefgreifenden strukturellen Spannungen dieses Übergangs erfaßt, sowohl dort, wo sie die Formen des *consensus* beleuchtete, um die ethisch-politischen Aspekte des Prinzipats besser zu definieren, als auch dort, wo sie die konstitutionellen Grundmuster des Wandels betrachtete oder eine minutiöse Prosopographie der neuen herrschenden Klasse erstellte. Jede Epoche hat jene beiden entscheidenden Jahrzehnte zwischen der Überschreitung des Rubicon und der Schlacht bei Actium als eine Umwälzung von großer historischer Tragweite angesehen, deren Auswirkungen direkt oder indirekt auch schon von den Zeitgenossen verspürt wurden, eine Tatsache, die schon in Tacitus' berühmter

Darstellung des augusteischen Prinzipats oder in dem fiktiven Dialog zwischen Augustus, Agrippa und Maecenas bei Dio Cassius zum Ausdruck kommt. Auch jene historischen Betrachtungen, denen die Beschäftigung mit sozialen Fragen fernliegt, werfen daher stets in mehr oder minder klarer Form die Frage nach den strukturellen Grundlagen des *consensus* auf. auf.

Vor allem unsere Zeit hat jene historische Epoche auf ganz neue und besondere Weise erlebt. Es ist wohlbekannt, welchen Gebrauch der Faschismus von der Figur und dem Werk des Augustus machte, indem die Darstellung Mussolinis durch die Propaganda bis in alle Einzelheiten nach dem Vorbild des Begründers des römischen Kaisertums ausgerichtet wurde, vom Regimekitsch bis zu der Ikonographie der Briefmarkenmotive. Mit Recht hat Arnaldo Momigliano im Vorwort zur italienischen Ausgabe der «Roman Revolution» hervorgehoben, daß selbst Ronald Syme in diesem seinem Hauptwerk, trotz seines streng prosopographischen Ansatzes und obwohl es am Vorabend des Zweiten Weltkrieges erschien, dieser Suggestion verfallen ist, ja er sogar so weit geht, Octavians jähen Auftritt auf der politischen Bühne als «Marsch auf Rom» zu bezeichnen. In diesem Sinn kann es für die Entmystifizierung der antiken wie der modernen Propaganda, welche sich um die Person des Augustus spinnt, von Bedeutung sein, das zentrale Thema der «Mostra Augustea della Romanità» fünfzig Jahre später von neuem zu präsentieren, gerade wenn man versucht, die Bedeutung der Veränderungen, welche diese tatsächliche oder mutmaßliche «römische Revolution» bewirkte, von einer sozioökonomischen Warte aus zu deuten. Der offensichtlichen Grenzen wegen, die dem Autor gesetzt sind, kann der Blickwinkel dieses Beitrages nur ein rein archäologischer sein, doch bildet die archäologische Dokumentation, als sowohl urbanistische wie auch monumentale, architektonische, ikonographische, historisch-künstlerische und materielle Evidenz verstanden, gewissermaßen einen Spiegel der Prozesse der Wandlung, die mit der Errichtung des Prinzipats verbunden waren, einen Spiegel, aus dem wir die historisch-sozialen Erscheinungen in großen Zügen ablesen können, da die archäologischen Zeugnisse direkt auf uns gekommen sind, ohne von der Vergangenheit manipuliert worden zu sein. Dieses Unternehmen birgt freilich auch Risiken. Neben die oben angesprochenen Schwierigkeiten, mit denen sich jede Soziologie der Antike auseinanderzusetzen hat, treten die Unsicherheiten, die durch die Unvollständigkeit des dokumentarischen Materials bedingt sind bzw. sich bei der philologischen Interpretation desselben ergeben. Vor allem aber stellt sich grundsätzlich die Frage nach der Zulässigkeit einer soziologischen Untersuchung, die allein von den ‚Gegenständen‘ ausgeht, welche sie als Träger sowohl der Form der materiellen Kultur als auch von bewußten und unbewußten ideologischen Botschaften versteht. Den hierin gegebenen Gefahren kann jedoch durch eine ständige Bezugnahme auf die Ereignisgeschichte sowie auf jene historischen Prozesse, über die wir von anderer Seite her Kenntnis besitzen, gegengesteuert werden, soweit dieses Vorgehen die verschiedenen Quellen nicht kontaminiert, sondern miteinander abgleicht. Das Bild, das sich auf diese Weise gewinnen läßt, bietet eine glaubhafte Rekonstruktion des Antlitzes der sozialen Dynamik der Zeit von der späten Republik bis zum Beginn des Prinzipats, die es uns ermöglicht, die Zeichen zu deuten, welche die damaligen Geschehnisse in der archäologischen Realität Italiens und der *Urbs* hinterlassen haben.

Tota Italia: Die Herausbildung des historischen Blocks

Um die wirtschaftliche und soziale Situation verstehen zu können, in der sich Italien im Augenblick des Übergangs von der Republik zur Kaiserzeit befand, müssen wir die Geschehnisse des vorausgegangenen Jahrhunderts mitberücksichtigen, in dem die Halbinsel nach dem schweren Konflikt mit Hannibal mühsam diejenigen Kräfte wiedergewann, die der über ein Jahrzehnt dauernde, auf eigenem Territorium geführte Krieg erschöpft hatte. Gleichwohl hat die schwierige Situation der Nachkriegszeit, verschärft durch die Bestrafung der von Rom abgefallenen italischen Völker, die ganz richtig sowohl durch die feinfühligere Geschichts-

Abb. 1 Capua, Inschrift über Errichtung öffentlicher Bauten (Torelli)

schreibung seit Toynbee als auch durch die neuere archäologische Forschung unterstrichen wird, nur das schon vor dem Konflikt mit Hannibal bestehende Ungleichgewicht zwischen den entwickelten und den unterentwickelten Teilen der Halbinsel weiter vergrößert. Die am weitesten entwickelten Gebiete, die fruchtbarsten Regionen Italiens, sind mehr oder minder mit den Territorien identisch, die im Verlauf der Eroberung der Halbinsel von Rom annektiert worden waren, in geringerem Maße außerdem mit den Gebieten jener *socii*, die schon vor der Eroberung einen höheren Lebensstandard (und daher eine höhere Entwicklungsrate der Landwirtschaft wie der Produktion im allgemeinen) aufwiesen. In welch unterschiedlichem Maß die lange Periode kriegerischer Auseinandersetzungen sich letztlich auf das tatsächliche Wirtschaftsleben der Halbinsel auswirkte, auf der Seite der Römer wie auf der der Bundesgenossen, wird am Beispiel Capuas deutlich, das wegen seines bekannten Übertritts von der Seite Roms auf diejenige Hannibals im Verlauf des Krieges als städtischer Organismus zerstückelt und politisch ausgelöscht wurde. Dennoch zeigt sich Capua schon in der 2. Hälfte des 2. Jhs. v. Chr. durch die Tätigkeit seiner *magistri* als eines der reichsten und vitalsten Zentren der römisch-italischen Welt, indem es in erneuerten urbanen Formen wiederersteht und eine im Vergleich zum Rest der Halbinsel äußerst bedeutungsvolle Monumentalität entwickelt, obwohl es seiner politischen Stellung nach keine ‚Stadt‘ mehr ist (Abb. 1).

Auf der anderen Seite des ökonomisch-sozialen Spektrums finden sich all jene Regionen, die traditionell schon seit der Eisenzeit als wirtschaftliche Randgebiete zu bezeichnen sind: die gebirgigen Zonen des Apennin, in denen Ackerbau kaum möglich ist und wo daher in erster Linie Weide- und Forstwirtschaft betrieben wurden. Dort hatte schon die römische Eroberung des 3. Jhs. v. Chr. einschneidende Veränderungen bewirkt, indem sie die rauhen und unwegsamen Gebirgsregionen, die man den Besiegten überließ, von den Binnenebenen trennte, die annektiert und häufig durch Kolonisten oder römische Bürger besiedelt wurden. Das vordem bestehende Gleichgewicht zwischen Ebene und Gebirge sowie die archaische Integration von Ackerbau und Weidewirtschaft war schon damals gestört worden, und der größere Wohlstand derjenigen, die besseres Land und eine günstigere Rechtsstellung besaßen, trieb die weniger Begünstigten schließlich unweigerlich in noch größere Armut: Die Entwicklung bringt eine Unterentwicklung hervor, derer sie bedarf, um selbst fortzuschreiten. Nachdem nun die schwere Krise des Krieges überwunden ist, schließen sich nur die Wunden einigermaßen rasch wieder, die römischen Eroberungen des 2. Jhs. v. Chr. im Osten bringen mit der *luxuria*, dem üppigen Konsum, der von der Wirtschaft und Kultur des hellenistischen Orients angeregt wird, ein neues störendes Element in das bereits aus dem Gleichgewicht geratene ökonomische Gefüge Italiens. Dies beschleunigt den Prozeß der ökonomischen Differenzierung zwischen den Regionen bzw. sozialen Schichten, die bereits einen erheblichen Wohlstand besitzen, und den Gebieten und Gruppen, die durch Gebietsverluste sowie die mehr oder weniger ungünstigen Bedingungen von *foedera* mit Rom belastet sind.

Wenn damit in groben Zügen die wirtschaftlichen und sozialen Vorgänge beschrieben sind, die das Leben der römischen Bürger und der *socii* über lange Zeit hinweg bestimmen, so läßt sich durch eine tiefergehende Analyse, die weitere interagierende Faktoren, die unterschiedlichen sozialen Bedingungen und uneinheitlichen politischen Beziehungen zu Rom mit einschließt, das Bild der sozioökonomischen Situation der Halbinsel noch weiter differenzieren. Eine erste Wirtschaftszone ist hier jene, welche grob gesagt mit der *regio I* der späteren augusteischen Ordnung Italiens zusammenfällt. Dieser sind auch die benachbarten Randgebiete Etruriens und des sabinischen Territoriums hinzuzurechnen, die mehr oder weniger eng in die Wirtschaftsordnung der Region integriert sind. Hier hatte sich schon seit dem 3. Jh. v. Chr. nach und nach eine neue Produktionsweise verbreitet, deren ökonomische Grundeinheit in dem mit Sklaven bearbeiteten landwirtschaftlichen Gut bestand. Musteruntersuchungen der besser bekannten latinischen, kampanischen und südetruskischen Gebiete haben vor allem in Latium zahlreiche Beispiele solcher ländlichen *villae rusticae* festgestellt, welche teils aus den kleinen und mittleren Bauernstellen der Kolonisation, teils aus einer inneren Entwicklung der fruchtbaren Ländereien von *socii* latinischen Rechts oder italischen Verbündeten hervorgegangen waren. Mehr als ein Fall von *basis villae* in den sabinischen, latinischen oder pontinischen Territorien sowie einige Beispiele von *villae rusticae* im Gebiet um Rom bzw. an der Küste scheinen eine frühzeitige Bodennutzung nach catonischem Modell zu beweisen, welches, selbst wenn es bekanntlich erst um 160 v. Chr. durch Cato kodifiziert wurde, doch jedenfalls mindestens seit unmittelbar nach-hannibalischer Zeit praktiziert worden sein muß. Die Bedeutung dieses Phänomens ist erst neuerdings heftig diskutiert worden: Auch wenn die Theorie einer

Abb. 2   Grundriß der Villa von Francolise (Torelli)

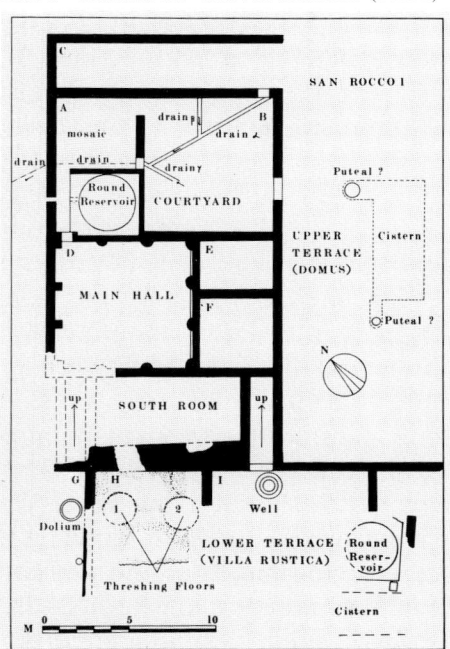

Abb. 3   Axonometrische Ansicht der Villa von Settefinestre (Torelli)

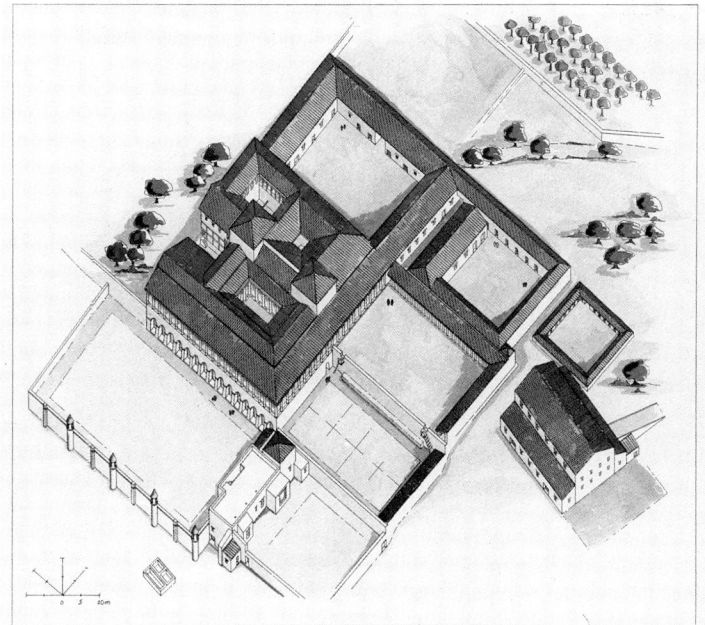

frühen Verbreitung des Modells über die ganze Halbinsel in großem Maßstab sicher abgelehnt werden muß, so kann man doch nicht verneinen, daß die mit Sklaven betriebene *villa rustica* zumindest innerhalb der oben beschriebenen räumlichen und zeitlichen Grenzen das neue und für die wirtschaftliche Entwicklung der gesamten Halbinsel bedeutungsvolle Element darstellt (Abb. 2.3). Diese produktive Grundeinheit ist ein starkes treibendes Element für die Entwicklung einer spezialisierten landwirtschaftlichen Intensivproduktion − besonders Wein- und Olivenanbau −, das sich im Laufe des 2. Jhs. v. Chr. ungemein weit verbreitet. Die älteste Amphorenproduktion, die solchen Territorien zugewiesen werden kann, die der Amphoren des Typs Dressel I A und B, ist hierfür ein greifbarer Beweis und kann heute im Licht der Ausgrabungen von Fregellae in eine Zeit datiert werden, die noch um einiges vor dem letzten Viertel des 2. Jhs. v. Chr. liegt. Ebenso erscheint auch die Verbreitung des *opus caementitium* und der Konstruktionstechnik des *incertum* als ein Phänomen, das mit der angesprochenen Entwicklung und der damit verbundenen Verbreitung einer umfangreichen Nutzung von Sklavenarbeit in einen engen Zusammenhang gesetzt werden kann, wie die Geschichte der Entwicklung dieser Technologien sowie das Gebiet ihres Vorkommens sehr deutlich zeigen.

Die archäologischen Daten beweisen also insgesamt, daß die lokalen Aristokratien der latinischen Kolonien von Cosa bis Paestum und die der verbündeten Städte im oskischen Kampanien vom Ende des 3. bis zum Beginn des 1. Jhs. v. Chr. zu den reichsten Italiens gehören und ziemlich schnell die Entwicklung aufgreifen, die schon einige Jahrzehnte früher durch die hellenistische *luxuria* in der Hauptstadt eingeführt wurde.

Im Licht der Zeugnisse Pompejis, eines ziemlich peripheren Zentrums der angesprochenen Zone, das wir jedoch ganz außergewöhnlich gut kennen, ist es sogar möglich, festzustellen, daß das 2. Jh. v. Chr. für diesen Teil Italiens die Zeit des größten Wohlstandes und der größten Bedeutung in seiner Geschichte oder jedenfalls in der hellenistischen und der kaiserzeitlichen Epoche war. Einen greifbaren Beweis dafür liefert uns die öffentliche und private Bautätigkeit vor allem der letzten dreißig Jahre des 2. Jhs. v. Chr., die durch hochberühmte Denkmäler belegt ist. An erster Stelle sind hier die Bauten der Endphase der Unabhängigkeit Pompejis zu nennen: das Forum mit den Tempeln des Apoll und Iuppiter und der Basilika, die Stabianer Thermen, die eindrucksvolle Umstrukturierung des Gebiets um das ‚Forum triangulare' mit der samnitischen Palästra, dem Iseum, dem Tempel des Zeus Meilichios und der Neuordnung des großen Theaters. Eine besondere Entwicklung nimmt aber auch vor allem die private Bautätigkeit, die jetzt nicht nur die ersten belegten Beispiele vorstädtischer Villen des *otium* hervorbringt, wie wir sie durch die erste Phase der Villa der Mysterien kennen, sondern auch riesige städtische Wohnbauten wie das Haus des Pansa und das Haus des Faun, letzteres mit einer Fläche von ca. 3000 m^2 größer als der einzige uns bekannte Königssitz des hellenistischen Ostens, der wenig frühere attalische Palast in Pergamon (Abb. 4.5). Die pompejanischen Bauten sind die einzigen gut bekannten Denkmäler dieser Periode in unserem Gebiet. Die kolossalen Bauprogramme, die durch die schriftlichen Quellen (jedoch nur vereinzelt auch durch archäologische Funde) für das Rom des 2. Jhs. v. Chr. bezeugt sind, lassen aber die ungeheuren Ressourcen an Geld, Sklaven und Tributen erkennen, die in der Folge der Eroberungen jenes Jahrhunderts in die Hauptstadt flossen (in viel höherem Umfang natürlich als in die verbündeten Städte). Auch die pompejanischen Denkmäler sind in gewisser Weise Frucht dieser Reichtümer; daneben könnte man die außergewöhnliche Zahl und architektonische Qualität Hunderter gleichzeitiger Bauten in anderen latinischen und kampanischen Zentren anführen, angefangen beim Heiligtum von Praeneste (Abb. 6.7) bis zum Forum und den Thermen von Cumae, oder auch ganze Städte nennen, wie etwa Cosa und Alba Fucens, welche zwischen der Mitte des 2. und den ersten Jahrzehnten des 1. Jhs. v. Chr. monumentale Formen annahmen.

Am Rande des eben besprochenen Gebiets, dem wahren ökonomischen Motor der Halbinsel, liegt eine zweite Wirtschaftszone, die durch ein hohes Entwicklungsniveau in vorrömischer Zeit gekennzeichnet ist. Dieser Region können wir die mittel- und nordetruskischen Gebiete zuweisen, welche von den römischen Plünderungen der Eroberungszeit praktisch unberührt

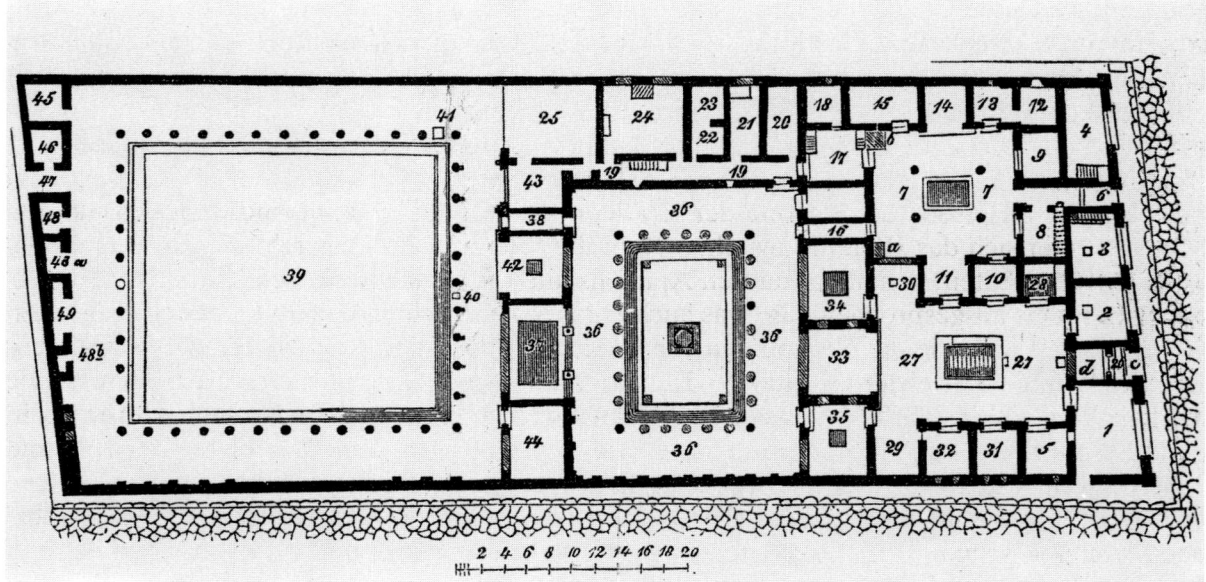

Abb. 4   Pompeji, Grundriß der «Casa del Fauno» (Torelli)

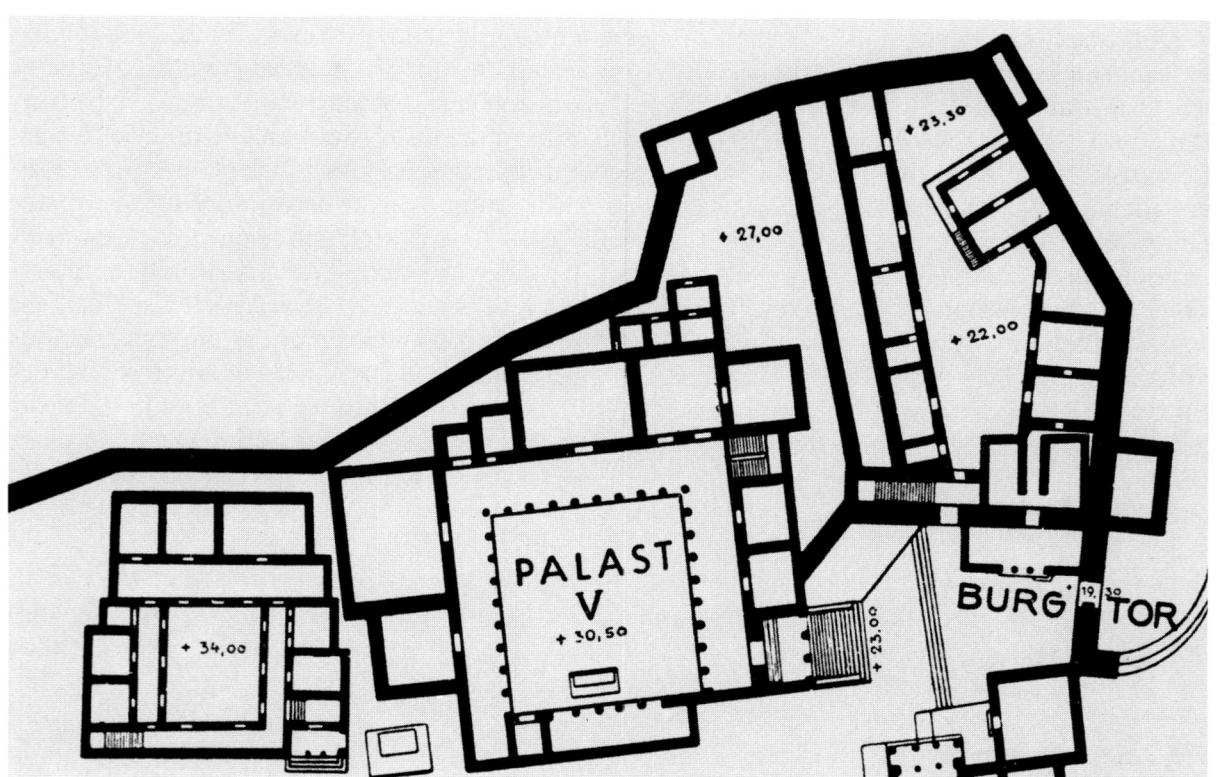

Abb. 5   Pergamon, die Paläste der Attaliden (Torelli)

geblieben waren, außerdem die überlebenden großgriechischen Städte mit ihrem unmittelbaren Hinterland in Apulien, Lukanien und Samnium. In diesen Gebieten bewirkte die römische Eroberung schon im 3. Jh. v. Chr. tiefgreifende Veränderungen. Nicht überall fanden Gebietsannexionen oder Koloniegründungen statt: Mit Ausnahme von Tarent, Kroton und Thurioi sowie der südetruskischen Städte Caere, Tarquinia und Vulci hatten die ältesten Städte Italiens, griechische wie etruskische, verhältnismäßig wenig unter den direkten Auswirkungen der

Eroberung zu leiden. Deutlich zeigt sich jedoch die indirekte Wirkung des römischen Eindringens in ihr politisches und soziales Gefüge. Im Fall der etruskischen Städte wird alles, was von den alten Produktionsverhältnissen, auf die sich die sozioökonomischen Strukturen der alten lokalen Aristokratien gründeten, geblieben war, unweigerlich aufgelöst und nur gelegentlich durch Formen kleinen bäuerlichen Grundbesitzes ersetzt, die in der Form der Besiedlung des Umlandes einiger Städte des 3. und 2. Jhs. v. Chr. deutlich erkennbar sowie auch durch die literarisch belegte Episode der Revolte der *servi* von Volsinii gut bekannt sind. Auf der anderen Seite gestaltet sich das Bündnis zwischen Rom und den lokalen Oligarchien gerade in diesen etruskischen Städten, den alten Städten Apuliens und Bruttiums sowie den überlebenden griechischen Poleis ausgesprochen eng, was auch auf archäologischem Gebiet recht deutliche Auswirkungen zeitigt. Wie die Nekropolen vor allem Apuliens zeigen, ist der Wohlstand der sehr wenigen Familien, welche den harten Kern der Allianz bilden, unbestreitbar, doch ist die Archaizität des Wirtschaftssystems der meisten dieser alten Städte nicht weniger offensichtlich, eines Systems, das sich auf wenig intensive Kulturen, vor allem den Anbau von Getreide und Futtermitteln stützt. Weite Teile des Hinterlandes dieser Städte lagen schon seit der Epoche der Eroberung verlassen und wurden durch die Auswirkungen des Krieges gegen Hannibal noch weiter geschädigt; das gesamte Gebiet ist gekennzeichnet durch die Ablehnung einer Baupolitik, in der in hohem Maße propagandistische Inhalte zum Ausdruck kommen. Dieser Zug könnte ganz oder teilweise der für Oligarchien charakteristischen Nüchternheit zuzuschreiben sein; wahrscheinlich liegt seine Begründung jedoch eher in der Tatsache, daß dieser Region insgesamt weniger Geld zur Verfügung stand, weil hier nicht nur die landwirtschaftliche Entwicklung weniger weit fortgeschritten, sondern auch das Interesse bzw. die Teilnahme an der schrankenlosen Spekulation der römischen Ober- und Mittelschichten bzw. der latinischen und kampanischen *socii* gering war, eine Tatsache, die durch das Fehlen von Händlernamen aus diesem Gebiet in den Listen der italischen Kaufleute auf Delos belegt wird. Die relative Starrheit der Wirtschaft dieser Zonen ältester städtischer Zivilisation findet ihre Entsprechung im sozialen Bereich: Die führenden Oligarchien jener Städte sind sehr klein, und die römische Eroberung hat zudem praktisch den Großteil der urbanen wie der agrarischen Mittelschichten ausgelöscht, eine Tatsache, die denjenigen Archäologen, welche in Süditalien arbeiten, wohlbekannt ist. Die kleineren Landgüter und Wohnhäuser Apuliens, Lukaniens und Bruttiums, die am Übergang vom 4. zum 3. Jh. v. Chr. dort in großer Zahl geblüht hatten, verschwinden nämlich schon im 3. Jh. auf drastische Weise und hinterlassen in all jenen Territo-

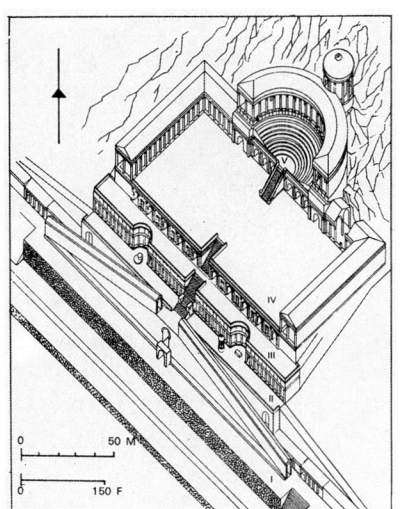

Abb. 6 Praeneste, Fortuna-Heiligtum, axonometrische Ansicht (Torelli)

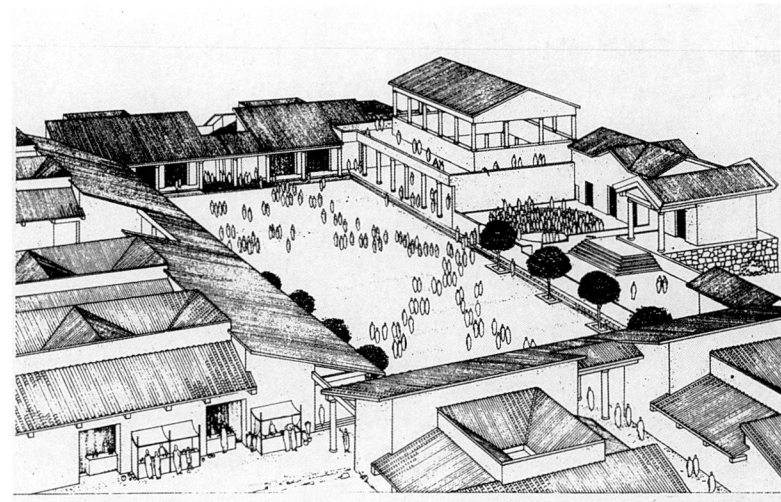

Abb. 7 Cosa, das Forum in der späten Republik (Torelli)

rien eine breite Lücke. Der latente oder offene Konflikt auf lokalem Niveau zwischen Aristokratie und urbanen und agrarischen Mittelschichten wird von Rom zugunsten der ersteren gelöst, die Aristokratien werden auf eng umgrenzte Oligarchien reduziert. Auf diese Weise bleibt ein archaisches oder doch jedenfalls starres soziales und wirtschaftliches Grundmuster erhalten bzw. wird wiederhergestellt: Es ist kein Zufall, daß in dieser Zone die *villa rustica* bis ans Ende der augusteischen Zeit eine völlig unbekannte Erscheinung bleibt, wie wir sehen werden, sowie daß die handwerkliche Produktion sich als Fortsetzung einer ermüdeten und verarmten vorrömischen Tradition darstellt und ihr Interesse in ebenfalls traditioneller Weise auf Grabbauten konzentriert.

Eine dritte Wirtschaftsregion ist das Gebiet der *socii*, das mit den Zonen der frühesten Entwicklung Altitaliens in direktem Kontakt steht: Es handelt sich hier um die pikenischen, umbrischen und samnitischen Territorien, die sich an Etrurien, Latium und Kampanien anschließen. In dieser Zone hatte das urbane Phänomen mit seinen sozio-ökonomischen Wurzeln in der Landwirtschaft sowie seinen handwerklichen und merkantilen Folgeerscheinungen eine relativ junge Geschichte, die ungefähr am Übergang vom 5. zum 4. Jh. v. Chr. beginnt. In diesem Gebiet sind uns bisher zu wenige Zentren hinreichend bekannt, als daß wir die Wirkung der Romanisierung im Laufe des 2. Jhs. v. Chr. tatsächlich beurteilen könnten. Offensichtlich ist jedenfalls, daß diejenigen Zonen, die mit dem Zentrum der Entwicklung in sehr engem Kontakt stehen, wie etwa die umbrischen Territorien mit ihrer Verbindung zum Tibertal und damit zu Rom oder das den fruchtbaren Ebenen Kampaniens benachbarte sidizinische und hirpinische Gebiet, eine leidliche sozioökonomische Vitalität zeigen, welche durch reiche Gräber − ich denke hier an einige umbrische, sabinische und pälignische Nekropolen − sowie durch eine schnellere urbane Entwicklung in Verbindung mit einer häufig oberflächlichen ‚Selbstromanisierung‘, die der politischen Anpassung an Rom dient, belegt wird. Beispielhaft ist der Fall von Bantia, einem Ort an der Grenze zwischen Apulien und Lukanien, der sich gegen Ende des 2. Jhs. v. Chr. eine nach dem Vorbild der latinischen Kolonien kopierte Verfassung gibt und dessen Siedlungsbild gleichzeitig erstmals urbane Formen annimmt: Der soziale Aufstieg der lokalen Aristokratien kann nur durch die formalen Kategorien der *urbanitas* geschehen, die bisher kaum erreicht oder auch nur in Andeutungen gestaltet war, selbst wenn diese Aristokratien häufig nur über beschränkte ökonomische Mittel verfügten. Es erübrigt sich, festzustellen, daß in diesen Gebieten die Sklavenhaltervilla nicht vorkommt und im Gegenteil sogar einige Beweise für die Existenz freier landwirtschaftlicher wie städtischer Arbeitskräfte vorliegen, etwa in der Form von mittelgroßem Landbesitz und Zeugnissen für bescheidene handwerkliche Aktivitäten, deren Produkte hauptsächlich für den Eigenkonsum bestimmt sind. Bisweilen kommt es dort, wo eine engere Verbindung zum Zentrum der Entwicklung in Latium besteht, zur handwerklichen Produktion von Gegenständen, die größere Verbreitung finden, wie im bekannten Fall der in Mevania und Ocriculum hergestellten italomegarischen Keramik mit der Signatur des Popillius, die im Tibertal ein bequemes Mittel der Verbreitung findet und offensichtlich vor allem in die Zentren Latiums und Kampaniens verhandelt wurde. Die oft sehr begrenzten Dimensionen der städtischen Zentren des Gebiets stehen im Gegensatz zu ihrer Dichte (die immer von den Bedingungen abhängt, welche eine Entwicklung der Landwirtschaft begünstigen) auf eng umgrenzten Territorien, wie beispielhafte Fälle in Umbrien und Pikenum uns lehren, wo wir bis zu 8 Municipien auf einer Fläche von wenig mehr als 200 km^2 kennen. Dies läßt vermuten, daß der Anstoß zur Urbanisierung von einzelnen aristokratischen Gruppen ausgeht, welche sich jeweils um einen der späteren Stadtkerne herum niederlassen. Auch hier zeigt sich also das Bündnis zwischen Rom und den lokalen Führungsschichten als Faktor von herausragender und zentraler Bedeutung für die weitere Entwicklung.

Auf dem niedrigsten Niveau dieser ‚Entwicklungshierarchie‘ stehen die eigentlich apenninischen Territorien, die inneren Gebiete Umbriens und der Marken, die gebirgigen und unwegsamen Zonen Lukaniens und Bruttiums sowie die dazwischenliegenden Wohngebiete der samnitischen Stämme des eigentlichen Samnium. Schon traditionell ein unterentwickeltes Gebiet, von dem die archaischen Wanderbewegungen Italiens ausgingen, die dem religiösen Modell des *ver sacrum* folgten und von den geringen örtlichen Ressourcen motiviert waren, hat diese Region jahrhundertelang von der Weidewirtschaft (sowie von den mit der Wirtschaftsform des Hirtentums verbundenen räuberischen Beutezügen) gelebt. Ihre Siedlungsformen waren *vicus* und *pagus*, die der urbanen Siedlungsweise diametral entgegengesetzt sind und deren politische Modelle auf Aristokratien tribalen Typs beruhen. Es ist dies das Gebiet, welches durch die Phase der Eroberung am stärksten geschädigt wurde. Hier entstanden ‚Reservate‘, von latinischen Kolonien und Viritandeduktionen im Auge behalten. Die wenigen fruchtbaren Talgebiete wurden von Rom annektiert und die überlebenden Stämme immer weiter in die unwirtlichen Bergregionen abgedrängt. Auch hier wurden die traditionellen Aristokratien im Laufe der Kriege des 3. Jhs. v. Chr. drastisch verkleinert und in ihren ökonomischen Möglichkeiten beschränkt: Wie aus dem Senatorenverzeichnis des 1. Jhs. v. Chr. nach dem Ende des Bundesgenossenkrieges hervorgeht, stammt aus dem Territorium eines einzelnen Stammes oder aus einer der paganovicanischen Untereinheiten desselben oft nur eine einzige Familie senatorischen Ranges, eine Tatsache, die zeigt, wie stark die soziale Spitze zwischen dem 3. und dem 2. Jh. v. Chr. verschmälert wurde. Es ist daher fast überflüssig, darauf hinzuweisen, daß in diesen Regionen eine Produktionsweise, die auf Sklavenhaltung basiert, unbekannt ist und ihre ökonomische Grundeinheit, die produktive *villa rustica*, nicht vorkommt und auch in der weiteren Geschichte nicht vorkommen wird. An ihrer Stelle steht die archaische Struktur des *vicus*: *vici... appellari incipiunt ex agris, qui villas non habent, ut Marsi aut Peligni* («*vicus* werden die Gebiete genannt, in denen es keine Villen gibt, wie etwa die marsischen und pälignischen Gegenden»), notiert das Lexikon des Festus (p. 502 L). Auch die Ausbeutung der Viehherden, traditionelles Produktionsmittel der Region und gleichzeitig Instrument der Akkumulation, wird für die höher entwickelten Gebiete interessant und zum Teil ihrer direkten Kontrolle unterworfen, da sie dem begünstigten agrarischen Grundbesitz weitere Möglichkeiten der Diversifizierung von Investition und Produktion bietet, welche in die vorherrschende landwirtschaftliche Aktivität auch als Saisonarbeiten leicht integriert werden können, wie Varro uns lehrt. Ebenso attraktiv für die Protagonisten der Entwicklung waren die Ausbeutung der Ressourcen der Wälder und die Forstwirtschaft: Die Wälder des Apennin sicherten die ständige Versorgung mit Holz für den Bau von Kriegs- und Handelsschiffen in einer bislang unbekannten Intensität.

Das Bild der Wirtschaft der Halbinsel ist das eines Produktionssystems, welches zwar äußerst komplex ist, sich aber der Logik der Ausbeutung, die der Imperialismus Roms ihm aufdrängt, vollkommen anpaßt. Im Zentrum der Entwicklung sammelt sich der größte Teil der Ressourcen, die aus dem Raub von Geld und Arbeitskräften im Verlauf der römischen Eroberung des 2. Jhs. v. Chr. stammen. Diese Ressourcen werden zum Teil in neue produktive Investitionen in die Landwirtschaft und in deren Nebenaktivitäten, welche von vornherein durch immer ‚wissenschaftlicheren‘ Einsatz von Sklaven entwickelt worden waren, umgewandelt, zum Teil für Luxus ausgegeben, von den *ludi* angefangen bis zu öffentlichen und privaten Luxusbauten, die das System für seine politische (und ökonomische) Reproduktion benötigt. Immer spärlichere Rinnsale dieses Zustroms an Reichtümern fließen in die Territorien der *socii*, und zwar in einem Maße, das der politischen (und ökonomischen) ‚Nähe‘ zum Herzen der Halbinsel, welches die *urbs* repräsentiert, und zum erreichten Entwicklungsniveau direkt proportional ist. Daraus folgt, wie schon gesagt, daß von vornherein hoch entwickelte Gebiete sich immer weiter fortentwickeln, während von vornherein marginale Territorien und Gruppen immer weiter an den Rand gedrängt und untergeordnet werden. Innerhalb der oben beschriebenen geographischen und politischen Grenzen existiert also eine herrschende Produktionsweise, die sich mit der Sklavenhaltung identifiziert und die größtenteils von Rom kontrolliert wird. Diese bedient sich der Reste älterer Produktionsformen in den übrigen Gebieten der Halbinsel, deren Unterlegenheit (und deren potentieller wie tatsächlicher Reichtum) dem dort in der vorrömischen Zeit erreichten Entwicklungsniveau proportional ist und eine deutliche Tendenz

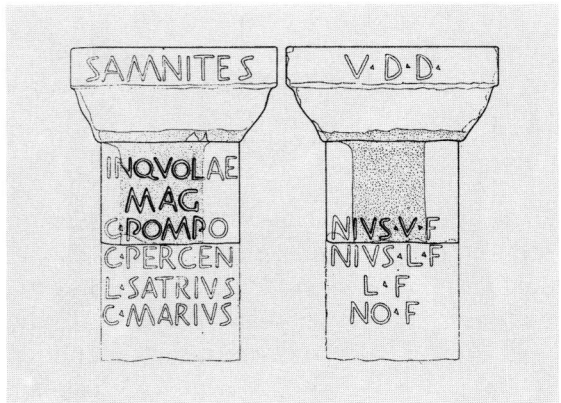

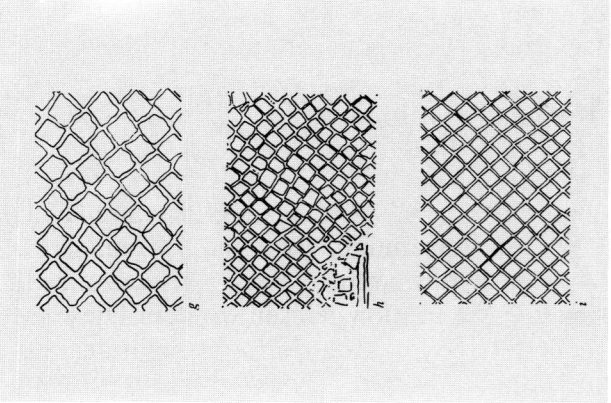

Abb. 8   Aesernia Venafrum, Inschrift der Samnites
inquolae (Torelli)

Abb. 10   Beispiele von *opus reticulatum* (Torelli)

zeigt, zu wachsen, je mehr die Dominanz der höher entwickelten Produktionsformen sich durchsetzt.

Auf politisch-sozialer Ebene wird das Funktionieren dieser heiklen Beziehung zwischen der herrschenden und den untergeordneten Produktionsweisen um so besser gesichert, je vollkommener die soziale Kontrolle ist, welche die herrschenden Gruppen − repräsentiert durch die hauptstädtische Aristokratie mit ihren öffentlichen und privaten Beziehungen zu den lokalen Aristokratien − über die untergeordneten Schichten der *urbs* wie der latinischen und italischen *socii* ausüben. Es ist bekannt (und unnötig, hier an die politischen Ereignisse des 2. und 1. Jhs. v. Chr. zu erinnern), daß sich diese Kontrolle im Verlauf der letzten Jahrzehnte des 2. Jhs. v. Chr. mit dem beispielhaften Fall Fregellaes und dem Bundesgenossenkrieg zunehmend lokkert, als das Problem des Bürgerrechts, das mit der Agrarfrage und der Behauptung der wirtschaftlichen Macht der *equites* eng verflochten ist, zum Streitobjekt der römischen Politik wird. In dieser Hinsicht ist es interessant, zwei Elemente hervorzuheben, die aus der archäologischen Dokumentation klar hervorgehen und die daher im vorliegenden Beitrag, welcher sich den spezifisch archäologischen Aspekten der ökonomisch-sozialen Frage widmet, erwähnt werden sollen. Ein erstes Element ist durch die Krise des sozialen Gleichgewichts der mittleren Republik gegeben, die sich in den Jahren zwischen 130 und 90 v. Chr. anhand zahlreicher Fakten deutlich verfolgen läßt. In diesen 40 Jahren werden die Probleme spürbar, deren Grundstein schon in den ersten Jahrzehnten des Jahrhunderts gelegt wurde, nämlich die Krise der Formel der latinischen und römischen Kolonisation (und folglich des kleinen bäuerlichen Grundbesitzes), das Wachstum der urbanen *plebs* und die dramatische Bewegung äußerst zahlreicher Gruppen entlang des Weges, der durch die von Rom durchgesetzte Staffelung der politischen Rechte vorgezeichnet ist. Diese Bewegungen werden anhand der wiederholten Vertreibung von Latinern aus Rom (in den Jahren 187, 177, 126 und 122 v. Chr.), der Präsenz von *Samnites inquolae* in Aesernia (CIL I² 3020; Abb. 8) oder der Einwanderung von gut 4000 Familien italischer *socii* nach Fregellae im Jahr 177 v. Chr. deutlich. Ingesamt vollzieht sich eine breite demographische Bewegung innerhalb verschiedener subalterner Schichten, in der sehr deutlich die oben angesprochene Krise der sozialen Kontrolle zum Ausdruck kommt: Im archäologischen Bereich wird dies dokumentiert durch die Verarmung der Randgebiete der höher entwickelten Regionen. Einer von vielen Beweisen dafür ist der Niedergang vieler Wohngebäude der Mittelschicht und der oberen Mittelklasse in Fregellae, der durch deren Umwandlung in *fullonicae* und Gerbereien bezeugt wird, offensichtlich eine Folge der Einwanderung jener 4000 samnitischen und pälignischen Familien in die Stadt.

Das zweite Element bieten uns die ungeheuren Anstrengungen aktiver Anpassung an urbane Modelle, die gegen Ende des 2. Jhs. v. Chr. in ganz Italien spürbar werden, als fast jeder Winkel der Halbinsel, von der kleinen bantinischen Gemeinde, die eine künstliche Urbanisierung nach römischem Vorbild einleitet, bis zu Praeneste, wo kolossale Bauten errichtet werden, auf die von der Hauptstadt ausgehenden Anstöße reagiert und sich in öffentliche Bauvorhaben stürzt, die häufig im Verhältnis zu den tatsächlichen wirtschaftlichen Möglichkeiten der einzelnen lokalen Gesellschaften überdimensioniert sind. Alle diese Projekte dienen jedoch auf gewisse Weise dem Zweck, altehrwürdige Orte von lokalgeschichtlicher Bedeutung aufzuwerten, besonders angesehene alte Heiligtümer, oder durch den Bau von Theatern, Basiliken und Versammlungsorten die *urbanitas* der Beteiligten zu bezeugen, um diese sozial aufzuwerten. In rein anthropologischen Termini kann dies als ein Beweis der Resistenz und der Gegenakkulturation gelesen werden. Diese Interpretation ist zwar in gewisser Weise wahr und nicht zu leugnen, aber sie reicht nicht aus, um all jene Erscheinungen zu erklären: Wenn wir etwa am wichtigsten Fernverkehrsweg durch Samnium eine *domus* mit polychromen Mosaiken (Abb. 9) sowie eine *fullonica* entstehen sehen, vergessener Kern des späteren Municipiums Saepinum, so müssen wir einen spezifischen wirtschaftlichen Anstoß voraussetzen, durch den die Residenzen der samnitischen Großaristokratie in den auf den Berggipfeln gelegenen *oppida* obsolet werden, einen Anstoß, der diese Aristokratie statt dessen ins Tal drängt, wo sie in direktem Kontakt mit der Hauptquelle ihres Wohlstandes, den Viehherden, und mit den großen Verbindungswegen steht, die für die ökonomisch-militärischen Ziele Roms zunehmend wichtiger werden. Der Druck, den die *urbs* ausübt, kann also nicht allein auf politischer und

Abb. 9   Sepinum, polychromes Mosaik unter der Basilica (Torelli)

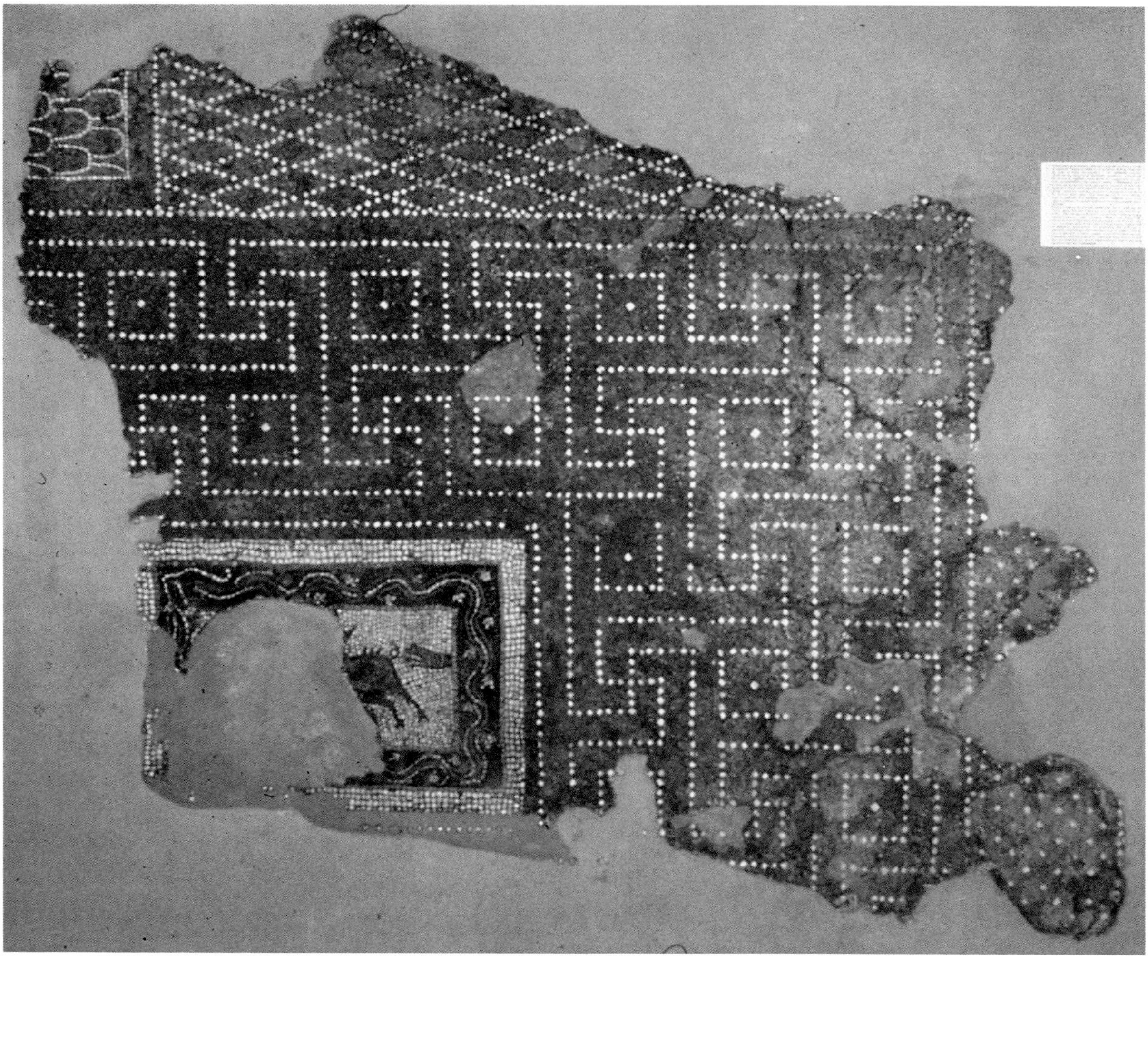

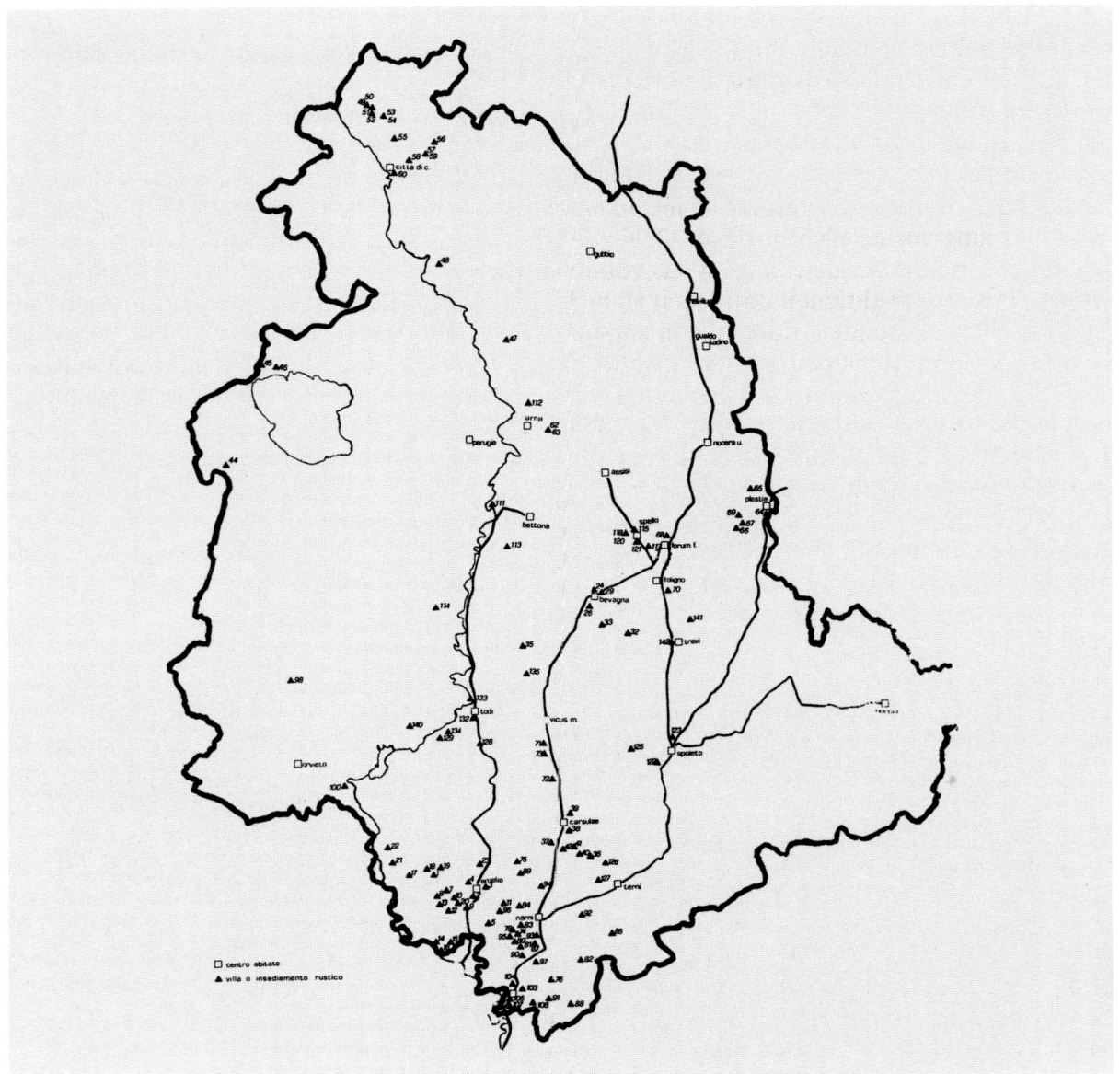

Abb. 11   Verbreitungskarte: *villae* in Umbrien (Torelli)

ideologischer Ebene abgeleitet werden, sondern prägt auch einen genau umrissenen Bereich der Wirtschaft. Auf der anderen Seite wird gleichzeitig auch die wirtschaftliche Entwicklung Roms stärker eingeengt, und das ‚catonische‘ Modell der *villa rustica* verliert langsam an Gewicht zugunsten eines ‚varronischen‘ Mustergutes, das schließlich im letzten Jahrhundert der Republik vorherrscht. Die Entwicklung der *pars urbana* zum Zweck des *otium* des *dominus* im Rahmen dieses Modells, die neben den Bereich der *fructuaria* tritt, zeigt, daß die führende Elite neue ethisch-politische Modelle entwickelt und imstande ist, das gefährliche Zutagetreten des ökonomischen Elementes innerhalb von Schemata zu absorbieren und zu kontrollieren, die von der alten aristokratischen Geisteshaltung akzeptiert werden können. Auf derselben Linie liegt das zunehmende Vorkommen des *opus reticulatum*, dessen erste Beispiele in der *urbs* eben an das Ende des 2. Jhs. v. Chr. zu datieren sind (Abb. 10), ebenfalls ein Hinweis auf einen Anstoß zur Rationalisierung, zu der die Kombination von Sklavenhaltung und *luxuria* zwingt.

Wenn wir uns nun dem Ziel unserer Darstellung zuwenden, der augusteischen *tota Italia*, so erscheint das Panorama zumindest an der Oberfläche gewandelt. Während des gesamten

1. Jhs. v. Chr. scheint sich das Modell der *villa rustica* auf der ganzen Halbinsel ungemein verbreitet zu haben. Neuere Untersuchungen haben gezeigt, daß *villae rusticae* besonders im späten 1. Jh. v. Chr. auch in Gebieten auftauchen, in denen sie bisher unbekannt waren, wie etwa in Etrurien, Umbrien, Pikenum, dem kampanischen Binnenland sowie vor allem entlang der Küsten der gesamten Halbinsel (Abb. 11). In Verbindung damit finden mehr oder weniger luxuriöse *partes urbanae* sowohl in solchen neuen als auch in zahlreichen anderswo bereits bestehenden Villen Verbreitung. Eine parallele Erscheinung von großer Bedeutung ist die Verstädterung vorher nicht-urbaner Gebiete: Die Verbreitung von Municipien in Italien, das heißt die ‚formale‘ Angleichung an das von Rom vorgestellte Modell der Stadt ist auch in den weiten Gebieten traditionell dörflichen Habitats mit einer Operation von starker ideologischer Konnotierung verbunden, durch die in anderen Worten die eigentlichen wirtschaftlichen Möglichkeiten dieser Regionen vergewaltigt werden. Aber wenn wir diese Realität der Angleichung tiefer gehend überprüfen, bemerken wir, wie wenig realistisch dieser Versuch, gleichzeitig die Formen der ‚varronischen‘ Sklavenhaltung und das urbane Modell, die offenbar als voneinander abhängig verstanden werden, zu verbreiten, auf ökonomisch-sozialer Ebene in Wirklichkeit war. Die Verbreitung der mit Sklaven betriebenen Villa muß zwangsläufig der Logik der engen Beziehung folgen, welche zwischen der Lage der Villa, der Eignung des Bodens für den Anbau der bevorzugten Produkte sowie der Verkäuflichkeit dieser Produkte besteht. Nicht weniger wichtig sind jedoch tatsächlich die der Villa eignenden Möglichkeiten der *urbanitas*, die Frage also, ob die *pars dominica* vom ethisch-politischen Modell des *otium* aus gesehen ‚bewohnbar‘ ist, inwieweit in der Villa die gewünschten angenehmen Bedingungen für den Aufenthalt des *dominus* gegeben sind und ob das *praedium* leicht erreichbar ist. Daher erklärt sich die Verbreitung von Villen an der Küste oder in der Nähe von Wasserläufen, die wenigstens einen Teil des Jahres über schiffbar sind, die Wahl von angenehmen und suggestiven Plätzen auf Hügeln und am Meer, die geeignet sind − wenn auch nur theoretisch −, mit den großen *villae* des *otium* der senatorischen Aristokratie im römischen Suburbium wetteifern zu können, wobei ‚Suburbium‘ sowohl die tyrrhenische Küste in nächster Nähe Roms, von Südetrurien bis Latium und Kampanien, als auch das römische Hinterland zwischen dem Gebiet von Capena und Veji, der Sabina und dem hügeligen *Latium vetus*, zwischen Tusculum und Antium, Tivoli und Praeneste bezeichnet. Aber diejenigen Beispiele dieses Villentyps, die am weitesten abgelegen sind, haben den Beigeschmack von ‚Kathedralen in der Wüste‘, in ihrem Hinterland kommt das System der Sklavenhaltung überhaupt nicht vor, und die Waren, die in den Villen oder allgemeiner im Kerngebiet der herrschenden Produktionsweise hergestellt werden, sind nicht im Umlauf. Deutlich ist jedoch, daß hier die Reste älterer Produktionsformen trotz deren Verarmung während zweier Jahrzehnte ökonomischer Fremdbestimmung weiterleben: Ich denke hier an die Villen der bruttischen und apulischen Küste, in deren Hinterland Formen des Großgrundbesitzes vorherrschen, welche schon seit langem bestehen, oder auch an Villen, die mehr oder weniger vereinzelt mitten in Gebieten entstanden sind, die traditionell der Weide- oder Forstwirtschaft verschrieben waren, wie Samnium und Lukanien. Dasselbe gilt für Villen in Regionen, die immer noch hartnäckig an Wirtschaftsformen auf der Basis von kleinstem Grundbesitz und freien Arbeitskräften festhalten, wie Umbrien oder das Pikenum, wo der Drang zur ökonomischen Anpassung auf Produktionsformen trifft, die nicht nur ‚ewig‘ sind, weil sie aus einer uralten lokalen Ordnung heraus funktionieren, welche ganz oder beinahe unangetastet die Wirren der *civilia bella* überstanden hat, und weil sie sich der Beschaffenheit des Bodens auf das vollkommenste anpassen, sondern auch, weil sie seit langer Zeit fest in jene schwierige Beziehung zwischen der auf Sklavenhaltung basierenden Produktionsweise und älteren Formen der Produktion eingebunden sind, häufig sogar zum Vorteil für diejenigen, die direkt oder indirekt diese beiden Produktionssysteme kontrollieren.

Mit dem Beginn der augusteischen Zeit, also am Übergang zwischen dem dritten und dem letzten Viertel des 1. Jhs. v. Chr., wird mit anderen Worten die weiteste Verbreitung der Formen der Sklavenhaltung erreicht, die in Italien überhaupt möglich ist. Ausgehend von Latium

und Kampanien, den Ursprungsgebieten dieser Wirtschaftsformen, verbreitet sich die Sklavenhaltung vor allem entlang der Küsten und Wasserläufe in Richtung auf jene Regionen, in
denen ältere Produktionsformen vorherrschen. Sie siedelt sich punktförmig auf bevorzugtem
Terrain an und bezeugt – wie etwa in dem neuerdings festgestellten Beispiel der Villa der
Neratier bei Sepino –, daß die Integration der lokalen Aristokratien in den Gotha Roms vollzogen ist. Die ökonomische Stärke des Modells der Sklavenhaltung läßt sich auf gewisse Weise
durch die Verbreitung der Bauweise in *reticulatum* darstellen, das in dem mehrmals angesprochenen historischen Kerngebiet der Entwicklung gut bezeugt ist, wo es fast durchgängig verwendet wird, außerhalb dieser Zone hingegen genau wie die Sklavenhaltervilla nur vereinzelt
vorkommt. Die Technik des *reticulatum* ist mit hohem Prestige verbunden, und sie wird daher
in bestimmten öffentlichen und privaten Bauten von hoher Bedeutung eingesetzt. Der Kreis
von ideologischen Formen der *urbanitas* und produktiven Formen der Villa schließt sich also,
Hauptbeweisstück für die gegenseitige Abhängigkeit von Ideologie und ökonomischer Basis.
Es zeigt sich hierin, daß die vorwärtstreibende Kraft der sklavenhaltenden Produktionsweise
sich inzwischen praktisch erschöpft hat. Nach der Zeit des Augustus gelingt es dieser Wirtschaftsform nicht nur nicht mehr, sich weiter auszubreiten, sondern sie fällt in zunehmendem
Maße wieder in sich zusammen und paßt sich im Laufe des 1. Jhs. n. Chr. durch die Aufgabe
sowohl von Ländereien als auch von wichtigen Produktionszweigen (beispielhaft hierfür ist
auch die Geschichte der aretinischen Keramikproduktion) an Formen des Großgrundbesitzes
an. Diesem Niedergang steht die kontextuelle Aufwertung der östlichen und westlichen Provinzen gegenüber, die schließlich dazu führt, daß die vordem herrschende Produktionsweise
sich in eine subalterne und veraltete verwandelt.

Interpretiert man diese ganze Entwicklung vom archäologischen Standpunkt aus, so kann
dies nur zu einem Schluß führen: Was die Wirtschaftsformen an sich betrifft, so war die ‚römische Revolution‘ nicht nur keine Revolution, sondern wenn überhaupt die Endphase einer kontinuierlichen Entwicklung, die sich über mehrere Jahrhunderte erstreckte, einer Entwicklung,
die im selben Augenblick, als sie ihre weiteste Verbreitung auf der italischen Halbinsel und
ihre größte ‚Rationalisierung‘ erreicht sowie die Reste älterer Wirtschaftsformen weitestgehend
integriert hatte, spürbar aufgehalten wurde, Vorzeichen eines immer deutlicheren Niedergangs, der schon wenige Generationen nach Augustus einsetzte.

Die augusteische Zeit fällt eindeutig mit einer sozioökonomischen Phase zusammen, in der
während eines historischen Augenblicks der Antike die Bedeutung eines zentralen Themas der
heutigen Wirtschaftswissenschaft mit Händen zu greifen ist, nämlich das der Grenzen des
Wachstums.

Von der *luxuria* zur *pietas:* Verdrängung und Sublimierung

Auf sozialgeschichtlicher Ebene hat die feinfühligere historische Forschung die Dynamik
des sozialen Aufstiegs sowohl in prosopographischen als auch in quantitativen Termini klar
herausgestellt. Ebenso deutlich hat sie die sozialpolitische Bedeutung des Konflikts, der das
Italien des 1. Jhs. v. Chr. von Grund auf veränderte, sowie die Interdependenz einiger ökonomischer Kategorien wie der monetären mit herrschenden sozialen Formen und Verhaltensweisen wie der Wohltätigkeit herausgearbeitet, um von den am besten erforschten Themen der
politischen Geschichte von der Zeit der Gracchen bis zur augusteischen Periode gar nicht zu
reden, die von verfassungsrechtlichen Fragen bis zu den Problemen reichen, die mit der spätrepublikanischen Ständegesellschaft verbunden sind.

Alle diese Elemente stehen uns inzwischen jedenfalls in Umrissen zur Verfügung, und die
augusteische Politik mit allen ihren Bestandteilen geht nun aus einer gekonnten Alchemie formaler republikanischer Restauration und versteckter monarchistischer Innovation hellenistischen Beigeschmacks hervor, was hier nicht wiederholt zu werden braucht. Aufgabe des
Archäologen ist es höchstens, immer aus der oben angesprochenen Optik seines spezifischen

Gebiets heraus zu versuchen, diejenigen Teil der archäologischen Dokumentation ans Licht zu rücken, die geeignet sind, jene Bestandteile der augusteischen Politik klarer zu definieren.

Wir kennen inzwischen die Rolle der *luxuria*, des üppigen und ungezügelten Luxus, in der wirtschaftlichen Entwicklung des spätrepublikanischen Rom sehr genau. Ebenso gut bekannt ist das zweideutige und schwankende Verhältnis der römischen Aristokratie zu dieser *luxuria* und zur *avaritia*, den ebenso ungezügelten Spekulationen der *equites*, *publicani* und *mercatores*, sowie zur *dignitas* als dem Bewußtsein des eigenen *status* in einer Gesellschaft, die auf den genau umrissenen Modellen der *ordines* beruht. Geld und Reichtum, welche die antike oligarchisch-aristokratische Gesellschaft immer schon als verbrecherische Macht erkannte, werden von den *patres* formal abgelehnt, tatsächlich aber in widersprüchlichen Formen erlebt. Einmal überträgt die Aristokratie Spekulation und Geschäftemacherei an untergeordnete Schichten, dann wieder verwaltet sie sie selbst auf mehr oder weniger versteckte Weise durch das Instrument der Klientel und der *amicitia*, das wegen des damit verbundenen politischen Prestiges eines *nobilis* würdig ist. Aber das Geld fließt nicht nur immer reichlicher in die Zwischenräume der sozialen Struktur der *ordines*, sondern es ist auch unerläßlich für den politischen Kampf und die gesamte Reproduktion der Gesellschaft, und zwar in derart hohem Maße, daß es zum unbewußten Instrument der täglichen Praxis, der Geisteshaltung und der Denkstrukturen wird. Einer der bedeutendsten Belege für diese versteckte Konditionierung der kollektiven Psychologie ist die Wandlung der städtebaulichen Praxis in der Zeit der späten Republik. Diejenigen latinischen Kolonien, die in der mittelrepublikanischen Epoche gegründet wurden, folgen in ihrem Grundriß durchgehend den Modellen und Schemata, die durch die griechische Urbanistik vorgegeben werden: Ihre städtebauliche Grundstruktur basiert nämlich auf einem orthogonalen Plan, dessen Grundeinheit langrechteckige *insulae* bilden, die *per strigas* in einem rechtwinkligen Straßennetz angeordnet werden. Grundlegend für eine solche urbanistische Konzeption ist die Beziehung zwischen den Abmessungen der *insula*, normalerweise 1 mal 2 oder 1 mal 3 *actus*. Seit der Neugründung der Kolonie von Parma im Jahr 190 v. Chr. und im folgenden nach und nach auch in anderen Koloniegründungen des 2. und 1. Jhs. v. Chr. sowie in den Städten der Cisalpina (aber nicht nur hier, wie das Beispiel von Ascoli Piceno zeigt), welche nach 89 v. Chr. als Municipien konstituiert werden, zeigt sich ein ganz neues städtebauliches Strukturmodell, das zwar immer noch auf einem rechtwinkligen Grundriß, nun aber auf quadratischen *insulae* aufgebaut ist. Die alte Hierarchie des Raumes, innerhalb derer sich die zentralen Elemente, das öffentliche des Forumsareals und das sakrale der Arx, auf den ersten Blick feststellen lassen, wird aufgehoben; der neue Schachbrettplan, hierarchisch neutral, ist sozusagen manipulierbar im Hinblick auf eine städtebauliche Ordnung, in der Öffentliches und Privates prinzipiell gleichgewichtig sind. Die alte urbanistische Konzeption offenbarte in voll-

Abb. 12   Plan von Verona (Torelli)

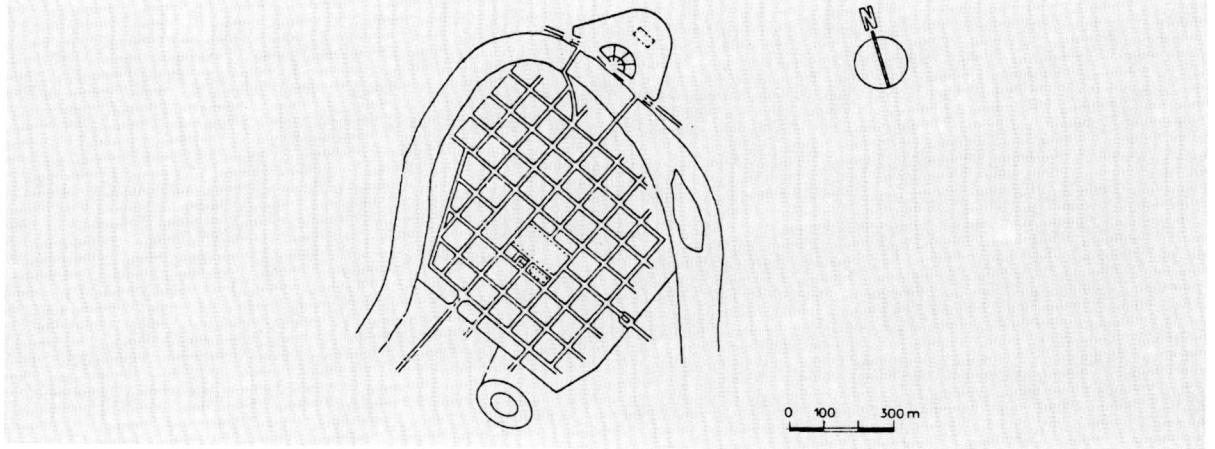

0   100   300 m

Abb. 13   Villa von Oplontis, Wand Zweiten Stils

kommener Weise das griechische Verhältnis zur Realität archaischen und klassischen Typs: Das Maß, als der Kanon der Beziehungen zwischen den einzelnen Gliedern verstanden, nimmt sich den Menschen und den menschlichen Körper zum Vorbild, so daß die Organismen — und die Stadt wird als solcher verstanden — Ergebnis einer rhythmischen Komposition vieler aristotelischer Einheiten, nämlich der *insulae* sind, von denen jede einzelne sich wiederum aus Teilen zusammensetzt, die untereinander in einer proportionalen und rhythmischen Beziehung stehen. Das neue Konzept der römischen Urbanistik, für das wir in der griechischen Welt nur spärliche und umstrittene Vorläufer kennen, ersetzt Rhythmus und Proportion — und letztlich den menschlichen Körper, der auf solchen Proportionen aufgebaut ist — durch die räumliche Recheneinheit des Quadrats, indifferentes und undifferenziertes Modul, tatsächlich ein ‚urbanistischer Fiche‘, aus dem sich eine Stadt zusammensetzen läßt (Abb. 12). Es ist nicht schwer, in dieser Veränderung eine ebenso direkte wie unbewußte Wirkung des Einflusses zu sehen, den die Wertmessung und folglich das Geld ausüben.

Aber das monetäre Element beeinflußte dort, wo es wirksam war, die kollektive Psychologie der späten Republik immer auf der Ebene des Unbewußten, in begrenzter Form und nur gelegentlich. Es genügt, hier die scharfsinnige Analyse des 4. Gedichts von Catull zu nennen, die T. P. Wiseman angestellt hat, eines Gedichts, dem die ganz und gar merkantile und monetäre Metapher des Abakus zugrunde liegt. Weiter vermochte die antike Kultur aus wohlbekannten strukturellen Gründen nicht zu gehen, und eben die Tatsache, daß das Modell des Schachbrettplans auf die Kolonien des Augustus (wie das Beispiel von Aosta zeigt) und seiner Nachfolger angewandt wurde, beweist gerade seine unbewußte Natur sowie die Grenzen monetärer Erscheinungen in einer Gesellschaft wie der des beginnenden Prinzipats, welche den verbrecherischen Werten der tieferen Wurzeln der *luxuria* sicher ablehnend gegenüberstand.

Wenn wir von der unbewußten Ebene zu den gesellschaftlich anerkannten ethischen Modellen übergehen, präzisiert sich uns die Bedeutung der augusteischen Restauration. Auch wenn wir uns auf klassische und geglückte Analysen in der Nachfolge von T. Veblen beschränken und uns auf die breite soziale Bedeutung der Zurschaustellung des Reichtums beziehen, stellt sich der augusteische Wandel um so mehr als eine Operation der Verdrängung und Sublimierung dar, welche einem Programm folgt, das sich fast aufs Jahr genau in die letzten 20 Jahre des 1. Jhs. v. Chr. datieren läßt. In der Zeit, in der die *luxuria*, die Sallust in dramatischen Farben geschildert hat, ihren Höhepunkt erreichte, also zwischen dem Ende des 2. und dem Beginn des 1. Jhs. v. Chr., als ganz Italien − wie wir gerade gesehen haben − ungeheure wirtschaftliche und politische Anstrengungen unternahm, erfährt die malerische Ausgestaltung der Wohnhäuser durch das Auftreten des sogenannten Zweiten Stils eine tiefgreifende Veränderung. Schon die weite Verbreitung des Ersten Stils im Verlauf des 2. Jhs. v. Chr. in Verbindung mit der Übertragung der griechischen Technik der Stuckinkrustation auf die rein malerische italische Technik macht deutlich, wie wichtig es für das Sozialprestige nicht nur der Aristokratie, sondern auch der Mittelklassen in den Zentren der höher entwickelten Gebiete der Halbinsel war, das Innere ihrer Häuser mit Imitationen kostbaren Marmors zu schmücken (Abb. 13). Nun ermöglicht der Zweite Stil es jedoch, den Prunk und die Reichtümer, welche die herrschende Klasse angehäuft hat oder doch zumindest begehrt, durch die Gestaltung von Scheinarchitekturen hellenistischer Paläste darzustellen, innerhalb derer gemalte Abbilder kostbarer Gegenstände nach und nach immer häufiger werden: auf den Sockeln ‚vergessenes‘ Silberzeug (Abb. 14), an den Architraven aufgehängte Waffen aus edlem Metall, mit Früchten gefülltes Glasgeschirr zwischen mit Gold und Bronze verkleideten Säulen. Die Illusion von Überfluß und Pracht, von der diese Scheinarchitekturen erfüllt sind, welche auf den Wänden der Atrien, Tablinien und Cubicula die Ansichten von *regiae*, *urbes* und *horti* erstehen lassen, wird auf

Abb. 14   Wandmalereien aus dem Grab des Vestorius Priscus (Torelli)

paradoxe Weise als ‚wirklich' verstanden. Die malerische Fiktion ist ‚wirklich', insoweit als sie dazu bestimmt ist, Szenarien des Reichtums zu präsentieren, dessen Existenz zwischen jenen Wänden dem Betrachter bewußt sein soll und tatsächlich ist. Die Herkunft dieser Kulissenwelt aus dem Bereich des Theaters ist gleichzeitig zwangsläufig und beabsichtigt: Zwangsläufig nicht allein, weil diese Malereien offensichtlich anfangs von denselben Werkstätten ausgeführt wurden, die auch die Kulissen der *scaenae frontes* für die immer wieder aufgeführten *ludi thymelici* fertigten, sondern auch, weil eben diese *ludi* und *pompae* die einzige Gelegenheit für eine ‚legitime' Zurschaustellung von Prunk abgaben (es genügt, hier an den Luxus der provisorischen Bühne des Theaters des Scaurus oder des Pompeiustheaters zu erinnern). Die neuen ‚häuslichen Szenographien' können den gedanklichen Verweis auf ihre Vorbilder aus der Theaterwelt nicht vermeiden, doch dieser Verweis ist gewollt, nicht nur, weil das herrschende intellektuelle und formale Klima sich in ‚barocken' Formen ausdrückt, ebenso wie der Stil jener Darstellungen ‚barock' ist, sondern auch, weil man sich absichtlich in der häuslichen Sphäre auf die *luxuria publica* beruft, diejenige Form der Zurschaustellung des Reichtums, die im Theaterwesen den höchsten Koeffizienten der sozialen Aggregation erreicht. All dies ist Ausdruck der ‚studierten' Vermischung von Öffentlichem und Privatem, die das Verhalten und den Geschmack der sterbenden Republik kennzeichnet.

Mit dem Aufkommen des Dritten Stils zwischen 20 und 10 v. Chr. (Abb. 15), dem die augusteische Kultur die Aufgabe zuweist, die ‚Moral zu regenerieren', findet all dies fast unvermittelt ein Ende. Die *luxuria*, die zuvor jene realistische Kulissenwelt riesenhafter hellenistischer Palastarchitekturen füllte, wird nun im neuen Stil des Regimes verdrängt und sublimiert: Gold, Silber und kostbare Gläser erscheinen nicht mehr ‚wirklich', sondern als Bild im Bild, als kleine hellenistische *pinakia* mit der Darstellung von Stilleben, auf denen *obsonia* und Meisterstücke des *corinthiarius* und des *vitrarius* in epigrammatischer − daher erklärtermaßen literarischer, nicht realistischer − Form *xenia* und *apophoreta* ins Gedächtnis rufen. Solche Stilleben sind Idylle zwischen den Idyllen ‚sakraler' und bukolischer Landschaften, in hellenistischem Stil gemalte hellenistische *nugae*, die einen leidlichen Rahmen für die großen klassizistischen Gemälde abgeben, welche die beherrschende Stellung im Zentrum der neutralen Tapisserien des neuen Dritten Stils einnehmen. Die Verdrängung ist offenkundig: Die ‚realistische' Illusion von Architekturen und Reichtümern des reifen Zweiten Stils geht im Dritten Stil in die ‚reale' Illusion eines Spiegelspieles über, in dem eine unrealistische Architektur die ‚realistische' Täuschung des kleinen Gemäldes trägt, das als Bild im Bild den Reichtum nicht mehr tatsächlich darstellt, sondern ihn künstlich heraufbeschwört. *Beatus ille qui procul a negotiis...* («Glücklich der, der sich von den Geschäften fernhalten kann»), schreibt einer der Dichter des Regimes, und dies mit gutem Recht, wenn man bedenkt, wie sehr die augusteische *securitas* mit ihren Losungen *pax* und *concordia* die Verdrängung erlaubt und fördert. Die Operation, durch die die Mittelschichten für das Regime gewonnen werden, die zu Beginn der augusteischen Zeit nur langsame Fortschritte macht (wie das Überleben ‚barocker' Kulturformen, etwa des dorischen Gebälks augusteischer Grabdenkmäler in Mittelitalien belegt), ist schließlich doch gelungen, jedenfalls wenn man aufgrund der Verbreitung des Dritten Stils in unserer ‚bürgerlichen' Musterstadt Pompeji urteilt. Seit der augusteischen Zeit und bis in die julisch-claudische Periode bleibt die Zurschaustellung von Reichtümern dem untersten, neu hinzugekommenen Niveau dieser Mittelschichten vorbehalten, den neureichen Freigelassenen, die als Inhaber von ämterähnlichen Stellungen in den *collegia* der *seviri Augustales* und als *magistri vici* ebenfalls in zunehmendem Maße für den *consensus* wichtig werden und die sich für die Selbstdarstellung der Sprache der sogenannten ‚plebeischen Kunst' bedienen, wie sie die prahlerische Darstellung luxuriösen Silbergeschirrs in dem pompejanischen Grab des Vestorius Priscus illustriert.

Aber die Sublimierung, Folge der Verdrängung, hat zwei Seiten: Einmal die Flucht in die Idylle, unbestrittenes Reich der dekorativen Kunst von den Stuckarbeiten bis zu den Malereien der Wohnhäuser, von den *Amaltheia* und *nymphaea* bis zu den Dekorationsprogrammen von *xysti* und *gymnasia* der Villen, andererseits die *pietas*, die in besessener Weise die Vergangen-

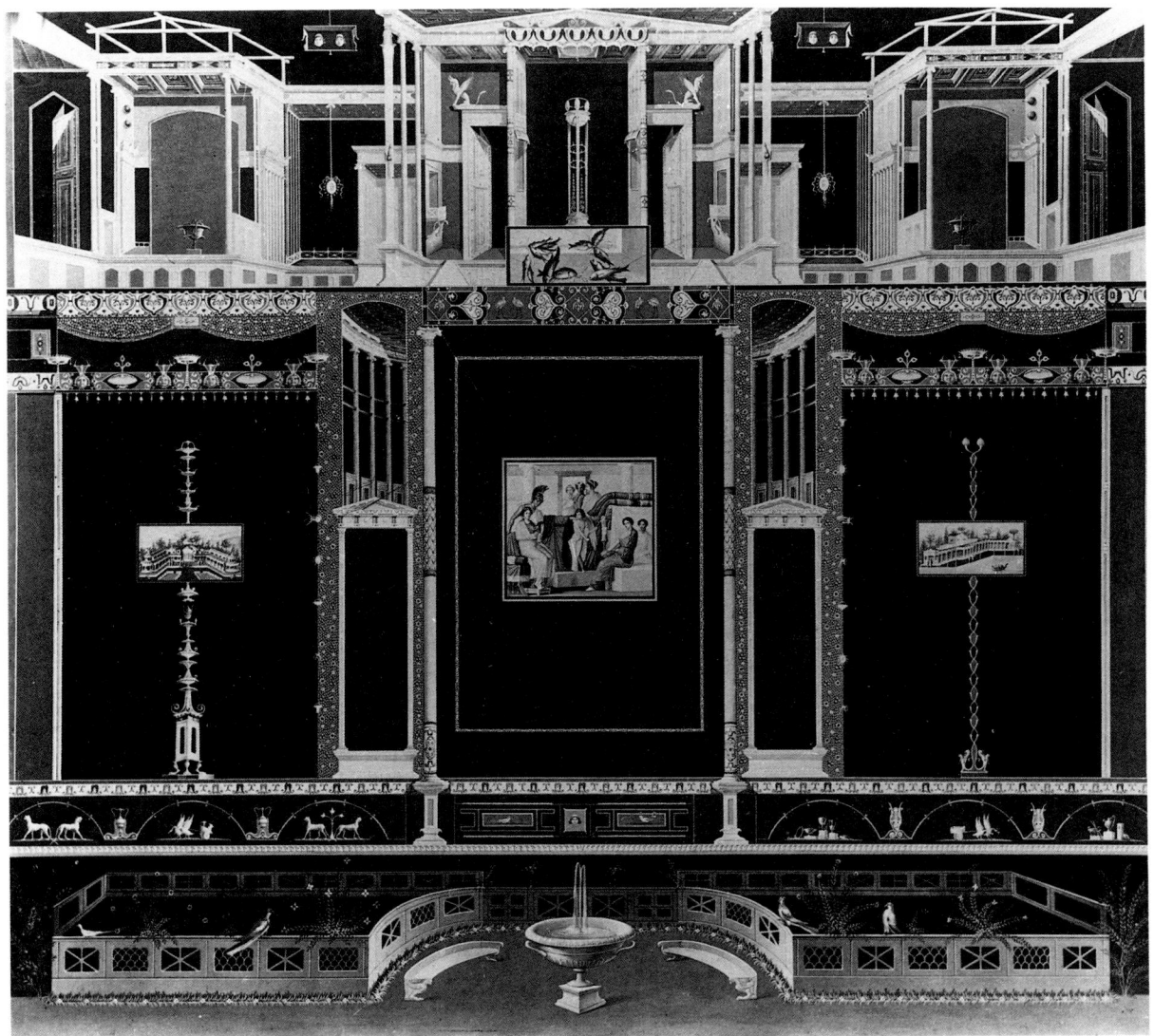

Abb. 15   Wand Dritten Stils (Torelli)

heit sowohl der griechischen Klassik als auch der römischen und italischen Vorzeit heraufbeschwört. Die klassisch-griechische und römische Vergangenheit stellen nun die Träger der
Sicherheiten und Überzeugungen dar, die durch die *civilia bella* so schwer erschüttert wurden,
die ethischen Modelle also, die durch den *mos maiorum* gefestigt oder von der neoklassischen
Kultur des griechischen Hellenismus bestätigt werden. Hierauf gründen sich die wiedererstan-
denen Überzeugungen des *novus ordo saeculorum* zusammen mit den Sicherheiten eines neu
errichteten *ordo rerum*, das heißt die der Realität der wiederaufgerichteten sozialen Hierarchie. Diese beiden Formen der Sublimierung hatten in Wirklichkeit eine eigene lange
Geschichte, die so alt ist wie die *luxuria*. Das hellenistische bukolische Idyll war schon Teil der
spätrepublikanischen Mentalität geworden, zuerst auf dem Gebiet der literarischen Kultur,
dann in der Bilderwelt, die durch jene kostbaren hellenistisch inspirierten Gegenstände vermittelt wurde, und schließlich in der Errichtung der spätrepublikanischen ,varronischen' Villen, bis
es schließlich in der Zeit des Triumvirats und am Beginn der augusteischen Epoche gewissermaßen ,kanonisiert' wurde und sich in dieser kanonischen Form von den höchsten Kreisen der
Gesellschaft ausgehend auch auf die Mittelklassen verbreitete. So zementierte diese Weltsicht
den *consensus* mit Hilfe einer doppelten Täuschung, der oberflächlichen Illusion durch die tatsächlichen idyllischen Inhalte der Bilderwelt einerseits und der tieferliegenden Illusion ande-

rerseits, die dazu führte, daß die Mittelschichten sich durch die Aneignung der Modelle der herrschenden Klasse mit den Spitzen der Gesellschaft identifizierten. Die Kultur der *pietas* war in den bereits angesprochenen dauernden Bindungen des *mos maiorum* bereits fest verwurzelt und schon immer in der aristokratischen Gesellschaft Roms verankert gewesen; dennoch ist jene automatische Anpassung an festgeschriebene Verhaltensregeln, die durch das Schema einer ununterbrochenen Tradition geregelt sind, welche sich im *mos maiorum* verkörpert, von der Sehnsucht und philologischen Nostalgie nach vergangenen Werten zu unterscheiden, die die Wurzel der augusteischen *pietas* bildet und in Wirklichkeit einen Bruch jenes überkommenen *mos* sowie das verzweifelte Bestreben impliziert, seine vergessenen Traditionen wiederaufzunehmen. Doch auch die Vorläufer dieser Form von *pietas* sind fest verankert in der geistigen Atmosphäre, aus der auch die *Origines* des Cato und die enzyklopädischen Studien Varros hervorgingen: Im Klima der verbrecherischen *luxuria*, in deren Gefolge *avaritia* und *sumptus* auftraten, hatten die nationalen Mythen und Riten für die Hauptpersonen des spätrepublikanischen Dramas eine bestätigende und tröstende Funktion, die gewisse Parallelen mit dem Wiederaufgreifen traditioneller hellenischer Mythen und Riten durch die Kultur der kallimacheischen *Aitia* aufweist, wie sie im Klima der Zerstörung überkommener Werte und des Triumphes des hellenistischen Luxus geschah.

Die Sublimierung hatte sich daher schon mitten im 2. Jh. v. Chr. angekündigt, und dies erklärt jene verbissene Wiederaufwertung der großen vaterländischen Traditionen Italiens, die zu den schon beschriebenen Neubauten lokaler Heiligtümer führte, welche vom späten 2. Jh. bis zur Mitte des 1. Jhs. v. Chr. von Latium bis Etrurien und von Samnium bis Lukanien ins Werk gesetzt werden: Diese Bauten implizieren eine nationale und soziale Identitätskrise (der einzelnen ‚Völker' Altitaliens sowie des Bewußtseins der eigenen Rolle der lokalen Aristokratien). Die augusteische Neuordnung, die leider bisher noch nicht in ihren Einzelheiten inventarisiert ist, scheint im Hinblick darauf bis ins letzte durchgestaltet zu sein: Kleine Heiligtümer wie jenes von Rossano di Vaglio in Lukanien oder das von S. Venera in Paestum werden nun restauriert und vergrößert, in Vergessenheit geratene Riten und soziale Formen wie die *praetura Etruriae* werden wiederaufgenommen. Aber wie tiefgehend diese Erscheinung ist, läßt sich auch aufgrund erstaunlicher Fälle abschätzen, etwa wenn in Tarent die Herstellung der traditionellen Totenmahlfiguren wiederaufgenommen wird, von Tonstatuetten für die Gräber der

Abb. 16 Grabmonument mit dorischem Fries (Torelli)

Abb. 17 Verbreitungskarte von Grabmonumenten mit dorischem Fries (Torelli)

Bürger also, die mit dieser Tradition längst nichts mehr zu tun haben. Neben die kollektive *pietas* gesellt sich die familiäre: Nicht nur die julischen Patrizier behaupten, göttlicher Abstammung zu sein, auch die *domus nobiles* der späten Republik und der augusteischen Epoche bemühen sich darum, ihre Geschlechter auf heroische oder königliche Ursprünge zurückzuführen, ein Vorgehen, das archäologisch durch die verschiedensten Dokumente bezeugt wird (Abb. 16.17); vom kolossalen Kenotaph des C. Memmius aus Terracina, das in Ephesos die *origines Troianae* seiner *gens* verherrlicht, bis zu den Heroenfiguren von Formiae, die vielleicht die mythische Genealogie des Lamos, eines Vorfahren der Aelii Lamiae, darstellen, vom rätselhaften corsinischen Thron, wahrscheinlich Symbol einer alten dynastischen Königswürde, die die etruskische Familie der Urgulania, der furchtbaren Freundin der Livia, einst innehatte, bis zu den Inschriften, welche die Vorväter der Spurinnae aus Tarquinia feiern.

Es ist offensichtlich, daß die Sublimierung natürlich mit Hilfe der *pietas* eine soziale Hierarchie wiederaufrichtet, in der die Logik der Kooptation der verschiedenen Abstufungen der wiederhergestellten *ordines* die verschiedenen Subjekte wieder in die Grenzen der Klasse einschließt, der sie angehören: jeder *ex forma sua*, um einen treffenden Ausdruck des späteren Fronto aufzugreifen. Die Überschreitung der durch diese *forma* festgelegten Grenzen war im Zeitalter der *luxuria* die Regel gewesen. Ein unbedeutender *mercator* in Delos konnte sich zu Beginn des 1. Jhs. v. Chr. in der heroischen Haltung einer ‚achilleischen Statue' darstellen lassen, und der mächtige Cartilius Poplicola, der zur Zeit des Triumvirats die politische Szene Ostias beherrschte, warf sich für eine Ehrenstatue in die Pose eines Poseidon-Alexander. Eine Standesperson des augusteischen Pompeji, M. Holconius Rufus, muß sich hingegen auf das Amt eines *tribunus militum a populo* berufen, um eine Panzerstatue zu erhalten, während das gängige Modell für Ehrenstatuen nun die mit der Toga bekleidete Figur wird, also die Darstellung des zu Ehrenden im Gewand des *civis*, das, wie wir wissen, dem Willen des Augustus zufolge für jeden Römer obligatorisch sein sollte. Wie alle Auszeichnungen *extra ordinem*, angefangen beim Triumph, werden jene Bildnistypen, welche die Regeln überschreiten, Erbe der *luxuria*, nun zum eifersüchtig bewachten Privileg der Dynastie, welche jedoch genau darauf achtet, die Darstellung ihrer Mitglieder geschickt in das Repertoire der offiziellen Ikonographie einzugliedern, wie die Typologie der Bildnisstatuen des Augustus und des Agrippa beweist (Abb. 18–22).

Auch wenn also die Verdrängung nicht für alle obligatorisch war, so wurde doch allen Gelegenheit gegeben, sich selbst mindestens scheinbar den Mitgliedern der dynastischen Spitze gleichzustellen. Daher erklärt sich die Erscheinung der bewußten ikonographischen (nicht nur stilistischen) Angleichung des privaten Porträts an das dynastische, die von P. Zanker so scharfsinnig untersucht worden ist, Kreuz und Entzücken aller Spezialisten auf dem Gebiet der Porträtkunst der römischen Kaiserzeit. Genau betrachtet ist dieses Phänomen ein weiterer greifbarer Beweis für die Konstituierung eines mächtigen historischen Blocks um die charismatische Figur des *princeps*; nachdem die *luxuria* beseitigt war, die soziale Mobilität erlaubt hatte, zementierte die *pietas* diesen Block, insofern als sie die Sublimierung des Systems paternalistischer Beziehungen erlaubte, dessen Spitzenstellung nun vom *pater patriae* eingenommen wurde.

Pax und *concordia:* Die Fundamente des historischen Blocks

Voraussetzung dafür, das gefährliche Zutagetreten der Tauschwerte durch traditionelle und traditionalistische Werte ersetzen zu können, wie es gleichzeitig mit der Konsolidierung des Prinzipats in den letzten zwanzig Jahren des 1. Jhs. v. Chr. geschah, war grundsätzlich die Sicherung des sozialen Friedens nach einem Jahrhundert innerer Kriege, formal jedoch die erneute Bestätigung der politischen Spielregeln der späten Republik. Politischer und sozialer Aufstieg waren nun von neuem durch jene eisernen Konventionen geregelt, welche durch die Logik der *ordines* bestimmt wurden, und es war daher kein Geld mehr nötig, um eine kostspielige politische Klientel zu werben oder Wählerstimmen zu kaufen. Die großen Losungen *pax* und *concordia*, die vor und während der augusteischen Restauration ausgegeben wurden, sind daher Themen, die die Propaganda des Prinzipats während des gesamten 1. Jhs. betonen wird. Für Augustus selbst hatten diese Themen jedoch einen unmittelbaren und persönlichen Wert, was sogar dazu führt, daß er diese Tugenden − wie übrigens alle *virtutes* von besonderer politischer Bedeutung − durch ihre ausdrückliche Verbindung mit der Person seiner Gattin Livia innerhalb seiner eigenen Familie ansiedelte.

Die moderne Geschichtsschreibung hat alle politischen und sozialen Aspekte dieser beiden propagandistischen Themen bis ins einzelne erforscht. Das erste, die *concordia*, ist ein Phantombegriff, der schon seit unvordenklichen Zeiten in der politischen Szene Roms umging. Das zweite, die *pax*, ist hingegen eine Neuerfindung der augusteischen Regierung, die aus dem Klima der letzten großen Auseinandersetzung erwuchs, die mit Actium zum Abschluß kam, ein Begriff, der durch die politisch-militärische Ordnung des Reiches im Laufe der ersten zwanzig Jahre des Prinzipats an Zugkraft gewann. Sowohl das Streben nach *pax* wie das nach *concordia* entsprachen dem Verlangen nach innerer Stabilität, das von breiten Schichten Italiens ausging, aber die *pax, conditio sine qua non* der Botschaft von der Wiedergeburt einer *nova aurea aetas*, welche die Grundlage für die Ausstrahlung des *princeps* bildete, traf die ethischen Modelle der *virtus* und der *gloria* ins Herz, welche ganz offen militärisch ausgerichtet waren und für die alte herrschende Klasse der Aristokratie eine große Bedeutung hatten. Aber darüber hinaus erstickte die Propaganda der *pax* auf rein ökonomischem Gebiet schließlich sogar den expansionistischen Schub des römischen Imperialismus, der die Voraussetzung für die Ausbeutung der unterdrückten Völker und die Quelle des Zuflusses von Geld und Sklaven bildete. Einerseits hatte diese Expansion zwar die ‚negativen‘ Erscheinungen der spätrepublikanischen *luxuria* und *avaritia* hervorgebracht, andererseits jedoch auch die weite Verbreitung der auf der Sklavenhaltung beruhenden Produktionsweise über ganz Italien ermöglicht, welche oben beschrieben wurde.

All dies führt uns zu den soziologischen Themen der *res publica amissa* zurück, die zu Beginn angeschnitten wurden, sowie zu den rein ökonomischen Analysen, die wir im Folgenden formuliert hatten. Die sozialen und politischen Konflikte des Jahrhunderts zwischen der Zeit der Gracchen und der augusteischen Epoche hatten die traditionellen Spitzen der römischen und italischen Gesellschaft an Zahl und Reichtum verarmen lassen. Besonders der ‚allgemeine Angriff auf das Grundeigentum‘, als der sich die Proskriptionen und Kolonisationsunternehmungen Sullas und der Triumvirn darstellten, hatte schließlich die Zusammensetzung der herrschenden Schichten grundlegend verändert. Die antiken Quellen bieten uns ein dramatisches Echo dieser Vorgänge, und die moderne prosopographische Forschung hat sie bis in Einzelheiten beurkundet. War die Atmosphäre der *Urbs* von finsteren *coniurationes* und gewalttätigen Unruhen der *plebs urbana* geprägt, so war das Klima in den zeitgenössischen Municipien Italiens nicht weniger düster: Die Giftmorde und die Lynchjustiz in Larinum, die in der *pro Cluentio* beschrieben werden, oder die bewaffneten Banden, die laut der *pro Caecina* Etrurien unsicher machten, waren gewiß genauso schlimm. Am Ende der *civilia bella* hatte die *tota Italia*, die sich nun dem einen charismatischen *dux* anschloß, ihr Gesicht aufgrund der wilden Kooptation der vorangegangenen fünfzig Jahre weitgehend gewandelt, gerade als der Gipfelpunkt ihrer wirtschaftlichen Entwicklung und die weitestgehende Integration der verschiedenen Produktionsweisen erreicht waren. *Concordia* und *pax* erschienen aufgrund ökonomischsozialer Bedürfnisse und aus der herrschenden Geisteshaltung heraus als Forderungen, die auf organische Weise aus der neuen sozialen Realität erwuchsen, welche sich um den Sieger von Actium konsolidiert hatte: Reste der alten römischen *nobilitas* (die von Augustus zum Zweck

Abb. 18 Statue des Ofellius Ferus aus Delos (n. Gipsabguß Rom, Mus. dei Gessi)
Abb. 19 Statue des Cartilius Poblicola aus Ostia
Abb. 20 Panzerstatue des M. Holconius Rufus aus Pompeji
Abb. 21 Statue des ‚Pseudo-Athleten‘ aus Delos
Abb. 22 Statue des Agrippa, Venedig

Abb. 18   Abb. 19   Abb. 20

Abb. 21   Abb. 22

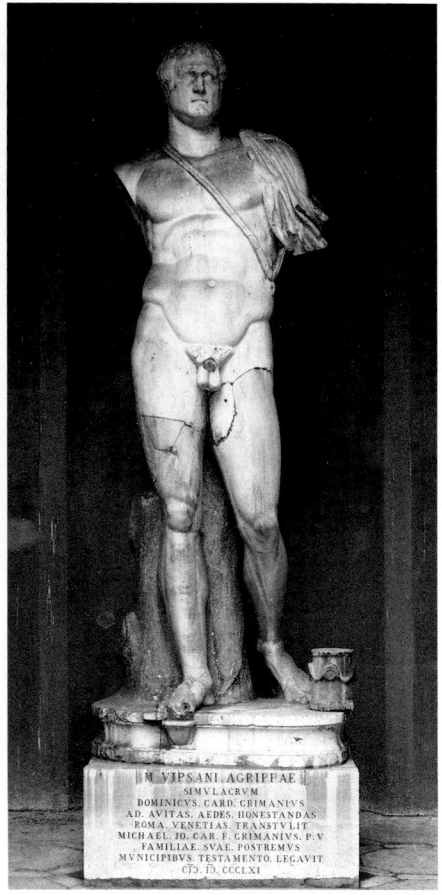

der formalen Restauration geduldig ‚wiederausgegraben' wurden, wie etwa M. Furius Camillus, Konsul im Jahr 8 n. Chr.), Überlebende der italischen *domus nobiles* sowie der teilweise auch aus den Provinzen stammende Abschaum der *partes* des Caesar und des Octavian bilden nun die neue senatorische Aristokratie, die steinreiche Spitze eines ungemein breiten historischen Blocks, der mit seinem Netzwerk von *municipia* und *coloniae*, zufriedenen und reichen neuen Grundbesitzern, vor allem *magis e centurionibus orti*, um es mit den Worten von Horaz zu sagen, aber auch von Mitgliedern der niedrigeren hauptstädtischen und munizipalen Gesellschaftsschichten wie den Figuren der großen Vermittler des Massenconsensus, die durch die *magistri* und *seviri* repräsentiert werden, ganz Italien erfaßt. Durch das Zusammenspiel all dieser Kräfte wird die Aufladung Roms und Italiens mit sozialem Konfliktstoff beseitigt und in Erwartungen von *beneficia* und sozialem Aufstieg übergeführt, welchen die festen Gesetze der Struktur der *ordines* regeln. Diese Gesetze sind nun unentrinnbare Fesseln geworden, die den unaufhaltsamen Karrieren, welche für die Zeit der Bürgerkriege so charakteristisch waren, jetzt endgültig ein Ende setzen: Horaz selbst, vergessen wir das nicht, hatte auf dem Schlachtfeld von Philippi den ritterlichen Rang eines *tribunus militum* erreicht, obwohl er *libertino patre natus* war.

Aber *concordia* und *pax* in Verbindung mit *largitiones* von *honores* für die Spitzen der Gesellschaft und mit *panem et circenses* für die Massen der Hauptstadt erschöpfen auch die dynamische Energie der Wirtschaft der Halbinsel, welche ihr höchstes Entwicklungsniveau erreicht hat, selbst wenn sie die Gefahr einer politischen und sozialen Auseinandersetzung verringern. Die nicht mehr ungezügelte, sondern nun ‚überlegte' Ausbeutung der Provinzen, die gerade von Augustus eingeleitet wurde und die sich in den beiden folgenden Jahrhunderten auf großartige Weise nach eigenen produktiven Mustern entwickeln sollte, beraubt die ökonomische Entwicklung Italiens der Grundlagen ihrer Stärke, nämlich der Konzentration der Ressourcen (und des Beuteguts) auf der Halbinsel sowie der Wettbewerbsfähigkeit der kostbaren italischen Produkte. Die wirtschaftliche Akme Italiens in augusteischer Zeit trägt daher schon die Zeichen des unvermeidlichen Niedergangs: Auf sozialer Ebene stürzt die *pax Augusta* auch die vordem herrschenden ethischen Modelle, die der imperialistischen Entwicklung dienten und in der Tat denjenigen Schichten fremd sind, welche den größten Teil der neuen Aristokratie bilden. Zudem sind dieser alle militärischen Gelegenheiten zu individuellem Aufstieg nun genommen: Wenn ein Vorkämpfer der senatorischen *libertas* wie Tacitus sich in jener berühmten Stelle des *Agricola* so über die *pax Romana* äußern kann, wie er es tut, so war die Umwälzung der traditionellen Werte der imperialistischen *nobilitas* der römischen Republik offensichtlich so gründlich, daß sie radikaler nicht sein könnte. Ebenso vollkommen ist die Umkehrung der Beziehung zwischen *otium* und *negotium*, die den Charakter einer ‚conspicuous consumption' des Lebensstiles zuerst der sozialen Spitzen, dann des gesamten historischen Blockes trägt. Das frühe Auftreten dieser Erscheinung wird durch das fast sofortige Desinteresse an senatorischen Ämtern schon während der zukunftsweisenden letzten zwanzig Jahre des 1. Jhs. v. Chr. belegt. Augustus versucht, dieser Erscheinung auf die verschiedensten Arten gegenzusteuern, ja er appelliert sogar – mit geringem Erfolg – an diejenigen, die die tiefsten und am festesten gegründeten Wurzeln seines historischen Blockes bilden, indem er direkte Wahlen von *tribuni plebis* und *tribuni militum a populo* in den *municipia* abhalten läßt. Diese Verweigerung der Teilnahme an der Politik führt sogar zu bösartigen Metastasen: Aus der Feder des C. Ateius Capito, eines der wichtigsten Juristen der augusteischen Restauration, stammt ein *senatus consultum* von 19 n. Chr., welches kürzlich in Larinum gefunden wurde. In der Nachfolge eines wirkungslosen Vorgängers des Jahres 22 v. Chr. schreibt es äußerst schwere Strafen für diejenigen senatorischen und ritterlichen Spitzenpersonen vor, die aus dem Streben nach verlorenen *triumphi se in harenam proicere*, also versuchen, durch die ‚Karriere' bei den Spielen und die *ignobilis professio* des Gladiators im Applaus der Menge zu baden (was inzwischen der kaiserlichen Familie vorbehalten ist). Paradoxerweise wurde die Restauration durch ihre eigenen Grundpfeiler gefährdet: die *dignitas* der höheren *ordines*, die jedoch der *gloria* beraubt war, die *circenses* als Instrument der sozialen Kontrolle, die jedoch die eifersüchtig bewachten *mores* zerstörten. Eine weitere Folgeerscheinung, ein zweiter und nicht weniger schwerwiegender Fall des ‚Desinteresses‘, ist die schnelle und endgültige Krise des utopischen Modells kleinen und mittleren bäuerlichen Grundbesitzes in Italien, welches von Augustus hartnäckig verfochten wurde. Man verstand nicht, daß diese Utopie im Widerspruch zu dem tatsächlich bestehenden, aber sterbenden Modell der Sklavenhaltervilla stand: Der Niedergang der Rekrutierung von Legionären in Italien ist eine Erscheinung, die dem Historiker wohlbekannt ist, und es erübrigt sich in unserem Zusammenhang, näher auf dieses Phänomen und seine tieferen sozioökonomischen Wurzeln einzugehen.

Es ist leicht, sich von der oberflächlichen Wirkung der augusteischen Restauration auf die Halbinsel gefangennehmen zu lassen, und zwar aus ebenden Gründen, aus denen viele Intellektuelle, gerade auch Altertumswissenschaftler, vor allem in den «anni del Consenso» von 1934 bis 1939 von der ‚faschistischen Revolution‘ fasziniert waren, die ihrem augusteischen Vorbild so viel für den Aufbau des propagandistischen Bildes jenes Regimes verdankt. In den zwanzig Jahren nach dem Krieg haben die heutigen Historiker geduldig den Mythos entzaubert, der sich um diesen Erfolg Mussolinis und des damaligen Massenkonsens spann und sowohl die archaischen und retardierenden Aspekte der faschistischen Wirtschaftspolitik wie auch die reaktionären Aspekte der damaligen Sozialpolitik beleuchtet. Der grundsätzliche Charakter des Faschismus als einer ‚passiven Revolution‘ ist dadurch deutlich geworden; dennoch werden viele seiner historisch-kulturellen und historisch-künstlerischen Erscheinungen seit dem Beginn der 80er Jahre vor allem von italienischen Architekten und Kunsthistorikern wieder aufgewertet (wir erinnern hier an die Ausstellungen von Mailand, Rom, Venedig und Turin). Es erscheint daher nicht als unklug, heute die ‚römische Revolution‘, eine ebenso ‚passive‘ wie die faschistische, ihres Mythos zu entkleiden, nicht weil die Entmystifizierung der einen automatisch die der anderen zur Folge hätte (dies zu glauben, würde bedeuten, irrtümlich die unzulässige faschistische Bezugnahme auf die augusteische Zeit für richtig zu halten), sondern weil es selbst von dem bescheidenen und parteiischen Standpunkt des Archäologen aus ein wichtiges Unterfangen ist, die Geschichte wieder ‚auf die Beine‘ der ökonomisch-sozialen Wirklichkeit zu stellen, die der Vergangenheit wie die der Gegenwart.

Die von Augustus angeführte ‚römische Revolution‘ war also eine ‚passive‘ Revolution, die auf geradezu paradoxe Weise das ökonomisch-soziale Entwicklungsmuster blockierte, von dem sie ausgegangen war und dessen Charakter sie beizubehalten gedachte. In widersprüchlicher Weise berief sie sich auf eine überlebte Wirtschafts- und Gesellschaftsform und kultivierte mit nostalgischer (und kurzlebiger) Hartnäckigkeit deren altüberkommene Ideale durch einen nicht weniger kurzlebigen historischen Block, der tatsächlich eine neue verfassungsrechtliche Wirklichkeit gestaltete und die Herausbildung eines neuen ökonomischen Modells anregte, innerhalb dessen die *tota Italia*, die die Vorherrschaft innehatte, bald eine unterlegene Wirtschaftsregion werden sollte. Darauf läßt sich vielleicht jenes unverdächtige Urteil Chateaubriands über Augustus beziehen, selbst wenn es im Gedanken an den größten modernen Vertreter des Caesarismus formuliert wurde und sich auf ethisch-politische Aspekte beschränkt (Etudes historiques ou discours sur la chute de l'empire romain, Paris 1831, I, S. 31): «Auguste n'était pas de cette première race d'hommes qui font les révolutions: il était de cette race secondaire qui en profite, et qui pose avec adresse couronnement dont une main plus forte a creusé les fondements; il avait à la fois l'habilité et la médiocrité nécessaires au maniement des affaires, qui se détruisent également par l'entière sottise ou par la complète supériorité».

Literatur: Als Einführung in die italisch-römische Wirtschaftsgeschichte spätrepublikanischer und augusteischer Zeit s. M. Torelli in: La cultura italica. Kongreß Pisa 1977 (1978) 75 ff. und vor allem die Beiträge dess. in: Società romana e produzione schiavistica. Kongreß Pisa 1979 (1981). Zu den archäologischen Zeugnissen spätrepublikanischer Zeit in Italien ders. in: Hellenismus in Mittelitalien. Kongreß Göttingen 1973 (1976). Grundlegend zur italischen Prosopographie der augusteischen Zeit sind die Arbeiten von R. Syme, Roman

Revolution (1939). − Ders., Roman Papers I−III (1979) und T. P. Wiseman, New Men in the Roman Senate 139 B.C. − 14 A.D. (1971). Vgl. daneben auch: Epigrafia e ordine senatorio. Kongreß Rom 1981 (1982).

Zur Sozialgeschichte: Les ‚bourgeoisies‘ municipales italiennes aux IIème et Ier siècle av. J.-C. Kongreß Neapel 1981 (1983).

Zur politischen Geschichte vgl. als Darstellung aus traditioneller Sicht das mit reicher Bibliographie ausgestattete Buch von D. Kienast, Augustus, Princeps und Monarch (1982). Ein kritisches Resümee der Forschungen zur ‚römischen Revolution‘ findet sich in: La rivoluzione romana − Inchiesta fra gli antichisti (1982). Für die im vorliegenden Beitrag diskutierte Auffassung des ‚historischen Blocks‘ ist zu verweisen auf E. Sereni, Studi Storici 12, 1973, 731 ff. − Ders., La rivoluzione italiana (1978) 14 f. 115 ff.

Zum Verhältnis von Bautechnik und wirtschaftlich-sozialer Entwicklung: F. Coarelli, BSR 45, 1977, 1 ff. − M. Torelli in: Tecnologia, economia e società nel mondo romano. Kongreß Como 1979 (1981) 139 ff.

Zur Frage, wie sich in den archäologischen Zeugnissen aus der Epoche der spätrepublikanischen *luxuria* und der augusteischen Restauration die sozial- und wirtschaftsgeschichtliche Situation Italiens spiegeln: M. Torelli, Index 13, 1985, 589 ff. − P. Gros − M. Torelli, Storia dell'urbanistica antica. Il mondo romano (1988; im Druck). Zur ‚idéologie imagée‘ der augusteischen Zeit vgl. jetzt die grundlegende Arbeit von P. Zanker, Augustus und die Macht der Bilder (1987).

Zu den ‚nostalgischen‘ Vergangenheitsbeschwörungen: M. Torelli, Elogia Tarquiniensia (1975). − Ders. in: Festschrift P. Lévêque (im Druck).

Zur politischen ‚Zurückhaltung‘ der Senatoren: A. Chastagnol in: Festschrift E. Manni (1980) II, 463 ff. − M. Torelli in: Festschrift A. Guarino (1984) 1379 ff.

Zum *senatus consultum* aus Larinum s. die − allerdings ergänzungsbedürftige − Publikation von M. Malavolta in: Miscellanea greca e romana 6, 1978.

Aus dem Italienischen von B. Kupke

Pierre Gros − Gilles Sauron

Das politische Programm der öffentlichen Bauten

Wie die meisten Ereignisse, die das politische Leben des spätrepublikanischen Rom bestimmten, wirkte auch die Bau- und Aedilentätigkeit der senatorischen Oligarchie auf deren Zeitgenossen zu unmittelbar, als daß sie eine tiefergehende Auseinandersetzung hervorgerufen hätte. In den Quellen sind reichlich Nachrichten über *largitio* oder *studium magnificentiae* vorhanden, aber von Cicero bis Tacitus wurden diese Schenkungen, die anscheinend allein von der Sorge, das öffentliche Leben zu verschönern, getragen wurden, in erster Linie unter einem moralischen Aspekt geschildert. Ihr Sinn und Zweck war kaum Gegenstand einer Fragestellung. Deshalb ließ sich die theoretische Abhandlung des Aristoteles über den Euergetismus (gr. εὐεργέτης = Wohltäter) im Griechischen auf die Beamten und siegreichen Feldherren nicht anwenden, die großartige Baukomplexe schufen, von denen einige als Vorbilder für kaiserzeitliche Stadtprojekte dienen sollten.

Cicero regt uns durch eine seiner provozierenden Bemerkungen in den Atticusbriefen, die den Hintergrund bestimmter Zusammenhänge erahnen lassen, dazu an, über die politische Bedeutung dieser Unternehmungen nachzudenken. Wir befinden uns im Jahre 54 v. Chr. Cicero hat gerade große, für Enteignungen benötigte Summen aufgetrieben, die erlauben, das Forum zu vergrößern und auf dem Marsfeld ein Gebäude für die Tribuskomitien, die späteren Saepta Iulia, aufzustellen. Er schließt mit den Worten: «Du fragst mich, wozu dieses Bauwerk dienen soll? Aber warum sollen wir uns darüber den Kopf zerbrechen?» (Cic. Att. 4,16,8). Zehn Jahre später wird er selbst in seiner zweiten Philippischen Rede auf die vorher zynisch umgangene Frage mit Bitterkeit antworten: «Mit Gladiatorenspielen, Bauwerken, Getreideschenkungen und Banketten hat er (sc. Caesar) sich die Gunst des Pöbels verschafft.» (Cic. Phil. 45,116). Genauso wie die Wahlumtriebe oder die demagogischen Machenschaften seien die dem Volk zugedachten öffentlichen Bauten trotz ihres langlebigeren Charakters nichts anderes als Mittel einer Propaganda und ihre pompöse Ausstattung gehe an den realen Problemen der römischen Bevölkerung vorbei.

Obwohl diese Äußerung Ciceros uns von einer allzu funktionalen Interpretation öffentlicher Bauten des damaligen Rom abzuhalten versucht, spricht sie den großen architektonischen Schöpfungen bei aller Unverblümtheit und Polemik nicht ihre Bedeutung ab. Diese haben nämlich eine Bedeutung, die über die zufällige und rein wirtschaftliche Situation, in der sie entstanden sind, weit hinausgeht. Durch das Bild, das sie von ihren Bauherren zeichnen, durch die Vorbildfunktion, die sie haben, und durch die Verhaltensweisen, die sie hervorrufen, definieren sie als architektonische Aushängeschilder der Macht, oft besser als die ausführlichsten Texte, ein politisches Programm. Den Inhalt dieses Programms müssen Archäologen und Historiker wiederfinden.

Um Vorgehen und Ziele des Augustus im Bereich der Baupolitik besser begreifen zu können und dasjenige zu erfassen, was daraus für die kaiserzeitliche Architektur erwuchs, wollen wir uns zunächst ins Gedächtnis rufen, welchen Modalitäten ein Bauvorhaben in der ganz normalen, republikanischen Praxis unterworfen wurde. Der Bruch mit der Tradition seit der Mitte des 1. Jhs. v. Chr. wird uns helfen, die Rolle zu begreifen, die die öffentlichen Bauten in dem neuen politischen Spiel übernahmen.

Die republikanische Norm und ihre Abweichungen

Eine republikanische Norm ist auf Grund der Verschiedenheit der Bauvorhaben, die man unter der Rubrik ‚Große Unternehmungen' einordnet, und auf Grund der Lückenhaftigkeit der Quellen schwer festzulegen. Es scheint zumindest für den am besten überlieferten Zeitraum sicher zu sein, daß die Censoren, die über den Staatshaushalt verfügten und dabei direkt mit dem Bau und Unterhalt öffentlicher Bauten betraut waren, über riesige Summen verfügten. Diese konnten unter Umständen die Hälfte eines Jahresbudgets der Republik überschreiten. Die Kapitel, die Livius den großen *census* von 184, 179, 174 und 169 widmet, stellen eine Liste damals laufender Bauprojekte auf und verweisen klar auf die Herkunft der verwendeten Gelder. Sogar wenn Livius von *ipsorum pecunia* spricht, bezieht er sich auf Gelder, die vom Senat bewilligt wurden und unter den Beamten gemäß ihren spezifischen Funktionen aufgeteilt wurden (*pecunia attributa et divisa*). Das gleiche gilt für Unternehmungen der Konsuln, Aedilen oder außerordentlichen Amtsinhaber. Mit Zustimmung oder auf Geheiß des Senats verfügten diese Männer über Staatsgelder, die jedoch nicht sie selbst, sondern die Quaestoren aufbringen mußten. Im allgemeinen wurden die Aufträge öffentlich ausgeschrieben. Die Übernehmer oder *redemptores*, die strengen Anforderungen gerecht werden und mit bedeutenden Sicherheiten ausgestattet sein mußten, konnten sich einzeln vorstellen oder Interessengruppen bilden.

Vor dem 3. Viertel des 1. Jhs. v. Chr. sind Bauten, die mit privaten Geldern errichtet oder restauriert wurden, selten. Nur die Triumphatoren waren in der Lage, auf eigene Kosten und aus eigener Initiative bedeutende öffentliche Bauten zu errichten, wobei es sich meist um Tempel handelte. Sie verfügten dabei über die *manubiae*, d. h. über Gelder, die sie aus dem Erlös ihres Kriegsbeuteanteils erzielten und die nach öffentlicher Meinung nicht für den privaten Gebrauch verwendet werden durften.

In beiden Fällen ist der Name des Stifters, eines Staatsbeamten oder *imperator*, explizit in den Texten genannt. Die antiken Autoren folgen damit der Praxis, den Stifter auf den großen Monumenten inschriftlich und namentlich zu nennen. Von Generation zu Generation wird das Gebäude nun von den Mitgliedern seiner Familie unterhalten, restauriert und, wenn nötig, wiederaufgebaut. Man folgte hierin einem ungeschriebenen, aber peinlichst beachteten Gesetz, das Cicero folgendermaßen umschreibt: «Es ist bei uns alter Brauch, daß jeder die Denkmäler seiner Vorfahren (*monumenta maiorum*) schützt und nicht mit dem Namen eines Dritten schmücken läßt».

Man muß diese Praxis, in der man meist nichts anderes als den Stolz der *nobilitas* manifestiert sieht, hinterfragen. In Wirklichkeit ist der Hintergrund einer solchen Haltung in der traditionellen Verbindung zwischen dem Ruhm der führenden Familien und dem Ruhm der Stadt zu suchen, wie er von Polybios am Beispiel der Bestattungsriten geschildert wird. Ein *monumentum* bewahrt, wie bereits der Name sagt (lat. *monere* = ermahnen), die Erinnerung an die Bereicherung, die dem Gemeinwesen aus der Tat eines großen Mannes erwuchs. Es wäre damit aus der Sicht der Nachkommen Verrat an der Absicht und an dem Willen des Verstorbenen, das Weiterleben seiner Werke nicht zu garantieren. Das Verhalten der Aemilii, die bis in augusteische Zeit die große Basilica, die vom Censor des Jahres 179 v. Chr. gegründet wurde, unterhielten und erneuerten, entspringt demselben Geist, wie dasjenige eines Trägers der Totenmasken bei den Leichenbegängnissen der großen Familien: Es gilt zu zeigen, daß die nachfolgenden Generationen dem Staat weiterhin mit derselben Pracht und demselben Nutzen dienen. In einer Gesellschaft, in der das Verhalten prahlerischer Demonstration der eigenen sozialen Bedeutung von der augenscheinlich ungebrochenen Geltung moralischer Vorbilder abhängig ist, gewinnen diese Gesten einen Sinn, der über die einfache Überhöhung einer Familie oder eines Individuums hinausgeht oder zumindest hinausgehen sollte.

Die Realität sieht jedoch bald anders aus und schon sehr früh zeigt sich, daß sich mit dem öffentlichen Bau als Träger eines angesehenen Familiennamens eine Art Dynastie in der Stadt einnistet, deren Macht sich in der Stadtlandschaft deutlich widerspiegelt. Im Notfall ist man mit allen Mitteln bereit, die Fassade zu wahren, auch wenn diese Macht nur mehr vorgetäuscht ist: Caesar hatte keine Mühe, sich der Unterstützung des Aemilius Paullus zu versichern, als er die letzte ‚republikanische' Restaurierung der Basilica Aemilia vornahm und sich dafür einsetzte, den alten Namen nicht abzuändern.

Die besondere Situation der Bautätigkeit in Rom, die mit dem Euergetismus hellenistischer Art nur begrenzt vergleichbar ist, schmälert ihre politische Bedeutung nicht. Die Tatsache, daß der verantwortliche Magistrat selten der Geldgeber war, verringert in keiner Weise die Bedeutsamkeit seiner Eingriffsmöglichkeiten auf das Stadtzentrum. Jede Vergrößerung oder Änderung, manchmal willkürlich vorgenommen, wird von den Zeitgenossen sofort in einem Bedeutungszusammenhang interpretiert, dessen Details uns heute oft entgehen, dessen große Linien wir jedoch rekonstruieren können. Was indes deutlich wird, ist die zunehmende Sinnentleerung dieses Zusammenhangs. Seit dem Ende des Zweiten Punischen Krieges werden öffentliche Bauten auf Grund ihrer zunehmenden Eigenständigkeit, Spezialisierung und Monumentalität mehr oder weniger deutliche Träger von politischen Programmen einer hervorstechenden Persönlichkeit oder der *factio*, die sie anführt. Als Cato, Censor des Jahres 184 v. Chr., den Bau einer Basilica auf dem Forum (die erste, der ein Beamter seinen Namen gab, jedoch nicht die älteste überhaupt) beschließt, widersetzt er sich damit dem Wunsch der Mehrheit des Senats. Gleichzeitig betont er, daß sein Vorgehen gegen den Luxus sich nicht auf den öffentlichen Bereich bezieht. Das ehrgeizige Bauprojekt Catos, der sich sonst als Hüter der Luxusgesetze aufspielte, nimmt bereits die Worte Ciceros in *pro Murena* vorweg: «Das römische Volk mißbilligt Luxus bei Privatleuten, liebt jedoch öffentliche Pracht».

Noch handelt es sich in diesem Fall nur um eine Demonstration durch beeindruckende Handlungen eines mehr oder weniger mythischen, wenn auch wirksamen *mos maiorum*, und die Wahl des Gebäudes richtet sich noch nach dem wirklichen Bedarf der Gemeinschaft. In dieser Zeit setzt jedoch eine Entwicklung ein, in der die offizielle Architektur ideologische Gesichtspunkte widerspiegelt und zum bevorzugten Mittel persönlicher Kämpfe wird, wobei jedes Gemeininteresse seinen Sinn verliert. Man erkennt bei mehreren Gründungen am Ende des 3. und im 2. Jh. v. Chr. die Umsetzung sehr scharfer politischer Konflikte, und es kennzeichnet besonders die spätrepublikanische Baupolitik, daß man bei Instandsetzungen Bauten erhält, die durch ihre Funktion, Lage und in ihrem architektonischen und dekorativen Teil zu ihrer Zeit wahre Demonstrationen waren. Es genügen ein paar Beispiele, um das zu verdeutlichen. Der Neubau des Tempels der Virtus unter Marcellus und seinem Sohn am Ende des 3. Jhs. v. Chr. verstand sich als Betonung einer Art Vorrangstellung des persönlichen Wertes gegenüber dem Tempel des Honos, der von Fabius Maximus, einem Anhänger der traditionalistischen Partei, aufgestellt worden war. Mehr als ein Jahrhundert später nahm Marius seinerseits in einer politisch stärker angespannten Lage diese Betonung großer persönlicher Eigenschaften mit der Weihung des Tempels des Honos und der Virtus wieder auf. Er sollte seine Antwort auf den Aristokraten Q. Lutatius Catulus sein, der den Tempel der Fortuna *huiusce diei* geweiht hatte. Noch bezeichnender, da mit einer Enteignung verbunden, ist das Programm, das Clodius auf den Ruinen des Hauses Ciceros während dessen Exils verwirklichte. Es handelt sich dabei um ein Heiligtum und eine Porticus für Libertas, was eine ebenso schnell wie leicht zu durchschauende Symbolik in sich trägt. Er nimmt im entgegengesetzten Sinn die Vorgehensweise des Catulus, des bereits erwähnten Siegers über die Kimbern, auf. Dieser ließ ebenfalls auf dem Palatin eine Porticus an der Stelle des Hauses des M. Fulvius Flaccus bauen, jenes revolutionären Konsuls, der mit C. Gracchus 121 v. Chr. getötet worden war. In beiden Fällen zielten die *monumenta* darauf ab, die Erinnerung an einen Mann und an seine Politik auszulöschen. Der Übergang von Profanem zu Heiligem, von Privatem zu Öffentlichem an solch repräsentativen Orten wie dem Palatin entspricht den Wechselfällen und Turbulenzen einer Zeit, die seit langem von Gewalt, sprich Mord, Prozessen und Exil geprägt war.

Vergleichbar sind die ideologischen und kulturellen Anstrengungen der in Griechenland und Asien siegreichen Feldherren, wenn sie auch in einem größeren Zusammenhang gesehen werden müssen und von dauerhafterer Form waren. Sie gaben den großen Portiken ihr Gepräge, die im Laufe des 2. Jhs. v. Chr. in der Gegend um den Circus Flaminius aufgestellt worden waren. Die Einführung der ionischen Ordnung aus dem Osten, die Verwendung von Marmor, die geordnete Anlage der Prozessionswege und die räumliche Geschlossenheit der Heiligtümer spiegeln in den verschiedenen Bereichen von Dekor, Technik und Raumanordnung entscheidende Erfahrungen wider, die deutlich mit der Architektur ihrer Zeit brechen. Man erkennt zum ersten Mal die Verbindung, die zwischen hellenisierter Kultur und bestimmten Formen der Macht existiert. Diese geschlossenen Portiken, die von jedem an- und abfahrenden Verkehr abgetrennt sind und nach strengen, jedoch bewußt ausgewählten Regeln angelegt wurden, liegen in einem Bezirk, der sich wesentlich als Experimentierfeld versteht. Sie haben kaum mehr etwas zu tun mit den Schöpfungen der vorhergehenden Periode, z. B. mit den Gebäuden auf dem Forum oder in der nahegelegenen Hafenzone, bei denen Nutzen und Funktion im Vordergrund standen. Die repräsentative und herrscherliche Stadtplanung zur Zeit des Caesar und Pompeius ist bereits angelegt in der Porticus Metelli, die von Q. Metellus Macedonicus ab 146 v. Chr. gebaut wurde.

Die endgültige Entstellung des Systems

Die Siege des Pompeius im Osten sowie diejenigen Caesars in Gallien vervielfachten seit den 60er Jahren die Mittel des Staates und stellten seinen Repräsentanten im Vergleich zu früheren Zeiten unermeßliche Gelder zur Verfügung. Herkömmliche Finanzierungen wurden von nun an durch Schenkungen der Magistrate ersetzt, die wußten, daß ihre Karriere von der Prachtentfaltung während ihrer Aedilität abhing und von solchen Prestigeprojekten, derer sich die beiden *imperatores* zwischen 56 und 50 v. Chr. bedienen, um an Ansehen zu gewinnen. Der architektonische Euergetismus nimmt von nun an in explosionsartiger Weise zu und die Absicht eines rational geplanten Städtebaus, die sich von Pompeius bis Caesar mit zunehmender Klarheit herauskristallisiert, ist lediglich die räumliche Umsetzung eines rücksichtslosen Willens zur Macht.

Das Pompeiustheater auf dem Marsfeld

Die provisorischen Bühnenbauten, die die Aedilen für die kurze Dauer der jährlich wiederkehrenden Theaterspiele (*Ludi Apollinares, Ludi Megalenses*) errichten ließen, stellen eines der grundlegenden Merkmale römischer Architektur des 2. und beginnenden 1. Jhs. v. Chr.

dar. Als Aedil stellte Caesar auf dem Comitium und auf dem Forum, besonders in den Basiliken, Kunstwerke aus. Auf dem Kapitol ließ er provisorische Portiken errichten (*porticibus ad tempus extructis*), um dort einen Teil seiner Sammlungen aufzustellen (Suet. Iul. 10,1). Diese architektonischen und dekorativen Ensembles stellten sich der römischen Öffentlichkeit in einer Weise dar, die direkt den gewagtesten Vorbildern solcher Gesamtanlagen der hellenistischen Welt entlehnt war. Diese Ausprägung von *luxuria* ging ohne Zweifel über das Maß an *magnificentia* hinaus, das für die Ausschmückung öffentlicher Gebäude der Stadt zugestanden war, und es ist daher nicht verwunderlich, daß Plinius die Erinnerung an diese Bauwerke mehr als ein Jahrhundert nach ihrem Abbau noch bewahrt hat. Im speziellen Fall der Theater wurde eine solche Prachtentfaltung zur Tradition und fand ihre Rechtfertigung in dem zwangsläufig provisorischen Charakter dieser Gebäude. Man konnte sich in Ausschweifungen ergehen, da diese Ausschweifungen zeitlich begrenzt blieben.

Die von Pompeius getroffene Entscheidung, in der Mitte des Marsfeldes ein festes Theater zu errichten, das noch dazu weit entfernt von den Bereichen lag, wo traditionellerweise Theaterspiele abgehalten wurden, mußte daher bahnbrechend sein. Der Komplex, eine monumentale Verbindung von Theater, einem Tempel der Venus Victrix über der *cavea*, flankiert von Kapellen der Honos et Virtus und der Felicitas und einer geschlossenen Porticus mit einer Gartenanlage sowie der ausgesuchten Ausstattung an Bildern und Skulpturen, stellt in der Tat die bauliche Umsetzung dessen dar, was man richtigerweise das «Prinzipat des Pompeius» genannt hat. Sowohl der Grundriß der Anlage als auch ihre Ausstattung läßt darauf schließen, daß Pompeius als erster ein breitangelegtes Projekt realisierte, das Stadtbild Roms umzugestalten. Dieses Vorgehen könnte man bereits als Schöpfung einer Architektur des Prinzipats bezeichnen. Der Bruch mit den architektonischen Traditionen spiegelt die politische Umwälzung wider.

In welchem Klima wurde nun ein solches Projekt von dem *imperator* geplant, der in den Mittelpunkt seiner Propaganda die Nachahmung Alexanders stellte, was sich bereits in seinem Beinamen Magnus ausdrückt? Man muß sich vor Augen halten, daß die römische Politik in dieser Zeit von geheimen Übereinkünften gelenkt wurde, die die mächtigsten Köpfe der Republik, nämlich Pompeius, Caesar und Crassus, trafen. Besonders das Treffen von Lucca (56 v. Chr.) hatte die Zukunft des Pompeius festgelegt: Der Konsulat für das Jahr 55 und der Prokonsulat in Spanien für die folgenden fünf Jahre. Für Pompeius gab es keinen weiteren militärischen Ruhm mehr zu ernten. Man weiß, daß er Rom nicht verließ und sich damit begnügte, Spanien durch Legaten verwalten zu lassen. Gleichzeitig jedoch war es ihm als Prokonsul gesetzlich verboten, Rom zu betreten. Die Schaffung eines Theaters mit monumentalem Anbau mitten auf dem Marsfeld scheint demnach der Versuch zu sein, ein kleines Rom außerhalb der eigentlichen Stadtmauern zu errichten; ein Rom, das gänzlich in der Macht des Pompeius war. Dieses Rom hatte sein Kapitol, das von einer Göttertrias beherrscht wurde. Aber anstelle eines Hügels besaß es die *cavea* eines Theaters und anstelle der Trias Iuppiter, Iuno und Minerva, die Göttertrias Venus Victrix, Honos et Virtus und Felicitas. Um das Verbot der Censoren gegen massive Theaterbauten zu umgehen, gab er vor, eine monumentale Treppenanlage gebaut zu haben, die zu den höher gelegenen Heiligtümern führte. Man sieht, daß dieser glorreiche Einfall des Pompeius nicht des Ernstes entbehrt: Auch das Kapitol betrat man über Treppen (*centum gradus*) und dieses «neue Rom» besaß ebenfalls sein Comitium. Aber anstatt dem Volk vom oberen Teil einer Tribüne Ansprachen zu halten, ließ man ihm von der Bühne aus Parolen zurufen, die leicht mit Pompeius verbunden werden konnten. Pompeius hatte in seinem Theater das Recht, die *toga praetexta* und eine Goldkrone zu tragen (Vell. 40,4). Schließlich besaß dieses Rom seine Kurie, die Exedra am Ende der Porticus, die von der Statue des Pompeius eingenommen wurde.

Pompeius errichtete hier das erste Heiligtum Roms, das derjenigen Gottheit geweiht war, die die trojanischen Vorfahren der Römer beschützt hatte. Er antwortete damit auf den genealogischen Mißbrauch einiger Patrizierfamilien, die sich auf die trojanische Venus zurückführten, allen voran Caesar, der bald einen Tempel für die Venus Genetrix weihen sollte, die Mutter des Aeneas, deren Enkel Iulus als Stammvater der Iulier galt. Schließlich machte diese Idee, wie auch aus dem Beinamen «Victrix» hervorgeht, aus der Göttin eine Schutzherrin siegreicher Feldherren schlechthin und Pompeius damit zu ihrem besonderen Schützling. Pompeius vertuschte mit dieser einfallsreichen kultischen Neuerung seine gegenüber patrizischen Zeitgenossen relativ unbedeutende Abstammung. Er konnte nun mit dem gleichen Recht wie Caesar mit dem bevorzugten Schutz der Venus von Troja aufwarten. Ovid hat die Bedeutung der beiden Beinamen der Venus, Victrix und Genetrix, für den trojanischen Ursprung Roms gut hervorgehoben (Ov. fast. 4,119–124).

Zum besseren Verständnis des Programms muß man sich ins Gedächtnis rufen, daß in dieser Epoche kein Ort, wie auch immer geartet, existierte, der keinen Bezug zur Religion aufgewiesen hätte, insbesondere gab es kein Theater, das nicht mit einem Heiligtum verbunden gewesen wäre. Dasjenige des Pompeius, das von dem Tempel der Venus Victrix überragt wurde, gehorchte einer in der Antike gängigen Regel, die entweder westlichen (Cagliari, Praeneste, Tivoli), eher aber östlichen Ursprungs war (Delos, Iasos, Bargylia). Sie folgt einem bestimmten Schema, das darin besteht, das Heiligtum in der Achse des Theaters und auf der Spitze der *cavea* anzulegen. Hierzu ist eine Notiz bei Plutarch aufschlußreich, in der er uns mitteilt, daß Pompeius eine Skizze des Theaters von Mytilene anfertigen ließ, um es in Rom in größerem Stil nachbauen zu lassen (Plut. Pomp. 42,9). Der zwangsläufig religiöse Charakter eines Bauwerkes muß dabei nicht nur im Theater gesucht werden, sondern auch in dem Park, der hinter der Bühne (*post scaenam*) gelegen ist. Eine bestimmte Statuenausstattung, z. B. der Satyr Maron, oder Pflanzen, wie die Platanen, legen den Schluß nahe, daß man diesem Park den Charakter eines Heroons geben wollte, d. h. eines Gartens mit funeralem Charakter. Doch die Einheit der Gesamtanlage wird erst durch Pompeius selbst hergestellt: Seine Statue stand am Ende der perspektivischen Achse des Gesamtkomplexes. Pompeius nimmt damit gewissermaßen eine Heroisierung voraus, als deren Urheberin Venus gelten soll.

Es mag vielleicht schwerfallen, sich einen römischen Feldherrn vorzustellen, der seine Zeit auf mythologische, theologische und politische Spitzfindigkeiten verschwendet, noch dazu bei einem Bau, der Spielen, und einem Garten, der dem Vergnügen dient. Wie gesagt, darf man aber nicht vergessen, daß es in Rom kein öffentliches Gebäude gab, das von seinem religiösen oder politischen Hintergrund abgelöst werden könnte, und das nicht die Ideologie der Zeit widerspiegelte, in der es entstand. Wie subtil eine solche Interpretation ausfallen darf, können wir, wenn nicht aus dem Bau selbst, so doch aus der erstaunlichen Mitwirkung kompetenter Köpfe entnehmen, die der *imperator* für die Realisierung seines Projektes in Anspruch nahm. Wir wissen, daß sich einer der besten Kenner griechischer Kunst, nämlich Atticus, um die Statuenausstattung des Baus kümmerte (Cic. Att. 4,9,1). Weiter wissen wir, daß die Statuen extra für die Gartenausstattung angefertigt wurden (*effigies ob id ... elaboratas*; Plin. nat. 7,34). Dies beweist die Existenz eines sehr genau konzipierten Statuenprogramms. Einer der größten Literaturkritiker dieser Zeit, Sp. Maecius Tarpa, kümmerte sich um die Auswahl der Stücke, die bei der Eröffnung des Theaters im Jahr 55 v. Chr. gespielt werden sollten (Cic. ad fam. 7,1,2). Es ist nicht verwunderlich, unter diesen zwei Stücke zu finden, die zu Ehren der trojanischen Venus, der Siegerin im Parisurteil, dem trojanischen Sagenkreis entspringen: Klytaimnestra und Das trojanische Pferd (Cic. ad fam. 7,1,2). Als drei Jahre später Pompeius die Weihung des Tempels vornimmt, muß Cicero mit seinen philologischen Fähigkeiten eine knifflige Frage für die Weihinschrift lösen: Muß es *cos. tertium* oder *cos. tertio* heißen? (Gell. 10,1,7). Alle diese beratenden Experten sind, wie man sieht, Römer, wobei man nicht übersehen darf, daß ein Mann wie Theophanes von Mytilene für Pompeius nicht nur ein politischer Berater, sondern auch einer seiner eifrigsten Propagandastrategen war und in diesem Sinne eine Geschichte der Eroberungen des *imperator* schrieb.

Diese so ausgefeilt konzipierte Anlage sollte eine tiefe und langanhaltende Wirkung haben. Es gab zahlreiche Restaurierungen während der gesamten Kaiserzeit, von Augustus und Tiberius bis Diokletian und Maximian. Das Theater suchte sogar die Träume der Kaiser heim, so diejenigen Neros, der eines Nachts von der Vision erfaßt wurde, die Statuen der Völker würden ihm den Zutritt zum Theater verwehren (Suet. Nero 46). Die Dichter Roms besangen die Promenade des Pompeius, denn sie entdeckten hier ein neues Rom, das völlig verschieden von dem Bild war, das beständig von der kriegerischen Stadt gezeichnet wurde. Catull (55,6—12) beispielsweise beschreibt uns ein galantes Leben, das sich vom Tage der Einweihung an im Schatten der Portiken abspielt; und auch Properz gibt uns eine minutiöse Beschreibung davon (Prop. 2,32), bevor ihm seine Freundin Cynthia den Besuch dieses verwerflichen Ortes untersagt (Prop. 4,8,75). Ovid stellt in seiner *ars amatoria* die Portiken des Pompeius an erste Stelle für Liebesrendezvous in Rom und empfiehlt den Besuch Männern (Ov. ars 1,67—68) wie Frauen (Ov. ars 3,387—388). Daß die schöne Umgebung des Parks, der Schatten der Portiken und die Hetärenstatuen die Römer dazu veranlaßt hatten, den Garten des Pompeius zum Zentrum ihres galanten Lebens zu machen, war den augusteischen Elegikern nur recht, bevor in der Mitte des 2. Jhs. die weiblichen Statuen die polemischen Blitzstrahlen des christlichen Apologeten Tatian (*contra Graecos* 33) auf sich zogen. Jeder konnte sich jedoch auf seine Art durch den an scheinbaren Widersprüchen so reichen Bau inspirieren lassen, der von Pompeius dem Großen 55 v. Chr. eingeweiht worden war. Zum Beispiel hat Herodes der Große in Jerusalem ein Theater nach seinem Vorbild errichten lassen, das vor Lobinschriften für Augustus und von Trophäen unterworfener Völker nur so strotzte (Ios. bell. Iud. 15,11).

Wenn aber das Bauwerk des Pompeius auf dem Marsfeld die erste architektonische Umsetzung des Prinzipats ist, bleibt zu fragen, welche Idee des Prinzipats es verkörpert. Es handelt sich nämlich um ein Konzept, das den Ideen Ciceros sicher nähersteht, als den Projekten, die wenig später Caesar und Augustus in Auftrag geben. Die Haltung, die hinsichtlich zweier Bauten bestand, die die Geschichte des traditionellen Rom symbolisieren, nämlich dem Kapitol und dem Senat, erlauben, das Problem zu erhellen. Zunächst das Kapitol: Sicherlich strebte Pompeius an, in kleinerem Maßstab den berühmten Hügel zu reproduzieren, der die Herrschaft Roms über die Welt symbolisierte. Diese Herrschaft war jedoch die einer Stadt und nicht die von Individuen. Pompeius setzte auf die Spitze einer Anhöhe eine Göttertrias, diejenige über der *cavea* seines Theaters, und gibt dieser Nachahmung dieselbe triumphale Aura, die auch ihrem Vorbild eignet. Aber Venus Victrix ist, wie gesagt, nicht einer einzelnen Person zuzuordnen. Die Göttin schützt ganz allgemein die Siege der Römer, insofern diese ihren Ursprung auf Troja zurückführen. Die Haltung gegenüber dem Senat ist auch sehr bezeichnend. Sicher sind wir weit entfernt von der imposanten republikanischen Curia Hostilia, dem ehrwürdigen *templum*, das von seiner Höhe aus ein Comitium von geringen Ausmaßen beherrschte und dessen Tribüne bescheiden gegenüber und unterhalb des Senats gelegen war. Die Curia Pompei nimmt den Ehrenplatz des Komplexes am Ende seiner Längsachse ein und der Platz der Statue des Pompeius innerhalb der Kurie soll nicht die Ausschaltung des Senats zugunsten eines absoluten Monarchen darstellen, sondern die hervorragende Rolle, die der *princeps* innerhalb eines Senates spielt, der immer als Schlüsselorgan des Verfassungssystems angesehen wird. In beiden Fällen sind wir weit von der distanzierten und verachtenden Haltung Caesars und noch weiter von der des Augustus gegenüber diesen beiden wichtigen Einrichtungen der römischen Republik entfernt. Wesentlich näher sind wir an den Vorstellungen Ciceros, die dieser wenig später in *de re publica* darlegt: Das Ideal eines verfassungsmäßigen Gleichgewichts wird durch die starke Persönlichkeit eines *princeps*, eines Mannes von Autorität, aber ohne absolute Macht, garantiert. Und wenn dieser Bau des Pompeius auf dem Marsfeld den *imperator* in die Position eines Heros erhebt, steht er damit in vollem Einklang mit Cicero, der wenig später versichert, daß die «ersten unter den Bürgern, die regieren, von göttlicher Abstammung sind und in den Himmel zurückkehren» (Cic. rep. 7,13). Das Theater und die Portiken des Pompeius stellen ein Architekturensemble einer Übergangszeit dar, einer Übergangszeit, in der die Republik bereits nicht mehr existierte und der Prinzipat seine endgültige Bestimmung erst durch die völlige Niederlage der Anhänger der guten alten Zeit finden sollte.

Das caesarische Rom

Die Bedeutung der Bautätigkeit des Pompeius konnte an Caesar nicht vorbeigehen. Seine eigenen Unternehmen erweisen sich sofort als Nachahmung oder besser als eine Steigerung. Nichts zeigt die unterschiedlichen politischen Ziele der beiden *imperatores* besser als ihre Bauten im öffentlichen Bereich. Mit Caesar können wir zum ersten Mal die Verwirklichung eines Bauprojekts verfolgen, das das gesamte Stadtgebiet miteinbezieht und dieses Gebiet in radikaler und irreversibler Weise verändert. Auch wenn das caesarische Rom wegen des nur kurzen Zeitraums, in dem der Diktator seine Vorhaben verwirklichen konnte, mehr ideell als real bestand, zeigt es erste, unübersehbare Züge der kaiserlichen Städteplanung. In seiner Nachfolge stehen künftig bis zum Beginn des 2. Jhs. n. Chr. die großen Schöpfungen des Prinzipats. Wenn Caesar auch nicht der erste war, der in Rom eine klare Vorstellung von repräsentativer Architektur hatte, so war er sicher der erste, der gewagt hat, die Mittel einer Bildersprache absoluter Macht auszunützen, ohne dabei die geringsten Bedenken historischer oder juristischer Art zu hegen.

Obwohl er noch mit der Endphase der gallischen Kriege beschäftigt ist, nimmt er dank einflußreicher Mittelsmänner, darunter Cicero, und mit fast unbegrenzten Krediten einen Plan zur Neugestaltung des Zentrums von Rom in Angriff, der auch die altehrwürdigsten Bereiche nicht ausspart. Unter dem Vorwand, die traditionellen Platzanlagen der Stadt zu modernisieren, formt er das republikanische Forum um. Er beginnt sein Projekt damit, die Bauten, die das Forum einrahmen, die Basilica Iulia und die Basilica Aemilia, zu vergrößern, was von Augustus vollendet wurde. Er nimmt die Einfriedung der Saepta auf dem Marsfeld mit einer prächtigen Marmorumfassung in Angriff, dort wo sich die Zenturiatkomitien versammelten. Vor allem läßt er ab 54 v. Chr. die notwendigen Grundstücke für die Errichtung einer neuen öffentlichen Platzanlage in der unmittelbaren Nachbarschaft des alten Forums aufkaufen.

Um einschätzen zu können, was dieses Forum Caesaris, das wir heute als erstes in einer ganzen Reihe kaiserlicher Foren ansehen, zu seiner Zeit darstellte, muß man sich zunächst klarmachen, welch gewagten Schritt die Aneignung eines Stücks Landes im Herzen der *Urbs* darstellte. Denn dieses Forum verstand sich, obwohl es immer als Familien- oder dynastisches Heiligtum angesprochen wurde, sehr wohl als Zentrum politischen Handelns. Sicherlich kristallisierte sich die Gestaltung des Gesamtbaus erst im Laufe der Jahre heraus und es ist auch nicht sicher, ob Caesar von Anfang an die Idee eines Temenos verfolgte. Sicher ist jedoch, daß der Bau des Forum mit dem Wiederaufbau der Kurie verknüpft ist, die 52 v. Chr. durch ein Feuer zerstört worden war. Die Curia Iulia nimmt sich wie ein Nebengebäude des Forum Iulium aus, an dessen Porticus sie sich anlehnt. Der direkte Bezug, der zwischen dem neuen Sitz des Senats und der geschlossenen Platzanlage besteht, zeigt an diesem Ort sehr deutlich den Machtwechsel an. Dieser wird auch sonst von Caesar deutlichst zum Ausdruck gebracht, indem er eines Tages die Senatoren in den Interkolumnien des zentralen Pronaos seines Venustempels sitzend empfängt (Suet. Iul. 78,2). Außer der Mißachtung republikanischer Etikette erstaunt die Willkür, mit der er die oberste vom römischen Staat eingesetzte Körperschaft in eine Position totaler Unterwerfung bringt. Das Kräfteverhältnis, das sich von da an zwischen Caesar, der einen lebenden Gott darstellt (*praesens deus*), und den unter dem riesigen Podium stehenden Senatoren bildet, ist eindeutig. Das Fehlen einer frontalen Treppe am Tempel verstärkt noch die Transzendenz des heroisierten Diktators.

Der ideologische Hintergrund des Grundrißschemas und der Anordnung der Baukörper an dieser funktional spezifizierten, von jedem Verkehr abgeschnittenen Platzanlage erscheint demnach vorrangig. Alles ist rigoros nach den Gesetzen der Axialität und Frontalität angelegt, um den Eindruck einer vernunftmäßig faßbaren und streng hierarchischen Weltordnung zu vermitteln. Daran schließt sich die religiöse Aussage an, die zum ersten Mal vor allem dynastische Züge trägt: In einer Apsis befand sich die Kultstatue der Venus Genetrix. Diese Apsis war aus dem Felsvorsprung herausgearbeitet worden, der zu dieser Zeit noch Quirinal und Kapitol verband. Die Venus Genetrix nimmt die Victrix des Pompeius auf und tritt an ihre Stelle. Die göttliche Stammutter der Iulier wird zur Beschützerin des römischen Volkes. In dieser wichtigen Rolle wird sie bald zwar nicht verdrängt, aber zurücktreten hinter Mars, für den Caesar einen riesigen Tempel bauen wollte.

Auf den Versuch des Pompeius, die politischen und religiösen Schwerpunkte zu verlagern, antwortet Caesar demonstrativ mit einer Wiederbelebung und Erweiterung des historischen Zentrums der *Urbs*, ausschließlich zu seinen persönlichen Gunsten. Davon zeugt ein weiteres, nicht weniger sinnträchtiges Vorhaben. Unter den großen Projekten, die Caesar nicht mehr vollenden konnte, überliefert uns Sueton den Bau eines riesigen Theaters, das sich an das Kapitol anlehnen sollte. Der hellenistische oder genauer gesagt pergamenische Einfluß ist dabei offensichtlich. Mit der Verwandlung des Südosthangs des heiligen Hügels in eine ungeheure *cavea* hätte Caesar, wie in der Hauptstadt der Attaliden, mit einer breit ansteigenden Platzanlage einen Übergangsbau geschaffen, der der schönsten Städte des griechischen Ostens würdig gewesen wäre. Bis zu den Tempeln auf der Spitze hätte dieses Projekt eine mächtige Bauabfolge dargestellt. Caesar hätte damit das Kapitol wieder zum Hügel der Hauptgötter Roms gemacht, indem er seine traditionelle Vorrangstellung betont hätte, die durch das Pompeiustheater sowohl religiös als auch räumlich eine Verschiebung erfahren hatte. Diese republikanische Orthodoxie konnte in den Augen der Zeitgenossen sicher nicht über die Willkür des Baus hinwegtäuschen. Aber Doppeldeutigkeit ist der caesarischen Baupolitik eigen, wie auch Cicero begreift, der sich im Juni/Juli 45 über den neuen ‚Regulierungsplan‘ beunruhigt zeigt, der für den Westteil der Stadt vorgesehen war (Cic. Att. 13,20; 13,33a; 13,35). In dem Projekt, den Tiber entlang der Montes Vaticani umzuleiten, um auf seinem linken Ufer neuen Baugrund zu gewinnen, sieht der Redner einen geradezu verrückten Plan, das Gesicht Roms zu verändern. Das ‚Theaterschema‘, auf die Stufe einer gesamten Stadtlandschaft übertragen, erhält seine Rechtfertigung durch offizielle Verlautbarungen, die von der Notwendigkeit sprechen, neue Wohnfläche schaffen zu müssen. Das Bestreben einer solchen Aneignung und Verplanung des großstädtischen Raumes trägt jedoch unleugbar tyrannische Handschrift. Augustus hütete sich wohlweislich, die Anmaßungen seines Adoptivvaters zu wiederholen, und man hörte nach den Iden des März 44 nichts mehr von jenem geheimnisvollen Stadtplaner, der von Caesar ernannt worden war, um dieses ebenso ehrgeizige wie gefährliche Programm durchzuführen.

Der augusteische Wandel

Trotz einer sehr viel größeren Vorsicht, was die Vorgehensweise anbelangt, und trotz der ständigen Bemühung, hier wie auch sonst, den traditionellen Rahmen der Legalität zu wahren, stellt die augusteische Baupolitik einen wahren Drahtseilakt dar. Dies um so mehr, wenn man sie weniger im Hinblick auf die Wechselfälle einer Ausführung, die mehr als vierzig Jahre in Anspruch nahm, als vielmehr auf die außerordentliche Kohärenz ihrer Ergebnisse hin betrachtet.

Domina Roma (Hor. carm. 4,14,44)

Vitruv erwähnt zu Beginn des Prinzipats, daß die Wohnungen angesehener Leute, also derjenigen, die sich juristisch und politisch betätigten, neben einem privaten Wohnbereich auch Repräsentations- und Empfangsräume besitzen mußten. Diese sollten genauso groß wie diejenigen öffentlicher Gebäude sein: ‚Königliche‘ Vorhallen, Peristyle, Bibliotheken, Pinakotheken, Basiliken etc. Damit greift er eine Tradition auf, die auf Aristoteles zurückgeht und die von Cicero erstmals auf den politischen Alltag angewandt wurde. Man hat oft für diesen Text, der bisweilen etwas zu sehr als Versuch einer soziologischen Interpretation des privaten Wohnbereichs gilt, archäologische Beweise gesucht. Bestimmte Häuser in Pompeji, wie die ‚Casa del

Fauno', geben davon sicher ein beredtes Zeugnis. Es zeigt sich hier eine klare Trennung zwischen den *propria loca*, die die eigentlichen Wohnräume darstellen, und den *communia*, die der Wahlklientel vorbehalten sind. Letztere nehmen beträchtliche Flächen ein, wie z. B. das Peristyl der ‚Casa del Fauno', das eine Fläche von mehr als 1800 Quadratmetern bedeckt und, soweit man aus dem Fehlen angrenzender Zimmer schließen kann, ausschließlich großen öffentlichen Audienzen vorbehalten war, von denen uns das *Commentariolum petitionis* einen Eindruck gibt.

Diese Entwicklung steht im Zeichen des Verfalls des politischen Systems der späten Republik, in der die mächtigsten Vertreter der *nobilitas* in Rom und in Italien sich für ihre Person Rechte herausnahmen, die vorher von den Institutionen behauptet wurden. Scheinbar steht diese Situation derjenigen des beginnenden Prinzipats gegenüber. Augustus trägt im privaten Wohnen einen einfachen Geschmack zur Schau und wendet im Gegenzug viel Sorge und Geld auf den Wiederaufbau städtischer Bauten auf, die die Wirren der Bürgerkriege in beispielloser Weise hatten verkommen lassen. Agrippa hält auf seine Anregung eine Rede über die Notwendigkeit, private Kunst- und Objektsammlungen in öffentlichen Galerien für alle zugänglich zu machen. Asinius Pollio geht mit gutem Beispiel voran und stellt seine *monumenta*, zahlreiche Bilder und Skulpturen aus. Horaz schließlich besingt die Rückkehr zu den guten alten Zeiten der frühen Republik, in denen Luxus den Heiligtümern der Götter und öffentlichen Bauten vorbehalten war.

In Wirklichkeit aber gibt es überhaupt keinen Bruch, sondern im Gegenteil eine Verstärkung des spätrepublikanischen Trends. Die Vermischung von öffentlichem und privatem Bereich erreicht ihren Höhepunkt und es ist nun vielmehr ganz Rom, auf dessen Stadtplanung die Mittel und Zeichen der politischen Macht des Augustus verwendet werden.

Um die Bedeutung des Stadtzentrums des neuen augusteischen Rom erfassen zu können, muß man den Eid erwähnen, den Octavian vor der Schlacht von Actium ganz Italien schwören ließ. Von diesem Zeitpunkt an kann man, wie L. Ross Taylor es getan hat, annehmen, daß alle Bürger zu seinen Klienten geworden sind. Einige Jahre später legt uns Horaz Zeugnis über diese Entwicklung ab, indem er Augustus als den «Größten der Ersten der Stadt», als *maxime principum* bezeichnet. Und als der *princeps* am Ende seiner Regierungszeit an jeder Kreuzung der Stadt Altäre für seinen Genius aufstellen läßt und an diesen Altären die Feste der einzelnen Stadtviertel einrichtet, kanalisiert er die althergebrachten Sitten der Klientel ganz offen zu seinem ausschließlichen Vorteil. So wie das römische Volk vorher den Patronen aus der *nobilitas* seine Treue ausgedrückt und seine Eide erneuert hatte, tut es dies nun vor den Hausgöttern des Augustus. Wie zur Zeit am Ende der Republik kommt das Volk zu diesen Festen *sua sponte*, aus eigenem Antrieb, wobei es der Propaganda anscheinend um so mehr folgt, je mehr diese auf Polizeigewalt verzichtet. Dies bedeutet, kurz gesagt, daß von nun an öffentliche Plätze und Bauten in Rom an die Stelle der Vorhallen und Peristyle der Privathäuser der alten Parteihäupter treten, zu denen die Bürger, nach Vitruv, *etiam invocati, suo iure*, auch ohne bestellt worden zu sein, aus eigenem Antrieb kamen.

Augustus kann sich demzufolge auch mit einem bescheidenen Haus auf dem Palatin begnügen, einem Haus, das er noch dazu mit Vesta und Apoll teilte. Er hat sich die gesamte Stadt und besonders die neuen Bauten, die er geschaffen hat, einverleibt, indem er sie in irgendeiner Weise mit den *communia loca* seiner eigenen *domus* verband.

Dadurch daß er die Aedilen anweist, aufzupassen, daß alle Leute das Forum nur in der Toga betraten und am Eingang ihre Mäntel abgaben, zeigt klar, daß in seinen Augen die altehrwürdige trapezförmige Platzanlage, deren Einteilung nun ganz im Zeichen der dynastischen Kontinuität stand, ein heiliger Ort war. An diesem sollten sich die Besucher mit dem Respekt bewegen, den ihnen die geweihte Anwesenheit der kaiserlichen Familie bei jedem Schritt gebietet. Man betrat das Forum, als ob man den „Großen" an der Schwelle ihres Atriums die Aufwartung machte, wobei deren Person immer vom Bild ihrer ruhmreichen Vorfahren geprägt war, die den „Adel" ihrer *gens* legitimiert hatten. Der Wunsch des Augustus, der nach seinem Tod unbeachtet geblieben zu sein scheint, die Basilica Iulia nach seinen Adoptivsöhnen Basilica Gai et Luci zu nennen, geht in dieselbe Richtung. Der größte und prächtigste Versammlungsraum des Volkes sollte denjenigen geweiht werden, auf denen lange Zeit die Hoffnung des Herrscherhauses gelegen hatte.

Von daher versteht man, was Horaz damit meinte, als er die Stadt mit einer Bezeichnung versah, der man im allgemeinen nur eine juristische oder administrative Bedeutung beimißt: *domina Roma*. Rom ist die Herrin der Welt, weil sie auch in Hinsicht auf ihre städtebauliche Konzeption der Ort ist, an dem sich die Allgegenwart der neuen Macht am besten zeigt.

Unter dieser Voraussetzung ist es offensichtlich, daß man, wenn man vom politischen Programm öffentlicher Bauten der augusteischen Zeit spricht, sich nicht nur mit einem ideologischen Aspekt unter vielen anderen einer vielfältigen Aktivität befaßt, sondern es bedeutet, daß man zum Kern selbst der Planung und seiner Verwirklichung vorstößt.

Mittel und Ziele des augusteischen Bauprogramms

Wir können die zahlreichen Unternehmungen mit ihren Änderungen, die sich im Laufe von 40 Jahren ergaben, nicht bis ins letzte Detail untersuchen, aber wir wollen soweit möglich die grundlegenden Linien einer erstaunlich kohärenten Bautätigkeit darlegen, der Augustus über seine gesamte Regierungszeit hinweg äußerste Aufmerksamkeit widmete.

Die Neuverteilung der Aufgaben

Die offenkundige Rückkehr zu republikanischer Legalität stellt einen Bruch mit den radikalen Methoden der *imperatores* der vorhergehenden Zeit dar. Die selbstherrliche Ungeniertheit, mit der Caesar das historische Zentrum Roms umformte, war nicht mehr statthaft; und der Verzicht auf die ehrgeizigen Projekte des Diktators zur Vergrößerung des Stadtgebietes stellt einen der deutlichsten Akte der Haltung des *princeps* dar, die man gelegentlich sein «ideologisches Republikanertum» genannt hat.

Gleichzeitig kann jedoch das republikanische Erbe nicht vollständig übernommen werden, da es sonst die exklusive Rolle im Bereich des Euergetismus hätte gefährden können, die Augustus bereits sehr früh angestrebt zu haben scheint.

Diese Zweideutigkeit, die der gesamten politischen Handlungsweise des ersten Kaisers zugrunde liegt, verrät sich hier in einem deutlichen Widerspruch, der den Anfang der Regierung von der mittleren und spätaugusteischen Epoche trennt. Zu Beginn scheint der *princeps* offiziell die Männer aus seiner Umgebung ermutigt zu haben, an den Bemühungen zur Verschönerung der Stadt teilzunehmen. Danach wird private Bautätigkeit immer seltener und schließlich von einer Art kaiserlichem Monopol ganz abgelöst.

Man muß diesen ersten Eindruck jedoch etwas relativieren, da er zum Teil auf die einseitige Darstellung Suetons zurückgeht. Wenn man einmal von den Triumphatoren der beginnenden Triumviratszeit absieht, etwa von L. Munatius Plancus, der als Sieger über die Alpenvölker 42 v. Chr. den alten Saturntempel wiederherstellen ließ, wird klar, daß Octavian sich vor der Schlacht von Actium bemüht hat, die *triumphatores* für gemeinsame Projekte zu gewinnen, bei denen er ihnen normalerweise aber nur zweitrangige Aufgaben zugestand. Das apollinische Leitmotiv seiner Politik, das gegen Ende der dreißiger Jahre Gestalt annimmt und in der Weihung des Tempels auf dem Palatin gipfelt, liefert ein gutes Beispiel für diese Art ungleicher und rangmäßig unterteilter Zusammenarbeit. Wenn Octavian dem L. Cornificius die Wiederherstellung des Tempels der Diana auf dem Aventin anvertraut, dann deshalb, weil dieses Heiligtum außerhalb der großen kultischen Feierlichkeiten des Reiches bleibt. Den Wiederaufbau des anderen Apollotempels, der alten *aedes* auf den flaminischen Feldern, wollte man bis in jüngste Zeit fälschlicherweise C. Sosius zuschreiben, der 34 v. Chr. über die Juden siegte. Dieses Projekt, das aus stilistischen Gründen in die Jahre 30—20 v. Chr. fallen muß, scheint jedoch ganz auf das Konto des Augustus zu gehen, der in senatorischem Auftrag handelte. Die Tatsache, daß der Tag der Weihung des wiederaufgebauten Tempels, ebenso wie der von fünf weiteren Heiligtümern, mit dem Geburtstag des Augustus zusammenfällt, ist ein untrügliches Indiz für die Intervention und den Anspruch des *princeps*. Es hieße seine Absicht, dem Kult dieses griechischen Gottes, sei er älter oder neu, seinen persönlichen Stempel aufzudrücken, völlig zu verkennen, wenn man in dem bei Plinius genannten Namen «Apollo Sosianus» mehr als nur die Bezeichnung einer Kultstatue sehen wollte.

In Wirklichkeit sind diejenigen Arbeiten, die den *viri triumphales* im Laufe dieser zehn Jahre anvertraut wurden, sehr viel unbedeutender. Am häufigsten bestehen sie in der Instandsetzung der großen Konsularstraßen. Die Zahl der Triumphe, die von Personen abgehalten werden, die nicht zur *domus Augusta* gehören, nimmt ständig ab. Der letzte, wirklich glanzvolle Triumphator wird L. Cornelius Balbus im Jahre 19 v. Chr. sein, der sechs Jahre später ein Theater einweiht, das mit einer *porticus post scaenam* versehen ist. Seine Austattung muß ausgesucht gewesen sein, aber es erreichte beileibe nicht die Ausmaße anderer Theaterbauten, die Rom zu dieser Zeit besaß, nämlich des genau gleichzeitigen Marcellustheaters und des älteren Pompeiustheaters. Die Lokalisierung dieser neuen Anlage − *theatrum et crypta* −, die auf G. Gatti zurückgeht, macht deutlich, daß die Rolle des Balbus im wesentlichen darin bestand, im südlichen Teil der Regio IX das riesige städtebauliche Konzept fortzusetzen, das Pompeius begonnen und seit 27 v. Chr. Agrippa weitergeführt hatte. Es ging darum, die Reihe von Porticusbauten entlang einer NO-SO-Achse des Circus Flaminius zu den neuen Schöpfungen des Pompeius und Caesar auf dem Marsfeld, die alle streng nach der Himmelsrichtung ausgerichtet sind, fortzusetzen. Die Tendenz zu zusammenhängenden Sequenzen von Bauten und das Bemühen, die verbliebenen Freiflächen zu nutzen, sind typisch für den augusteischen Städtebau. Der Triumphator hat hierbei noch die Möglichkeit, je nach Wichtigkeit des Vorhabens, innerhalb eines vorgegebenen Rahmens und eines von oben rigoros festgelegten Programms einzugreifen. Wir sind weit entfernt von der anscheinend recht laxen Formulierung Suetons: Augustus forderte die Bürger von Rang auf, jeder solle gemäß seinen Mitteln die Stadt durch neue Bauten verschönern oder alte wiederaufbauen und ausbessern.

Der einzige, an den sich diese Aufforderung zu einer offenen Zusammenarbeit wirklich ohne Einschränkung richten konnte, war M. Agrippa. Ohne lange auf seine immense Bautätigkeit einzugehen, die ein eigenes Kapitel füllen würde, wollen wir nur darauf hinweisen, daß er hier wie auf allen anderen Gebieten eine Sonderstellung einnahm, und man von seinem Beispiel keine Schlüsse auf die anderen *imperatores* augusteischer Zeit ziehen darf. Die Gleichwertigkeit an *potestas*, die ihm Augustus nach der Schlacht von Actium zuerkannte, und sein Eintritt in das Herrscherhaus durch seine Heirat mit Marcella maior lassen ihn seit den Jahren 28/27 als wahren Kollegen des *princeps* erscheinen. Die religiöse und dynastische Bedeutung eines Bauwerks wie das Pantheon sagt genug über die üppigen Mittel und die planerische Freiheit aus, über die er verfügte. Trotzdem bleibt seine Bautätigkeit, so bedeutend sie auch scheinen mag, immer auf ein bestimmtes Gebiet beschränkt: Sein Bereich war die Regio IX, doch bei der Ausgestaltung des politischen oder religiösen Zentrums von Rom wurde ihm kein Part zugewiesen. Besonders das Forum blieb ihm verschlossen, da Augustus diesen traditionsträchtigen Ort offensichtlich sich und seinen designierten Nachfolgern zum Ausbau vorbehielt.

Man darf sich also nicht täuschen lassen. Augustus wollte es nicht nur sein, sondern er war die unangefochtene Hauptperson dieser neuen Ausgestaltung dieses Rom, und er rühmte sich dessen in unzweideutiger Weise, indem er sagte, er habe Rom als Marmorstadt zurückgelassen, nachdem er es in Ziegeln vorgefunden hätte. Von diesem Standpunkt aus wird seine Bautätigkeit seit seinem sechsten Konsulat völlig klar: es ist im Jahr 28 v. Chr., dessen Bedeutung für das neue Regime erst kürzlich P. Grenade hervorgehoben hat, als Octavian seinen großangelegten Plan zur Wiederherstellung der Heiligtümer in Angriff nimmt. Mehr als 85 Sakralbauten werden von da an einer systematischen Erneuerung unterworfen. Der beabsichtigte und auch von den antiken Quellen gefeierte Zusammenhang zwischen der Rückkehr des inneren

Friedens nach dem Triumph von 29 v. Chr., der neuen Ordnung, deren *auctor* Octavian ist, und dem Wiederaufbau der Tempel beleuchtet klar die Bedeutung, die man letzterem beimaß. Obwohl dieser im wesentlichen aus den *manubiae*, der Kriegsbeute, finanziert wurde, ist er doch keine Verlängerung des kriegerischen Handlung, sondern will als ein wohlabgestimmtes Werk des Friedens gelten; dies wird durch die symbolische Schließung des Ianustempels noch hervorgehoben und sollte kommende Generationen vor den brudermörderischen Irrwegen der Bürgerkriege bewahren, die ihre Ahnen durchlitten hatten. Der Beginn der Arbeiten fällt mit der Aufhebung aller willkürlichen und illegalen Verfügungen der Triumviratszeit zusammen, die Octavian getroffen hatte. Daher besteht zwischen der Weihung des Tempels des Divus Iulius am 18. August 29, der 42 begonnen worden war, und der Reihe von Bauvorhaben der Jahre seit 28 v. Chr. ein Bruch, insofern als diese im Sinne einer nationalen Aussöhnung und einer moralischen Restauration konzipiert wurden, wegen der Augustus sich gleichzeitig durch eine geschickte Propaganda als Neugründer Roms feiern ließ.

Von diesem Zeitpunkt an sind die politischen und ideologischen Aktivitäten des Kaisers mit seinen städteplanerischen und -baulichen Vorhaben untrennbar verbunden. Jeder neue Schritt der Erweiterung und Sicherung der Macht des *princeps*, der Bestätigung seiner Führungsrolle und der Festlegung seiner Nachfolge wird von bedeutenden Wiederaufbauten oder Neubauten begleitet. Natürlich führt die unvermeidbare Zeitspanne zwischen Baubeginn und Vollendung eines Projekts oft zu chronologischen Verschiebungen und der Zusammenhang zwischen Anlaß und Ausführung einer Baumaßnahme wird manchmal verunklärt. Alles in allem aber erscheint seit dem Partherbogen bis hin zu den Tiberius anvertrauten Erneuerungen auf dem Forum, von dem Apollotempel auf dem Palatin bis zum Augustusforum jedes große Unternehmen des Herrschers in einem Bauwerk oder Architekturkomplex materialisiert und verherrlicht.

Der Geist der Restaurierungen

Um die Interessen, die die Macht auf diesem Gebiet hatte, einschätzen zu können und um einen Maßstab zur Hand zu haben, wie sie die ihr gestellten Aufgaben bewältigte, muß man sich vor Augen halten, was man in der späten Republik unter „Restaurierung" verstand. Ein Text Ciceros über die Arbeiten des Verres am Dioskurentempel auf dem Forum unterrichtet uns über die drei Möglichkeiten, die sich angesichts eines verfallenen oder abrißreifen Tempels boten. Im damaligen Rom hatten die Tempel meist Tuff- oder Travertinsäulen, die mit einer Stuckschicht überzogen waren. Man konnte sich nun damit begnügen, diese Stuckschicht zu erneuern, indem man die alte Schicht abnahm und durch eine neue ersetzte. Man konnte zweitens mit Hilfe von Stützen und sicher auch von Flaschenzügen die Säulen oder das Gebälk entlasten, eine Säulentrommel nach der anderen anheben, am Boden erneuern und dann wieder an ihren alten Platz zurückversetzen. Schließlich konnte man die Säulen in völlig neuem Material ersetzen. Diese Lösung war natürlich die kostspieligste und man suchte sie normalerweise zu vermeiden.

Den archäologischen Befund einer solchen Teilrenovierung liefert uns der ionische Tempel auf dem Forum Boarium, bei dem alle Säulenbasen einzeln oder im Verbund in augusteischer oder tiberischer Zeit ersetzt wurden. Dabei wurden anscheinend zwei Lösungen angewandt. Entweder wurden die vorkragenden Teile der Säulen abgeschlagen und man ließ nur den inneren Kern stehen, den man anschließend mit zwei in der Mitte eingetieften Halbbasen umgab. Oder man ersetzte die alte Basis gemäß dem zweiten bei Cicero genannten Verfahren und schob ein neues Bauteil unter die Säule.

Gewöhnlich fallen die augusteischen Restaurationen jedoch radikaler aus. Die Behandlung des Tempels des Iuppiter Feretrius, der zu der Art symbolischer Heiligtümer zählt, die auf die Veranlassung des Atticus im Zuge einer erklärten *imitatio Romuli* wiederaufgebaut wurden, zeigt bereits vor der Schlacht von Actium deutlich das Bestreben, den ehrwürdigsten der religiösen Bauten den Glanz neu zu verleihen, den die Nachlässigkeit vorhergehender Generationen hatte verkommen lassen. Auch wenn wir gelegentlich nicht genau wissen, nach welchem Verfahren restauriert wurde, gibt uns eine Nachricht bei Dionysios von Halikarnaß an, daß die Tempel überall dort planmäßig und mit ihrer äußeren Ordnung wiederaufgebaut wurden, wo man Spuren eines alten Baus am Boden fand.

Außerdem unternahmen die augusteischen Architekten ein breit angelegtes Projekt der „Korinthisierung" von Heiligtümern, Altären und anderen Kultstätten. Das Phänomen beschränkt sich weder auf eine einfache Anpassung an den Geschmack des Tages noch auf eine systematische Erweiterung überkommener Pläne. Es handelt sich vielmehr um die originelle Neuschöpfung eines architektonischen Dekors, dessen fortschreitende Entwicklung in mehreren Untersuchungen dargelegt wurde. Diese Gestaltungsweise, die mit klaren strukturellen Vorlieben verbunden ist (Akzentuierung vertikaler Linien, engere Säulenstellung an der Tempelfront gemäß dem pyknostylen Rhythmus), begreift die Tempel als Schwerpunkte innerhalb mehr und mehr zusammenhängender Abfolgen. Gegenüber der ständigen Wiederholung des Immergleichen bevorzugten die augusteischen Handwerker, außer im Falle der kleineren oder dem neuen offiziellen Pantheon fremden Heiligtümer, eine grundsätzliche Änderung der Säulenordnungen und des Dekors.

Die Sakralisierung und Neuorganisation der öffentlichen Plätze

Auch Auswahl und Anlage der öffentlichen Plätze sind ebenfalls sehr aufschlußreich. Die Eingriffe, die Augustus vornahm, betrafen alle Bezirke, wo sich bereits vor ihm die Beamten oder die Feldherren der Republik betätigt hatten. Jedoch fügt er diesen, indem er sich an eine von Caesar eingeführte Gewohnheit anlehnt, neue Örtlichkeiten hinzu, die wegen ihrer besonderen Bedeutung geschätzt wurden. Unter diesen sind die Porticus Liviae und das Forum Augusti, beide von unterschiedlicher Wichtigkeit, besonders erwähnenswert. Sie stellten in erster Linie das Problem, daß sie als Gebiete, die bisher in privaten Händen waren, vom *princeps* angeeignet werden mußten. Die Rechtfertigungen, die den dazu notwendigen Enteignungen vorgeschoben wurden, sind interessant, da sie einen Teil der offiziellen Verlautbarungen zur Stadtplanung liefern. Aber sie sind auch ein mehr oder weniger deutlicher Träger einer präzisen politischen Botschaft, deren Bestandteile es wiederzufinden gilt.

Die Porticus der Livia, die im Jahre 7 v. Chr. eingeweiht wurde, erhebt sich an der Grenze des Viertels der Subura östlich des Oppius. Sie wurde auf dem Grundstück des sehr reichen Hauses des Vedius Pollio gebaut, das der Kaiser geerbt hatte und ohne zu zögern abreißen ließ. Der Akt, das luxuriöse Haus eines Privatmannes, der für seinen großen Reichtum berühmt war, niederzureißen, wurde von der offiziellen Propaganda im Zeichen des Kampfes gegen die *luxuria* in der strengen zensorischen Tradition ausgeschlachtet. Um so mehr konnte die Anlage eines öffentlichen Platzes in einem überbevölkerten Gebiet für das unzusammenhängende Stadtbild nur positiv erscheinen. Gleichzeitig richtete Augustus ohne willkürliche oder gewaltsame Enteignungen in einem Gebiet Roms einen offiziellen Kult ein, das vorher noch keinen besaß. Die Wahl der Concordia als Schutzgottheit, wenn nicht des Tempels, so zumindest des Altars, der sich in der Mitte der geräumigen Porticus befand und den uns übrigens nur der severische Marmorplan überliefert, trägt verschiedenen komplementären Überlegungen Rechnung, indem sie unterschiedliche, aber nicht einander ausschließende Interpretationen ermöglicht. Zunächst kann sich die Vorstellung der Concordia ganz konkret auf den sozialen Frieden beziehen. An die Stelle des Hauses eines Mannes, der wegen seiner Arroganz und Grausamkeit sicherlich berüchtigt und unbeliebt war, trat ein gefälliger öffentlicher Park, aus dem jede Erinnerung an den alten Besitzer verbannt worden war. Im großen Rahmen der augusteischen Politik mußte dieses Heiligtum, das einer Gottheit geweiht war, zu der der *princeps* immer seine persönliche Verbundenheit bekundet hatte, ein neues Bild der Concordia populär machen: Nicht mehr die Concordia, die den Bürgerkriegen nach Beseitigung der Gegner folgt, sondern diejenige, die die Ruhe und das Wohl des ganzen Staates an die harmonische Einheit der kaiserlichen Eheleute bindet. Das hier im Herzen dieses volkstümlichen Wohnviertels angewandte Vorgehen mußte die Sympathie der Massen für das Kaiserpaar nach sich ziehen: Man sagt, daß Livia den Komplex bauen ließ und ihn anschließend ihrem Mann weihte. Sicher war das politisch-religiöse Programm hier zumindest teilweise nach dem sozialen Kontext und dem Ort dieser neuen Porticus gewählt und konzipiert worden, und sie nahm, wie man nicht vergessen darf, eine Fläche ein, die fast derjenigen des Augustusforums entsprach. Mit ihren Exedren, Promenaden, Brunnen in den Ecken und dem breiten Altar in der Mitte, der in Anlage und Größe demjenigen des Quellheiligtums von Nîmes entspricht, stellte sie eine Art von Augusteum dar. Ohne als solches zu gelten, war sie nicht nur für einen Familien-, sondern auch für einen dynastischen Kult geschaffen, da die Caesares Caius und Lucius, wenn man Dio Cassius glauben darf, mit Livia zugleich als Weihende wie als Verehrte verbunden worden waren.

Beim Bau seines neuen Forum stand Augustus ohne Zweifel vor der Schwierigkeit, wohlhabende Anwohner und Besitzer gutgelegener und reicher Häuser enteignen zu müssen. Vielleicht kann man die relative Enge der Platzanlage den Skrupeln zuschreiben, die ihn daran hinderten, eine allzu große Anzahl dieser *domus* abzureißen. Möglicherweise aber wurde dieses Argument immer vorgebracht, um seine zurückhaltende Vorgehensweise und Rücksichtnahme gegenüber Privatinteressen ins Licht zu setzen. Es ist jedoch wenig wahrscheinlich, daß dies der Realität entspricht, zumal wenn man sich die Kohärenz und Wirksamkeit des Entwurfs betrachtet, der unter besonderen Zwängen nicht gelitten zu haben scheint. In Wirklichkeit ist die augusteische Absicht ganz klar. Es galt, die Neuerung zu rechtfertigen und dabei die unvermeidlichen „chirurgischen" Eingriffe zu mildern. Gleichzeitig aber will man dem Herzen der *Urbs* ein mindestens so prestigeträchtiges Gepräge geben wie Caesar und man dehnt unter dem ewig gleichen Vorwand, die beiden älteren Fora von den Menschenmassen und dem Gerichtsbetrieb zu entlasten, den neuen öffentlichen Bereich gegen NO bis zum Fuße der Subura aus. Die Lösung einer geschlossenen und rechtwinklig zum Caesarforum liegenden Platzanlage mag modernen Architekten kurios erscheinen, besonders, da man nicht versuchte, das, was bereits existierte, auszunutzen oder zu vergrößern, sondern vielmehr ein neues und selbständiges Element anfügt, das keine direkte Verbindung mit bereits vorhandenen Strukturen aufweist. Eine der wichtigsten Aufgaben der archäologischen Forschung besteht zweifelsohne darin, zu klären, wie an der Stelle der heutigen Via dei Fori imperiali der Übergang von der caesarischen Platzanlage zum Augustusforum aussah und welche Art von Weg oder Perspektive man von einer zur anderen Seite vorgesehen hatte. Aus funktionalem Gesichtspunkt ist aber sicher, daß beide Anlagen voneinander getrennt blieben. In dieser Hinsicht unterscheidet sich das Bauvorhaben wenig von denen der *imperatores* des 2. Jhs. v. Chr., die ihre Portiken entlang des Circus Flaminius aufreihten. Doch jetzt handelt es sich nicht mehr um ein peripheres Gebiet, sondern um das historische Zentrum und um Plätze, an denen sich das politische und juristische Leben seit alters her abspielte. Augustus hätte es sicher unpassend gefunden, einen Anbau für sich zu schaffen, der relativ weit vom republikanischen Forum gelegen war. Daher der Wunsch nach Spezialisation seiner Funktionen, der sich schon sehr bald zeigt. Man geht dorthin in die Ruhe, weit weg von hektischen Aktivitäten, zu den öffentlichen Gerichtsverfahren und den Auslosungen der Richter. Aber die überhöhte Abgeschiedenheit der Anlage diente sicher nicht dazu, ihm zu mißfallen, indem sie mehr als jede andere Anlage seine Situation und seine zwar nicht institutionell verankerte, dafür aber um so wirksamere *auctoritas* symbolisiert. Augustus hat nicht mehr wie Caesar die Sorge, in der Anlage eine ablesbare und direkte Verbindung von Kurie und Familientempel herstellen zu müssen. Der Titel *pater patriae*, der ihm anläßlich der Einweihung seines Forum 2 v. Chr. verliehen wird, macht ihn zu dem, auf den notwendig und durch die Vorsehung bestimmt die gesamte römische Geschichte zuläuft. Die Reihe berühmter Männer, die die Seitenportiken und ihre Exedren füllen, die Anlage des Baus, die jede mögliche Ausdehnung gegen andere öffentliche Plätze zumindest in dieselbe Richtung verbietet, drückt dieses „Ziel der Geschichte" klar aus. Das Forum Augustum versteht sich außerdem als Endpunkt eines Prozessionsweges. Man muß das Caesarforum überqueren, um dort einzutreten, aber das Ambiente von Stille und Andacht, das den Besucher erwartet und das machtvoll in dem gewaltigen Tempel des Mars Ultor gipfelt, der in den Peristylhof ragt, wird von der höchsten Mauer abgeschlossen, die je in Rom gebaut wurde.

Bei dem republikanischen Forum war das Vorgehen noch subtiler, da die Aneignung des Baugrundes symbolisch bleiben muß. Aber das Risiko war höher, da es sich darum handelte, das Zentrum Roms selbst, in dem die zahlreichen historischen Schichten sich in unzusammenhängenden Bauabfolgen darstellten, die der Würde der Gesamtanlage abträglich waren, in die neue Ordnung zu integrieren und den Bedürfnissen der neuen Machthaber anzupassen. Augustus konnte die alte trapezförmige Platzanlage, die an ihren Langseiten von Läden flankiert wurde und über Straßen von Süden, Osten und Norden zugänglich war, nicht in einen geschlossenen, von Portiken umgebenen Platz umwandeln. Anders gesagt, konnte er sich nicht erlauben, ihr durch Änderung der Grundgegebenheiten plötzlich zu hellenistischer Würde zu verhelfen. Er zog es vor, ohne besondere Eingriffe in die gesamte Disposition, Schritt für Schritt die Randgebiete neu zu gestalten, an der Ostecke mit dem Caesartempel eine klare Grenze zu setzen und entlang der Südseite eine bauliche Kontinuität zu schaffen. Die Lokalisierung der Via Sacra, die gemäß F. Coarelli an der Nordseite des Forums verlief, erlaubt uns, die Bedeutung besser zu verstehen, die Augustus der Südseite des Platzes gab. Sie bildete den Hintergrund, den begleitenden Dekor, den man mit einem Schritt in ihrer Gesamtanlage erfassen konnte, wenn man auf dieser Straße ging. Daher die Vergrößerung der Bauten − diejenige des Dioskurentempels und die der Basilica Iulia − auf Kosten der seitlichen Zugangswege. Daher die Unterbringung der alten Läden innerhalb der Basilica selbst oder vielmehr ihres Nordschiffes, das nach H. Lauter von der letzten augusteischen Restaurierung datiert. Dieser Bau, ein Übergang zwischen freier Fläche und überdachter Halle, der auf den Pronaos des Dioskurentempels folgt und die Einheitlichkeit dieser südlichen Randzone herstellt, ergab ein zusammenhängendes Bild, zumindest insofern das Gelöbnis, das Augustus ausgesprochen hatte, von Tiberius respektiert wurde. Der Name «porticus Cai et Luci», den ihr der alternde Kaiser geben wollte, stellt eine Art Gegengewicht zur Aedes Castoris dar, die in ihrer tiberischen Erneuerung von 6 n. Chr. die Söhne der Livia als neue Dioskuren feierte. Schließlich standen sich an den beiden Enden der Hauptachse des Platzes im Osten und im Westen der Tempel des vergöttlichten Caesar und der der Concordia gegenüber, die zusammen den sakralisierten Ursprung der Herrschaft und ihre historische Funktion symbolisierten: der Erbe des Diktators war zum Garanten des inneren Friedens geworden. Wenn man sich dessen klarwird, so umschreibt kein anderer architektonischer Komplex so tiefgehend und vieldeutig die ideologische Botschaft des Prinzipats. Wenn man hierbei zögert, von einem Programm zu reden, dann deshalb, weil der Bau der Monumente, die die Träger dieses Programms sind, sich über mehrere Jahrzehnte hinzog. Der Zusammenhang dieses Vorhabens, das nur schrittweise realisiert und auch sicher konzipiert wurde, ist dabei um so bemerkenswerter, wie auch sein durchschlagendes Ergebnis.

Die öffentlichen Bauten und die kaiserlichen Feiern

Die Bebauung des Stadtgebietes, in dem edle Materialien und dekorative Ordnungen die Tempelfassaden verschönern und das Prestige der neuen öffentlichen Bauten (Basiliken, Thermen, Saepta) steigern sollten, die Sakralisierung öffentlicher Plätze, die sich u. a. in einer Vielfalt von Bögen (*iani, fornices*) am Ende der Fora äußerte, sind auf das Verhalten des Publikums nicht ohne Wirkung. Die eher für Aufmärsche denn funktional angelegten Flächen erheischen in erster Linie Bewunderung, als daß sie dem alltäglichen Leben und Treiben dienen. Das alte republikanische Forum, das uns Plautus noch mit seinen Märkten und zerstreuten Plätzen schilderte, war aus dem Zentrum der Stadt verbannt worden, in dem die strenge Anordnung der Marmormassen Vorrang erhielt.

Die zeitgenössische Literatur entdeckt nun natürlich die Sprache hellenistischer Epigramme neu. Seit dem 3. Jh. v. Chr. pflegte der Untertan der Attaliden und Ptolemäer die neuen Bauten zu loben, die ihm die königliche Fürsorge bereitstellte. Er versuchte, teilweise als Kenner, die Qualität des Marmors und metallischer Verkleidungen, die Feinheit der Ornamente und die Schönheit der Kunstgegenstände zu würdigen. Properz, Horaz und Ovid knüpfen in ihrer Art an diese Lobeshymnen an (die ἔκφρασις der Tradition). Aber ihre Dichtung weicht grundlegend von der Konvention ab, da sie vom Preis des wiedergewonnenen Friedens inspiriert wird. Erfahrungsgemäß von der offiziellen Propaganda unterstützt, aber auch von der Bevölkerung zumindest nach 20 v. Chr. zutiefst erlebt, drückt sich dieses Gefühl in vielfältiger Weise aus, in erster Linie natürlich durch das Preisen des Friedenswerkes par excellence, nämlich die öffentlichen Bauten, die den Beginn eines neuen Zeitalters markieren.

Durch die Oden des Horaz ahnt man bereits, wie verwoben die Motive der Baurestauration, der neuen moralischen Ordnung und der offiziellen Feste in der erneuerten Stadt sind. Gleichzeitig erscheinen die Tempel und Portiken auf den Reliefs der julisch-claudischen Zeit als ein notwendiges Dekor für die Hauptereignisse des öffentlichen Lebens, in dem der Kaiser die Hauptrolle spielt. In den Carmina spielt gleichzeitig die Zeremonie eine große Rolle, die mit der Sakralisierung des Stadtgebietes verbunden ist: Die gesamte Stadt erscheint nunmehr für die großen Feiern, die ihren Lebensrhythmus bestimmen, zugeschnitten, für Triumphe, Dankfeiern, Gelöbnisse für die Rückkehr des *princeps*, Weihungen und zahlreiche *pompae*. Die Einmütigkeit eines mit sich versöhnten Volkes drückt sich bei jeder Gelegenheit in den neuen Bauten und vor allem durch die großen dynastischen Tempel aus. Die Oden 3,14 (Rückkehr aus Spanien 24 v. Chr.), 4,12 (Rückkehr 13 v. Chr.) und vor allem 4,15, in der das Volk zu Banketten, zu Gebet und zu Feiern des Geschlechts der Venus geladen ist, umreißen das Bild des neuen Bürgers. Der *Urbis publicus ludus*, das feierliche Spiel des Horaz, bei dem die ganze Stadt das Spielfeld ist, antwortet auf die Vorstellung Vergils, daß Octavian nach seiner Rückkehr von Actium in Rom ein neues Gefühl der Verbundenheit und Ehrerbietung hervorgerufen hat. «Die Straßen bebten vor Freude, Spielen und Beifallsrufen.» Und diese Szene wiederholte sich jedesmal, wenn Augustus aus den Provinzen zurückkehrte und die Stadt betrat. Man empfing ihn mit Gesängen, sagt Sueton (*modulatis carminibus*). Die Würde des *civis* lag darin, an der Erscheinung, die sich die Stadt selbst gab, eifrig und wenn möglich schmückend teilzunehmen — wir erinnern uns hier an den bereits zitierten Text, daß man nur in Toga auf dem Forum erscheinen durfte. Die Heiligtümer, die Prozessionswege, die sie verbanden, und der resakralisierte Raum um sie herum spielen die Rolle des Dekors als materielle Zeugnisse und Garanten für dieses neue Zeitalter. Am Ende der Regierungszeit ergeben die großen Feiern, die sich direkt auf Augustus und seine Taten beziehen, zusammen mit den Erinnerungsfeiern für Caesar, Marcellus und die Caesares, den Feiern und Geburtstagen der Mitglieder der kaiserlichen Familie, insbesondere von Livia und Tiberius, eine Zahl von fast 60 Festen pro Jahr. Dies ist die Höchstzahl der ganzen Kaiserzeit.

Dieses Festtagskonzept der Stadtplanung ist untrennbar mit dem Verschwinden der politischen Funktion des *populus* verbunden. Die augusteische Stadt wird zum kostbaren Rahmen kontrollierter Muße. Da die augusteische Legitimation der innere Frieden war, mußte seine Folge für das tägliche Leben in der Stadt der Fortbestand der Freude über Actium sein, die sich in neuen baulichen Strukturen materialisierte. Auch drückte sich die Macht in der vergoldeten Muße aus. Daher die Vervielfachung der Gebäude für öffentliche Belustigungen, in denen man nun ohne Bedenken tagelang die Massen versammeln kann, denen man nur bisweilen Ovationen für die Mitglieder des Kaiserhauses abverlangt. Drei Theater und ein Amphitheater stehen Rom zu diesem Zweck zur Verfügung, darüber hinaus öffentliche Gärten mit sorgfältig ausgearbeiteten, dekorativen Programmen, Ausstellungsräume alter Privatsammlungen sowie Tempel, Portiken und Museen.

Die Aktivität des Tiberius während seines rhodischen Exils, in dem er seine Rückkehr als Nachfolger des Augustus vorbereitet, ist typisch für diese Form des Verhältnisses zwischen dem Prinz und den Bewohnern der Hauptstadt. Er sammelt unter großen Kosten griechische Statuen, mit denen er den Concordiatempel ausschmücken will, dessen Wiederherstellung er sich übertragen ließ. Das Marsfeld Agrippas stellt hinfort das Herz dieser Welt kultivierten *otium* dar. Hier sind die Orte zum Flanieren und Entspannen vervielfacht, wo man mit allen Mitteln Gefühle von Bewunderung, Dankbarkeit und ästhetischem Gefallen zu erregen sucht, die nach augusteischen Vorstellungen der Verinnerlichung der Machtidee parallel gingen. Der riesige und aufwendige Bereich, der von den Agrippathermen − sie stellen die ersten derartigen Einrichtungen der Kaiserzeit dar − und von dem *stagnum* eingenommen wird, dem Bassin, das den Euripos symbolisieren soll und für das man erst kürzlich die Verbindung mit der Porticus des Pompeius und somit den ununterbrochenen Zusammenhang der „Vergnügungsbauten" bewiesen hat, stellt den organisatorischen Kern dieses neuen Rom in der Hauptstadt dar.

Ringsherum konnten sich nur ludische oder musische Aktivitäten abspielen. Der Zweck der Saepta Iulia, dieses kostbaren Gebäudes, das von Caesar für die Zenturiatkomitien entworfen und von Agrippa vollendet wurde, ist kennzeichnend für die Situation. Ihrer „republikanischen" Funktionen entleert, seit Tiberius offiziell die Komitien außer Kraft setzte, nimmt es gelegentlich Gladiatorenspiele, Jagden und exotische Tiere auf. Ihre umlaufenden Portiken, nach Meleager und den Argonauten genannt, verdanken ihren Namen zweifellos den Bilderzyklen, die in ihnen hingen, und die in zahlreichen zeitgenössischen Werken, vom Sockel des Mausoleums von Glanum angefangen bis zu den Metamorphosen des Ovid, ihren Widerhall finden. In der Zeit Martials, d. h. am Ende des 1. Jhs. n. Chr., sind diese Ausstellungs- und Vergnügungsstätten zum Weltzentrum des Kunstmarktes geworden.

Es ist sicher schwierig, im nachhinein zu unterscheiden, inwieweit die neuen Verhaltensweisen den vereinten Bemühungen um ihre Änderung entsprachen oder inwiefern jene sich erst im Laufe der Jahre angesichts der neuen bedeutenden Bauten schrittweise einstellten. Ohne jedoch den augusteischen Planern und Künstlern einen Machiavellismus unterzuschieben, den sie vielleicht gar nicht hatten, muß man einräumen, daß sie zumindest die Bedeutung des Stadtgebietes erkannt hatten und mit dem unmerklichen Verschwinden republikanischer *libertas* gleichzeitig das neue Gesicht Roms zu formen versuchten.

Die römische Architektur und ihre griechischen Vorläufer in augusteischer Zeit

Der römische *imperator* ist nicht nur ein Militär-, sondern auch ein Propagandaexperte. Er begnügt sich nicht damit, seine Feinde zu besiegen, sondern muß auch seine Gegner und eigenen Truppen überzeugen können. Unter den unzähligen Propagandamitteln, die der *imperator* ge- und mißbraucht, nimmt die Architektur eine besondere Stellung ein. Sie erlaubt, den verschiedenen ideologischen Themen eine dauerhafte Form zu verleihen, die noch dazu eine schlüssige und leichtverständliche Lesbarkeit garantiert. Man darf sich daher nicht wundern, wenn unsere schriftlichen Quellen auf dem Sachverstand der römischen *imperatores* im Fach Architektur insistieren. Pompeius' Interesse für das Theater von Mytilene wurde bereits erwähnt. Sueton berichtet uns, daß Caesar sich am Vorabend seines Rubiconübertritts den Plan einer Gladiatorenschule zeigen ließ, die er in Ravenna bauen lassen wollte (Suet. Iul. 31,1). Außerdem überliefert uns Plutarch über Marc Anton folgende vielsagende Anekdote: Die Einwohner von Megara zeigten ihr Bouleuterion stolz dem Triumvir, worauf dieser verächtlich meinte: Es ist klein und heruntergekommen (Plut. Ant. 23).

Sicherlich geben die beiden Episoden von der Haltung der *imperatores* gegenüber der griechischen Architektur ein etwas überzeichnetes Bild. Die römischen Feldherren hätten in gewisser Weise ihre Abhängigkeit von griechischen Vorbildern mit einer Verächtlichkeit für die geringen Dimensionen dieser Bauwerke kompensiert und durch ihren erklärten Willen, in Rom eine Architektur zu schaffen, deren einzige Originalität in ihren gigantischen Ausmaßen lag; man denke nur an die oben behandelten caesarischen Projekte. Sah aber die Realität auch so einfach aus? Hier ist sicher nicht der Ort, die weitläufige Frage nach der Originalität römischer Kunst zu erörtern, noch, diese Fragestellung so erschöpfend zu diskutieren, um den leichtfertigen Kritiken entgegentreten zu können, denen römische Kunst bloß eine Spielart hellenistischer Kunst ist, oder gar die Gegenüberstellung Rom — Griechenland, eine scholastische Diskussion, deren mehr als 2000 Jahre alte Fragestellung diese allein schon als nichtig erweist. Wir wollen hier dieses Problem nicht im allgemeinen behandeln, sondern die zwei bedeutendsten Beispiele analysieren, um seine Komplexität zu ermessen.

Betrachten wir zunächst die architektonischen Eingriffe der Römer in Athen. Glücklicherweise können wir hierbei die Entwicklung innerhalb eines Zeitraumes von ca. 50 Jahren betrachten. In den 50er Jahren beschließt der Konsul von 54 v. Chr., Appius Claudius Pulcher, am Eingang des alten Heiligtums von Eleusis Propyläen zu errichten. Nun läßt sich in diesem bescheidenen Bauwerk in athenischer Bautradition bzw. neuattischer Mode fremder Eingriff nicht feststellen. Nur die lateinische Inschrift auf dem Bau zeugt davon, daß er von einem römischen Magistrat geweiht worden war. Die Entscheidung, ein Propylon zu bauen, war geschickt, weil die monumentale Toranlage von allen Besuchern des Heiligtums passiert werden mußte. Aber die Propyläen des Appius Claudius Pulcher paßten sich dem traditionellen Grundriß des Heiligtums an, weil sie die Heilige Straße weit von der Achse des Hauptgebäudes, des perikleischen Telesterions, überspannten. Die Bauornamentik der Propyläen stellt eine wahrhafte Übersicht über die Dekorationsarten neuattischer Werkstätten dieser Zeit dar: Klassizistischer Geschmack in der Statuenausstattung mit strengen Karyatiden, die das Gesims tragen. Überall finden sich barocke Tendenzen, die das Stilgemisch noch steigern: eine gemischte Ordnung (dorische Friese mit ionischen Basen), verschiedene Pflanzen (Akanthus, Weinlaub) und Mischwesen (Greifen) auf den Figuralkapitellen. Nichts, angefangen vom gewählten Platz bis zum Dekor, verrät einen fremden Einfluß auf lokale Traditionen oder Innovationen.

Doch mit Agrippas Eingreifen ändert sich in Athen alles. Natürlich ist nicht alles in den Unternehmungen des obersten Feldherrn des Augustus neu. Die Quadriga, die ihm vom athenischen Volk anläßlich seines dritten Konsulats geweiht wird, geht auf Statuen Eumenes' II. und seines Bruders Attalos zurück, die am Eingang der Akropolis 178 v. Chr. aufgestellt und von Marc Anton bereits mit seiner eigenen Inschrift umgeändert worden waren (Plut. Ant. 40). In diesem Fall, wie dem der Propyläen des Appius Claudius Pulcher, begnügte sich der Römer damit, in einer bereits vorhandenen Architektur eine günstig gelegene Position, den Eingang eines bedeutenden Heiligtums, zu benutzen, also im einen Fall die Propyläen des Claudius Pulcher in Eleusis und im anderen die der Akropolis für die Statue des Agrippa.

Ganz anders verhält es sich bei der Umgestaltung der Athener Agora durch Agrippa ca. 15 v. Chr. Agrippa bricht hier völlig mit der klassischen und hellenistischen Vergangenheit der Agora und stellt ein beeindruckendes Odeon in der Achse des Platzes auf, das von nun an dessen Mittelpunkt darstellt. Die beherrschende Axialität ist ein typisch römisches Merkmal, das sich im augusteischen Athen vielfach wiederfinden läßt. Etwas später, als Augustus seinem Adoptivsohn C. Caesar die prokonsularische Gewalt im Osten des Reiches überträgt, wird der «neue Ares» mit der Versetzung eines Arestempels des 5. Jhs. geehrt, der aus dem Demos Acharnai stammt und an der Westseite der Athener Agora wiederaufgebaut wird. Sein Altar befindet sich im Schnittpunkt der Längsachse des Tempels und des Odeons des Agrippa. So werden, als Sinnbild der neuen Ordnung des *orbis*, die Fluchtlinien von den Monumenten der Platzanlage, die sich in mehr als fünf Jahrhunderten angesammelt haben, auf die Bauten verlagert, die die Machthaber Roms verherrlichen. Dasselbe römische Gepräge zeigt sich in der Rückkehr zu klassischen Vorbildern und dem Bruch mit der neuattischen Mode, die sich so reich auf den Propyläen von Eleusis finden ließ. Die Kapitelle des Odeons sind Kopien nach Vorbildern des 5. Jhs. (Tholos von Epidauros), der Tempel, wie wir gesehen haben, ein Original des 5. Jhs., das auf der Agora wiederaufgebaut wurde, und die Propyläen am Eingang der neuen caesarisch-augusteischen Agora haben eine dorische Ordnung, die die zahlreichen Vorbilder des perikleischen Athen genauestens imitiert. Wenn wir nun zur Akropolis gehen, stellen wir fest, daß der kurz vor der Zeitenwende für Roma und Augustus geweihte Tempel zwei Kriterien beachtet, die den direkten Eingriff der augusteischen Machthaber aufzeigen: Erstens die Axialität, denn diese Tholos steht in der Längsachse des Parthenon, von dessen Ansehen sie zu profitieren und dem sie gar den ersten Rang streitig machen zu wollen scheint; zweitens der Klassizismus, denn der Dekor der Tholos kopiert denjenigen des nahen Erechtheions, eines Modells ionischen Bauschmucks des 5. Jhs.

Diese kurze Untersuchung zu den römischen Eingriffen auf die Architektur Athens der zweiten Hälfte des 1. Jhs. v. Chr. verdeutlicht uns einen einzigartigen Widerspruch. Auf der einen Seite steht ein Gebäude, das in lateinischer Schrift von einem römischen Beamten geweiht wurde, dessen Lokalisierung und Dekor jedoch den zeitgenössischen Konventionen in Athen folgt, und auf der anderen Seite ein Bau, der vom athenischen Volk mit griechischer Inschrift geweiht wurde, dessen axialer Bezug zum Parthenon und dessen neoklassische Imitation des Erechtheions jedoch einer römischen Vorstellungswelt entspringen (Tempel für Roma und Augustus auf der Akropolis). Ein solches Paradoxon zeigt die Komplexität eines oft simplifizierten Problems nur zu deutlich, nämlich desjenigen der Abhängigkeit Roms von architektonischen Vorbildern Griechenlands.

Das Augustusforum in Rom reflektiert bekanntlich in seinem Dekor, aber auch in der Gesamtanlage auf griechische Vorbilder. Wie vollzog sich nun diese Rezeption?

Die Anlage des Statuenprogramms zweier paralleler Reihen siegreicher Feldherren zusammen mit den beiden symmetrischen Exedren, die u. a. mit den Statuen der legendären Könige geschmückt waren, hat einen genau faßbaren griechischen Ursprung. Genau dieses Schauspiel bot sich dem Besucher des Heiligtums von Delphi, wenn er sich im ersten Abschnitt der Heiligen Straße des Heiligtums befand.

Diese Beobachtung und die Ausstattung der Attika mit Kopien der Erechtheionkoren und Schilden mit Götterdarstellungen, u. a. des Iuppiter Ammon, führen uns zu grundlegenden Folgerungen für die Bedeutung der Vorbildfunktion griechischer Kunst. Wenn Augustus im Gesamtaufbau eines Heiligtums ein altehrwürdiges Vorbild aus Delphi reproduziert, hat er damit nicht nur einen Tempeltypus im Auge, der einer Schutzgottheit für die Siege eines Volkes geweiht ist, sondern spielt auch auf dessen historische Bedeutung an. Rom hat Griechenland als militärische Weltmacht abgelöst und Griechenland ist nun aufgerufen, sein architektonisches und dekoratives Erbe Rom zu überlassen. Nachdem dieses Formengut sowohl die militärische Suprematie Griechenlands und die scharfen Gegensätze der politischen Geschichte des Hellenismus ausgedrückt hatte, wird es nun der einzigartigen Berufung Roms Ausdruck verleihen, die ganze Welt unter einem gemeinsamen Gesetz zu regieren. Auf dem Forum Augustum sind alle Statuen die römischer Feldherren, die für Rom Siege errungen hatten und mit denen sie ihre Anerkennung für den Stammvaters ihres Volkes, den Gott Mars, bezeugen. Gleichzeitig drücken die Karyatiden, die auf dem Erechtheion dem Betrachter zugewandt waren und dem Gebäude eine für einen Sakralbau ungewöhnliche Anmut verliehen, auf dem Augustusforum nur noch die Unterwerfung unter ein einziges strenges Gesetz aus: dies sowohl durch ihre erhöhte Position im Attikageschoß wie durch ihre stereotype Wiederholung rechts und links des Platzes, die noch den Eindruck erhöhte, sie würden vom Gewicht des darüberliegenden Gebälkes erdrückt. Hinzuzufügen bleibt noch, daß die Darstellungen des Iuppiter Ammon unweigerlich die Erinnerung an Alexander wachriefen. Diese beiden Zitate zweier großer Augenblicke militärischer Suprematie Griechenlands (das Athen des Perikles und das Makedonien Alexanders) bekräftigen noch das Bild, das wir angesichts der Imitation des delphischen Vorbilds für das Heiligtum hervorgehoben hatten. Von griechischer Größe vergangener Zeiten bleiben nur die plastischen Formen übrig, die in ein Architekturensemble eingefügt werden und nunmehr dazu dienen, Roms ewige Berufung zur Weltherrschaft zu verherrlichen.

Diese wenigen, hier kurz beschriebenen und interpretierten Beispiele lassen uns erahnen, daß die römische Architektur zumindest augusteischer Zeit keineswegs ein bloßer Abklatsch der griechischen ist; und wenn sie sich nicht überzeichnend an bereits existierende Vorbilder anlehnte, dann, weil man in Rom merkte, daß man in diesem Bereich ebenfalls seine Vorrangstellung beweisen mußte. Diese Einordnung von Formen in genau geordneten Ensembles, die Hierarchisierung von Raumabfolgen, stellt die plastische Umsetzung der *maiestas populi Romani* dar.

Wir denken, das Symbol dieser allgemeinen Einstellung im Akanthus zu finden, oder, genauer, in den „akanthisierten Ranken". Der Akanthus ist jedoch nicht nur das Blattwerk der Ranken. Er ist auch die Pflanze par excellence der korinthischen Ordnung, deren Entfaltung durch die systematische Anbringung am Kranzgesims einen Grundzug des augusteischen Klassizismus bildet. Diese Korinthisierung der Stützen und Säulen in der Monumentalarchitektur scheint uns heute so geläufig, daß man nur selten an die Bedingungen ihrer Entstehung und ihre symbolische Kraft denkt, die sie beinhaltet. Die korinthische Ordnung, die durch die Architekten im Laufe der letzten zwanzig Regierungsjahre des Augustus neu festgelegt wurde und für mehr als zwei Jahrhunderte kanonische Formen erhielt, war zunächst in den Augen derer, die ihren endgültigen Triumph festlegten, der symbolische Träger der apollinischen Ordnung. Nichts ist bezeichnender als die schrittweise Beherrschung der Oberfläche, die eigentlich dem figurativen Dekor vorbehalten war, durch Akanthusfriese, so zu sehen an den Friesen der großen dynastischen Tempel von Rom über Nîmes bis Pola. Diese naturhafte Metapher, zugleich üppig und stilisiert, reproduziert unermüdlich, von einem Ende der römischen Welt zum anderen, das Bild einer reichen und geordneten Welt im Zeichen der *pax Augusta*.

Aus dem Französischen von Cornelia Hackländer

Filippo Coarelli

Rom. Die Stadtplanung von Caesar bis Augustus

Die ausführlichste allgemeine Beschreibung des augusteischen Rom, die uns überliefert ist, finden wir bei Strabo in seinem 5. Buch (Strab. 5,3,7–8). Auch in diesem Fall handelt es sich aber nur um eine Teildarstellung, die einer sehr willkürlichen Auswahl unterliegt und sich nach festgelegten ideologischen Gesichtspunkten richtet. Bei der Beschreibung der zeitgenössischen Stadt, die ihm aus vielen und langen Aufenthalten gut bekannt ist, legt der griechische Verfasser den Schwerpunkt auf das Gebiet des Marsfeldes. Er widmet ihm eine ausführliche und detaillierte Beschreibung, die vollständigste, die uns überliefert ist. Das gesamte übrige Stadtgebiet handelt er dagegen in kurzen und flüchtigen Zeilen ab: neben dem Marsfeld «scheint die Stadt nur ein Anhängsel zu sein».

Diese Auslese ergibt sich zweifellos aus der Stellung des Gebietes, das als *campus* für paramilitärische und sportliche Übungen diente und deshalb ohne Bebauung blieb. Es wirkte direkt neben dem stickigen und chaotischen Stadtzentrum innerhalb der Mauern wie das natürliche Feld für eine Stadterweiterung. Auf ebendieser Fläche entstand ab dem 2. Jh. v. Chr. ein Stadtteil, der die eindrucksvollen hellenistischen Hauptstädte zum Vorbild hatte. Strabo mochte dieser Stadtteil durchaus als eine wirkliche und eigenständige Stadt erscheinen, die auf stadtplanerischer und architektonischer Ebene jedoch einen völlig anderen Eindruck vermittelte als die alte Stadt. Die Gründe für Strabos Auswahl scheinen damit klargeworden zu sein. Es bleibt zu klären, warum er bei seiner Beschreibung des Marsfeldes überhaupt nicht auf die Bauten eingeht, die die republikanische Aristokratie des 2. Jhs. errichtete und die sich hauptsächlich auf das Gebiet um den Circus Flaminius konzentrierten. Strabo nennt jedoch nur Pompeius,

Caesar und Augustus sowie dessen Verwandte und Freunde als Bauherren des neuen Stadtteils. In diesem Fall traf er die Wahl zweifellos aus politischen und ideologischen Gründen. Für Strabo als Vertreter einer Klasse, die aus dem kleinasiatischen Osten hervorging, mußte die alte republikanische Aristokratie als die hauptverantwortliche Kraft für die Ausbeutung und den Untergang der hellenistischen Welt erscheinen; insbesondere der Provinz Asia, aus der der Verfasser stammte. Ganz anders die Provinzialpolitik der Feldherren des 1. Jhs. v. Chr., von Pompeius über Caesar bis Octavian: Sie wirkte besonders auf einen Griechen aus der Provinz Asia viel positiver, da die Feldherren ihre Macht unter anderem auch auf die Kontrolle wichtiger Lokalklientel gründeten. Die Gegenprobe läßt sich mit der fast genau entgegengesetzten Position spätrepublikanischer Schriftsteller machen. Sie gehörten beinahe alle der senatorischen Aristokratie an und waren darauf ausgerichtet, die Verdienste der älteren Republik zu verherrlichen. So ist das Vorgehen Varros charakteristisch, der in seinem zweiten Buch der *de re rustica* das Marsfeld in einem Zustand schildert, der zeitlich vor der Umgestaltung des Gebietes im Jahr 55 v. Chr. durch die großen Stadtbauten des Pompeius und Caesar liegt. Während diese von Strabo gefeiert worden waren, begegnet Varro ihnen mit scharfer Kritik. Genau von diesen Bauprojekten müssen wir ausgehen, um das Wesen und die Vielfalt der spätrepublikanischen Stadtentwicklung völlig verstehen zu können, die schließlich mit Abschwächungen und Änderungen ihre Vollendung im Werk des Augustus und Agrippa fand. Für einen Beobachter wie Strabo, der nicht in die römisch-traditionalistischen Auseinandersetzungen verstrickt war, bestand sicher eine ungebrochene Kontinuität zwischen den Bauten des Pompeius und Caesar einerseits und denjenigen des Augustus andererseits. Diese Beurteilung bietet uns im Vergleich mit den entgegengesetzten Meinungen eine wertvolle Möglichkeit, die römische Tradition, mit der die offizielle augusteische Ideologie zumindest zu einem großen Teil verschmelzen mußte, zu überpüfen und ins rechte Lot zu rücken. Wir sind leider nur sehr wenig über Caesars großes Projekt zum Umbau des Marsfeldes informiert. Er hatte es in seinen letzten zwei Lebensjahren geplant und mit seiner Verwirklichung nicht einmal mehr beginnnen können. Die Bautätigkeit des Diktators auf dem Marsfeld hatte auf jeden Fall bereits vorher, im Jahre 54 v. Chr., mit einem Bauvorhaben begonnen, mit dem auf dem alten Gebiet des Marsfeldes das Gebäude, das für die Komitien und den Census genutzt wurde, erneuert werden sollte. Bei dieser Erneuerung wurde überwiegend Marmor verwendet, also eine Bauweise benutzt, die direkt der hellenistischen Architektur entlehnt ist. Sie stattete das alte *ovile* so aus, daß hier zum ersten Mal der Name Saepta auftauchte, der dann endgültig bleiben sollte. Mit dem Wiederaufbau des alten Platzes, der für die legislativen Versammlungen und die Wahlen bestimmt war, wurde gleichzeitig auch die Villa publica, der Sitz der Censoren, neu gebaut. Durch die Wahl der Gebäude sollten die alten Einrichtungen der Republik aufgewertet und die Bauvorhaben des Pompeius deutlich kritisiert werden, die diese Tradition vollkommen aufgehoben hatten. Aus demselben Grunde sollten diese Bauprojekte Personen durchführen, die eine streng republikanische Gesinnung hatten und daher, wie Cicero, über jeden Verdacht erhaben waren. Die Ziele des Vorhabens selbst waren jedoch alles andere als ,republikanisch' und entgingen den wacheren Vertretern der Senatspartei sicher nicht. Die Tatsache, daß Varro die Handlung seines zweiten Buches der *de re rustica* in die vorcaesarische Villa publica und die Saepta verlegt, stellt, wie wir gesehen haben, eine deutliche Kritik an dem gesamten Vorhaben dar.

Das Projekt von 45 v. Chr., über das wir, wie im vorhergehenden Fall, ganz zufällig durch die Korrespondenz Ciceros informiert sind, ist völlig anderer Art und auch in seinen Ausmaßen viel größer. In einem Brief an Atticus beschreibt Cicero die großartigen Züge des caesarischen Plans *de urbe augenda*. Auch er betrifft in erster Linie das Gebiet des Marsfeldes. «Der Tiber wird von der milvischen Brücke an längs der Montes Vaticani umgeleitet werden; das Marsfeld wird völlig überbaut werden, während der Campus Vaticanus seinerseits eine Art Marsfeld werden wird.» Es handelt sich um einen berühmten Passus, der erst zusammen mit den anderen, leider nur sehr spärlichen Nachrichten über caesarische Projekte jener Jahre völlig verstanden werden kann. An erster Stelle ist hier das andere bedeutende Bauvorhaben Caesars zu nennen, das das Gebiet des alten Forums betraf. Auch hier können wir leicht zwei Phasen unterscheiden. Die erste beginnt bereits 54 v. Chr. und trägt die vertrauenerweckenden Züge einer bloßen Vergrößerung. Wiederum versteckt sich das Ganze ideologisch hinter Cicero und L. Aemilius Lepidus, der damit betraut wird, nach bester republikanischer Manier die Basilica Aemilia wiederherzustellen, welche seit alters her mit seiner Familie verknüpft war. Doch in der Folge sollte sich das Projekt nach und nach in genau entgegengesetzter Richtung entwickeln. Es schloß den Bau des Tempels der Venus Genetrix ein und machte aus der Kurie, die 46 v. Chr. in neuer Lage wiederaufgebaut wurde, praktisch ein Anhängsel des Forum Iulium. Dieses Projekt wiederholte, allerdings in weniger privatem Sinn, einen Entwurf des Pompeius, der seine Kurie in den von ihm gebauten Komplex auf dem Marsfeld integrierte. Die Planung des Marsfeldes stand dabei sicher nicht für sich, sondern war Teil einer wesentlich umfassenderen Neugliederung der Stadt, wie bereits aus dem Namen *de urbe augenda* hervorgeht. Andere vereinzelte Nachrichten berichten uns außerdem über weitere caesarische Bauprojekte auf dem Forum bis hin zu einem neuen Theater auf dem Marsfeld, das Augustus schließlich unter dem Namen des Marcellus in bescheideneren Ausmaßen baute. Gleichzeitig plante Caesar verschiedene Projekte zur Verbesserung der Infrastruktur der Stadt. Er sah einen künstlichen Hafen an der Tibermündung vor, der erst von Claudius gebaut werden sollte, bis hin zu einem Kanal, der den Tiber mit Terracina verbinden sollte und seinerseits in einen Plan zur Entwässerung der Pontinischen Sümpfe eingebunden war. Bemerkenswerterweise nahm Nero dieses letzte Projekt auf, ebenso wie Caesars Plan, den Isthmus von Korinth zu durchstechen, wobei die Fossa Neroniana sogar eine Verlängerung des Kanals bis Puteoli vorsah. Dieser umfangreiche Plan trägt zweifellos ,tyrannische' Züge, und sein Vorbild ist ohne weiteres in ähnlichen Bauvorhaben der hellenistischen Königshäuser, besonders des ptolemäischen, zu sehen. Seine propagandistischen Ziele liegen auf der Hand: Der neue Hafen, der Kanal von Korinth und die Verbindung mit Terracina sollten jeweils der Versorgung der Hauptstadt dienen, was Plutarch im Falle des Kanals von Terracina übrigens explizit sagt. In gleicher Richtung sind die Aufgaben der Fossa Neroniana zu verstehen. Sie steht ebenfalls mit zahlreichen Projekten der Stadterneuerung in Verbindung und ihr Vorbild wurde schon seit längerem in den Hauptstädten der hellenistischen Reiche erkannt.

Der für das caesarische Projekt verantwortliche Architekt war sicherlich nicht zufällig ein Grieche, wie Cicero in einem weiteren Brief an Atticus, der im allgemeinen vernachlässigt wird, berichtet. Die augusteischen Bauten wirkten gegenüber der typisch monarchischen und orientalisch anmutenden ,Großartigkeit' solcher Vorhaben regelrecht bescheiden und bewegten sich innerhalb des maßvollen italisch-republikanischen Rahmens. Dieser Aspekt ist natürlich beabsichtigt und wird von der augusteischen Propaganda breit ausgeschlachtet. Es wäre jedoch naiv und vereinfachend, sich auf diese simple Feststellung zu beschränken. Die augusteische Baupolitik bleibt unverständlich, wenn man sie ohne ihren politischen Gesamtzusammenhang betrachtet. Seine verschiedenen Seiten und Veränderungen bestimmen entwicklungsgeschichtlich die Entstehung und endgültige Fassung der augusteischen Politik und machen insgesamt die komplexe und vielschichtige Struktur des Prinzipats aus. Der Großteil der modernen Geschichtsforschung hat diese historische und strukturelle Vielschichtigkeit nicht gesehen. Sie sah den Prinzipat des Augustus abwechselnd als rein monarchisches Phänomen, dann wieder betrachtete sie ihn als eine bloße Restauration der republikanischen Verfassung, wenn auch in neuen Formen. Letzten Endes verflachte sie in simplifizierenden Begrifflichkeiten, die völlig ungeeignet waren, der Vielfalt des Phänomens gerecht zu werden. Dabei bietet bereits die antike Geschichtsschreibung völlig ausreichende Begriffe. Man denke nur an den fiktiven Disput zwischen Maecenas und Agrippa bei Dio Cassius. Die Inhalte des Prinzipats waren natürlich im Grunde monarchisch und despotisch, aber formal lebten eben große Teile der republikanischen Tradition im Prinzipat wieder auf. Die äußere Form ist dabei sicher nicht nur bloßes Erscheinungsbild, das das eigentliche Wesen der Entwicklung unbeeinflußt ließe. Manchmal, wie z. B. bei der Nachfolgeregelung, konnte sie entscheidende Wichtigkeit erlangen, denn hier lag, wie bereits Tacitus wußte, eines der *arcana imperii*. Aus diesen Überlegungen ergibt sich für das Gebiet, das hier von Interesse ist, eine zentrale Arbeitshypothese, die wir im folgenden verifizieren wollen: Man kann die urbanistischen und baupolitischen Aktivitäten des Augustus nicht in ihrer ganzen Bandbreite erfassen, wenn man sie als ein homogenes Gebilde betrachtet, das aus einem Guß geschaffen wäre. Parallel zu dem, was sich auf politischer Ebene bewahrheitet hat, müßte zunächst ihre Entwicklung Schwankungen und Brüche und schließlich ihr Gesamtbild vielfältige Lösungen aufweisen, die das vielschichtige und doppeldeutige Wesen des Prinzipats widerspiegeln. Zeitlich können wir den langen augusteischen Zeitraum zunächst in drei Phasen gliedern: 1. Die Zeit des Triumvirats von 43 bis 27 v. Chr.; 2. Die Zeit von 27 bis 12 v. Chr.; 3. Die spätaugusteische Phase von 12 v. Chr. bis 14 n. Chr.

Die Zeit des Triumvirats

Wir kennen diesen Zeitraum auf Grund der wenigen und fragmentarischen Quellen nur sehr schlecht, wofür z. T. Augustus selbst die Schuld trägt. Er war daran interessiert, seine Verbrechen als ‚Revolutionsführer‘ in Vergessenheit geraten zu lassen. Was wir wissen, reicht jedoch aus, die Grundzüge dieses Zeitraums, soweit er hier interessiert, herauszuarbeiten. Obwohl wir über manches Alleinunternehmen des einen oder anderen Triumvirn informiert sind, ergibt die Politik aus dem uns überlieferten Material ein im wesentlichen einheitliches Bild und steht ganz im Zeichen der vorhergehenden Jahre. Antonius, Lepidus und Octavian führten die caesarische Politik fort und es ist das Erbe Caesars, das ihre eigentliche Verbindung und Legitimation bildete. Auf architektonischer Ebene führt die Rivalität seiner drei potentiellen Erben nicht zu einer Differenzierung, sondern im Gegenteil zu einer völligen Identifikation. Nachrichten über neue Bauten jener Zeit sind rar, was u. a. auch auf die tatsächliche Stagnation auf dem Bausektor während der ununterbrochenen Kriegswirren zurückzuführen ist. Diejenigen, die wir haben, laufen aber alle in die obengenannte Richtung. Der Pontifex maximus, Lepidus, z. B. führte die Arbeiten an caesarischen Bauten zu Ende und vollendete die Saepta und den Tempel der Felicitas, der an der Stelle der Curia Hostilia gebaut worden war. Die Rivalität der Erben Caesars verrät sich uns nur durch den ‚Statuenkrieg‘ auf dem Forum. Der Senat versuchte, sich auch in ihn einzuschalten und aus den Zwistigkeiten zu profitieren, die folgendermaßen endeten: Der Reiterstatue des L. Antonius, die die 35 *tribus* dem Bruder des Marcus errichtet hatten, standen die Reiterstatuen des Octavian und Lepidus gegenüber, die auf Anordnung des Senats auf der Rostra aufgestellt worden waren. Octavian war dazu entschlossen, sich als einziger Erbe Caesars darzustellen. Aus diesem Grund errichtete er an der Stelle, an der die Leiche des Diktators verbrannt worden war, eine Säule aus numidischem Marmor und begann mit dem Bau des Tempels des Divus Iulius, der erst viel später fertiggestellt werden sollte. In dieses vielfältige Hin und Her konnten sich auch verschiedene Persönlichkeiten, die zu dem einen oder anderen Triumvirn eine besonders enge Verbindung hatten, einschalten. L. Munatius Plancus baute den Saturntempel neu, C. Asinius Pollio das Atrium Libertatis, das eine Verlängerung des Forum Iulium darstellte und sicher von Caesar schon geplant war. Cn. Domitius Calvinus baute die Regia wieder auf. Auch der Senat wurde in eigener Verantwortung tätig und stellte Statuen, wie die des Ser. Sulpicius Rufus auf der Rostra, auf. Auf dem Marsfeld ließ er Grabmale für die Konsuln Hirtius und Pansa errichten, die im Krieg bei Modena den Tod gefunden hatten. Die Bedeutung dieser Bauwerke ist uns aus den Philippischen Reden Ciceros gut bekannt (Cic. Phil. 9,16). In diesem Zusammenhang ist der Bau des Isis- und Serapistempels auf dem Marsfeld besonders interessant. Er wird den Triumvirn zugeschrieben und wurde von der modernen Geschichtsschreibung seit Shipley völlig übergangen. Dio Cassius gibt zwar die Stelle, an der der Bau entstand, nicht genau an, aber es kann sich nur um das Marsfeld handeln. Schon der Hinweis auf einen Doppelkult kann in antiker

Zeit nur den Tempel auf dem Marsfeld meinen und schließt die anderen Isistempel in der Stadt aus. Bis zum Ende der Republik waren noch die Isistempel auf dem Kapitol und das Iseum Metellium bekannt, die beide älter waren. Auf den Tempel auf dem Marsfeld wird auch eine Notiz bezogen, nach der Tiberius das Gebäude abreißen ließ. Sie stellt einen klaren Terminus ante quem für die Entstehung des Isistempels dar und erlaubt, die herkömmliche Zuschreibung an Caligula auszuschließen, der vermutlich nur das von Tiberius zerstörte Gebäude wiederaufgebaut hat. In unserem Zusammenhang muß diese frühe Bauphase der Triumvirn analog zu den anderen Bereichen als Fortsetzung caesarischer Politik gesehen werden. Die Tatsache, daß das Heiligtum auf dem Marsfeld und in unmittelbarer Nähe der Saepta Iulia lag, mit der es zumindest in der Kaiserzeit durch ein Tetrapylon verbunden war, bestätigt diese Annahme. Man muß kaum hervorheben, wie eng dieser Bau mit Caesars ‚ägyptischen‘ Plänen zusammenhängt. Diese hatten angeblich sogar die Verlegung der Hauptstadt nach Alexandria zum Ziel und gewannen vermutlich nach dem Bellum Alexandrinum durch den Besuch der Kleopatra in Rom noch zusätzlich an Bedeutung. Man denke in diesem Zusammenhang nur daran, daß eine Statue der Königin neben dem Bild der Venus Genetrix aufgestellt wurde. Demzufolge scheint der Entwurf für die architektonische Neugestaltung Roms, zumindest was das Marsfeld anbelangt, auf Alexandria zurückzugehen. Denselben Eindruck vermittelt auch die augusteische Baupolitik. Die Jahre, die unmittelbar auf Actium und die Eroberung Ägyptens folgen, sind für die Festlegung eines neuen städteplanerischen Konzepts von entscheidender Wichtigkeit. Auch in diesem Fall stellt das Marsfeld das bevorzugte Gebiet für ein architektonisches Experiment dar, das innerhalb der wenigen Jahre, die zwischen diesem und dem folgenden Zeitraum liegen, sehr umfangreich wird. Das zweite betroffene Gebiet ist natürlich das Forum. Hier mußte man mit baulichen Veränderungen besonders vorsichtig sein und eine Politik verfolgen, die sich auch im Sinne einer Wiederaufwertung traditioneller Werte von der früheren Politik abhob. Das war natürlich mit einigen Umwälzungen verbunden. Die Arbeiten am Mars-Ultor-Tempel und dem Forum, das ihn umschloß, waren bereits seit langem begonnen worden. Sie setzten ganz klar die Politik Caesars fort, die darauf abgezielt hatte, das Verwaltungszentrum der Stadt in neue Gebäude zu verlegen, deren Architektur hierarchisch aufgebaut und ideologisch von dynastischen Vorstellungen geprägt war. Vermutlich blieben die Arbeiten am Augustusforum aus diesem Grunde sehr lange unterbrochen. Erst in spätaugusteischer Zeit, als sich die Situation insofern geändert hatte, als der Prinzipat endgültig institutionell verankert war, wurde der Bau fertiggestellt. Er ist ein deutliches Beispiel für die unterschiedlichen Schwankungen augusteischer Stadtplanung und Architektur, die wir bereits erwähnt hatten und die wir im folgenden genauer untersuchen wollen. Wie wir gesehen haben, bauten neben den Triumvirn auch andere hervorragende Persönlichkeiten, die mit den verschiedenen Parteien unterschiedlich eng zusammenhingen. Auf dem Marsfeld können wir für solche Bauten mindestens vier Beispiele finden: Das Amphitheater, das Statilius Taurus zwischen 34 und 30 v. Chr. baute, die Porticus des L. Marcius Philippus, die vermutlich 33 v. Chr. entstand, den Neubau des Neptuntempels, der um 34/33 v. Chr., der dem Cn. Domitius Ahenobarbus zugeschrieben wird, und vielleicht den Tempel des Apollo Sosianus. Es scheint mir möglich, daß der Bau des letzten Tempels nach dem Triumph des Antoniusanhängers C. Sosius am 3. September 34 v. Chr. begonnen wurde, auch wenn er mit Sicherheit von Augustus beendet wurde. Er vereinnahmte das Gebäude für sich, wie das Datum der Dedikation, der 23. September, beweist, das mit seinem Geburtstag übereinstimmt. Auf diese Weise kann man vielleicht die sehr altertümlichen Kennzeichen des Gebäudes, wie z. B. die Travertinbauweise seiner gesamten Rückseite, zusammen mit dem Verschwinden des Namens des Sosius erklären. Plinius hat Sosius vielleicht nur aus einer Art versteckter republikanischer Polemik heraus genannt, die für jenen Autor und seine Zeit durchaus verständlich wäre. Einen Bedeutungswandel kann man auch im Fall des anderen Apollotempels auf dem Palatin beobachten. Er war zunächst in Erinnerung an die Bürgerkriege und den Sieg über Sextus Pompeius bei Naulochos entstanden. Im Laufe seiner Bauzeit änderte sich nach dem Sieg von Actium, der unterdessen glücklich eingetreten war, seine gesellschaftliche Aussage. Eine ähnliche Bedeutungsänderung läßt sich auch für den Actiumbogen auf dem Forum belegen. Er sollte vielleicht einen Bogen ersetzen, der nach Naulochos aufgestellt worden war, und somit ein weiteres Mal die Erinnerung an die Bürgerkriege auslöschen.

Die Zeit von 27 bis 12 v. Chr.

Die fortschreitenden Veränderungen der augusteischen Politik kommen wieder einmal architektonisch in der Anlage des Marsfeldes am besten zum Ausdruck. Wie wir gesehen haben, hatten die *viri triumphales* in den früheren Jahren besonders in der Gegend um den Circus Flaminius eine bemerkenswerte Bautätigkeit entfaltet. Sie setzten deutlich die ehemalige republikanische Tradition fort. In den Jahren nach Actium ändert sich das Bild vollständig: Während Octavian nach und nach ein ‚Triumphalmonopol‘ für sich aufbaute, wurden immer weniger Gebäude von Personen geweiht, die nicht zur Familie des *princeps* gehörten. Die einzigen, die nach 26 v. Chr. noch Triumphe feierten, waren 21 v. Chr. L. Sempronius Atratinus und 19 v. Chr. L. Cornelius Balbus. Nach diesem Zeitpunkt sollte nur noch der Kaiser das Recht haben, einen Triumph abzuhalten. Zusammen mit der Einführung dieser neuen Regelung wurden die wichtigsten Heiligtümer *in circo Flaminio* neu geweiht und ihr Weihedatum auf den *dies natalis* des *princeps*, den 23. September, verlegt. Ihre Verbindung zum Triumph wurde schon mehrere Male hervorgehoben. Betroffen waren die Tempel des Mars, Neptun, Apollo, Iuppiter Stator und der Iuno Regina. Besonders bezeichnend ist dabei, daß zwei Tempel neu geweiht wurden, deren Wiederaufbau von zwei Feldherren des Antonius, Cn. Domitius Ahenobarbus und C. Sosius, zumindest begonnen worden war. Diese Episode zeigt besser als alles andere, wie Augustus sich das ausschließliche Recht auf den Triumph aneignete, indem er vor allem jede Spur der Triumviratszeit und jede Erinnerung an Antonius auslöschte. Gleichzeitig standen auf dem Gebiet des Marsfeldes Gebäude, die den Namen der Octavia und des Marcellus trugen, nämlich die Porticus und das Theater. Sie erfüllten vorwiegend eine dynastische Funktion und hoben diejenige Nachfolge hervor, die im damaligen Augenblick vorgesehen war. Die Neugestaltung des zentralen Marsfeldes blieb dagegen ganz der Initiative Agrippas überlassen. Im Rahmen der Errichtung des augusteischen Prinzipats stellt sie eine Operation von grundlegender Bedeutung dar und muß deswegen genau auf ihre Motivation und Ziele untersucht werden. Auch in diesem Fall muß man die Stadtentwicklung und Architektur der vorangegangenen Jahre berücksichtigen, da sie in gewissen Grenzen jedes spätere Bauvorhaben sowohl negativ als auch positiv beeinflußten. Das Gebiet war vorher zum großen Teil im Besitz des Pompeius gewesen. Er hatte es für ein gewaltiges Bauvorhaben benutzt, dessen politische und ideologische Ziele nur allzu klar sind: In einem Gebiet außerhalb des Pomeriums waren unzählige Gebäude mit einerseits ‚öffentlichem‘ Charakter entstanden, wie das Theater, Portiken und eine Kurie, andererseits Privatgebäude, wie die Villa des Pompeius mit ihren angrenzenden Gärten. Was diese Bauten, die untereinander in enger Beziehung standen, jedoch verband, war ihre Lage *in solo privato*. Diese Randlage außerhalb des Pomeriums der Stadt war letztlich die Grundbedingung gewesen, einen Baukomplex schaffen zu können, über dessen Handschrift kein Zweifel besteht und der auf ein bestimmtes Vorbild zurückgeht: die Paläste hellenistischer Könige. In Alexandria und Pergamon erhebt sich der Königssitz direkt neben dem Heiligtum der siegbringenden Gottheit und dem Theater, das seinerseits dem Herrscherkult dient. Der Tempel der Venus Victrix auf der Höhe der *cavea* des Pompeiustheaters nimmt dieselbe Stelle ein und erfüllt dieselbe Funktion wie das Heiligtum der Athena Nikephoros beim Theater von Pergamon. Die Notiz Plutarchs, der Plan für das Bauwerk des Pompeius sei dem Theater von Mytilene entnommen, d. h. einer Stadt, die Pergamon sowohl geographisch als auch kulturell sehr nahestand, darf daher nicht, wie so oft, unterschätzt werden. Die Tatsache, daß die Kurie, die den Senatssitzungen diente, in die Bauten des Pompeius eingegliedert wurde, kann in einem solchen Zusammenhang nur die Bedeutung implizieren, daß sich das höchste Kollegium der Stadt dem neuen Herrscher unterordnete. Dieser Gedanke erinnert wieder einmal an politische Strukturen hellenistischer Monarchien. Der Besitz des Pompeius wechselte in der folgenden Zeit je nach Lage der Bürgerkriege von Caesar zu Antonius und schließlich zu Agrippa. Ohne Zweifel war dieses Erbe besonders bedeutungsbeladen und schwierig zu tarnen und man mußte es in die neue, zwischenzeitlich eingetretene Situation einpassen. Die besondere Schwierigkeit bestand außerdem darin, daß diese neue Lage noch völlig ungeklärt und unsicher war. Andererseits waren die Bedingungen ideal. Es handelte sich um Privatland und Agrippa brachte als neuer Besitzer die besonderen Eigenschaften mit, daß er faktisch zwar zweiter Mann im Staat war, formal jedoch einfacher *privatus* und seit 27 v. Chr., d. h. seinem dritten Konsulat, kein offizielles Amt mehr bekleidete. Das Feld war damit auf architektonischer und institutioneller Ebene für einen Versuch frei, der ganz offiziell ablaufen konnte und gleichzeitig nicht sofort in die Verantwortung des Kaisers fiel. In den Jahren unmittelbar nach Actium entfaltete Agrippa in dieser Weise eine reiche Aktivität und verwirklichte eine Anzahl von Bauten, die untereinander topographisch und ideologisch zusammenhängen: Die Saepta Iulia mit der angrenzenden Porticus Argonautum et Meleagri, die Basilica Neptuni und die Thermen. Alle wurden sicher nach dem Jahr 29, in dem Augustus seinen dreifachen Triumph feierte, begonnen und zwischen 26 und 25 v. Chr. eingeweiht. Der Sinn, der hinter dem Gesamtprojekt stand, wird besonders aus dem Bau des Pantheon ersichtlich, den die Inschrift auf das Jahr 27 v. Chr. datiert, das jedoch erst 25 v. Chr. fertiggestellt wurde. Sein Bauplatz auf dem Marsfeld nahe der Palus Capuae wurde deshalb gewählt, weil sich nach der Legende genau an jener Stelle das Verschwinden und die Apotheose des Romulus zugetragen haben soll. Die Angleichung Octavians an Romulus ist typisch für die Jahre von 29 bis 27, in die eben auch der Baubeginn des Pantheon fällt. Außerdem muß sich in unmittelbarer Nähe das Grab Caesars befunden haben. Er war während einer Senatssitzung, die auf dem Marsfeld stattgefunden hatte, ermordet worden und sein Schicksal erinnerte so kraß an dasjenige des mythischen Stadtgründers, daß es sich geradezu anbot, sie gleichzusetzen. Allein der Name des Pantheon, der auf Heiligtümer hellenistischer Herrscher zurückgeht, macht seine Funktion als Tempel für den Herrscherkult deutlich. Eine Episode bei Dio Cassius bestätigt diese Funktion: Agrippa wollte bei der Weihung des Tempels eine Statue des Augustus im Innern aufstellen, doch der Kaiser hinderte ihn daran. Es wäre naiv zu glauben, Augustus hätte die Funktion des Pantheon, das schon seit langem im Bau war, nicht schon von Anfang an gekannt. Aber im Jahr 25 hatte die Politik des Kaisers bereits einen entscheidenden Kurswechsel genommen, der in der berühmten Senatssitzung am 16. März 27 offenkundig geworden war, die mit der Rückgabe aller triumviralen Gewalten und der formalen Wiederherstellung der Republik geendet hatte. Daß es einen Plan gab, das Marsfeld in einen Baukomplex mit dynastischer Bedeutung umzuformen, der auf den Beispielen hellenistischer Hauptstädte beruhte, können weitere Belege stützen. An erster Stelle muß hier der Bau des Mausoleum genannt werden, der gleich nach 29 und damit zeitgleich mit dem Pantheon ausgeführt wurde und nur als ein dynastisches Bauwerk erklärt werden kann. U. a. zeigen die neuesten Untersuchungen des Baus, die ich hier nicht im Detail ausführen kann, daß er sich mit aller Wahrscheinlichkeit vom Grabmal Alexanders herleitet. Das architektonische Gesamtkonzept des Marsfeldes geht auf hellenistische und insbesondere alexandrinische Vorbilder zurück, was sich bereits bei den Planungen des Pompeius und Caesar feststellen ließ. Die Aussage, die diese Bauwerke besitzen, erfüllt letztlich auch das Pantheon, das Mausoleum, das Thermengymnasium, das große Becken des Stagnum Agrippae und den Euripos, aber auch den Isis- und Serapistempel und das hölzerne Stadion, das Augustus wahrscheinlich an der Stelle des caesarischen bauen ließ. Wie der Fundort zweier augusteischer Inschriften, die sich auf Wettkämpfe beziehen, zeigt, lag es wohl an der Stelle des späteren Domitiansstadions. Im Jahre 10 v. Chr. sollte das Horologium das Bild noch vervollständigen. Seine griechischen Inschriften, die meteorologischen Angaben, die sich, wie z. B. die über die zwanzig Etesien, nur auf das östliche Mittelmeer beziehen, und der Obelisk zeigen, daß auch das Horologium vermutlich auf einem alexandrinischen Vorbild basierte. Man erkennt in diesem vielschichtigen Bauprojekt sofort den Palast von Alexandria wieder, der in seinem Innern ein Gymnasium, Theater, Stadion und Mausoleen und Heiligtümer beherbergte. Der Kurswechsel der augusteischen Politik machte es natürlich nötig, die auffälligsten Aspekte dieses Baus so abzuschwächen, daß das äußere Erscheinungsbild dem römischen Traditionsbewußtsein nicht mehr untragbar erschien. Der Standort des Baus außerhalb der Stadt und *in solo privato* trug ebenfalls zur schnellen und schmerzlosen Aufnahme dieser neuen Werte bei. In dem Maße, wie der Kaiserkult langsam vom Zentrum in die Peripherie rückte, erhielt er in Rom, Italien und den Provinzen eine völlig unterschiedliche Ausprägung. Tatsache ist aber, daß die Bauten wegen ihrer riesigen Ausmaße nicht denselben radikalen Änderungen unterworfen werden konnten, die die augusteische Propaganda in anderen Bereichen vornahm. Sie zeigen deshalb auch heute noch in hervorragender Weise den kurvenreichen Weg, den der augusteische Prinzipat bis zu seiner Vollendung politisch und ideologisch beschreiten mußte.

Die spätaugusteische Zeit von 12 v. Chr. bis 14 n. Chr.

Im Jahre 12 v. Chr., wenige Monate nach dem Tode des früheren Amtsinhabers, übernahm Augustus das Amt des Pontifex maximus. Dieses Ereignis kann symbolisch für den Übergang zur spätaugusteischen Zeit stehen. Fast gleichzeitig löst der Tod Agrippas das letzte Band, das den Kaiser noch mit seiner ‚revolutionären' Vergangenheit verband. Das Feld für eine endgültige Verankerung des Regimes war somit frei. Zu diesem Ziel nahm Augustus das oberste Priesteramt der Republik an, das einerseits sein Charisma und seine religiöse Stellung stärken sollte, andererseits den Vorteil besaß, rein republikanischer Tradition zu entspringen. Die Verlegung des Vestakultes in das Haus des Kaisers auf dem Palatin stellt noch einmal die Hauptkennzeichen des Prinzipats heraus. Es werden grundlegende Umwälzungen vorgenommen, formal jedoch wird die Tradition ausdrücklich eingehalten. Der Kaiser verfügt über alle wirksamen und formalen Mittel, das Stadtbild grundlegend zu verändern, was ihm bereits seine Eigenschaft als neuer Romulus und neuer Stadtgründer gebietet. Die unsicheren Nachrichten über die Erweiterung des Pomeriums geben damit Anlaß zu neuer Diskussion und erhielten in letzter Zeit, m. E. mit Recht, neues Gewicht. Noch interessanter und unbestritten sind an dieser Stelle der grundlegenden Veränderungen, die in augusteischer Zeit in der Verwaltung und dem Stadtbild durchgeführt wurden. Bezeichnenderweise hat diese Veränderung im Vergleich zu den früheren Jahren einen weniger ideologischen Beigeschmack, da sie scheinbar, aber wie wir sehen werden, auch nur scheinbar, technische Gründe hatte und deshalb die Jahre unbeschadet überstehen konnte. Die Neueinteilung der Stadt, die Augustus schuf, sollte bis ans Ende der antiken Welt überdauern und in gewisser Hinsicht sogar darüber hinaus. Wir sind damit an dem Punkt angelangt, an dem sich der ‚klassische' Prinzipat endgültig herauskristallisiert. Wenn wir sehen, wie schnell diese Stadtplanung durchgesetzt wurde, müssen wir annehmen, daß sie bereits seit langem vorbereitet und bereits in Einzelheiten festgelegt war. Der Kaiser wollte aber offensichtlich abwarten, bis er im Besitz aller formalen Titel war. Dazu zählte auch das Priesteramt, da die religiöse Seite der Umstrukturierung der Stadt alles andere als zweitrangig war. Die literarischen Quellen sind überaus dünn gesät und zudem kurz. Sie beschränken sich praktisch auf zwei Autoren, Sueton und Dio Cassius. Reicher, jedoch manchmal problematisch, sind die epigraphischen Zeugnisse. Der ausführlichste Text, nämlich Sueton, beschränkt sich darauf zu sagen, daß die Stadt in *regiones* und *vici* unterteilt wurde, von denen die erstgenannten von Beamten verwaltet wurden, die aus der ordentlichen Beamtenschaft, d. h. den Praetoren, Aedilen und Volkstribunen, ausgelost wurden. Die *vici* wurden von Beamten der *plebs urbana* verwaltet. Dio Cassius nennt nichts außer der Anzahl der Regionen, nämlich 14. Nur die epigraphischen und archäologischen Zeugnisse geben weiteren Aufschluß über Art und Umfang des Planes. Dieser bestand im wesentlichen aus einer umfassenden Neueinteilung der bestehenden Stadt, d. h. des bebauten Geländes und nicht nur der *urbs* innerhalb der Stadtgrenzen. Die erste Meile, von den Mauern bzw. vom Pomerium gerechnet, bildete eigentlich die äußere Begrenzung, aber in Wirklichkeit war der Übergang wegen der *continentia tecta* fließend, d. h. die Häuser bildeten vom Stadtkern bis zur Peripherie ein ununterbrochenes *continuum*. Neben dem alten servianischen Stadtgebiet der vier *tribus* wurden jetzt auch das Kapitol und der Aventin, die nicht zu ihm gehört hatten, in den neuen Stadtplan übernommen. Außerdem nahm man die umliegenden Gemeinden, *montes* und *pagi*, auf, die ihre administrative Unabhängigkeit bis zum Ende der Republik hatten bewahren können. Jede Region hatte unterschiedlich viele *vici*, deren Zahl nach und nach natürlich wachsen sollte, damit die Stadt größer wurde. In flavischer Zeit gab es 265 *vici*, im 4. Jh. vielleicht 424. Die späten ,Regionenkataloge‘, die unter den Tetrarchen bis zu Konstantin erstellt wurden, erlauben uns, das Grundmuster des augusteischen Stadtplans zu rekonstruieren. Er blieb bis zum Ende der Kaiserzeit fast unverändert bestehen:

Regio	I	Porta Capena	Regio	VIII	Forum Romanum et magnum
	II	Caelimontium		IX	Circus Flaminius
	III	Isis et Serapis		X	Palatium
	IV	Templum Pacis		XI	Circus Maximus
	V	Esquiliae		XII	Piscina Publica
	VI	Alta Semita		XIII	Aventinus
	VII	Via Lata		XIV	Transtiberim

Man stellt sofort fest, daß nur die Numerierung verwaltungstechnischer Herkunft war, was das epigraphische Material noch zuverlässig bestätigt. Die Namen stammten ursprünglich aus dem Volk, doch wahrscheinlich bürgerten sie sich im ständigen Gebrauch schnell ein. Aus der Bezeichnung *piscina publica* glaubt man z. B. auf eine sehr alte Einrichtung schließen zu können, die es in der späten Republik bereits nicht mehr gab. Der einzige gesicherte nachaugusteische Name einer Region ist der der *Regio IV*, der, wie der Name schon sagt, erst nach dem Bau des Templum Pacis in vespasianischer Zeit datiert. Die *Regio IV* war übrigens eine der Regionen, die vielfache Veränderungen, besonders nach dem neronischen Brand, erfuhren. Die Regionenzählung beginnt im Süden mit der *Regio I*, die den Namen der Porta Capena erhielt. Dieser Zählung liegt, wie man weiß, das römische Orientierungssystem zugrunde, bei dem der Süden bzw. der Südosten oben liegt. Auch auf der severischen Forma Urbis, die, wie wir noch sehen werden, auf einem älteren Plan basiert, müßten die Porta Capena und die Via Appia sich im oberen mittleren Teil befinden. Schrittweise geht die Numerierung nun gegen den Uhrzeigersinn von Osten nach Westen und von Norden nach Süden vor und schließt dabei abwechselnd die innerhalb und außerhalb des Pomerium liegenden Regionen ein. Die Grenzen bilden neben dem Pomerium und dem Tiber die Achsen der Hauptstraßen, die im Herzen der Stadt beginnen und außerhalb der Stadt in die extraurbanen Straßen übergehen. Große Bedeutung bei dieser ganzen Stadteinteilung besitzen folglich das Pomerium und die republikanischen Stadtmauern. Es ist daher kein Zufall, daß Augustus und die zahlreichen Konsuln nach ihm zusammen mit der Neueinteilung der Stadt, d. h. in den Jahren unmittelbar nach der Annahme des Pontifikalamtes, auch die Stadttore neu bauten. Die Mauer und die Tore bildeten die äußere Grenze für die Regionen des Zentrums, d. h. II, III, IV, VI, VIII, X, XII, XIII, die in der Mehrheit später nicht mehr erweitert wurden. Gleichzeitig waren sie die innere Grenze für die peripheren Regionen I, V, VII, IX, XII, XIV, die sich bis zum ersten Meilenstein erstreckten, der ebenfalls von der Mauer aus berechnet war. Die wechselnde Abfolge von innen- und außenliegenden Regionen bei fortlaufender Zählung scheint für augusteische Gebietseinteilungen typisch zu sein. Wir finden sie ebenfalls bei der Unterteilung der 11 Regionen Italiens. Die räumliche Gliederung wurde von einer radikalen Neuorganisation der Verwaltung begleitet, die nötig geworden war, da sich das republikanische System auch auf diesem Gebiet als völlig unzureichend erwiesen hatte. Die Verwaltung der Republik war ursprünglich auf einen einfachen Stadtstaat zugeschnitten und hatte dann ohne nennenswerte Änderungen den Ansprüchen eines Weltreichs genügen müssen. Die Größenordnung und Komplexität des städtischen Organismus erforderte schnelle und radikale Vorkehrungen und speziell eine Bürokratie, die dem Gesamtproblem gewachsen war. Vermutlich sah der Plan Caesars *de urbe augenda* im Zuge der Stadterweiterung auch eine neue Verwaltung vor. Verschiedene Angaben legen diese Annahme nahe: Unter Caesar wurde ein neues Aedilenpaar eingesetzt, das als *aediles plebis ceriales* mit der Getreideversorgung der Stadt betraut war. Die Angaben der *Tabula Heracleensis* stützen diese These, falls wir in ihr wenigstens teilweise die *Lex Iulia municipalis* erkennen dürfen. Wir wissen nicht, wieviel von dem caesarischen Plan in den augusteischen eingeflossen ist. Auf jeden Fall ist die augusteische Politik wieder einmal dadurch gekennzeichnet, daß sie formal die Traditionen einhält und dem alten republikanischen System versucht gerade dann nicht zuwiderzulaufen, wenn sie es in Wirklichkeit tiefgreifend untergräbt. Dies fällt uns bei der bürokratischen Einteilung der *regiones* und *vici*, deren Aufgaben uns zum großen Teil nicht bekannt sind, gar nicht so sehr ins Auge. Doch bei der Neuordnung der städtischen Verwaltung zeigt sich diese Politik mit großer Deutlichkeit und läßt sich zusammenfassend als eine Reduzierung der Machtmittel des Senates beschreiben, die schrittweise von den Befugnissen des Kaisers übernommen werden. Dieser Prozeß geht ziemlich langsam vor sich und findet erst bei den Nachfolgern des Augustus sein Ende. Er betrifft fast alle lebenswichtigen Bereiche der Stadt: den Hausbau, die Getreideversorgung, die Wasserleitungen, die Wartung des Tiber und die Abwasserentsorgung, den Brandschutz, die Polizei und das Straßenwesen. Wir beschränken uns an dieser Stelle darauf, die Wasserversorgung und die Organisation der *vigiles* zu untersuchen. Was die Wasserversorgung anbelangt, können wir uns auf zahlreiche Informationen berufen, die uns besonders die Handschrift Frontins liefert. Mit ihrer Hilfe können wir ein erstaunlich genaues Bild gewinnen, wie die republikanischen in kaiserliche Institutionen übergingen. Die Organisation der *vigiles* dagegen steht mit dem Rom der 14 Regionen in besonders enger Verbindung. Die Handschrift Frontins gibt uns die Möglichkeit, genau zu verfolgen, auf welchem Weg die neue kaiserliche Verwaltung eingerichtet wurde, die, obwohl sie völlig anders als die republikanische war, diese scheinbar unangetastet ließ. Ausgangspunkt ist die Aedilität Agrippas im Jahre 33 v. Chr., die er ganz unüblich erst vier Jahre nach seinem Konsulat antrat. Das Wirken Agrippas konzentrierte sich im wesentlichen auf eine umfassende Neuorganisation der städtischen Wasserver- und Abwasserentsorgung. Beide wurden den Erfordernissen einer ungeheuer angewachsenen Stadtbevölkerung nicht mehr gerecht und waren darüber hinaus während der Bürgerkriegswirren völlig verwahrlost. Hinter dem Projekt stand sicher auch die Absicht des Augustus, sich den Beifall der Stadtbevölkerung zu sichern, da er zu diesem Zeitpunkt gerade die endgültige Abrechnung mit Antonius vornahm. Die Wahl fiel dabei besonders glücklich aus, da Agrippa wegen seiner Praetur im Jahre 40 und wegen seines Sieges über Sextus Pompeius im Jahre 36 sehr beliebt war. Mit dem Seesieg hatte er die Seewege, die für die Getreideversorgung der Stadt unentbehrlich waren, wieder gesichert. Obwohl er formal die Aedilität bekleidete, was völlig im Gegensatz zum traditionellen Verlauf des republikanischen *cursus* stand, spielte sich die Bautätigkeit Agrippas im wesentlichen außerhalb des amtlichen Rahmens ab und dauerte gut ein Jahr länger als seine normale Amtszeit. Darüber hinaus wurde sie aus den Privatmitteln Agrippas und vermutlich auch Octavians finanziert. Bei der Instandsetzung der alten Aquädukte, der Marcia, der Appia, des Anio Vetus und der Tepula, und dem Bau von neuen, wie z. B. der Iulia, zogen sich die Arbeiten ebenfalls weit über das normale Amtsjahr hinaus. Nach diesen Bauten nahm Agrippa eine vollständige Neueinrichtung des Verwaltungssystems für Gewässer und Aquädukte in Angriff. Wie Frontin versichert, stützte sich diese noch stärker auf private Mittel: «Agrippa, der sein Aedilenamt nach dem Konsulat antrat, hat als erster für seine Werke und Obliegenheiten die ständige Sorge übernommen» (Frontin. aqu. 98,1). Daß es sich hierbei wirklich um eine ganz persönliche Initiative handelt, zeigt auch die Tatsache, daß alle an diesem Projekt Beteiligten aus der *familia privata* des Agrippa stammten. Die Amtszeit, die, wie Frontin richtig bemerkt, ohne ein *certum ius* und *quasi potestate acta* ablief, dauerte bis zum Tode Agrippas im Jahre 12 v. Chr. Die beteiligten Arbeiter, 240 Sklaven, wurden Augustus vererbt und gingen in öffentliche Hand über. Gleichzeitig wurde im Jahre 11 v. Chr. die *cura aquarum* eingerichtet und Messala Corvinus anvertraut. Für die endgültige Ausprägung der kaiserlichen Bürokratie ist dieser Vorgang von entscheidender Bedeutung, da er für die alte republikanische Verwaltung undenkbar gewesen wäre. Es handelte sich nämlich um ein zeitlich unbefristetes Amt, das direkt dem Kaiser unterstand. Dieser Wechsel warf große institutionelle Schwierigkeiten auf, wenn man bedenkt, daß Messala Corvinus zuvor das Amt des *praefectus urbi*, das hier zum ersten Mal bezeugt ist und das ihm von Augustus angeboten worden war, ausgeschlagen hatte, da er es als eine *incivilis potestas* ansah (Tac. ann. 6,11; Hieron. chron. a. Abr. 1991). Bezeichnenderweise wurde das Amt der *cura aquarum* eingerichtet, sofort nachdem Augustus das Pontifikalamt übernommen hatte und gleichzeitig auch die Neueinteilung der Stadt vorgenommen wurde, mit der es in enger Verbindung stand. Die gleichen Überlegungen lassen sich bei der Einrichtung der *vigiles* anstellen, auch wenn in diesem Fall die Entstehung sehr viel weniger sicher und gradlinig verlief und es viel länger dauerte, bis sie ihren endgültigen Abschluß unter Tiberius finden sollte. Augustus hatte schon 23 v. Chr. eine Körperschaft der *vigiles* ins Leben gerufen, hatte sie aber den bereits erfahrenen republikanischen Aedilen unterstellt (Dio Cass. 54,2,4). Eine Serie aufeinanderfolgender Brände und besonders der Brand von 7 v. Chr. führten zu einer ersten Neuorganisation, die mit der gerade vorgenommenen Regioneneinteilung in Verbindung stand. Erst 6 n. Chr. organisierte man die *vigiles* endgültig, indem man 7 Kohorten schuf, die aus Freigelassenen bestanden und einem *praefectus vigilum* aus dem Ritterstand unterstanden, der vom Kaiser ernannt wurde. Die ungeheuer enge Verbindung zwischen dieser Neuerung und städtischer Umstrukturierung wird auf den ersten Blick ersichtlich: Jede der 7 Kohorten, die jeweils aus 1000−2000 Mann bestanden, war für die Überwachung zweier Stadtteile verantwortlich. Ihre Kasernen, *stationes*, lagen jeweils auf der Grenze zwischen zwei *regiones* und häufig in der Nähe der servianischen Stadttore. 14 Wachposten, *excubitoria*, je einer pro Stadtteil, gewährleisteten ein weitverzweigtes Überwachungsnetz innerhalb der Wohngebiete. Auch in diesem Fall können wir jeden Schritt genau verfolgen, mit dem der *princeps* nach und nach die wichtigsten Herrschafts- und Kontrollinstrumente der Stadt vereinnahmte. Er entzog sie ganz langsam dem Kompetenzbereich der alten Amtsinhaber, vermied es jedoch, zu abrupt oder radikal vorzugehen. Die deutlich gewordene Verbindung mit der Neueinteilung der Stadt bestätigt unsere Annahme, daß diese Planungen erst relativ spät zu einem einheitlichen Konzept zusammenliefen und ineinandergriffen. Dabei waren die aufeinanderfolgenden Bauvorhaben keineswegs immer auf einer Linie oder einheitlich, was weniger von einer grundsätzlichen Unsicherheit zeugt, als vielmehr davon, wie die augusteische Politik erst langsam ihr Gleichgewicht fand, und mit welchen Schwierigkeiten sie zu kämpfen hatte. Um die Stadtplanung des Augustus nach der Annahme des Pontifikalamtes zu verstehen, die in der Einteilung der Stadt in die 14 Regionen überdauerte, muß man auch deren Unterabteilungen, den *vici* und den *vicomagistri*, die ihnen von Amts wegen vorangestellt waren, eine Untersuchung widmen. Die Tatsache, daß die Quellen über ihren Aufbau und ihre Funktionen gar nichts sagen und dieses Schweigen nur manchmal von dem epigraphischen Material gebrochen wird, wirft einige Probleme auf. Außerdem muß man von einer damit zusammenhängenden, aber allgemeineren Ebene ausgehen und die möglichen Vorbilder für die augusteische Stadteinteilung suchen. Als das Stadtgebiet von ursprünglich vier in 14 Regionen eingeteilt wurde, übertrug man auch das System der *vici* auf die neuhinzugekommenen Zonen, die vorher in *montes* und *pagi* unterteilt waren. Dieses System der *vici* soll auf Servius Tullius zurückgehen und fällt, wie heute nicht mehr bezweifelt wird, in archaische Zeit. Es stellte durch die Institution der *collegia* die ökonomische und religiöse Interessenvertretung der Stadtbevölkerung dar. In der späten Republik nutzten aufrührerische Tribune, von Gaius Gracchus bis Clodius, sie als politische Waffe für ihren Kampf gegen die herrschende Senatorenschicht aus. Besonders Clodius hatte gezeigt, wie wirksam und gefährlich dieses Mittel in der Hand eines Mannes werden konnte, der geschickt war und eine klare politische Strategie verfolgte. Es ist typisch, daß sich das Vorgehen des Tribuns auf drei Ebenen abspielte: Er führte die *collegia*, die 67 v. Chr. verboten worden waren, wieder ein, organisierte die Lebensmittelversorgung neu, ließ für einen ziemlich großen Personenkreis kostenlos Korn verteilen, und er führte das Wahlrecht für *libertini* ein. Der Schutz der institutionellen, ökonomischen und politischen Interessen der *plebs urbana* stand mit religiösen Veranstaltungen in Verbindung. Sie waren darauf ausgerichtet, die überkommenen Formen des öffentlichen Kultes anzugehen und eine Anerkennung neuer peregriner Kulte durchzusetzen, die sich langsam immer stärker in den unteren Schichten der römischen Gesellschaft verbreitet hatten. Clodius und seine Parteigänger hatten etwa anläßlich der *Compitalia* im Jahre 58 v. Chr. und bei den *Ludi Megalenses* von 56 v. Chr. versucht, die offizielle Anerkennung des Kultes der kapitolinischen Isis durchzusetzen. Es ist bezeichnend, daß diese Aktionen gleichzeitig auf ökonomische, politische und religiöse Mittel bauen, indem sie versuchen, den alten Aufbau der *plebs urbana* für einen gewaltsamen Umsturz in Kader umzuformen. Die endgültige Auflösung der *collegia* durch Caesar (Suet. Iul. 43) bedeutete für die politische Situation der Stadt tatsächlich eine Normalisierung und fand planmäßig mit der Einführung einer neuen Staatsform statt, die die Bürgerkriege beendete. Auch hierin schien Augustus politisch vorsichtiger vorzugehen und die Formen zu respektieren. Die *collegia compitalicia* wurden zusammen mit der Stadterneuerung 12 v. Chr. wieder eingerichtet. Den Unterabteilungen der *regiones*, den *vici*, wurden vier Freigelassene als *vicomagistri* an die Spitze gestellt, und diesen wiederum vier *ministri* aus dem Sklavenstand beigeordnet. Die Gründungsdaten der einzelnen *vici*, die uns aus Inschriften belegt sind, fallen meist in das Jahr 7 v. Chr., in dem das neue Verwaltungssystem endgültig eingerichtet war. Es gibt jedoch auch ältere Beispiele, die zeigen, daß es einer Entwicklung bedurfte. Ein Brauch ist in dieser Hinsicht aufschlußreich: Zu jedem Jahresanfang machte die Bevölkerung dem Kaiser Geschenke, aus deren Erlös Götterstatuen gekauft wurden, die *vicatim* geweiht wurden (Suet. Aug. 57). Sie sind durch zahlreiche Inschriften der Jahre 10 bis 4 v. Chr. belegt (CIL VI 456ff.). In der Republik waren Statuen in den *vici* für die besonders beliebten Volksvertreter, wie z. B. 84 v. Chr. für Marius Gratidianus, geweiht worden (Cic. off. 3,8). Interessanterweise wurden diese Weihungen mit einem richtigen eigenen Kult verbunden, so im Fall der Gracchen. Cicero, der als Zeitgenosse immer dann eine gute Quelle darstellt, wenn es sich um eines seiner *municipia* handelt, berichtet, daß vor der Statue des Marius Gratidianus Weihrauch- und Weinopfer abgehalten wurden. Es handelte sich sicher nicht um einen Einzelfall. Ähnliche Rituale müssen auch für andere Persönlichkeiten der *populares*, etwa für Saturninus und Clodius, stattgefunden haben. Aus der Vorgeschichte wird bereits klar, daß die Entscheidung des Augustus, den Kult der Lares compitales mit dem seines eigenen Genius zu verbinden, nicht schwer zu interpretieren ist. Diese Verknüpfung zeigt wieder einmal das Bestreben des *princeps*, radikale Neuerungen in das Bild uneingeschränkten und formalen Traditionsbewußtseins einzubinden. In diesem Fall sind uns all die verschiedenen Elemente des Endproduktes bekannt und wir können daher mit erstaunlicher Genauigkeit seine Entwicklungen und Auswirkungen rekonstruieren. In erster Linie ersetzte der Kult für den Genius des lebenden Kaisers den eigentlichen städtischen Kult. Die Eidesformel für den Genius des Kaisers, die seitdem offiziell dazugehörte, entsprach in den Provinzen interessanterweise einem Eid auf den Kaiser selbst. Dort wurde der Kaiser mit den wichtigsten Lokalgöttern zusammengestellt und somit deutlich vergöttlicht. Die Eidesformel, die uns aus Inschriften überliefert ist, entspricht im Wortlaut fast unverändert derjenigen, die in den hellenistischen Reichen verbreitet war. Das hellenistische Vorbild scheint also auch bei der augusteischen Neuordnung der Stadt vorhanden gewesen zu sein. Vermutlich liegt auch hier der Aufbau Alexandrias zugrunde, den wir bereits im Neubau des Marsfeldes wiedererkannt hatten. Diese Beobachtung war übrigens schon vor mehr als einem Jahrhundert z. B. von Mommsen gemacht worden.

Alexandria war in fünf große Stadtteile, κλίματα, unterteilt, die nach den ersten fünf Buchstaben des Alphabets gezählt wurden. Jeder dieser Stadtteile entsprach einer φυλή, die ihrerseits in 12 δῆμοι unterteilt war. Jeder dieser δῆμοι umfaßte wiederum drei Phratrien. Insgesamt ergab das also 720 Phratrien, was, wie die Überlieferung betont, bei einem Jahr mit 360 Tagen zwei Phratrien auf einen Tag entsprach. Diese Einteilung steht in deutlicher Verbindung mit der Einteilung der älteren attischen Tribus. Daß Alexandria nach athenischem Vorbild gegründet wurde, geht aus vielen Indizien hervor. Wir wollen hier nur eines davon betrachten, das in unserem Zusammenhang besonders vielsagend ist. Verschiedene Quellen überliefern uns, daß in Athen 360 Statuen für Demetrius von Phaleron geweiht wurden, eine für jeden Tag im Jahr, was wir wiederum mit der Verteilung der attischen Tribus in Verbindung bringen müssen. Der Zusammenhang mit der Statuenaufstellung in den *vici* Roms liegt nahe. Schon im Falle des Marius Gratidianus wird die Analogie von Plinius sogar hervorgehoben und bei Augustus wird sie in seinem Verhältnis zu Alexandria deutlich. Man ist geneigt, anzunehmen, daß eben dieser Demetrius von Phaleron, der, wie bekannt ist, vom alexandrinischen Hof des Ptolemaios Soter gekommen war, diese Einteilung einführte oder zumindest ausbaute. Die Zusammenhänge zwischen hellenistischen und römischen Stadtanlagen sind bekannt, und schon seit langem wurden z. B. die Übereinstimmungen der *Tabula Heracleensis* bzw. *Lex Iulia municipalis* mit der Inschrift der ἀστυνόμοι von Pergamon erkannt. Im Falle Alexandrias liegt aber anscheinend noch eine engere und direktere Anlehnung vor. Die Papyrologie hat uns eine Reihe von ptolemäischen Straßennamen geliefert, in denen Arsinoë unter verschiedenen Götternamen auftaucht. Ptolemaios Philadelphos hatte diese ‚Namenskulte‘ eingeführt. Jedem Namen entsprachen im jeweiligen Stadtteil sicher Heiligtümer, womit jedem Betrachter sofort die dynastische und ‚demagogische‘ Bedeutung des Viertels deutlich wurde. Wenn wir uns nun wieder dem augusteischen Rom zuwenden, findet sich das hellenistische Vorbild unbestreitbar in der Verteilung des Herrscherkultes nach *vici* und in der verfeinerten Form der Verehrung für den *Genius* des Kaisers. Auch der ‚Heroenverehrung‘ der ‚Revolutionsführer‘ seit der Zeit der Gracchen scheint ein hellenistisches Vorbild zugrunde gelegen zu haben, obwohl wir hier auch so etwas wie die mythische Verehrung des Servius Tullius als *rex popularis* berücksichtigen müssen. Aber auch im Falle des Herrscherkultes kleidete man das Vorbild in die traditionellen Formen ein und verband z. B. den alten Compitalkult mit dem Larenkult. Die archäologische Forschung enthüllt einmal mehr, mit welchen ideologischen Mitteln die ‚gefährlichen‘ Einrichtungen der *plebs urbana* schrittweise in den kaiserlichen Rahmen eingefügt und entschärft wurden: Formen und Inhalte, Altes und Neues fließen zu einem einheitlichen Gebilde zusammen, das ein weiteres Mal die reaktionären Merkmale einer ‚passiven Revolution‘ trägt.

Aus dem Italienischen von C. Hackländer

Jean-Paul Morel

Das Handwerk in augusteischer Zeit

Das Handwerk hat weder in dem gemeinsamen Bewußtsein der Römer noch in ihrem wirklichen Leben jemals eine besonders herausragende Rolle gespielt. Die Landwirtschaft z.B. hatte sicher einen höheren Stellenwert und nahm einen wichtigeren Platz im wirtschaftlichen Leben dieser Zeit ein. Aber für uns, die wir die Geschichte und die Denkweisen einer lang vergangenen Zeit aus wenigen Zeugnissen, die auf uns gekommen sind, zu rekonstruieren versuchen, gehören handwerkliche Erzeugnisse, sofern sie den Lauf der Jahrhunderte unbeschadet überstanden haben, zu den besten Anhaltspunkten. Das Handwerk betrifft je nachdem die Gebiete der Kunst, der Technik oder der Wirtschaft, gelegentlich auch alle drei, darüber hinaus kann es aber auch Aufschluß über Ereignisse geben, die weit über seinen Rahmen hinausgehen. So beeinflußten die Umwälzungen, die den Übergang von der Republik zur Kaiserzeit prägten, auch in hohem Maße das Handwerk der römischen Welt. Man kann eine Veränderung sowohl des typologischen Repertoires wie der ästhetischen Vorstellungen beobachten, der Herstellungstechniken wie der Art der Verbreitung.

Das Kunsthandwerk

Die augusteische Zeit erlebte eine unerwartete Hochblüte der ‚Kleinkunst‘ d.h. eines Bereichs, in dem sich Kunst und Handwerk zusammenschließen. Es gibt Momente in der Geschichte der Menschheit, in denen für diesen Bereich sozusagen die Gunst der Stunde schlägt, in denen kleinste Gegenstände zu Spiegeln monumentaler Kunstwerke werden, in denen die Dinge des Alltags sich in einer Schönheit zeigen, die oft der ‚großen Kunst‘ würdig wäre, und wo selbst Massenprodukte zu höchster Qualität gelangen durch neue Techniken und neue Materialien, die vorübergehend an Bedeutung gewinnen, oder auch noch geprägt sind von den Vorbildern einer lang vergangenen Zeit.

Solche Sternstunden erfordern allerdings, daß in Gänze oder zu einem Teil gewisse historische Bedingungen zusammentreffen: eine innere Befriedung, die nach einer Zeit blutiger Unruhen wieder einkehrt; eine starke Zentralgewalt, die beharrlich eine neue Ideologie verbreitet, gestützt auf ihren dynastischen Ehrgeiz und eine sittliche Ordnung des öffentlichen und privaten Lebens sowie auf eine offizielle Ästhetik, deren Klassizismus aus altehrwürdigen Quellen schöpft; Eroberungen oder Unternehmungen in fernen Ländern voller exotischer Anregungen; die Blüte einer Literatur, die bereitwillig die ideologischen und ikonographischen Vorgaben der Obrigkeit unter dem Volk verbreitet; die Entwicklung eines Mäzenatentums, das in der Lage ist, die Anregungen der Zentralgewalt weiterzugeben, sowie einer Schicht reicher Auftraggeber, die einheimische wie auch auswärtige Künstler anzog; und schließlich die Erhöhung der Kaufkraft der Mittelschichten.

Viele dieser Faktoren traten z.B. in dem Zeitalter Ludwigs XIV. ein oder unter der Herrschaft Napoleons oder in der römischen Geschichte während der Regierungszeit Konstantins des Großen. In jeder dieser Epochen erlebte das Kunsthandwerk eine Blüte, war von einer erstaunlichen Einheitlichkeit und stand im Zeichen eines staatlichen Klassizismus. Aber vielleicht niemals in der Menschheitsgeschichte waren diese Faktoren in so vollständiger und beispielhafter Weise vereint wie in augusteischer Zeit: der wiedererlangte Friede, eine sittliche Ordnung, archaisierender und ägyptisierender Kunstgeschmack, Mäzenatentum, eine Literatur, die im Dienst der Machthaber unablässig ideologische Richtlinien und ikonographische Vorgaben lieferte, das Entstehen eines kaiserlichen Hofes und die Vergrößerung des Heeres, das einen zwar bescheidenen, aber stabilen Absatzmarkt darstellte – dies waren alles in gleichem Maße Elemente, die die Blüte des Kunsthandwerks unterstützten und ihm sein Gepräge

Abb. 23.24   Zwei Silberbecher aus dem Schatz von Boscoreale (fotografische Abwicklung; n. F. Baratte, Le trésor d'orfèvrerie romaine de Boscoreale [1986] 74.75)

gaben. Und wahrscheinlich gab es niemals eine Blüte des Kunsthandwerks, die so außergewöhnlich qualitätvoll war, durch die Einheitlichkeit ihrer Themen und Motive bestach und gleichzeitig ausnahmslos alle Techniken, sowohl älteste als auch neueste, und alle Materialien, sowohl wertvollste als auch billigste, einzubeziehen wußte: Münzprägung, Glyptik, Silberschmiedekunst, Wandmalerei, Stuckarbeiten, Keramik und Koroplastik sowie Glasverarbeitung legen darüber jeweils auf ihre Weise und auf ihrem Niveau vielfältiges Zeugnis ab.

Eine der erstaunlichsten Wirkungen dieser Blüte der Kleinkunst war ein grundlegender, wenn auch vorübergehender Wandel in der Wertschätzung der *materia* und des *opus*. Lange Zeit ihrer Geschichte zogen die Römer, die sich oftmals wie Neureiche verhielten, bei Werken des Kunsthandwerks die Materialfülle, d. h. die *materia*, der Kunstfertigkeit der Arbeit, *opus*, vor, wenn es auch dabei Ausnahmen aufgeklärter Geister gab. Mit anderen Worten, man fand es überflüssig, Erzeugnisse wie die Keramik zu verschönern, die aus einem Material gefertigt waren, das man in Wirklichkeit geringschätzte. Aber die Zeit des Augustus brachte innerhalb weniger Jahrzehnte diese Haltung zu Fall und die römischen Künstler bemühten sich beispielsweise, mit großer Raffinesse Vasen aus einem so geringgeschätzten Material wie Ton zu formen.

Bei den Beispielen hat man die Qual der Wahl. An erster Stelle ist die Silberschmiedekunst zu nennen, da diese Kunst natürlich durch ihr Material doppelte Bedeutung erhielt. Der Krater des Hildesheimer Silberschatzes (Kat. 403–407) mit seinen gleichmäßig geordneten und geschwungenen Ranken, die sich über das Gefäß ziehen, überträgt ein Motiv aus der offiziellen Kunst in die Privatkunst. Bestimmte Stücke des Silberschatzes von Boscoreale, die bei dem Vesuvausbruch im Jahre 79 n. Chr. nahe bei Pompeji verschüttet wurden und in augusteische und tiberische Zeit datieren, stellen mit ihren reichen Rankenverzierungen, die denen der Ara Pacis Augustae nahestehen, mit ihren Platanen- und Ölzweigen, den Vögeln, mythologischen Szenen und den symbolischen Bildern, wie denen der feiernden Skelette, eine Meisterleistung dar und zeugen von einem überaus hohen Geschmack. In demselben Schatzfund befanden sich zwei Becher (Abb. 23. 24), die Augustus und den jungen Tiberius in ihren Taten und Tugenden verherrlichen und die in einem miniaturhaften Flachrelief ausgeführt sind, das zweifellos auf offizielle Bildnisse zurückgeht. Die Glyptik zeigt auf ihren Kameen und Gemmen zahlreiche Bildnisse der kaiserlichen Familie und Verherrlichungen des Regimes, wofür die Gemma Augustea (Kat. 204) das beeindruckendste Beispiel ist. Bei den Stuckarbeiten verbinden die vorzüglichen Platten aus der römischen Villa Farnesina in einer genauen und feinfühligen Arbeit kultische Szenen mit Phantasielandschaften. Die gläserne, in Kameotechnik gearbeitete Portlandvase (Abb. 25) hebt auf dunkelblauem Hintergrund weiße feingeformte Figuren her-

Abb. 24

vor, die auf griechische Statuen zurückgehen, deren Haltungen und Gesten für uns ihr Geheimnis bewahren. In der Terrakottakunst der augusteischen Zeit hatten Tonplatten mit oftmals bemalten Reliefs, die Sakral- oder Profanbauten zierten und Campanaplatten genannt werden, wenn schon nicht ihren Ursprung, so doch ihren Höhepunkt. Die besten Beispiele der Campanaplatten stammen vom Apollotempel des Augustus auf dem Palatin (Kat. 120–129). Diese Stücke, deren archaistische Reliefs an sehr alte griechische Mythen erinnern, wirken durch ihre ausgewogene Formvollendung, in der jede Erstarrung vermieden wird, durch ihre gleichzeitig lebendige und zurückhaltende Farbigkeit und durch ihre hieratischen und heraldischen Kompositionen wie ein Fazit des Kunstgewerbes der Epoche und seiner Fähigkeit, in einer neuen Interpretation typisch römische Werke aus auf den ersten Blick disparaten Elementen zu schaffen.

Aber damit endet die Aufzählung noch nicht. Man müßte auch noch dekorative Marmorwerke, Ornamentmalerei, Münzprägung, Bronzevasen, Lampen, sowie das Tongeschirr erwähnen, auf das wir noch zurückkommen werden.

Die neuen Tendenzen

Bei den Veränderungen des römischen Kunsthandwerks in augusteischer Zeit erstaunt zunächst das Übergewicht hellenistischer Vorbilder. Natürlich hatte der Hellenismus nie aufgehört, die römischen Künstler und Handwerker zu beeinflussen, die zudem oft selbst griechischen Ursprungs waren. Dieser Einfluß war besonders im Laufe der unruhigen Jahrzehnte, die vor der Errichtung des Prinzipats lagen, zu spüren gewesen. Man denke nur z. B. an die Rolle, die die Künstler der ‚neuattischen‘ Schule für die Architektur, die Plastik, die Reliefkunst und das Kunstgewerbe des 2. und 1. Jhs. v. Chr. spielten. Die Ankunft von Werken, die aus Griechenland geraubt oder gekauft worden waren, und der Zuzug von Künstlern und Handwerkern nach Rom aus dem östlichen Mittelmeerraum verstärkten diese ständigen Einflüsse. Aber diese Anregungen beschränkten sich vor allem auf die gebildete Kunst des Adels, die unzählige Schöpfungen in der Münzprägung, Koroplastik, Keramik und zahlreichen anderen Bereichen unangefochten weiter bestehen ließ, die dem Erfindungsgeist des römischen Volkes näherstanden. In augusteischer Zeit dagegen finden die Tendenzen und Vorbilder, die aus dem östlichen und völlig hellenisierten Mittelmeerraum kamen, eine tiefer gehende Verbreitung. Technik und Kunstgeschmack waren davon gleichermaßen betroffen.

Was die Techniken anbelangt, kamen in Italien neue Materialien und neue Verfahren auf. Bei den Farbstoffen z. B. ist an erster Stelle das wertvolle *caeruleum*, ein klares intensives

Blau, zu nennen, das aus Ägypten stammte und in der augusteischen Wandmalerei des Dritten Stils sehr beliebt war. Oder auch eine der bedeutendsten Neuerungen des klassischen Altertums, das geblasene Glas, das in Syrien erfunden worden war und in Pozzuoli, dem großen Hafen Campaniens, heimisch wurde. Bei der Keramik ist der rote Glanzton oder die Verwendung von Formschüsseln für die Reliefkeramik zu nennen. Schließlich muß auch die vorher nicht gekannte, breite Verwendung von Marmor, die der Ausbeutung der italischen Marmorbrüche von Luni, des heutigen Carrara, zuzuschreiben ist, erwähnt werden. Neue Gebräuche der Handwerker traten zutage, wie die Gewohnheit, auf die fertigen Produkte die Zeichen der Handwerksbetriebe zu setzen. Auch darin war die hellenistische Welt wegweisend gewesen. Zu all diesem kamen eigene italische Neuerungen hinzu, die vor allem die Herstellungstechniken und die Vermarktung betrafen und in diesen Bereichen zu einer erhöhten Rationalisierung führten, für die wir später noch Beispiele anführen werden. Bei diesen Veränderungen fällt Pozzuoli eine besondere Rolle zu. Es war von einem handeltreibenden und unternehmerischen Mittelstand bewohnt, war Italiens Tor zum Orient und Wohnsitz zahlreicher Fremder. Keine Stadt verstand es besser als Pozzuoli, Neuerungen, die oftmals von anderen Orten kamen, wie das *caeruleum*, das Glas oder die rote Glanztonkeramik, aufzunehmen und auszuschöpfen, den eigenen Bedürfnissen anzupassen und zur Vollendung zu bringen. Auf diesem Wege gelangte das kunsthandwerkliche Wissen des Orients in das römische Italien. Seit diesem Zeitpunkt und noch stärker nach dem Fall Alexandrias im Jahre 30 v. Chr. sammelten sich hier die wichtigsten treibenden Kräfte des Mittelmeerraumes, unter dem Zeichen der Kosmopolitisierung, der Neuerung, der Perfektionierung, der anspruchsvollen Kundenkreise und des industriellen und kommerziellen Unternehmergeistes.

Die Änderungen des Geschmacks und der Formen, die diese technischen Neuerungen begleiteten und oft auch durch sie bedingt waren, sind nicht weniger bemerkenswert. Sie hatten fast alle als Ergebnis, die italischen Produktionen den allgemeinen Strömungen oder genauen Vorbildern der griechischen Welt anzugleichen: Der rote Glanzton war bereits seit geraumer Zeit im ägäischen Osten bekannt; die Reliefkeramik konkurrierte mit den hellenistischen ‚megarischen‘ Bechern. Die Amphoren Dressel 2–4, die um 10 v. Chr. am Ende einer Entwicklung, die bereits in der Mitte des 1. Jhs. eingesetzt hatte, die eigenen italischen Amphoren Dressel 1 als Vorratsgefäße für den Export italischer Weine ganz verdrängten, waren direkte Nachbildungen eines völlig griechischen Amphorentyps, der zuvor auf der Insel Kos erfunden worden war. Auf diese Weise triumphierte der eklektische Hellenismus, der im Zeitalter des Augustus so viele Bereiche beeinflußte, auch über das Kunsthandwerk. In der Mehrzahl der Fälle handelte es sich letztlich nicht so sehr um getreue Kopien, als vielmehr um Adaptionen oder Neuschöpfungen, die sich an vorgegebene Modelle und Vorstellungen anlehnten. Darüber hinaus muß man feststellen, daß die meisten Neuerungen, wie etwa die Verwendung der Formschüsseln in der Keramik, die Glasbläserei, die ersten Versuche mit rotem Glanzton und die Amphoren Dressel 2–4, in voraugusteischer Zeit, d. h. in den letzten Jahren der Alleinherrschaft Caesars und während des zweiten Triumvirats bereits entwickelt waren oder kurz vor ihrer Entwicklung standen. Aber erst in augusteischer Zeit nahm dieses Handwerk einen Aufschwung, der dazu führte, daß es sich einheitlich in ganz Italien durchsetzte.

Aretiner Reliefkeramik

Alle Kennzeichen, die wir gerade aufgezählt haben, treffen auf die Aretiner Reliefkeramik zu. Man kann das Kunsthandwerk augusteischer Zeit nicht ernsthaft behandeln, ohne auf diese Gattung einzugehen, die in beispielhafter Weise die Neuerungen des Prinzipats in Technik, Geschmack, Arbeitsteilung und Vertrieb der Ware vereint.

Mindestens seit dem 2. Jh. v. Chr. kannte man im ägäischen Osten die Technik des roten Glanztons. In Italien begannen um 50 v. Chr. verschiedene Werkstätten mit der Herstellung

Abb. 25   Die «Portlandvase», London, British Museum

roter Glanztonkeramik zu experimentieren, die vorher schwarze Glanztongefäße hergestellt hatten und damit in einer Tradition standen, die auf der Halbinsel bereits auf fünf Jahrhunderte zurückblickte. Dieser radikale Farbwandel – ein durchgängiges Phänomen in der Geschichte der antiken Vasen – wurde bald, nach einer Zeit erster Versuche, begünstigt von der technologischen Neuerung, kompliziertere Öfen zu benutzen, in denen die heiße Luft durch Röhren geleitet wurde und die reduzierenden Gase, die den Überzug der Vasen geschwärzt hätten, nicht mehr mit den Gefäßen in Berührung kamen.

Entstanden war diese Neuerung in Arretium, dem heutigen Arezzo. Mit dem Farbwandel gingen weitere Änderungen einher, die die Technik und den Geschmack betrafen. Neue Formen kamen auf. In der Regel waren sie besonders bei Schüsseln und Tellern eckiger als vorher und zeigten im Vergleich zu der früheren aretinischen Schwarzfirniskeramik eine größere, sowohl etruskische als auch hellenistische Vorliebe für Gefäße mit ‚metallischen‘ oder ‚toreutischen‘ Merkmalen, d. h. Wülsten, Kanten und Ritzungen. Bei der Herstellung wurden Schablonen verwendet, damit man in aufeinanderfolgenden Serien identische Vasen erhielt. Aber manchmal waren die Formen ganz im Gegenteil auch geschwungener und insgesamt ‚keramischer‘, wie im Fall der Schalen mit hohem Fuß, die zu den elegantesten und bekanntesten Vasen der Werkstätten Arezzos zählen.

Auf vielen Vasen erschien gegen 30 v. Chr. ein Dekor, der nicht mehr wie auf den früheren schwarzen Glanztongefäßen einfach und eingedrückt, sondern kompliziert und in Relief gestaltet war. Zu diesem Zweck mußte man auf das Abdruckverfahren zurückgreifen, das in Italien wenn nicht neu, so wenigstens in diesem Umfang noch nicht durchgeführt worden war. Eine Reihe von Stempeln mit verschiedensten Motiven wurde in den weichen Ton von Formschüsseln gepreßt, die in der Regel halbkugelförmig waren (Abb. 26. 27). Danach wurden diese gebrannt, und man erhielt somit Formen für die reliefverzierten Gefäße. Die unverzierte, glatte Keramik machte zwar immer den größten Teil der aretinischen Produktion aus. Die Idee des Reliefdekors oder besser des Dekors, das die gesamte Gefäßoberfläche überzieht, und die Wahl zumal der Motive gingen aber auf typisch hellenistische Vorbilder zurück.

Die Motive zeichnen sich durch ihre Vielfalt, Formschönheit, ihre sorgfältige Modellierung und Komposition aus. Die Figuren entstammen fast ausnahmslos dem gräzisierenden Typenschatz: Gottheiten, Victorien, geflügelte Musikanten, bacchische, kultische oder erotische Szenen, Hermen, Masken, Ranken, die an die der Ara Pacis erinnerten, Girlanden sowie naturali-

Abb. 26.27   Formschüssel für aretinische Terra Sigillata (Morel)

Abb. 28   Abrollung eines Terra-Sigillata-Bechers (Centre Camilla Jullian)

stische und dekorative Pflanzenmotive. Die Figuren nehmen oft eine hieratische Haltung ein und es herrschen symmetrische und heraldische Kompositionen vor (Abb. 28). Die Themen, je nachdem archaistisch, klassizistisch oder hellenistisch, sind die gleichen, die man in der Plastik, bei Fresken, bei den Campanaplatten und in zahlreichen Werken der Kleinkunst jener Zeit findet. Manchmal kann man in den Dekors auch eine Anspielung auf das Zeitgeschehen entdekken, aber sie bleibt hinter klassischen Motiven versteckt. So wird beispielsweise das skandalöse Paar Antonius und Kleopatra in der Gestalt des Hercules und der Omphale dargestellt (Abb. 29. 30).

Die Keramik von Arezzo zeichnet sich noch durch eine weitere Neuheit aus, der sie ihren Namen «Sigillata» verdankt. Auf vielen Vasen wurde mit einem Stempel, *sigillum*, der Name des Herstellers, sei es des Besitzers der Werkstätte, sei es des Töpfers oder vielleicht eines einfachen Handwerkers eingezeichnet. Entsprechende Zeichen erscheinen auf den Tonlampen derselben Zeit und auf einer anderen großen Gattung des Kunsthandwerks, den Bronzevasen, auf deren Herstellung besonders Capua spezialisiert war, das sie in weite Teile des Römischen Reiches und darüber hinaus exportierte (wie im übrigen auch aretinische Keramik bis hin zum östlichen Indien gefunden wurde). Diese Stempel belegen auf jeden Fall die große Zahl der Werkstätten. Allein in Arezzo kennt man gut hundert von ihnen, und ihre Größe mag im übrigen sehr unterschiedlich gewesen sein. Die Zahl der Signaturen, die man jeder einzelnen Werkstatt zuschreiben kann, schwankt zwischen einer und sechzig, wobei die Zahl der Arbeitskräfte natürlich wesentlich größer gewesen sein muß.

Dies alles weiß man bereits seit langem. Die neuen Beobachtungen zum Produktionsablauf und Vertrieb der aretinischen Keramik im römischen Kaiserreich haben dagegen unsere Kenntnis dieser Gattung grundlegend verändert.

Einerseits fanden die Waren von Arezzo hier und da ihre Nachahmer, was in der Antike nichts Außergewöhnliches wäre, wenn nicht in diesem speziellen Fall die technischen und wirtschaftlichen Folgen beträchtlich gewesen wären. In La Graufesenque und an vielen anderen

Abb. 29.30   Aretinaformschüssel: Antonius und Kleopatra als Herakles und Omphale (n. P. Zanker, Augustus und die Macht der Bilder, Abb. 45)

Orten Südgalliens im Hinterland von Narbonne begannen Werkstätten um 20 v. Chr., die toskanische Sigillata in Form, Dekor, Signaturen und Techniken nachzuahmen. Die Bekanntheit aretinischer Keramik ließ außerdem Fälschungen entstehen, die allerorts gefertigt wurden und mißbräuchlich das Markenzeichen *Arretinum* trugen. Zuletzt kennt man seit langem an anderen Orten Italiens, besonders in Pozzuoli, bedeutende Werkstätten von Reliefkeramik, deren Verbindung mit Arezzo ungeklärt ist und die wenig später als die toskanischen Werkstätten ihre Produktion aufnahmen.

Andererseits aber weiß man heute – und hierin liegt die neue Erkenntnis –, daß einige Werkstätten von Arezzo aus ihrerseits sozusagen Zweigniederlassungen gegründet haben. Für die Antike handelt es sich hierbei um ein außergewöhnliches Phänomen. Zunächst wurden einige in Pisa gegründet, dann in Lyon (Abb. 31–34): bekannt ist der Fall eines gewissen Cn. Ateius, eines Töpfers, der besonders aktiv in der Erforschung dieser Produktionsmöglichkeiten gewesen zu sein scheint. Die Tochtergründungen übernahmen dasselbe Material und sogar dieselben Arbeitskräfte. Bestimmte Sklaven des Ateius haben sowohl in Lyon und Pisa als auch in Arezzo Vasen signiert, während man in einer Werkstatt in La Muette bei Lyon Formschüsseln für reliefierte Sigillata fand, die in Arezzo gefertigt worden waren. Daraus ergibt sich, daß die Erzeugnisse der einen oder anderen Gegend, die von denselben Arbeitern in derselben Technik und nach denselben Vorbildern gefertigt wurden, sich nur durch physikalisch-chemische Analysen voneinander scheiden lassen. Derartige Untersuchungen haben unsere Kenntnisse auf diesem Gebiet tiefgreifend verändert. Vor einigen Jahren dachte man noch, daß die zahlreichen Vasen aus aretinischer Sigillata, die in den Römerlagern des rheinischen Limes gefunden wurden, aus Arezzo gekommen seien. Heute wissen wir dagegen aus der Analyse von Sigillataproben, daß in einem Lager wie Haltern (Kat. 408ff.), das in den Jahren um die Zeitenwende bewohnt wurde, der Anteil der eigentlich aretinischen Keramik höchstens 2% betrug, während 36% aus Pisa und 48% aus Lyon stammten.

Unter diesen Umständen erhält das Phänomen der ‚aretinischen' Sigillata ein ganz neues Gesicht. Zum ersten Mal sieht man beim Handwerk der römischen Welt die Absicht, die Verteilung der Waren, d. h. den Warentransport, durch eine Verteilung der Werkstätten zu ersetzen. Das Ziel dabei ist klar: In einer Wirtschaft, in der der Transport die Kosten der Waren, besonders derjenigen, die wie die Vasen von geringem Wert waren, stark erhöhte, wollte man die Preise verringern, indem man die Werkstätten nahe zu den Verbrauchern rückte. Die große Truppenstärke am Rhein bot durch ihre Zahl und auf Grund der Tatsache, daß die Truppen nicht autark lebten, einen sicheren und relativ großen Absatzmarkt. Für die Sigillatawerkstätten und andere handwerkliche oder landwirtschaftliche Betriebe war er lebenswichtig. An diesem Punkt könnte man sich fragen, ob die Verlegung italischer Werkstätten nach Lyon nicht auf eine staatliche Entscheidung zurückgeht und ob nicht die Entwicklung der Sigillatawerkstätten in augusteischer Zeit insgesamt ein Ergebnis der augusteischen Militärpolitik ist.

Tatsächlich stellt man nicht ohne Erstaunen fest, daß die verzierte Glanztonkeramik, deren Qualität und Eleganz uns so bezaubernd erscheinen, zwar im Gepäck der Soldaten laufend auftaucht, aber sich bei den wohlhabenden Schichten überhaupt nicht durchsetzte. Diese Beobachtung schmälert in keiner Weise weder die weitverzweigte Verbreitung dieser Gattung noch ihre wirtschaftliche Bedeutung, sondern sie unterstreicht ihre Grenzen als künstlerisches Phänomen und sozusagen soziales Faktum. Auch in augusteischer Zeit kamen aus der Keramik keine Anregungen. Die aretinische Sigillata war eine hochwertige Keramik, aber wie jede andere Keramik stellte sie kein Luxusgut dar. Trotz der Bemühung, den ikonographischen Typenschatz und das technische Können, das zu dieser Zeit seinen Höhepunkt erreicht hatte, auf den gesamten handwerklichen Sektor auszudehnen, blieb damals und in Zukunft die *materia* immer wichtiger als das *opus*.

Es gab noch zwei weitere, wenn auch einfachere Keramikarten in der *Italia cisalpina*, die ebenfalls abgeformt, verziert und signiert wurden. Sie gehörten zu einem gebildeten, hellenistisch geprägten Handwerk und stellten eine „Spitzenkeramik" dar: erstens die Aco-Becher

(Abb. 35. 36) mit einer zwischen rot und braun schillernden Oberfläche. Sie sind mit einem Relief verziert, das aus vielen kleinen erhabenen Dreiecken besteht, dem „Kommaregen", oder aus Motiven, die denen der aretinischen Glanztonkeramik nahestehen. Zweitens sind die Vasen des L. Sarius Surus zu nennen, die einen roten Überzug haben und ein Relief aus vegetabilen Elementen, Tieren, geometrischen Motiven, Gladiatoren (Abb. 37) etc. tragen. Wie die aretinische Keramik wurden auch die Aco-Becher in der Werkstatt von La Muette in Lyon hergestellt, was wiederum zeigt, wie gern man zu dieser Zeit Vorbilder und Techniken exportierte.

Es ist schwierig, die direkten wirtschaftlichen Auswirkungen der Glanztonkeramik oder ähnlicher handwerklicher Fertigungen abzuschätzen. Wir wissen, daß Töpfereien und besonders Ziegelbrennereien ihre Besitzer reich machen konnten. Die Ziegelherstellung genoß viel höheres Ansehen als die des Keramikgeschirrs, da sie der Landwirtschaft näherstand und somit eine ehrenvolle Tätigkeit darstellte. Selbst hohe Persönlichkeiten verachteten diese Einnahmequelle nicht, daher finden wir auch die Namen der Mitglieder der kaiserlichen Familie unter den Ziegelstempeln, wie z. B. den Namen der Livia oder des erst einjährigen Agrippa Postumus (*Pupillus Agrippa*) im Jahre 11 v. Chr.

Die Handwerker, der Handel und die Stadt

Selbst ein nur flüchtiges Bild des Handwerks wäre nicht vollständig ohne einige Bemerkungen über den Handelsablauf und die Stellung des Handwerkers in der Stadt.

Abb. 31—34   Terra Sigillata des Ateius, aus Lyon. Lyon, Mus. de Civilisation Gallo-Romaine

Abb. 31

Abb. 32

Abb. 33

Abb. 34

Abb. 35.36   Aco-Becher (Morel)   Abb. 36   Abb. 37   Becher des L. Sarius Surus (Morel)

Der Kleinhandel, mit dem die Regionen versorgt wurden, blieb im wesentlichen sehr uneinheitlich. Ein wichtiges Zeugnis augusteischer Zeit bietet das Wrack einer großen Barke von Valle Ponti, das in einem alten Kanal bei Comacchio nahe der Pomündung gefunden wurde. Ungefähr 12 v. Chr. war es untergegangen. Die Schiffsladung bestand aus allem, was ein Großhändler auf den Märkten oder in den Geschäften der Umgebung verkaufen konnte: Holz- und Marmorblöcke, Bleibarren, Votivgaben aus Zinn, darunter Miniaturtempel, Waagen aus Bronze, Werkzeuge, Stoffe, Körbe, Ledersäcke und -sandalen, Seile, Weinamphoren, Tonstatuetten, Tonlampen, Holz- oder Tongeschirr, z. B. unverzierte Sigillata, Aco-Becher, Reliefgefäße des L. Sarius Surus etc. Insgesamt ein zuverlässiger Querschnitt durch das augusteische Handwerk in einem bestimmten Moment.
Im Exportgroßhandel entstanden dagegen wichtige Neuerungen. Über Jahrhunderte waren die handwerklichen Erzeugnisse Italiens auf dem Seeweg exportiert worden. Auch hier ist wieder die Keramik unser bester Anhaltspunkt: sie war sozusagen die kostenlose Beifracht der eindrucksvollen Schiffsladungen landwirtschaftlicher Produkte. Man kennt aber keine Schiffswracks, die aretinische Keramik geladen hatten, und diese Lücke blieb lange Zeit unerklärlich. Heute weiß man, daß einer der Gründe für diese Tatsache in der Einrichtung von weiter entfernten Tochterwerkstätten liegt. Eine andere Neuerung, die wie die vorherige in die Richtung einer Rationalisierung des Marktes geht, taucht in dieser Zeit auf: Man transportierte den Wein nicht mehr in Amphoren übers Meer, da sie eine instabile Schiffsladung darstellten, sondern in enormen Fässern, den *dolia*, die in den Laderäumen der Schiffe dauerhaft verankert waren und sie so zu wahren Tankschiffen machten. Acht dieser Wracks mit *dolia* wurden im Lauf der letzten Jahre an den Küsten Italiens und Galliens entdeckt.
Dasselbe Streben nach Vereinfachung und Ordnung wohnt den Änderungen inne, die man in augusteischer Zeit in den Strukturen des Handwerks und des Handels in den Städten beobachten kann. In Rom hatten die Beamten seit längerer Zeit versucht, die ungezügelte Ausbreitung der Verkaufsstände kleiner Handwerker und Kaufleute, der *tabernae*, einzudämmen, die ununterbrochen versuchten, das Stadtzentrum zu überschwemmen, es überfüllten und ihm mit seinen Auswirkungen schadeten. Es wurden Märkte, *macella*, eingerichtet, die es erlaubten, diese Läden in einem eigens für ihren Zweck bestimmten Gelände zusammenzulegen. Die Plätze wurden von der Stadtverwaltung ausgewählt. Aber die *macella*, die seit dem 3. Jh.

v. Chr. gebaut wurden, lagen relativ nahe beim politischen Zentrum der Stadt, dem Forum, was eine fatale Mischung der beiden Bereiche zur Folge hatte, die einer Stadt wie Rom unwürdig war. Ein wichtiger Schritt zur Wiederherstellung der Ordnung wurde von Augustus eingeleitet, der im fernen Stadtviertel des Esquilin einen neuen Markt schuf, das *macellum Liviae*. Neben den gewöhnlichen Läden für Lebensmittel und übliches Handwerksgut zog er auch das höherentwickelte Handwerk, wie die Werkstätten der Tuchwalker oder Läden mit Luxusgütern dorthin.

Pompeji bietet ein weiteres Beispiel für diese Tendenz zur Zusammenlegung. Die Familie der Eumachier hatte dort durch die breite Fächerung verschiedener handwerklicher Betriebe, die sie auch durch Eheschließungen noch hatten erweitern können, ein Werkstatt- und Handelsimperium aufgebaut, das auf Wolle, Wein und Keramik fußte. Unter Augustus oder wenig später stattete eine Angehörige dieser *gens*, eine städtische Priesterin namens Eumachia, die Stadt mit einem bedeutenden Gebäude aus, das am Rande des Forum lag – dies war damals noch möglich, da die Provinzstadt noch nicht die Stadteinteilung hatte, wie sie in Rom bereits vorhanden war. Das Gebäude der Eumachia muß ein Geschäftszentrum oder sogar ein Wollgroßmarkt für die zahlreichen Kaufleute und Handwerker gewesen sein, die in dieser Stadt Campaniens die Textilverarbeitung zu einem blühenden Geschäftszweig gemacht hatten: Wollhändler, Tuchhersteller und Tuchwalker. Das Gebäude war der Concordia Augusta und der Pietas geweiht, also Werten, die der *gens Augusta* teuer waren. Man betrat es durch ein prächtiges Marmorportal, das mit üppigen, feingearbeiteten Ranken verziert war und vielleicht der römischen Werkstatt zuzuschreiben ist, die auch die Ranken der Ara Pacis gemacht hatte. In den Nischen der Rückwand standen eine Statue der Concordia, die wahrscheinlich die Züge der Livia trug, und eine Statue der Eumachia, die die Tuchwalker Pompejis gestiftet hatten. Die *elogia* des Aeneas und des Romulus, die in die Fassade eingelassen waren, erinnerten an das Augustusforum in Rom. Von den Tuchwalkern bis zu Livia, von der Wolle bis zu den kaiserlichen Tugenden und den mythischen Vorvätern Roms, kein Gebäude hätte das wirtschaftliche und besonders das handwerkliche Leben deutlicher unter die Schirmherrschaft der kaiserlichen Familie und der offiziellen Ideologie stellen können als das der Eumachia.

So versuchten, ebenso wie das Kunsthandwerk ein Mikrokosmos der großen Staatskunst war, auch die Stadtplanung und die Architektur in all ihren Bestandteilen, einschließlich derer, die sich auf Handwerk und Handel beziehen, die dynastischen Bauten des neuen Regimes nachzuahmen.

Das Handwerk als Spiegel einer Epoche

So war das Zeitalter des Augustus für das italische Handwerk nicht nur eine Zeit der Blüte, sondern auch eine besonders schöpferische Periode. Die technischen Erfindungen, die künstlerische Erneuerung und die Anstrengungen zur Vereinfachung des Handels tragen alle zu diesem Schluß bei.

Aber dieses „augusteische Wunder", dessen handwerkliche und künstlerische Wurzeln in der unmittelbar vorhergehenden Zeit liegen, trug bereits wie ein Apfel den Wurm den Grund des Zerfalls in sich. Es war ein Strohfeuer, das schnell wieder verlöschen sollte. Im Kunsthandwerk wich der augusteische Klassizismus in tiberischer Zeit einer Leblosigkeit, die die formale Vollkommenheit der Kunst bedroht, sobald sie nicht mehr von einer tiefgreifenden Ideologie untermauert ist. Man vergleiche hierzu nur die Gemma Augustea und den Grand Camée de France. Im niederen Handwerk wirkte sich bald ein doppeltes Phänomen aus: Einerseits gaben die entwerfenden Künstler den paradoxen Versuch auf, billigere Materialien, wie die Keramik, für Formen und Dekors zu verwenden, die wertvolleren Materialien vorbehalten waren. Seit der Regierungszeit des Tiberius beginnt z. B. bei der aretinischen Sigillata ein Niedergang des Dekors, zumindest, wenn man sie im Vergleich zum reinen Klassizismus augusteischer Zeit sieht. Andererseits und vor allem gewannen die Provinzen in der Landwirtschaft, im Handwerk und dem Handel gegenüber Italien an Bedeutung. Italien hörte auf, das unangefochtene Handelszentrum der römischen Welt zu sein. Im Bereich des Handwerks spiegelte sich diese Entwicklung in der Verlegung großer Produktionsstätten der Keramik. In tiberischer Zeit belieferten nicht mehr die Werkstätten aus Arezzo und ihre Tochtergründungen in Pisa und Lyon die Rheintruppen mit Glanztonkeramik, sondern Werkstätten aus Süd- und Zentralgallien.

Diese Entwicklung, die wir mit dem Blick, den uns nur der geschichtliche Abstand erlaubt, durchdringen konnten, wirft ein klareres Licht auf die Merkmale des augusteischen Handwerks. Man könnte es als eine wundersame Mischung aus technischem Fortschritt und Qualität, Kunstgeschmack und Wandel der Handelsmethoden beschreiben. Wie in vielen anderen schöpferischen Bereichen gelang es dem augusteischen Zeitalter im Handwerk, dieses zerbrechliche Gleichgewicht äußerster Vollkommenheit, das man im guten und im schlechten Sinn Klassizismus nennt, zu erreichen. Dort wie auch sonst bietet uns das Handwerk sicher ein getreues Bild seiner Zeit.

Aus dem Französischen von C. Hackländer

I. ARCHITEKTUR

Henner v. Hesberg

Die Veränderung des Erscheinungsbildes der Stadt Rom unter Augustus

Strukturelle Neuerungen: *Roma marmorea,* die sichere Stadt

Wie zu keiner anderen Zeit hat sich unter Augustus das äußere Erscheinungsbild der Stadt Rom tiefgreifend verändert. «Da die Stadt nicht der würdevollen Größe des Reiches gemäß geschmückt und von Überschwemmungen und Bränden bedroht war, baute er sie in einer Art aus, daß er sich mit Recht rühmen konnte, er habe sie als marmorn hinterlassen, die er tönern in seine Obhut genommen habe. Und er hinterließ sie auch für die Zukunft in Sicherheit, soweit es menschlichem Ermessen vorausschaubar war». Diese von Sueton (Aug. 28) überlieferte Äußerung ist kein leeres Wort. Schon die Zeitgenossen des Augustus rühmten unter vielfältigen Aspekten den Ausbau der Stadt, der nicht allein an den marmornen Tempeln und öffentlichen Prunkbauten ablesbar war, sondern auch in der Sanierung der Wohnquartiere und einer neuen Qualität der sanitären Versorgung zum Ausdruck kam. Aber nicht allein das: programmatisch wurden auch Besitzverhältnisse umgeschrieben. Ausgedehnte Gartenanlagen voll luxuriöser Pracht fielen an das Volk bzw. wurden ihm zugänglich gemacht.

So umfassende Veränderungen hatte es in der Zeit davor nicht gegeben. Die Beamten der Republik, die reichen Händler und siegreichen Feldherren traten besonders seit dem 2. Jh. v. Chr. mit großen Bauten und kostbaren Stiftungen hervor. In aller Regel handelte es sich aber um einzelne Leistungen, die entweder aus der Kriegsbeute oder den Geschäftserträgen bestritten wurden und die der Erreichung eines politischen Zieles dienten. Im 1. Jh. v. Chr. gab es einige exponierte – die meisten von ihnen hatten ein über Jahre dauerndes politisches Mandat inne – Persönlichkeiten, die gleich mehrere Bauten übernahmen. Sulla, Pompeius und Caesar sind die prominenten Beispiele, aber auch sie waren niemals so umfassend für den Ausbau der Stadt tätig wie Augustus (vgl. P. Gros – G. Sauron, Das politische Programm in den öffentlichen Bauten).

Die spätere Kaiserzeit ist von dem Bemühen gekennzeichnet, den Bestand zu erhalten und in einzelnen Bereichen neue Akzente zu setzen. Die Betonung kaiserlicher Autorität kommt dabei in dem Ausbau der Residenzen zum Ausdruck. Nach der bizarren Anlage der Domus Aurea unter Nero setzt Domitian diese Linie mit dem Palast auf dem Palatin nur fort. Eine größere Bedeutung gewinnen auch die Bauten zur Unterhaltung und Belustigung breiter Schichten der Bevölkerung. Vor allem die Serie der großen Thermenanlagen wäre dabei zu nennen, von denen Nero wohl die erste dieser Art und Konstantin die letzte errichten ließ. Trotz bewundernswerter Leistungen der Kaiser auch auf anderen Gebieten – z. B. Vespasian und Trajan mit ihren Forumanlagen, Septimius Severus mit seiner umfassenden Renovierung der Stadt oder Konstantin mit seinen Kirchenbauten – wird sich keiner mit Augustus messen können. Selbst in der nachantiken Zeit fehlt eine derart umfassende Neustrukturierung der Stadt, die sich innerhalb eines kurzen Zeitabschnitts vollzieht. Unter Mussolini entstehen viele Straßendurchbrüche und Bauten, es fehlt aber ein übergreifendes Konzept, das alle alten Bereiche einschließt.

Für Augustus waren gewiß die äußeren Voraussetzungen günstig. Durch die zahlreichen militärischen Siege, besonders über Ägypten und im Westen des Reiches, durch persönliche Verbindungen und eigenen Besitz verfügte er über ungeheure Reserven an Kapital, das er für die neuen Zwecke einsetzte. Außerdem war ihm eine lange Regierungszeit von fast einem halben Jahrhundert beschieden. Er besaß großes Geschick in der Wahl von persönlichen Beratern und in der Motivation von Freunden, in der Richtung seiner Interessen tätig zu werden. Alle diese Umstände können den Erfolg seiner Tätigkeit aber nur teilweise erklären. Daß das unter ihm entstandene Erscheinungsbild der Stadt Rom im wesentlichen seine Züge die ganze Kaiserzeit hindurch beibehielt, verdeutlicht vielmehr, wie sehr darin schon Anspruch und Selbstverständnis der neuen Herrschaftsform verankert war und sich gültig umsetzte. Die Sensibilität, die unterschiedlichen Erwartungen seiner Zeitgenossen wahrzunehmen und zwischen ihnen einen angemessenen und dauerhaften Ausgleich zu schaffen, und die Konsequenz, nach einer tragfähigen Form dafür zu streben, zeichnete offenbar auch Augustus persönlich aus.

Eine Analyse des Erscheinungsbildes und der Faktoren, die zu seiner Ausprägung führten, verspricht damit in vielfältiger Hinsicht Aufschluß über die Besonderheiten des Systems, mit dem Augustus seine Herrschaft etablierte und für seine Nachfolger dauerhaft übergab. Außerdem ermöglicht die reiche Überlieferung sowohl in literarischem wie in archäologischem Bereich besser als für viele andere Epochen der Antike einen genaueren Einblick über einzelne Phasen und gegenseitige Abhängigkeiten in diesen Vorgang. Es handelt sich damit gleichsam um einen Modellfall, wie der Wechsel eines politischen Systems in dem Erscheinungsbild der Stadt zum Ausdruck kommt, wie aber auch umgekehrt dieser äußere Rahmen Verhaltensmuster und -normen bestimmen kann.

Liest man die eingangs genannte Bemerkung des Augustus zu seiner Bautätigkeit in Rom, könnte man meinen, er habe von Anfang an konsequent ein Programm zur Sanierung der Stadt entwickelt. Das aber ist gewiß nicht der Fall. Die einzelnen Bauvorhaben waren vielfach von tagespolitischen Erfordernissen abhängig, bedingt aus den Bedürfnissen der Bevölkerung oder aus der politischen Konkurrenz. Außerdem standen die beiden Programmpunkte, Marmor und Sicherheit, innerhalb der Bautätigkeit in den verschiedenen Jahren seiner Herrschaft auch unterschiedlich im Vordergrund.

Überdies handelt es sich bei dieser Äußerung um die sehr eingängig formulierte Abstraktion allgemeinerer Bemühungen. Marmor steht ja für die neue Schönheit der Bauten, die natürlich nicht allein auf dem verwendeten Material beruht, sondern auch in den Bemühungen um einen neuen Stil und um neue Dimensionierung der Bauten. Ebenso umfaßt der Begriff der Sicherheit nicht allein die Assoziation von Schutz vor Bränden und Überschwemmungen, sondern läßt überhaupt Vorstellungen von hoher Wohnqualität und angenehmer zivilisatorischer Lebensformen anklingen.

Die schlagzeilenartige Formulierung, in der Augustus seine baulichen Leistungen für Rom zusammenfaßt, erhält ihre besondere Wirksamkeit aber erst vor dem Hintergrund der Republik. Seinen Zeitgenossen waren die Zusammenhänge klar. Nur in Ausnahmefällen wurde nämlich in der Zeit der Republik in Marmor gebaut. Gerühmt werden darunter der Tempel des Iuppiter Stator und der Iuno Regina in einer geschlossenen Platzanlage, Bauten, die der Makedonensieger Q. Caecilius Metellus Macedonicus nach seinem Triumph 147 v. Chr. auf dem Marsfeld hatte errichten lassen. Am Ende des Jahrhunderts entstand der Rundtempel am Tiber, der noch heute einen Eindruck von der Qualität der handwerklichen Ausführung solcher Bauten geben kann. Die Kapitelle dazu wurden eigens aus Griechenland importiert. Marmor sollte auch im 1. Jh. v. Chr. an verschiedenen Bauten Roms Verwendung finden, im Neubau des Tempels für Iuppiter Optimus Maximus auf dem Kapitol durch Sulla, in der Saepta, die Caesar begann, und gewiß auch anderswo (vgl. F. Coarelli, Rom. Die Stadtplanung von Caesar bis Augustus).

In überraschender Weise standen diese Marmorbauten aber nicht für die wachsende Bedeutung Roms, sondern begründeten vielmehr die Vorstellung, mit ihnen hätte der östliche Luxus in Rom Einzug gehalten. Daß sich dieses Vorurteil festsetzen konnte, hängt mit der steigenden Verwendung des Marmors in der privaten Ausstattung der Wohnbauten zusammen. Hier fanden in immer größerem Umfang kostbare Marmorsorten bei Säulen und Architekturteilen, aber auch für Ausstattungsgegenstände wie Tische, Kandelaber und Gefäße Verwendung.

Diese Voraussetzungen schufen für die republikanische Zeit eine merkwürdige Situation. Marmor als Baumaterial blieb durchgehend problembehaftet. Wohl deshalb verzichteten eine Reihe von prominenten Bauherren darauf geradezu absichtlich, z. B. Marius bei seinem Tempel für Honos und Virtus und Pompeius an seinem Tempel für Hercules Victor. Die variantenreichen Polemiken schlossen vielfach die Verwendung des Marmors im öffentlichen Bereich ein, so daß Pompeius sogar auf die antiquierte Form des tuskanischen Holztempels zurückgriff.

Unter Augustus wurden Manifestationen eines derartigen Zweifels am Wert des Marmors zusehends schwächer. Die Dichter rühmen zwar die Unschuld des frühen Roms mit seinen Tempeln voll tönernen Schmucks. Gebaut hat aber niemand mehr in dieser Art. Selbst die Bauherren mit geringeren finanziellen Mitteln neben Augustus errichteten keinesfalls Tempel in den einfachen Materialien. Hierbei wirkten sich die ersten monumentalen Anlagen des Augustus mit ihren großen Marmorfronten, das Mausoleum, die Kurie und die Tempel für Caesar am Forum und für Apoll auf dem Palatin gewiß normsetzend aus. Damit stand das kostbare Material im Dienst eines neu formulierten Wertesystems, in dem es nicht mehr den privaten Luxus oder das persönliche Hervortreten eines einzelnen vor der Gemeinschaft kennzeichnen konnte, sondern den Glanz des Reiches in seiner Hauptstadt manifestierte. Die *aurea templa* sind dafür das neue Schlagwort (vgl. Gros–Sauron).

Durch die beherrschende Ausschmückung öffentlicher Bauten mit marmornen Fassaden und Innenräumen wurde den Polemiken der Grund entzogen. Gewiß gab es auch fernerhin entsprechende Manifestationen des Ausstattungsluxus im privaten Bereich. Bemühungen in dieser Richtung verloren aber zunehmend ihren Sinn, denn in jedem Fall dominierten die öffentlichen Bauten. Zusätzlich wurden entsprechende Versuche exemplarisch gebrandmarkt, z. B. wenn Augustus die vier wegen ihrer Kostbarkeit umstrittenen Säulen aus dem Haus des Scaurus als deutlichen Beweis ihrer Zugehörigkeit zum öffentlichen Bereich in die Bühnenfront des Marcellustheaters einfügen ließ. Gleichsam als Reminiszenzen an die Wertigkeit der überkommenen Materialien wurden bei frühaugusteischen Bauten noch reliefierte Terrakottaplatten (vgl. G. Carettoni, Die Campanaplatten des Apollo-Palatinus-Tempels) – z. B. im Bereich des Apollotempels auf dem Palatin – oder Kapitelle aus Bronze – z. B. am Pantheon – verwendet, aber sie betonten in ihrer Kontrastierung nur den Wert des neuen, alles beherrschenden Marmormaterials.

Ein weiterer Aspekt kommt hinzu. Der Bedarf an Marmor führte wohl schon um die Mitte des 1. Jhs. v. Chr. zu der Erschließung der Brüche von Luni (Carrara). Alle Bauten des Augustus in Rom sind damit geschmückt. Es handelte sich aber nicht allein um eine bequemere Möglichkeit, weißen Marmor aus größerer Nähe zu beschaffen. Vielmehr drückt sich darin allgemein eine größere Unabhängigkeit vom Osten aus. Architekturteile und Ausstattungsgegenstände mußten nicht mehr importiert werden, sondern wurden in Italien selbst unter wachsender Heranziehung einheimischer Fachkräfte hergestellt. Gewiß wird es vereinzelt Griechen gegeben haben, aber es bildeten sich schon gleich von Anbeginn an eigene Werkstatttraditionen in Rom heraus. Auch wenn es möglicherweise nicht so stark empfunden wurde, konnte dieser Wandel die Furcht vor Überfremdung durch östliche Importe nur mindern (vgl. J.-P. Morel, Das Kunsthandwerk in augusteischer Zeit).

Während man in der Republik eher regellos griechische Vorbilder nach Rom brachte oder kopierend übernahm, zeichnete sich in augusteischer Zeit ein zunehmend aus moralischen Kategorien motiviertes Normensystem in der Dekoration der Bauten ab. Schon die Verwendung des Materials Marmor hatte – wie erwähnt – Diskussionen um die moralischen Qualitäten freigesetzt. Das gilt in vergleichbarer Weise für die an Marmorbauten verwendete Ornamentik. Die Werke hatten sich in ihrer Unanstößigkeit gleichsam im Schmuck zu bewähren. Es sollte ,richtig' sein im Sinne eines Naturvorbildes oder der Vorbilder früherer Baumeister und sollte ,rein' bleiben von Verkünstelungen und allem Übermaß. In der Tat zielt die karge Ausschmückung der frühesten Marmorbauten des Augustus und seiner Gefolgsleute in Rom durchaus in diese Richtung. Selbst die korinthische Ordnung wird in der äußeren Säulenstellung des Caesar- und des Saturntempels am Forum Romanum vermieden.

Wenn sich Augustus rühmt, Rom als Marmorstadt hinterlassen zu haben, dann umfaßt er mit dieser Äußerung die weiteren hier skizzierten Folgerungen. Ähnlich gewinnt der zweite Teil seiner Aussage, er habe Rom sogar für die Zukunft sicher gemacht, eine umfassendere Bedeutung. Auch hier kann wiederum ein Blick zurück auf die Verhältnisse in die Zeit der späten Republik den Sinn und die besonderen Implikationen der Aussage besser verdeutlichen.

Rom war nämlich besonders im 1. Jh. v. Chr. ein Ort der Unsicherheit. An engen, winkligen Straßen reihten sich in den Elendsquartieren mehrstöckige, vielfach in Fachwerk errichtete Häuser. Sie fingen im Nu Feuer und die Brände breiteten sich rapide aus. Offenbar gab es Spekulanten, die nach solchen Bränden des Gebäude billig aufkauften und schnell neue Wohngebäude errichten ließen. Der spätere Triumvir Crassus hatte auf diese Weise einen Teil seines riesigen Vermögens zusammengebracht. Die ärmere Bevölkerung war derartigen Machenschaften hilflos ausgeliefert, denn sie konnte nicht ausweichen oder zu Selbsthilfe greifen.

Den Reichen ging es aber nicht viel besser. Cicero z. B. wurde nach der Verbannung das Haus auf dem Palatin von plündernden Banden des Clodius in Brand gesteckt (vgl. die Rede *de domo sua*). Das Gebäude schlug man z. T. einem Heiligtum der Libertas zu, den Rest kaufte Clodius für sich auf. Der berühmte Redner hatte Mühe, als er aus der Verbannung zurückkehrte, sein Eigentum wiederzugewinnen.

Die Folgen für das Erscheinungsbild der Straßen kann man sich leicht ausmalen. Denn Cicero war in dieser Zeit der Proskriptionen und politischen Verfolgungen gewiß kein Einzelfall. Ruinen werden bunt mit Baustellen, leeren Grundstücken und fertigen Häusern gewechselt haben und märchenhafter Prunk war von verfallenen Häuschen umgeben. Auf den Friedhöfen bot sich dasselbe Bild. Inmitten eines Bestattungsareals auf dem Esquilin, in dem arme Leute für billiges Geld so schnell und pietätlos verscharrt wurden, daß überall die Knochen aus dem Boden kamen, hatte ein stadtbekannter Bonvivant sich ein großes leeres Feld für sein Grab gekauft (Hor. Sat. 1,8,8 ff.). In diesem Zusammenhang sei daran erinnert, daß es auch keine klar konturierte Stadtgrenze gab, sondern die Bebauung längs der Straßen in das Umland wucherte (Dion. Hal. 4,13,4).

Rom bot also viele häßliche Ecken, und niemand aus dieser Zeit findet ein rühmendes Wort für sein Stadtbild, soweit es Bauten und Straßen betrifft. Vielmehr beklagen Cicero (leg. agr. 2,35,96) und Livius (5,55,3 ff.) die engen, verwinkelten Straßen, in denen im Sommer gewiß die Luft stickig war. Allerdings benennt niemand wirklich die Ursachen des Übels: politische Unsicherheit und Bodenspekulation. Vielmehr begnügt man sich mit dem Trost, daß man wegen der Lage auf Hügeln oder wegen des überstürzten Aufbaus nach dem Gallierbrand gar nicht anders hätte bauen können, vordergründige Entschuldigungen, wie ein Vergleich mit anderen Städten schnell deutlich macht.

Die Brände, die Enge des Raumes und der mangelnde Reiz des Straßenbildes stellten aber für die Bevölkerung wohl weniger eine Einschränkung dar. Diese Erscheinungen standen ja für andere, drückendere Lasten, vor allem die rechtliche Unsicherheit und die mangelnde und unstete Versorgung. Erst als man zweifeln mußte, daß man nach einem Brand noch sein Unterkommen fand oder daß die Versorgung mit Nahrung und Wasser stetig gewährleistet war, verband sich mit diesen äußeren Erscheinungsbildern ein tiefgreifender Schrecken. Ähnliches gilt für die Überschwemmungen. Schlimm war weniger, daß sie Hab und Gut zerstörten und die Versorgung störten, sondern daß hinterher nach der Katastrophe eine soziale Absicherung fehlte. Man blieb hierbei stets von den zufälligen Wohltaten der einzelnen, führenden Persönlichkeiten in der Politik abhängig.

Unter Augustus aber wurden diese Wohltaten zur Institution. Agrippa ließ die Wasserleitungen wiederherstellen und baute neue, er renovierte das Kloakensystem, organisierte eine Feuerwehr aus Sklaven, die die Brände löschte, ohne daß gleich der Spekulant folgte, und befestigte die Straßen. Mit dem Verschwinden von Schmutz und Unrat mußte auch die Furcht vor Krankheiten schwinden. Vor allem aber durfte man darauf vertrauen, daß eine allgemeine Rechtssicherheit einkehrte. Strenge Gesetze regelten den Bau von Wohnhäusern (Vitr. 2,8,16), und Brandmauern zum Schutz gegen sich ausbreitende Feuer beherrschten vielfach das Stadtbild (am Augustusforum: vgl. H. Bauer – J. Ganzert – V. Kockel, Augustusforum und Mars-Ultor-Tempel). Neue Vorratshäuser, Leitungen und Zisternen für Wasser boten äußere Zeichen einer dauerhaften Versorgung.

Wenn es sich auch hier anders als bei den Marmorbauten nicht um spektakuläre Anlagen handelte, so prägt die Summe dieser Bauten gewiß nicht weniger ein neues Bewußtsein von der Stadt. Die materielle Sicherheit wurde zum Ausdruck der inneren Sicherheit des Staatswesens, in dem sich alle Bürger geborgen fühlen sollten und in dem es geregelt zuging.

Bisher wurde versucht, das strukturell Neue in der Ausgestaltung Roms durch Augustus aus der einen Äußerung des Herrschers abzuleiten, wobei es sich um Aspekte handelt, die über seine Regierungszeit hinaus Gültigkeit behielten. Auch die späteren Kaiser waren darauf bedacht, dieses Bild einer marmornen Metropole, in der jedermann sein Auskommen findet, zu erhalten und auszugestalten. Allerdings fehlt die demonstrative Moralität, die nach dem Schrecken und den teilweise chaotischen Zuständen der späten Phase der Republik die neuen baulichen Qualitäten gleichsam von ihrer inneren Bedeutung her gegen den Vorwurf von Luxus rechtfertigen sollte. In der Republik hingegen fehlte ein übergreifender Vorgang, auf Grund dessen die Stadt nach dauerhaften Konzeptionen ausgebaut wurde. Vielmehr kamen insgesamt eher zufällig die unterschiedlichen Bauten der unterschiedlich motivierten Bauherren zusammen.

Die Phasen der Ausgestaltung

Die Äußerung des Augustus ist gewiß nur als Summe seiner Bemühungen um die Stadt zu verstehen, nicht als Programm, das er bei dem Kampf um die Macht in Rom schon geäußert hätte. Denn der Ausbau der Stadt fand in zahlreichen kleineren Schritten statt, die in ihrer Richtung gewiß auch aus der Aktualität des politischen Tagesgeschehens bestimmt wurden. Anders ließen sich Widersprüche und große Abstände zwischen dem Versprechen von Bauten und ihrer Ausführung kaum erklären.

So ergaben sich innerhalb des Prozesses einzelne Phasen, denen im folgenden die Aufmerksamkeit gelten soll. Dabei zeichnen die Bauten, die sich den einzelnen zeitlichen Abschnitten zurechnen lassen, sowohl im städtebaulichen Zusammenhang wie auch in ihrer äußeren Gestalt bestimmte übergreifende Eigenheiten aus, die die Intentionen des Bauherrn klären helfen.

Monarchische Attitüden – Die Zeit des Triumvirats bis zum actischen Triumph

Der erste Abschnitt seiner Tätigkeit, in der er in die äußere Gestaltung der Stadt eingriff, umfaßt die Jahre unmittelbar nach Caesars Tod bis etwa 29 v. Chr. In dieser Zeit strebt Octavian nach einer Selbstdarstellung, die auf Muster der monarchischen Repräsentation im Osten zurückgreift und darin die Tradition der Großen der Republik mit ihren Bauten noch übertrifft. Sie umfassen die traditionellen Vorhaben wie Tempel, Wohn- und Grabbauten, in denen die Person des Bauherrn stärker hervortritt, und ferner Leistungen für die Allgemeinheit, also z. B. Versorgungseinrichtungen, Bauten für die Verteilung der Lebensmittel, für die politische Organisation und für Unterhaltung, wozu man neben Theatern auch Thermen rechnen wird.

In der Zeit vor Actium (Sept. 31 v. Chr.) häuften sich Weihungen der Feldherren über entsprechende Bauten, die sie aus der Siegerbeute für Rom gelobten, und zwar der Anhänger des Octavian und der des Antonius gleichermaßen. Fertiggestellt wurde offenbar vor 31 keines der Projekte. Dennoch haben sich gewiß große Erwartungen daran geknüpft, zumal die Bauten wie der Caesartempel auf dem Forum schon vor ihrer Weihung auf Münzen wiedergegeben und gefeiert wurden.

Octavian wird es in dieser Konkurrenz gar nicht leicht gehabt haben, mit spektakulären Projekten hervorzutreten. Denn allzu groß durften sie auch nicht ausfallen, wie das Beispiel Caesars lehrte, der den größten Tempel der Welt bauen und den Tiber umleiten wollte, aber noch nicht einmal sein Forum und die Saepta fertiggestellt hatte (vgl. P. Gros – G. Sauron und F. Coarelli). Hier konnte man leicht an Glaubwürdigkeit verlieren. Folglich konzentrierte sich Octavian auf drei markante Punkte innerhalb des Stadtareals von Rom: das alte Forum Romanum, den Palatin oberhalb des Circus Maximus und das Marsfeld.

Nach dem Sieg von Naulochoi 36 v. Chr. gelobte er, dem Apoll einen Tempel zu errichten, und die Wahl des Platzes fiel durch entsprechende Vorzeichen gezielt auf das Gebiet neben seinem Haus auf dem Palatin. Octavian erstrebte also, sein Haus mit dem Tempel so eng zu verbinden, wie es in Rom vorher eigentlich nie vorgekommen war und wie es vor allem keiner der mit ihm in Konkurrenz stehenden Bauherren zu tun wagte. Oberhalb des vielbesuchten Circus Maximus sollte so sein Haus eingeschlossen zwischen hohen Tempelfronten und in unmittelbarer Nähe zur mythischen Wohnstatt des Romulus eine Lage gewinnen, die in dieser Art vorher nur in Residenzen der hellenistischen Könige zu finden war. Man denkt an Alexandria oder Pergamon (vgl. G. Carettoni, Die Bauten des Augustus auf dem Palatin).

Das Zentrum der neuen Anlage bildet der Tempel, der auf hohem Unterbau in das Tal des Circus vorgeschoben war. Zu beiden Seiten schlossen in der Sockelzone des Unterbaus U-förmig gelegte Hallen an: die nordwestliche gehörte zum Vorhof des eigentlichen Wohnhauses und die südöstliche führte zu den beiden Bibliotheken. Vor 31 v. Chr. waren vielleicht die Terrassierungsarbeiten durchgeführt und schon die aufgehende Architektur in Angriff genommen. Das Konzept war folglich klar absehbar.

Die Dekoration und damit der spezifische Sinngehalt gewann aber erst in den Jahren unmittelbar nach 31 v. Chr. an Profil. Die herrscherliche Pose wurde zurückgenommen zugunsten anderer Werte. Die Bilder der Tempeltüren – die Tötung der Niobiden und die Vertreibung der Gallier von Delphi – feierten den Gott als Bestrafer der Hybris, die über hundert Figuren zählende Gruppe der Danaiden ließ die Sinnlosigkeit eines tödlichen Streites zwischen Blutsverwandten als Paraphrase für die Leiden des Bürgerkrieges anklingen, und in zahllosen Hinweisen, z. B. mit Statuen, Dreifüßen und in den Bibliotheken, feierte man den Gott der Musen und der Weissagung. Von dem Ausgangspunkt der Weihung, den Siegen von Naulochoi und Salamis, war im Bildprogramm nur wenig zu spüren.

An den nur ein Jahr zuvor geweihten Bauten auf dem Forum, dem Caesartempel und der Kurie, hatte es sich noch anders verhalten. Nach dem Tode des Diktators wurde ihm zu Ehren auf dem Forum eine 6 m hohe Ehrensäule und ein Altar errichtet. Dolabella ließ später beide wieder entfernen. 42 v. Chr. beschlossen die Triumvirn, einen Tempel zu Ehren Caesars zu errichten; auch das ein Novum, denn niemals zuvor war in Rom einer verstorbenen Person zu Ehren solches geschehen. In den Jahren danach erscheint der Bau auf Münzen des Octavian, aber erst 29 v. Chr. wurde er aus Anlaß des dreifachen Triumphes für die Siege bei Actium, in Dalmatien und die Eroberung Ägyptens geweiht.

In seiner Lage mußte der Tempel das alte Forum Romanum beherrschen und als Platz neu definieren. Unter Caesar selbst hatte die Gestaltung des Forum schon entscheidende Veränderungen erfahren. Durch den Bau einer neuen Platzanlage, des Forum Iulium, mußte die alte Kurie, der Sitz des Senates, verlegt und das Comitium als Sitz der Volksversammlung in seiner ursprünglich kreisrunden Form aufgegeben werden. Gleichsam als Reminiszenz daran erhält die Rednertribüne, die Rostra, mitten im Forumareal eine völlig neue Position. Mit diesen Neuerungen ist die Ausrichtung auf politische Funktionen weitgehend relativiert und tritt hinter anderen Aufgaben, z. B. Platz für Geschäftsverkehr und Schauspiele, zurück.

In der neuen Platzkonzeption des Octavian treten der Caesartempel und das neue Kuriengebäude wie zwei Pole hervor. Gegenüber den alten Tempeln mußten sie mit ihren leuchtenden Marmorfassaden auffallen, und vor allem der Tempel auf seinem hohen geschlossenen Podium ohne vorgelagerte Treppen ragte heraus. Denn die Basiliken besaßen noch nicht ihre spätere Gestalt, sondern bestanden wohl eher aus einfachem Steinmaterial und ließen so die neuen Zentren hervortreten.

In der Ausstattung der Bauten betonte man die Siegesthematik. Aus der ägyptischen Beute wurde dort vieles aufgestellt. Im Giebelschmuck der Kurie kehrten Anspielungen an die großen Siege wieder, besonders aber nahm auch die Victoria im Innern darauf Bezug. Am Caesartempel geschah das durch die Schiffsschnäbel am Podium. Daneben wies man zusätzlich auf die Vergöttlichung des Verstorbenen hin, die am Stern im Giebel, der Kultfigur im Innern und zunächst wohl auch noch durch den Altar in der Exedra vor dem Tempel allen deutlich wurde. Diese beiden Bauten stellten so die Grundpfeiler der neuen Herrschaft exemplarisch heraus: die militärische Überlegenheit, Virtus und Victoria, und die Herleitung der Herrschaft vom vergöttlichten Caesar. Hier kamen im Bereich des Forumareals gewiß noch auffallende Statuen hinzu, die diese Qualitäten auf den jungen Octavian direkt übertrugen.

In den Jahren nach 29 v. Chr. wurde die Thematik von anderen Bauten auf dem Forum aufgenommen und in der Aussage um verschiedene Nuancen bereichert. Darunter sind vor allem die Ehrenbögen zu beiden Seiten des Caesartempels zu nennen, die nach dem Sieg von Actium den Erfolg über die Parther von 20 v. Chr. feiern. Auch die Tempel anderer Bauherren am Forum wurden zu Trägern von Siegessymbolen. So schmückten den Giebel des durch Munatius Plancus errichteten Saturntempels Tritonen als unverkennbare Anspielungen auf den Sieg bei Actium.

Der dritte Baukomplex der frühen Jahre ist zugleich vom Volumen her auch der größte und stellt darin selbst die meisten späteren Anlagen augusteischer Zeit in den Schatten. Das Mausoleum schließt das Marsfeld nach Norden hin an der Stelle ab, wo der Tiber sich der Via Flaminia am weitesten nähert. Die ungeheure Masse des Baus, von der selbst auch heute noch riesige Reste nur einen unvollkommenen Eindruck bieten können, kündigte den von Norden kommenden Reisenden die Stadt Rom von weitem an. Andererseits war der Bau innerhalb der damals gewiß noch lockeren Bebauung von allen Punkten des Marsfeldes her zu sehen (vgl. H. v. Hesberg, Das Mausoleum des Augustus).

So verrät die Wahl des Platzes schon einen hochgestimmten Anspruch. Das Grabmal lag wohl noch gerade außerhalb des Pomerium, der religiösen Stadtumgrenzung Roms, aber die unmittelbare Nähe zum Marsfeld stellte es mit anderen Grabstätten exponierter Persönlichkeiten zusammen. Eine Bestattung auf dem Marsfeld selbst wurde nämlich nur selten als besondere Ehrung an verdiente Staatsmänner vergeben, etwa an Sulla oder an den bei Mutina gefallenen Konsul Hirtius. Lucullus hatte man sie schon versagt.

Wegen der Mächtigkeit des Baus hat man östliche Vorbilder vermutet, vor allem die Grabanlage Alexanders d. Gr. in Alexandria. Die formalen Ableitungen bleiben dabei aber ganz unbestimmt, da der östliche Bau in seiner Erscheinung nicht weiter zu rekonstruieren ist. Vielmehr kommen weitere Vorbilder hinzu, vor allem italische Traditionen, die in der späten Republik eine neue Aufnahme gefunden haben. Außerdem weist die Anlage insgesamt auf östliche Vorbilder zurück, z. B. die Hängenden Gärten in Babylon oder den Grabbau des Maussollos, dessen Bezeichnung − Mausoleum − er früh zugewiesen bekam. Gerade die Summe der Komponenten sollte zusammen mit der in Marmor ausgeführten Gebäudefront zu einem überwältigenden Eindruck führen. Diese Wirkung ist zeitgenössischen Quellen, besonders der Beschreibung Roms durch Strabo (5,3,9 p. 236) noch abzulesen.

Ursprünglich war der Bau ganz auf Octavian ausgerichtet. Eine riesige Statue von ihm stand auf der Spitze des Baus. Nachdem der Senat ihm 27 v. Chr. verschiedene Ehrungen ausgesprochen hatte − u. a. die Lorbeerbäume und den Schild über der Tür −, fanden auch sie Aufnahme in die Dekoration. Vielleicht wurden auch von Anfang an Teile der Waffenbeute auf den Erdschüttungen und an den Brüstungen präsentiert, so daß man die Anlage auch als riesiges Siegesmal ansehen konnte. Vor allem aber dokumentierte es durch seine äußeren Abmessungen die führende Stellung des Octavian in Rom. Alle anderen Grabbauten dieser Zeit, z. B. der der Caecilia Metella an der Via Appia, blieben weitaus kleiner. Dabei machte der riesige Unterbau allein den Unterschied aus, denn die Aufsätze mit dem Tumulus von 100 Fuß Durchmesser waren überall gleich bemessen.

In der ersten Phase wurde die Bautätigkeit Octavians durch befreundete Militärs und Parteigänger ergänzt und bereichert. Neben dem schon erwähnten Tempel des Saturn kommt auf dem Forum Romanum noch der Neubau der Regia durch Cn. Domitius Calvinus hinzu, zu deren Ausstattung offenbar auch Octavian beisteuerte. Für andere Anlagen, z. B. den Tempel der Diana auf dem Aventin, den L. Cornificius durchführen ließ, fehlen zur Datierung entsprechende Anhaltspunkte. Er könnte auch erst nach 28 v. Chr. entstanden sein. In ihrer Größe und wohl auch in der Ausstattung kommen diese Bauten entsprechenden Tempeln Octavians gleich. Niemand aber dieser Feldherren, die einen Triumph gefeiert hatten, ließ mehr als einen einzigen Tempel errichten. Dabei handelte es sich immer um Ausbauten über bestehenden Anlagen und nicht um wirkliche Neubauten wie beim Tempel für Caesar auf dem Forum und für Apoll auf dem Palatin. Niemand der Feldherren wohnte auch neben seinem Tempel oder besaß ein exponiert über die Stadt erhobenes Grabmal, im Gegenteil, das des Munatius Plancus, des Erbauers des Saturntempels, lag weit außerhalb von Rom bei Gaeta. Octavian trat also schon mit den ersten großen Bauten weit über das übliche Maß hervor, und seine führende Stellung mußte schon im Erbauungsvorgang der genannten Anlage für jedermann in Rom unübersehbar deutlich werden.

Flankierend zu diesen zentralen, programmatisch wirkenden Neubauten kamen eine Reihe weiterer Maßnahmen hinzu, die eher der Sanierung der Stadt oder der Unterhaltung der städtischen Bevölkerung dienten. Überraschend hatte Agrippa im Jahre 33 v. Chr. das Amt des Aedil angenommen, überraschend vor allem, weil er schon an der Spitze der Hierarchie das Amt des Konsuls innegehabt hatte und jetzt wieder weit darunter Funktionen ausübte.

Damit bot sich ihm aber die Möglichkeit, in einem umfassenden Programm Maßnahmen zur Sanierung der Stadt einzuleiten. Er ließ die Straßen reparieren, das Abwassersystem wieder herrichten und deswegen auch die Cloaca maxima reinigen, die er bei der Gelegenheit in einer spektakulären Aktion mit einem Boot abfuhr und auf ihre Qualität prüfte. Zugleich wurde die Wasserversorgung geregelt, indem er alte Leitungen reparierte und die Aqua Iulia neu errichtete. In der Stadt wurden für die Verteilung 700 Zisternen, 130 Wasserkastelle und 500 Springbrunnen angelegt. Außerdem konnten mit dem Wasser 70 Bäder unentgeltlich eröffnet und Privathäuser versorgt werden. Das war schon ein Schritt in die Richtung auf ein ‚sicheres‘ Rom, denn Feuersbrünste ließen sich vor allem auch durch die neu organisierte Feuerwehr leichter bekämpfen und die sommerliche Hitze in den oft engen Vierteln mit der Wasserversorgung leichter aushalten. Zusätzlich erhielten die Brunnenbauten reichen Schmuck. Agrippa kaufte dazu pauschal 300 Figuren aus Bronze oder Marmor und 400 Säulen aus Marmor. Hier wurden programmatisch einzelne Bestandteile des privaten Ausstattungsluxus der breiten Öffentlichkeit auch im Bereich ihrer Wohnquartiere zugänglich gemacht.

Ein weiterer Teil seiner Leistungen im Jahr 33 v. Chr. umfaßte Spiele. 59 Tage wurden *ludi publici* mit reichen Spenden an das Volk abgehalten. Im Circus Maximus ließ er die Anlage zur Rundenzählung der Gespanne mit sieben silbernen Delphinen errichten. In diese Zeit fällt auch die Errichtung des ersten steinernen Amphitheaters in Rom durch Statilius Taurus, die erstaunlich rasch vor sich ging. Aus der Waffenbeute 34 v. Chr. dargebracht, wurde es schon 30 v. Chr. geweiht. Hier also stand man unter Zeitdruck. Von dem Bau selbst ist nichts mehr erhalten. Er war folglich nicht in der monumentalen Pracht des flavischen Amphitheaters aufgeführt, aber hatte gewiß beträchtliche Ausmaße, denn es hinterließ beim römischen Volk einen bleibenden Eindruck. Der Bauherr gewann daraus sogar die Ehre, fernerhin einen der Praetoren direkt bestimmen zu dürfen. Möglicherweise fiel in diesen Zeitraum auch die umfangreiche Erneuerung des Pompeiustheaters, derer sich Augustus (Mon. Ancyr. 4,9) rühmt. Bei dieser Gelegenheit wohl wurde die Statue der Bauherren von ihrem ursprünglichen Platz in der Kurie des anschließenden Bezirks in die Bühnenfront versetzt. Vor ihr war Caesar ermordet worden, aber die Erinnerung daran wurde auf diese Weise getilgt und die Statue zum Ehrenbild des Erbauers umstilisiert.

In einem merkwürdigen Kontrast zu den Intentionen steht der ornamentale Dekor der Gebäude. Obwohl sie doch die Pracht und Herrlichkeit des neuen Regimes verkünden sollen, obwohl dazu exponierte Plätze gewählt und kostbare Materialien wie Marmor eingesetzt wurden, blieben die Schmuckformen selbst eher dürftig oder zurückhaltend. Das wird an allen Teilen des äußeren Erscheinungsbildes klar: die Basen der Säulen weisen die schlichte attische Form auf, die Schäfte bestehen aus weißem Marmor und nicht etwa buntem Material, sind einfach kanneliert und für die Kapitelle wurde zumindest außen die anspruchslosere ionische Ordnung verwandt, während die korinthische Ordnung nur an der äußeren Verkleidung der Cella erschien. Aber auch das Gebälk blieb in der Regel ohne Dekor und nur an der Regia ist der Fries mit einer Girlande auf Bukranien geschmückt. Die Gesimse zeigen einfache Konsolen- und Kassettenformen.

Gründe der Tradition wird man für diese Gestaltungsweise und die Sparsamkeit des Dekors kaum geltend machen können. Eine Reihe von Tempeln der republikanischen Zeit besaßen korinthische Säulen, und innerhalb der Architektur des späten Hellenismus ließen sich viele Beispiele für reiche, geradezu schwelgerische Dekoration nennen, man denke nur an die von einem Römer errichteten Kleinen Propyläen von Eleusis. Die Gestaltungsweise jener Jahre wird auch nicht an dem Mangel an geeigneten Arbeitskräften gelegen haben, denn ein Fries vom Caesartempel mit Ranken und Flügelfrauen (vgl. Kat. 206) weist eine recht gute Qualität der Steinmetzarbeit auf.

Vielmehr ist in der Gestaltungsweise wohl eine bewußte Entscheidung für einen bestimmten Dekor zu sehen, besonders auch weil es für diesen Dekor keine direkten Vorlagen gab, sondern die einzelnen Elemente erst zusammengestellt wurden. Wahrscheinlich sollte hier einer Bewertung der Bauten als Zeichen eines ungebührlichen Luxus entgegengesteuert werden. Die Möglichkeit zu einer Interpretation in dieser Richtung hätte es ja nach den eingangs erwähnten Äußerungen dieser Epoche gegeben. Vielmehr war das neue Material somit Ausdruck einer neuen *dignitas*, einer würdevollen Ausstrahlung, die die gewandelte Qualität der Bauten verdeutlichen sollte. Selbst das Mausoleum wirkt bei aller Masse des Baukörpers wegen der hohen, kahlen Wände der Zylinder und des großen dorischen Gebälkes in dieser Weise. Die monarchischen Attitüden werden somit vor allem in Lage, Größe und Ausstattung der neuen Bauten deutlich. Darin übertrifft Octavian alle seine Vorgänger in der Republik und kommt der Bautätigkeit hellenistischer Herrscher gleich. Die Bescheidenheit einzelner Bestandteile der Bauten, z. B. des Aufsatzes am Mausoleum von 100 Fuß Durchmesser oder der Fassade des Caesartempels, oder der dekorativen Details verrät aber auch eine gewisse Unsicherheit in der Haltung. Die monarchischen Attitüden finden in der Disziplinierung der Ausstattung eine gewisse Kompensation.

Die scheinbare Erneuerung der Republik – Vom actischen Triumph bis zum Tode Agrippas

Der zweite Abschnitt in der Bautätigkeit des Augustus und seiner Freunde schließt das Jahr 28 v. Chr. ein und reicht bis 12 v. Chr., bis zum Tode Agrippas. In dieser Zeit werden verschiedene Tempel errichtet bzw. grundlegend restauriert, von Augustus selbst der Apollotempel auf dem Palatin, der Iuppiter-Tonans-Tempel auf dem Kapitol und der Quirinustempel auf dem Quirinal. Hinzu kommen die spektakuläre Erneuerung aller Tempel Roms im Jahr 28 v. Chr. und weitere Bauten der Nobilität. Parallel zu diesem Programm errichtet besonders Agrippa auf dem Marsfeld zahlreiche Anlagen, die der Unterhaltung und Belustigung des Volkes dienen.

Während sich in der ersten Phase der Eingriff Octavians in das Stadtbild Roms auf wenige markante, stark frequentierte Punkte konzentrierte, wird nun ein gewisses Totalitätsstreben deutlich. Alle Tempel und Heiligtümer sollten wiederhergestellt werden. Dazu zog er 28 v. Chr. die Nachfahren der Bauherren heran, soweit es sie gab, und für die restlichen Anlagen, immerhin noch 82 an der Zahl, kam er selbst auf.

Die Intentionen, die hinter diesen Bestrebungen standen, werden vor allem an den Neubauten spürbar. Nach der ursprünglichen Planung trat Octavian mit dem Apollotempel auf dem Palatin noch deutlich hervor, in der Ausführung und Ausgestaltung nahm er seine Person aber merklich zurück. Weder sind auffallende Statuen von ihm überliefert noch andere Dinge, die in ungewöhnlicher Weise markant auf ihn als *princeps* hingewiesen hätten. Tempel und anschließende Partien feiern den Gott also ganz abstrakt als Garanten der *auctoritas* des Augustus. Durch die scheinbare Unterordnung mußte der Herrschaftsanspruch des Augustus freilich nur noch unangreifbarer wirken, denn die olympischen Götter selbst wachten über ihn. Diese Selbstbescheidung fand sich nun allenthalben, u. a. wurden goldene Statuen des Octavian eingeschmolzen und programmatisch in Dreifüße für das Heiligtum umgegossen (Mon. Ancyr. 23), und an den renovierten Gebäuden ließ er seinen Namen nicht anbringen.

Baulicher Luxus wurde folglich weniger direkt mit ihm selbst verbunden, sondern mit den Gottheiten der Tempel. Deswegen fiel eine Steigerung im äußeren Schmuck der Bauten leichter, denn von jetzt ab war eine Assoziation mit Streben nach privatem Luxus kaum mehr möglich. Der Apollotempel auf dem Palatin wies daher reicheren Dekor auf: außen korinthische Kapitelle und aufwendigere Gesimsformen und in der Vorhalle die berühmten Elfenbeintüren des Portals. Auch in den Hallen des Bezirks war mit Säulen aus gelbem und Gesimsen aus rotem Marmor ein neuartiger Prunk spürbar.

Selbst in der Position wird die neue Selbstbescheidung spürbar, wenn auch mit ambivalenten Ergebnissen. Die exponierte Lage des Apollotempels auf dem Palatin war vorgegeben und konnte nicht mehr verändert werden. Augustus selbst trat darin aber − wie erwähnt − nicht sonderlich hervor. Der im Spanienfeldzug 26 v. Chr. gelobte Tempel des Iuppiter Tonans wurde 22 v. Chr. geweiht. Er muß von auffallender Pracht gewesen sein, denn er bestand vollständig aus Marmor, d. h. ohne inkrustierte Teile und ohne Verwendung von Travertin auf der Rückseite. Münzbilder überliefern sechs Säulen für die Front, womit er gewiß nicht gerade klein ausfiel, sondern vielleicht Dimensionen wie der Caesartempel auf dem Forum gehabt haben könnte.

Der Tempel des Iuppiter Tonans ordnete sich trotzdem ganz dem viel größeren Bau des Iuppiter-Optimus-Maximus-Tempels unter. Dennoch zog er aber offenbar wegen der Pracht der Ausstattung ein großes Publikum an, so daß sich nach einer anekdotenhaften Überlieferung (Suet. Aug. 91) Iuppiter selbst im Traum bei Augustus beklagt haben soll. Der *princeps* ließ daraufhin am Giebel Glocken zum Zeichen dafür anbringen, daß sein Bau nur als Vestibül zu dem bedeutenderen und altehrwürdigeren Tempel zu verstehen sei.

Die neue Freiheit zu einer prunkvolleren Ausgestaltung der Bauten wurde vielfältig genutzt. 16 v. Chr. weihte man den Tempel des Quirinus auf dem Quirinal ein. Caesar hatte schon mit seiner Errichtung begonnen, und so ist nicht ganz klar, was in der Gestaltung auf seine Planung zurückgeht und was später entworfen wurde. Jedenfalls entstand ein für Rom ganz neuer Tempeltypus, ein Dipteros, wie er sonst nur aus Ionien bekannt war. Allerdings umschlossen nicht wie dort üblich zwei Reihen ionischer Säulen die Cella, sondern 76 tuskanische. Im Schmuck der Giebelfelder mit drei Türen hinter den Figuren griff man allerdings wiederum auf östliche Vorbilder zurück.

Zählt man noch den Minervatempel auf dem Aventin und den anschließenden Tempel der Diana seines Parteigängers L. Cornificius hinzu, waren alle zentralen Hügel Roms mit größeren Tempelanlagen von ihm ausgestattet. Ganz Rom also wurde in gleicher Weise bedacht, und dies gilt um so mehr, wenn man nun noch die übrigen Bauten dieser Art, die von Mitgliedern der Nobilität erstellt wurden, mit einrechnet. Unter ihnen ist vor allem der Apollo-Sosianus-Tempel am Marcellustheater zu nennen. In der unmittelbaren Nähe hinter dem Zuschauergebäude des Theaters, dessen Grundrißplan im Gelände wohl schon zum Zeitpunkt seiner

Errichtung feststand, wirkte er weniger exponiert als alle erwähnten Tempel des Augustus. Während aber dessen Tempel zumindest im Dekor zurückhaltend blieben und so in gewisser Weise an Gestaltungsprinzipien der ersten Phase anknüpften, muß beim Sosianustempel die Pracht der architektonischen Schmuckelemente und der Prunk der Materialien und Figuren geradezu als schockierend reich empfunden worden sein (vgl. E. La Rocca, Die Ausstattung des Apollo-Sosianus-Tempels).

Am Außenbau war die verbindliche Norm der herkömmlichen Ordnungen aufgegeben zugunsten einer reichen Ausgestaltung mit zusätzlich eingefügten Ornamenten oder ungewöhnlichen Binnengliederungen. Selbst untergeordnete Partien wie die Soffitte der Gebälke waren dicht gefüllt und die Kassetten zwischen den Konsolen gar in jeweils neun kleine Felder unterteilt. Im Innern zog sich vielleicht zum ersten Mal in dieser Art ein reich gegliederter Ädikulaschmuck an den Wänden entlang, in dem die verschiedensten Kapitellformen Verwendung fanden und Dreiecks- und Segmentgiebel als Bekrönung der Ädikulen einander abwechselten.

Wie es zu dieser sehr individuellen Gestaltung kommen konnte, die ja in einem bewußten Kontrast zu den Bauten des Augustus zu stehen scheint, läßt sich nicht ermitteln. C. Sosius war ursprünglich ein Parteigänger des Antonius, konnte aber nach Actium unbehelligt nach Rom zurückkehren und dort den schon 34 v. Chr. gelobten Tempel wohl in den Jahren von 25–20 v. Chr. ausführen lassen. Man wird die Gestaltung trotz allem nicht aus einer bewußten Opposition des Bauherrn gegen die neuen Machthaber verstehen dürfen, denn der Tag der Tempelweihung, der 23. September, fiel auf den Geburtstag des Augustus, und der Fries der Cella gab nicht den Triumph des Sosius wieder, sondern den dreifachen des Octavian nach Actium.

Vielmehr kann die Gestaltungsweise des baulichen Dekors an diesem Tempel einen Eindruck von den vielfältigen Möglichkeiten geben, die in dieser Phase gegeben waren. Augustus selbst übte bei seinen Tempelbauten Zurückhaltung, wenn die Überlieferung hier nicht entscheidende Lücken offenläßt, und wandte die disziplinierte Formensprache an, die sich der ‚attizistischen‘ Weise in der Redekunst zur Seite stellen ließe. Die Mitglieder der Nobilität brauchten sich offenbar nicht derartig zurückzuhalten und folgten einer eher ‚asianischen‘, opulenten Schmuckfreude. Diese Situation kennzeichnet die Verhaltensmuster jener Jahre. Der neue, vom *princeps* propagierte Stil hatte sich noch nicht durchgesetzt, sondern konkurrierte mit anderen, möglicherweise sogar populäreren Gestaltungsweisen.

Unter den profanen Anlagen konzentrierten sich die Aktivitäten ganz auf das Marsfeld. 28 v. Chr. wurde zur Feier des Sieges von Actium durch Octavian ein hölzernes Stadion auf dem Marsfeld errichtet. Es diente wie ein wohl ähnlicher Vorgängerbau Caesars athletischen Wettkämpfen. Gleichzeitig eröffnete Octavian die ausgedehnten Parkanlagen um sein Mausoleum herum dem Volk. Darauf scheinen sich die Leistungen des *princeps* beschränkt zu haben.

Der eigentliche Neuerer in dieser Region war Agrippa. Nach der Bauinschrift, die der hadrianische Neubau ja wiedergibt, wurde das Pantheon schon 27 v. Chr. fertiggestellt. Das ursprüngliche Konzept sah vor, Octavian in einen Verehrungszusammenhang mit den anderen Göttern zu bringen, doch nach 28 v. Chr. wandelte sich die Art seiner Selbstdarstellung und die Statuen von Agrippa und Augustus erschienen nun nur noch in der Vorhalle. Auf Grund der Überlieferung zu diesem Bau muß er mit bronzenen Kapitellen, den Figuren von Karyatiden des athenischen Bildhauers Diogenes und mit dem Schmuck der Götterbilder im Innern – die Venusstatue besaß die kostbare Perle der Kleopatra als Ohrring – außerordentlich reich ausgestattet gewesen sein. Auch im Grundriß mit quergelagerter Cella und isolierter Vorhalle hob sich das Pantheon von den üblichen Mustern ab.

Dieser Bau der Verehrung des Octavian sollte das Herzstück einer ausgedehnten Anlage voller Luxusbauten und Parks werden, die vornehmlich zur Unterhaltung des Volkes errichtet waren. Schon vor Caesar war mit der Errichtung der Saepta begonnen worden. Ursprünglich diente sie nur der Abzählung der *comitia*, also rein verwaltungstechnischen Zwecken. Nun wurde sie riesig als in Marmor angelegte Hallenanlage ausgeführt, die in ihren Maßen die Porticus des Pompeius hinter dessen Theater in den Schatten gestellt hat. Agrippa vollendete die

Hallen und weihte sie 26 v. Chr. ein. Wiederum muß die Ausstattung überwältigend gewesen sein. Einzelne Abschnitte der Hallen enthielten offenbar kostbare Kunstwerke mit Darstellungen der Argonauten, des Meleagermythos und der Europa, so daß sie danach benannt wurden. Nach einem durch Renaissancezeichnungen überlieferten Architekturteil muß zudem der ornamentale Schmuck der Bauten außerordentlich reich ausgefallen sein. Deswegen und auf Grund weiterer Attraktionen − so lagerte einer der größten bekannten Baumstämme in den Hallen − erfreute sich die Anlage größter Beliebtheit und war viel besucht.

Im Anschluß daran baute Agrippa gleich weiter. Es entstand das Diribitorium, die größte überdachte Halle der damaligen Welt, mit einer Spannweite von 30 m. Ausgesucht große Stämme nach dem Muster der gerade erwähnten wurden für ihr Dach herangeführt. Der Bau diente nur noch selten der Auszählung der Stimmen, wie man ihrem Namen nach vermuten könnte, sondern als Konzert- und Schauspielsaal. Allerdings hat Agrippa die Fertigstellung dieses Gebäudes, von dem auch die Nachfahren nur mit ehrfürchtigem Staunen sprechen (Plin. nat. 36,102), nicht mehr erlebt. Augustus weihte es erst 7 v. Chr. ein.

Die Verbindung zwischen den Hallenhöfen der Saepta und dem Pompeiustheater schuf Agrippa mit seinen Thermen. Auch dies war eine Neuerung. Zwar hatte er in seiner Aedilität Thermen gefördert, aber dabei handelt es sich allem Anschein nach um kleine Bauten. Jetzt also entsteht eine große monumentale Anlage, als deren Zentrum anders als bei früheren Typen der große runde Heißbaderaum anzusehen ist. Dieser Teil wurde schon 25 v. Chr. eingeweiht, obwohl der Rest zu diesem Zeitpunkt nicht genutzt werden konnte, da die Wasserzufuhr fehlte. Erst sechs Jahre später geschah das mit Einrichtung der Aqua Virgo. Möglichst schnell sollte auch hier der neue Luxus exemplarisch gezeigt werden, denn allein die Versorgung eines derart großen Raumes mit Heißluft stellte hohe technische Anforderungen. Bezeichnenderweise war in den herkömmlichen Thermen der Heißluftraum dann auch immer der kleinste gewesen. Bei der Ausstattung experimentierte man zusätzlich mit neuen Techniken, z. B. wurden dort Ziegel mit enkaustischer Malerei eingefügt, um den Prunk privater Hausanlagen zu erreichen.

In Ergänzung der Thermen wurde ein riesiger See, das Stagnum Agrippae, angelegt, ein Euripos, der zum Tiber führte und gewiß von Hainen, Kunstwerken und kleinen Tempelchen begleitet war. Eine Ädikula für Bonus Eventus wird u. a. überliefert; man hat aber auch bei Grabungen unter der Cancelleria Reste kostbarer Marmorarchitekturen solcher Bauten gefunden. Von den Thermen gelangte man über die Basilica Neptuni zum Pantheon. Wenn auch alle erwähnten Details nur einen bescheidenen Einblick in die Ausstattung des Gebäudekomplexes erlauben, künden sie doch von einer unerhörten Pracht. Ein alter Wunsch der Republik war in Erfüllung gegangen. Der private Luxus, so wie er einst Villen und Stadthäuser ausgezeichnet hatte, gehörte nun bleibend der Öffentlichkeit. Alle Bürger Roms konnten sich hier vergnügen und an einem einst privilegierten Glück teilhaben. Wem sie dieses Glück verdankten, machte im Zentrum das Pantheon deutlich. Die Bauten des Agrippa setzten demnach in ihrer Programmatik den Weg fort, den er in seiner Aedilität eingeschlagen hatte. Allerdings ging es 33 v. Chr. darum, möglichst breit und schnell zu wirken, um die allumfassende Fürsorge des erstrebten neuen Regimes in einer politischen Krisensituation anschaulich zu demonstrieren. Jetzt in den Jahren von 29−19 v. Chr. sollte die alles Vorherige überragende Leistung des konstituierten Regimes auf dem Sektor der Vergnügungsbauten gezeigt werden, um so den Herrschaftsanspruch auch auf dem Felde zu legitimieren. So gewinnt die Baupolitik des neuen Regimes durchaus populistische Züge.

Weitere Portiken, die z. B. wie die Porticus Octavia und die Porticus ad nationes durch Augustus errichtet wurden, schlossen sich in diesem Bereich an. Mit Bibliotheken im Innern und anderen Elementen der Ausstattung trugen sie schon neue Akzente hinein. So waren wohl in der Porticus ad nationes die Völkerschaften des Römischen Reiches in Bildern versammelt. Vor dem Zugang stand programmatisch die Statue des Hercules, vor dem die Karthager einst ihre Kinder geopfert haben sollten (Plin. nat. 36,39). Solche Barbareien brauchte nun keines der Völker mehr zu fürchten.

Vor allem aber erhielt der Bereich durch die Neubauten der Theater in der Nähe des schon von Augustus renovierten Pompeiustheaters eine veränderte Ausrichtung. Zu den *Ludi saeculares* 17 v. Chr. müssen schon Teile des Marcellustheaters fertiggestellt gewesen sein. 13 v. Chr. wird es dann endgültig geweiht, im gleichen Jahr also wie das kleinere Balbustheater. Auf den ersten Blick mag die unmittelbare Nachbarschaft dreier großer Theater im südlichen Marsfeld merkwürdig anmuten. Sie legten aber sowohl für das Publikum wie für die dargebotenen Unterhaltungen neue Werte fest. Ein Vergleich zwischen Pompeius- und Marcellustheater, soweit es nach den erhaltenen Resten möglich ist, macht klar, daß in dem augusteischen Bau das Publikum straffer in einzelne, schärfer voneinander getrennte Ränge organisiert wird. Während beim Pompeiustheater ähnlich wie bei griechischen Vorbildern sich die Masse des Volkes gleichmäßig verteilen kann, wird sie im Marcellustheater durch ein kompliziertes Gangsystem gleich an die ‚richtigen‘ Plätze geführt. Diese Gliederung war wohl auch gesetzlich geregelt, sie wurde aber schon im Außenbau mit der klaren Unterteilung der drei Geschosse in dorische, ionische und korinthische Ordnung zeichenhaft angesprochen.

Das Volk konnte sich in dem Halbrund des Theaters in seiner neuen Formiertheit gleichsam als ästhetisch abstrakte Erscheinung erleben. Auf der Bühne wurden die alten Werte beibehalten und der einstmals privat gebundene Ausstattungsprunk in dem Säulenwald der Bühnenverkleidung thematisiert. Besonders prachtvolle Säulen sind für beide augusteische Theater überliefert und gewiß werden andere kostbare Teile hinzugekommen sein. Zusätzlich dürften aber vor allem die Spiele die Theater in ihrer gewandelten Bedeutung definieren. Wenn auch die Nachrichten dürftig blieben, steht doch bei der Existenz eines Amphitheaters zu erwarten, daß in den Theatern vorwiegend seriöse Schauspiele oder entsprechende Darbietungen geboten wurden. Das Volk also erlebt in seiner neuen Formiertheit nicht mehr die brutalen Spektakel des Amphitheaters oder kann sich gleichsam neutral in den Portiken ergehen, sondern wird stärker in das sakrale und moralbetonte Ambiente der Schauspiele einbezogen. Der äußeren Formation entspricht damit auch eine sittlich-moralische Neuorientierung. Mit dem Bau der Theater verlieren die übrigen Anlagen, das Amphitheater, die vielen Portiken und die Thermen, nicht an Bedeutung, nur wird explizit eine Hierarchisierung der Vergnügungen eingeführt, denen bestimmte Erlebnisbereiche zugeordnet waren. Im Theater konnte man die nach den Bürgerkriegen neugewonnene Einheit des römischen Volkes unter den neuen Werten von *pietas* und *dignitas* und die Nähe zum *princeps* unmittelbar am stärksten erleben.

Dem Besucher des Marsfeldes muß sich in jenen Jahren ein seltsamer Anblick geboten haben. Einzelne Bauten oder Bauabschnitte waren fertiggestellt, andere in Benutzung, aber noch nicht eingeweiht, und schließlich kamen dauernd neue Projekte und Ausbauprogramme hinzu. Diese Situation wurde aber gewiß nicht als störend empfunden, sondern als Qualität ganz eigener Art gesehen. Versprachen doch alle Unternehmungen, etwas Prächtiges zu verwirklichen, so daß die Besucher in ständiger Erwartung neuer Genüsse lebten. Das ist eine Haltung, die zuvor die Villenbesitzer entsprechend formuliert und sogar in Wandbildern mit Bauszenen dokumentiert hatten.

Der architektonische Schmuck der Bauten aus dieser Zeit weist eine Reihe widersprüchlicher Züge auf. Trotz des materiellen Aufwandes bleibt er an den Tempeln, die Augustus errichten ließ, eher zurückhaltend. Dafür legen der Apollotempel auf dem Palatin und der Quirinustempel, aber auch Profanbauten wie das Theater des Marcellus mit der strengen Formation der Säulenordnungen, Zeugnis ab. Sie stehen ganz in der Tradition des baulichen Dekors der ersten Phase und sollen somit gewiß dieselben Werte vermitteln. Besonders deutlich zeigt das die tuskanische Ordnung am Quirinustempel. Vom Bautypus her würde man ionische Säulen erwarten, doch die Entscheidung fiel zugunsten einer strengeren Lösung, die zudem an einheimische Traditionen anknüpfte.

Dennoch übernahmen alle gerade genannten Bauten Elemente einer reicheren Ausstattung. Im Giebel des Apollotempels auf dem Palatin erschienen Originalskulpturen der archaischen Zeit, die korinthischen Säulen wurden ebenso wie am Iuppiter-Tonans-Tempel in der Außenordnung verwendet, und am Quirinustempel wird die tuskanische Grundform um Konsolengesimse und vor allem um die Türen im Giebel bereichert. Innerhalb der Theater wird man mit reichgeschmückten Bühnen rechnen dürfen. Trotz aller Zurückhaltung, die vor allem im Vergleich mit anderen gleichzeitigen Bauten deutlich wird, zeichnet sich somit eine Tendenz zu aufwendigerer Dekoration ab.

Bauten der *nobiles* aus jenen Jahren weisen da schon ganz andere Formen auf. Erinnert sei nur an den Apollotempel des L. Sosius. Sein Formenrepertoire fand in dem Partherbogen von 20 v. Chr. auf dem Forum Romanum Aufnahme, ein Bau, der auf Veranlassung des Senats errichtet wurde. Mit der Einbindung in ein Bogenmonument hatten die Formen allerdings ihre provozierende Kraft verloren, denn in der klein bemessenen Architektur gab es die Tendenz zu solchem Dekor schon früher. Mit dem reichen Dekor des Apollotempels versuchte man vielmehr, der *dignitas* der neuen Sakralbauten auf ganz andere Weise als bisher Ausdruck zu geben (vgl. E. Nedergaard, Zur Problematik der Augustusbögen auf dem Forum Romanum).

Vielleicht hatte diese Gestaltungsweise im Pantheon des Agrippa eine gewisse Parallele. Bronzene Kapitelle und marmorne Karyatiden müssen ja einen ähnlich seltsamen Kontrast geboten haben wie der griechische Giebel im Apollo-Sosianus-Tempel mit seinen strengen Figuren zu den reichen Architekturformen. Auch sonst waren nach den wenigen erhaltenen Teilen die Bauten des Agrippa auf dem Marsfeld mit reichem architektonischem Dekor ausgestattet. Das gilt freilich nicht für seine wohl etwa gleichzeitig errichteten Nutzbauten, z. B. die Horrea neben dem Forum Romanum.

In den Bauten dieser Zeit wurden Wunschvorstellungen der Republik Wirklichkeit. Besonders das Marsfeld mit seinen in große Parkanlagen eingebetteten Vergnügungsbauten führt nur konsequent das Programm eines Pompeius oder Caesar zu Ende. Das Spektrum wird sogar erweitert, indem der einstmals private Luxus der reichen Villen und Stadthäuser nun in andere Formen gebracht der Öffentlichkeit Roms zur Verfügung steht. Zugleich werden sehr viel konsequenter als je in der Republik alle Tempel erneuert und neue überragende Zentren der religiösen Kultur geschaffen. Alle diese Bauvorhaben stehen aber gleichberechtigt nebeneinander. Abgesehen von der Bindung an die unterschiedlichen Bauherren Augustus und Agrippa hat man nicht den Eindruck einer zentralen Ausrichtung, sondern eher den einer konkurrierenden Vielfalt.

Die verlorene Republik – Vom Tode des Agrippa bis zum Tode des Augustus

Mit dem Tod des Agrippa bietet sich für Augustus eine neue Situation. War es zu dessen Lebzeiten noch beschränkt möglich, die neue Form der Herrschaft als Wiederbelebung und Anknüpfung an republikanische Tradition zu legitimieren, betonte von jetzt an Augustus stärker als zuvor den Führungsanspruch seiner eigenen Familie. Während das Theater des Marcellus noch zu Ehren eines verstorbenen Familienmitgliedes so benannt worden war, werden in dieser Phase nach 12 v. Chr. die Bauten mit den präsumtiven Nachfolgern in Verbindung gebracht, vor allem mit Caius und Lucius und später mit Tiberius und Drusus.

In diese Jahre fällt wohl eine umfassende Erneuerung der beiden Basiliken am Forum Romanum. Vor allem die Basilica Aemilia wird nach dem Brand von 14 v. Chr. in überwältigender Pracht neu aufgebaut. Sie besteht eigentlich aus zwei Teilen, einer zweistöckigen dorischen Porticus zur Forumseite hin und einem dreistöckigen Hallenbau im Innern. Im Unterschied zu früheren Anlagen dieser Art entstehen so in der Architektur scharfe Raumgrenzen, die die einzelnen Abschnitte deutlich gliedern und artikulieren. Durch die reiche Ausgestaltung erhalten alle Ereignisse, die auf dem Forum oder im Innern stattfinden – und man wird wohl fernerhin mit profaner Nutzung wie Bankgeschäften und Gerichtsverhandlungen rechnen dürfen –, den Charakter eines Festes. Sinngemäß lädt im Innern zur Betrachtung dieser Handlungen eine umlaufende Galerie im Mittelgeschoß ein, von der aus man zwischen den Pilastern in den Saal schauen konnte. Außen weist der sakrale Schmuck der dorischen Friese auf die neue Gestimmtheit des Konzeptes hin (vgl. H. Bauer, Basilica Aemilia).

Die Basilica Iulia erfährt in diesem Jahre ebenfalls ihre entscheidende Gestaltung. 12 v. Chr. wird sie dann auf die Namen Caius und Lucius Caesar neu geweiht. Wie dieser Neubau im einzelnen aussah, läßt sich nur schwer bestimmen, da spätere Reparaturen hinzukommen. Dennoch muß sich mit diesen beiden Hallen der ursprüngliche Eindruck des Forum weitgehend gewandelt haben. Dominierten ursprünglich die marmornen Fronten von Kurie, Saturn- und Caesartempel, so werden sie von den neuen Hallenbauten mit ihren mehrstöckigen langgestreckten Fassaden überragt und in den Schatten gestellt. Gegenüber der Propagierung von Virtus und Victoria überwiegt jetzt durch die Weihung an die Nachfolger der dynastische Gedanke.

Von den Erneuerungen der Basiliken abgesehen, bekundet Augustus zunächst einmal mit einem umfangreichen Renovierungs- und Sanierungsprogramm, daß er gewillt ist, die einst von Agrippa erfüllten Aufgaben in vollem Umfang zu übernehmen. Von 13–4 v. Chr. werden alle Aquädukte erneuert, 8 v. Chr., gleichmäßig über das Stadtgebiet verteilt, Kasernen für die Feuerwehren angelegt, 8 und 7 v. Chr. die Ufer des Tiber befestigt, und in diesen Zusammenhang fällt gewiß auch die Erneuerung des Pons Aemilius. Jetzt wurde durch solche Maßnahmen Rom vor Bränden und Überschwemmungen sicher gemacht. Während die Aktivitäten Agrippas vielfach eher willkürlich in ihrer Verteilung auf das Gebiet Roms wirken konnten, gewinnt man nun den Eindruck, die Stadt sollte systematisch an allen Punkten und durch gesetzgeberische und organisatorische Regelungen für alle Zeiten gesichert werden. Besonders die Neuordnung der Wach- und Aufsichtsmannschaften läßt sich derart verstehen. Ganz in diesem Sinn wird inmitten eines dichtbewohnten Altstadtgebietes ohne Prunkbauten die Porticus der Livia 7 v. Chr. auch wirklich fertiggestellt und eingeweiht.

Im Jahre 12 v. Chr. wurden zum ersten Mal in Rom zwei Obelisken aufgestellt, die aus Ägypten herangeschafft worden waren. Den programmatischen Aspekt dieses Unternehmens betont die gleichlautende Weihinschrift, nach der Augustus diese Steinmale in seiner in eben jenem Jahr neugewonnenen Würde als Pontifex maximus dem Sol darbringt. Der eine Obelisk fand seinen Platz in der Mitte der Spina des Circus Maximus. Agrippa hatte hier noch in seiner Aedilität 33 v. Chr. eine Zählanlage mit silbernen Delphinen aufstellen lassen. Im Gegensatz dazu müßte der Obelisk der profanen Rennbahn eine sakrale Aura verleihen. Die Rennen fanden von nun an gleichsam zu Ehren des Sol-Apollo statt. Wenn in diesen Jahren auch noch das in den *res gestae* (35) erwähnte Pulvinar errichtet wurde, hätte das diesen Eindruck verstärkt. Es sei nur daran erinnert, daß sich oberhalb des Circus ein Kranz von Tempeln reihte, die fast alle von Augustus oder seinen Anhängern erneuert waren. Darunter bildet der 3 n. Chr. allerdings nur in dem einfachen Peperin erneuerte Tempel der Magna Mater den Abschluß. Diese späte Renovierung erklärt sich aus dem orientalischen Charakter des Kultes, der nur schwer mit den neuen Idealen zu vereinbaren war.

Der zweite Obelisk verlieh dem nördlichen Marsfeld einen neuen Charakter. In diesem wohl weitgehend unbebauten Teil mußte der fast 30 m hohe Steinpfeiler das Mausoleum mit einem Bau verbinden, der 13 v. Chr. von Augustus nach der Rückkehr aus Spanien und Gallien gelobt, aber erst 9 v. Chr. geweiht wurde: der Ara Pacis. Der Obelisk diente dabei als Zeiger einer ausgedehnten, auf dem Pflaster des anschließenden Platzes angelegten Sonnenuhr. Äquinoktiallinie und Wintersonnenwendlinie verknüpfen Ara Pacis und Mausoleum auch direkt und verliehen dem Ganzen im Zusammenhang mit den Geburtsdaten des Augustus eine symbolhafte Aussage von geradezu kosmologischen Dimensionen. Städtebaulich schafft der Platz eine wichtige Verbindung zwischen südlichem Marsfeld und Mausoleum. Dabei hatte das Mausoleum inzwischen seine veränderte Bedeutung gewonnen, denn es stellte nicht mehr Augustus allein heraus, sondern betonte, nachdem Marcellus und Agrippa dort bestattet waren, den dynastischen Zusammenhang (vgl. dazu den Beitrag von Edmund Buchner, Horologium solarium Augusti).

Die enge Verbindung zwischen dem Machthaber, seiner Familie und dem Glück des Zeitalters kommt so unter verschiedenen Aspekten zum Ausdruck. In dem Bildschmuck der Ara Pacis werden die Erwartungen, die man an die Herrschaft der Familie des Augustus stellen durfte, programmatisch formuliert. Pax spendet ländliche Fülle, und die Naturkräfte sind in diesem Sinn tätig, ein Thema, das noch Girlanden und Ranken wiederaufnehmen. Roma darf nach den Kämpfen ruhen, denn alle Provinzen ihres Imperium fügen sich in einen Opferzug zum Altar. Alle Handlungen werden wie schon bei dem Vorfahren Aeneas von *pietas* gelenkt. Wie in steingewordener Norm schreiben die Festzüge in den Friesen den Ablauf vor und bekunden zugleich die außerordentliche Leistung der Familie des Augustus, die deswegen zu Recht im Vordergrund der Handlung des großen Frieses steht. Die exklusive architektonische Gestaltung hebt die Besonderheit der Ara Pacis zusätzlich hervor und verleiht ihr den Charakter eines preziösen Propylaion, dessen Durchschreiten wie eine Initiation in das Glück der neuen Zeit wirken konnte (vgl. S. Settis, Ara Pacis).

Das größte Bauvorhaben jener Zeitabschnitte stellte das 2 v. Chr. eingeweihte Forum des Augustus dar. Plinius rühmt es den Sieben Weltwundern gleich (nat. 36,02), und in der Tat übertrifft es in der Kostbarkeit der Ausstattung alle Bauten, die Augustus zuvor hatte errichten lassen. Schon seine Lage verleiht ihm zu den benachbarten Arealen des Caesarforum und des Forum Romanum eine gewisse Distanz, da die Hauptachse zu ihnen nicht parallel verläuft, sondern rechtwinklig darauf stößt. Auf diese Weise wird das Forum seines Vaters gleichsam zum Vestibül der neuen Anlage degradiert (vgl. H. Bauer – J. Ganzert – V. Kockel, Augustusforum und Mars-Ultor-Tempel). Allein schon die Auslegung des Platzes zeigt im Vergleich mit dem Caesarforum die neuen Werte. Stand dort der Tempel der Venus Genetrix fassadengleich am Rande und ließ ein großes, von Hallen mit Läden umschlossenes Areal frei, so dominiert nun der Tempel des Mars Ultor mit seiner Position zwischen den einschiffigen, auf ihn hin ausgerichteten Hallen das Forum des Augustus. Der Platz wird also durch den Tempel und damit durch *pietas* definiert, und der Tempel bildet nicht mehr ein Anhängsel, um einen möglichst großen Platz zu schaffen.

Der Platz des Augustusforum ist durch hohe Brandmauern von der Außenwelt hermetisch ausgeschlossen. Neben der Sicherung vor Brandgefahr waren damit die Bauten in ihrer Größe inkommensurabel, denn es gab keine optische Verbindung mehr nach außen, und das Erscheinungsbild der einzelnen Marmorbauten muß sich dem Besucher wie eine Vision dargeboten haben. Einen vergleichbaren Ausschluß einer Prunkarchitektur durch allseits umlaufende Mauern konnte man sonst nur noch im Theater erleben. Das Visionäre der Konzeption wurde durch die ausgesuchte Ornamentik verstärkt. Die Vorbilder dazu waren an allen bedeutenden Bauwerken der Vergangenheit zu finden, z. B. bei den Tempeln auf der Akropolis von Athen. Die exquisite handwerkliche Ausführung und ihre Einbettung in eine durchdachte Synthese des neuen Formenapparates ließen sie aber nicht so sehr als Kopien erscheinen, sondern als Vollendung vorgegebener Muster.

Das Bildprogramm paßt ganz zu den Konzeptionen der anderen Bauten dieser Phase. Während aber im wiederverwendeten Fries der Basilica Aemilia die Taten aus der Frühzeit Roms gleichsam noch unverbindlich erscheinen und an der Ara Pacis die Figuren des Romulus und Aeneas eher indirekt auf Augustus bezogen sind, erscheint hier eine direkte Verbindung. In der Exedra hinter den beiden Hallen standen die Statuen der *summi viri*, der berühmten Römer der Republik als *exempla* römischer Tugenden. Sie sind nach der Aussage dieses Konzepts in der Familie des Augustus zur höchsten Vollendung geführt worden. Damit gewinnen auch die Hallen als Architekturform einen neuen Wert, denn sie dienen nicht mehr wie in der Saepta und anderswo der Ausstellung von beliebigen Kunstwerken, sondern sie stellen sich ganz in den Dienst der neuen Ideale.

Städtebaulich wurde mit dem Forum des Augustus ein überragendes Zentrum geschaffen. Im Vergleich dazu ließen sich alle früheren Bauten seiner Regierungszeit als Erneuerungen alter Anlagen oder als Ergänzungen existierender Baukomplexe verstehen. Selbst der Apollotempel auf dem Palatin gewann seine Bedeutung aus dem direkten räumlichen Bezug zu dem Haus des Augustus. Andere frühere Bauten lagen so peripher, daß sie nicht die Funktion eines Zentrums ausüben konnten, wie das Mausoleum des Augustus. Am Forum wies unübersehbar die Größe des Platzes, die Abgeschlossenheit durch die hohen Mauern, die Funktionslosigkeit, die Ausrichtung und vor allem die Qualität des Dekors und der figürlichen Ausstattung darauf hin, daß hier bewußt ein neuer, alle Vorgänger überragender Mittelpunkt der Stadt kreiert werden sollte. Relativierten sich die Bauten zuvor jeweils wieder gegenseitig in ihrer Bedeutung — auf den prachtvollen Apollo-Palatinus-Tempel folgt der Iuppiter-Tonans-Tempel ganz aus Marmor und auf ihn der Quirinustempel mit 76 Säulen —, so war nun der Schlußpunkt gesetzt. Dazu bot er auch für die späteren Kaiser eine Herausforderung, die seine Ausstattung und Größe zu übertreffen suchten.

Bezeichnenderweise geht mit der Schaffung des neuen Zentrums eine gleichmäßige Aufteilung der Stadt in 14 *regiones* und 265 *vici* einher. Alle diese kleinen Viertel werden in einer Reform 7 v. Chr. geschaffen und erhalten eine einheitliche Organisation, worin die neue Formation der städtischen Gesellschaft rein äußerlich eine abschließende Gestalt erhält. Das Gleichmaß der Aufteilung kann so auch die gesellschaftliche Gleichheit angesichts der neuen Werte kennzeichnen. *Magistri* und *ministri* verrichten an den jeweiligen Kapellen den Kult für Laren und den Genius des Kaisers. Die einzelnen Bezirke werden offenbar von Augustus selbst mit den entsprechenden Kultstatuetten ausgestattet und bekommen darüber hinaus weitere Statuen als Schmuck zugewiesen. Das Wegenetz und die Bodenverhältnisse werden zugleich umfassend geregelt, die Viertel erhalten gleichsam eine bleibend gültige Form und ihr Erscheinungsbild ist somit festgeschrieben (s. Beitrag T. Hölscher, Historische Reliefs).

Die letzten großen Bauten entstanden am Forum Romanum. 7 v. Chr. hatte Tiberius schon mit dem Bau des Concordiatempels vor dem Tabularium begonnen, allerdings erst 10 n. Chr. den Bau weihen können. Zuvor hatte er 6 n. Chr. den Tempel der Dioskuren bei der Quelle der Iuturna auf der gegenüberliegenden Seite des Forum in seinem und seines Bruders Drusus Namen geweiht. 2 n. und 4 n. Chr. waren C. und L. Caesar gestorben. Deswegen kamen nun Tiberius und Drusus bei der Regelung der Nachfolge in die engere Wahl. Entsprechend ergänzten sie mit ihren Bauten das auf dem Forum formulierte Konzept der dynastischen Folge und bezogen das mythische Konzept der beiden Zeussöhne Castor und Pollux darin auf sich (vgl. J. Zahle — S. Sande, Der Tempel der Dioskuren auf dem Forum Romanum).

Der Concordiatempel stellt nach den überlieferten Götterbildern in ihm eine Art zweites Pantheon dar. Fast von jedem der 12 olympischen Götter erschien dort ein Bild oder eine Statue. Auch die Außenseite war nach dem Zeugnis von Münzbildern entsprechend ausgestattet. Den Eingang flankierten Statuen des Hermes und des Herakles, die Wohlstand und Sicherheit des neuen Regimes anzeigten. Auf Glück und Wohlstand weisen auch andere weibliche Gottheiten der Akrotere. Den Altar zum Tempel stiftete Livia. Damit wird auch die Concordia der Familie des *princeps* zum Ausdruck für die Concordia des Staates allgemein, ähnlich wie innerhalb der Porticus der Livia auch ein Altar oder ein Tempelchen für Concordia mit vergleichbarem Gehalt stand. Entsprechend den jeweils aktuellen Veränderungen in seiner Familie wird die Serie der Bauten am Forum ergänzt oder erhält in der Ausrichtung einen neuen Akzent.

Mit der dritten Phase prägte sich in der Dekoration der Bauten eine neue Qualität aus, die vor allem unsere Vorstellung vom augusteischen Klassizismus geprägt hat. Diese neue Gestaltungsweise ist zum ersten Mal in der Dekoration der Basilica Aemilia deutlich zu fassen, kehrt an der Ara Pacis wieder und findet ihre Vollendung am Forum des Augustus und im Concordiatempel. Am Castortempel hingegen sind schon einzelne manierierte Formulierungen der neugefundenen Stilsprache aus der letzten Phase zu beobachten.

Kennzeichen des neuen Stils stellen die ungeheure intellektuelle und handwerkliche Bemühtheit und Sorgfalt dar. Alles scheint genauestens geplant und präzise ausgeführt zu sein. Nur eingefügte Teile wie der Giebel am Apollotempel des Sosius kommen nicht oder nur an untergeordneter Stelle vor, wie z. B. der Fries der Basilica Aemilia mit den Gründungssagen Roms. Das gilt aber in gleicher Weise für die Adoption früherer Formen oder unterschiedlicher Materialien. Eine freie Kombination von Bronze und Marmor wie am Pantheon des Agrippa ist ebenso wie die Kombination unterschiedlicher Vorlagen zu einer neuen reichen Gestaltungsweise, z. B. am Apollo-Sosianus-Tempel, nicht mehr möglich. Vielmehr gewinnen sie eine sakrale Aura aus einer Konzentration auf entsprechende Motive. Die Stierschädel der Opfertiere z. B. an der Basilica Aemilia oder die Girlanden an der Ara Pacis treten bedeutungsvoll hervor, während an der Regia oder am Apollo-Sosianus-Tempel beide Motive zu einem dekorativen Kontinuum verbunden waren. Vor allem aber gewinnt die jeweilige Gattung des Dekors nun ihren gleichsam richtigen Platz. Erschienen Stierschädel in Verbindung mit anderen Ornamenten auf den Architravunterseiten des Apollo-Sosianus-Tempels, so reduziert sich dieser Schmuck an der Basilica Aemilia auf eine Palmettenfolge; hat die Außenarchitektur des genannten Tempels das Gepräge einer allzu reich geschmückten Ädikulaordnung, so erscheint diese Form bei den Tempeln der letzten Phase nur noch im Innern, während außen eine in angemessener Weise klare Strukturierung vorherrscht. Deswegen ist es möglich, daß die Bauten des Augustus jetzt an geeigneter Stelle den reichen Dekor stärker übernehmen als je zuvor.

Wenn hier die Bautätigkeit des Augustus in Rom in drei Phasen untergliedert wurde, so vor allem, um bestimmte strukturelle Eigenheiten einzelner Epochen im Kontrast herauszustellen. Gewiß sind die zeitlichen Übergänge fließend; vor allem sind aber auch die angesprochenen Faktoren, die das Erscheinungsbild der Bauten ausmachen, d. h. der Wahl der Lage, der Bemessung und der Ausgestaltung, von verschiedenen Bedingungen abhängig. Dennoch zeichnet sich bei allen Unsicherheiten eine Tendenz ab, die zwar auch von den jeweiligen politischen Tagesereignissen beeinflußt wird, insgesamt aber auf eine Stabilisierung des Herrschaftsanspruches abzielt. Nach der ersten Phase exponierter Selbstdarstellung nimmt sich Augustus zurück, verankert dabei aber diesen Anspruch nur um so wirkungsvoller in der Verbindung mit überzeitlichen römischen Wertbegriffen. Sie waren ihm aus der Zeit der Republik vorgegeben, nur erhalten sie jetzt eine neue Hierarchie, wobei *pietas* zu einer zentralen und geradezu unangreifbaren Wertvorstellung gerät. Die Verehrung der Götter wird in jeder Weise wieder aktiviert und in geregelte Bahnen gelenkt. Auf allen Hügeln der Stadt entstehen neue überragende Tempel und die Kulte werden neu organisiert. Gleichsam in republikanischer Arbeitsteilung schafft daneben Agrippa ein Vergnügungs- und Luxusviertel auf dem Marsfeld.

In der dritten Phase konzentriert sich alles auf *pietas*. Selbst Schauspiele erhalten einen solenen Charakter wie die Rennen im Circus Maximus durch den Obelisken oder die Naumachie von 2 v. Chr., in der nicht ein beliebiger Kampf, sondern die Schlacht von Salamis aufgeführt wurde. In Erinnerung an welthistorisch bedeutsame Ereignisse verliert selbst das Volksvergnügen einer Seeschlacht in Rom etwas von dem Spektakulären, das ihm bisher eigen war. *Pietas* wird von der Familie des Augustus exemplarisch zum Ausdruck gebracht und dadurch das Glück des neuen Zeitalters gewährleistet. Mit solchen Empfindungen konnten sich die Zeitgenossen zwischen den Bauten bewegen. Alle, selbst die Freigelassenen und Sklaven der einzelnen *vici*, sollten nach diesem Vorbild ihre Kräfte einsetzen. Die ungeheure Anspannung und Konzentration auf normsetzende Wertvorstellungen kommt in der figürlichen und ornamentalen Ausstattung der Bauten dieser Phase am besten zum Ausdruck. Sie geben anschaulich wieder, daß es mit der Pluralität von unterschiedlichen Mustern von äußerer Gestaltung und Disposition der Architektur, wie sie in der Republik nebeneinander existiert hatten, nun endgültig zu Ende war. Zugleich fällt auf, wie mit der Neugestaltung der Plätze − z. B. des Forum Romanum und der Saepta − oder der Theater Möglichkeiten einer politischen Formie-

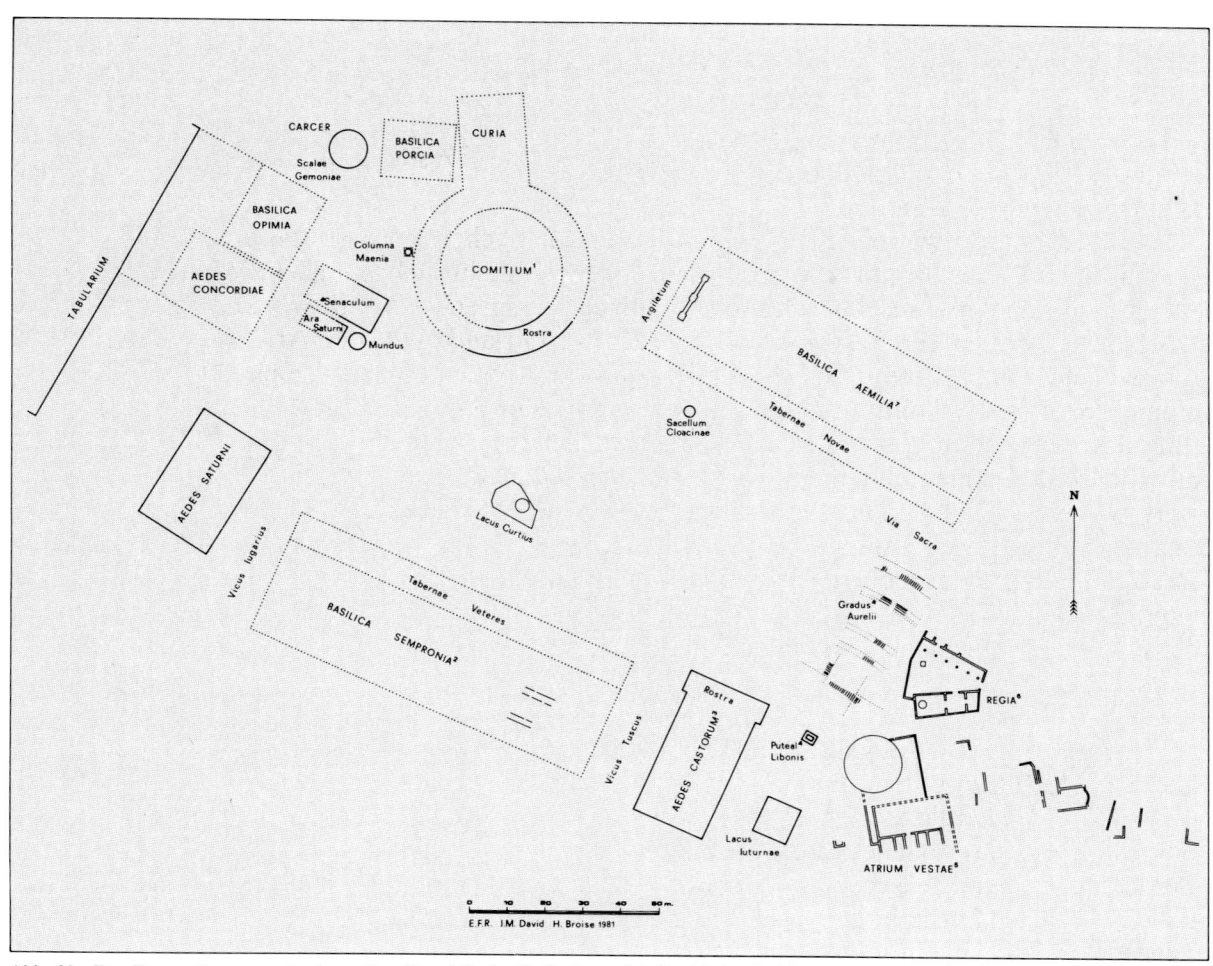

Abb. 38   Das Forum Romanum in der späten Republik (n. H. Broise – M. David, in: Architecture et société [1983] 244)

rung eingeschränkt werden, bzw. wie diese Formierung einen neuen Sinn erhält. Das Ideal ist eine von *pietas* gelenkte Selbstdarstellung aller Bewohner Roms, wonach in einer gleichsam übergreifenden Festordnung jeder einen neuen, angemessenen Platz erhält. Den Ort für diese Feste sollen die Bauten der augusteischen Zeit bieten.

Der Machtanspruch wird zunehmend mit den moralischen Qualitäten des gewandelten Roms legitimiert. Die Bewohner der Stadt können sich auf Grund dieser Eigenheiten zu Recht als die Herren des Reiches verstehen, und ihr Selbstverständnis findet in der Gestaltung der Bauten aus den letzten Dezennien der Regierungszeit des Augustus Ausdruck. Die übergreifende Hierarchisierung schlägt sich mit der exponierten Stellung des Augustusforum auch im Stadtbild nieder, wodurch nun ihrerseits die Mitglieder der Familie des *princeps* als Leitfiguren präsentiert werden. Die Wirkung dieses neuen Selbstverständnisses, das mit dem neuen klassizistischen Stil einhergeht, wird vor allem in der Rezeption in den Städten des Römischen Reiches deutlich. Schlagartig verbreiten sich dort die neuen Formen und definieren nun ihrerseits den Führungsanspruch der lokalen Eliten.

Der Wandel in der städtebaulichen Konzeption wird vielleicht nirgendwo so deutlich wie auf dem Forum Romanum und den anschließenden Platzanlagen. Am Ende der republikanischen Zeit muß es sich beim Forum Romanum um eine offene, wenig strukturierte Ansammlung von Bauten gehandelt haben (Abb. 38). Zwar bildete zum Kapitolshügel hin das Tabularium einen markanten, alles überragenden Abschluß, aber schon davor die Anlage für die Volksversammlungen, das Comitium, und für den Senat, die Kurie, liegen eher regellos. Das gilt auch für die benachbarten Tempel der Concordia und des Saturn. Im Umkreis dieses politi-

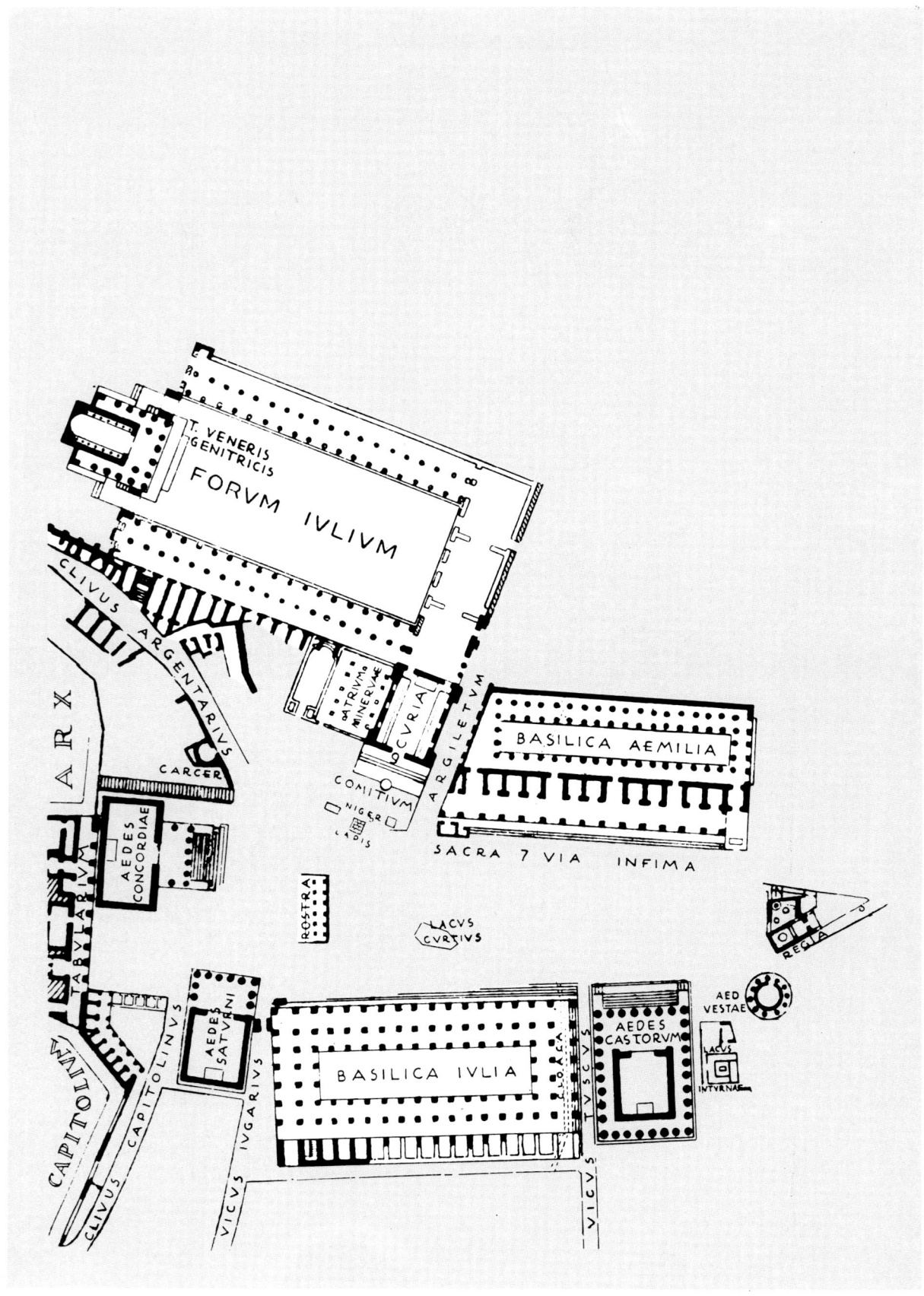

Abb. 39   Forum Romanum, Planungen und Bauten Caesars (n. Gatti)

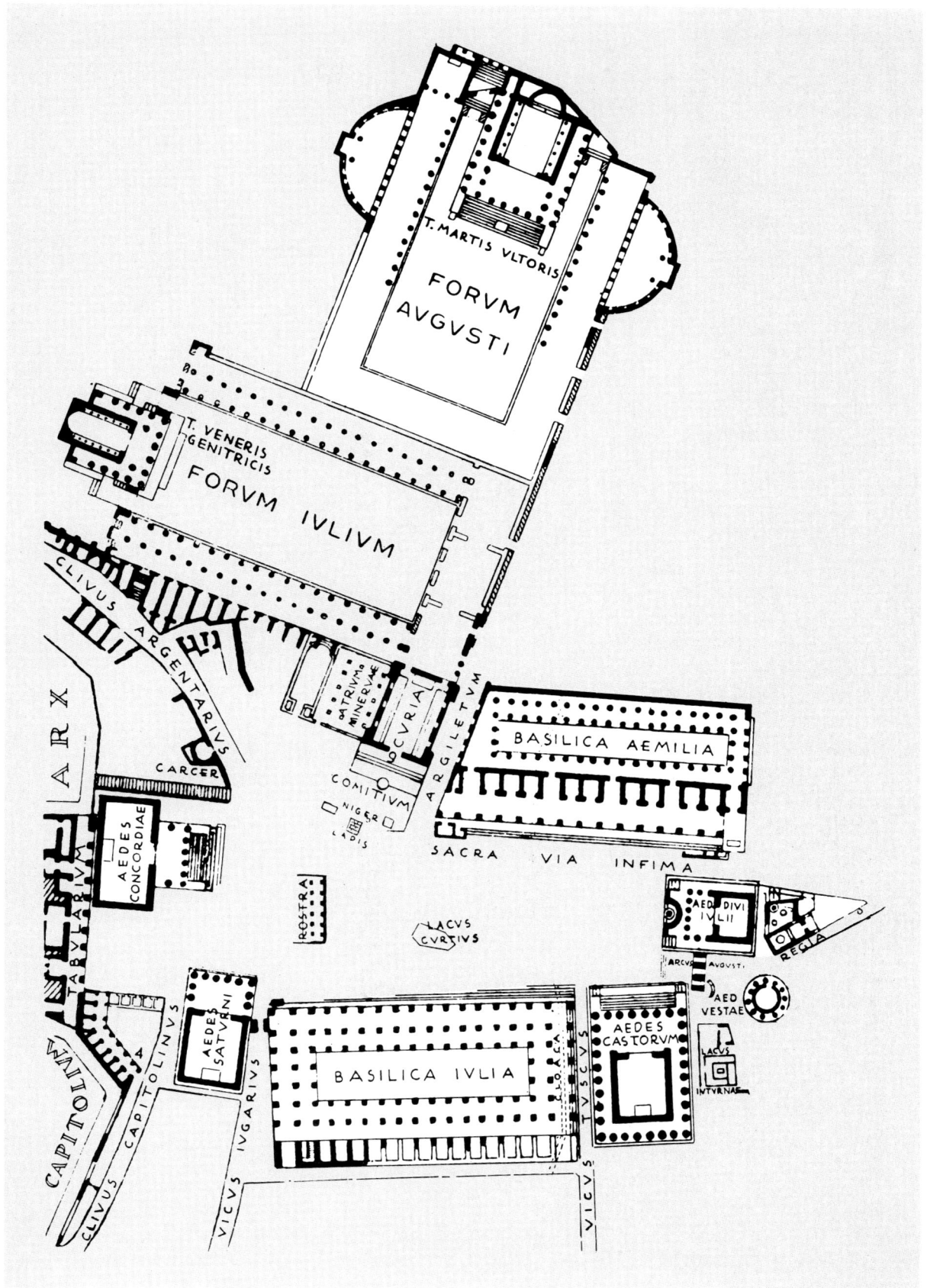

Abb. 40   Forum Romanum, Bauten unter Augustus (n. Gatti)

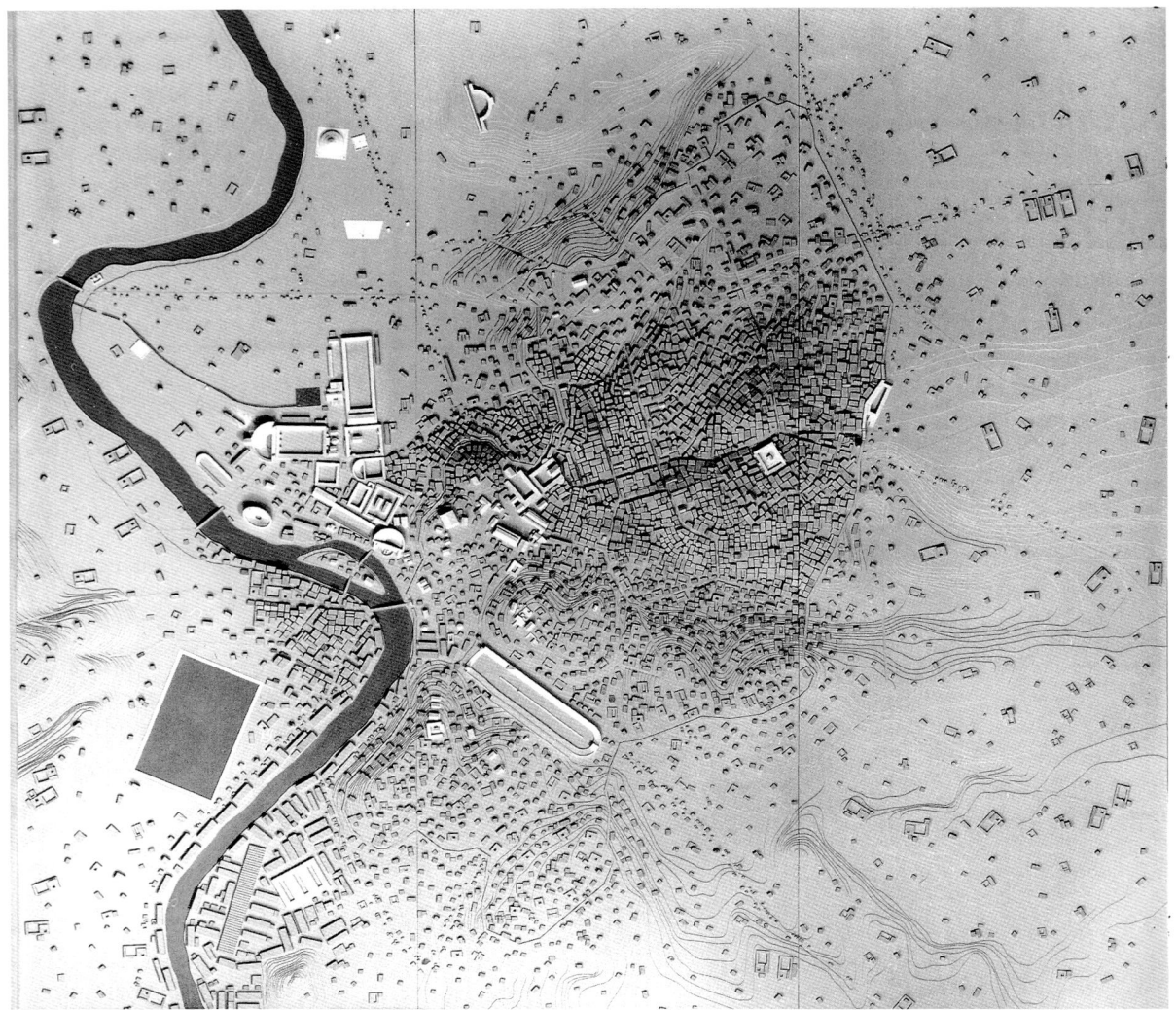

Kat. 1

schen Zentrums müssen auch noch locker verteilt kleine Heiligtümer und Basiliken gelegen haben. Im Süden zog sich der offene Platz bis zur Regia und dem Vestatempel hin. Hier war er von Ladenreihen und Basiliken gesäumt.

Durch den Bau des Caesarforum (Abb. 39) wurde der Platz im Nordosten eingeschränkt, seine politische Bedeutung ging verloren und wurde in das Areal insgesamt einbezogen. Das Caesarforum bestand seinerseits aus dem großen weiten Platz mit umlaufenden zweischiffigen Hallen und dem Tempel der Venus Genetrix, der wie angeschoben wirkt. Daraus ergibt sich der Eindruck einer additiven Reihung von Gebäuden um das Platzareal.

Die Neugestaltung des Bereiches in augusteischer Zeit (Abb. 40) beginnt mit der Weihung des Caesartempels und der Kurie 29 v. Chr. Im Zusammenhang mit diesen Arbeiten wurden von Parteigängern des Octavian Regia und Saturntempel von Grund auf in Marmor umgebaut. Dadurch wird das Forum Romanum stärker als zuvor auf seine Endpunkte im Norden bzw. im Süden ausgerichtet, an denen das neue Herrschaftssystem exemplarisch seine Legitimation zum Ausdruck bringt. Der Bau von Bögen zu seiten des Caesartempels und die einheitliche Pflasterung des Platzes mußte in der Folgezeit diese Wirkung noch verstärken. Erst die Marmorneubauten der beiden großen Basiliken, der Iulia und der Aemilia, verändern in mittelaugusteischer Zeit (nach 14 v. Chr.) noch einmal die Ausrichtung des Platzes, denn neben ihnen verlieren die Tempel ihre überragende Wirkung. Mit den Neubauten wurde die dynastische Fortsetzung der Herrschaft des Augustus durch seine Adoptivsöhne Caius und Lucius beschworen, bzw. nach deren Tod in den Neubauten der Tempel der Concordia und der Dioskuren, die an Größe und Ausstattung alle früheren Tempel am Platz überragten, die Nachfolge durch Tiberius.

Zuvor war aber das Augustusforum 2 v. Chr. geweiht worden. Dieser Platz richtet sich in seiner Achse gegen die beiden anderen, so daß er sich auch darin von ihnen absetzt. Das Forum des Caesar wird gleichsam zum Vestibül zwischen Forum Romanum und Forum des Augustus. Im Gegensatz zu seinem Vorgänger zeigt die Anlage des Augustusforum eine enge Verschränkung von Tempel und Platzareal, wodurch die sakrale Aura in ganz anderer Weise alles umfaßt. Selbst die Exedren hinter den Hallen richten sich ganz auf Tempelvorplatz und Altar aus.

1 Modell: Das augusteische Rom
Berlin, Antikenmuseum, SMPK
Gips auf Holz
2,00×2,00 m
Das von R. Biering und Ch. Braun verfertigte Modell gibt das Rom der augusteischen Zeit im Maßstab 1:2000 wieder. Viele Einzelheiten bleiben unklar, da spätere Überbauung die ursprünglichen Zusammenhänge zerstört hat. So fehlen z. B. die 82 Tempel, die Augustus 28 v. Chr. hat restaurieren lassen, aber auch zahlreiche weitere Bauten der republikanischen Zeit, die nur aus Quellen bekannt sind oder deren Aussehen und Lage ungewiß bleiben. Für viele Bauten der augusteischen Zeit gilt übrigens dasselbe.
Das Modell soll vielmehr das Verhältnis der Bauten zu ihrer Umgebung veranschaulichen und damit bestimmte städtebauliche Situationen verdeutlichen. Man achte etwa auf die Massierung von Theatern und Platzanlagen im Bereich des Marsfeldes, die Verteilung von Tempeln über das ganze Stadtgebiet und entlang des Circus Maximus und die beherrschende Position des Augustusforums. Außerdem läßt sich die amorphe Gestaltung Roms in den Außenbezirken gut ablesen. Das Stadtgebiet war längst über die Befestigungsmauern der republikanischen Zeit hinausgewachsen und bildete entlang der Straßen Vorstädte. Dieser Bereich wurde aber nicht etwa neu durch eine Umgrenzung gefaßt, sondern behielt seine ungeregelte Gliederung bei. Vielmehr wurde der alte Baubestand durch neue Zentren und Sanierung der Infrastruktur verbessert.

Joachim Ganzert

Augusteische Kymaformen − eine Leitform der Bauornamentik

In der Forschung hat sich für den hier ausgestellten Ornamentiktypus allgemein der Oberbegriff «lesbisches Kymation» eingebürgert, was in etwa Blattornament bedeutet. Seiner S-förmigen Profillinie wegen eignete es sich besonders gut als vermittelnde, ‚elastische' Schmuckleiste, die vor allem in Profilrück- bzw. -vorsprüngen von der Vertikalen in die Horizontale überleitete und umgekehrt (Abb. 41,li.). Doch wie wir sehen, sind diese Beispiele teilweise sehr unterschiedlich. Im Laufe seiner Geschichte haben sich die ursprünglichen Typen natürlich zu recht verschiedenen, abgeleiteten Formen weiterentwickelt. Diese Entwicklung erhält in augusteischer Zeit einen besonderen Akzent durch entschiedene Ausbildung mindestens drei (vier) neuer Typen. Sie entstehen nicht plötzlich und haben viele Vorläufer, das Besondere an ihnen ist eher der größere Kontext, aus dem sie sich entwickeln bzw. den sie vor allem zusammenfassen und innerhalb dessen sie auch nur erklärbar sind.

Das Blattkymation (Abb. 41,1. 8) zeigt am besten die Herkunft des Kymations schlechthin: überfallende Blätter, die, leicht gestaucht, wie eine Feder in S-förmigem Profil gehalten sind (Abb. 41,1). Die ganz allgemeine Form des Blattkymations gibt in etwa den Beginn der Kymaentwicklung (ca. 7. Jh. v. Chr.) an, aus der dann durch Umformung die eigentliche Kyma-Normalform (Abb. 41,2) entsteht. Sie hat nicht mehr den einfach geschwungenen Blattrand, sondern nun einen doppelt geschwungenen. Die Kyma-Normalform verdrängt ab dem 5./4. Jh. v. Chr. das Blattkyma, das in augusteischer Zeit ‚re-formiert' wieder auftaucht.

Das Bügelkymation (Abb. 41,3) läßt sich nur durch die Veränderungen verstehen, die die Kyma-Normalform bis in augusteische Zeit durchlaufen hatte, bis sie dort ihre bestimmende Ausformung erhielt. Das anfangs noch ganz organisch gestaltete Blatt wird immer stärker auf ein Blattrand- und Mittelrippen-Gerüst reduziert, das Blattfleisch verschwindet im Reliefgrund. Die einzelnen Blattrandteile werden stärker in die Breite gezogen, teilweise treten sie auseinander. Dadurch gewinnt plötzlich ein Formteil des Blattrandgerüstes an Bedeutung, der dem Ornament einen neuen Rhythmus gibt: die Bügelform. Organische Blattursprünge sind völlig in den Hintergrund getreten, plakative Stegformen werden nun zum schmückenden Element und zwischen diese Formteile werden andere Verzierungselemente eingefügt.

Während die beiden besprochenen Formen griechisch-kleinasiatischen Ursprungs sind, entwickelt sich die Form des Scherenkymations (Abb. 41,4−6) vor allem im Westen, in Unteritalien und Sizilien. Zwar entsteht es ursprünglich auch aus einer Blattform, doch war hier das Zwischenblatt immer wesentlich wulstiger geformt, damit bestimmender, und die Blatthälften wölbten sich seitlich zum Zwischenblatt hin auf. Hinzu kam, daß die die einzelnen Blätter verbindende Öse sehr bald nicht mehr den oberen Profilrand berührte (Abb. 41,5. 6), wodurch ebenfalls der andere Rhythmus in diesem Ornamentband wichtig wurde, den wir auch bei der Entwicklung vom Normalkyma zum Bügelkyma beobachten konnten. Es entstand eine Form, die konvex aufgewölbt war und oben meist hufeisenförmig abgerundet. Sehr wichtig bei der Entwicklung des Scherenkymas war außerdem, daß die Blattränder nie den Doppelschwung wie die Kyma-Normalform annahmen.

So schön man die Kymatypen mit dieser Aufteilung glaubt kategorisiert zu haben, so sehr entziehen sich manche Ausformungen diesem Schema. Es gibt eine Zwischenform, die weder eindeutig dieses noch jenes ist; wir nennen sie vorläufig ‚Bindekyma' (Abb. 41,7). Sie stellt ein Bindeglied zwischen Scheren- und Bügelkymaform dar, ist charakterisiert durch einen schlängelnd-verbindenden Zug durch die einzelnen Ornamentelemente hindurch, der einen eindeutigen Rhythmus verunklärt bzw. den Blattrhythmus halbiert.

Die hier ausgestellten, ganz unterschiedlich großen Beispiele kommen alle von augusteischen Bauten in Rom und sollen den Variationsreichtum dieser einen Ornamentform innerhalb

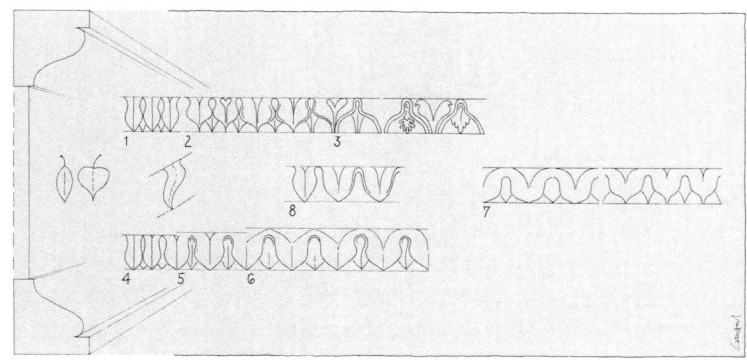

Abb. 41 Typologisches Schema römischer Kymatien (Ganzert)

Abb. 42 Zwiebelornament, Apollo-Sosianus-Tempel (Ganzert)

der augusteischen Zeit in Rom vorführen. Sie können anschaulich machen, wie sich Veränderungen innerhalb von etwa fünfzig Jahren in der Baudekoration ausdrücken, zeigen aber auch, daß das lesbische Kymation eine Ornamentform ist, die sich besonders dazu eignet, solche Veränderungen an den verschiedensten Details vornehmen zu lassen.

(Alle Beispiele wurden links an jeweils anderer Stelle im Ornamentrhythmus geschnitten als rechts, um die Profillinienänderungen innerhalb ein und desselben Ornament‚taktes‘ zu verdeutlichen.) Die Reihenfolge der besprochenen Beispiele entspricht in etwa der ihrer zeitlichen Entstehung.

Blattkymatien

Zwei besonders typische Blattkymatien (Kat 2. 3), die von der Basilica Aemilia kommen, stellen wir an den Anfang. Beide Beispiele zeigen die Blattform recht deutlich, Kat. 2 hat noch sehr längliche Proportionen, Kat. 3 hingegen ist zu fast quadratischen Proportionen in die Breite gezogen. Beide haben eine klar ausgebildete Öse, die die Verbindung der einzelnen Blätter herstellt, die aber andererseits das stark hervortretende Zwischenblatt betonen. Proportionen, Ösenbildung und Zwischenblattgestaltung unterscheiden beide Kymatien deutlich von ihren archaisch-klassischen Vorbildern.

Eine Weiterentwicklung innerhalb der Blattkymatien stellt Kat. 4 (Augustusforum, Sala del Colosso) dar. Der Blattrand ist stärker betont und die Mittelrippe spaltet sich weiter auf, wodurch das Blatt als organisches Ganzes zerteilt wird. Das zeigt letztlich sehr klar die Richtung, die die Kymaentwicklung insgesamt genommen hat. Versuchen wir, nur die Blattrandform von Kat. 4 zu betrachten, läßt sich eine Art bogenförmiges bzw. bügelförmiges Gebilde erkennen, das allerdings nicht den Doppelschwung in der Linienführung aufweist, wie dies mit der Ausformung des Normalkymas obligatorisch wurde. Diesen Doppelschwung in der sich völlig verselbständigenden Bügelform zeigen die

Bügelkymatien

Die drei Bügelkymatien Kat. 5, 6 und 7 (Augustusbogen, Forum Romanum) zeigen ganz deutlich die Bügelformen, zwischen die eine Art Blütenform getreten ist, die mit ihrem Stiel die einzelnen Bügel trennt. Eine organische Blattform etwa läßt sich überhaupt nicht mehr erkennen. Kat. 5 ist besonders breit proportioniert und stellt eine Art Endpunkt der hellenistischen Kymaentwicklung dar, die eine starke Tendenz aufweist, immer breiter zu werden. Sogar die Öse ist vom oberen Profilrand angeschnitten. An Kat. 6 sehen wir zwei verschiedene Arten der Bügelfüllung: ganz rechts in der Form zweier Bögen, links in der Form eines Lanzettblattes. Offenbar war man sich zunächst nicht schlüssig, welche Formung man bevorzugen

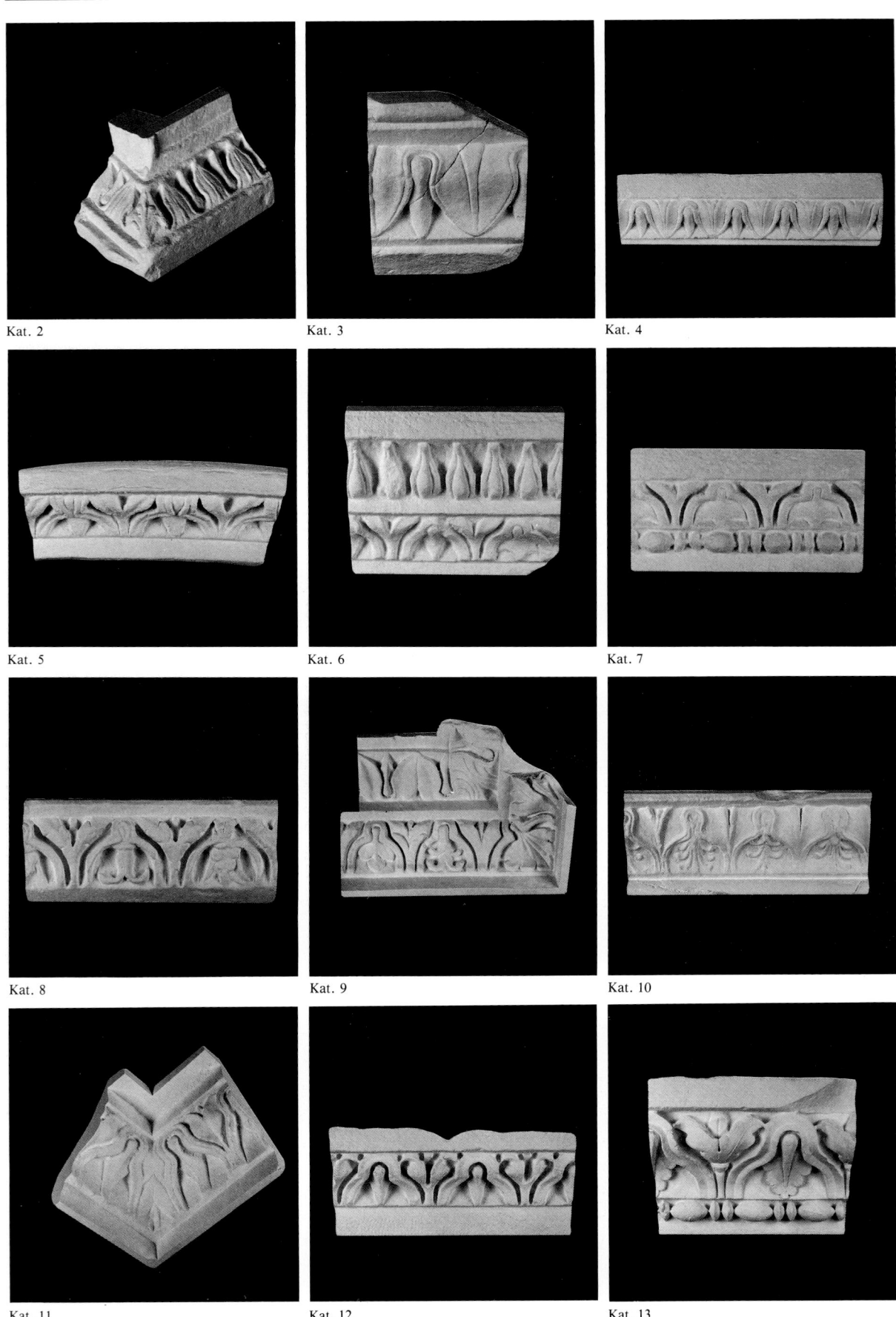

Kat. 2

Kat. 3

Kat. 4

Kat. 5

Kat. 6

Kat. 7

Kat. 8

Kat. 9

Kat. 10

Kat. 11

Kat. 12

Kat. 13

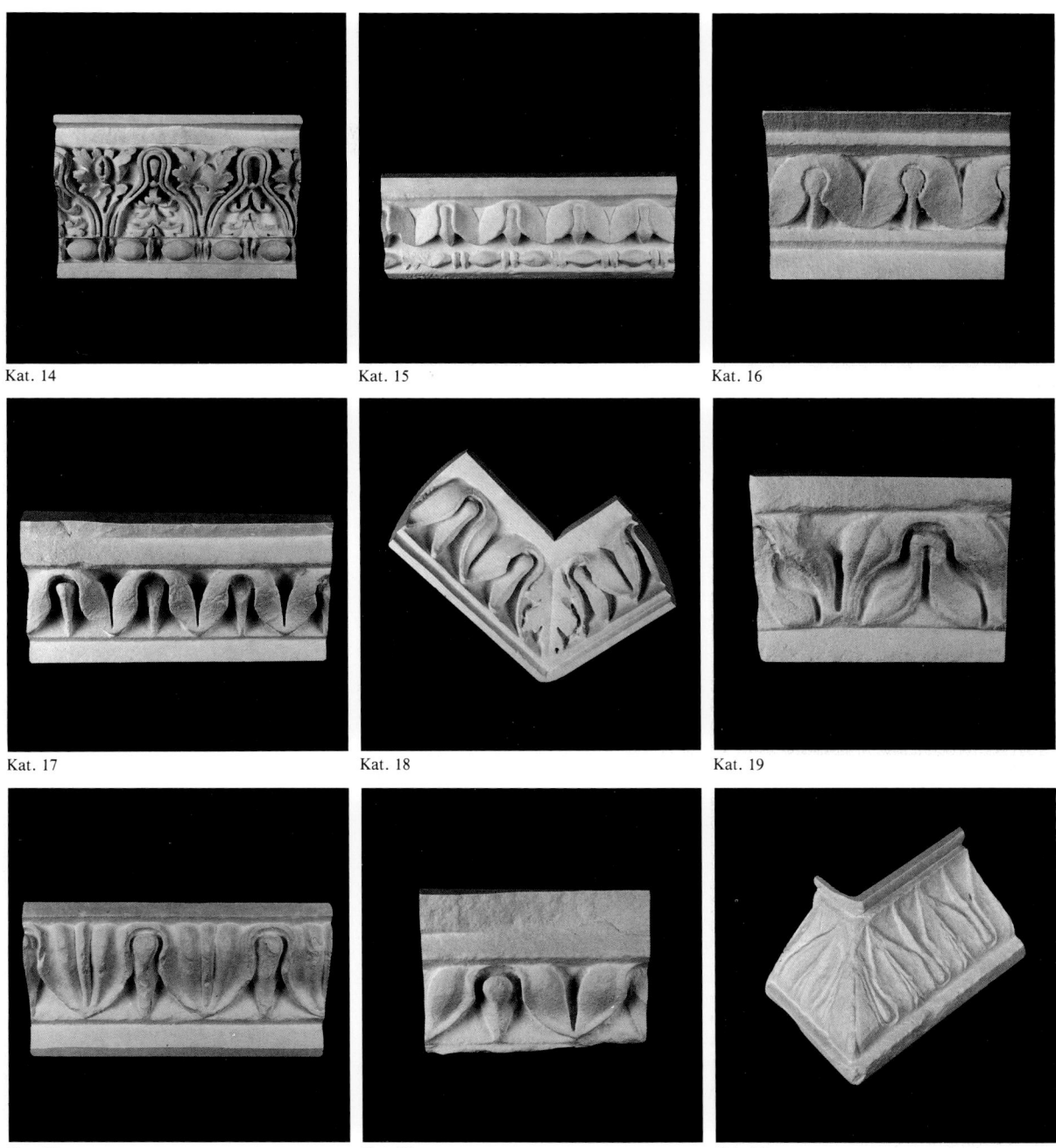

Kat. 14   Kat. 15   Kat. 16

Kat. 17   Kat. 18   Kat. 19

Kat. 20   Kat. 21   Kat. 22

sollte. Doch das Lanzettblatt wurde nach links hin dann fortgesetzt, die Bogenformen konnte man kaum sehen, denn sie lagen im Zwickel des aufsteigenden Schräggeisons.

Diese Bogenformen der Bügelfüllung verbinden es mit Kat. 7, so daß sich daraus wohl schließen läßt, daß beide Stücke zu ein und demselben Bau gehören; zu ähnlich sind auch ihre sonstigen Formen.

Besonders hervorzuheben ist noch das ‚Zwiebel'-Ornament oberhalb von Kat. 6, das nur sehr selten zu finden ist. Ein ähnliches Beispiel kommt auch am Apollo-Sosianus-Tempel oberhalb von Kat. 8 (Abb. 42) vor (vgl. auch E. Nedergaard, Zur Problematik der Augustusbögen auf dem Forum Romanum). Bei diesem Kyma sind die Zwischenblüten mit gezackten Blättern geschmückt, die Bügelfüllungen sind wechselnd geformte ‚hängende' Blüten. Das verbindet es mit Kat. 9, das vom Konsolgeison des Apollo-Sosianus-Tempels kommt. Und wiederum sehr ähnlich gestaltete Bügelfüllungen sind auch an den Altarkymatien der Ara Pacis (Kat. 10) ausgearbeitet. Doch hier ist das gesamte Ornamentband nur sehr flach reliefiert, die einzelnen Bügel- (oder eigentlich Blatt-)ränder kaum voneinander getrennt und eine Zwischenblüte als solche gibt es gar nicht. Hier ist noch im Sinne der Kyma-Normalform die Mittelrippe angedeutet. Wie auch bei den anderen Kymatien an der Ara Pacis ist die Qualität der Ausarbeitung sehr nachlässig (s. Kat. 22), ganz im Gegensatz etwa zu der des Girlandenfrieses.

Deutlich ausgearbeitete Bügel und Zwischenblüte zeigt Kat. 11 vom Konsolgeison des Mars-Ultor-Tempels (Augustusforum). Die Proportionen jedoch sind sehr hoch, die Bügel eng zusammengestellt, so daß die Zwischenblüte nur mit dünnem Stiel dazwischensteht.

Viel breiter proportioniert und deutlich voneinander getrennt erweisen sich die Formen bei Kat. 12 von der Basilica Aemilia. Besonders reizvoll sind die überlappenden Blattenden der Zwischenblüte ausgearbeitet, die mit dünnem Steg die Bügel berühren. Man sieht hier noch sehr schön die einzelnen Löcher, die beim Vorbohren der Einzelformen entstanden sind, anschließend dann nachgearbeitet wurden. Unser Stück ist leider schon so verwittert, daß Feinheiten der Nachbearbeitung teilweise verlorengegangen und die groben Spuren der Vorarbeiten bestimmender geworden sind.

Zwei hervorragende Exemplare stellen die Kymatien vom Fries des Mars-Ultor-Tempels (Kat. 13) und vom Gebälk des Dioskurentempels (Kat. 14) dar. Besonders detailliert und phantasievoll sind Zwischenblüten und Bügelfüllungen ausgearbeitet, exzessiv die dünnen Stege, Blattlappen und tief reliefierten Einzelformen. Bei Kat. 14 sind wiederum die Formen der Bügelfüllungen und zusätzlich die der Zwischenblüten in alternierendem Wechsel ausgearbeitet.

Scherenkymatien

Die Herkunft der Scherenkymaform macht Kat. 15 (Casa di Augusto) am besten deutlich. Zwar ist eine Blattform als solche noch zu erkennen, doch sind beide Blatthälften nach links und rechts zum Zwischenblatt (Scherenfüllung) hin so deutlich aufgewölbt und die Mittelrippe so stark gespalten, daß das rhythmusgebende Gebilde die rundbogige Hufeisenform darstellt, die die sich aufgabelnden Mittelrippen bilden. Eindeutig wird diese Form darüber hinaus durch die konvex aufgewölbte Betonung der Scherenfüllung. Ganz ähnliche Beispiele finden wir in späthellenistischer Zeit in Sizilien.

Unmittelbar daran läßt sich Kat. 16 anschließen, das allerdings flacher ausgearbeitet ist und ruhiger wirkt. Sehr deutlich ist die eng zusammengezogene Öse, die den Scherenkyma-Rhythmus verstärkt.

Zwei besonders schöne Exemplare kommen wiederum vom Augustusforum (Portiken; Kat. 17) und vom Dioskurentempel (Konsolkassetten; Kat. 18). Leider ist das Kyma vom Augustusforum so stark verwittert, daß es nur mehr die grobe Form zeigt. Tief getrennt sind die einzelnen Scheren, ganz betont als eigenständige Form die Scherenfüllungen. Beim Dioskurentempel sind die Furchen hervorzuheben, die dem inneren Scherenrand folgen. In der Form des gefurchten Randes sieht man klar die Verwandtschaft zum Blattkyma und damit die Herkunft des Scherenkymas.

Bindekymatien

Die Kymatien Kat. 19, 20, 21, 22 und jenes über Kat. 9 könnte man als Zwischenformen bezeichnen. Sie sind weder klar als Scherenkymatien noch als Blattkymatien zu charakterisieren. Das kommt vor allem auch daher, daß die eindeutig konvexe Aufwölbung des Scherenkymas entweder so gar nicht vorkommt (Kat. 9 vom Apollo-Sosianus-Tempel und Kat. 22 von der Ara Pacis) oder zergliedert ist in einzelne Wülste (Kat. 19 von der Basilica Aemilia und

Kat. 20 vom Concordiatempel) und Teilformen. Dies trifft auch für Kat. 21 (Basilica Aemilia) zu, denn zu wenig klar ist hier z. B. die Öse ausgebildet.

Kyma-Ecksituationen

Bei fünf Beispielen (Kat. 2. 9. 11. 18. 22) waren jeweils noch Eckpartien erhalten, die besonders schön zeigen können, wie man die schwierigen Eckbereiche, in denen der normale Rhythmus unterbrochen wird, im Sinne des ‚angeschlagenen Taktes‘ umgestaltet und zu einer adäquaten Verbindung macht. Beliebteste Füllform für derlei Zwickelsituationen ist die Palmette oder eine ähnliche Blattform, die sich aufgefächert in die Ecke schmiegt. Bei Kat. 11 wird sogar mit einer Form gearbeitet, die der Zwischenblütenform sehr ähnlich ist, was diese Ecksituation besonders harmonisch erscheinen läßt. Allen Beispielen gemeinsam ist, daß die normalen Formen kaum gestaucht oder gedehnt werden müssen, was auf sorgfältige Planung und Ausführung hindeutet.

2–22 Kymatien von augusteischen Bauten
(Gipsabgüsse)
Berlin, Antikenmuseum, SMPK

2 Kyma von der Basilica Aemilia

3 Kyma von der Basilica Aemilia

4 Kyma vom Augustusforum

5 Kyma vom Augustusbogen, Forum Romanum

6 Kyma vom Augustusbogen, Forum Romanum

7 Kyma vom Augustusbogen, Forum Romanum

8 Kyma vom Apollo-Sosianus-Tempel

9 Kyma vom Apollo-Sosianus-Tempel

10 Kyma von der Ara Pacis

11 Kyma vom Augustusforum

12 Kyma von der Basilica Aemilia

13 Kyma vom Augustusforum

14 Kyma vom Dioskurentempel

15 Kyma vom Haus des Augustus, Palatin

16 Kyma vom Haus des Augustus, Palatin

17 Kyma vom Augustusforum

18 Kyma vom Dioskurentempel, Forum Romanum

19 Kyma von der Basilica Aemilia

20 Kyma vom Concordiatempel, Forum Romanum

21 Kyma von der Basilica Aemilia

22 Kyma von der Basilica Aemilia

Eugenio La Rocca

Der Apollo-Sosianus-Tempel

Der Tempel des Apollo Medicus, der auf Grund seines Wiederaufbaus in der Zeit des Zweiten Triumvirates nach dem Konsul C. Sosius als Tempel des Apollo Sosianus benannt wurde, war bereits 431 v. Chr. durch den Konsul Cn. Iulius geweiht worden in Erfüllung eines Votums anläßlich einer Pestepidemie, die Rom befallen hatte. Der Tempel, der außerhalb des Pomeriums gegründet worden war, wie es sich für eine nicht dem römischen Pantheon angehörende Gottheit gehörte, befand sich in der Nähe eines Gebietes, das für den Handel bestimmt war und demnach häufig von Fremden aufgesucht wurde. Der Kultname des Apollo, *Medicus*, ist die Übersetzung des griechischen ἀλεξίκακος oder Παιάν und bedeutet «der Übelabwehrer». Wahrscheinlich gelangte der Kult über die euböische Kolonie Cumae nach Rom; in Cumae war Apollo mit einem berühmten Orakel verbunden, das durch eine Sibylle abgehalten wurde. Die Ursprünge des cumanischen Kultes wiederum gingen auf Euböa selbst zurück, wo Apollon in den bedeutendsten Städten verehrt wurde. In Eretria lautete der Kultname des Gottes δαφνηφόρος, also «Lorbeerträger».

Der Tempel wurde um das Jahr 179 v. Chr. auf Betreiben eines der amtierenden Zensoren, M. Aemilius Lepidus oder M. Fulvius Nobilior, erstmals tiefgreifend neustrukturiert. Diese Maßnahme war Teil einer umfangreichen urbanistischen Neugestaltung des Gebietes um den Circus Flaminius, wo ursprünglich Pferdewettkämpfe abgehalten worden waren; mit der Zeit verwandelte es sich in eine prächtige Platzanlage, umringt von prunkvollen öffentlichen Denkmälern, die römische Beamte geweiht hatten, denen die Ehre eines Triumphes zuteil geworden war. Genau vor dem Tempel des Apollo befand sich ein Platz für schauspielerische Darbietungen, die offenbar meistens mit den Ludi Apollinares, dem Gott gewidmeten Festlichkeiten, in Zusammenhang standen.

Die Priester dieses Kultes, dessen Feierlichkeiten nach griechischem Ritus immer mit unbedecktem Haupt abgehalten wurden, waren die *quindecimviri sacris faciundis,* ein 15-Männer-Kollegium zur Beaufsichtigung von Opfern und religiösen Angelegenheiten, dem auch die Befragung der Sibyllinischen Bücher oblag; diese Sammlung von Orakelsprüchen über das Schicksal Roms war, der Legende nach, auf Geheiß des Tarquinius Superbus einer alten Frau abgekauft worden, die mit der cumanischen Sibylle identifiziert wurde.

Vom 2. Jh. v. Chr. an entwickelte sich, analog zur doppelten Bedeutung des Lorbeers als eines Symbols des Triumphes und der Reinigung, die Stellung des Apollo-Kultes im Zusammenhang mit dem Triumph; sie tritt nun zu den unheilverhütenden Eigenschaften hinzu und verdrängt diese sogar teilweise. Die Triumphzüge begannen genau am Circus Flaminius, und wahrscheinlich kam dem Gang unmittelbar am Apollotempel vorbei, bevor das Pomerium überschritten wurde, die Bedeutung einer Art Reinigungszeremonie zu, was sich auch in dem Brauch ausdrückte, einen Lorbeerkranz auf dem Haupt zu tragen.

Nach Ausweis der literarischen Quellen und der archäologischen Forschungen in diesem Gebiet wurde der Tempel durch C. Sosius, den Triumphator über die Juden im Jahre 34 und Konsul im Jahre 32 v. Chr., ex novo wiederaufgebaut. Ihm verdankte man auch die Aufstellung eines neuen Kultbildes aus Zedernholz im Tempel, das aus einem Heiligtum in Seleukeia in Kilikien entwendet worden war.

Dennoch rechtfertigen die Chronologie und die Symbolik der Architekturornamentik des wiedererrichteten Tempels den Schluß, daß die den antiken Quellen entnommenen Zeitangaben teilweise modifiziert werden müssen. Sosius war ein Parteigänger des Marc Anton gewesen, der dessen Schicksal nur deswegen nicht teilen mußte, da er während der Vorbereitungen zur Schlacht von Actium in richtiger Einschätzung der Lage zu Octavian übergegangen war. Wenn auch die günstigen Umstände nach der Wiederherstellung der *pax* und der *concordia* zwischen den Parteien durch Augustus dem Sosius erlaubten, sich über Wasser zu halten − er nahm, unter anderem, in seiner Eigenschaft als *quindecimvir sacris faciundis* auch an den *Ludi saeculares,* den Jahrhundertfeiern, teil −, so erlaubten sie ihm hingegen nicht, den Tempel des Apollo in ein Denkmal seiner Selbstdarstellung zu verwandeln. Die Anlage der Dekoration spricht von Augustus und in seinem Namen.

Die Begründung ist eindeutig. Der Tempel kann nicht in den Jahren der größten Feindschaft zwischen Octavian und Antonius errichtet worden sein. Nach Actium, in einem Klima allgemeiner Aussöhnung, als der neue *princeps* tatsächlich aber die Kontrolle des Staates in seiner Hand hatte, wurde das Bild des Augustus mit Rom gleichgesetzt und repräsentierte symbolisch Roms Kraft und Macht. Den römischen Magistraten konnte keine Form der Selbstdarstellung mehr zugebilligt werden, die gegenüber der neu eingerichteten, durch den *princeps* repräsentierten Ordnung das Herausragen einzelner dargestellt hätte. So werden auch alle in diesem

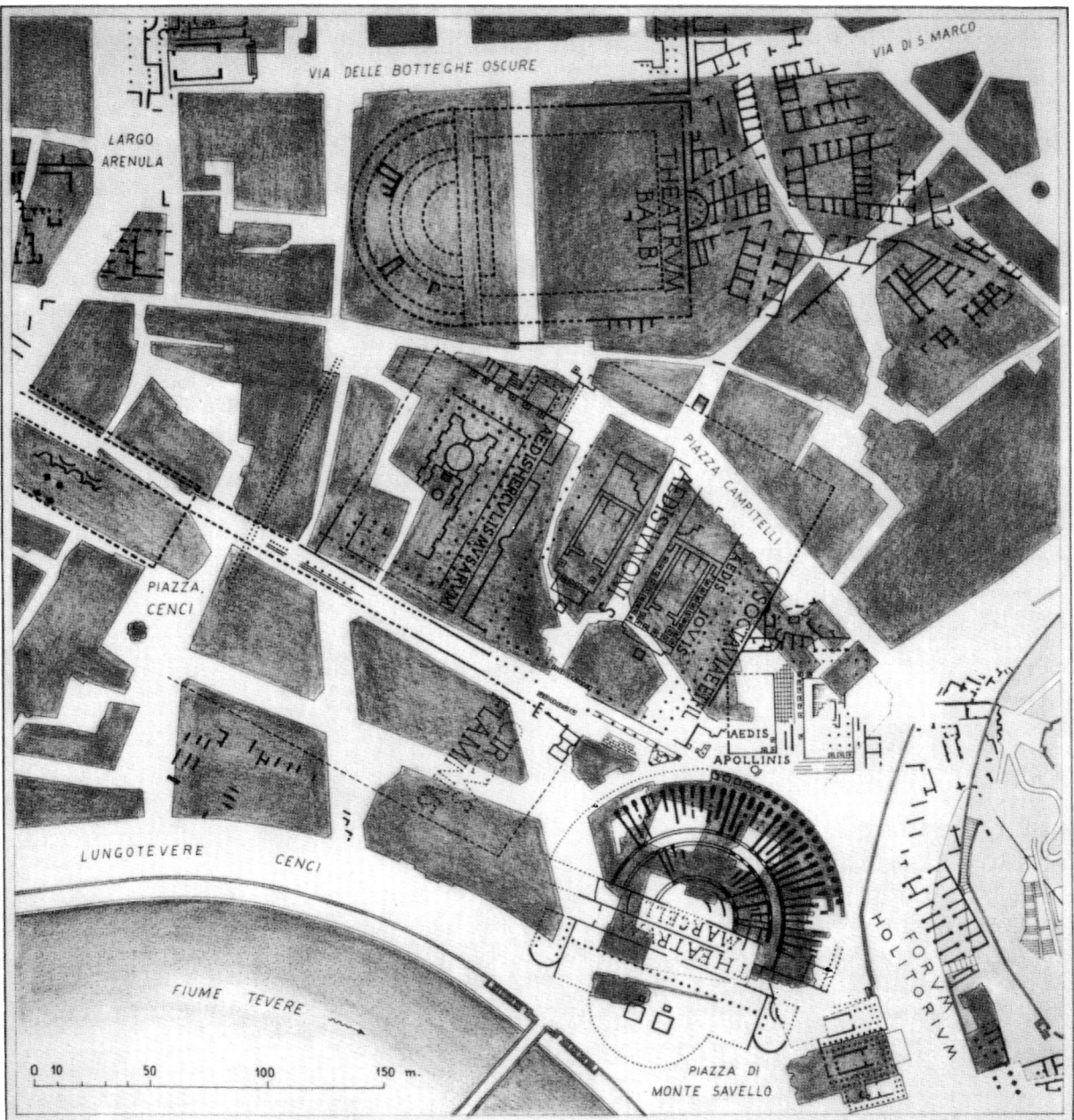

Abb. 43   Das südliche Marsfeld: die *forma Urbis* und der moderne Stadtplan (n. Gatti)

Zeitraum errichteten oder restaurierten Gebäude durch Augustus selbst, durch Mitglieder seiner Familie oder durch seine persönlichen Freunde neu geweiht, dennoch immer mit der Funktion, den *princeps* und sein Friedenswerk zu preisen. Auf diese Weise wird der Platz des Circus Flaminius, der Ort der Triumphe, zu einem Platz des Kaiserhauses mit dem Zweck, den ständigen Triumphator, den Vater des Vaterlandes zu feiern.

Die Ausschmückung des Apollotempels bedeutet eine symbolische Huldigung an die augusteische Restauration. Der Giebelschmuck mit seiner Darstellung des Kampfes zwischen Griechen und Amazonen in Gegenwart von Athena, ursprünglich zur Versinnbildlichung des verzweifelten Kampfes zwischen Griechen und Persern bestimmt, wird in Rom zum Kampf zwischen Römern und Ägyptern, die mit den feindseligen Mächten des Ostens gleichgesetzt werden. Die Amazonenkönigin Hippolyte ist die in den Mythos überführte Figur der Kleo-

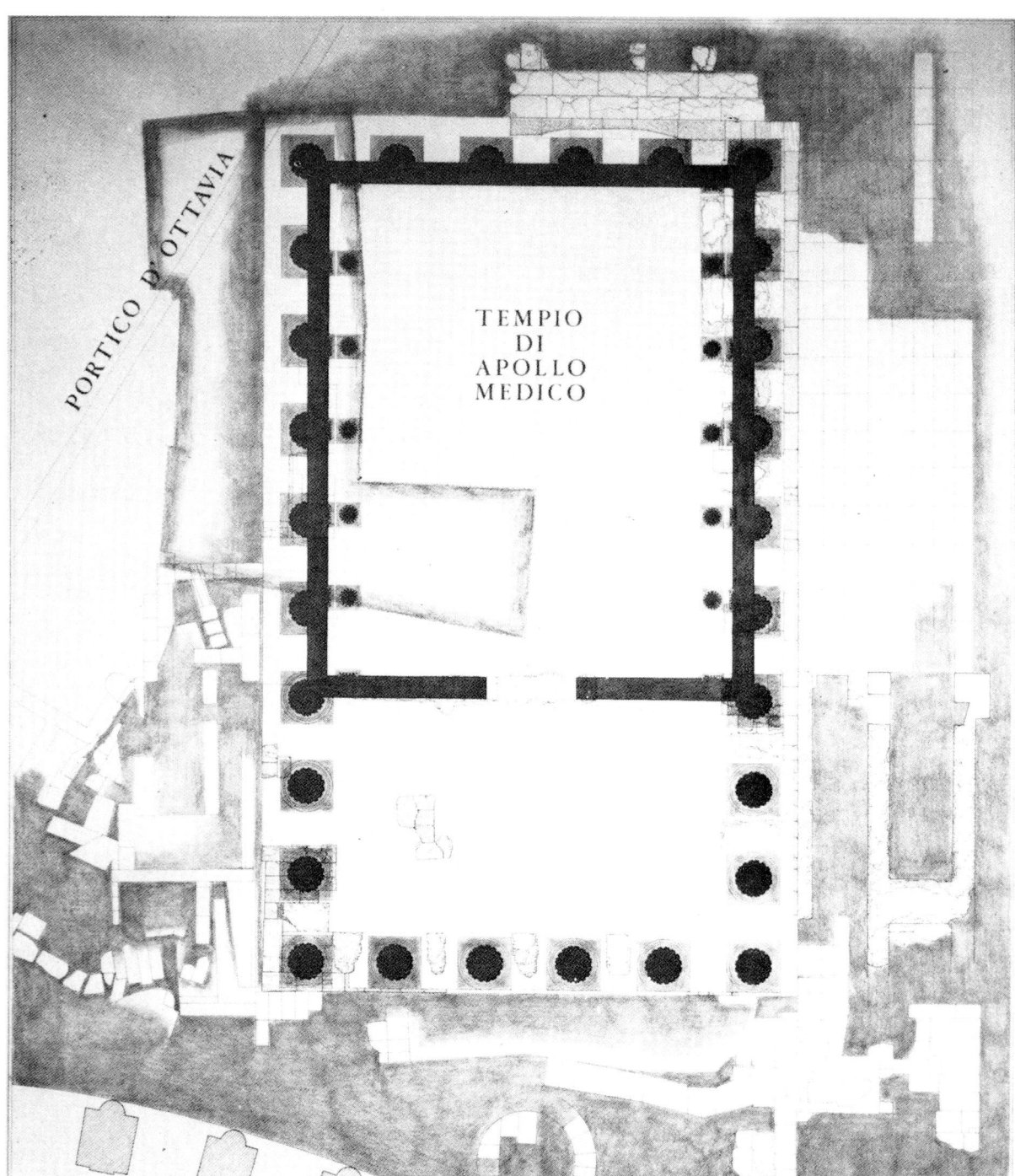

Abb. 44   Apollo-Sosianus-Tempel: Der Grundriß (n. Foglia)

patra, die es gewagt hatte, die institutionelle römische Ordnung zu untergraben. Herakles und Theseus, die größten Helden der griechischen Welt, sind identisch mit Octavian, der das Vaterland vor der Aggression des östlichen Volkes gerettet hatte. Wenn Rom die neue Leuchte der westlichen Kultur werden wollte, wie es Athen im 5. Jh. v. Chr. gewesen war, so gab es für den *princeps* keine bessere Gelegenheit, als sich im Gewande des Theseus zu zeigen, der nämlich auf gleicher Ebene symbolisch für die politischen Institutionen Athens stand, wie sich Augustus allmählich als das Symbol bürgerlicher und moralischer Tugenden der *Urbs* entwickelte. Die in der Giebelmitte stehende Athena wiederum, höchste Stadtgöttin Athens, verwandelt

Abb. 45 Apollo-Sosianus-Tempel: Ansicht der wiederaufgerichteten Säulen (n. E. La Rocca, Amazzonomachia)

sich infolge einer Anspielung, die auf einer ikonographischen Analogie beruht, in die Göttin Roma, das Symbol der *maiestas imperii*, der Größe und Macht des Reiches, oder auch in das römische Palladium, das Unterpfand der *salus publica*, des öffentlichen Wohlergehens.

Im Tempelinneren zeigt der figürliche Fries auf den Säulen aus afrikanischem Marmor den dreifachen Triumph Octavians im Jahre 29 v. Chr. und nicht den des Sosius. Dies wird aus einem Tropaion hergeleitet, das sich auf dem erhaltenen Fragment eines Triumphzuges befindet und das aus einer perückenartigen Kopfbedeckung sowie allgemein nordischen Völkern zugeordneten Waffen zusammengesetzt ist. Am Fuße des Tropaions sitzen zwei Gefangene mit auf den Rücken gebundenen Händen; sie tragen die für barbarische Völker des Nordens charakteristische Bekleidung. Es können keine Juden sein, die bekanntermaßen griechische Waffen benutzten. Analog dazu folgen die erhaltenen Schlachtenszenen den Schemata hellenistischer Tradition, die ja manchmal zur Darstellung von Schlachten zwischen Griechen und Galatern angewandt wurden.

Abb. 46   Apollo-Sosianus-Tempel: Rekonstruktion der Innengliederung (n. Foglia)

Abb. 47   Apollo-Sosianus-Tempel: Ansicht des Cellafußbodens

Kat. 31   Kat. 30   Kat. 29   Kat. 28   Kat. 27

Die Kapitelle auf den Säulen aus afrikanischem Marmor zeigten einen aus einem Akanthusbusch herausragenden Dreifuß sowie zwei ineinander verschlungene Schlangen, deren Köpfe an Stelle der Voluten heraldisch angeordnet waren. Die Abakus-Blume über dem Dreifuß setzt sich, wie M. Bertoletti festgestellt hat, aus einem Gorgoneion mit lächelndem Gesicht zusammen, das durch einen Kranz von Blütenblättern eingerahmt wird. Apotropäische Symbole in der Tradition des Apollo Medicus fügen sich in Elemente des Triumphes ein, sollten die beiden Schlangen, was sehr wahrscheinlich ist, in ihrer heraldischen Anordnung tatsächlich die Uräusschlangen nachahmen, das Symbol ägyptischer Königsmacht.

Die übrige Dekoration, die grundsätzlich auf dem Motiv der an Kandelabern und Stierköpfen befestigten Lorbeerzweige beruht, bezieht sich ein weiteres Mal auf Apollo und, im übertragenen Sinne, auf Augustus, den eine geschickte Propaganda als Sohn des Gottes hinstellte. Man sagte, daß seine Mutter Atia an einer feierlichen Handlung zu Ehren Apollos in seinem Tempel teilgenommen und dort des Nachts den zukünftigen *princeps* empfangen habe, indem sie sich mit einer Schlange vereinigte, die sich in ihre Lagerstatt eingeschlichen hatte. Es ist dies das in griechischen und römischen Legenden öfters wiederkehrende Motiv der Empfängnis durch die Schlange, die in Rom als Symbol und Genius des häuslichen Herdes galt, in Griechenland hingegen als Ausdruck des Heroischen und als Agathodaimon, Symbol des günstigen Schicksals. Ein Dichter, Domitius Marsus, sang sogar mit geflügelten Worten folgenden Vers, den er Atia in den Mund legte:

«Vor allen anderen aber werde ich eine glückliche Frau genannt,
mag ich nun einen Menschen geboren haben oder einen Gott».

Der Lorbeer wird in seiner sakralen und gleichzeitig triumphalen Bedeutung auf augusteischen Reliefs und Münzprägungen immer wieder erscheinen, sozusagen als sichtbares Zeichen des Prinzipates und des Schutzes Apollos über das gerechte Werk seines Sohnes. Im Jahre 27 v. Chr. hatte der Senat beschlossen, daß Octavian Augustus genannt werde, zwei Lorbeerbäume vor seinem Haus aufgestellt und ein Eichenkranz über seiner Tür angebracht würden, *ob cives servatos,* wegen der Rettung der Bürger. Der Lorbeer und der Eichenkranz bekräftigten den heiligen Charakter des Ortes; doch unbestreitbar wurden sie so auch zu Symbolen des ewigen Triumphes.

Kat. 23   Kat. 24   Kat. 25   Kat. 26

Natürlich fehlte es dem Architekturdekor nicht an weiteren symbolischen oder propagandistischen Motiven, die auf Grund des fragmentarischen Zustandes der erhaltenen Bauglieder nur noch mit Mühe interpretiert werden können. So beachte man zum Beispiel, daß die Orbitalknochen der Stierköpfe auf dem äußeren Fries des Tempels das Bild von zwei heraldisch angeordneten, sich voneinander abwendenden Delphinen ergeben, in erster Linie das Zeichen der *quindecimviri sacris faciundis*, gleichzeitig aber auch für Seesieg, womit es hier offensichtlich auf die Schlacht bei Actium anspielt, die endgültige Bestätigung der Macht des Augustus.

Literatur: A. M. Colini, BullCom 68, 1940, 9ff. − P. Gros, Aurea Templa, BEFAR 231, 1976, 161ff. 180ff. 211ff. − E. La Rocca, Amazzonomachia. Le sculture frontonali del tempio di Apollo Sosiano (1985) 15 ff. 21 ff. 83 ff. − Ders. in: L'Urbs. Espace urbain et histoire, Kongr. Ber. Rom 1985 (1987) 360 ff.

23−32 Der Giebelschmuck des Tempels
Rom, Musei Capitolini

23 Athena
Inv. 3527
H 1,61 m
24 Nike
Inv. 3528
H des Torsos 0,40 m, Inv. 3455
Unterleib 0,10 m, Inv. 3468
Kopf 0,22 m, Inv. 3456
Fragment des linken Beines 0,25 m, Inv. 3469
linker Fuß 0,095 m, Inv. 3470
25 Theseus
Inv. 3529
H 1,37 m, Inv. 2768
Fragment des Gewandes 0,27 m, Inv. 327

26 Berittene Amazone
Inv. 3291
H 0,55 m
27 Amazone mit attischem Peplos (Hippolyte?)
Inv. 3457
H 0,45 m
28 Herakles
Inv. 3530
H 0,80 m, Inv. 3449
Fragment des Gewandes 0,27 m, Inv. 3450
29 Kniender Grieche
Inv. 3531
H 0,40 m, Inv. 3452
Fragment des angewinkelten Beines 0,46 m, Inv. 3451
30 Berittene Amazone
Inv. 3532. 3533
Gesamthöhe 1,05 m

Abb. 48   Apollo-Sosianus-Tempel: Das Areal des Tempels während der Ausgrabung

Abb. 49   Apollo-Sosianus-Tempel: Ansicht des Podiums während der Grabungen

H des Pferdetorsos bis zur Hüfte der Amazone 0,64 m,
Inv. 3292
Torso 0,32 m, Inv. 3453
Fragment der Pferdemähne 0,14 m, Inv. 3465
Fragment der Pferdeschnauze 0,135 m, Inv. 3464
31 Gefallener Grieche
Inv. 3454
H 0,37 m
32 A Fragment von weiblicher Figur (Akroter)
Inv. 3466
H 0,40 m
32 B Fragment von weiblicher Figur (Akroter)
Inv. 3467
H 0,49 m

Alle Stücke sind aus Marmor mit mittelgroßen Kristallen, wahrscheinlich parisch.
Der Großteil der Skulpturen wurde in fragmentarischem Zustand in den Bögen des Marcellus-Theaters gefunden, wohin sie nach Einsturz der Säulen im Pronaos des Tempels gefallen waren. Eine Skulptur, der Theseus (Kat. 25), war − und vielleicht ist dies der Grund seiner besseren Erhaltung − eine Zeitlang an der Ostseite des Tempelpodiums gelegen und dadurch geschützt gewesen.
Nach der Wiederzusammensetzung des Komplexes war es möglich, den genauen Ort seiner Anbringung im südlichen Giebelfeld des Gebäudes zu bestimmen. Viele Skulpturen zeigen auf ihrer Rückseite ein viereckiges Loch, in dem der Dübel steckte, über den die Figuren mit der Giebelrückwand verbunden werden mußten. Auch antike Restaurierungen sind noch gut sichtbar. Die Marmoroberfläche ist mit einer Raspel oder einem Bimsstein behandelt worden, wie aus dem von ihnen hinterlassenen dichten Netz von unregelmäßigen Streifen hervorgeht. Manchmal kann man eindeutig noch das Zeichen eines Rundmeißels erkennen, mit dem die Stellen ausgebessert wurden, die durch die Witterung abgenutzt waren. Ebenso findet man noch Ausbesserungen in Marmor, der in den wenigen dokumentierten Fällen in Hinblick auf Qualität und Farbe sorgfältig ausgesucht wurde; mit Dübeln und Zapfen wurden auf diese Weise Nase und Zehen der Nike (Kat. 24) sowie ein Teil der Nase und der Lippen des Theseus (Kat. 25) ersetzt.
Die Statuen waren bunt. Spuren vorbereitender Maßnahmen zum Auftragen der Farbe sind auf dem Kopf der Nike sowie, weniger gut, auf dem des Theseus sichtbar. Wahrscheinlich hatten die Streifen auf der Marmoroberfläche den Zweck, daß die Farbe besser haften konnte. Zahlreich waren auch die in Bronze ausgeführten Teile: Gürtel und Ägis der Athena, Haare der Nike und des Theseus, Köcher der Amazone (Kat. 26), Pfeil in der Brust des gefallenen Griechen (Kat. 31). Es sind auch noch Teile von bronzenen Haaren erhalten, die bislang immer mit Theseus in Verbindung gebracht wurden; doch der Zusammenhang ist keineswegs überzeugend. Jedenfalls lassen die Löcher auf Theseus' Haupt darauf schließen, daß er nicht nur bronzene Haare hatte, sondern auch eine Binde oder einen Kranz aus Bronze trug.
Die Skulpturen stellen eine Amazonomachie dar, und

Kat. 23

Kat. 25

Kultur zu bedrohen gewagt hatten. Es gab auch Variationen des Themas, so etwa zur Zeit des äußersten Gegensatzes zwischen Sparta und Athen, der eine Veränderung im Gebrauch des Bildes beider Helden mit sich brachte; der eine wurde zum Symbol der dorischen Völker, der andere zu dem der ionischen. In diesem Sinne erinnerte die Schlacht an den Akropolishängen, wie sie auf dem Schild der Athena Parthenos dargestellt ist, an den Heldenmut der Athener, welche die bis auf die

Kat. 24

zwar speziell den Kampf des Herakles um den Besitz des Gürtels der Amazonenkönigin Hippolyte. Nach dem Mythos hatte König Eurystheus dem Herakles aufgetragen, sich nach Themiskyra in Skythien zu begeben, um dort den königlichen Gürtel von den Amazonen zu rauben, um ihn dann der Hera in ihr argivisches Heiligtum zu weihen.

Eine Version des Mythos berichtet, daß Herakles bei dem Unternehmen vom jugendlichen Theseus begleitet wurde, der sich im Verlauf der Schlacht in Hippolytes Schwester Antiope verliebte, sie entführte und mit sich nach Athen brachte. Aus dieser Ehe sollte Hippolytos hervorgehen, der unglückliche Held, der in das Drama um die schändliche Leidenschaft der Phaidra, der zweiten Gemahlin des Theseus, verwickelt war.

Die Amazonen ließen die Schmach der Entführung nicht ungestraft. Jahre danach fielen sie in Attika ein, brachten Feuer und Schwert über das Land und wurden erst nach einem langen Kampf längs der Akropolishänge durch Theseus verjagt. Antiope, die an der Seite der Athener am Kampf teilgenommen hatte, wurde dabei getötet.

Es ist nachgewiesen worden, daß die Amazonomachie von den Griechen zur symbolischen Darstellung des dramatischen Kampfes gegen die Perser verwendet wurde. Herakles und Theseus wurden so zum Symbol des Griechentums im Triumph über die barbarischen Mächte des Ostens, die die Grundlagen der westlichen

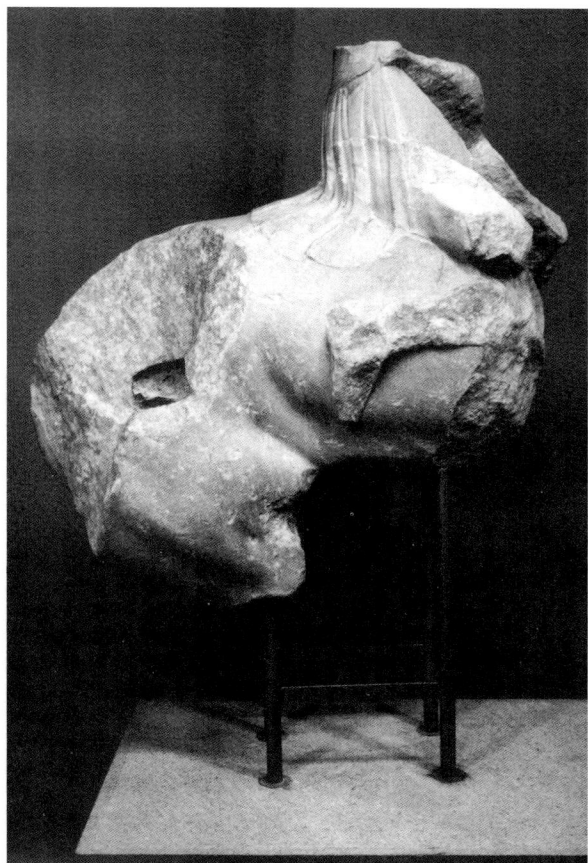

Kat. 26

Kat. 27

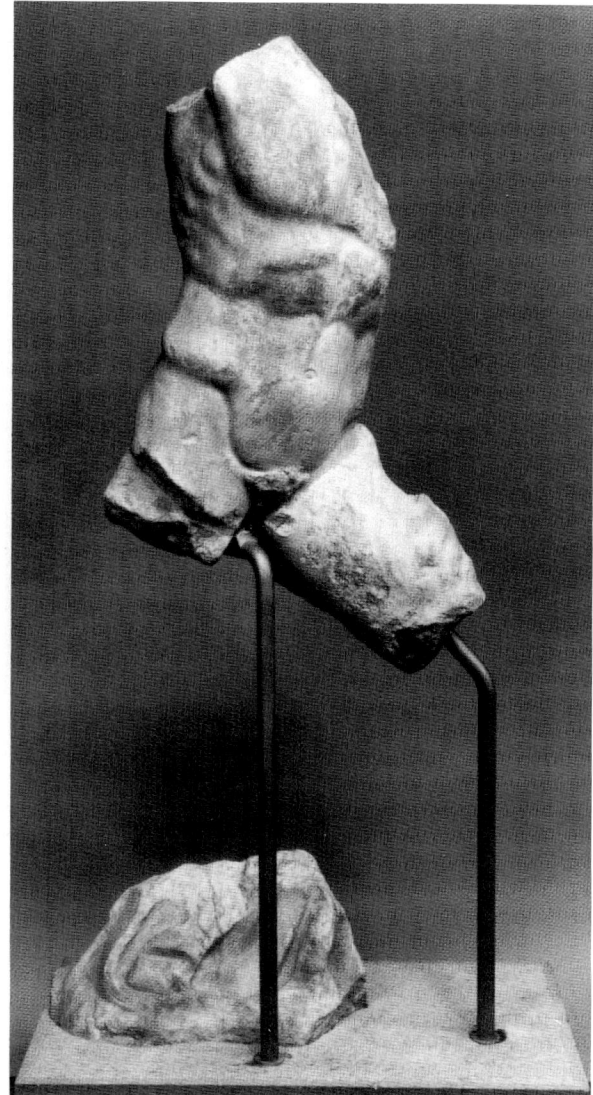

Kat. 28

Akropolis vorgedrungenen Perser zurückgeschlagen und bei Salamis endgültig besiegt hatten.

Doch das Unternehmen von Themiskyra blieb über lange Zeit hinweg ein Motiv des Sieges in Verbundenheit: Herakles und Theseus erscheinen häufig zusammen, kämpfen vereint und in gegenseitiger Übereinstimmung. Vielleicht war auch auf einer der Querstreben des Thrones des phidiasischen Zeus im panhellenischen Heiligtum von Olympia dieselbe Schlacht noch einmal dargestellt.

Der Giebelschmuck des Apollo-Sosianus-Tempels zeigt also in der Mitte Athena (Kat. 23) als Beschützerin der Griechen. Zu ihren Seiten kämpfen Herakles (Kat. 28) und Theseus (Kat. 25) gegen zwei Amazonen: der dorische Held gegen die Königin Hippolyte (Kat. 27), die sich in einer wilden Bewegung zur Seite beugt. Theseus ist vielleicht gerade im Begriff, eine berittene Amazone (Kat. 26) anzugreifen, wobei er einen Fuß auf einen Felsvorsprung aufgestützt hat, in der Linken den Schild

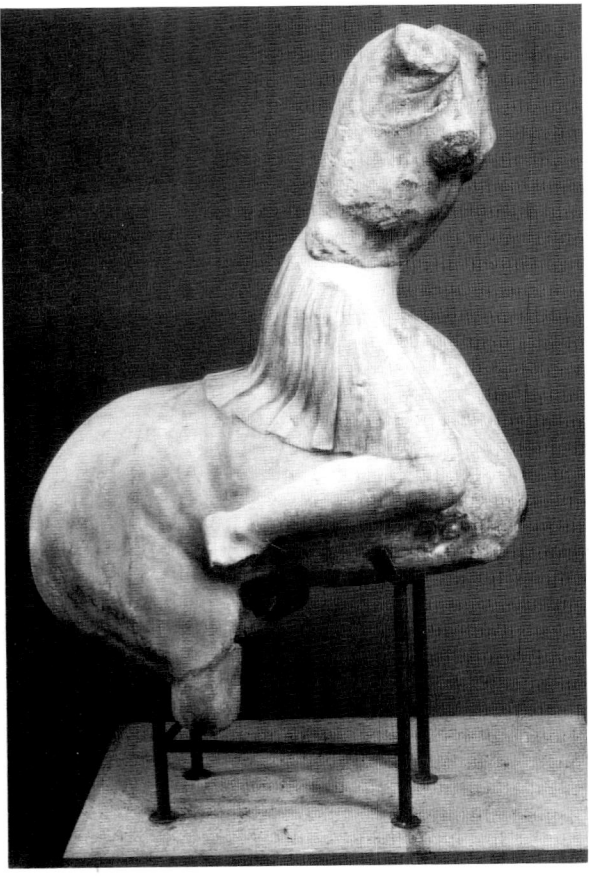

Kat. 30

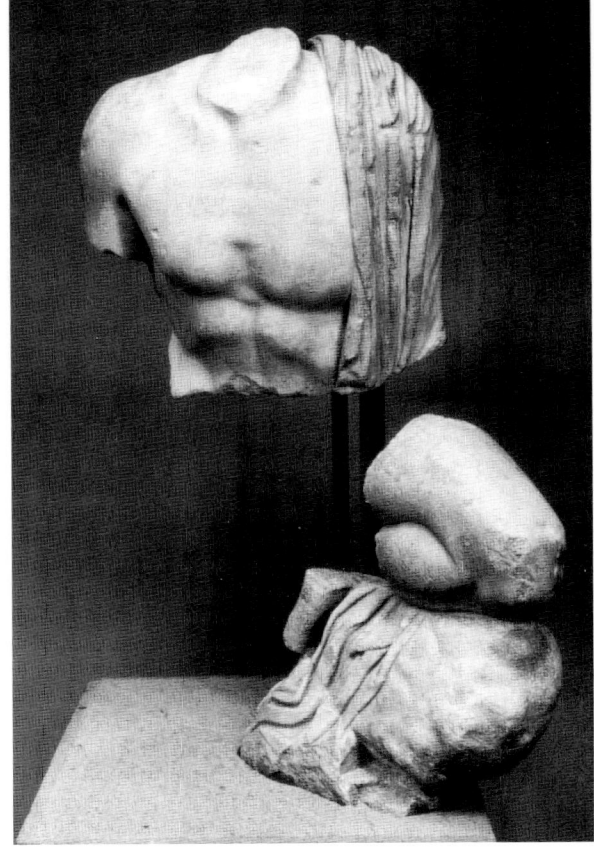

Kat. 29

und in der Rechten das Schwert trägt; das ikonographische Motiv ist jedoch noch nicht eindeutig geklärt. Dagegen scheint es gesichert, daß sich eine Nike (Kat. 24) von Athena entfernt und zu Theseus hin bewegt, um ihm den Siegerkranz aufzusetzen. Seitlich von Herakles wird ein in die Knie gesunkener Grieche (Kat. 29) gerade von einer weiteren berittenen Amazone (Kat. 30) getroffen. Beide Amazonen zu Pferd tragen einen kurzen Chiton und einen Muskelpanzer, der wahrscheinlich aus Leder gearbeitet ist. In der einen Giebelecke liegt ein Grieche, der von einem Pfeil in die Brust getroffen wurde (Kat. 31).

Der Stil der Figuren weist auf ionisches Umfeld, ist aber teilweise schon von Parthenon-Werkstätten beeinflußt. Unter den verschiedenen Bildhauern können zwei Meisterhände verhältnismäßig gut geschieden werden. Der ersten entstammen die Athena (Kat. 23), die Nike (Kat. 24) sowie die berittenen Amazonen (Kat. 26. 30); der Meister scheint nach der Art, in der er die Gewandfalten anlegt – breite, flache und regelmäßig verlaufende Faltenschichten –, der Tradition des Strengen Stils stärker verpflichtet zu sein. Der andere Meister, Schöpfer des Theseus (Kat. 25), der Hippolyte (Kat. 27) und des in die Knie gesunkenen Griechen (Kat. 29), scheint stärker im Bewußtsein der Errungenschaften am Parthenon zu arbeiten, obwohl er dabei gleichzeitig spezifische Ausdrucksformen ionischen Ursprungs beibehält. Als

Interpretationsmöglichkeit bleibt noch die Ähnlichkeit festzuhalten, die zwischen den Skulpturen des Meisters der Nike (Kat. 24) und der dem Alkamenes zugeschriebenen Statue von Prokne und Itys besteht.

Wenn man alle uns zur Verfügung stehenden Elemente zusammenzieht, so scheint eine Zuweisung des Giebelschmucks an ionische Werkstätten durchaus plausibel; die Ausführung dürfte im Zeitraum zwischen dem Beginn der Arbeiten am Parthenon im Jahre 447 v. Chr. und der Vollendung der goldelfenbeinernen Athena-Statue im Jahre 438 v. Chr. erfolgt sein.

Möglicherweise standen die Skulpturen ursprünglich in einem der beiden Giebel des Tempels des Apollon Daphnephoros in Eretria. Dafür spricht zum einen, daß der eretrische Tempel einst mit Sicherheit einen spätarchaischen Giebelschmuck getragen hatte, der den Raub der Antiope in Gegenwart von Athena darstellte; die erhaltenen Fragmente sind zwischen dem Athener Nationalmuseum und dem Museum von Chalkis aufgeteilt, während eine kniende Amazone bereits in der Antike nach Rom gelangte und heute im Konservatorenpalast ausgestellt ist. Das zweite Argument liefern die analogen Maße unserer Skulpturen, die ein Giebelfeld von ähnlichen Proportionen ausgefüllt haben müssen wie die spätarchaischen. Wenn der Tempel des Apollon Daphnephoros, was sehr wahrscheinlich ist, 490 v. Chr. durch die Perser zu großen Teilen zerstört worden ist –

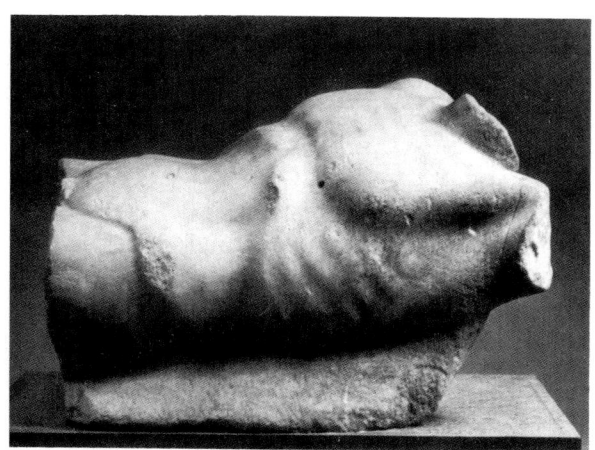

Kat. 31

aufzubauen, als daß die Feinde endgültig von griechischem Boden vertrieben seien. Die neuen Verhältnisse traten gerade um das Jahr 450 v. Chr. ein, als Athen, mittlerweile Herrin über die Ägäis, das unter dem Namen Delisch-Attischer Seebund bekannte Bündnis der ionischen Städte in eine wahrhaft imperialistische Vorherrschaft umgewandelt hatte.

Zu dieser Zeit, als Eretria bereits gedemütigt war und gezwungen wurde, die Söhne seiner wohlhabendsten Bürger den Athenern als Geiseln zu stellen, vielleicht sogar noch eine athenische Besatzung als Vorposten dulden mußte, der die politischen Gegner in Schach zu halten hatte, könnte die Stadt trotzdem ihren wichtigsten Tempel restauriert und ihn mit neuen Giebelskulpturen geschmückt haben, die den ionischen Beitrag zum Sieg über die Perser symbolisieren sollten. Die bei der Schweizer Grabung am Gebäude vorgenommenen genauen Untersuchungen ließen die vorsichtige Annahme zu, daß der Tempel restauriert worden sein könnte, allerdings finden sich dafür am Ort nur ganz geringe Spuren; es scheint fast so, daß das gesamte Gefüge in römischer Zeit Stück für Stück abgebaut und wegtransportiert worden ist.

Eretria wurde geplündert und die Einwohner nach Susa verschleppt –, dann ist es gut möglich, daß der alte Giebelschmuck nach der Mitte des 5. Jhs. ausgetauscht wurde – zu einem Zeitpunkt also, als die veränderten politischen Verhältnisse und die Zusicherung Persiens, in griechische Angelegenheiten nicht einzugreifen, ein Festhalten am Eid von Plataiai vom Jahre 479 v. Chr. überflüssig machten. Die Griechen hatten nämlich kurz vor der berühmten Schlacht geschworen, die von den Persern zerstörten heiligen Gebäude nicht eher wieder-

Das Unternehmen von Themiskyra konnte sehr gut eine Erinnerung an den berühmten, glücklich zu Ende geführten „raid" darstellen, den Athener und Eretrier im Jahre 499 v. Chr. in das Gebiet von Sardes in Kleinasien

Kat. 32a

Kat. 32b

unternommen hatten, um dem durch persische Um-klammerung hart bedrängten Milet zu Hilfe zu kom-men. Doch die Anwesenheit des durch Nike gekrönten Theseus, Athena an seiner Seite, war auf politischer Ebene gleichzeitig auch eine präzise und realistische Mahnung, sich Athens Rolle als Garant des neugeschaf-fenen Friedens immer gut vor Augen zu halten, ebenso die Tatsache, daß von Athen allein zukünftiges Glück und Wohlstand abhingen.

Wie und wann der Giebelschmuck nach Rom gelangt ist, kann man nicht mit Sicherheit festlegen. Eretria wurde im Verlauf des 2. und 1. Jhs. v. Chr. öfters zer-stört; es scheint fast, als habe sich die Stadt angewöhnt, immer auf der Seite der Verlierer zu stehen, sei es wäh-rend der Makedonischen Kriege, dann während der Mithridatischen und schließlich während der Bürger-kriege. In augusteischer Zeit existierte sie als Stadt kaum mehr. Plausibel scheint die Erklärung, daß im Zu-sammenhang mit jenen Phänomenen religiöser Restau-ration, die für die augusteische Zeit charakteristisch sind, der *princeps* die eretrischen *sacra*, heiligen Ge-bräuche, in Rom teilweise wiederherstellte, indem er die erhaltenen Teile vom Tempel des Apollon Daphne-phoros, von dem der Kult des Apollo Medicus in Rom ja seinen Ursprung hatte, in die römische ‚Filiale‘ über-führte; damit hätte Augustus auf die Überlieferung der (Cumanischen Sibylle sowie der sibyllinischen Orakel-sprüche zurückgegriffen, die übrigens auch euböischer Gesang genannt wurden; die Römer hatten diese von

der Prophetin Apollons empfangen, nachdem der Gott aus Euböa gekommen war.

Darüber hinaus sollte nicht übersehen werden, wie der Mythos über die schlichte Gleichsetzung von Griechen mit Römern, Amazonen mit Ägyptern ganz einfach ins Römische umgesetzt wurde. Hippolyte wurde so zu Kleopatra VII., der triumphierende, von Nike-Victoria in Gegenwart von Athena-Roma gekrönte Theseus hin-gegen zu Augustus.

Weiterhin könnte man, natürlich nur als Hypothese, die Zugehörigkeit der berühmten Skulpturen aus den Gär-ten des Sallust, die zu einer Bestrafung der Niobiden ge-hören, zum zweiten Giebel des Apollon-Daphnephoros-Tempels fordern. Die drei erhaltenen Skulpturen zeigen eine enge stilistische Verwandtschaft zum Giebel-schmuck des Apollon-Sosianus-Tempels; da ihre ideolo-gische Funktion für die Zwecke des augusteischen Bild-programms nicht so gut geeignet war wie die der Ama-zonomachie, werden sie wohl auf ein anderes, in bezug auf religiöse und politische Anspielungen weniger be-deutungsschweres Gebäude versetzt worden sein.

Literatur: Für eine umfassende Dokumentation des Themas und die Publikation aller erhaltenen Fragmente sei verwiesen auf: E. La Rocca, Amazzonomachia. Le sculture frontonali del tempio di Apollo Sosiano (1985). – Ders. in: Archaische und Klassische Griechische Pla-stik. Kongr. Ber. Athen (1987) 51ff. (= Gymnasium 1988; im Druck).

Aus dem Italienischen von M. Maischberger

Alessandro Viscogliosi

Die Architektur-Dekoration der Cella des Apollo-Sosianus-Tempels

Der größte Teil der Fragmente der Cella-Dekoration des Apollo-Sosianus-Tempels wurde zwischen September 1937 und April 1939[1] in der Cella selbst sowie östlich und westlich vom Podium gefunden. Seit dem 24. Oktober 1938 wurde parallel dazu auch der benachbarte Bello-natempel ausgegraben: das Material beider Grabungen blieb ungeschieden[2], mit Ausnahme der wichtigsten Stücke, die vom Grabungsassistenten Macchini Tag für Tag summarisch beschrieben und inventarisiert wurden. Derselbe nahm später eine weitere Aussonderung von Stücken vor; diese erhielten eine rote Numerierung, die auch den roten Faden für die gegen-wärtige neue Untersuchung des Materials geliefert hat. Als weiteres Hilfsmittel boten sich Fotografien an, die häufig von Macchini beschriebene Stücke in der Fundsituation zeigen. Dadurch lassen sich folgende Materialgruppen mit hinreichender Sicherheit dem Apollotempel zuweisen:

a) Eine Serie von Säulen aus grünem afrikanischem Marmor[3]. Die entsprechenden Basen lassen sich nicht identifizieren. Mit an Sicherheit grenzender Wahrscheinlichkeit zugehörig sind hingegen die korinthischen Kapitelle mit Dreifuß und Schlangen (vgl. Kat. 34), von denen hier eine neue Rekonstruktion vorgelegt wird. Die Säulen trugen ein Gebälk aus zwei übereinander

Abb. 50a.b.   Apollo-Sosianus-Tempel: Säule der Innenordnung

gelagerten Schichten. Von der unteren Schicht – einem Zwei-Faszien-Architrav mit figürlichem Fries (vgl. Kat. 41–44) – haben sich mehrere Fragmente erhalten, teils als Blöcke, teils als bloße Platten. Der oberen Schicht, die das Geison umfaßte, möchten wir ein Einzelfragment zuweisen, das bereits von Leon der Innenordnung des Apollotempels zugesprochen und folgendermaßen beschrieben wurde: «Die Syntax besteht aus einem Bügelkymation, einem Zahnschnitt und aus einem zum Feigenstab umgewandelten Herzblattkymation(?)»[4]. Diese Syntax verrät trotz ihrem dekorativen Reichtum im Fehlen einer Trennungsleiste zwischen Zahnschnitt und Kymation noch eine kompositorische Unsicherheit, die gut zur Frühdatierung des Tempels im Rahmen der augusteischen Architektur passen würde. Die Wandstärke des Fragmentes ist an der Unterseite praktisch identisch mit derjenigen des Frieses.

b) Eine Serie von Ädikulen[5]. Zu ihnen gehören Pavonazzetto-Säulen (Kat. 35) mit ‚Doppel-S‘-Kapitellen[6] (Kat. 36) und entsprechende Lisenen, die vorläufig nur durch Kapitelle (Kat. 37) bezeugt sind. Die Basen der Säulen und Lisenen sind unbekannt. Über den Kapitellen lief ein glatter Drei-Faszien-Architrav (Kat. 38), der seinerseits den – vielleicht aus bunten Marmorplatten bestehenden – Fries trug: erhalten hat sich nur die sorgfältige Einarbeitung auf der Architrav-Oberseite. Die Rückseite zeigt die Vorrichtung für die Anbringung einer Decke, die aus Holz oder Bronze bestanden haben dürfte. Die darüber liegenden Giebel sind in drei Varianten bezeugt: dreieckig, bogenförmig oder ‚pagodenartig‘ mit abgeknickten Ecken[7]. Die Platten, die das Tympanon hinten abschlossen und wohl aus buntem Marmor bestanden, sind nicht identifiziert.

c) Eine Serie korinthischer Lisenen-Kapitelle aus lunensischem Marmor[8], praktisch maßgleich mit den Dreifuß-Schlangen-Kapitellen. Einige davon sind von hervorragender augusteischer Arbeit (in Einzelheiten gut mit den Kapitellen der Außenordnung sowie z. B. den Kapitellen des Apollo-Palatinus-Tempels zu vergleichen), andere stammen vielleicht aus einer späteren Ausbesserung. Diesen Kapitellen lassen sich möglicherweise Lisenen aus Pavonazzetto zuordnen, die in den Maßen den Säulen aus afrikanischem Marmor entsprochen zu haben scheinen.

d) Eine Serie korinthischer Lisenen-Kapitelle, den vorhergehenden genau entsprechend, aber etwa halb so groß.

e) Zahlreiche Fragmente eines Konsolen-Geison aus lunensischem Marmor (vgl. Kat. 39). Das Geison war ursprünglich gerade und durchgehend: nachträglich wurde es durch Herausarbeiten eines Profils in Einzelabschnitte unterteilt, deren Länge der Breite der Ädikulen entspricht. Ganz ähnliche Gebälke sind aus Cherchel[9] bekannt: vielleicht wurden sie − für eine Anbringung in beträchtlicher Höhe vorgesehen[10] − ,meterweise' vorgefertigt, um erst bei der Anbringung passend zurechtgemeißelt zu werden. Als Alternativerklärung müßte man sonst eine spätere Restaurierung in Betracht ziehen.

f) Unterschiedliche Gebälk- und Profil-Fragmente aus buntem Marmor[11], die z. T. vielleicht von der Dekoration eines Podiums stammen; ferner Pavonazzetto-Lisenen, die vielleicht zur Kapitellgruppe d) gehören.

g) Weiße und vergoldete Stuckfragmente, auszuschließen ist ihre Herkunft von einem Gewölbe.

Aus einer Analyse des Gebäudes ergibt sich, daß die Cella zu einem vorerst unbekannten Zeitpunkt weitgehend restauriert wurde: aus Backsteinen wiederhergestellt wurden einige Halbsäulen der Außenseite und ein guter Teil der Ostwand. Für eine Datierung dieses Eingriffes, der in literarischen Quellen keine Erwähnung findet, kann man sich auf die benachbarte Porticus Octaviae beziehen, die 191 n. Chr. durch Brand beschädigt und von Septimius Severus wieder hergerichtet wurde. Ferner hat man eine weitere Restaurierung im späten 4. Jahrhundert angenommen[12], wahrscheinlich ausgehend vom Befund des − heute wieder zugedeckten − Cellabodens[13]. Es ist anzunehmen, daß mindestens die severische Restaurierung auch die Dekoration der Cella mitbetroffen haben wird. Die hier vorgeschlagene Rekonstruktion der Architektur-Dekoration bezieht sich auf den Zustand der Cella unmittelbar vor deren Einsturz.

An den Seitenwänden der Cella entlang lief die Ordnung afrikanischer Säulen mit Dreifuß-Schlangen-Kapitellen, geradem Architrav und Fries. Aus einer vollständig erhaltenen Architravsoffitte ergibt sich ein Abstand der Säulenachsen von 3,65 m, der genau der Außenordnung entspricht. Da für die Innensäulen keine Fundamente ermittelt werden konnten, wird man annehmen, daß sie auf denselben Tuffstein-Fundamentblöcken wie die äußeren Halbsäulen ruhten. Die Innensäulen müssen zu diesem Zweck möglichst nah an die Wand gerückt gewesen sein, ohne noch Platz für eine entsprechende Lisenenordnung zu lassen. Für diese Lösung spricht auch, daß der genannte Architravblock keinerlei Ansatz für einen weiteren, senkrecht dazu verlaufenden Architrav zeigt, der normalerweise Säule und Lisene miteinander verbunden haben müßte. Die erhaltene Lisenenordnung wird deshalb an den Schmalseiten unterzubringen sein. So erklärt sich auch, daß vom Fries nicht nur Blöcke, sondern auch dünnwandige Platten erhalten sind. Zu dieser Lisenenordnung müssen auch − noch nicht identifizierte − Gebälkplatten postuliert werden. Ein gewisses Problem ergibt sich aus dem Friesblock Inv. 1786 (Kat. 43), der aus verschiedenen Gründen als der erste (bzw. letzte) des ganzen Frieses anzusehen ist. Er weist als Architravsoffitte eine geschlossene Kassette von etwa 40 cm Breite auf, was einem Basis-Interkolumnium von ca. 80 cm entspricht. Die Verkürzung des Eck-Interkolumniums um die Stärke der Außenmauer ergibt sich zwangsläufig aus der Korrespondenz von Innen- und Außensäulen. Obgleich wir die effektive Stärke der Mauer nicht kennen, spricht eine so auffällige Kontraktion doch für eine Vorrichtung, die in vielen anderen Tempeln dokumentiert werden kann[14]: die Wand der einen Schmalseite beherbergt häufig einen Zwischenraum mit einer kleinen Treppe, über die man den Dachstuhl erreichen konnte. Der schlechte Erhaltungszustand der Cella macht es leider nicht möglich, diese sowie andere Hypothesen zu verifizieren.

Von Pierre Gros, dem einzigen Gelehrten, der sich bisher eingehend mit der Architektur der Cella beschäftigt hat[15], stammt die Vermutung einer zweiten Säulenordnung. Gros war dabei von einem in der Gegend gefundenen Kapitell[16] und einem dazu passenden Gebälk[17] ausgegangen. Aber abgesehen davon, daß eine so frühe Datierung des Kapitells zu gewissen Schwierigkeiten führt, ist es größer als jede aus der Cella stammende Säule, und jedenfalls größer als das Dreifuß-Schlangen-Kapitell. Ich möchte deshalb für die zweite Ordnung nicht an Säulen denken, sondern die erhaltenen Pavonazzetto-Lisenen mit entsprechenden Kapitellen aus lunensischem Marmor (Gruppe c) dafür in Anspruch nehmen. Diese Lisenen müßten über den afrikanischen Säulen angeordnet gewesen sein; zwischen ihnen vermute ich Öffnungen (Ädikulen? Fenster?), die wiederum den Ädikulen in den Interkolumnien entsprochen haben dürften; diese Öffnungen wären ihrerseits eingefaßt durch kleinere Pavonazzetto-Lisenen (Gruppe f) und entsprechendes Gebälk (Gruppe e). All dies wäre über einem Podium mit Profilen aus buntem Marmor zu denken, der die Basis der zweiten Ordnung optisch vom Gebälk der ersten abheben sollte. Ein noch nicht identifiziertes Gebälk muß als Bekrönung dieser zweiten Ordnung postuliert werden. Darüber könnte man eine Attika mit vergoldeter Stuckierung (Gruppe g) vermuten als Übergang zur Decke, die wir uns aus vergoldeten Kassetten denken können.

Wir erhalten ein Gesamtbild, das unmittelbar an das Pantheon erinnert. In Anbetracht des bekanntermaßen philo-augusteischen Geschmackes von Kaiser Hadrian ergibt sich aus dieser Entsprechung sogar etwas wie eine rückwirkende Bestätigung unserer Rekonstruktion. Die gesamte Innendekoration ist − wie bereits Gros festgestellt hat − eigentlich nicht architektonischen Charakters: sie ist wenig mehr als eine Reliefdekoration. Daraus erklärt sich auch eine weitere Aporie: in der Forma Urbis weist die Cella des Apollotempels − im Gegensatz etwa zur Cella des Mars-Ultor-Tempels − keine Säulenstellung auf; offensichtlich wurde diese Innenordnung den äußeren Halbsäulen gleichgestellt, die in der Forma ebenfalls nicht angegeben sind.

Ein letzter Aspekt, der gerade bei diesem Monument nicht vernachlässigt werden darf, betrifft die besondere museale Funktion der Cella. Hier stellen sich vor allem zwei Fragen: wo befanden sich die ausgestellten Kunstwerke[18] und wie waren sie beleuchtet? Die überlieferte Anzahl der Statuen schwankt, ist aber jedenfalls erheblich. Außer dem Apollo des Timarchides und dem Apollo Sosianus aus Zedernholz erwähnt Plinius eine Gruppe des Philiskos mit Apollo und den neun Musen, ferner die Niobiden (normalerweise zwölf an der Zahl, ohne Niobe und den Pädagogen zu rechnen), einen nackten Apollo, eine Artemis und eine Leto. Das ergäbe 27 Statuen: selbst wenn man die Anzahl der Niobiden etwas verringert, bleibt es doch eine stattliche Menge.

Man fragt sich, ob einige davon im Pronaos aufgestellt sein konnten, in Nischen vielleicht, oder sogar in den Interkolumnien. Im Inneren der Cella kann es höchstens 10 Ädikulen an jeder Längsseite gegeben haben, dazu möglicherweise − bei hinreichender Wandstärke − noch einige Ädikulen zwischen den Lisenen der Schmalseiten. Solange der Raum auch als Tagungsort für den Senat genutzt wurde, ist eine freie Aufstellung der Statuen in der Cella jedenfalls auszuschließen. Was die Gemälde betrifft, so könnten sie oberhalb der Ädikulen oder (falls es dort keine Ädikulen gab) zwischen den Lisenen der Schmalseiten angebracht gewesen sein. Jedenfalls müssen die Kunstwerke, von denen einige sich etwa 10 Meter über dem Boden befanden, hauptsächlich als Dekorationsobjekte gewirkt haben: die Sichtbarkeit der Einzelheiten spielte offenkundig keine große Rolle, ebenso wenig wie die schlechte Beleuchtung. Wenige bekannte Tempel haben Fenster. Überliefert sind Fenster allerdings für den Concordiatempel[19], der ebenfalls zu Senatssitzungen verwendet wurde und ebenfalls kostbare Kunstwerke beherbergte. Auch beim Apollotempel könnten einige der sogenannten Öffnungen zwischen den Lisenen der zweiten Ordnung tatsächlich Fenster gewesen sein.

Für die Ikonologie dieses dekorativen Komplexes verweise ich auf die eingehende Darstellung von Eugenio La Rocca[20].

Anmerkungen

1 Das einschlägige Archivmaterial wird in den Kapitolinischen Museen aufbewahrt. Darunter befindet sich auch das von Lamberto Macchini geführte Grabungstagebuch.
2 Unter diesem Material wären auch die Reste des Bellonatempels zu suchen, die man voreilig als verschollen betrachtet hat.
3 Deren Untersuchung ist noch nicht abgeschlossen. Die Anzahl bleibt vorerst offen. Die Höhe beträgt etwa 6,45 m, der größte Durchmesser 74 cm.
4 Vgl. Ch. Leon, Die Bauornamentik des Trajansforum und ihre Stellung in der früh- und mittelkaiserzeitlichen Architekturdekoration (1971) Taf. 74,1.
5 Deren Untersuchung ist noch nicht abgeschlossen. Es konnten bis jetzt mindestens 6 Giebel ermittelt werden.
6 Für ein ähnliches Motiv vgl. die Architravsoffitte der Basilica Aemilia: Leon, a.O., Taf. 72,2.
7 Gerade diese letzte Giebelvariante stellt noch erhebliche Rekonstruktionsprobleme. Falls sich ihre Entdeckung im 16. oder 17. Jh. nachweisen ließe, hätte dies erhebliche Konsequenzen für die Geschichte der barokken Architektur.
8 Bis jetzt sind 5 Stücke identifiziert. B des Abakus 0,88 m; B an der Basis 0,57 m; H 0,76 m.

9 P. Pensabene, La decorazione architettonica di Cherchel, 25. Ergh. RM (1982) Taf. 31 ff.
10 Das ergibt sich für unser Gebälk aus einem noch in situ befindlichen Fragment; eine originale, mit Blei vergossene Eisenklammer verbindet es mit einem Tuffsteinblock u n t e r dem Einsturz der Säule in der Nord-Ost-Ecke der Cella.
11 Diese wurden von Macchini fast täglich verzeichnet. Ihre Untersuchung hat eben erst begonnen.
12 Vgl. A. Munoz, Vorwort zu A. M. Colini, Il Tempio di Apollo (1940) 6.
13 Der Boden ist unveröffentlicht. Eine Datierung der Bodendekoration wäre im Rahmen unserer Untersuchung von naheliegender Bedeutung.
14 Vgl. zum Beispiel den Tempel der Magna Mater auf dem Kapitol oder das Kapitolium von Pompeji.
15 Gros, Aurea Templa, mit grundlegender Analyse und reicher Bibliographie.
16 D. E. Strong, Some Early Examples of the Composite Capital, JRS 50, 1960, 124 f. Taf. 15.
17 Ch. Leon, a.O., Taf. 67,1.
18 Vgl. A. M. Colini, a.O., 12–14.
19 C. Gasparri, Aedes Concordiae Augustae (1979).
20 E. La Rocca, Il programma augusteo nel Circo Flaminio: la decorazione del tempio di Apollo Sosiano. In: Amazzonomachia (Ausstellungskatalog Rom 1985).

Aus dem Italienischen von L. Giuliani

Marina Bertoletti

33–46 Architekturplastik des Apollo-Sosianus-Tempels

33 Fragment eines Lisenenkapitells
Inv. 3284
Lunensischer Marmor
H 0,63 m, L 1,13 m, T 0,80 m
Von dem Kapitell ist nur der obere linke Teil in einem Fragment erhalten. Es zeigt auf der rechten Seite eine breite, schräg verlaufende Bruchfläche. Die hintere und die linke Seite sind sorgfältig bearbeitet, während die

abgearbeitete Partie auf der linken Vorderseite eine rauh gepickte Oberfläche zeigt.
Das Fragment gehört wahrscheinlich zu einem der Lisenenkapitelle, die die Vorderseite der Tempelcella schmückten, wie man aus der Abarbeitung auf der linken Seite schließen kann, die wohl der Einlassung in die Wand diente. Die erhaltene Dekoration zeigt an einem Tropaion einen Muskelpanzer mit kleinen Palmzweigen anstelle der Schulterklappen. Seitlich entfalten sich in Form einer Volute größere Palmzweige, angereichert mit Dattelbüscheln und kleineren, tief gesetzten Zweigen. Zwischen den beiden Zweigen entspringt eine wellenförmige Ranke, die bis zur Mündung des Kalathos reicht, wo sie in einer fünfblättrigen Rosette endet.
Literatur: E. v. Mercklin, Antike Figuralkapitelle (1962) 267 Nr. 631. – Gros, Aurea Templa 181. – La Rocca, Amazzonomachia 90 Abb. 19.

34A Kapitell mit Dreifüßen und Schlangen
Inv. 2901
Lunensischer Marmor
H 0,39 m, Dm oben 0,76 m, Dm unten 0,62 m
Außer erheblichen Teilen des Abakus fehlen die Schlangenköpfe, die den Abschluß der Voluten bildeten. Die Oberseite des Kapitells, auf welcher der Architrav auflag, zeigt eine sorgfältige Bearbeitung mit dem Zahneisen.
Das Kapitell, das ursprünglich auf einer der Säulen der inneren Tempelordnung aus afrikanischem Marmor ruhte, war aus zwei verschiedenen Marmorblöcken zu-

Kat. 33

Kat. 34 a

sammengesetzt, deren Ausarbeitung erst nach ihrer Versetzung erfolgt sein muß, um so den perfekten kontinuierlichen Verlauf der dekorativen Elemente auf dem ganzen Kalathos zu gewährleisten. Das leider nicht erhaltene Unterteil war mit einem doppelten Kranz von Akanthusblättern verziert, die mit den höchsten Lappen oberhalb der Basis des oberen Blockes endeten. Dieser ist mit Dreifüßen geschmückt, um die sich Schlangen winden, deren Körper sich an den Beinen der Dreifüße so verknoten, daß sie einen ‚Heraklesknoten‘ bilden, um sich dann in Form von Voluten aufzurichten. Um die Schlangenkörper winden sich ihrerseits Wollbinden, die wie länglich ovale Perlen wiedergegeben sind. Die Dreifußbeine müssen ursprünglich länger gewesen sein und

Kat. 34 b

auf den unteren Teil des Kapitells hinabgeführt haben, so daß sie als Beziehungselement für die Binden, den aus den Schlangenleibern gebildeten ‚Heraklesknoten‘ und die Akanthusblätter dienten. Diese Annahme scheint bestätigt durch das analoge Kompositionsschema, das auf einigen Fragmenten von Lisenenkapitellen anzutreffen ist. Diese waren wahrscheinlich in die Querwände der Cella eingelassen, während die Kapitelle mit den zugehörigen Säulen aus afrikanischem Marmor entlang den Längsseiten aufgestellt waren.

Am Abakus des Kapitells schließlich sind die mittig sitzenden Blüten nicht erhalten, mit Ausnahme einiger Reste des Blütenblätterkranzes, die nahe dem unteren Profil noch zu sehen sind. Nichtsdestotrotz kann man, auf Grund kürzlich angestellter Überlegungen, den Vorschlag machen, als Abakusblüte ein dekoratives Element zu identifizieren, das ein von einem Blütenblätterkranz umgebenes Gorgoneion darstellt (vgl. Kat. 34 B); ein solches Schmuckelement ist in Fragmenten von zwei weiteren Exemplaren erhalten.

Literatur: E. v. Mercklin, Antike Figuralkapitelle (1962) 270 f. Nr. 638. − Gros, Aurea Templa 181. − La Rocca, Amazzonomachia 92 f. Abb. 21.

34 B Abakusblüte eines Kapitells mit Dreifüßen und Schlangen

Lunensischer Marmor
H 0,15 m, T (max.) 0,11 m

Ein senkrechter Bruch hat das Fragment eines guten Teils seiner linken Seite beraubt. Ein weiterer Bruch betrifft die Rückseite. Am Rand des obersten Blütenblattes hat sich ein Stück der Marmoroberfläche erhalten, das die Bearbeitung mittels eines Zahneisens zeigt.

Ein Kranz von Blütenblättern umschließt ein Gorgoneion mit lächelndem Gesichtsausdruck. Die Frisur wird von einem Mittelscheitel geteilt und ist in kleinen, bewegten Locken wiedergegeben, die auf den Schläfen enden. Das Gesicht und die Haare scheinen mit dem Meißel ausgeführt, während Spuren vom Gebrauch des Bohrers in den Furchen sichtbar sind, die ein Blütenblatt vom anderen trennen. Dieses Fragment kann wahrscheinlich der Dekoration des Abakus von dem Kapitell mit den Dreifüßen und den Schlangen (Kat. 34 A) zugewiesen werden, einmal wegen der Übereinstimmung in den Proportionen und zum anderen wegen der Art der Ausarbeitung der Blütenblätter, die ganz ähnlich den teilweise erhaltenen des Kapitells ist. Als eine letzte Bestätigung dieser Hypothese ist außerdem hervorzuheben, daß der erhaltene Teil der Marmoroberfläche eine sorgfältige Bearbeitung aufweist − erreicht durch den Gebrauch des Zahneisens −, ganz ähnlich der Oberfläche, wie sie an dem Kapitell anzutreffen ist.

Die komplexe Bildhaftigkeit dieses Kapitells mit der Abakusblüte, dargestellt als Gorgoneion, darunter der Dreifuß und der aus Schlangenleibern gebildete ‚Knoten des Herakles‘, unterstreicht noch einmal − in diesem Fall klar apotropäisch gemeint, in ungebrochener Fortsetzung der Kulttradition des Apollo Medicus − den symbolischen Aspekt des ganzen dekorativen Programmes des Tempels.

Kat. 37

35   Säule, zur Ädikula gehörig
Marmor: Pavonazzetto
H 2,36 m
Ein waagerechter Schnitt, der wahrscheinlich auf ein
Umstürzen der Säule zurückzuführen ist, hat den Bruch
in zwei Teile verursacht. Dennoch ist der allgemeine Erhaltungszustand recht gut mit Ausnahme einiger Verletzungen und Fehlstellen, die längs den Rändern des Bru-
ches sowie an dem oberen und unteren Schaftende anzutreffen sind.
Diese elegante, kannelierte Säule, der man das Kapitell
mit dem doppelten S-Motiv (Kat. 36) zuordnen kann,
stützte den mit drei glatten Faszien verzierten Architrav
(Kat. 38) einer der Ädikulen in der Cella.

36   Kapitell der Säule, zur Ädikula gehörig
Lunensischer Marmor
H 0,29 m, B (ergänzt) 0,40 m
Das Kapitell ist ausgezeichnet erhalten; es fehlen lediglich die Kanten des Abakus auf der linken Seite. Dazu
kommen einige Verletzungen entlang des unteren Randes am Kalathos.
Dieses raffinierte Kapitell kann man auf Grund des De-
korationsschemas des Kalathos der Serie von Kapitellen
‚mit doppeltem S‘ zuschreiben, das von ikonographischen Motiven abgeleitet ist, die im griechischen Architekturdekor seit dem 5. Jh. v. Chr. Verwendung fanden.
Zwei Bänder, in der Mitte mit einer kleinen Binde zu-
sammengebunden, breiten sich in Form von Voluten
aus, indem sie zwei symmetrische und gegenständige S
bilden. Aus dem Zentrum entspringen zwei Palmetten:
die eine, von zwei seitlichen Halbpalmetten umschlossen, bedeckt die obere Zone des Kalathos und reicht bis
zur Spitze des Abakus, die andere, auf dem Kopf stehend, endet mit dem unteren Rand des Kapitells. Unter

dem von den Voluten gebildeten Rand entspringt eine
umgedrehte Lotosblüte, aus der wiederum eine Palmette entwächst, die, kleiner als die vorhergehenden,
zwischen Spiralen steht, die von zwei kleineren Bändern
gebildet werden und sich von den großen S-förmigen
unterscheiden.

37   Lisenenkapitell, zur Ädikula gehörig
Lunensischer Marmor
H 0,29 m, B (ergänzt) 0,40 m, T 0,06 m
Das Kapitell, zusammengesetzt aus vier Fragmenten, ist
des Teiles der rechten Seite beraubt, wo zur Einfügung
eines Metallzapfens Reste einer kreisförmigen Öffnung
verblieben. Es ergibt sich daraus der fehlende Teil des
Abakus und der Volute in Entsprechung zur linken
Seite, wo ein Absatz mit den Resten eines kleinen Zap-
fens sichtbar ist, der vielleicht auf eine nachaugusteische
Reparatur zurückgeht.
Das dekorative Schema dieses Kapitells wiederholt genau dasjenige des Säulenkapitells (Kat. 36). Von zwei
gegenübergestellten, symmetrischen S, verbunden
durch eine kleine Binde in der Mitte, gehen zwei gegenständige Palmetten aus, von denen sich die eine umgedreht in der unteren Zone des Kapitells, die andere in
der oberen ausbreitet, indem sie den Rand des Abakus
berührt. Aus den Voluten wachsen zwei halbe umgedrehte Lotosblüten. Schließlich entspringen zwei seitliche Bänder aus der Mitte der kopfüber stehenden Palmette, die in zwei ebenfalls umgekehrten Halbpalmetten enden.

Kat. 35.36

Kat. 38

Das Kapitell muß, wegen des offensichtlichen Anklangs seines dekorativen Schemas an das Säulenkapitell und wegen der Übereinstimmung seiner Proportionen, sicherlich einer der Ädikulen zugeschrieben werden. Dieses Lisenenkapitell trug den Architrav an dem Punkt, wo dieser in die Wand eingelassen war, und stützte sich seinerseits auf eine, sehr wahrscheinlich in Pavonazzetto ausgeführte Lisene, in Analogie zu der kannelierten Säule (Kat. 35).

38 Zwei Fragmente vom Architrav einer Ädikula

a. Lunensischer Marmor
H 0,42 m, L 1,05 m, T 0,32 m
b. Lunensischer Marmor
H 0,42 m, L 0,83 m, T 0,32 m

Die beiden Fragmente bilden einen rechten Winkel und passen so genau zusammen; ihr Erhaltungszustand ist mäßig. Der Architrav ist durch eine von zwei Leisten gefaßte Hohlkehle in zwei Zonen geteilt: die untere ist mit drei horizontalen Faszien verziert; die obere zeigt eine sorgfältig vorgenommene Abarbeitung und muß daher verkleidet gewesen sein, wahrscheinlich mit Platten aus buntem Marmor. Die Soffitte (Unterseite) ist einfach mit zwei glatten Kreisen verziert, die nebeneinander eingetieft wurden.

Die beiden Fragmente bilden die rechte Hälfte einer der Ädikulen, die in den Interkolumnien der Säulenstellung aus afrikanischem Marmor errichtet waren. Obwohl es möglich ist, auf Grund neuer Studien, die noch im vol-

len Gange sind, den ganzen Architrav zu rekonstruieren, war es doch vorzuziehen, zunächst ausschließlich den rechten Teil zu präsentieren, um hiermit eine, wenn auch beschränkte, so doch anschauliche Vorstellung vom Aufbau zu geben. Die der rechten Seite zugehörigen architektonischen Elemente konnten in einer Rekonstruktion zusammengefügt werden, während leider gleich gut erhaltene Pendants nicht existieren.

Kat. 39

39   Fragment eines geraden Konsolengeisons der Ädikula

Lunensischer Marmor
H 0,20 m, L 0,49 m, T 0,32 m
Von dem Konsolengeison ist nur die rechte Ecke erhalten. Einige Verletzungen treten an der Sima und an den vorspringenden Teilen auf. Die Oberfläche der Oberseite, wo der Giebelbogen aufsaß, ist sorgfältig mit dem Zahneisen bearbeitet. Auf dieser Seite sind auch in Übereinstimmung mit der Bruchlinie, die den hinteren Teil zerstört, die Reste einer Einlassung festzustellen, die wahrscheinlich dazu bestimmt war, eine Klammerbettung aufzunehmen.
Der Dekor des Gebälkstücks ist gleich dem des Giebelbogens (Kat. 40): eine Sima mit Hohlkehle bildet das obere Profil; es wechseln sich dann Konsolenklötzchen mit Rhomben ab, in die vierblättrige Blüten eingeschrieben sind; den Abschluß bilden ein Rechteckprofil und eine Zahnschnittleiste.
Literatur: Gros, Aurea Templa Taf. 34,1. – H. v. Hesberg, Konsolengeisa des Hellenismus und der frühen Kaiserzeit. 24. Ergh. RM (1980) 157. Für eine erste Rekonstruktion der Ädicula s. La Rocca, Amazzonomachia 91f. Abb. C–D.

40   Fragment des Giebelbogens einer Ädikula

Lunensischer Marmor
H 0,25 m, T 0,50 m
Einigermaßen gut erhalten, zeigt das Fragment eine ziemlich roh behauene Oberseite. Auf der rechten Seite ist ein schräger Schnitt sichtbar, so daß der Anschluß an das darunterliegende Gebälkstück gesichert ist.
Das obere Profil wird von einer Sima mit Hohlkehle gebildet; darauf folgt eine Zierleiste. Dann wechseln glatte, S-förmig geschwungene Konsolen mit Rundstab ab mit Rhomben, in die kleine vierblättrige Blüten eingeschrieben sind. Die Rhomben sind ihrerseits von Zierleisten gerahmt und nehmen so die Form einer richtigen Deckenkassette an; schließlich folgt noch eine Zahnschnittleiste.
Literatur: Für eine erste hypothetische Rekonstruktion s. La Rocca, Amazzonomachia 91 Abb. C.

Kat. 40

41   Architrav mit dem Fries eines Triumphzuges

Inv. 2776
Lunensischer Marmor
H 0,86 m, L 3,25 m, T 0,65 m
Der Architrav, wieder zusammengesetzt aus einem großen und zwei kleineren Fragmenten, ist gut erhalten. Der figürlich verzierte Teil ist nahezu intakt mit Ausnahme einiger Fehlstellen entlang des oberen Randes und um die Bruchkanten der Fragmente. Auf der rechten Seite verläuft ein ausgedehnter, schräger Bruch, dennoch hat sich auch hier ein Teil der gut geglätteten Marmoroberfläche erhalten; ein weiterer Bruch kleineren Ausmaßes betrifft die linke Seite, wo ein beachtlicher Teil der Oberfläche Spuren des Randschlages, der Anathyrose, bewahrt. Auf der mit dem Zahneisen bearbeiteten Oberseite finden sich etwa in der Mitte einige Fehlstellen; nahe der linken Ecke liegt eine große, rechteckige Einarbeitung, die ursprünglich dazu bestimmt war, die Bettung für eine Metallklammer aufzunehmen. Die recht gut erhaltene Soffitte ist sehr fein mit in Blüten auslaufenden Akanthusranken verziert, die von einem lesbischen Kyma gerahmt werden.
Der Marmorblock muß, wie die auf beiden Seitenteilen sichtbaren Reste der Anathyrose nahelegen, ein voll-

Kat. 41

Kat. 41

ständiges Segment des Architravs gebildet haben, der vor der Cellawand entlang lief und von der Säulenstellung aus afrikanischem Marmor getragen wurde.

Der Fries ist in zwei waagerechte Bänder geteilt. Das untere ist verziert mit einer Reihe von Akanthusblättern, die mit Seerosenblättern abwechseln; darunter liegt eine Reihe von Perlen und halbkugeligen Spinnwirteln, die mit ihren konvexen Seiten aneinander gestellt sind; diese letzteren stellen ein charakteristisches Detail des architektonischen Dekors in augusteischer Zeit dar. Im oberen Band ist ein Triumphzug dargestellt. *Popae* führen drei Stiere zum Opfer, ihnen gehen mit Tunicen bekleidete Jünglinge voraus, die ein *ferculum*, ein Tragegestell, auf dem Boden abgestellt haben, auf das ein Tropaion gesetzt ist. Zu den Seiten dieses Siegesmals sitzen zwei gefesselte Gefangene, bekleidet mit Tunica und Mantel: der eine von ihnen ist bärtig, der andere könnte, aber dies ist nicht ganz sicher, eine Frau sein. Das Tropaion ist zusammengestellt aus einer Tunica mit Mantel, ovalen Schilden und einer perückenähnlichen Kopfbedeckung. Vom Prozessionsfries sind an weiteren Fragmenten erhalten: der Kopf eines Stieres, *togati* sowie ein von Dienern getragenes *ferculum* (Kat. 42). Der dargestellte Zug muß sicherlich auf den dreifachen

Triumph bezogen werden, den Augustus im Jahre 29 v. Chr. feierte, und zwar den ersten Tag über Dalmatier, Pannonier, Japiden und andere Völker Germaniens und Galliens, den zweiten Tag für den Sieg von Actium und schließlich den dritten Tag über Ägypten.

Literatur: La Rocca, Amazzonomachia 94 f. mit weiteren Literaturangaben.

42   Fragment eines Frieses mit Triumphzug

Inv. 2777

Lunensischer Marmor

H 0,55 m, L 0,62 m, T 0,24 m

Das Fragment bewahrt nur zum Teil die ursprüngliche Höhe des Frieses. Die übriggebliebene figürliche Zone ist gut erhalten, während die Dekoration des unteren Bandes vollständig verloren ist. Ein Bruch zerstört brutal die linke Seite; die rechte Außenseite zeigt eine gut geglättete Oberfläche.

Das Fragment bildet das rechte Ende eines Segmentes des Frieses, der den feierlichen Triumphzug darstellt (vgl. Kat. 41). Es werden Diener mit ihrer charakteristischen Bekleidung, dem *linus*, einem um die Hüften geschlungenen kurzen Schurz gezeigt, die ein *ferculum* tragen, das wie eine *tensa* überdeckt ist. Auf dem *ferculum*

Kat. 41

Kat. 42

Auf der Rückseite schließlich, wo fünf rechteckige Vertiefungen für das Einlassen von Metallklammern liegen, sind einige Zeichen und Buchstaben zu unterscheiden, wahrscheinlich Anweisungen für das Arbeiten mit dem Block.

Der Fries stellt, wie auch das folgende Fragment (Kat. 44), eine Szene aus einem Reiterkampf dar. Zur Linken ist ein gepanzerter Reiter dargestellt, der mit dem Schwert in der Faust einen vom Pferd gestürzten Gegner niedermachen will, der sich vergebens mit seinem erhobenen Schild zu schützen versucht.

Auf Grund des Kompositionsrhythmus der figürlichen Szene und vor allem, wenn man sowohl die Bearbeitung der rechten Außenseite dieses Fragments und die der linken Außenseite von Fragment Kat. 44, als auch die auf den Oberseiten beider Fragmente vorhandenen Stellen bedenkt, wo der Marmor höher und weniger sorgfältig bearbeitet ist, kann man vermuten, daß die Blöcke ursprünglich aneinander gehörten.

Literatur: Gros, Aurea Templa 185 Taf. 36. – La Rocca, Amazzonomachia 95 Abb. 27.

44   Architravfragment mit einer Kampfszene

Inv. 1788

Lunensischer Marmor

H 0,86 m, L 0,98 m, T 0,65 m

Der allgemeine Erhaltungszustand des Fragmentes ist recht gut, trotz einiger auffälliger Fehlstellen, die den figürlichen Teil betreffen. Einige Absplitterungen sind an den am weitesten vorstehenden Teilen im unteren Band festzustellen, das mit Akanthus- und Seerosenblättern verziert ist. Die Oberseite des Fragments zeigt eine Einlassung in Form eines L, die als Bettung für eine Metallklammer diente. Die gleiche Seite weist, analog zu dem vorangehenden Fragment (Kat. 43), eine Erhebung im Marmor auf, die von der linken Kante und der Klammerbettung begrenzt wird. Die charakteristische Bearbeitung der Anathyrose ist zum großen Teil auf der linken Außenseite anzutreffen, während die rechte durch eine auffällige Lücke schwer beschädigt ist.

Die Soffitte des Architravs bewahrt größtenteils eine ähnliche Verzierung wie der große Architravblock (Kat.

sind die *liba* – Brote und Schweinsviertel – ordentlich ausgestellt, die für die Feier der Sühneopfer, der *piacula*, notwendig sind.

Literatur: La Rocca, Amazzonomachia 94 f. Abb. 25 mit weiteren Literaturangaben.

43   Architravfragment mit einer Kampfszene

Inv. 1786

Lunensischer Marmor

H 0,86 m, L 0,95 m, T 0,65 m

Das Fragment ist stark beschädigt, vor allem in der figürlichen Zone, wo zahlreiche Fehlstellen und Abplatzungen anzutreffen sind. Von der Dekoration des unteren Bandes sind nur einige Spuren der Akanthusblätter übriggeblieben. Die Fläche der Oberseite ist auf drei Vierteln ihrer gesamten Ausbreitung mit dem Zahneisen bearbeitet, während die verbleibende Zone – begrenzt von zwei rechteckigen Einarbeitungen für Klammerbettungen und der die rechte Ecke bildenden Außenseite, auf der sich Spuren der Anathyrose erhalten haben – höher liegt und eine weniger sorgfältige Bearbeitung aufweist. Diese Art der Ausführung kann dann gerechtfertigt werden, wenn man ein besonderes Anschlußsystem entweder für den unmittelbar folgenden Quader oder für die Blöcke des aufsitzenden Gebälks annimmt.

Die linke Außenseite und der entsprechende Teil der Vorderseite zeigen eine sehr rohe Meißelarbeit: es handelt sich wahrscheinlich um den abschließenden Teil des Architravs, aus dem die Aussparung zum Einlassen der Platten des Frieses herausgeschlagen wurde, der auf den Schmalseiten der Cella in die Wände eingelassen und von Lisenenkapitellen getragen war.

Die Soffitte dieses Architravs unterscheidet sich von der der anderen beiden Blöcke (Kat. 41.44); an die Stelle des längsrechteckigen Rankenfrieses tritt eine quadratische, auf drei Seiten erhaltene Deckenkassette: eine von einer Leiste umschlossene Mittelblüte, die ihrerseits von einem lesbischen Kyma mit doppelt umfahrenen Blättchen gerahmt wird.

Kat. 43

Kat. 44

Kat. 45 a

41); sie wird von einem Akanthus gebildet, dem Ranken und Blüten entspringen, gerahmt von einem lesbischen Kyma.

Der figürliche Fries stellt einen mit einer Lanze bewaffneten Reiter in Tunica und Panzer mit breitem Gürtel nach rechts galoppierend dar. Er schleudert seine Lanze gegen einen Gegner. der in die gleiche Richtung flieht. Dieser ist auf den Rücken seines in die Hinterbeine gebrochenen Pferdes gekippt und versucht, sich mit dem Schwert zu verteidigen. Seine Kleidung, bestehend aus einer kurzen, auf der linken Schulter zusammengehaltenen Tunica, erweist ihn als einen barbarischen, also nichtrömischen Krieger. Rechts ist die Figur eines dritten Reiters sichtbar, der die gleiche Haltung wie der erste einzunehmen scheint. Das Fragment dürfte wohl, wie bereits vermutet, an das oben beschriebene (Kat. 43) anschließen, auch wenn sich wegen des schlechten Erhaltungszustandes des figürlichen Teils beider Fragmente an der entsprechenden Blockfuge keine Elemente erhalten haben, die die Kontinuität der Darstellung präzisieren und damit die Zusammengehörigkeit gegenseitig bestätigen könnten.

Literatur: Gros, Aurea Templa 185 Taf. 35. – La Rocca, Amazzonomachia 95 Abb. 26.

45   Gerade Konsole

a. Lunensischer Marmor
H 0,20 m, L 0,60 m, T 0,22 m
b. Lunensischer Marmor
H 0,20 m, L 1,70 m, T 0,22 m

Die beiden Fragmente, die Bruch an Bruch anpassen, ergeben ein Konsolengeison mit einer Länge von 1,84 m. Das Fragment 45a ist sehr zerstört; es bewahrt einen Teil der Sima und das Eckfeld der Bekrönung, während von den beiden anderen mit Blüten verzierten Feldern, wie auch von den Konsolen nur geringe Spuren übriggeblieben sind. Auf der Oberseite sind zwei Einlassungen sichtbar, wahrscheinlich um die Bettungen für Metallklammern aufzunehmen. Das Fragment 45b, von größeren Dimensionen, wurde erst kürzlich im Zuge einer Restaurierung zusammengesetzt. Die Oberfläche zeigt, analog zu Fragment 45a, zwei Klammerlöcher. Schließlich weisen hier beide Fragmente zwei Vertiefungen auf, die symmetrisch 0,60 m von den Rändern entfernt angeordnet sind und vielleicht der Anbringung eines abschließenden dekorativen Elementes dienten.

Eine einfache Leiste trennt die Sima von der Bekrönung. Konsolen mit S-förmigem Profil und Rundstab wechseln sich ab mit Feldern, die mit überaus feinen Blütenständen aus phantasiereich unterschiedenen ikonographischen Motiven verziert sind. Den unteren Abschluß bildet eine Zahnschnittleiste. Beide Fragmente, 45a auf der linken und 45b auf der rechten Seite, zeigen

Kat. 45 a, b

Kat. 46

mit einer Konsole verzierte Ecken, die denen auf der Frontseite bis auf den hier fehlenden Rundstab gleicht und die im rechten Winkel zu den anderen steht.

Die ursprüngliche Lokalisierung dieses raffinierten Konsolengeison ist beim gegenwärtigen Stand der Untersuchungen unsicher; auf jeden Fall kann man, wenn man die geringe Tiefe der Auskragung in Betracht zieht, annehmen, daß sie einer eventuellen oberen Ordnung zugehörig sei.

Literatur: Für eine erste hypothetische Rekonstruktion s. La Rocca, Amazzonomachia 91 Abb. C. Ähnliche Konsolen aus dem Theater von Cherchel sind publiziert von P. Pensabene, in: 150-Jahr-Feier DAI Rom. Ansprachen und Vorträge. 1979, 25. Ergh. RM (1982) 124 f.

46   Kopf einer Muse

Inv. 3279
Parischer Marmor
H 0,26 m

Die Oberfläche des Marmors ist infolge der erlittenen schweren Beschädigungen stark verrieben. Die Nase ist abgebrochen; an der Oberlippe und den Ohren sind Absplitterungen sichtbar.

Das länglich ovale Gesicht zeigt eine fein differenzierte Linienführung von weicher Modellierung, die vielleicht wegen der Korrosion der Marmoroberfläche weniger deutlich wird. Bei den mandelförmigen Augen sind die Lider kaum angegeben; die Brauenbögen verschmelzen in einem weichen Übergang der Fläche mit der Stirn. Die Lippen sind klein und leicht geöffnet. Die durch einen Mittelscheitel geteilte Frisur ist in wellenförmigen Linien angelegt, die sich auf den Schläfen in unregelmäßigen, schlangenartigen Locken ausbreiten. Zwei unter dem Haarknoten geknüpfte Bändchen halten die Haare auf der Schädelkalotte. In der Höhe der Ohren sind zwei regelmäßige Schnitte zu sehen, die von einer Anstückung in Stuck oder Marmor stammen müssen. Auf dem Hinterhaupt ist eine regelmäßig beschnittene Zone sichtbar, die in der Mitte ein rundes Dübelloch trägt; ein weiteres Dübelloch liegt zwischen dem Haarknoten und dem Hals. Offenbar war der fehlende Teil der Frisur in Marmor oder Stuck getrennt gearbeitet.

Auf Grund stilistischer Vergleiche ist es möglich, diesen Kopf dem rhodischen Kunstkreis zuzuordnen und die Ausführung in das 2. Viertel des 2. Jhs. v. Chr. zu datieren. Es handelt sich mit einiger Wahrscheinlichkeit um den erhaltenen Rest einer der Musen, die − ein Werk des Bildhauers Philiskos und aufgestellt zum Schmuck der Cella − wahrscheinlich mit der Statue der Muse mit der kleinen Kithara zu identifizieren ist, die eine kleinformatige Statuettenwiederholung aus dem Haus des Octavius Quartio in Pompeji überliefert.

Literatur: E. La Rocca, Alessandria e il mondo ellenistico-romano. Festschr. A. Adriani III (1984) 629 ff. − La Rocca, Amazzonomachia 95 Abb. 28.

Aus dem Italienischen von H. G. Martin

Joachim Ganzert – Valentin Kockel

Augustusforum und Mars-Ultor-Tempel

Zu den bedeutendsten Bauten des Augustus zählt das nach ihm benannte Forum mit dem Tempel des Mars Ultor (des Rächers). Zur Erbauung des Forums soll ihn die Beobachtung bewogen haben, daß bei der Menge der Menschen und der großen Anzahl von Gerichtsverhandlungen die zwei vorhandenen (Forum Romanum und Caesarforum) nicht ausreichten, so daß ein drittes notwendig erschien.

In der Tat hatte sich das republikanische Forum schon im 3.–2. vorchristlichen Jahrhundert als nicht mehr allen anstehenden Bedürfnissen gewachsen erwiesen. Die Verlagerung und Spezialisierung der Funktionen, vor allem der des Lebensmittelhandels, in das östlich des Forums errichtete Macellum bereits im 3. Jh. hatte konsequenterweise dann auch zum Bau des Caesarforums im Jahre 54 v. Chr. geführt, das den nun auch neuen politischen Konstellationen entsprach.

Im Jahre 42 v. Chr. soll der junge Octavian (der spätere Augustus) vor der Schlacht von Philippi gegen die Mörder seines Adoptivvaters Caesar gelobt haben, dem rächenden Mars den Tempel zu errichten; im Jahre 2 v. Chr. weihte er mit seinen beiden Enkeln und designierten Nachfolgern, Caius und Lucius, den Tempel des Mars Ultor auf dem Augustusforum ein.

Dieses neue Forum war als eine zwar monumentale, jedoch gleichzeitig kompakte und geschlossene Anlage konzipiert. Das drückte sich in der alles umschließenden, teilweise über 30 m hohen Umfassungswand aus Peperinquadern aus, die in ihren nordöstlichen Teilen noch heute erhalten ist (vgl. Kat. 47–49 und Abb. 53. 54). Sie trennte die Anlage von der dicht bebauten Subura (Wohnviertel) und den an das Forum Romanum angrenzenden Gebieten und diente damit nicht nur funktional dem Brandschutz, sondern auch formal der nach innen gerichteten Binnenarchitektur. Nur wenige Durchgänge erlauben den Zutritt. Wie oft bei hellenistischen Peristylanlagen, war im Gegensatz zur äußeren, unregelmäßig geschnittenen Grundrißlinie die innere Anordnung ganz regelmäßig, in diesem Falle symmetrisch aufgebaut.

Es sind mehrere Raum- bzw. Baueinheiten eingestellt, die einer durch eine zentrale NO-SW-Achse gerichteten, symmetrischen Anordnung folgten. Die auf drei Stufen leicht erhöht über dem Pflaster liegenden, langen Hallen mit Säulen aus rötlich-gelbem Marmor (Giallo antico) bildeten die Seiten eines offenen Platzraumes. Ihre Attiken waren mit weißmarmornen Karyatiden und Rundschilden im Wechsel geschmückt. Der achtsäulige, weißmarmorne Tempel auf hohem Podium bildete den nordöstlichen, imponierend hoch aufragenden, zentralen Platzabschluß und ließ links und rechts nur schmale Korridore frei, die über Stufen zu den auf den Ausläufern des Collis Quirinalis verschieden hoch mündenden Durchgängen in die Subura führten. Zwei große, auf der verlängerten Achse der Tempelfront hinter den Portiken liegende, kreissegmentförmige Exedren (Kat. 47; Abb. 55) erweiterten den Hallenraum sowohl horizontal als auch vertikal; sie überragten die Portiken um ein Geschoß. Vom Platz her trat das Obergeschoß der Exedren wegen der Höhe der Porticusattiken und der perspektivischen Verkürzung ihrer leicht ansteigenden Pultdächer wohl nur unwesentlich in Erscheinung. Um so überwältigender muß der Raum- und Lichteindruck nach dem Durchqueren der mit einer flachgewölbten Kassettendecke stark längsfluchtenden Hallen gewesen sein. Wie in den Hallen mit Giallo-Halbsäulen waren auch die Rückwände der Exedren im Wechsel mit Cipollino-Halbsäulen und Statuennischen gegliedert, hier nun aber über zwei Geschosse. Die breitere Mittelnische war zusätzlich durch ihre Höhe betont. Gewissermaßen indirektes Licht trat für den von den Hallen her Kommenden durch die Säulenstellungen des zweiten Geschosses an den Exedrafronten ein und beleuchtete das hohe Rund der Schauwand, die wie ein Brennspiegel das in Statuen und Inschriften aufbereitete historische Vermächtnis zusammenzufassen angelegt war. So wurde der architektonische Rahmen des Augustusforums durch die statuari-

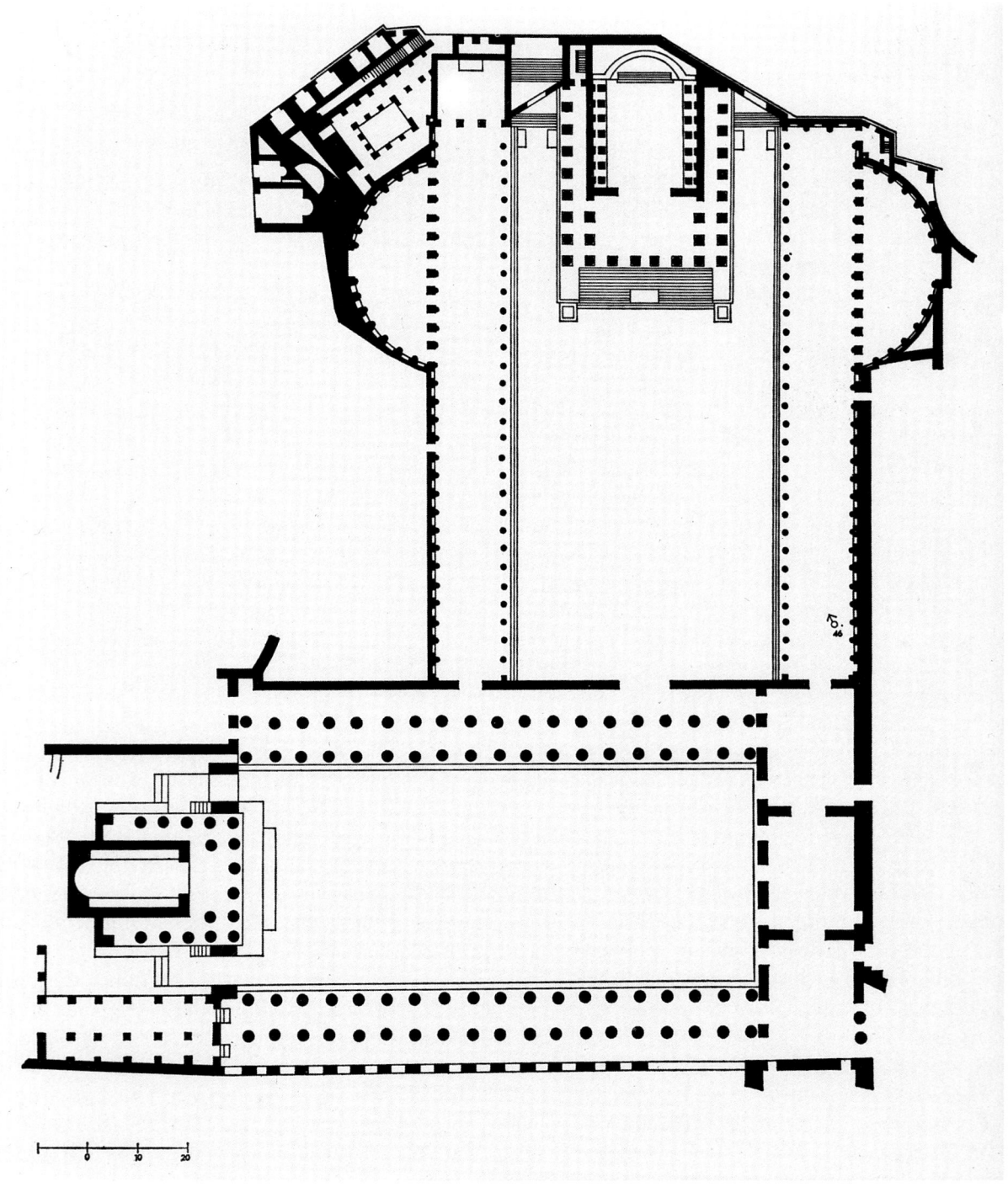

Abb. 51   Augustusforum und Caesarforum (n. Gatti)

sche Ausstattung in seiner historischen und politischen Aussage ergänzt, ja mit schlaglichtartig-symbolischen ‚Zitaten' gefüllt, die einen die ganze römische Welt zusammenfassenden Ideologieentwurf exemplarisch vergegenwärtigen sollten.

Gewissermaßen als ein eigener Raumteil des Gesamtkomplexes muß der weißmarmorn gepflasterte Platz angesehen werden, in dessen Mitte wohl das aufwendige Monument mit der Quadriga gestanden hat, das vom Senat anläßlich der Einweihung des Forums für Augustus

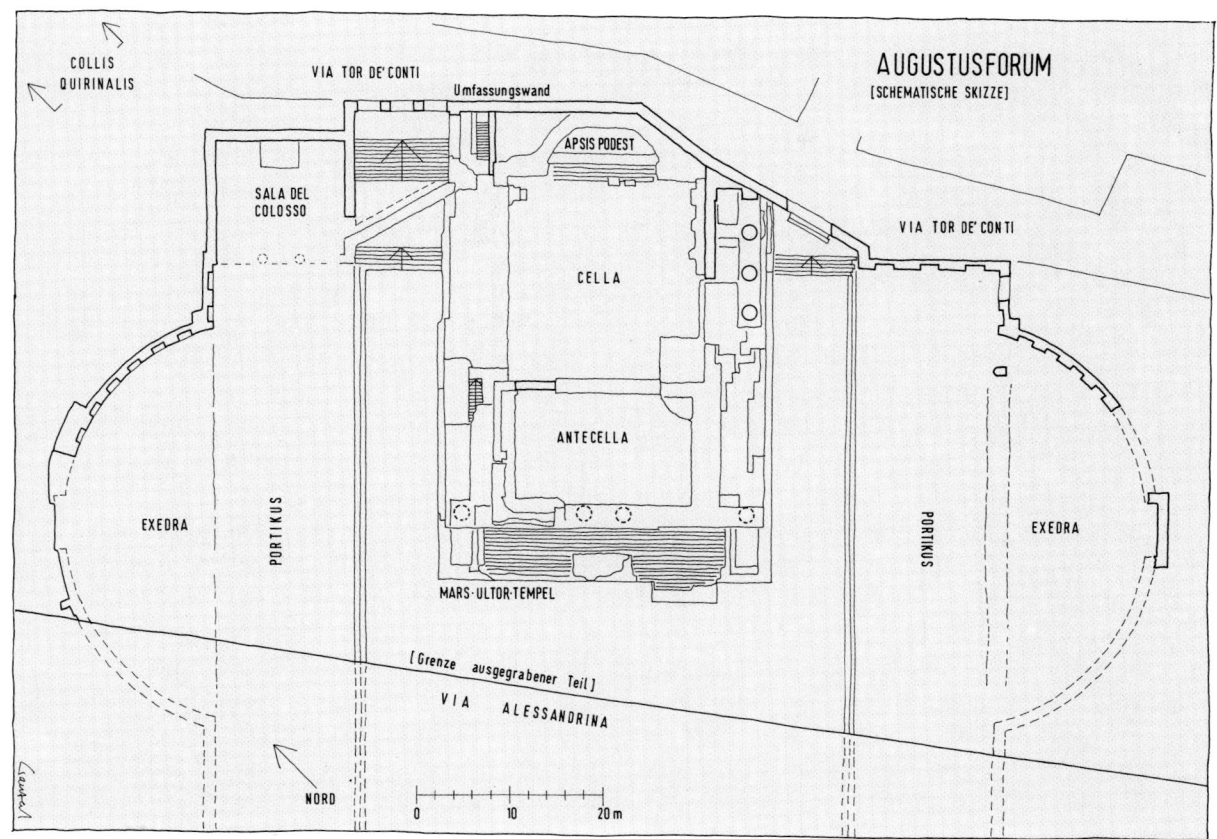

Abb. 52   Augustusforum: Die Situation in der modernen Bebauung (Ganzert)

aufgestellt wurde. Dieser allseitig hoch umschlossene, vom Himmel überspannte Freiraum, in dessen Mitte Augustus als *pater patriae* stand, erhielt seine Richtung durch die seitlichen Portiken mit ihren rötlich-gelben Giallo-‚Säulenvorhängen‘, durch den Haupteingang im Südwesten, für den wir eine angemessene Propylonarchitektur annehmen dürfen, die sich in die wohl auch an dieser dritten Seite fortgesetzte Porticusarchitektur einfügte, und vor allem durch die auf der zentralen Hauptachse dem Haupteingang gegenüberliegende, alles überragende Tempelfront mit der großen Freitreppe (Kat. 47; Abb. 53).

Der Tempel als absolute Dominante der Gesamtanlage, der die monumentale Steigerung der stark richtungsbetont herausgearbeiteten Symmetrieachse darstellte, war selbst in dieser zentralen Richtung gegliedert. Über die wuchtig-breite Treppe kommend trat man in eine breite, drei Joche tiefe Vorhalle ein, die nur durch die Frontsäulenstellung nach Süden hin begrenzt war, während links und rechts die beiden, seitlichen Säulenkorridore hier mit doppelter Säulenstellung, weißmarmorner Kassettendecke und weißmarmornem Paviment diese Hauptrichtung verstärkten (Abb. 51. 52). Die Vorhalle hatte wohl eine hölzerne Kassettendecke, die sie, wie auch das farbige Paviment, als einen zum Tempelinneren gehörenden Teil auswiesen. Die große Türe gab den Blick frei in die fast quadratische Cella, die durch die seitlichen Säulenstellungen der Innenordnung mit den Pegasuskapitellen ganz auf den Zielpunkt der großen Symmetrieachse hin orientiert war: auf die Apsis des Tempels, das innerste Kultzentrum, das *penetrale* des ganzen Komplexes.

Wie das Paviment der Vorhalle bestand auch das Cellapaviment aus Pavonazzetto-, Giallo- und Africano-Platten (s. Farbtafel 2), nur im Muster unterschied es sich. Das dominierende Material in der Cella und wohl auch in der Vorhalle war Pavonazzetto; die Pavonazzetto-Bänder des Fußbodens setzten sich in den Pavonazzetto-Säulen der Cellainnenordnung gewissermaßen vertikal fort.

Dieser vorherrschende Farbton des weiß-violetten Pavonazzetto verbindet das Tempelinnere mit dem fast quadratischen Raum im Anschluß an die Nordporticus, der «Sala del Colosso» (Abb. 51. Farbtafel 2). Der wohl durch die Grundstücksgegebenheiten entstandene Raum, zu dem es kein symmetrisches Pendant bei der Südporticus gibt, war durch zwei Giallo-Säulen von der Porticus getrennt und setzte sich von der Halbsäulenarchitektur der Hallen durch eine Blendordnung mit flachen Pavonazzetto-Pilastern ab. Hier soll eine kolossale Statue, ein Bildnis des Augustus, aufgestellt gewesen sein, doch wissen wir dies erst aus claudischer Zeit. War vorher dort eine Alexanderstatue aufgestellt? Auch dieser Raum dürfte zwei Ordnungen gehabt haben und durch über den Porticusdächern liegende Fensteröffnungen belichtet worden sein. Die in diesen engen, aber kostbaren Rahmen eingestellte, schräg von oben beleuchtete Kolossalfigur ließ den Raum eher als Schrein, als Heroenschrein am Ende der langen Hallenflucht wirken; dazu würde der Girlandenfries (Kat. 55), als entsprechendes Dekorationsband in die Blendordnung über dem Architrav eingefügt, passen. Der Fußboden war durch ein Schachbrettmuster aus Giallo- und Pavonazzetto-Rechtecken gegliedert.

Ein ähnliches Schachbrettmuster wiesen auch die Böden der Exedren auf (Farbtafel 2), dort jedoch aus Giallo- und Africano-Rechtecken. Das Paviment der Portiken setzte sich durch ein großzügigeres Kreuzbandmuster aus bläulich-grauen Bardiglio-Bändern mit eingeschachtelten, durch Giallo-Streifen umrahmten Africano-Rechtecken klar von den Böden der Exedren und der «Sala del Colosso» ab. Ähnlich ist auch das Kreuzbandmuster der Tempelcella mit weißvioletten Pavonazzetto-Bändern gestaltet, deren Kreuzungspunkte durch Giallo-Quadrate abgesetzt sind. Die eingeschachtelten Pavonazzetto-Rechtecke sind hier durch Africano-Bänder umrahmt. So sind die Pavimente der großen Haupträume mit dem großzügigeren Kreuzbandmuster gegliedert, während die Annexräume das Schachbrettmuster aufweisen; und die eigentlichen Sakralräume setzen sich durch die Dominanz des weißvioletten Pavonazzetto-Farbtons von den anderen Räumen ab.

So wie die Innenräume mit verschiedenfarbigen Materialien − Marmorsorten aus dem ganzen römischen Imperium − verkleidet waren, von denen sich die weißen Marmorstatuen und Inschriftentafeln effektvoll abhoben, so waren auch in der nicht sichtbaren, eigentlich tragenden Konstruktion unterschiedliche Baumaterialien verwendet. Entsprechend ihrer statischen

Abb. 53   Augustusforum: Ansicht von W

Abb. 54   Augustusforum:
Umfassungswand von N

Abb. 55 Augustusforum: Nordexedra von S

Abb. 56 Augustusforum: Sala del Colosso von W

Funktion wurden härtere Materialien wie Pietra Gabina, eine Art Peperin, und Travertin an den besonders punktbelasteten Stellen eingesetzt, während Tuff und *opus caementicium* in flächen- bzw. schwachbelasteten Zonen zu finden sind (Kat. 49). Marmor war, die Säulen und Gebälke ausgenommen, immer nur als verkleidende, oft sehr dünne Haut eingesetzt. Dies sollte weniger unter finanziell-ökonomischen Aspekten gesehen werden, sondern vielmehr als eine Folge rationeller Planung, die sich auf dem neuesten Stand technischen Fortschritts und technischer Ökonomie im Sinne wissenschaftlich-analytischer Kenntnis von Materialeigenschaften und -belastbarkeit bewegte. Daß dies gleichgeschaltet war mit dem auch wirkungsvollsten Einsatz der Materialien, in Qualität und Quantität, um Begriffe wie *maiestas* und *auctoritas* auszudrücken, ist kein Widerspruch, sondern die ganz konsequente Ergänzung hin zu dem Ganzen, das dieses Forum auf dem ideologischen und geistigen Hintergrund der Zeit darstellen sollte.

Diesen die gesamte Vergangenheit zusammenfassenden bzw. neuformulierenden Anspruch finden wir auch in der breiten Palette der Architekturdekoration, die wir deshalb nun auch durchaus nicht einseitig klassizistisch bezeichnen dürfen. Klassizistische Formungen sind nicht stärker vertreten als Re-Formationen vorklassischer und die hellenistische Entwicklung abschließende Neuschöpfungen augusteischer Zeit. Dies gilt besonders für den Tempel selbst, der allzu leicht klassizistisch etikettiert werden könnte. Außer in der äußeren ,Erscheinung' und einigen Details hat er nichts mehr mit klassisch-griechischen Tempeln gemein.

So sehr sich die Planer des Forums vor allem im Nordosten wohl nach vorgefundenen Verhältnissen richten mußten, so geschickt fügt sich die Riesenanlage in die topographischen und urbanistischen Gegebenheiten ein. Dem Knick in der Umfassungswand (Grundstücksgrenze), einer der schwierigsten Anschlußpunkte für einen symmetrischen Grundrißentwurf, nähert sich der Tempel mit der runden Apsis so weit als irgend möglich, um die sich durch die zusammentreffenden runden, schrägen und geraden Linien ergebenden Zwickelräume möglichst klein zu halten (Farbtafel 3,5). Zwischen Tempel und Sala del Colosso ließ man eine Felszunge der Hügelausläufer des Collis Quirinalis bis zu dem symmetrischen Gegenstück der schrägen Eingangswand im Osten hier im Norden bestehen und nutzte sie als Fundament für die Ein-

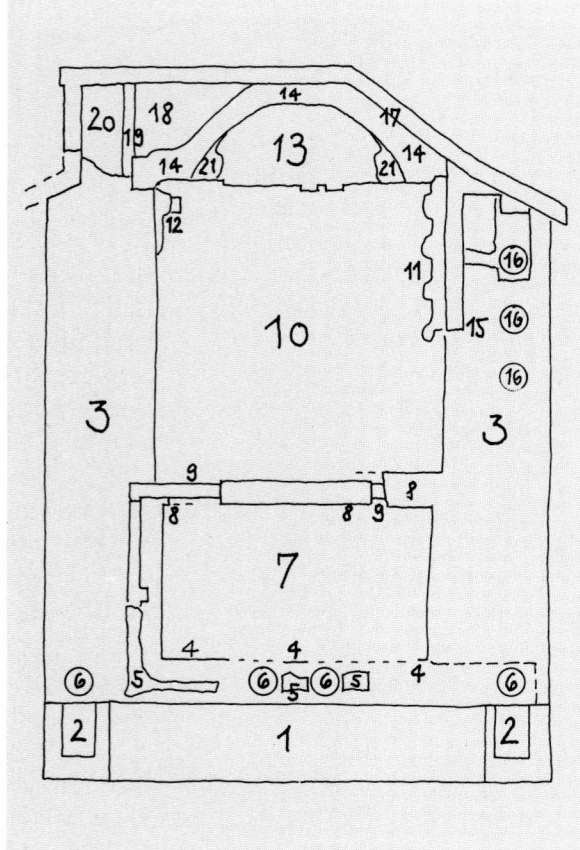

Abb. 57   Augustusforum: Schema des Befundmodells

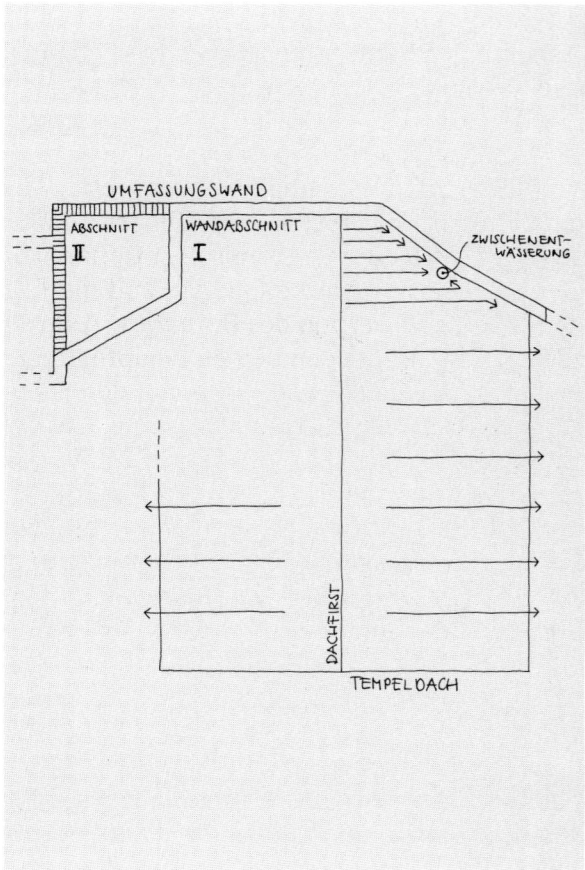

Abb. 58   Mars-Ultor-Tempel: Entwässerungsschema des Daches

gangstreppe (Kat. 49). In der «Sala del Colosso» hingegen wurde, wie in der Nordexedra, der Hügelausläufer rigoros bis zu 6 m tief angeschnitten und durch die Umfassungswand abgestützt (Abb. 56). Je nach Bedarf wurden auch hier die topographischen Gegebenheiten rationell und ökonomisch genutzt oder beschnitten. Topographische, urbanistische und planerische Umstände verbinden das Augustusforum aufs engste mit dem Caesarforum, an das es sich fast im 90-Grad-Winkel nach Norden hin anschließt (Abb. 51).

Die Architektur beider Fora ist bis heute noch kaum erforscht. Was hier mit wenigen Worten über das Augustusforum vorgestellt wurde, hat nur zum Teil − und dies erst seit kurzem − wissenschaftlich sicherere Grundlage. Das Augustusforum wurde zwar schon vor 60 Jahren ausgegraben, publiziert ist davon jedoch kaum etwas. Neuerliche Untersuchungen wollen die entstandenen, sehr großen Lücken schließen helfen, sind bei weitem jedoch noch nicht abgeschlossen. Denn auch das Augustusforum − wie könnte es anders sein − liegt nicht in seinem unberührten originalen Erstentwurf vor uns; zu viele Phasen, Veränderungen und Zerstörungen widersetzen sich einer eindeutigen Interpretation. Daher kann in dieser Ausstellung auch nur der Status quo der Forschungen und der damit verbundenen Problematik aufgezeigt werden. Die beiden Befundmodelle (Kat. 48. 49) zu den Untersuchungen am Mars-Ultor-Tempel sollen dies verdeutlichen.   J. G.

Während also die Beschäftigung mit den konkreten architektonischen Problemen erst jüngeren Datums ist, begann die Auseinandersetzung mit dem programmatischen Anspruch von Forum und Tempel wohl kaum zufällig schon Mitte der sechziger Jahre und hält bis heute unvermindert an. Wichtige Punkte sind noch umstritten, einiges wird sich vielleicht nach

Abschluß der Bauaufnahmen klären lassen. An dieser Stelle sollen deshalb nur ausgewählte Aspekte der Skulpturenausstattung behandelt werden, um damit deutlich zu machen, warum gerade das Augustusforum ein Prüfstein für die interpretatorischen Methoden der Archäologen geworden ist.

Die Architektur, die durch ihre Baumaterialien und Schmuckelemente Werte wie Macht, Tradition und Beständigkeit vermittelte, diente als Rahmen für die Ausstattung des Forums mit Statuen, Inschriften und Bildern, die klar faßbare politische Ziele verfolgte. Augustus sollte als Vollender der römischen Republik und gleichzeitig als Schöpfer einer neuen Ordnung gefeiert werden. Antike Quellen und die Ergebnisse der Ausgrabungen erlauben eine weitgehende Rekonstruktion des Befundes. Augustus hatte eine Statuengalerie anlegen lassen, deren zentrale Figuren in den beiden Hauptnischen der Exedren standen (s. u.): links Aeneas auf der Flucht aus Troja mit dem Vater auf den Schultern und dem Sohn Ascanius an der Hand; rechts Romulus mit einer erhobenen Lanze, wohl dem Zeichen seines ersten Sieges, den *spolia opima*. Neben Aeneas, dem Sohn der Venus und mythischen Ahnherrn des Geschlechtes der Iulier, waren weitere Angehörige dieser Familie aufgestellt. In der oberen Nischenreihe befanden sich, wie M. Spannagel auf Grund neuer Beobachtungen annimmt, die Könige von Alba Longa, der Vorgängerstadt Roms, mit denen die Iulier ebenfalls über Ascanius verwandt waren. Während also hier auf die Ahnen des Augustus verwiesen wurde, war Romulus, der Sohn des Mars und Gründer der Stadt, von den Großen Roms aus den anderen alten Familien umgeben. Ihnen, den *summi viri*, oder *principes viri*, wie sie Spannagel nennt, hatte Rom seinen Aufstieg zu verdanken. Auf ihren Statuenbasen waren Namen und Ämterlaufbahn verewigt, eine weitere Inschrift, ein Elogium, pries darüber hinaus noch ihre besondere Taten. Dabei ist bemerkenswert, daß nicht nur militärische Erfolge, sondern auch zivile Leistungen gewürdigt werden. Augustus wollte, so sagte er selbst, an den Taten dieser Männer gemessen werden, das gleiche sollte für seine Nachfolger gelten. Die offenbar von ihm inspirierten Inschriftentexte − Plinius nennt Augustus sogar selbst als Verfasser − verweisen aber auch schon auf Tugenden, die der Zeitgenosse gewohnt war, mit dem Herrscher selbst zu verbinden. Es genügt, die *pietas* des Aeneas und die *virtus* des Romulus zu nennen. Diese beiden Eigenschaften waren auch auf dem *clupeus virtutis* eingraviert, einem Ehrenschild, der Augustus 27 v. Chr. verliehen worden war und der über dem Portal seines Hauses hing.

Abb. 59 Mars-Ultor-Tempel, Treppe

Abb. 60   Mars-Ultor-Tempel von NO: Cella- und   Abb. 61   Mars-Ultor-Tempel: Cella und Apsispodest von N
Antecellabereich

Augustus stellte also die eigene Familie der Iulier allen anderen römischen *gentes* gegenüber. Diese Abstammung legitimiert seine eigene Herrschaft fast in dynastischer Weise, ein Anspruch, den Augustus bei der Einweihung des Tempels durch die Mitwirkung der beiden Prinzen und designierten Nachfolger auch für die Zukunft sichern wollte. Dem steht die Galerie der *principes viri* gegenüber, der herausragenden Gestalten der römischen Geschichte. Augustus liebte es, als *princeps* bezeichnet zu werden, auch wenn er diesen Begriff nicht als Titel führte. Er vereinte also in sich sowohl die republikanische Tradition der Herrschaft der Besten als auch die Legitimation durch die Abkunft von Aeneas. Besonders sinnfällig wurde das durch eine Bronzestatue, die ihn als Triumphator in einer Quadriga darstellte und die zwischen beiden Forumshallen auf dem Platz vor dem Tempel stand.

Die Statuengalerie symbolisierte aber auch den inneren Frieden, den Augustus den Römern gebracht hatte. Freund und Feind standen hier nebeneinander – auch Gegner des Augustus selbst. Diese Vereinnahmung der g a n z e n römischen Vergangenheit schlug sich auch in dem Ehrentitel nieder, den Augustus am meisten schätzte und der ihm erst im Jahr der Tempelweihe verliehen wurde. Die Inschrift *pater patriae* auf der Basis der Quadriga faßte diesen Aspekt der Statuengalerie prägnant in einer Formel zusammen. Beim Begräbnis des Augustus sollte der Gedanke noch einmal umgesetzt werden: Den Trauerzug begleiteten nicht nur, wie es die Tradition der Adelshäuser verlangte, die Masken der eigenen Ahnen. Auf Augustus' eigene Anordnung hin befanden sich unter ihnen auch die Bilder anderer Großer aus der Geschichte Roms.

Augustus hatte die Gesamtanlage *ex manubiis*, aus seinem Anteil an der Beute verschiedener Feldzüge errichten lassen. Auch darin folgte er der Tradition der Triumphatoren der Republik. Der rächende Mars erinnerte an den Caesarmord. Vielleicht stand sogar das Bildnis des vergöttlichten Caesar, des Divus Iulius, neben den Kultbildern von Mars und Venus im Tempel. Augustus hatte aber diese weitgehend persönlich motivierte Rache mit einer anderen verbunden, die den ganzen römischen Staat betraf. Im *penetrale* des Tempels, das wohl mit seiner Apsis identisch ist (s. u.), standen die von Augustus durch diplomatische Verhandlungen zurückgewonnenen römischen Feldzeichen, die Crassus und Antonius an die Parther verloren hatten. Augustus hatte diesen «Sieg am Verhandlungstisch» im Jahr 20 v. Chr. als einen seiner größten Triumphe feiern und für die wiedergewonnenen Feldzeichen einen eigenen Mars-Ul-tor-Tempel auf dem Kapitol errichten lassen. Er stand neben dem Tempel des Iuppiter Fere-trius, in dem die Siegeszeichen des ersten römischen Triumphators Romulus, die *spolia opima*, aufbewahrt wurden. In dem neuen Tempel auf dem Augustusforum verbanden sich Staatsra-che, private Rache und Triumph und bezogen sich mittels der Statuengalerie in direkter Weise auf Augustus. Krieg und Triumph waren auch die Themen einiger Zeremonien, die nach Augustus' Willen im Tempel stattfinden sollten: hier sollten die Provinzstatthalter zu ihrem Amt ausziehen, hier sollte der Senat über Triumphe beraten, hier die Triumphatoren ihre Sie-geszeichen ablegen, bevor sie selbst in die Statuengalerie aufgenommen wurden.

Die Wirkung des Augustusforums blieb nicht allein auf Rom beschränkt. In verschiedenen Städten Italiens, aber auch in der Schweiz, Spanien und Kleinasien sind Kopien der Elogia, ‚Kurzfassungen' der Statuengalerie und Zitate der Architektur gefunden worden. Noch hundert Jahre später übernahm der Architekt des benachbarten Trajansforums, Apollodor von Damas-kus, mit den großen Exedren nicht nur den originellsten Gedanken seines unbekannten Vor-gängers; seine ausführenden Werkstätten hielten sich bei der Auswahl, Anordnung und sogar in der stilistischen Ausarbeitung der Ornamente weitgehend an das nunmehr vorbildliche Augustusforum.

Die differenzierte Vielfalt der programmatischen Aussagen des Mars-Ultor-Tempels und des Augustusforums wurde von den Zeitgenossen sicher entsprechend ihrer Vorbildung in unterschiedlicher Weise begriffen. Allen muß aber deutlich gewesen sein, daß Augustus in ihnen übermenschliche Züge annahm. Und was zu Lebzeiten nur angedeutet werden konnte, wurde nach seinem Tod und nach seiner Divinisierung deutlich ausgesprochen. Bis zur Errich-tung eines eigenen Tempels übte man den Kult des Divus Augustus in dem von ihm geschaffe-nen Forum aus und huldigte so dem neuen Gott inmitten seiner vergöttlichten Vorgänger Aeneas, Romulus und Caesar.

V. K.

Zum Aufbau des Mars-Ultor-Tempels

Noch Anfang dieses Jahrhunderts war von den Ruinen des Augustusforums nur ein Teil der hohen Umfassungswand und die drei noch stehenden Säulen des Mars-Ultor-Tempels mit einem kurzen Stück Cellawand zu sehen. Diese Reste waren jedoch durch die Ereignisse der nachantiken Jahrhunderte bis zu sieben Meter hoch verschüttet. Auf diesem nachantiken Ver-schüttungsniveau lehnten sich ein Kirchlein und Klosterbauten an die antiken Strukturen an. Das Augustusforum in seinen heutigen Ausmaßen wurde in den zwanziger Jahren dieses Jahr-hunderts freigelegt.

Die Idee zu den Ausgrabungen war schon älter, aber erst mit den politischen Veränderun-gen in den zwanziger Jahren wurde 1924 mit den Abbruch- und Ausgrabungsarbeiten begon-nen, die bereits 1926 durchgeführt waren. Aus dem Jahre 1930 stammen Pläne des freigelegten Augustusforums von dem Architekten Italo Gismondi, nach denen 1937 zur 2000-Jahr-Feier des Geburtstages von Augustus am 23. September in der großen «Mostra Augustea della Romanità» ein Rekonstruktionsmodell des Augustusforums, von dem Modellbauer Di Carlo gebaut wurde (in dieser Ausstellung zu sehen; Kat. 47).

Dieses Modell stellt zusammen mit den gleichzeitigen Restaurierungsmaßnahmen und der didaktischen Aufbereitung der Ruine für das Publikum das einzig öffentlich bekanntgemachte Dokument der damaligen Ausgrabungstätigkeit und ihrer Ergebnisse dar. Gismondi hat nie etwas zum Augustusforum publiziert. Die von ihm gezeichneten Pläne wurden erst vor einem Jahr ohne Interpretation, stark verkleinert und in Planabschnitte zerlegt vom Archivio Comu-nale veröffentlicht.

Die Ansichten der Cellawand und der Porticusstirnwand bzw. N-Wand der «Sala del Colosso» und die verschiedenen Schnitte lassen den Beginn einer gründlicheren Auseinander-setzung mit dem Bau erkennen. Der Gesamtgrundrißplan und -prospekt sind hingegen zu schematisch, unvollständig und widersprechen sich im übrigen in der Befunddarstellung. Die wenigen Rekonstruktionszeichnungen zu Einzelheiten scheinen für den Modellbau konzipiert gewesen zu sein. Insgesamt ist durch die Pläne tatsächlich nur ein kleiner Teil des Befundes erfaßt; befundgetreue Wiedergabe und Informationsvollständigkeit schwanken merklich, Nachantikes wurde fast ganz außer acht gelassen.

Rekonstruktionszeichnungen des Augustusforums liegen uns seit der Renaissance von Architekten und Archäologen aus den verschiedensten Ländern in großer Anzahl vor. Das durch die Ausgrabungen hinzugekommene Material verschafft Gismondis Gesamtrekonstruktion natürlich eine gewisse Überlegenheit gegenüber allem Vorhergehenden. Das nun ans Tageslicht getretene Podium und Fundament konnte auf ganze meßbare Länge mit dem Oberbau in Verbindung gebracht werden. Angesichts des heutigen Forschungsstandes schien es aber auch nicht angeraten, Gismondis Rekonstruktionsmodell für diese Ausstellung bereits durch eine erneute Rekonstruktionspräsentation zu ersetzen.

Nach dem Kriege unternahm das Centro Nazionale delle Ricerche Untersuchungen am Augustusforum, die A. M. Colini leitete und deren Ergebnisse er in einem Bericht vorstellte. Eine erste umfassendere Abhandlung zum Bildprogramm wurde von P. Zanker vorgelegt. V. Kockel publizierte jüngst «Beobachtungen zum Tempel des Mars Ultor und zum Forum des Augustus». Seine dort vorgestellte Rekonstruktion der oberen Tempelecke bzw. seine Teilrekonstruktion der Tempelnordseite, die auf der Aufnahme von ausgewählten Architekturfragmenten und den Plänen Gismondis beruhten, werden in dieser Ausstellung, die gesamte Fassade darstellend, als Ergänzung zur Tempelfassade auf dem Medici-Relief gezeigt. Studien zur Architektur unternahm H. Bauer im Rahmen von Restaurierungsmaßnahmen an der Außenseite der Umfassungswand und an den Wänden der Südporticus und Südexedra. Einen umfassenderen Akzent soll diese Auseinandersetzung durch die seit November 1982 durchgeführten Untersuchungen am Mars-Ultor-Tempel erhalten, im Rahmen der geplanten, vollständigen Erforschung des Augustusforums durch die Comune di Roma. Der Stand der Untersuchungen, der durch die Fundamentbeobachtungen auch sehr grundsätzliche Ergebnisse aufweist, soll in zwei Status-quo-Modellen (Kat. 48.49) in dieser Ausstellung vorgestellt werden und das Rekonstruktionsmodell Gismondis ergänzen bzw. mit ihm konfrontiert werden (alle Modelle im gleichen Maßstab 1:50). Mit dieser gewissermaßen dialektischen Gegenüberstellung soll die Forschungs- und Rekonstruktionsproblematik offengelegt und dem Ausstellungsbesucher des Mars-Ultor-Tempels vorgeführt werden. Es soll ihm der Nachvollzug bauforscherlicher Analyse und Diagnose zugänglich gemacht und damit auch der Sinn der laufenden Untersuchungen dargestellt werden. Außerdem können diese Modelle antike Konstruktionsweisen wie auf einer Baustelle vorführen und verstehen lehren. Weiterhin können die Modelle Dokumente eines ständig weniger werdenden Befundes sein: Der Mars-Ultor-Tempel ist einer der wenigen Tempel Roms, der noch viele Befunddetails bewahrt hat, vor allem, was das Tempelinnere betrifft.

Der Befund

Die Status-quo-Modelle beinhalten nur einen Ausschnitt des ausgegrabenen Teils des Augustusforums (s. Abb. 57. Farbtaf. 1), nämlich den Tempel und die Umfassungswand im Bereich des Tempels und des nördlichen Forumszuganges (die nördliche Zugangssituation wurde schematisch bis zur Flucht der Porticusstufen miteinbezogen, vgl. Kat. 47).

Der Tempel besteht aus:
– dem *opus-caementicium*-Fundament (s. Abb. 57,1. Abb. 59) für die Tempeltreppe mit wenigen original erhaltenen Marmorstufen und zum größten Teil in den 30er Jahren aufgelegten Travertinstufen; außerdem den *opus-caementicium*-Packungen für das Treppenpodest und für die rechte und linke Treppenwange (Abb. 57,2).

Abb. 62   Podium des Mars-Ultor-Tempels von NW

Abb. 63   Mars-Ultor-Tempel: Apsisgraben, von S

Abb. 64   Mars-Ultor-Tempel: Cellawand und Säulen von W

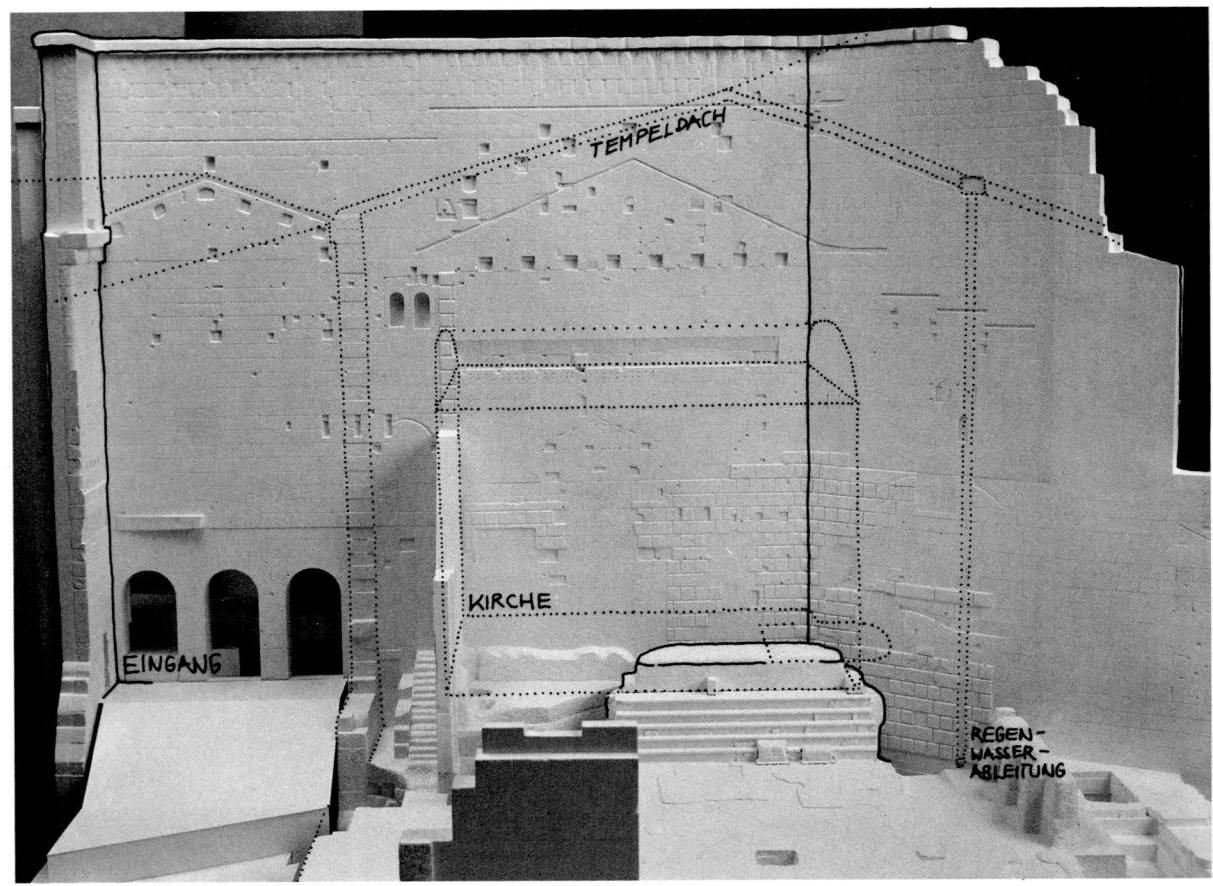

Abb. 65   Modell Kat. 48: Umfassungswand von innen. Antike Einlassungen v. Mars-Ultor-Tempel

– einem rechten und linken, breiten Tuffquader-Fundamentstreifen (Abb. 57,3) für die rechte und linke Säulenhalle (Farbtaf. 3,5 links).
– einem schmalen (nur an einigen Stellen sichtbaren) Tuffquader-Fundamentstreifen mit Travertinausgleichsschicht für die Frontsäulenstellung (Abb. 57,4), Resten des originalen, marmornen Stylobates (Abb. 57,5) und vier (von ursprünglich insgesamt acht originalen) in den 30er Jahren rekonstruierten Frontsäulenstümpfen (links und rechts außen; die beiden mittleren; s. Abb. 57,6). Der Teil des Tuffquader-Fundamentes, der sich unter der rechten Ecksäule befindet, wurde zur Gänze ebenfalls in den Jahren wiederhergestellt (s. Kat. 49; weiß belassen; s. Farbtaf. 3,2).
– dem Antecellabereich (Abb. 57,7; Abb. 60. Farbtaf. 3,2) mit *opus-caementicium*-Fundament und Estrichauflage (einzelne Pavimentfelder in den dreißiger Jahren rekonstruiert).
– dem schmalen Tuffquader-Fundamentstreifen (Abb. 57,8) für die Portalwand (zu sehen ganz rechts, in der Sondage unter der restaurierten Schwelle und ganz links als kleiner Eckansatz; s. Kat. 49) mit in den dreißiger Jahren rekonstruierten Portalwand-Ansätzen (Abb. 57,9), Türschwelle und *opus-caementicium*-Einfüllungen (in Kat. 49 weiß belassen; s. Farbtaf. 3,2).
– dem Cellabereich (Abb. 60,10; Abb. 59) mit *opus-caementicium*-Fundament, Estrichauflage und sowohl erhaltenen (in situ) als auch rekonstruierten (dreißiger Jahre) Pavimentfeldern. Hinzu kommen *opus-caementicium*-Reste an der Cellawand rechts (Abb. 57,11) und gegenüber links (Abb. 57,12; Abb. 62), die die Negativformen einer ehemals vorgestellten Tuffquaderschale sind (vgl. Cella-Rekonstruktionseinsatz, vorne rechts; Abb. 13). Tuffquaderschale und *opus-caementicium*-Füllung bildeten das Podest für die Innenordnung.

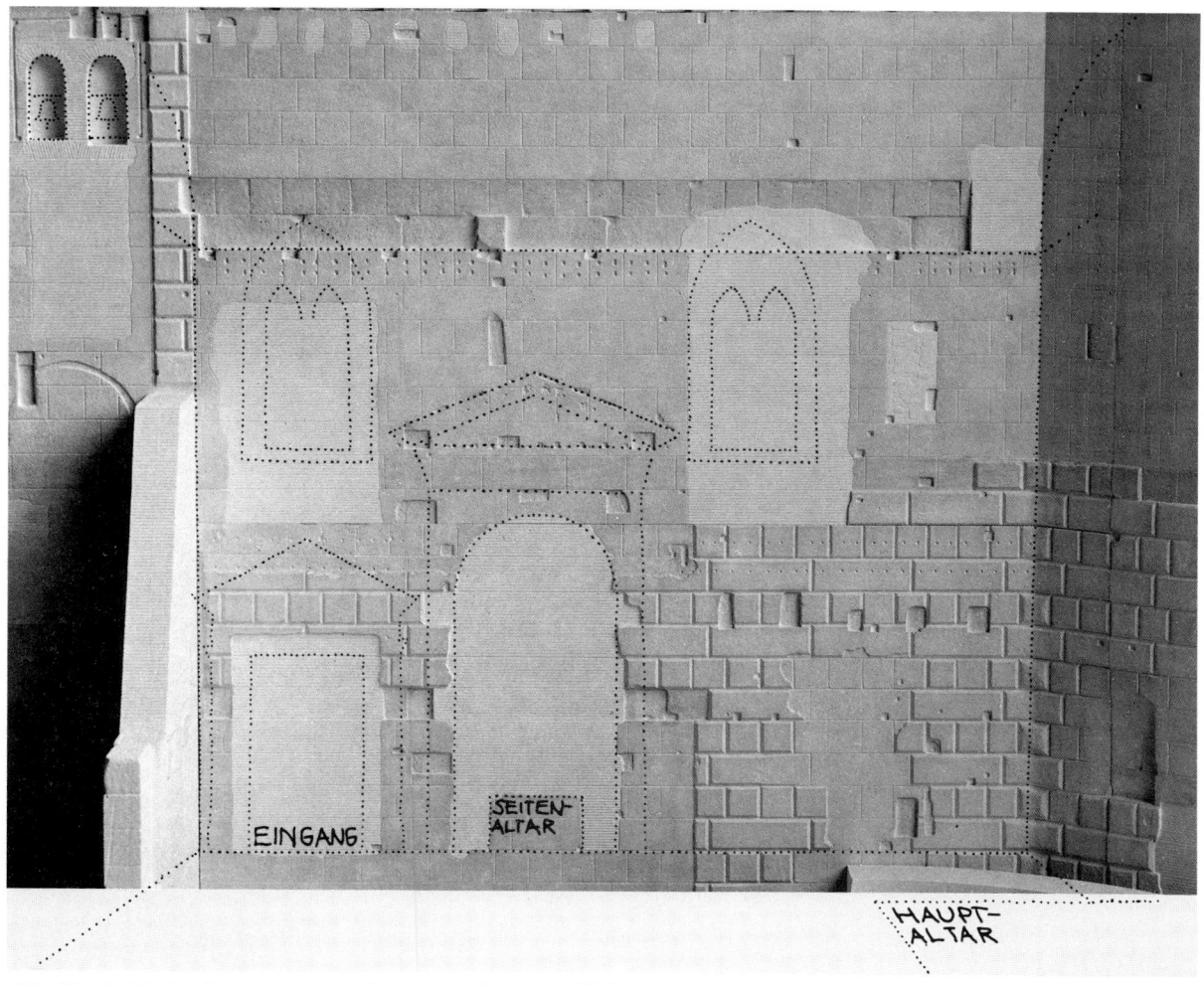

Abb. 66 Modell Kat. 48: Umfassungswand von innen: Spuren der Kirche

— dem Apsispodest (Abb. 57,13; Abb. 61) aus *opus caementicium*, mit zum kleineren Teil noch erhaltener, zum größeren Teil rekonstruierter Treppenarchitektur.

— dem schmalen Tuffquader-Fundamentstreifen für die Apsiswand hinter dem Apsispodest (Abb. 57,14). Dieses Apsiswandfundament wurde in nachantiker Zeit für andere Bauvorhaben bergmännisch wie in einem Steinbruch tief hinein gebrochen und abgebaut. Übrig geblieben ist der Apsisgraben (Abb. 61; Abb. 63), dessen Boden noch die oberste Schicht des wesentlich tiefer reichenden Quaderfundamentes darstellt. Ursprünglich war das Apsiswandfundament die Schale für das *opus caementicium* des Apsispodestes, das man in späterer Zeit bestehen ließ, weil sich *caementicium* nicht als wiederverwendbares Baumaterial eignete.

— einem Rest der Cellawand rechts (Abb. 57,15; Abb. 59) und drei noch stehenden Säulen (schematisch; noch nicht untersucht; Abb. 57,16; Abb. 64).

Nicht direkt zum Tempel gehörig, mit ihm aber verbunden sind die Räumlichkeiten rechts und links hinter der Apsiswand in den Zwickeln der Apsiskurve. Vom rechten Zwickelraum bzw. -schacht (Kat. 49) sind nur noch kleine Quadervorsprünge auf dem Boden des Apsisgrabens (Abb. 57,17; Abb. 63) zu sehen und vom linken (Abb. 61 unten links im Schatten) die *opus caementicium*-Fundamentierung mit Estrichauflage (Abb. 57,18) und *opus reticulatum*-Resten an der Umfassungswand und der Trennwand (Abb. 57,19) zum dahinterliegenden Treppenhaus (Abb. 57,20).

Die Umfassungswand besteht, soweit bisher erkennbar, in dem in Kat. 48 und 49 dargestellten Ausschnitt aus zwei Teilstücken (Abb. 58):

aus dem Teil im Bereich des Tempels (I) und
dem im Bereich des nördlichen Forumszuganges (II).

Diese Trennung ist im oberirdischen Teil der Wand nicht zu erkennen, im Fundamentbereich jedoch ruht Wandteil I noch auf den untersten Schichten des Tempelfundamentes, während Teil II auf einer Geländezunge des Ausläufers des Collis Quirinalis steht, die sich unter den drei Eingangsbögen hindurch bis zur schrägen Wandabzweigung von Wandteil I an das Forumsareal heranschiebt (Kat. 49, in Karton). Die rechtwinklige Abzweigung von Abschnitt I hinter der nördlichen Tempelfundamentecke ist im Fundamentbereich gut zu erkennen, darüber nur noch an einigen vorkragenden Bindern (Abb. 65), die dann im oberen Bereich nur noch an Bruchvertiefungen und einer breiten Anschlußspur ablesbar sind. Diese Anschlußspur ist bis in Dachtraufenhöhe erhalten (Abb. 65), wo nach links die Dachspur des Eingangsbaues (mit Balkenlöchern) ansteigt, während nach rechts hin, ein kurzes Stück und sehr dünn erhalten, die Dachspur des Tempeldaches abzweigt (Abb. 65). Die große, klar sichtbare Satteldachspur über dem Tempelbereich hat, wie auch die meisten anderen horizontalen Spuren und sonstigen Eintiefungen, nichts mit dem Tempel zu tun, sondern sie stammen von der nachantiken Bebauung auf dem Tempel- und Forumsgelände.

Am rechten, leicht schräg abgeknickten Teil der Umfassungswand ist jedoch noch eine längere Spur des südlichen Teiles des Tempeldaches erhalten, die in einer größeren Vertiefung rechts ausläuft. Diese Vertiefung läßt sich mit einer anderen, vertikal vom Apsisgraben aufsteigenden Spur verbinden, die wohl von einer an der Wand hinablaufenden Röhre für die Dachentwässerung herrührt. Ein entsprechender Durchstich durch die Wand ist ganz unten, am Fußpunkt der vertikalen Spur, erhalten und war wohl die Verbindung zu einem antiken Kanal außerhalb des Forumsbereiches entlang der Umfassungswand. Bei der Dachentwässerung muß es sich um eine Zwischenentwässerung für den Dachzwickel gehandelt haben, der wegen des schräg abknickenden, rechten Wandteiles nicht direkt über die Löwenkopfwasserspeier entwässert werden konnte (Abb. 58).

In der Nordecke des Tempelbereiches, dort wo Abschnitt I der Umfassungswand rechtwinklig abknickt, liegt das Treppenhaus, das zum Zwickelraum hin durch die bereits angesprochene Wandscheibe (Zwickelraum-Trennwand; Abb. 65) getrennt ist. Dieses Treppenhaus führte in Räumlichkeiten eines ersten Obergeschosses sowohl über dem Zwickelraum als auch über dem Eingangsbereich (Fußbodenniveau des Obergeschosses über vorkragendem Travertinrest oberhalb der beiden linken Eingangsbögen; vgl. Kat. 49). Es führte sicherlich weiter bis in den Dachbereich hinein.

Spuren der Kirche sind im mittleren Teil der Umfassungswand rechts von der Zwickelraum-Trennwand zu sehen (Abb. 65. 66) und mit den entsprechenden Resten an der Außenseite (Farbtaf. 3,1) zu vergleichen. Das an der Innenseite links unten sichtbare Ziegelfeld entspricht dem an der Außenseite erhaltenen Eingangsportal; die beiden Ziegelfelder darüber den gotischen Fenstern außen (die Wanddurchbrüche wurden in den dreißiger Jahren nach den Abrißarbeiten an den nachantiken Strukturen im Zuge der Wiederherstellung der originalen Substanzen zugemauert). Das rundbogige Ziegelfeld rechts neben dem zugemauerten Portal rührt von einem Seitenaltar her und die lange Eintiefung über den beiden Ziegelfeldern der Fenster war das Auflager für das Tonnengewölbe des nach SO orientierten Kirchleins. Die Kirche erstreckte sich in etwa von der Zwickelraum-Trennwand links bis zu dem Knick der Umfassungswand rechts (etwa Größe des Fotoausschnittes; s. jedoch Länge der Eintiefung für das Tonnenauflager). Die beiden kleinen rundbogigen Öffnungen schräg links über der Trennwandscheibe Zwickelraum/Treppenhaus waren Glockenfenster (auch außen zu sehen).

Der linke der drei Eingangsbögen wurde ebenfalls im Zusammenhang mit den Kirchen- und Klosterbauten umgewandelt, d. h. vor allem wegen des viel höher liegenden, nachantiken Niveaus nach oben hin erweitert (s. Farbtaf. 3,1). Dies ist ebenfalls an den Ziegelvermauerungen der Innenseite ablesbar, viel besser jedoch an der an der Außenseite noch erhaltenen Portalgestaltung (wohl Klostereingang).

J. G.

Literatur: C. Ricci, BdA 5, 1911, 445–455. – Ders., Capitolium 6, 1930, 157–189. – Bimillenario della nascita di Augusto, Mostra Augustea della Romanità. Catalogo (1938). – A. Degrassi, Inscriptiones Italiae XIII 3. Elogia (1937). – Th. Kraus, MdI 6, 1953, 46–57. – P. Zanker, Forum Augustum (o. J. 1968). – E. Simon, MarbWPr 1981, 3–17. – V. Kockel, RM 90, 1983, 421–448. – B. Wesenberg, JdI 99, 1984, 161–185. – J. C. Anderson Jr., The Historical Topography of the Imperial Fora. Collection Latomus 182 (1984) 65–100. – M. Spannagel, Rache und Prinzipat. Untersuchungen zum ideologischen Programm des Augustusforum. Diss. Heidelberg (1984). – J. Ganzert, RM 92, 1985, 201–219. – H. Bauer in: Soprintendenza Archeologica di Roma (Hrsg.), Roma. Archeologia nel Centro I (1985) 229–240. – M. Menichetti, MEFRA 98, 1986, 565ff. – M. Spannagel danken wir für die Möglichkeit, seine noch ungedruckte Arbeit einsehen zu können.

Kat. 47

47 Augustusforum, Rekonstruktionsmodell
Rom, Antiquario dei Cavalieri di Rodi

Das Modell umfaßt in etwa den Teil des Augustusforums, der in den zwanziger Jahren dieses Jahrhunderts ausgegraben wurde (Abb. 52). Nach den Vorstellungen, Zeichnungen und Skizzen des Architekten Italo Gismondi wurde die Rekonstruktion des antiken Zustandes von dem Modellbauer Di Carlo für die Augustus-Ausstellung 1937/38 gefertigt.

Das Modell mißt 1,91 m in der Tiefe, 2,86 m in der Breite und ist im Bereich des höchsten Teiles der Umfassungswand 0,67 m hoch. Die verwendeten Materialien scheinen vor allem Holz und Gips zu sein. Es ist aus drei Teilstücken zusammengesetzt: jeweils eine linke und rechte Partie bis zur Außenflucht des Tempels, der Tempel selbst mit dem dazugehörigen Teil der Umfassungswand als Mittelteil. Der Maßstab ist 1:50. Das Modell war fast genauso, wie wir es vor uns haben, auf der Augustus-Ausstellung 1937/38 zu sehen, mit dem kleinen Unterschied jedoch, daß zu einem späteren Zeitpunkt, wohl in der Zeit nach dem Kriege, der Altar auf der Tempeltreppe hinzukam.

Gismondis Rekonstruktion beruht, wie wir gesehen haben, auf einer sehr unvollständigen Befundaufnahme und -interpretation. Wichtige Änderungen betreffen die Dach- und Obergeschoßlösungen der Hallen und Exedren, die u. von H. Bauer ausführlicher dargelegt werden.

Weiterhin ist die Dachzone des Nordeinganges betroffen, die nicht symmetrisch gestaltet war und deren Anschluß an das Dach des Annexbaues der Nordporticus «Sala del Colosso» anders aussah. Wohl auch das Dach dieses Annexbaues selbst hatte eine andere Form. Dies betrifft mit hoher Wahrscheinlichkeit auch die Fassade mit den Fenstern, die ebenso wie die Rundbogenfenster über den beiden Forumseingängen wiederum eher moderne Architekturgestaltungen im Sinne der dreißiger Jahre sein dürften.

Die Tempeltreppe ist im Modell mit drei Stufen über die vordere Fundament-Außenflucht bzw. vordere Außenflucht der Treppenwangen herausgezogen. Dies gibt eine spätere Phase wieder, ursprünglich endete die Treppe in der Flucht der Fundament- und Treppenwangen-Vorderkante. In dieser zweiten antiken Phase wurde auch das Podest – oder war es ein Altar ? – auf der Tempeltreppe errichtet, dessen Gestaltung sich jedoch wohl ebenfalls von der im Modell unterschieden haben dürfte.

An der Außenseite der Umfassungswand im Bereich des Nordeinganges, des Annexbaues der Nordporticus und der NW-Exedra sind die überkragenden Travertinbänder im Modell nicht fortgesetzt, andere Details nicht dargestellt. Der Anbau in der Ecke zwischen Nordeingang und Rückwand des Annexbaues stellt ebenfalls eine spätere Phase dar und dürfte wohl eine andere Abdeckung gehabt haben. Im Bereich der Außenseite der

Nordexedra, die ebenso wie die nördlichen Partien des Forums Ausläufer des Quirinalshügels anschneidet, müßte die topographische Situation entsprechend verändert werden. Und in der Ostaußenecke zwischen Südporticus und Südexedra gehört der dargestellte Treppenturm ebenfalls einer späteren Phase an.

Sieht man diese Änderungen zusammen, so würden sie das architektonische Erscheinungsbild des Augustusforums erheblich korrigieren. Letzten Endes bleiben tatsächlich nur die additiven Säulenfassaden der Portiken und des Tempels als vorerst akzeptabel bestehen, die auch relativ detailliert dargestellt sind. Alles, was über den Dächern der Portiken liegt, muß im Grunde verändert werden; es hatte ganz sicherlich ein viel weniger monoton-monumentales Aussehen. Die durchgängige Weißfarbigkeit des Gipsmodells unterstreicht diesen Eindruck.

Das Modell Gismondis ist wie jede Rekonstruktion natürlich sehr zeitabhängig; in vielen Partien ist es eher moderner Architekturentwurf im Sinne seiner Entstehungszeit als wissenschaftliche Re-Konstruktion. Der Wert dieses Modells sollte auf einer eher allgemeinen Ebene in den Dimensionen eines Massenmodells gesehen werden, in dem Einzelteile im Maßstab 1:50 detailliert richtig abgebildet sind und das auf dieser allgemeinen Ebene Vorstellungshilfe leisten kann. Ansonsten

stellt es ein interessantes Zeugnis der Augustusrezeption der dreißiger Jahre dar, das besonders anschaulich sichtbar machen kann, in welchem Stil diese Zeit auf den augusteischen Reststrukturen aufzubauen und sie in dieser Zeit entsprechendem Sinne weiterzuführen versucht.   J. G.

48.49 Die Status-quo-Modelle zum Mars-Ultor-Tempel

Die Modelle wurden auf dem Wege des Gipsabgusses in größeren Einzelpartien kopierbar hergestellt, die Unterkonstruktion bzw. Armierung besteht aus Holz und Metall. Sie sind damit in ihren Grund- und Hauptteilen absolut identisch. Jedes Modell mißt 1,24 m in der Tiefe (Frontseite Tempel vorne), 0,99 m in der Breite und ist im Bereich der Umfassungswand 0,73 m hoch. Der Maßstab ist 1:50 (gleicher Maßstab beim Gismondi-Modell Kat. 47).

Bei der Darstellung der Rückseite der Umfassungswand richteten wir uns nach Plänen, die H. Bauer im Rahmen der von der staatlichen Soprintendenza durchgeführten Restaurierungsmaßnahmen angefertigt und bereits publiziert hat.

Der Modellbau, der von Anfang Juni bis Mitte Dezember 1987 in der Werkstatt des Deutschen Archäologischen Institutes in Rom durchgeführt wurde, lag in den

Kat. 47

Händen von Bernd Grimm und Jan Christoph Kraege. Konzeption, Interpretation und Bauaufnahme stammen vom Verfasser. Allen, die zur Verwirklichung des Modellbaues beigetragen haben, sei an dieser Stelle ganz herzlich gedankt!

Die Status-quo-Modelle sind Arbeitsmodelle, die den Stand der laufenden Untersuchungen und bestehenden Fragen und Probleme vorführen und somit den Teil des Baubestandes, der bisher nach Methoden historischer Bauforschung aufgenommen und soweit möglich interpretiert wurde. Noch nicht aufgenommene Teile des Befundes sind der Orientierung halber schematisch in weißem Karton hinzugefügt (Reste der Cellawand und der drei noch stehenden Säulen; Eingangssituation im Norden).

Die Modelle sind Werkstattmodelle, die dem ‚fertigen‘ Rekonstruktionsmodell der dreißiger Jahre ganz betont ‚unfertig‘ an die Seite gestellt werden. Denn die beiden Status-quo-Modelle, die nur den Befund des Tempels und der Umfassungswand im Bereich des Tempels einschließlich des nördlichen Forumszuganges abbilden, sollen zusammengesehen werden mit dem Rekonstruktionsmodell Gismondis, das das gesamte, bislang ausgegrabene Augustusforum rekonstruiert darstellt und das die allgemeine Vorstellung vor allem dort erleichtern kann, wo der Befund allein nicht genug zur Gesamtorientierung bietet. Damit soll anhand der ‚geschlossenen‘ Gesamtrekonstruktion die ‚offene‘ originale Bausubstanz betrachtet werden, um aus ihr herauszudestillieren, was in der Rekonstruktion entweder nicht sichtbar oder − und dies werden auch die weiteren Untersuchungen zeigen − gar nicht enthalten ist.

Eine von der bisherigen Interpretation abweichende Charakterisierung des Tempels und, daraus folgend, des Forums scheint schon der in diesen Modellen vorliegende Fundament- und Rohbaubefund nahezulegen.

Das Material Gips erweist sich, gerade in diesem Maßstab, als ein ausgesprochen adäquates Material, auch was seine Bearbeitung anbelangt. Kork würde in diesem Maßstab so überdurchschnittlich große Löcher und somit übertrieben starke Materialzerrissenheit abzeichnen, daß dies automatisch zu dramatischer Überhöhung führen muß, die natürlich nichts mit der tatsächlichen Ruiniertheit der Materialien zu tun hätte. Gips garantiert hier viel eher maßstäbliche Korrektheit.

Undramatische Wiedergabe der Ruine hängt jedoch auch von der möglichst detail- und befundgetreuen Wiedergabe ab, die dann auch solche Partien beinhaltet, die sehr wenig zu besagter Dramatik beitragen. Und da der Befund am Mars-Ultor-Tempel erstaunlich ertragreich ist, wobei der Ertrag angesichts des Ruinenzustandes zumeist in den kleinen, noch verbliebenen Details liegt, mußten die Modelle auch sehr detailliert sein. (Doch trotz angestrebter Informationsvollständigkeit mußten gewisse Befunddetails zugunsten der allgemeinen Überschau- und Lesbarkeit und damit Klarheit im ganzen weggelassen werden, was sich jedoch schon allein durch die Reduktion, in welchen Maßstab auch immer, ergibt.)

Die Zweckbestimmung der Modelle ist: klar les- und nachvollziehbare Darstellung des Befundzustandes zum Zwecke einer unmittelbaren Interpretation und Charakterisierung der Bausubstanz. Da die Modelle denselben Befund zweimal darstellen, läßt sich mit immer gleich umfangreich-detailliertem Grundbestand die schwer durchschaubare Befunddichte durch jeweils andere Markierung in entsprechende historische oder interpretativ-didaktische Abschnitte auffächern und zugehörige Rekonstruktionen lassen sich kontrollierbar getrennt einfügen. Zur Konzeption der Modelle gehört auch der Einsatz von Kolorierung; im Modell Kat. 49 wurden die unterschiedlichen Materialien farbig gefaßt. Eine realistische Darstellung ist hier nicht beabsichtigt, sondern allein die Veranschaulichung der unterschiedlichen Bauteile und Materialien im Befund. Von der angestrebten genauen und detaillierten Darstellung, die der Komplexität des Befundes möglichst gerecht zu werden sucht, wurde aber in einigen Punkten bewußt abgewichen:

Die Außenseite der Umfassungswand wurde zu Beginn der achtziger Jahre (dieses Jhs.) restauriert, große Partien, vor allem im oberen Drittel, mit Zementputz beworfen. Ursprüngliche Quaderfugen wurden in diesen Putz mehr oder weniger genau eingeritzt. Damit sind sehr große Teile der antiken Außenhaut nicht mehr vorhanden und die Quader durch den Putz bedeckt. Aus diesem Grunde entschieden wir uns für eine etwas schematischere Wiedergabe. Dies trifft auch für die beiden gotischen Kirchenfenster und das Kirchenportal zu. Die freistehenden Mittelstützen in den Fenstern und die frei vorgestellten Säulen zu seiten des Portals wurden scherenschnittartig nur leicht erhaben angedeutet.

Ähnliches trifft auch für die vier, in den dreißiger Jahren aufgebauten Säulenstümpfe an der Tempelfront zu. Sie wurden aus Ziegeln und verstreuten Säulenfragmenten errichtet. Eine genaue Wiedergabe hätte wenig Sinn gehabt, denn die Anordnung oder Anbringung der Fragmente war ganz zufällig bzw. folgte ganz äußerlichen Gesichtspunkten, nämlich möglichst viele Marmorteile zur Tempelvorderseite bzw. zum betrachtenden Publikum hin zu präsentieren. Die Säulenrückseiten wurden hingegen überwiegend mit Ziegeln ausgeflickt. Diesen vier Säulenstümpfen im Modell liegt nun eine generalisierende Basisform zugrunde, sie wurde pro Position dann nur jeweils verdreht aufgestellt.

Alle anderen Teile wurden bisher noch keiner neueren Restaurierung unterzogen (abgesehen von kleineren Ausbesserungen), eine solche steht jedoch kurz bevor. Angesichts des besorgniserregenden Zustandes der Ruine, vor allem der Umfassungswand, ist absolut sicher, daß eine solche Restaurierungsmaßnahme jetzt noch in kleinen Details faßbare Originalpartien unwiederbringlich verdecken oder gar zerstören muß zugunsten einer notwendigen Festigung der Gesamtstruktur. Diese kleinen und feinen, heute gerade noch faßbaren Spuren möglichst detailliert auch in diesen Modellen festzuhalten, war natürlich ein Gebot der Stunde.

Kat. 48 zeigt lediglich den Befund (in Gipsweiß belassen). Cellawand und Säulen sind schematisch in weißem Karton dargestellt (noch nicht untersucht). Auch die Eingangssituation von NO her wurde nur schematisch in Karton dargestellt. An Apsispodest und Tempeltreppe ist eine zweite antike Phase durch eine graue, gestrichelte Linie abgehoben; die oberen Teile sind die in zweiter Phase aufgesetzten. Für die Tempeltreppe sollte dazu jedoch Kat. 49 mitbetrachtet werden, wo die in den dreißiger Jahren rekonstruierten Teile weiß gekennzeichnet sind.

Kat. 49 zeigt denselben Befund wie Kat. 48. Ein Viertel der Cella mit dem dazugehörigen Apsisbereich wurden hier jedoch herausgeschnitten und durch eine Rekonstruktion dieses Bereiches ersetzt, die in der Höhe bis knapp über das Podest der Innenordnung und das Apsispodest reicht. Sie resultiert fast ausschließlich aus Gegebenheiten des Fundamentes und der Umfassungswand. Dargestellt ist nur, was nach unseren bisherigen Kenntnissen rekonstruiert werden konnte. Alle Formen sind schematisiert. Die Rekonstruktion wurde nach Osten hin nur bis zur Innenecke des Schlußpilasters der Säulenstellung verfolgt (dort befindet sich die dünnste Stelle der vor die Umfassungswand gesetzten marmornen Tempelarchitektur). An der vorderen linken und rechten Ecke des eingesetzten Rekonstruktionsteiles wurde der Übergang bzw. Zusammenhang mit dem Befund aufgezeigt. Die schematischen Säulen der Außenordnung und die Cellawand aus Karton wurden in Kat. 49 weggelassen, um entsprechenden Einblick in die Rekonstruktion zu gewähren.

In diesem Modell wurden nun außerdem die zum Bau des Tempels verwendeten Materialien durch Farben markiert. Die Farben wurden nicht realistisch, sondern nach darstellerischen Kriterien gewählt. Um der Les- und Anschaubarkeit willen haben wir folgende Materialien zusammenfassend markiert:

Tuff − ockerbraun
Travertin − rosagrau
Gußmauerwerk − dunkelgrau
Peperin − hellgrau
weißer Marmor − hellocker
Estrich/Putz − bräunlich

Bei den Buntmarmorsorten haben wir uns den realistischen Farben in einer generellen Weise angenähert, um die Vergleichbarkeit mit den ausgestellten Original-Pavimentproben zu erleichtern und vor allem in der Rekonstruktion den Einsatz der verschiedenen Materialfarben verständlich zu machen.

Pavonazzetto − violett
Giallo − rosagelb
Africano − weinrot
Alabaster − hellgelb

Die Partien, die nicht farblich behandelt, also weiß belassen sind, bezeichnen vor allem die in den dreißiger Jahren aufgebauten bzw. eingefügten, teilweise antikisierend rekonstruierten Bauteile. Sie sind zwar weiß belassen, zeigen die verwendeten Materialien aber in ihrer Struktur.

Weiße Flächen ohne jegliche Struktur sind nicht untersucht bzw. innerhalb der Rekonstruktion vom Material her nicht genügend genau zu bestimmen. An der Rückseite der Umfassungswand ist das obere Drittel ebenfalls weiß belassen, um damit die sehr umfangreichen Restaurierungsmaßnahmen zu Beginn der achtziger Jahre, die sich auf die ganze Wand bezogen, aber im oberen Drittel fast 85 % der Außenhaut veränderten, zu verdeutlichen.   J. G.

50−55 Die Ausstattung in buntem Marmor
(Farbtaf. 2,1−2,16)

So wie in der nicht sichtbaren, tragenden Konstruktion verschiedene Materialien rationell-kalkuliert entsprechend ihrer statischen Funktion verwendet waren, so waren für ihre sichtbare Verkleidung wiederum verschiedene Materialien eingesetzt, und zwar ebenso kalkuliert, aber nun entsprechend ihrem Bedeutungsgehalt (Farbtaf. 2,7).

Das Cellapaviment ist durch ein Kreuzbandmuster aus weiß-violetten Pavonazzetto-Streifen gegliedert (Farbtaf. 3,4 u. 2,7), deren Kreuzungspunkte durch gelb-rosa Giallo-Quadrate abgesetzt sind. Die eingeschachtelten Pavonazzetto-Rechtecke sind von dunkelrot-schwarzen Africano-Bändern umrahmt. Auch die Trittstufen des Apsispodestes sind mit Pavonazzetto-Platten verkleidet, die Setzstufen hingegen mit creme-gelbem Alabaster.

In der Antecella liegen keine Pavimentplatten mehr in situ, sie wurden in den dreißiger Jahren wiederhergestellt (Kat. 49, in Weiß). Doch auch dort scheinen die drei Materialien des Cellabodens verwendet worden zu sein: ein großes Pavonazzetto-Mittelfeld war mit Giallo- und Africano-Bändern umrahmt (dieses Muster kann bislang noch nicht mit Sicherheit rekonstruiert werden).

Pavonazzetto stellt das bevorzugt verwendete Buntmarmormaterial in den Tempelinnenräumen dar. Das ist ähnlich in der «Sala del Colosso», in der das Paviment mit einem Schachbrettmuster aus Giallo- und Pavonazzetto-Rechtecken gegliedert war (Farbtaf. 2,7) und in der die Pilaster, wie in der Cella die Innensäulen, aus Pavonazzetto bestanden.

In den Portiken und Exedren hingegen finden wir keinerlei Pavonazzetto. Das Paviment der Portiken ist mit einem großflächigen Kreuzbandmuster aus bläulichgrauen Bardiglio-Bändern mit eingeschachtelten, von Giallo-Streifen umrahmten Africano-Rechtecken ausgelegt (Farbtaf. 2,7).

Die Exedrenböden haben wiederum Schachbrettmuster mit Africano- und Giallo-Rechtecken (Farbtaf. 2,7). Ein grüngraues Cipollino-Band trennt die Porticusböden von denen der Exedren.

Die großflächigen Böden sind also mit dem großzügigeren Kreuzbandmuster gegliedert, die kleineren bzw. halbrunden Annexräume mit dem kleinteiligeren und den unregelmäßigen Raumzuschnitten leichter anpaßbaren Schachbrettmuster. Pavonazzetto stellt das bevorzugt für die sakralen Bereiche verwendete Material dar.

Die unterschiedlichen Steinsorten wurden aus allen Teilen des Römischen Reiches herantransportiert: der Pavonazzetto (Kat. 50, Farbtaf. 2,1) aus Phrygien (Kleinasien), der Africano (Kat. 51, Farbtaf. 2,2) aus Teos (Kleinasien), der Giallo antico (Kat. 52, Farbtaf. 2,3) aus Chemtou in Tunesien (Nordafrika), der Cipollino (Kat. 53, Farbtaf. 2,4) aus Euböa (Griechenland), der Alabaster (Kat. 54, Farbtaf. 2,5) aus Ägypten und der Bardiglio (Kat. 55, Farbtaf. 2,6) aus Luni (Carrara, Italien).

Alle Materialien hatten also unterschiedlich ‚tragende' Funktion: die einen in konstruktivem Sinne, die anderen farbigen Marmorsorten in semantischem Sinne, indem sie die Vielvölker-‚Farbigkeit' auf großer Palette vorführten.
Literatur: H. Mielsch, Buntmarmore aus Rom im Antikenmuseum Berlin (1985). J. G.

Kat. 56

Abb. 67 Augustusforum, Umfassungswand: Originale Eichenholzklammer mit Resten der Mörtel-Fixiermasse

56 Holzklammer von der Umfassungswand

Die Tuff- und Peperinblöcke der äußeren Umfassungswand wurden mit schwalbenschwanzförmigen Eichenholzklammern verbunden, die aber nicht mit Blei, sondern mit einem speziellen Mörtel gehalten waren. Hierzu wurden die Klammerlöcher zunächst mit einer Kalkschlämme ausgestrichen, und innerhalb dieses Kalkbettes kam die Holzklammer zu liegen, die von der Mörtelmasse umgeben war. Abschließend wurde das solchermaßen gefüllte Klammerloch wiederum mit der Kalkschlämme verstrichen, so daß sich ein Kalkgehäuse um Klammer und Mörtelmasse ergab, das als Holzschutz funktionieren konnte. Die eigentliche Haltemasse war der Mörtel, dem jedoch sehr wenig Kalk beigemischt war (wohl um die Holzklammer vor aggressiven Einwirkungen des Kalkes zu schützen). Dies ist ein besonders schönes Exemplar einer originalen Eichenholzklammer, die in eben jener Wand sichergestellt werden konnte. Die Katalogabbildung zeigt sie noch in situ, Abb. 67 eine weitere Holzklammer noch mit Mörtelresten. Diese war noch in originalem Befund erhalten.
Literatur: J. Ganzert, RM 92, 1985, 205ff. Abb. 1 Taf. 79,6. J. G.

Heinrich Bauer − Joachim Ganzert − Valentin Kockel

57−69 Architekturpasticcio Augustusforum

Einzelne Reste von zertrümmerten oder abgeschlagenen, zerbrochenen oder abgekeilten marmornen Architekturgliedern des Augustusforums und eine aus Gips wiederhergestellte Säulenbasis des Mars-Ultor-Tempels sind hier zu einem ‚Pasticcio' zusammengestellt.
Ein Ruinen-Pasticcio oder eher ein Architekturfragmente-Pasticcio; ein ‚Symbole'-Pasticcio historischer Vorgänge oder auch wissenschaftlich brach liegengebliebener Zonen; . . .?
Auf jeden Fall kann in den Stücken etwas von den Dimensionen des Zusammenhangs abgelesen werden, aus dem sie im Laufe der Jahrhunderte herausgerissen wurden; aber sie machen auch die Dimensionen deutlich, die uns zur Wiederherstellung dieses Zusammenhanges nun eigentlich noch zur Verfügung stehen.
Sie zeigen die verschiedenen Materialien und ihre Farbigkeit und zeigen sie auch nicht ganz: die Außenhaut ist stumpf und blind geworden, teilweise sind die Kristalle wie Zuckerkörner abgebröselt (vgl. die ausgestellten, geschliffenen Buntmarmorstücke; Kat. 50−55).
Dem Pasticcio steht die Rekonstruktion des Giebels des Apollo-Sosianus-Tempels diagonal gegenüber, die die Wiederherstellung eines Zusammenhanges aus Einzelgliedern versucht, der bei dem Pasticcio fehlt bzw. noch nicht genügend bekannt ist bzw. weggelassen wurde.
Die Einzelstücke sprechen in ihrem fragmentarischen Zustand und in dem des Pasticcio. J. G.

57 Säulenbasis mit Plinthe der äußeren Säulenordnung

Aus Gips wiederhergestellt (im Original weißer Marmor aus Carrara)
Dm ca. 2,12 m, H 1,28 m
Nicht als Fragment, sondern als Ganzes und nicht im großen Zusammenhang, wo es nur Teil ist, sondern als Einzelstück zeigt ein solches Bauglied besonders eindringlich die kolossalen Dimensionen dieses Tempelbaues. Es handelt sich um den Typ der attischen Basis mit Torus, Trochilus, Torus und in einem Stück angearbeiteter Plinthe. J. G.

58 Fragment einer Säulentrommel der äußeren Ordnung

Inv. 248
Weißer Marmor aus Carrara
H 1,00 m, B 1,60 m, T 1,20 m
Auch dieses Fragment kann einen Eindruck von den Dimensionen des Tempels vermitteln (siehe Rekonstruktionszeichnung einer ganzen Tempelsäule im Maßstab 1:1 in dieser Ausstellung). Die Säulen maßen einschließlich ihrer Basen und Kapitelle in der Höhe 17,74 m, davon allein die Kapitelle 2,01 m. Der untere Durchmesser betrug ca. 1,74 m, der obere ca. 1,56 m. Der berechnete Durchmesser des hier gezeigten Säulenfragmentes beträgt 1,64 m; damit gehörte es zu einer

oberen, d. h. zu einer vorletzten Trommel. Die Breite der Kannelur beträgt 0,175 m, die des Steges 0,035 m.
Unpubliziert   J. G. – V. K.

59   Fragment eines Kapitells der äußeren Ordnung
Inv. 303
Weißer Marmor aus Carrara
H 0,70 m, L 1,40 m, T 1,10 m
Die Kapitelle des Mars-Ultor-Tempels waren wegen ihrer Größe aus zwei aufeinander liegenden Blöcken gearbeitet. Die so entstehende Fuge wurde geschickt durch von unten auf den darüber liegenden Block übergreifende Blätter verdeckt. Die hier ausgestellte Abakusplatte zeigt noch den Ansatz des runden Kalathos (‚Korb‘), um den die Blätter des korinthischen Kapitells liegen, und ebenfalls als Bruchansatz einen der vier in Voluten endenden Stengel, die die Abakusplatte ‚tragen‘.
Unpubliziert   V. K.

60   Fragment eines Architravblocks
Inv. 292
Weißer Marmor aus Carrara
H 1,17 m, L 1,52 m, T 1,01 m
Ähnlich den Kapitellen war auch der 1,17 m hohe und oben 2,02 m tiefe Architrav des Mars-Ultor-Tempels aus zwei hintereinanderliegenden Blöcken angefertigt. Noch so wogen einzelne Architravteile bis zu 14 t. Das hier ausgestellte Fragment kann auf Grund seines schrägen Anschnitts und der verschiedenen Bearbeitungsspuren auf der Oberseite an der inneren Nordwestecke des Tempels lokalisiert und auf eine innere Länge von ca. 2,50 m und eine äußere von 4,40 m rekonstruiert werden. Die dreifache, durch Perlstäbe akzentuierte Gliederung mit einem abschließenden Bügelkymation entspricht vollkommen der Außenansicht. Die eigenartigen Eichenblätter zwischen den ‚Bügeln‘ finden sich nur am Mars-Ultor-Tempel. Sie müssen sich auf den Kultherrn oder den Erbauer beziehen.
Literatur: V. Kockel, RM 90, 1983, 424 Abb. 1.3 Taf. 109,2; 117,2.   J. G. – V. K.

61   Fragment einer Kassette vom Konsolgebälk
Inv. 352
Weißer Marmor aus Carrara
H 0,436 m, B 0,53 m, T 0,78 m
Das nur wenig verwitterte Fragment stieß rechts an eine Konsole an, die aus einem anderen Block gearbeitet war. Links und hinten ist es gebrochen. Erhalten sind die Rosette in der Kassette, ein umlaufender Eierstab sowie ein Bügelkymation auf der Unter- und der Stirnseite.
Zum einen verblüfft die Qualität der Ausarbeitung dieses in über 20 m Höhe angebrachten Blocks, zum anderen erlaubt er einen guten Einblick in die Arbeitsweise der augusteischen Steinmetzen.
Die Oberfläche der Blocks zeigt eine rechteckige Vertiefung für einen senkrechten Dübel mit dem zugehörigen, von vorn angelegten Gußkanal. Mit diesem Dübel wurden Dachplatte und Sima samt Löwenkopfwasserspeier befestigt. Ein kleines Stemmloch und die an-

schließende, geringfügig tiefer liegende Fläche erweisen, daß die Lagerfläche für den anschließenden Dachblock erst beim Versatz endgültig ausgearbeitet wurde. Das Innere der Kassette ist nicht vollständig fertiggestellt. Ein unterschiedlich dicker Steg blieb noch unterhalb des Eierstabes stehen. Das Bügelkymation an der Unterseite beweist schließlich ebenfalls, daß alle Ornamente erst nach dem Versatz der Blöcke ausgearbeitet wurden. Der Marmor ist an dieser Stelle so dünn geworden, daß er nur noch mit einem Widerlager bearbeitet werden konnte.
Literatur: Ch. F. Leon, Die Bauornamentik des Trajansforums (1971) 188.266 Taf. 78,3–107,2. – J. B. Ward Perkins, Architettura Romana (1974) 72 Abb. 84. – Kockel, a. O. 430 Abb. 10 Taf. 111,4; 118,1.2.
                                              V. K.

62   Oberster Teil eines Säulenschaftes (Säulenhals) der Südporticus
Inv. 66
Giallo antico, gelber Marmor aus Chemtou, Tunesien
H 1,55 m, Dm 0,90 m
Auf der Oberfläche sind zwei Dübellöcher mit Gußkanälen für die Befestigung des Kapitells zu sehen, außerdem eine mittige kreisrunde, ganz flache Eintiefung zum Justieren der Säule bei ihrer Herstellung. Die Kannelurbreite beträgt 0,075 m, die Stegbreite 0,025 m.
Unpubliziert   J. G. – V. K.

63   Fragment eines Friesblocks der Nordhalle
Inv. 287
Weißer Marmor aus Carrara
H 0,65 m, L 1,55 m, T 0,91 m
Von dem ursprünglich 1,84 m langen Friesblock ist nur der mittlere Teil erhalten. Weitere kleinere Fragmente der Südhalle erlauben jedoch eine vollständige Rekonstruktion. Der Block ist beidseitig ornamentiert. Eine Seite zeigt ein kompliziertes Rankenmotiv: aus einem Blattkelch entspringen zwei Blütenstengel, die sich über dem mittleren Kelchblatt kreuzen, um dann in einer Wellenbewegung nach außen zu führen. Schon bald entsenden sie unter Hüllblättern weitere Stengel, die sich nach oben zusammenrollen und in Blüten enden. Der seitliche Abschluß dieses Rankenmotivs ist nicht erhalten. Die andere Seite zeigt eine Verbindung von Doppelvoluten, die in halben oder ganzen Palmetten enden und durch Stege zu gegenständigen Paaren und Vierergruppen gebündelt werden. Den oberen Abschluß bildet auf beiden Seiten eine Abfolge von Perlstab und Eierstab. Die Stoßflächen des Frieses waren wie am Tempelfries schräg geschnitten, um mit einem scheitrechten Gewölbe den Druck auf den Architrav zu mindern. Der ausgestellte Block könnte mit seiner Mitte auf einer Säule gelegen haben; zwei halbe und eine ganze Blocklänge entsprechen dem Achsmaß der Säulenhallen von 3,68 m (12 ½ röm. Fuß).
Bisher ist nicht zu entscheiden, welches Dekorationsmotiv zum Forum schaute und welches nach innen gerichtet war. Die gegenständigen Voluten rhythmisieren den Fries sehr stark und kleinteilig, was für eine innere Anbringung sprechen könnte. Über die Länge des Rankenrapports (ein Mittelkelch über jeder Säule oder

Kat. 58

Kat. 59

Kat. 60

Kat. 61

Kat. 62

Kat. 63

Kat. 64

Kat. 63

Kat. 65

ebenfalls ein Dreierrhythmus pro Interkolumnium) läßt sich jedoch nichts Genaues sagen.

Wie schon Th. Kraus nachgewiesen hat, läßt sich das Volutenmotiv bis in das 5. Jh. v. Chr. zurückführen. Als dekorative Form findet es sich jedoch weit häufiger außerhalb der Architektur. Dort ist es bisher zum ersten Mal im 2. Jh. v. Chr. (?) in Didyma, Kleinasien, belegt. In augusteischer Zeit wird es recht beliebt, wie ein Fragment aus dem Bereich des Tempels des Apollo *in circo* und Soffitten in Cherchel, aber auch seine häufige Verwendung in der Wandmalerei des Dritten Stils (Villa unter der Farnesina) zeigen.

Für die komplizierte Rankenform lassen sich gleichfalls Vorbilder im 2. Jh. v. Chr. finden. Ob man dabei an eine pergamenische oder eine attische Herkunft des Motivs denken muß, ist bisher nicht zu entscheiden.

Literatur: Th. Kraus, MdI 6, 1953, 46ff. 52ff. Taf. 7ff. 14,2. – Ch. F. Leon, Die Bauornamentik des Trajansforums (1971) 181 Taf. 73. – Kockel, a. O. 441 Abb. 18. – Zu Didyma: W. Voigtländer, Der jüngste Apollontempel von Didyma (1974) Taf. 18f. (datiert augusteisch). – Zu Cherchel: P. Pensabene in: 25. Ergh. RM (1982) 142 Taf. 43,2.5–7. – Zur Malerei: I. Bragantini – M. de Vos, Le decorazioni della Villa romana della Farnesina. Museo Nazionale Romano, Le Pitture II 1 (1982) 45 Taf. G; 171 Taf. 66. – Zu einem vergleichbaren Schlingenmotiv bei einem Rankenfries: G. Sauron, MEFRA 91, 1979, 185ff. mit Abb. 3f.   V. K.

64   Zahnschnitt vom Gebälk der «Sala del Colosso»
Inv. 344
Weißer Marmor aus Carrara
H 0,24 m, L 0,90 m, T 0,40 m
In den Gebälken von Tempel und Hallen liegen über den Friesen ein Zahnschnitt mit Perl- und Eierstab. Das ausgestellte Fragment mag zur Pilasterordnung der «Sala del Colosso» gehören. An der Oberseite ist ein Dübelloch erhalten. Die Ornamente korrespondieren nicht und auch der Steinschnitt nimmt auf die Zusammengehörigkeit von Ornamentfolgen keine Rücksicht.
Unpubliziert   J. G. – V. K.

65   Attische Halbsäulenbasis aus der Exedra
Inv. 407
Weißer Marmor aus Carrara
H 0,435 m, B 0,90 m, T 0,70 m
Die Profile der Basis verkröpfen sich vor der Wandfläche und beziehen sich damit auf eine gleichartige Wandgliederung. Auf ihrer Oberseite zwei Dübellöcher mit Gußkanälen. Nach ihren Maßen muß die Basis zur oberen Ordnung gehören.
Unpubliziert   H. B. – J. G. – V. K.

66   Oberteil einer Halbsäule aus der Exedra
Inv. 421
Giallo antico
H 1,10 m, Dm 0,80 m, T 0,50 m
An der Säule sind die Einschnitte für die anschließende Marmorverkleidung der Wände erkennbar. Sie gehört in die obere Halbsäulengliederung der Nordexedra.
Unpubliziert   J. G. – V. K.

67   Halbsäulenkapitell der oberen Ordnung der Exedra
Inv. 40
Weißer Marmor aus Carrara
H 0,98 m
Es handelt sich um ein ‚korinthisches Normalkapitell‘, ein Typus, der im 3.–2. Jh. v. Chr. entwickelt wurde und der dadurch gekennzeichnet ist, daß aus zwei Blattkränzen Stengel hervorwachsen, die paarweise Voluten nach den Ecken des Abakus und den Frontmitten entsenden. Im Aufbau schließt sich das Kapitell des Augustusforums am engsten an die Kapitelle des Olympieions in Athen, an Kapitelle des 2. Jhs. v. Chr. in Kleinasien an, erfüllt deren Form aber im Blattumriß, im Lauf der Voluten mit einer neuen gelösten Rhythmik, so daß dieser hellenistische Typ plötzlich als ‚klassisch‘ empfunden wird. Klassisch im Sinne von vorbildlich wurde er sogleich für die obere Ordnung der Basilica Aemilia und für zahlreiche Bauten im ganzen Römischen Reich.
    H. B.

68   Oberteil einer Säule aus der Exedra
Inv. 424
Africano, rot-weiß-schwarze Marmorbreccia aus Teos, Kleinasien
Es gibt zahlreiche Fragmente dieser Säulengattung, die einen Maximaldurchmesser von nur 0,74 m haben und damit der oberen Ordnung der Exedren zuzuweisen sind. Mehrere Fragmente zeigen, daß die Säulen in ihrem Unterteil nur zur Hälfte ihres Umfanges kanneliert waren; die andere Hälfte war wohl in eine Wand vermauert. Einarbeitungen für die Plattenverkleidung dieser Wand und deren Abschlußgesims sind an einigen Stücken erkennbar. Die Säulen bildeten wohl die Außenfronten der Exedren zum Forum hin; sie waren im unteren Teil in die hintere Attikawand der Porticus einbezogen.   H. B.

69   Löwenkopfwasserspeier des Mars-Ultor-Tempels
Weißer Marmor aus Carrara
H 0,34 m, L 0,78 m
Die unterste Dachplatte und die Sima mit Löwenwasserspeiern waren am Mars-Ultor-Tempel aus einem Stück gearbeitet. Die Wasserspeier müssen jedoch nicht mittig an der Plattenstirn sitzen, so daß aus dem Fragment die ursprüngliche Größe nicht erschlossen werden kann.

Der Löwenkopf wird von starken Volumina geprägt. An der kräftigen Schnauze – der Unterkiefer fehlt – sind die Schnurrhaare als feine Rippen wiedergegeben. Auf dem Nasenrücken wächst eine Haarlocke bis in Augenhöhe. Die Augen sitzen tief, an diesem Beispiel sind die Pupillen gebohrt. Die spitzen Falten der Brauen sind stark verwittert. Die strahlenförmig angeordnete Mähne verdeckt die Ohren vollständig. In ihrer plastischen Durchbildung greifen die Löwenköpfe am Mars-Ultor-Tempel auf Vorbilder des 4. Jhs. v. Chr. zurück, wenn sie diese auch vor allem in der lockigen seitlichen Mähne deutlich bereichern.
Literatur: Kockel, a. O. 430.439.443 Abb. 12 Taf. 112,1. – Vergleiche: F. Willemsen, Die Löwenkopfwasserspeier vom Dach des Zeustempels. Olympische For-

Kat. 66   Kat. 67   Kat. 68

schungen 4 (1959) Taf. 49,1; 50,1. – W. Hoepfner, Das Pompeion. Kerameikos 10 (1976) 93 Abb. 129. – M. Mertens-Horn, RM 93, 1986, 46 ff. Taf. 16 f.   V. K.

70.71 Äußerer Aufbau des Tempels
Zeichnung 1:40

Grundriß und Aufriß des Mars-Ultor-Tempels lassen sich aus den noch vorhandenen Resten bis auf kleine Details weitgehend sicher rekonstruieren. Auf dem Tempelpodium stehen die Säulenbasen z. T. noch in situ, an anderen Stellen geben die unterschiedlich ausgelegten Fundamente Hinweise auf den verlorenen Oberbau. Für den Aufriß können die noch aufrecht stehenden 3 Säulen herangezogen werden, außerdem eine Reihe von Fragmenten der NW-Ecke des Tempels, die offenbar als erste eingestürzt ist und daher so tief unter den späteren Verschüttungsschichten lag, daß sie von den mittelalterlichen Steinräubern nicht ausgebeutet wurde. Ein Teil dieser Fragmente ist für das ausgestellte Architekturpasticcio verwendet worden (Kat. 58–61). Der fast vollständig in weißem Marmor aus Carrara errichtete Bau nimmt den Typus des italischen Podientempels auf, der in eine Rückwand eingebunden ist und so ganz deutlich die Frontalität betont. Die Einbindung in die geknickte Rückwand des Forums erklärt die – bei innerer Längenerstreckung – gleiche Zahl von Säulen (8) auf der Front- und den Nebenseiten. Die Apsis greift ein Motiv auf, das in Rom zum ersten Mal am benachbarten Venus-Genetrix-Tempel auf dem Caesarforum verwendet worden war. Die 7 Frontjoche sind etwas

breiter proportioniert als die seitlichen Säulenjoche. Vom Forum aus führt eine breite Treppe in die extrem weit überspannte Vorhalle. Die Treppe wird von zwei Podien flankiert, auf denen vielleicht Statuen standen. Ein Altar nahm die Mitte der unteren Treppenhälfte ein, wobei noch nicht geklärt ist, ob er zur ursprünglichen Konzeption gehört oder Teil einer erkennbaren Umbauphase ist (vgl. Abb. 58). Der Aufbau der Säulen und des Gebälks entspricht der normalen römisch-korinthischen Ordnung mit eingeschobenem Konsolgebälk, das auch am Schräggeison des Giebels beibehalten wird.

Wenn auch die Grundkonzeption des Tempels durchaus in römisch-italischer Tradition steht, so zeigen doch sowohl die Detailformen (z. B. Säulenbasis, Löwenkopfwasserspeier) wie einzelne Proportionierungen (z. B. die flache Giebelsteigung) ganz deutlich die engen Beziehungen sowohl des entwerfenden Architekten wie der ausführenden Werkstatt zur griechischen Architektur des 5. und 4. Jhs. v. Chr. (s. o. dagegen auch die Einschätzung J. Ganzerts).

Die Rekonstruktion der Fassade Kat. 70.71 entspricht dem Forschungsstand von 1982 und mag durch die Forschungen von J. Ganzert korrigiert werden.

Das Relief Kat. 219 zeigt die achtsäulige Front des Mars-Ultor-Tempels mit der breiten Fronttreppe und den begleitenden Podien. Die linke Ecksäule ist wohl in nachantiker Zeit abgemeißelt worden, ebenso vielleicht der Altar auf den unteren Tempelstufen. Von besonderem Interesse ist die Darstellung des Giebels. In ihren architektonischen Formen unterscheidet sie sich nur geringfügig von dem, was die Untersuchungen des Baubefundes ergaben (z. B. fehlt der Zahnschnitt im Schräggeison). Nur auf dem Relief wird dagegen das Aussehen der Giebelfiguren überliefert. In der Mitte steht der bärtige Mars, halbnackt, nur mit einem ungewöhnlich geschlungenen Hüftmantel bekleidet. Er trägt einen korinthischen Helm mit seitlichen Federn, hält in der erhobenen Rechten eine Lanze, in der Linken ein Schwert in der Scheide. Mars ist also anders als im Kultbild im Inneren des Tempels dargestellt, was auch schon zur Ablehnung der Identifikation des Tempels als Ganzes geführt hat. Zu seiner Rechten steht Venus mit Eros auf der Schulter, die Stammutter der Iulier und auch im

Kat. 69

Kat. 70

Kat. 71

Tempel mit Mars verbunden. Ihr Gegenstück zu seiner Linken bildet Fortuna mit Füllhorn und Steuerruder. Sie muß als Fortuna Redux angesehen werden, der anläßlich der glücklichen Rückkehr des Augustus 19 v. Chr. vor der Porta Capena nahe einem Mars-Heiligtum ein Bezirk geweiht wurde. An ihrer Seite sitzt die siegreiche Roma mit Schild und Lanze, ihr gegenüber, jugendlich in Tunica und mit dem Augurenstab, Romulus, der Stadtgründer. In den Ecken gelagert schließlich links auf einem Felsen die Personifikation des Mons Palatinus, des mythischen Zentrums der Stadt, und rechts, auf einen weitgehend zerstörten Krug gestützt mit dahinter sprießendem Schilf, eine Personifikation des Tiber. Schließlich gibt das Relief auch noch einen der Tempelakrotere wieder: eine herabfliegende Victoria in einem Statuentypus des 4. Jhs. v. Chr. Es ist nicht völlig sicher, ob das Relief alle Figuren des Giebels oder nur eine Auswahl wiedergibt. Das starre und symmetrische Nebeneinander der Figuren, die nur gedanklich, aber nicht kompositorisch miteinander verbunden sind, scheint jedoch der Gesamtkonzeption des Forums adäquat zu sein.

Literatur: P. Gros, Aurea Templa (1976). – B. Wesenberg, JdI 99, 1984, 161 ff.   V. K.

Sebastian Storz

72–76 Fragmente der Innenordnung des Mars-Ultor-Tempels und ihre Renaissance-Darstellungen

Die hier vorgestellte Rekonstruktion der Schmuckbasis von der Innenordnung des Mars-Ultor-Tempels in Rom als ein Untersuchungsweg, der von der Identifizierung

einer Renaissancezeichnung über die Auffindung und Bestimmung von Fragmenten des Originals bis zur Wiederherstellung der Säulenbasis in plastischer Form und in natürlichem Maßstab (Kat. 72) reicht, ging von den Untersuchungen am Codex Mellon aus, einem 1513 angelegten Skizzenbuch der Renaissance, das zum überwiegenden Teil Antikennachzeichnungen der Römischen Architektur enthält.

Über die Ergebnisse dieser 1978 in Angriff genommenen Forschungsaufgabe wurde 1980 ein Vorbericht vorgelegt, in dem nicht alle seinerzeit erzielten Ergebnisse aufgenommen werden konnten. Die Ankündigung ihrer ergänzenden Veröffentlichung im Rahmen der Augustus-Ausstellung wird jetzt eingelöst. Zum leichteren Verständnis des Ganzen wird dabei der Untersuchungsweg, soweit es erforderlich scheint, noch einmal, jedoch in der hier gebotenen Kürze, geschildert.

Die Zeichnung jener Schmuckbasis, von der unsere Untersuchung ausging, befindet sich auf fol. 27 v des Codex Mellon. Die Basis ist hier auf der unteren Hälfte des Blattes dargestellt und mit dem topographischen Hinweis «labasa disanmarcho» gekennzeichnet (Abb. 68). Der Name San Marco verweist auf den im 16. Jahrhundert so genannten Komplex des Palazzo Venezia in Rom und nicht auf den antiken Bau, dem dieses Bauteil ursprünglich einmal angehörte. Die Aufgabe der Identifizierung der antiken Provenienz bereitete zunächst Schwierigkeiten, weil weder im Palazzo Venezia (San Marco) noch an anderem Ort das Bauteil im Original aufzufinden war. Die gewünschte Auskunft wurde dann jedoch über eine Zusammenstellung von 42 Renaissancezeichnungen zu dieser Basis gefunden, unter denen die Darstellung auf fol. 95 r des Codex Coner (Abb. 69) und die zwei in den Uffizien aufbewahrten Zeich-

Kat. 72

nungen A 633 r (Abb. 70) und A 632 v (Abb. 71) von Baldassare Peruzzi als ergiebigste Quellen die Klärung dieser Frage herbeiführten.

Die mit Hilfe dieser Zeichnungskritik zur Verfügung stehende Methode für die Klärung von Identifizierungsfragen hatte bereits T. Ashby erkannt und genutzt. In seiner Edition des Codex Coner konnte er 1904 denn auch mitteilen, daß die auf fol. 95 r gezeichnete Basis (Abb. 69) dem Cella-Innenraum des Mars-Ultor-Tempels angehörte. Die Identifizierung seiner Basis, deren Provenienz der Zeichner mit dem topographischen Hinweis «in santo baxilio» angegeben hat, stützte er auf die Zeichnung von neun Renaissance-Autoren, unter denen er Baldassare Peruzzi mit dessen beiden Blättern A 633 r (Abb. 70) und A 632 v (Abb. 71) ausdrücklich nennt. Die Inhalte der Zeichnung des Codex Coner und der Blätter von Baldassare Peruzzi ergänzen und erklären sich gegenseitig. Sie eröffnen den Identifizierungs-

weg, den Ashby beschritten haben muß, auch wenn er ihn nicht weiter beschreibt, und der für die Bestimmung der Codex-Mellon-Basis noch einmal nachvollzogen wurde.

Abb. 68   New York, Pierpont Morgan Library, Codex Mellon, begonnen 1513, fol. 27 V, Schmuckbasis «labasa disanmarcho»

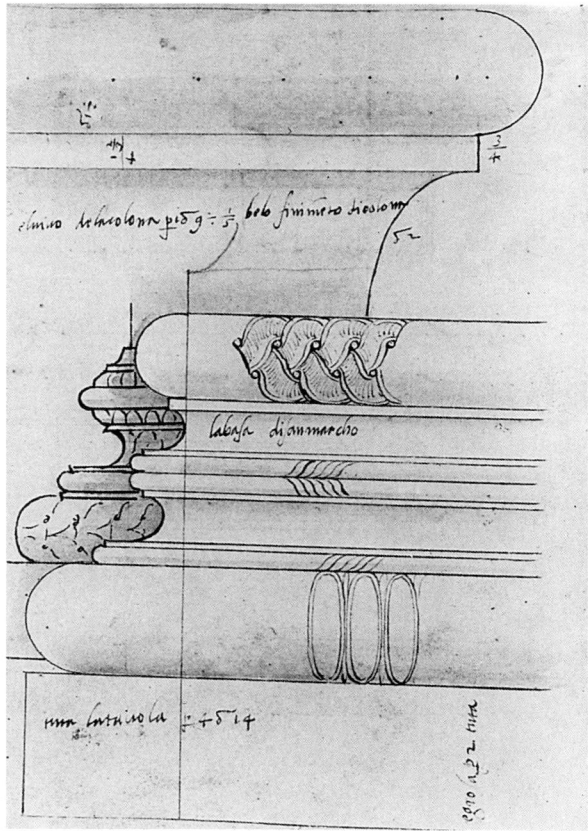

Abb. 69   Bernardo della Volpaia (geb. vor 1475), Schmuckbasis in «santo Baxilio». London, Sir John Soane Museum, Codex Coner, 1514 (Terminus ante quem) fol. 95 r

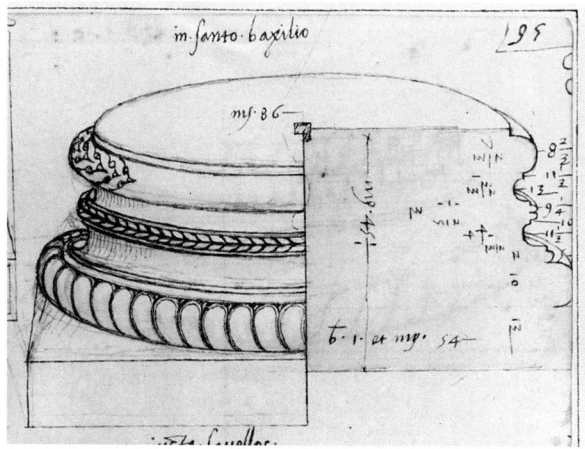

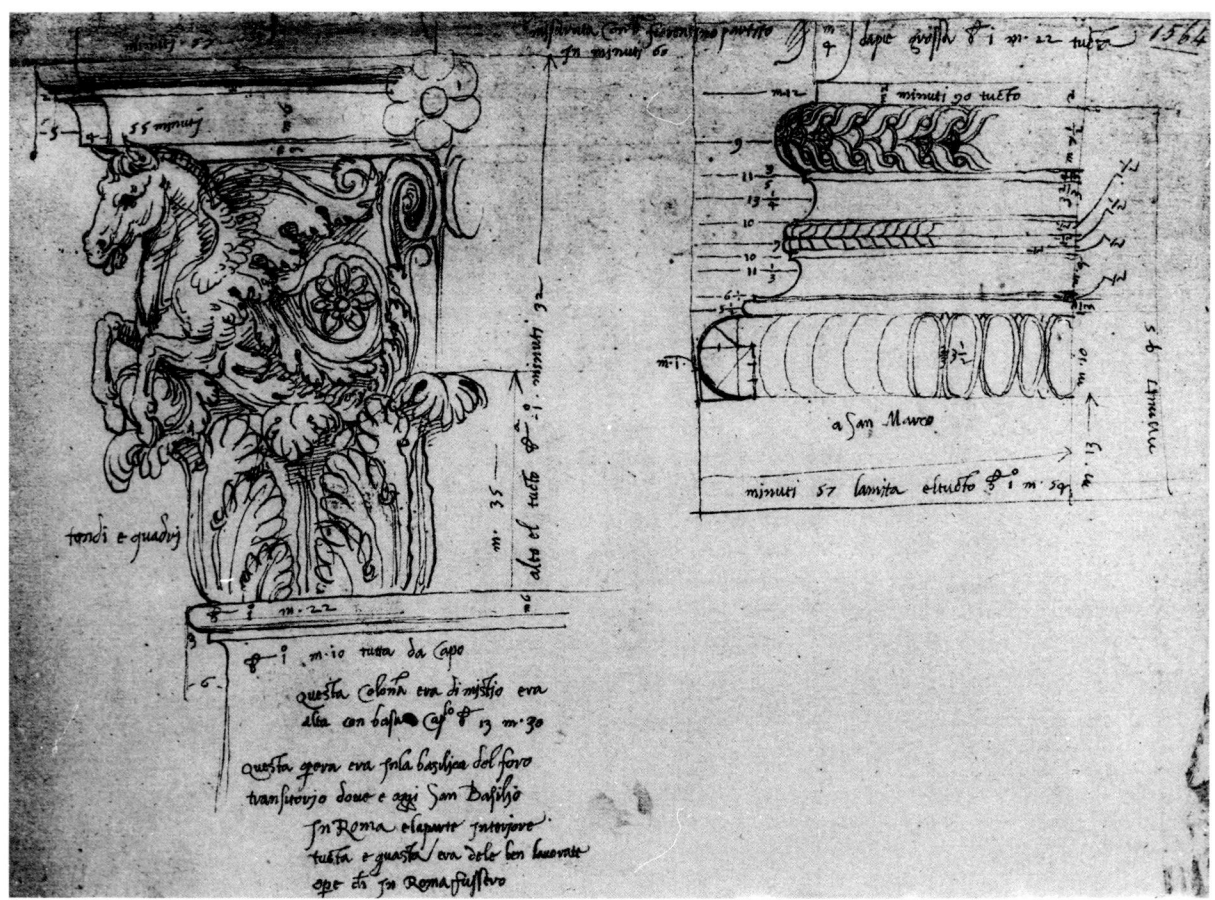

Abb. 70   Baldassare Peruzzi (1481–1536), Pegasus-Kapitell «Questa opera era Inla basiljca del foro transitorjo doue e oggi San Basilio In Roma e laparte Interjore tucta e guasta...» (links) und Schmuckbasis, «a San Marco» (rechts). Florenz, Uffizien A. 633 r

Auf fol. 632 v (Abb. 71) zeigt Baldassare Peruzzi einen Schnitt durch die südöstliche, heute noch zu einem Teil erhaltene Cellawand des Mars-Ultor-Tempels. Die größere, der Cellawand rechts vorgestellte Säule gehört zur Außenordnung, die kleinere zur Innenordnung. Während von der Außenordnung noch heute drei Säulen aufrecht stehen, ist die Innenordnung bis auf die *opus-caementicium*-Reste des Podiumkerns an der Cella-Innenwand verschwunden (Abb. 72). Bei genauer Betrachtung von Peruzzis Schnittzeichnung (Abb. 71) ist zu erkennen, daß die Säule der Innenordnung aus einem Pegasus-Kapitell, einem kannelierten Säulenschaft und einer kompositen Schmuckbasis aufgebaut ist. An der Cellawand wird die Säulenordnung von einer flachen Pilastergliederung wiederholt. Säulen- und Pilasterordnung sind über das Gebälk untereinander und mit der Cellawand verbunden. Unmittelbar unter der Säulenbasis hat Baldassare Peruzzi notiert: «di queste base ne restata una a San Marco jn Roma». Auf fol. 633 r (Abb. 70) sind Kapitell und Basis jeweils mit dem Ansatz der Säule noch einmal in größerem Maßstab dargestellt. Die Zeichentechnik auf diesem Blatt zeigt unverkennbare Wesenszüge einer direkt an den abgebildeten Bauteilen vorgenommenen Aufmaßtätigkeit. Die Bauteile sind freihand, doch mit der Intention möglichst großer Porträtgenauigkeit wiedergegeben und in den

charakteristischen Teilen so ausführlich vermaßt, daß auf dieser Grundlage eine maßstabs- und porträtgenaue Reinzeichnung angefertigt werden könnte – eine Aufmaßmethode, die neben anderen Verfahren auch heute noch angewandt wird. Die zeichentechnischen Merkmale und übereinstimmenden Maßangaben auf beiden Blättern weisen darauf hin, daß fol. 633 r (Abb. 70) das Aufmaßblatt der Einzelbauteile ist, auf dessen Grundlage Peruzzi die innere Ordnung auf fol. 632 v (Abb. 71) gezeichnet hat. Die im Detail aufgemessene Schmuckbasis (Abb. 70) trägt auf der Plinthe jenen topographischen Hinweis «a San Marco», der uns in etwas ausführlicherer Form schon auf dem Schnittblatt (Abb. 71) begegnet ist. Mit diesem Hinweis erfahren wir, daß die auf der Schnittzeichnung (Abb. 71) an der Innenordnung eingezeichnete Säulenbasis nicht in situ beobachtet und vermessen wurde, sondern ex situ und dies in San Marco. Der auf beiden Blättern (Abb. 70.71) gegebene topographische Hinweis auf San Marco sagt implizit bereits aus, daß die von Baldassare Peruzzi auf dem Schnittblatt (Abb. 71) abgebildete Säulenordnung eine zeichnerische Rekonstruktion sein muß. Den Grund dafür, daß er rekonstruieren muß, teilt er uns unter dem Aufmaß des Pegasus-Kapitells (Abb. 70) mit. Er schreibt hier unter anderem: «Questa opera era Inla basiljca del foro transitorio doue e oggi

San Basiljo in Roma e la parte Interjore tucta e guasta . . .» und sagt damit sinngemäß: Diese Säulenordnung befand sich im (irrtümlich als Basilica des Forum
Transitorium bezeichneten) Mars-Ultor-Tempel, dort
wo heute (die Kirche) San Basilio steht (Abb. 72), die
Ordnung ist aus dem Innenraum (des Tempels) und
gänzlich zerstört . . .

So konnte T. Ashby auf Grund der sehr weitgehenden
Übereinstimmungen zwischen der Codex-Coner-Basis
(Abb. 69) und der von Peruzzi in San Marco gezeichne-
ten Basis (Abb. 70) sowie auf Grund von Peruzzis
Nachricht, daß die Basis aus San Marco ebenso wie das
Kapitell und der Säulenschaft von der zerstörten
Säulenordnung im Innenraum eben jenes Tempels
stamme, in dem seinerzeit die Kirche San Basilio
(Abb. 72) stand, ableiten, daß seine mit der Aufschrift
«in santo baxilio» bezeichnete Basis im Mars-Ultor-
Tempel gezeichnet wurde und ursprünglich zur Innen-
ausstattung dieses Tempels gehörte.

Die Identifizierung Ashbys ist nicht denkbar, ohne daß
dieser bei der Lesung der beiden Blätter A 632 v und
A 633 r auch verstanden hätte, daß Baldassare Peruzzi
auf dem Schnittblatt A 632 v von der Innenordnung keinen in situ mehr stehenden intakten Baubefund, sondern eine Rekonstruktion zeichnet, wie dies Sallustio
Peruzzi, Baldassares Sohn, auf seinem Plan A 676 r

vom Mars-Ultor-Tempel (Abb. 73) mit der dort am unteren linken Rand stehenden Notiz bekanntermaßen bestätigt. Dieser von Baldassare Peruzzi in Zeichnung und
Wort selbst mitgeteilte, von seinem Sohn Sallustio noch
einmal bestätigte Sachverhalt wird in der wissenschaftlichen Diskussion der Zeichenkritik als bekannte Erkenntnis seit langem vorausgesetzt, nachdem A. Bartoli
mit seiner kritischen Edition der Uffizienzeichnungen
(1922–24) auch die Zeichnungen und transkribierten
Texte Baldassare und Sallustio Peruzzis allgemein zugänglich gemacht hat und nachdem von A. Fiorini 1951
noch einmal eine Zusammenstellung der Renaissancezeichnungen zum Forum Augustum und zum Mars-Ultor-Tempel einschließlich einer erneuten Transkription
der Texte vorgelegt wurde. Wenn für die Zeichnungskritik aus den genannten Gründen von jeher feststehen
mußte, daß die Zeichnung der Innenordnung auf fol.
632 v (Abb. 71) eine zeichnerische Rekonstruktion ist,
dann ist damit gleichzeitig auch die Frage nach der Zuverlässigkeit dieser Rekonstruktion gestellt und über die
Innenordnung hinaus auch die Frage nach der Zuverlässigkeit und nach der Natur dieser Zeichnung als Ganzes.
Auf die Frage nach der Natur dieser Zeichnung als Ganzes geben uns vier weitere Blätter von Baldassare Peruzzi, die ebenfalls in den Uffizien aufbewahrt werden,
eine Antwort. Es handelt sich um die Blätter A 398 r

Abb. 71 Baldassare Peruzzi (1481–1536), «Basilica in foro transitorjo», Schnitt durch die südöstliche Cellawand des Mars-Ultor-Tempels in Rom, Innen- und Außenordnung. Basis der Innenordnung be-
schriftet mit (1) «di queste base ne restata una a San Marco jn Roma»,
(2) Querschnittsmaß Cellawand «b. 2». Florenz, Uffizien A. 632 v

Abb. 72 Mars-Ultor-Tempel, südöstliche Cellawand mit Außenordnung, Kirche SS. Annunziata (ehemals San Basilio), vor dem Abriß,
Zustand 1926

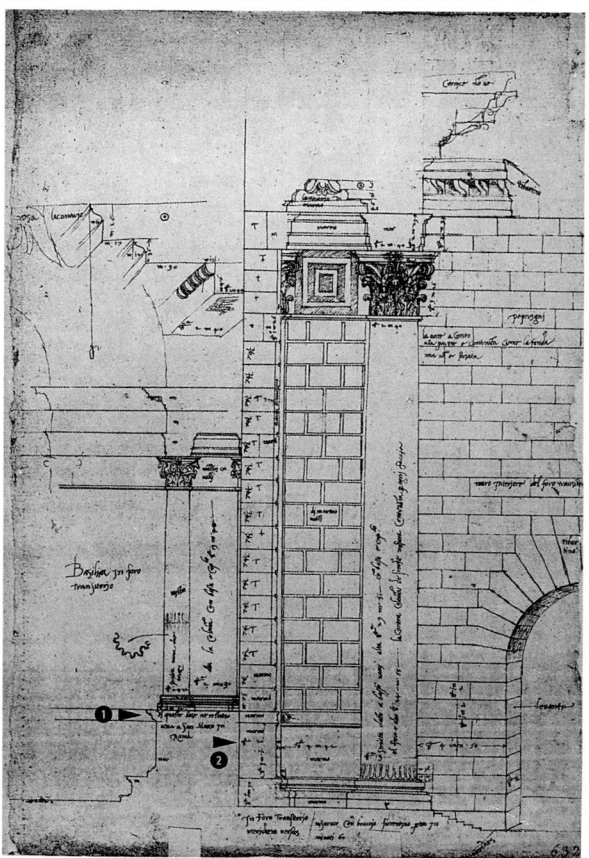

und v, sowie um die Blätter A 632 r und 633 v. Sie zeigen Aufmaße von Einzelheiten des Tempels im Bereich der Außenordnung der Cella, die einschließlich einiger Maßangaben in verkleinertem Maßstab in die Schnittzeichnung A 632 v (Abb. 71) übernommen wurden. Damit wird deutlich, daß die Schnittzeichnung die Zusammenzeichnung der einzelnen Befundmaßnahmen ist, die Peruzzi auf Einzelblättern an Teilbereichen des Mars-Ultor-Tempels durchgeführt hat. Dabei umfassen diese Einzel-Bauaufmaße zum einen Baubefunde, die Peruzzi noch intakt und in situ gesehen hat, wie im Fall der vier Aufmaßblätter vom Außenbereich der Cella, und zum anderen Baubefunde, die zerstört waren und deren Bauteile er ex situ hat zeichnen müssen, wie im Fall des Blattes A 633 r mit dem Aufmaß von Kapitell, Basis und Säulenschaft der inneren Ordnung. Die zu einem Ganzen als Schnittbild durch die südöstliche Cellawand zusammengezeichneten Baubefunde sind mit Anmerkungen und Maßen kommentiert, die sich auf den Einzelaufmaßen wiederfinden. Peruzzi verfährt hier im Prinzip genauso wie wir heute, wenn wir das Aufmaß eines Großbaus aus Einzelaufmaßen zusammensetzen. Wenn er in dieser Schnittzeichnung schließlich mehr zeigt als nur die in situ befindlichen Funde, so macht er alle Teile erkenntlich, die er hinzufügt: Bei der Innenordnung gibt er an, daß er mit ex situ aufgemessenen Bauteilen rekonstruiert, und bei der Apsis, die hier mit dem Ansatz der Bogenöffnung und der rechts anschließenden Wand bezeichnet ist, teilt er unübersehbar mit, daß es sich hier um eine theoretische Überlegung handeln muß, für die er keine Befunde hat, weil er nämlich hier weder Maße noch andere Angaben beifügt.

Wenn die genannten Einzelaufmaße die Schnittzeichnung A 532 v (Abb. 71) konstituieren, so ist der dokumentarische Gehalt und Quellenwert dieser Zeichnung als Ganzes in dem Maße genau, wie die Einzelaufmaße es sind. Eine Bewertung des Blattes als Ganzes ist deshalb erst möglich, wenn die Einzelaufmaße überprüft sind. Für die Bewertung der Rekonstruktion der Innenordnung und ihrer Darstellung heißt dies, daß zunächst einmal geprüft werden muß, ob Peruzzi den Baubefund auch hatte sehen können, wie er vorgibt, wenn er mitteilt «... tucta e guasta ...», alles sei zerstört. Den Beleg liefert er selbst. Auf unserem Schnittblatt (Abb. 71) hat er neben dem Podium in Höhe der Orthostaten das Maß für den Querschnitt der Cellawand eingetragen. Der angegebene Wert von «2 br» (d.h. 2 braccie bzw. 116,72 cm) ist erstaunlich genau und findet sich an eben derselben Stelle auf dem Detailblatt A 633 v wieder. Das Maß für den Querschnitt wird Peruzzi an der Abbruchstelle der Cellawand genommen haben, die wir heute noch sehen (Abb. 72).

Hier hat er beim Nehmen des Maßes unmittelbar an der Nahtstelle zwischen Podium und Cellawand gestanden und hatte den Baubefund der zerstörten Innenordnung direkt vor Augen. Die Kirche San Basilio (Abb. 72) kann ihm hier nicht im Wege gestanden haben. Sie befand sich ein gutes Stück weiter nordöstlich und bedeckte von der Cella im wesentlichen nur die Apsis. Peruzzis Meßtätigkeit an der Abbruchstelle der Cellawand und seine Beobachtungen zum zerstörten Baubefund

der Innenordnung sprechen dagegen, daß das höhere Niveau der Kirche in ihrem Außenraum die Befunde an der Cella-Innenwand nach Südosten hin auf der gesamten Länge und vollständig überdeckt hatte. Wenn uns Baldassare Peruzzi durch seine Maßangabe unbestreitbar mitteilt, daß er an dem Baubefund der Innenordnung gestanden hat und diesen also hat betrachten können, so läßt er uns jedoch nur wissen, daß die Innenordnung zerstört sei. Er schweigt darüber, wie der Befund im einzelnen aussah und welche Indizien er dort hatte erkennen können, die ihn dazu berechtigten, für die Innenwand der Cella die Rekonstruktion einer Säulenordnung mit Bauteilen zu zeichnen, die nicht mehr in situ standen und die, wie im Fall der Basis und auch einiger Fragmente des Pilasterkapitells, von denen uns Sallustio Peruzzi auf Folio A 676 r berichtet, sich an weit entferntem Ort, nämlich in S. Marco befanden. Allerdings heißt «... tucta e guasta ...» ja lediglich, daß alles zerstört ist, es läßt die Möglichkeit offen, daß Peruzzi noch in der Nähe der Cellawand herumliegende Fragmente sehen konnte, aus denen ihm dann sichere Anhaltspunkte für seine Rekonstruktion zur Verfügung standen. Wenn er die Basis in San Marco zeichnet, so mag dies daran liegen, daß die Fragmente an Ort und Stelle ein Aufmaß nicht lohnten, nachdem in San Marco ja eine besser erhaltene stand, die im übrigen ohnehin einfacher zu vermessen gewesen sein wird.

Zwar ist uns Peruzzi den letzten Beleg einer ins einzelne gehenden Beschreibung der Indizien und Befundbeobachtungen schuldig geblieben, die seiner Rekonstruktion zugrunde liegen, doch haben die 1924 aufgenommenen Freilegungsarbeiten im Mars-Ultor-Tempel Fundmaterial der inneren Ordnung zutage gebracht, das den noch fehlenden Beleg für seine Rekonstruktion liefert.

Bei den Ausgrabungen im Bereich der Cella wurden als unversehrte Funde das Pegasus-Kapitell FA 2514 Kat. 74 und die schmucklose Kompositbasis FA 2515 Kat. 75 als Teile der Pilasterordnung gefunden, die Peruzzi uns auf dem Schnittblatt A 632 v (Abb. 71) neben der Säulenordnung als Teil der Cellawand zeigt und die er auf dem Detailblatt A 633 r (Abb. 70) indirekt insofern erwähnt, als er hier am Pegasus-Kapitell notiert, es gäbe davon «tondi e quadri», also runde und viereckige. Unter dem Fundmaterial aus den Freilegungsarbeiten, das zusammen mit dem Pegasus-Kapitell (Kat. 74) und der schmucklosen Kompositbasis (Kat. 75) in den Depots des Augustusforums aufbewahrt wird und das mit der freundlichen Genehmigung von E. La Rocca vor zehn Jahren für die hier vorgestellte Untersuchung ausgewertet werden konnte, fanden sich außer den beiden Bauteilen der Pilasterordnung auch einige nicht näher gekennzeichnete Fragmente von Schmuckbasen, die dem Augenschein nach verschiedenen Säulenordnungen angehören. Unter diesen befinden sich möglicherweise auch jene Fragmente, auf die C. Ricci unter dem Hinweis auf die Zeichnung (Abb. 70) von Baldassare Peruzzi aufmerksam gemacht hatte. Von diesen Fragmenten konnten mit Hilfe der untersuchten Renaissancezeichnungen (Abb. 68–70) und mit Hilfe der erhaltenen Pilasterbasis Kat. 75 nun jene Fragmente identifiziert und aussortiert werden, die der gesuchten Säulenbasis angehören. Der Vergleich der Renaissancezeichnungen (Abb. 68–70) mit der schmucklosen Pilasterbasis Kat. 75 ergab eine Übereinstimmung in bezug auf das Profil. Dieser Eindruck wiederholte sich beim Vergleich der Fragmente der Säulenbasis FA 2518, FA 2519 und FA 2520 (Kat. 73) mit der unversehrten Pilasterbasis FA 2515 (Kat. 75). Der Vergleich der Renaissancezeichnungen (Abb. 68–70) mit den Fragmenten Kat. 73 ergab neben den Übereinstimmungen bei den erhaltenen Profilteilen zusätzlich die Übereinstimmungen hinsichtlich des Dekors. Auch wenn die Bruchflächen der Fragmente einander nicht angepaßt werden konnten, so ergaben die Fundstücke zusammen doch ein vollständiges Bild von der antiken Säulenbasis, von ihrem gesamten Profil und ihrem ganzen Schmuck. Einzig die Plinthe fehlte, von der an den Fragmenten nicht einmal ein Rest im Ansatz erhalten war. Dieser zunächst nur optische Eindruck der Übereinstimmungen gab den Anlaß zu einer genauen Vermessung der aussagefähigsten Fragmente (Kat. 73) und der Pilasterbasis (Kat. 75), sowie zu einer Umrechnung aller auf den Renaissancezeichnungen (Abb. 68–70) angegebenen Maße. Die vergleichende Überprüfung aller Werte ergab eine so weitgehende Übereinstimmung der Gesamt- und Einzelmaße (Abb. 74; Tabelle 1–3), daß die Provenienz dieser Fragmente als Teile der Säulenbasis von der Innenordnung des Mars-Ultor-Tempels als gesichert angesehen werden kann und damit das genaue Aussehen dieser verschollenen Basis wiedergewonnen ist. Da ein Original dieser Säulenbasis nicht mehr existiert, nachdem die im 16. Jahrhundert mindestens noch sechs erhaltenen Exemplare, von denen wir nachrichtlich wissen, heute verschollen sind, und bei den Freilegungsarbeiten eine als Ganzes erhaltene Säulenbasis nicht gefunden wurde, legte diese Fundlage es nahe, die Wiederherstellung des Bauteils zu unternehmen. Die Rekonstruktion der Basis ging von dem Profil (Abb. 74) und von den Abmessungen (Tabelle 1–3) der Pilasterbasis (Kat. 75) aus. In diesen Rahmen wurden drei der originalen Fragmente, FA 2518, FA 2519, FA 2520 (Kat. 73), von denen ein Abguß hergestellt wurde, in Kopie eingepaßt. Dabei wurde ihr Dekor über das Rund des Bauteils multipliziert. Als Bestätigung für die zuvor bereits erzielten Ergebnisse stellte sich dabei heraus, daß die Motive auf dem Kreisumfang der jeweiligen Profilteile ganzteilig aufgingen, ohne daß ein Rest verblieb.

Die Rekonstruktion der Basis wurde zum Jahresbeginn 1984 durch den Restaurator S. Bertolin, München, auf der Grundlage der hier beschriebenen Untersuchungsergebnisse ausgeführt. Das rekonstruierte Bauteil wurde im Februar 1984 auf der Ausstellung «Raffaello architetto» in Rom erstmals vorgeführt und wird jetzt erstmals publiziert.

Die hier rekonstruierte Basis (Kat. 72) ist als eine Schmuckbasis kompositer Ordnung zu bezeichnen. Mit der Ausbildung des Profils gehört sie den Kompositbasen an, mit ihrem Dekor ist sie der Gattung römischer Schmuckbasen zuzurechnen. Gegenüber dem Normaltypus einer römischen Kompositbasis weist das Profil unseres Bauteiles eine Verfeinerung auf, die in der Auflösung des *torus medius* in zwei Rundstäbe und darüber hinaus in der zusätzlichen Einfügung eines weiteren Rundstabes zwischen den *torus inferior* und die darüberliegende *quadra* des *trochilus inferior* besteht. Darin ist deutlich die Absicht einer stärkeren Betonung der horizontalen Gliederung zu erkennen. Diese wird gesteigert durch ein reiches, aber dennoch klar lesbares Dekor, das mit Ausnahme des unteren Rundstabes alle konvexen Teile der Basis überzieht. Das Ornament des *torus superior* zeigt ein doppeltes Flechtband. Der *torus inferior* besteht aus einer Reihung von schmalen, in die Länge gezogenen Ovalen, von denen ein jedes mit einem schmalen Rand umrahmt ist. In den Zwickelräumen dieser Umrahmungen treten schmale Lanzettspitzen hervor. Die beiden mittleren Rundstäbe sind in gegenläufiger Richtung als gedrehte Taue ausgebildet. Das doppelte Flechtband und die Taue stehen mit jeweils nach rechts gerichteten Spitzen in parallelem Richtungssinn zueinander. Die Originalfragmente sind aus weißem, feinkristallinem Marmor. Die Oberflächenbearbeitung des Bauteils als Ganzes, die Ausführung der Schmuckmotive im einzelnen, sowie auch die glatten Profilteile sind von höchster handwerklicher Qualität und legen die Vermutung nahe, daß dies eine Arbeit griechischer Steinmetzen ist. Mit dem originalen Fundmaterial war für sämtliche Renaissancezeichnungen nachgewiesen, daß die abgebildeten Basen nicht nur laut Baldassare Peruzzi, sondern tatsächlich vom Mars-Ultor-Tempel stammten. Die Identifizierung der Originalfragmente und die Wiedergewinnung des genauen Aussehens der Säulenbasis bot die Möglichkeit, die Zuverlässigkeit der Renaissancezeichnungen am authentischen Befund zu überprüfen. Die Ergebnisse aus dem Vergleich der Zeichnungen untereinander und aus ihrem Vergleich mit den originalen Fundstücken wurden im Vorbericht zu dieser Untersuchung bereits erläutert. Neben einigen formalen Abweichungen gibt es geringfügige Unterschiede auch in den Maßen, die mit bestimmten Umständen beim Aufmaß zu erklären sind und sich gleichermaßen auch bei der Umrechung von Werten historischer Maßeinheiten in Zentimeter einstellen können. Für die Untersuchung der Codex-Mellon-Zeichnung (Abb. 68), dem Ausgangspunkt unserer Untersuchung, war nicht nur die Identifizierung herbeigeführt worden. Die vergleichende Untersuchung hatte außerdem Hinweise dafür geliefert, daß diese Zeichnung die fehlerhafte Kopie einer vielleicht bereits fehlerhaften Zeichnungsvorlage ist und nicht vor dem originalen Bauteil entstanden sein kann. Für die Basis auf dem Codex Coner und für die von Baldassare Peruzzi gezeichnete hatten die Untersuchungen einige Unterschiede und mit diesen Anhaltspunkte dafür ergeben, daß diese beiden Zeichnungen jeweils von einer anderen originalen Basis abhängen. Dabei ist davon auszugehen, daß auch die originalen Basen der Innenordnung mit geringfügigen Unterschieden voneinander abwichen.

Die Basis des Codex Coner (Abb. 69) zeigt an der Oberfläche des *torus superior* beispielsweise einen als Standfläche für die Säule angearbeiteten *scamillus*, der

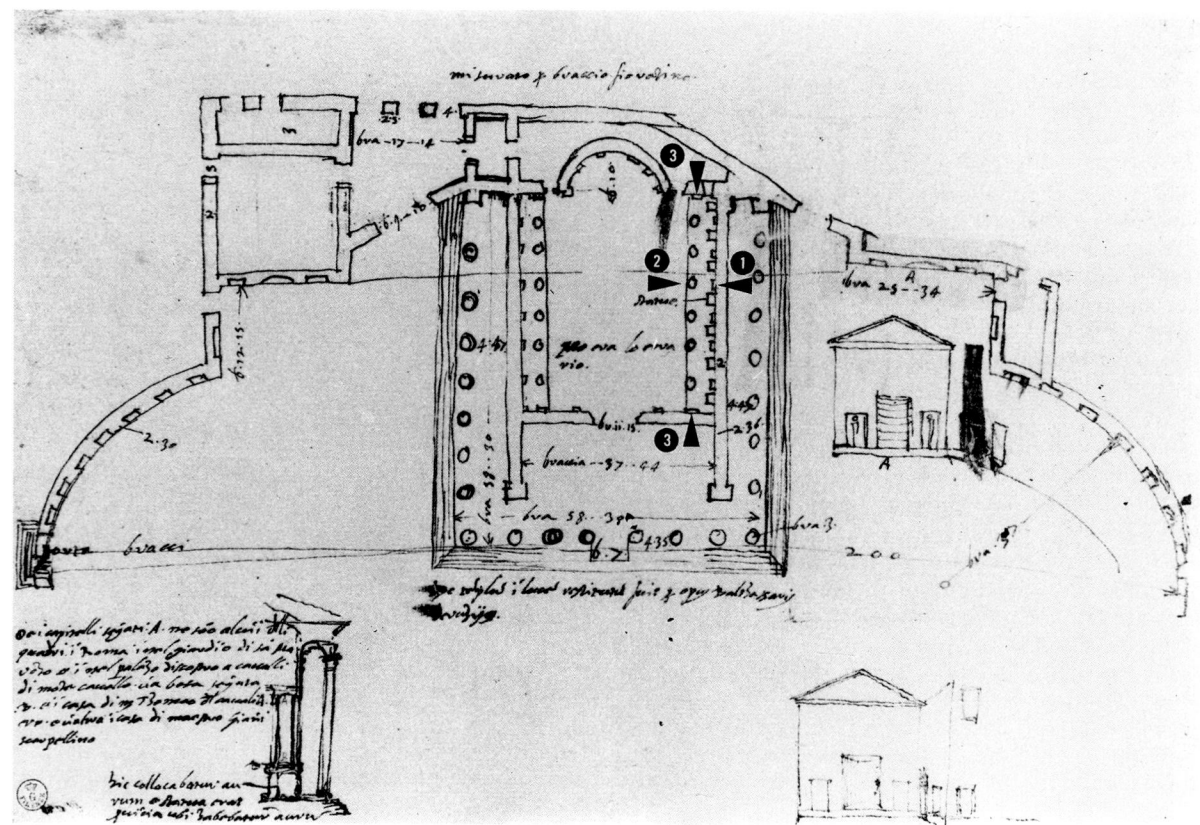

Abb. 73   Sallustio Peruzzi (geb. vor Anfang 16. Jh. – 1573), Teilplan des Augustusforums mit Grundriß des Mars-Ultor-Tempels. Florenz, Uffizien A. 676 r (1) Pilaster-Basis, schmucklos (2) Säule, Schmuckbasis (3) Pilaster, Schmuckbasis (?)

bei Peruzzi (Abb. 70) und ebenso an der originalen Pilasterbasis FA 2515 (Kat. 75), sowie an den originalen Fragmenten FA 2518 und FA 2520 (Kat. 73) fehlt. Darüber hinaus zeigt die Coner-Basis (Abb. 69) als Schmuckmotiv für den *torus inferior* keine Vollovale, sondern einen vorgewölbten Blattstab mit einer lediglich an den Seiten und oben umlaufenden Umrahmung, so daß auch nur im oberen Bereich Zwickelräume mit Lanzettspitzen auftreten.

Während die Coner-Basis mit dieser Ausbildung des Dekors und auch in dessen Richtungssinn mit den Originalfragmenten übereinstimmt, weicht Peruzzis Basis (Abb. 70) in beidem sowohl vom Codex Coner als auch von dem – allerdings nur in sehr begrenztem Ausschnitt erhaltenen – Originalbefund ab.

Peruzzi zeigt ein Dekor mit umgekehrtem Richtungssinn und gibt auf dem *torus inferior* Vollovale mit umlaufender Umrahmung an, die untere und obere Zwickelräume bilden, in denen Lanzettspitzen hervortreten. Die Auswertung der 42 mir seinerzeit bekannten Zeichnungen von der Mars-Ultor-Basis – eine Zahl, die die große Wertschätzung bezeugt, die das Bauteil im 16. Jahrhundert erfahren hat – erbrachte im übrigen Hinweise auf die Gestaltung des Cella-Innenraumes, die über das Einzelbauteil hinausgehen. Die vergleichende Untersuchung der gezeichneten Basen zeigte, daß sich die Darstellungen in zwei Gruppen gliedern lassen, eine

mit rechtsläufigem und eine mit linksläufigem Richtungssinn der Schmuckmotive. In beiden Gruppen tritt je eine Zeichnung mit dem technischen Detail des *scamillus* auf. Es wäre zu prüfen, ob der unterschiedliche Richtungssinn der Schmuckmotive mit der an der Längsachse der Cella orientierten, symmetrisch verteilten Aufstellung der Säulenreihen zu beiden Seiten des Raumes erklärt werden kann.

Eine weitere Anregung für die Überlegungen zur Verteilung der Schmuckbasen im Cella-Innenraum liefert uns eine Cherubino Alberti zugeschriebene Zeichnung (Abb. 75), die im Gabinetto Nazionale delle Stampe in der Farnesina in Rom liegt, und deren Kenntnis ich A. Nesselrath verdanke.

Die auf diesem Blatt abgebildete Basis stimmt nicht nur in bezug auf das Profil und die Schmuckmotive mit den von uns untersuchten Basen überein. Auch das für die Breite der Plinthe angegebene Maß von «p 4 – o 10 – m 4», das heißt von braccie 4 – oncie 10 – minuti 4, entspricht mit dem Umrechnungswert von 109,46 cm so weitgehend den Maßen der anderen untersuchten Zeichnungen (Abb. 69–70, Tabelle 1) und dem Plinthenmaß der schmucklosen Pilasterbasis, daß die Provenienz des abgebildeten Bauteils von der Innenordnung des Mars-Ultor-Tempels außer Frage steht.

Dieses Blatt erweckte unsere besondere Aufmerksamkeit, weil es einen Widerspruch hinsichtlich der zeichentechnischen Qualität enthält. Obwohl Cherubino Alberti die Einzelteile der Basis, das Profil und die Schmuckmotive mit bemerkenswertem handwerklichem Können und scharf gezogenen Linien in eindeutiger Klarheit mitgeteilt hat, bleibt seine Zeichnung unklar in der Mitteilung über die plastische Gestalt der Basis als Ganzes, nämlich ob eine (runde) Säulenbasis oder eine (eckige) Pilasterbasis dargestellt ist. Die korrekte Darstellung einer Säulenbasis in orthogonaler Ansicht, wie Alberti sie hier gewählt hat, verlangte eigentlich, daß die Breite der einzelnen Schmuckmotive gemäß dem Rund des Bauteils von der Mittelachse an nach beiden Seiten hin in kontinuierlich zunehmender Verdrehung und mit fortlaufend abnehmender Breite gezeichnet werden.

Bei einer in der gleichen Ansicht darzustellenden Pilasterbasis wären die Schmuckmotive dagegen mit gleichbleibender Breite von der Mitte bis zu den beiden Außenseiten hindurchzuzeichnen, wo dann allerdings ein im Winkel von 45 Grad gedrehtes und breiter in Erscheinung tretendes Eckglied angegeben war, das den vermittelnden Übergang zwischen der Front und den beiden Seiten des Bauteils gewöhnlich bildet. Cherubino Alberti zeichnet eigentümlicherweise eine Mischform aus beidem. Er zeichnet die Schmuckmotive mit unveränderter Breite bis nahe an den Rand und gibt eine Verdrehung nur für die äußersten Glieder an. Die Umsetzung seiner Zeichnung in eine plastische Form ergäbe (für den Teil oberhalb der Plinthe) eine Pilasterbasis mit abgerundeten Ecken, eine Bauform, die in der gezeichneten Weise in der antiken Architektur nicht vorstellbar ist.

Diese Eigentümlichkeit der Darstellung ist bei einem mit den Gesetzen der perspektivischen Wahrnehmung und Darstellungstechnik bekanntermaßen so vertrauten Zeichner wie Cherubino Alberti nicht mit einer mangelnden Befähigung zu erklären. Vielmehr ist daran zu denken, daß Alberti selbst auch nicht entscheiden konnte, ob er eine Pilaster- oder eine Säulenbasis vor sich hatte, weil er nämlich nicht vor dem Original gezeichnet hat, sondern für seine Darstellung auf die Zeichnungsvorlage eines anderen Autors angewiesen war. Dabei mag es sein, daß die Schmuckmotive der Basis auf dieser Vorlage in gleicher Weise wie auf der Zeichnung im Codex Mellon (Abb. 68) nur im Ausschnitt und nicht am Rand des Bauteils angegeben waren, so daß die Frage, ob eine Säulen- oder eine Pilasterbasis dargestellt ist, nicht beantwortet werden kann, wenn keine anderen Hinweise zusätzlich vorliegen. In der hier beschriebenen Eigentümlichkeit der Darstellung scheint sich Cherubino Albertis Unentschlossenheit widerzuspiegeln, diese Frage eindeutig für sich zu entscheiden.

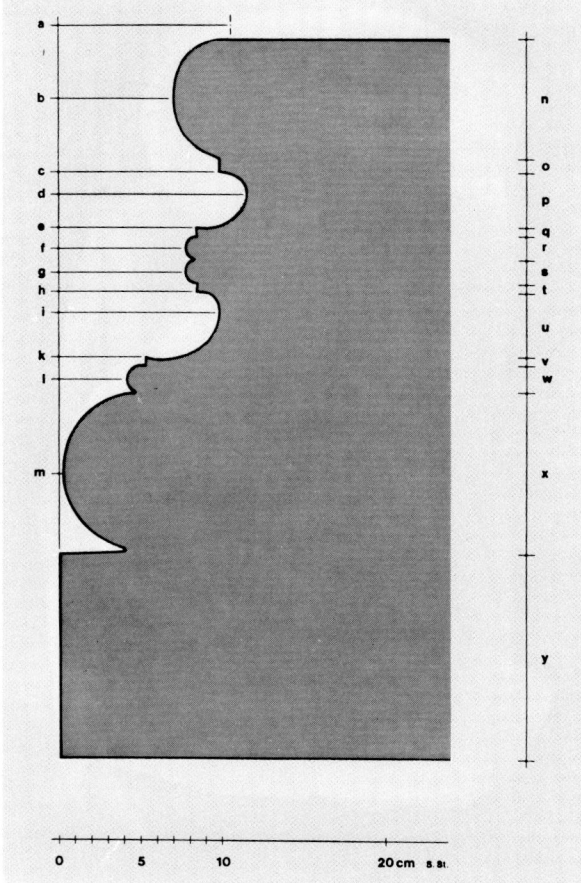

Abb. 74

Abb. 75

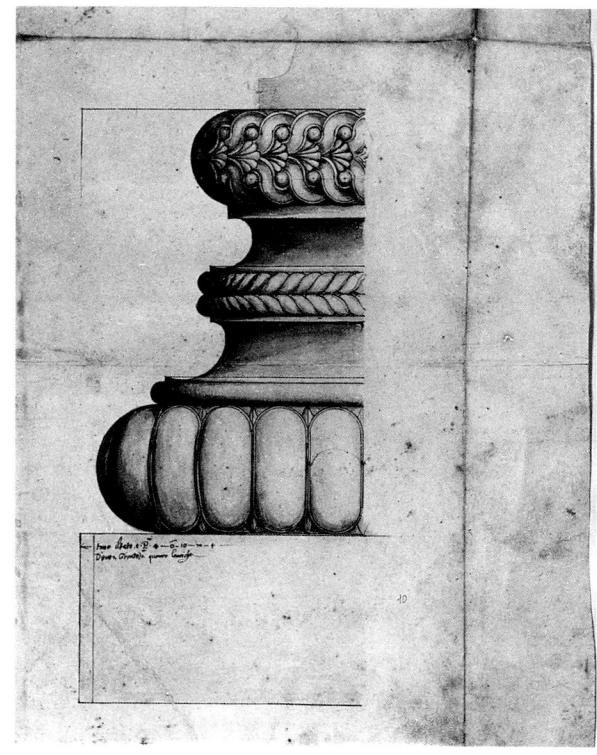

Abb. 74 Profil-Aufmaß der Pilasterbasis, Maßvergleich mit den Zeichnungen und den Original-Fragmenten, Einzelmaße a–m: Seitenabstände von Vorderkante Plinthe, n–y: Höhen

Abb. 75 Cherubino Alberti (1553–1615), Schmuckbasis der Pilasterordnung des Mars-Ultor-Tempels in Rom, Rom, Gabinetto Nazionale delle Stampe, Vol. 2502 c fol. 11

Für uns gab seine Zeichnung den Anstoß, der Frage nachzugehen, ob die Innenordnung des Mars-Ultor-Tempels in Korrespondenz mit der Säulenordnung eine Pilasterordnung besaß, die nicht nur mit schmucklosen, sondern auch mit geschmückten Kompositbasen ausgestattet war. Diese Überlegung wird allem Anschein nach bestätigt durch das Fragment FA 2522 (Kat. 76), das sich ebenfalls unter den zuvor schon zitierten Fragmenten in den Depots des Augustusforums befindet.

Dieses Fragment ist ganz offensichtlich das Eckstück einer geschmückten Pilasterbasis. Es zeigt einen Teil des *torus inferior*, des unteren Rundstabes und im Ansatz den *trochilus inferior*. Mit dieser Profilabfolge und ebenso mit dem Dekor des *torus inferior* stimmt das Fragment mit den anderen originalen Fragmenten überein. Die Oberfläche des *torus inferior* zeigt zwar eine sehr viel gröbere Bearbeitung als bei den anderen Fragmenten, doch scheint es sich hier um ein nicht zu Ende

Tabelle 1

Gesamtmaße (in cm)

	Höhe Basis UK Plinthe – OK Torus sup.	Differenz zur Pilasterbasis	Breite Basis (Plinthe)	Differenz zur Pilasterbasis
Codex Mellon	44,68	+0,38	108,92	+0,42
B. Peruzzi	43,77	−0,53	110,88	+2,38
B. della Volpaia (Codex Coner)	44,26	−0,04	110,88	+2,38
Säulenbasis (Original)	–	–	–	–
Pilasterbasis (Original) FA 2515	44,30	–	108,50	–

Tabelle 2

Einzelmaße

Seitenabstände von der Vorderkante Plinthe (in cm)

	a	b	c	d	e	f	g	h	i	k	l	m
Codex Mellon	–	–	–	–	–	–	–	–	–	–	–	–
B. Peruzzi	11,67	8,75	11,28	12,89	9,73	–	8,75	9,73	11,02	6,16	5,35	0,97
B. della Volpaia (Codex Coner)	–	8,43	11,18	12,64	–	8,99	–	9,73	11,18	–	=4,86 5,84	–
Original Fragment FA 2518 Original Fragment FA 2519 Original Fragment FA 2520	Seitenabstände der Fragmente sind nicht meßbar, weil die Plinthe fehlt											
Pilasterbasis FA 2515	10,55	7,00	9,80	11,45	8,40	7,75	7,75	8,40	9,75	5,30	4,10	0,20

Tabelle 3

Einzelmaße

Höhenmaße (in cm)

	n	o	p	q	r	s	t	u	v	w	x	y	Summe n−y	angegeb. Gesamtmaß
Codex Mellon	−	−	−	−	−	−	−	−	−	−	−	−	−	44,68
B. Peruzzi	7,29	0,78	3,56	0,49	1,45	1,45	0,49	3,90	0,49	1,62	9,73	12,64	43,89	43,77
B. della Volpaia (Codex Coner)	7,46	0,97	3,56	0,49	1,45	1,45	0,40	4,13	0,65	1,95	9,73	12,64	44,88	44,26
Original Fragment FA 2518	7,10	0,80	−	0,50	1,50	1,50	0,50	−	−	−	−	−	−	−
Original Fragment FA 2519	−	−	−	−	−	−	−	−	0,50	1,70	9,75	−	−	−
Original Fragment FA 2520	7,35	0,85	−	−	−	−	−	−	−	−	−	−	−	−
Pilaster-basis FA 2515	7,42	0,80	3,42	0,50	1,50	1,50	0,50	3,92	0,50	1,62	9,82	12,65	44,15	44,30

gearbeitetes, aus Gründen, die wir nicht beurteilen können, in Rohbosse belassenes Werkstück zu handeln — vielleicht eine nicht zu Ende geführte Reparatur oder ein frühzeitig verworfenes Fehlstück (?).

Abgesehen davon sind die Übereinstimmungen jedoch so groß, daß dieses Stück als das Fragment einer geschmückten Pilasterbasis angesehen werden kann, die unserer Säulenbasis entspricht und die deswegen der Innenordnung der Cella angehört haben könnte.

Auf die Frage, wo im Innenraum der Cella schmucklose und wo geschmückte Pilasterbasen sinnvollerweise gestanden haben könnten, gibt es eine naheliegende Antwort: Die schmucklosen Basen waren dort angeordnet, wo — für den im Innenraum stehenden Betrachter — die Pilasterordnung hinter der Säulenordnung verdeckt stand, also an den Langseiten des Innenraumes, den Seitenwänden der Cella (Abb. 73,1). Die geschmückten Pilasterbasen dagegen werden dort anzunehmen sein, wo die Pilasterordnung vollständig sichtbar neben die Säulenordnung in den Vordergrund trat, also an den Schmalseiten des Raumes, nämlich an der Stirnwand

links und rechts von der Apsis und in symmetrischer Entsprechung an der Rückwand des Raumes, zu beiden Seiten des Eingangs (Abb. 73,3). An diesen Wandflächen bildeten die Pilasterbasen strukturell und formal Anfang und Ende der beiden je auf einem Podium stehenden, die Seitenwände begleitenden Säulenreihen. Gemeinsam mit jeweils einer Säule rahmten sie hier das erste Joch der beiden Kolonnaden, und deshalb ist es naheliegend, daß die Basen dieser beiden gleichberechtigt nebeneinanderstehenden Bauglieder auch mit einem übereinstimmenden und gleichermaßen reichen Dekor ausgestattet waren. Der Grundriß des Mars-Ultor-Tempels (Abb. 73) von der Hand Sallustio Peruzzis gibt uns eine Anschauung von den hier angesprochenen Stellen im Cella-Innenraum. Wenn Sallustio Peruzzi die von uns für die Schmuckbasen in Betracht gezogenen Pilasterpositionen auf seinem Plan einzeichnet und darüber hinaus weitere Positionen, an denen frei sichtbare Pilaster mit Schmuckbasen ausgestattet gewesen sein könnten, angibt, so beispielsweise an der Laibung der Apsisöffnung, an der Apsiswand selbst und zu beiden

Kat. 73 a

Kat. 73 b

Seiten der Eingangstür − vielleicht sind diesen jene
Fragmente von Schmuckbasen in den Depots des Augustusforums zuzuordnen, die noch nicht identifiziert werden konnten −, so ist allerdings zu berücksichtigen, daß
der Mars-Ultor-Tempel im 16. Jahrhundert weitgehend
überbaut war. Bei der Frage, welche Teile dieses Planes
als zuverlässig angesehen werden dürfen, ist vorläufig
noch nicht zu beurteilen, welche Befunde Sallustio im
einzelnen hatte sehen können. So muß vorläufig offenbleiben, ob er mit der Angabe der Pilasterposition lediglich strukturelle Überlegungen zeichnet oder doch den
einen oder anderen freiliegenden Befund kannte, den er
dann symmetrisch auf seinem Plan extrapoliert hat. Die
Überprüfung der Zeichnung an den Baubefunden,
wenn diese eines Tages vorliegen, wird vielleicht genauere Auskunft darüber ergeben, was Sallustio Peruzzi
hatte sehen können.

Kat. 73 c

Mit der hier vorgestellten Untersuchung wurde unter
anderem die Aufgabe verfolgt, den archäologischen
Quellengehalt der Zeichnungen von drei Renaissance-
autoren am Ausschnitt ihrer Darstellungen zur
Schmuckbasis des Mars-Ultor-Tempels zu überprüfen.
Bei den Zeichnungen von Bernardo della Volpaia, dem
Autor des Codex Coner und von Baldassare Peruzzi
wurde dabei ein dokumentarischer Mitteilungsgehalt
greifbar, der ganz konkret für die Klärung einer bauhi-
storischen Fragestellung zur Innenausstattung des Mars-
Ultor-Tempels genutzt werden konnte.
Im Fall Baldassare Peruzzis ist der in diesem Ausschnitt
vorgelegte Nachweis seiner großen dokumentarischen
Genauigkeit und seiner Zuverlässigkeit bezüglich der
seinen Zeichnungen hinzugefügten Nachrichten von besonderer Bedeutung, weil seine Aufmaßtätigkeit am
Mars-Ultor-Tempel weit über die Dokumentation eines
Einzelbauteils hinausging und wir mit seinen Zeichnungen, wenn diese sich im ganzen als ebenso zuverlässig
erweisen wie in dem untersuchten Ausschnitt, ein wich-

Kat. 75

Kat. 74

Kat. 76

Kat. 76

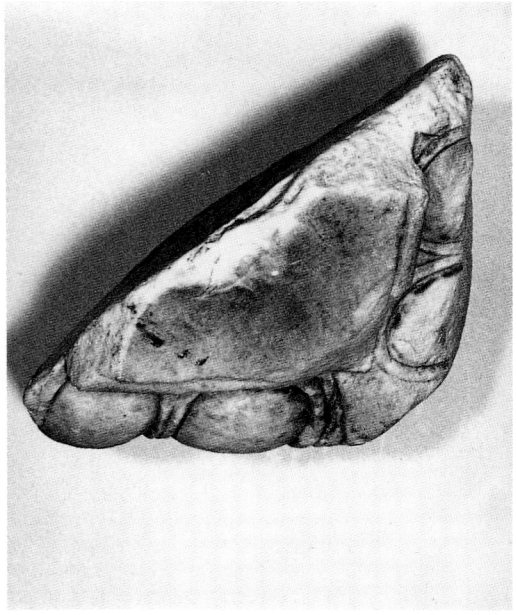

tiges Quellenmaterial zur Verfügung haben, das geeignet ist, dort weitere Auskünfte über das Aussehen des Tempels zu liefern, wo die Befunde restlos zerstört sind und entsprechendes Fundmaterial nicht mehr vorliegt.

72 Rekonstruktion der Säulenbasis der Innenordnung des Mars-Ultor-Tempels

Rom, Traiansforum, Depot
Die Rekonstruktion erfolgte auf der Grundlage der Fragmente Kat. 73 und der Pilasterbasis Kat. 75 in Gips durch S. Bertolin, München

73 Fragmente von Säulenbasis mit Zungenband, Flechtband und Kehlen

Rom, Antiquario della Casa dei Cavalieri di Rodi, Inv. FA 2518–20
Marmor
Zu den Maßen vgl. Tabelle 3

74 Pilasterkapitell mit Darstellungen des geflügelten Götterpferdes Pegasos

Rom, Antiquario della Casa dei Cavalieri di Rodi, Inv. FA 2514
Marmor
H 0,90 m, B unten 0,69 m
Von der Innenordnung des Mars-Ultor-Tempels

75 Pilasterbasis

Rom, Antiquario della Casa dei Cavalieri di Rodi, Inv. FA 2515
Marmor
H 0,443 m, Plinthenbreite 1,085 m
Von der Innenordnung des Mars-Ultor-Tempels

76 Fragment der Ecke einer Pilasterbasis mit Zungenband

Rom, Antiquario della Casa dei Cavalieri di Rodi, Inv. FA 2522
Marmor
Die Maße entsprechen denen von Kat. 75

Literatur: T. Ashby, BSR 2, 1904. – A. Bartoli, I monumenti antichi di Roma nei disegni degli Uffizi di Firenze (1914–1922) II (1915) VI (1922). – C. Ricci, Les nouvelles fouilles de Rome. Le Forum d'Auguste (1927). – C. Ricci, Il Foro d'Augusto e la Casa dei Cavalieri di Rodi, Capitolium 6, 1930. – G. Fiorini, La Casa dei Cavalieri di Rodi (1951); zu den Renaissancezeichnungen 21 ff. – S. Storz, Zur Schmuckbasis der Innenordnung des Mars-Ultor-Tempels in Rom. Renaissancezeichnungen als archäologisches Quellenmaterial in: Koldewey-Gesellschaft, Bericht... 31. Tagung, 1980, 50 ff.; Vorbericht zu den Untersuchungen. – S. Storz, Codice Mellon, taccuino con disegni di architetture, in: C. L. Frommel, S. Ray, M. Tafuri, «Raffaello architetto» (1984) 422 f.; Scheda zum Codex Mellon. – J. Ganzert, Der Mars-Ultor-Tempel auf dem Augustusforum in Rom, Vorläufiger Arbeitsbericht, RM 92, 1985, 201 ff.; zu den Renaissancezeichnungen 216 f. –

A. Nesselrath, I libri di disegni di antichità. Tentativo di una tipologia, in: Memoria dell'antico nell'arte italiana, III (1986) Hrsg. Salvatore Settis; zur Typologie der Skizzenbücher mit Antikennachzeichnungen. – A. Nesselrath, Raphael's Archeological Method, in: Raffaello a Roma (1986); zum archäologischen Quellengehalt von Renaissancezeichnungen.

Heinrich Bauer

77–78 Augustusforum, Hallen und Exedren

Hier sei versucht, vom einstigen Aussehen der Portiken und Exedren sowie von der ursprünglichen Dekoration der Wand mit dem Eingangsbogen rechts des Mars-Ultor-Tempels eine richtigere Vorstellung zu gewinnen, als sie das Modell von I. Gismondi (Kat. 47) vermittelt, das auf allzu summarischen Bauaufnahmen der Umfassungswand beruht. Die Einrüstung der Rückwand zu Zwecken der Restaurierung in den Jahren 1982–86 hat es hingegen ermöglicht, diese Wand genauer zu studieren und erneut mit allen Einzelheiten aufzunehmen, die für die Rekonstruktion der daran anschließenden Bauten grundlegend sind (Abb. 76.77). Es ist zu beachten, daß bisher außer der Außenseite des Forums in seinem Innern nur die Wände östlich des Mars-Ultor-Tempels aufgenommen worden sind; die neue Rekonstruktion (Abb. 78.79) kann daher sichere Geltung vorerst nur für die SO-Porticus und -Exedra haben.

Die für die Rekonstruktion wichtigen Spuren sind einmal leistenartige Abarbeitungen der Peperinwand: Wo die Stücke der Marmorverkleidung zu dick geraten waren, war es leichter, den weicheren Stein der Wand etwas abzuarbeiten, so daß sich nun oft die verlorene Wandverkleidung in diesen Abarbeitungen widerspiegelt. Daneben sind die Löcher in der Wand zu beachten, wobei man streng ihre verschiedenartige Bedeutung unterscheiden muß: Die großen, meist runden und flachen Löcher an den Langseiten der Läuferblöcke, über ihrem Schwerpunkt, dienten dazu, die Steine mit Hilfe der Klauen des Hebekrans an ihren Ort zu versetzen. Daneben gibt es unregelmäßige Löcher, die wohl nur dazu eingeschlagen worden sind, um in nachantiker Zeit das Eisen der Klammern zu gewinnen, die die Keilsteine aus Travertin über den Wandnischen zusammenhielten. Die für die Rekonstruktion wichtigen Löcher sind klein, meist quadratisch; in ihnen war mit Hilfe eines Stückchens Marmor oder mit Blei ein Eisendübel viereckigen Querschnitts befestigt, der, rechteckig abgebogen, die Marmorteile längs ihres äußeren Randes festhielt, nachdem man der Klebkraft der Mörtelschicht zwischen Wand und Verkleidung allein nicht trauen konnte. Um das System der Verkleidung zu gewinnen, genügt es also, die für Dübel bestimmten Löcher in waagrechten und senkrechten Linien miteinander zu verbinden (Abb. 76.77).

Die rechts an den Mars-Ultor-Tempel anschließende Wand wird von einem Bogen durchbrochen, dem heute die einstmals darin eingestellte marmorne Türwandung fehlt (Abb. 78). Die Wand läßt bis in eine Höhe von

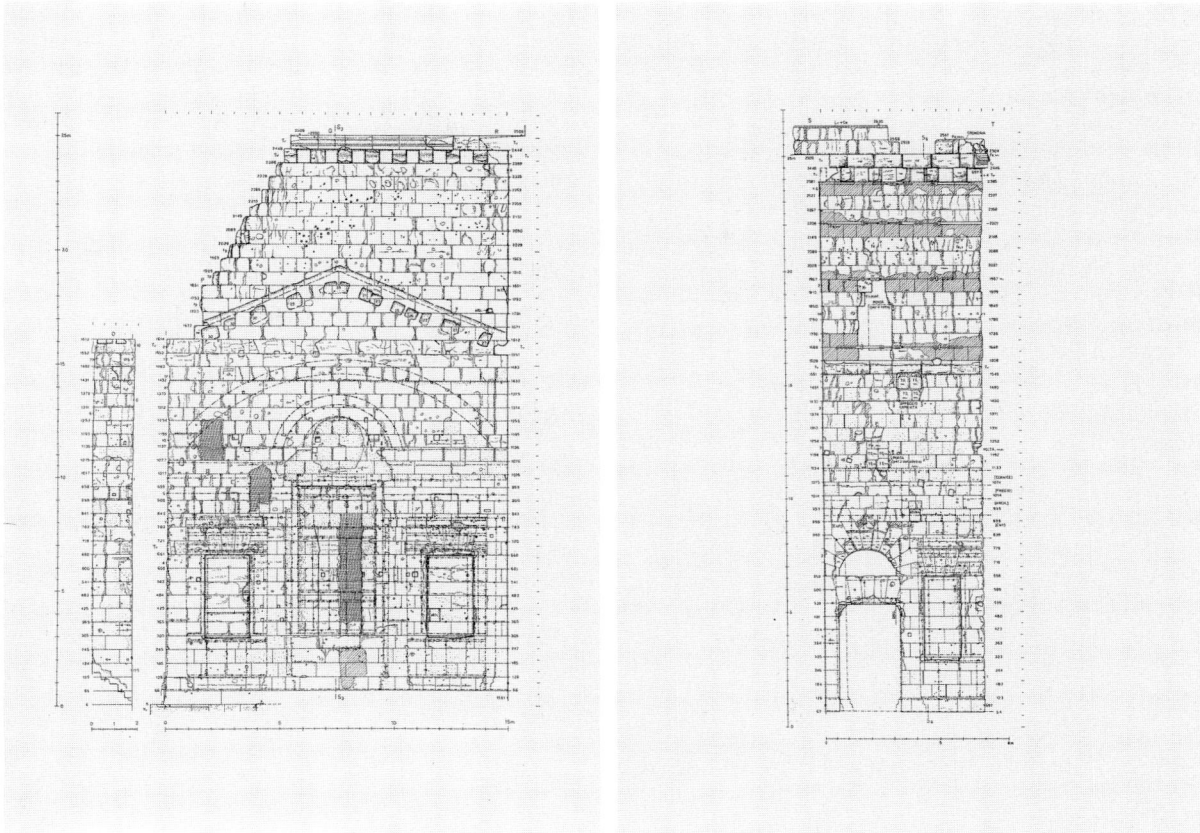

Abb. 76 Augustusforum: Stirnwand der SO-Porticus (Bauer 1983)

15 m Spuren einer Marmorverkleidung erkennen; darüber finden sich nur Nägel, die wohl dem Wandputz einen Halt geben sollten. Der verkleidete Teil gliedert sich in eine Sockelzone, mit einem Gesims abschließend; die folgende Zone besteht aus Streifen verschiedener Breite, von denen einer in schmale senkrechte Streifen aufgeteilt war, typologisch der sogenannten Orthostatenzone der pompejanischen Wanddekoration zu vergleichen. Über dem Bogen verlief ein zweites Gesims; ganz oben befand sich ein ungeteiltes Feld, das einst eine Inschrift- oder Reliefplatte getragen haben könnte (Man vgl. hier und im folgenden jeweils das abweichende Modell Gismondis, Kat. 47 und den Beitrag hierzu von J. Ganzert.).

Die rechts anschließende Stirnwand der Porticus zeigt auf den ersten Blick deren Querschnitt mit den Spuren eines Satteldaches (Abb. 76). Darunter sieht man drei rechteckige Nischen, von denen die mittlere in eine gerundete Nische, größerer Breite und Höhe umgewandelt worden ist, wahrscheinlich für eine Kolossalstatue, die auf einer einst der Wand vorgelegten Basis stand. Spuren an der Wand sowie Dübellöcher geben die Verteilung der der Wand applizierten Halbsäulen und die Höhe des Gebälkes an; Kapitelle und Gebälke lagen in den Hallen, der Aula des Kolosses und den Exedren genau auf derselben Höhe; das Augustusforum ist ein Beispiel für antikes Entwurfsdenken: in großen, den Baukomplex durchziehenden Höhenschichten oder Ordnungen.

Es besteht kein Zweifel, daß die Vergrößerung der Mittelnische wie auch die Einfügung eines Medaillons darüber, inmitten der Serliana (des Bogens, der eine Unterbrechung des waagrechten Gebälks überspannt), einer Veränderung des ursprünglichen Projektes angehört, die trotz der rohen Arbeit schon während des Baues in augusteischer Zeit erfolgt sein muß; es gibt keine Spuren einer älteren Marmordekoration, die sich auf die ältere, rechteckige Mittelnische bezieht. Dabei ist auch zu beachten, daß die neue Mittelnische gegenüber der älteren nach links versetzt worden ist und die rechte um einen noch größeren Betrag in demselben Sinne versetzt, d. h. erweitert worden ist. Ähnliche Veränderungen lassen sich auch an der rechts anschließenden Wand beobachten, so daß deren Ursache wohl an der rechten Ecke der Stirnwand zu suchen ist. Die Veränderungen erklären sich am ehesten durch die Umplanung einer flachen Wandpilasterordnung zu einer Halbsäulenordnung: das zu fordernde Eckelement, die herzförmige Kombination zweier Viertelsäulen, hat die doppelte Breite des ursprünglich vorgesehenen Knickpilasters.

Was die Außenfront der Porticus gegen das Forum zu anbetrifft, wird man die im Modell Gismondis gegebene Rekonstruktion mit einer durch Karyatiden und Schilde geschmückte Attika über einer korinthischen Ordnung mit Säulen aus Giallo antico annehmen müssen (vgl. die ausgestellten Architekturteile Kat. 61–63 und o. J. Ganzert über farbige Marmorsorten).

Die Attika läßt sich durch die weitgehend erhaltenen Karyatiden und Schilde in ihrer Höhe annähernd bestimmen; diese entspricht der fehlenden Höhe über der Frontsäulenordnung bis zu den Spuren des Daches an der Stirnwand, an deren linker Ecke sich zudem das Profil des Attikagesimses abzeichnet. Stücke dieses Gesimses lassen sich soweit zusammensetzen, daß sich als Abstand von einer Karyatide zur anderen etwa 3,70 m ergeben, was auch die Achsweite der Frontsäulen der Porticus ist. Auf der Oberseite des Attikagesimses sieht man geglättete Standflächen für Statuen oder andere dekorative Elemente in einer hinteren Reihe (über den Jochmitten) und in einer vorderen (über den Karyatiden) − sie fehlen im Modell Gismondis. Am Gesims fehlt eine Regenrinne sowie der Anfang der Dachschräge − dies scheint auf die eilige Ausführung eines Behelfsdaches hinzuweisen, ganz entsprechend den rohen Balkeneinschnitten des Giebels an der Stirnwand. Wie bei der nachlässigen Umarbeitung der Nischen kommt man nicht um die Feststellung herum, daß das Augustusforum in Hast fertiggestellt wurde; das Behelfsdach, das eben erwähnt wurde, ist das einzige, das je die Porticus überdeckte; es begann über der Regenrinne aus Travertin an der rechten Seitenwand und

trennte an der Stirnwand eine untere, marmorverkleidete Zone von einer oberen, die verputzt war, bis hin zu den Konsolen des Hauptgesimses mit Stangen, die vielleicht Trophäen trugen. An der Stirnwand sieht man nur Einarbeitungen für die bis 60 cm breiten Dachpfetten; das Auflager des ersten der großen Dreieckbinder hat sich an der rechten Seitenwand, entsprechend der Lage der 1. Freisäule der Porticusfassade erhalten. Überlegen wir uns, daß eine Fassade mit Attika in der römischen Architektur gewöhnlich einen gewölbten Raum ankündigt; weiterhin daß an der Stirnwand die Serliana in diese Zone hineinstößt, die an der rechten Seitenwand keine Marmordekoration hatte, vielmehr einen Durchstieg vom Treppenhaus in den Dachstuhl, so wird die Rekonstruktion der Porticusdecke als falsches Tonnengewölbe, vorwiegend aus Holz und an der Dachkonstruktion aufgehängt, die wahrscheinlichste Lösung sein; ein echtes Gewölbe ist statisch auszuschließen. Tatsächlich finden sich einige quadratische Löcher an der Stirnwand, die etwa auf einem Kreisring liegen; sie scheinen dazu bestimmt gewesen zu sein, Hölzer dieser Decke aufzunehmen und sie so gegen Verformungen zu sichern. Abweichend von neueren gewölbten Kirchendecken, die zuweilen ganz aus Holz hergestellt sind (wie

Abb. 77 Augustusforum: Wandabwicklung der SO-Exedra (Bauer 1983)

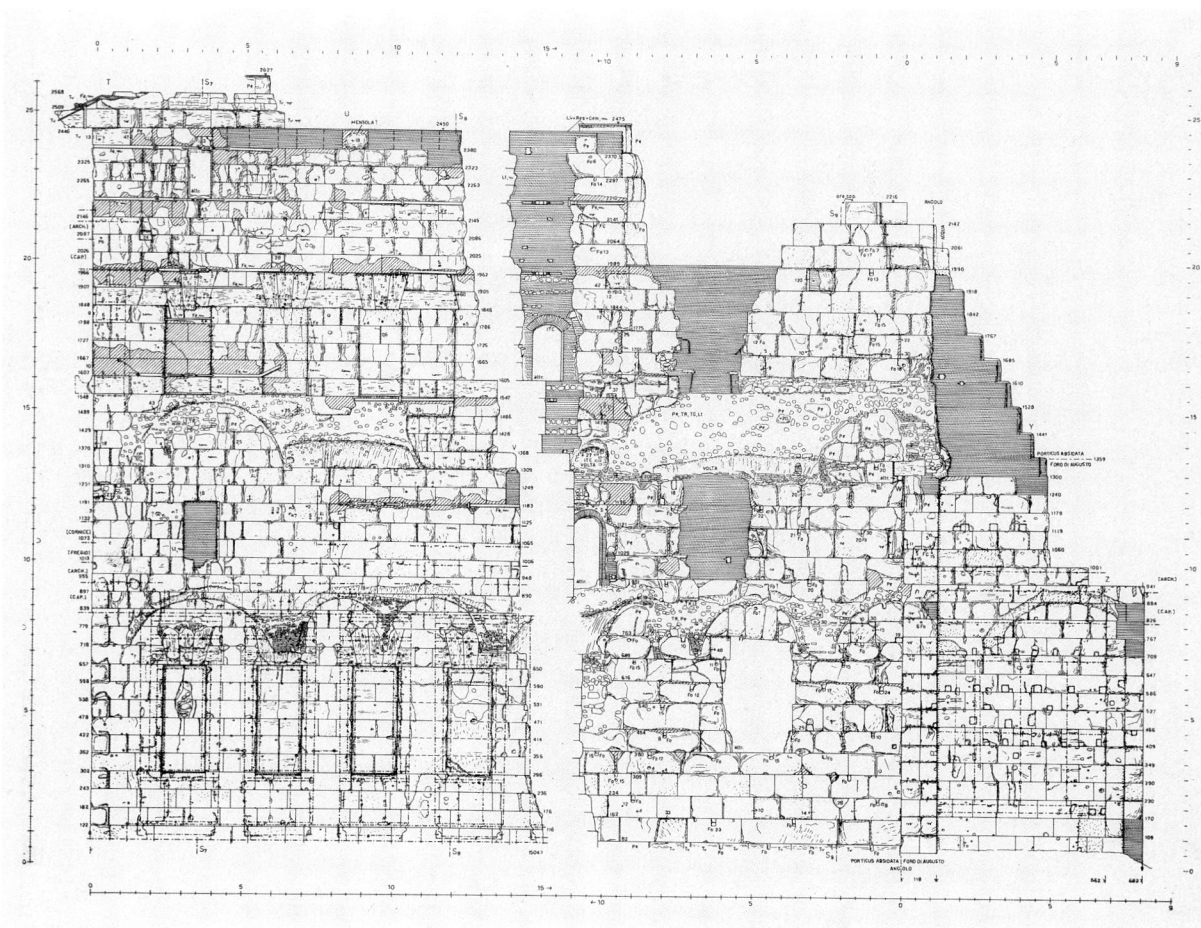

etwa in der römischen Kirche von S. Pietro in Vincoli), dürften die Einzelheiten der Porticusdecke, die Ornamente ihrer Kassetten, wie in der Antike üblich, aus Mörtel und Stuck geformt gewesen sein.

Für die hinter der Porticus liegenden Exedren ist klar, daß es sich um bedeckte Räume handelte, nachdem ihr Pflaster auf derselben Höhe liegt wie das der Porticus. Die Exedra war durch eine Reihe von 10 Pfeilern mit vorgelegten Halbsäulen aus Cipollino, grünlichem Marmor, von der Porticus getrennt; eine Reihe von entsprechenden Halbsäulen, gleichfalls aus Cipollino, umzog die Exedra. In ihrer Mittelachse öffnete sich im Erdgeschoß eine kapellenartige Nische, durch zwei quadratische Pfeiler und zwei Säulen davor unterteilt; sie hatte im Obergeschoß keine Entsprechung.

Während die Halbsäulen der 1. Ordnung aus Cipollino waren, müssen sich im Obergeschoß solche aus Giallo antico befunden haben, von denen heute noch viele Stücke in der Exedra liegen; diese Giallosäulen besitzen einen geringeren Durchmesser als die Cipollinosäulen der unteren Ordnung (Kat. 64–66). Die Nischen in beiden Stockwerken waren von architravähnlich fasziierten Platten, wiederum aus Giallo, umrahmt; sie nahmen die Statuen der *summi viri*, der großen Männer der römischen Geschichte auf. Während sich der Name des Dargestellten auf der Basis befand, war das Elogium, ein kurzer Lebenslauf, auf besonderen Marmorplatten aufgezeichnet. Wenigstens für die untere Statuenreihe läßt sich sagen, daß die Elogien, langrechteckige, ungeteilte Marmorplatten, sich oberhalb der Nischen befunden haben müssen, da die Verkleidung des Wandsockels, schmale senkrechte Platten, ihre Anbringung unter den Statuen ausschließt.

Die Exedra mußte über dem Dach der Porticus Licht erhalten, nachdem eine Beleuchtung von der Gegenseite durch die geschlossene Umfassungswand unmöglich war. Hier auf der Porticusseite scheinen im Obergeschoß die Säulen aus dem rot-schwarz gefleckten Africano gestanden zu haben, die im Unterteil nur halbseitig kanneliert sind und hier Anschlußflächen für eine Vermauerung mit Gesims aufweisen; hier erklärbar durch die höher aufragende Attika der Porticus mit ihrem Dache (Kat. 67). Man versprach sich wohl eine grandiose Farbwirkung dieser roten Säulen im einfallenden Licht für den Innenraum; doch scheint der Bau in diesem Punkt verändert worden zu sein: die Interkolumnien wurden aus statischen Gründen vermauert, durch eine Wand, die nun die Säulen in ihrer gesamten Dicke ein-

Abb. 78   Augustusforum: Rekonstruierter Schnitt durch SO-Porticus und Exedra (Bauer 1983)

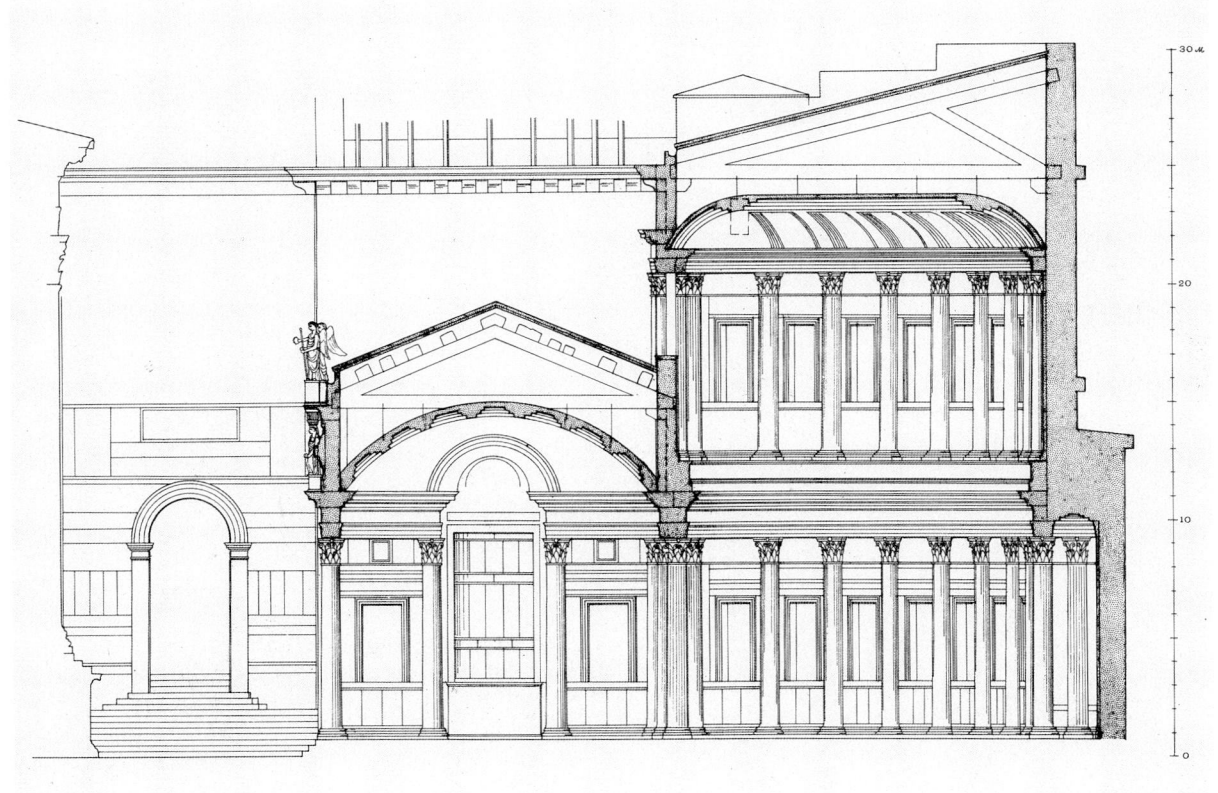

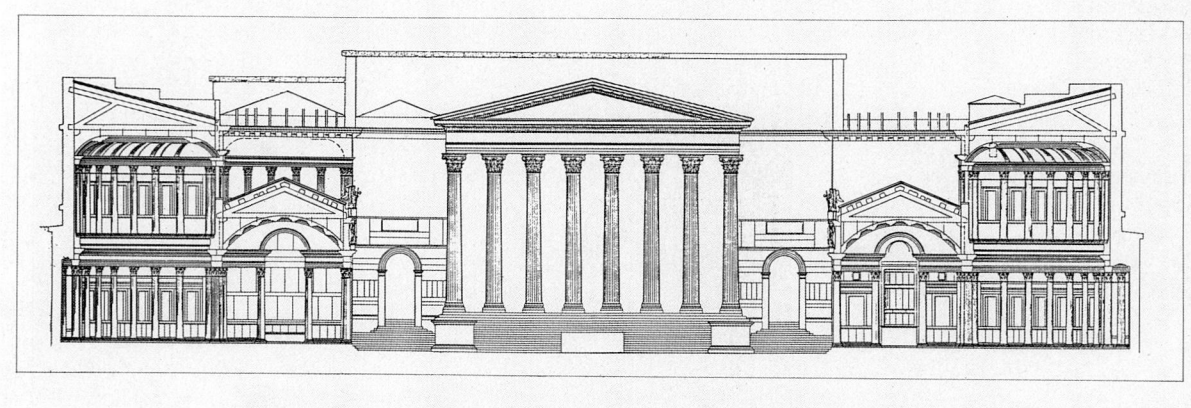

Abb. 79 Augustusforum: Rekonstruierter Schnitt durch die beiden Exedren (Bauer)

Abb. 80 Augustusforum: SO-Porticus, perspektivischer Rekonstruktionsversuch (Bauer)

Abb. 81 Augustusforum: SO-Exedra, Grundriß (Bauer)

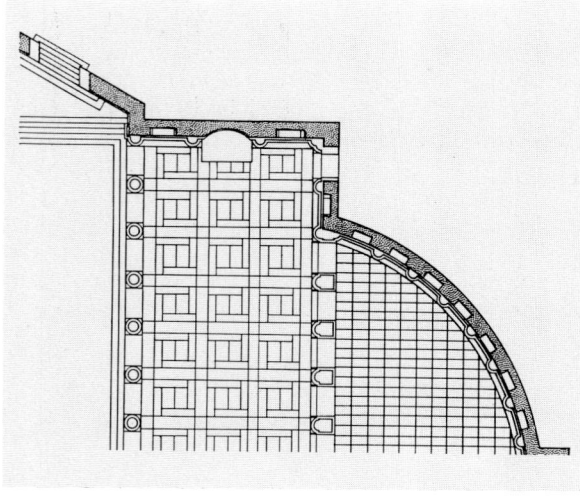

schloß, nur durch Fenster durchbrochen; und an der Innenseite wurden rechteckige Pfeiler aus Giallo, demselben Material wie das der Halbsäulen der oberen Ordnung, der Wand vorgelegt.

Für die Rekonstruktion der Decke der Exedra ist das Außengesims der oberen Ordnung maßgebend: 3 der 5 erhaltenen großen Blöcke steigen an ihrer Rückseite kreisbogenförmig an. Man wird sich demnach den Raum, in Analogie zur Porticus, von einem falschen Klostergewölbe überdeckt denken müssen, von allen Seiten gleichmäßig ansteigend, wiederum aus Holz und Stuck hergestellt und am Dachstuhl aufgehängt. Eine Einteilung in Kassetten ist wahrscheinlich; die beiden Gesimsblöcke, die kein gerundetes Profil an ihrer Rückseite haben, werden sich dort befunden haben, wo breite Gewölberippen aufstiegen, die die Decke untergliederten (Abb. 81).

Für die Form des Daches ist zu beachten, daß sich ein Stück der Dachrinne erhalten hat, die von der Exedrafront herkommt. Das Dach war demnach ein gegen die Porticus geneigtes Pultdach, die über der kreissegmentförmigen Exedra einzig logische Dachform. Man muß sich von der durch Gismondis Modell begründeten Vorstellung freimachen, daß die Exedren nur durch ein kegelförmiges Dach bedeckt sein konnten, das durch das Fehlen eines Ringkanales ausgeschlossen ist.

Der Schnitt durch das rekonstruierte Forum, von Exedra zu Exedra, vor den Säulen des Mars-Ultor-Tempels (Abb. 79) soll eine Vorstellung von den Größenverhältnissen der einzelnen Bauten geben, den Vergleich mit dem Modell Gismondis erleichtern (Kat. 47).

Die hier in Analogie zur rechts gegenüberliegenden rekonstruierte NW-Exedra hatte eine verkürzte Mittelnische, da sich das Forum hier an den Hang anlehnte, der erst für die Erbauung des Trajansforums abgetragen wurde. Hier standen wohl Bauten, die nicht für die Mittelnische unterminiert werden durften. Die Schnittzeichnung erlaubt es, die Sichtverhältnisse für die 2. Ordnung der Exedrafront zu beurteilen: lediglich ihr Gebälk war vom Innern der gegenüberliegenden Ex-

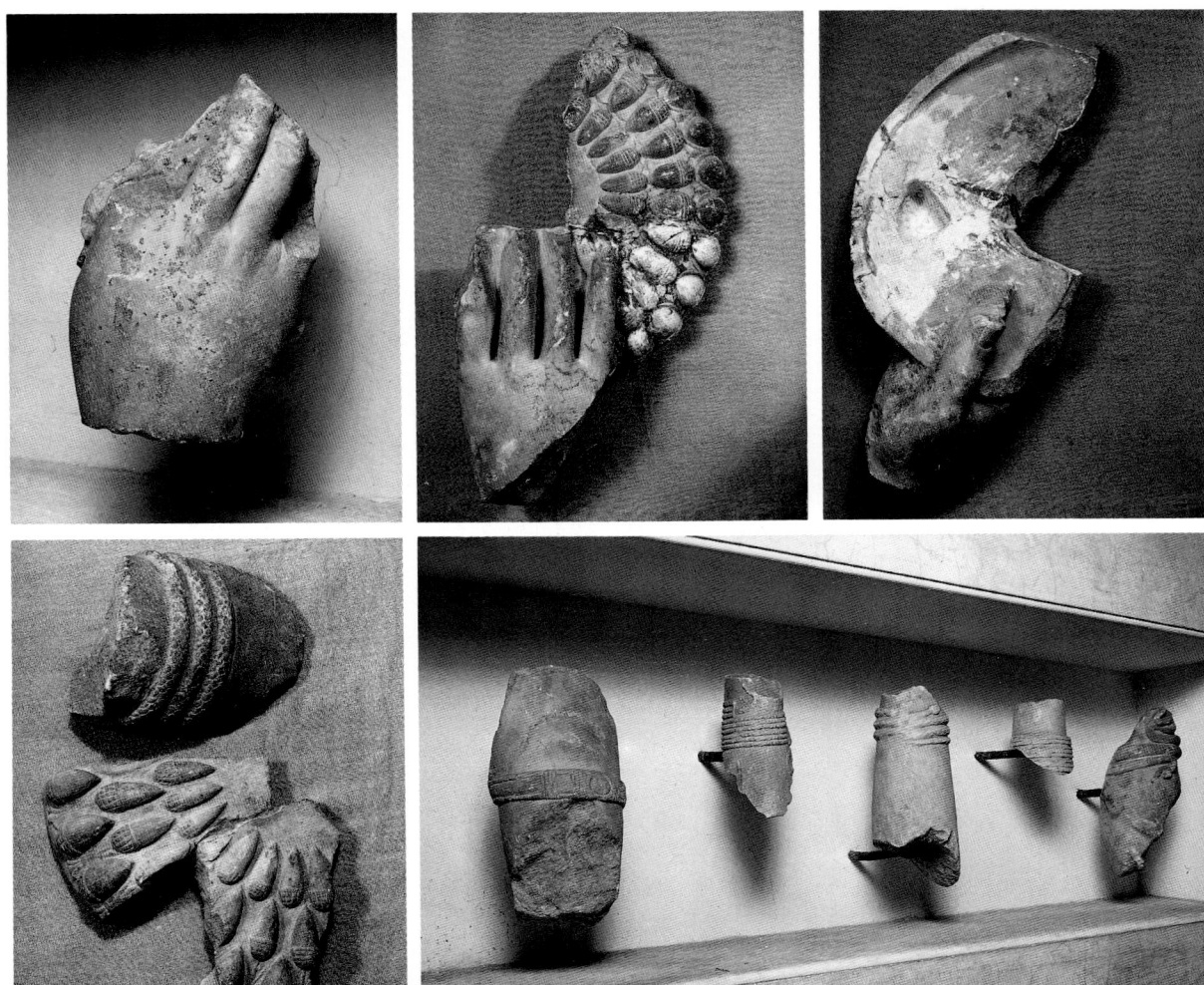

Kat. 77

edra zu erkennen. Im übrigen hatten nicht nur die Exedren eine Säulenfront im Obergeschoß, sondern auch
die «Sala del Colosso», nach den erhaltenen Gebälk-
fragmenten zu urteilen. Es sind Fassadenkompositio-
nen, die sich vom Typ der hellenistischen Stoa mit mehreren Säulenordnungen übereinander herleiten, ohne
Beziehung zur Fensterwand der christlichen Basilica.

Von anderen römischen Fora, vom Forum Romanum
unterscheidet sich das Augustusforum wesentlich durch
das Fehlen einer Basilica, die Beschränkung auf Tempel, Portiken und Exedren. Erinnern wir uns, daß der
augusteische Architekturschriftsteller Vitruv (5,1,4) die
Basilica als Versammlungslokal der Kaufleute bezeichnet; beim Augustusforum hatte die kommerzielle Funktion hinter der politischen und sakralen, der Bedeutung
als historisches Denkmal zurückzutreten.

Dennoch geht auch hier, wie bei der gleichzeitigen Basi-
lica Aemilia, das Streben nach großen Raumschöpfun-
gen: Mit einer lichten Weite von 13,5 m übertrifft die
Porticus alle bisher gebauten Säulenhallen, selbst das
Mittelschiff der Basilica Aemilia. Abgelehnt wird die
Mehrstöckigkeit der hellenistischen Stoa; man kehrt in

gewisser Weise zum Ideal der griechisch-klassischen
Agora mit einer einzigen begehbaren Ebene zurück.
Eine völlig neue Raumschöpfung ist die kreissegmentförmige Exedra, ihrem Radius nach dem Pantheon entsprechend. Nachdem sie zur Aufstellung von Statuen
diente, ist es wohl erlaubt, an eine Anregung durch die
gerundeten Exedrabänke zu denken, die in griechischen
Heiligtümern als Statuenträger dienten. Typisch römisch ist schließlich die Bedeckung der Porticus und der
Exedra durch Gewölbe, die diesen Räumen ihre Dynamik geben; kühne Vorläufer der gewölbebedeckten
Räume der großen Thermen, des Pantheons, die erst
ein Jahrhundert später geschaffen wurden.

Literatur: H. Bauer in: Soprintendenza Archeologica di
Roma (Hrsg.), Roma, archeologica nel centro I (1985)
229−240. − Ders. in: L'Urbs, espace urbain et histoire
(Collection de l'École Française de Rome 98) (1987)
763−770.

Abb. 82.83   Erechtheionkoren D und C; Athen Akropolis, London, British Museum

Abb. 84   Erechtheion, Korenhalle

Abb. 85   Augustusforum: Rekonstruktion des Attikageschosses, Rom, Casa dei Cavalieri di Rodi

Kat. 78

77.78 Fragmente aus der Attika der Hallen: Karyatiden und Ammonsköpfe

Rom, Antiquario dei Cavalieri di Rodi

Bei den Ausgrabungen auf dem Augustusforum wurden 10 größere und eine ganze Reihe kleinerer Fragmente von Frauenstatuen gefunden, die sich sofort als maßgleiche Kopien der Koren vom Erechtheion auf der Akropolis von Athen erkennen ließen. Genauere Untersuchungen ergaben, daß nur zwei der sechs Originale kopiert wurden, nämlich die von links gezählt dritte und vierte Kore (Abb. 82.83). Die Statuen des Augustusforums trugen jedoch nicht wie ihre Vorbilder ein freies Gebälk (Abb. 84); sie waren vielmehr, wie schon I. Gismondi richtig erkannte, in der Attikazone der Hallen in eine verkröpfte Ordnung eingebunden und standen direkt vor der Wand der Attika (Abb. 85). Ihr Rhythmus entsprach dem der Säulen. Zwischen ihnen befanden sich große Felder, auf denen Schilde mit unterschiedlichen Köpfen dargestellt waren. Damit müssen die beiden Koren insgesamt über 50mal kopiert worden sein. Eine Gruppe von zwei Statuen mit einem Schild dazwischen wurde nach Angaben von Gismondi im an das Forum anschließenden Palazzo dei Cavalieri di Rodi aus Originalteilen mit Ergänzungen aus Gips rekonstruiert und kann hier nur als Photo gezeigt werden. Die erhaltenen Fragmente Kat. 77 zeigen, daß die Vorbilder sehr genau − vielleicht mit Hilfe von Gipsabdrükken − kopiert wurden, wenn auch mit anderen stilistischen Vorstellungen und in unterschiedlicher Qualität. Sie tragen auch Wesentliches zur Kenntnis ihrer attischen Vorbilder bei. Dort blieben die Arme nicht erhalten, während hier zahlreiche Fragmente davon gefunden wurden. Sie sind mit spiralförmigen Reifen in Schlangengestalt geschmückt und halten in der Hand eine Spendeschale, deren Boden mit Eicheln verziert ist (Kat. 48).

Auch von den Schilden und den zugehörigen Köpfen fanden sich nur noch wenige Fragmente. Die Schilde waren mit kurzen Federn geschmückt (Abb. 86). Ein Kopftypus zeigt den bärtigen Iuppiter Ammon mit Widderhörnern, der in Ägypten in der Oase Siwa verehrt wurde. Ein zweiter Typus besitzt ebenfalls Bart und ungeordnetes Haar, um seinen Hals liegt ein Ring (Torques?) (Kat. 77). Er wurde auf Gallien oder Germanien bezogen.

Die Interpretation dieser ungewöhnlichen Dekoration ist bis heute heftig umstritten. P. Zanker hatte die Stützfiguren auf Grund eines Vitruv-Zitats als *exempla servitutis* angesehen, die sinnbildlich die von Augustus gedemütigten Völkerschaften darstellten. Die Köpfe auf den Schilden verstand er als *imagines clipeatae* und als Verweise auf den «obersten römischen Heeresgott in seinen nach Provinzen verschiedenen Erscheinungsformen». Vor allem der Deutung der Stützfiguren ist mit unterschiedlichen Argumenten mehrfach und wohl zu Recht widersprochen worden. Vitruvs Bemerkung steht in einem anderen Kontext und kann auch chronologisch kaum mit dem Augustusforum verbunden werden. Wichtiger scheint eher der Bezug zur Akropolis zu sein, also das historische Zitat, das auf dem Forum ja so häufig bemüht wird. Die Spendeschalen in den Händen weisen ganz allgemein auf den sakralen Charakter der Anlage hin. B. Wesenberg hat die Karyatiden mit dem Brauch in Verbindung gebracht, erbeutete Statuen in öffentlichen Bauten in Rom aufzustellen. Die Kopie leiste in ihrer beliebigen Reproduzierbarkeit noch mehr als das Original, das gleichzeitig an seinem Ort − der Akropolis − bleiben und damit den gedanklichen Bezug auch in Zukunft erhalten könne. Die Kopien der Erechtheionkoren belegten damit vor allem die von Augustus selbst betonte Finanzierung des Forums *ex manubiis*, ein Aspekt, der auch durch die als Beutewaffen zu verstehenden Schilde unterstrichen werde. Gerade für Iuppiter Ammon hat jedoch M. Spannagel sehr einleuchtende Bezüge zur Alexanderangleichung des Augustus nachgewiesen, die auch in anderen Ausstattungsstücken des Forums sichtbar wird.

Es ist abzusehen, daß weitere Deutungen folgen werden. Der Grund dafür dürfte einerseits in der doch recht fragmentarischen Überlieferung auf dem Forum liegen, die zahlreiche ergänzende Hypothesen erlaubt, zum anderen in der gegensätzlichen Suche nach generalisierenden oder ganz spezifischen Erklärungen. Wie an der Ara Pacis wird man aber auch hier mit verschiedenen möglichen Interpretationsmustern rechnen müssen, die sich nur vermeintlich ausschließen und heute wie damals durch den Blickwinkel des Betrachters begründet werden.

Literatur (Auswahl): Zanker, Forum Augustum (o.J.) 1968) 12ff. − E. E. Schmidt, Die Kopien der Erechtheionkoren. Antike Plastik XIII (1973) − E. Schmidt, Geschichte der Karyatide (1982) 102ff. − B. Wesenberg,

Abb. 86   Augustusforum: Schild mit Ammonskopf, Rekonstruktion, Rom, Casa dei Cavalieri di Rodi

Kat. 79a

JdI 99, 1984, 172 ff. – R. Schneider, Bunte Barbaren (1986) 103 ff. – M. Spannagel, Rache und Prinzipat. Diss. Heidelberg 1984. – Der Schmuck der Schilde wird allgemein als Blattmuster angesehen. Nach Vergleichen mit Flügeln in Darstellungen augusteischer Zeit scheinen mir jedoch eindeutig kurze Federn gemeint zu sein.
V. K.

79   Vier Fragmente eines Girlandenfrieses
Rom, Antiquario dei Cavalieri di Rodi
Weißer Marmor aus Carrara
1. H 0,38 m, B 0,43 m, T 0,15 m 2. H 0,25 m, B 0,39 m, T 0,17 m 3. H 0,24 m, B 0,51 m, T 0,13 m 4. H 0,37 m, B 0,41 m, T 0,17 m
Aus den Ausgrabungen stammen Fragmente eines Frieses, deren genaue Herkunft jedoch nicht bekannt ist. Vier Beispiele werden hier gezeigt. Frauen im griechischen Peplos tragen eine Fruchtgirlande. Sie stehen nach rechts und links gewandt, aber auch frontal auf den Betrachter ausgerichtet. Die Girlande ist mit langen flatternden Bändern in der Mitte und an den Enden geschnürt. In ihren Bögen scheinen Opferschalen zu schweben. Die Zeichnung zeigt eine mögliche Rekonstruktion.
Über die ursprüngliche Anordnung des Frieses können bisher nur Vermutungen angestellt werden. A. M. Colini dachte an einen durchlaufenden Fries der inneren Säulenordnung des Tempels, H. Bauer (mündlich) an kurze Friesabschnitte in der Vorhalle, ähnlich den Girlanden in der Vorhalle des Pantheon. J. Ganzert (s. o.) schlägt nun seine Anbringung in der «Sala del Colosso» vor.

Die Deutung des Frieses bietet dagegen keine Schwierigkeiten. Aufgehängte oder – meist von Eroten – getragene Girlanden sind seit dem Hellenismus als Schmuck für Altäre und Heiligtümer beliebt. Sie setzen die ephemere Dekoration in Stein um, schmücken sozusagen den Bau für die Ewigkeit. Die Opferschalen unterstreichen den religiösen Charakter dieses Schmucks. Ungewöhnlicher ist die Gewandung der Frauen. Der Peplos mit großem Überschlag kommt bereits im 5. Jh. v. Chr. aus der Mode. Wenn hier dennoch ganz bewußt ein altertümliches Motiv aufgenommen wird, paßt dies gut in die gesamte künstlerische Konzeption des Forums, die auch durch zahlreiche andere Zitate auf die vorbildhafte griechische Klassik verweist.
Literatur: A. M. Colini in: Un decennio di ricerche archeologiche 2 (1978) 449 Abb. 6. – Kockel, a. O. 435 Abb. 17 Taf. 115 f.
V. K.

Mathias Hofter
80–92   Die Statuen der summi viri vom Augustusforum

Wie eine späte Quelle (SHA Alex. Sev. 28,6) berichtet, waren die Portiken des Augustusforums mit Statuen der *summi viri* ausgestattet, der berühmten Persönlichkeiten, «die die Herrschaft des römischen Volkes von den Anfängen zu seiner Höhe geführt hatten» (Suet. Aug. 31,5). Diese Statuen, nach der Überlieferung sowohl aus Marmor wie aus Bronze, standen in den Nischen der Exedren und Hallen; ihre Basen gaben den Namen der Dargestellten und ihren *cursus honorum* an, auf einer weiteren Tafel war das *elogium*, eine kurze Preisrede auf ihre Taten und Verdienste, aufgezeichnet. Die literarische Gattung dieser Preisreden hat eine lange Tradition in Rom, sie geht auf die Leichenreden zu Ehren der vornehmen Verstorbenen und auf entsprechende Grabinschriften der Adelsfamilien zurück. Angeblich sollen die *elogia* von Augustus selber verfaßt worden sein; auch wenn dies nicht wörtlich zu nehmen ist, so ist es doch bezeichnend für seine Absicht, sich auch genealogisch in die Reihe der berühmten Vorfahren des römischen Volkes zu stellen. Dies gelang um so besser, als die *gens Iulia* sich auf den mythischen Urahn der Römer, Aeneas, zurückführte. Entsprechend ausführlich waren seine unmittelbaren Nachfahren, die mythischen Könige von Alba Longa, der Mutterstadt Roms und einer Gründung des Aeneassohnes Iulus-Ascanius, nach Ausweis der erhaltenen Inschriften unter den *summi viri* repräsentiert, die durch die Reihe der Vertreter der *gens Iulia* fortgesetzt sind. Nach einigen Inschriftenfragmenten zu urteilen, deren Fundlage noch grob eine Verteilung zu rekonstruieren erlaubt (Abb. 87), waren in der Nordexedra die Statuen der albanischen Könige und der *gens Iulia*, in der südlichen hingegen die der Feldherren der älteren Republik aufgestellt. In den mittleren Ädikulen der beiden Exedren waren daher wahrscheinlich die Statuen des Aeneas und des Romulus aufgestellt, von denen man Nachklänge in anderen statuarischen und bildlichen Überlieferungen se-

Zu Kat. 79

Kat. 79 b

Kat. 79 c. d

hen darf: zwei Gemälde aus Pompeji zeigen einmal Romulus mit den *spolia opima*, den erbeuteten Waffen, die er dem König von Caenina eigenhändig im Zweikampf abgenommen hatte, und das andere Mal Aeneas, der mit Anchises und Ascanius aus dem brennenden Troja flieht (Abb 88a.b). Ihre Laufrichtung führt auf den Tempel des Mars Ultor und unterstreicht den teleologischen Sinn, der der Aufstellung der *summi viri* zugrunde liegt. Das Programm sollte auch die Gräben zuschütten, die das römische Volk im Bürgerkrieg getrennt hatten: so waren hier die Statuen der beiden Todfeinde Marius und Sulla friedlich vereint. Augustus selber war unter den *summi viri* nicht vertreten, ihm wurde jedoch 2 v. Chr. als *pater patriae* eine Quadriga auf der Platzmitte

aufgestellt. Wie der Befund der Wandgemälde von Pompeji sowie Funde von ähnlichen Elogien und Statuenfragmenten zeigen, wurde diese grandiose Ahnengalerie auch in anderen Städten, wenn auch in bescheidenerem Maßstab, kopiert.

Die Reihe der glanzvollen Vorfahren des römischen Volkes und seines Herrschergeschlechts sollte jedoch in die Zukunft hinein fortgesetzt werden. Augustus hatte das Kapitol von den Ehrungen für die Triumphatoren räumen lassen und sie unter die *summi viri* seines Forums eingereiht; die Ehre des Triumphs selber blieb nach 19 v. Chr. dem Herrscher allein vorbehalten. Die *ornamenta triumphalia*, die statt dessen erfolgreichen Militärs noch zuteil wurden, schlossen eine Ehrenstatue

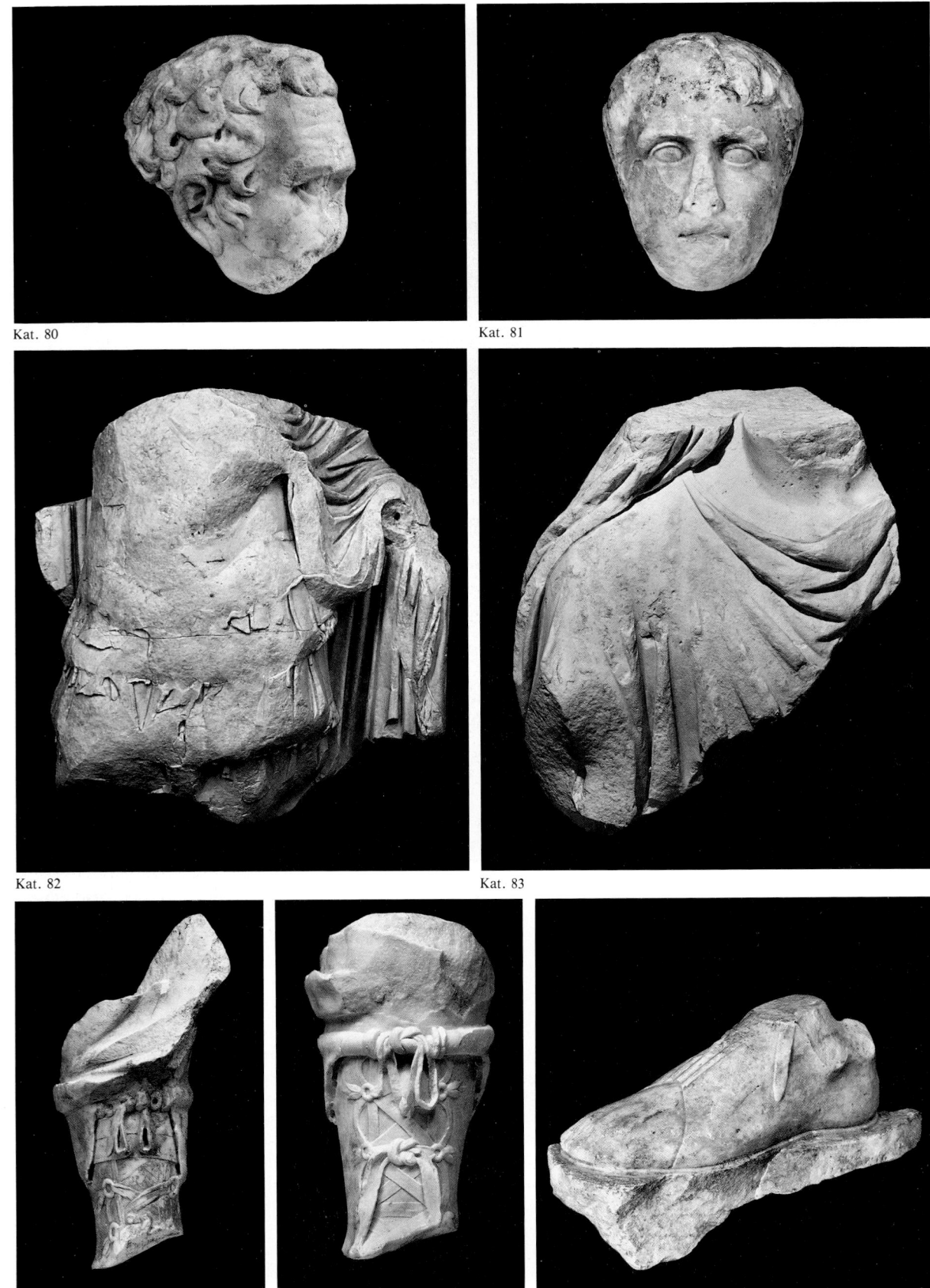

Kat. 80

Kat. 81

Kat. 82

Kat. 83

Kat. 86

Kat. 87

Kat. 91

Kat. 84

Kat. 85

Kat. 88

Kat. 89

Kat. 90

ein, die auf dem Augustusforum ihren Platz fand; eine der ersten in dieser Reihe ist eine postume Weihung für seinen Stiefsohn Drusus, der 9 v. Chr. in Germanien starb. Sueton konnte dann auch ganz allgemein von den Triumphalstatuen sprechen, die auf dem Augustusforum aufgestellt waren.

Die wenigen erhaltenen Fragmente von Statuen auf dem Augustusforum geben dennoch, zumindest für die Statuentypen, ein einheitliches Bild: es wurden dreizehn Fragmente von *campagi*, Militärstiefeln, gefunden, ein Senatorenschuh (*calceus*), sieben Fragmente von Togastatuen sowie ein Torso einer Panzerstatue mit *paludamentum*. Diese Typologie folgt exakt derjenigen, die unter Augustus für seine eigene statuarische Darstellung entwickelt wurde und die ohne große Änderungen

in das allgemeine Repertoire einging; eine sinnfälligere Uniformierung der Männer der Vergangenheit ist kaum denkbar, zumal die Togastatuen im zeitgenössischen klassizistischen Habitus gehalten sind (vgl. Kat. 168). Diese klassizistische Statisterie wird nur wenig von den Kopffragmenten durchbrochen, die unterschiedliche Vorlagen widerspiegeln. Ein heute verlorener Kopf gibt die augusteische Weiterentwicklung des republikanischen Normaltypus. Ein anderer, jugendlicher Kopf (Kat. 81) schließt in der idealen Wiedergabe des Gesichts und der Anlage des Stirnhaares hingegen an die Porträts des Augustus und seiner männlichen Verwandten an, ohne daß jedoch ein bestimmter Typus des Prinzen- oder Kaiserporträts hier benannt werden könnte. Daß ein solcher auch nicht gemeint sein kann, zeigt die

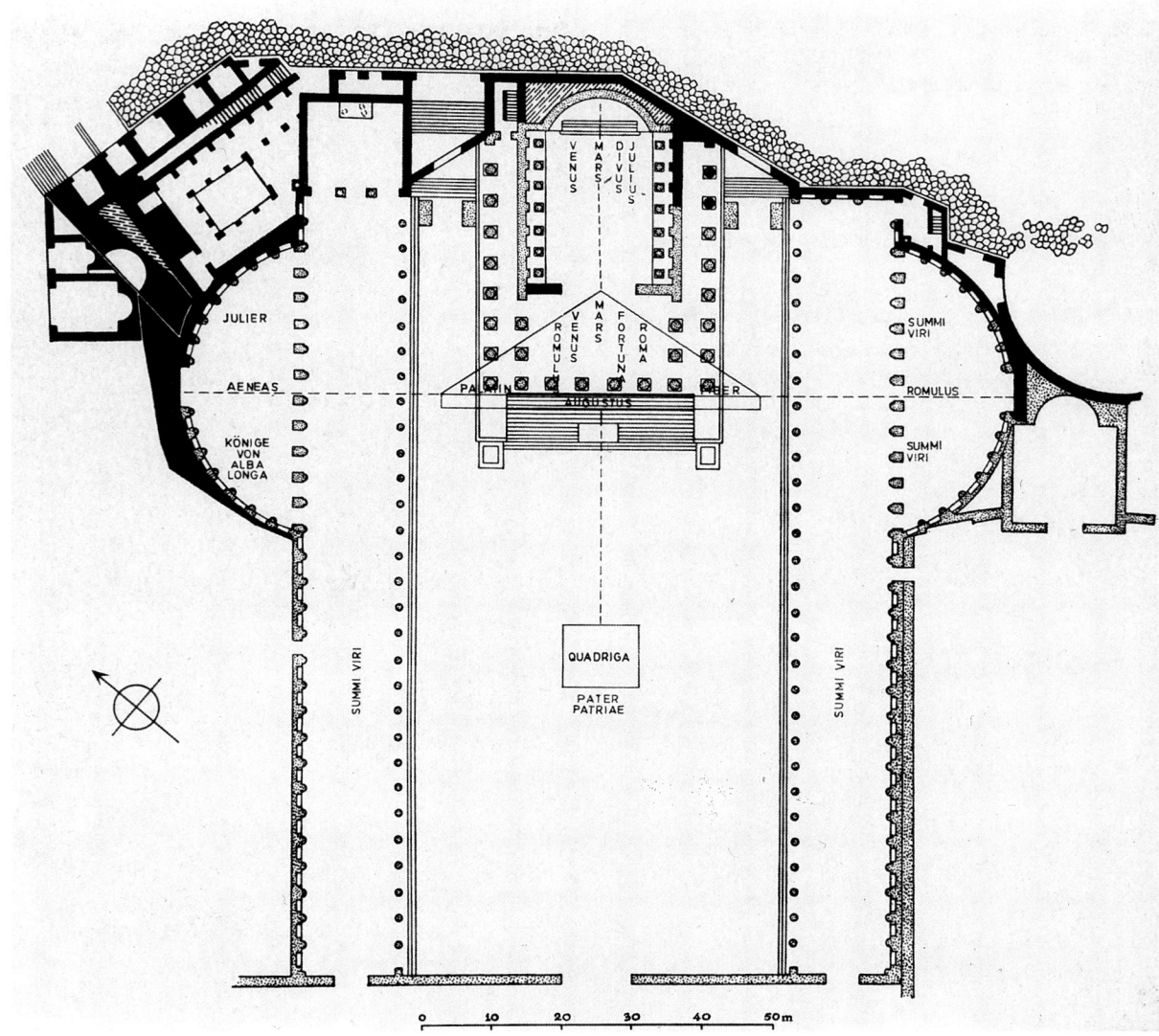

Abb. 87 Augustusforum: Grundriß mit Disposition des Statuenprogramms (n. P. Zanker, Augustusforum, Falttafel A)

Anlage des Haares auf den Seiten, wo es in dicken, zün-
gelnd-bewegten Strähnen wiedergegeben ist: man
könnte sich vorstellen, daß hier ein Vorfahr der *gens
Iulia* gemeint ist. Von besonderem Interesse ist ein
Fragment (Kat. 80), dem in vieler Hinsicht ein Kopf in
Kopenhagen (Kat. 92) entspricht: wir finden bei beiden
die dickliche, bewegte, aber dennoch steif und zäh wirkende Wiedergabe von Inkarnat und Haar wieder, auch
die Mimik des Gesichtes und die Maßverhältnisse entsprechen einander exakt. Dieser Zusammenhang ist von
R. Wünsche bereits dergestalt interpretiert worden, daß
auch der Kopenhagener Kopf zu einer historisierenden
Heldengalerie gehörte und der Typus aus diesem Anlaß
konzipiert wurde. Die bewegten, auf den ersten Blick
noch hellenistisch erscheinenden Formen, die dennoch
merkwürdig symmetrisch, erstarrt und klassizistisch wirken, lassen daran denken, daß auch der Kopenhagener
Kopf in augusteischer Zeit unter Rückgriff auf hellenistische Formen als fiktives Porträt eines altrömischen
Vorfahren gefertigt wurde. Eine ganz ähnliche stilisti-

sche Auffassung, die eine hellenistische Anregung klassizistisch beruhigt und verfestigt, finden wir bei den
Ammonsköpfen (Kat. 78) von den Hallen des Augustusforums am Werke; auch in der Ausarbeitung der
Einzelheiten von Augen, Brauen und Haar sind die
Ähnlichkeiten so groß, daß eine enge Verwandtschaft
vorliegt.
Literatur: R. Wünsche, MüJb 33, 1982, 15 ff. – S. Rinaldi Tufi, DArch 3, 1982, 69 ff. – Zanker, Forum Augustum 14 ff. – I. Lugli, Fontes ad Topographiam veteris Urbis Romae pertinentes VI 1 (1965) Lib. 14, 15 ff. –
A. Degrassi, Inscriptiones Italiae 13,3 Elogia (1937) 1 ff.

80 Fragment eines Kopfes

Rom, Antiquarium Casa dei Cavalieri di Rodi.
Erhalten nur re. obere Hälfte des Kopfes mit Ohr, re.
Wange; stark bestoßen und abgerieben.
H 0,25 m
Literatur: Rinaldi Tufi, a.O. 70 ff. Nr. 2 Abb. 3. 4.

81 Kopf
Rom, Antiquarium Casa dei Cavalieri di Rodi.
An oberem Halsansatz gebrochen, Nase, große Partien
des Gesichts und der Haare abgesplittert und stark be-
stoßen.
H 0,32 m
Literatur: Rinaldi Tufi, a.O. 72 ff. Nr. 4 Abb. 7−9.

**82 Torso einer Panzerstatue mit Schwert und palu-
damentum**
Rom, Antiquarium Casa dei Cavalieri di Rodi.
Erhalten nur der Torso ohne Schultern, re. Arm, Beine
ab den Oberschenkeln; verloren auch der gesondert ge-
arbeitete li. Unterarm. Starke Absplitterungen.
H 0,92 m
Literatur: Rinaldi Tufi, a.O. 75 Nr. 5 Abb. 10.

83 Fragment einer Togastatue
Rom, Antiquarium Casa dei Cavalieri di Rodi.
Erhalten re. Schulter mit Halsansatz; zu ergänzen im
Gestus der *velatio capitis*. Stark abgesplittert und besto-
ßen.
H 0,58 m
Literatur: Rinaldi Tufi, a.O. 75 ff. Nr. 6 Abb. 11.

84 Fragment einer Togastatue
Rom, Antiquarium Casa dei Cavalieri di Rodi.
Erhalten nur Partie der Oberschenkel.
H 0,55 m
Literatur: Rinaldi Tufi, a.O. 79 Nr. 10 Abb. 16.

85 Fragment einer Togastatue
Rom, Antiquarium Casa dei Cavalieri di Rodi.
Erhalten Partie unterhalb des Knies mit oberem Rand
des Schuhwerks.
H 0,55 m
Literatur: Rinaldi Tufi, a.O. 79 Nr. 11 Abb. 17.

86 Fragment eines campagus
Rom, Antiquarium Casa dei Cavalieri di Rodi.
Erhalten Schuh oberhalb des Knöchels mit Saum der
Toga.
H 0,32 m
Literatur: Rinaldi Tufi, a.O. 80 Nr. 12 Abb. 18.

87 Fragment eines campagus
Rom, Antiquarium Casa dei Cavalieri di Rodi.
Erhalten Schuh oberhalb des Knöchels mit Ansatz des
Unterschenkels.
H 0,22 m
Literatur: Rinaldi Tufi, a.O. 80 Nr. 16 Abb. 22.

88 Fragment eines campagus
Rom, Antiquarium Casa dei Cavalieri di Rodi.
Erhalten Schuh oberhalb des Knöchels.
H 0,22 m
Literatur: Rinaldi Tufi, a.O. 80 Nr. 17 Abb. 23.

Kat. 92

89 Fragment eines campagus
Rom, Antiquarium Casa dei Cavalieri di Rodi.
Erhalten Spann, Ferse bis oberhalb des Knöchels, Ze-
hen weggebrochen.
H 0,22 m
Literatur: Rinaldi Tufi, a.O. 82 Nr. 20 Abb. 26.

90 Fragment eines campagus
Rom, Antiquarium Casa dei Cavalieri di Rodi.
Erhalten vorderer Teil des Fußes und Teil der Plinthe.
H o. Plinthe 0,08 m
Literatur: Rinaldi Tufi, a.O. 82 Nr. 23 Abb. 29.

91 Fragment eines calceus
Rom, Antiquarium Casa dei Cavalieri di Rodi.
Erhalten Schuh bis oberhalb des Knöchels und entspre-
chender Teil der Plinthe.
L 0,35 m
Literatur: Rinaldi Tufi, a.O. 82 Nr. 25 Abb. 31.

92 Männlicher Porträtkopf, ,Sulla'
Kopenhagen, Ny Carlsberg Glyptotek Inv. 1575.
Ehemals Rom, Slg. Barberini.
Ergänzte Nase und Ohren derestauriert. Kleine Besto-
ßungen im Gesicht.
H 0,45 m
Literatur: V. Poulsen, Les Portraits Romains[2] I (1973)
138 ff. Nr. 122 Taf. 196 f. − R. Wünsche, MüJb 33,
1982, 15 ff. Abb. 16 f. 20.

Abb. 88a.b   Fresken: Romulus und Aeneas, Pompeji (n. V. Spinazzola, Pompei alla luce degli scavi nuovi di Via dell'Abbondanza [1953] Abb. 184.183)

Heinrich Bauer

Basilica Aemilia

Neben dem Augustusforum ist die Basilica Aemilia als die wichtigste Bauschöpfung der augusteischen Zeit zu betrachten, wenngleich der Bau, dessen Reste uns überkommen sind, vielleicht schon kurz vorher, in der späten Republik begonnen wurde. Mit dem Augustusforum und dem später entstandenen Templum Pacis des Vespasian zusammen wird die Basilica Aemilia von Plinius zu den größten Wunderwerken aller Zeiten und Länder gerechnet.

Basilica (griechisch = königliche Halle) war die prächtigste Form des antiken Profanbaus; zum Forum der meisten römischen Städte gehörend, diente sie nach Vitruv als Treffpunkt der Kaufleute zum Abschluß ihrer Geschäfte. Daneben waren die Basiliken Tagungsort der Gerichte; dies ist uns wenigstens für eine weitere Basilica Roms, die Basilica Iulia überliefert.

Gegründet im Jahre 179 v. Chr. von M. Aemilius Lepidus und M. Fulvius Nobilior, war die Basilica Aemilia et Fulvia, wie sie ursprünglich genannt wurde, eine Art Monument der *gens Aemilia*, die sie um 78–60 v. Chr. renovierte und wohl in den zwei überlieferten Bauperioden, 55–34 v. Chr. und nach 14 v. Chr. den endgültigen Bau errichtete, dem fast alle noch erhaltenen Reste zugehören. Wenngleich der Name «Basilica Aemilia» erhalten blieb, wissen wir, daß schon Caesar zu dem 55 v. Chr. begonnenen Bau Mittel beisteuerte und der Bau ab 14 v. Chr. hauptsächlich von Augustus mit seinen Geldern aufgeführt wurde.

Schwer beschädigt durch einen Brand unter Carinus 283 n. Chr., wurde die Basilica Aemilia um 300 noch einmal in der alten Form wiederhergestellt und scheint um 410 bei der Einnahme Roms durch Alarich endgültig abgebrannt zu sein. Dies bezeugen die bei der Ausgrabung in einer Aschenschicht gefundenen, zum Teil auch dem Pflaster angeschmolzenen Münzen, alle vom Anfang des 5. Jhs.; sie zeigen, daß die Basilica damals dem Geschäftsverkehr diente, wohl den Geldwechslern, deren Tische im Mittelschiff aufgestellt waren.

Die Basilica Aemilia (Abb. 89.90) besteht aus der die NO-Seite des Forum Romanum begrenzenden Porticus mit den Tabernen und Treppenhäusern und der dahinter liegenden Aula, geteilt in vier Schiffe. Die breiten Seitenschiffe waren um das Mittelschiff herumgeführt, eine Art Querschiff oder Eingangshalle bildend; dazu kam ein weiteres schmales Seitenschiff. Zur Rekonstruktion der Basilica im endgültigen Zustand nach 14 v. Chr. (Abb. 91.92.98) sei folgendes gesagt: Die Porticus besaß eine Fassade aus Bögen und Halbsäulen, die ein Gebälk dorischen Stiles trugen (Abb. 93). Da alle Glieder der Ordnung, Kapitelle, Architrave, Friese

Abb. 89 Basilica Aemilia: Ansicht der Ruine von SO (Bauer)

und Geisa, in zwei sich um die Höhe von 7−8 cm oder etwa ein Viertel Fuß unterscheidenden Ausführungen vorhanden sind, ist daraus Zweistöckigkeit der Front abzuleiten. Es sind auch sämtliche Glieder zweier verschieden gestalteter, über den Säulen vorkröpfender Attikageschosse vorhanden. Sicher ist insbesondere der Zusammenbau der zweiten Attika, nachdem sich vier, einstmals unmittelbar aufeinanderliegende Blöcke erhalten haben; über der zweiten Attika folgte ein wiederum verkröpftes weiteres Geschoß; die Bekrönung der Fassade mit Reliefstatuen ist nur aus geringen Fragmenten erschlossen. Das einzige ganz fehlende Element des Aufbaus ist das Impostenprofil. Die Schmalseiten der Porticus im NW und SO besaßen dieselbe dorische Ordnung, jedoch in Verbindung mit Türeingängen anstelle von Bögen. Ein Teil des Erdgeschosses der Porticus hat sich noch bis in die Renaissancezeit erhalten: eine Zeichnung von Giuliano da Sangallo (Abb. 95) zeigt die NW-Front gegen die Kurie; unrichtig sind dabei die Dreizahl der Eingänge, der Rankenfries über ihnen sowie die Sockel unter den Säulen. Richtiger in diesem letzten Punkt ist die Zeichnung eines Codex Escurialensis (Abb. 94), sie stellt wohl die NO-Seite der vor die Aula vorspringenden Porticus dar (Abb. 96). Die Gesamthöhe der Porticus betrug etwa 100 römische Fuß oder 30 m über dem Stufenunterbau und kam damit der Kurie oder dem Dioskurentempel auf dem Forum Romanum gleich.

Das Innere der Porticus muß überwölbt gewesen sein (Abb. 97); dies bezeugen Caementiciumreste, die an der Rückseite der Attikablöcke haften, Einarbeitungen für eiserne Zuganker, die sich in Blöcken der Fassaden- und Tabernenseite finden. Diese Zuganker, bis 11 cm dick, mußten den Raum der Porticus frei durchschneiden, vergleichbar den Portiken der Renaissancezeit. Als Form des Gewölbes ist das Kreuzgewölbe die wahrscheinlichste Lösung, aus dem Erfordernis, die Magazinräume über den Tabernen und die Treppenhäuser zu beleuchten, sowie aus dem Grund, daß die Zuganker paarweise über den Fassadenpfeilern auftraten; schließlich läßt die Basilica Iulia in Rom, deren Fassade eine vereinfachte Kopie der Basilica Aemilia ist und die gleichfalls Kreuzgewölbe besitzt, wenngleich spätantik erneuert, dieselbe Lösung für die Basilica Aemilia erwarten.

Die hinter der Porticus liegenden Tabernen waren zunächst verputzt und erhielten später eine Wandverkleidung aus Marmorplatten. Zwei Treppen am Ende der Tabernenreihe führten in zweimaligem Hin und Zurück zum Obergeschoß; zwischen den Tabernen befanden sich drei Durchgänge zur Aula. Zwei in der Längsrichtung der Porticus ansteigende Treppen, die einige der Tabernen hinten abschnitten, wurden später eingefügt.

Das Mittelschiff der Aula hatte ein farbiges Pflaster aus Africano, Giallo antico, Pavonazzetto und Portasanta, während die Seitenschiffe mit dem graublauen Bardiglio gepflastert waren (man vgl. die ausgestellten Beispiele farbiger Marmorsorten Kat. 50−55 und den Beitrag hierüber von J. Ganzert). Um das Mittelschiff herum zog sich eine Reihe von Säulen aus rotschwarz geflecktem Africano; eine weitere Reihe von Säulen aus dem grünlichen Cipollino erhob sich hinter dem nordöstlichen Seitenschiff, eine nur 2 m breite, eine Stufe tiefer liegende Porticus abtrennend, die sich im ursprünglichen Zustand mit einer weiteren, enger stehenden Säulenreihe gegen den Platz hinter der Basilica öffnete; die Säulen standen auf würfelförmigen, mit Africanoplatten umkleideten Sockeln. Als in flavischer Zeit das Templum Pacis des Vespasian und das Forum transitorium gegen die Nordseite der Basilica Aemilia gesetzt wurden, war diese Porticus sinnlos geworden; sie wurde unter Entfernung der äußeren Säulen durch eine Mauer geschlossen und als schmales Seitenschiff der Basilica Aemilia zugeordnet.

Alle Seitenschiffe der Basilica Aemilia waren durch Caementiciumgewölbe überdeckt, von denen sich Reste erhalten haben. Die wohl korinthische Ordnung des Mittelschiffes mit einem Fries mit Szenen der Frühgeschichte Roms wurde von einem Geison bekrönt, das über jeder Säule vorkröpfte; auf den Vorkröpfungen finden sich rechteckige Standflächen, auf die Basen mit Statuen von Orientalen passen; mindestens zehn sind durch Reste gesichert. Im übrigen zeigen die Einarbeitungen auf dem Geison der unteren Ordnung, daß hierauf eine Attika folgte, die durch Marmorplatten verkleidet war und an die sich die Statuen anlehnten; die Attika bildete über jedem Joch, zwischen je zwei Statuen, zwei schmale Risalite (Abb. 99).

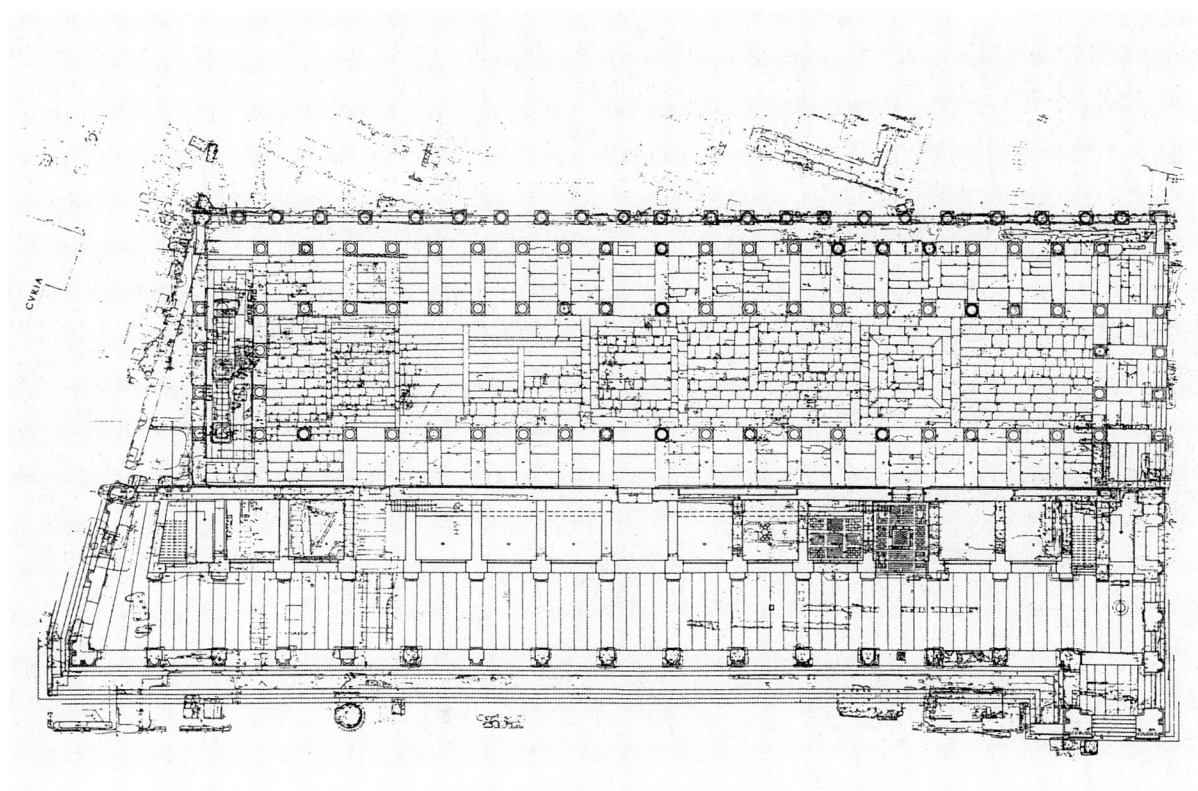

Abb. 90 Basilica Aemilia: Grundriß (Bauer)

Über der Attika werden mit Ranken geschmückte Pfeiler anzuordnen sein (Kat. 93), die seitlich Anschlüsse für ein Geländer besitzen, also in ein Obergeschoß gehören. Es gibt breite und schmale Rankenpfeiler; die breiteren, die mit etwa 88 cm dem oberen Säulendurchmesser der unteren Ordnung gleichen, konnten nur über deren Säulen stehen. Nach der Länge der Geländerbrüstungsstücke mußten jeweils zwei schmale Rankenpfeiler, deren Breite 26 cm betrug, zwischen zwei breiten stehen; sie fallen demnach über die beiden schmalen Vorkröpfungen der Attika über jedem Joch (Abb. 100). An den breiten Rankenpfeilern zeigen kurze Wandansätze an ihrer Rückseite, daß das Mittelgeschoß der Aula keine durchgehende Galerie bildete, sondern in logenähnliche Räume aufgeteilt war.

Über den Rankenpfeilern leitete ein Gebälk, das wohl aus Travertin mit Marmorverkleidung hergestellt war, zur oberen Ordnung über, mit Säulen aus Africano wie die der unteren, aber mit einem Durchmesser von 60 cm schwächer sowohl als jene als auch die Rankenpfeiler des Logengeschosses; die rekonstruierte Abfolge der drei Stockwerke ist logisch und läßt sich nicht verändern. Das Dach wurde von kleinen Pfeilern getragen, die in Vertiefungen des Geisons der oberen Ordnung standen; am Dachstuhl waren die Kassettendecken aufgehängt, die, in den oberen Seitenschiffen tiefer als im Mittelschiff, in Nuten des Geisons eingriffen. Der oberen Ordnung des Mittelschiffes entsprach an der Nordseite eine gleich hohe Säulenstellung aus Cipollino; die Säulen waren zu einem Teil ihrer Höhe durch Mauern verbunden, die den baldachinartigen Oberbau auszusteifen hatten; ähnliche Versteifungsmauern zwischen Säulen hatten auch die Basilica von Pompeji und die Basilica Ulpia auf dem Trajansforum.

Der Aufbau der Aula in drei Geschossen ließ sich nur vom Innenraum her entwickeln; es scheint jedoch, daß ihre Außengestalt, nicht nur im Obergeschoß, sondern auch mit der 1. Ordnung und einer Pfeiler- und Pilasterreihe darüber, das Innere im wesentlichen widerspie-

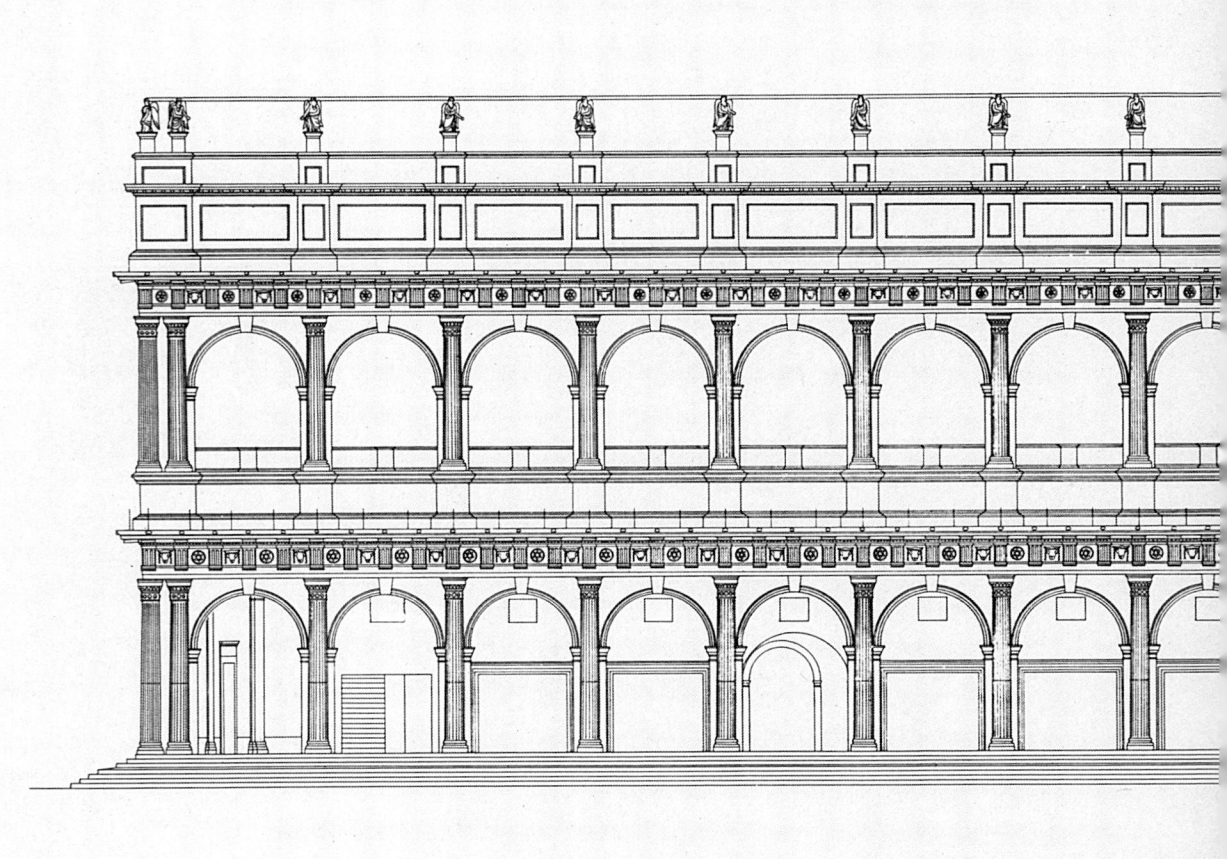

Abb. 91   Basilica Aemilia: Rekonstruktion der SW-Front, li. Hälfte (Bauer)

gelte. Nur geringe Reste haben sich davon erhalten, da mit der Anlehnung der flavischen Bauten an die Nordostfront deren Marmordekoration frühzeitig abgenommen worden war.

Keramikfunde, allgemeine Grundrißüberlegungen und Bauformen können uns helfen, das allmähliche Entstehen der Basilica Aemilia in ihren einzelnen Teilen zu begreifen: Die Porticus mit ihren Tabernen ist durch die Entdeckung aretinischer Keramik an den Fundamenten der östlichsten Taberne in die Zeit der überlieferten Bauperiode nach 14 v. Chr. datiert; ein Datum für die Vollendung gibt eine Inschrift für L. Caesar, aus dem Jahr 2 v. Chr., die zur zweiten Attika der Fassade gehört. – Zwischen den Wänden der endgültigen Tabernen gibt es Reste von älteren, enger stehenden; diese Wände binden im Gegensatz zu den jüngeren in die SW-Wand der Aula ein, die also schon früher als 14 v. Chr. entstanden sein muß. Keramikfunde unter ihrem Pflaster, der Stil des Frieses ihrer unteren Ordnung und deren Bauformen empfehlen eine Datierung um 55–34 v. Chr. Hingegen zeigt sich in den Rankenpfeilern des Mittelgeschosses der Stil der 13–9 v. Chr. erbauten Ara Pacis, während die 2. Säulenordnung von dem 2 v. Chr. vollendeten Augustusforum abhängt.

Die untere Ordnung der Aula, der älteste Teil der Basilica Aemilia, übernimmt von dem republikanischen Vorgängerbau den langgestreckten Grundriß mit der asymmetrischen Eintei-

Abb. 92   Basilica Aemilia: Rekonstruktion der SW-Front, re. Hälfte (Bauer)

lung in vier Schiffe. Neu ist die Verringerung der Stützweite im Mittelschiff von 5,90 m auf etwa 4,30 m im Mittel; dies heißt wohl, daß man erst bei der um 55 v. Chr. begonnenen Basilica von Holzgebälken (ganz üblich seit Jahrhunderten beim etruskisch-italischen Tempel) zu steinernen Gebälken übergeht. Um die langen Säulenreihen des Mittelschiffes überschaubarer zu machen, hat man versucht, diese zu rhythmisieren, das heißt, die Joche vor den Durchgängen zur Porticus erweitert, wobei dasjenige vor dem Mitteldurchgang mit 5,35 m das weiteste von allen ist. Diese Abstufung der Jochweiten, die sonst nirgends bekannt ist, ist nicht der einzige merkwürdige Zug im Grundriß; auch die Außenfront der schmalen Porticus im NO hatte ihre drei erweiterten Joche, wobei die Säulenstellung des Äußeren nicht mit der des Inneren korrespondierte; Parallelen hierzu kennen wir in Portiken des 2.–1. Jhs. v. Chr. in Kyrene in Nordafrika. Alle diese Einzelheiten müssen als experimentelle Erscheinungen einer Übergangszeit gedeutet werden; sie wären undenkbar zur Zeit der Entstehung des Augustusforums und der übrigen Kaiserfora mit ihrem Raster von überall gleichen Säulennachweisen.

Die vor 34 v. Chr. aufgeführte untere Ordnung der Basilica Aemilia ist zusammen mit ihrem vielfarbigen Pflaster, mit der Marmorverkleidung ihrer SW-Wand das älteste erhaltene Zeugnis einer prachtvollen Architektur unter Verwendung farbiger Marmorsorten, nachdem

Abb. 93   Basilica Aemilia: Rekonstruktion der ersten dorischen Ordnung (Bauer)

Abb. 94   Basilica Aemilia: Porticus, NO-Front (Cod. Escurialensis; n.
RM 20, 1905, 56)

uns das ältere Caesarforum nur in seiner flavisch-trajanisch veränderten Form und in der Spätantike stark zerstört überkommen ist. Es sind Materialien aus den verschiedensten Provinzen,
die die weltbeherrschende Stellung Roms vor Augen führen sollten. Einen besonderen Farbeffekt müssen die 96 cm dicken Säulen aus dem rotschwarz gefleckten Africano hervorgebracht
haben; sie waren auf Hochglanz poliert, so daß sie das Licht nach allen Richtungen widerspiegelten. Der Fries, der über den wohl korinthischen Säulen das Mittelschiff umzog, ist ein Beispiel für das historische Bewußtsein jener Zeit, in der Livius sein Werk *ab urbe condita* zu
schreiben begann (vgl. Kat. 212). Eines der reichsten Gesimse, das wir aus der Antike kennen,
bekrönte dieses Gebälk (Abb. 101). Die wenig untergliederte Vielzahl der Ornamentreihen,
der enge Zahnschnitt mit den gerundeten Füllungen, die altertümliche Konsolenform mit der
vorn liegenden Ausbauchung, das Ornament der Sima (d.h. Traufleiste), Palmetten und
Lotusblüten über einer Wellenranke, ganz in hellenistischer Tradition, sind Indizien für eine
frühe Entstehung dieses Gebälks, die kaum mehr neben oder nach den Gebälken des Augustusforums möglich wäre. Der Gedanke, das Gebälk über jeder Säule vorzukröpfen und so den
Langseiten des Mittelschiffes eine plastische Bewegung mitzuteilen, steht einzig da für Innenräume der römischen Architektur. Nicht weniger als 40 solcher Verkröpfungen waren vorhanden; die Ausführung bedeutete eine steinmetzliche Bravourleistung. Bei der starken Schräg-
lage der Geisoncorona ergaben sich an allen Ecken diagonal gefaltete Kassetten, dies heißt von
rautenförmiger Gestalt, sobald man sie in die Ebene ausbreitet. Mit dem Gesims der Ordnung
scheint die Bautätigkeit um 34 v. Chr. zum Erliegen gekommen zu sein. Die darüber befindlichen Statuensockel gehören stilistisch nicht mehr in diese Zeit; es ist auch unwahrscheinlich,
daß die Attika, an die sie sich anlehnen, und die Überwölbung der Seitenschiffe damals ausge-

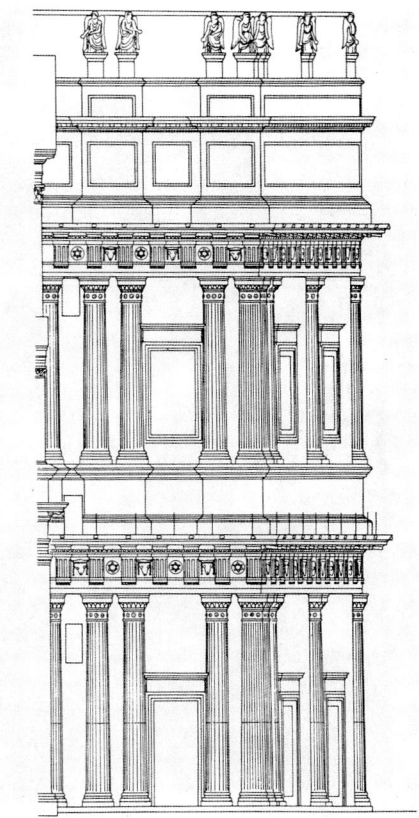

Abb. 95 Basilica Aemilia: Porticus, NW-Front (Giuliano da Sangallo, Cod. Vat. Barb.;
Il libro di G. da Sangallo, Ed. 267)

Abb. 96 Basilica Aemilia: Porticus, NO-Front,
Rekonstruktion (Bauer)

führt wurden. Auf dem Gesims finden sich eigenartige, in wechselnder Richtung schräg liegende Dübellöcher; man könnte vermuten, daß diese dazu dienten, ein provisorisches Dach zu
befestigen und es gegen Abheben durch den Wind zu sichern.

Nach dem überlieferten Brand von 14 v. Chr. scheint die Erneuerung der Basilica mit den
Tabernen und der Porticus begonnen zu haben. Die neuen Tabernen haben sechs Fünftel der
Breite der älteren und ebenso weit sind die Bögen der Fassade gespannt; man stelle sich die
großartige Wirkung der fast 7 m breiten und 102 m langen Porticus vor: eine lichte, raumgrei-
fende Architektur, die über die Vorbilder, etwa die enge Porticus des sullanischen Tabulari-
ums, gleichfalls mit Bögen und Halbsäulen, weit hinausgeht.

Was die Plangestalt anbetrifft, so gibt es hier keine Rhythmisierung der Bogenreihe mehr;
es tritt ein überall fast gleiches Normaljoch auf. Wenn die Porticus andererseits mit ihrer schönen Westwand die Richtung der gegenüberliegenden Kurie aufnimmt, sich im SO durch einen
Bogen mit dem Divus-Iulius-Tempel verbindet, liegt hier ein wesentlicher Unterschied zu den
sich in autonomer Symmetrie entwickelnden Kaiserfora. Unübersehbar ist der technische Fortschritt: Wenngleich die Wände der Tabernen wie die Umfassungswand des Augustusforums
durch Holzklammern zusammengehalten wurden, wird Eisen reichlich im Aufbau der Porticus
verwandt: nicht nur in den bereits erwähnten Zugankern, die dem Schub der Gewölbe zu
begegnen hatten, sondern auch in Längsankern in der Oberseite der Bogenkeilsteine und über
dem Fries, um die äußerst weit gespannten Arkaden gegen Verdrücken zu sichern.

Bei der starken Zerstörung der Bauglieder der Porticus – kein einziger Bogenkeilstein,
kein Kapitell und kein Geison hat sich vollständig erhalten – sind es eigentlich nur einige
Stücke der Friese, die eine stilistische Beurteilung erlauben (Abb. 102.103). Man wird sagen

Abb. 97   Basilica Aemilia: Blick in die rekonstruierte Porticus (Bauer)

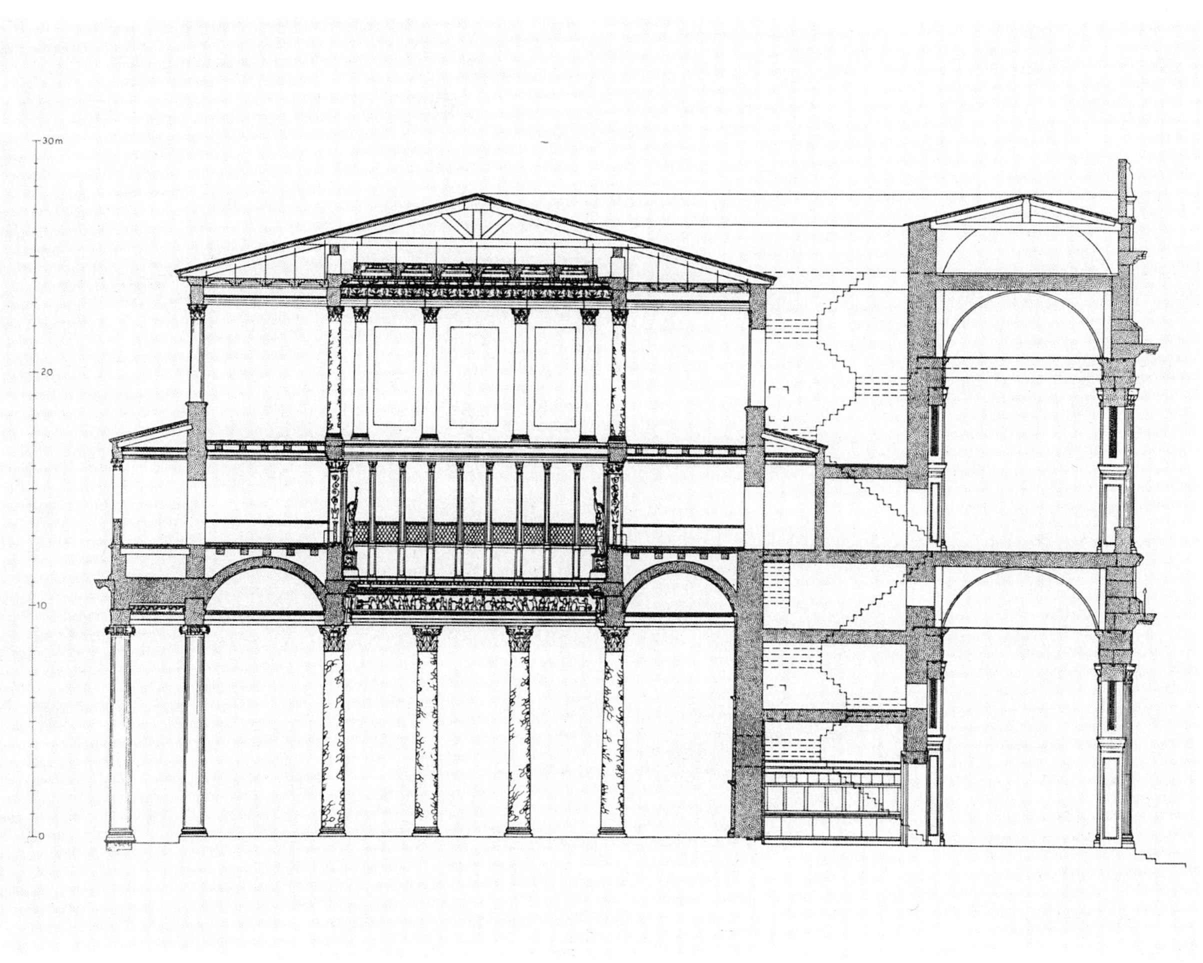

Abb. 98   Basilica Aemilia: Schnittrekonstruktionen (Bauer)

Abb. 99   Basilica Aemilia: Aufbau des Innern,   Abb. 100   Basilica Aemilia: Rekonstruktion einer der Logen (Bauer)
axonometrische Rekonstruktion (Bauer)

können, daß die feine, schichtweise Abstufung des Reliefs zum Grund hin durchaus der Ara Pacis verwandt ist und kaum vor der reifen augusteischen Zeit, dem letzten Jahrzehnt v. Chr., denkbar wäre.

Der Weiterbau der Aula muß zur selben Zeit, nach 14 v. Chr., zögernd über dem Gesims der ersten Ordnung begonnen haben. Man sieht zuweilen verschiedene, korrigierte Einritzungen für die Attika darüber und auf einigen Verkröpfungen, wie ursprünglich vorgezeichnete kleine Rechtecke vergrößert wurden; einer der darauf passenden Sockel zeigt, daß er nachträglich ummauert und verkleidet wurde (Abb. 99), um ihn den darauf stehenden Basen und Statuen, größer als ursprünglich vorgesehen, anzupassen. Es müssen 40 Statuen vorhanden gewesen sein, die meisten aus dem violett geäderten Pavonazzetto, einige (vielleicht die über dem Mitteleingang) aus Giallo antico. Es sind Orientalen dargestellt; die Basilica Aemilia, das Denkmal der *gens Aemilia,* gewinnt so eine weitere Bedeutung als Ruhmeshalle des römischen Volkes und des Augustus, die nun den Orient beherrschen.

Die Pfeiler des Logengeschosses, an deren Breite sich die Orientalenstatuen anlehnen, sind mit Ranken geschmückt, die aus einem akanthusähnlichen Blattkelch erwachsen und in mehreren spiraligen Windungen aufsteigen (Abb. 104). Sie lehnen sich eng an die Ranken der 13−9 v. Chr. ausgeführten Ara Pacis an, bilden diese jedoch körperloser und linearer aus. In dem linearen Stil der Dekoration, in der Schmalheit der nur 26 cm breiten Mittelpfeiler der Logen wird man Tendenzen erkennen müssen, die dem Dritten Stil der pompejanischen Wanddekoration verwandt sind, mit der Verdünnung von Architekturgliedern bis zur Unwirklichkeit − die wirkliche Architektur hatte freilich engere statische Grenzen. Wir wüßten gerne, zu welchem Zweck das Logengeschoß diente, das rein technisch gesehen mit seinen Querwänden den Bau hervorragend aussteifte. Man wird nicht fehlgehen mit der Annahme, daß diese vornehmen Familien vorbehalten waren, die von hier aus festlichen Veranstaltungen, Empfängen, vielleicht auch Gerichtsverhandlungen im Mittelschiff beiwohnten; das abgetretene Basisprofil des Geländers zeigt, wie man sich an der Brüstung drängte, um hinabzusehen.

Schließlich die obere Ordnung über dem Logengeschoß (Abb. 105): die Blattform der korinthischen Kapitelle, die Form des Bügelkymas mit seinen tulpenförmigen Blüten (vgl. J. Ganzert, Augusteische Kymaformen), die breite Gestalt der Eier und die ebenso breite der Zähne im Zahnschnitt, mit eckigen Füllungen dazwischen, stehen dem 2 v. Chr. vollendeten Augustusforum derart nahe, daß sich die Bauzeit der Basilica Aemilia bis um Christi Geburt hingezogen haben muß. Überwunden ist auch hier, wie am Augustusforum, die vielteilig addierende Gebälkdekoration der ersten Ordnung, der Hauptakzent liegt auf dem großen Eierstab und Zahnschnitt. Dennoch bedeuten diese Formverwandtschaften nicht völlig Anschluß an das Augustusforum: die obere Ordnung hatte eine Säulenachsweite von drei Vierteln der der unteren, wie durch mehrere Architrave belegt ist. Das heißt, daß sich die Stellung der oberen Stützen im Verhältnis zu den unteren beständig änderte. Wie im Grundriß der Nordporticus zwei verschiedene Rhythmen von Säulenstellungen gegeneinander gesetzt wurden, so werden hier zwei verschiedene Rhythmen übereinandergestellt. Aus der Tatsache, daß die Stellung der oberen Säulen nach jeweils drei Jochen der unteren wieder mit dieser zusammenfiel, ergab sich eine Aufteilung der Säulenstellung in Dreiergruppen von Jochen; die Untergliederung wurde in der oberen Ordnung unterstützt durch Gebälkverkröpfungen, freilich viel flacherer Art als in der unteren, es haben sich immerhin vier Verkröpfungsstücke erhalten. Die obere Ordnung des Mittelschiffes muß bis zu den Schmalseiten der Basilica durchgelaufen sein, auch hier Verkröpfungen bildend (Abb. 99). Es sind reichlich Pilasterkapitelle der oberen Ordnung erhalten, die bezeugen, daß dies Geschoß zum Teil geschlossene Wände hatte; sicher an den Schmalseiten, vielleicht auch an der Tabernenseite. Mit dem teilweisen Ersatz der oberen Ordnung durch eine pilastergeschmückte Wand nähert sich der Typus der römischen Marktbasilica hier der christlichen Basilica mit ihrer Fensterzone.

Harmonisch geglückt ist der innere Aufbau der Basilica Aemilia mit ihrer symmetrischen Abfolge von roten, weißen und wieder roten Stützen von unten nach oben; mit einer Reihe ornamentierter Pfeiler mit einem glatten Gebälk inmitten zweier Ordnungen von glatten Säulen und reich dekorierten Gebälken. Doch scheint es, daß nur die Basilica Aemilia einen dreigeschossigen Aufbau hatte, erklärbar durch ihren besonderen Rang; selbst für die Basilica Ulpia auf dem Trajansforum läßt sich kein entsprechendes Logen- oder Galeriegeschoß nachweisen. Portiken und Exedren des Trajansforums, die Hallen des Templum Pacis des Vespasian schließen sich in ihrer Ablehnung des Stockwerkbaus, in ihrem Streben nach großen Einheitsräumen eher an das Augustusforum an. Die Basilica Aemilia bleibt in ihrer Zeit ohne Nachfolge: Gegenspiel verschiedener Rhythmen, rhythmische Untergliederung langer Säulenreihen waren mit dem Augustusforum überwundene Formprinzipien. Die dreigeschossige Raumgrenze des Mittelschiffes andererseits, die Erfindung des Triforienmotivs mußten zu ihrer Zeit kaum verstandende Vorgriffe auf die Architektur späterer Zeiten bleiben.

Literatur: Ch. Huelsen, RM 17, 1902, 41−57; 20, 1905, 53−62. − Ders., Forum Romanum[2] (1905) 116−125. − Ders., Il libro di Giuliano da Sangallo, Cod. Vat. Barb. Lat. 4424 (Leipzig 1910) 34 f. − A. Bartoli, RendLinc 5. Ser. 21, 1912, 758−766. − F. Toebelmann, Römische Gebälke I (1923) 27−34 Taf. 3. − G. Lugli, Roma antica, il centro monumentale (1946) 172−176. − G. Carettoni, Esplorazioni nella Basilica Emilia, NSc 1948, 111−128. − H. Bauer, Basilica Aemilia, MDAVerb 8.2, 1977, 87−93. − H. Wiegartz in: Vitruv-Kolloquium des Dt. Archäologenverbandes (1984) 193−237. Antike Schriftquellen: S. B. Platner−Th. Ashby, A Topographical Dictionary of Ancient Rome (1929) 72−76. Weitere Literaturhinweise: E. Nash, Pictorial Dictionary of Ancient Rome[2] I (1968) 174−179.

93 Fragmente von Rankenpfeilern mit seitlichen Geländeranschlüssen
(Gipsabguß)
Berlin, Antikenmuseum, SMPK
Original: Rom, Antiquario Forense
B 0,88 m
Von der Innenordnung der Basilica Aemilia.

Abb. 101 Basilica Aemilia: Gesims der ersten Ordnung der Aula, Verkröpfungsstück (Bauer)

Abb. 102 Basilica Aemilia: Erste dorische Ordnung, Fries

Abb. 103 Basilica Aemilia: Zweite dorische Ordnung, Fries

Abb. 104 Basilica Aemilia: Rankenpfeiler des Logengeschosses   Kat. 93
(Bauer)

Abb. 105 Basilica Aemilia: Teile der zweiten Ordnung der Aula

Siri Sande – Jan Zahle

Der Tempel der Dioskuren auf dem Forum Romanum

Einführung

Der Tempel des Castor und Pollux ist der größte Tempel auf dem Forum Romanum. Er geht auf die Anfänge der römischen Republik zurück; er wurde 484 v. Chr. errichtet, um einen bedeutenden Sieg über die latinischen Nachbarn zu feiern. Nach mehr als 350 Jahren erfolgte 117 v. Chr. ein Neubau, und schließlich wurde er an der Schwelle zum Prinzipat nochmals vollständig neugebaut und 6 n. Chr. im Namen des zukünftigen *princeps* Tiberius und seines jüngeren Bruders Drusus eingeweiht.

Sowohl am Beginn der Republik wie auch am Beginn des neuen Kaiserreichs war der Kult der göttlichen Zwillinge ein wichtiger Bedeutungsträger für die Vorstellungen und Ideale des römischen Volkes. Die *Dioscuri*, die beiden Söhne des Zeus, waren Retter, hatten große Taten für das Gemeinwesen vollbracht und symbolisierten Einheit und Zusammenhalt. Es ist klar, daß diese Eigenschaften sich sehr gut in das große ideologische ‚Programm‘ des Augustus einfügten. Ein paar Jahre später, 10 n. Chr., wurde der Tempel der Concordia neugebaut, ebenfalls im Namen der beiden Brüder aus dem Herrscherhaus. Der Bau der beiden Tempel offenbarte die diskrete Verlagerung der Wertvorstellungen und der Verbundenheit mit dem Staat auf die neuen Herrscher. Sie machten sinnfällig, daß das Gemeinwesen und die Herrscherfamilie ein und dieselbe Sache waren. Die Tempel verbargen sozusagen die nackte Macht hinter der Ideologie und bildeten ihre glänzende Oberfläche. Die Bevölkerung mußte diese Maskerade akzeptieren und tat es auch.

Die schriftlichen Quellen überliefern uns wertvolle Informationen über die Geschichte und Bedeutung des Tempels des Castor und Pollux. Die hervorragende Qualität der drei seit der Antike aufrechtstehenden Marmorsäulen und allein die Größe der Ruine bestätigen den dort gewonnenen Eindruck. Darüber hinaus macht sowohl die lange Kontinuität des religiösen Kultes wie der Bautätigkeiten die Ruine zu einem höchst interessanten Gegenstand der Forschung.

1983 ermutigte der Soprintendente von Rom, zuständig auch für Forum und Palatin, Prof. Dr. Adriano La Regina, das schwedische, das dänische und das norwegische Institut in Rom zu einer grundlegenden Untersuchung des Tempels. Die Arbeiten begannen im Herbst 1983 und endeten 1987. Wir zogen großen Nutzen aus der engen Zusammenarbeit mit unseren finnischen Nachbarn am Lacus Iuturnae. Die Ergebnisse der Grabungen und Messungen am Tempel haben die früheren Mutmaßungen sowohl über die erste Bauphase von 484 v. Chr. wie auch die zweite Bauphase von 117 v. Chr. völlig überholt und unser Wissen über den augusteischen Tempel beträchtlich erweitert.

Wir können im einzelnen nachvollziehen, wie die augusteischen Baumeister mit den älteren Gebäuden verfuhren. Sie arbeiteten sich rücksichtslos durch deren Reste und Fundamente, um auf dem jungfräulichen Boden zu bauen, behielten aber die Ausmaße und Orientierung der Vorgängerbauten bei. Das Bauwerk selbst wurde jetzt zum ersten Male in Marmor und in korinthischer Ordnung aufgeführt. Der Tempel erscheint als eine regelrechte Widerspiegelung des neuen Prinzipats: er schien und war in der Tat die Fortsetzung von etwas lange und wohl Begründetem, aber er war nichtsdestoweniger ein völlig neuer Bau.

Einige Informationen über die beiden voraugusteischen Tempel sind nützlich, um die Probleme zu verstehen, die der neue Baumeister oder Architekt zu gewärtigen hatte.

Der Unterbau des ersten Tempels war in rechtwinklig anstoßenden Quadermauern aus lokalem Cappellaccio aufgeführt, um die Wände und Säulen des Pronaos zu tragen. Der Tempel selber erhob sich auf einem ca. 3,50 m hohen Podium mit drei Cellae und ähnelte verschiedenen anderen zeitgenössischen römischen und etruskischen Tempeln. Sein Estrich lag ca. 15,75 m über Meeresniveau. In der ersten Hälfte des 2. Jhs. v. Chr. wurde die Fassade erneuert und ein Tribunal hinzugebaut.

Der zweite Tempel wurde auf ein Niveau von ungefähr 18,80 m erhöht. Seine Fundamente aus *opus concretum* für die Mauern und Säulen waren zum Teil auf den alten Tuff- und Cappellaccio-Quadermauern gegossen, zum Teil zwischen ihnen bis auf den gewachsenen Boden gegründet. Der eigentliche Tempel war in stuckiertem Travertin aufgeführt. Das sehr hohe Podium enthielt wahrscheinlich auf allen Seiten Tavernen, außer an der Vorderseite, wo sich sowohl bei den älteren wie bei dem augusteischen Tempel der Treppenaufgang und eine Rednerbühne (*tribunale*) befand.

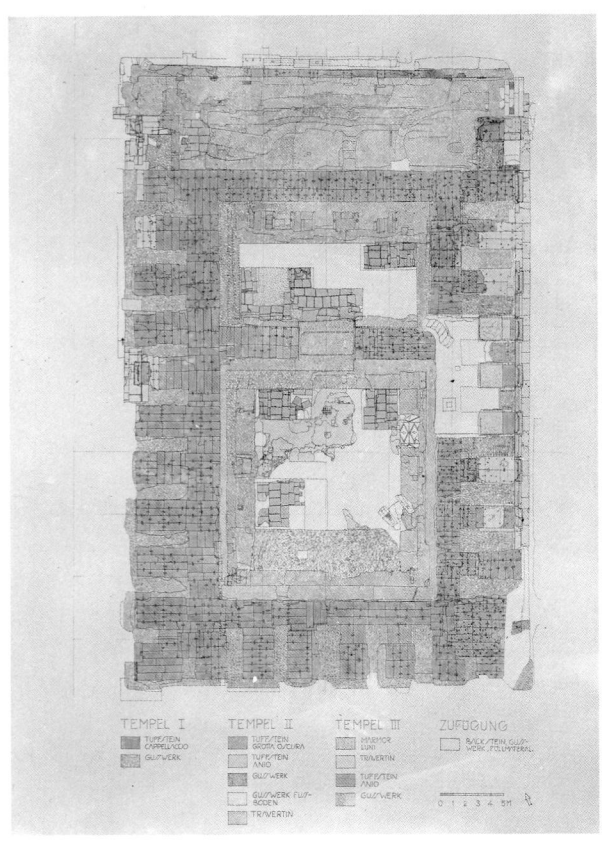

Abb. 106 Dioskurentempel: Steinplan des Fundaments (K. A. Nielsson und C. Persson)

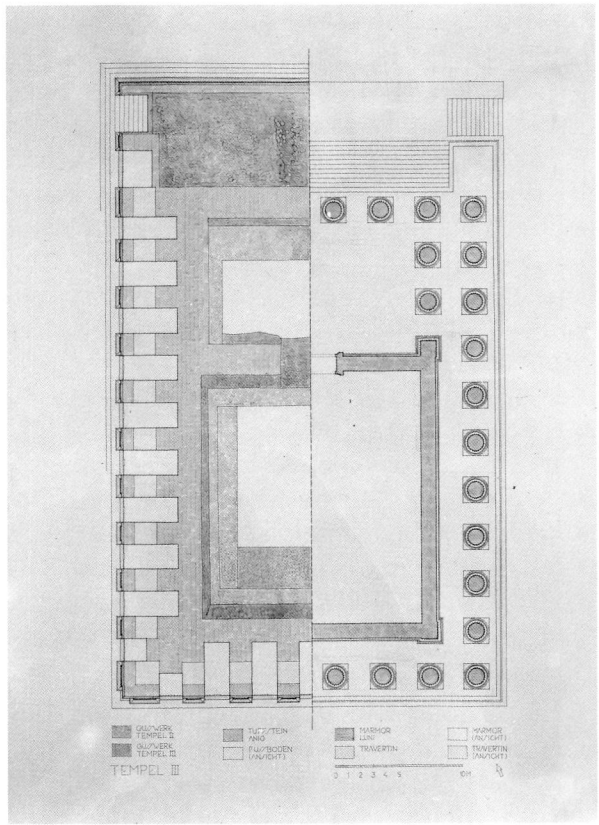

Abb. 108 Dioskurentempel: Nord-Süd-Schnitt durch die Mitte der Ruine (K. A. Nielsson und C. Persson)

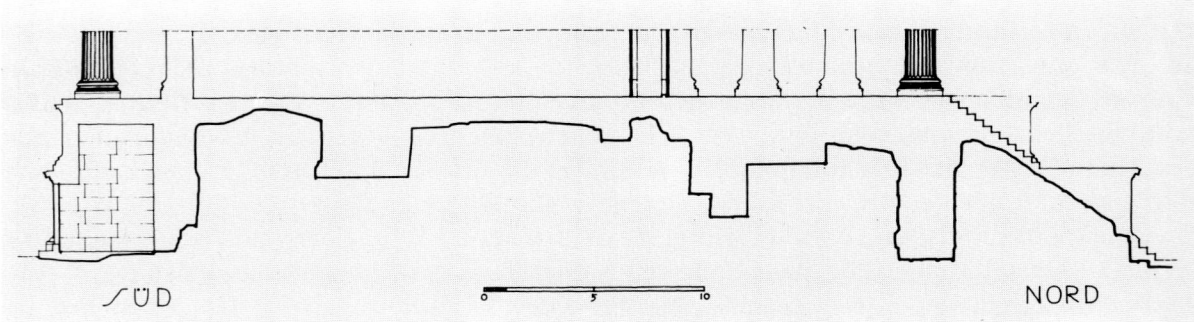

Abb. 107 Dioskurentempel: Schnitt 2 m über augusteischem Straßenniveau (links), Schnitt 1 m über dem augusteischen Niveau der Cella (rechts) (K. A. Nielsson und C. Persson)

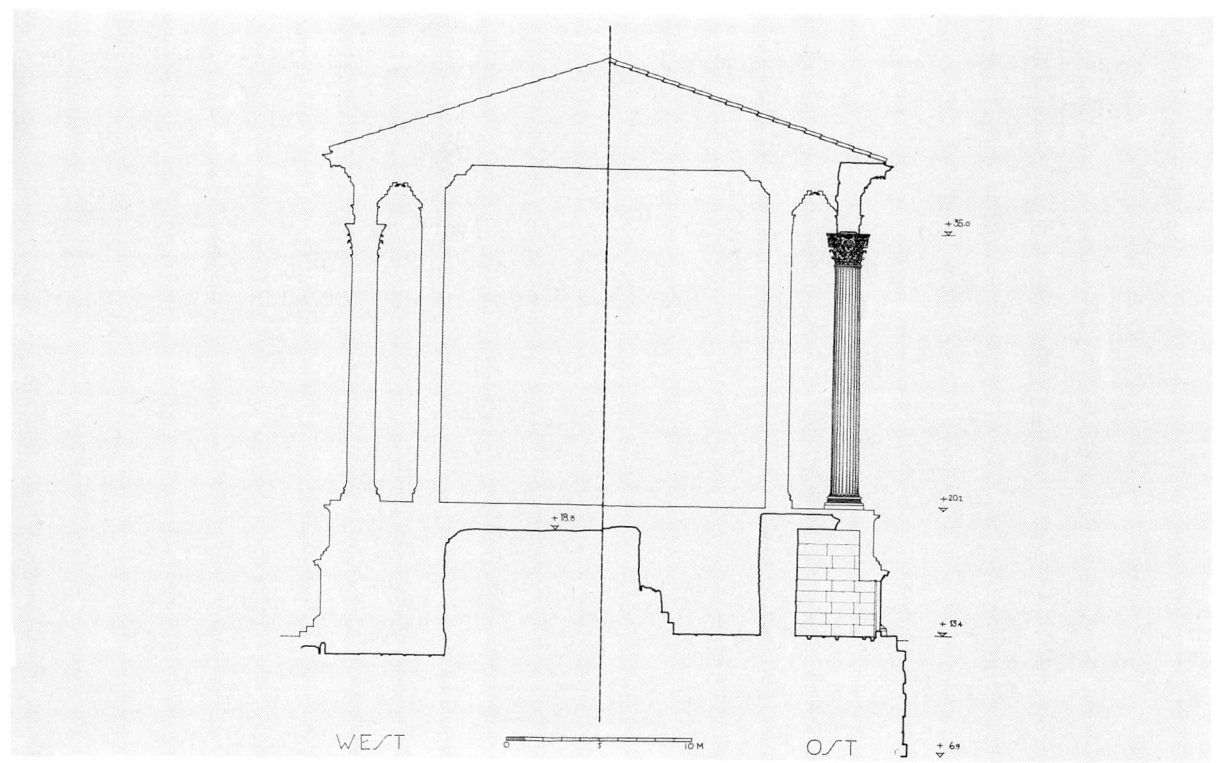

Abb. 109   Dioskurentempel: West-Ost-Schnitt (K. A. Nielsson und C. Persson)

Der zweite Tempel brannte 9 oder 14 v. Chr. ab, und zwanzig Jahre später wurde er als glänzender neuer Marmortempel vollendet. Die skandinavischen Untersuchungen haben die Natur der Probleme des Architekten erhellt und die Weise, wie er sich entschied, sie zu lösen. Diese Lösungen zeigen ihn als rational, effizient und wirtschaftlich denkende Persönlichkeit. Teile der älteren Tempel wurden vollständig zerstört, aber wesentliche Partien unter dem Boden von Cella und Pronaos stehengelassen: das gewaltige Gewicht der neuen Marmorsäulen und -wände mußte von soliden Tuffundamenten, die auf jungfräulichem Boden gründeten, getragen werden, aber andererseits wurde nicht mehr abgerissen als unbedingt notwendig.

Aber die Ruine mußte zuerst freigelegt werden und die alten Tuff- und Travertinblöcke wurden zumeist zerschlagen, um unter das *opus caementicium* gemischt weiterbenutzt zu werden. Dann wurden in den Unterbauten der älteren Tempel von außen ein 7,50 m tiefer Umgang sowie zwei sich kreuzende Gräben quer durch die Ruine gebrochen. Die soliden inneren Teile wurden in einer Höhe von ca. 9 m stehengelassen, aber die Außenseite der neuen Fundamentgräben mit einer Mauer aus *opus caementicium* gesichert; diese war außen mit Schilf und Brettern verschalt, auf der Innenseite dagegen mit Ziegeln gefaßt. Tausende von Aniene-Tuffblöcken wurden nun vermauert, um die Cellawände und die 8×11 Säulen des Umgangs wie auch die Marmorverkleidung des 7 m hohen Podiums zu tragen. Die Säulenfundamente auf der Ost-, West- und Südseite wurden dennoch in ihrem oberen Teil in Travertin verstärkt, weil die Säulen hier durch enge Tavernen getrennt wurden, die eine weniger stabile Fundamentierung zur Folge hatten.

Die sichtbaren Reste der heutigen Ruine gehören zum größten Teil zum augusteischen Tempel, und ihr Aussehen ist wesentlich dadurch bestimmt, daß der größte Teil des Tempels und seiner Fundamente im Laufe der Zeit bis zum heutigen Straßenniveau zerstört wurde, das dem augusteischen entspricht. Nur im Mittelteil der Ostseite ist der Bau erhalten und kann bis zu ca. 23 m über dem Straßenniveau studiert werden. Die beiden querlaufenden Korridore anstelle der Frontsäulen und der Eingangswand der Cella gehen zwar ebenfalls auf den besag-

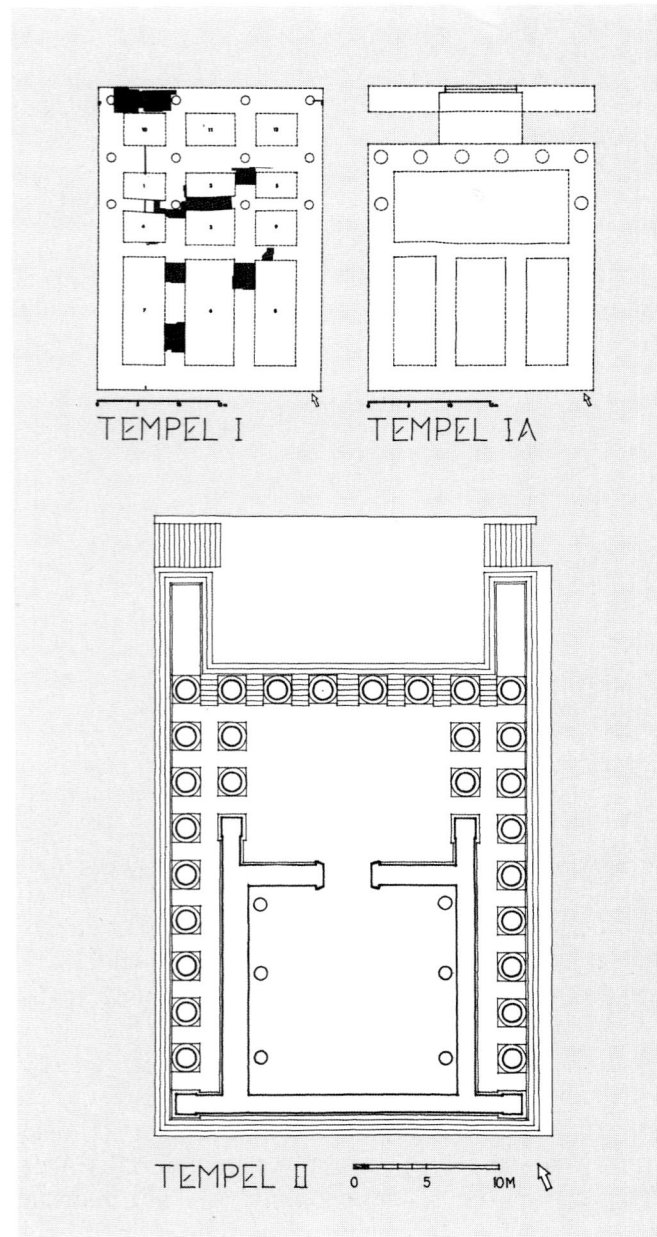

Abb. 110 Dioskurentempel: Plan des Tempels I und seine Erneuerungsphase Ia
(K. A. Nielsson und C. Persson)

Abb. 111 Dioskurentempel: Teilrekonstruktion der noch
stehenden Säulen (K. A. Nielsson und C. Persson)

ten Steinraub zurück, bringen aber ein wenig die Atmosphäre der Baustelle von vor 2000 Jahren zurück.

Die Abbildungen geben die Ergebnisse der neusten skandinavischen Nachforschungen und Grabungen wieder. Sie sind von K. A. Nielsson und C. Persson ausgeführt.

Abb. 106 zeigt einen Plan der anstehenden Reste nach den skandinavischen Nachgrabungen. Die unterschiedlichen Materialien sind im Farbton abgesetzt. Abb. 107 zeigt einen Schnitt 2 m über augusteischem Straßenniveau (links) und 1 m über dem augusteischen Niveau der Cella (rechts). Die Überreste von Tempel II sind links angegeben. Die Einzelheiten der augusteischen Cellawand und des Tribunals im Norden sind hypothetisch. Abb. 108 zeigt einen Nord-Süd-Schnitt durch die Mitte der Ruine; der Umriß der aufgehenden Struktur ist hypothetisch. Der West-Ost-Schnitt (Abb. 109), wieder mit hypothetischem Umriß des Aufgehenden, zeigt die Fundamente, die im Osten bis auf den gewachsenen Boden verfolgt werden konnten. Die ermittelten Niveauhöhen über dem Meeresspiegel betragen für die Unterkante des Fundaments 6,90 m, für das augusteische Straßenniveau ca. 13,20 m, für den Fußboden von Tempel II 18,80 m und die augusteische Säulenbasis 20,20 m. Abb. 110 zeigt oben die Pläne von Tempel I von 484 v. Chr. und von der Erneuerung (Tempel Ia) in der 1. Hälfte des 2. Jhs. v. Chr., wie sie von I. Nielsson rekonstruiert werden konnten; unten, in der Rekonstruktion von I. Nielsson und K. A. Nielsson den Grundriß von Tempel II von 117 v. Chr. Insbesondere die Rekonstruktion der Südseite ist hypothetisch. Abb. 111 zeigt die Teilrekonstruktion der drei heute noch stehenden Säulen auf der Ostseite (vgl. Abb. 112) mit ihren Fundamenten, der Marmorverkleidung des Podiums zwischen den *tabernae* und das Dach.   J. Z.

Aus dem Englischen von M. Hofter

Abb. 112   Dioskurentempel: Ansicht von NO

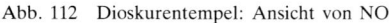

Abb. 113   Dioskurentempel: Korinthisches Kapitell der Außenordnung

Der Aufbau des Tempels

Die skandinavischen Ausgrabungen haben nur in geringem Maß zu unserer Kenntnis des Oberbaus des Castortempels in seiner letzten Phase beigetragen, da die meisten Funde republikanisch sind. Für eine Rekonstruktion des augusteischen Tempels ist man nach wie vor auf die drei stehenden Säulen mit Gebälk angewiesen, wie auch auf die Hunderte von Fragmenten, die um das Podium herumliegen. Diese Fragmente, die von P. Rosa und G. Boni 1870 und 1900 ausgegraben wurden, lassen sich fast ausschließlich auf die äußeren Teile des Tempels zurückführen. Unbekannt bleibt das Cellainnere.

Die Cella wurde augenscheinlich geplündert, als der Tempel im 4. nachchristlichen Jahrhundert zu verfallen begann. Nicht einmal das augusteische Bodenniveau ist erhalten. Man darf annehmen, daß der Boden, wie im Mars-Ultor-Tempel und im Concordiatempel, mit bunten Marmorplatten verkleidet war. Bei den skandinavischen Grabungen in der Cella wurden in nachaugusteischen Kontexten (Raubgrabungen aus dem 18. Jahrhundert) verschiedene Reste gefunden, die damals in der Cella lagen und unter dem republikanischen Schutt begraben wurden. Darunter fanden sich mehrere Plattenfragmente aus Giallo antico, Pavonazzetto und anderen Marmorsorten, die in augusteischer Zeit verwendet wurden. Ähnliche Fragmente liegen auch um den Tempel herum. Diese Plattenfragmente könnten sehr wohl von der Celladekoration stammen, sie sind aber so klein, daß man ihre ursprüngliche Größe und Form nicht rekonstruieren kann.

In den erwähnten Kontexten wurden auch Säulenfragmente aus Giallo antico gefunden, zu denen sich Parallelen in der Nähe vom Tempel finden. Die Forma Urbis zeigt den Castortempel mit Innensäulen, und daß er tatsächlich solche besaß, ist um so wahrscheinlicher, da auch sein Vorgänger Spuren einer Innenordnung aufweist. Die gefundenen Fragmente sind so winzig (sie umfassen meist nur einen Steg), daß man die Größe der Säulen nicht berechnen kann. Sie waren aber erheblich kleiner als die äußeren Säulen und standen wohl demnach auf einem Podium wie im Concordiatempel. Fragmente eines Wandsockels in rotem Marmor, die sowohl in der Cella als in der Nähe des Tempels gefunden wurden, schließen die kurze Liste möglicher Cella-Elemente ab. Einige Pilasterkapitelle, die man früher der Cella zuschreiben wollte (Heilmeyer, S. 124f.), gehören ihrem Stil und der Größe nach nicht dazu.

Die vielen Fragmente aus weißem Marmor stammen, wie gesagt, fast alle von den äußeren Teilen des Tempels. Das Studium dieser Fragmente bestätigt die Forschungsergebnisse von

Richter und Strong/Ward Perkins (s. Literatur). Der Castortempel ist ein spätaugusteischer Bau, der, nach den erhaltenen Fragmenten zu urteilen, keine größeren Umbauten oder Modifikationen mehr erlebte. Stilistisch steht seine Marmorornamentik derjenigen des ungefähr gleichzeitigen Concordiatempels am nächsten. Charakteristisch sind die vielen vegetabilisierenden Formen, die durch ihre frische und lebendige Gestaltung eine gewisse Naturnähe vortäuschen, obwohl sie in der Tat nur selten die natürliche Pflanzenwelt imitieren. Kennzeichnend sind auch die auseinanderwachsenden und sich ineinanderschlingenden Formen. So sitzt die Ranke, die wie eine Kletterpflanze den Abakus entlangkriecht, auf einem Stiel, der direkt hinter den Akanthusblättern des Kapitells herauswächst. Die klare und einfache Gliederung des Palmetten-Lotus-Frieses des Architravs ist teilweise aufgelöst durch lange, schmale Blätter, die, aus den Lotusblumen wachsend, sich um die verbindenden Voluten schmiegen und die Palmetten berühren (vgl. Kat. 101). Die Ranken sind oft gekerbt und die Blattränder gefranst oder gekräuselt, wodurch ein leicht flimmernder Eindruck entsteht.

Diese Beobachtungen gelten nicht für die großen Formen, sondern nur für die vielen kleinen Details, die eigentlich nur von einem Gerüst genossen werden können, da sie von unten kaum sichtbar sind. Mehrere Einzelformen erinnern an die dekorativen Elemente der Ara Pacis. Es mag sein, daß der Meister, der die Ornamentik des Castortempels entwarf, in einem Atelier, das dekorative Reliefs herstellte, seine Ausbildung bekam und daher seine Vorliebe für kapriziöse Pflanzenformen auf den Tempelschmuck übertrug.

Abb. 113 zeigt das mittlere der sich noch in situ befindenden drei Kapitelle. Aus den Hüllblättern wachsen der Kapitellmitte die sich ineinander schlingenden Helices entgegen, deren aufgerollte Enden ursprünglich auf den Hüllblattfransen ruhten. Nach außen krümmen sich die von Blattwerk bedeckten Voluten. Zwischen Helices und Voluten wächst ein Stiel auf, aus dem sich die pflanzliche Abakusdekoration entwickelt. Ganz oben sitzt die einzige in situ erhaltene Kapitellblüte, deren Stengel aus einem doppelten, gefransten Kelch mit ausladenden Blattfransen aufsteigt. Für die einzelnen Teile des Kapitells vgl. im folgenden Kat. 94–99.   S. S.

Literatur: Nash I 210ff. – Zu den skandinavischen Ausgrabungen: C. Nylander – J. Zahle, Archeologia Laziale 7, 1985, 135ff. – I. Nielsson, Archeologia Laziale 8, 1987, 83ff. – I. Nielsson–J. Zahle, ActaArch 56, 1986, 1ff. – Zum Marmorbau: O. Richter, JdI 13, 1898, 87ff. – A. von Gerkan, RM 60–61, 1953–54, 200ff. –

D. E. Strong – J. B. Ward Perkins, BSR 30, 1962, 1ff. – Zu einzelnen Elementen: W. D. Heilmeyer, Korinthische Normalkapitelle (1970) 123ff. – C. Leon, Die Bauornamentik des Trajansforums (1971) 304 mit Hinweisen. – H. von Hesberg, Konsolengeisa des Hellenismus und der frühen Kaiserzeit (1980) 208ff.

Siri Sande

94–103 Architekturdekoration des Dioskurentempels

94 Ausschnitt des unteren Teils eines Kapitells
(Gipsabguß)
Rom, Antiquarium Forense
Die Kapitelltrommel, von der der Abguß gemacht worden ist, liegt ohne Inv. Nr. im Antiquarium Forense
Größere und kleinere Stücke, vor allem die Blattenden, sind abgeschlagen
Lunensischer Mamor
H 0,74 m, unterer Dm der Trommel 1,22 m

Kat. 94

Von den äußeren Kapitellen des Castortempels sind drei noch in situ. Der Zustand ihrer Oberfläche ist aber so schlecht, daß es unmöglich war, von diesen Kapitellen Abgüsse zu machen. Besser erhalten sind einige Exemplare, die bei den Ausgrabungen von Rosa und Boni gefunden wurden.

Der hier gezeigte Ausschnitt stammt vom unteren Teil des Kapitells. Die Art, das Kapitell in zwei Teilen herzustellen, ist republikanisch und beim Castortempel ein altertümlicher Zug. Um den Kalathos legen sich ein doppelter Kranz Akanthusblätter mit breiten Mittelrippen und weit ausladenden Blattlappen. Charakteristisch

Kat. 95

Kat. 96

Kat. 97

Kat. 98

für die Kapitellblätter sind die feinen Nerven, die sich über die Blattlappen ausbreiten. Ihre nächste Parallele bieten die Kapitelle des Concordiatempels.

Bei sämtlichen Kapitellen und größeren Fragmenten des Castortempels sind die Blattenden abgeschlagen, und der obere Abschluß der Blätter läßt sich deshalb nur durch Studien kleinerer Fragmente rekonstruieren. Die Enden der Kranzblätter sind alle gleich und in ziemlich niedrigem Relief ausgearbeitet. Bei den Hochblättern sind die Rippen unterschnitten und hier gibt es zwei verschiedene Abschlüsse, indem die mittleren Blattenden, hinter denen die Stengel der Akanthusblüten aufwachsen, stärker als die anderen ausgreifen.

Die sich nach unten verjüngenden, gekerbten Caules bilden eine sanfte Kurve. Der Caulesknoten besteht aus einem unteren Wellenbord, in dessen Buchten kleine Eicheln sitzen, und einem oberen dreifachen Wulst. Unpubliziert.

Literatur: Zu den Kapitellen im allgemeinen Strong–Ward Perkins, 12 ff. – Leon, 144 f. – Heilmeyer, 123 ff.

95 Hüllblatt

Rom, Forum Romanum, Castortempel, Inv. 23487
Oben und links gebrochen. Die Enden der Blattlappen sind abgeschlagen
Lunensischer Marmor
H 0,57 m, B 0,33 m, T 0,16 m

Das Blatt, das dem Caulis aufsaß, zeigt beiderseits einer breiten Mittelrippe eine Folge von Blattlappen, die tropfenförmige Buchten trennen. Rechts sind die Blattlappen kurz und zweiteilig, links länglich und dreiteilig. Ganz links, unter dem Ansatz der Helix, folgt eine Reihe schmaler, durch tiefe Bohrrillen getrennter Blätter. Ihre nächste Parallele bieten die inneren Pilasterkapitelle des Concordiatempels.

Auffallend verschieden ist die Gestaltung der Teile links und rechts von der Mittelrippe. Der linke Teil, der gegen die Kapitellmitte gewandt war, ist sehr sorgfältig gearbeitet, während der rechte Teil unten kaum noch bossiert ist. Dieser Teil war gegen die Ecke gewandt und wurde vom benachbarten Hüllblatt und den überhän-

genden Voluten überschattet. In der Regel haben die Steinmetzen deshalb diesen Teil des Kapitells mehr oder weniger vernachlässigt, obwohl es Ausnahmen gibt.
Unpubliziert.

96   Oberer Teil eines Hüllblatts
Rom, Forum Romanum, Castortempel
Unten abgebrochen
Lunensischer Marmor
H 0,24 m, B 0,15 m, T 0,23 m
Das Blatt ist das einzig erhaltene seiner Art und kann nicht mit völliger Sicherheit lokalisiert werden; aber es bildete augenscheinlich den oberen Abschluß eines Hüllblatts wie Kat. 95 und saß unter den Voluten des Kapitells. Beachtenswert ist die elegante Arbeit an der Hinterseite der überhängenden Blattenden. Ähnlich gerippte Hinterseiten zeigen auch die überhängenden Enden der Kranz- und Hüllblätter am unteren Teil des Kapitells.
Unpubliziert.

97   Abakusfragment
Rom, Antiquarium Forense, Inv. 12944
Die Einzelheiten, besonders die Eier des Eierstabes, sind etwas bestoßen, sonst gut erhalten
Lunensischer Marmor
H 0,29 m, L 0,73 m, T 0,65 m
Das Fragment gehört der Abakusecke an. Eine Ranke, die aus einem sich federartig ausbreitenden Blatt wächst, schlingt sich an beiden Seiten gegen die Stirnseite. Das Blatt saß einem Stiel auf, der in dem Zwickel zwischen Volute und Helix entstand. Die Ranke wird an drei Stellen von Blätterkelchen unterbrochen, aus denen neue, immer dünner werdende Ranken wachsen. Die Rankenenden tragen Rosetten. Die Ecken sind von leicht gekräuselten Blättern bedeckt, während ein dreieckiges Blatt die Stirnseite schmückt. Oben wird die Abakusplatte mit einem Eierstab abgeschlossen, der an den Ecken von einem kleinen Blatt abgeschlossen wird. Die Abakusecken wurden augenscheinlich früh abgeschlagen, denn keine der vielen Darstellungen der Kapitelle, die seit der Renaissance gemacht worden sind, zeigt sie in korrekter Weise; d. h., die Zeichner mußten sie erfinden.
Unpubliziert.

98   Abakusblüte
Rom, Forum Romanum, Castortempel, Inv. 25150
An drei Seiten abgebrochen. Der Mohnkopf ist bestoßen
Lunensischer Marmor
H 0,33 m, B 0,28 m, T 0,42 m
Dm des Mohnkopfes 0,157 m
Die Abakusblüten der äußeren Kapitelle des Castortempels sind in der Tat nicht Blüten, sondern Mohnköpfe, die in einem Blätterkelch sitzen. Sie haben zwei Größen. Diejenigen, die unter dem Architrav saßen und dessen Unterseite berührten, sind die kleineren (Dm 0,13 bis 0,14 m), und ihre Oberfläche ist geglättet. Die sich nach außen wendenden Abakusblüten sind die

größeren (Dm 0,14 bis 0,15 m). Da sie frei herausragten, ist ihre Oberfläche mit dem Zahneisen ziemlich grob gepickt. Nr. 25150 gehört dem letzten Typus an. Unten sieht man Reste der sich ineinander schlingenden Voluten.
Die Abakusblüten der äußeren Kapitelle des Concordiatempels waren auch als Mohnköpfe gebildet (vgl. C. Gasparri, Aedes Concordiae Augustae [1979] 103 Nr. 84 Abb. 114).
Unpubliziert.

99   Drei Zeichnungen von der Architektur des Dioskurentempels
G. F. Hetsch (1788–1864)
Kopenhagen, Bibliothek der Kunstakademie,
Inv. A4079b.c.d
Drei Zeichnungen, die vom dänischen Architekten G. F. Hetsch um 1822 verfertigt wurden. Er hat die in situ stehenden drei Säulen mit Gebälk gezeichnet und muß auf einem Gerüst gearbeitet haben, von wo er die Einzelheiten aus der Nähe sehen konnte. Bei der Arbeit ist er augenscheinlich von einem bestimmten Teil ausgegangen und hat fehlende Einzelheiten rekonstruiert oder aus anderen, besser erhaltenen Kontexten übernommen. Charakteristisch ist a), ein Ausschnitt aus der Westseite der oberen Hälfte des mittleren Kapitells. Hier hat Hetsch die Bruchflächen der Hüllblätter angedeutet, weil er deren Fortsetzung nicht kannte, aber die aufgerollten Enden der Helices hat er nach den erhalte-

Kat. 99b

Kat. 99 a

Kat. 99 c

nen Spuren rekonstruiert. Den zwischen Helix und Volute aufwachsenden Stiel mit dem darauf sitzenden Abakusblatt hat er wahrscheinlich von der rechten Hälfte der Kapitellseite seitenverkehrt übernommen, denn links sind diese Teile abgebrochen.

Auch in Zeichnung b), die ein Viertel einer Architravsoffitte zeigt, hat Hetsch verschiedene Elemente der zwei in situ befindlichen Soffitten benützt, um einen möglichst vollständigen Eindruck zu vermitteln.

Zeichnung c) zeigt Teile des Konsolengesimses, mit der seitlichen Ansicht und der Unteransicht einer Konsole. Charakteristisch sind das knoblauch-artige Element mit einem Wulst, der an ein gezwirbeltes Seil erinnert, die die vordere Einrollung der Volute schmücken. Diesel-

Kat. 100

ben Elemente ‚Knoblauch‘ und ‚Seil‘ kehren in ähnlichem Stil auf einem aus verschiedenen Teilen zusammengesetzten Marmorkandelaber in Stockholm wieder (M. Wegner, Schmuckbasen des antiken Rom [1966], 67, Taf. 17a. – H.-U. Cain, Römische Marmorkandelaber [1985], 206, Nr. 13). Seine antiken Teile sollen aus der Villa Hadriana stammen; es wäre aber zu fragen, ob der Teil, der die Schmuckbasis umfaßt, wegen seiner Ähnlichkeit mit den Konsolendetails des Castortempels nicht augusteisch sei.

100   Architravsoffitte

Rom, Forum Romanum, Castortempel

Von den Architravsoffitten des Castortempels befinden sich noch zwei in situ, zwei größere Stücke liegen unten auf dem Boden; dazu kommen einige kleinere Fragmente. Länge und Breite einer vollständigen Soffitte betragen 1,38×0,89 m (Perlstab und Eierstab eingeschlossen).

Die Soffitte, die für die augusteische Zeit sehr breit ist, wird innen von einem Perlstab, außen von einem Eierstab eingerahmt. Ihren Mittelpunkt bildet eine Rosette im Blätterkelch. Ein markiertes Achsenkreuz, das aus kandelaberartig zusammengesetztem Blattwerk besteht, gliedert die Komposition. Die Ecken werden von aufgerollten Ranken gefüllt, die in diagonal gestellten, aus der Mittelrosette wachsenden Kelchen sitzen. Typisch augusteisch ist das nuancierte Relief mit hervortretenden, tief unterschnittenen Hauptformen und flacheren, sich an den Grund schmiegenden Nebenformen. Dem Dekorationsschema des Castortempels eigen sind die kleinen Blätter und Ranken, die, von einem Glied ausgehend, die benachbarten Glieder berühren und wie ein Netz die Hauptformen umspinnen.

Literatur: M. Wegner, Ornamente kaiserzeitlicher Bauten Roms. Soffitten (1957) 101 ff. Taf. 8a. – Strong – Ward Perkins, 19. – Leon, 176, Taf. 69,1. 72,1.

Kat. 101

101 Ausschnitt des Architravs

Rom, Forum Romanum, Castortempel
Die mittlere Faszie ist beim Castortempel mit einem Lotus-Palmetten-Fries geschmückt, dessen Elemente S-förmige Gebilde, die sich zu Rosetten aufrollen, verbinden. Die hängenden Palmetten breiten sich fächerförmig aus. Die Lotusblüten bestehen aus zwei ineinander steckenden Kelchen mit weitausladenden Blattüberfällen. Aus dem oberen Kelch wachsen zwei symmetrische Stiele, die in kleinen, glockenförmigen Kelchen mit gekerbter Oberfläche enden. Daraus wachsen geschmeidige Blattranken, die sich zu Rosetten aufrollen. Ursprünglich berührten diese Ranken ganz flüchtig die Palmetten (deren Blätter jetzt völlig abgerieben sind), wobei eine direkte Verbindung zwischen den Lotus- und Palmetten-Elementen vermittelt wurde.

Die Faszie schließt oben ein Scherenkyma ab. Wie am Kyma der Konsolenrahmung hatten seine Glieder eine Innenlinie (vgl. Kat. 14). Unten verläuft ein Perlstab.

Die dekorierte Architravfaszie hat durch die Umweltverschmutzung besonders stark gelitten, und ihre Oberfläche ist mehr oder weniger zerstört. Dies gilt besonders für den südlichen Teil, dessen Einzelheiten nicht mehr auszumachen sind.

Literatur: Strong–Ward Perkins, 19. – Leon, 171 f.

Kat. 102

102 Fragment mit Bügelkyma

Rom, Forum Romanum, Castortempel, Inv. 25344
Lunensischer Marmor
H 0,20 m, L 0,53 m, T 0,18 m
H des Kymations (ohne Perlstab und obere Leiste) 0,15 m
Rechts zugestückt, unten und links abgebrochen. Die Oberfläche ist bestoßen und abgerieben.

Das Bügelkyma bildet den oberen Abschluß des Architravs. Beim ersten Blick ähnelt es sehr dem Geisonkyma desselben Tempels (vgl. Kat. 18), aber die Proportionen der Bügel sind gedrungener, und die Bügelbänder sind nicht gerillt, sondern nur gekerbt. Die Ornamentik ist weniger variiert und besteht nur aus zwei Hauptformen, die abwechselnd nach unten und nach oben zeigen. Bei der ersten hängt vom ösenförmigen Abschluß ein ausladender, gefranster Kelch herab. In ihm steckt ein kleines, V-förmiges Blatt mit leicht aufgerollten Enden. Bei der zweiten Form sitzt das kleine Blatt unten auf einem Stiel. Darüber folgen zwei ineinandersteckende, gefranste Blätterkelche.

Kat. 103

Das Kyma wird oben von einer glatten Leiste, unten von einem Perlstab abgeschlossen. Der letzte ist im Vergleich mit dem des Geisonkymas niedriger (H 3,5 gegen 4 cm), wobei seine Perlen langgestreckter sind.
Literatur: Leon, 247, 252, 269, 271 Taf. 110,1.

103 Zeichnung vom Gebälk des Castortempels
(Foto)
Kopenhagen, Bibliothek der Kunstakademie, Inv. A. 11225.c
C. F. Hansen, 1782
0,622×0,626 m, Tusche, Lavierung, Wasserfarbe
Die Zeichnung gibt die Einzelheiten des Gebälks annähernd getreu wieder, die Konsolen jedoch sind frei erfunden. Das gilt sowohl für den Schmuck vor der Ein-

rollung der Volute wie für das Akanthusblatt, dessen Ende sich von der Konsole löst, statt sich an den Hintergrund anzulegen. Der Pinienzapfen in der Zahnschnittecke ist wahrscheinlich von älteren Zeichnungen übernommen, wo dieses Element auch vorkommt. Ob solche Pinienzapfen einmal vorhanden waren, ist zweifelhaft. Keiner der Zeichner, die sich mit dem Castortempel beschäftigt haben, kann sie in situ gesehen haben, denn die Ecken des Gebälks wurden wohl schon in der Spätantike oder im frühen Mittelalter zerstört.

C.F. Hansen (1756–1845) war seit 1808 Professor an der Kunstakademie in Kopenhagen. In Rom arbeitete er eng mit dem deutschen Architekten P.J. Krahe zusammen.
Literatur: R. Dorn, Peter Joseph Krahe, Leben und Werk I. Die Studienjahre Peter Joseph Krahes in Düsseldorf und Rom 1778–1786 (1969). – A.L. Thygesen–H. Lund, C.F. Hansen 1756–1845, Tegninger, Katalog, Kunstakademiets Bibliothek, København (1986) Nr. 471.

Elisabeth Nedergaard

Zur Problematik der Augustusbögen auf dem Forum Romanum

Hundert Jahre sind vergangen, seit der deutsche Archäologe Otto Richter im Jahre 1888 die Fundamente eines dreitorigen Bogens auf der Südseite des Caesartempels auf dem Forum Romanum freilegte und sie als die Überreste eines der beiden uns bekannten Augustusbögen identifizierte: des Actiumbogens von ca. 30 v.Chr. oder des Partherbogens, der zehn Jahre später (ca. 20 v.Chr.) gebaut wurde. Die Diskussion über die genaue Zuweisung des dreitorigen Bogens bewegte sich in den vergangenen 100 Jahren zwischen diesen beiden Möglichkeiten, ohne daß eine endgültige Lösung des Problems gefunden worden wäre. Viele verschiedene Rekonstruktionsvorschläge sind für das Monument vorgelegt worden, und außer bei Richters Ausgrabung ist der Bogen und dessen nähere Umgebung noch zweimal (1904 und 1950–52) freigelegt worden. Die Resultate dieser Ausgrabungen sind nie veröffentlicht worden und eine gründliche Behandlung des Baues und der damit verbundenen Problematik steht noch aus. Seit 1985 wird der Bogen nun von der Verfasserin, in Zusammenarbeit mit der Soprintendenza Archeologica di Roma, untersucht. Erste Ergebnisse der noch nicht abgeschlossenen Arbeiten sollen im folgenden vorgestellt werden.

Die beiden Augustusbögen auf dem Forum Romanum sind durch antike literarische Hinweise bekannt. Nach dem Sieg von Actium im Jahre 31 v.Chr. und der Eroberung von Ägypten im Jahre 30 v.Chr. erkannte der Senat Octavian einen Triumph und, neben anderen Ehrungen, zwei Triumphbögen zu. Daß einer dieser Bögen auf dem Forum Romanum gestanden habe, ergibt sich aus dem Bericht Dio Cassius' (51,19,1): τά τε γὰρ νικητήρια αὐτῷ, ὡς καὶ τῆς Κλεοπάτρας, καὶ ἀψῖδα τροπαιοφόρον ἔν τε τῷ Βρεντεσίῳ καὶ ἑτέραν ἐν τῇ Ῥωμαίᾳ ἀγορᾷ ἔδωκαν. («Sie (= die Römer) teilten ihm (= Octavian) sowohl einen Triumph über Kleopatra zu als auch einen trophäengeschmückten Bogen in Brundisium und einen zweiten auf dem Forum Romanum.»)

20 v.Chr. gelang es Augustus durch Kombination von diplomatischen Verhandlungen und militärischem Druck den Partherkönig Phraates IV. dazu zu bewegen, die Feldzeichen und Kriegsgefangenen zurückzugeben. Dieser Erfolg wurde in Rom als der seit langem erwartete, endgültige, militärische Sieg über die Parther dargestellt und in Literatur, auf Münzen, in Statuen und Monumentalbauten gefeiert. Auf dem Forum Augustum wurde der Mars-Ultor-Tempel erbaut, in dessen Allerheiligstem (penetrale) die zurückgebrachten Feldzeichen im Jahre 2 v.Chr. aufgestellt wurden (Mon. Ancyr. 29). Gleichzeitig ließ der Senat auf dem Forum Romanum einen Ehrenbogen für Augustus errichten. Dio Cassius berichtet folgendes über den Senatsbeschluß (54,8,3): ἀψῖδι τροπαιοφόρῳ ἐτιμήθη. («Er (= Augustus) wurde mit einem trophäengeschmückten Bogen geehrt.») Dio Cassius erzählt nicht, wo der Bogen errichtet

Abb. 114 Denar: Der Actiumbogen.
Mønt- og Medaillesamlingen, Kopenhagen

Abb. 115 Aureus: Der Partherbogen.
Mønt- og Medaillesamlingen, Kopenhagen

Abb. 116 Denar: Der Partherbogen.
Mønt- og Medaillesamlingen, Kopenhagen

wurde, es geht aber aus einem Scholion zu Vergil (Scholion zu Verg. Aen. 7,606) hervor, daß der Bogen direkt neben dem Tempel des Divus Iulius, des vergöttlichten Vaters des Augustus, gestanden hat: *Huius facti Nicae repraesentantur in arcu, qui est iuxta aedem divi Iulii.* («Victorien, die diesen Erfolg (= die Rückgabe der Feldzeichen) symbolisieren, sind an dem Bogen, der neben dem Divus-Iulius-Tempel steht, dargestellt.»)

Die Lösung der Partherfrage muß als Voraussetzung für das neue Goldene Zeitalter, das *aureum saeculum*, betrachtet werden, das im Jahre 17 v. Chr. mit den *Ludi saeculares* feierlich begonnen wurde (vgl. Hor. carm.saec. 54).

Von den beiden Augustusbögen auf dem Forum Romanum ist heute außer einigen Fundamentresten nichts mehr zu sehen. Eine Vorstellung von ihrem ursprünglichen Aussehen kann man sich auf Grund von Bogendarstellungen auf augusteischen Münzen machen.

Auf einem Denar (Abb. 114), der vor der Zeit geprägt worden sein muß, in der Octavian auf Münzen «Augustus» betitelt wird (ab 27 v. Chr.), sieht man einen eintorigen Bogen, dessen Pfeiler *imagines clipeatae* tragen und dessen Bogenzwickel mit fliegenden Gestalten dekoriert sind. Die Attika trägt die Inschrift IMP. CAESAR und wird von einer Triumphalquadriga mit Octavian gekrönt. Dieser Denar muß innerhalb einer Serie von Münzen gesehen werden, die überwiegend Actiumsymbole darstellen und deshalb nicht früher als 31 v. Chr. geprägt sein können. Der Bogen auf dem Denar ist mit größter Wahrscheinlichkeit mit dem Actiumbogen des Forum Romanum identisch.

Zu dem Befund auf dem Forum Romanum passen zwei Abbildungen eines dreitorigen Bogens. Die eine ist auf einer Reihe von *aurei* und *denarii* zu finden, die in den weströmischen Provinzen geprägt sind (Abb. 115). Man sieht einen dreitorigen Bogen, dessen Tore alle rundbogig sind. Viel Aufmerksamkeit ist den Statuen zuteil geworden: Augustus ist in der Quadriga über dem mittleren Bogen zu sehen; zwei Parther über den Seitenflügeln reichen ihm ein *signum cohortis* und einen Legionsadler zu. Die Parther sind an ihrer Bekleidung mit langen Hosen als solche erkennbar. Die rechte Figur hält außerdem einen Bogen in der Hand: die traditionelle und berühmte Waffe der Parther. Die Inschrift auf den Münzen, S.P.Q.R.IMP. CAESARI.AVG.COS.XI.TR(I).POT.VI./CIVIB.ET.SIGN.MILIT.A.PART.RECVP(ER). macht es klar, daß der Bogen im Zusammenhang mit der Rückgabe der Feldzeichen und Kriegsgefangenen gesehen werden muß. Durch die Angabe der Inschrift, daß Augustus zum sechsten Mal Tribun war, lassen sich die *aurei* und *denarii* in die Periode 26.06.18−25.06.17 v. Chr. datieren.

Aus dem Jahre 16 v. Chr. stammt die andere Abbildung eines dreitorigen Bogens, die auf stadtrömischen Denaren zu finden ist (Abb. 116). Diesmal spielen in der Darstellung Architektur und Attikainschrift die eigentliche Rolle, während die Statuen lediglich als Kürzel wiedergegeben sind. Der mittlere Teil des Bogens ist kräftig hervorgehoben. Hohe Säulen tragen ein großes Attikafeld mit der Inschrift S.P.Q.R./IMP.CAE. Die Attika wird von Augustus in der Triumphalquadriga gekrönt.

Die Seitendurchgänge hingegen sind nicht rundbogig dargestellt. Sie werden mit Architraven, die auf kleinen Säulen ruhen, und darüberliegenden Giebelfeldern abgeschlossen. Auf Attikapodesten darüber stehen zwei Barbarenstatuen. Die linke Figur ist durch den Bogen und die hohe konische Kopfbedeckung als Barbar erkennbar; die rechte hat keine spezifischen Charakteristika. Beide Barbaren übergeben dem Kaiser einen nicht identifizierbaren Gegenstand. Der Name des Münzmeisters, L. VINICIVS, steht unter der Bogenabbildung. Der Bogen ist nicht durch die Münzinschriften identifiziert.

Sowohl der Viniciusdenar als auch die westlichen *aurei* und *denarii* bilden wahrscheinlich dasselbe Monument ab: den Partherbogen auf dem Forum Romanum. Die Verschiedenheiten in der Darstellung lassen sich dadurch erklären, daß die zwei Münztypen in unterschiedlichem Zusammenhang stehen. Die *aurei* und *denarii* gehören zu einer Serie von Münzen, die alle die Rückgabe der Feldzeichen und Kriegsgefangenen direkt feiern, weshalb die den Bogen krönenden Statuen für den Münzpräger viel wichtiger waren als die Architektur. Der Münzmeister L. Vinicius andererseits prägte seine Münzen etwas später (16 v. Chr.), also nach den *Ludi saeculares,* und wählte als Motive ganz allgemein aktuelle Denkmäler, deren Inschriften Augustus ehrten. Die Rückgabe der Feldzeichen an sich hatte nicht mehr die Aktualität − deshalb die nachlässige Darstellung der Statuen des Bogens −, aber der Partherbogen war immer noch im Jahre 16 v. Chr. eines der neuesten Ehrenmonumente für Augustus und fügte sich aus diesem Grunde hervorragend als Motiv in das Münzprogramm des Vinicius.

Otto Richter fand 1888 nur die Travertinblöcke der drei nördlichen Pfeilerfundamente und die *opus-caementicium*-Bettung für die des südlichen Pfeilerfundaments (Abb. 119). Ein großer Teil des Pflasters sowohl auf der Ost- und Westseite des Bogens als auch im mittleren Durchgang war gut erhalten und lag auf einem höheren Niveau als die Oberfläche der Fundamentblöcke (Abb. 117). Ein Travertinblock, den Richter für den einzigen noch in situ erhaltenen Teil des Oberbaus hielt, lag auf der nordwestlichen Ecke des nördlichen mittleren Pfeilerfundaments (Abb. 119, vgl. Abb. 117). Richter identifizierte zunächst den Bogen als den Partherbogen, widerrief sich jedoch in der Grabungspublikation von 1889 und stellte folgende Thesen auf:

1. Die beiden augusteischen Münzen, die einen dreitorigen Bogen abbilden, stellen jeweils verschiedene Monumente dar.

2. Der Viniciusdenar bildet den Actiumbogen ab. Dieser Bogen paßt zu den Fundamentresten auf dem Forum Romanum.

3. Der Partherbogen der weströmischen *aurei* und *denarii* soll auf der anderen Seite des Caesartempels gestanden haben.

Seine Gedanken sind in einer Rekonstruktionszeichnung des östlichen Forumabschlusses vorgestellt (Abb. 121).

Die Ausgrabungen der Basilica Aemilia um die Jahrhundertwende erwiesen indessen, daß auf der Nordseite des Caesartempels nicht genügend Raum für einen dreitorigen Bogen war, weshalb die Beantwortung der Frage nach dem Standort des zweiten Bogens weiterhin offenblieb. 1904 wurde eine neue Ausgrabung am Bogen auf der Südseite des Caesartempels von Giacomo Boni unternommen (Abb. 120.118). Bereits einige Jahre vorher hatte Boni einige große Marmorblöcke auf einen Ziegelsockel aufgemauert, die als Teilrekonstruktion der mittleren Bogenpfeiler gelten sollten (Abb. 120.118 vgl. 119.117). Im Zuge der Ausgrabungen von 1904 wurde ein Teil des Pflasters westlich des Bogens abgehoben, der Travertinblock, den Richter als Rest des Oberbaus betrachtet hatte, entfernt und vor dem Castortempel abgelegt, alle Überreste des Pflasters auf der Ostseite des Bogens abgetragen und das ganze Areal zwischen dem Bogen und dem Vestatempel geöffnet. Die Ausgrabungsergebnisse wurden nie publiziert.

Im Jahre 1923 wurde von Ernst Fiechter und Christian Hülsen vorgeschlagen, daß eine Serie von dorischen (eigentlich dorisierenden) Architekturstücken, von denen die meisten schon bei den Ausgrabungen Pietro Rosas 1872 zwischen dem Castortempel und dem Caesar-

Abb. 117   Der dreitorige Bogen nach den Ausgrabungen Richters im Jahre 1888

Abb. 118   Augustusbogen: Die Ausgrabungen von 1904

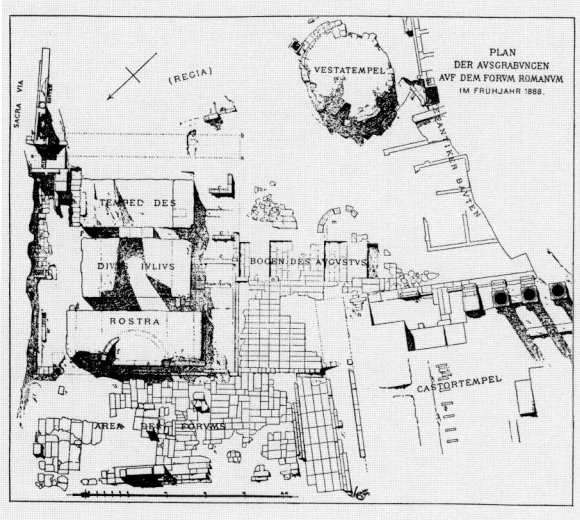

Abb. 119   Augustusbogen: Plan der Ausgrabungen 1888 von F. O. Schulze (n. JdI 4, 1889, Beilage zu 137—162)

Abb. 120 Augustusbögen: Plan der Ausgrabungen 1902, ausgearbeitet von Odoardo Ferretti

Abb. 121   Rekonstruktion der Ostfront des Forum Romanum (n. Richter, JdI 4, 1889, 157)

tempel gefunden worden waren, zum Bogen gehören würde (Kat. 104−106; Abb. 131). Die beiden Forscher präsentierten auch einen Rekonstruktionsversuch (Abb. 124), dem sowohl der Viniciusdenar (Abb. 116) als auch die weströmischen *aurei* und *denarii* (Abb. 115) als Vorlagen dienten. Fiechter und Hülsen bezweifelten nicht, daß beide Münzbilder ein und denselben Bogen darstellten, daß dieser Bogen der Partherbogen sei und daß er auf der Südseite des Caesartempels gestanden habe.

Der Rekonstruktionsversuch von Fiechter und Hülsen hatte keinen großen Erfolg. Zwanzig Jahre später wurde der Bogen erneut graphisch rekonstruiert, diesmal von dem Architekten Guglielmo Gatti, der in Zusammenarbeit mit Attilio Degrassi nun die Fasti Capitolini − die in der Renaissance gefundenen Verzeichnisse der römischen Konsuln und Triumphatoren − dem dreitorigen Augustusbogen zuschrieb. Gatti benutzte den Viniciusdenar (Abb. 116) als Vorlage für seine Rekonstruktion (Abb. 122.123) und ließ darin die von Fiechter und Hülsen publizierten dorisierenden Fragmente unberücksichtigt, weil seiner Meinung nach die freistehenden Säulen der Fragmentgruppe am Bogen nicht unterzubringen waren. Wie Fiechter und Hülsen publizierte auch Gatti keinen eigenen Befundplan. Er stützte sich statt dessen auf die Pläne, die von den Ausgrabungen Bonis im Archiv der Soprintendenza zu finden waren (Abb. 120). Degrassi und Gatti waren der Meinung, daß der dreitorige Bogen der Actiumbogen des Augustus sei.

Zwei amerikanische Forscher hingegen, Lily Ross Taylor und Leicester Bodine Holland, waren bei ihren Untersuchungen in den vierziger Jahren zu dem Schluß gekommen, daß die Fasti Capitolini zwar zum Augustusbogen gehörten, es sich bei dem Bogen jedoch um den Partherbogen handle. Holland unternahm im Sommer 1949 eine Oberflächenuntersuchung der Fundamentblöcke des Bogens, nicht um eine neue Rekonstruktion vorzuschlagen, sondern um beurteilen zu können, ob die beiden (Partherbogen-)Seitenflügel u. U. später einem eintorigen (Actium-)Bogen hinzugefügt worden sein könnten. Die Untersuchung hatte ein negatives Ergebnis.

Noch bevor Holland die Resultate seiner Untersuchung 1953 publizierte, war der Bogen schon zum dritten Mal völlig freigelegt worden: Riccardo Gamberini Mongenet öffnete 1950 erneut das Ausgrabungsfeld von Boni und erweiterte es im Laufe der nächsten zwei Jahre beträchtlich (Abb. 125, vgl. Abb. 120). Die topographische Interpretation von Gamberini Mongenet ist durch einige vorläufige, allerdings von anderen Forschern geschriebene Berichte bekanntgemacht. Gamberini Mongenet war der Meinung, daß der Partherbogen in zeitlicher Aufeinanderfolge anstelle des abgerissenen Actiumbogens auf der Südseite des Caesartempels errichtet worden sei. Er deutete zwei Fundamentzüge unmittelbar östlich des dreitorigen (Parther-)Bogens (Abb. 120.125) als die Fundamente für die zwei Pfeiler des Actiumbogens und interpretierte verschiedene Mauerreste in der Nähe als unterirdische Stützmauern für diesen Bogen. Trotz dieses Systems von Stützmauern sei er kurz nach seiner Errichtung bereits beschädigt gewesen, im Jahre 19 v. Chr. abgebrochen und durch den dreitorigen Partherbogen ersetzt worden. Die beiden Bögen hat Gamberini Mongenet von dem Architekten G. Ioppolo graphisch rekonstruieren lassen (Abb. 126−128), in dessen Zeichnungen die erhaltenen Fragmente gekennzeichnet sind. Der Actiumbogen (Abb. 126) ist in korinthischem Stil gezeichnet, während der Partherbogen (Abb. 127.128) sowohl in dorischem (dorisierendem) als auch korinthischem Stil rekonstruiert ist. Bei den eingezeichneten dorisierenden Fragmenten handelt es sich um die von Fiechter und Hülsen schon 1923 erwähnten Stücke, die nun also wieder im Zusammenhang mit dem dreitorigen Bogen auftauchten. Auch die Fasti Capitolini erhielten durch Gamberini Mongenet eine neue Interpretation: Die *fasti consulares* seien schon in den Actiumbogen eingraviert gewesen (Abb. 126), später auf den Partherbogen übertragen und erst dann mit den neu hinzugefügten *fasti triumphales* zusammengebracht worden.

1985 präsentierte Filippo Coarelli eine ganz neue Interpretation der ganzen Frage. Er plaziert, wie Richter, den Partherbogen zwischen den Caesartempel und die Basilica Aemilia, und löst das Problem des mangelnden Raumes dergestalt, daß er Bogenarchitektur und Porticusar-

Abb. 122   Augustusbogen: Rekonstruktionsvorschlag, Gatti 1945—46 (n. RendPont-Acc 21, 1945—46, 121 Abb. 9)

Abb. 123   Augustusbogen: Rekonstruktionsvorschlag, Gatti 1945—46 (RendPontAcc 21, 1945—46, 93, Abb. 11)

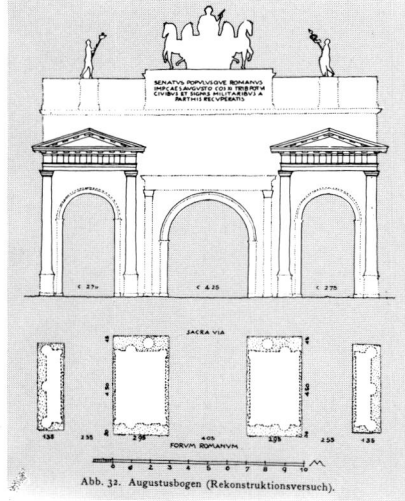

Abb. 124   Augustusbogen: Rekonstruktions-vorschlag, Fiechter und Hülsen 1923 (n. Toebel-mann, Römische Gebälke I [1923] 26 Abb. 32)

Abb. 125   Augustusbogen: Luftaufnahme der Ausgrabungen von Gamberini Mongenet 1952

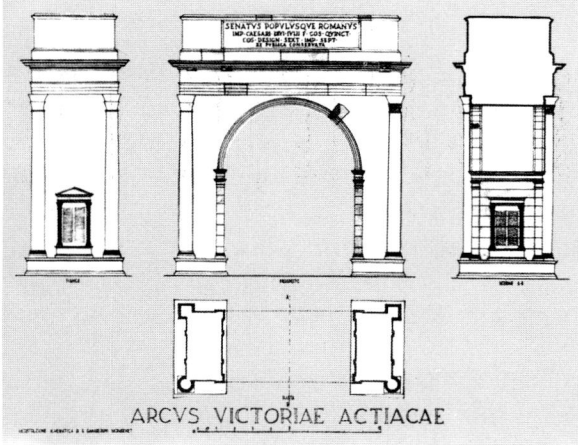

Abb. 126   Augustusbogen: Rekonstruktion des Actiumbogens, Gam-berini Mongenet 1957 (n. B. Andreae, AA 1957, 147 f. Abb. 15)

Abb. 127   Augustusbogen: Rekonstruktionsvorschlag für den Parther-bogen, Gamberini Mongenet 1957

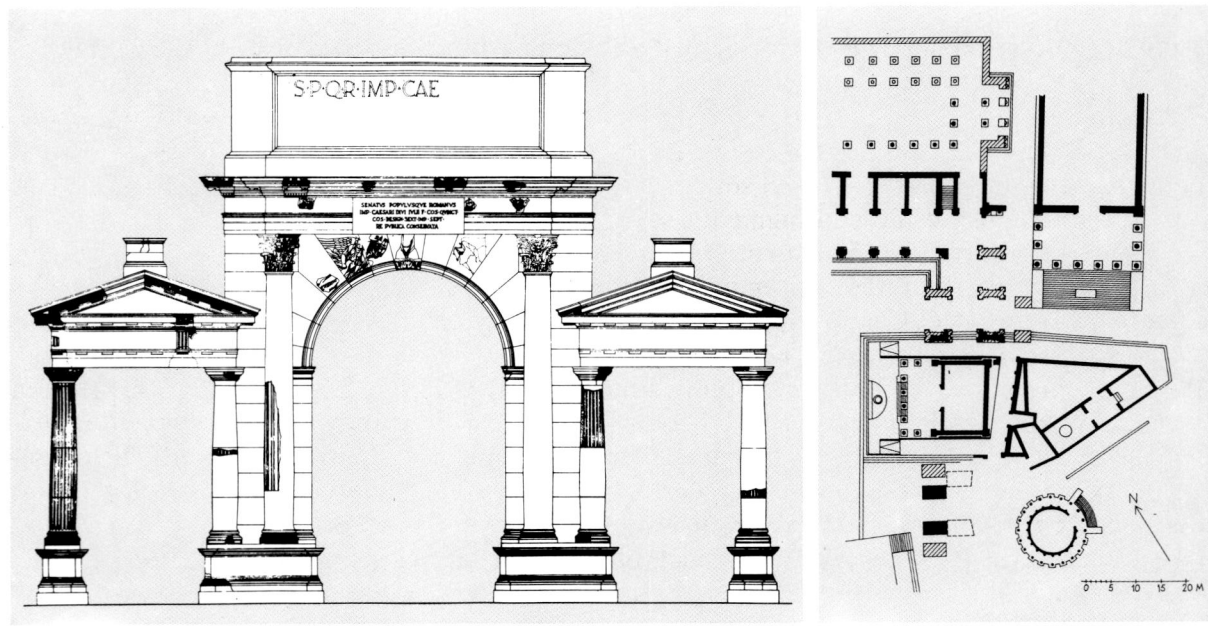

Abb. 128

Abb. 129

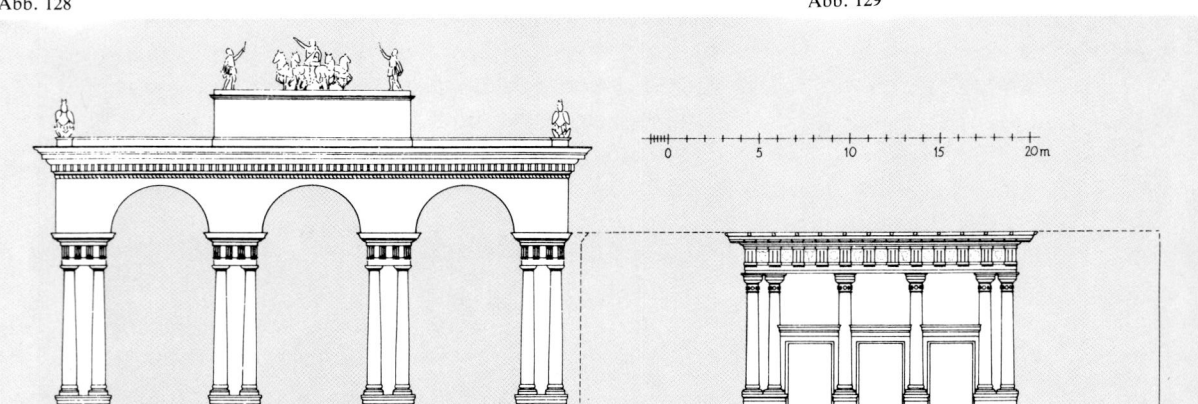

Abb. 130

Abb. 128   Augustusbogen: Revidierter Rekonstruktionsvorschlag für den Partherbogen, Gamberini Mongenet

Abb. 129   Rekonstruierter Plan der Ostseite des Forum Romanum (n. F. Coarelli, Il Foro Romano II [1985] 292 Abb. 81)

Abb. 130   Augustusbogen: Schematischer Rekonstruktionsvorschlag: Der Partherbogen nördlich des Caesartempels und die Fassade der Basilica Aemilia (n. F. Coarelli, Il Foro Romano II [1985] 294 f. Abb. 83)

chitektur der Basilica unmittelbar ineinander übergehen läßt (Abb. 129.130). Die Fasti Capitolini gehörten, Coarellis Meinung nach, zu diesem Partherbogen und seien alle zu derselben Zeit entstanden. Auch die dorisierenden Architekturstücke schreibt Coarelli dem nun nördlich des Caesartempels stehenden Bogen zu. Der dreitorige Bogen auf der Südseite des Caesartempels sei der Actiumbogen und in korinthischem Stil erbaut gewesen.

Was die Fasti Capitolini anbelangt, ist neuerlich noch eine weitere Überlegung zur Provenienz vorgelegt worden: Margareta Steinby meint, daß die *fasti* am Fornix Fabianus angebracht waren, und daß dieser Fornix ein vierseitiger Bogen *(ianus quadrifrons)* nördlich der Regia gewesen sei.

Während diese neuen Gedanken über die Augustusbögen und die Provenienz der Fasti Capitolini erschienen sind, wurde von der Verfasserin, in Zusammenarbeit mit der Soprintendenza Archeologica di Roma, eine Revision der Fragmente und erneute Untersuchung des Fundamentbereiches südlich des Caesartempels unternommen.

Durch die im Jahre 1985 unternommene Revision sämtlicher Marmorfragmente, die im Laufe der Zeit mit den Augustusbögen in Verbindung gebracht worden sind, hat sich ergeben, daß diese Architekturstücke sicher von mehreren, verschiedenen Bauten stammen, wobei eine Fragmentgruppe durch die Vielzahl ihrer Stücke auffällt. Die Fragmente dieser Gruppe sind alle relativ klein dimensioniert, sie sind in lunensischem Marmor gearbeitet, und das Monument, zu dem sie gehörten, war in sowohl dorisierendem als auch korinthischem Stil erbaut. Das Verbindungsglied dieser Fragmentgruppe ist die Dekoration.

Bei den dorisierenden Fragmenten der Gruppe handelt es sich um die oben mehrmals erwähnten, von Fiechter und Hülsen publizierten Stücke, von denen die meisten zwischen dem Castortempel und dem Caesartempel 1872 gefunden worden sind. Diese Fragmente sind sehr reich dekoriert. Der Abakus der Kapitelle Kat. 104 ist sowohl an den Seitenflächen als auch an der Unterseite mit einem in kleine Spiralen auslaufenden Rankenornament geschmückt. Ein Eierstab verziert den Echinus und als Übergangsglieder zum Säulenschaft finden wir ein Bügelkymation und einen Perlstab. An dem am besten erhaltenen Kapitellfragment ist der Schaftansatz noch zu sehen. Die Kannelierung des Schaftansatzes ist bemerkenswert: sie besteht aus alternierend breiten und schmalen Kanneluren. Dieselbe Kannelierung findet sich an neun weiteren Säulenschaftfragmenten, die auch im Durchmesser zu den Kapitellfragmenten passen. Unter den Säulenschaftfragmenten ist auch ein Stück einer Dreiviertelsäule erhalten (Inv. 25490). Die Säulenfragmente sind über ein Architravstück Kat. 105 (Inv. 371953) mit vielen erhaltenen Geisonfragmenten zu verbinden. Die Unterseite des Architravfragments trägt eine Soffittenverzierung, die aus einem von Perlstab und Bügelkymation gerahmten Rankenornament besteht. Das Rankenornament läuft hier wie an dem Abakus der Kapitelle in kleine Spiralen aus. An der Vorderseite des Architravfragments sind sechs *guttae* erhalten, die auf einen darüberliegenden Triglyphenfries hinweisen. Die Breite der sechs *guttae*, 0,275 m, stimmt genau mit der Breite der Konsolenplatten des Geisons, die aus 6×6 *guttae* bestehen, überein (Kat. 106). Die Säulenschaftfragmente können also auf Grund der Kanneluren mit den Kapitellen verbunden werden, die Kapitelle durch die Spiralverzierung des Abakus mit dem Architravstück und das Architravstück auf Grund der Breite der Guttaefelder mit den Geisonfragmenten. Unter den Geisonfragmenten haben sich sowohl solche des Horizontalgeisons als auch des Schräggeisons erhalten. An der Unterseite aller Stücke sind Tropfplattenkonsolen im Wechsel mit Kassetten angebracht (Kat. 106). Die Kassetten sind mit Rosetten geschmückt. Neben den Eckkassetten des Horizontalgeisons sind kleine Felder mit Palmettendekoration angebracht. Die Vorderseite des Horizontalgeisons trägt ein Mäanderband, ein Bügelkymation und ein Ornamentband, das sowohl ,Zwiebelmuster' als auch ,Feigenstab' genannt wird (Abb. 131). Die Schräggeisonfragmente sind ebenso geschmückt, hinzu kommt bei ihnen jedoch die abschließende glatte Sima.

Zwei Dekorationselemente der dorisierenden Fragmentgruppe sind auffällig: die Doppelkannelierung der Säulen und das Zwiebelornament am Geison. Beide Elemente finden sich in Rom nur noch am Apollo-Sosianus-Tempel.

Der Perlstab der dorisierenden Kapitelle und Soffittenfelder und das Bügelkymation, das sowohl an den Kapitellen und Soffittenfeldern (Kat. 104.105) als auch an der dorisierenden Geisonstirn (Kat. 106, Abb. 131) zu sehen ist, sind die verbindenden Glieder zwischen der dorisierenden Fragmentgruppe und einer anderen Gruppe, die aus reich geschmückten korinthischen Geisonfragmenten besteht: Genau der gleiche Typ eines Perlstabes und derselbe Kymationtyp sind nämlich an diesen Fragmenten zu finden (Abb. 132.133). Beide Dekorationsbänder schmücken hier die Vorderseite des Geisons, dessen Profilaufbau folgender ist: Eierstab, Perlstab, Bügelkyma und abschließende Sima, die mit zarten Akanthusranken, Halbpalmetten und kleinen Gorgonenköpfen verziert ist (Abb. 132.133). Die Kassetten an der Unterseite der korinthischen Geisonfragmente sind in neun kleine Felder eingeteilt, die alle mit einer kleinen vierblättrigen Blüte (ein Feld jedoch mit einer fünfblättrigen (Abb. 133); wohl ein Scherz des Steinmetzen) geschmückt sind (Abb. 132). Die Unterseite der Konsolen,

Abb. 131 Augustusbogen: Dorisierende Schräg- und Horizontalgeisonfragmente, Inv. 371949, 371946, 3733a

Abb. 132 Augustusbogen: Korinthisches Geisonfragment, Inv. 18574 = 3744a (Nedergaard)

Abb. 133 Augustusbogen: Korinthisches Geisonfragment mit fünfblättriger Blume in einem der Felder der Kassette, Inv. 3744d (Nedergaard)

Abb. 134 Augustusbogen: Korinthisches Dreiviertelkapitell, Forum Romanum, Inv. 371974

Abb. 135 Augustusbogen: Korinthisches Geisonfragment, Inv. 23212 (Nedergaard)

Abb. 136 Die Regia: Eckfragment des Geisons (Nedergaard)

die die Kassetten tragen, ist mit einem Akanthusblatt verziert (Abb. 132.133). Für diese Geisonverzierung und -form läßt sich in Rom wiederum nur eine Parallele finden: am Apollo-Sosianus-Tempel.

Über den Apollo-Sosianus-Tempel als Bindeglied läßt sich nun ein Fragment eines korinthischen Dreiviertelkapitells (Abb. 134) der dorisierend-korinthischen Fragmentgruppe zuweisen. Die Akanthusblätter dieses Kapitells sind sehr plastisch, breitlappig und naturalistisch dargestellt und lassen sich nur mit den Kapitellblättern des Apollo-Sosianus-Tempels vergleichen. Der Säulendurchmesser, der sich aus dem Dreiviertelkapitell erschließen läßt, ist größer als der der kleineren dorisierenden Säulenfragmente. Damit muß die korinthische Dreiviertelsäule höher gewesen sein als die dorisierenden Säulen.

Zu der beschriebenen dorisierend-korinthischen Fragmentgruppe müssen auch jene Blöcke gehören, auf denen die Fasti Capitolini eingraviert sind. Der architektonische Rahmen für die *fasti triumphales* ist dorisierender Ordnung, und der der *fasti consulares* korinthischer Ordnung. Die Verbindungsglieder zwischen den Fragmenten mit den *fasti* und den restlichen, oben besprochenen Architekturfragmenten sind wiederum die bereits erwähnten Schmuckelemente Perlstab und Bügelkymation: In derselben Form und Modellierung wie an den Architekturteilen finden sich beide Schmuckbänder an den Kapitellfragmenten der *fasti triumphales* (Kat. 107).

Es soll nicht unerwähnt bleiben, daß kleine Variationen von Fragment zu Fragment innerhalb ein und derselben Dekorationsform zu erkennen sind; so weicht z. B. das Bügelkymation der dorisierenden Architravsoffitte (Kat. 105) in kleinen Einzelheiten von dem Kymation des dorisierenden Schräggeisons ab (Kat. 106). Bei genauem Zusehen jedoch ist eben jener Kymatyp auch am Schräggeison vertreten: Das letzte Kymaglied ganz rechts (Abb. 131) hat genau die Kymaform der Architravsoffitte. Das heißt, daß zwei Variationen an ein und demselben Fragment, innerhalb ein und desselben Dekorationsbandes zu beobachten sind. Die Verschiedenheiten in der Ausführung lassen sich teils duch die Tatsache erklären, daß verschiedene Steinmetzen mit der Ausschmückung des Monuments beschäftigt waren, teils durch die Beobachtung, daß die Verzierung des Baus nie ganz zu Ende gebracht wurde. Daß die Ornamentik nicht gänzlich ausgeführt ist, läßt sich besonders deutlich an einem korinthischen Geisonfragment (Inv. 23212) sehen: an diesem Stück ist nur ein geringer Teil des Eierstabes plastisch ausgearbeitet. Der noch nicht ausgearbeitete Teil hat noch die Form eines Viertelrundstabes. Trotz der kleinen Unterschiede ist das Gesamtkonzept in der Ornamentik sehr einheitlich und bindet dorisierende, korinthische und jene Fragmente mit den Fasti Capitolini zusammen.

Die dorisierenden und korinthischen Fragmente und die Fasti Capitolini gehörten also zu ein und demselben Bau; ist aber dieser Bau mit dem dreitorigen Bogen auf der Südseite des Caesartempels identisch? In diesem Zusammenhang wäre folgendes zu erwägen:

1: Ein großer Teil der Architekturstücke ist zwischen dem Castortempel und dem Caesartempel, d. h. in unmittelbarer Nähe des Bogens, gefunden worden. In diesem Bereich sind ebenfalls mehrere Fragmente der Fasti Capitolini zutage gekommen, so z. B. Fragment I der *fasti triumphales* mit Romulus' Triumph über die Caeninenser (Kat. 107).

2: Die dorisierenden und korinthischen Architekturfragmente können nicht als Reste des Caesartempels gelten: dafür sind die Dimensionen zu klein, und die Bearbeitung des Marmors ist außerdem ganz anders als die der erhaltenen Geisonfragmente des Tempels (Abb. 137). An diesen ist die Dekoration weniger lebhaft, weniger plastisch, von geringerer Tiefe und steht noch in der Tradition der republikanischen Travertinbaukunst.

3: Die zusammengehörenden dorisierenden und korinthischen Fragmente sind ebenfalls zu klein dimensioniert, um dem riesigen Castortempel zugehörig zu sein, und die Dekoration der Fragmente stimmt auch nicht mit der Ornamentik der mit Sicherheit zum Tempel gehörenden Architektur überein, die durch ihren reifen augusteischen Stil gekennzeichnet ist (Abb. 138).

4: Das Vestaheiligtum, das wie der Caesar- und der Castortempel in der Nähe des Fundorts der Fragmente gestanden hat, war ein Rundbau und hat deshalb für die Überlegungen zur Provenienz der dorisierend-korinthischen Fragmentgruppe keine Bedeutung.

5: Auch die Regia befindet sich in dem Bereich, der für die Fragmente von Interesse ist. Die Architekturdekoration dieses völlig zerstörten Baus ist durch ein Eckfragment des Geisons, das in einem stumpfen Winkel ausgearbeitet ist, gesichert (Abb. 136). Derselbe stumpfe Winkel ist nämlich auch in den Fragmentresten des Baus erkennbar. Wie am Caesartempel ist die Dekoration noch von der republikanischen Travertinbautradition stark geprägt, und die

Abb. 137   Geisonfragment des Caesartempels (Nedergaard)

Abb. 138   Gebälk des Dioskurentempels (Nedergaard)

Abb. 139   Die Fundamente des Augustusbogens vom Castortempel gesehen, September 1987 (Nedergaard)

Abb. 140   Umgearbeitete Travertinblöcke in den Fundamenten des Caesartempels und (rechts) die Fundamentblöcke für den nördlichen Seitenpfeiler des Augustusbogens (Nedergaard)

Abb. 141   Die östliche Seitentreppe des Dioskurentempels: Abdruck der ersten Stufe (Nedergaard)

reichdekorierten dorisierenden und korinthischen Fragmente mit ihrer plastischen und feinen Marmorarbeit können somit nicht als Überreste der Regia interpretiert werden.

6: Die dorisierend-korinthische Fragmentgruppe ist also weder dem Caesartempel noch dem Castortempel, weder dem Vestaheiligtum noch der Regia zugehörig. Nur ein Bau befindet sich noch im Fundbereich der Fragmente: der dreitorige Augustusbogen. Beachtenswert ist in diesem Zusammenhang, daß sowohl die Säulen von verschiedener Höhe als auch die kleinen Giebelfelder, die in der Fragmentgruppe zu finden sind, mit der Bogendarstellung des Vinici-usdenars (Abb. 116) perfekt übereinstimmen.

7: Wenn man sich aber vorstellen würde, daß die Fragmente, die zur Zeit der Ausgrabungen im letzten Jahrhundert nachweislich auf der Südseite des Caesartempels herumlagen, lediglich durch Zufall dort hingelangt waren, jedoch zu einem Bau auf der Nordseite des Tempels gehört haben, muß demgegenüber nochmals festgestellt werden, daß der Raum zwischen dem Tempel und der Porticus der Basilica Aemilia für einen monumentalen Bau nicht besonders groß ist. Die dorisierende und korinthische Fragmentgruppe kann indessen einem Monument, das mit der Porticus der Basilica direkt zusammengebaut war, nicht zugehörig sein. Dafür sind die Fragmente im Verhältnis zu den großen tuskanischen/dorisierenden Fragmenten dieser Porticus zu klein dimensioniert und auch in der Dekoration zu verschieden davon.

Aus diesen Überlegungen folgt, daß eine Zugehörigkeit der dorisierenden und korinthischen Architekturfragmente und der Fasti Capitolini zum dreitorigen Augustusbogen auf der Südseite des Caesartempels anzunehmen ist. Ein Problem ist, daß keine Bogenreste unmittelbar mit der Fragmentgruppe zu verbinden sind. Für den Schlußstein der Archivolte und die drei großen Bogenzwickelfragmente, die Gamberini Mongenet in seinen Rekonstruktionszeichnungen dem Partherbogen zuweist (Abb. 127.128) und mit den dorisierenden und korinthischen Fragmenten verknüpft, gilt in der Dekoration ein ganz anderes Grundprinzip als für die oben beschriebenen zusammengehörenden Fragmente. Die beiden Fragmentgruppen können daher nicht zum selben Bau gehören. An der Vorderseite der drei Zwickelfragmente sind fliegende Victorien, die Siegessymbole tragen, im Relief dargestellt. Das einzige noch erhaltene von diesen Symbolen ist eine Galliertrophäe, die nicht unmittelbar mit einem Partherbogen erklärbar ist. Die vier großen Fragmente sind außerdem nicht durch ihren Fundort mit dem dreitorigen Augustusbogen verbunden: drei von ihnen sind ohne Fundangabe, und das vierte (Ny Carlsberg Glyptotek, Kopenhagen, Inv. 511) soll in der Nähe des Castro Pretorio gefunden worden sein. Aus diesen Beobachtungen folgt, daß die Zugehörigkeit der vier Fragmente zum dreitorigen Augustusbogen, besonders wenn dieser der Partherbogen ist, als sehr zweifelhaft betrachtet werden muß.

Die Rekonstruktionszeichnungen von Gamberini Mongenet müssen demnach revidiert werden. Die früher vorgeschlagenen Rekonstruktionen des dreitorigen Bogens auf der Südseite des Caesartempels können nicht als Alternative betrachtet werden, weil darin das Material im ganzen genommen nicht berücksichtigt worden ist. Die dorisierenden Fragmente sind in Richters und Gattis Rekonstruktion nicht eingezeichnet (Abb. 121–123), während nur diese und keine korinthischen Fragmente für den Rekonstruktionsvorschlag von Fiechter und Hülsen (Abb. 124) in Betracht gezogen worden sind. Sowohl die dorisierenden als auch die korinthischen Fragmente und die Reste der Fasti Capitolini gehörten zu ein und demselben Bau und können nicht voneinander getrennt betrachtet werden. Die Rekonstruktion des Monuments muß auf alle diese Elemente und auch auf die Fundamentreste Rücksicht nehmen.

Um weitere Informationen über den Oberbau des dreitorigen Bogens zu suchen und um das topographisch-chronologische Verhältnis des Bogens zu den ihn umgebenden Bauten zu beleuchten, sind die Fundamente 1986–87 erneut freigelegt worden (Abb. 133). Diese Arbeit ist noch nicht abgeschlossen.

Der dreitorige Bogen ist auf einer großen Fundamentplatte aus *opus caementicium* konstruiert (Abb. 120.125). Immer noch in situ auf der Platte liegt die erste Schicht von Travertinblöcken, die als Fundamente der drei nördlichen Pfeiler dienten (Abb. 117.119.120.125.139). Die von dem südlichen Seitenpfeilerfundament verschwundenen Blöcke dieser Schicht sind zwischen 1904 und 1929 rekonstruiert worden (Abb. 125.139). Daß eine zweite Schicht von Travertinblöcken ursprünglich vorhanden gewesen ist, wird durch das höhere Niveau des Pflasters im mittleren Durchgang des Bogens angedeutet. Den Beweis liefert der bereits erwähnte Travertinblock, den Richter auf der nordwestlichen Ecke des nördlichen mittleren Pfeilerfundaments (Abb. 119 bei o) untersuchte und als in situ liegend beurteilte. Der Block wurde zwar von Boni entfernt, aber hat sich tatsächlich als dem Bogen zugehörig erwiesen: Die Maße der Unterseite des Blockes passen genau zu den Blockspuren, die noch an der Oberfläche der in situ erhaltenen Blöcke an der nordwestlichen Ecke des nördlichen mittleren Pfeilerfundaments zu sehen sind. Der Block lag also in situ, als Richter im Jahre 1888 den Bogen identifizierte. Wie in den 40er Jahren liegt der Block heute vor dem Castortempel. Nur die Hälfte ist noch erhalten. Der Block ist von ungeheurer Wichtigkeit für jede Überlegung über das ursprüngliche Aussehen des Bogens. Er zeigt, daß der mittlere Bogen am Übergang zu den Seitenflügeln kräftig verkröpft war.

Der nördliche Abschluß der *opus-caementicium*-Platte, auf welcher der Bogen ruhte, liegt eindeutig außerhalb des Fundamentbereiches des Caesartempels. Einige Travertinblöcke in den Fundamenten des Tempels sind behauen worden, als der Bogen konstruiert wurde, um die Fundamentblöcke des nördlichen Seitenpfeilers direkt neben dem Tempel anbringen zu können (Abb. 140). Daraus folgt, daß der Tempel früher gebaut sein muß als der Bogen. Da der Tempel im Jahre 29 v. Chr. eingeweiht wurde (Dio Cass. 51,22,2), kann 29 v. Chr. als Terminus post quem für den Bogen betrachtet werden.

Daß der Bogen vor 6 n. Chr. errichtet worden ist, ergibt sich aus dem Verhältnis der östlichen Seitentreppe des Castortempels zum Bogen. Die Treppe ist in ihrer heutigen Form eine Rekonstruktion aus dem letzten Jahrhundert, aber ein in situ erhaltener Abdruck der ersten Stufe (Abb. 143.145) ist von der Rekonstruktion nicht verdeckt worden und zeigt, daß die Treppe nicht in einem Winkel von 90 Grad im Verhältnis zu der Achse des Tempels angelegt war. Die Stufen lagen zwar parallel zu dieser Achse, aber die Südseite der Treppe war gedreht, um auf die südliche Abschlußlinie des südlichen Seitendurchgangs des Bogens zu zielen. Die Achse des Bogens weicht von der Achse des Tempels ab, und der schräge südliche Abschluß der Seitentreppe des Tempels ist als Versuch einer Angleichung der Orientierung zu betrachten. Der Castortempel wurde unter Augustus vollständig umgebaut und im Jahre 6 n. Chr. aufs neue eingeweiht. Es scheint, daß der Abdruck der ersten Stufe der Seitentreppe zu diesem augusteischen Umbau gehört, und da die Treppe sich deutlich nach dem Bogen richtet, muß der Bogen vor 6 n. Chr. gebaut worden sein.

Der dreitorige Bogen ist mit aller Wahrscheinlichkeit der einzige Bogen, der je auf der Südseite des Caesartempels errichtet worden ist. Die Fundamentreste, die Gamberini Mongenet als die Überreste des Actiumbogens identifizierte, sind nicht mit einem Bogen vereinbar. Das nördliche Fundament (Abb. 139.141) ist in zwei verschiedenen Phasen gegossen, die beide älter als der dreitorige Bogen sein müssen. Das südliche Fundament hingegen besteht teils aus einem fast quadratischen Fundament, das später als der dreitorige Bogen konstruiert worden ist, weil es über die *opus-caementicium*-Platte des Bogens hineinragt, teils aus einer Mauer, die parallel zu dem Castortempel läuft und mit anderen Mauerresten in der Nähe zu verbinden ist. Diese Mauern sind älter als der dreitorige Bogen, sind aber zu groß, um nur Stützmauern für einen eintorigen Bogen zu sein. Nur durch eine weitere Untersuchung kann die genaue Funktion dieser verschiedenen Fundamentreste festgestellt werden, es ist aber schon klar, daß der eintorige Actiumbogen nicht an dieser Stelle gestanden hat.

Der dreitorige Bogen auf der Südseite des Caesartempels wurde wahrscheinlich zwischen 29 v. Chr. und 6 n. Chr. als der erste Bogen an dieser Stelle errichtet. Der Bogen war sowohl in dorisierendem als auch in korinthischem Stil erbaut, und die Fasti Capitolini mit ihrem ebenfalls dorisierenden und korinthischen architektonischen Rahmen waren an den Pfeilern des Bogens angebracht. Daß dieser Bogen sich als der Partherbogen identifizieren läßt, ist durch den Scholiasten zu Vergil (Scholion zu Verg. Aen., 606) sowie durch die beiden Darstellungen eines dreitorigen Bogens auf augusteischen Münzen (Abb. 120.125) angedeutet: der Scholiast spricht nur von einem einzigen Bogen neben dem Caesartempel und zwar dem Partherbogen, und die beiden Münzen sind zwischen 18 und 16 v. Chr., also in den Jahren unmittelbar nach der Rückgabe der Feldzeichen und Kriegsgefangenen von den Parthern, geprägt und dürften denselben Bogen, den neuerlich errichteten Partherbogen auf dem Forum Romanum, abbilden.

Literatur: F. Coarelli, Il Foro Romano II, Periodo repubblicano e augusteo (1985) 258−308. − P. Zanker, Forum Romanum, Die Neugestaltung durch Augustus (1972) 15 f. Abb. 6; 18−22. 24. − Nash I 92−101.

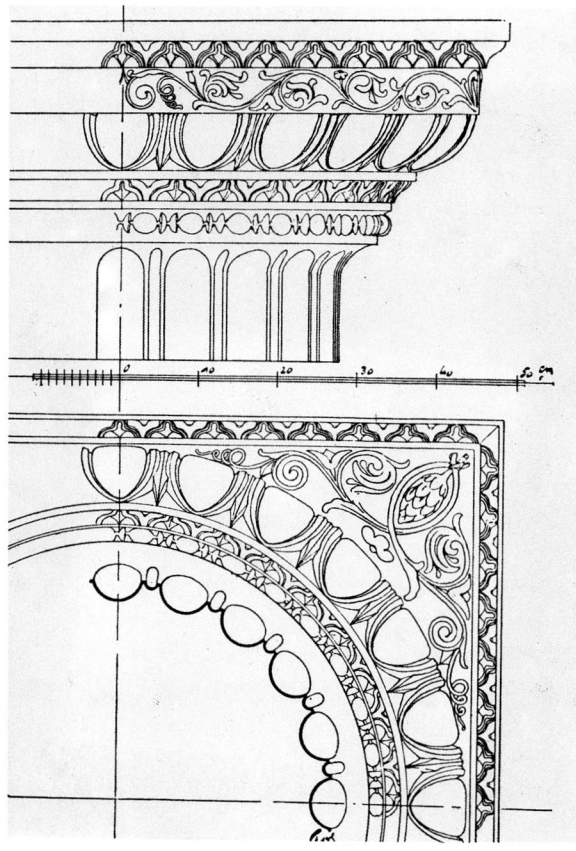

Kat. 104

Kat. 105

verziert den Echinus und als Übergangselement zum Säulenschaft findet man ein Bügelkyma und einen Perlstab. Bemerkenswert ist die Kannelierung des Säulenschaftes, die aus alternierend schmalen und breiten Kanneluren besteht.

Literatur: R. Toebelmann, Römische Gebälke I (1923) 16 Abb. 83.

105   Soffittendekoration eines dorischen Architravfragments

Rom, Antiquario Forense, Inv. 371953
H 0,47 m, B 0,835 m, T 0,285 m
An der Unterseite des Architravfragments befindet sich eine Soffittenverzierung, die aus einem von Perlstab und Bügelkymation gerahmten Rankenornament besteht. Wie am Abakus der Kapitelle (Kat. 104) laufen die Ranken in kleine Spiralen aus. An der Vorderseite des Fragments sind sechs *guttae* erhalten, die auf einen darüberliegenden Triglyphenfries hinweisen.

106   Dorisierender Schräggeisonblock

Rom, Antiquario Forense, Inv. 371949
H 0,24 m, L 1,97 m, T 1,25 m
An der Unterseite des Geisonblockes befinden sich Tropfplattenkonsolen im Wechsel mit Kassetten, die

104   Dorisierendes Kapitell

Rom, Antiquario Forense, Inv. 371954
H 0,455 m, B 0,90 m, L 0,91 m
Das Kapitell gehört zu einer Gruppe dorisierender Fragmente, die sich durch ihre reiche Dekoration auszeichnen. Die meisten der Stücke wurden 1872 zwischen Castor- und Caesartempel gefunden.
Der Abakus des Kapitells ist an den Seitenflächen und an der Unterseite mit einem Rankenornament geschmückt, das in kleine Spiralen ausläuft. Ein Eierstab

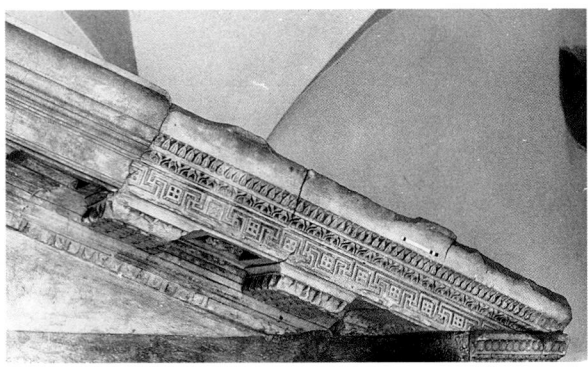

Kat. 106

mit Rosetten geschmückt sind. Die Vorderseite des Geisons trägt ein Mäanderband, ein Bügelkymation und ein
weiteres Ornamentband, welches Zwiebelmuster oder
Feigenstab genannt wird. Eine glatte Sima schließt das
Schräggeison oben ab.

107   Fragment I der Fasti triumphales

Rom, Palazzo dei Conservatori, Sala della Lupa
H 0,38 m, L 0,48 m, T 0,41 m
Lunensischer Marmor
In unmittelbarer Nähe des dreitorigen Bogens südlich
des Caesartempels wurden mehrere Fragmente der Fasti Capitolini gefunden, so z. B. Fragment I der *fasti triumphales* mit dem Triumph des Romulus über die Caeninenser.
Der architektonische Rahmen für die *fasti triumphales*
ist dorisierender Ordnung. Als Schmuckelemente dienen Perlstab und Bügelkymation, welche dieselbe Form
und Modellierung wie diejenigen der Architekturstücke
aufweisen.
Literatur: Nash I 103. – Helbig[4] I Nr. 1455 (E. Meinhardt). – Degrassi, Inscriptiones Italiae XIII 1; 8, 64
Taf. XLVIII. – Ders., Fasti Capitolini 1 ff.

L. Giuliani

108.109   Zwei Fragmente einer Marmorinschrift mit dem Text der Commentarii zu den Saecularspielen des Jahres 737 a. u. c. = 17 v. Chr.

Florenz, Basilica di S. Lorenzo, Lapidarium Detlef Heikamp
108: B 0,48 m, H 0,27 m
109: B 0,53 m, H 0,32 m
Die Fragmente gehören zu einem Inschriftenpfeiler,
von dem weitere Bruchstücke bekannt sind (CIL VI
32324) und der ursprünglich etwa einen Meter breit und
vier Meter hoch gewesen sein muß. Die Inschrift überliefert uns die Commentarii zur Saecularfeier: ein aus-
führliches Protokoll der die Feier betreffenden Senats-
beschlüsse, den Wortlaut der verrichteten Gebete sowie
eine detaillierte Schilderung des gesamten Rituals. Das
riesige Format der Tafel, die am Ort der Spiele errichtet
wurde, mag für den normalen Leser eher hinderlich gewesen sein. Unabhängig von ihrer Lesbarkeit wirkt der
Pfeiler wie ein Denkmal, das für alle Ewigkeit die Erin-

nerung an die *Ludi* festhalten soll: deutlich kommt darin
die bis in alle Einzelheiten ritualisierte, einem minuzi-
ösen Formalismus folgende Gestaltung der Feier zum
Ausdruck.
Das erste Fragment überliefert unter anderem Teile eines Senatsbeschlusses aus dem Jahr 18 v. Chr. über die
Finanzierung der Spiele aus dem Ertrag der Forststeuer
und eines weiteren Beschlusses aus dem folgenden Jahr
über die Verwaltung der zur Verfügung stehenden Mittel. Das zweite Fragment enthält vor allem ein Gebet
der Quindecimviri: dieses Priesterkollegium war für die
rituelle Durchführung der Feier zuständig. Die Liste der
Mitglieder wird von Augustus persönlich als Vorsteher
des Kollegiums angeführt. Ihm selber ist wahrscheinlich
auch das Gebet in den Mund gelegt, das sich unter anderem an die von Augustus bevorzugte Trias Apoll, Leto
und Diana richtet (Zeile 9) und in einer auffällig altertümlichen, bewußt archaisierenden Sprache abgefaßt
ist: sowohl der Inhalt als auch die Form sind unmittelbarer Spiegel augusteischer Ideologie.
Literatur: L. Moretti, RendPontAcc 55/56, 1982–84,
361 ff.

Kat. 107

Kat. 108

Kat. 109

Edmund Buchner

Horologium solarium Augusti

Das Horologium solarium Augusti, die Sonnenuhr des Augustus, ist ein einzigartiges Monument des kaiserlichen Rom. Es darf wohl als die größte Uhr, der größte Kalender aller Zeiten bezeichnet werden. Es ist ein riesiges astronomisches Instrument, ein sogenannter Kalenderbau, ist Großarchitektur. Es ist aber auch Siegesdenkmal über Ägypten, und es ist ein wichtiges Dokument für das Selbstverständnis des Augustus, für die Kaiserideologie.

Die Sonnenuhr des Augustus war eine Horizontaluhr, bei der das Liniennetz die Form eines Schwalbenschwanzes hat (Abb. 145). Doch ihr Gnomon, ihr Schattenwerfer, bei einer Uhr normaler Größe ungefähr 5 cm hoch, war ein riesiger Obelisk, derjenige, der heute vor dem italienischen Parlament auf der Piazza Montecitorio steht (Abb. 142); er wurde hier, etwa 200 m südlich von seinem ursprünglichen Standort, im Jahre 1792 wiedererrichtet. Es ist dies der erste Obelisk, der aus Ägypten nach Rom gebracht wurde; mit ihm begann Roms ‚Obeliskenwald'.

Für meine mathematische Berechnung des Horologium war erste Voraussetzung zu wissen, wie der Obelisk in der Antike aufgestellt, wie hoch also der Gnomon des Horologium war.

Abb. 143 zeigt dreimal den Obelisken des Horologium: den Obelisken allein (links), die heutige Form (rechts) und schließlich den Gnomon, wie er nach meinen Überlegungen gewesen sein muß, mit einer Höhe von 100 römischen Fuß, (etwa) 29,42 m (Mitte). Wie ergeben sich diese 100 Fuß?

Zwei Bestandteile des heutigen Obelisken sind noch identisch mit den antiken: der Obelisk selbst mit der Höhe von 21,79 m und die Basis (mit den augusteischen Inschriften) mit einem Fünftel dieser Höhe, nämlich 4,36 m (in Abb. 143 von 1,80 bis 6,16 m). Zu den drei anderen Bestandteilen ist zu sagen:

1. Der Sockel: Dieser ist bei der Ausgrabung des Obelisken im Jahre 1748 in der Erde verblieben. Wir kennen aber aus damals von James Stewart angefertigten Zeichnungen seine Höhe (knapp 1,80 m; vgl. Abb. 143) und seine Form: Es war ein doppelter Sockel wie bei den Obelisken in Luxor. Der erste Obelisk Roms war also ägyptisch aufgestellt und ist es als einziger noch heute.

2. Der eigentliche Obelisk des Horologium muß auf Füßen gestanden haben, wie die beiden Obelisken, die wir in antiker Aufstellung kennen: der vatikanische und der in Istanbul. Und auch die Obelisken, die durch den ägyptischen Statthalter Barbarus im 18. Jahre des Augustus, also nur etwa ein Jahr vor dem Obelisken des Horologium, in Alexandria errichtet wurden, standen auf Füßen. Einer dieser Obelisken befindet sich heute in New York, zwei seiner Füße − in Form von Krabben − im Metropolitan Museum.

3. Die Spitze des Obelisken: Das Pyramidion als Spitze des Obelisken hatte in Ägypten besondere kultische Bedeutung, trug deswegen auch besondere Verzierung oder Darstellung. Bei dem Gnomon des Horologium war auf das Pyramidion des Obelisken eine Kugel gesetzt, nach Plinius (nat. 36,72) wie der Kopf eines Menschen. Die jetzige Kugel auf dem Obelisken ist modern; sie ist zu groß. Die ursprüngliche Kugel des Gnomon befindet sich, davon bin ich überzeugt, im Palazzo dei Conservatori in Rom (Kat. 110). Auf dieser Kugel ist als Spitze ein kleiner Obelisk mit Pyramidion, auch dies ein ägyptisches Element beim Horologium (vgl. Abb. 143).

Zwei schriftliche Quellen gibt es für das Horologium Augusti: Die Inschrift des Augustus, die auf der Basis des Obelisken angebracht war (Abb. 144), und zwar zweifach, nämlich auf der (originalen) Ost- und Westseite: *Imp. Caesar divi f. Augustus, pontifex maximus, imp. XII, tr. pot. XIV* (dies die Titulatur, die die Datierung 27. Juni 10 − 27. Juni 9 v. Chr. ergibt) *Aegypto*

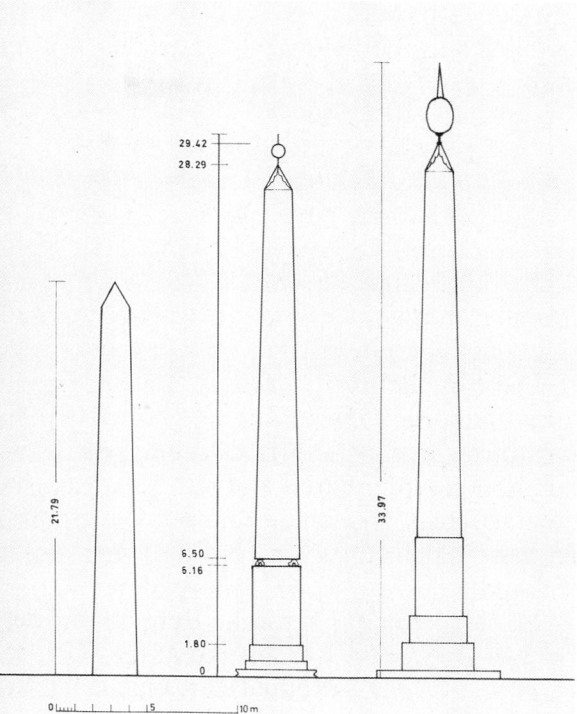

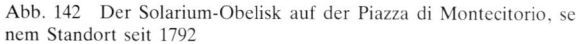

Abb. 142 Der Solarium-Obelisk auf der Piazza di Montecitorio, seinem Standort seit 1792

Abb. 143 Obelisk des Solarium; links: Obelisk allein; Mitte: antike
Aufstellung als Gnomon; rechts: Aufstellung 1792

in potestatem populi Romani redacta Soli donum dedit («als bzw. da Ägypten in die Gewalt des
römischen Volkes gebracht war, gab er der Sonne als Geschenk»). Das Horologium war also
Denkmal für die Eroberung Ägyptens. Die zweite schriftliche Quelle ist der bereits erwähnte
Plinius-Bericht.

Beide Quellen sind in verkürzter Form in der Inschrift zitiert, die Papst Benedikt XIV. im
Jahre 1748 zur Erinnerung an den ursprünglichen Standort des Obelisken an dem Haus Piazza
del Parlamento Nr. 3 anbringen ließ. Die päpstliche Inschrift schildert zusätzlich, daß der zer-
brochene und mit Erde und Gebäuden bedeckte Obelisk ausgegraben (ein Stich aus dem Jahre
1748 − Abb. 144 − ist eine anschauliche Illustration) und auf einen nahen Platz, eben die
Piazza Montecitorio, gebracht wurde. Dieser Stich zeigt auch, wie groß der Abstand zwischen
dem ursprünglichen Standpunkt des Obelisken und der Hauswand ist, an der jetzt die päpstliche Inschrift angebracht ist. Das ist wichtig für den Zusammenhang des Horologium mit den
anderen Bauten des Augustus im Norden des Campus Martius, vor allem der gleichzeitig
errichteten Ara Pacis Augustae.

Abb. 145 zeigt das Liniennetz des Horologium auf einer horizontalen Ebene, jeder Punkt
des Liniennetzes, basierend auf dem sog. Analemma des Vitruv (8,7,2−6), mit Zirkel und
Lineal konstruiert, und zwar für einen Gnomon von 100 römischen Fuß Höhe, für den richtigen Breitengrad von Rom (41°54′) und für eine zu hohe Ekliptik der antiken Wissenschaft
(23°50′; der richtige Wert für die Zeit des Augustus ca. 23°42′). Die Äquinoktienlinie als
schnurgerade von Westen nach Osten verlaufende Linie führt genau durch die Mitte der Ara
Pacis (Z′). Die Mitte der Ara Pacis und auch ihre − ohne den Zusammenhang mit dem Horologium unerklärbaren − Proportionen sind aber noch durch eine zweite Linie des Kalenders
festgelegt, durch die der Wintersonnenwende.

Äquinoktien und Wintersonnenwende, das ist die Lösung des Rätsels Horologium Augusti,
von der her sich auch das richtige Verständnis der Ara Pacis ergibt.

Denn an den Herbstäquinoktien, dem Beginn des Zeichens der Waage, dem 23. September, ist der Geburtstag des Augustus, und neun Monate vorher, an der Wintersonnenwende, dem Beginn des Zeichens des Capricorns, ist sein Empfängnistag. Auf Empfängnis- und Geburtstag des Kaisers ist also die Gesamtanlage Horologium mit Ara Pacis abgestellt. Daß sie mit Geburtstag zu tun hat, wird zusätzlich bestätigt durch das Einweihungsdatum (im Jahre 9 v. Chr.): Der 30. Januar ist der Geburtstag der Kaiserin Livia. Am Geburtstag des Kaisers − und dieser ist nach Sueton (Aug. 5) noch dazu kurz vor Sonnenaufgang geboren, mit ihm also geht die Sonne auf, beginnt ein neuer Tag − wandert der Schatten von Morgen bis Abend etwa 150 m weit genau die gerade Äquinoktienlinie entlang zur Mitte der Ara Pacis; es führt so eine direkte Linie von der Geburt dieses Mannes zu Pax, und es wird sichtbar demonstriert, daß er *natus ad pacem* («geboren für den Frieden») ist. Der Schatten kommt von einer Kugel, Symbol der Herrschaft über die Welt, die jetzt befriedet ist. Die Kugel aber wird getragen von dem Obelisken, dem Denkmal des Sieges über Ägypten (und Marcus Antonius) als der Voraussetzung des Friedens. An der Wendelinie des Capricorn, der Empfängnislinie des Kaisers, fängt die Sonne wieder an zu steigen. Mit Augustus beginnt also ein neuer Tag und ein neues Jahr: eine neue Ära, und zwar eine Ära des Friedens mit all seinen Segnungen, mit Fülle, Üppigkeit, Glückseligkeit. Diese Anlage ist sozusagen das Horoskop des neuen Herrschers, riesig in den Ausmaßen − das Horologium allein war, obwohl im Norden nur bis zu der durch T und Z (Abb. 145) gehenden Linie reichend und auch im Osten und Westen stark beschnitten, etwa halb so groß wie der Petersplatz, der ganze Komplex Horologium bis Mausoleum etwa doppelt so groß wie der Petersplatz − und auf kosmische Zusammenhänge deutend.

Abb. 144   Abtransport des Solarium-Obelisken vom ursprünglichen Standort im Jahre 1748

Abb. 145   Horologium solarium Augusti: Konstruktion des Liniennetzes

Abb. 146   Ansicht der Uhr nach der domitianischen Erneuerung nach der Grabung von 1981

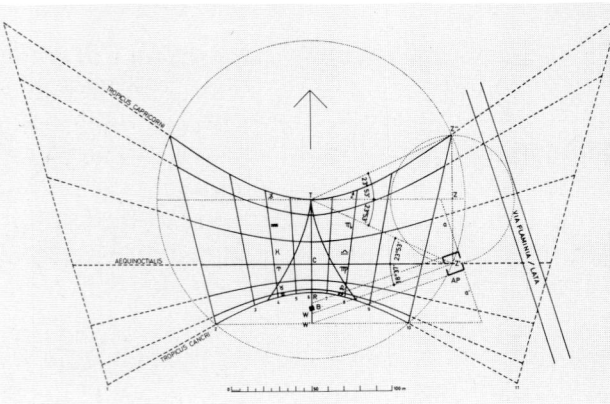

Horologium mit Ara Pacis wurde im Jahre 13 v. Chr. begonnen. In diesem Jahr hatte Augustus seinen 50. Geburtstag. Seine Geburtstagsanlage wurde also bei Gelegenheit eines Jubelgeburtstages in Auftrag gegeben.

Die Beziehungen gehen aber noch weiter: Der Obelisk ist nicht genau nach Norden orientiert, sondern weicht davon etwa 18½ Grad ab. Damit weist er in die Mitte des Mausoleum des Augustus, das etwa 15 Jahre vor dem Horologium errichtet wurde, und zum Mausoleum gehört das Ustrinum als Verbrennungsort des Augustus.

Die Bauten des Augustus im Norden des Campus Martius umspannten also Anfang und Ende des Augustus, Geburt und Grab, beides in zwei Phasen: als Empfängnis und Geburt das eine, als Ustrinum und Mausoleum das andere.

Im vorhergehenden habe ich meine in den RM 83, 1976, S. 319–365, ausführlich dargelegte Theorie, meine Berechnungen und die weittragenden Konsequenzen für das Selbstverständnis des Kaisers Augustus, für die kaiserliche Ideologie skizziert. Voraussetzung für diese Konsequenzen ist, daß meine Berechnungen wirklich stimmen, daß vor allem der von mir errechnete Zusammenhang zwischen Horologium und Ara Pacis besteht. Gewißheit konnte nur eine Grabung bringen, wobei, wie ich bereits 1976 geschrieben hatte, schon ein Stückchen des Liniennetzes ausreichend war, meine Ergebnisse zu bestätigen oder zu widerlegen.

Ich habe die Grabung gewagt trotz der Schwierigkeiten, die ihr entgegenstanden: Das ganze Gebiet des Horologium – im Herzen Roms – ist ja dicht bebaut mit alten Gebäuden, zudem liegt das Niveau der Zeit des Augustus annähernd 8 m unter dem heutigen Straßenniveau, und das Grundwasser kam schon bei einer Tiefe von ungefähr 4,50 m noch stärker als befürchtet.

Die erste Grabung fand im Sommer 1979 auf der Via di Campo Marzio statt, und zwar dort, wo die Äquinoktienlinie verlaufen sollte. Doch fanden wir dort keine Platten oder Blöcke des Liniennetzes, und tiefer konnten wir nicht mehr gehen. Vom November 1979 bis Frühsommer 1981 wurde dann eine Grabung unter noch schwierigeren Umständen vom Keller eines 30 m hohen Hauses (Via di Campo Marzio, 48) aus unternommen, und zwar am errechneten Schnittpunkt der Meridian-Linie mit der Linie Beginn Jungfrau/Ende Widder, wobei es für den Zusammenhang mit der Ara Pacis vor allem auf die ‚Monatslinie‘, eigentlich Tierkreiszeichen-Begrenzung, ankam. Diese ‚Monatslinie‘, erkenntlich an Raubgraben und Fundamentierung (letztere in Tiefe von ca. 8,50 m), 1 m breit, haben wir in unserem nur 1,50 m breiten Schnitt genau getroffen. Damit waren alle meine Berechnungen und auch meine Thesen über die Zusammengehörigkeit von Horologium und Ara Pacis bestätigt.

Bei der Fortsetzung dieser Grabung nach Westen zu trafen wir in einer Tiefe von 6,30 m, also 1,70 m über dem augusteischen Niveau, auf 10 cm starken Estrich (wasserundurchlässiges *opus signinum*) eines ca. 6 m breiten Wasserbassins, das beiderseits von mit *opus signinum* verputzter Mauer begrenzt war, das Ganze wohl eine Art Canopus und aus der Zeit um 200 n. Chr. Unter dem Estrich kamen große Travertinblöcke zum Vorschein und, in diese eingelegt und mit eingegossenem Blei befestigt, hervorragend erhaltene griechische Buchstaben und Linien aus Bronze (Abb. 146).

Die großen (ca. 23 cm) Buchstaben sind zu den Namen von vier Tierkreiszeichen zu ergänzen: Von ΠΑΡΘΕΝΟΣ = Jungfrau und ΤΑΥΡΟΣ = Stier sind die ersten vier, von ΚΡΙΟΣ = Widder und ΛΕΩΝ = Löwe die letzten zwei Buchstaben aufgedeckt. In kleineren Buchstaben sind zwei Kalender-Inschriften angebracht: beim 23./24. August ΕΤΗΣΙΑΙ ΠΑΥΟΝΤΑΙ = «Die Etesien (= Sommerwinde der Ägäis, heute Meltemi) hören auf», beim 7./8. Mai ΘΕΡΟΥΣ ΑΡΧΗ = «Des Sommers Anfang», der also nicht auf die Sommersonnenwende gesetzt ist; die Bindung der Jahreszeiten an die Jahrespunkte (Wenden und Gleichen) erfolgte erst in der Spätantike.

An Bronzelinien fand sich eine lange, durchgehende ‚Monatslinie‘, dazu eine von Süd nach Nord verlaufende Linie mit kurzen Querlinien, den Linien für die einzelnen Tage; es sind, bei von Süd nach Nord zunehmendem Abstand (von 20 auf 30 cm), 28 Tageslinien für ca. 11. April bis 8. Mai bzw. 5. August bis 3. September. Jede Linie galt zweimal im Jahr, und für die 365 Tage wurden also 183 Linien benötigt. Wir haben hier genau das vor Augen, was Plinius (nat. 36,72) schildert: «... der Schatten ... sollte allmählich über eingelegte Bronzelinien *singulis diebus*, an den einzelnen Tagen (= Tag für Tag), abnehmen und dann wieder zunehmen.»

Plinius beschreibt die Sonnenuhr des Augustus. Doch die von mir ausgegrabene kann, da die Oberfläche nicht 8 m, sondern 6,40 m unter Straßenniveau liegt, nicht die des Augustus sein; diese ist offenbar nach der Zeit des Älteren Plinius († 79 n. Chr.), was bis zu meiner Grabung niemand wußte, auf erhöhtem Niveau neu angelegt worden. Ursache dafür waren sicher die starken Anschwemmungen des Tiber, die auch eine Mauer um die Ara Pacis notwendig machten, außerdem die von Plinius (nat. 36,73) erwähnte Tatsache, daß die Uhr zu seiner Zeit schon etwa 30 Jahre nicht mehr richtig ging (*XXX iam fere annis non congruit*). Plinius nennt dafür mehrere mögliche Gründe. Der Obelisk hatte sich jedenfalls etwas nach Süden geneigt, wie James Stuart 1748 an der Basis feststellte. Vielleicht ist er bei seinem immensen Gewicht bei relativ weichem Untergrund auch etwas in die Erde gesunken.

Die Höherlegung des Liniennetzes wurde aller Wahrscheinlichkeit nach unter Kaiser Domitian, also Ende des 1. Jhs. n. Chr., vorgenommen, und es gibt Anzeichen, daß sowohl die Buchstaben als auch die Travertinblöcke die der Uhr des Augustus sind, in Zweitverwendung.

Höherlegung der Blöcke machte diese auch für spätere Entnahme leichter zugänglich. Offenbar sind – die von uns an einem Dutzend von Stellen durchgeführten Bohrungen legen es nahe – die Blöcke des Liniennetzes, der *lapis stratus* des Plinius, außerhalb des schützenden Bassins auf diese Weise verschwunden. Wir fanden nur Fundamentierungen, und das auf augusteischem wie domitianischem Niveau. Nur 5 m südlich der Südostecke der Ara Pacis, wo das Liniennetz nicht höher zu legen war, stießen wir bei der Bohrung auf augusteischem Niveau auf Travertin von ca. 40 cm Dicke. Bei Grabungen (ab 1982) unter der in altchristliche Zeit zurückgehenden Kirche S. Lorenzo in Lucina (im Nordosten des Liniennetzes des Horologium) ergaben sich zwar wichtige Befunde für die Kirche und ihre Vorläufer, doch konnten wir wegen nicht lösbarer Grundwasserprobleme nicht bis zum Niveau der Sonnenuhr vordringen.

Weitere Untersuchungen, vor allem im Bereich des Sockels des Obelisken, sind geplant.

Literatur: E. Buchner, Die Sonnenuhr des Augustus. Nachdruck aus RM 1976 und 1980 und Nachtrag über die Ausgrabung 1980/81 (1982).

110   Die Kugel der Sonnenuhr des Augustus
Rom, Musei Capitolini
Bronze
Dm 0,76 m

Plinius (nat. 36,72) berichtet über den Obelisken als Gnomon (Schattenwerfer) der Sonnenuhr des Augustus: «Er fügte der Spitze eine vergoldete Kugel hinzu, durch deren Scheitel der Schatten auf sich selbst gesammelt werden sollte, da die Spitze sich sonst unregelmäßig bewegen würde, eine Erkenntnis, die er, wie es heißt, vom Kopf des Menschen gewonnen habe.»

Diese Kugel ist aller Wahrscheinlichkeit nach die zweite Kugel, die im Konservatorenpalast steht, neben der des vatikanischen Obelisken (Helbig[4] II Nr. 1581). Sie kann eigentlich nur von einem Obelisken sein, für sie kommt kein anderer der römischen Obelisken in Frage und sie hat genau die richtige (Kopf-)Größe für unseren Obelisken (ca. 76 cm Durchmesser bei Breite des Obelisken an Oberkante von 155 bzw. 152,6 cm; die Kugel des et-

was größeren vatikanischen Obelisken hat einen Durchmesser von 80,5 cm), d. h. wir müßten, wenn wir nicht diese Kugel hätten, eine gleich große ergänzen. Daß es sich bei der vorhandenen Kugel um die der Sonnenuhr des Augustus handelt, wird auch durch den auf die Kugel aufgesetzten kleinen Obelisken mit Pyramidion (ein ägyptisches Element!) nahegelegt.

Die Kugel war nach Plinius vergoldet. Auch das Pyramidion ägyptischer Obelisken – und die Kugel des Gnomon ist auf das Pyramidion aufgesetzt, ja, ersetzt dieses – ist häufig vergoldet. Das Gold an der Kugel ist verschwunden, Ergebnis eines chemischen Prozesses bei Bronze.

Diese Kugel war wohl als Weltkugel und damit als Symbol der Weltherrschaft einer kolossalen Bronzestatue des 4. Jhs. n. Chr. (Konstantin d. Gr.?) in die Hand gegeben, von der Kopf und Hand erhalten sind (Helbig[4] II Nr. 1578). Da die Sonnenuhr spätestens seit der Anlage des Wasserbassins um 200 n. Chr. nicht mehr in

Kat. 110

Funktion war, war auch die Kugel für andere Verwendung frei.
Literatur: Helbig[4] II Nr. 1578 und 1581. – E. Buchner, Die Sonnenuhr des Augustus (1982) bes. 14f. (mit weiterer Literatur).

111 Bohrkern
Rom, Deutsches Archäologisches Institut, Abt. Rom
Der Bohrkern stammt von Bohrungen im Gebiet der Sonnenuhr 1980 und zeigt eine Schicht des domitianischen Travertinpflasters.
Literatur: E. Buchner, RM 87, 1980, Taf. 144,2.

112 Modell des Horologium solarium Augusti mit dem Mausoleum und der Ara Pacis
Berlin, Antikenmuseum, SMPK
R. Biering – C. Braun, nach Plänen von E. Buchner und H. v. Hesberg
Maßstab 1:500
Gips auf Holz
Unpubliziert

Henner v. Hesberg

Das Mausoleum des Augustus

Unter die frühesten Bauten aus der Regierungszeit des Augustus zählt das Mausoleum. Es liegt in markanter Position an der engsten Stelle zwischen Via Flaminia und Tiberbogen und schließt auf diese Weise die Ebene des Marsfeldes nach Norden hin deutlich ab, vgl. Kat. 112. Die antiken Quellen, besonders Strabo, rühmen die außerordentliche Pracht dieses Baus, den offenbar ausgedehnte Gartenanlagen umschlossen haben. Im Datum der Fertigstellung variieren die Angaben, aber in seinen wichtigsten Teilen wird es schon vor 27 v. Chr. erbaut worden sein.

Die erhaltenen Reste (Abb. 147) sind zwar sehr ausgedehnt, sie vermitteln aber besonders in der heutigen Situation nur bedingt eine Vorstellung von der antiken Anlage. Erhalten ist im wesentlichen nur der Mauerkern des äußeren Ringes, während das Innere und der bekrönende Aufbau fast vollständig zerstört sind. Reste der antiken Verkleidung aus Marmor oder Travertin ergänzen das Bild. Kämen aber nicht noch Aufnahmen weiterer Teile durch den Renaissancearchitekten B. Peruzzi hinzu, bliebe jeder Versuch einer Wiederherstellung aussichtslos. Wegen der unterschiedlichen Überlieferungsstränge war die Rekonstruktion immer umstritten, die verschiedenen erhaltenen und überlieferten Teile vermitteln aber ein stimmiges Bild.

Im Grundriß legen sich um das eigentliche Zentrum, die Grabkammer im Innern, verschiedene Mauerringe, so daß sich insgesamt ein Durchmesser von ca. 89 m (300 röm. Fuß) ergibt. Die Räume zwischen den drei äußeren Ringen waren mit Erde verfüllt bzw. innen hohl und nicht zugänglich. Im Innern bildeten die Zwischenräume Korridore, in die der Gang von außen mündete und über die man zu der zentral gelegenen Grabkammer gelangen konnte. Diese Gliederung des Grundrisses führt zu einem in zwei Teile gegliederten Aufriß. Die äußeren Ringe endeten oben in einer geböschten Erdschüttung, während die inneren Ringe zusätzlich einen weiteren runden Aufbau tragen, der von einem Erdkegel abgeschlossen wird. Den ganzen Bau überragt die Statue des Augustus auf der Spitze.

In der üblichen Technik bestanden die aufgehenden Mauern aus Gußmauerwerk mit einer Verschalung aus Retikulat im Innern. Nur die besonders dicke, durch die Außenwand des Oberbaus belastete Ringmauer war innen durch Travertinquader verkleidet, ebenso wie das Innere der Grabkammer. Außerdem stand der Statuensockel oben auf einem vom Fundament aus durchlaufenden, aus Travertinblöcken geschichteten Pfeiler.

Die Außenwände waren ebenfalls mit Steinquadern verkleidet, und zwar auf der Vorderseite mit Marmor und auf der Rückseite mit Travertin. Am unteren Mauerring reicht die Marmorverkleidung nur bis zu je 40 m zu beiden Seiten des Eingangs. Diese Fläche wurde später für Inschriften genutzt, die dort in großen Lettern angebracht waren. Soweit die Reste ein Urteil erlauben, handelt es sich um Elogien zum Lobe auf verstorbene Mitglieder des Kaiserhauses. Über der Tür wurde später ein Schild und links und rechts davon jeweils ein Lorbeerbaum als Relief eingefügt, d.h. die Ehrungen, die der Senat 27 v. Chr. Octavian bestimmt hatte. Den oberen Abschluß der Wand bildete auf einem einfachen Gesims eine Folge aus Sockeln und Brüstungsplatten, die offenbar Teile von Waffenbeute oder andere Metallgegenstände trugen. Von dem oberen Zylinder sind nur noch Teile der Verkleidung erhalten. Aus ihnen geht hervor, daß die Wand außen wohl gleich hoch wie die untere war und mit einem dorischen Gebälk endete. Darüber muß man sich wiederum einen umlaufenden Ring aus kubischen Blöcken im Wechsel mit Platten zwischen ihnen ergänzen. In den dorischen Fries wurden später Rundschilde in der Form von *parmae* eingelassen.

Die Böschung unten war gewiß bepflanzt, wahrscheinlich aber nicht mit Bäumen, wie es die heutige Situation suggeriert, sondern eher mit niedrigem Buschwerk oder mit Blumenrabatten. Auf diese Weise blieben die Statuen und Inschriften, die wohl als Bekrönung der Ringmauern kreisförmig um den oberen Rundbau angeordnet waren, gut sichtbar. Vielleicht erhob sich im Bereich über dem Zugang noch ein Aufsatz in der Art eines Ehrenbogens oder eines vergleichbaren Monumentes. Reste einer riesigen Inschrift sind jedenfalls vorhanden. Der Erdkegel ganz oben trug nach dem Zeugnis Strabos einen Hain von Bäumen, wahrscheinlich Steineichen. Aus deren Zweigen wurde die Bürgerkrone (*corona civica*) gewunden. Hier findet sich somit ein indirekter Hinweis auf eine weitere Ehrung, die der Senat Augustus verliehen hatte. Die Bepflanzung muß den Blick auf die Statue freigegeben haben. Von ihr ist nichts erhalten, so daß jede Rekonstruktion hypothetisch bleibt. Die Grundmaße der Basis von 3 m Seitenlänge lassen aber auf eine beträchtliche Höhe schließen, vielleicht auf drei- oder vierfache Lebensgröße.

Der Rundbau stand in einem quadratischen Bezirk von ca. 120 m Seitenlänge (400 röm. Fuß), der durch eine Reihe von untereinander mit Ketten verbundenen Steinpfeilern abgegrenzt war. Auf der Frontseite neben der Tür, möglicherweise in voller Breite des marmornen Inschriftenfeldes, war der Bezirk gepflastert. Die Ecken der Frontseite markierten wohl die beiden Obelisken, die heute vom ursprünglichen Standort entfernt vor dem Quirinalspalast und vor S. Maria Maggiore eine neue Aufstellung gefunden haben. Zum Mausoleum gehörte

Abb. 147   Mausoleum des Augustus: Ansicht von S

nach Strabo ein ausgedehnter Park: «Hinter dem Mausoleum befindet sich ein großer Hain, der sehr schöne Spazierwege enthält. In der Mitte des Feldes steht die Umfassungsmauer des Platzes, an dem er verbrannt wurde, ebenfalls aus weißem Marmor, ringsherum von einem eisernen Gitter umgeben, inwendig aber mit Pappeln bepflanzt.» Ähnlich äußert sich Sueton, der zusätzlich noch erwähnt, daß Augustus die Gartenanlagen schon 27 v. Chr. dem Volk zur Verfügung gestellt hat. Zwischen der Via Flaminia und dem Tiber erstreckten sich demnach in diesem Bereich ausgedehnte Parks mit dem Verbrennungsplatz und dem Mausoleum als Zentren. Weiter südlich schloß sich die Sonnenuhr an.

Die Grabkammer im Innern blieb in ihrer Ausstattung äußerst schlicht. Der kreisrunde Raum legte sich um die Mittelstütze für die Statuenbasis auf der Spitze des Mausoleum. Die Wände gliederten drei Nischen, die zusammen mit der Tür kreuzförmig verteilt waren. In dem dunklen, nur künstlich beleuchtbaren Raum waren die kostbaren, aus Edelmetall bestehenden Urnen mit der Asche der Toten in große kubische Marmorquader eingelassen, die auf ihrer Vorderseite z.T. den Namen der Verstorbenen angaben. Einzelne Statuen oder zusätzliche Inschriften auf den Sockeln oder in den Wänden der Nischen mögen hinzugekommen sein. Zu ihnen gehört die Marmorplatte mit den Namen des Schwiegersohnes, Marcellus, und der Schwester, Octavia, des Augustus. Im übrigen bleibt aber das Aussehen der Grabkammer unklar, da die meisten Teile sich ihr nicht eindeutig zuweisen lassen und überdies noch spätere Einbauten hinzukommen.

In seiner äußeren Erscheinung hatte das Mausoleum ein merkwürdiges Bild geboten. Für den Betrachter, der die innere Konstruktion nicht kannte, mußte es scheinen, als ob ein unterer, an der Außenkante gefaßter Erdkegel einen oberen Mauerzylinder mit der abschließenden Erdschüttung trug. Der konstruktive Verband wirkte so äußerst labil. Die Widersprüchlichkeit des Aufbaus erklärt sich wohl vor allem aus dem Wunsch, ganz unterschiedliche Vorlagen und Vorstellungen zu vereinen. Die beherrschende Grundidee bildet der von Bäumen bewachsene Grabhügel, der durch die ganzen Unterbauten nun an der Spitze wie ein entrücktes Totenmal dargeboten wird. Mit derartigen Hügeln verband sich seit alters her die Vorstellung von Grabstätten für Heroen. Achill hatte seinem Freund Patroklos ein solches Mal errichten lassen, wie der Hügel über dem Augustusmausoleum mit 100 Fuß Durchmesser, und laut Vergil war der Latinerkönig Dercennus unter einem solchen von Eichen bewachsenen Hügel bestattet. An diese Form des Grabes hatten schon die *nobiles* der späten Republik angeknüpft. An der Via Appia und anderswo in der Umgebung Roms gibt es Hinweise auf derartige Erdkegel aus dem 1. Jh. v. Chr. Allerdings enthalten sie in der Regel keine Kammer im Innern und sind nur von einer niedrigen Ringmauer gefaßt.

Größe, Gestaltung und Benennung erinnern vor allem an einzelne der Sieben Weltwunder. Als Name, der offenbar schon früh eingebürgert war, hatte sich neben der offiziellen Bezeichnung Tumulus Iuliorum die volkstümlichere Mausoleum durchgesetzt. Hier ist nicht ein Gattungsbegriff gemeint, der auf alle großen Grabbauten anwendbar ist, sondern eine bewußte Anspielung auf den einzigartigen Bau des Maussollos selbst, der unter die Sieben Weltwunder zählte. Das Mausoleum des Augustus übertrifft sein Vorbild in Halikarnass um einige Meter an Höhe und besitzt in gleicher Weise eine Statue des Bauherrn an seiner Spitze. Im übrigen lehnt sich die Gestaltung des Unterbaus, die wie ein schwebender Garten auf hohen Substruktionen errichtet ist, aber an ein anderes Weltwunder an, die Gärten der Semiramis in Babylon, von denen zumindest genaue Beschreibungen vorlagen. Insgesamt hat man den Eindruck, als sollten alle großen Bauten dieser Welt an Masse und Aufwand übertroffen werden. In seiner Höhe erreichte das Mausoleum des Augustus die benachbarten Hügel des Pincio, so daß sich der Bau dem von der Stadt kommenden Besucher wie ein einzelner Berg inmitten der Ebene des Marsfeldes dargeboten haben muß.

Am Anfang mochte Octavian beim Bau der Anlage vor allem daran gedacht haben, damit ein deutliches Bekenntnis zu Rom abzulegen. Sein Widersacher Antonius hatte nämlich in seinem Testament erwogen, Alexandria zur Hauptstadt eines neuen Imperium zu erheben. Befand sich aber erst das Grabmonument in Rom, dann folgt daraus – besonders wenn man die atemberaubende Größe des Baus bedenkt – geradezu zwingend, daß der Herrscher plante, seine Regierungsgeschäfte von dieser Stadt aus abzuwickeln. Der Mausoleumsbau bestätigte also unübersehbar neben dem Herrschaftsanspruch des Octavian den Anspruch Roms auf die Position als Hauptstadt des Imperium Romanum. Aus dieser Konstellation heraus wird es auch sehr wahrscheinlich, daß Augustus den Bau schon vor den Kämpfen gegen Antonius, d. h. vor 31 v. Chr. planen und beginnen ließ.

Mit der Etablierung der Macht veränderte der Bau seine Aussage. Denn nach der Fertigstellung wurden eine Reihe der schon erwähnten Schmuckteile zusätzlich eingefügt: so die Ehrenzeichen für Augustus neben der Tür und die Ehrenschilde im dorischen Fries für Caius und Lucius Caesar, die auf ihre Stellung als *principes iuventutis* verweisen. Auch die Inschriften auf der Wand neben der Eingangstür kamen später hinzu, ebenso wie nach dem Tod des Augustus die beiden bronzenen Tafeln, auf denen der Tatenbericht des Augustus verzeichnet war. Auf den Brüstungen reihten sich die Beuteteile immer neuer Siege und in dem rückwärtigen anschließenden Gartenbezirk ebenso wie auf der Böschung des Unterbaus die Statuen von Mitgliedern der kaiserlichen Familie, so daß sich der Hügel auch wie ein gewaltiges Tropaion für gleichsam alle militärischen Siege der kaiserlichen Feldherren wie auch als Park mit Ehrenstatuen verstehen ließ. Nun erst gibt sich aus den Serien der Inschriften, Statuen und Weihungen der dynastische Anspruch zu erkennen. Der Familie des Augustus sollte auch in Zukunft nach dem Tode des *princeps* die Herrschaft zukommen.

Literatur: D. Boschung, HefteABern 6, 1980, 38 ff. – R. A. Cordingley–I. A. Richmond, BSR 10, 1927, 23–35. – M. Eisner, RM 86, 1979, 319 ff. – E. Fiorelli, BdA 7, 1927–28, 214 ff. – V. Gardthausen, RM 36–37, 1920–22, 111–144. – G. Gatti, Capitolium 10, 1934, 457 ff. – G. Gatti, L'Urbe 8, 16, 1938, 1 ff. – G. Gatti BullCom 66, 1939, 273 ff. – G. Q. Giglioli, Capitolium 6, 1930, 532–567. – G. Q. Giglioli–A. M. Colini, Bull-Com 54, 1926, 192–234. – K. Kraft, Historia 16, 1967, 189–206. – A. Muñoz, Capitolium 13, 1938, 491–508. – J. C. Richard, Latomus 29, 1970, 370–388. – R. Ross Holloway, AJA 70, 1966, 171 ff. – P. Virgili, Archeologia Laziale VI (1984) 209 ff. – P. Virgili, Roma, Archeologia nel Centro II (1985) 565 ff. – G. Waurick, JbZMusMainz 20, 1973, 107 ff. – Eine Arbeit von H. v. Hesberg und S. Panciera ist in Vorbereitung.

Kat. 114

113 Mausoleum des Augustus, dorisches Gebälk

(Gipsabguß)

Berlin, Antikenmuseum, SMPK

Auf der Vorderseite des Baus lunensischer Marmor, auf der Rückseite Travertin

Rekonstruktion: Gesamthöhe 2,50 m, Breite der Triglyphen und Metopen 0,75 m

Das Gebälk schließt den Oberbau des Mausoleum oben ab, Abb. 147. Es besteht aus drei Teilen: dem in zwei Faszien unterteilten Architrav, einem Fries mit gleich breiten Metopen und Triglyphen und dem schweren Gesims. Unterschiedliche Formen haben sich in dem Gebälk zu einer neuen Einheit vermischt. Der ionische Architrav besitzt zwar ein breites Abschlußprofil, aber dennoch erscheinen darunter die Tropfen der dorischen Ordnung. Der Fries darüber endet in einem hohen Kopfband, und die ursprünglich freistehenden Tropfenplatten auf der Unterseite des Gesimses werden hier versenkt angegeben und wechseln mit Schmuckmotiven von Kassetten, nämlich Rosetten, Blüten und Pateren. Formen der dorischen und ionischen Ordnung sind so eng miteinander verschmolzen und vielfach noch mit weiteren Motiven dekorativ kombiniert, eine typische Erscheinung der späthellenistischen Architektur. Auf der Vorderseite des Gesimses sind Löwenköpfe angebracht, die hier ohne Durchbohrung reine Schmuckfunktion besitzen. Ihre Gestaltung folgt klassischen Vorbildern, ohne daß sich die Vorlagen präzise bestimmen lassen.

Aufschlußreich ist die Gestaltung der Blöcke, die in der Anlage der Ornamente und der technischen Vorrichtung eine äußerst rationale Nutzung von Arbeitskraft und Material verraten. Die Blöcke banden rückwärtig in die Gußmasse des oberen Aufbaus ein. Deswegen konnte man gegenüber der Außenverkleidung darunter die Dicke von Architrav und dann besonders von den Friesplatten zurücknehmen und so kostbares Marmormaterial sparen. Das Gesims als Unterlager für den Plattenring darüber bestand hingegen aus großen, weit in die Tiefe gehenden Blöcken. Bei der Ausführung in Travertin ging man mit dem Material großzügiger um, und besonders die Friesplatten sind dicker. Die Orna-

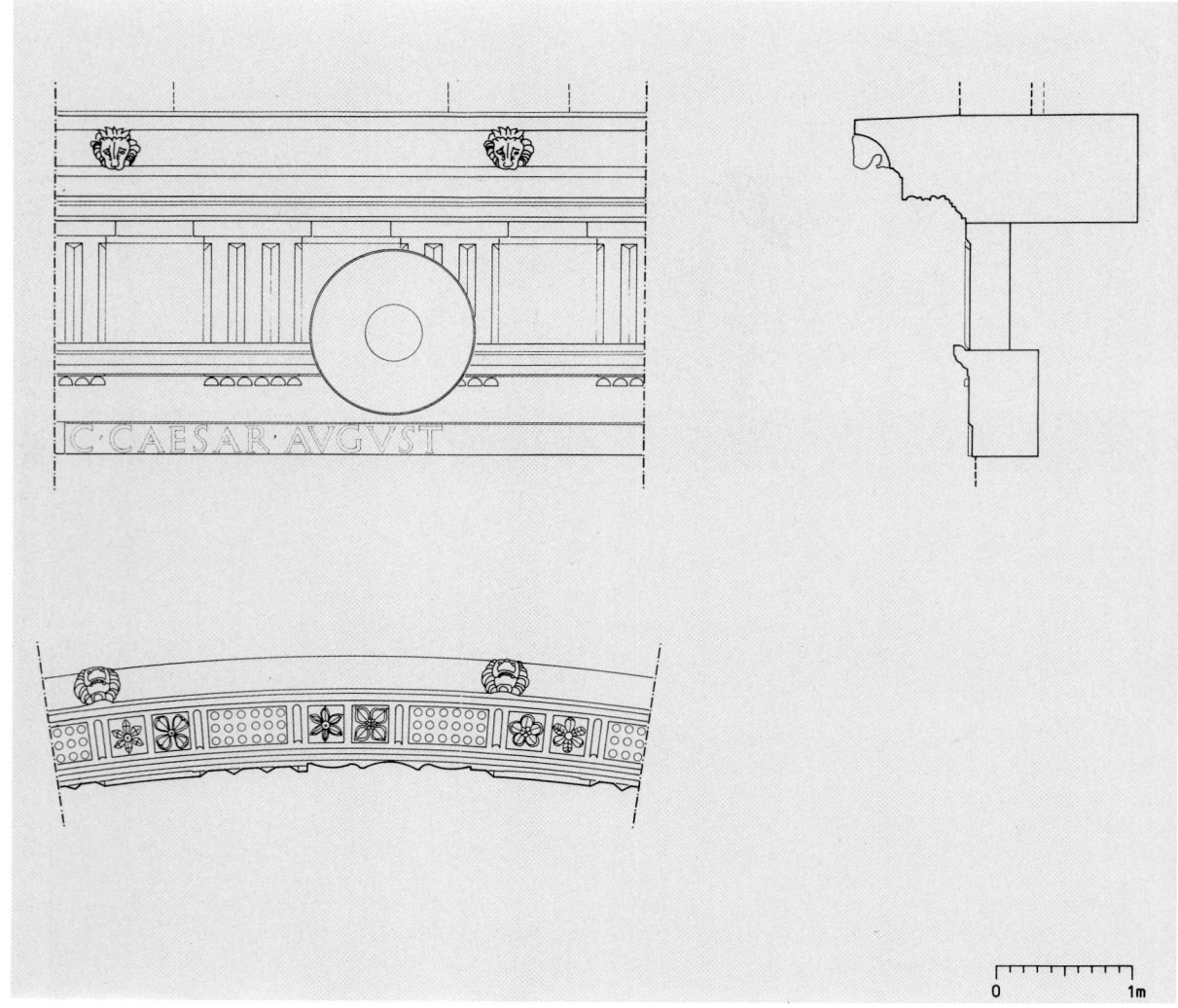

Abb. 148 Mausoleum des Augustus: Rekonstruktionszeichnung des dorischen Gebälks (Zeichnung I. Boll)

mente wurden zunächst nur streifenartig angelegt und dann durch kerbenartige Vertiefungen gegeneinander abgesetzt und dadurch differenziert. Besonders deutlich wird das am Kopfband des dorischen Frieses. Aufschlußreich ist auch die Funktion des Abschlußprofils des Architravs. Gegenüber der Oberfläche des Architravs ragt es etwas hervor und dient so als Lehre bei der Versetzung der Friesblöcke.

Nach Fertigstellung des dorischen Gebälkes wurden zu einem späteren Zeitpunkt die Schilde eingelassen, die auf die architektonische Gestaltung keine Rücksicht nehmen. Die Schilde waren ebenfalls aus Marmor gearbeitet und wurden in die entsprechenden Ausarbeitungen eingelassen. Sie haben die Form von kleinen Reiterschilden (*parma*), die ein Zeichen der *principes iuventutis* bildeten. Sie verweisen demnach auf die Inschrift darunter, die Caius Caesar, Sohn des Agrippa und der Iulia und Adoptivsohn des Augustus, nennt. 6 v. Chr. erhielt er die Ehrenzeichen des *princeps iuventutis* und wurde damit als Nachfolger des Augustus anerkannt. 4 n. Chr. ist er in Kleinasien gestorben. Trotz des großen

Abstandes ist die Inschrift, die man sich in roter Farbe angelegt vorstellen muß, noch von einem Standpunkt vor dem Zugang des Mausoleums gut lesbar.
Unpubliziert. Das dorische Gebälk wurde in der Regel nach den Zeichnungen B. Peruzzis rekonstruiert, dabei aber der Fries außer acht gelassen. Vgl. zuletzt P. Virgili, Archeologia Laziale IV (1984) 209 ff.

114 Mausoleum des Augustus, Inschrift für Marcellus und Octavia (Foto)

Lunensischer Marmor
H 0,73 m, B 1,46 m, T 0,41 m
Der Inschriftenstein aus Marmor wurde bei den Grabungen vor der eigentlichen Grabkammer im Innern gefunden. Er besitzt keine Krümmung der Vorderfläche und kann auch wegen der Tiefe nicht zur Außenverkleidung des Baus gehört haben. Wo er allerdings seinen Platz gefunden hat, läßt sich nur schwer bestimmen, am ehesten wohl noch im Innern der Grabkammer oberhalb oder am Sockel unterhalb der Urnen der beiden Verstorbenen. Genannt werden Marcellus, Sohn des

Kat. 113

Kat. 115

Caius Marcellus, der 25 v. Chr. die Tochter des Augustus, Iulia, heiratete und 23 v. Chr. starb, und dessen Mutter Octavia, Tochter des Caius Octavius, die Schwester des Augustus, die 11 v. Chr. verstarb.
Literatur: G. Q. Giglioli, Capitolium 6, 1930, 534. – Nash, Rom II, 39 Abb. 720.

115 Urnenbehälter für die ältere Agrippina (Foto)
Rom, Konservatorenpalast
Lunensischer Marmor
H 1,14 m, B u. T 0,89 m
Der kubische Marmorblock besitzt ziemlich die Außenmaße von 3×3×4 röm. Fuß. Der Schlichtheit des Aufbaus entspricht die einfache Gestaltung ohne Profile und die Inschrift, die sich auf die notwendigsten Angaben über die Verstorbene beschränkt. Agrippina war die Tochter des Marcus Agrippa und der Iulia. Sie heiratete Germanicus und gebar ihm Caius, den späteren Kaiser Caligula. 33 n. Chr. ist sie in Verbannung gestorben, doch 37 n. Chr. ließ ihr Sohn die Urne in das Mausoleum des Augustus überführen.
Literatur: CIL VI Nr. 886. – Nash, Rom II, 43 Abb. 725. – Helbig[4] II (1966) Nr. 1678 (E. Meinhardt).

Hanz Günter Martin

Die Tempelkultbilder

Der Glaube an die Götter war in der späten Republik zumindest bei der Oberschicht stark außer Kurs geraten. Das neue Machtgefühl, das die Götter eher zu Dienern als zu Empfängern des persönlichen Erfolges machte, vor allem aber die aufgeklärten Lehren der griechischen Philosophenschulen hatten den Wertekanon des *mos maiorum*, wie ihn Cicero beständig beschwor, außer Kraft gesetzt. Besonders sichtbar wurde dies in der Vernachlässigung der religiösen Pflichten. Die Tempel wichtiger Staatsgötter, deren Unterhalt in der Regel Aufgabe einzelner, bedeutender Familien war, verfielen, die Kultstatuen waren vom Alter angefressen, die jährlichen Spiele wurden nicht mehr regelmäßig abgehalten und Priesterämter blieben unbesetzt. Ein religiöses Amt und die Verpflichtung zum Tempelbau wurde nur dann übernommen, dann allerdings mit großem Eifer, wenn es direkt in politisches Kapital umzumünzen war und die Karriere als Politiker unmittelbar förderte.

Augustus versuchte dies zu ändern. Er rief eine Religionspolitik ins Leben, die auf eine umfassende Restauration der bis dahin bestehenden, aber auch die Einführung neuer Kulte abzielte und die der Versuch einer Neubelebung der staatlichen wie der privaten *pietas* war. Möglichst alle Schichten sollten an diesem Prozeß beteiligt werden: Augustus selbst und seine Familie gingen mit ihrem Beispiel voran, andere Vermögende der Oberschicht wurden aufgefordert, ihr Geld für Tempelbauten einzusetzen, und selbst von den weniger Reichen erwartete man jedes Jahr zu Jahresbeginn eine Spende für einen eigens eingerichteten Fond für sakrale Projekte, sowie die Finanzierung der, erst von Augustus eingerichteten, Laren- und Compitalheiligtümer. Als Erfolg dieser Politik konnte Augustus in seinem Tatenbericht eine stolze Summe ziehen: zwölf Tempel hatte er allein in Rom neu errichtet und 83 Tempel wiederhergestellt, mehr als irgendein Römer vor ihm. Dem religiösen Neuansatz war dennoch keine lange Dauer beschieden, denn mehr und mehr verdrängte in der Folgezeit der Kaiserkult die Pflege der althergebrachten Götter.

Von den in augusteischer Zeit aufgestellten Kultstatuen selbst haben wir nur verschwindend geringe Reste (Kat. 118. 119); immerhin können wir aus schriftlichen und indirekten archäologischen Quellen manche dieser Kultbilder mit einiger Wahrscheinlichkeit rekonstruieren.

Die spätrepublikanischen Kultstatuen

Bald nach dem Beginn des 6. Jhs. v. Chr. begann man, in Rom den Göttern, die man zuvor anikonisch verehrt hatte, Tempel mit Kultbildern zu errichten; sie waren vorwiegend aus Holz oder Terrakotta gearbeitet. Die fast ausschließliche Verwendung dieser beiden Materialien machte für spätere Epochen die Statuen offenbar besonders heilig, und man behielt diese Praxis etwa vier Jahrhunderte lang nahezu unverändert bei; auch dann, als man längst dazu übergegangen war, für Ehrenstatuen und andere Denkmäler − auch andere Götterbilder − Bronze und Stein zu benutzen. Erst mit dem Beginn des 2. Jhs. v. Chr., einer Phase der verstärkten Hellenisierung Italiens, änderte sich dies. Zwar stand Rom seit seinem Bestehen in Kontakt mit Griechenland und wurde von griechischer Kultur beeinflußt, erst jetzt aber begann ein massierter Import griechischer Kunstwerke, denn Rom schickte sich an, eine Weltstadt zu werden. Das hängt zusammen mit den großen, weit über Italien hinausgreifenden Eroberungen im Westen und vor allem im Osten, die Rom in eine Konkurrenzsituation mit den glänzenden hellenistischen Residenzen, wie Pergamon oder Alexandria, stellten. Jetzt wurden auch in Rom die Kultbilder aufwendiger gearbeitet: Statuen aus Goldelfenbein, vergoldete Bronzestatuen und marmorne Akrolithstatuen wurden zur Regel.

Der Ablauf einer Tempelstiftung blieb stets der gleiche: Der Feldherr, also ein Konsul oder seltener ein Sonderbevollmächtigter, legte vor oder während einer Schlacht ein Votum ab, in dem er sich verpflichtete, im Falle eines Sieges einer bestimmten Gottheit einen Tempel zu errichten oder wiederherzustellen. Nach Rom zurückgekehrt, feierte er den ihm zustehenden Triumph und nahm dann, gewöhnlich inzwischen zum Censor geworden, die Bauarbeiten auf, die er zu einem großen Teil aus der Kriegsbeute, *e manubiis*, finanzierte. Da auf dem Tempelarchitrav sein Name stand und der Bau hinfort in der Öffentlichkeit mit seiner Familie verbunden war, wurde hier nicht mit Mitteln gegeizt, vielmehr jede Möglichkeit einer prunkenden Selbstdarstellung genutzt. Der sakrale Aspekt trat damit zurück hinter den der Repräsentation seines Stifters. Wie wichtig dies geworden war, mag ein Beispiel aus dem Verhalten Caesars zeigen: der Tempel der Kapitolinischen Trias war nach dem Brand 83 v. Chr. von Q. Lutatius Catulus wieder aufgebaut und 14 Jahre später neu geweiht worden; selbstverständlich stand sein Name auf dem Architrav. Diesen Catulus nun klagte Caesar zweimal wegen Unterschlagung öffentlicher Baugelder an. Das erste Mal, damit der Name des eigenen Schwiegervaters Pompeius auf den Architrav, das zweite Mal, als Caesars Macht schon unbestritten war, damit sein Name dort zu stehen käme. Dazu setzte er kurz vor seinem Tod eigens einen Senatsbe-schluß durch, der aber doch wohl nicht mehr zur Ausführung kam.

Die neue Tendenz zur Darstellung der eigenen Macht und Prachtentfaltung drückte sich schon in den Tempelbauten in einer neuen, von den Griechen übernommenen Form aus. Im Jahre 146 v. Chr. hatte Q. Caecilius Metellus Macedonicus dem Iuppiter Stator den ersten Tempel Roms bauen lassen, der ganz aus Marmor bestand; der Architekt war ein Grieche, Hermogenes von Zypern. Der gleiche Mann baute 14 Jahre später den Marstempel des Brutus Callaicus, einen rein griechischen Peripteraltempel. Schon mit Fulvius Nobilior waren griechi-sche Künstler und Handwerker nach Rom gekommen, die hier reichlich Arbeit fanden. So ent-standen nördlich des Circus Flaminius architektonische Anlagen, die ein ganz griechisches Gepräge aufwiesen: die Porticus Metelli, die Porticus Octaviae, wahrscheinlich mit korinthi-schen Bronzekapitellen, der Tempel des Hercules Musarum, ein Treffpunkt für die römischen Dichter, die sich nun mit Übertragungen griechischer Literatur beschäftigten, sowie weiter im Norden die Porticus Minucia Vetus mit einem gräzisierenden Rundtempel. In den Tempelanla-gen standen vor allem griechische Statuen, besonders etwa in den Porticus Metelli und Minucia Vetus auf dem Marsfeld und im Tempel der Felicitas im Velabrum. Dies waren fast im heuti-gen Sinne Museen für griechische Kunst. Dagegen gab es zwar eine Opposition: der ältere Cato etwa oder Varro, der geistige Führer einer Bewegung, die alles Neue, Griechische ablehnte und die altrömischen Tugenden und Gebräuche in den Vordergrund stellte; das Gesicht dieser Epoche war jedoch griechisch geprägt.

Ein Gleiches gilt für die Kultstatuen. Sie waren, soweit wir davon überhaupt Kenntnisse besitzen, entweder von griechischen Künstlern oder nach griechischen Vorbildern gearbeitet. Ein gewisser konservativer Zug, wie wir ihn gewöhnlich bei kultischen Dingen überall feststel-len können, eignet auch der Gattung der Kultbilder. So finden wir darunter wenige späthelleni-stische, also zeitgenössische Skulpturen und dafür viel mehr klassizistische Werke, d. h. Sta-tuen, die stilistisch auf das 5. und 4. Jahrhundert rekurrieren. Im Kult gilt meist alles, was althergebracht oder alt ist, auch als besonders verehrungswürdig. So hat man sich nicht gescheut, bei einigen Kultbildern altertümelnde, archaisierende Stilformen zu verwenden, die die Götter künstlich alt erscheinen ließen. Erhellend ist hier die Gegenüberstellung der Köpfe der ,Mens' (Kat. 117) und der Fides (Kat. 116), die, beide um das Jahr 58 v. Chr. entstanden, doch einen ganz verschiedenen Eindruck hervorrufen. Während die ,Mens' auf Frauenköpfe des 4. Jahrhunderts zurückgeht, weist die Fides mit ihrer hohen rechteckigen Stirn, den gerade geführten Brauenbögen und den hochliegenden Augen deutlich ältere, hochklassische und, im Verhältnis zur Entstehungszeit, sehr viel stärker altertümelnde Züge auf.

Beide Köpfe, sie stammen von Stiftungen des M. Aemilius Scaurus, können stellvertretend auch für die Möglichkeiten von Kultbildern in caesarischer Zeit stehen. Von einer Tempelwei-hung oder Kultbildstiftung von Caesar selbst haben wir nichts erhalten. Es bleibt hier auch die Frage, inwieweit Pläne und Bauvorhaben, die für ihn überliefert sind, oder ihm von der For-schung zugeschrieben wurden, tatsächlich realisiert worden sind. Mit Sicherheit wissen wir dies nur vom Forum Iulium, wo Caesar 46 v. Chr. den Tempel der Venus Genetrix einweihte. Die Kultstatue der Venus stammte, wie Plinius berichtet, von der Hand des Griechen Arkesilaos. Bei der Dedikation war die Statue noch nicht ganz fertiggestellt. Leider kennen wir das ikono-graphische Schema dieses Kultbildes nicht und können daher unter den zahlreichen überliefer-ten Venustypen jenen der Genetrix nicht mit Sicherheit bestimmen. Für das wahrscheinlichste gilt mir jedoch aus mehreren Gründen ein klassischer Aphroditetyp, der nach den bekanntsten Repliken Typus Louvre/Neapel genannt wird: eine stehende Venus, die mit der Rechten einen Mantelzipfel über die Schulter zieht, während die linke Brust entblößt ist. Wenn dies zutrifft, so gilt auch für das einzige Kultbild, das wir für Caesar überliefert haben, daß es, wie für so viele römische Kultstatuen der Republik typisch, nach einem älteren griechischen Vor-bild gearbeitet wurde.

Die persönlichen Götter des Augustus

Augustus geht noch einen Schritt weiter, denn er ließ griechische Originalwerke als Kultstatuen aufstellen: So im Tempel des Apollo Palatinus, wo der Apoll ein Werk des Skopas war, die Diana von Kephisodot und die Latona von Timotheos stammten, so auch im Tempel des Iuppiter Tonans, wo eine Bronzestatue des Leochares zur Verwendung kam. Es betrifft dies auffälligerweise die persönlichen Schutzgötter des Augustus, die er dennoch auch zu Staatsgöttern machte. Ein Indiz dafür, wie sehr Augustus seine persönlichen Götter in den Vordergrund spielte, liefert die Saecularfeier 17 v. Chr., bei der neben dem Iuppiter Capitolinus, der nicht zu umgehen war, sonst nur noch dem Iuppiter Tonans, dem Apoll und der Diana Früchteopfer gebracht wurden.

Die Kultbildgruppe aus dem Apollotempel auf dem Palatin ist wiedergegeben auf einer der Schmalseiten der Basis von Sorrent (Kat. 208). In der Mitte steht Apoll, zu seiner Rechten Diana im Kreuzbandchiton mit einer langen, szepterartigen Fackel in der Linken, und auf der anderen Seite Latona in starker Ponderierung, bekleidet mit einem Überfallpeplos und einem Schultertuch, das bis über den Kopf gezogen ist. In der Rechten hält sie ein schräg gestelltes Szepter. Von den Statuen der beiden Göttinnen kennen wir bis jetzt, außer der sorrentinischen Basis, keine Repliken oder Nachklänge, wir wissen auch nichts über ihren ursprünglichen Standort. Das Bild der Diana von Timotheos, entstanden wohl kurz vor 360 v. Chr., wird im Jahre 28 v. Chr. nur noch ein Torso gewesen sein, denn der athenische Bildhauer Avianus Euander mußte für die Kultstatue einen neuen Kopf verfertigen. Von der skopasischen Apollostatue kennen wir vier statuarische Wiederholungen und zwei Varianten. Zusammen mit der sorrentinischen Basis läßt sich daraus mit A. F. Stewart folgende Statue rekonstruieren: «Stands on left with right relaxed and set slightly to side. Pose chiastic. Clad in long peplos with relatively high girdle and apoptygma, himation hangs from shoulders. Right arm extended with patera, left holds cithara against upper torso. Head frontal or turned to right shoulder. Small fold bundle over centre of girdle and deflection of folds over instep of left foot characteristic.» Reste vermutlich der originalen Kultstatue hat 1966 G. Carettoni bei Nachgrabungen auf dem Palatin gefunden (Kat. 118). Diese Statue, entstanden wohl ebenfalls um 360 v. Chr., bildete ursprünglich wahrscheinlich das Kultbild eines Apollontempels in Rhamnous, denn diesen Namen, Apollo Rhamnusius, bewahrte es noch in Rom.

Ein besonderes Anliegen war Augustus der Kult des Iuppiter Tonans. Er war ein bis dahin den Römern nicht geläufiger Gott, wurde aber vor allem durch die Literatur so massiv propagiert, daß *tonans* zum beliebtesten Epitheton für Iuppiter überhaupt wurde und der neue Gott die Pflege des alteingesessenen Iuppiter Capitolinus zu verdrängen drohte. Die Kultstiftung des Tonans ging auf ein anekdotisches Erlebnis des Augustus aus dem Jahre 26 v. Chr. zurück: nach seiner Darstellung hatte ein Blitzschlag in Cantabrien ihn selbst verschont und dafür den vorausgehenden Sänftenträger erschlagen. Die Verbindung dieses Gottes zum jeweiligen Herrscherhaus blieb stets besonders eng, denn Iuppiter Tonans war seiner Natur nach ein ausgesprochen ,königlicher' Gott. Schon bei Hesiod wurde die göttliche Macht über Blitz und Donner mit der Macht eines irdischen Herrschers parallelisiert, wie dann bei Horaz, der im Jahre des Tempelvotums dichtete:

Caelo tonantem credidimus Iovem
regnare: praesens divus habebitur/Augustus...
(Im Himmel, so glauben wir, herrscht der Donnerer Iuppiter:
für einen unter uns weilenden Gott werden wir Augustus halten...)

Der Exklusivität dieses Gottes für das Herrscherhaus entspricht es, daß ihm praktisch keine Privatweihungen gestiftet wurden. Das Kultbild war eine im 4. Jahrhundert entstandene Bronzestatue des attischen Künstlers Leochares. Wir wissen nicht, woher Augustus diese Statue hatte, ob von einem Heiligtum in Griechenland, oder aber vielleicht aus der riesigen Kunstsammlung des Asinius Pollio, der sie ihm dann zur Verfügung gestellt hätte. Für das Aussehen des Kultbildes kann eine augusteische Prägung (Kat. 352) der Jahre 19/15 v. Chr., also aus der Zeit n a c h der Tempelweihung, Auskunft geben. Die Münze trägt die Legende IOVI TONANTI und zeigt in einem hexastylen Tempel einen stehenden, nackten Iuppiter, der in der gesenkten Rechten einen Blitz und mit der erhobenen Linken ein Szepter hält. Bronzestatuetten, die dies Motiv wiederholen, sind zwar in großer Anzahl bekannt, doch werden sie in der Forschung eher als Nachklänge der kolossalen Zeusstatue des Lysipp in Tarent aufgefaßt. Hier wird eine Entscheidung nur schwer zu fällen sein, vielleicht kann jedoch eine weitere erhaltene Kultstatue Klärung bringen.

Der Tempel des Iuppiter Tonans lag am Eingang zum Kapitolshügel, Reste konnten bisher nicht sicher zugewiesen werden. Wir wissen, daß vor der Fassade des Tempels auf zwei vorspringenden Risaliten − auf der Münze nicht dargestellt − Statuen der beiden Dioskuren standen, geschaffen von Hegias. Die gleiche Anordnung: zwei Reiterstandbilder vor einer sechssäuligen korinthischen Fassade findet sich am Iuppitertempel auf dem Forum in Pompeji. Diese Ausgestaltung stammt von einem Umbau in spätaugusteischer oder tiberischer Zeit und wir dürfen schon hier vorsichtig einen Zusammenhang vermuten. Im Tempel wurde ein überlebensgroßer Iuppiterkopf (Kat. 119) gefunden, der von einer Kultbilderneuerung zu jener Zeit stammen dürfte. Der Tempel war zuvor in sullanischer Zeit für den Kult der Kapitolinischen Trias umgebaut worden; Reste der Kultbilder von Iuno und Iuppiter haben sich erhalten. Danach war die Kultstatue des Iuppiter ganz im Typus des Capitolinus gearbeitet, also sitzend, mit Mantel um den Unterkörper und auf der linken Schulter, die Rechte mit dem Blitz ruhte im Schoß, der linke Arm war erhoben und die Hand umfaßte ein langes Szepter; der Kopf wandte sich leicht nach rechts. Zu einer Kultbilderneuerung, die eine Wiederholung dieser Iuppiterstatue wäre, kann der großartige Kopf aber niemals gehören. Er stellt keine Variante des zum Capitolinus gehörigen Kopftypus Otricoli dar und vor allem ist er nach links und nicht nach rechts gewandt. Er kann auch nur, wie schon längst von Mau, Arndt und anderen gesehen wurde, von einer stehenden, eher noch schreitenden Figur stammen. Wir haben es also in Pompeji nicht mit einer Kultbilderneuerung, sondern mit einem Kultbildwechsel zu tun. Das alte Kultbild des sitzenden Iuppiter ist abgebaut und in den *favissae* des Tempels verwahrt worden, wo es auch tatsächlich gefunden wurde, eine neue Iuppiterstatue wurde aufgestellt. Das Bild eines labil stehenden oder nach links schreitenden nackten Iuppiters liefert uns die hervorragende Bronzestatuette des Iuppiter aus Vieil-Evreux (Abb. 149). Das zurückhaltende Schrittmotiv und das so pronnciert mit der Linken dargebotene Blitzbündel, weder zum Schleudern erhoben noch ruhig gesenkt, lassen sich leicht mit Vorstellungen verbinden, die man an anderen Statuen als typisch für Leochares analysiert hat. Unabhängig davon ist schon der Kopf allein mit diesem Künstler in Verbindung gebracht worden. Wenn dies kurz skizzierte Bild zutrifft, ergeben sich folgende Konsequenzen: Die Bronzestatue des Leochares, als Kultbild im Iuppiter-Tonans-Tempel in Rom verwandt, zeigte einen nackten, leicht ausschreitenden Zeus, der mit der erhobenen Rechten ein Szepter umfaßte und in der angewinkelt vorgestreckten Linken einen Blitz hielt; das Haupt, nach links gewandt und vielleicht etwas geneigt, umrahmte ein züngelnder Lockenkranz, der dichte, massige Vollbart war zweigeteilt.

Diese Statue wurde in Marmor kopiert und in Pompeji anstelle des alten, sitzenden Iuppiterbildes dediziert. Die Münzen, die auf den Tempelbau rekurrieren, zeigen, wie durchaus nicht ungewöhnlich, das Kultbild seitenvertauscht und, aus Platzgründen, mit etwas weiter gesenktem Arm.

Die bisher besprochenen Götter zeichneten sich einmal durch ihre besondere Nähe zu der Person des Augustus aus, und zum anderen dadurch, daß ihnen als Kultbilder griechische Originalstatuen des fünften und vor allem des vierten Jahrhunderts aufgestellt wurden. Für Mars Ultor trifft zumindest ersteres zu. Octavian hatte die Rache an den Caesarmördern ganz für sich in Anspruch genommen und sie zu einem Akt seiner *pietas* gegenüber dem Vater gemacht. Daher war der Kriegsgott mit dem Beinamen «der Rächer» ganz besonders sein Gott, und die religiösen Privilegien, mit denen Augustus den Kult des Mars Ultor ausstattete und die denen des Iuppiter Capitolinus gleichkamen, unterstreichen dies sinnfällig. Als Kultbild kam jedoch kein griechisches Original, sondern eine römische Neuschöpfung zur Verwendung: ein gepanzerter bärtiger Mars, der die Bildform zu dem in augusteischer Zeit neu formulierten Gedanken des väterlichen Mars, des Mars Pater, darstellte. Der Typus war als Statue zum ersten Mal vermutlich im Pantheon aufgestellt, er kehrt auf der Ara Pacis (s. u.) wieder und dann in der Kultstatue des Mars Ultor. Die wichtigsten Denkmäler zur Rekonstruktion sind ein Relief aus Karthago (Abb. 150), das die ganze Kultgruppe wiedergibt, und die Kolossalstatue im Kapitolinischen Museum (Abb. 151), die in domitianischer Zeit als Ersatz für das augusteische Kultbild aufgestellt worden war und dieses relativ genau wiederholte. Die den ursprünglichen Zustand verändernden Restaurierungen betreffen nur die Beine und den Kopf, der fälschlicherweise nach links gedreht aufgesetzt wurde. Die augusteische Kultstatue trug also einen Muskelpanzer über einem kurzen Untergewand, dazu Beinschienen und Soldatenstiefel, sowie

Abb. 149 Bronzestatuette des Iuppiter aus Vieil-Evreux, Museum Evreux (Foto Museum)

Abb. 151 Kolossalstatue des Mars Ultor, Rom, Mus. Capitolini

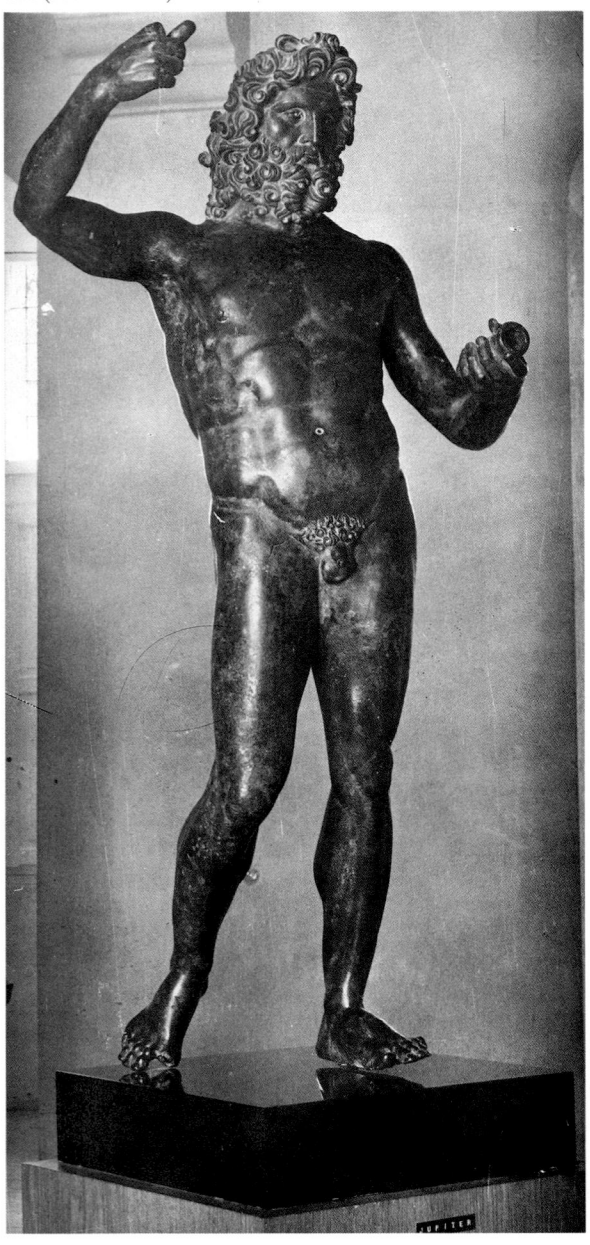

Abb. 150   Relief aus Karthago: Kultgruppe des Mars-Ultor-Tempels, Algier, Mus. Archéologique (n. P. Zanker, Augustusforum Taf. 47)

einen Helm mit hoher Helmzier; um die Arme schlang sich ein schmales Manteltuch. Mars stand auf dem rechten Bein, das linke leicht vorgesetzt; in der herabhängenden Linken hielt er einen bis zum Boden reichenden Rundschild, die erhobene Rechte stützte eine Lanze auf, der Kopf wandte sich leicht nach rechts, so einen Bezug zu der rechts von ihm stehenden Venus andeutend, wie er auf dem Relief Algier noch verstärkt dargestellt ist. Fraglich ist, ob auch beim augusteischen Kultbild der Muskelpanzer reliefiert war, da ihn die augusteische Basis von Sorrent und das neronische Relief Algier unverziert zeigen. Vielleicht trug erst die flavische Kultstatue einen Reliefpanzer.

Soweit die persönlich mit Augustus verbundenen Götter, die auch in der kaiserlichen Propaganda eine besondere Rolle spielten. Doch Augustus' Konzept der *pietas erga deos* war wesentlich weiter gefaßt.

Die übrigen Götter

Beispielhaft für die Kulterneuerungen und -einsetzungen, die in augusteischer Zeit in Rom und ganz Italien stattfanden, sei hier die Kybele vom Palatin besprochen.

Der Kult war nach Befragung der Sibyllinischen Bücher 204 v. Chr. eingerichtet worden. Als Kultbild hatte man aus Pessinus in Kleinasien einen dunklen, konisch geformten Meteoritstein herbeigeschafft, der schon dort unter dem Namen der Großen Mutter verehrt worden war. Seltsamerweise wurde der Kybelekult in Rom nicht *extra pomerium*, wie alle anderen Fremdkulte, sondern auf dem Palatin angesiedelt. Die Ursache für diese Ausnahme war wohl der Gedanke an die trojanische, also kleinasiatische Abstammung der Römer, die darum einen von dort stammenden Kult eben nicht als fremd ansahen. Der konische Meteorit war das eigentliche Kultbild, ihn hat man alljährlich in einer Prozession vom Palatin zum Alno vor die Stadt gebracht und dort gewaschen; erst in der späteren Kaiserzeit hat man den Stein anthropomorphisiert, indem man einen silbernen Frauenkopf darauf setzte. Der Kultstein wurde offenbar bei Grabungen 1730 auch tatsächlich gefunden, aber nicht weiter beachtet. Spätestens Augustus hat bei dem Tempelwiederaufbau 3 n. Chr., der durch einen Brand notwendig geworden war, neben dem Stein auch ein anthropomorphes Kultbild der Kybele aufgestellt. Ovid, der in den *Fasti* besonders die Kultrestitutionen des Augustus feiert, beschreibt die Göttin stets als weibliche Statue; von den Attributen überliefert er eine Mauerkrone. Eine solche Statue ist auf der augusteischen Basis von Sorrent (Kat. 208) abgebildet: Kybele sitzt auf einem von Löwen flankierten Thron, sie trägt eine Mauerkrone und einen Schleier, den rechten Arm stützt sie auf ein Tympanon. Das Vorbild dieser Statue war mit großer Wahrscheinlichkeit das Kultbild der Meter im Metroon von Athen, geschaffen von dem Künstler Agorakritos. Die Verwendung eines solchen klassischen Bildes hob sicher auch das Ansehen der Göttin, die bei den Vornehmen Roms wegen ihres orgiastischen Kultes in Verruf stand. Vor allem aber fanden mit der Kultrestitution des Augustus der Mythos von der trojanischen Abstammung der Römer und die Ideologie der Goldenen Zeit neue Bestätigung.

Kultbilder in Compitalheiligtümern

Mit dem Antritt seines Pontifikalamtes 12 v. Chr. nahm Augustus eine Reform des Compitalkultes in Angriff, die vor allem die niederen Stände einbezog und die Bevölkerung Roms quartierweise strukturierte (vgl. Kat. 217−225); die Reform war fünf Jahre später abgeschlossen. Die Grundfinanzierung der kleinen Compitalheiligtümer war Aufgabe der jeweiligen *vici*. Zur prachtvolleren Ausstattung der Heiligtümer hatte Augustus die alte Sitte der Neujahrsgabe wiedereingeführt. Mitglieder aller Stände spendeten alljährlich in eine gemeinsame Kasse, die dann zur persönlichen Verfügung des Kaisers stand. Von dieser Kollekte, die Augustus gewöhnlich noch aufstockte, konnten Statuen für einzelne Heiligtümer bezahlt werden; als offizieller Stifter trat immer Augustus auf. Sueton, der diesen Usus beschreibt, erwähnt als besonders bemerkenswert unter den aus diesem Fonds erworbenen Götterbildern einen Apollo Sandaliarius und einen Iuppiter Tragoedus, zwei Götterstatuen in Compitalheiligtümern, die ihre Beinamen von der Straße hatten, in der das Heiligtum lag. Leider sind diese beiden *sacella* noch nicht gefunden; ein anderes jedoch auf dem Esquilin bei S. Martino ai monti konnte ausgegraben werden. Es enthielt eine Bronzestatue des Mercur, die, wie die erhaltene Basis (Abb. 152) lehrt, im Jahre 10 v. Chr. aufgestellt wurde. Sie wurde bezahlt aus den Spenden, die das römische Volk am Neujahrstag dem Augustus überreicht hätte, wäre er in Rom gewesen; er hielt sich jedoch in Lyon auf: so ist ausdrücklich darauf hingewiesen, daß ihm die Kollekte in seiner Abwesenheit zusammengebracht wurde.

Im übernächsten Jahr, 8. v. Chr., wurde von der Neujahrsspende eine Statue des Vulcanus gekauft und auf dem Forum am Volcanal aufgestellt. Hier hat sich von der Weihung nur die Inschriftplatte (Abb. 153) der Basis erhalten, die ebendort gefunden wurde. Material und Aussehen des Vulcanusstandbildes lassen sich nicht mehr rekonstruieren; die allgemeine Ikonographie des römischen Vulcanus entspricht jedoch der des griechischen Hephaistos, und demgemäß, mit *pilleus* und Arbeitsschurz, werden wir uns auch die Vulcanusstatue vorstellen dürfen.

Grundzüge augusteischer Kultbildstiftungen

Wie wir sahen, spielte die Einrichtung und Erneuerung von Kulten in der Politik des Augustus eine zentrale Rolle. Die rechtlichen Grundlagen dazu hatte er sich im Jahre 27 v. Chr. verschafft, als er sich vom Senat mit der Sondervollmacht ausstatten ließ, alle Tempel Roms reno-

Abb. 152   Compitalheiligtum auf dem Esquilin, Basis einer Statue des Mercur (n. Bullcom 16, 1888, Taf. 12)

Abb. 153   Inschriftbasis von einer Statue des Vulcanus, Forum Romanum (n. F. Coarelli, Il Foro Romano I [1984] Abb. 43)

vieren zu dürfen; ab 12 v. Chr., der Übernahme des Pontifikats nach dem Tode des Lepidus, konnte er diese Politik verstärkt fortsetzen. Sie bedeutete in ihrem Umfang und in ihrer Einheitlichkeit für Rom etwas völlig Neues, war aber nicht ohne Vorbilder in der griechischen Welt. Schon Antiochos I. und die Seleukiden sowie die Ptolemäer hatten eine neue Religionspolitik wesentlich größeren Zuschnitts als bis dahin üblich praktiziert, und Augustus wird deren Wirkung bei seinen Reisen im Osten kennengelernt haben. Kennzeichnend für ihn ist jedoch, im Gegensatz zu den hellenistischen Herrschern, daß er sich weniger innovatorisch, dagegen eher als ein Bewahrender verstanden wissen wollte. So wurde stets bei Kulterneuerungen auf die altrömische Tradition der betreffenden Gottheit gesehen und sogar, wo diese nicht ausreichte oder nicht vorhanden war, durch die Dichtung eine neu geschaffene zeitlich rückprojiziert.

Bei der Auswahl der Kultstatuen, und auch dies könnte man unter diesem Blickwinkel sehen, ist eine starke Vorliebe für Kunstwerke der griechischen Klassik festzustellen, so bei der Palatinischen Trias, beim Iuppiter Tonans und bei der Kybele. Das ist eine keineswegs erstaunliche Feststellung, sondern fügt sich nahtlos in den augusteischen Klassizismus ein. Eine besondere Note darin bildet die bevorzugte Verwendung von griechischen Originalstatuen für die Gottheiten, mit denen Augustus persönlich verbunden war, wie er überhaupt danach trachtete, gerade diese Heiligtümer mit griechischen Originalen auszustatten. So standen etwa vor dem Tempel des Iuppiter Tonans ein Zeus des Myron und auf dem Augustusforum die Athena Alea des Endoios, weitere Beispiele ließen sich anführen (vgl. Einleitung Idealplastik). Die Tendenz zur klassischen Form war, wie an den Beispielen der Fides und der ‚Mens‘ deutlich wurde, eine Neuerung der späten Republik, die ihrerseits damit der klassizistischen Mode des Späthellenismus folgte.

Auch hier wie in den anderen Gattungen der Kunst bedeutete die augusteische Praxis lediglich eine Verstärkung und Standardisierung bereits vorgefundener Entwicklungen. Das gilt in gleicher Weise für die Bedeutungsebene: Das «klassische» Aussehen der Kultbilder sollte an die Kunst der großen Zeit Griechenlands erinnern, an die historische Größe der Zeit des Perikles und der Demokratie. Erst die griechischen Redner und Künstler des 2. Jhs. v. Chr. hatten eigentlich das 5. und 4. Jahrhundert zur Klassik gemacht mit einer Sehweise, die die Römer sehr rasch übernahmen. Die griechische Klassik als Vorbild stellt also keineswegs ein neues augusteisches Konzept dar, sondern vielmehr die Übernahme bereits voll ausgebildeter Kulturströmungen.

Eine andere Dimension wurde dagegen erreicht mit der Neuordnung des Larenkultes. Religiöse Betätigung und Kaiserkult flossen hier zusammen und erfaßten die ganze römische Bevölkerung. Es war eine auf den Kaiser gerichtete Loyalitätsreligion, die finanziell von ihm unterstützt wurde. Die sozial-integrative Kraft gerade dieses Instruments kann nicht hoch genug bewertet werden. Der neue *consensus omnium* beruht in wesentlichen Teilen darauf. Zum einen gab der Larenkult den unteren Klassen, die weitgehend von politischen und religiösen Ämtern ausgeschlossen waren, Gelegenheit, sich gesellschaftlich zu profilieren als *vicomagister* oder *minister*, was andererseits zu einer Festigung der Klassengrenzen und damit zur Stabilisierung der Gesellschaftsordnung führte.

Literatur: Allgemein s. die Bibliographie in: ANRW II 2, 55–74; dazu A. D. Noack, ClRev 39, 1925, 55–75 mit einer Liste der von Augustus in Rom und Italien erneuerten Tempel S. 65 Anm. 8. – K. Latte, Römische Religionsgeschichte (1960) 294–311. – M. Hammond, HarvSt 69, 1965, 139–62. – G. Radke in: Festschrift H. E. Stier (1972) 257–79. – Zum republikanischen Kultbild: H. G. Martin, Römische Tempelkultstatuen (1987). – Zu Caesars Religionspolitik: S. Weinstock, Divus Julius (1971); dazu die notwendigen Ergänzungen von A. Alföldi, Gnomon 47, 1975, 154–79. – Zur Palatinischen Trias: A. F. Stewart, Skopas of Paros (1977) 141. – G. Rizzo, BullCom 60, 1932, 51–77. – B. Schlörb, Timotheos. 22. Ergh. JdI (1965) 66–68. –

Zum Iuppiter Tonans: W. M. Jensen, The Sculptures from the Tomb of the Haterii (1978) 88ff. – M. Beller, Jupiter Tonans. Studien zur Darstellung der Macht in der Poesie (1979) 70–76. – J. Dörig, JdI 79, 1964, 257–78 (Ikonographie). – J. Marcadé, MonPiot 53, 1963, 9–17 (Ikonographie). – A. Maiuri, Alla ricerca di Pompei preromana (1973) 103. 124 (Tempel in Pompeji). – Zum Mars Ultor: E. Simon, MarbWPr 1981, 3–18. – H. G. Martin, RostWissZ 1988 (im Druck). –

Zur Kybele: Ovid, *Fasti* 4,215ff. – R. Lanciani, The Ruins and Excavations of Ancient Rome (1897; repr. 1967) 132–35. – F. Bömer, RM 71, 1964, 130–51. – M. Fuchs in: Festschrift U. Hausmann (1972) 72–78.

Kat. 116

116 Fides vom Kapitol

Rom, Konservatorenpalast, Braccio Nuovo, Inv. 2747
Fundort: S. Omobono, in den obersten Schichten; 1939
Weißer, grobkristalliner Marmor
H 0,535 m, Gesicht 0,35 m

Die Göttin hatte den Kopf seitlich geneigt und blickte schräg nach rechts unten. Die bisherige gekippte Sockelung im Konservatorenpalast ist irreführend, sie wurde für die Ausstellung korrigiert. Der Kopf saß ursprünglich, wie alle Akrolithköpfe, mit der vollen Standfläche in der Einbettung der Statue auf; diese war leicht nach vorne abgeschrägt und bewirkt so eine gute Fixierung des Kopfes, die eine weitere Verdübelung unnötig machte. Die untere Begrenzung des Akrolithrandes legt die bestimmende Horizontale fest, so ergibt sich die beschriebene Kopfhaltung. Die rechte Schulter ist leicht angehoben, zwar nicht ganz so stark, wie der zur linken Seite unterschiedliche Bruchrand glauben machen könnte, aber immerhin deutlich auszumachen.

Das Gesicht ist stark asymmetrisch, die linke Gesichtshälfte ist bedeutend breiter als die rechte, zudem viel weiter nach vorne in die Fläche gezogen, während rechts Auge und Mund weiter in das Gesichtsrelief hineingehen; das wird besonders im Vergleich der beiden Seitenansichten offenbar. Der Mund ist leicht, wie zum Sprechen, geöffnet, die obere Zahnreihe deutlich sichtbar. An Attributen hat sich nichts erhalten. Ob Ohrringe zu ergänzen sind, wie meist bei weiblichen Köpfen, läßt sich, da die Ohrläppchen weggebrochen sind, nicht mehr entscheiden; mit Sicherheit aber ist wegen der abgeschrägten Abarbeitung auf der Stirn ein Diadem anzunehmen. Das Dübelloch in der Schädelmitte ist mit Blei verstemmt, daraus ergibt sich, daß, was immer auf dem Haupt saß, von einem Metalldübel gehalten wurde und somit auch aus Metall gewesen sein wird. Das schließt wohl die Ergänzung einer Stuckfrisur aus, läßt aber gleichwohl mehrere Möglichkeiten offen: denkbar wären etwa eine Bronzeperücke oder ein Gewandteil, das in Form einer *velatio* so über den Kopf gezogen war, daß vom Haar nichts mehr sichtbar blieb, oder aber eine Kombination dieser beiden Möglichkeiten.

Der Fundort legt nahe, daß der Kopf von dem am südlichen Rand des Kapitolhügels gelegenen Tempel der Fides heruntergestürzt ist, in dem die Kultstatue, zu der dieser Kopf einst gehörte, aufgestellt war. Die schriftlichen Nachrichten über die Göttin stellen sie als in weiße Gewänder gehüllt vor, ihr rechter Arm war bis zu den Fingerspitzen umwickelt und zum Handschlag ausgestreckt. Diese Geste besaß eine rituelle Bedeutung: so wurden Verträge besiegelt und rechtskräftig. Der Blick der Fides ging über die vorgestreckte Rechte hinweg und richtete sich auf einen imaginären Vertragspartner. Es war dadurch sinnfällig der Aufgabenbereich der Göttin, der Schutz geschlossener Verträge, bildlich dargestellt.

Stilistisch richtet sich das Werk eindeutig nach Vorbildern des 5. Jhs. Diesem Rückgriff auf die hochklassische Kunstform kommt hier eine spezielle und uns ausnahmsweise nachvollziehbare Bedeutung zu: Der Kult der Fides war erst im 3. Jh. nach Rom gekommen und gehörte, wie Cicero ausdrücklich sagt, als deifizierte menschliche Eigenschaft zu den modernen Kulten der griechischen Aufklärung. Da die *fides*, die Vertragstreue, jedoch als altrömische Tugend galt, projizierte man im 1. Jh. auch ihren Kult weit zurück und zählte ihn zu den alten und altehrwürdigen. Das Aussehen der Kultstatue trug das Seine dazu bei: die optische Botschaft des hohen Alters der Statue sollte die Konnotation eines altehrwürdigen Kultes auslösen.

Datierung: Um 58 v. Chr., dem Jahr der Tempelweihung durch M. Aemilius Scaurus.
Literatur: M. Squarciapino, BullCom 70, 1942, 83 ff. – P. Mingazzini, AA 1950/51, 200–02. – W. Fuchs, RM 65, 1958, 3 f. Anm. 9. – Helbig⁴ II 1653 (Fuchs). – H. G. Martin, Römische Tempelkultstatuen (1987) 120–23. 218 f. – Zum Tempel: F. Coarelli, MEFRA 81, 1969, 137 ff.

117 ‚Mens‘ vom Kapitol
Rom, Konservatorenpalast, Galleria 22, Inv. 1589
Vom Westabhang des Kapitol in den obersten Schichten einer mittelalterlichen Anlage; 1930
Weißer (lunensischer) Marmor
H 0,70 m
Die Göttin hat den Kopf leicht nach rechts gedreht und etwas geneigt, und zwar nur seitlich, nicht nach vorne. Sie trägt eine Mittelscheitelfrisur, deren nach hinten laufende Locken von einem runden Haarreif festgehalten werden. Wahrscheinlich war die Frisur in Stuck

Kat. 117

komplettiert, wofür die rauhe Pickung und deren zopfartige Form im Nacken sprechen. Die beiden kleinen Dübellöcher am Halsansatz trugen wohl gesondert gearbeitete Löckchen, die auf den Hals herabfielen. In den Löchern entlang des Haarreifs müssen ein oder mehrere Attribute angebracht gewesen sein. Sie trug Ohrgehänge und nicht etwa Scheibenohrringe, da das Ohrläppchen ganz durchbohrt ist.

Der Kopf ist auf streng fassadenhafte Frontalität ausgerichtet. Das Gesichtsrelief ist ganz flach, nichts führt in die Tiefe des Kopfes. Dennoch ist es keine starre Frontalität, sondern die leichte Drehung bewirkt eine Belebung, die noch unterstrichen wird durch die beiden Wülste, die sich auf der rechten Halsseite stauchen. Das Muskelspiel des Halses setzt sich jedoch nicht fort, sondern die Vorderseite ist deutlich abgeflacht. So wird die angefangene Bewegung gestoppt und im Gegenteil die Frontalität durch die pfeilerartige Wirkung noch gesteigert. Die leichte Kopfdrehung erreicht, daß die Darstellung eines frontalen, hieratischen Aspektes jede Starrheit vermeidet.

Der Göttinnenkopf stammt sicher von einem der Tempel oder *aediculae* auf dem Kapitol, von wo er den Abhang herunterrollte. Die stilistische Datierung in die Mitte des 1. Jhs. v. Chr. macht im Ausschlußverfahren

Kat. 119

Kat. 119

Kat. 118

eine Zuweisung zum Tempel der Mens, errichtet 58 v. Chr. von Aemilius Scaurus, sehr wahrscheinlich. Zu der Kultstatue der Mens wird der Kopf vermutlich gehört haben. Über ihr sonstiges Aussehen wissen wir bei dem völligen Schweigen der Schriftquellen und der archäologischen Denkmäler nichts.

Stilistisch erinnert der Kopf an praxitelische Werke des 4. Jhs. und fügt sich damit in die klassizistisch orientierte Kunsthaltung des späten Hellenismus ein.

Datierung: Um 58 v. Chr, dem Jahr der Tempelweihung durch M. Aemilius Scaurus.

Literatur: A. Muñoz–A.M. Colini, Campidoglio (1960) 63. – G. Monaco, BullCom 63, 1935, 101 f. – G. Becatti, RivIstArch 7, 1940, 51. – H. G. Martin, Tempelkultstatuen (1987) 123–31. 220 f.

118 Apollo (?) vom Palatin

Rom, Antiquario Palatino

Aus der Substruktion des Apollo-Palatinus-Tempels

H 0,44 m

Das Fragment zeigt einen Teil des linken Auges und der Schläfe mit dem Haaransatz. Es gehört zu einer kolossalen Statue, von der noch ein großes Fragment der linken

Schulter und zahlreiche kleinere Gewandteile gefunden wurden. Das Fragment ist von G. Carettoni als zur Kultstatue des Apollo Palatinus gehörig angesprochen worden, einem griechischen Werk von der Hand des Skopas, das im augusteischen Tempel wieder verwendet worden war. Wenn dies zutrifft, würde die Vielzahl der gefundenen, sehr kleinen Fragmente gut dazu stimmen, denn offenbar ist die ganze Kultstatue absichtlich zerstört und zerhämmert worden, wie wir es von den Aktionen der frühen Christen kennen, die damit die Machtlosigkeit heidnischer Götterbilder demonstrieren wollten.

Auch wenn das in der Oberfläche stark zerstörte Fragment wenig anschaulich ist, liefert es uns doch den Beweis für die literarisch gut belegte, archäologisch aber nur selten nachzuweisende Vorliebe des Augustus, originale griechische Kunstwerke in einen neuen eigenen Kontext zu stellen. Wo die skopasische Statue ursprünglich stand, ist nicht gesichert, man könnte nur vermuten, daß sie aus Rhamnous in Griechenland stammte, da an einigen Stellen der palatinische Apoll auch *Rhamnusius* genannt wird.

Datierung: Um 360 v. Chr.
Literatur: G. Carettoni, RendPontAcc 39, 1966/67, 73 f.

119 Iuppiter Tonans aus Pompeji
Neapel, Museo Nazionale, Inv. 6266
Aus Pompeji, Iuppitertempel
Griechischer Marmor
H 0,70 m

Die heutige Büstenform ist wohl zu musealen Zwecken hergestellt worden. Kopf und Rumpf waren ursprünglich sicher aus einem Stück gearbeitet. Am linken Unterlid haben sich Reste von Bemalung erhalten. Die Frisur war vordem in Gips ergänzt, die Ergänzungen sind inzwischen abgenommen. Den früheren Zustand zeigen die bisherigen Publikationen und der Abguß, der heute im Iuppitertempel in Pompeji steht.

Ähnlich wie Sulla einst den alten samnitischen Tempel in Pompeji in ein römisches Kapitol umwandelte und eine Wiederholung der für Rom vorgesehenen Kultbildgruppe der Kapitolinischen Trias aufstellen ließ, wurde im 1. Jh. n. Chr. die Kultstatue des Iuppiter Capitolinus durch eine Figur des von Augustus favorisierten Tonans ersetzt. Die erhaltene Büste gehörte zu dieser Statue. Sie entsprach im statuarischen Schema und in der Ikonographie weitgehend der von Leochares geschaffenen Statue des Zeus Brontaios.

Datierung: Spätaugusteisch-tiberisch.
Literatur: P. Arndt, Text zu BrBr 574. − A. Mau, Pompeji in Leben und Kunst² (1908) 65 f. − E. La Rocca−M. de Vos, Guida archeologica di Pompei (1976) 127. 129. − Zum sullanischen Kultbild von Pompeji: H. G. Martin, Römische Tempelkultstatuen (1987) 142. 222−24. − Zum Zeus Brontaios: J. Charbonneaux, MonPiot 53, 1963, 9 f.

Gianfilippo Carettoni

Die Bauten des Augustus auf dem Palatin

Das Problem der Identifikation der Bauten des Octavian-Augustus auf dem Palatin − der Tempel des Apollo, das Haus des Augustus, Bilbliotheken, Säulenhallen und Gesellschaftsräume − hat seit fast einem Jahrhundert das Interesse der Spezialisten für römische Topographie sowie der Historiker erregt, seit die großen Grabungen im letzten Viertel des 19. Jhs. die oberflächlichen Reste des Kaiserpalastes und der umliegenden Gebäude ans Licht gebracht hatten, darunter das wohlbekannte ‚Haus der Livia‘, das einige Gelehrte mit der Wohnung des ersten römischen Kaisers identifizierten. Aber erst seit 1956 begannen systematische Tiefgrabungen, die auch in den folgenden beiden Jahrzehnten weiter verfolgt wurden, entlang den Südwesthängen des Palatin, die von einem Tempel bei dem ‚Haus der Livia‘ ausgingen, von dem man glaubte, daß er dem Iuppiter Victor geweiht war. Die Erforschung war von einer wesentlichen Überlieferung zur Topographie geleitet: die römischen Schriftsteller (Velleius Paterculus, Dio Cassius, Sueton, Ovid) berichten uns, daß die Bauten einen einzigen Komplex bildeten, den Octavian 36 v. Chr. auf von ihm erworbenen Grundstücken errichtete, während er die angrenzenden Häuser einreißen ließ.

Die Grabungen, die überall auf mehr oder minder bedeutende Reste republikanischer Privathäuser stießen, haben sichergestellt, daß die Bauten ein etwa 140 auf 70 m messendes Viereck auf dem Abhang des Palatin einnahmen, und die einzelnen Partien, die von der schrift-

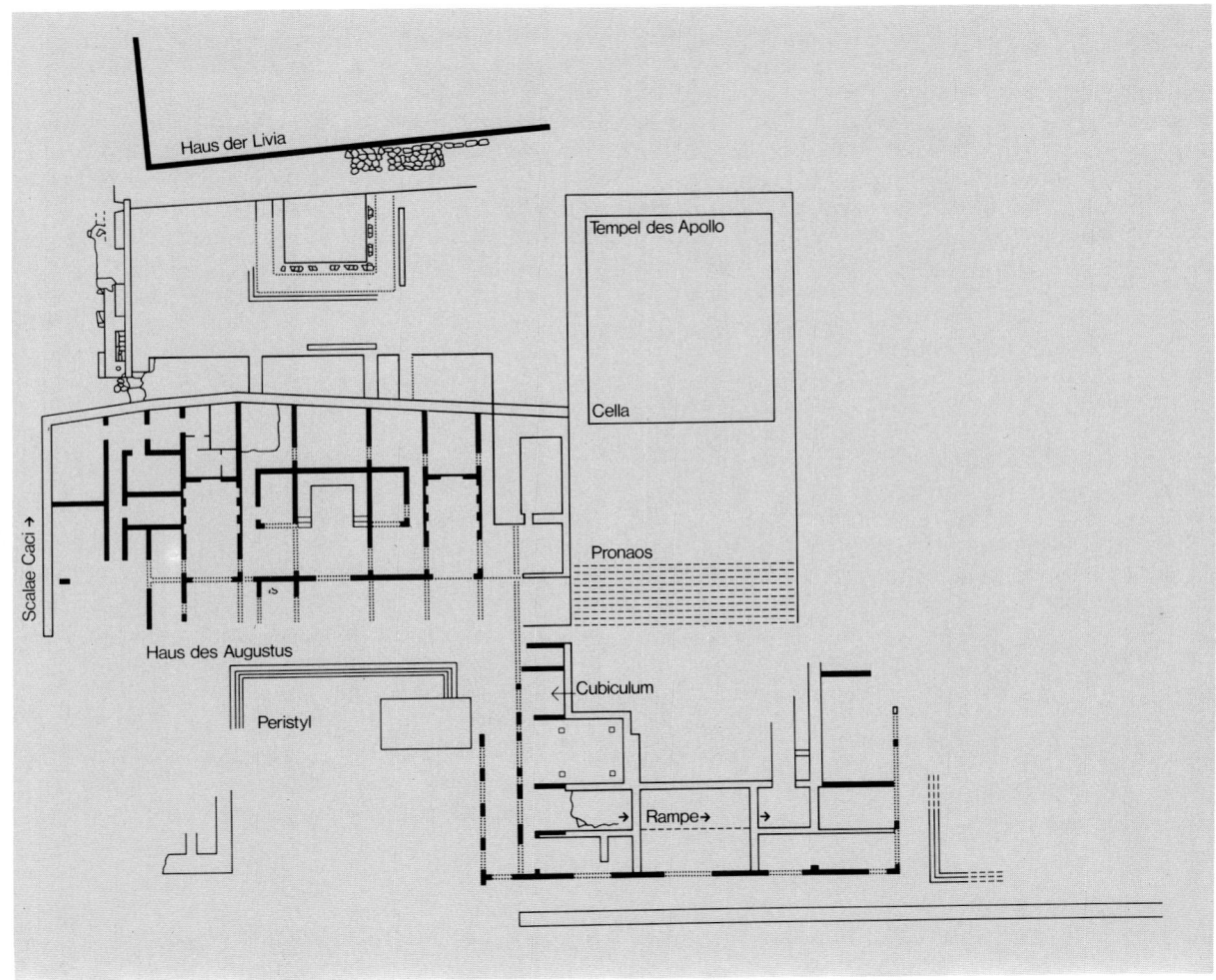

Abb. 154 Grundriß der augusteischen Bauten auf dem Palatin (n. G. Carettoni, Das Haus des Augustus auf dem Palatin [1983] Plan 1.2)

lichen Überlieferung erwähnt werden, sind nach und nach freigelegt und identifiziert worden (Abb. 154): im Nordwesten, angrenzend an die Straße, die vom Velabrum zum Palatin hinaufführte (die *scalae Caci*), die Wohnung des Kaisers und seiner Familie (Abb. 154), auf zwei Terrassen unterschiedlichen Niveaus angelegt. Im Untergeschoß verlief das Peristyl in einer Linie mit der Front der Terrassierung des Tempels und des Hofes, auf den sich die Bibliotheken und die Gesellschaftsräume öffneten (Abb. 154). Im Zentrum des Komplexes, der in seinen verschiedenen Teilen gleichzeitig und einheitlich in *opus quadratum* aus Tuff aufgeführt ist, befindet sich der Tempel des Apollo, ein hexastyler Pseudodipteros korinthischer Ordnung. Die jüngeren Grabungen legten eine Rampe (Abb. 154; Abb. 155) frei, mittels derer er mit dem Peristyl des Hauses in direkter Verbindung stand und die vom Untergeschoß in den Pronaos auf die neun Meter höher gelegene Tempelterrasse führte: es handelt sich um einen Zugang privaten Charakters, um dem *princeps* und seinen Familienangehörigen auf bequemste Weise, ohne ins Freie hinauszugehen, die Teilnahme am Kult ihrer Schutzgottheit zu ermöglichen. Nach einem Wort von Ovid (fast. 4,954) «beherbergt ein einziges Haus drei Götter» (Apollo, Vesta, Augustus).

Die Decke über dem Eingang der Rampe hatte eine Dekoration in lebhaften Farben, die eine Kassettendecke imitieren sollte. Sie stellt eine Neuerung im Repertoire des Zweiten Stils dar und kann mit der Dekoration eines Grabes auf dem *ager Capenatus* bei Rom verglichen werden.

Von der Dekoration des Tempels wurden nur wenige Reste wiedergewonnen, die späteren Plünderungen entgingen; darunter ist die Türlaibung der Cella von Bedeutung, die mit einem Relief mit dem delphischen Dreifuß geschmückt ist. Diese steht, da Inschriften völlig fehlen, für die Verbindung zum Kult des Apollo. Der Stil der reliefierten Partien ist typisch augusteisch. Die Terrasse vor dem Tempel (35×25 m) ist von einer Mauer in *opus quadratum* eingefaßt, die den heiligen Bezirk eingrenzt; einer der Gesellschaftsräume (Abb. 154) greift in das Tempelpodium ein, drei weitere lagen entlang der Nordseite des Hofes (unter der heutigen Casina Farnese). Aus dem Heiligtum des Apollo stammen auch die zahlreichen Fragmente einer Kolossalstatue der Gottheit (ca. 3 m hoch; vgl. Kat. 118), die wahrscheinlich in christlicher Zeit durch Hammerschläge zerstört wurde (der Tempel stand noch in der Mitte des 4. Jhs. n. Chr. aufrecht).

Die Verbindung zwischen Tempel und Privatwohnung wurde später aufgegeben (wahrscheinlich nach dem Tod des Augustus), und man begann mit dem Bau eines monumentalen Zugangs in der Achse des Tempels, der allerdings nicht fertiggestellt wurde. Zur Zeit Domitians wurde das Untergeschoß des Wohnhauses, das möglicherweise durch den neronischen Stadtbrand 64 n. Chr. ernsthaft beschädigt worden war, zusammen mit den anderen Bauten auf demselben Niveau (Gesellschaftsräume, Bibliotheken, Portiken) aufgegeben, nachdem man vorher sämtliche Marmorverkleidungen und Schmuckelemente vollständig entfernt hatte.

Daher sind die Reste der Dekoration, die man den augusteischen Bauten zuschreiben kann, recht spärlich. Diese war, wie von der literarischen Überlieferung bestätigt wird, sehr einfach und «kaum eines Privatmanns würdig» (Sueton), während der weiße Carrara- (oder lunensische) Marmor, dessen Abbau zur Zeit des Augustus ausgeweitet wurde, in den verschiedenen Teilen des Tempels und der angeschlossenen Räumlichkeiten breite Verwendung fand. Bemerkenswert ist hingegen die übriggebliebene malerische Dekoration Zweiten Stils in den Räumen des Wohnhauses.

Der Tempel des Apollo

Der Tempel des Apollo erhebt sich auf einer Terrasse in der Mitte des palatinischen Besitzes des Augustus zwischen dem Haus und dem Hof mit den Gesellschaftsräumen und den Bibliotheken. Er wurde gebaut, wo der Besitz des Octavian von einem Blitz getroffen wurde: die Gottheit selber habe daher, so die Auspicien, auf diese Weise den Standpunkt des Baus angegeben (Suet. Aug. 29,3).

Der Kern des Unterbaus wurde von Lugli untersucht und identifiziert; diese Identifizierung wurde im folgenden durch die Grabungen bestätigt. Die Terrasse, auf der er steht, entspricht dem Obergeschoß des Wohnhauses, der Tempel war also von bemerkenswerter Höhe (Ov. trist. 3,1,59: *celsis gradibus*). Der heilige Bezirk, die *area Apollinis* mit dem Tempel, bedeckt ein weitläufiges Rechteck von ca. 70 auf 30 m mit einem Geländeabfall von über neun Metern am Abhang des Palatin. Die Terrasse war vorn und auf den Seiten von einer mächtigen Mauer in *opus quadratum* eingefaßt mit einer rechtwinkligen Fassade, die auf das Tal des Circus Maximus herabblickt. Der Tempel nimmt den nördlichen Teil der Terrasse ein und steht weitere zehn Fuß höher als seine Umgebung und bestätigt so den bekannten Vers des Properz (2,31,9: *tum medium claro surgebat marmore templum*). Bei dem Bau wurden Systeme zweier Techniken angewandt: für die weniger belasteten Teile ein Konglomerat in Gußmauerwerk, massives *opus quadratum* aus Stein (Tuff und Travertin) hingegen dort, wo das größere Gewicht der darüberstehenden Mauern und Säulen zu tragen war. Der innere Kern des Unterbaus besteht aus *opus caementicium* in Tuff und Travertin, dessen Verkleidung aus Tuffblöcken, die die Mauern der Cella und die Säulen des Pronaos trug, heute ausgeraubt ist; diese war ihrerseits in voller Höhe von Marmorplatten verkleidet. Aus lunensischem Marmor waren auch das übrige aufgehende Mauerwerk, einschließlich der Wände: dies bestätigen die wenigen übriggebliebenen Reste des Dekors.

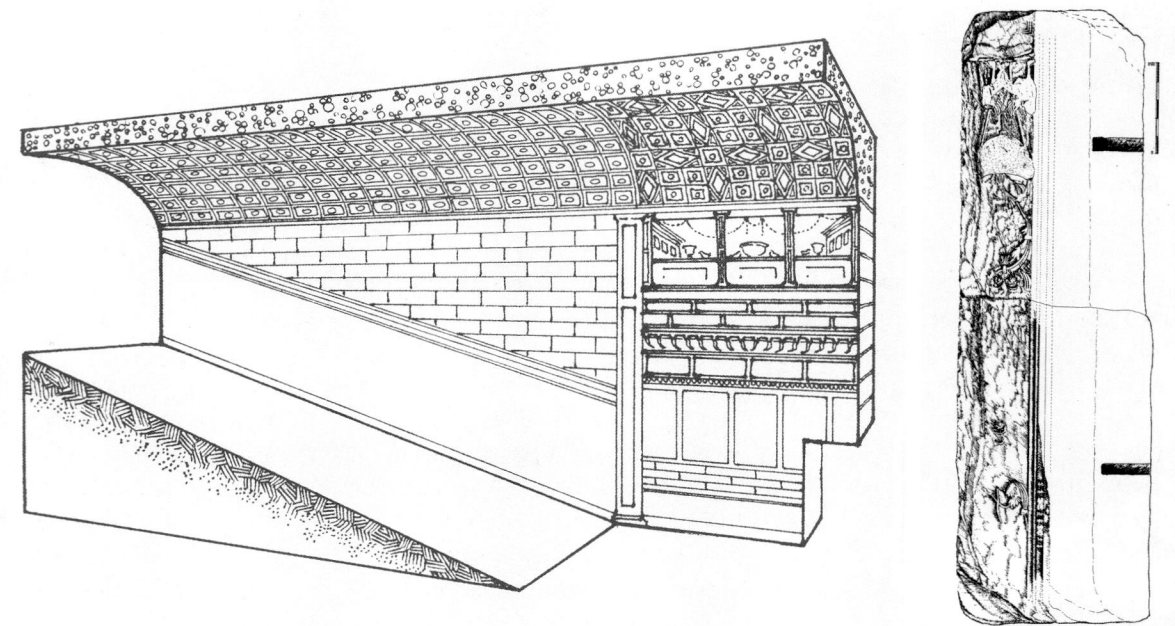

Abb. 155   Rampe, Zugang vom Haus des Augustus zum Tempel des Apollo Palatinus (n. Carettoni, a.O. Abb. 6)

Abb. 156   Türlaibung vom Tempel des Apollo Palatinus (n. Carettoni, a.O. Abb. 1)

Der Tempel war ein hexastyler Pseudodipteros mit annähernd quadratischer Cella (20,50×19 m). Lugli gelang es, seinen Grundriß zu rekonstruieren anhand der Leerstellen, die die geplünderten Blöcke der Säulenfundamentierung im Gußmauerwerk hinterließen; die Säulenhöhe von rund 14 m kann man nach dem Modulus des einzigen übriggebliebenen Kapitells errechnen.

Im Kern des Unterbaus finden sich noch Reste von vorhergehenden Bauten aus Tuff sowie eines Paviments aus *opus sectile* in farbigem Marmor. Die Verkleidungsmauer des Gußkerns stand entlang der West-, Ost- und Nordseite auf Fundamenten aus *opus caementicium*, während auf der Vorderseite das *opus quadratum* der Verkleidung − heute zum größten Teil verschwunden − bis auf das Niveau der unteren Terrasse hinabreichte; ebenso tief war die Säulenstellung des Pronaos fundamentiert. In einer zweiten Bauphase wurde die Rampe aufgegeben, die ursprünglich das Wohnhaus direkt mit dem Tempel verband, um von einem breiten Zugang in der Achse des Tempels ersetzt zu werden, in direktem Zusammenhang mit dem Haupteingang, der bereits in der Umfassungsmauer der Terrasse bestand. Diese zweite Phase muß man wahrscheinlich in nachaugusteische Zeit datieren, und die Bauarbeiten wurden nicht zu Ende geführt, wie auch die lange Treppe, die den Höhenunterschied von ca. neun Metern zwischen der unteren Terrasse und der des Tempels hätte überwinden sollen, nicht einmal begonnen wurde. Auch der direkte Zugang von außen, der ebenfalls in der Achse des Tempels gebaut wurde, um das Tal des Circus Maximus mit der oberen Terrasse zu verbinden, blieb unvollendet.

Der Tempel des Apollo Palatinus wird auch in nachaugusteischer Zeit viele Male erwähnt, aber uns fehlen Nachrichten über seine Baugeschichte. Sichtbar sind noch Reste einer Erweiterung des Unterbaus, die wahrscheinlich nach dem neronischen Brand stattfand, als man auch das Niveau des Tempels erhöhte; bei dieser Erweiterung wurde ein Raum in der Ostseite des Unterbaus (Abb. 154) außer Gebrauch gesetzt. Es gibt für die vierhundert Jahre, die der Bau überdauerte, keine Nachrichten über Restaurierungen.

Im Jahr 363 n. Chr. wurde der Tempel von einem Brand zerstört und nicht wieder aufgebaut.

Literatur: G. Lugli, Fontes veteris urbis Romae 8 (1960) 57–70. – Ders., Roma Antica (1946) 468–471. – Ders., Atti Acc. S. Luca 1951/52, 26–55. – G. Carettoni, RendPontAcc 39, 1966/67, 69–75. – H. Bauer, RM 76, 1969, 183–204 (Halbsäulenkapitell des Tempels). – G. Carettoni, Quad. Centro Arch. Laz. 1, 1978, 72–74. – F. Coarelli, Guida Archeologica di Roma (1981) 129–134.

Aus dem Italienischen von M. Hofter

Gianfilippo Carettoni

Die «Campana»-Terrakotten vom Apollo-Palatinus-Tempel

Die großen Platten aus gebranntem Ton, allgemein unter dem Namen «Campanaplatten» nach einer berühmten Antikensammlung des 19. Jahrhunderts bekannt, stellen den größten bei der Ausgrabung des Apollo-Palatinus-Tempels gefundenen Komplex von Kunstwerken dar. Dazu bestimmt, ein Gebäude des Heiligtums zu schmücken, wurden sie nie aus diesem entfernt, selbst dann nicht, als sie, nach nur kurzem Gebrauch, wahrscheinlich durch marmorne Schmuckglieder ersetzt wurden: in Stücke zerschlagen, fanden sie neue Verwendung bei der Auffüllung der ursprünglich offengelassenen Durchgänge der großen frontalen Stützmauer der oberen Terrasse.

Nur eines der dargestellten Bildthemen bezieht sich direkt auf den apollinischen Sagenkreis (Kat. 121). Auf den anderen Platten sind die Tötung der Gorgo durch Perseus oder allgemein sakrale Themen dargestellt: Kanephoren seitlich eines Thymiaterion oder Mädchen, die einen Kandelaber oder einen Baitylos dekorieren. Die Platten sind in unterschiedlicher Weise unvollständig erhalten, aber dennoch erlauben sie, da sie, ganz wie solche aus anderen Sammlungen, aus Matrizen genommen sind, gegenseitige Ergänzung und zum ersten Mal die verschiedenen Themen vollständig wiederzugewinnen. So bei der Platte mit der Tötung der Gorgo (Kat. 120): die drei Exemplare vom Palatin ergänzen auch die Darstellung des unteren Frieses mit alternierenden Bukranien und Paterae, die auf intensiv violettfarbenem Grund hervortreten. Während diese unteren Friese variieren, bleibt, mit wenigen Ausnahmen, der obere Eierstabfries für alle gleich: auch wenn er eines der häufigsten Motive der Campanaplatten bildet, so könnte er doch ein Indiz sein für die Zugehörigkeit eines Teils der Dekoration zu einem einzigen Gebäude des Heiligtums.

Die lebhafte Polychromie ist ein hervorstechendes Kennzeichen dieser vom palatinischen Heiligtum stammenden Platten: das als Hintergrund der Szenen gewählte Blau trägt dazu bei, jene Atmosphäre der Unwirklichkeit zu erzielen, in die Personen und Gegenstände versetzt sind. Die Platten waren ursprünglich mittels Nägeln auf ihrem Untergrund befestigt; von diesem hölzernen (?) Grund wurden sie gewaltsam herabgerissen, da die entsprechenden Löcher ausgebrochen sind und manchmal zu regelrechten Rissen in der figürlichen Komposition geführt haben.

In den einzelnen Darstellungen wird der fruchtbare Moment des Geschehens gepflegt: in der Szene der Tötung der Gorgo beherrscht der gewaltige Kopf des Ungetüms den Mittelteil der Platte, den Perseus vom Rumpf getrennt hat und mit der Hand hochhält.

Bei der Platte mit dem Streit zwischen Apoll und Hercules um den delphischen Dreifuß (Kat. 121) befinden wir uns im eigentlichen Bereich der apollinischen Mythologie. Es wurden insgesamt fünf Platten mit dieser Darstellung auf dem Palatin gefunden, mehr oder weniger unvollständig (ein vollständig erhaltenes Exemplar, allerdings deutlich kleiner – 47 auf 48 cm –, befindet sich im Louvre). Charakteristisch für die palatinischen Platten ist die sorgfältige Ausführung mit Nacharbeitung von Hand in den Details und den unbekleideten Partien, um

Kat. 126

dem noch wenig verbreiteten Marmor zu gleichen. Bei dem Dreifußstreit scheint die sorgfältige Ausführung der Ansicht v. Rhodens recht zu geben, der in diesen Exemplaren Werke der augusteischen Zeit sieht; besondere Sorgfalt ist auf die anatomischen Einzelheiten im Körper des Apoll verwandt.

Auf den anderen Platten finden wir verschiedene Darstellungen: junge Frauen, die sich zu seiten eines Kandelabers oder eines Räucherständers anschicken, diesen mit Binden zu schmücken. In einem Falle (Kat. 123) ist die Darstellung von besonderem Interesse: hier handelt es sich um einen Baitylos, das anikonische Symbol einer Gottheit, das von zwei jungen Frauen mit Binden geschmückt wird. Das Bildthema des Heiligtums mit dem spindelförmigen Symbol ist nicht gerade selten in der römischen Kunst: Wir finden Beispiele auf Reliefgefäßen seit dem Ende des Hellenismus und in der pompejanischen Wandmalerei; das Thema wird auch in der Ausstattung eines Zimmers des Augustushauses wiederaufgenommen. An der Basis des Baitylos sind die charakteristischen Attribute Apolls aufgehängt: Kithara, Bogen und Köcher. Dieses Thema ist neu in der Gattung der Campanaplatten und es wurde erst zur Zeit des Augustus in das Repertoire aufgenommen, da es sich weder vorher noch nachher findet. Das Symbol ist einem Ort verbunden, der Augustus teuer war: Apollonia in Illyrien, wo Apollo in einem Heiligtum in der anikonischen Form eines Baitylos verehrt wurde. So wurde er auch auf den Münzen dieser Stadt dargestellt. Octavian-Augustus hatte hier die letzte Zeit vor Caesars Tod verbracht, als er zusammen mit Agrippa seinen Militärdienst ableistete. In Apollonia erreichte ihn die Nachricht von Caesars plötzlichem Tod, und er beschloß, unverzüglich nach Rom zurückzukehren.

Apollo war der Schutzgott Octavians seit seiner Kindheit, und er hatte ihm in dem bewegten Leben geholfen, das er seit seiner frühen Jugend führte; es wundert daher nicht, daß das ungewohnte Symbol der Gottheit auf der Serie der augusteischen Campanaplatten auftaucht und auch auf der Wand eines Zimmers seines Hauses abgebildet wird.

Diesen großformatigen Erzeugnissen der augusteischen Koroplastik, bestimmt zum Schmuck vorwiegend sakraler öffentlicher Bauten, war ein kurzes Leben beschieden, etwa von der Mitte des ersten vorchristlichen bis zur Mitte des ersten nachchristlichen Jahrhunderts. Sie sind die letzten Erzeugnisse eines dekorativen Genres, das, zumindest auf diesem hohen künstlerischen Niveau, recht bald verschwinden und von langlebigeren Produkten aus Marmor ersetzt werden sollte. Nur bei Privathäusern sollte es weiterhin benutzt werden, allerdings in Beispielen geringerer Bedeutung und immer mehr verfallender Qualität.

120   Minerva, Perseus und die Gorgo
Rom, Antiquario Palatino
H 0,74 m, B 0,62 m
Perseus streckt das Haupt der Gorgo, das er gerade abgeschlagen hat, vor, während Minerva ihm gegenüber den Schild hält, in dem sich das Gesicht des Ungeheuers spiegelt. Der Höhepunkt des Geschehens ist dargestellt: der Held und die Göttin nähern sich einander in fast tänzerischem Schritt und nehmen gleichermaßen am Geschehen teil. Von drei weiteren Platten derselben Darstellung und aus der gleichen Matrize wurden Fragmente gefunden.
Die Farbgebung hebt die Haltungen der Figuren noch hervor: das Schreckenerregende des Gorgonenhauptes ist noch gesteigert durch das Braun, das aus den Augenhöhlen hervorsticht. Die Paterae und Bukranien des unteren Frieses treten vor dem violetten Grund hervor; reichliche Reste von Weiß finden sich auf dem Peplos der Göttin und dem Gesicht der Gorgo.

121   Streit des Apollo und des Hercules um den delphischen Dreifuß
Rom, Antiquario Palatino
H 0,715 m, B 0,62 m
Hercules und Apollo sind in symmetrischer Schrittstellung gegenübergestellt; mit der Rechten ergreifen sie

Kat. 121

das Oberteil des Dreifußes, in der Linken halten sie ihre Waffen (Keule, Pfeil und Bogen). Der Reliefschmuck des Dreifußes ist mit großer Sorgfalt ausgeführt.
Von dieser Darstellung gibt es neun mehr oder weniger fragmentarische und unvollständige Exemplare.
Erhalten sind Spuren von Blau auf dem Hintergrund, von Violett auf den Haaren, Reste von Rosa auf der Chlamys des Apollo und von Rotbraun auf der Leontis des Hercules.

122   Zwei Kanephoren und Räucherständer
Rom, Antiquario Palatino
H 0,73 m, B 0,44−0,45 m
Am rechten Rand unregelmäßig abgeschnitten.
Seitlich eines Räucherständers raffen zwei junge Frauen mit fußlangem, strengem Chiton mit einer Hand das Gewand, während sie mit der anderen einen flachen, breiten Korb auf dem Kopf halten. Der gezierte Gestus der beiden Mädchen in strenger Pose ist identisch; der Typus ist von vielen Exemplaren bekannt, von denen sich allein neun, in mehr oder weniger fragmentarischem Zustand, auf dem Palatin gefunden haben.

Kat. 120

Kat. 122

Kat. 123

123   Mädchen, die einen Baitylos schmücken
Rom, Antiquario Palatino
H 0,75 m, B 0,61 m

Zwei Mädchen sind im Begriff, mit Bändern das Symbol der Gottheit zu schmücken, leicht erkennbar an den an die Basis gelehnten Attributen Kithara, Bogen und Köcher. Die Mädchen sind in der üblichen hieratischen Pose dargestellt, wie sie mit gezierten Bewegungen die Bänder drapieren. Eine ist offenkundig von archaistischen Motiven inspiriert, die andere von klassizistischen. Trotz dieser deutlichen Disparatheit der Vorbilder kann man dennoch der Komposition keine unlogische Zusammenstellung unterstellen. Der Klarheit des Profils der rechten Figur korrespondiert das bewegungslose Gesicht der gegenüberstehenden, während die gesuchten Gesten die eigentliche Tätigkeit der beiden in den Hintergrund treten lassen. Das Sujet, von dem nur zwei Beispiele teilweise erhalten sind, ist neu und nicht in die Typologie von v. Rhoden–Winnefeld aufgenommen: es hat offensichtlich aufgrund des unüblichen anikonischen Symbols des Apollo eine besondere Bedeutung.

Die beiden sehr unvollständig und lückenhaft überlieferten Platten verfügen jedoch über die wesentlichen Elemente für eine Rekonstruktion und eine Einschätzung dieses in der Gattung völlig neuen Themas.

124   Mädchen, die einen Kandelaber schmücken
Rom, Antiquario Palatino
H 0,70 m, B 0,62 m

Durch die großen Lücken sind zwei Platten fast ganz verloren, deren Darstellung, eine der bekanntesten und am weitesten verbreiteten auf den Campanaplatten, hier mit besonderer Sorgfalt ausgeführt wurde. Die beiden Mädchen nähern sich in leichtfüßig-tänzelndem Schritt dem hohen, dünnen Kandelaber, von dem bloß noch die dreifüßige Basis erhalten ist. Es ist ein hervorragendes Stück in archaistischem Stil, dessen Qualität keinen Vergleich mit ähnlichen Marmorwerken zu scheuen braucht.

Der Typus, gleichzeitig mit den großen Platten entstanden, lebte lange in kleineren Dimensionen und geringerer Qualität weiter, in der Produktion auf industriellem Niveau, das sich einer bemerkenswerten Beliebtheit erfreute.

125–126   Terrakottaplatten mit Stützplatte
Es handelt sich hierbei um Terrakottaplatten mit einer auf ihrer Rückseite im rechten Winkel angebrachten Stützplatte, die ihrerseits einen Fries aus dem gleichen Material bekrönten. Oben wurden sie von einem z. T. durchbohrten Ornamentstreifen mit vegetabilischem und geometrischem Dekor abgeschlossen, der in eine Nut auf der Oberseite der Platten eingelassen war.

125   Löwengreifen zu seiten eines Kraters
Rom, Antiquario Palatino
H 0,25 m, B 0,50 m

Dargestellt sind zwei geflügelte Löwengreifen in heraldischer Pose, eine Vordertatze auf den Rand eines Kraters gelegt, in den Wasser aus einem Löwenkopfspeier

Kat. 125

Kat. 124

fließt. Der Typus ist auch von anderen Exemplaren bekannt, aber das vorliegende ist besonders bemerkenswert wegen der Frische und Spontaneität, mit der die beiden Fabelwesen modelliert sind.

Die Platte krönt ein ionischer Fries, der auch die anderen Exemplare der Serie abschließt.

126 Isisbüste zwischen einer Sphinx und einem menschenköpfigen Löwen

Rom, Antiquario Palatino
H 0,25 cm, B 0,50 cm

In der Mitte wächst eine Isisbüste aus einem Akanthusbusch zwischen einer Sphinx und einem menschenköpfigen Löwen hervor. Isis hält in der Rechten ein Sistrum, in der Linken einen Teller mit Früchten.

Die Ausführung dieser Platten, von denen Fragmente verschiedener Exemplare gefunden wurden, ist sorgfältig, und in einigen Fällen kann man Nacharbeitungen mit dem Modellierholz vor dem Brand feststellen. Der sie oben abschließende Eierstab verbindet sie mit den großen Campanaplatten, ebenso wie die Bemalung, von der sich noch bemerkenswerte Reste erhalten haben.

127–129 Antefixe

Diese laufen hinten in einen Deckziegel aus, der im allgemeinen nicht erhalten ist, ebensowenig wie die henkelförmige Verstärkung, die sie mit dem Ziegel verband. Fast alle weisen Reste von Polychromie über der

Kat. 127   Kat. 128   Kat. 129

weißen Grundierung auf sowie Spuren von Nacharbeitung per Hand, wie auch die großen und kleinen Platten, mit denen sie gleichzeitig entstanden sein müssen. Aus vielen Fragmenten konnten drei Stücke zusammengesetzt werden.

127 Silenskopf
Rom, Antiquario Palatino
H 0,39 m, B 0,25 m
Dargestellt ist ein Silenskopf in archaisierendem Typus mit langem, flachem Schnurrbart, der an seinen Enden eingerollt ist, und einem doppelten Kranz von Löckchen über der Stirn. Der Kopf ist von einer hohen Kopfbedeckung bekrönt, während andere vegetabile Ornamente die untere Hälfte des Antefix ausfüllen; um den Hals liegt eine Palmette als Kragen. Von diesem Typus sind auch Antefixe mit zusammengefügten Köpfen bekannt, die durch eine Palmette verbunden sind.

128 Elefantenprotome
Rom, Antiquario Palatino
H 0,30 m, B 0,21 m
Dargestellt ist ein Elefantenkopf in Vorderansicht; die Stoßzähne und der Rüssel sind eingezogen und verkleinert. Die Protome ist von einer Reihe von Voluten umgeben und von einem Lanzettblatt bekrönt.

129 Akanthus
Rom, Antiquario Palatino
H 0,24 m, B 0,23 m
Die obere Volute ist gebrochen und fehlt zum Teil. Vor dem Brand ist das Teil mit dem Modellierholz nachgearbeitet; erhalten ist noch der Ansatz des Deckziegels und der henkelförmigen Stütze auf der Rückseite. Die Behandlung der Blätter und der Voluten ist von besonders einfühlsamer, naturalistischer Wirkung.
Literatur: G. Carettoni, RendPontAcc 44, 1971/72, 123–139. – Ders., BdA 1973, 75–87. – H. v. Rhoden – H. Winnefeld, Architektonische römische Tonreliefs

(1911). – A. H. Borbein, Campanareliefs (1968). – B. Andreae, Römische Kunst (1973) Taf. 39.40. – LIMC 2 (1984) 410 Taf. 333 (s. v. Apollo).

Aus dem Italienischen von M. Hofter

Bernard Andreae

Wandmalerei augusteischer Zeit

Die Gesellschaft, die Octavian antraf, als er, kaum 18jährig, das Erbe Caesars antreten mußte, suchte auch in der Ausmalung der Häuser einen Ausdruck ihres Selbstverständnisses. Die Zeit des Übergangs von der späten Republik zum augusteischen Prinzipat ist in der Wandmalerei die kritische Phase des Übergangs von der illusionistischen Architekturmalerei (dem Zweiten Stil) zum sogenannten Kandelaberstil (dem flächigen Dritten Stil).

Der wichtigste Architekturschriftsteller des Altertums, Vitruv, der sein Werk über die Architektur dem Kaiser Augustus im Jahre 25 v. Chr. widmete, hat diese Entwicklung selbst miterlebt und analytisch genau, aber ohne Verständnis für den kunstgeschichtlichen und historischen Vorgang beschrieben.

Sinngemäß führt er aus, daß man zunächst nach realen Gegenständen ganz bestimmte Typen von Malerei geschaffen habe. Da durch Malerei ein Abbild dessen entstehe, was ist oder sein kann, haben die früheren Maler, die die Wanddekoration schufen, zuerst die verschiedenen Arten und die Anordnung von marmoriertem Stuck nachgeahmt, dann Gesimse und Architekturelemente in unterschiedlicher Verteilung.

Später begannen sie auch die Erscheinungen von Gebäuden und die vorkragenden Ausladungen von Säulen und Giebeln nachzuahmen, Kulissenbilder tragischer, komischer oder satyrischer Art auf die Wände zu malen, sowie Landschaften, und an einigen Stellen, wo sonst Statuen stehen, Figurengemälde, Götterbilder oder wohlgeordnete Darstellungen von Mythen, schließlich auch die Kämpfe um Troja oder die Irrfahrten des Odysseus durch die Lande.

Wörtlich fährt er fort: «Aber diese Motive, die von realen Dingen entlehnt sind, werden heute aufgrund einer falschen Einstellung abgelehnt. Man malt nämlich auf den Wandstuck lieber Ungereimtheiten als treue Abbilder bestimmter Gegenstände: statt Säulen werden geriefte Stengel wiedergegeben, statt Giebeln *appaginecuⅼi* mit gekräuselten Blättern und Voluten; ferner Kandelaber, die Bilder von Tempelchen tragen; über deren Giebel zarte Blumen, die aus Wurzeln mit Voluten emporwachsen, und in denen in sinnloser Weise Gestalten sitzen; ebenso Pflanzenstengel mit Halbfiguren, die zu einem Teil Menschen-, zum anderen Teil Tierköpfe haben. So etwas aber gibt es nicht, kann es nicht geben, hat es nicht gegeben» (Übersetzung B. Wesenberg).

Diese Sätze geben den Vorgang in der römischen Wandmalerei des 1. Jhs. v. Chr. bis zur Zeit des Augustus recht genau wieder, begreifen ihn aber weder als kunstgeschichtlichen Entwicklungsvorgang noch als Abbild eines soziologischen Wandels, vielmehr lehnen sie in normativer Weise alles Imaginäre in der zeitgenössischen Dekorationsweise von vornherein ab.

Die wenigen, aber besonders aussagefähigen Beispiele von Wanddekorationen, die in dieser Ausstellung zu sehen sind, lassen den von Vitruv knapp nachgezeichneten Weg verfolgen. Der Höhepunkt der illusionistischen Architekturmalerei in der Villa von Oplontis, in deren Ädikulen großfigurige Gemälde erscheinen, stellt die dritte Stufe der von Vitruv beschriebenen Entwicklung dar.

Die erste Stufe ist die Nachahmung von marmoriertem Stuck, das heißt die rein malerische Ausführung einer Wandverkleidung, die im sogenannten Ersten pompejanischen Stil noch in Stuck plastisch ausgedrückt worden war. Diese Stuckverkleidung ahmte eine aus Marmorquadern und -orthostaten (hochrechteckige Platten) gebaute griechische Wand mit plastischen Elementen nach. Man nennt diese Form daher auch Inkrustationsstil.

Auf die erste Stufe der rein malerischen Nachahmung der plastischen Wandverkleidung folgt die Bereicherung mit Gesimsen und einfachen Architekturelementen wie Konsolen und Pilastern, die zweite Stufe.

Kat. 133

Die dritte Stufe führt scheinbar vor der Wand stehende Säulen und über sie hinausragende Giebel ein, ahmt Bühnenfronten nach und bereichert die Architektur mit großen Figurengemälden.

Schließlich scheinen sich die Wände zu öffnen und den Blick auf Räume und sogar Landschaften freizugeben, die dahinterliegen. Beides ist in der Villa von Boscoreale der Fall. Man kann diese Villa in die Zeit zwischen 50 und 40 datieren, in jenes Jahrzehnt, das den Untergang des Pompeius, die Ermordung Caesars und den Aufstieg des jungen Octavian bis zum Vertrag von Brundisium erlebte, durch den der spätere Augustus zum Alleinherrscher in Italien wurde.

Im gleichen Jahr heiratete er Livia Drusilla, deren Villa von Prima Porta innerhalb des Entwicklungsvorganges auf der einen Seite noch deutlich den Illusionismus, das heißt die von Vitruv als Wiedergabe oder Nachahmung der Realität bezeichnete Malweise zeigt, in dem feinen Scherengitter aus Bronze und der Marmortransenna, besonders aber in der Art, wie die Formen sich in kräftiger Farbe und mit scharf umrissenen Konturen silhouettenartig von dem in duftigem Türkis verdeckten Hintergrund abheben, schon Elemente des neuen Flächenstils verrät. Die Villa der Livia dürfte im zweiten Jahrzehnt der Ehe mit Augustus ausgemalt worden sein.

Zwischen diesen Beispielen ist die Wand mit den Odysseefresken entstanden, den *Ulixis errationes per topia*, die Vitruv als eines der Themen der Wandmalerei vor dem zu seiner späteren Lebenszeit eingetretenen Stilwandel bezeichnet. Das ganze architektonische System der Wand ist noch körperlich und räumlich relativ logisch aufgebaut, aber die Pilaster sind im Vergleich zu den Säulen von Boscoreale lang und dünn geworden, und in der verschiedenen Perspektive von Wandarchitektur und Ausblick hat sich die malerische Phantasie gegenüber der von Vitruv als Norm geforderten Nachahmung der Realität durchgesetzt.

Im ‚Studiolo‘ des Augustus beobachtet man dann die von Vitruv gegeißelten vermeintlichen Auswüchse einer nach Meinung des alten Architekten modernistischen Malweise, jene von ihm mit einem hapax legomenon *appagineculi* genannten grotesken Formen: geflügelte Figuren, die aus Stengeln wachsen, geschwungene Giebel, die sich wie Schlangen verknoten, Schwäne, die Girlanden in den Schnäbeln tragen, und außerdem eine Fülle exotischer, vor allem ägyptisierender Motive. Nach der Eroberung Ägyptens im Jahre 30 v. Chr. stellt man einen zunächst in Rom, dann auch in Kampanien verbreiteten Einfluß des alexandrinischen

Ägypten fest, der eine wichtige Rolle in der Entwicklung des sogenannten Dritten oder Kande-laber-Stils gespielt hat.

Dieser ist aber allein aus solchen Einflüssen nicht zu erklären, sondern beruht auf einer konsequenten Verfolgung des mit der Hinwendung zur gemalten illusionistischen Architektur eingeschlagenen Weges. Die formale Seite des Problems, die man an der Dialektik von schein-bar räumlichem Ausblick durch eine mit malerischen Mitteln dargestellte Wandöffnung und der Flächigkeit des mehr und mehr zum Bild, d.h. zum Anblick gerinnenden Prospektes besonders gut verfolgen kann, habe ich mehrfach beschrieben. Ich zitiere eine für die Pompeji-Ausstellung in Essen 1973, die dann in vielen Ländern der Welt gezeigt wurde, erarbeitete Kurzfassung, in der die von Vitruv beschriebene Entwicklung im kunstgeschichtlichen Sinn intelligibel gemacht werden soll:

«Ausgangspunkt der Entwicklung der Wandmalerei war die Nachahmung einer aus Stein-quadern gefügten Wand mittels plastisch aufgesetztem Wandverputz. In der griechischen Architektur war bei den Wänden das Verhältnis von tragenden und lastenden Kräften dadurch zum Ausdruck gebracht worden, daß die Wand einen niedrigen Sockel besaß, auf dem hochge-stellte Platten, sog. Orthostaten, standen, die ihrerseits die querlaufenden Quaderschichten trugen. Diese schlossen oben mit einem durchlaufenden Gebälk, Architrav und Fries, ab. Auf diese Dreiteilung der Wand in tragende Basis, lastende Quaderschichten und abschließendes Gebälk ist die horizontale Dreiteilung fast aller pompejanischen Wände in Sockel unten, hoch-rechteckige Paneele in der Mitte und durchlaufende Oberzone zurückzuführen. Am Beginn der römischen Wandmalerei steht die mit dem Pinsel ausgeführte Nachahmung der Quader-wand. Das neue Verfahren eröffnete sofort die Möglichkeit, nicht nur Quadermauern, sondern auch architektonischen Schmuck der Räume, wie Säulenreihen vor der Wand und vorsprin-gende Gebälke nachzuahmen, ja, da die Malerei nicht an räumliche und statische Gegeben-heiten gebunden ist, und eine gemalte Architektur auch unvergleichlich viel billiger ist als eine gebaute, brauchte man den eigenen Wünschen keinen Zwang aufzuerlegen, man konnte den engen, betretbaren Raum der Häuser optisch erweitern, konnte die Architekturen ständig bereichern und schließlich sogar Wandöffnungen in Malerei ausführen, durch die man wie durch ein Fenster in eine Landschaft jenseits der Wand blicken zu können glaubt. Dies war ein folgenschwerer Schritt, der der Entwicklung eine ganz bestimmte Richtung gab. Gemäß der

Kat. 130

römischen auf axiale Durchblicke angelegten Architektur, wurden diese Durchblicke in die
Mitte der Wände in eine axialsymmetrisch angelegte Scheinarchitektur eingefügt. Die Aus-
blicke in die Landschaft gaben eine Kunstwirklichkeit wieder, bei der der Künstler danach
trachten mußte, eine bildmäßige Wirkung des gerahmten Ausschnittes aus dem hinter der
Wand angenommenen räumlichen Kontinuum zu erzielen. Man kann schrittweise verfolgen,
wie der Durchblick in die Landschaft besonders durch das Eindringen von mythologischen
Staffagefiguren immer mehr zum Anblick, zum Bild wird und wie zunächst Figuren, die aus
griechischen Tafelbildern stammen, in die ausschnitthaft wiedergegebene Landschaft gesetzt
werden und schließlich mehr oder weniger genau wiederholte griechische Figurenbilder an die
Stelle des Durchblicks treten. Das ‹Bild› hatte seinen festen Platz in der Mitte der Wand gefunden, die Scheinarchitektur diente als dekorativer Rahmen, der entsprechend der irrealen und
nicht mehr eine Illusion erweckenden Kunsthaftigkeit der Bilder an Volumen und Greifbarkeit
verlieren und zu reinem Flächenschmuck mit neuartigen Ausdrucksmöglichkeiten werden
mußte. Hatte man zunächst versucht, den Betrachter die dargestellte Architektur mit ihren
Durchblicken für wirklich halten zu lassen, so war man nun der künstlerischen Wirklichkeit,
der Aussagekraft des neuen Stiles auf der Spur. Es gab ein System proportional gegliederter
Flächen mit trennenden senkrechten und waagerechten Bändern, die rudimentär ihre Herkunft von Säulen und Gebälken noch erkennen ließen. Minutiöse Säulenbasen und Kapitelle
erinnerten daran, die querlaufenden Streifen boten noch den Aspekt von Friesen und Architraven, aber insgesamt war die Wand zur Malfläche geworden, sie war nicht mehr die Stelle, wo
der Realraum in den Bildraum einer illusionistisch den Raum erweiternden Scheinarchitektur
überging. Die als Malfläche erwiesene Wand reizte nun die Phantasie der Maler zu immer
neuen Kombinationen von Wandsystemen und bildlichen Elementen, für die im Rahmen der
Wandkonstruktion auch immer neue Stellen ausfindig gemacht wurden, ohne daß die Figurenbilder das dekorative System jemals überwuchert hätten. Vielmehr wird der eigentliche Inhalt
der Bilder, ihre Aussage erst durch ihren Bezug auf die übrigen Bildelemente der Wand offenbar. Die künstlerische Aussage wird ermöglicht durch eine Unterordnung der auf verschiedene
Vorlagen zurückgehenden Bilder unter einen einheitlichen, zeitgenössischen Stil.»

In diesem Stil offenbart sich die eigentliche Sehweise der Zeit, und es kommt jetzt darauf an, die Erkenntnis dieses Stils für das Verständnis der augusteischen Gesellschaft, also gleichsam für die Ausleuchtung des Hintergrundes einzusetzen, vor dem sich die großen politischen und soziologischen Umwälzungen der Zeitwende vollzogen.

Die großen Wandmalereikomplexe des spätrepublikanischen Illusionsstils zeigen den Ausdruckswillen der Oligarchen, jener Schicht politisch einflußreicher Männer, die teils durch Abkunft, teils durch persönliche Ambitionen gemischt mit Tüchtigkeit, Geschicklichkeit und Rücksichtslosigkeit dank der Zeitumstände zu beispiellosem Reichtum gekommen waren. Sie investierten diesen Reichtum in Großgrundbesitz, Sklavenhaltung, Bergwerken, förderten eine große Klientel und gebärdeten sich so, daß ein griechischer Philosoph den Senat, dem die meisten von ihnen angehörten, als eine Versammlung von Königen bezeichnen konnte.

Diese Männer sahen sich zu einer Repräsentation gezwungen, die sich besonders im Ausstattungsluxus ihrer Häuser zeigte. Dem Raum, in dem sie wie auf einer Bühne agierten, gaben sie einen Hintergrund, der ihre Weltsicht in mythischen und historischen Beispielen darlegte. Ideen der zeitgenössischen Form des Stoizismus, wie er besonders im großen Lehrgedicht über die Natur der Dinge des vielleicht aus Pompeji stammenden Dichters Lukrez zum Ausdruck kommt, werden in anschauliche Bilderfahrungen umgesetzt. Odysseus, der unerschrocken die ganze Welt durchmißt, wird zum ambivalenten Vorbild. Die Erwerbsquelle, wie die Voliere, in der Vögel für den Markt gezüchtet werden, kann als Kunsterlebnis gestaltet werden. Insgesamt

Kat. 130

Kat. 130

ist es eine in ihrer kräftigen Farbigkeit und perspektivischen Plastizität aufdringliche, ja aggressive und deutliche Ausgestaltung des Lebensraumes, die von der durch Augustus gebändigten, in ein übersichtlicheres Gefüge gebrachten Gesellschaft zugunsten eines ruhigen, freundlichen und wohnlichen Wandschmucks abgelehnt wurde. Nachdem die soziale Pyramide des Weltreichs statt der vielen, miteinander rivalisierenden und deshalb zu besonderem Anspruch herausgeforderten, herausragenden Persönlichkeiten in der Person des *princeps* eine feste Spitze bekommen hatte, die Positionen und Funktionen der sozialen Schichten neu definiert und in einer klaren inneren Hierarchie gegliedert waren, war niemand mehr genötigt, sich durch ein besonderes, vor allem in der Wohnweise offenbar werdendes Imponiergehabe zu profilieren. Dergleichen konnte sogar gefährlich werden. Augustus selbst ging mit gutem Beispiel voran. Die Historiker (z. B. Suet. Aug. 72,1−2) rühmen, daß seine Wohnstätte bescheiden, die Einrichtungsgegenstände kaum eines privaten Bürgers würdig gewesen seien.

Nach der Ausgrabung des Augustushauses weiß man, daß dieses Urteil der Historiker einerseits zu Recht besteht. Die Villa der patrizischen *gens Secundia* in Oplontis vor den Toren Pompejis war ähnlich wie die Villa von Boscoreale zur Zeit Caesars in viel prächtigerer Weise ausgestattet worden als die Residenz des *princeps* auf dem Palatin. Auf der anderen Seite zieht sich der Ausdruckswille des Auftraggebers in ein von den Künstlern begierig aufgegriffenes Raffinement der Ausgestaltung im Minutiösen zurück, das keinen Anstoß erregt und doch die Sinne in höchstem Maße befriedigt. Darin drückt sich die soziologische Komponente des Stilwandels vom Zweiten zum Dritten Stil aus, die in den Bildern dieser Ausstellung dokumentiert ist.

130 Rekonstruktion des Großen Oecus der Villa des P. Fannius Synistor in Boscoreale

L 8,30 m, B 7,30 m, Wandhöhe 3,80 m

Ausgangspunkt der Rekonstruktion (Abb. 157–160) sind auf der einen Seite die erhaltenen Wandfragmente und auf der anderen die von F. Barnabei a.O. überlieferten Daten, Maße und Hinweise auf das Dekorationssystem des Saales. Folgende Fragmente sind erhalten:

I Flügeldämon, Eingangswand, außen; Paris, Louvre, Inv. Nr. 613; 1,26×0,70 m

II Flügeldämon, Eingangswand, außen; Amsterdam, Allard Pierson Museum, Inv. s.n.; 1,025×0,395 m

III Schildträgerin; New York, Metropolitan Museum, Inv. Nr. 03.14.7; 1,78×1,02 m

IV Thronender Mann und sitzende Frau; New York, Metropolitan Museum, Inv. Nr. 03.14.6; 1,75×1,90 m

V Kitharaspielerin; New York, Metropolitan Museum, Inv. Nr. 03.14.5; 1,78×1,87 m

VI Gemalter Schrein (1); New York, Metropolitan Museum, Inv. Nr. 03.14.8; 0,35×0,35 m

VII Aphrodite, Mittelfeld der Rückw.; Neapel, Nationalmuseum, Inv. s.n.; 1,88×1,90 m

VIII Fragment des oberen Teiles der Rückw.; Neapel, Museo Nazionale, Inv. s.n.; 0,94 x 3,20 m

IX Gemalter Schrein (2); New York, Metropolitan Museum, Inv. Nr. 03.14.9; 0,43 x 0,42 m

X Philosoph, Personifikationen der Länder Makedonien und Persien; Neapel, Museo Nazionale, Inv. Nr. 906; 2,01 x 3,24 m

XI Säule, Fragment der Eingangsw.; New York, Metropolitan Museum, Inv. Nr. 03.26.4; 1,75 x 0,432 m

Noch einmal zwischen den beiden flankierenden Flügeldämonen in den unwiederbringlich verlorenen Festsaal der Villa von Boscoreale eintreten zu dürfen, ist ein Erlebnis besonderer Art. Gewiß erkennt man sofort, daß man es mit einem Surrogat zu tun hat; dafür bietet sich aber die Möglichkeit eines vertieften gedanklichen Zugangs, wie unser didaktisch bestimmtes Zeitalter ihn liebt. Wären die Malereien noch an Ort und Stelle, so hätte man zweifellos das größere Kunsterlebnis, vergleichbar der Anschauung des Festsaals in der Mysterienvilla, aber es würde weniger eigene Gedankenarbeit verlangt. Bestimmte, stimulierende Fragen würden sich gar nicht stellen. Auch eine zeichnerische Rekonstruktion in verkleinertem Maßstab führt nicht zu der gewünschten Erkenntnis. Dafür ist das Raumerlebnis, die Dialektik zwischen dem realen, betretbaren Raum und dem nur optisch wirksamen Bildraum notwendig. Man muß erleben, wie die mit allen Mitteln der Täuschung gemalten Säulen vor den Wänden zu stehen scheinen und wie die Wände durch das Podium, auf dem sie stehen, noch weiter zurückgeschoben werden. Diese Wände sind als Scherwände ausgebildet und ragen nur bis zu etwa vier Fünftel der Gesamthöhe auf. Über dem abschließenden goldenen Metopen-Triglyphen-Fries geben sie den Blick – hinter Klapptafelbildern – in Säulenhöfe frei, die jenseits der Wand ein räumliches Kontinuum bilden. Man muß erfahren, wie lebendig die lebensgroßen Figuren sind, die auf dem Podium zwischen den Säulen agieren, und dann muß man sich fragen, wie es möglich ist, daß die Wandabschnitte der Rückwand

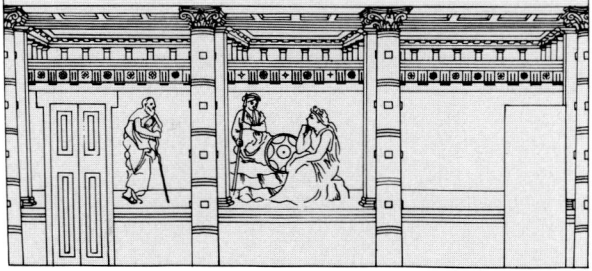

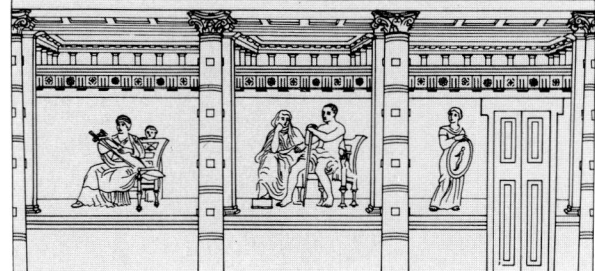

Abb. 157–159 Rekonstruktion der Wände des Oecus der Villa von Boscoreale (n. Little, AJA 68, 1964, Taf. 25)

sich zu öffnen scheinen, das Licht des blauen Himmels eindringt und auf dem hier wie ein Fensterbrett wirkenden Podium sich göttliche Gestalten eingefunden haben. Nur der mittlere Ausschnitt ist erhalten, und auch das nur zu etwa drei Vierteln. Ein Viertel rechts oben ist herausgebrochen. Man erkennt aber noch die Gestalt der Liebesgöttin Venus in gelb-violettem Gewand, die das rechte Bein auf einen Stein setzt und den kleinen Eros an ihre Hüfte drückt. Links in der Landschaft jenseits des geheimnisvoll sich öffnenden Durchblicks sieht man einen rechteckigen, rechts einen runden Tempel. Nackte Eroten und die kleine Psyche stehen und sitzen auf den Tempelstufen, einer der kleinen Liebesgötter angelt in dem Fluß, der zwischen den Tempelchen hindurchfließt.

Sakral idyllische Landschaften mit blauem Himmel, die wie eine Vision in den sich öffnenden Wandausschnitten zwischen den Säulen erscheinen, waren, nach den Ausgrabungsberichten zu urteilen, auch auf die seitlichen Interkolumnien der Rückwand gemalt. Hier vollzieht sich links die Epiphanie des Dionysos in der Heiligen Hochzeit mit Ariadne, rechts erscheinen die drei Grazien. Diese schon bei der Auffindung fast ganz zerstörten Bilder konnten nur in Umrissen angedeutet werden. Sie vollenden den Sinnzusammenhang der Rückwand. A. H. Borbein hat die Einbindung dieser Bildvorstellungen in die epikureische Gedankenwelt aufgezeigt, die in der gleichen Zeit, in der die Villa ausgemalt wurde, in dem großen Lehrgedicht *de rerum natura* des vielleicht aus Pompeji stammenden Dichters Lukrez Gestalt gewann. Epikur hat durch seine Philosophie die Mauern der Welt, die *moenia mundi* durchsichtig werden lassen, «hinter denen keine übernatürlichen Kräfte drohen, sondern das Naturgeschehen rational erfahrbaren Gesetzen folgt». Jenseits der verschlossenen Tore, die die Grenzen des unmittelbaren menschlichen Erfahrungsbereiches bilden, erscheint die wahre Natur der Dinge. Einige Verse aus dem Prooemium des Dritten Buches, das dem Lob Epikurs gewidmet ist, lesen sich wie eine Beschreibung der eigentümlichen Bildraumerfahrung im Festsaal der Villa von Boscoreale.

«Denn als Deine Vernunft (gemeint ist Epikur) uns der Dinge Natur zu verkünden anfing, wie aus dem Geiste der Gottheit solche geflossen, flohen die Schrecken der Seele; die schirmenden Mauern des Weltalls weichen zurück, rings seh' ich die Ding' im Leeren entstehen. Mir enthüllt sich das Wesen der Götter, die ruhigen Sitze, weder von Stürmen erschüttert, noch aus dem Gewölk mit Regen angespritzt, unverletzt vom Schnee auch, welcher vom scharfen Frost im Falle gefror: da lacht fortwährend ein heitrer, nie umwölkter, in Strömen von Licht sich ergießender Äther. Alles beschert die Natur dann ihnen auch, und es vermag nichts ihren so seligen Frieden auf Augenblicke zu stören.»

Dionysos, Venus und die Grazien sind die Gottheiten des glücklichen, von Liebe und Schönheit erfüllten Lebens, das die Bewohner dieser ländlichen Villa in der bis zum Vesuvausbruch 79 n. Chr. paradiesischen Landschaft am Golf von Neapel sich wünschen mochten, als der Berg noch bis zur Spitze mit Wein bewachsen war. Diese Vision seliger Götter ist in dem Festsaal mit dem Auftreten großer historischer Persönlichkeiten in einer Hochzeitsfeier verbunden, die für die politische Situation der Zeit entscheidende Bedeutung hatte. Rechts sieht man im mittleren Interkolumnium das thronende Hochzeitspaar Philipp II. von Makedonien und Olympias, die Eltern Alexanders d. Gr.

Bei den Klängen einer Kithara, welche die Dame im lin-

Abb. 160 Axonometrische Ansicht der Villa von Boscoreale (n. M. Anderson, Pompeian Frescoes in the Metropolitan Museum of Art [1987] Abb. 21)

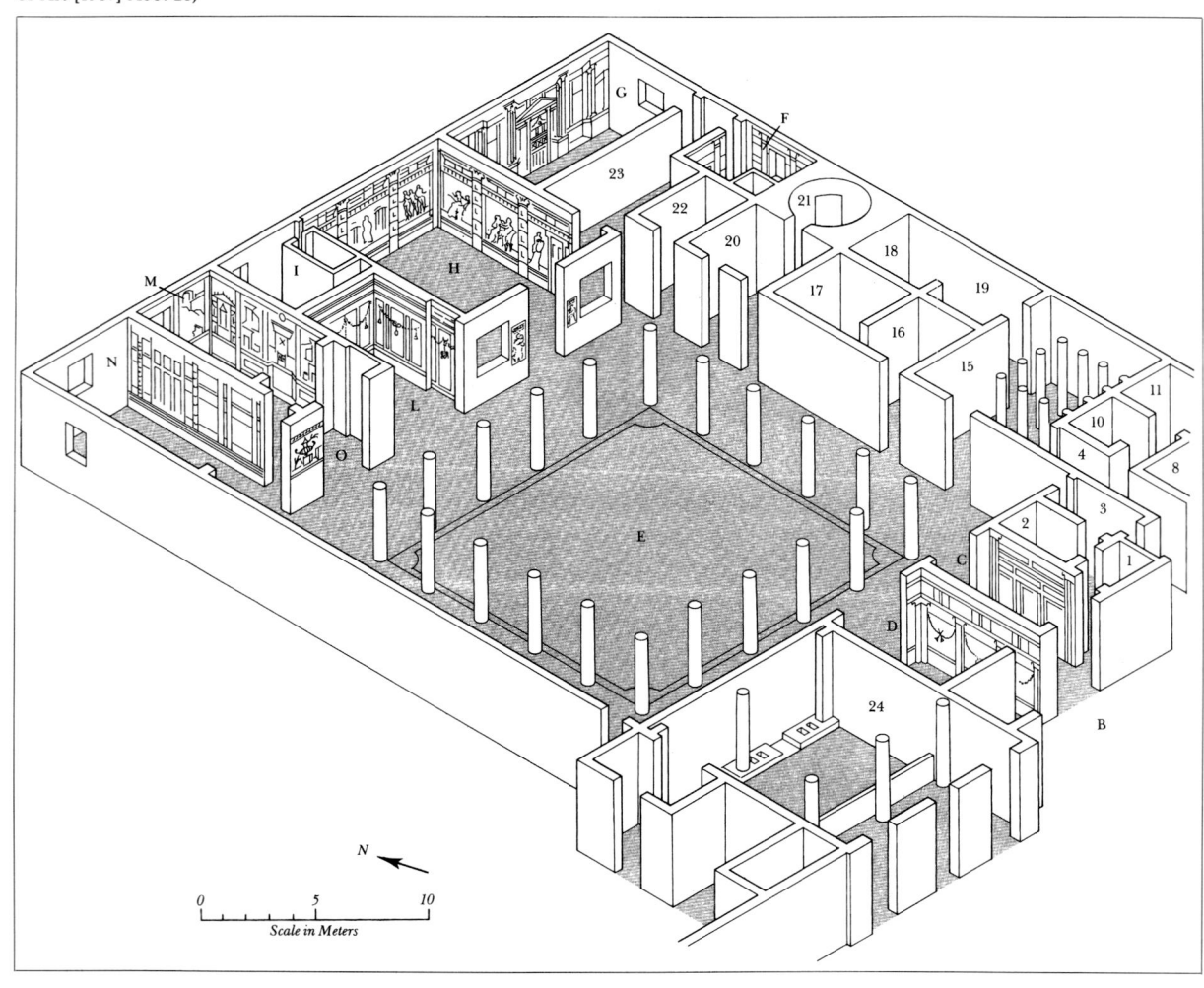

Kat. 130

ken Interkolumnium spielt, während ein hinter dem kostbaren Sessel stehendes Mädchen lauscht, wird dem Hochzeitspaar ein Spiegelorakel zuteil. Eine priesterlich gekleidete Frau im rechten Wandabschnitt fängt mit ihrem Silberschild das Eidolon eines Mannes auf, der eine Königsbinde im Haar trägt. Es ist das dem Paar versprochene Kind: Alexander der Große. Er sollte Griechenland und Persien in der Oikumene einen. Symbol der Einigung sind die beiden im Zentrum der gegenüberliegenden Wand beieinandersitzenden Personifikationen der *Macedonia* mit Königsmütze, der sogenannten Kausia, mit Lanze und Argyroaspis, dem silbernen Schild mit konzentrischen Halbkreisen am Rand und dem achtstrahligen Punktstern als makedonisches Hoheits-

zeichen in der Mitte; zu ihren Füßen sitzt *Persia*, kenntlich an der turbanartigen Kopfbedeckung. *Persia* stützt ihr Kinn in die Hand und blickt prophetisch nach oben, als habe sie eine Vision der künftigen Geschicke ihres Landes.

Die beiden friedlich einander gegenübersitzenden Personifikationen betrachtet sinnend ein bärtiger Philosoph, der sich auf einen Knotenstock lehnt. Er hat einen fülligen braunen Wollmantel um sich geschlungen. Die über Kreuz gestellten Füße stecken in weichen Ledersandalen. An der Linken trägt er einen Ring, in dessen roten Stein ein E eingraviert ist. Ist es das Symbol für Episteme, das Verstehen, oder verbirgt sich darin der Name Epikurs?

Die Wandmalereien sind um die Mitte des 1. Jhs. v. Chr. zu datieren. Damals hatte Pompeius, der sich wie Alexander von Makedonien den Beinamen der Große gab, die östlichen Provinzen, die einst das Alexanderreich bildeten, neu geordnet. Alexander wurde das Vorbild der römischen Großen dieser Zeit, die im römischen Imperium die Oikumene erneuern und vollenden wollten.

Die Vorbilder dieser großfigurigen Malereien sind in der hellenistischen Kunst zu suchen, wo an den Höfen der Diadochen der Ursprung der hellenistischen Staatenwelt in der geschichtlichen Leistung Alexanders d. Gr. in vergleichbaren Megalographien mythisch überhöht wurde.

Die politische Situation Roms knüpft in dieser Zeit an die gleichen Voraussetzungen an. Das macht die Wiederaufnahme dieser Bilder in Italien in spätrepublikanischer Zeit verständlich. Neu ist die Einfügung der gemalten Figuren in die illusionistische Architekturmalerei, die − ausgehend von hellenistischen Prototypen − in Italien und vor allem in der Hauptstadt und in Kampanien bis zu ihrem durch die Villa von Boscoreale bezeichneten Höhepunkt weiterentwickelt worden war.

Literatur: F. Barnabei, La Villa Pompeiana di P. Fannio Sinistore scoperta presso Boscoreale (1901). − L. Curtius, Die Wandmalerei Pompejis (1929). − Ph. W. Lehmann, Roman Wall Paintings from Boscoreale in the Metropolitan Museum of Art (1953). − E. Simon, Die Fürstenbilder von Boscoreale (1958). − Pompeji, Leben und Kunst in den Vesuvstädten. Katalog der Ausstellung in Essen, Den Haag, Zürich 1973/74. − B. Andreae − A. Borbein − K. Fittschen in: Neue Forschungen in Pompeji und den anderen vom Vesuvausbruch 79 n. Chr. verschütteten Städten. Hrsg. B. Andreae und H. Kyrieleis (1975) 61−100. − E. Simon, Augustus. Kunst und Leben in Rom um die Zeitwende (1986) 179 ff. Farbtafel 22−25.

131 Idealrekonstruktion des Wandsystems eines Hauses auf dem Esquilin
Darstellung der Irrfahrten des Odysseus
Gefunden 1848/49 an der Via Graziosa in Rom
L ca. 20,00 m, H 5,50 m, H des Odysseefrieses 1,40 m
Die Rekonstruktion beruht auf den aus der Wand herausgeschnittenen Teilstücken mit den Odyssee-Landschaften, Aufbewahrungsort: Vatikanische Bibliothek, und einem aus der erhaltenen illusionistischen Architekturmalerei erschlossenen Wandsystem, das nach Abmessungen und Form seine nächste Parallele in dem um 30 v. Chr. zu datierenden nordöstlichen Seitenraum D der Casa di Livia auf dem Palatin besitzt.

132 Fragment der Odysseefresken
Sirenenabenteuer
Rom, Museo Nazionale Romano
H 0,70 m, B 0,65 m
Vitruv (7,5,2) nennt die Irrfahrten des Odysseus − *Ulixis errationes per topia* − ein Thema, das kurz vor seiner Zeit für die Ausmalung von Wandelhallen großer Häuser beliebt war. Ein Beispiel dafür sind die heute in breiten vergoldeten Rahmen in der Vatikanischen Bibliothek wie Bilder aufgehängten Ausschnitte von Wandmalereien aus einem großen Stadthaus auf dem Esquilin. In dieser Form lassen die Landschaften mit mythologischer Figurenstaffage nicht mehr den festen Zusammenhang mit der Architekturmalerei erkennen, in den sie eingefügt waren. Die für die Berliner Ausstellung angefertigte Rekonstruktion zeigt das Wandsystem in seiner ursprünglichen Proportion mit einer Andeutung der Scheinarchitektur, wie sie aus den erhaltenen Teilen und vergleichbaren Wanddekorationen erschlossen werden kann. Insbesondere gibt es eine Wandteilung in dem um 30 v. Chr. datierten sogenannten Haus der Livia auf dem Palatin, welche bei nahezu gleicher Höhe von 5 1/2 m über einem geschlossenen Wandteil mit Sokkelzone und hochrechteckigen Plattenfeldern, sogenannten Orthostaten, ein weißes Feld aufweist, das wie eine Öffnung unter der darüber angebrachten Kassettendecke wirkt.

An entsprechender Stelle einer ähnlich gegliederten Wanddekoration dürften die Odysseelandschaften ihren Platz gehabt haben. Fügt man die einzelnen Bilder in eine derartige Scheinarchitektur ein, dann erkennt man, daß die Landschaft sich in einem weiten Panorama hinter den Pfeilern fortsetzt und zu einem über zerklüftete Berge, Buchten, Meerengen, mit Palastarchitekturen gefüllte Vordergründe und bizarre Felsenlandschaften hinwegreichenden Raum wird, in dem das Schiff des Odysseus, er selbst und seine Gefährten immer wieder auftauchen.

Das erste Bild des Zyklus ist zerstört. Hier muß die Insel des Kyklopen Polyphem dargestellt gewesen sein, denn mit der Rettung aus der Höhle des Riesen beginnt die Folge der Abenteuer, in denen nach und nach alle Gefährten des Odysseus ihr Leben verlieren. Besonders furchtbar ist der Angriff der riesigen Lästrygonen auf die Flotte des Odysseus, die, weniger vorsichtig als er selbst, im ruhigen Hafen vor Anker gegangen war, während er allein sein Schiff draußen vor der Bucht mit Seilen am Felsen festgehalten hatte (Hom. Od. 10,95 f.). So kann er sich und die Gefährten auf seinem Schiff retten, während alle anderen von den kannibalischen Riesen vernichtet werden. Die ganze in 54 Versen (Hom. Od. 10,80−134) knapp geschilderte Geschichte ist in dreieinhalb Prospekten ausführlich geschildert. Im ersten Bild sieht man das Zusammentreffen der Kundschafter mit der Tochter des Riesenkönigs Antiphates, der im folgenden Bild seine Leute zum Angriff auf die Griechen zusammenruft. Das dritte Bild schildert die Zerstörung der Schiffe, die sich selbst den Ausgang aus der Bucht versperren, während das Schiff des Odysseus schon um den Felsen biegt, an den es mit Seilen gebunden war, und der am rechten Bildrand des fünften Ausschnittes winkenden Insel Aiaia zustrebt. Hier trifft Odysseus die Zauberin Kirke in ihrem Palast und zwingt sie mit gezücktem Schwert, die Gefährten aus Schweinen in Menschen zurückzuverwandeln, eine Szene, die wahrscheinlich im folgenden, fast völlig zerstörten Bildausschnitt gestaltet war.

In den anderthalb nächsten Ausschnitten sieht man den Abstieg des Odysseus in die Unterwelt, wo er sich Rat beim blinden Seher Teiresias holt. Odysseus steht unter dem hohen Felsenbogen, der sich über den Eingang zur Unterwelt spannt, und läßt das Blut eines geschächteten Widders in die Grube fließen, aus der die Schatten der Verstorbenen trinken müssen, damit sie ihre Stimme erhalten und mit Odysseus sprechen können. In Massen drängen sie heran und lassen Odysseus in bleichem Entsetzen fliehen, als er im Hintergrund des Hades die großen Büßer Orion, den vergeblich Jagenden, Tityos, dem ein Geier die Leber zerhackt, Sisyphos mit dem Felsblock und andere sah. Diese Gestalten und die in der Odyssee noch nicht begegnenden Danaiden sind im letzten nur bis zur Hälfte des Ausschnitts bemalten Fresko dargestellt. Der rechte Rand des verkürzten Prospektes ist abgeschrägt. Hier scheint eine Tapetentür angeschlagen zu sein, die nach dem Rhythmus der gliedernden Pilaster zu urteilen und nach dem Grundriß des Saales, in dem sich die Fresken fanden, eine anderthalb Abschnitte breite Öffnung verschloß; auf die Wiedergabe dieser Tür, die auf das Dekorationssystem keine Rücksicht nahm, wurde in der Rekonstruktion verzichtet. Vom letzten Abschnitt auf der rechten Seite wurde nachträglich noch ein Fragment gefunden, das hier ausgestellt ist und eine Vorstellung von den originalen Farben und der impressionistischen Maltechnik zu geben vermag. Am linken Bildrand erkennt man den Sirenenfelsen, an dem, an den Mastbaum gebunden, Odysseus vorbeifährt. Auf der rechten Seite dieses Bildes muß das Skylla-Abenteuer dargestellt gewesen sein, das in Korrespondenz zum Polyphem-Abenteuer im ersten (verlorenen) Abschnitt den anderen Ecksatz der großen Bildersymphonie dieser Irrfahrten des Odysseus durch den weiten Landschaftsraum — *Ulixis errationes per topia* — bezeichnet.

Die hellenistische Form des jeweils diagonal nach hinten sich öffnenden Landschaftsraums und die griechischen Beischriften lassen vermuten, daß die Bilder auf eine ältere, wohl aus dem 2. Jh. v. Chr. stammende Vorlage, vielleicht eine illustrierte Bücherrolle zurückgehen; die Art, wie vor die fortlaufende Szenerie die Doppelpilaster gelegt sind und die Landschaft zum Prospekt, zum Ausblick werden lassen, in den man über die Wand hinausschaut, ist aber zweifellos ein römisches Stilelement. Sie setzt Seherlebnisse wie das im Festsaal der Villa von Boscoreale erfahrbare voraus.

Eine wichtige Besonderheit dieser Kompositionsform kann man nur angesichts der im Maßstab 1:1 rekonstruierten Wand erleben. Nur hier erfährt man unmittelbar, daß die Landschaftsbilder einen ganz anderen perspektivischen Augpunkt haben als die Architekturmalerei. Diese ist auf einen Betrachtungspunkt in der Mitte des etwa 20 m langen Raumes bezogen, denn nur im mittelsten Prospekt sieht man den braunen, jenseits der Scherwand stehenden Zwillingspilaster auf beiden Seiten, während man ihn bei den fünf ersten Bildausschnitten auf der linken und bei den weiteren Ausschnitten rechts von der Mitte am rechten Rand sieht. Erhalten ist das nun bei dem weitgehend zerstörten siebten und bei dem folgenden achten Bild mit Odysseus im Hades, es muß aber bei allen Bildern dieser Wandseite so gewesen sein, denn bei den beiden zur Hälfte erhaltenen Bildern des neunten und elften Abschnittes ist am linken Rand der Zwillingspilaster nicht zu sehen, sondern von dem

roten Pilaster verdeckt. Die entscheidende Wirkung der Verschiedenheit des Ausgangspunktes, der bei der Scheinarchitektur in Höhe der Augen eines im Saal auf dem Boden stehenden Betrachters, beim Landschaftsfries hingegen noch höher als das Abschlußgesims der Scherwand liegt, über die man in die Landschaft hinausschaut, ist nun der Effekt, daß man sich schwebend in die Höhe gehoben fühlt und die mythische Landschaft von einem nur in Gedanken einzunehmenden Betrachterstandpunkt unter dem Gewölbe des Raumes aus zu erblicken glaubt. Man wird in jene Höhe gehoben, von der Lukrez im Prooemium des 2. Buches von *de rerum natura* sagt: «Nichts verschafft mehr Lust, als in den heiter-ruhigen Bezirken zu wohnen, wohlbefestigt durch die Lehren der Weisen, von wo man herabschauen kann und sehen, wie die anderen hin und her irren...» (2,7–9).

Literatur: P. Matranga, La Città di Lamo. – K. Woermann, Die ant. Odysseelandschaften vom esquilinischen Hügel. – B. Nogara, Le Nozze Aldobrandine 37 ff. Taf. 9–32. – G. Rodenwaldt, Die Komposition der pompeianischen Waldgemälde 20 ff. – E. Pfuhl, Malerei und Zeichnung, 972 ff. – K. Weitzmann, Illustrations in Roll and Codex 19 ff. – K. Schefold, Pompeianische Malerei 74 ff. 82 ff. – P. H. v. Blanckenhagen, AJA 61, 1957, 79 ff. – L. Vlad Borelli, BdA 41, 1956, 289 ff. – H. G. Beyen, Die pompeianische Wanddekoration vom zweiten bis zum vierten Stil II 1, 260 ff. (mit Literatur). – B. Andreae, RM 69, 1962, 106 ff. – P. H. v. Blanckenhagen, The Odyssee Frieze, RM 70, 1963, 106 ff. – W. J. T. Peters, Landscape in Romano-Campanian Mural Painting (1963) 27–32. – B. Andreae, Odysseus, Archäologie des europäischen Menschenbildes² (1984) 55–68. – E. Simon, Augustus. Kunst und Leben in Rom um die Zeitwende (1986) Abb. 253 a.k.b.

133 Gartensaal aus der Villa der Livia bei Prima Porta

Fotomontage der Westwand
Aufbewahrungsort: Rom, Museo Nazionale Romano Inv. 126373
L 11,70 m, H 2,72 m

Livia, die Gattin des Kaisers Augustus, besaß eine Villa vor den Toren Roms bei Prima Porta, einer nicht weit von der Via Flaminia im Norden gelegenen Hügellandschaft. Hier wurde die berühmte Statue des Kaisers, der Augustus von Prima Porta, gefunden, die Marmorkopie einer Bronzestatue, die gegen 20 v. Chr. geschaffen worden war und möglicherweise für das Grabmal des Kaisers bestimmt war. Nach seinem Tode wollte Livia ein Verehrungsbild in ihrer Villa haben, die sie auch schon in der frühen Zeit ihrer Ehe bewohnt hatte, denn damals wurde der *recessus aestivus*, der Kühle spendende, gegen die Feuchtigkeit isolierte unterirdische Raum ausgemalt, von dem eine Längswand in einer originalgroßen Fotomontage in der Ausstellung zu sehen ist. Man muß in Gedanken die Gartenszenerie auf den Schmalseiten und der gegenüberliegenden Längswand ergänzen und über den großen Saal eine Längstonnendecke spannen, um die eigentümliche Erfahrung zu machen,

Kat. 131

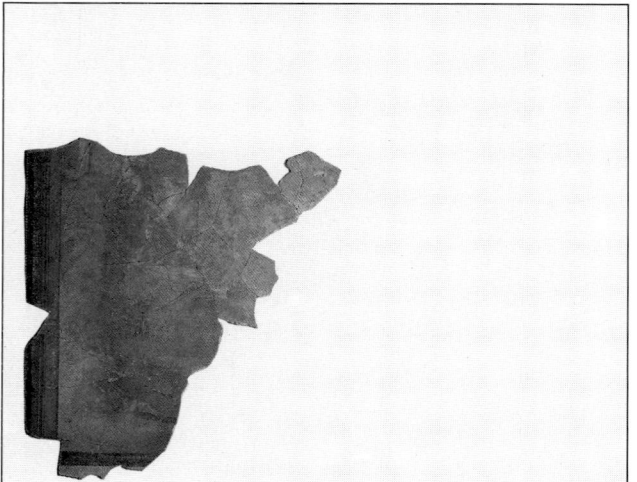

Kat. 132

daß man sich scheinbar unter einem Höhlendach befin- det, dessen Stalaktitenrand in den blauen Himmel über der grünen Pflanzenwand hineinhängt. Aus dieser Höhle geht der Blick rings in eine dicht bepflanzte Park- landschaft, deren Tiefe sich in undurchdringlichem Grün verliert. Sieht man genauer zu, dann erkennt man, daß das grüne Dickicht kunstvoller gestaltet ist, als der erste Blick vermuten läßt. Eine schwarze Lamperie

trennt den betretbaren Raum von dem illusionistisch zu- rückweichenden und nach hinten sich öffnenden Bild- raum. Durch einen doppelten Zaun, der vorne aus ei- nem Bronzegitter und hinten aus einer Marmortran- senna mit durchbrochenen, abwechselnd in Rauten- und Schuppenmustern aufgelösten Feldern besteht, wird ein Weg rings um den Saal begrenzt, der einen leeren Raum zwischen dem Realraum und der Blätterwand andeutet

Kat. 131

und den Garten noch weiter nach außen schiebt. Die
Marmortransenna bildet in der Mitte der Schmalwände
und jeweils in der Mitte jeder Hälfte der Längswände
eine rechteckige Ausbuchtung oder Exedra, in der eine
Konifere steht. Von diesem Mittelmotiv aus sind die
Pflanzen rechts und links angeordnet: Im Vordergrund
steht immer ein Granatapfelbaum oder Quittenbaum,
deren rotwangige und gelbe Früchte im dunklen Laub
glühen. Zwischen diese Früchtebäume und die Konifere
ist dann jeweils noch ein anderer Baum oder Busch ein
wenig zurück gesetzt, so daß der Raum gleichmäßig mit
größeren deutlich erkennbaren und als Palme, Meerkir-
sche, Fichte, Pinie, Zypresse, Lorbeer, Myrte, Olean-
der, Buchs und Viburnum auch botanisch bestimmbaren Pflanzen gefüllt ist. Der vertikalen Gliederung entspricht eine horizontale, indem dicht hinter der Marmortransenna Blumen auf hohen Stielen und Blütenbü-
sche in lichter Reihe den Raum unter den Blätterkronen
der Bäume füllen und mit ihren gelben, violetten, weißen und roten Blütensternen einen bunten Streifen bilden. Diese als Rosen, lavendelfarbener Mohn, Vinca
und Chrysanthemen bestimmbaren Blumen und die
Ziersträucher und Bäume sind im Vordergrund klar und
naturalistisch gezeichnet. Sie heben sich von einer tür-
kisgrünen undurchdringlichen Wand ab, in die hier und

da mit zarten Farben Zweige und Blätter locker skizziert sind. Die vorderen Baumspitzen ragen ein wenig
über diesen dichten, im allgemeinen grün verschwim-
menden Wald hinaus, der sich mit welligem Rand nach
oben vom klaren Blau des Himmels absetzt.
Belebt ist dieser Parkgarten von einer Fülle verschiedenster Vögel, die auf dem Geländer oder der Tran-
senna, in den Zweigen der Bäume sitzen oder mit flatternden Schwingen darüber hinschwirren. Man hat dreißig Vogelarten bestimmt, also mehr als die Pflanzenar-
ten, die zunächst als die Hauptsache erscheinen. Bedenkt man aber die Zahl und den Artenreichtum der
Vögel, dann kommt einem in den Sinn, daß reiche und
geschäftstüchtige Römer dieser Zeit wie der gelehrte
Marcus Terentius Varro Vogelhäuser besaßen, in denen
sie Vögel zum Verkauf für die Tafeln der Feinschmek-
ker züchteten. Das Vogelhaus Varros bei Casinum ist
durch eine ausführliche Beschreibung bekannt. «Aus
verschiedenen Elementen (Bauwerk, Park und darüber
gespanntes Vogelnetz) ist eine kunstvolle Kulisse konstruiert worden, die dem im Innern des Gebäudes ta-
felnden Gast den Eindruck vermitteln sollte, er befinde
sich im Freien, mitten in einer prachtvollen Naturland-
schaft ... um sich herum sollte er die freie und liebliche
Natur spüren, Bäume und Sträucher eines Waldes und

den Gesang der Vögel. Alles war darauf angelegt, ihn
den Raum, in dem er sich in Wahrheit befand, vergessen zu lassen; seine Einbildungskraft sollte ihn in eine
andere Welt versetzen, in ein Idyll, mit dem sich keine
alltägliche Wirklichkeit mehr sollte messen können» (G.
Fuchs).

Literatur: Aurigemma[5] Nr. 353 Taf. 72.73. — A. Nibby,
Rubrae, Saxa Rubra, ad Gallinas. Analisi Storico-to-
pografica della Carta de'Dintorni di Roma III (1837)
31 f. — Brunn, Bull. dell'Inst. 1863, 81 ff. — Antike
Denkmäler I Taf. II. 24.60. — Lugli, BullCom 51, 1923,
40. — Sulze, RM 47, 1932, 174 ff. — P. Marconi, La Pit-
tura dei Romani Abb. 84. Rizzo Taf. 181,2. — K. Sche-
fold, Pompejanische Malerei Taf. 5—7. 11. — Rumpf,
HdArch 171. — Cagiano de Azevedo, Boll. Ist. Centrale
Restauro 13 (1953) 11 ff. — M. Gabriel, Livia's Garden-
room at Prima Porta. — M. Borda, La Pittura Romana
213 f. — H. Kähler, Rom und seine Welt 211 f. Taf. 136.
— H. G. Beyen, Pompejanische Wanddekoration II
Abb. 264. — W. J. T. Peters, Landscape in Romano-
Campanian Mural Painting 47. — Zu Varros Vogelhaus:
G. Fuchs, RM 69, 1962, 96 ff. (das Zitat a.O. 104). — D.
Michel in: Tainia, Festschrift für Roland Hampe (1980)
376 Anm. 12. — E. Simon, Augustus. Kunst und Leben
in Rom um die Zeitwende (1986) 211 Farbtafel 34.
Zur Villa von Prima Porta: C. Calci und G. Messineo,
La Villa di Livia a Prima Porta. Lavori e studi pubblicati
dalla Soprintendenza archeologica di Roma 2 (1984).

134 Apollo

Freskenfragment
Rom, Antiquario Palatino
Gefunden 1950 im Schutt des Hauses des Augustus auf
dem Palatin, südlich der Scalae Caci
L 0,69 m, H 0,56 m

Das Wandmalereifragment, das im Schutt des Augustushauses auf dem Palatin gefunden wurde, kann als
Inbegriffbild des augusteischen Stils gelten. Umgeben
von einer blauen Aura, lehnt Apollo sich lässig zurück
auf seinem Marmorthron, über den der um den Schoß
geschlungene purpurviolette Mantel fällt. Lauscht er
den verklingenden Tönen seiner Kithara nach, die er
aufs Knie gestellt und mit der Rechten angeschlagen
hat? Blickt er etwa auf Marsyas, den er im musikali-
schen Wettstreit besiegte und der nun geschunden wird?
Das ist denkbar, denn das Fragment bildet den Mittelpunkt eines Frieses, wie man den über Apollo zusam-
menstoßenden Richtungen des Flechtbandes entnehmen kann, welches das Bild oben begrenzt. Der Stil des
Bildes ist ein bewußter und gesuchter Klassizismus. Die
feinen, pastosen Farben des Inkarnates heben sich wie
zartes Relief von dem im räumlichen Sinn indifferenten,
die Reinheit des göttlichen Seins symbolisierenden him-
melblauen Grund ab. Die leicht changierenden, von
blassem Violett über Rosa zu Hellrot gehenden Farbtöne, der Perlmuttschimmer auf den Perlschnüren, die
den Omphalos, den Nabel der Welt, in ihr Netz ein-
schließen, das Grau des Marmorthrones und die helle
Bronzefarbe der bindengeschmückten Kithara, das alles
zeigt einen so anderen, verhaltenen Stilwillen als die
kräftigen aggressiven Farbtöne im großen Oecus der

Villa von Boscoreale, daß man nach dem Kunstwollen
dieses Stilwandels fragen möchte. Bei genauem Zusehen zeigt sich, daß die Farbtöne auch schon in der üppigen Farbskala der Villa von Boscoreale hier und da begegnen, daß im Apollobild aber ebenso wie im Studiolo
des Augustus eine bestimmte, in ihrer Wirkung genau
bedachte Auswahl getroffen ist. Die Absicht ist, einen
stillen, beruhigten, ausgewogenen und edlen Eindruck
zu erwecken. Sollte tatsächlich die grauenvolle Szene
der Schindung des Marsyas gemeint sein, so wird sie mit
einer so milden Verhaltenheit dargestellt, daß sie nur
noch wie die verblassende Erinnerung an eine furcht-
bare Auseinandersetzung wirkt.

In der Tat wollte Augustus in der Periode, aus der dieses Bild stammt, die große Auseinandersetzung vergessen machen, die in den dreißiger Jahren zwischen ihm,
der sich Apollo zum Schutzgott gewählt hatte, und Marcus Antonius stattgefunden hatte, der sich als eine Rein-
karnation des Dionysos feiern ließ. In der Schlacht von
Actium im Jahre 31 v. Chr. hatte Apollo der Flotte Octavians den Sieg verliehen.

Schon bei einem frivolen Maskenfest im Jahre 40 v. Chr.
war Octavian als Apollo, Marc Anton als Bacchus aufgetreten. Als im Jahre 36 der Blitz ins Haus Octavians
auf dem Palatin einschlug, erklärte er, der Gott Apollo
habe seine Hand auf diesen Besitz gelegt, und errichtete
an dieser Stelle dem Apollo einen weithin leuchtenden
Tempel. In dessen Terrassierung baute Octavian sein
Privathaus hinein. Er wurde damit gleichsam zum Syn-
naos, zum Tempelgenossen Apolls, der das Gesetz, die
Ordnung und die Klarheit verkörperte. Der Tempel
wurde 28 v. Chr. mit einem von den größten Dichtern
der Zeit besungenen Fest eingeweiht. In den Gedichten
des Properz (2,31) und Horaz (carm. 1,31) aus dem
Jahre 28 v. Chr. sind keine direkten Anspielungen auf
den Bürgerkrieg mehr zu hören, wie sie in den Jahren
vor 31 v. Chr. die Zeilen füllten. Horaz erfleht von
Apollo am Weihetag von dessen Tempel, daß er in rüsti-
ger Kraft und ungeschwächt am Geiste genießen dürfe,
was er erreichte. Das zeigt einen allgemeinen Wunsch
der Zeit an, die Schrecken des Bürgerkrieges nach der
Ermordung Caesars zu vergessen und sich des Erreichten zu erfreuen. Properz, der den Bildschmuck des
Tempels genauer beschreibt, die Freveltat der Danaiden erwähnt, die als ein Symbol des Bürgerkrieges geplant war, und auch die Beispiele bestrafter Hybris in
den Elfenbeinreliefs der Tempeltür, nämlich die Vertreibung der Gallier aus Delphi und den Tod der Niobiden anspricht, spielt mit keinem Wort darauf an, daß
dies alles Mythologeme für die Auseinandersetzung zwischen Octavian und Marc Anton sind. Als der Tempel
geplant wurde, war das an der politischen Tagesord-
nung. Als er geweiht wurde, war die politische Landschaft völlig verändert. Apollo, der zuerst als Rächer
der Hybris auftrat, ist nun zu einer schönen und milden
Erscheinung geworden, bei der man kaum glauben
kann, daß er der Schindung seines unterlegenen Gegners Marsyas beiwohnt. Man kann das bei dem fragmentarischen Zustand des Freskos, wie gesagt, nicht
ausschließen, aber wahrscheinlich ist es nicht. Es gibt
nämlich keine andere Darstellung des durchaus nicht

Kat. 134

seltenen Themas, in der der Omphalos als Zeichen des Mittelpunktes der Welt begegnete. Wo dieser dargestellt ist, dürfte Apollo als die ordnende, gesetzgebende Gottheit gemeint sein. In seinem Tatenbericht (den im Monumentum Ancyranum überlieferten *res gestae*) rühmt Augustus sich vor allem seiner Erfolge als Gesetzgeber. Der mythische Inspirator dieser Gesetze ist Apollo, dem Augustus nicht nur in dem öffentlichen Riesenbau des Marmortempels, nicht nur in den Gesängen seiner Hofdichter, sondern auch in der intimen Malerei seines Hauses huldigt.
Literatur: P. Romanelli, BdA 40, 1955, 208 f. – Enciclopedia dell'Arte Antica I (1958) 473 Abb. 641 s.v. Apollo (De Franciscis). – G. Carettoni, Das Haus des Augustus auf dem Palatin (1983) Taf. XI. – Lexicon iconographicum Mythologiae Classicae (LIMC) II 1 (1984) 405 Nr. 290 (E. Simon).

135 Die Wandmalereien im oberen Cubiculum des Augustushauses (Fotografische Rekonstruktion)
Gianfilippo Carettoni

In der Situation der Räumlichkeiten des Augustushauses, die sich um das Peristyl gruppieren, stellt dieses Cubiculum, im Obergeschoß an der Ostseite gelegen, so-

wohl wegen seiner Position wie seines Dekors eine für sich stehende Einheit dar. Von kleinen Ausmaßen, erhob es sich über fast quadratischem Grundriß (3,45 m × 3,60 m) und war von einer flach gewölbten Decke überdeckt (Gesamthöhe 4,10 m). Es ist das einzig übriggebliebene Zimmer des Obergeschosses und war nur von der davorliegenden Terrasse aus zugänglich, die auf gleichem Niveau über dem östlichen Säulengang des Peristyls verlief. Die Eingangstür öffnete sich nach Westen, und nur durch sie erhielt es Luft und Licht.
Der gesamte malerische Schmuck der Wände – außer einem Teil, der sich noch an der Rückwand befand – und die Decke wurden im Laufe der Ausgrabung in kleinen Bruchstücken wiedergefunden und in geduldiger Arbeit von den überaus geschickten Restauratoren der Soprintendenza Archeologica di Roma, E. Paparatti und G. Musatti und ihren Mitarbeitern wieder zusammengefügt.
Die Fresken, mit denen die Wände der Räume im Untergeschoß des Hauses geschmückt sind, erscheinen noch, auch wenn sie bereits der fortgeschrittenen Phase des Zweiten Stils zuzurechnen sind, einer strengen, eigentlich römischen Tradition engstens verbunden, die sich durch eine strenge Beachtung der Syntax der architektonischen Schemata und Nüchternheit in den Einzelheiten des Dekors auszeichnet und sich nur vorsichtig

Kat. 135

fremden Neuerungen öffnet. Mit dem oberen Cubiculum jedoch betritt man eine völlig andere Dimension. Alles auf diesen Wänden ist frei, fantasievoll, bewegt von einer freudigen Stimmung und einem raffinierten Spiel der Gegensätze zwischen Form und Farbe. Auch der immer noch existente architektonische Träger scheint in dem wilden Wuchern der vegetabilen Dekoration unterzugehen, die nicht allein Verbindungsglieder, Architrave und Friese bedeckt, sondern auch weder vor den tragenden Säulen mit ihren ausgeklügelten Basen in Form eines Kalathiskos selber haltmacht noch vor den Bekrönungen der Ädikulen und unbestritten das obere Register beherrscht, in dem Reben und Leuchter mit ihren Voluten Architekturglieder und Konsolen halten. So sind auch die silbernen Utensilien des Isiskults (*situlae* und *urcei*) von Blättern von Wasserpflanzen und grazilen Voluten bedeckt und gewinnen so eine unwirkliche Dimension.

Neben dieser vegetabilen Fülle erscheinen klar und unmißverständlich Elemente, die aus dem Motivschatz des alten Ägypten stammen, von einem Geschmack sicherlich nicht wesentlich verschieden von demjenigen, der später die Chinoiserien des europäischen 17. und 18. Jahrhunderts inspirieren wird. So finden wir Friese mit dem geflügelten Obelisken, Lotusblüten und -blätter, Reiher und Schwäne, löwenartige Wesen und schlan-

genförmige Knäuel, aber alle diese sind von einem erlesenen Sinn für das Dekorative neubelebt. Die Lebhaftigkeit der Farben vervollständigt die Anklänge an einen Raum ptolemäischer Zeit in bezug auf ein Repertoire, das direkt aus Ägypten zu stammen scheint. Dennoch respektiert unterhalb einer solchen ornamentalen Überfülle die architektonische Struktur auf jeder der Wände noch den Rahmen des Realen und bedient sich weiterhin der traditionellen Aufteilung in drei übereinander angeordneten Registern. Eingerahmt und vereinheitlicht werden sie an den beiden Außenseiten von zwei dünnen Pilastern, die sich im rechten Winkel auf den anstoßenden Wänden fortsetzen. Außer daß sie die Kontinuität der Wanddekorationen sicherstellen, dienen sie auch dazu, eine perspektivisch wiedergegebene Kassettendecke zu stützen, die die Wände nach oben hin abschließt; die Pilaster sind in Grün und Weiß gehalten, die Decke hingegen in Gelb.

Die Sockelzone besteht aus einem schwarzen Podium aus abwechselnd rechteckigen und quadratischen gemalten Quadern und läuft um alle vier Wände, unterbrochen bloß von der Tür in der Westwand. Die Quaderschicht sitzt auf einem rosafarbenen Basisprofil und ist oben von einem gelben Zahnschnitt abgeschlossen. Das mittlere Register wird von einer hohen, gegenüber dem Podium perspektivisch zurückgesetzten Rückwand

Kat. 135

gebildet. Sie besteht aus zinnoberroten Orthostaten, die von umlaufenden purpurroten Bändern gesäumt sind, und wird bekrönt von einem reichen Fries.

In der Mitte einer jeden Wand ist sie von einer gemalten Öffnung auf eine Landschaft unterbrochen, umrahmt von einer Ädikula mit einem von zwei Säulen getragenen Giebel, die gegenüber der Rückwand vorgezogen ist und noch bis zur Mitte des oberen Registers hinaufreicht. Seitlich dieser Ädikula erheben sich auf der Süd- und Nordwand zwei Anten auf dem Podium zur selben Höhe und verlaufen über die rückwärtige Wand und vermitteln so perspektivisch in den dahinterliegenden Raum. Die Anten fehlen dagegen auf den beiden anderen Wänden, wo statt dessen zwei vertikale Wandfelder mit weißem Grund erscheinen.

In der südlichen Ädikula erahnt man eine Kultszene mit zwei weiblichen Figuren auf der rechten Seite und auf der gegenüberliegenden Seite eine Statue der bekränzten Göttin mit einem Szepter als Attribut; vermutlich dürfte es sich um Iuno handeln.

In der nördlichen Ädikula sind nur noch einige Angaben von Landschaft übriggeblieben mit einem Tempelchen auf hohen Felsen links oben, einem Bach, der links unten in den Felsen plätschert und einer priapischen (ithyphallischen ?) Herme rechts oben.

Das obere Register öffnet sich (?) oberhalb des Frieses,

der die Rückwand der Mittelzone abschließt, auf einen weiten gelben Grund in unglaubwürdiger (irrealer) perspektivischer Tiefe; auf diesem erheben sich Architekturelemente wie Architrave, Friese, Konsolen und dekorative Wandfelder in einem äußerst gewagten und raffinierten perspektivischen Zusammenspiel von Leeren und Flächen, das jedoch immer noch konkret bleibt. Gerade eine solch realistische Beziehung von Rauminhalten, zusammen mit der Frische der Erfindung in diesem dekorativen Ensemble lassen uns daran denken, daß dieses Cubiculum die Voraussetzungen einer neuen Richtung der Malerei für Rom darstellt; sie ist allerdings noch weit vom Übergang zum Dritten Stil entfernt, als die fortschreitende Auflösung der architektonischen Elemente die Tiefenschichtung zuerst vereinfacht und dann völlig eliminiert.

Auf der Decke des Cubiculum wechseln Stuck und Malerei einander ab und erzeugen ein farbenfrohes Spiel sich überschneidender Linien. Wir finden Indigo mit seinen helleren Abtönungen, Purpur- und Zinnoberrot, Violett und Rosa, Grün und Weiß. Außerdem sind noch Spuren von Vergoldung und von Metallappliken (Rosetten?) erkennbar. Der Entwurf der Decke besteht aus in einem quadratischen Feld eingefügten Quadraten und Rechtecken. (Abb. 161) An den beiden äußeren Rändern, wo die Decke an die Nord- und Südwand anstößt, ist dazwischen jeweils ein langrechteckiges Feld eingeschoben. Das Zentrum der Decke bilden zwei konzentrische Kreise, deren Zwickel von Quadraten und Dreiecken ausgefüllt sind. Der äußere der Kreise wird von vier Rechtecken geschnitten, die diesen zentralen Tondo mit den um die Decke umlaufenden Bändern verbinden und so die Aufmerksamkeit auf die malerische Komposition des zentralen Bereichs zu ziehen scheinen. Von dieser ist ein Bruchstück vom Oberteil zweier weiblicher Figuren übriggeblieben, deren eine von der anderen, geflügelten, im Flug getragen wird; dies Schema erfreute sich großer Beliebtheit in augusteischer Zeit (vgl. die entsprechende Darstellung auf dem Panzerrelief des Augustus von Prima Porta). In den Deckenfeldern sprießen fantastische Flügelwesen und Halbfiguren aus Blütenkelchen zwischen Leuchtern und Weinranken; geflügelte Niken spielen mit Ranken, während satyreske Köpfe aus Lotusblumen wachsen. Die dekorativen Kombinationen von Blumen, Palmetten und Blütenblättern sind fast unbegrenzt; durch ihre Schwerelosigkeit scheint der nilotische Ursprung ihrer Inspiration durch. Es ist klar, daß der Entwurf dieses harmonisch proportionierten Zimmers eigens einem berühmten Künstler anvertraut wurde, dessen Ausbildung in einem grundsätzlich verschiedenen Milieu stattgefunden haben mußte als die derjenigen, deren Werk die Dekoration des Untergeschosses war.

Bei der Ausführung kann man verschiedene Hände feststellen, aber die Fähigkeit und die Technik ist die gleiche: es handelt sich also um einen entwerfenden Künstler und Gehilfen; und zwar keinen Künstler, der Neues erfindet, sondern der schon über einen unterschiedlichen dekorativen Motivschatz verfügt. Die Erklärung dafür kann nur lauten, daß wir das genuine Werk eines alexandrinischen Künstlers vor uns haben, der unmittelbar nach der Schlacht von Actium in den Dienst des siegreichen Brotherrn überwechselte. In diesen Zeitraum also, zwischen 30 und 28 v. Chr., müssen wir dieses auserlesene Kleinod von vollkommenen Dimensionen einordnen. Zu klein für einen Empfangsraum, lag es in besonderer Weise abgesondert. Dies läßt es mit einem Raum im Wohnhaus des Augustus in Verbindung bringen, der den Studien vorbehalten war und von dem Sueton (Aug. 72) besonders berichtet: *erat illi locus in edito singularis quem Syracusas et technyphion vocabat*: also in erhobener (*in edito*) und abgesonderter (*singularis*) Lage. Hier zog sich Augustus zurück, wenn er *quid secreto aut sine interpellatione agere proposuisset* («vorhatte, etwas geheim oder ungestört zu tun»).

Nicht anders wird später Federico da Montefeltro seine Wahl treffen, wenn er im Glanz seiner Residenz in Urbino einen in sich gekehrten, ganz für sich gelegenen Raum anlegen läßt: das berühmte ‚Studiolo‘.

Literatur: G. Carettoni, Das Haus des Augustus auf dem Palatin (1983) (= RM 90, 1983, 373 ff.). – Ders. in: Roma repubblicana dal 270 a.C. all'età Augustea (1987) 77 ff.

Aus dem Italienischen von M. Hofter

Abb. 161   Ausschnitt der Decke des Cubiculum 14 aus dem Haus des Augustus (n. Carettoni, a.O. Abb. 16)

III. BILDNIS UND SKULPTUR

Mathias Hofter

Porträt

Das Porträt als gentiles Privileg und Propagandamedium

Im Gegensatz zu den archäologischen Befunden, die für die Vorgeschichte des römischen Porträts im 3. und 2. Jh. v. Chr. in Rom sehr spärlich sind und nur indirekt Rückschlüsse auf seine Kunstgeschichte erlauben, ermöglichen die zuletzt von G. Lahusen zusammengestellten literarischen Quellen, ein aufschlußreiches Bild von der politischen Funktion und dem sozialen Kontext des Bildnisses in der römischen Republik nachzuzeichnen.

Zu den vornehmsten Formen, die gesellschaftlichen Verdienste einer Einzelperson öffentlich anzuerkennen, gehörte die auf Beschluß von Senat und Volk gesetzte Ehrenstatue, die sich bereits bis in die mythische Frühzeit des Gemeinwesens zurückverfolgen läßt. Im Gegensatz zur Praxis in Griechenland war der Brauch in Rom fest institutionalisiert und an bestimmte Voraussetzungen gebunden: so gehörte die Bildnisstatue auf dem Forum zum Repertoire an Ehrenbezeugungen für triumphierende Militärs. Für besonders herausragende militärische Verdienste sind auch aufwendigere Weihungen, etwa in Form der Reiterstatue nach dem Muster der hellenistischen Könige an prominenterem Ort, z. B. den *rostra* bezeugt. Auch wurden diese Ehrungen nicht wie im klassischen Griechenland erst postum, sondern noch zu Lebzeiten der verdienten Mitbürger post eventum verliehen.

Neben diesen offiziellen, hochgeschätzten Bildnissetzungen wurden in großer Zahl jedoch auch von Klientelen oder abhängigen Gemeinden Bildnisstatuen für römische Politiker gestiftet, durch die sie sich für Hilfeleistungen erkenntlich zeigen wollten. Auch ambitionierte Einzelpersonen hatten Raum für ihre Selbstdarstellung in diesem Medium; so weihte bereits Fabius Maximus 209 v. Chr. aus der Beute des Kriegszuges gegen Tarent eine Statue in den Tempel des Iuppiter Capitolinus (Plut. Fab. 22,8). Diese ‚nichtoffiziellen' Weihungen auf öffentlichen Plätzen und in Heiligtümern müssen von beträchtlichem Umfang gewesen und weiten Kreisen nicht nur der römischen Senatsaristokratie zugute gekommen sein; jedenfalls ist der Censorenbeschluß von 158 v. Chr., der die Räumung des Forum Romanum von solchen Statuen verfügte und diesen Platz in Zukunft nur für solche, die auf Senats- und Volksbeschluß aufgestellt werden sollten, vorbehielt, nicht nur als ordnungspolizeiliche Maßnahme zu verstehen, sondern auch in dem Bestreben, diesen Platz exklusiv für die Repräsentation der politischen Elite zu behaupten.

Eigentümlich römischer Brauch ist hingegen der in der archäologischen Literatur vieldiskutierte Gebrauch der *imagines* für Verstorbene, die im Leichenzug der aristokratischen Familien mitgeführt und von den folgenden Generationen im Atrium des Wohnhauses aufbewahrt wurden.

Imago bezeichnet, nach der Wortfelduntersuchung von Daut, in republikanischer Zeit immer nur das abgekürzte Kopf- oder Büstenbildnis im Gegensatz zu *statua*, die das Ganzkörperbildnis meint. Diese Form der Darstellung und die Sitte als solche ist exklusiv ein Brauch der stadtrömischen Adelsfamilien und findet im griechischen Bereich keinerlei Entsprechung. Daher verdanken wir die ausführlichste Beschreibung auch einer griechischen Quelle, Polybios (6,53f.), während die zahlreichen Erwähnungen bei lateinischen Autoren in ihrer Knappheit eine elementare Vertrautheit des Publikums mit dieser Sitte bezeugen. Nach dieser Überlieferung waren die adligen Verstorbenen und ihre Vorfahren auf der Leichenfeier in verschiedenen Formen präsent: Sie wurden entweder als Kopfbilder mitgetragen (vgl. Kat. 192), von Schauspielern mit individualisierten Masken im vollen Schmuck ihrer Amtsinsignien und Ehrungen dargestellt, oder sie konnten sogar als wächserne Kleiderpuppen vorgeführt werden.

Das Spektakel des *funus*, wie es Polybios beschreibt, war rein als propagandistische Demonstration der Familie inszeniert: der Aufzug endete auf dem Forum, wo die Darsteller des Verblichenen und seiner Ahnen auf den *sellae curules* Platz nahmen und wo von den *rostra* der ranghöchste Verwandte im *elogium* die Verdienste des Toten und seiner Familie pries. Die *imagines* einiger herausragender Persönlichkeiten hatten die Ehre, an besonders würdiger Stelle aufbewahrt zu werden, so die des Scipio Africanus im Tempel des Iuppiter Capitolinus und die des älteren Cato in der Kurie.

Das als *ius imaginis* bezeichnete Gewohnheitsrecht, die *imagines* des Verstorbenen und seiner Vorfahren bei den Leichenfeiern öffentlich vorzuführen, war ein Privileg derjenigen, die bereits einmal ein kurulisches Amt innegehabt hatten, mithin der Mitglieder der senatorischen Aristokratie. Eine lange Reihe von *imagines* bei der *pompa funebris* und im Atrium war geradezu das sprichwörtliche Signet der Vornehmheit einer Familie. Ihre Wertschätzung als Verkörperung des moralischen Exempels der *maiores* kann nicht hoch genug veranschlagt werden. Der adhortative Charakter wird schon durch die Rolle, die sie beim *funus* im Zusammenhang mit dem *elogium* spielen, deutlich; in den Atrien sollten sie zusammen mit den aufgemalten *tituli*, die die Verdienste der Dargestellten priesen, die Jugend zur Nachahmung der ruhmvollen Vorfahren anhalten. Vor den *imagines maiorum* zu bestehen oder nicht, war eine gängige Redensart für gesellschaftlichen Erfolg oder Versagen. Überliefert sind auch gefälschte Ahnenbilder und Stammbäume; dies wird jedoch von Plinius (nat. 35,8) mit Verweis auf das verständliche Bestreben, eine möglichst illustre Ahnenreihe vorstellen zu wollen, entschuldigt.

Die Wertschätzung der Ahnenbilder und das mit dieser Form der Selbstdarstellung verknüpfte Elitebewußtsein rief aber auch Kritik hervor, bezeichnenderweise von Personen, die nicht zu diesem erlauchten Kreis gehörten: von popularen Politikern, Philosophen und *homines novi*. Programmatisch ist der Ausspruch des Marius, der seine Verdienste, die er nur den eigenen Fähigkeiten verdankt, dem Versagen der adligen Heerführer kontrastiert (Sall. Iug. 85,29ff.): «Gewiß kann ich für meine Vertrauenswürdigkeit weder die *imagines*, noch die Triumphe, noch die Konsulate meiner Vorfahren anführen, sondern Lanzen, ein Feldzeichen, Orden und andere militärische Ehrenzeichen, außerdem die Narben vorne auf meiner Brust. Dies sind meine *imagines*, dies ist der Adel, nicht durch Erbe hinterlassen wie bei jenen, sondern den ich mir durch meine vielfachen Mühen und Gefahren erworben habe.» (a. O. 85,38): «Ihre Vorfahren haben ihnen alles hinterlassen, Reichtum, *imagines*, ruhmvolles Andenken; Tüchtigkeit haben sie nicht hinterlassen und konnten es nicht: diese allein wird weder geschenkt noch angenommen.»

Seneca hingegen setzt der Arroganz des Geburtsadels die aus philosophischer Einsicht stammende Seelengröße des stoischen Weisen entgegen: «Den Edelmann macht nicht die Halle voller rauchgeschwärzter Bildnisse.» (ep. 44,1ff.).

Die moralische Wertschätzung der *imago* bedingte ihre emotive Wirkung. Cicero (leg. agr. 2,100) spricht von ihrer Fähigkeit, Mitleid zu erregen; von einem mißlungenen Versuch in dieser Absicht berichtet Quintilian (inst. 6,1,40): ein Verteidiger hielt vor Gericht das patinierte Greisenbildnis des verstorbenen Gatten seiner Mandantin empor, erntete aber ob dessen abstoßender Erscheinung Heiterkeit und Unverständnis.

Die Kunstgeschichte des römischen Porträts im 3. und 2. Jahrhundert v. Chr.

Die archäologischen Zeugnisse belegen für die Wende vom vierten zum dritten Jahrhundert v. Chr. in Mittelitalien die Einführung des physiognomischen Porträts aus dem griechischen Kulturkreis, das sich bei den einheimischen Oberschichten schnell großer Beliebtheit erfreute. Die Befunde ergeben jedoch ein verzerrtes Bild, da es sich vor allem um die Deckelfiguren etruskischer Sarkophage und Urnen handelt, die uns erhalten geblieben sind; eher als Ausnahme sind die tönernen Votivköpfe und -statuen in den Heiligtümern physiognomisch differenziert, die Regel ist hier die ideale, jugendliche Darstellung des Weihenden. Die Reste großplastischer Porträtstatuen aus Bronze sind zu spärlich und von abgelegener oder unsicherer Provenienz (wie etwa der ‚Brutus‘ im Konservatorenpalast), als daß sie Rückschlüsse auf eine Kunstgeschichte des frühen Porträts in Rom selber zuließen. Ein Peperinkopf aus der Scipionengruft, der in die zweite Hälfte des dritten Jahrhunderts zu datieren ist und wegen des Lorbeerkranzes oft, ohne stichhaltigen Beweis, als Bildnis des Dichters Ennius bezeichnet wurde, lehrt uns, wenn bei diesem Einzelstück eine solche Verallgemeinerung überhaupt zulässig ist, daß das Porträt in Rom formal von der gleichen provinziellen Brechung griechisch-hellenistischer Vorbilder bestimmt war wie in der weiteren Umgebung. Bei den Sarkophagdeckelfiguren, in denen man ja die Darstellungen der Angehörigen führender Familien Etruriens vermuten darf, gibt es nur spärliche Hinweise auf ihre öffentlich-politische Tätigkeit; verbreitet sind hingegen die demonstrativ vorgestellte Leibesfülle und die Wiedergabe der Toten als Zecher durch üppige Kränze und Trinkgefäße. Diese positiv begriffene soziale Charakterisierung als *obesi*, ‚Krautjunker‘, die ihr privilegiertes Wohlleben zur Schau stellen, wird von griechischen und römischen Quellen unter negativen moralischen Vorzeichen bestätigt. Ob für die Gestaltung des mittelitalischen Porträts, wie sehr es auch von griechischen Beispielen inspiriert sein mag, ähnlich wie bei diesen sowohl das Aussehen wie auch die ethische Charakterisierung des Dargestellten durch ein differenziertes Repertoire physiognomischer Formeln maßgeblich war, mag mit Recht bezweifelt werden, finden sich doch Greise mit jugendlich straffen Gesichtern oder schlaffe, verfettete Züge kombiniert mit pathetisch gesträubtem Stirnhaar.

Das erste benannte Porträt eines römischen Politikers, des Makedonensiegers Ti. Quinctius Flamininus, begegnet uns auf einem offiziellen Denkmal, einem in attischem Münzfuß nach der Schlacht von Kynoskephalai 197 v. Chr. in Griechenland geprägten Goldstater (Abb. 207). Sein Habitus weicht von der literarisch bezeugten Erscheinung des zeitgenössischen Römers ab; wie sein Gegner Philipp V. trägt er den kurzen Kriegerbart, die Haare sind lang und in unruhig züngelnden Strähnen wiedergegeben. Dieses Detail, ebenfalls verwandt der Haartracht hellenistischer Herrscher, konnte in Rom auch als *intonsum caput*, Zeichen von Traditionsverbundenheit und militärischer Tüchtigkeit interpretiert werden.

Griechische und römische Optimaten: das späthellenistische ‚Privat‘porträt

Die Eroberungen Roms im griechischen Osten, die sich vorwiegend gegen die großen Territorialmonarchien richteten, vollzogen sich Hand in Hand mit einschneidenden sozialen Veränderungen, deren Hauptkennzeichen eine extreme Polarisierung war: Einer sehr reichen Oberschicht, die sich aus Grundbesitzern, Finanziers und Kaufleuten zusammensetzte, standen die Heere der Sklaven auf dem Land und eine Masse verarmter städtischer Bevölkerung gegenüber, die, bedingt durch Krieg und Verschuldung, die traditionellen Mittelschichten von Bauern und Handwerkern aufgenommen hatte. Die herrschende Schicht in den griechischsprachigen Provinzen und Satellitenstaaten setzte sich nicht nur aus römischen Magistraten und italischen Geldleuten zusammen, die, trotz Versuchen einer einschränkenden Gesetzgebung, fast unkontrolliert schalten und walten konnten, sondern auch aus Klientelfürsten und einheimischen Magnaten, die von ihren privilegierten Beziehungen zu den römischen Herren profitierten. Ihr aufwendiger Lebensstil und ihr philosophisches Bildungsideal war Vorbild ihrer römischen Standesgenossen; bei Konflikten waren sie die Ansprechpartner der römischen Machthaber und übernahmen auch die diplomatischen Missionen ihrer heimischen Gemeinwesen. Die verschiedenen sozialen Revolten, die gracchischen Reformversuche, die Sklavenkriege und die antirömischen Aufstände im Osten, die letztlich aus politischer Pression und materieller Verelendung resultierten, richteten sich konsequent gegen diese Koalition der römischen und einheimischen Oberschichten.

Die Patronage, die vorher von den hellenistischen Königen auch über nominell freie und republikanisch verfaßte Gemeinwesen übernommen wurde, vertraten nun die römischen und griechischen Optimaten im Osten. Archäologisch schlägt sich diese Rolle in einer wahren Inflation von Ehrendekreten, -monumenten und -statuen nieder, gestiftet oft aus dem banalen Anlaß der Stundung von Steuerschulden oder Wucherzinsen; oder auch infolge nackter Erpressung, wie das Beispiel des berüchtigten Verres belegt.

Die Monumente der Insel Delos, Freihafen und Handelsknotenpunkt der Levante von 166 bis zu seiner endgültigen Zerstörung in den mithridatischen Kriegen 69 v. Chr., bieten das reichste archäologische Material für die Zusammensetzung und die offizielle Physiognomie dieser Klasse, die hier aus römischen Militärs sowie italischen, griechischen und syrischen Händlern bestand.

Das traditionelle Repertoire des griechischen Porträts bestand aus festen physiognomischen und typologischen Formeln, die nicht in erster Linie die individuelle Erscheinung des Dargestellten, sondern seine ethische und soziale Bedeutung charakterisieren sollten. Diese durchaus auch für realistische und individuelle Züge offene Festlegung orientierte sich an einem gattungsspezifischen Ethos, das den Dargestellten leicht als Herrscher, Militär, Politiker, Philosophen oder Literaten erkennbar macht; es ist sogar möglich, verschiedene Philosophenschulen allein anhand ihrer physiognomischen Züge zu unterscheiden.

Allein, dies traditionelle Repertoire der physiognomischen Formeln paßt nicht mehr für die neue soziale Kategorie von Dargestellten, die in Delos so reichlich vertreten ist, und es wird entsprechend differenziert und durchbrochen. In den Vordergrund tritt stärker die individualisierte und zufällige Erscheinung des Dargestellten, jedoch pathetisch und prätentiös interpretiert und manchmal, wie im Falle des ‚Pseudoathleten‘ (Abb. 21), mit heroischer Typologie, hier der nackten Statue, in fast ridiküler Weise kombiniert. Diese neue, mehr an den Individuen orientierte Form des Porträts hinderte jedoch nicht, das eigene Bild durch ethische und pathetische Konnotationen aufzuwerten und die traditionellen Formeln weiterhin dafür zu verwenden.

Der sehr konzentrierte Befund von Delos ist im Zusammenhang mit den Dedikationsinschriften gut auf seinen sozialen Hintergrund zu beziehen; er findet jedoch auch in anderen Teilen der griechischen und römischen Welt seine Entsprechung, so auf den Münzen der einheimischen Fürsten Kleinasiens, aber auch in den frühesten Beispielen verwandter Porträts (Kat. 136. 137) in Rom und seiner unmittelbaren Umgebung.

Die Elite der späten Republik bis auf Octavian: Das Porträt in der politischen Auseinandersetzung

Die Periode von den gescheiterten Versuchen der Gracchen, die klassische römische Plebs durch eine Landreform wiederzubeleben, bis zur Eroberung Ägyptens durch Octavian war im politischen Zentrum Rom durch stetig eskalierende gewaltsame Auseinandersetzungen gekennzeichnet, die von Straßentumulten bis zum bewaffneten Staatsstreich mit anschließender physischer Vernichtung des Gegners reichten. Die soziale Polarisierung, die dieses Potential hervorbrachte, ist oben bereits erwähnt worden. Mit der Deklassierung der bäuerlichen und kleinbürgerlichen Plebs, die die Kerntruppe des römischen Milizheeres, die schwerbewaffnete Infanterie, stellte, geriet die alte Heeresverfassung selbst in die Krise: durch die Reform des Marius wurde eine Berufsarmee geschaffen, die sich aus besitzlosen Proletariern rekrutierte. Dies gebar neue Konflikte und neue Möglichkeiten, diese zu entscheiden: Das Berufsheer war von seinen finanzkräftigen Anführern abhängig und bot diesen die Möglichkeit, militärisch direkt in die Innenpolitik einzugreifen; umgekehrt mußten die Heerführer politischen Druck auf den Senat ausüben, um die Abfindungen an ihre Veteranen durchzusetzen. «M. Crassus (sc. der Triumvir; vgl. zu Kat. 155) bestritt, daß derjenige, der im Staat der erste sein wolle, ausreichend Geld habe, wenn er nicht von dessen Erträgen ein Heer unterhalten könne» (Cic. off. 1,8,25).

Die Plebs jedoch war des Mittels einer eigenen militärischen Organisation beraubt, das sie in der frühen und mittleren Republik, etwa durch den Militärstreik, oft erfolgreich benutzt hatte, um ihren Status zu verbessern. Statt dessen bot sie ein Reservoir für die Aufstellung von Schlägertrupps, um im Auftrag ihrer Geldgeber die Beschlüsse der Volksversammlung zu beeinflussen oder den politischen Gegner zu terrorisieren.

In dem in einen offenen Bürgerkrieg mündenden Kampf zwischen Marianern und Sullanern beschränkte sich die ideologische Auseinandersetzung zwischen Popularen und Optimaten nicht mehr auf soziale und politische Fragen, sondern erstreckte sich auch auf das Selbstverständnis in allen Bereichen von Bildung, Rhetorik und Kunst, eingeschlossen die Selbstdarstellung im Porträt, wie auch das oben zitierte Diktum des Marius belegt. Sulla selbst brachte sich durch sein Auftreten in griechischer Kleidung auch bei Anhängern in Mißkredit und förderte großzügig die griechische Philosophie. Keineswegs zufällig polemisieren die popularen Rhetoren gegen das elitäre, griechisch geprägte Bildungsideal ihrer Gegner; im Gegenzug wird die lateinische Rednerschule 92 v. Chr. als «Spielplatz der Unverschämtheit» (*ludus impudentiae*) von den optimatischen Censoren geschlossen.

Die *funera* gerieten zu tagespolitischen Demonstrationen: so wagte es Caesar 68 v. Chr. beim Begräbnis seiner Tante Iulia, auch die Bilder des Marius und des Cinna mitzuführen, was als Provokation der noch starken sullanischen Partei deutlich empfunden wurde. Das Leichenbegängnis des Caesar selber bietet ein besonders krasses Beispiel aufwühlender Agitation: hier wurde der Tote als Wachspuppe mit den angeschminkten Dolchwunden vorgeführt, und Marc Anton benutzte die Leichenrede, um die versammelten Parteigänger und Veteranen Caesars gegen seine Mörder aufzubringen.

Die politischen Leidenschaften machten auch vor den Monumenten der Protagonisten nicht halt. Das Siegesmonument über Iugurtha (Kat. 204) wurde zerstört und wiederhergestellt; Sulla ließ die Statuen des Marius und Cinna umstürzen, die später von Caesar wieder aufgerichtet wurden; die Caesarmörder und zeitweise Marc Anton verfielen der Bildnisstrafe. Die Ahnenbildnisse des Clodius wurden nach seinem Ende mit den seinen vernichtet. Auch der reine Besitz eines Porträts konnte den Besitzer gefährden, so den S. Titius, der − zumindest wird es so dargestellt − wegen eines Bildes des rebellischen Volkstribunen L. Appuleius Saturninus ins Exil gehen mußte. Das Charisma der Adelsporträts reichte bis weit in die Kaiserzeit hinein; Tacitus ist es durchaus der Rede wert, daß bei dem letzten großen Adelsbegräbnis in altem Stil, dem der Iunia 20 n. Chr., die *imagines* des Brutus und Cassius fehlten, deren öffentliche Ausstellung verboten war. Und Plinius d. J. berichtet noch von Nostalgikern, die zu seiner Zeit die Porträts der Caesarmörder und des jüngeren Cato besaßen.

Die frühesten großplastischen Porträts, die man auf prominente Persönlichkeiten Roms oder seiner Nachbargemeinden beziehen kann, stehen stilistisch den Porträts auf Delos nahe und sind wahrscheinlich in das erste Drittel des 1. Jhs. v. Chr. zu datieren. Wenn man bei zweien auf Grund von Datierung und Fundort auf Darstellungen prominenter Teilnehmer an den Bürgerkriegen auf seiten Sullas schließen kann, so ist es aufschlußreich, wie sie in der Folgezeit interpretiert werden konnten. Die überdeutliche Zurschaustellung der militärischen Tüchtigkeit des ‚Feldherrn' von Tivoli Kat. 136 und die starke Betonung der dynamischen, vom hellenistischen Herrscherporträt abgeleiteten Züge des Kopfes vom Comitium Kat. 137 mußten in der frischen Erinnerung des innenpolitischen Terrors durchaus Argwohn erregen. Wir verfügen über eine stark propagandistisch gefärbte Schilderung des Scipio Nasica, des Mörders des Ti. Gracchus, die die traumatische Erfahrung dieser Auseinandersetzungen reflektiert: hier sind es die Popularen, die drastisch den Blutdurst des Mörders des Ti. Gracchus, Scipio Nasica beschreiben, der, voller Schweiß, mit brennenden Augen und gesträubtem Haar zu seinem Verbrechen schreitet (Rhet. Her. 4,68). Die *imitatio Alexandri* der Parteiführer mit ihren

Pathosformeln konnte so in einem sehr negativen Licht, als Zeichen der ungezügelten Grausamkeit und Despotie gesehen werden.

Denn die Schrecken der Bürgerkriege, die Grausamkeit und Willkür der sullanischen Proskriptionen und Massaker hatten selbst die Adelspartei entsetzt. Der innenpolitische Ausgleich und die Rückkehr zu friedfertigen Formen der politischen Auseinandersetzung bestimmten über die Parteigrenzen hinweg die politische Terminologie der letzten 50 Jahre der Republik: *Cedant arma togae, concedat laurea laudi* («Es weichen die Waffen der Toga, mit weiche der Lorbeer dem Lob.» Cic. Pis. 74 f.).

Der nach Sullas Machtverzicht tonangebende starke Mann, Pompeius, versuchte, sowohl die Wunden der Bürgerkriege durch großzügige Konzessionen an die Popularen zu heilen, wie auch den Senat für sich einzunehmen, der ihm gegenüber mißtrauisch war, da er seine Karriere als Söldnerführer begonnen hatte. Die oft festgestellte, scheinbare Widersprüchlichkeit seines Porträts löst sich auf, wenn man es in diesem politischen Kontext betrachtet: Die *virtus* des Heerführers, die ihn bei seinen Soldaten beliebt gemacht hatte, wird mit der konzilianten Miene des volksfreundlichen Politikers, der für alle da ist, kombiniert.

Andere folgten dem Beispiel des Pompeius und versuchten, im Mienenspiel ihres Porträts nach den Anweisungen der Rhetorik eine dynamische Stilisierung zu vermeiden und statt dessen Beherrschtheit, Ernst, Verläßlichkeit und Würde (*temperantia, severitas, constantia, gravitas*) zu demonstrieren; auch die durch altrömische Tradition begründeten Tugenden der Bedürfnislosigkeit sowie der Weisheit und Autorität des Alters werden nicht nur in der Rhetorik und Philosophie, sondern auch in der bildlichen Selbstdarstellung der Politiker in Szene gesetzt. Durch diese stark philosophisch gefärbten Verhaltensideale suchte die Senatsaristokratie sich nicht nur von der Willkürherrschaft der hellenistischen Dynasten, sondern auch von der Unbeherrschtheit und Leidenschaft des als Pöbel geschmähten politischen Gegners, den Popularen, abzusetzen. Wieweit diese pathognomische Stilisierung in die politische Agitation einging, geht deutlich aus den Invektiven hervor, die Cicero dem L. Calpurnius Piso entgegenschleuderte: Durch das Heucheln einer strengen Miene sei es ihm gelungen, die Gutgesinnten über die Verderbtheit seines Charakters hinwegzutäuschen. Ein typisches Beispiel dieser pathetische Effekte vermeidenden Darstellung ist das Bildnis des Licinius Crassus Dives (Kat. 155).

Die Beschäftigung mit der griechischen Philosophie, die um die Wende vom 2. zum 1. Jh. v. Chr. noch als müßiger Dilettantismus geschmäht und im öffentlichen Leben verdächtigt wurde, war in der letzten Generation der römischen Republik nicht nur standesgemäß geworden, sondern ihr kam sogar eine aktive Rolle in der Legitimation und der politischen Diskussion zu. Dies führte bis zu grotesken Maskeraden auf dem Forum, bei denen die Protagonisten in die Rollen von Stoikern und Platonikern schlüpften und sich gegenseitig als solche beschimpften (Cic. Mur. 61 ff.; Pis. 68−70). Insbesondere die Vertreter der mittleren Stoa bemühten sich, durch die Revision der Lehre des Zenon und eklektische Rückgriffe auf die Lehren anderer Schulen eine Theorie zu erarbeiten, die die Normen der römischen Republik und das Selbstverständnis ihrer Herrschenden legitimierte. Der ideale Staatsmann entspricht sowohl dem Bild des stoischen Weisen und Asketen wie auch dem des bescheidenen, pflichttreuen und hart arbeitenden Landedelmannes der mittleren römischen Republik, deren verklärte Vision an die Stelle der Staatsentwürfe des Platon und Zenon tritt. So hat Cicero keine Mühe, den von allen Aristokraten hochverehrten Cato Censorius als Stoiker zu bezeichnen. Die Entsagung des Asketen im Dienste philosophischer Einsicht und der uneigennützige, mühevolle Einsatz des Politikers für das Gemeinwesen werden in eins gesetzt und gewinnen mystische Züge, indem sie ihn über alles menschliche Maß in die Sphäre des Unsterblichen erheben. Dies Bild eines *optimus princeps* wird deutlich in den Erwartungen, die die Senatsaristokratie, durchaus nicht ohne schmeichlerische Absichten, gegenüber C. Iulius Caesar artikulierte (Cic. Marcell.; Sall. epist.). Caesar selbst suchte durch seine Politik der Beschwichtigung und Versöhnung diesen Erwartungen entgegenzukommen. Die asketischen, abgeklärten Züge, die auch körperliche Deformationen nicht vermeiden (*solos sapientes esse, si distortissimos sint, formosos*; «Nur die Weisen sind, seien sie auch mißgestaltet, schön»; Cic. Mur. 61), in seinem rundplastischen Bildnis (Kat. 141) wie in den auf den Münzen des Jahres 44 überlieferten Porträts sind überdeutlich in den Vordergrund gesetzt und zeigen ihn als Inbegriff der Kardinaltugenden von *constantia* und *clementia*. Er vermeidet alles, was ihn als triumphierenden Sieger in einem innenpolitischen Konflikt erscheinen lassen könnte, wie er auch seinen dreifachen Triumph im Jahre 46 ausdrücklich als Sieg über äußere Feinde feierte.

Unter Caesar finden wir jedoch gleichzeitig Ansätze zu einer gezielten Bildnispolitik, die deutlich autokratische Züge zeigt: in seinem letzten Lebensjahr erhielt er vom Senat das Recht, Münzen mit seinem eigenen Bildnis ausgeben zu lassen (Kat. 280−282), und ihm wurden laut Appian (civ. 2,106) von jeder Gemeinde (ἐκάστη φυλή) Bildnisstatuen errichtet; eine *lex Rufrena* erhob sie in den Rang von Götterstatuen, zu *res sacrae*. Auch literarisch überlieferte Statuen in Rom bringen explizit Herrschafts- und Divinisierungsansprüche zum Ausdruck, wie sie bisher nur von hellenistischen Königen reklamiert wurden; so eine auf dem Kapitol, die ihn auf einem Globus darstellte, sowie eine andere im Kreise der alten Könige. Die provozierenden Inschriften, die Caesar als «Halbgott» oder «unbesiegten Gott» bezeichneten, wurden zwar nach öffentlichen Protesten z. T. wieder getilgt, aber diese Selbstdarstellung trug dazu bei, seine Beschwichtigungspolitik beim Senat wieder zunichte zu machen.

Das Vorgehen der Caesarerben und Triumvirn Octavian und Marc Anton verzichtete auf jegliche Rücksichtnahme auf den Senat und machte auch in der Selbstdarstellung, die ganz in hellenistischer Tradition steht, keine Konzessionen mehr (Kat. 142 und 146. 148). Als der aus dem letzten Kapitel der Bürgerkriege siegreich hervorgegangene *princeps* Octavian seine Befugnisse pro forma einem durch die Proskriptionen dezimierten und willfährigen Senat zurückgab und von diesem in seiner außerordentlichen Machtstellung als Augustus bestätigt wurde, zog er einen radikalen Schlußstrich unter Formen der Selbstdarstellung, die Zeitgenossen im nachhinein mit den Parteifehden und dem Chaos der agonisierenden Republik verbinden mußten.

Das weibliche Porträt folgt anderen Gesetzen, da die Frau in der Antike, v. a. in republikanisch verfaßten Gemeinwesen, weitgehend vom öffentlichen Leben ausgeschlossen war. Wir finden daher öffentliche Bildnisse nur unter ganz bestimmten Voraussetzungen; so sind im klassischen und hellenistischen Griechenland Bildnisstatuen bezeichnenderweise vorwiegend von Priesterinnen literarisch und archäologisch überliefert. Ebenso häufig wie männliche sind weibliche Darstellungen hingegen im privaten Bereich der Familiengrabstätten, auf griechischen Grabreliefs wie in den Deckelfiguren der jüngeretruskischen Sarkophage und Urnen. Bei den Sarkophagen entspricht die Übernahme des griechischen Idealtypus anstelle von realistischen italischen Frisurentypen im späten 4. Jh. v. Chr. der Übernahme des physiognomischen Porträts bei den männlichen Deckelfiguren; ein deutlicher Hinweis darauf, daß der Ursprung dieser Konvention aus Griechenland nach Mittelitalien gelangte. Die weitgehend ideale Darstellung, im Gegensatz zum männlichen Bildnis, entspricht dem Befund im hellenistischen Osten; auch die Korpulenz, die häufig ptolemäische Königinnen auszeichnet, ist eher als ethisch-gattungsspezifischer Zug zu interpretieren denn als Wiedergabe der tatsächlichen Erscheinung.

Bei den Bildnisweihungen für römische Magistrate im Osten sind häufig auch deren Familienmitglieder dargestellt, die den Platz der königlichen εὐεργέτεις und ihrer Familie eingenommen haben; zur Zeit des älteren Cato noch ein Novum, das von diesem gegeißelt wird (Plin. nat. 34,31). Die traditionellen Idealfrisuren werden um raffinierte Motive bereichert und variiert und oft auch mit kostbaren Agraffen besetzt und schließlich zu richtiggehenden Modefrisuren weiterentwickelt. Dieser Frisuren- und Kleiderluxus der Frauen wurde von Zeitgenossen heftig kritisiert und bereits von Caesar, entschiedener dann von Augustus bekämpft. Das Resultat ist schließlich, noch in spätrepublikanischer Zeit, die strenge *nodus*-Frisur, die sich als Modefrisur in der ersten Generation des Prinzipats durchsetzt.

Sowohl politisch exponierte Frauen wie Kleopatra, wie auch Matronen, denen auf Grund ihrer Rolle zur Forterhaltung der *gens* traditionell eine höhere gesellschaftliche Wertschätzung zuteil wurde, werden jetzt in ihrer Darstellung physiognomisch differenziert. Eine große Rolle spielen in der späten Republik politische Heiraten, die zum ersten Mal in der Goldprägung des Marc Anton thematisiert werden. Selbst im politischen Kampf spielt die Darstellung der Frau eine Rolle: Cornelia, der streitbaren Mutter der beiden Gracchen, wird von deren Anhängern noch zu ihren Lebzeiten eine Statue in der Porticus Metelli errichtet.

Die Typologie der Macht: Die Neudefinition des Herrscherporträts unter Augustus

Die Konzeption, die dem wohl aus Anlaß der Verleihung des Augustustitels 27 v. Chr. entworfenen neuen Porträttypus (im folgenden Augustustypus) zugrunde lag, sowie die Art und Weise seiner Verbreitung stellen eine radikale Neuerung in der Geschichte des Porträts dar.

Die Rückbesinnung der republikanischen Politiker auf das Athen des perikleischen Zeitalters hatte bereits unter Caesar in der Rhetorik zu — auch die Beteiligten (Cic. Brut. 285—290) — formalistisch anmutenden Debatten geführt; sie formulierte eine philosophische Gattungsästhetik, die den seit der Zeit Platons schwelenden Konflikt zwischen Philosophie einerseits und bildender Kunst und Rhetorik andererseits zu lösen versuchte, indem sie die rhetorischen und künstlerischen Formen (der klassischen Vergangenheit) ethischen Begriffen normativ subsumierte. Ein politisch motiviertes künstlerisches Programm, das den Rückgriff auf das klassische Athen gezielt betrieb, ist im Hellenismus nicht ohne Beispiel und die klassizistische Komponente beherrscht wesentlich die Kunst des späten Hellenismus. Neu ist jedoch die universelle, verbindliche Geltung dieses Ideals, dem erst die Initiative der neuen Machthaber konsequent zu unangefochtener Herrschaft verhalf (Dion.Hal. orat.vet. 3).

Im Porträt findet die *gravitas* des *princeps* ihren angemessenen Ausdruck durch den *decor* polykletischer Formen. Dieser subtilen Form der Überhöhung durch die ideale Form entspricht die Reduktion individueller und pathognomischer Züge, wodurch mögliche Assoziationen an Bildnisse hellenistischer Herrscher oder republikanischer Politiker bewußt vermieden werden; auch in der statuarischen Darstellung des Augustus werden die *effigies Achilleae* des Polyklet (Kat. 215) evoziert oder der Faltenwurf der als Staatsgewand rehabilitierten Toga dem der Gewandstatuen der Parthenonzeit bewußt angeglichen. Die Verbreitung und Konzeption des herrscherlichen Porträts erfolgt jetzt geplant und zentralisiert. Die typologische Festlegung des Octavianstypus ist, wie die der hellenistischen Herrscherbildnisse oder der republikanischen Porträts, noch vage und unverbindlich; die Porträts im Augustustypus entsprechen einander hingegen im Replikensinne, und zwar in allen Gattungen, von der Kolossalstatue bis zur Gemme, und sie werden über alle Medien bis in die letzten Winkel des Reiches und darüber hinaus verbreitet.

Die Denkmäler des *princeps* und seiner Familie werden den Untertanen allerdings durchaus nicht nur einseitig von oben oktroyiert, wie man nach dem Beispiel moderner Parallelen zu denken versucht ist. Da Augustus viele Aktivitäten der öffentlichen Wohlfahrt (Euergetismus), wie sie früher die aristokratischen Politiker ihrer Klientel zukommen ließen, an sich gezogen hatte, bzw. sie an seine Vertrauten und Verwandten delegierte, waren diese Statuenweihungen, ähnlich wie die der Republik, oft freiwillige Bekundungen der Verbundenheit der Betroffenen, wie wir den Inschriften entnehmen können.

Der Augustustypus wird zum Paradigma einer Typengrammatik, die für die Bildnisse der Dynastie bis zu denen des Claudius verbindlich ist. Auch der weiterhin beliebte Octavianstypus wird klassizistisch rückstilisiert und die ihm ursprünglich zugrundeliegende Aussage, die in der Friedenszeit nicht mehr aktuell ist, zur Unkenntlichkeit verwischt. Die individuellen Züge der einzelnen Mitglieder des Herrscherhauses gehen fast völlig in der idealen Anlage auf, die auch die pathognomische und ethische Qualifizierung der Bildnisse nivelliert. Distinktiv ist vielmehr allein die Anlage des Stirnhaares, die geradezu das Signet des Dargestellten ist. Dieser Vorgang einer typologischen Festlegung bleibt, ungeachtet der unterschiedlichen Konzeptionen, bis zum Ende des 2. Jhs. n. Chr. für das Herrscherporträt bestimmend.

Ähnlich trifft dies auch für die weiblichen Mitglieder der Dynastie zu; allerdings werden sie weiterhin mit der sich unter dem Einfluß der Mode verändernden, bürgerlichen *nodus*-Frisur dargestellt, deren Ursprung noch in die späte Republik zurückreicht. Wie ernst die inhaltliche Bedeutung der idealen Konzeption des Herrscherbildes zu nehmen ist, zeigt die Tatsache, daß Livia erst nach ihrer testamentarischen Erhebung zur «Iulia Augusta» einen Bildnistypus mit einer klassizistischen Frisur erhält. Die Modefrisur, wenn auch durchaus durch klassizistische Elemente angereichert, blieb jedoch weiterhin maßgeblich.

Für öffentliche Bildnisweihungen und -vorführungen von Personen, die nicht dem Herrscherhaus angehörten, wurden zunehmend Restriktionen verfügt. Über den Senat, der formell über alle Ehrenstatuen beschließen mußte, sicherte sich der Herrscher mehr und mehr ein Monopol für die Darstellungen der Dynastie. Die Statuen der Triumphatoren verbannte Augustus vom Kapitol, das er eigenen Ehrenbezeugungen vorbehielt, auf das Marsfeld. Auch das Recht, einen Triumph zu feiern, reservierte er nach und nach für sich, während er anderen siegreichen Militärs nur noch die zugehörigen Insignien, die *ornamenta triumphalia* zuerkannte, darin eingeschlossen die Bildnisstatue, die auf dem Augustusforum aufgestellt werden durfte.

Das letzte *funus* einer Adelsfamilie wurde 20 n. Chr. durchgeführt; von nun an blieb auch diese Form des öffentlichen Leichenbegängnisses ein Privileg des Herrscherhauses. Das Recht des Adels und anderer, die es sich leisten konnten, zur Repräsentation mit dem eigenen Bildnis hing bei öffentlichen Bildnisaufstellungen ganz von der Zustimmung des *princeps* ab und wurde ansonsten ganz auf den privaten Bereich eingeschränkt, auf das eigene Haus und vor allem den Grabbezirk der Familie, dessen Porträtausstattungen durchaus programmatische und politische Züge tragen konnten.

Das Privatporträt

Neben den politisch motivierten und sanktionierten Bildnissetzungen gab es bereits in der Republik andere, weniger anspruchsvolle Formen, die sich auf den intimeren Bereich des Wohnhauses und des Familiengrabes beschränkten. Die Grenze zwischen den beiden Kategorien ist nicht leicht zu bestimmen und verschiebt sich auch deutlich in der frühen Kaiserzeit. Ließ die Aristokratie in der Republik kein Mittel ungenutzt, um ihren Anspruch als «Classe politica» anzumelden, so zwangen sie in der Kaiserzeit behördliche Beschränkungen, diese Repräsentation ebenfalls in bürgerliche Bereiche zu verlegen, wenn sie eigene Ambitionen auf diese Weise artikulieren wollte. Sie verzichtete jedoch auch nach dem Ende der Republik nicht darauf, ihre Selbstdarstellung politisch zu akzentuieren, wie das Beispiel des Liciniergrabes belegt.

Bereits in der späten Republik erscheinen daneben jedoch auch Monumente von Gruppen, die von vornherein von jeder Teilnahme am politischen Leben ausgeschlossen waren.

Hier handelt es sich zuallererst um die breite Schicht der freigelassenen Sklaven, die als qualifizierte Arbeitskräfte jeder Art im Wirtschaftsleben eine zentrale Rolle spielten und es oft nicht nur zu gutem Auskommen, sondern gar hin und wieder zu märchenhaftem Reichtum brachten.

Obwohl offiziell frei und römische Bürger, waren sie in ihrem juristischen und politischen Status dennoch eingeschränkt; ihrem ehemaligen Eigner, dem *patronus*, waren sie durch die durch *pietas* und *fides* auferlegten Pflichten verbunden und zählten automatisch zu seiner Klientel. Erst ihre Söhne erwarben eine vollgültige bürgerliche Rechtsstellung und konnten alle öffentlichen Ämter bekleiden. Im Gegensatz zu ihrer oft enormen wirtschaftlichen Bedeutung und dem daraus resultierenden, indirekten politischen Einfluß war ihr Ansehen gering, so daß die Mitglieder der Oberschicht den Umgang mit ihnen vermieden.

Die Grabmonumente der Freigelassenen und der in ihrem wirtschaftlichen Status vergleichbaren Schichten der freien Bevölkerung sind zunächst von gängigen hellenistischen Typen abgeleitet; später bildet sich jedoch ein eigener mittelständischer Typus von «Kastengrabreliefs» heraus, die im architektonischen Verband die abgekürzten Büstenbildnisse der Verstorbenen zeigen. Aber auch aufwendigere Reliefs mit Ganzkörperbildnissen sind vertreten. Das Relief des Antistius Sarculo (Kat. 189) zeigt die Porträts der Verstorbenen als reale Büsten in verzierten Muschelkonchen und ist sicher von den aristokratischen Ahnenschränken mit den *imagines maiorum* inspiriert.

Die Freigelassenen stellen in erster Linie ihren neuerworbenen Status dar, sie präsentieren sich in der Toga als Abzeichen des römischen Bürgers und als legal verheiratete Eheleute. Die in den Darstellungen und Inschriften ausgedrückten Wertvorstellungen sind durchaus von denen der Oberschicht abgeleitet, aber doch mit einer bezeichnenden Wendung in den bürgerlichen Bereich: *officium, concordia* und *fides*, berufliche Pflichterfüllung, eheliche Treue und Loyalität zum *patronus* sind die Tugenden, die zu Freiheit, Wohlstand und gesellschaftlicher Achtung führen. Auch die bemerkenswert oft und überdeutlich in den Vordergrund gerückten Alterszüge, Runzeln und Auszehrung, thematisieren die stoischen Kardinaltugenden von *labor* und *studium*, die hier, im Gegensatz zur Oberschicht, nicht politischen Erfolg, sondern die bürgerliche Existenz sichern. In diesem Sinne erfreute sich die pathognomische Qualifizierung des Caesarporträts einer solch großen Beliebtheit, daß es manchmal schwerfällt, seine mutmaßlichen Bildnisse von denen seiner Nachahmer zu unterscheiden.

Jedoch auch für Gattungen, die traditionell weder politische Repräsentation noch Affinität zum Porträt bezwecken, werden in der späten Republik physiognomische Differenzierung und die damit verbundenen Wertvorstellungen übernommen: ein handgemachter Kopf von einer Votivstatue aus einer *favissa* in Caere, die die bescheidenen Weihgeschenke der ländlichen Bevölkerung aufnahm, ist ein sehr eindrucksvolles Zeugnis eines spätrepublikanischen Altersporträts.

Formal folgen die Privatporträts den späthellenistischen und republikanischen Konventionen. Der bereits bei den delischen Porträts anzutreffende Typus des bürgerlichen Normalporträts mit kurzgeschnittenen Haaren bleibt bis in die Kaiserzeit hinein beliebt und wird von Aristokraten (Kat. 152) wie von Freigelassenen (Kat. 188) gern benutzt; auch Mitglieder der Dynastie lassen sich in ihm darstellen (Kat. 174) und auch der Typus «Forbes» (Kat. 169) des Augustusporträts ist von diesem beeinflußt, konnte sich aber − vielleicht gerade deshalb − als Leitbild eines neuen Herrscherideals nicht durchsetzen. Der klassizistische Hofstil beeinflußte die traditionelle Typologie nur akzidentell: ein Beispiel dafür ist die in den zwanziger Jahren neugeschaffene Fassung des Caesarbildnisses, das dem 1. Typus den Rang ablief; gleich dem Typus «Forbes» suggeriert es nicht Strenge und Abgeklärtheit, sondern Bürgernähe und wohlwollende Milde.

Doch nach und nach beeinflußte das offizielle Herrscherbildnis die Erscheinung der Porträts breiter Kreise. Beim weiblichen Porträt ist dieser Vorgang naheliegend, da die Kaiserinnen und Prinzessinnen die zeitgenössische Modefrisur ursprünglich selber übernommen hatten und die ideale Stilisierung des weiblichen Bildnisses einer Normierung per se Vorschub leistete; in der Folgezeit spielten die «first ladies» bei Hofe eine Vorreiterrolle in der Kreation neuer Frisuren, wobei die strenge *nodus*-Frisur bald von raffinierteren Schöpfungen abgelöst wurde.

Die Formen des dynastischen Porträts wurden je nach dem eigenen Selbstverständnis übernommen; stürmische junge Männer ließen sich in frühaugusteischer Zeit wie Octavian darstellen; andere, die ihre militärische Begabung ins rechte Licht rücken wollten, orientierten sich am Bildnis des Agrippa.

Die Monopolisierung bzw. die weitgehende Steuerung der politischen Selbstdarstellung im Porträt und die damit zusammenhängende Reduktion des Porträts anderer Personen auf den privaten Bereich schlug sich auch in seiner Erscheinung nieder. Die pathognomische Charakterisierung des Porträts, die in der späten Republik an die politische Agitation geknüpft war, büßte ihren Gehalt ein und gerann zu Chiffren, die nur noch benutzt werden, um Altersstufen zu differenzieren: der asketische Greisentypus kennzeichnet den alten Mann, der republikanische Normaltypus den mittleren Alters und für junge Männer greift man gerne auf die ideale Konvention des Kaiserporträts zurück. Dessen Typologie wird unreflektiert auch von Personen übernommen, die sich in anderer Hinsicht vom Herrscherhaus durchaus absetzen wollten, wie ein männliches Porträt aus dem Liciniergrab zeigt.

Zu einer durchgreifenden Normierung des Menschenbildes allerdings, wie sie im 2. Jh. n. Chr. zu konstatieren ist, ist noch ein weiter Weg.

Literatur: W. Eck–K. Fittschen–F. Naumann, Kaisersaal. Porträts aus den Kapitolinischen Museen in Rom (1986). – L. Giuliani, Bildnis und Botschaft. Hermeneutische Untersuchungen zur Bildniskunst der römischen Republik (1986). – K. Fittschen–P. Zanker, Katalog der römischen Porträts in den Capitolinischen Museen und den anderen Museen der Stadt Rom I (1985) III (1983). – G. Lahusen, Untersuchungen zur Ehrenstatue in Rom (1983). – K. Vierneisel–P. Zanker, Die Bildnisse des Augustus. Herrscherbild und Politik im Kaiserlichen Rom (1978). – R. Daut, Imago. Untersuchungen zu dem Bildbegriff der Römer (1975). – P. Zanker, Studien zu den Augustus-Porträts. I. Der Actium-Typus (1973).

136 Kopf von der Ehrenstatue eines römischen Politikers, ‚Feldherr' von Tivoli

(Gipsabguß)
München, Museum für Abgüsse klassischer Bildwerke
Original: Rom, Museo Nazionale Romano, Inv. 106513
Aus den Substruktionen des Hercules-Victor-Heiligtums in Tivoli
Es fehlen die gesondert gearbeitete Schädelkalotte, Teile von Nase und Kinn, die Finger der li. Hand, rechter Unterschenkel und Fuß, die Zehen li. Fuß; ergänzt: re. Schulter, Teile des Halses und des Gewandes im Rücken und des Panzers, Plinthe.
H 1,88 m
Die Statue dürfte zugleich mit der Neugestaltung des Hercules-Victor-Heiligtums im frühen 1. Jh. v. Chr. oder nicht lange danach entstanden sein. Ihr Stil hängt noch mit den Köpfen von Delos zusammen, deren kleinteilig-impressionistische Modellierung hier allerdings verfestigt und einer starreren Organisation unterworfen ist. Auch das ausgreifende Bewegungsmotiv und der durch starke Zäsuren zerlegte, gegenstrebige Aufbau der Figuren des späten 2. Jhs. v. Chr. sind hier zurückgenommen in einen ruhigen Stand und einen geschlossenen Kontur; die Gewandfalten sind von fast klassischer Schwere und bedecken massig den Körper.
Die Statue adaptiert die heroische Attitüde hellenistischer Herrscher mit dem um die Hüfte gelegten Mantel, der an Götterbilder erinnert; auf die militärischen Verdienste verweist der Röhrenpanzer hellenistischen Typus mit Gorgoneion und Feldherrnbinde. Es liegt daher nicht fern, hier, wie schon häufig vorgeschlagen, einen der Militärs zu sehen, die an den militärischen Unternehmungen zur Zeit des Marius und Sulla hervorragenden Anteil hatten, vorzugsweise einen Protagonisten der sullanischen Partei.
Die Haare sind wahrscheinlich in Form der kurzgeschnittenen bürgerlichen Frisur zu ergänzen, der Ausdruck des Gesichts ist weniger aufgewühlt und bewegt als Kat. 137 oder die delischen Köpfe, hingegen erfüllt von angespannter und konzentrierter Energie. Die heroische Typologie des hellenistischen Herrscherporträts ist hier mit den bürgerlichen Zügen eines Politikers der römischen Republik bruchlos verbunden.

Literatur: Catalogo del Museo Nazionale Romano. Le sculture I 1 (1979) 267 Nr. III 164. – Helbig⁴ III Nr. 2304 (v. Heintze). – Vierneisel–Zanker, Herrscherbild 86. – Zum Heiligtum des Hercules Victor: F. Coarelli, Lazio (1982) 82 ff.

137 Greisenporträt

Rom, Musei Vaticani, Braccio Nuovo, Inv. 2261
Ergänzt: Nase, Hals, Büste, Rand des li. Ohres, li. Hälfte der Kalotte
H des Antiken: 0,30 m
In dieser flavischen Kopie eines um 100 v. Chr. entstandenen Originals, das in insgesamt vier Repliken überliefert ist, ist sicher die Darstellung eines prominenten römischen Politikers zu sehen. Auch wenn es an Vorschlägen für eine mögliche Benennung bisher nicht gefehlt hat, so läßt sich keine mit Sicherheit erhärten.
Dargestellt ist ein zahnloser Alter mit kurzgeschnittenem, vollem und lockigem Haar, runzligem Gesicht und faltigem Hals; in augenfälligem Kontrast zu dieser überdeutlichen Herausstellung der Alterszüge stehen die pathetische Wendung des Kopfes zu seiner Rechten und die expressive Bewegtheit des Gesichts, besonders in seiner Augen- und Brauenpartie. Diese dynamischen Züge gehen über die gleichzeitigen Darstellungen der italischen und griechischen Kaufleute aus Delos deutlich hinaus, was zeigt, daß es sich nicht nur um eine unreflektiert übernommene Konvention handelt. Diese Kombination veristischer und pathetischer Züge ist ein Novum in der Geschichte des Porträts, sind Personen des öffentlichen Lebens in der Regel im Hellenismus doch pathetisch und idealisiert dargestellt, Alterszüge hingegen Intellektuellen, Philosophen und Dichtern vorbehalten. In dieser Zusammenstellung bekommen diese Züge jedoch einen präzisen ethischen Sinn: die

Kat. 137

Kat. 136

militärische Tapferkeit, *fortitudo*, die den tüchtigen römischen Politiker auszeichnet, ist mit der Betonung der
Wertschätzung und der Qualitäten verbunden, die ein
fortgerücktes Lebensalter auszeichnen: *sapientia* und
auctoritas, die traditionell ein besonderes Gewicht in
der römischen Politik hatten.

Der Stil des Porträts ist oft mit späthellenistischen Werken, wie dem Fechter Borghese oder dem Bronzekopf
von Delos verglichen worden; die kleinteiligere Modellierung und die stärker reliefhafte Plastizität lassen an
eine etwas spätere Datierung, um die Wende vom zweiten zum ersten Jh. v.Chr., denken.

Literatur: Giuliani a. O. 190ff. Taf. 54–56. – Helbig[4] I
Nr. 429 (v. Heintze).

**138   Kopf von der Ehrenstatue eines römischen
Politikers**

Rom, Musei Capitolini, Inv. 2432

Aus der Basilica Porcia, Forum Romanum

Fehlt: Gesondert gearbeitete Kalotte des Hinterkopfes;
Hals gebrochen, starke Bestoßungen in Gesicht und
Haaren, besonders an Nase und Ohren

H 0,34 m

Der Fundort und das kolossale Format lassen an eine
Ehrenstatue eines prominenten römischen Politikers
denken, nach der Datierung in sullanische Zeit höchstwahrscheinlich ein Vertreter der optimatischen Partei,
da ein Denkmal der Marianer auf dem Forum deren
Sieg sicher nicht überlebt hatte. Der Kopf wurde von F.
Coarelli kürzlich mit der sullanischen Restaurierung der
Basilica Porcia in Verbindung gebracht, ohne daß sich
aus diesen Kombinationen eine der vorgeschlagenen
Benennungen sichern ließe (Marc Anton, Cato Censorius oder Uticensis).

Dargestellt ist ein kantiger Schädel mit fleischigem Gesicht, zusammengekniffenem Mund, kontrahierter, vorgeschobener Brauenpartie und kurzgeschnittenem und gesträubtem Stirnhaar. Die dynamischen Züge und der energiegeladene Ausdruck sind hier über das von hellenistischen Herrschern bekannte Maß hinaus bis fast zu brutaler Wildheit gesteigert; es finden sich sogar Anklänge an Barbarendarstellungen. Diese unverblümte triumphierende Hervorkehrung überrascht nicht bei einem mutmaßlichen Teilnehmer der Bürgerkriege, gründeten die Parteien ihre Macht doch ausschließlich auf militärische Gewalt und die brutale Repression des Gegners. Auch war es unter Sulla und seinen Legaten und Nachfolgern, besonders während ihrer Kampagnen im Osten, stillschweigend Sitte geworden, sich in der Form hellenistischer Herrscher feiern zu lassen, was in Rom nicht geringe Kritik hervorrief. Ein solches Denkmal von einem Bürgerkriegsteilnehmer dürfte daher nicht nur ehrfürchtige Bewunderung, sondern auch Argwohn hervorgerufen haben.

Stilistisch ist der Kopf mit dem des Feldherrn von Tivoli zu verbinden: Gemeinsam ist ihnen die massige, homogene Struktur des Haares, die festen fleischigen Formen des Inkarnats und der klar artikulierte Aufbau des Kopfes. Eine Datierung in die achtziger oder siebziger Jahre des 1. vorchristlichen Jahrhunderts ist also wahrscheinlich.

Literatur: Vierneisel–Zanker, Herrscherbild 87. – Helbig[4] II Nr. 1610 (v. Heintze). – F. Coarelli, Il Foro Romano II (1985) 62 Anm. 10 Abb. 9.

Zum Porträt des Pompeius vgl. Kat. 154

Zum Porträt des M. Licinius Crassus vgl. Kat. 155

Kat. 138

Kat. 139

Kat. 139

139 Bildnis des M. Tullius Cicero

Rom, Musei Capitolini, Inv. 589
Intakt; auf neuzeitliche Büste montiert
H gesamt 0,93 m

Das in insgesamt acht Repliken überlieferte Bildnis ist durch die antike Inschrift auf einer Büste im Apsley House als das des berühmten Politikers und Schriftstellers gesichert. Die trajanische Kopie im Kapitol überliefert neben der frühaugusteischen in Florenz am getreuesten das Original.

Dies kann, schon wegen des fortgeschrittenen Alters des Dargestellten, nur in seinen letzten Lebensjahren, wahrscheinlich schon in den vierziger Jahren des 1. Jhs. v. Chr. entstanden sein. Stilistisch unterscheidet es sich von den wenig älteren Bildnissen des Crassus und des Pompeius durch eine kleinteiligere, stärker zergliederte Bewegung des Inkarnats und das stärkere Hervortreten des kubischen Grundgerüstes des Kopfes; in dieser Hinsicht ähnelt es dem Grabrelief von der Via Statilia.

Die zugrundeliegende Bildnisauffassung verkörpert hingegen den republikanischen Normalfall kontrollierten Affektverhaltens und rationaler Konzentration. Das kalkulierte Pathos des klassisch geschulten Redners äußert sich nur verhalten einzig im leicht geöffneten Mund. Die Fettleibigkeit seines Alters, über die er sich selber mokierte, ist vom Bildhauer diskret, aber unübersehbar ins Bild gebracht. In diesem Sinne unterscheidet sich das Porträt des Cicero, der sich selber als Platoniker und Akademiker begriff, deutlich von der asketischen Stilisierung des Caesarporträts.

Abb. 140

Literatur: Giuliani a. O. 230 ff. – H. Goette, RM 92, 1985, 291–301 (bezweifelt die Authentizität der Inschrift; aus seiner Replikenliste müssen Nr. 4, Madrid (modern) und Nr. 5, Kapitol (kein Cicero) ausgeschieden werden. Zu den Zweifeln an der Inschrift Giuliani a. O. 222 Anm. 6. – Helbig[4] I Nr. 319; II Nr. 1350 (v. Heintze). – F. S. Johansen, AnalRom 8, 1977, 39 ff.

140   Porträt des Poseidonios von Apameia

Neapel, Museo Nazionale, Inv. 6142
Aus der Sammlung Farnese, mit einer Porträtgalerie (in einem Grab ?) hinter den Diokletiansthermen in Rom gefunden
Ergänzt: Nasenspitze, Teile der Ohren
H 0,44 m

Das zu einer Galerie gehörige Bildnis des stoischen Philosophen Poseidonios von Apameia ist die einzige Replik, die uns bisher überliefert ist. Die frühkaiserzeitliche Kopie überliefert in sehr guter Qualität ein Original der fünfziger Jahre des 1. Jhs. v. Chr.

Das Schulhaupt der Stoa (135 – 51 v. Chr.) war einer der einflußreichsten Philosophen des späten Hellenismus überhaupt und zugleich ein typischer Vertreter der optimatenfreundlichen griechischen Intelligenz. Selbst sehr vermögend, erwarb er das Bürgerrecht des Freistaates Rhodos, der als ein Zentrum griechischer Bildung bei der römischen Oberschicht sehr geschätzt wurde, übernahm für seine Wahlheimat diplomatische Missionen und war persönlich mit Pompeius und Cicero befreundet, durch den ein großer Teil seiner Lehren überliefert ist.

Wie sein Lehrer Panaitios versuchte er, die stoische Philosophie den römischen Wertbegriffen anzugleichen, indem er v. a. deren Psychologie und Ethik durch Rückgriffe auf Platon und Aristoteles revidierte. Es gelang ihm und Panaitios, eine politische Philosophie zu entwickeln, die den Bedürfnissen der römischen *nobiles* gerecht und sehr schnell populär wurde; die stoische Begründung römischer Wertbegriffe und seine Staats- und Gesellschaftstheorie spielten eine bedeutende Rolle bei der tagespolitischen Auseinandersetzung auf dem Forum wie auch in den gelehrten Diskussionen der Senatsaristokratie in ihren Landhäusern. Der von Cicero in *de officiis* und *de re publica* entwickelte Idealtypus des Politikers trägt deutlich ihren Stempel, auch wenn das ihm zugrundeliegende Bild des orthodoxen stoischen Weisen als kompromißlosem Asketen in ganz wesentlichen Punkten von Poseidonios relativiert wurde.

Das Bildnis des Poseidonios mit dem kurzgeschnittenen Haar und Philosophenbart knüpft hingegen direkt an die klassische Stoikerikonographie an. Auffällig ist die Magerkeit und Knochigkeit des kantigen Schädels, über den sich eine fleischlose Haut spannt, in die Spuren von Alter, Askese und geistiger Anspannung dezent, aber nichtsdestoweniger deutlich eingegraben sind. Der Mund ist entspannt und emotionslos, die Mimik bis auf die zusammengezogene Stirn starr und unbewegt. Diese äußeren Zeichen der stoischen Ataraxie, die *frons contracta*, finden sich bereits bei dem Porträt des Schulgründers Zenon aus dem 3. Jh. v. Chr.

Literatur: G. M. A. Richter, The Portraits of the Greeks[2] (1984) 189 ff. – T. Lorenz, Galerien von griechischen Philosophen- und Dichterbildnissen bei den Römern (1965) 8 Taf. 2,4.

Kat. 141

141 Porträt des C. Iulius Caesar, 1. Typus (Foto)
Original: Turin, Museo d'Antichità
Aus Tusculum
H 0,33 m

M. Borda erkannte in diesem Bildnis, das noch in zwei anderen wenig qualitätvollen Repliken überliefert ist, nach einem Vergleich mit den in den letzten Lebensmonaten Caesars ausgegebenen Münzporträts ein zeitgenössisches Bildnis des Dictators, dessen Typus die Münzen zwar nicht getreu wiedergeben, aber dennoch voraussetzen.

Das Porträt ist durch extreme veristische Züge gekennzeichnet. Verschwiegen werden weder die dem Dictator peinliche Glatze, noch eine Verformung des Schädels; ins Auge fällt auch die extreme Magerkeit des Kopfes, der lange, faltige Hals mit den beiden Venusringen, die tiefen Nasolabialfalten und der schmallippige, zu einem leichten Lächeln verzogene Mund, die einzige Spur mimischer Bewegung. Bemerkenswert ist auch, daß gerade diese Züge auf den Münzen, z. T. bis zur Häßlichkeit vergröbert, wiedergegeben werden.

Nüchternheit, Rationalität und Entbehrungsfähigkeit sind die Eigenschaften, die Caesar in der antiken Literatur nachgesagt werden und die er in seiner Selbstdarstellung herausgekehrt hat; gerade bei Vergleichen seiner militärischen Tüchtigkeit werden, insbesondere im Kontrast mit Alexander, Überlegtheit, Beherrschtheit und Askese besonders hervorgehoben. Sogar sein Gegner Cato Uticensis sagte ihm nach, er sei der erste gewesen, der nüchtern den Staat gestürzt habe. Die Panegyriken von Cicero und Sallust stilisieren ihn zum Ideal des Staatsmannes empor, dessen Milde, Weisheit und selbstvergessene Hingabe an den Staat ihn den Göttern gleichsetze. Umgekehrt wird aus der Politik der *clementia*, durch die er seine optimatischen Gegner versuchte zu gewinnen, deutlich, wie sehr er diesen Erwartungen entgegenzukommen suchte. Die mimische Dämpfung der Züge und die Herauskehrung des asketischen Aspekts finden ihre nächste Entsprechung im Porträt des Poseidonios, dessen Vision eines *optimus princeps* Caesar durch die Anlehnung in seinem Bildnis zu evozieren suchte. Dieses Selbstverständnis des republikanischen Politikers findet im Bildnis des Caesar seine radikalste Zuspitzung und es bedeutet andererseits eine deutliche Abkehr von der Selbstdarstellung anderer Sieger im Bürgerkrieg, die ihre Macht unbekümmert zur Schau stellen. Das von dem Bild des verschlossenen stoischen Weisen abweichende Lächeln hingegen ist als Zug des konzilianten Politikers, der durch Menschenfreundlichkeit und gewinnende Milde seine ehemaligen Gegner für sich einnimmt, zu werten. In diesem Sinne pflegte Caesar in der Rhetorik das Bonmot, in dem er seinen Verwandten C. Iulius Caesar Strabo, einen Meister des Witzes, nachzuahmen suchte.

Literatur: W. R. Megow, RM 94, 1987, 51 ff. – F. S. Johansen, Ancient Portraits in the J. Paul Getty Museum I (1987) 24 ff. – Giuliani a. O. 201 ff. – P. Zanker, AA 1981, 356 Anm. 26. – Vierneisel–Zanker 83. – F. S. Johansen, AnalRom 4, 1967, 34 ff. Taf. 16.

Kat. 142

142 Aureus (Foto)
Vs.: Marcus Antonius; Rs.: Octavia
Berlin (DDR), Münzkabinett, Staatliche Museen zu Berlin
Aus Castagneto, bei Volterra

Die Goldmünze, ein Einzelstück und nach ihrem ehemaligen Besitzer auch «Aureus van Quelen» benannt, wurde bald nach dem *foedus Brundisianum*, der Aussöhnung zwischen Marcus Antonius und Octavian im Herbst 40 v. Chr. geprägt. Diese politische Allianz wurde durch die Heirat des Marc Anton und der Schwester des Octavian, Octavia, besiegelt; auf der Münze wird dies thematisiert durch die Kombination der Porträts der beiden Gatten, ein in der römischen Münzprägung bis dahin beispielloser Vorgang, der hingegen auf Vorbilder auf den Prägungen der hellenistischen Dynastien zurückgreifen konnte.

Die Vorderseite stellt Marcus Antonius (82–30 v. Chr.) dar, den Parteigänger Caesars, Triumvirn und Mitstreiter, später unterlegenen Konkurrenten des Octavian. Von allen Münzdarstellungen seines Porträts ist diese die zuverlässigste, während die anderen den Typus z. T. bis zur Unkenntlichkeit vergröbert wiedergeben. Die bullige Charakterisierung der Physiognomie des Triumvirn mit Doppelkinn, schweren Proportionen, der vorgewölbten Stirnpartie und den kurzen, unruhig in die Stirn fallenden Locken greift, ähnlich wie das Porträt des Pompeius (Kat. 154) und Kat. 138 auf die Pathosformeln des hellenistischen Herrscherporträts zurück, die mit der Hervorkehrung der affektiv-dynamischen Züge für die militärischen Tugenden, aber auch für Großzü-

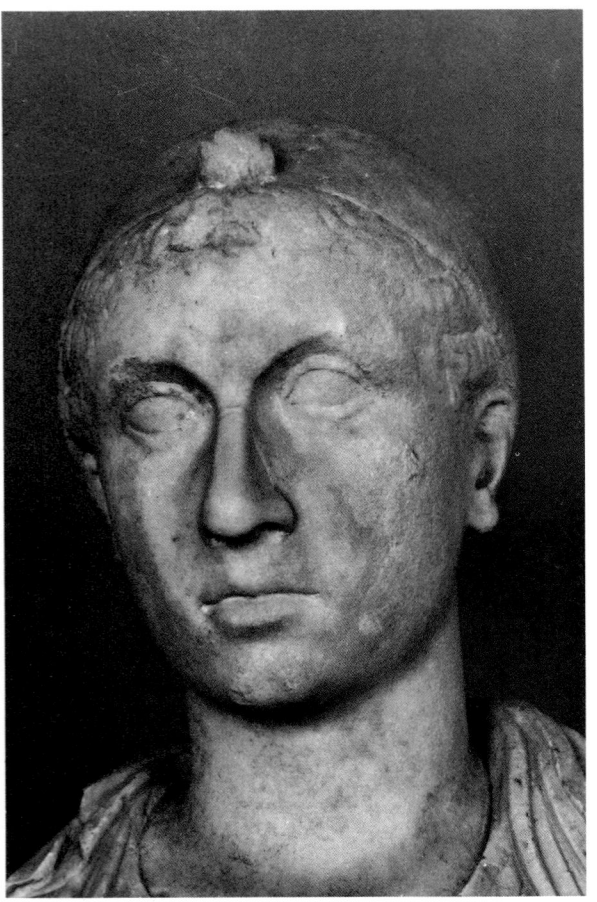

Kat. 143

gigkeit und Sinnlichkeit des Dargestellten stehen (Diod. 4,4,4; Herakleides von Pontus bei Ath. 12,5,512 a.b). Völlig im Einklang mit dieser Charakterisierung des Antonius ist das Bild, das die antiken Quellen von ihm überliefern, die allerdings, da aus der Perspektive des politischen Gegners (Cicero) oder des Siegers (Plutarch, Velleius Paterculus) verfaßt, voreingenommen sind. Attestiert werden ihm einerseits Großzügigkeit und das Charisma des tapferen Heerführers, andererseits Unbeherrschtheit, Neigung zu alkoholischen und sexuellen Exzessen sowie an der barocken ‚asianischen‘ Rhetorik geschulte demagogische Fähigkeiten.

Daß diese Charakterisierung, die in eklatantem Gegensatz zu den Verhaltensidealen der spätrepublikanischen Nobilität von Strenge und Mäßigung steht, von Antonius selber in positivem Licht gesehen wurden, zeigt nicht zuletzt die Tatsache, daß er die eigene Genealogie auf Herakles zurückführte und sich im griechischen Osten als Dionysos feiern ließ (Ath. 4,29,148b. c; IG II² 1043, 22−24; Plut. Ant. 24,3. 4), womit er an die Divinisierung der hellenistischen Herrscherhäuser anknüpfte. Seiner Neigung widmete er nach Plin. nat. 14,146 gar eine eigene Streitschrift *de ebrietate sua* («Über seine Trunkenheit»).

Nach der Niederlage von Actium und dem Selbstmord des Antonius verfiel sein Bild zunächst der *damnatio memoriae* (Plut. Ant. 86); später wurde er jedoch reha-

bilitiert (Suet. Claud. 11) und seine leiblichen Nachkommen blieben dem julisch-claudischen Kaiserhaus eng verschwägert.

An das Münzporträt läßt sich kein weiteres Bildnis des Antonius aus anderen Gattungen anschließen; für die zahlreichen, in der Literatur als Antonius angesprochenen Darstellungen fehlt es an hinreichenden Beweisen. Das Bildnis der Octavia auf der Rückseite ist das früheste Frauenporträt in der römischen Münzprägung; es unterstreicht die Bedeutung, die ihr in einer politischen Eheschließung zukam. Sie ist mit der *nodus*-Frisur dargestellt, einer bürgerlichen Modefrisur, die auch von anderen weiblichen Angehörigen des Kaiserhauses in der ersten Generation des Prinzipats getragen wurde (vgl. Kat. 157−159. 171). Die bewußt schlichte Stilisierung dieser Frauenfrisur, die wir auf den Münzbildern der Octavia zum ersten Mal nachweisen können, scheint Ausdruck der in der späten Republik verbreiteten Kritik am Frisuren- und Kleiderluxus der Frauen zu sein, der bereits Caesar Gesetzesform zu geben versuchte, und an die die Sittengesetzgebung des Augustus dann später anknüpfte.

Literatur: Overbeck−Kent−Stylow−Hirmer, Die römische Münze (1973) Nr. 109 Taf. III. − M. Crawford, Nr. 527,1. − E. Simon, Augustus (1986) 63 Taf. 2. − Zum Porträt des Antonius zuletzt: W. R. Megow, JdI 100, 1985, 489 ff. − Zur Propaganda des Antonius: D. Michel, Alexander als Vorbild für Pompeius, Caesar, und Marcus Antonius (1967) 109 ff. − H. Laubscher, JdI 89, 1974, 248 ff. − D. Mannsperger, Gymnasium 80, 1973, 381 ff. − Zur Frisur der Octavia: W. Trillmich, Torlonia-Mädchen, bes. Anm. 217.

Eugenio La Rocca

143 Porträt der Kleopatra VII

Rom, Musei Vaticani, Museo Gregoriano Profano, früher Sala di Croce Greca, Inv. 179
Oberfläche verrieben; der ‚puntello‘ auf der li. Wange ist eine Unregelmäßigkeit im Marmor, der der Korrosion widerstanden hat. Die ergänzte Nase ist wieder entfernt
Feinkörniger, wahrscheinlich pentelischer Marmor
H 0,40 m

Das Gesichtsoval ist füllig, das Kinn klein und gerundet, die sehr fleischigen Wangen verbergen völlig das zugrundeliegende Knochengerüst. Die Oberlippe ist dünner als die untere, die Augen mit den dicklichen Lidern sind von regelmäßigem Schnitt. Der Kopf, der zum Einsatz in eine lebensgroße Statue bestimmt war, war sicher leicht zur Seite gedreht; so erklärt sich zumindest die leichte Asymmetrie der beiden Gesichtshälften.

Die Haare, im Schema der Melonenfrisur frisiert, sind zu einem Schopf über dem Nacken zusammengefaßt. Eine breite und dicke Binde umgibt den Kopf, bedeckt den oberen Teil der Ohren und läuft im Nacken unter dem Schopf zusammen. Dieser zeigt eine Aushöhlung rechteckigen Querschnitts, die bis zum Ansatz der Haare reicht. Über der Stirn, am vorderen Rand der

Binde, bemerkt man eine Art Bosse im Marmor. Von der strengen Frisur hängen kleine, dünne Löckchen in regelmäßigen Abständen in die Stirn.

Wie L. Curtius bemerkt hat, handelt es sich bei dem Kopf um ein Porträt der Kleopatra VII Philopator, der letzten ägyptischen Königin, die erträumte, mit der Hilfe des Marc Anton ein von Rom unabhängiges griechisch-orientalisches Reich zu begründen. Eine reiche Münzprägung ist die Grundlage für ihre Ikonographie; so konnten drei Porträts der Königin identifiziert werden: außer den beiden hier gezeigten ein weiteres in Cherchel.

Das Porträt im Vatikan und das in Berlin, deren Typen einander sehr ähnlich sind, können mit den frühesten Münzprägungen verbunden werden, die möglicherweise bereits nach 51 v. Chr. zu datieren sind, als sie zur Königin gemeinsam mit ihrem Bruder Ptolemaios XIII proklamiert wurde; aber wahrscheinlicher doch erst nach 47 v. Chr., als sie mit Hilfe Caesars zur Alleinherrscherin wurde, nur noch nominell mit ihrem anderen Bruder Ptolemaios XIV als Mitregenten. Von diesem Zeitpunkt an ergibt sich eine rechtliche Grundlage, die Züge der noch lebenden Königin ohne ihren männlichen Partner auf den Münzen darzustellen; exakt von der gleichen Zeit an erscheinen auf den öffentlichen Monumenten nur noch ihre Regierungsjahre.

Kleopatra erwählte, als sie auf den Thron gelangte, den Beinamen Philopator. Sie wollte auf diese Weise einen ideologischen Bezug zu Berenike II herstellen, wobei eine Rolle gespielt haben wird, daß diese in der Tat für kurze Zeit Alleinherrscherin von Kyrene war; oder vielleicht auch die Legende, die sie umgab und die in der berühmte Ode des Kallimachos über ihr Haupthaar überliefert ist: noch sehr jung, hatte Berenike die Heirat mit dem Bruder des Antigonos Gonatas, die einen makedonischen Einfluß in Afrika bedeutet hätte, verweigert; dagegen begünstigte sie mit ihrer Ehe mit Ptolemaios III die endgültige Annexion der Kyrenaika durch das ägyptische Reich. In der kyrenischen Münzprägung vor der Hochzeit, aber nach dem Tod ihres Vaters Magas, als Berenike faktisch die Regentschaft ausübte, ist sie deshalb mit dem Diadem, aber ohne Schleier dargestellt; dies, der einzige Fall vor den Darstellungen der Kleopatra VII, bedeutete die alleinige, nicht der *potestas* eines männlichen Partners unterworfene Herrschaft. Das Porträt der Kleopatra gleicht sich ikonographisch dem ihrer Vorgängerin an, deren Titel sie übernimmt. Curtius datierte das Porträt in julisch-claudische Zeit, in die ersten Jahrzehnte des 1. Jhs. n. Chr. Es scheint jedoch wenig wahrscheinlich, daß Kleopatra in Rom in den Jahren unmittelbar nach ihrem Tod dargestellt wurde. Die einzige Statue in Rom, die ihre Gesichtszüge wiedergab, war die goldene Statue, die Caesar im Tempel der Venus Genetrix, also vor 44 v. Chr. weihte. Darüber hinaus nähern der großflächige Aufbau des Gesichtes, der schwere Umriß der Augenlider sowie der Schnitt der Lippen den vatikanischen Kopf vielmehr stadtrömischen Frauenporträts um 40–30 v. Chr. an.

Ein letztes, schwieriges Problem stellt das Diadem, die Bosse auf der Stirn sowie die Aushöhlung des Haar-

Kat. 144

schopfes dar, die m. E. direkt miteinander zusammenhängen. Man kann vermuten, daß das Diadem der letzten ptolemäischen Herrscher, das aus einer sehr breiten Binde mit manchmal steifen Enden besteht, in Wirklichkeit eher aus Metall als, wie gewöhnlich der Fall, aus Stoff war. Es ist wahrscheinlich, das bei dem vatikanischen Kopf die dicke und breite Binde von einem Metallreif, vielleicht aus vergoldeter Bronze, bedeckt war. Die Aushöhlung des Schopfes diente dann der Zusammenfügung und den herabfallenden Enden des Diadems, auch sie aus Bronze (wie es auch ähnlich auf den Münzporträts zu sehen ist). Die Bosse auf der Stirn sollte nicht nur den Reif am Verrutschen hindern, sondern hielt auch ein metallenes Attribut; ich würde einen Uräus als königliches Symbol vorschlagen.

Auch diese Charakteristika erlauben, in dem vatikanischen Kopf eine gute Replik des offiziellen Bildnisses der Kleopatra VII Philopator zu sehen, die in den Jahren zwischen 47 und 44 v. Chr. entstand. Die exakte Ikonographie der goldenen Statue im Venus-Genetrix-Tempel ist nicht bekannt; es ist daher unmöglich, festzustellen, ob der vatikanische Kopf eine Replik dieses Typus ist. Hingegen scheint mir, wie gesagt, eine Porträtstatue der Kleopatra in Rom nach dem Tode Caesars völlig undenkbar.

Literatur: (vgl. zu Kat. 144) Helbig[4] I Nr. 22 (v. Heintze). – Zu den Vergleichsstücken: Museo Nazio-

Kat. 145

nale Romano. Le sculture I 1 (1979) 340 ff. Nr. 203 (V. Picciotti Giornetti). − Fittschen−Zanker III Nr. 45. 46.

144   Porträt der Kleopatra VII

Berlin, Antikenmuseum, SMPK, Inv. 1976,10
Fehlt: li. hintere, gesondert angesetzte Seite des Kopfes. Der Haarknoten ist angesetzt; Reste von roter Grundierung im Haar
H 0,295 m

Die letzte Alleinherrscherin eines hellenistischen Territorialreiches beeindruckte entgegen moderner Auffassung ihre Zeitgenossen weniger durch ihre äußere Erscheinung als durch ihre intellektuellen und sozialen Begabungen. Nach ihrem und Marc Antons Untergang blieben auf den Einsatz ihrer Freunde hin ihre Statuen erhalten; ihre Kinder aus der Verbindung mit Antonius wurden am Kaiserhof erzogen und ihre Tochter Kleopatra Selene später mit Ptolemaios von Mauretanien verheiratet.
Der Vergleich des Berliner Kopfes mit dem vatikanischen Bildnis Kat. 143 ergibt, daß sie, trotz der engen Übereinstimmungen, nicht in der Weise wie später das Kaiserporträt von einem gemeinsamen Typus abhängen, sondern vor allem auf Grund der physiognomischen Züge, die auch auf den Münzen wiederkehren, miteinander übereinstimmen: Sie zeigen die großen Augen, ein immer wiederkehrendes Zeichen der Ptolemä-

erikonographie, eine feine, aquiline Nase, einen großen Mund, ein kleines, spitz zulaufendes Kinn, eine steile Stirn und einen ausladenden Hinterkopf.
In der nüchternen, trockenen Wiedergabe des mageren Gesichtes weicht die Darstellung der Kleopatra VII von der ihrer Vorgängerinnen ab, die matronal und üppig dargestellt sind: ihre individuellen Züge ähneln denen ihres Vaters Ptolemaios XII Auletes, möglicherweise in der Absicht, ihren schwer erkämpften dynastischen Anspruch zu demonstrieren. Dennoch ist das Gesicht im Großen ideal aufgefaßt und folgt damit der Tradition des antiken Frauenporträts. Diesem Befund entspricht auch der Typus der Melonenfrisur, der hier allerdings bereichert und abgewandelt ist; im Nacken sitzt nicht ein einfacher Knoten, sondern die Haare sind hier zu Zöpfchen geflochten und zusammengefaßt; der Haarkontur wird außerdem durch eine Reihe kleiner Löckchen begleitet. Dieser raffinierte und luxuriöse Eindruck muß durch die ursprüngliche Vergoldung des Haares noch gesteigert gewesen sein; die delikate Erscheinung manifestiert sich auch in dem zarten Schmelz der Bearbeitung des griechischen Inselmarmors, dem charakteristischen 'sfumato' alexandrinischer Bildhauerarbeit.
Literatur: E. La Rocca, L'età d'oro di Cleopatra. Indagine sulla Tazza Farnese (1984) 51 Abb. 46 f. − K. Vierneisel, JbBerlMus 22, 1980; 5 ff.

145   Kopf eines Mädchens

Rom, Musei Vaticani, Museo Chiaramonti, Inv. 1418
Ergänzt: Büstenfuß, li. Ohr, re. Ohr bestoßen
H 0,325 m

Diesem Kopf läßt sich eine ganze Reihe spätrepublikanischer und frühkaiserzeitlicher weiblicher Bildnisse anschließen, die eine Zwischenstellung zwischen der späthellenistischen Ideal- und der kaiserzeitlichen Modefrisur einnehmen.

Über dem Oberkopf, auf der Stirn beginnend und auf dem Hinterkopf vom Nacken ausgehend sind die Haare zu einem breiten Wulst zusammengefaßt; über den Schläfen laufen die Haare in parallele Strähnen gelegt nach hinten. Die ganze Frisur ist von einem Knoten hoch auf dem Hinterkopf gehalten, der aus einem langen Zopf zusammengedreht ist. Vom Haarkontur hängen in das Gesicht und in den Nacken frisierte kleine Löckchen.

Diese Art komplizierter Frisuren finden wir in vielen Varianten sowohl bei weiblichen Idealköpfen wie auch bei Porträts; typologisch stellen sie eine Weiterentwicklung hellenistischer Idealfrisuren dar, ein Vorgang, der wohl tatsächlich in der zeitgenössischen Frisurmode stattgefunden haben muß; oft waren die Frisuren auch durch eingeflochtene kostbare Agraffen und Binden bereichert. Ein noch zurückhaltendes Beispiel für diese Bereicherung stellt die Frisur dar, die Kleopatra auf ihren Bildnissen trägt. Der Aufwand und der Schmuck solcher Frisuren zielte wohl in erster Linie darauf ab, den raffinierten Geschmack und den Reichtum ihrer Trägerinnen, bzw. ihrer Familie herauszustellen.

Aus dieser Entwicklung resultiert die festgelegte frühkaiserzeitliche Modefrisur, wie in ihren Frühstufen besonders deutlich bei den drei weiblichen Köpfen aus dem Liciniergrab Kat. 157–159 sichtbar wird; hier wird allerdings, ganz im Gegensatz zu den reichen Luxusfrisuren, Strenge und Sittsamkeit der Trägerinnen betont. Obwohl im Frisurentypus noch der späthellenistischen Tradition verpflichtet, ist der Kopf auf Grund der porzellanhaften Glätte und der klassizistischen Strenge bereits in augusteische Zeit zu datieren.

Literatur: Trillmich, Torlonia-Mädchen 54 Taf. 16. – G. Kaschnitz v. Weinberg, Kleine Schriften 2 (1965) Taf. 31,1. – Helbig[4] I Nr. 328.

146   Porträt des Octavian (Gipsabguß)

Berlin, Museum für Abgüsse antiker Plastik
Original: La Alcudia, Privatbesitz
Aus Pollentia (?)
Nase gebrochen, Mund und Augenbrauen bestoßen
H 0,35 m

Der Kopf war zum Einsetzen in eine Togastatue bestimmt, die das Gewand im Gestus der *velatio capitis*, dem traditionellen römischen Frömmigkeitsgestus, in dem man den Göttern gegenübertritt, über den Kopf gezogen hatte. Die pathetische Interpretation mit der ruckartigen Kopfwendung nach rechts oben und den aufgeworfenen Haaren über der Stirn mag allerdings wenig zur Darstellung eines demütig Opfernden passen; diese Züge sind von dem dieser Replik zugrunde liegenden Urbild übernommen. Wie das Porträt des Marc An-

Abb. 162   Dupondius (?) des Octavian: Vs. Octavian, Rs. Caesar, ca. 42–38 v. Chr. Kopenhagen, Ny Carlsberg Glyptotek

ton stellt dieser explizite Verweis auf die Pathosformeln des Alexanderporträts einen Bruch mit den Konventionen des spätrepublikanischen Porträts dar: Octavian ist hier als Exponent einer kriegführenden Partei dargestellt, entsprechend wird hier sein Charisma als Heerführer in den Vordergrund gerückt.

Der Kopf in La Alcudia zeigt aber auch in fast aufdringlicher Weise physiognomische Merkmale, wie den auffallend langen Hals mit dem hervortretenden Adamsapfel und den zwei Venusringen, das spitze Kinn, die knochigen Wangen, die kleinen Augen und die faltige, kon-

Kat. 146

trahierte Stirn, die ähnlich am 1. Typus des Caesarporträts (Kat. 141) und noch deutlicher am Kopf aus Leiden auftauchen; hier liegt also eine bewußte Angleichung an seinen Adoptivvater vor, aus der Octavian seinen Anspruch begründete. Ein ähnlicher Vorgang läßt sich an den Münzdarstellungen beobachten.

Die Datierung des Urbildes, das durch diese und die Replik in Florenz am genauesten überliefert wird, ist allerdings umstritten. Es kehrt am deutlichsten auf den Aversdarstellungen der Münzen wieder, die anläßlich des Sieges von Actium über Marc Anton geprägt wurden; allerdings lassen sich bereits frühere Münzdarstellungen mit diesem Typus nachweisen (vgl. Beitrag Münzpropaganda Kat. 303; Abb. 162). Es ist also nicht unwahrscheinlich, daß der Typus schon auf Porträts des Octavian vom Beginn des Bürgerkrieges gegen die Caesarmörder zurückgeht. Der Rückgriff auf eine bei der senatorischen Elite verpönte Konvention ist jedenfalls in einer Zeit, in der die Triumvirn ohne formelle Legitimation des Senats handelten und sich nur auf das Heer stützten, durchaus verständlich.

Der eingeritzte kurze Bart, mit dem Octavian hier und in anderen frühen Repliken des Typus dargestellt ist, ist nicht zweifelsfrei zu erklären; man hat ihn als Zeichen der Trauer über seinen Adoptivvater, als Wiedergabe seines realen Aussehens (die *depositio barbae*, die rituelle erste Rasur des Octavian erfolgte erst 37 v. Chr.) oder als militärisches Insigne deuten wollen.

Literatur: Fittschen–Zanker I 1f. – Zanker, Actiumtypus 13 ff. Taf. 1–3.

147 Porträt des C. Iulius Caesar (?)

Leiden, Rijksmuseum van Oudheden, Inv. I 95/2. 11
Aus Izmir (?)
Gebrochen: Nase, Ränder der Ohren; Bestoßungen im Gesicht
H 0,35 m

Wie der asymmetrische Halsausschnitt zeigt, war der Kopf zum Einsatz in eine Togastatue bestimmt.

Stilistisch ist der Kopf mit frühaugusteischen Stücken zu vergleichen: das ledrige, weich bewegte und durchgehend geschwungene Inkarnat und die fleischige Bildung der Einzelformen verbinden ihn vor allem mit dem Kopf von La Alcudia, die oberflächlich gearbeiteten Haare in der Dichte und Festigkeit der Haarkappe hingegen mit dem vatikanischen Jungmännerporträt Kat. 153.

Die physiognomischen Züge erinnern auffallend an die des 1. Caesartypus, so das artikulierte Kinn, die kleinen Augen mit den dicken Lidern, der schmallippige, zu einem kaum merkbaren Lächeln verzogene Mund und die Nasolabialfalten und die fortgeschrittene Bildung der Geheimratsecken; es fehlt auch nicht die faltige Stirn und der magere, faltige Hals mit den beiden Venusringen und dem ausgeprägten Adamsapfel.

Die physiognomisch genaue Adaption des Caesarporträts ist jedoch kein hinreichender Entscheidungsgrund

Kat. 147

für eine entsprechende Benennung. Auffallend ist jedoch auch die nicht nur stilistische Ähnlichkeit mit dem Kopf von La Alcudia: von den Venusringen, dem ausgeprägt langen, mageren Hals, den kleinen Augen und den kontrahierten Brauen und den Stirnfalten bis hin zu den Nasolabialfalten finden alle Einzelzüge, die in dieser vordergründig vorgetragenen Weise bei den anderen Repliken des Octavianstypus keine Parallele finden, eine fast zitathafte Entsprechung: die stilistische Verwandtschaft ist so eng, daß man an die gleiche Werkstatt glauben möchte. Die Erklärung kann nur sein, daß der Leidener Kopf einen in der Triumviratszeit entstandenen neuen Caesartypus vorstellt, dem sich der Kopf in La Alcudia physiognomisch anglich; wahrscheinlich waren Repliken in der gleichen Aufstellung miteinander verbunden.

Die pathognomischen Züge unterscheiden sich umgekehrt von denen des 1. Caesartypus Tusculum: das Inkarnat ist wesentlich voller, fleischiger und bewegter, der Kopf ist dynamischer durchgestaltet. Dies ist als Abwendung von dessen trockener, asketischer Auffassung und als Angleichung an das im Octavianstypus vorgetragene Ethos zu interpretieren.

Literatur: F. L. Bastet−H. Brunsting, Corpus Signorum Classicorum Musei antiquarii Lugduno-Batavi (1982) 207 Nr. 382 Taf. 113.

Kat. 148

148 Porträt des Octavian

Rom, Musei Capitolini Inv. 413
Ergänzt: halbe Nase, Rand des li. Ohres; kleine Bestoßungen. Der Kopf ist modern auf eine antoninische Paludamentbüste gesetzt
H d. Kopfes 0,36 m

Die Physiognomie ist gegenüber der des Kopfes La Alcudia stark beruhigt, dessen durchgängige Bewegung sich hier in isolierten, malerischen Hebungen und Senkungen des Inkarnates verliert. Das Stirnhaar liegt fester auf und ist in größere übereinandergeschichtete Partien zusammengefaßt. Der von Pandermalis beobachtete Zusammenhang zu dem Philetairosporträt aus der Pisonenvilla ließ sich auch an einem anderen Beispiel (Kat. 167) verifizieren und spricht auf Grund dieser Kombination für eine Datierung des Kopfes in die zwanziger Jahre des letzten vorchristlichen Jahrhunderts.

Der Octavianstypus erfreute sich weiterhin großer Beliebtheit, geriet aber, wie auch dieser Kopf zeigt, unter den Einfluß der programmatisch verkündeten klassizistischen Strömung, die auch den Augustustypus hervorbrachte. Dies um so mehr, als mit der Beendigung des Bürgerkrieges die Aussage des als Bürgerkriegstypus geschaffenen Augustusporträts an Aktualität verlor.

Die Gegenüberstellung dieser beiden frühen und guten Vertreter des Octavianstypus sowie der Vergleich mit anderen zeigt deutlich, daß der typologische Zusammenhang zwischen den beiden Exemplaren sehr viel loser ist als bei den Köpfen des Primaportatypus, bei denen ohne Einschränkungen von einem Replikenverhältnis gesprochen werden kann.

Literatur: Fittschen−Zanker I Nr. 1. − Kaisersaal 54.

149 Bronzene Reiterstatue des Augustus

Evi Touloupa

Athen, Nationalmuseum
Gefunden 1979 in der nördlichen Ägäis, zwischen Ag. Efstratios und Euböa
Verloren: Pferd und die mit dem Pferdekörper verbundenen Teile, Beine und Gesäß; Schwertknauf; die in anderem Material eingelegten Augen
H 1,23 m

Die nur im Oberkörper erhaltene Statue ist das bisher einzige überlieferte großplastische Beispiel einer Reiterdarstellung des Augustus.

Bekleidet ist er mit einer kurzen Tunika mit purpurnen *clavi* und einem mit Fransensaum und Mäanderborte geschmückten *paludamentum*; auf der rechten Schulter wird es von einer Agraffe gehalten. Unter der linken Achsel trägt er ein Kurzschwert, dessen Heft mit einer fünfblättrigen Blüte in Relief verziert ist. Auf dem Ring an der linken Hand ist ein *lituus* eingraviert. Die *clavi* und die Mäanderborten sind in einer stärker kupferhaltigen Legierung (96,4% Kupfer, 2,87% Blei) eingelegt. Die Augen waren ursprünglich in Glasfluß oder Halbedelstein eingesetzt. Die linke Hand führte den Zügel, die Rechte ist im Gestus der *adlocutio* erhoben.

Der Kopf ist auf einem betont langen Hals nach seiner Rechten gewandt. Die Stirn ist kontrahiert und die Au-

Kat. 149

genbrauen sind zusammengewachsen – ein veristisches Detail, das bei Sueton (Aug. 79) tatsächlich für das Aussehen des ersten Kaisers überliefert ist. Das spitz zulaufende Gesicht ist knochig, mit hageren Wangen, großer Nase und markantem Kinn. Die fleischlosen Lippen des knappen Mundes sind fest zusammengepreßt.

Das Stirnhaar mit Gabel- und Zangenmotiv reiht das Porträt unter den «Octavianstypus» ein. Die Frisur ist jedoch klassizistisch rückstilisiert und die flache Haarkappe aus säuberlich geordneten Lockenreihen gebildet, die flach nebeneinander liegen. Dies und die ruhigere, entspanntere Physiognomie setzt deutlich bereits den «Augustustypus» voraus. Die parataktische Anordnung der Haarsträhnen und der strenge Ausdruck des Gesichts begegnen bei Porträts des letzten Jahrzehnts vor der Zeitenwende. Auf diese Datierung weist auch der Siegelring des Kaisers, der sich vielleicht auf sein Amt als *pontifex maximus* bezieht, zu dem er 12 v. Chr. gewählt wurde, als er etwa 50 Jahre alt war.

Der Künstler hat einige persönliche Details, wie die zusammengewachsenen Augenbrauen, wiedergegeben, die von der idealisierten Auffassung der zeitgenössischen Augustusporträts abweichen. Damit scheint er stärker in römischer Tradition zu stehen. Die Statue selbst scheint aber auf griechischem Boden gegossen zu sein, da das Mischungsverhältnis der Bronze (87,4% Kupfer, 12,34% Zinn, 0,24% Blei) an den klassischen Bronzejüngling von Antikythera erinnert. Eine direkte Beziehung zu anderen, aus der Literatur und von Münzbildern bekannten Reiterbildern ist wegen Tracht, Haltung und des stilistischen Befundes auszuschließen.

Die Figur ist im Typus des Reiters auf ruhig bewegtem oder stehendem Pferd zu ergänzen.

Literatur: E. Touloupa, AM 101, 1986, 185 ff. Taf. 36 ff. – Fittschen–Zanker I 1 Beil. 2a. Zu Reiterstatuen des Octavian: D. Mannsperger in: Festschrift Hausmann, 331 ff.

Kat. 149

Kat. 150

150–153   Die Nobiles unter Augustus

150   Porträt des Agrippa

Rom, Musei Capitolini, Inv. 2394

Gefunden 1937 auf dem Forum Boarium, in einem mittelalterlichen Depot, zusammen mit einem Porträt des Augustus und eines Unbekannten

Gebrochen: Nasenspitze, Kinn, li. Ohr, re. Hälfte d. Halses; re. Wange, li. Ohr, Stirnhaar bestoßen

H 0,37 m

M. Vipsanius Agrippa (64/63 v. Chr. – 12 v. Chr.), Jugendfreund, engster Vertrauter und ‚fighting genius‘ des Augustus, war die einzige Persönlichkeit, die fast über die gleiche Machtfülle verfügte wie der *princeps* und sich in der Öffentlichkeit entsprechend darstellen konnte. Er hatte auch aktiven Anteil an dem gewaltigen Bauprogramm, mit dem Rom unter Augustus umgestaltet wurde.

Wie Münzen aus den dreißiger Jahren des 1. Jhs. v. Chr. belegen, wurde sein Porträt gleichzeitig oder nicht viel später wie der Octavianstypus konzipiert und verbreitet, möglicherweise anläßlich seines Seesieges von Naulochos über Sextus Pompeius 36 v. Chr., als er auch die *corona rostrata*, eine mit Schiffsschnäbeln geschmückte Krone als Ehrenerweis erhielt. Das Urbild ist am besten durch die beiden frühaugusteischen Fassungen aus Gabii im Louvre und in Venedig überliefert; es steht, wie die Triumvirnporträts, ganz in hellenistischer Tradition, ihm fehlt jede klassizistische Tendenz.

Der schwere und breit angelegte Kopf verfügt über ein festes, fleischiges Inkarnat, er ist zu seiner Linken ge-

Kat. 151

wandt, die tiefliegenden Augen werden von der kontra-hierten Stirnpartie verschattet. Damit rückt das Porträt in dieselbe Linie wie die Triumvirnporträts Kat. 142. 146, die die *virtus* der Dargestellten durch die Betonung von Dynamik und Energie in den Vordergrund rücken. Die überlebensgroße Statue in Venedig (Abb. 22) stellt ihn nackt mit Schwertgehänge und Schulterbausch, ganz im Stile hellenistischer Herrscher und Generäle dar und bestätigt die Aussage des Porträts.

Wie die Darstellung des Agrippa auf der Ara Pacis belegt, wurde der erste Typus seines Bildnisses über sein gesamtes Leben hin beibehalten; es wurde kein Versuch gemacht, es in irgendeiner Weise dem dynastischen Porträt anzugleichen. Die Versuche, andere Bildnistypen des Agrippa nachzuweisen, können daher nicht überzeugen.

Literatur: Kaisersaal 52. − N. Kunisch−M. Imdahl, Plastik. Antike und moderne Kunst der Slg. Dierich in der Ruhr-Universität Bochum (1979) 66 ff. − F. Johansen, AnalRom 6, 1971, 17 ff. − Helbig[4] I Nr. 1610 (v. Heintze).

151   Porträt des C. Iulius Caesar, 2. Typus

Rom, Musei Vaticani, Sala dei Busti, Inv. 713
H 0,52 m

Der nach dem ehemaligen Aufenthaltsort dieser Replik und dem einer anderen in Pisa Camposanto-Chiara-monti genannte Porträttypus des C. Iulius Caesar wird fast einhellig in der Forschung als postume Schöpfung bezeichnet; auch über seine Datierung in frühaugust-ische Zeit, in die zwanziger oder dreißiger Jahre des 1. Jhs. v. Chr., besteht Einigkeit.

Die Stilisierung des Stirnhaares in parallel fallende, mit geradem Kontur von der Stirn abgesetzte Fransen, das rechts und links jeweils von einer kleinen Haarzange flankiert ist, setzt bereits die klassizistische Fassung des Augustusporträts voraus.

Im Gegensatz zum ersten Typus sind die veristischen Härten der Darstellung durch das volle Inkarnat, das füllige Haar, das die Glatze des Dictators kaum noch ahnen läßt, und die mimische Auflockerung der Züge nivelliert. Der Blick ist nach unten gerichtet und auch die pathetische Kopfwendung des ersten Typus stark zurückgenommen. Diese Porträtkonzeption idealisiert und vermenschlicht gleichzeitig den vergöttlichten Caesar, indem sie an die bürgerlichen Darstellungen anknüpft und seine berühmte staatserhaltende Milde, die *clementia Caesaris*, in den Vordergrund rückt; darin ist es dem Augustusporträt vom Typus Forbes vergleichbar. Der neue Typus, der wesentlich häufiger überliefert ist, wurde wohl nach Beendigung des Bürgerkrieges geschaffen, um ungute Erinnerungen, die mit der sta-tuarischen Repräsentation Caesars zu seinen Lebzeiten verknüpft waren, zu vermeiden.

Der Kopf aus dem Vatikan stellt den klassizistischen Stil seines Bildhauers sehr deutlich heraus, er ist sehr stark symmetrisch aufgebaut und die Bewegung reduziert. Andere Repliken, wie die in Pisa oder Florenz, sind be-wegter und weicher im Inkarnat; sie lassen noch sehr viel deutlicher das Urbild durchscheinen, das nicht weit von dem Kopf aus Meroe entfernt in die zwanziger Jahre datiert werden darf.

Literatur: F. Johansen, Ancient Portraits in the J. Paul Getty Museum 1 (1987) 17 ff. Abb. 1.

152   Bronzekopf, L. Calpurnius Piso (?)

Neapel, Museo Nazionale
Aus Herculaneum

An einigen Stellen leicht verdrückt, sonst intakt; es feh-len die ursprünglich in anderem Material eingelegten Augen
H 0,44 m

Die Benennung des Dargestellten wird wahrscheinlich gemacht durch eine Replik aus einer tiberischen Por-trätgalerie aus Velia, die mit einer entsprechenden In-schrift verbunden werden konnte.

L. Calpurnius Piso (48 v. Chr. − 32 n. Chr.) war Ange-höriger einer der vornehmsten Familien der Republik, die auch weiterhin großen Einfluß bei Hofe behielt. Er selber bekleidete die Ämter des *praefectus Urbi*, des *pontifex maximus* und des Konsuls 15 v. Chr. Er gehörte zum engen Freundeskreis des Tiberius und ist Adressat der *Ars poetica* des Horaz, womit er die Tradition seiner Familie fortsetzt, die sich um die Förderung der Litera-tur verdient gemacht hatte. Weisheit und Milde seiner Amtsführung werden von Seneca und Velleius sehr ge-lobt; Tacitus schildert ihn als Vertreter republikani-schen Stolzes: er habe keinen servilen Senatsbeschluß zu verantworten (ann. 6,10).

Der Kopf schließt an das Selbstverständnis von *gravitas* und *severitas* der republikanischen Nobilität an, das sich in der strengen Miene manifestiert; er trägt die Stan-dardfrisur mit kurzgeschnittenem Haar und dachartig

vorstoßendem Stirnhaar, die sich im späten 2. oder im frühen 1. Jh. v. Chr. herausgebildet hatte. In der strengen Symmetrie des Gesichtes und der Haaranlage, die in kleine, parallele Strähnen gegliedert ist, verrät er allerdings noch deutlicher als der 2. Typus des Caesarporträts den klassizistischen Zeitstil; hierin und in der stumpfen, teigigen Bildung des Inkarnats läßt er sich mit Köpfen von der Ara Pacis vergleichen. Der Stil und das Alter des Dargestellten legt eine Datierung des Porträts in die Zeit seines Konsulats oder wenig später nahe. Der Kopf ist ein schönes Beispiel für das Fortleben republikanischer Konventionen der Selbstdarstellung und ihre Überlagerung durch die offizielle Kunstströmung.
Literatur: Fittschen–Zanker I 20 Anm. 6. 7. – R. Wünsche, MüJb 33, 1982, 21 f. Abb. 36.

153 Porträt eines jungen Mannes

Rom, Musei Vaticani, Museo Chiaramonti, Inv. 1977
Ergänzt: Flicken an li. Schulter der Büste, Nasenspitze, mehrere Stirnlocken, Flicken in li. Braue, Ränder der Ohren; kleine Flicken im Gesicht
H 0,41 m
Das Original diese Kopfes geht auf die frühe Augustuszeit zurück. Die Kopie läßt noch die Haaranlage in feinen, geschichteten Strähnen und bewegten Locken durchscheinen, die z. T. widerborstig gegeneinander verlaufen und plastisch gedreht und hervorgehoben sind; Parallelen dazu finden wir bei dem Porträt des Marcellus (Kat. 174), dem Porträt des Agrippa aus Ga-

Kat. 153

Kat. 152

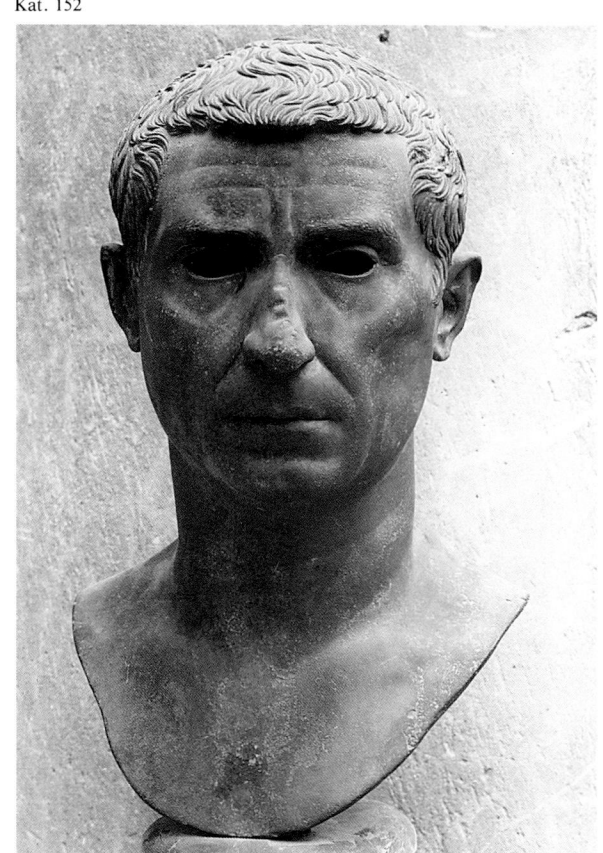

bii und dem Kopf des Augustus von Meroe, so daß wir das Original nicht später als in die zwanziger Jahre des 1. Jhs. v. Chr. werden ansetzen dürfen.
Die Gesichtszüge sind sowohl in ihrem Stil wie in ihrer pathognomischen Auffassung ebenfalls mit frühaugusteischen Beispielen vergleichbar; so findet sich hier ein ähnlich weiches, schwingend und durchgängig bewegtes Inkarnat wie bei den frühen Fassungen des Octavianstypus Kat. 146 und 148 oder dem Porträt des Marcellus. Das gesträubte Stirnhaar ist sicher von dem Vorbild des Octavianstypus angeregt, hier bereits ähnlich zurückgenommen wie bei dem kapitolinischen Kopf. Wie der Kopf des Octavian aus La Alcudia weist er auch den kurzen, flaumigen Bart auf.
Der Kopf ist kein Original, sondern eine spätere Kopie, wie die ungegliederte und aufgeblasene Wiedergabe des Haares zeigt, die die ursprüngliche plastische Drehung und Differenzierung der Locken verschleift; auch die flache Wiedergabe der Augenoberlider, die durch eine schmale Bohrrinne abgesetzt sind, spricht für eine Arbeit des mittleren 1. Jhs. n. Chr. In dieser Hinsicht ist er dem Kopf des Marcellus aus Pompeji vergleichbar, der hier als claudische Kopie angesprochen wurde.
Wenn es sich also bei diesem Kopf um eine Kopie handelt, so kann es sich bei dem Original nur um ein (offizielles ?) Bildnis eines jungen Mannes aus vornehmer

Familie handeln. Obwohl, wie bereits dargestellt, den Köpfen des Octavian und des Marcellus in der Auffassung durchaus vergleichbar, ist er dennoch keine simple typologische Ableitung, sondern ein eigenständig konzipiertes Bildnis, das die zeitgenössischen pathognomischen Formeln zu dem Bildnis eines dynamischen jungen Mannes schlüssig durchbildet.
Literatur: Helbig[4] I Nr. 373 (v. Heintze).

154−166 Die Aristokratie zwischen Tradition und Anpassung: Das Grab der Licinier

Wie in der Kaiserzeit der der alten Aristokratie verbleibende Spielraum genutzt wurde, um den eigenen Anspruch, der aus den republikanischen Wurzeln abgeleitet wurde, zu manifestieren, gibt die Porträtausstattung eines reichen Familiengrabes Auskunft, die in den Jahren 1884/85 in der Nähe der Porta Salaria gefunden wurde. Die mitgefundenen Grabaltäre weisen die Anlage als Grablege einer der vornehmsten Familien aus: der Licinii Crassi, die sich auf eine lange, renommierte Traditon in der Republik berufen konnte und auch noch in der frühen Kaiserzeit großen Einfluß behielt. Durch die Heirat des M. Licinius Frugi Pontifex (cos. 27 n. Chr.) mit Scribonia vereinigte sich die Genealogie der Familie mit der des Cn. Pompeius Magnus, somit zweier der ersten Triumvirn. Der Sohn aus dieser Verbindung erhielt den prätentiösen Namen seines Urahnen Cn. Pompeius Magnus. Er gelangte am Hofe des Claudius zu außergewöhnlichem Ansehen: er wurde mit der Tochter des Claudius, Antonia vermählt und erhielt Privilegien, wie sie sonst nur den leiblichen Deszendenten des Herrscherhauses zuteil wurden, so das Recht, alle Ämter vor dem vorgeschriebenen Mindestalter zu bekleiden, sowie als einziger die Ehre, beim britannischen Triumph des Claudius mitzureiten. 47 n. Chr. fielen er und seine Eltern einer Intrige zum Opfer, da ihre exponierte Stellung wohl als Bedrohung der Nachfolgeregelung empfunden wurde. Von den weiteren Mitgliedern der Familie hören wir vor allem dann, wenn sie auf Grund kaiserlichen Verdikts Opfer von Tod oder Verbannung wurden. Der Bruder des Pompeius, L. Calpurnius Piso Frugi Licinianus, wurde 69 n. Chr. von Galba adoptiert und teilte dessen gewaltsames Ende.

Die mit den Köpfen zusammmen gefundenen Grabaltäre dokumentieren eine Belegung des Grabes etwa von der Mitte des 1. Jhs. n. Chr. an; die frühesten datierbaren sind die des 47 getöteten M. Licinius Crassus Frugi und seines Sohnes Pompeius, der späteste der des unter Hadrian ums Leben gekommenen C. Calpurnius Crassus Frugi Licinianus. Bis in das fortgeschrittene 2. Jh. n. Chr. reicht eine Reihe von Sarkophagen; ob das Grab jedoch so lange noch von der Familie benutzt wurde, ist nicht zu ermitteln.
Der stilistische Befund der Köpfe ist sehr unterschiedlich beurteilt worden. Ein Vergleich der Marmorarbeit ergibt sehr große Gemeinsamkeiten bei elf der dreizehn Porträts (Kat. 155−161. 163. 164); sie weisen alle eine weich durchmodellierte, malerische, fast schwammige Bewegtheit im Inkarnat auf, die Einzelheiten in Mund und Augenbildung und der Haardarstellung hingegen sind klar akzentuiert, aber kerbschnittartig und kantig

wiedergegeben, die Haarmasse verschwimmt impressionistisch. Diese Merkmale sind typisch für caliguleisch-frühclaudische Werke. Auf Grund ihrer zeitgenössischen Modefrisuren sind auch die beiden Frauenköpfe Kat. 165 und 166 in diese Zeit zu setzen. Fester und glatter im Inkarnat, und bestimmter in der Durchbildung der Einzelheiten, noch geradezu von klassizistischer Interpretation, ist der weibliche Kopf Kat. 162, der deshalb möglicherweise etwas früher zu datieren ist. Auf Grund der Frisur gehört er in die letzten Regierungsjahre des Tiberius. Ähnlich gespannt, glatt und fest ist das Bildnis des Pompeius (Kat. 154). Jedoch ist dieser stilistische Unterschied nicht im Sinne eines großen Zeitabstandes zu bewerten, wenn er nicht überhaupt nur den in unterschiedlicher Tradition arbeitenden Werkstätten geschuldet ist.
Dieser Befund überrascht um so mehr, als es sich bei den Porträts des M. Licinius Crassus Dives, des Cn. Pompeius Magnus und den drei Frauen mit *nodus*-Frisur nicht um Zeitgenossen handeln kann, die zum Zeitpunkt ihrer Bestattung ein Porträt erhielten; im Gegenteil, wir haben es mit einer bewußt konzipierten Ahnengalerie zu tun. Die Berufung auf die Tradition der Familie ist hier also eine deutliche politische Demonstration, wie auch schon die provokative Namengebung des 47 getöteten Cn. Pompeius Magnus zeigt (Caligula verbot ihm die Führung des Namens). Eine solche Demonstration gentilizischen Sebstbewußtseins, das sich durchaus in Konkurrenz zum Herrscherhaus verstand, mußte sich allerdings inzwischen mit dem privaten Grabbezirk bescheiden. Parallelbeispiele finden sich auch bei anderen Adels- und Beamtengräbern der frühen Kaiserzeit, die sich bewußt in republikanische Tradition setzten (vgl. Th. Schäfer, Sella curulis und fasces als Paradigma). Wie das Schicksal der Familie zeigt, entgingen solche Ambitionen dennoch nicht dem kaiserlichen Argwohn.
Literatur zum Gesamtbefund: M. Moltesen, a.O. (1987) 85 ff. − D. Boschung, JdI 101, 1986, 257 ff. − Giuliani, a. O. 57 ff. 223 ff. − V. Poulsen, Les Portraits Romains I 101 ff.

154 Porträt des Cn. Pompeius Magnus

Kopenhagen, Ny Carlsberg Glyptotek, Inv. 733
Aus dem Liciniergrab, Rom
Hals gebrochen; Ränder der Ohren abgebrochen, sonst bis auf kleine Bestoßungen intakt
H 0,26 m
Dieses in zwei Repliken überlieferte Bildnis ist durch Vergleiche mit Münzbildern sicher als das des Triumvirn identifiziert und geht mit einiger Wahrscheinlichkeit auf die Statue zurück, die 55 in der Exedra seines Theaters aufgestellt wurde. Ein anderer überlieferter Typus gibt Pompeius in jüngerem Alter wieder.
Die Kombination des wild gesträubten Stirnhaares, ein alexanderhafter Gestus, den Pompeius bewußt pflegte (Plut. Pomp. 2,1), mit der dicklichen, scheinbar behäbigen und bieder wirkenden Physiognomie und dem jovialen Lächeln hat zu weitreichenden Spekulationen geführt; man wollte hier eine Kontingenz von griechischem Pathos und römischem Realismus erkennen oder auch einen Widerspruch zwischen Anspruch und wah-

Kat. 154

Menschenfreundlichkeit und vor allem seine leutselige Umgänglichkeit qualifizieren den Politiker Pompeius. Auf dem Forum pflegte er häufig publikumswirksam bürgerliche Bescheidenheit und Konformität zu den republikanischen Regeln zu demonstrieren, wie verschiedene Anekdoten berichten. Diese Züge kehren in dem Bildnis des Pompeius wieder; es reflektiert den propagandistischen Spagat zwischen der Anerkennung als Militär, die er von seinem Heer reklamiert, und derjenigen als traditionsverhafteter Politiker, die er von der konstitutionell gesonnenen Aristokratenschicht erheischt.

Das Bild des Pompeius blieb noch lange nach seinem Untergang 48 v. Chr. charismatisch; Caesar ließ die umgestürzten Statuen wieder aufrichten, und noch in der Kaiserzeit feierte man ihn als Beispiel des guten Herrschers.

Literatur: Giuliani, a. O. 25ff. 56ff. – Poulsen, a. O., 39ff. Nr. 1. Taf. 1f.

155 Porträt des M. Licinius Crassus Dives

Kopenhagen, Ny Carlsberg Glyptotek, Inv. 749
Aus dem Liciniergrab, Rom
Nase ergänzt, Ränder der Ohren gebrochen
H 0,45 m

Dieses Porträt mit der abrupten Drehung zu seiner Linken ist in insgesamt vier Repliken überliefert, stellt also eine über den Kreis der Familie hinaus berühmte Persönlichkeit dar. Da das Urbild stilistisch nicht weit von dem des Pompeiusbildnisses zu datieren ist, kommt zuallererst sein berühmter Zeitgenosse, M. Licinius Crassus Dives, der dritte Triumvir neben diesem und Caesar

Kat. 155

rem Charakter des Pompeius. Erst die Interpretation der pathognomischen Formeln des Gesichts durch L. Giuliani hat diese scheinbaren Widersprüche auflösen können. Das kriegerische Pathos, das hier noch in der Attitüde der Frisur zum Ausdruck kommt und im älteren Bildnistypus dramatischer und bewegter interpretiert ist, wird hier stark relativiert und zurückgenommen durch die beherrschten und entspannten Züge und den verbindlichen Ausdruck.

Pompeius begann seine kometenhafte politische Karriere als Gefolgsmann und Söldnerführer des Sulla und wurde in Rom bald zur Verkörperung der neuen starken Männer der späten Republik, die ihre Macht in erster Linie ihrer militärische Tüchtigkeit verdankten und weniger dem Aufstieg über den traditionellen *cursus honorum*; bereits in jungen Jahren erhielt er einen Triumph zugesprochen und er demonstrierte seine Machtstellung mit alexanderhaftem Pomp, der ihm das Mißtrauen des Senats eintrug. Dieser einseitigen Selbstdarstellung steuert auch Ciceros Rede *pro lege Manilia* aus dem Jahre 66 v. Chr. entgegen, die für die Übertragung des militärischen Oberbefehls gegen Mithridates an Pompeius wirbt und geradezu einen rhetorischen Kommentar zu der Intention darstellt, die das Bildnis des Pompeius prägt. Cicero versucht hier, vor allem den Senat und diejenigen Kreise zu beschwichtigen, die aus der frischen Erfahrung des Bürgerkrieges heraus der Konzentration militärischer Macht in den Händen von Einzelpersonen mißtrauisch gegenüberstanden. Neben den unbezweifelten und weithin bekannten Fähigkeiten des Feldherrn werden jedoch gerade im Gegenzug seine sozialen Tugenden dargestellt: Milde, Beherrschtheit,

Kat. 156

Kat. 157

in Frage. Wie Pompeius begann er seine Laufbahn als Anführer einer Söldnertruppe auf seiten Sullas; weitere Stationen seiner militärische Tätigkeit bildeten die Niederschlagung des Spartacus-Aufstandes und der unselige Partherfeldzug, in dem er sein Ende fand.

Bereits Zeitgenossen galt er als Inbegriff des machtbesessenen, korrupten Optimaten (Cic. parad. 6,42), der seinen nicht immer aus lauteren Quellen geschöpften märchenhaften Reichtum systematisch zum Ausbau eines Klientelsystems und zur politischen Manipulation benutzte. Diese Machtstellung prädestinierte ihn zum unverzichtbaren Bundesgenossen des inoffiziellen politischen Paktes mit Pompeius und Caesar, des ersten Triumvirats von 60/59 v. Chr.

Der negativen Reputation steht jedoch auch eine positive gegenüber: der Nachwelt gegenüber konnte er sich geradezu als Musterbild des Ehrenmannes und gestandenen römischen Politikers behaupten (Vell.Pat. 2,46,2; Plut. Crass. 3). *Gravitas, severitas* und *constantia*, Würde, Ernst und Beständigkeit schlagen sich in der strengen Miene, dem geradeaus gerichteten Blick, den zusammengezogenen Brauen und der mimischen Unbewegtheit nieder und charakterisieren ihn in seinem Bildnis als 'Vertreter des aristokratischen Normalfalles'.
Literatur: Giuliani, a. O. 223 ff. Abb. 62 f. – Boschung, a. O., 276 ff. – Poulsen, a. O., Nr. 67 Taf. 113 f.

156 Männlicher Kopf
Kopenhagen, Ny Carlsberg Glyptotek, Inv. 734
Aus dem Liciniergrab, Rom
Am oberen Halsansatz gebrochen, Nase und re. Ohr gebrochen, kleinere Bestoßungen
H 0,24 m

Das kurzgeschnittene Haar ist in kurzen, parallelen Fransen in die Stirn gekämmt und in der Mitte von einer kleinen Gabel geteilt; in sich ist es eine homogene Masse, aus der die Strähnen kerbschnittartig aufspringen und in ihr verfließen; sie sind durch flache Bohrkanäle geteilt.
Das Gesicht schließt in der unbewegten, ernsten Miene an die standardisierten Aristokratenporträts der späten Republik an, z. B. das des L. Calpurnius Piso Kat. 152; die Frisur hingegen stellt eine Abbreviatur des von den Kaisern Tiberius bis Claudius getragenen Schemas dar, das in claudischer Zeit längst von weiten Kreisen des Bürgertums für die eigenen Bildnisse übernommen worden war. Auch das ausgeprägte Selbstbewußtsein der Licinier scheint also keine Veranlassung mehr gewesen zu sein, nach Alternativen für die eigene Selbstdarstellung zu suchen.
Literatur: Boschung, a. O., 272 ff. Abb. 17.

157 Porträt einer bejahrten Dame
Kopenhagen, Ny Carlsberg Glyptotek, Inv. 736
Aus dem Liciniergrab, Rom
Ergänzte Nasenspitze wieder entrestauriert, re. Ohr und re. oberer Rand der Büste bestoßen
H 0,34 m

Die Matrone trägt eine sehr einfache Version der *nodus*-Frisur, die auf die Zeit des zweiten Triumvirats oder noch früher zurückdatiert. Das Haar ist straff nach hin-

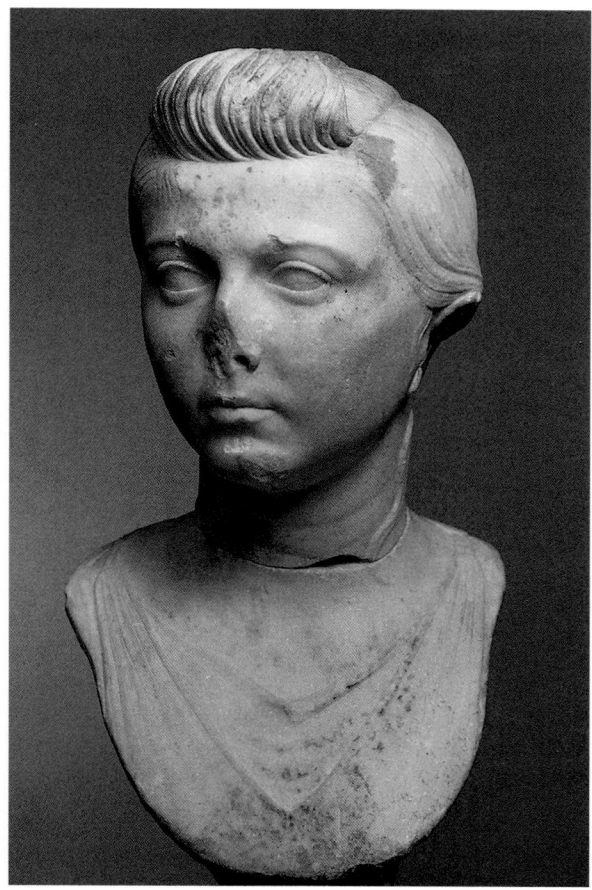

Kat. 158

ten gekämmt und auf dem Hinterkopf eingerollt und dort zu einem festen, aus mehreren Strähnen und Zöpfen bestehenden Chignon zusammengewunden. Von dem knappen Stirnbausch führt eine flache Flechte zum Knoten; die wie unbeabsichtigt ins Gesicht fallenden Löckchen über der Stirn und über den Schläfen erinnern hingegen noch an hellenistische Rokokofrisuren. Stirnbausch und *nodus* sind hingegen kunstloser und schlichter als bei den Darstellungen der Octavia und den beiden anderen Damen aus dem Liciniergrab, es fehlen die ondulierten, aufgebauschten Partien, die die Stirn seitlich umrahmen.

Auf dem Büstenausschnitt ist noch sichtbar, daß sie über der Tunika die *stola* trägt, ein ärmelloses Übergewand aus dickem Stoff. Es ist als Pendant zur männlichen Bürgertracht, der *toga*, das Ehrenkleid der sittsamen, legal verheirateten Frau (Ovid: *insigne pudoris*; ars 1,31). Diese Tracht wurde unter Augustus besonders gefördert, um dem hellenistischen Kleiderluxus und der als damit zusammenhängend unterstellten moralischen Verwahrlosung gegenzusteuern.

Literatur: Boschung, a. O., 266 ff. Abb. 6 f. – Poulsen, a. O. 107 f. Nr. 68 Taf. 115–117.

158   Porträt einer Frau

Kopenhagen, Ny Carlsberg Glyptotek, Inv. 737
Aus dem Liciniergrab, Rom
Ergänzte Nasenspitze entrestauriert, li. Ohr gebrochen,

Kopf und Büste aus zwei Stücken zusammengesetzt.
H 0,44 m

159   Porträt eines Mädchens

Kopenhagen, Ny Carlsberg Glyptotek, Inv. 738
Aus dem Liciniergrab, Rom
Nasenspitze gebrochen; bestoßen an Lippe, Kinn, Ohren und Büstenrand
H 0,38 m

Die Urbilder dieser beiden weiblichen Porträts gehören eng miteinander und mit dem der Matrone Kat. 157 zusammen; möglicherweise sind hier direkte Verwandte dargestellt. Die junge Frau trägt eine etwas entwickeltere Frisur als die Matrone: der Chignon ist größer und tiefer in den Nacken gerutscht, der Stirnbausch ist höher und die Haarsträhnen, die von der Stirn an den Schläfen entlang über die Ohren und von dort in einer Rolle zu dem Knoten führen, sind deutlicher akzentuiert. Sie trägt ebenfalls die *stola* der respektablen Ehefrau.

Die Frisur des Mädchens hingegen entspricht am ehesten der der Octavia, vgl. Kat. 142. Die Haarpartien über den Schläfen sind eingerollt und der Knoten ist größer. Wir können also an diesen drei Köpfen die typologische Entwicklung der *nodus*-Frisur in der späten Republik verfolgen; dieser Entwicklung der Frisur korrespondiert die Differenzierung des Alters der Dargestellten.

Kat. 159

Kat. 160

Kat. 161

Literatur: Boschung, a. O., 265 ff. Abb. 1–5. – Poulsen, a. O. 109 f. Nr. 69. 70 Taf. 118–121.

160 Porträt eines Knaben

Kopenhagen, Ny Carlsberg Glyptotek, Inv. 735
Aus dem Liciniergrab, Rom
Am Hals gebrochen, li. Ohr und Rand des re. Ohres gebrochen, ergänzte Nasenspitze entrestauriert, kleine Bestoßungen
H 0,28 m
Die Frisur des halbwüchsigen ca. 12–14 Jahre alten Jungen mit der Zange über dem linken und der Gabel über dem rechten Auge orientiert sich allgemein am Frisurenschema julisch-claudischer Prinzen, ohne einen besonderen Typus zu zitieren. Die für ein Kinderbildnis ungewöhnlich ausdrucksstarke Physiognomie weist in manchen Einzelheiten, so z. B. dem asymmetrischen Kinn mit dem Grübchen und der weich durchgebildeten, v. a. im Profil deutlich akzentuierten Mundpartie, keineswegs vordergründig vorgetragene Übereinstimmungen mit dem zeitgenössischen Männerkopf Kat. 156 auf. Im Zusammenhang eines Familiengrabes sind sie sicher als Familienähnlichkeiten zu deuten, die der Künstler hier einfühlsam interpretiert hat.
Literatur: Boschung, a. O., 273 f. Abb. 18–21. – Poulsen, a. O., 109 Nr. 71 Taf. 122 f.

161 Kinderkopf

Kopenhagen, Ny Carlsberg Glyptotek, Inv. 744
Aus dem Liciniergrab, Rom

Die ergänzte Nase ist wieder abgenommen; Ränder der Ohren und der Büste bestoßen
H 0,24 m
Der Kinderkopf ist stilistisch in der Haarwiedergabe, die Strähnen als flache, durch breite Bohrkanäle getrennte Erhebungen halbrunden Querschnitts wiedergibt, dem zeitgenössischen männlichen Kopf Kat. 156 eng verwandt. Auch der Typus der Frisur erinnert an den der Prinzen tiberischer bis claudischer Zeit, wie z. B. den des mutmaßlichen Britannicus Kat. 178.
Literatur: Boschung, a. O., 274 f. Abb. 22 f. – Poulsen, a. O., 109 f. Nr. 72 Taf. 124 f.

162 Weiblicher Kopf

Kopenhagen, Ny Carlsberg Glyptotek, Inv. 747
Aus dem Liciniergrab, Rom
Hals gebrochen. Der ergänzte Nasenrücken und die antike, gesondert gearbeitete, aber wohl zugehörige Kopfkalotte sowie die in Gips ausgeführten Übergänge zwischen diesen beiden Teilen sind wieder entfernt
H 0,27 m
Der Kopf trägt welliges, in der Mitte gescheiteltes Haar, das sich über den Schläfen und den Ohren zu kleinen, ondulierten Löckchen einrollt; dieser Frisurentypus ist in die Zeit des Caligula zu datieren. Dazu paßt auch die stilistische Auffassung des Kopfes, der sich in der glatteren, gespannteren und porzellanhaft harten Behandlung des Inkarnats sowie den regelmäßig und scharf geschnittenen Augen von den anderen Köpfen des Liciniergrabes unterscheidet und noch sehr viel stärker klassizi-

stisch aufgefaßt ist. Auch die kantige, kerbschnittartige Haarbehandlung verbindet sie mit tiberisch-caligule-ischen Köpfen.
Literatur: Boschung, a.O., 270ff. Abb. 14–16. – K. Polaschek, TrZ 35, 1972, 173 Abb. 9,7. – Poulsen, a.O., 74f. Nr. 39 Taf. 64f.

163   Matrone
Kopenhagen, Ny Carlsberg Glyptotek, Inv. 741
Aus dem Liciniergrab, Rom
Ergänzter Nasenrücken und Rand des li. Ohres abge-nommen. Rand des re. Ohres bestoßen
H 0,34 m
Die bejahrte Frau trägt eine schlichte Frisur; die Haare sind in der Mitte gescheitelt und zu einem Nackenzopf geflochten. Diese Frisur geht auf Bildnisse der Antonia minor zurück und erfreute sich in der frühen Kaiserzeit großer Beliebtheit. Die weichliche Bildung des Inkar-nats und die flache Gliederung der Haarkappe datieren den Kopf gleichzeitig mit den meisten anderen Köpfen des Liciniergrabes, wenn er auch nachlässiger gearbeitet ist.
Literatur: Boschung, a.O., 270 Abb. 13. – Polaschek, a.O. 164. – Poulsen, a.O., 112 Nr. 76 Taf. 132f.

164   Kopf einer jungen Frau
Kopenhagen, Ny Carlsberg Glyptotek, Inv. 742
Aus dem Liciniergrab, Rom
Ergänzter Nasenrücken wieder entfernt. Teil der Büste und der Stütze ergänzt
H 0,38 m
Die Frau trägt eine ähnliche Frisur wie Kat. 163, die hier allerdings strenger und klassizistischer interpretiert

ist. Im Zeitstil weicht sie nicht von den anderen Köpfen ab.
Literatur: Boschung, a.O., 271. – Polaschek, a.O. – Poulsen, a.O., 111f. Nr. 75 Taf. 130f.

165   Weiblicher Kopf mit Lockenfrisur
Kopenhagen, Ny Carlsberg Glyptotek, Inv. 751
Aus dem Liciniergrab, Rom
Nase aus mehreren Teilen zusammengesetzt, ergänzte Teile wieder entfernt. Li. untere Hälfte vom Halsaus-schnitt gebrochen. Teil der Hinterkopfkalotte gesondert gearbeitet, angesetzt
H 0,39 m
Die Haare des Kopfes sind ähnlich wie die von Kat. 162 in der Mitte gescheitelt und gewellt; über den Schläfen sind sie aber in je fünf Reihen paralleler Korkenzieher-locken gelegt. Zwei entsprechende, mit der Brenn-schere gedrehte Korkenzieherlocken fallen ihr auf die Schultern. Diese aufwendige Weiterentwicklung gehört bereits der frühclaudischen Zeit an.
Literatur: Boschung, a.O., 268ff. Abb. 8. 9. – Pola-schek, a.O., 176 Abb. 10,5. – Poulsen, a.O., 97f. Nr. 63 Taf. 106f.

166   Weiblicher Kopf mit Lockenfrisur
Kopenhagen, Ny Carlsberg Glyptotek, Inv. 754
Aus dem Liciniergrab, Rom
Nase und Oberlippe ergänzt. Büsten modern zugerich-tet
H 0,36 m
Die Anlage der Frisur ist ähnlich wie Kat. 165, mit dem Unterschied, daß die Löckchen über den Schläfenpar-tien nicht in Reihen gelegt sind, sondern als eingerollte

Kat. 162

Kat. 163

Kat. 164

Kat. 165

Kat. 166

Kat. 167

Enden der Haarsträhnen nebeneinander liegen. Ähnliche Frisurentypen sind bei Köpfen claudischer Zeit nachgewiesen.

Literatur: Boschung, a. O., 268ff. Abb. 10–12. – Polaschek, a. O., 181 Abb. 10,5. – Poulsen, a. O., 111 Nr. 74 Taf. 128f.

167–178 Das dynastische Porträt

167 Bronzekopf des Augustus, Augustustypus

London, British Museum, Inv. 1911
Aus Meroe, Sudan
Am Hals gebrochen
H 0,44 m

Der in der Forschung oft nach der Augustusstatue von Prima Porta benannte Augustustypus ist die zentrale und originellste Neuschöpfung der augusteischen Porträtkunst. Der Typus wurde, nach den Münzen zu schließen, wahrscheinlich 27 v. Chr. oder kurz darauf geschaffen, als Octavian, nach seinen eigenen Worten, seine außerordentlichen Gewalten in die Hände von Senat und Volk zurücklegte und dafür mit dem Ehrennamen Augustus geehrt wurde. «Von da an aber überragte ich niemanden mehr an Einfluß, alle aber an Ansehen.» (Mon. Ancyr. 34)

Die physiognomische Kennzeichnung des *princeps* ist auf ein Minimum reduziert, der mimische Ausdruck geht restlos in der idealen Stilisierung zeitloser Jugendlichkeit auf. Der Aufbau des Gesichts und die Anlage der Haare sind den Athletenstatuen Polyklets nachgebildet, der, nach dem Urteil der klassizistischen Kunstkritik, der menschlichen Gestalt eine «Würde über dem Wirklichen» (*decorem supra verum*, Quintilian, Inst. 12,10.7) verliehen habe. Auch die Statuentypen, wie der der Augustusstatue von Prima Porta, bedienen sich des typologischen Rückgriffs auf den polykletischen Doryphoros. Zum ersten Mal in der Geschichte des römischen Porträts werden hier konsequent klassische Formen verwendet, um die Erhabenheit des ersten Mannes im Staate zu verdeutlichen. Die neue Konzeption des Porträts vermeidet bewußt die Formeln der Überhöhung hellenistischer Herrscher, die von den Zeitgenossen als anmaßend und despotisch ausgelegt werden konnten, wie auch die pathognomische Kennzeichnung, die die republikanischen Politiker sich zu eigen gemacht hatten; sie bricht bewußt und konsequent mit Formen, die sich in der Vergangenheit als politisch belastet herausgestellt hatten, und bedient sich der ethisch abgeleiteten Kategorien einer Ästhetik, deren allgemeiner Anerkennung die augusteische Kulturpolitik letztlich zum Durchbruch verhalf.

Der Kopf wurde 1910 in Meroe, der antiken Hauptstadt der meroitischen Äthiopier gefunden. Er war offenbar absichtlich vor einem Tempel symbolisch vergraben worden, der einen Krieg der Äthiopier 25–20 v. Chr. gegen das römische Ägypten feierte, und war als Beute dorthin gelangt. Strabo (17,82;17,1,54) berichtet, daß die Äthiopier bei ihrem ersten Angriff auf Syene (Assuan), Philae und Elephantine zahlreiche Kaiserstatuen von ihren Basen heruntergerissen und verschleppt hätten. Damit wäre ein Terminus ante quem für den Kopf gewonnen.

Der Kopf zeigt einige Unterschiede zu späteren Repliken des Typus, so dem sicher nach 20 v. Chr. entstandenen Kopf der Panzerstatue von Prima Porta: bei dem Bronzekopf liegen die Haare einerseits flacher an, schichten sich andererseits stärker übereinander, die Locken sind stärker in sich gedreht; auch die sanfte Bewegung erfaßt den Kopf durchgängig, während die bewegten Partien bei den späteren Stücken stärker isoliert sind. Ähnlichkeiten weist auch die Kopistenarbeit der Apolloniosherme aus der Pisonenvilla auf, insbesondere in der Gestaltung des Mundes und des sensibel geschwungenen Inkarnats. Der stilistische Befund stützt also die durch Fundumstände nahegelegte Datierung. Der Fund zeigt außerdem die Schnelligkeit und Effektivität, mit der der kaiserliche Propagandaapparat den erst 27 v. Chr. geschaffenen Typus bis an die äußerste Grenze des eben erst für Rom gewonnenen Ägypten verbreitete.

Literatur: S. Walker–A. Burnett, The Image of Augustus (1981) 22. – D. Haynes in: Festschrift A. Adriani (1983) 177f.

168 Togastatue des Augustus

Rom, Museo Nazionale Romano, Inv. 56230
Aus Rom, von der Via Labicana
Fehlt: Hälfte des re. Unterarms, gesondert gearbeitete li. Hand, eingesetztes Stück von Toga am Hinterkopf, re. vordere Ecke der Plinthe. Kleine Bestoßungen. Auf der Toga Reste von roter Bemalung. Kopf gesondert gearbeitet und eingesetzt; Kopf und Körper aus verschiedenem Marmor
H 2,17 m

Die Togastatue, die Augustus als Opfernden im traditionellen Frömmigkeitsgestus mit demütig verhülltem Haupt (*capite velato*) zeigt, ist neben der Panzerstatue von Prima Porta eines der am besten erhaltenen und der qualitätvollsten der überlieferten Standbilder des *princeps*. Der ursprüngliche Zusammenhang seiner Aufstellung ist nicht mehr rekonstruierbar; jedoch zeigen andere Beispiele von Statuen in diesem Typus aus unterschiedlichen Fundsituationen, daß er im Gestus der *pietas*, einer der vier Kardinaltugenden des Augustus, als ihm wesentlich situationsunabhängig dargestellt werden konnte und nicht an einen sakralen Kontext gebunden war. Auch wenn wir Statuen im Gestus der *velatio capitis* in der mittelitalischen Kunstgeschichte weit zurückverfolgen können, so ist der Typus, wie er uns in der Statue von der Via Labicana entgegentritt, durchweg ein Konzept der augusteischen Zeit, das für weitere statuarische Darstellungen kanonische Geltung erlangen sollte. Dies kommt nicht allein im schlichten Habitus, der den *princeps* als ersten Bürger bei der Verrichtung seiner religiösen Pflichten zeigt, zum Ausdruck, sondern auch in der neuen klassizistischen Form der weitgeschnittenen Toga, die die *dignitas* der *gens togata*, des römischen Staatsvolkes unterstreicht. Die augusteische Wiederbelebung der alten Werte sah auch in diesem Punkt auf das Äußere, indem Augustus dafür Sorge tragen ließ, daß bei feierlichen Anlässen und an ausge-

Kat. 168

Kat. 168

zeichneten Orten nur die Toga getragen werden durfte.
Die Statue ist auf der Rückseite stark vernachlässigt,
stand also wahrscheinlich in einer Nische; als Stütze
dient ein Behälter für Buchrollen.

Der Kopf der Statue ist eine der getreuesten Wiederga-
ben des Urbildes des Augustustypus; die Falten und die
Bewegung des Inkarnats sind hier etwas stärker akzentuiert, weichen aber im einzelnen nicht von anderen Repliken des Typus ab, so daß es verfehlt ist, hier eine besonders individuelle Charakterisierung des *princeps*
oder gar ein Altersbildnis zu sehen. Die Modellierung
des Gesichtes ist feiner und tiefer als die der Statue von
Prima Porta, die kantig abgesetzten Haarsträhnen sind
fester und von stärkerer plastischer Substanz; auch die
Köpfe der Ara Pacis wirken gröber und simplifiziert, so
daß es naheliegt, für die Togastatue eine möglichst
frühe Datierung, vielleicht noch in den zwanziger Jahren des 1. Jhs. v. Chr., anzunehmen.
Literatur: Fittschen−Zanker I 4 Anm. 14. − Helbig[4] III
Nr. 2300 (v. Heintze).

169   Porträt des Augustus, Typus «Forbes»
Rom, Musei Capitolini, Inv. 495
1889 auf dem Celio bei SS. Pietro e Marcellino gefunden
Ergänzt: Nasenspitze, Büstenfuß; abgebrochen: Ränder
der Ohren, Binde des Kranzes im Nacken; Bestoßungen
H 0,42 m
Der nach dem ehemaligen Besitzer einer Replik dieses
Kopfes benannte Bildnistypus des Augustus hat sich
wohl nicht gegen die beiden anderen Konzeptionen
durchsetzen können, da von ihm wesentlich weniger
Vertreter überliefert sind; die genaue Datierung des Urbildes und der Anlaß seiner Entstehung sind nicht zu ermitteln.

Kat. 169

Gleichwohl taucht er auf zwei datierten Denkmälern auf; das prominentere, die Ara Pacis, liefert einen Terminus ante quem für seine Entstehung. Ob er dem Augustustypus zeitlich vorausgeht oder ihm folgt, ist in der Forschung umstritten.

Die Gesichtszüge sind hier realistischer als beim Augustustypus gebildet und in sanfter Bewegung gelockert; es fehlt jedoch auch jede Spur von dem stürmischen Pathos des Octavianstypus. Im Gegenteil, sie strahlen menschliche Nähe und Sanftmut aus. Die signifikanten Frisuren der anderen beiden Bildnistypen sind hier verschliffen, das Haar ist nach links aus der Stirn gestrichen und bildet drei unauffällige Locken.

Der Frisurentypus und die mimische Auflockerung und Entspannung der Züge schließen an das bürgerliche Porträt der frühaugusteischen Zeit an (vgl. den Kopf des Marcellus Kat. 174), signalisieren mithin ein gewisses Understatement des ersten Mannes im Staate und, gleich dem 2. Typus des Caesarporträts Kat. 151, *clementia*, Vertrautheit und Zugänglichkeit zu seinen Mitbürgern.

Der Kapitolinische Kopf ist, nach der malerischen Auffassung des Inkarnats, die die porzellanene klassizistische Glätte auflockert, und der unplastischen Anlage des Haares als Arbeit in die letzten Regierungsjahre des Augustus oder in die ersten seines Nachfolgers Tiberius zu datieren; vergleichbar ist der Kopf des Tiberius aus dem Fayum (Kat. 172), der ebenfalls einschwingendes, malerisch bewegtes Inkarnat und eine kantige und flächige Durcharbeitung des Inkarnats zeigt.

Bei dem Kranz handelt es sich möglicherweise um den Goldkranz der Triumphatoren, die drei Schmuckscheiben wären dann Hinweise auf die drei großen Triumphe des Augustus.

Literatur: Fittschen—Zanker I Nr. 3. — Kaisersaal 50.

170—172   Die Bildnisgruppe aus dem Fayum

Kopenhagen, Ny Carlsberg Glyptotek

Aus dem Amphitheater von Arsinoe-Krokodilopolis

170   Büste des Augustus

Inv. 1443

Nasenspitze ergänzt

H 0,55 m

171   Büste der Livia

Inv. 1444

Gebrochen: Vorderteil der Büste. Verloren ist der gesondert angesetzte Teil des Haarknotens; gesondert gearbeitet auch der hintere Teil der Büste

H 0,34 m

172   Büste des Tiberius

Inv. 1445

Verloren der gesondert angesetzte li. untere Rand der Büste. Viereckiges Dübel(?)loch im Hinterkopf

H 0,47 m

Die exzellent erhaltenen Porträts der kaiserlichen Familie wurden 1895 im Amphitheater von Arsinoe-Krokodilopolis (Medinet el Fayum) in Unterägypten gefunden.

Der Kopf des Augustus ist eine der qualitätvollsten und getreuesten Wiederholungen des Augustustypus, wie ein Vergleich mit den Köpfen der Statuen von Prima Porta (Kat. 215) und der Via Labicana (Kat. 168) zeigt.

Livia Drusilla, Ehefrau des Augustus und Mutter des Tiberius, ist hier mit der modischen *nodus*-Frisur gezeigt, deren Anfänge bereits in die späte Republik fallen. Der Kopf aus dem Fayum überliefert ihren am weitesten verbreiteten Bildnistypus; es handelt sich um ihren zeitlich dritten Bildnistypus, der wahrscheinlich in die zwanziger Jahre des 1. Jhs. v. Chr. zurückgeht. Er zeigt die deutlichste physiognomische Differenzierung mit den großen Augen, dem kleinen Mund, dem akzentuierten Kinn und dem leichten Ansatz zur Üppigkeit.

Der zugrundeliegende erste Bildnistypus des Tiberius ist in dem Kopf aus dem Fayum am getreuesten von allen Repliken wiedergegeben. Er wird oft als Thronfolgertypus bezeichnet, da er auf Münzen nach seiner Adoption 4 n. Chr. durch Augustus erscheint. Da zwischen diesem Typus und dem Porträt seines jüngeren, 9 v. Chr. verstorbenen Bruders aber enge typologische und physiognomische Verbindungen bestehen, liegt die Annahme nahe, daß die Entstehung der beiden Bildnisse auch zeitlich nicht weit auseinanderliegt. Eine offizielle Bildnisstatue erhielten die Brüder sicher im Jahre 11 v. Chr., als sie die *ornamenta triumphalia* erhielten, Drusus für seine Erfolge gegen die Germanen, Tiberius für die Niederschlagung eines Aufstands der Pannonier und Dalmatier.

Die Bildnisse des Tiberius und des Drusus knüpfen in der Gestaltung des Stirnhaares an das dynastische Porträt des Augustus und der Caesares an, verschliffen die Motive aber stärker; dies und auch die stärkere Hervorkehrung individueller Züge, die die Familienähnlichkeit der Brüder hervorheben, nähert sie unspezifischeren bürgerlichen Bildnissen an und betont ihre nachgeordnete Stellung in der Hierarchie bei Hofe.

Die Frage, ob die Bildnisse der Galerie aus dem Fayum gleichzeitig entstanden sind oder ob die Bildnisse des Tiberius und der Livia zu einem späteren Anlaß dem des Dynastiegründers hinzugefügt wurden, ist unterschiedlich beantwortet worden. In der Tat ist sie nicht leicht zu entscheiden, denn die zu unterschiedlichen Zeiten entstandenen Urbilder sind hier äußerst exakt kopiert und zugleich von exzellenter Qualität. Die Büstenformen und die technische Zurichtung der Stützen ist durchaus unterschiedlich, der Marmor hingegen bei allen drei Stücken identisch.

Sehr ähnlich ist zumindest die Marmorarbeit der Livia und des Tiberius, v. a. in den feinen, isolierten Hebungen und Senkungen, die die klassizistische Härte des Inkarnats malerisch beleben und auflockern. Auch die kantige, unplastische Wiedergabe der Haarsträhnen ist gut vergleichbar, ferner der Schnitt der großen Augen mit den scharf abgesetzten breiten Lidern und die Brauenpartie. Diese Gemeinsamkeiten fallen um so mehr ins Gewicht, wenn man in Rechnung stellt, daß der Typus der Livia in seiner Entstehung sicher auf die frühe Augustuszeit zurückgeht.

Der Kopf des Augustus scheint zunächst auch stilistisch den Köpfen der Statuen aus Prima Porta und von der Via Labicana nahezustehen; bei näherem Hinsehen er-

Kat. 170

Kat. 171

Kat. 172

geben sich jedoch v. a. zu letzterem deutliche Unterschiede. Die klassizistisch feste und definierte Gestaltung des Inkarnats ist auch hier einem malerischen Chiaroscuro gewichen; die Zusammenfassung der Haarsträhnen löst sich auf und die Strähnen springen aus einer weichen Haarmasse hervor. Diese Züge konnten wir bereits bei den beiden anderen Köpfen feststellen; so besteht kein Anlaß, die drei in ihrer zeitlichen Entstehung zu trennen. Positiv ist ihre Zusammengehörigkeit auch an Details, so der sorgfältig gearbeiteten, ausgebohrten Ohrmuschel, zu ersehen.

Für das absolute Datum und den Anlaß der Aufstellung gibt es zwei Möglichkeiten: entweder die Adoption des Tiberius 4 n. Chr. oder sein Regierungsantritt 14 n. Chr.; mit stilistischen Argumenten kann diese Alternative nicht entschieden werden. Für das erstere Datum spricht die unterschiedliche Größe der drei Porträts, die dann das hierarchische Verhältnis von Herrscher, Thronfolger und seiner Mutter reflektiert.

Literatur: F. Johansen, MeddelelsNCG 43, 1987, 81 Abb. 15.16. – Fittschen–Zanker I 4 f. Anm. 7; 11; II 1 f. Anm. 6. – V. Poulsen, Les Portraits Romains I Nr. 32. 34. 45.

173 Porträt der Livia

Bochum, Kunstsammlung der Ruhr-Universität, aus der Sammlung Dierich
Einsatzkopf, intakt bis auf kleine Bestoßungen
H 0,42 m

Andere Repliken dieses Typus sind mit Ähren- und Mohnkränzen der römischen Mutter- und Fruchtbarkeitsgöttin Ceres angeglichen; daher wurde dieser Porträttypus in der Forschung mit dem Spitznamen «Ceres»-Typus belegt.

Die Haare sind in der Mitte gescheitelt, umrahmen das Gesicht in dekorativen Wellen und sind im Nacken zu einem einfachen Knoten zusammengefaßt.

Die Rückwendung der Darstellung der weiblichen Angehörigen des Kaiserhauses von der realistischen *nodus*- zur griechischen Idealfrisur läßt sich zuerst auf den Prozessionsfriesen der Ara Pacis beobachten. Hier sind die Damen des Kaiserhauses ebenfalls mit griechischer Idealfrisur dargestellt; nur der Haarknoten gleicht sie bürgerlichen Frauen an. Da sie in diesem Fall jedoch weder physiognomisch noch typologisch differenziert sind, Porträtzüge auf der Ara Pacis hingegen nur den prominentesten Vertretern des Herrscherhauses reserviert sind (Augustus, Agrippa, Caius Caesar), muß die Motivation in diesem Falle sein, sie in dem idealen und unbestimmten Ambiente der Prozession aufgehen zu lassen, mithin, sie in die zweite Reihe zu verweisen. Die Kreation eines idealen Porträttypus für Livia (der außerdem mit den Darstellungen der Ara Pacia nichts zu tun hat) muß hingegen einen anderen Sinn haben.

In der Überlieferung läßt sich ein solcher zuerst auf Münzen des Jahres 22/23 n. Chr. fassen; die Darstellung der Livia wird in der Legende als «Salus Augusta» bezeichnet. In der Großplastik teilt sich die Überlieferung

Kat. 173

Kat. 174

in einen heterogenen «Salus»- und den hier vorliegenden «Ceres»-Typus. Es wird allgemein angenommen, daß diese Typen anläßlich des Todes des Augustus entstanden, als Livia kraft seiner testamentarischen Verfügung unter dem Namen «Iulia Augusta» in die *gens Iulia* adoptiert und zur Priesterin des Divus Augustus wurde. Zu dieser Funktion paßt auch, daß der Typus häufig mit Bändern, *vittae*, den Attributen einer Priesterin, dargestellt ist.

Wenn diese Kombination des Typus mit der Erhebung der Livia richtig ist, kommt der idealen Darstellung im Porträt hier der gleiche Sinn zu wie im Falle des Augustustypus: er hebt den Dargestellten über den Rang bürgerlicher Personen hinaus.

Literatur: Fittschen–Zanker III 3 ff. Anm. 9 zu Nr. 3. – M. Imdahl–N. Kunisch, Plastik. Antike und moderne Kunst der Sammlung Dierich in der Ruhr-Universität Bochum (1979) 54 ff.

174 Kopf des Marcellus (?)

Neapel, Museo Nazionale
Aus Pompeji, Casa del Citarista
Der hier gezeigte Kopf ist eine Arbeit claudischer Zeit und wurde zusammen mit Kat. 194 in dem zur Casa del Citarista gehörigen Wirtschaftsgebäude gefunden, also sicher nicht an seinem ursprünglichen Aufstellungsort. Wahrscheinlich wurde er bei dem Erdbeben 65 n. Chr.

beschädigt und nicht mehr bis zum Vulkanausbruch repariert. Dafür spricht auch die Umarbeitung.
Von dem Kopf wurden eine Replik und zwei Varianten, die dieselbe Person in etwas fortgeschrittenerem Alter zeigen, gefunden, eine davon im Zusammenhang einer Kaisergalerie; alle sind nachaugusteische Arbeiten der frühen Kaiserzeit. Die pompejanische Kopie läßt allerdings von allen am besten Rückschlüsse auf das Original zu: wir finden eine schwungvolle elegante Bewegung, der die feine Modellierung des Inkarnats folgt; die Schichtung und plastische Drehung der Haarlocken ist auch noch durch die nivellierende Kopistenhand erkennbar. Diese Züge konnten bereits an anderen Köpfen frühaugusteischer Zeit beobachtet werden (Kat. 146.150.153). Die Frisur mit der kurzgeschnittenen, vollen Haarkappe, die vorne über die Stirn ragt, folgt den Konventionen der bürgerlichen Porträts, die schon beschrieben worden sind.
Der Fundzusammenhang der Replik aus Toulouse in einer dynastischen Galerie (und auch die Fundsituation des pompejanischen Kopfes zusammen mit dem Porträt einer exponierten Persönlichkeit läßt an eine offizielle Aufstellung denken) legt es nahe, hier an eine hochrangige Persönlichkeit zu denken; da der Dargestellte auf Grund seines jugendlichen Alters noch keinen *cursus honorum* durchlaufen haben kann, käme durchaus ein Mitglied der kaiserlichen Familie in Betracht. Kürzlich wurde vorgeschlagen, in dem Dargestellten Marcellus zu sehen, den frühverstorbenen Neffen und Schwiegersohn des Augustus (42−23 v. Chr.); eine Benennung, die der Datierung des Originals nicht widerspricht und die mangels Alternativen das Richtige treffen dürfte.
Marcellus wurde noch fast im Kindesalter von Augustus mit Ehren überhäuft und in der Öffentlichkeit aufgebaut, daß er allgemein als sein designierter Nachfolger galt (was später von Augustus mit Rücksicht auf Agrippa dementiert wurde). Nach seinem Tod hielt er selber das *elogium* und ließ ihn als ersten im Mausoleum seiner Dynastie beisetzen (vgl. Beitrag H. v. Hesberg). Das von Caesar am Forum Holitorium begonnene Theater wurde nach ihm benannt und ihm dort 11 v. Chr. eine goldene Statue gesetzt.
Die Beliebtheit des Typus bis in claudische Zeit hinein erklärt sich vielleicht dadurch, daß er über seine Schwester Marcella minor mit der ersten Gattin des Claudius, Valeria Messalina, verwandt war.
Trifft die Benennung zu, so ist der Kopf ein interessantes Zeugnis für die Genese des dynastischen Porträts. Er zeigt, daß in dieser frühen Phase die Typologie des *princeps* keineswegs für die Mitglieder seiner Familie verbindlich war, er im Gegenteil diese zunächst für seine eigene Darstellung reservierte. Der Rückgriff auf die Chiffren des bürgerlichen Porträts, die hier allerdings stark idealisiert vorgetragen werden, evoziert, wie das Augustusbildnis im Typus «Forbes», dem es im Ausdruck und in der Konzeption sehr verwandt ist, Bürgernähe, *clementia* und *liberalitas*. In diesem Sinne war Marcellus sehr populär bei den Römern, in seinem Namen wurden aufwendige Spiele gegeben und großzügige Donative an die Bevölkerung verteilt.
Seine besondere Bedeutung für Pompeji geht aus der Inschrift (CIL X 832) einer Statuenbasis vom Forum triangulare hervor, die ihn als *patronus* der Gemeinde feiert.
Literatur: Fittschen−Zanker I Nr. 19. − A. De Franciscis, Il ritratto Romano a Pompeii (1951) 45 ff.

175.176 Zwei Prinzenporträts

175 Caius Caesar, 1. Typus (?)
Neapel, Museo Nazionale, Inv. 6048
Ergänzt: Nase, unterer Teil der Büste, Kinn; Bestoßungen an Ohren und Haaren

176 Lucius Caesar (?)
Rom, Musei Vaticani, Sala dei Busti, Inv. 714
Aus Ostia
Ergänzt: Nasenspitze, Ränder der Ohren, Büste; Sprung über die li. Schläfe
H 0,52 m
Der enge Zusammenhang dieser beiden Porträttypen mit dem Augustustypus und die gemeinsame Aufstellung der beiden Bildnisse mit einem des *princeps* in der Basilica von Korinth machen es zwingend, die beiden Bildnistypen auf die beiden Augustusenkel Caius (20 v. Chr. − 4 n. Chr.) und Lucius Caesar (17 v. Chr. − 2 n. Chr.) zu beziehen. Strittig ist bloß, welcher der beiden Typen welchen der Brüder meint.
Die beiden Söhne der Augustustochter Iulia und des Agrippa wurden systematisch zu Nachfolgern des *princeps* aufgebaut; noch in seinem Testament beklagt er ihr unzeitiges Ende. Bereits im Jünglingsalter bekleideten sie das Konsulat und wurde als *principes iuventutis* proklamiert; eine leicht durchschaubare Konzession, um der fiktiven republikanischen Legalität Genüge zu tun (*nunc iuvenum princeps, deinde future senum;* Ov. ars 1,194).
Nach ihrem Tod wurde ihnen in vielen Städten des Reiches kultische Verehrung zuteil (so z. B. in dem ihnen geweihten Tempel in Nîmes, der «Maison Carrée»), obwohl sie nicht divinisiert wurden. In Rom wurde die Basilica Iulia auf dem Forum nach ihnen benannt, eine Porticus zu ihren Ehren an die Basilica Aemilia anschließend errichtet. Ihre Bildnisse tauchen lange nach ihrem Tod in kaiserlichen Familiengalerien auf, und ihre Verehrung ist noch durch eine Inschrift aus traianischer Zeit bezeugt.
Der Kopf aus Neapel, in dem man wahrscheinlich wegen der Ähnlichkeit mit Kat. 177 den älteren der beiden, Caius, erkennen darf, ist typologisch an die klassizistisch verschliffenen Exemplare des Octavianstypus angelehnt. Eng mit diesem Kopf hängt der Kopf eines Knaben auf dem Nordfries der Ara Pacis zusammen, der die Frisur zwar nicht exakt, aber doch in großen Zügen ihre Anlage wiedergibt; er ist daher zu Recht als Caius angesprochen worden. Dies bedeutet, daß die Konzeption der Prinzenikonographie bereits in dieser Zeit (13−9 v. Chr.) festlag. Der vatikanische Kopf hingegen, der früher als Jugendbildnis des Augustus selber galt und auch schon als moderne Arbeit Canovas, der nach seinem Vorbild ein Porträt Napoleons I. schuf, verdächtigt wurde, zitiert in seiner Haaranlage den Au-

Kat. 176

Kat. 175

gustustypus. Die ideale, durch und durch klassizistische Auffassung der Köpfe jedoch verrät eine direkte Ableitung vom Augustustypus, die in der Nebeneinanderstellung unzweideutig ihren Status in der Dynastie symbolisiert.
Literatur: Zum Kopf Neapel: Fittschen, Erbach 37 Nr. I 6. – Zanker, Actiumtypus 47 Anm. 2 Taf. 36b. – Zum

Kopf Vatikan: Fittschen a.O. 40 Anm. 25. – Helbig Nr. 157 (v. Heintze). – Allgemein: Fittschen–Zanker I 23.

177   Caius Caesar, 2. Typus (?), rekonstruierter Abguß von Bronzeoriginal
Rom, Musei Capitolini, Inv. 1914
Aus einem Depotfund von Bronzestatuen in Rom, Via del Babuino
Original: Musei Capitolini; H 0,36 m
Die mitgefundenen Köpfe von Bronzestatuen stellen z. T. Mitglieder des Kaiserhauses dar, sind jedoch unterschiedlichen Datums.
Die Abhängigkeit dieses Typus von Bildnissen des Augustus ist schon lange erkannt und in verschiedener Hinsicht interpretiert worden. Das Gesicht ist jugendlich-ideal und klassizistisch stilisiert, das Motiv des Haares über der Stirn hängt mit dem des Octavianstypus zusammen. Etliche Repliken zeigen einen kurzen, flaumigen Bart. In der Überlieferung lassen sich zwei Varianten scheiden, von denen die durch den Kapitolinischen Kopf vertretene dem Urbild am nächsten steht.
Der Typus galt lange als Jugendbildnis des Octavian («Typus B»), den man auf einem 37/36 geprägten Denar (vgl. Kat. 303) zu erkennen glaubte und als Vorläufer des «Actium»-Typus (= Octavianstypus) betrachtete. Da eine andere Münze aus der gleichen Serie jedoch unzweideutig den Octavianstypus wiedergibt (Abb. 162), fällt diese Stütze für die Benennung aus, und man ist allein auf die typologische Einordnung angewiesen. Das Bildnis vor den Octavianstypus anzusetzen, ist jedoch unmöglich, da es dessen Haarmotiv vereinheitlicht und simplifiziert und seine klassizistisch überformten Vertreter, mithin die mit dem Augustustypus entwickelte Typengrammatik voraussetzt. Die Verwandtschaft mit dem einem der beiden Prinzenporträts legt hingegen nahe, hier einen neuen Typus eines der beiden, also des älteren, Caius Caesar, zu sehen, der vielleicht anläßlich der neuen politischen Aufgaben des Prinzen im Osten des Reiches, mit denen er seit 1 v. Chr. betraut wurde, oder aber nach dem Ableben seines jüngeren Bruders 2 n. Chr. geschaffen wurde.
Die Klärung der Benennung ist in diesem Falle von besonderer Wichtigkeit, weil mit ihr die Problematik der Entstehung des klassizistisch konzipierten Herrscherporträts, das eine verbindliche Typologie ausbildet, eng verbunden ist, und ebenso die Frage, wann diese Typologie als Erkennungszeichen für die Dynastie eingeführt wurde. Nach den bisherigen Beobachtungen kann man davon ausgehen, daß dies erst mit der Konzeption der Bildnisse der Augustusenkel bzw. seiner Stiefsöhne Tiberius und Drusus geschah.
Literatur: Fittschen–Zanker I Nr. 20. – Anzuschließen ist eine Replik im Louvre MA 4517. – K. de Kersauson, Musée du Louvre, Catalogue des portraits Romains I (1986) 50f. Nr. 20.

178   Togastatue eines iulisch-claudischen Prinzen, ‚Britannicus'
Rom, Musei Vaticani, Candelabri, Inv. 2622
Aus der Galerie in der Basilica von Otricoli
Ergänzt: Nasenspitze, Kinn, Teile von Hals und Hinter-

Kat. 177

Kat. 178

kopf, nackter Teil des re. Arms, li. Hand, vielfach ge-
flickt und aus mehreren Stücken zusammengesetzt
H 1,50 m
Die Zugehörigkeit des Kopfes zur Statue ist wegen der
Ergänzungen am Hals nicht gesichert; der stilistische
Befund jedoch, nach dem Kopf und Körper in claudische Zeit zu datieren sind (zum Kopf vergleiche hier die
Statue des Marcellus Kat. 174), spricht nicht dagegen,
ebensowenig die Altersstufe der Statue mit *bulla* und
des pausbackigen Knaben, die hier gemeint ist.
Der Knabe trägt die Toga mit einer *bulla*, dem apotro-
päischen Talisman, der mit der Knabentoga zusammen
abgelegt wurde. Der Kopftypus ist in insgesamt acht
Repliken überliefert, von denen die vatikanische und
drei andere aus Kaisergalerien stammen, eine fünfte
stammt aus dem Theater von Florenz; dies und die verstreuten Fundorte (außerhalb Italiens in Split, Tarra-
gona und Toulouse) machen es zwingend, hier einen
jugendlichen Angehörigen des Kaiserhauses zu sehen.
Ein mutmaßlicher Typus, der dieselbe Person als Erwachsenen zeigt, läßt sich nicht nachweisen. Für eine
Benennung kämen also möglicherweise die beiden frühverstorbenen Prinzen Ti. Caesar Gemellus (19−37
n. Chr.), der Enkel des Tiberius, oder Britannicus, der
Sohn des Claudius, in Frage.
Die Frisur ist eine Simplifizierung von der des Lucius
Caesar (Kat. 176); die dort noch deutlichen Anklänge
an den Augustustypus, z. B. die Haarzange über dem
rechten Auge, sind hier stärker verschliffen und die untere Kontur der einzelnen Haarpartien begradigt. Die
kindlichen Züge mit den vollen Wangen und dem wei-

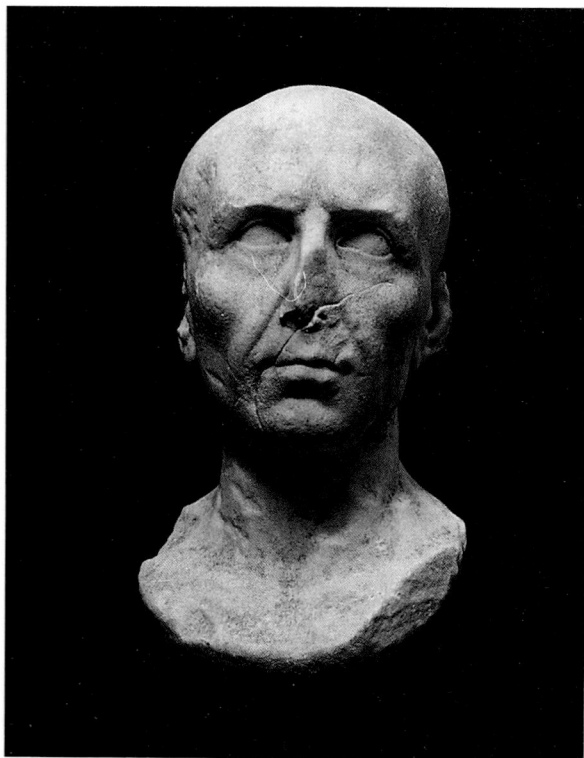

Kat. 179   Kat. 180

chen Inkarnat treten stärker hervor. Das Frisurenschema der ersten beiden designierten Nachfolger des
Augustus ist hier zur Chiffre verflacht, um einen
jugendlichen hochrangigen Angehörigen des kaiserlichen Hauses zu kennzeichnen.
Literatur: D. Boschung, BJb 187, 1987, 216 Anm. 99. –
A. Romualdi, RM 94, 1987, 78 ff. Nr. 23. – M. Fuchs,
Untersuchungen zur Ausstattung römischer Theater
(1987) 96 C I 1; 172 f. – Fittschen, Erbach 39 Anm. 22
zu Nr. 12. – Helbig⁴ I Nr. 556.

179–181 Drei männliche Porträtköpfe
aus Privernum
Rom, Museo Nazionale Romano
Aus Privernum, antikes Stadtgebiet, in der Nähe der antiken Stadtmauer

179 Inv. 135939
Nase und Teile der Ohren gebrochen, Stück an re.
Schulter ausgebrochen, verschiedene Verletzungen,
stark verwittert, Kinn und li. Untergesicht gebrochen,
geklebt
H 0,37 m
180 Inv. 135940
Teil der Schädelkalotte fehlt, Stücke von li. unterem
Büstenrand gebrochen und geklebt, Ohren abgebro-
chen, Nase, Mund, re. Braue bestoßen, stark verwittert
H 0,395 m
181 Inv. 135941
Teile v. Nase, Mund, re. Auge und entsprechender Teil

der Stirnpartie abgesplittert, Ohren gebrochen, Stück
am Rand des Halsausschnitts gebrochen
H 0,365 m
Die drei Köpfe waren, nach dem breiten Halsausschnitt
ohne Gewandangabe zu urteilen, der unten nur roh bearbeitet ist, zum Einsetzen in Hermenschäfte bestimmt.
Dies läßt darauf schließen, daß sie entweder in einem
Privathaus oder einem sakralen Bereich standen, Orte,
an denen für gewöhnlich Hermenbildnisse überliefert
sind. Als Ausstattung eines Grabes kommen sie nicht in
Frage, da sie innerhalb des *pomerium* der antiken Stadt
gefunden worden sind.
Die Köpfe sind, soweit das bei der starken Zerstörung
zu beurteilen ist, gleichzeitig und wahrscheinlich auch
von einer Hand. Das feste durchmodellierte Inkarnat,
das in einem durchgängigen, großen Schwung bewegt
ist, und der kantige Aufbau lassen sich mit Köpfen aus
der Mitte des 1. vorchristlichen Jahrhunderts vergleichen, z. B. dem des Pompeius (Kat. 154). Der Kopf
Kat. 181 ist stärker bewegt und fülliger in der Anlage
des Inkarnats und hat lange bewegte Haarlocken. Darin
ähnelt er stark einem Kopf, der in zwei Repliken überliefert ist und ein wenig früher (um 60 v. Chr.) entstanden sein dürfte.
Die beiden anderen Köpfe sind stärker typisiert; die
Magerkeit, mimische Unbewegtheit und die schemati-
sche Kurzhaarfrisur von Kat. 180 entspricht der republikanischen Norm.
Unpubliziert. Zu Kat. 181 vgl. J. Rilliet-Mailland, Les
portraits Romains du Musée d'art et d'histoire (1978)
9 ff. Nr. 1.

182 Männlicher Kopf

Kopenhagen, Ny Carlsberg Glyptotek, Inv. 1956a
Aus Rom
Re. Ohr gebrochen, ergänzte Nase derestauriert, li.
Ohr, Kinn bestoßen; Verletzungen auf dem Kopf. Der
Kopf war modern in eine nicht zugehörige Togastatue
eingelassen; zu diesem Zweck wurde der Halsausschnitt
nachgearbeitet
H 0,39 m

Die bullige Erscheinung des Mannes mit den Speckwül-
sten im Nacken, dem eindrucksvollen Doppelkinn und
dem kurzgeschnittenen Haar hat dazu veranlaßt, ihn mit
den Porträts des Vespasian zu vergleichen und entsprechend spät, um die Wende von 1. zum 2. Jh. n. Chr. zu
datieren. Das weiche, bewegte Inkarnat jedoch, das sich
um einen festen Kern schwingt, sowie die reliefhaft ge-
schichtete Wiedergabe der Augen- und Mundpartie erinnern, trotz der oberflächlichen und provinziell anmutenden Arbeit, an Porträts der Mitte des 1. Jhs. v. Chr.,
insbesondere das des Pompeius (Kat. 154).
Die Aufstellung ist nicht mehr zu rekonstruieren, desgleichen nicht, ob er zu einer Statue oder zu einer
Herme gehörte; eine Büste ist, wegen des für republikanische Zeit dafür zu großen Halsausschnitts, auszuschließen.
Der unbewegte Gesichtsausdruck hingegen erinnert
wiederum an den des Licinius Crassus (Kat. 155); dies
und das kurzgeschnittene, undifferenzierte Haar weisen
ihn als Vertreter des republikanischen Durchschnitts
aus.
Literatur: V. Poulsen, Les Portraits Romains II 53f.
Nr. 21 Taf. 35f.

Kat. 181

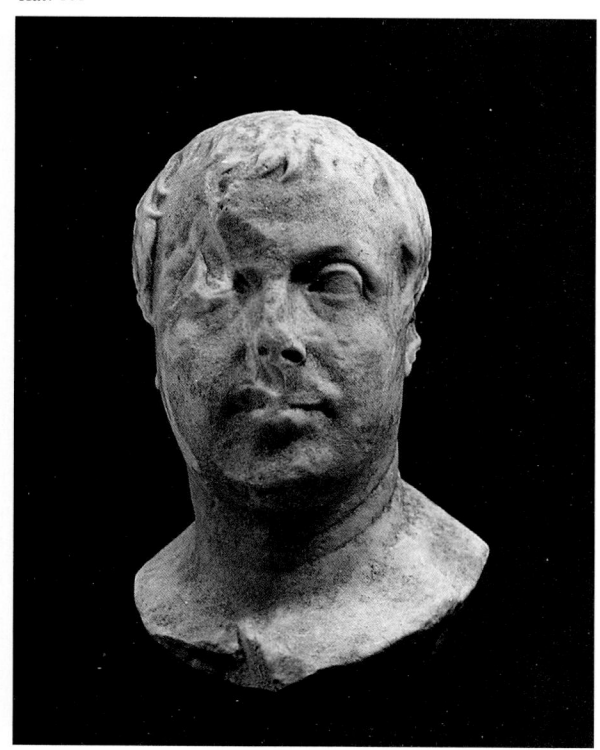

Kat. 182

183 Männliches Porträt, Bronze

Neapel, Museo Nazionale, Inv. 4989
Aus Pompeji, ‚Casa del Citarista' VI, 1, 5
H 0,38 m

Der Kopf wurde im Atrium eines der reichsten Stadthäuser Pompejis gefunden, und zwar an der Ante des
tablinum; dort war er wahrscheinlich auf einem hölzernen Hermenschaft montiert gewesen. Das *tablinum* war
ursprünglich das Elternschlafzimmer des römischen
Hauses und als solches nicht nur in übertragenem Sinne
die Keimzelle der patriarchalischen Familie; hier wurde
daher auch der Genius (die Zeugungskraft) des *pater familias* verehrt, und sein Bildnis hatte hier seinen ange-
stammten Platz.
Der Kopf selber ist eine, wenn auch nicht sehr qualitätvolle, so doch ausdrucksstarke Arbeit der frühaugusteischen Zeit; in den gesammelten, ernsten Gesichtsausdruck ist er Köpfen vergleichbar, die in ihrer Auffassung an das Porträt des Caesar anschließen, z.B. Kat.
144; auch der mutmaßliche Kopf des Caesar aus Leiden
(Kat. 147) steht ihm stilistisch nahe, wie auch die Haarbehandlung des Octaviansporträts von La Alcudia (Kat.
146).
Dieser stilistische Befund ist allerdings nicht ohne weiteres mit der Besitzgeschichte des Hauses in Einklang zu
bringen. Die beiden letzten Besitzer vor der Katastrophe waren zwei Brüder oder Vettern, L. Popidius Secundus und Popidius Ampliatus, Nachkommen eines
Freigelassenen einer in republikanischer Zeit führenden
Familie Pompejis; nach anderen Inschriften zu urteilen,
hatten sie jedoch die (inzwischen ausgestorbene oder

abgewanderte?) Familie ihrer einstigen *patroni* längst an
Reichtum und Einfluß überrundet. Das Haus selber
weist mehrere Umbau- und Ausstattungsphasen auf; zuletzt erstreckte sich das Haus durch Zukäufe anderer
Grundstücke fast auf die gesamte Insula.

Da der Bronzekopf aufgrund seiner Datierung nicht auf
diese letzte Besitzergeneration zu beziehen ist, stellt
sich die Frage, was er zu diesem Zeitpunkt in dem Haus
zu bedeuten hatte. Kompliziert wird der Befund noch
durch ein Frauenbildnis mit claudischer Lockenfrisur
aus Bronze, das ebenfalls unweit des *tablinum* gefunden
wurde. Vielleicht stellte er einen besonders verehrten
Vorfahren der beiden letzten Besitzer dar oder jenen
patronus, dem dieser seine Freilassung zu verdanken
hatte.

Literatur: A. De Franciscis, Il ritratto Romano a Pompeii (1951) Abb. 12f.

184 Votivkopf, Terrakotta

Rom, Musei Vaticani, Museo Gregoriano Etrusco,
Inv. 13847

Aus Cerveteri

Hals gebrochen, Nase, Partie am Hals und Ohren bestoßen

H 0,29 m

Dieser Kopf, der von einer Statue abgebrochen ist,
stammt höchstwahrscheinlich aus einer *favissa* aus
Caere, einer Grube, in der die abgeräumten Weihgeschenke eines Heiligtums vergraben worden waren. Er
soll dort zusammen mit einer großen Anzahl anderer
Terrakottavotive, Statuen, Köpfe und einzelne Körperteile, gefunden worden sein.

Kat. 183

Kat. 184

Einfach in der Herstellung, da fast immer aus der Matrize geformt, erfreuten sich diese tönernen Weihgeschenke v. a. im 4. und 3. Jh. v. Chr. bei der *plebs* besonders großer Beliebtheit. Im Verlaufe des 2. Jhs. ist jedoch ein starker Rückgang dieser Weihungen festzustellen, ein Phänomen, das mit der Verarmung und Abwan-
derung der *plebs* in die Städte und der Einführung der
großen von Sklaven bewirtschafteten Latifundien zusammenhängt. Nur an einigen Orten in Etrurien läßt
sich ein Weiterleben dieser Sitte bis in die frühe Kaiserzeit feststellen.

Die sehr häufig gefundenen Votivköpfe sind allerdings
überwiegend nicht als Porträts zu bezeichnen, da sie aus
der Matrize genommen sind und jugendlich-ideale Typen wiedergeben. In diesem Sinne ist der Kopf aus dem
Vatikan als Ausnahme zu betrachten, der sich nur eine
Handvoll weiterer Porträtköpfe an die Seite stellen läßt,
fast alle auch aus der Spätzeit (1. Jh. v. Chr. − 1. Jh.
n. Chr.).

Der handgemachte Kopf erzielt mit sparsamen bild-
hauerischen Mitteln ein erstaunliches Maß an Aus-
druckskraft und Realismus. In der kantigen Zurichtung
des Kopfes über einem kubischen Gerüst, dem trockenen Inkarnat, der kontrahierten Stirnpartie, den schmalen, ernst zusammengekniffenen Lippen, den tiefen
Furchen auf den Wangen und dem mageren Hals mit
den Quetschfalten erinnert er an den kruden Verismus
des Caesarporträts; er dürfte auch ungefähr gleichzeitig
zu datieren sein.

Da er als Porträt in der Gattung der Votivköpfe ein spätes Unikum darstellt, ist dies ein Hinweis darauf, wie die
porträthafte Darstellung als Wertvorstellung in der spä-

Kat. 185

Kat. 187

ten Republik bereits das bürgerliche Bildnis in weiten Kreisen der Bevölkerung beeinflußt hat; sie ist weit davon entfernt, nur ein Privileg der politischen Elite oder anderer bevorzugter Personen zu sein. Diesen Vorgang konnten wir auch an anderen Gattungen, z. B. dem bürgerlichen Grabrelief, beobachten.

Literatur: M. Hofter, Untersuchungen zu Stil und Chronologie der mittelitalischen Terrakotta-Votivköpfe (1985) 102 ff. Kat. Nr. 259. – T. Dohrn, Der Arringatore 15.17 Taf. 30. – Helbig⁴ I Nr. 795 (T. Dohrn).

185–187 Drei Porträtköpfe aus einem Gemeinschaftsgrab
(Gipsabgüsse)
Rom, Museo della Civiltà Romana
Originale: Rom, Museo Nazionale
Aus dem Columbarium II von der Vigna Codini

185 Weiblicher Kopf
Rom, Museo Nazionale, Inv. 370931
Aus dem Columbarium II von der Vigna Codini
Einige Locken bestoßen, sonst intakt
H 0,395 m

186 Männlicher Kopf
Rom, Museo Nazionale, Inv. 370932
Aus dem Columbarium II von der Vigna Codini
Ohren, Nase stark bestoßen, ebenso re. Wange; Büste aus mehreren Teilen zusammengesetzt
H 0,41 m

187 Männlicher Kopf
Rom, Museo Nazionale, Inv. 370933
Aus dem Columbarium II von der Vigna Codini
Stücke von unterem Rand der Büste gebrochen, Ränder der Ohren gebrochen. Kleine Bestoßungen im Gesicht

Die Köpfe wurden 1847 in einem Gemeinschaftsgrab in der Nähe der Via Appia, aber noch innerhalb der aurelianischen Mauer gefunden. Das Grab war, nach Ausweis der Inschriften, vorwiegend von Freigelassenen des Kaiserhauses belegt, und zwar von augusteischer bis in claudische Zeit. Es ist das früheste und größte der wegen der zahlreichen zur Aufnahme der Urnen bestimmten Nischen *columbaria* («Taubenschläge») genannten Gemeinschaftsgräber, in denen vorwiegend Angehörige des *plebs urbana* beigesetzt wurden.

Kat. 186

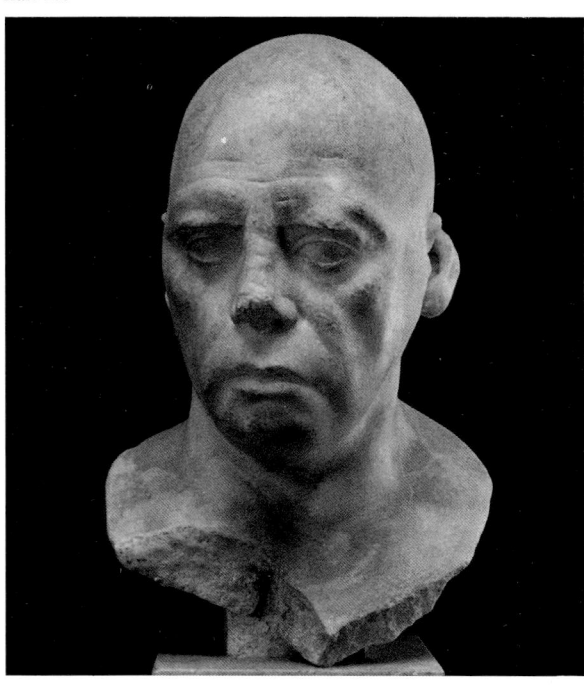

Kat. 188

In den Inschriften sind mehrere *collegia* als Betreiber des Grabes genannt. Diese Kult-, Quartiers- oder Berufsvereinigungen waren die nicht politisch sanktionierten, untersten Organisationsformen der städtischen *plebs*; sie umfaßten gleichermaßen Freigeborene, Freigelassene und Sklaven und hatten die Aufgabe, die kultischen und sozialen Belange ihrer Mitglieder zu artikulieren, wozu auch die Sorge um ein angemessenes Begräbnis und die Organisation der Leichen- und Erinnerungsfeiern zählte. In der späten Republik waren diese *collegia* die Rekrutierungsbasis für die Straßenbanden des Clodius und Milo und wurden deshalb mehrfach verboten; erst Augustus ließ sie mit der Neuorganisation der städtischen Quartiere und der Compitalkulte wieder zu, wobei allerdings streng darauf geachtet wurde, daß sie unter obrigkeitlicher Tutel eines *patronus* standen und ihr Vereinsleben verbindlichen Rechtsformen unterworfen wurde. Dies zeigt sich nicht zuletzt in der kaiserlichen Aufsicht, der der Larenkult unterlag, und in dem v. a. in dem Grab von der Vigna Codini manifesten Einfluß der kaiserlichen Freigelassenen. Die staatliche Kontrolle gelang allerdings nicht lückenlos, wie Verbote einzelner Vereine oder die Unterdrückung gar des ganzen Vereinswesens unter späteren Kaisern zeigen.

Soziologisch stehen die in den *columbaria* Bestatteten zwischen den Inhabern der aufwendigeren Familiengrabmäler und den Ärmsten der Armen, die anonym verscharrt wurden; nach dem Zeugnis der Inschriften und der Urnen gibt es aber auch innerhalb der *columbaria* soziale Differenzierungen, und die hier gezeigten Köpfe stellen bereits die prominenteste Form der Repräsentation dar. Möglicherweise war sie nur den wohl-

habenderen Mitgliedern vorbehalten, die innerhalb der Vereine Ehrenämter übernommen hatten.

Die bemerkenswert qualitätvollen Köpfe gehören dem Ende der Belegung des Grabes an. Der männliche Kopf Kat. 186 ist nach der Frisur und auch dem Stil, die die Gesichtsflächen weich und malerisch auflockern und die Haarkappe homogen und oberflächlich auffassen, bereits in claudische Zeit zu datieren. Ähnlich verhält es sich mit dem weiblichen Kopf Kat. 185; die wahrscheinlich als künstliche Haarteile eingeflochtenen Reihen paralleler Löckchen entsprechen Frisuren der spätclaudischen oder neronischen Zeit.

Literatur: Zanker, Augustus 291 Abb. 228. – Nash II 336 ff. CIL VI 4414–4880. – Zum Frisurentypus der Frau: Fittschen–Zanker III.

188 Grabrelief des Aurelius Hermia und seiner Frau Aurelia Philematium

London, British Museum, Walters 2274

Aus Rom, aus einem Grab in der Nähe von S. Agnese fuori le mura

Ergänzt: li. Rand des Reliefs, Stück vor dem Unterkörper des Mannes, Füße des Mannes; zwischen den Köpfen der Figurinen ist ein eingestemmtes Loch; Bestoßungen besonders an den Armen der Figuren

H 0,58 m, B 1,00 m, T 0,05 m

Inschrift (CIL VI 9499):

Linkes Feld:

[Au]relius L(uci) l(ibertus) [H]ermia [la]nius de colle Viminale
[H]aec, quae me faato praecessit, corpore casto
[c]oniunxs una meo praedita amans animo
[fi]do fida viro veixsit, studio parili qum

Kat. 188

Nulla inavaritie cessit ab officio.
[A]urelia L(uci) L(iberta)
Rechtes Feld:
Aurelia L(uci) l(iberta) Philematio
Viva Philematium sum Aurelia nominitata
Casta, pudens, volgei nescia, feida viro.
Vir conleibertus fuit eidem, quo careo, eheu.
Ree fuit ee vero plus superaque pareins.
Septem me naatam annorum gremio ipse recepit
XXXX annos nata necis pot[ior]
Ille meo officio adsiduo florebat ad o(mnis)
«Aurelius Hermia, Freigelassener des Lucius, Metzger
vom Viminal
Diese eine Ehefrau, die mir im Schicksal voranging keu-
schen Leibes,
mit liebendem Herzen zu mir versehen, sie lebte treu
dem treuen Mann;
ihm gleich in ihrem Streben ließ sie ohne jeglichen Geiz
nie von ihrer Pflicht ab.
Aurelia, Freigelassene des Lucius Philematio
Lebend bin ich Philematium, genannt Aurelia, keusch,
sittsam, des Pöbels (= Lasters) unwissend, treu dem
Mann.
Der Mann war Mitfreigelassener desselben (Herrn), er
den ich vermisse, ach;
in der Tat und in Wahrheit war er mehr und überhaupt
ein Vater.
Mit sieben Jahren nahm er mich in seine Obhut, mit 40
Jahren wurde ich des Todes teilhaftig.
Er blühte durch meine beständige Pflichterfüllung ...»
Das Grabrelief aus einer Nekropole an der Via Nomen-
tana ist eines der frühesten überlieferten Grabreliefs
von Freigelassenen und ist typologisch noch nicht festgelegt. Die Ganzkörperdarstellung der Verstorbenen im
mittleren Feld knüpft an späthellenistische Grabreliefs
an; sie wird von zwei Inschriftenfeldern rechts und links
gerahmt. Die in Versmaß abgefaßte Inschrift gibt als
Zwiegespräch die Totenklage der Gatten wieder, die gegenseitig ihre Vorzüge preisen. Die Gatten sind in der
Inschrift als Freigelassene desselben *patronus* L. Aurelius bezeichnet, dessen Gentil sie in ihren Namen übernommen haben; ihren ehemaligen Sklavennamen, der
ihre Herkunft aus dem griechischsprachigen Bereich erweist, führen sie jetzt als *cognomen*. Der etwas unbeholfen dargestellte Handschlag deutet die in der Inschrift
deutlich zum Ausdruck gebrachte Verbundenheit an.
Beide stellen durch ihre Tracht und ihren Gestus den
neuerworbenen Status als römische Bürger dar; er in
der Toga in der knappen, altertümlichen Form, sie
durch den als Schleier über den Kopf gezogenen Mantel, der sie als legitim verheiratete Ehefrau kennzeichnet.
Epigraphische, trachtgeschichtliche und stilistische Anhaltspunkte legen es nahe, das Relief in die erste Hälfte
des 1. Jhs. v. Chr. zu datieren, wahrscheinlich in die
Jahre um 80 v. Chr. Die kurze Toga des Mannes ist in
dieser knappen Form *(toga exigua)* typisch für diese
Zeit; der Gewandstil und der des Porträts finden ihre
nächste Parallele in der Statue des ,Arringatore' in Florenz, eines etruskischen Magistraten, die nicht allzulange nach den Bundesgenossenkriegen entstanden sein

dürfte. Aufgrund des weiter ausgreifenden Standmo-
tivs, der unruhigeren Gewandbehandlung und der volle-
ren, bewegteren Wiedergabe des Gesichtsreliefs und
der Haarmasse können wir das Grabrelief allerdings etwas früher ansetzen.
Die Inschrift thematisiert verschiedene Wertvorstellungen jener kleinbürgerlichen Schicht der späten Republik
und der frühen Kaiserzeit, die es zu einem gewissen
Auskommen gebracht hatte, und die sich zu jener Zeit
zum großen Teil aus freigelassenen Sklaven zusammensetzte, die einen wichtigen, wenn nicht gar den domi-
nanten Faktor im Wirtschaftsleben der Stadt Rom darstellten. Neben dem Stolz auf das römische Bürgerrecht
steht hier in erster Linie die Verbundenheit mit der eigenen Familie, die Gattentreue, die auch unter den
Oberbegriff des *officium* fällt, der Erfüllung der sozialen Pflichten. Der Begriff war v. a. von der Philosophie
der mittleren Stoa thematisiert worden und ging in die
politische Terminologie der Senatsaristokratie ein; hier
bezeichnete er vor allem die Konformität zu den sozialen Erwartungen, die in einen Politiker gesetzt wurden.
In diesem Grabrelief, für das wir diesen politischen Hintergrund sicher ausschließen können, erscheint er jedoch eingeschränkt auf die gegenseitige Verbundenheit
der Gatten.
Die Inschrift wirft jedoch auch ein weiteres Licht auf die
Beziehungen unter Sklaven. Dem Mann war seine spätere Ehefrau im Alter von sieben Jahren noch im Status
der beiderseitigen Unfreiheit zur Obhut übergeben worden (*me... gremio ipse recepit*); dies ist mit einer Art
Vaterschaftsverhältnis (*plus superaque parens*) nur umschrieben, da Sklaven keine rechtsverbindlichen Beziehungen eingehen konnten. Erst die Freilassung machte
dies möglich, und so ist das bürgerliche Eheverhältnis in
der Inschrift besonders hervorgehoben.
Literatur: B. v. Hesberg-Tonn, Coniunx Carissima
(1983) 111 f. – H. Frenz, Die Grabreliefs römischer
Freigelassener (1975) 204 Nr. 1/1. – P. Zanker, JdI 90,
1975, 310 Anm. 146.

189 Grabrelief des L. Antistius Sarculo und seiner Frau Antistia Plutia

London, British Museum, Smith No. 2275
1510 in einem Haus in Rom Trastevere vermauert
Ergänzt: Nasen der Bildnisse, Rahmung des Reliefs be-
stoßen
B 0,97 m, H 0,65 m, T 0,27 m
Inschrift (CIL VI 2170):
L(ucius) Antistius Cn(aei) f(ilius) Hor(atius) Sarculo
Salius Albanus, idem Mag(ister) Saliorum
Antistia L(ucii) l(iberta) Plutia
Rufus l(ibertus) Anthus l(ibertus) imagines de suo fece-
runt patrono et patronae pro meritis eorum
«Lucius Antistius Horatius Sarculo, Sohn des Gnaeus
Priester der Salier aus Albanum und Magister der Salier
Antistia Plutia, Freigelassene des Lucius
Der Freigelassene Rufus und der Freigelassene Anthus
ließen die Bildnisse aus ihrem Vermögen für den Patro-
nus und die Patrona wegen ihrer Verdienste machen.»

Kat. 189

Zu der gleichen Grabstätte gehörte die verschollene Inschrift CIL VI 2171:

L(ucius) Antestius Cn(aei) f(ilius) Horatius Sarculo Salius Albanus
Antestia L(ucii) L(iberta) Plutia
Fufia P(ublii) f(ilia) Tertia Soror
L(ucius) Antestius L(ucii) l(ibertus) Quinctio
L(ucius) Antestius L(ucii) l(ibertus) Rufus
L(ucius) Antestius L(ucii) (sc. uxoris) l(ibertus) Thamyrus
L(ucius) Antestius L(ucii) (sc. uxoris) l(ibertus) Anthus
L(ucius) Antestius L(ucii) l(ibertus) Eros Cappadoxs
«Lucius Antestius Horatius Sarculo, Sohn des Gnaeus, Priester der Salier aus Albanum
Antestia Plutia, Freigelassene des Lucius
Die Schwester Fufia Tertia, Tochter des Publius
Lucius Antestius Quintio, Freigelassener des Lucius
Lucius Antestius Rufus, Freigelassener des Lucius
Lucius Antestius Thamyrus, Freigelassener der Gattin des Lucius
Lucius Antestius Anthus, Freigelassener der Gattin des Lucius
Lucius Antestius Eros der Kappadokier, Freigelassener des Lucius»
Die zweite Inschrift ist die eigentliche Grabinschrift, die die *familiares* des Antestius Sarculo bezeichnet, die in seinem Grabbau beigesetzt waren, während sich die erste nur auf die Stiftung des Reliefs bezieht. Sie sind ein bemerkenswertes Zeugnis für die komplizierten Verwandtschafts- und Abhängigkeitsverhältnisse, die für die von persönlicher Unfreiheit bestimmte Gesellschaft der frühen Kaiserzeit typisch sind.

Der Grabherr, selbst ein *ingenuus* (römischer Bürger), hatte es zu einer kleinen Würde, dem *magister* der wenig renommierten Priesterschaft der albanischen Salier gebracht; ein mit finanziellen Belastungen und Verpflichtungen verbundenes Ehrenamt, das bei Gesellschaftsschichten beliebt war, die aufgrund ihres benachteiligten sozialen Status oder mangelnden Vermögens keine Chance hatten, eine politische Laufbahn einzuschlagen (vgl. auch den Beitrag T. Hölscher, Historische Reliefs zu Kat. 217−225).

Die Ehefrau des eigentlichen Grabherrn war selber ursprünglich seine Sklavin, die er nach ihrer Freilassung heiratete (Ehen mit Sklaven hatten keine Rechtsgültigkeit), eine Verbindung, die nach dem Zeugnis ähnlicher Denkmäler nichts Außergewöhnliches oder Anstößiges darstellte.

Die Sklaven waren nach ihrer *manumissio* zwar juristisch frei, ihrem ehemaligen Herrn aber durch vielfältige Pflichten (*obsequia*), die durch *fides* und *pietas* vorgegeben waren, verbunden; sie gehörten weiterhin zu seiner *familia*, wie aus der Tatsache hervorgeht, daß sie, wie in diesem Falle, oft in dem gleichen Grab beigesetzt wurden; diese Verbundenheit schlägt sich auch in der Nomenklatur nieder. Sie nehmen den Vor- und Familiennamen des Patronus an und führen ihre Sklavennamen weiterhin als *cognomina*; diese sind häufig diskri-

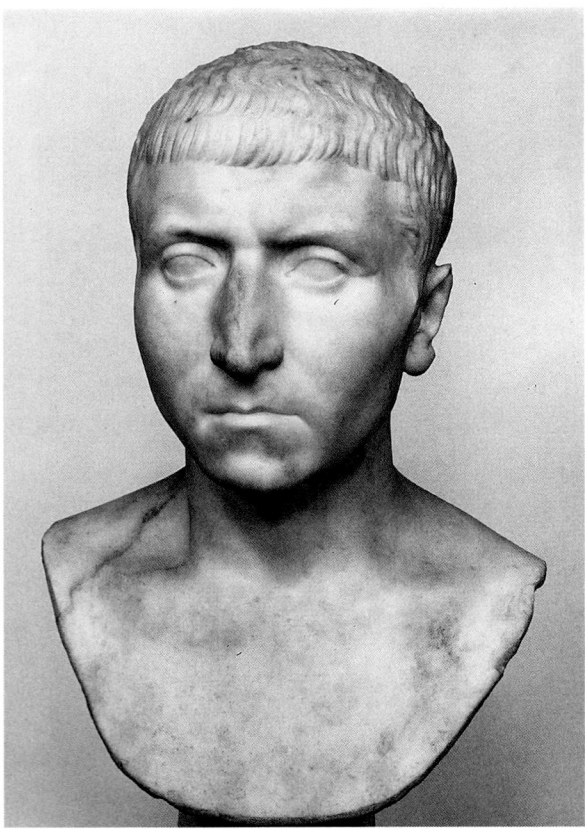

Kat. 190

Kat. 191

minierende Spitznamen (z. B. Anthus v. griech. ἄνθος = Blume) oder verweisen auf ihre ethnische Herkunft (Eros der Kappadokier).

Die Freilassung eines Sklaven galt in augusteischer Zeit als ehrenvolle und großzügige Handlung, zumal sich die wirtschaftlichen Nachteile für den *patronus* auf Grund des fortdauernden Abhängigkeitsverhältnisses in Grenzen hielten. Es war geradezu ein Zeichen des Prestiges, wenn der Leichenzug eines *patronus* von einer großen Menge seiner *liberti* begleitet wurde (Dion. Hal., orat. vet. 4,24,6), und die großzügige Geste, sie im eigenen Grab beizusetzen, kann durchaus auch in diesem Sinne interpretiert werden.

Die Pflichten der Freigelassenen schließen auch die der leiblichen Verwandten ein: so ist das schöne Relief des kinderlosen *patronus* und seiner Frau von zweien der Freigelassenen gestiftet, die damit die Pflicht der Kinder übernahmen.

Das Relief gehört zu den qualitätvollsten Beispielen der Kastengrabreliefs; die in der Inschrift *imagines* genannten Büstendarstellungen imitieren die repräsentativen Ahnengalerien der aristokratischen Atrien. Das Bedürfnis nach repräsentativer Hervorhebung des *pater familias* und seiner Frau wird im aufwendigen Schmuck mit den Rosetten in den Zwickeln, dem lorbeergeschmückten Stab und den Lorbeerkränzen, die die Muschelnischen mit den Büsten umgeben, deutlich. Der Stil weist in frühaugusteische Zeit: die veristische Darstellung der beiden Alten ist durch die fein bewegte Wiedergabe des Inkarnats stark gemildert.

Literatur: G. Lahusen, RM 92, 1985, 284 T. 107,2. – P. Zanker, JdI 90, 1975, 270 Anm. 10; 296. 310 f. Anm. 153 Abb. 34. – R. Daut, Imago (1975) 49. – H. Frenz, Die Grabreliefs römischer Freigelassener (1975) Nr. J 5.

190 Büste eines Mannes

Rom, Musei Capitolini, Inv. 352
Ergänzt: Ränder der Ohren, Stück in re. Schulter. Rand der li. Schulter, Nase und re. Braue bestoßen
H 0,57 m

Die brillant polierte, porzellanhaft glänzende Oberfläche und die kleinteilige Haardarstellung, die die Strähnen federartig ohne definierte Begrenzung aus der Haarmasse aufspringen läßt, verweisen den Kopf in tiberisch-caliguleische Zeit. Andererseits wollte man wegen der ausgeprägt realistischen Züge hinter der Arbeit ein Original der späten Republik vermuten. In der Tat verleihen die kontrahierte und vorgeschobene Stirnpartie, die feine aquiline Nase, der schmale herabgezogene Mund und das spitze Kinn dem Kopf einen vornehmen und hochmütigen Eindruck.

Die Fransenfrisur mit der Gabel über der linken Braue verweist jedoch auf die gängigen Frisuren der Kaiser Tiberius bis Claudius, deren Anlage hier wie in vielen anderen Fällen simplifiziert und als gängiger Typus bürgerlicher Darstellungen Allgemeingut geworden ist. Der Kopf überragt jedoch zeitgenössische anonyme Porträts und auch Kaiserbildnisse an bildhauerischer Qualität und feinem Empfinden für die Individualität des Dargestellten. Wir können vermuten, daß er aus

dem Hause oder der Grabstätte einer reichen Familie stammte.
Literatur: Helbig[4] II Nr. 1266. − L. Curtius, Die Antike 7, 1931, 231 ff. Abb. 3.4.

191 Porträt einer Matrone mit Schleier

Rom, Musei Capitolini, Inv. 3024
Am Hals von Statue gebrochen; Nase und Faltenpartien bestoßen; mehrere Löcher in der Oberfläche als Folge von ausgewaschenen Unregelmäßigkeiten im Marmor
H 0,34 m
Der Kopf, der wahrscheinlich von einer Grabstatue stammt, stellt eine alte Dame dar, die durch den Schleier als respektable Ehefrau gekennzeichnet ist. Der trockene, harte Stil, der das Gesicht kleinteilig und nervös differenziert und schlaglichtartig die Falten und Runzeln erscheinen läßt, sowie der kubische, fast kristalline Aufbau lassen sich gut mit Köpfen nach der Mitte des 1. Jhs. v. Chr. vergleichen.
Das Haar ist zu einer breiten und flachen Bahn über dem Scheitel zusammengefaßt, von der zwei nach innen gebogene, sichelförmige Locken in die Stirn herabhängen; über den Seiten ist es, ganz in der Tradition griechischer Idealfrisuren, zurückgekämmt. Diese Art der Frisur ist noch stark von den modifizierten späthellenistischen Idealfrisuren (vgl. Kat. 143−145) abhängig und kontrastiert daher um so deutlicher mit den überdeutlich herausgestellten Alterszügen des Gesichts. Dieser Kontrast ist wahrscheinlich als Kontamination zweier Wertvorstellungen zu verstehen: dem Luxus der Frisur wird hier die Wertschätzung des Alters entgegengesetzt, die der Bedeutung der Alterszüge beim männlichen Bildnis korrespondiert, aber anders nuanciert ist: Geschätzt ist die *mater familias*, die durch die Geburt von (männlichen) Erben den Stamm des Geschlechts fortsetzt. Diese Wertschätzung konnte in Adelsfamilien einen durchaus politischen Charakter annehmen, wie die Statuensetzungen und öffentlichen Leichenbegängnisse für prominente Matronen zeigen.
Literatur: Fittschen−Zanker III Nr. 43.

192 Togastatue mit imagines, ‚Togatus Barberini‘ (Abguß)

Rom, Musei Capitolini, Inv. 2392
Ergänzt: Teile der Gewandfalten, li. vordere Ecke der Plinthe mit entspr. Teil des Fußes, Nasen der *imagines*, li. Ohr der *imago* in der li. Hand und li. Hälfte ihrer Büste sowie Hand des Togatus. Am nicht zugehörigen Kopf ergänzt: Nase, Ohren, Halsausschnitt
H 1,65 m
Der Dargestellte ist mit einer Tunika bekleidet und einer Toga des weiten Schnitts und der Form, wie sie unter Augustus als Staatsgewand propagiert wurde. An den Füßen trägt er die *calcei*, die traditionelle Fußbekleidung eines römischen Senators.
Der Typus der Toga entspricht ziemlich genau dem der Togastatue des Augustus von der Via Labicana, der Stoff ist jedoch weniger klassizistisch aufgefaßt und knittriger und nervöser wiedergegeben. Stilistisch

Kat. 192

gleicht er dem spätaugusteischen Suovetaurilienrelief im Louvre.
Die beiden *imagines,* die er in der Hand hält, sind in der rundlichen Anlage des Kopfes im Profil, im Schnitt der Augen und in dem nüchternen, fast verkniffenen Ausdruck der Mundpartie außerordentlich ähnlich; der in der linken Hand ist korpulenter dargestellt und meint wohl den älteren der beiden. Diese Ähnlichkeit macht es schwer vorstellbar, daß wir es mit direkten Kopien zu tun haben; es kam wohl in erster Linie darauf an, die Familienähnlichkeit und die Differenz der Generationen zu zeigen. Diese zeigt sich in einer unterschiedlichen Wiedergabe der Frisur, die verschiedene Konventionen grob evoziert: die Haare des Kopfes in der Linken sind grob gepickt und verweisen auf spätrepublikanische Köpfe (vgl. Kat. 182); die kurze Fransenfrisur der *imago* in der rechten Hand hingegen erinnert in der

Haargabel, die das Stirnhaar teilt, an die Frisuren der Angehörigen des Kaiserhauses, die auch sonst gern im bürgerlichen Bildnis zitiert werden (z. B. Kat. 156.187). Diese Typologie bestätigt die Beobachtungen, die zum Gewandstil gemacht wurden. Auch stilistisch setzen die Köpfe den Klassizismus der Ara Pacis voraus, der struktive Aufbau ist hier jedoch noch stärker verschliffen, das Gesichtsrelief ist flacher und die Oberfläche runder und stärker geschwungen. In diesem Sinne gehen sie auch über die Köpfe des Grabreliefs des Antistius Sarculo Kat. 189, denen sie sonst sehr ähnlich sind, hinaus. Eine Datierung in spätaugusteische oder frühtiberische Zeit dürfte etwa das Richtige treffen.

Der ‚Togatus Barberini‘ wurde häufig als *homo novus* bezeichnet, der erste seiner Familie, der er zu einem kurulischen Amt gebracht hatte. Dies kann kaum zutreffen. War doch das Kennzeichen eines solchen Debütanten des *cursus honorum* gerade, daß er über keine *imagines maiorum* verfügte. Dies ist immer wieder von prominenten *homines novi* polemisch gegen die Vertreter der alten Aristokratie formuliert worden; deswegen hat das stolze Vorzeigen der *imagines* hier gerade den Sinn, auf eine eigene Familientradition zu verweisen.

Ob die Tradition des Dargestellten wirklich die einer senatorischen Familie der Hauptstadt ist, kann nicht bewiesen werden, da wir den Fundort der Statue nicht kennen. Die konventionalisierte Darstellung der *imagines* und ihre mittelmäßige Qualität weicht von den physiognomisch differenzierten Darstellungen kaiserzeitlicher *nobiles*, die wir kennengelernt haben, durchaus ab; auch die Form, wie hier in Abbreviatur eine Ahnengalerie vorgestellt wird, wirkt gegenüber der reichen Ausstattung des Liciniergrabes eher ärmlich. Es kann sich hingegen durchaus um einen munizipalen Honoratioren handeln, dessen Familie in einem italischen Municipium über drei Generationen hinweg öffentliche Funktionen bekleidete. Diese lokalen Magistrate übernahmen seit der späten Republik, als nach dem Bundesgenossenkrieg die italischen Gemeinden das römische Bürgerrecht erhielten, die Insignien der römischen Würdenträger (in diesem Falle auch die *calcei*), und ihre Selbstdarstellung fügt sich in der Kaiserzeit in den vom Kaiserhaus gesetzten Rahmen.

Gegen diesen verstößt wiederum das öffentliche Vorzeigen der *imagines*. Augustus und seine Nachfolger bemühten sich erfolgreich, die ambitiöse Familienpropaganda der adligen *gentes* einzuschränken, wozu auch das öffentliche Zurschaustellen der Ahnenbildnisse gehörte. Aus diesem Grunde kann es sich hier kaum um eine öffentliche Ehrenstatue handeln, sondern eher um eine Darstellung in sepulkralem Zusammenhang, der weiterhin für solche Formen der Repräsentation Raum bot, wie man auch am Beispiel des Liciniergrabes feststellen kann. In diesem bescheidenen Rahmen versuchte der kleinstädtische Beamte, es seinen berühmten Vorbildern aus der Hauptstadt gleichzutun.

Der Kopf geht hingegen auf ein früheres Original zurück, von dem wahrscheinlich noch zwei Repliken überliefert sind; die unbestimmte Wiedergabe des Haares erschwert jedoch eine endgültige Entscheidung. Es handelt sich um das bekannte Greisenporträt aus Acireale

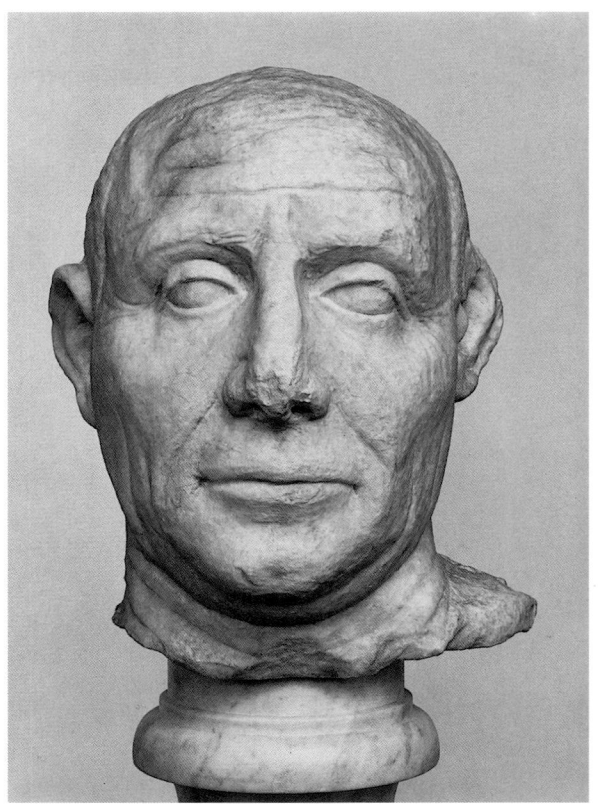

Kat. 193

und einen Kopf in der Leningrader Eremitage, die des öfteren als Bildnisse des C. Iulius Caesar in Anspruch genommen wurden. Diese Benennung ist natürlich auf Grund der physiognomischen Unterschiede nicht zu halten; die pathognomische Charakterisierung der Alterszüge und der strengen, unbewegten Mimik entspricht jedoch der des Caesarporträts, die in frühaugusteischer Zeit häufig nachgeahmt wurde. Es muß sich also um eine andere bedeutende Persönlichkeit gehandelt haben, die in der Zeit des zweiten Triumvirats oder kurz danach eine Rolle gespielt hatte.

Literatur: Zanker, Augustus 168 f. – G. Lahusen, RM 92, 1985, 281 f. – P. Zanker, AA 1981, 358. – Helbig[4] II Nr. 1615. – Zur Darstellung italischer Magistrate: P. Zanker in: Les ‚Bourgeoisies‘ municipales Italiennes aux IIe et Ier siècles av. J.-C. (1983) 251 ff. – K. Fittschen, RM 77, 1970, 177 f.

193 Greisenkopf von einer Grabstatue

Rom, Musei Capitolini, Inv. 1332
Gefunden in der Nähe der V. di Porta S. Lorenzo (?)
Nase, Ohren und li. Auge bestoßen. Nicht fertig ausgearbeitet, v. a. auf der Rückseite. Im Nacken ist ein Streifen zwischen Hinterkopf und Rücken stehengeblieben. Unter dem Halsansatz gebrochen
H 0,28 m
Der Kopf stammt wahrscheinlich von einem Grabrelief mit einer Ganzkörperdarstellung in hohem Relief; hierfür sprechen der mutmaßliche Fundort außerhalb des augusteischen Pomerium wie auch die Zurichtung der

Kat. 194

schicht in seiner Rezeption auf kleinbürgerlichen Grabdenkmälern widerfuhr. Die Wertschätzung des Alters und die Herausstellung des *labor*, der zum bescheidenen Wohlstand geführt hatte, dem sich nicht zuletzt das eigene Grabmal verdankt, sind hier zur Chiffre geronnen, die das Alter des Dargestellten charakterisiert.
Literatur: Helbig[4] II Nr. 1595 (v. Heintze). – Zur technischen Zurichtung ähnlicher Grabreliefs vgl. B. Schweitzer, Das republikanische Bildnis (1948) Abb. 120 (Grabrelief von der Via Statilia).

194 Männlicher Kopf
Neapel, Museo Nazionale, Inv. 6028
Aus Pompeji, Wirtschaftsgebäude der ‚Casa del Citarista'
Kopf im Gesicht leicht abgerieben, sonst intakt
H 0,44 m
Der Kopf wurde zusammen mit dem mutmaßlichen Porträt des Marcellus (Kat. 174) in dem Wirtschaftsgebäude der ‚Casa del Citarista' gefunden; da aus Rheingönnheim eine Bronzereplik des Typus überliefert ist, könnte es sein, daß der pompejanische Kopf wie der des Marcellus zu einer öffentlichen Weihung gehörte und sich zum Zeitpunkt der Verschüttung in Reparatur befand.
Nicht nur der Fundort der Bronzereplik, sondern auch die physiognomischen Züge des Kopfes, die sich eng an die des Agrippa (Kat. 150) anlehnen, zeigen, daß es sich bei dem Dargestellten wahrscheinlich um einen hochrangigen Militär handelte, der seine spezifische Karriere durch diese Anlehnung zu manifestieren suchte. Die flachere Wiedergabe des Gesichtsreliefs und der Haare lassen allerdings an eine spätere Entstehung des Typus in der fortgeschrittenen Augustuszeit denken; die pompejanische Replik ist hingegen gleichzeitig mit der zusammen mit ihr aufgefundenen des Marcellus in claudischer Zeit entstanden.
Literatur: Fittschen–Zanker I 20 Anm. 12. – A. De Franciscis, Il ritratto Romano a Pompeii (1951) Abb. 46 f.

vernachlässigten Rückseite, die wir ähnlich auch bei anderen Grabreliefs dieser Zeit finden. Aufgrund des flachen Gesichts, der schematisch symmetrisierten Anlage, der unplastisch runden Oberfläche und der breiten, klassizistisch geschwungenen Oberlider bereits frühestens in spätaugusteische Zeit anzusetzen; eine genauere stilistische Beurteilung verbietet die nachlässige Arbeit.
Der Kopf ist ein typisches Beispiel für die Vergröberung und Typisierung, die dem Greisenporträt der Ober-

Hanz Günter Martin

Frühaugusteische Idealplastik

Die Ara Pacis (Kat. 226–231) und der Augustus von Prima Porta (Kat. 215) sind Meisterwerke der Plastik, in denen sich ein neuer Stil zeigt, der geprägt ist von dem Streben nach Klarheit der Formen und Erhabenheit im Ausdruck. Er erscheint in sich einheitlich und ist in nahezu allen Kunstgattungen anzutreffen. Der Grund für diese Einheitlichkeit ist sicher in einem regulierenden Eingriff von seiten der Politik zu sehen, der daran lag, ein universales ideologisches Konzept in sinnfällig überzeugender Form zu propagieren. Ein neuer Kunststil läßt sich aber nicht einfach verordnen oder quasi über Nacht schaffen, sondern nur fordern und fördern. Auf dem Felde der Literatur etwa führte dies Maecenas vor, der gezielt Dichter wie

Vergil und Horaz an sich zog, andere dagegen unbeachtet ließ. Für die bildende Kunst bedeutet eine solche Forderung vor allem, eine Auswahl aus den vorhandenen Traditionen zu treffen und daraus die Bildformen zu entwickeln, die den neuen Stil ergeben. Es ist daher von besonderem Interesse, welche Auswahl aus den zunächst unbegrenzt erscheinenden Möglichkeiten der archaischen, klassischen und hellenistischen griechischen Kunst, aber auch aus etruskischen und italischen Traditionen getroffen wurde. Vor allem die Anfangsphase dieses Prozesses gewährt einen Einblick, wie sich der Wandel vom späthellenistischen zum augusteischen Stil in den Ateliers der Bildhauer vollzog.

Geradezu einen Studienfall für den Umgang mit Kunst in frühaugusteischer Zeit stellt die plastische Ausschmückung des ‚Palatinprojektes‘ dar. Im Jahre 27 v. Chr. von Augustus eingeweiht, umfaßte die gewaltige Anlage nicht nur den Tempel des Apollo Palatinus, sondern auch einen von Portiken gesäumten Platz, zwei Bibliotheken und, mit dem Tempel verbunden, den Palast des Augustus (vgl. Beitrag G. Carettoni, Die Bauten des Augustus auf dem Palatin). Auf dem Tempeldach standen wiederverwendete originale Akrotere archaischer Zeit, die Kultbilder stammten aus der Klassik, von Meistern des 4. Jhs. v. Chr. geschaffen: der Apoll von Skopas (Kat. 118), die Leto von Kephisodot und die Diana von Timotheos. Der augusteische Künstler Euander hatte den beschädigten Kopf der Diana erneuert, sicherlich dabei den Stil des 4. Jhs. v. Chr. nachahmend (die Prinzipien der Auswahl und die Bedeutung der Wiederverwendung von griechischen Originalen für Götterstatuen sind in dem Beitrag von P. Zanker dargestellt).

Zu diesen originalen Werken kamen andere, in augusteischer Zeit geschaffene hinzu: die Statue der kauernden Sibylle, die noch zur Kultgruppe gehörte, vielleicht ebenfalls von Euander geschaffen, eine Serie von architektonischen Schmuckreliefs aus Terrakotta, den sog. Campanareliefs, die, überwiegend in archaistischer Manier gearbeitet, gelegentlich archaische mit klassischen Stilformen mischen (Kat. 120−129), die Schar der fünfzig Danaiden, dargestellt im Peplos, dem Kleid junger Frauen in der Zeit des frühklassischen Strengen Stils (vgl. Kat. 196), und ihnen gegenüber fünfzig junge Männer zu Pferd, in einer Reihe aufgestellt, wie dies bei hellenistischen Reiterdenkmälern üblich war.

Schon dieser unvollständige Überblick zeigt, daß der Kunstgeschmack nicht nur auf die griechische Klassik ausgerichtet war, sondern sowohl die aufgestellten Originale als auch die Bildvorlagen für die zeitgenössische Plastik aus allen vorangehenden Epochen ausgewählt werden konnten. Dabei richtete sich die Auswahl sicher nicht nach musealen oder kunstdidaktischen Gesichtspunkten, sondern vielmehr nach sehr abstrakten, eher begrifflichen als visuellen Qualitätskriterien (s. Beitrag Zanker).

Mit welchen konkreten künstlerischen Mitteln gearbeitet wurde, sollen drei Statuen exemplarisch illustrieren, von denen zwei, der Basaltjüngling und die Danaide, mit dem ‚Palatinprojekt‘ in Verbindung stehen. In der Gegenüberstellung dieser Statue mit der Peplophore in Berlin werden zwei in augusteischer Zeit häufig geübte Praktiken deutlich: die Nachahmung durch eine genaue Replik und die Verbesserung des Vorbildes durch eine eklektische Neuschöpfung.

Die Berliner Peplophore läßt sich fast ohne Schwierigkeiten in die griechische Kunstgeschichte einordnen. Das Standmotiv, die Anlage des Peplos und der Faltenwurf auf der rechten offenen Seite entsprechen Werken der letzten Phase des Strengen Stils um 450 v. Chr.; auch das komplizierte Motiv des Überschlags auf dem Rücken und selbst die Frisur mit den eigenwilligen Locken über dem rechten Ohr und der zopfartigen Strähne am Hinterkopf scheinen in dieser Zeit möglich, in der die Künstler durchaus mit originellen Lösungen experimentieren, bevor dann die Harmonisierung der hochklassischen Form eintritt. Die Kopie setzt sich aber nicht nur im Entwurf mit ihrem Vorbild auseinander, sondern auch in der handwerklichen Technik. Auffällig sind die lebendig gestalteten Falten, vor allem auf der Vorderseite, mit den sich weitenden und verengenden Rücken und den durchmodellierten Tälern, die sich von anderen Kopien dieser Zeit unterscheiden. Meist sind die Faltenkanten schärfer und die -täler tiefer und gleichmäßig gerundet, wodurch sich eine präzisere Begrenzung der einzelnen plastischen

Abb. 163 Peplophore, Boston, Isabella Gardner Museum   Abb. 164 Fliehende Niobide, Kopenhagen, Ny Carlsberg Glyptotek

Formen und ein gewisser Hell-Dunkel-Effekt ergibt, aber eben auch eine gewisse Härte (vgl. Abb. 163). Der augusteische Bildhauer hat offenbar zumindest in den letzten Arbeitsgängen, die das Aussehen der Oberfläche bestimmen, nicht in der Technik seiner Zeit gearbeitet, in der die Faltenzüge weitgehend mit dem Bohrer ausgeführt wurden, sondern er hat versucht, auch in der Behandlung des Marmors einer mehr als 400 Jahre zurückliegenden Zeit nahezukommen.

Diese bewußte Auseinandersetzung mit dem Vorbild in Form und Technik macht die zu Recht gerühmte Qualität der Berliner Peplophore aus. Sie verdeutlicht zudem, daß zumindest bei den besseren Künstlern Kopieren niemals Verdopplung, sondern stets Auseinandersetzung bedeutete. Sie wird auch da greifbar, wo der Bildhauer vom Vorbild abgewichen ist. Das Gesicht der Peplophore entspricht nicht Gesichtern des Strengen Stils, es lehnt sich vielmehr, und auch dies eher allgemein, an Vorbilder der späten Hochklassik wie etwa die Prokne des Alkamenes an. Der Grund hierfür liegt sicher nicht darin, daß der Bildhauer nicht in der Lage gewesen wäre, einen Kopf des Strengen Stils zu kopieren, sondern dies ist in einem besonders bildwichtigen Teil als Konzession an den Zeitgeschmack zu verstehen, dem ein Frauengesicht mit den gespannten Formen des Strengen Stils vermutlich fremd oder unschön erschienen wäre.

Setzte sich die Berliner Statue sozusagen als ‚altmeisterliche' Arbeit im großen und ganzen mit einem bestimmten Vorbild auseinander, so wurden bei der Danaide in Neapel (Kat. 196) andere Wege beschritten. Auch hier ist eine peplostragende junge Frau dargestellt, auch hier ist eine Statue des Strengen Stils gemeint; die formalen und stilistischen Bestandteile sind jedoch verschiedenen Ursprungs:

Die Grundform des untergegürteten Peplos entstammt dem Strengen Stil. Der unter dem Überschlag vorquellende Gewandbausch, der Kolpos, ist eine in Athen entwickelte, seit archaischer Zeit belegte Modevariante, die jedoch in der hier dargestellten Form mit dem flach gerundeten unteren Abschluß erst an Werken des 4. Jhs. v. Chr. vorkommt, wie etwa bei der berühmten Eirene des Kephisodot. Die Frisur findet sich an Kreationen aus der Schule des Bildhauers Pasiteles in der 2. Hälfte des 1. Jhs. v. Chr. wieder und das Gesicht könnte man geradezu als augusteisches Zeitgesicht bezeichnen. In die Zeit der hohen Klassik führt schließlich das Armmotiv zurück: Die Danaide ergreift mit beiden Händen die Zipfel des hinteren Überschlags und zieht ihn mit der Linken in die Höhe, eine Geste, die inhaltlich kaum eine Erklärung findet, denn weder der bekannte Brautgestus des Ver- oder Entschleierns noch das kokette Raffen des Kleides können hier gemeint sein. Vermutlich ist das Motiv inspiriert von der ‚fliehenden Niobide' in Kopenhagen (Abb. 164), einer griechischen, um 430 v. Chr. geschaffenen Giebelfigur, die in augusteischer Zeit in Rom in einem der kaiserlichen Gärten, den *horti Sallustiani* zu sehen war. Bei der Fliehenden ist das Aufspannen des Tuches als ängstlicher Schutz vor den Pfeilen Apollos gemeint; ein solches, handlungsbedingtes Motiv wäre dann isoliert von einer laufenden auf eine ruhig stehende Figur übertragen und durch das Absenken des rechten Armes entdramatisiert worden. Vielleicht sollte auch die Danaide als Schutzsuchende gezeigt werden, entscheidend für die Übertragung dieses Motivs war aber sicher in erster Linie der artistische Reiz der ungewohnten Pose. In einer ganz ähnlichen Marmorstatue von hoher Qualität im Isabella Gardner Museum in Boston (Abb. 163) ist das gleiche Gewandmotiv noch einmal aufgenommen, aber nun in der Darstellung zurückhaltender und das Gezierte in der Haltung der Danaide vermeidend. Auch diese Statue ist ein augusteisches Werk und auch sie wurde in den *horti Sallustiani* gefunden, wo wir den Anstoß für dieses eigentümliche Gewandmotiv vermuteten. Trotz aller Verwandtschaft sind die beiden Statuen dennoch keine Repliken in dem Sinne, daß sie ein gemeinsames Vorbild wiedergäben, sondern sie bieten zwei, nahezu gleichzeitige und dennoch verschiedene Möglichkeiten der Formulierung, ein Zeichen eines immerhin noch lebendigen Kunstbetriebs.

Das eklektische Prinzip, nach dem die Statuen neu geschaffen wurden, hat seine Wurzeln im späten Hellenismus, in dem der Eklektizismus erstmals die Hauptströmung einer ganzen Kunstepoche ausmachte. Er beruht auf einer in dieser Zeit auch schriftlich formulierten Kunsttheorie, die fordert, durch Zusammenfügung von als besonders gelungen angesehenen Einzelteilen ein neues Ganzes zu schaffen und damit die Vorbilder an Vollkommenheit zu übertreffen.

Die ganze Raffinesse, aber auch die Widersprüche, die die Möglichkeiten des Eklektizismus mit sich bringen, zeigt die Statue des ‚Knabensiegers' im Thermenmuseum. Schon das Alter des Jungen ist schwer bestimmbar. Körperbau und die Proportionen sind die eines jungen Mannes mit den breiten Schultern, dem mächtigen Brustkorb und dem muskulösen Rücken, während die weiche Bildung der Brust und des Bauches, das kleine Glied und das fehlende Schamhaar den Knaben kennzeichnen. Die Statue verbindet somit Darstellungsformen eines 12- bis 14jährigen mit denen eines 16- bis 18jährigen; eine solche Unterscheidung mag zwar übertrieben genau klingen, dennoch sind wir dazu berechtigt, weil die klassische griechische Kunst, die hier Pate stand, Bilder schuf, die eben diese Altersstufen kanonisch darstellten, als die überpersönlichen Idealbilder des Pais und des Epheben. Diese Idealbilder waren auch in der Größe einheitlich, die Statuen der Paides hatten ein Normalmaß von 1,10 m und die der Epheben von 1,50 m; die Basaltstatue liegt mit einer zu ergänzenden Höhe von 1,35 m dazwischen.

Die Ambivalenz der Darstellung lag in der Absicht des augusteischen Bildhauers, sie war sehr bewußt gewählt und macht den Reiz der Statue aus. Es sollte nicht eine bestimmte Altersstufe abgebildet, sondern der allgemeine Eindruck von Jugendlichkeit erweckt werden, als Ausdruck einer verklärten Jugend, die dieser Zeit als Ideal galt. Man hat hier zu Recht von einer augusteischen Jugendromantik gesprochen, und es sei in diesem Zusammenhang daran erinnert, daß es von Augustus selbst kein Porträt gibt, das ihn als reifen oder alten Mann zeigt, er wird stets jung und gleichsam nicht alternd dargestellt.

In der Auswahl des Materials zeigt sich eine weitere Steigerung der Raffinesse: Der Basalt oder ägyptische Grünschiefer, dessen Oberfläche hier zwischen schwarz, braun und grün changiert, sollte gewiß wie Bronze aussehen. Ebenso wurde der ästhetische Reiz der Bronzetechnik in Stein umgesetzt, denn das fein ziselierte Haar und die abgesetzten Lippen und Brustwarzen ahmen die Kaltarbeit von Bronzestatuen nach; vielleicht waren die Lippen und Pupillen zusätzlich farbig gefaßt, wie sie auch bei Bronzeköpfen oft in andersfarbigem Metall eingelegt waren. Es wird behauptet, daß Statuen aus Basalt billige Imitate der wertvolleren Bronzestatuen seien. Das kann aber kaum zutreffen, denn allein der Stein, der eigens aus Ägypten herantransportiert werden mußte, war schon recht teuer und die Gesamtherstellung einer Basaltstatue kostete sicher mehr als die einer Bronzestatue. Auch wurden Basaltstatuen, die gerade in der frühen Kaiserzeit beliebt waren, vornehmlich in kaiserlichen Anlagen gefunden, während vergleichbare Bronzestatuen durchaus auch in Privatvillen standen. Die Umsetzung der optischen Wirkung gegossener Bronzewerke in die Meißelarbeit am harten Basalt muß für die Bildhauer einen besonderen artistischen Ansporn bedeutet haben, ähnlich wie für Canova − wenn der Vergleich erlaubt ist −, der dem Marmor eine porzellanene Oberfläche gab, oder für Bernini, der ihn «weich wie Wachs machte», um einen bestimmten Effekt zu erzielen. Hier käme sicher niemand auf die Idee, Imitate eines anderen Materials zu vermuten. Ähnlich hat es auch für den Künstler des Basaltknaben nicht mit dem Demonstrieren seiner handwerklichen Fähigkeiten sein Bewenden, vielmehr ist mit der Anwendung der Technik eine bestimmte Aussage verbunden: die Statue soll nicht einfach wie eine Bronzefigur aussehen, sondern wie eine alte Bronzefigur, die im Laufe der langen Zeit eine schön gewachsene, dunkle Patina bekommen hat. Die Aura einer alten und wertvollen Statue, die vielleicht in einem Heiligtum gestanden hat und mit dessen Geschichte verbunden ist, diese Aura soll mit künstlerischen Mitteln künstlich geschaffen werden. Den Zug ins Altertümliche unterstreichen auch die kunstgeschichtlichen Vorbilder der Jünglingsstatue, die sie als ein Bildwerk des 5. Jhs. erscheinen lassen wollen. Tatsächlich wurde aber auch hier nicht eine bestimmte und vielleicht bekannte Statue kopiert, sondern es sind in eklektischer Weise Zitate verschiedener Epochen verbunden: hochklassisch ist die Stellung der Beine, die das von Polyklet entwickelte ponderierte Standmotiv wiedergibt. Die Konsequenzen dieses Stehens für die Bewegung des Rumpfes und der Schultern, für die Haltung des Kopfes und der Arme, wie sie für die klassische Statue wesentlich waren, sind jedoch nicht gezogen, vielmehr bricht die angefangene Bewegung abrupt ab und der Oberkörper sitzt steif auf dem Becken auf. Er erscheint in der Gesamtproportion gelängt, der Schultergürtel liegt nahezu gerade, die rechte Schulter hebt sich nur leicht. Dies sind Merkmale, wie sie von Werken aus dem Beginn des Strengen Stils, etwa vom Kritios-Knaben, bekannt sind; in die gleiche Zeit weist die Darstellung der schweren Wangen und des vollen Kinns.

Man könnte vermuten, der Rückgriff auf Formen des Strengen Stils bedeute eine neue Hinwendung zur frühklassischen griechischen Kunst und damit die Begründung einer klassizistischen Haltung, doch ist im Falle der männlichen Figur der historische Sachverhalt komplizierter, denn der Basaltjüngling ist erst das Ergebnis eines späthellenistischen Vermittlungsprozesses. Er setzt eine Tradition fort, die bereits um die Mitte des 1. Jhs. v. Chr. ihren Anfang nahm, als sich der Bildhauer Pasiteles und seine Schule mit dem Strengen Stil auseinandersetzten und eine Reihe von Jünglingsstatuen und Gruppen schufen, die sich in augusteischer und sogar bis in hadrianische Zeit hinein großer Beliebtheit erfreuten. Ein solcher, nur vermittelter Zugriff auf die griechische Vergangenheit zeigt exemplarisch das selektive Grundverhalten augusteischer Kunst.

Es wurde deutlich, wie vital der Kunstbetrieb zumindest in frühaugusteischer Zeit noch ist, vital deshalb, weil künstlerische Auseinandersetzungen im Ringen um neue Formen tatsächlich auch geführt werden. Sie knüpfen an die nach allen Richtungen offene und von hoher kunstgeschichtlicher Bildung geprägte Diskussion des Späthellenismus an, die, ob in Athen oder Rom, in Rhodos oder Alexandria, überall gleichermaßen stattgefunden hatte. Die Prinzipien, die dann in Rom zur spätaugusteischen Kunst führen, sind aber schon angelegt: es sind wesentlich die Prinzipien der restriktiven Auswahl und Normierung. Was sich in frühaugusteischer Zeit noch als ein Suchen nach einer neuen Form präsentiert, wird später verbindlich; die Auswahlmöglichkeiten sind geringer geworden, der Standard ist etabliert.

Literatur: Eine zusammenfassende Stilgeschichte der spätrepublikanischen wie der augusteischen Kunst steht noch aus. Zur allgemeinen Orientierung seien genannt: W. Trillmich, JdI 88, 1973, 247−82. − F. Preißhofen, Kunsttheorie und Kunstbetrachtung. In: Fond. Hardt 25, 1979, 263−82. − F. Preißhofen−P. Zanker, DArch 4/5, 1970/71, 100−19. − P. Zanker, Klassizistische Statuen. Studien zur Veränderung des Kunstgeschmacks in der römischen Kaiserzeit (1974).

Kat. 195

195 Peplophore
Berlin, Antikenmuseum, SMPK, Inv. 1971. 1 (Körper); 1981. 22 (Kopf)
Parischer Marmor
H ohne Plinthe 1,48 m
Die Peplophore stellte wahrscheinlich eine Opfernde dar, die in der vorgestreckten linken Hand eine Spendeschale hielt. Wahrscheinlich zugehörig, aber nicht original, ist das Fragment eines linken Unterarms mit Hand, die eine mit Früchten gefüllte Opferschale hält. Das Fragment ist aus einem anderen Marmor als die Statue und könnte von einer antiken Reparatur stammen.
Der Kopf tauchte erst 10 Jahre nach dem Erwerb des Torsos im Kunsthandel auf und wurde dann angefügt. Die Publikation der vollständigen Statue wird von K. Vierneisel vorbereitet.
Datierung: augusteisch
Literatur: K. Vierneisel, JbBerlMus N. F. 15, 1973, 5−37 Abb. 1−27. − B. Kaeser, Berliner Museen. Berichte aus den Staatlichen Museen Preußischer Kulturbesitz. 3. Folge, 25, 1982, 2f. − R. Tölle-Kastenbein, AntPl 20, 1986, 67−73 Taf. 64−65.

196 Danaide
(Gipsabguß)
Kopenhagen, Kgl. Afstøbningssamling
Original: Neapel, Museo Nazionale, Inv. 5621
Aus Herculaneum, großes Peristyl der Villa dei Papiri, 1754
Bronze
H gesamt 1,55 m
Die Statue schmückte zusammen mit vier weiteren mitgefundenen bronzenen Peplophoren den Rand des langgestreckten Wasserbassins im großen Peristyl. Da drei der Frauen durch die zu ergänzenden Krüge als Wasserträgerinnen dargestellt sind, leuchtet diese Aufstellung für die Villa unmittelbar ein. Es war aber eine eigens für diesen Ort geschaffene Neuinszenierung, denn die Herculaner Gruppe besteht mit ziemlicher Wahrscheinlichkeit aus Repliken nach Statuen, die zu einem viel um-

Kat. 196

Kat. 196

fangreicheren Monument und in einen ganz anderen Zusammenhang gehörten: den Danaiden auf dem Palatin. Die fünfzig Töchter des Danaos waren dort zwischen den Säulen einer Porticus aufgestellt, in einer langen Reihe also, die man nur durch Abschreiten und nicht auf einmal erfassen konnte. Dadurch wird der Gruppencharakter etwas zurückgedrängt zugunsten der einzelnen Statue und ein Ausschnitt, wie ihn die Gruppe in Neapel darstellt, wird um so verständlicher. In dieser Gruppe sind nur unterschiedliche eklektische Neuschöpfungen vertreten, es wäre aber zu fragen, ob unter den 50 Peplophoren nicht auch treue Repliken und Varianten nach dem Strengen Stil vorhanden waren. Eine größere Breite der Möglichkeiten wäre für die frühaugusteische Phase typisch, anders als später am Augu-

stusforum, wo man für ungefähr 60 Karyatiden mit zwei Typen als Vorbildern auskam.

Datierung: augusteisch

Literatur: Guida Ruesch 846. – A. Rumpf, MiscAcadBerol II 2 (1950) 31 ff. – L. Forti, Le danzatrici di Erculano (1959). – E. Diehl, Die Hydria (1964) 145 f. – D. Pandermalis, AM 86, 1971, 181. 192 f. 203 f. Kat. Nr. 32–37 Taf. 85,1–2; 86–89. – P. Zanker, AnalRom Suppl. 10, 1983, 27–31 Abb. 3–4. – M. R. Wojcik, La Villa dei Papiri ad Ercolano. Contributo alla ricostruzione dell'ideologia della nobilitas tardorepubblicana (1986) 203–17 Kat. H 1–5 Taf. 100 A – 107 B. – R. Tölle-Kastenbein, AntPl 20, 1986, 67–79 Taf. 64–72. – Simon, Augustus 19–25 Abb. 9–14.

197 Basaltjüngling

Rom, Museo Nazionale Romano, Inv. 1059
Fundort: Palatin, in einem Souterrain neben dem Tempel des Apollo Palatinus, 1869
Grüner Basalt mit schwarzer und brauner Patina
H 0,82 m

In der Literatur hat sich die alte Fundangabe von P. Rosa gehalten: «in einem Souterrain neben dem Tempel des Iuppiter Victor». Der von ihm angegrabene Tempel ist jedoch hundert Jahre später von G. Carettoni als dem Apollo Palatinus gehörig erwiesen worden, daher muß auch die Fundangabe korrigiert werden. Die Statue stammt also von der augusteischen Anlage des Apollotempels. Es konnte noch nicht befriedigend geklärt werden, wie die Statue zu vervollständigen und damit der Jüngling zu benennen sei. Er steht in einer ruhigen Pose da, das linke Bein belastet, der Kopf ist leicht nach rechts gedreht. Der rechte Arm hing auf die Hüfte herab, wo eine Ansatzspur erhalten ist. Der linke Arm wird abgespreizt und wohl auch angewinkelt vor den Körper geführt worden sein, denn die Verletzung auf dem Brustmuskel muß damit in Verbindung stehen; entweder lagen die Finger direkt hier auf oder es ist zusätzlich ein Attribut anzunehmen, das in der Hand gehalten wurde. Die Haltung eines paradierenden Faustkämpfers, der sich mit der Linken schützt und mit der Rechten im nächsten Augenblick losschlagen will, wie dies Hauser vorgeschlagen hatte, kann allerdings kaum gemeint sein, da der Jüngling nicht die Anspannung und die Pose eines wirklich kämpfenden Boxers zeigt. Um einen Sieger bei sportlichen Wettkämpfen wird es sich aber gleichwohl handeln, denn was auf den ersten Blick nur wie ein Haarreif aussieht, ist in Wirklichkeit ein Siegeskranz, wie an den geflochtenen Enden sichtbar wird und wie dies auch verwandte Köpfe zeigen, bei denen aus dem ‚Haarreif‘ Blätter wachsen.

Die zeitliche Stellung dieses Werkes kann hier nicht ausführlich diskutiert werden; ich schließe mich der von P. Zanker im Helbig-Führer vertretenen augusteischen Datierung an. Innerhalb des Augusteischen ist die Statue früh anzusetzen, da sie in der relativ flauschigen Bildung des Haares, im gelängten Rumpf und in der weichen Darstellung des Inkarnats Anklänge an späthellenistische Jünglingsstatuen aufweist und die Tendenz zur Linearität und zur Gliederung in einzelne plastische Formen, wie sie die spätaugusteische Kunst besitzt, noch nicht so stark ausgeprägt ist.

Die stilistische Datierung legt in Verbindung mit dem Fundort nahe, die jugendliche Siegerstatue der anfänglichen skulpturalen Ausstattung des augusteischen ‚Palatin-Projektes‘ zuzurechnen. Auch wenn unklar bleibt, wo genau die Statue im Tempel, in den Portiken oder

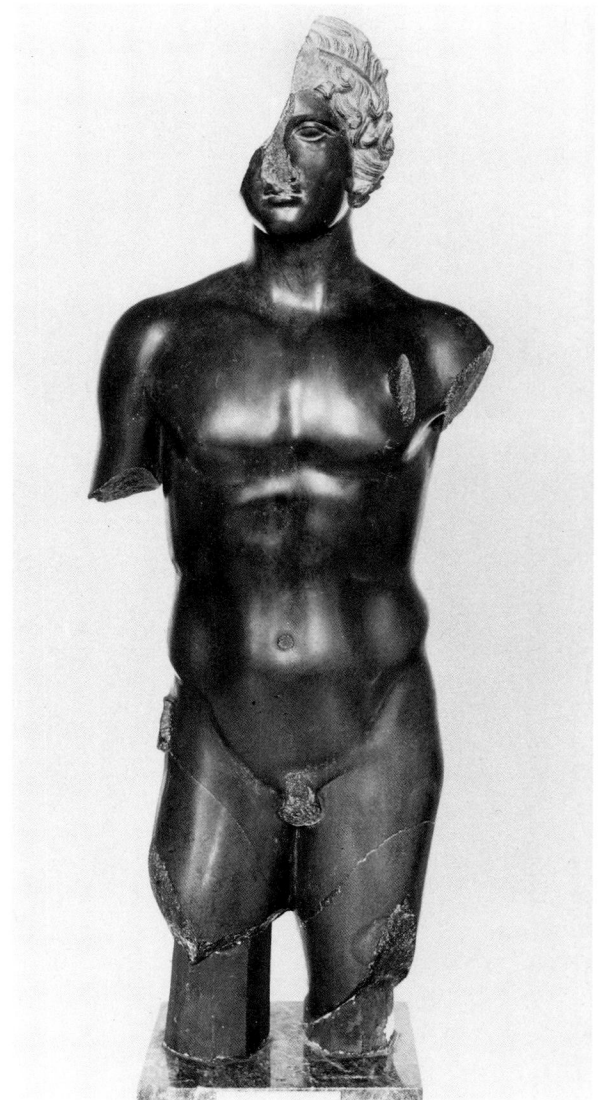

Kat. 197

auf dem Platz letztlich gestanden hat, fügt sie sich doch sehr gut in den insgesamt griechisch geprägten Eindruck des Heiligtums.

Literatur: F. Hauser, RM 10, 1885, 97–119. – Helbig[4] III Nr. 2213 (Zanker). – P. Zanker, Klassizistische Statuen (1974) 35–37. – KatMusNaz I 1, 61 Nr. 51 (Paribeni). – Zum Fundort: P. Rosa, BullIst 41, 1869, 67 und den Plan: MonInedIst 8, 1864–68, Taf. 23,1. – G. Carettoni, RendPontAcc 39, 1966/67, 59.

IV. BILDPROPAGANDA

Tonio Hölscher

Historische Reliefs

Augustus hat Rom durch eine Bau- und Denkmalpolitik größten Ausmaßes nicht nur völlig neu gestaltet, sondern hat das Stadtbild in plakativer Weise als Ausdruck seiner politischen Ansprüche und Machtmittel inszeniert. Dabei hat er auch die Bildkunst zielbewußt eingesetzt.

Die Stellung Roms als Zentrum der antiken Welt kam in der späten Republik und in der Kaiserzeit durch eine immer größere Zahl von aufwendigen Bauten, Plätzen und Denkmälern zum Ausdruck. Andere Städte des Reiches ahmten das bald nach. Die Wirkung dieser Repräsentationsarchitektur wurde vielfach noch durch prunkvolle Bildwerke gesteigert. Fassaden und Innenräume wurden mit Statuen und Reliefs geschmückt, die sich oft zu umfassenden Bildprogrammen zusammenschlossen. Unter den Themen solcher Bildausstattungen nahmen die des öffentlichen und politischen Lebens bald einen vorrangigen Platz ein. Insbesondere die Gattung des Reliefs wurde an öffentlichen und privaten Bauten eingesetzt, um den Ruhm des Römischen Reiches und vor allem die Verdienste mehr oder minder prominenter Personen für Staat und Mitbürger zu verherrlichen. Der Begriff des «historischen Reliefs» formuliert den Charakter dieser Denkmäler nicht ganz angemessen: Es handelt sich um Reliefs, die in repräsentativer oder propagandistischer Absicht Themen des öffentlichen Lebens vor Augen stellen. Notwendigerweise ergibt sich aus dieser Definition, daß die Grenzen des «historischen Reliefs» nach Inhalt und Form nicht ganz scharf zu ziehen sind.

Da das architektonische Relief die Möglichkeit zu umfangreichen Figurenkompositionen bietet, ist es von allen Gattungen der Bildkunst diejenige, in der die umfassendsten Aussagen über den Staat und seine führenden Männer formuliert wurden. Aus diesem Grund hat der Übergang von der Republik zum Prinzipat auf Reliefs einen besonders deutlichen und vielfältigen Ausdruck gefunden.

Voraussetzungen in Griechenland und Italien

Politische Kunst, auch in der Form des Reliefs, war schon von den großen Reichen des Vorderen Orients und Ägyptens in reicher Vielfalt ausgebildet worden. Auf Rom haben einerseits Griechenland und die hellenistischen Reiche, andererseits die benachbarten Kulturen in Süditalien, Sizilien und Etrurien Einfluß gehabt. In Griechenland war seit Beginn der klassischen Zeit (5. Jh. v. Chr.) eine historische Kunst entstanden, die in öffentlichen Denkmälern die großen Ereignisse der Geschichte und die Leistungen der bedeutendsten Politiker verherrlichte: Berühmte Beispiele sind die Statuengruppe von Aristogeiton und Harmodios, Tyrannenmörder und Protagonisten der attischen Demokratie, auf der Agora von Athen; und gleich daneben das Gemälde der Schlacht von Marathon in der «Bunten Halle». Darin kommt eine Auffassung zum Ausdruck, die die Geschichte als einen dynamischen Verlauf von Entscheidungen unter der Leitung einzelner großer Persönlichkeiten versteht. Es war eine Auffassung, die von den Herrschern der hellenistischen Großreiche sehr gut übernommen und weitergebildet werden konnte. Zeugnis dafür ist das Alexander-Mosaik aus Pompeji, Kopie eines Gemäldes mit dem entscheidenden Sieg Alexanders des Großen gegen die Perser. Diese politische Kunst Griechenlands wurde seit dem späten 4. Jh. v. Chr. insbesondere über Apulien und Sizilien an Mittelitalien und Rom vermittelt. – In Etrurien selbst dagegen hatte sich seit dem 4. Jh. v. Chr. eine Tendenz zur Repräsentation sozialen Ranges herausgebildet, die insbesondere in den

Gräbern der vornehmen Familien, in Wandgemälden und Sarkophagreliefs, ihren Platz fand. Vor allem die Ehre öffentlicher Ämter wurde durch ausführliche Darstellung von Zeremonien, Tracht und Insignien dokumentiert. Daraus wird eine Vorstellung von öffentlichem Leben deutlich, die von Griechenland stark abweicht: Die Leistung für die Gemeinschaft erfüllt sich in der möglichst gewissenhaften Führung der politischen und religiösen Ämter, sie ist an traditionellen Institutionen orientiert und bewahrt einen mehr statischen Charakter.

In Griechenland wie in Etrurien war diese Entwicklung dadurch verursacht, daß historische Veränderungen zu einem neuen Bewußtsein vom Staat, von Politik und von der Rolle des einzelnen für die Gemeinschaft geführt hatten. In Rom sind die Anfänge einer politischen Repräsentationskunst durch Schriftquellen und wenige archäologische Denkmäler für das späte 4. und das 3. Jh. v. Chr. bezeugt; öffentliche Beutedenkmäler wie die Schiffsschnäbel (*rostra*) von Antium an der Rednerbühne am Comitium; Ehrenstatuen, etwa für C. Maenius, der diese *rostra* beim Sieg gegen die Latiner 338 v. Chr. errungen hatte; historische Gemälde, etwa aus den Samnitenkriegen. Damals, als die Außenpolitik durch die Expansion Roms die Dimensionen einer Großmacht angenommen und die innere Verfassung nach den Ständekämpfen durch die Ausbildung der neuen Nobilität einen neuen Charakter bekommen hatte, sind Staat, Politik und persönliche Leistung als zentrale Faktoren der Gemeinschaft bewußt geworden. Dies ist die geschichtliche Situation für die Entstehung politischer Denkmäler in Rom. Dabei erwiesen sich die kollektiven Kräfte des Staates zunächst noch als relativ stark: Es waren die entscheidenden Siege, die bedeutendsten Politiker und die Götter und Heroen der gesamten Gemeinschaft, die in den Denkmälern gefeiert wurden.

Die Krise der Republik nach dem 2. Punischen Krieg und besonders nach dem Scheitern der Reformversuche der Gracchen hat zu einer hektischen Zuspitzung der politischen Repräsentation geführt, wie sie bis dahin völlig unbekannt war. Die Energien der führenden Politiker richteten sich nun, nach der Niederwerfung der letzten großen Feinde, weniger nach außen als nach innen: Die großen Heerführer Marius, Sulla, Pompeius und Caesar strebten zunehmend nach einer Ausnahmestellung innerhalb des Staates; dadurch wurde die Form der Republik immer mehr zersetzt und in die Richtung auf ein monarchisches Staatswesen getrieben. Zur Legitimation solcher Ansprüche waren Reliefs an öffentlichen Gebäuden und Denkmälern hervorragend geeignet. Das Denkmal des Bocchus für Sulla (Kat. 214) und später die Basis für Antonius aus Praeneste (Kat. 198) zeigen exemplarisch, daß damals neue, komplexe Ideologien und Bildprogramme zur Begründung des politischen Führungsanspruchs ausgebildet wurden. Darüber hinaus wird am Bocchus-Denkmal die unerbittliche Konkurrenz zwischen den Protagonisten der verschiedenen politischen Gruppen deutlich: Marius fühlte sich durch das Monument in seinem Ruhm so beeinträchtigt, daß er es zu zerstören versuchte; und in der Tat war es eine polemische Replik auf ein ähnliches Denkmal des Marius, das später sogar von Sulla abgerissen, von Caesar dann wieder errichtet wurde. Alles kam darauf an, eine monopolartige Machtposition zu demonstrieren. Es entstand ein regelrechter Denkmälerkrieg, der bis in die letzten Jahre der Republik weitergeführt wurde: Noch das Denkmal für Antonius in Praeneste (Kat. 198) und das große Grabmal seines Feldherrn P. Ventidius Bassus von der Via Appia (Kat. 199) sind als provozierende Projekte der Antonianer im Zentrum des Machtbereichs des Octavian zu verstehen. Von den großen Feldherren griff das Bestreben, die eigene Leistung und *dignitas* in den Denkmälern zu rühmen, rasch auf andere Kreise über: zunächst auf untergebene Militärs (Kat. 199) und normale Amtsträger (s. u.), schließlich auf Männer, die in den verschiedensten Berufen zu Reichtum und Ansehen gekommen waren.

Diese Repräsentationskunst blieb bis zum Ende der Republik fast völlig auf Rom und seinen engsten Umkreis beschränkt. Nur selten finden sich Staatsdenkmäler dieser Epoche an anderen Orten des Reiches, etwa auf den Schlachtfeldern siegreicher Kriege, in den Zentren und an den Grenzen der unterworfenen Länder. Erst für Caesar wurde ein Beschluß gefaßt, seine Bildnisse in allen Städten Italiens aufzustellen. Im wesentlichen aber blieben die Denkmäler noch auf die Hauptstadt konzentriert: das Imperium war aus einem Stadtstaat entstanden und wurde immer noch von dorther begriffen; in Rom war die Macht versammelt, hier mußte man seine Ansprüche anmelden.

Der allgegenwärtige Herrscher und die Atmosphäre der Zustimmung

Augustus fand also eine verbreitete Praxis der Aufstellung politischer Denkmäler vor, an die er anknüpfen konnte. Er hat diese Möglichkeiten mit virtuoser Konsequenz ausgeschöpft und seinen Bedürfnissen entsprechend weitergebildet.

Zunächst ist gegenüber der Republik eine starke Vermehrung repräsentativer Bildwerke eingetreten. Darin wird ein wichtiges Motiv augusteischer Selbstdarstellung deutlich. Mit dem berühmten Ausspruch, er habe Rom von einer Stadt aus Ziegeln in eine Stadt aus Marmor verwandelt, unterscheidet Augustus sich grundsätzlich von allen Vorgängern: Jene konnten sich rühmen, der Stadt mit diesem oder jenem Gebäude einen Glanzpunkt geschenkt zu haben – Augustus hat ganz Rom neu gestaltet. Neben dem Kaiser, dem wichtigsten Bauherrn, traten Senat und Volk zur Erfüllung seiner Vorstellung als Auftraggeber auf, etwa bei der Ara Pacis (vgl. S. Settis, Ara Pacis). Weiter legte Augustus besonderen Wert darauf, auch reiche Angehörige der politischen Führungsschicht für die architektonische Neugestaltung der Hauptstadt zu gewinnen: etwa die vornehmen Aemilier, die seit alter Zeit die Verantwortung für die Basilica Aemilia übernommen hatten und jetzt, nach einem Brand, für einen Neubau sorgten; daneben gerade auch alte Anhänger des Antonius, wie C. Sosius, der sich nach Actium an Octavian angeschlossen hatte und dann mit dem Neubau des Apollotempels *in circo* betraut wurde.

Mit der völligen Neugestaltung der Stadt erfuhr auch die politische Bildkunst eine starke Verbreitung. Schon die Bildmotive der Schlacht von Actium waren an allen Ecken der Stadt zu sehen (Kat. 200.201), und im Lauf der weiteren Regierungszeit wurde das Stadtbild zu einem vielstimmigen bildlichen Panegyricus auf Augustus inszeniert. Dabei waren gerade auch die Bauten und Denkmäler, die vom Senat und Volk oder von reichen Privatpersonen errichtet worden waren, besonders stark auf die Verherrlichung des *princeps* ausgerichtet, oft deutlicher als seine eigenen Projekte. Der Kaiser war omnipräsent und unausweichlich, die Monopolisierung der Macht war abgeschlossen. Und die meisten hatten sich daran beteiligt.

Noch bezeichnender für die neue Situation ist, daß die kaiserlichen Bildmotive nun von der Bevölkerung in großem Umfang aufgenommen wurden. Eine solche breite Resonanz auf die Bildaussagen der führenden Politiker hatte es früher nicht gegeben. Die Rezeption reicht von der luxuriösen Wohnausstattung der Oberschicht (Kat. 202.203) bis zu den Freigelassenen und Sklaven, Handwerkern und sogar Frauen, die in den vielen Kultkollegien eine Möglichkeit fanden, an der Staatsreligion teilzunehmen (Kat. 217–225). Insbesondere die Altäre der Compital-Heiligtümer in den 265 Stadtbezirken Roms, die dem Kult für die Laren und den Genius des Kaisers dienten, sind ein wichtiger Verbindungspunkt für die Übermittlung kaiserlicher Bildmotive an mittlere und untere Schichten gewesen. Schließlich aber drang die Herrscherideologie auf die verschiedensten Gegenstände der Kleinkunst und des täglichen Lebens vor: von Stirnziegeln privater Gebäude (Kat. 201.207.211) über vornehmes Silbergeschirr (Abb. 23.24), Gemmen und Kameen bis hin zu Ringsteinen aus billigem Glasfluß und Tonlampen (vgl. Beitrag C. Maderna-Lauter). Zusammen mit den Münzen haben solche Produkte des Kunsthandwerks die Prinzipatsideologie massenweise in den privaten Lebensbereich getragen.

Dabei waren, im Gegensatz zur staatlichen Münzprägung, die übrigen Gattungen nicht einmal von einem offiziellen Zentrum aus gesteuert. Der Kaiser, Senat und Volk traten zwar selbst als Auftraggeber öffentlicher Denkmäler auf; aber es gab offensichtlich keine staatliche Institution, die darüber hinaus die Verbreitung kaiserlicher Bildmotive verordnet und organisiert hätte. Deren Rezeption im privaten Bereich war, genaugenommen, eine ‚freiwillige‘ Anerkennung und Loyalitätsbekundung durch die Untertanen. Das entsprach der offiziellen Ideologie, daß die beherrschende Stellung des *princeps* auf allgemeinem ‚consensus‘ beruhte. Tatsächlich blieb in einem Staat, der eine republikanische Tradition hatte, kaum eine andere Möglichkeit, als ‚spontane' Zustimmung zu einem ‚Retter' zu provozieren. Die Suggestionskraft des *princeps* muß groß gewesen sein.

Dieses Ausgreifen der Repräsentation betrifft nicht nur Rom und seine verschiedenen Bevölkerungsgruppen, sondern immer weitere Bereiche des Imperium. Schon die Schlacht von Actium ist auf Denkmälern bis zu den östlichen Grenzen hin gefeiert worden. Die Basis von Sorrent (Kat. 208) und der *clupeus virtutis* von Arles (Kat. 216) bezeugen neben vielen anderen Denkmälern, wie vielfältig die Ausstrahlung der verschiedensten kaiserlichen Bildthemen auf das Reich gewesen ist. Die Vermittlung dieser Motive scheint insbesondere durch eine neue Gruppe von sozialen Aufsteigern, oft Freigelassenen, getragen worden zu sein, die von der neuen Prosperität profitierten und in Händlerkollegien oder im Kaiserkult eine geachtete Position erringen konnten. Dabei ist es bezeichnend, daß die Denkmäler durchweg sehr stark an stadtrömischen Vorbildern orientiert sind: Das Reich begriff sich weiterhin stark von Rom her; aber es wurde, wie die Denkmäler zeigen, vom Kaisertum in einer neuen Weise integrierend durchdrungen.

Gewiß ist dies nicht alles ein rein spontaner Applaus für den Herrscher. Die Mittel augusteischer Meinungslenkung waren offensichtlich subtiler als direkte Verordnungen: indem durch Anerkennung und Förderung von oben eine Atmosphäre geschaffen wurde, in der die allgemeine Zustimmung sich wie ‚von selbst' einstellte. Wieweit dabei Opportunismus und wieweit echte Anerkennung, Dankbarkeit und Verehrung zum Ausdruck kommen, ist den Denkmälern nicht zu entnehmen. Und noch weniger konnte sich der Widerstand in Bildern artikulieren – allenfalls mag ein Larenaltar in Ostia (Kat. 222) als versteckter Hinweis dafür verstanden werden, daß man sich dort dem Anspruch der offiziellen Staatsreligion entzog und prononciert einen republikanischen Kult fortführte. Insgesamt aber wird deutlich, daß Augustus mit einer beträchtlichen Unterstützung rechnen konnte, die gewiß nicht immer Herzenssache oder innere Überzeugung war, aber de facto seine Stellung festigte.

Darin kommt aber nicht nur die Überlegenheit des Augustus gegenüber seinen Gegnern zum Ausdruck. Sondern diese privaten Proklamationen politischer Zustimmung haben überhaupt erst mit dem Übergang von der Republik zum Prinzipat in solchem Umfang begonnen und in der frühen Kaiserzeit einen Höhepunkt erreicht. Die Bereitschaft zu dieser Akklamationshaltung ist wohl eines der ernsthaftesten Symptome dafür, wie zersetzt die republikanische Staatsform war. Die ‚Rettung' des Staates war mit Verlusten verbunden.

Die Monumente

Die historischen Reliefs waren Teile größerer Denkmäler oder Bauwerke. Sie schmückten und interpretierten die Monumente und erhöhten deren Wirkung; andererseits erhielten sie ihre Wirkung von dem architektonischen Kontext, zu dem sie gehörten.

Allgemeine Voraussetzung war die Aufnahme der neuesten griechischen Steinarchitektur seit dem 2. Jh. v. Chr. statt der alten einheimischen Bauweise mit Holz und Terrakotta. Erst qualitätvoller Stein, vor allem Marmor, war ein Material, das den Anspruch auf glänzenden Ruhm und dauerndes Andenken angemessen zum Ausdruck bringen konnte. Mit dieser Architektur waren verschiedene Möglichkeiten des architektonischen Reliefs verbunden, die man für die eigenen Aussagen einsetzen konnte.

In der ausgehenden Republik waren es besonders die traditionellen Typen der großen Staatsarchitektur, die mit politischen Themen geschmückt wurden: Tempel, Basiliken u. ä. Dazu traten im privaten Bereich die verschiedenen Typen der Grabarchitektur. Hier kamen die alten griechischen Bauordnungen mit vielfältigen Varianten zur Anwendung, und mit ihnen die verschiedenen Möglichkeiten der Bauskulptur: vor allem Friese, Giebel, Akrotere (Kat. 212). Auch in augusteischer Zeit wurden diese Formen des Bauschmucks, gerade für politische Themen, noch vielfältig benutzt. Besonders die Giebelplastik erfuhr an den Tempeln des

Augustus einen neuen Aufschwung (Kat. 209.210), und sogar Dachziegel an öffentlichen und privaten Bauten wurden mit Bildmotiven der Prinzipats-Ideologie geschmückt (Kat. 201. 207. 211). Doch im Lauf der Zeit erwiesen sich Friese und Giebel, Akrotere und Antefixe wegen ihrer hohen Anbringung und ihrer ungünstigen Bildformate als immer weniger geeignet zur wirkungsvollen Darstellung vielgestaltiger Themen; man begnügte sich mehr und mehr mit einfacherem Dekor oder ließ Fries und Giebel ganz glatt, im Vertrauen auf großflächige Fassadenwirkung. Statt dessen traten neue Aufgaben für das Relief in den Vordergrund.

Schon im Laufe des Hellenismus hatten die traditionellen Gesetze, nach denen das Relief auf wenige Punkte innerhalb der architektonischen Ordnung beschränkt war, sich stark gelockert. Das führte schließlich dazu, daß Reliefs wie Bilder frei auf die Wand gesetzt werden konnten. In der späten Republik ist diese Möglichkeit vielfach an Grabbauten eingesetzt worden (Kat. 199). Damit war eine Reliefform geschaffen worden, die in sehr variablen Proportionen verwirklicht, zu großem Format gesteigert, und in den verschiedensten architektonischen Zusammenhängen deutlich sichtbar verwendet werden konnte. Die repräsentativen Möglichkeiten, die hier lagen, wurden in augusteischer Zeit klar erkannt. In der Ara Pacis (vgl. S. Settis) wurde aus älteren Vorstufen eine neue Form des Monumentalaltars mit großen Relieffeldern geschaffen; und der Parther-Bogen am Forum (vgl. E. Nedergaard, Zur Problematik der Augustusbögen auf dem Forum Romanum) mit den Victorien in den Zwickeln ist das erste Beispiel dieses Denkmaltypus, das Reliefschmuck aufweist. Beide Denkmaltypen sollten eine lange Tradition haben; das monumentale historische Reliefbild, das in augusteischer Zeit seine volle Ausprägung erhielt, ist in seiner weiteren Geschichte eng mit diesen beiden Denkmaltypen verbunden geblieben. Im Bereich der privaten Wohnkultur muß schon in der späten Republik die Sitte bekannt gewesen sein, Reliefs als Schmuck in die Wände einzulassen. In augusteischer Zeit ist auch diese Gattung des Schmuckreliefs für politische Themen genutzt worden (Kat. 202. 203).

Hinzu kamen Aufgaben an kleineren Monumenten. Seit alter Zeit waren in Griechenland gelegentlich die Basen von Statuen und Statuengruppen mit Reliefs geschmückt worden. Diese Möglichkeit wurde in der späten Republik für politische Denkmäler aufgegriffen (Kat. 198. 214) und auch in der frühen Kaiserzeit fortgeführt (Kat. 208). Weiterhin wurde Reliefschmuck zunehmend für Altäre verwendet (Kat. 217–223). Sofern die Kulte in besonderem Maß staatlicher oder sozialer Repräsentation dienten, konnte das in den Bildthemen zum Ausdruck kommen: ein Zeichen dafür, wie stark die politischen Aspekte dieser Religion z. T. geworden waren. Es ist charakteristisch, daß die meisten Altäre mit öffentlichen Themen aus der Zeit des Augustus oder bald danach stammen: Damals wurde die Begründung des Staates auf der Religion mit besonderem Nachdruck betrieben. Schließlich ist, aus hellenistischen und republikanischen Vorstufen, unter Augustus und seinen Nachfolgern die Gattung der reliefgeschmückten Panzerstatue zu ihrer reichsten Ausprägung geführt worden: Die Kaiserstatue von Prima Porta (Kat. 215) bezeugt die außerordentliche Souveränität, mit der das Relief jetzt für die verschiedensten Aufgaben eingesetzt wurde.

Dabei sind weder die einzelnen Bautypen und Denkmälergruppen noch die verschiedenen Arten des Reliefs (Fries, Wandbild etc.) auf bestimmte Themen des Bildschmucks festgelegt. Die Verbindung von Denkmal und Bildschmuck ist jeweils durchdacht, bleibt aber flexibel. Das Motiv des Triumphs erscheint etwa auf einem Tempelfries, einem Silberbecher und auf Münzen (vgl. oben Beitrag La Rocca zum Apollo-Sosianus-Tempel; Abb. 23. 24), die Sage von Romulus auf dem Fries der Basilica Aemilia, in zwei Tempelgiebeln, einer rundplastischen Statue, einer Reliefplatte der Ara Pacis, einem Gemälde und auf zwei Altären (Kat. 209.212. Abb. 177). Die Themen der historischen Reliefs sind daher zwar zu inhaltlichen Gruppen zu ordnen, aber nicht in strenger Responsion zu den zugehörigen Denkmälertypen zu betrachten.

Gerade dies macht aber die Wirkungsmöglichkeiten dieser Staatskunst aus: Hier stand ein Instrument der Herrscherpropaganda zur Verfügung, das mit großer Flexibilität für die verschiedensten Aufgaben eingesetzt werden konnte.

Die Themen

Promotoren der politischen Repräsentationskunst waren in der späten Republik zunächst die mächtigen Feldherren. Ihre Macht beruhte auf dem Heer, das ihnen persönlich ergeben war, und auf den vielfach außerordentlichen Vollmachten, die der Senat ihnen übertragen hatte. Militärischer Erfolg und Ruhm ist daher das wichtigste Motiv spätrepublikanischer Staatsdenkmäler. Das Denkmal, das Bocchus von Mauretanien auf dem Kapitol für Sulla errichtet hat (Kat. 214), und das Denkmal des Antonius in Praeneste (Kat. 198) lassen die Vielfalt der Möglichkeiten ahnen: Hier ein Fries mit Waffen, die emblemartig die Bilder siegverleihender Gottheiten und andere Siegesmotive zeigen; dort eine glanzvolle Parade der verschiedenen Truppengattungen. Hinzu kam vor allem die alte Tradition der Schilderung von Kampfhandlungen, die in Rom seit langem in Tafelgemälden, später aber auch in Reliefs und freiplastischen Gruppen gepflegt wurde; ferner die Darstellung des Triumphs in Wandgemälden, Grabfresken, auf Tempelfriesen und Münzen; schließlich die allegorische Überhöhung des Sieges durch den Mythos, wie auf dem berühmten Censoren-Denkmal in München und Paris, wo der Hochzeitszug des Neptun die souveräne Beherrschung der Meere anzeigt.

Die Denkmäler des Sulla und des Antonius machen aber zugleich deutlich, daß einfache Siegesmotive vielfach nicht mehr ausreichten. Da die großen Imperatoren eine persönliche Ausnahmestellung im Staat anstrebten, die den Rahmen der Republik mehr und mehr sprengte, bedurften sie einer außergewöhnlichen Legitimation. In diesem Sinne entwickelt das Bocchus-Denkmal ein umfassendes ideologisches Konzept: Die berühmte Gefangennahme des Jugurtha durch Sulla, die in vergoldeten Statuen dargestellt war, wurde von einem Sockel getragen, auf dem der oberste Staatsgott Iuppiter, die persönliche Schutzgöttin Venus und weitere göttliche Repräsentanten seines politischen Kurses als Fundament seiner außerordentlichen Ambitionen dienten (Kat. 214). In ganz anderer Weise wurde Antonius auf der Basis von Praeneste als Herr über ein Heer mit sämtlichen Truppengattungen in der Nachfolge Alexanders des Großen proklamiert (Kat. 198). Untergeordnete Feldherren haben bezeichnenderweise keine derart umfassenden Bildprogramme entwickelt.

Neben der militärischen Macht traten andere Themen während der späten Republik in den Hintergrund. Aus alter italischer Tradition wurde die Repräsentation von ehrenvollen Ämtern aufgenommen und mit neuen Bildmotiven weitergeführt. Daneben führte die stark religiöse Begründung des römischen Staates dazu, daß die Bekundung von *pietas* in Opferszenen und anderen Riten immer mehr Bedeutung erhielt. Beide Themenbereiche, die sich vielfach überschneiden, sind sowohl an öffentlichen Denkmälern wie an Grabmälern zur Darstellung gekommen.

Die politischen Bildthemen des Augustus lassen deutlich die Etappen seiner Machtbildung erkennen. Eine erste Phase, bis zur Rückgewinnung der verlorenen Feldzeichen von den Parthern 20 v. Chr., ist geprägt von der Demonstration militärischer Stärke. Von Caesar hatte Octavian die Vorstellung einer Siegesgöttin übernommen, die ihm persönlich zugeordnet war; darum konnte er die Victorien am Fries des Tempels des Divus Iulius seit der Einweihung 29 v. Chr. auch auf die eigene Person beziehen (Kat. 206). Nach Actium wurde das verfügbare Arsenal von Bildmotiven in seiner ganzen Breite mobilisiert. Der dreifache Triumph des Jahres 29 v. Chr. von Illyrien, Actium und Alexandria wird anscheinend auf dem Fries des Apollotempels *in circo* geschildert (vgl. o. La Rocca, Apollo-Sosianus-Tempel). Unter den Gottheiten ist es vor allem Victoria, die unaufhörlich proklamiert wird: angefangen mit der Statue in der Curia Iulia, die auf einem Globus stand und Octavians Übermacht mit der Weltherrschaft Roms verband (Kat. 207); über die Münzprägung, die nicht nur dies berühmte Bildwerk wiedergab, sondern auch den hellenistischen Typus der Siegesgöttin auf einem Schiffsbug aufgriff (Abb. 167); bis zu den tönernen Stirnziegeln privater Bauten (Kat. 207) und den Schmuckreliefs vornehmer Wohnsitze (Kat. 202). Dazu wurde die ruhmreiche Geschichte Griechenlands aktualisiert, indem man die Schlacht von Salamis als Exempel des eigenen Sieges gegen die

„barbarischen" Feinde aus dem Osten verherrlichte (Kat. 203). Darüber hinaus wurde der Sieger Octavian in der Kleinkunst sogar als neuer Neptun gefeiert, der in der Quadriga von Hippokampen über das Meer stürmt, über den hilflos in den Wellen schlingernden Antonius hinweg (Gemme Boston: Kat. 247).

Weit verbreitet war schließlich die Verwendung von Schiffstrophäen als Symbole des Sieges von Actium. Die Motive sind bereits von griechischen Seesieg-Denkmälern bekannt, haben aber auf dem capitolinischen Fries eine neue und prägnante Form gefunden (Kat. 200). Die hellenistische Tradition des Waffenfrieses ist hier raffiniert für Schiffsteile aufgegriffen und zugleich auf religiöse Attribute übertragen worden. Damit ist erstmals der für Augustus so typische Gedanke formuliert, daß militärische Macht und Verehrung der Götter, *virtus* und *pietas*, sich verbinden müssen, um den Frieden unter der Herrschaft Roms zu sichern. Diese Symbolsprache war so einprägsam, daß sie rasch weite Verbreitung fand: Die Grabmäler der Teilnehmer an Octavians siegreichen Seekriegen haben vor allem mit diesen Bildmotiven ihren Beitrag zur neuen Staatsordnung gerühmt.

Mit der Rückgewinnung der römischen Feldzeichen von den Parthern, die durch Diplomatie erreicht, aber wie ein militärischer Sieg gefeiert wurde, ließ sich noch einmal an den Gründungssieg des Prinzipats anknüpfen. In diesem Sinne hat der Parther-Bogen am Forum den älteren Actium-Bogen ersetzt (vgl. E. Nedergaard). Ein Problem waren die Parther damals nicht, aber sie wurden als Gefahr beschworen, um die Herrschaft im Inneren zu sichern.

Auf die Dauer reichte diese Legitimation aber schwerlich aus. Die zweite Phase augusteischer Propaganda wird beherrscht von dem Gedanken des Goldenen Zeitalters, das seit langem sehnsüchtig erwartet und von Weissagungen prophezeit worden war und schließlich von Augustus 17 v. Chr. mit den Saecularspielen feierlich eingeläutet wurde. Erst dadurch ist die Ideologie von Herrscher und Staat zu einem universalen System ausgebaut worden. Die Augustusstatue von Prima Porta (Kat. 215) und die Ara Pacis (vgl. S. Settis) sind die wichtigsten Zeugnisse dafür, wie damals die Vision einer befriedeten und glücklichen Welt proklamiert wurde. In beiden Monumenten sind zwar immer noch unterworfene Völkerschaften, also militärische Siege, die unabdingbaren Voraussetzungen für den Frieden − bis heute ist den Regierenden nicht viel Besseres zu diesem Thema eingefallen. Aber dieser Friede wird auf dem Reliefpanzer in die Obhut der persönlichen Schutzgötter des Kaisers gestellt; und er erhält kosmische Dimensionen, die von der Erde bis in den Himmel reichen und einen Bogen von der glücklichen «saturnischen» Vorzeit bis zur Gegenwart schlagen. In anderer Weise ist an der Ara Pacis ein umfassendes Konzept des römischen Staates gezeichnet: Als tragende Säulen der *res publica* sind Kaiserhaus und große Adelsgeschlechter einander gegenübergestellt. Sie verbinden sich in einer gemeinsamen religiösen Handlung, der Einweihung des heiligen Bezirks der Pax Augusta. Die rituelle Permanenz des Kultes wird am kleinen Fries des Opferaltars vorgeführt. Dazu bringen die mythischen Protagonisten, der *pius Aeneas* und die Mars-Söhne Romulus und Remus, die Dimension einer exemplarischen Vorzeit in das Konzept; und mit Tellus und Roma kommt als weitere Dimension die Polarität von wehrhaftem Zentrum und friedlich-fruchtbarem Reich hinzu.

Die Heroen der Vorzeit, Aeneas und Romulus, waren seit langem die wichtigsten mythischen Identifikationsfiguren Roms. In der Staatskunst sind sie auch früher einander gegenübergestellt worden: an der Basilica Aemilia, also im Umkreis Caesars (Kat. 212). Caesar und Augustus konnten als Nachkommen des Aeneas besondere Ansprüche geltend machen: Der anerkannte Held der Gemeinschaft war ihnen genealogisch verbunden. Auf dem Augustusforum verkörperte Aeneas, mit Anchises auf der Schulter, als jugendlicher Held die *pietas* gegen den Vater (Abb. 88), an der Ara Pacis als Vaterfigur die Verehrung der Götter: Als Sohn des vergöttlichten Caesar (*Divi filius*) einerseits und als «Vater des Vaterlandes» (*pater patriae*) andererseits vereinigte Augustus diese beiden Aspekte auch in eigener Person. Der Vergleich mit Romulus, dem ersten König Roms, war nicht ungefährlich, weil er die Anhänger republikanischer Staatsform provozieren konnte; gleichwohl mußte das Exempel des Stadtgründers, des ersten Triumphators und der ersten Apotheose eines Römers für Augustus eine solche Wirkung haben, daß er in den wichtigsten augusteischen Staatsmonumenten, an der Ara Pacis, im Augustusforum und in anderen Bildprogrammen (Kat. 208. 209. 223) einen zentralen Platz erhielt.

Fundament des neuen Staates sollte die Verehrung der Götter sein. Sie gehörte von Anbeginn zum Programm des Augustus (Kat. 200), trat aber seit 12 v. Chr. durch die Position als Pontifex maximus stärker in den Vordergrund und wurde in vielen Denkmälern gepriesen. Vor allem in spät- und nachaugusteischen Reliefs ist dies der vorherrschende Aspekt des Augustus. Im Vordergrund stand zunächst Apoll, der als jugendlicher Gott des aufgehenden Lichts genau der Rolle entsprach, die der junge Octavian bei seinem kometenhaften Eintritt in die Politik spielen wollte. Seit der Konsolidierung des Prinzipats 27 v. Chr. gewann Mars, zusammen mit Venus, immer mehr Bedeutung. Wie Aeneas hatte er den doppelten Aspekt des Jugendlichen Kriegers, etwa an der Panzerstatue von Prima Porta (Kat. 215), und des bärtigen Vaters, wie an der Ara Pacis (vgl. S. Settis) und im Tempel des Augustusforums (Abb. 150. 151), vielleicht auch schon in der Statue des augusteischen Pantheon von 25 v. Chr. Als Vater des römischen Volkes und Partner der julischen Venus verkörpert Mars den genealogischen und patriarchalischen Aspekt, den die Herrschaft des Augustus nach ihrer endgültigen Festigung annehmen mußte. Andere Gottheiten schlossen sich an: etwa Vesta, mit der Augustus als Pontifex maximus von Amts wegen verbunden war (Kat. 208); oder Magna Mater, die die kleinasiatische Heimat des Aeneas und zugleich, als Gemahlin des Kronos-Saturn, die wiederkehrende Goldene Zeit verkörperte (Kat. 210. 211. 215). Hinzu kamen die vielen göttlichen Personifikationen seiner politischen Leitbegriffe: allen voran Pax, die die unlösliche Verknüpfung der Person des *princeps* schon in dem Beinamen Augusta zeigt; dazu etwa Concordia und Salus publica, denen er zusammen mit Pax 11 v. Chr. Statuen aufstellte. Nahezu die gesamte Götterwelt wurde in die staatliche Loyalitätsreligion integriert und auf den Kaiser als Mittelpunkt ausgerichtet. Die Basis von Sorrent bringt das besonders prägnant zum Ausdruck (Kat. 208). Auch in dieser Hinsicht wurde Augustus unausweichlich: Man konnte kaum eine Gottheit verehren, in der man nicht zugleich auch den Kaiser mitverehrt hätte.

In den Denkmälern der Jahre nach dem Panthererfolg und der Saecularfeier sind im Prinzip die wichtigsten Themen entfaltet worden, die dann bis zum Ende der Regierung Gültigkeit behielten. Dennoch brachten die beiden letzten Jahrzehnte des Augustus noch einmal eine neue Entwicklung. Erst jetzt nahm die Verbreitung kaiserlicher Bildthemen auf Werken der Kleinkunst und auf Denkmälern im ganzen Reich jenes Ausmaß an, das eine wirkliche Konsolidierung der Herrschaft dokumentiert. Augustus selbst hatte dazu viel beigetragen durch zwei Projekte, die wohl eine ungleich größere Breitenwirkung hatten als seine früheren Denkmäler: die Einrichtung des Kults der Laren und des Genius Augusti in den 265 Bezirken (*vici*) der Stadt Rom 7 v. Chr., mit dem er die mittleren und unteren Schichten der Bevölkerung ansprach; und die Anlage des Augustusforums 2 v. Chr., das die Majestät Roms und des Kaiserhauses in höchster Prachtentfaltung zur Wirkung brachte.

Das Bewußtsein sicherer Herrschaft, das aus solchen Projekten spricht, hat auch dazu geführt, daß ein Thema zur Sprache kommen konnte, welches einige Gefahr barg: das Problem der Thronfolge, der Dynastie. An der Ara Pacis trat noch die ganze kaiserliche Familie auf, als allgemeine Garantie für den Bestand der *gens Iulia*. Später aber wurden die ausersehenen Nachfolger sehr deutlich herausgestellt: zunächst die Enkel und Adoptivsöhne des Kaisers, C. und L. Caesar, später Tiberius und Germanicus (Kat. 204). Es ist bezeichnend für die Grundlagen kaiserlicher Macht, daß dies Verhältnis zwischen *princeps* und Thronfolger vor allem als eine Frage der militärischen Befehlsgewalt dargestellt wurde: Auf der Gemma Augustea und den Silberbechern von Boscoreale (Kat. 204. Abb. 23. 24) erscheint der Kaiser als oberster Feldherr und Weltherrscher, kraft seines *imperium proconsulare maius* und seines Rechts, die Auspicien durchzuführen; der Prinz dagegen fungiert als ausführender Feldherr. Die Position des Kaisers wird als unanfechtbar dargestellt: Von hier aus konnte auch die Thronfolge ein öffentliches Thema werden.

Die akklamierende Reaktion breiter Kreise auf diese Inszenierung kaiserlicher Machtfülle hatte weitere Folgen für die Thematik. Auf den Altären der Bezirksheiligtümer, aber auch auf solchen von anderen Berufs- und Kultkollegien (Kat. 217–219. 221) drängten immer stärker die Kultbeamten selbst in den Vordergrund, um so ihre Verbundenheit mit dem Kaiserhaus zu demonstrieren. Aber auch die Verherrlichung des Augustus selbst änderte sich. Da es vielfach bescheidene Denkmäler und Gebrauchsgegenstände waren, die mit Hinweisen auf den Kaiser geschmückt werden sollten, wählte man unter den verfügbaren Motiven immer mehr die einfachen Bildsymbole aus: die Victoria auf dem Globus (Kat. 207); den *clupeus virtutis* in der Curia Iulia, mit der Aufzeichnung seiner wichtigsten Tugenden *virtus, clementia, iustitia* und *pietas* (Kat. 223); die *corona civica*, die über dem Eingang zum Kaiserpalast zum Dank für die Rettung der Bürger aus der politischen Not der Bürgerkriege angebracht worden war (Kat. 208. 217. 220); und die beiden Lorbeerbäume, die neben der Palasttüre als Zeichen für Triumph, Frieden und Apoll-Verehrung gepflanzt worden waren (Kat. 217. 220. 223). Alle diese Symbole des augusteischen Prinzipats waren bereits in den ersten Jahren der Regierung geprägt worden; in spätaugusteischer Zeit hat man, im Bedürfnis nach massenhafter Verbreitung, verstärkt wieder nach diesen chiffrenhaft einfachen Symbolen gegriffen.

Ideologie und Geschichtsauffassung

Die römischen ‚historischen‘ Reliefs sind nicht einfache Beschreibung von Ereignissen oder Hinweise auf politische Realität, sondern zielen auf Programme und Ideologien. Eine theoretische Grundlegung monarchischer Herrschaft war bereits von der hellenistischen Philosophie erarbeitet worden. Mit der Übernahme griechischer Bildung war auch im spätrepublikanischen Rom die politische Praxis den Forderungen theoretischer Ideale unterworfen worden. Die Münzprägung der späten Republik ist voll von Personifikationen politischer Leitbegriffe wie Virtus, Honos, Fides, Concordia, Pietas und Libertas; und die monumentale Repräsentationskunst wies in Kampfszenen, Amtshandlungen, Vertragsschlüssen und religiösen Zeremonien auf diese Verhaltensmuster hin.

Unter Augustus ist hier eine bezeichnende Klärung herbeigeführt worden: Auf dem *clupeus virtutis*, den Senat und Volk ihm 27 v. Chr. in der Curia Iulia aufgestellt haben, waren vier dieser Tugenden zu einem lapidaren Konzept zusammengestellt: *virtus*, militärische Tüchtigkeit; *clementia*, Milde; *iustitia*, Gerechtigkeit; und *pietas*, religiöse Pflichterfüllung (Kat. 207). Ein sehr ähnliches Konzept steht hinter den realen Szenen der beiden Silberbecher von Boscoreale (Abb. 23. 24): Augustus ist auf der einen Seite der *rector orbis*, der Weltherrscher, dessen wichtigste Tugend *iustitia* ist; auf der Gegenseite beweist er *clementia* gegen die Feinde. Tiberius als opfernder und triumphierender Feldherr fügt *pietas* und *virtus* hinzu. Die Szenen sind kaum eine bewußte Umsetzung des *clupeus virtutis* – um so mehr bezeugen sie die allgemeine Geltung dieser politischen Leitbegriffe.

Insbesondere die Eckpfeiler des *clupeus virtutis, virtus* und *pietas*, wurden auf augusteischen Denkmälern in der verschiedensten Weise proklamiert. Auf dem Fries im Museo Capitolino sind Seetrophäen und Priesterattribute als Symbole für *virtus* und *pietas* zusammengeordnet (Kat. 200). Ebenso sind die beiden Protagonisten der sagenhaften Frühzeit jetzt ganz auf diese Aspekte zugeschnitten: Romulus als Vorbild römischer *virtus*, Aeneas als Muster der *pietas* gegen den Vater wie gegen die Götter (Kat. 223. Abb. 88). Dazu kamen andere Tugenden: Die Gruppe der Angehörigen des Augustus auf der Ara Pacis soll zweifellos auch die *concordia*, Eintracht, innerhalb der kaiserlichen Familie, die Verbindung von Mars und Venus im Tempel des Mars Ultor die *concordia* zwischen der Kaiserfamilie und dem römischen Volk bezeichnen. In der Figur der Tellus mit den Putten an der Panzerstatue von Prima Porta, an der Ara Pacis und auf der Gemma Augustea (Kat. 204. 215) klingt der Gedanke an die *felicitas*, den glücklichen Zustand des Goldenen Zeitalters an; der Sonnengott des Panzerreliefs verkörpert zugleich die *aeternitas*, die Ewigkeit des Römischen Reichs. Mit der *corona civica* wurden Vorstellungen wie *clementia*, Milde, und *salus publica*, öffentliches Wohl, assoziiert; die Lorbeerbäume vor dem Kaiserpalast wurden als Zeichen für Triumph, also *virtus*, und *pax*, Friede, verstanden.

Maßstab der Repräsentationskunst war eine umfassende Staats- und Herrscherideologie, in deren Zentrum der Kaiser stand. Die geschichtlichen Ereignisse und politischen Konstellationen sollten die Realisierung dieser Leitvorstellungen vor Augen führen; symbolische Gegenstände sollten schlagwortartig darauf hinweisen; die Götter sollten dies ideelle Wertsystem verkörpern und garantieren.

Daraus ergaben sich Konsequenzen für die Auffassung von Politik und Geschichte. Politisches Handeln und historische Ereignisse wurden vor allem unter dem Gesichtspunkt betrachtet, wie weit sie die ideellen Leitbegriffe des öffentlichen Lebens zur Evidenz brachten. Darum wurden aus der vielfältigen Realität der Politik solche Szenen für die Repräsentation ausgewählt, die diesen demonstrativen Charakter hatten. Bezeichnenderweise sind es nicht so sehr die entscheidenden politischen Vorgänge, sondern die großen Staatszeremonien: Opfer, Vertragsschlüsse, Ansprachen, Auszug und Rückkehr, Unterwerfungen und Triumph. Damit steht die römische Kunst in diametralem Gegensatz zur griechischen: Deren Historienbilder hatten durchweg die epochalen Ereignisse der Geschichte, insbesondere die großen Schlachten zum Thema; Geschichte war dabei als eine dynamische Folge von einschneidenden Wendepunkten begriffen worden. Dagegen zeigten die vielen Denkmäler für Actium nie die Schlacht selbst, sondern durchweg den Triumphzug bzw. Allegorien und Symbole des Triumphs (Kat. 200–203). Abstrakte politische Begriffe und Konzepte ließen sich kaum faktisch berichten, sondern nur zeremoniell inszenieren. Im Sinne einer solchen Schaustellung wurden Triumphzüge als Beweis von *virtus*, die Entgegennahme freiwilliger Unterwerfung von Gegnern als Zeichen von *clementia*, Prozessionen und Opferhandlungen als Hinweis auf *pietas* gezeigt. Und diese Auffassung beherrschte nicht nur die Staatskunst, sondern auch die Realität: Das politische Leben selbst ist in Rom immer mehr in feierlichen Auftritten des Herrschers stilisiert worden, mit denen ideelle Vorstellungen in der Öffentlichkeit sichtbar gemacht werden konnten. Grundsätzlich wird hier eine Tradition deutlich, die schon früh in Etrurien ausgebildet war und auch dort zur Betonung zeremonieller Auftritte geführt hatte. Diese Tradition hat aber in Rom eine neue ideologische Begründung von griechischer Provenienz erhalten.

Von diesen Bedingungen wurde weiter die Auffassung vom Handeln der historischen Personen geprägt. Der Kaiser bestimmt auf den Bildwerken den Staat nicht nur durch persönliche Aktivität, sondern durch rituellen Vollzug von Staatsakten. Statt der Dynamik, mit der etwa Alexander der Große auf dem Mosaik von Pompeji eine weltgeschichtliche Entscheidung herbeiführt, repräsentiert der römische Herrscher eine festgefügte Staatsordnung.

Alle diese Phänomene schließen sich zu einer statischen Auffassung von Geschichte zusammen. Das ideologische System, das die Repräsentationskunst bestimmte, hatte eine solche Allgemeingültigkeit, daß man jede einzelne geschichtliche Aktion immer wieder als Realisierung derselben alten Prinzipien der Politik ansah. Dies ist der Grund dafür, daß die Themen der Staatsmonumente durch die ganze Kaiserzeit hindurch sich nur wenig änderten: ein sprechender Ausdruck für das Ideal der Ewigkeit des Reiches (*aeternitas imperii*). Die Grundlage für diese Verfestigung wurde gleich zu Beginn der Kaiserzeit unter Augustus gelegt. Damals entwickelte der Staat in seiner Repräsentation jene statische Monumentalität, die so oft als eindrucksvolle Leistung gefeiert worden ist, nach den Erfahrungen unseres Jahrhunderts aber wohl eher Beklemmung hervorruft.

Bildsprache und Stil

Die römischen Künstler hatten grundsätzlich drei Möglichkeiten zur Verfügung, politische Themen im Bild zu gestalten, zum einen die Wiedergabe realer Vorgänge und Personen, für die sie auf griechische wie auf einheimisch-italische Vorbilder zurückgreifen konnten; dazu die Darstellung von Göttern und allegorischen Personifikationen sowie schließlich von zeichenhaften Symbolen, beides in der griechischen Kunst ausgeprägt. In der späten Republik war aus diesen Elementen eine vielfältige, flexible Bildsprache entwickelt worden, mit der das große Spektrum politischer Themen zum Ausdruck gebracht werden konnte. Die augusteische Zeit hat hier nicht grundsätzliche Veränderungen gebracht, sie hat aber dieser Bildersprache eine neue, lapidare Schlagkraft gegeben. Einige Beispiele können das verdeutlichen.

Der neue Typus des bärtigen Mars Ultor war eine so überzeugende Schöpfung, daß er eine weite und anhaltende Verbreitung fand (Kat. 209). Ähnliches gilt für die Victoria auf dem Globus (Kat. 207). Für die beiden Helden der Vorzeit wurden aus der etwas diffusen Bildtradition zwei Typen herausdestilliert, die die Aussage auf das Wesentliche konzentrierten: Aeneas mit Anchises auf der Schulter und Ascanius-Iulus an der Hand, Romulus mit Tropaeum auf der Schulter (Abb. 88). Besondere Prägnanz wurde mit symbolischen Motiven entwickelt. Die Motive der *corona civica*, der Lorbeerbäume und des *clupeus virtutis* sind zu höchst einprägsamen, klaren Kompositionen geordnet worden (Kat. 223). Diese lapidare Bildersprache entspricht der gedanklich abgeklärten Herrscherideologie der augusteischen Zeit. Mit solchen eingängigen Bildmotiven hat die Staatskunst eine neue Schlagkraft erhalten, die eine wesentliche Voraussetzung für ihre räumliche und zeitliche Verbreitung war.

Auch im plastischen Figurenstil sind bezeichnende Veränderungen zu beobachten. In republikanischer Zeit waren im wesentlichen zwei Stilrichtungen für die großen Staatsmonumente maßgebend. Vielfach folgte man einem höchst artifiziellen, aus dem hellenistischen Osten übernommenen Stil: einer Mischung von archaischen und spät- bis nachklassischen Formen, wie sie damals als dernier cri in Griechenland ausgebildet worden war. Das Bocchus-Denkmal (Kat. 224) und der Fries vom Tempel des Divus Iulius (Kat. 206) zeigen, daß dieser Stil vor allem im Umkreis der führenden Imperatoren gepflegt wurde, offenbar als Ausdruck eines intellektuell gebildeten Habitus. Dieser Stil war jedoch nur für mythische und allegorische Themen, nicht für solche des realen Lebens ausgebildet worden. Für Szenen der politischen Wirklichkeit griff man darum zu Vorbildern verschiedenster Art, aus der griechischen wie aus der einheimisch-italischen Kunst, die dann oft wenig überzeugend zu größeren Kompositionen zusammengestellt wurden. Das Censoren-Denkmal München–Paris, mit seiner Diskrepanz zwischen dem schwungvollen Hochzeitszug des Poseidon und der hölzern zusammengesetzten Census-Szene, ist ein anschauliches Beispiel für diese kunsthistorische Situation.

In augusteischer Zeit wurden die verschiedenen Möglichkeiten scharf gegeneinander abgesetzt und geklärt. Schon um 27 v. Chr., offenbar unter dem unmittelbaren Einfluß des Kaisers, wurde der neue Bildnistypus des Augustus geschaffen, der auch für die Statue von Prima Porta verwendet ist (Kat. 215); er ist orientiert an Formen der griechischen Hochklassik, insbesondere des Polyklet, und gibt der *gravitas, sanctitas* und *auctoritas*, der feierlich religiös überhöhten Würde des *princeps* Ausdruck. An der Ara Pacis ist dann für die Darstellung der großen Prozession zum ersten Mal ein Reliefstil ausgebildet worden, der an den Fries des Parthenon anknüpft und den Staatsakt mit der Vorbildlichkeit der klassischen Form adeln soll. Es ist ein Stil des «law and order», der die verlorenen Aktionsmöglichkeiten durch eine feierliche Würde ersetzt. Daneben wurde an der Ara Pacis in den mythologischen und allegorischen Reliefplatten die Tradition des hellenistischen Landschaftsreliefs fortgesetzt, als Ausdruck der idyllischen Zustände in der mythischen Vorzeit und in der erhofften *aurea aetas*. Und schließlich wird am kleinen Fries um den Altarkörper selbst der alljährliche Opferritus in einer additiven, dokumentarischen Kompositionsweise geschildert, die ältere einheimische Wurzeln hat und die traditionsverbundene Sorgfalt römischer Religion anschaulich macht. Der Reliefstil ist also vom Thema abhängig. Das vornehmste Thema aber, die Szene mit dem Kaiser, seiner Familie und den hohen Würdenträgern, zeigt den neuen klassizistischen Stil, der die abgeklärte Würde der neuen Staatsauffassung zum Ausdruck bringt. Insofern ist dieser Klassizismus in der Nachfolge der griechischen Hochklassik zwar nicht die einzige formale Möglichkeit der augusteischen Zeit, aber doch die wesentliche Form ihrer Selbstdarstellung. Daraus ist die Tradition eines ‚großen Repräsentationsstils' entstanden, der bis ins 3. Jh. n. Chr. für Staatsmonumente Geltung behielt.

Das Publikum

In der späten Republik stellten die großen Denkmäler der führenden Staatsmänner einen ungewöhnlich hohen Anspruch an die Betrachter. Das Bocchus-Denkmal auf dem Kapitol entfaltete mit seinen verschiedenartigen Figuren und seinen abstrakten Ideenverbindungen ein kompliziertes ideologisches Konzept, das gegenüber der bisherigen Bildsprache ganz neue intellektuelle Voraussetzungen für das Verständnis erforderte (Kat. 224). Und noch nach Caesars Tod bezeugt der Fries vom Tempel des Divus Iulius, auf dem die Rankengöttinnen die Verbindung von Venus und Victoria symbolisieren, diesen pointiert intellektualistischen Habitus (Kat. 206). Solche Denkmäler rechnen auf ein beträchtlich gebildetes Publikum. Offensichtlich wurde die Oberschicht der Stadt Rom als der wichtigste Faktor im Staat angesehen, vor dem man seine Ansprüche formulierte.

In den großen Denkmälern der augusteischen Zeit wurde dieses intellektuelle Niveau vielfach beibehalten. Die Reliefkomposition der Panzerstatue von Prima Porta setzt die historische Rückgabe der Feldzeichen durch die Parther in das Zentrum eines äußerst vielschichtigen Ideengebäudes. Ähnlich komplex ist die Verflechtung der verschiedenen Szenen der Ara Pacis. Diese und andere Denkmäler setzen für ein volles Verständnis eine geübte Fähigkeit des Deutens von Kunstwerken voraus: Auch jetzt war offenbar die gebildete Oberschicht der Hauptstadt noch der wichtigste Partner, vor dem die Stellung des *princeps* zu legitimieren war. Diese Oberschicht ist greifbar in den Schmuckreliefs ihrer vornehmen Wohnsitze, auf denen die Erfolge des Augustus gegen Antonius und die Parther in Parallele gesetzt sind zu den klassischen Siegen Athens gegen die Perser (Kat. 202. 203). Hier ist eine Orientierung am Zentrum der klassischen Bildung und ein historisches Bewußtsein deutlich, die zeigen, auf welchem Niveau die Oberschicht anzusprechen war.

Den Gegenpol bilden die schlagwortartig einfachen Hoheitszeichen der augusteischen Herrschaft: Victoria auf dem Globus, *clupeus virtutis, corona civica* und Lorbeerbäume; weiterhin die Typen des Aeneas und Romulus, die zu gängigen Bildchiffren geronnen waren; und schließlich manche einfach lesbare realistische Repräsentationsszene. Diese Motive hatten z. T. ihren Ursprung in durchaus anspruchsvoller geistiger Höhenlage, etwa der *clupeus virtutis*; sie waren aber durch die Reduzierung zu knappen Bildsymbolen in formelhafter Weise vereinfacht worden. Auf diese Weise wurden sie leicht verständlich und eigneten sich zur Verbreitung in massenhafter billiger Vervielfältigung für alle Gruppen der Untertanen.

Zwischen den Extremen der vielschichtigen und komplizierten Bildprogramme anspruchsvoller Monumente wie der Ara Pacis auf der einen Seite und den chiffrenhaften Bildsymbolen mit weiter Verbreitung auf der anderen hatte die augusteische Zeit eine breite Palette von Möglichkeiten zur Verfügung. Entscheidend ist, daß damit ein weites Spektrum von Untertanen erreicht werden konnte, von der exklusiv gebildeten Oberschicht bis hin zu den Freigelassenen und Sklaven. Die Breitenwirkung, die hier erzielt wurde, mag nicht nur auf Begeisterung, sondern vielfach auch auf realistischer Einschätzung der Machtverhältnisse und auf Opportunismus beruht haben: Jedenfalls ist sie eine wichtige Basis für die Konsolidierung des Prinzipats.

Wie immer man dies aber einschätzt − jedenfalls wird man sich durch die rapide Zunahme und Ausbreitung politischer Bildmotive nicht täuschen lassen: Sie ist alles andere als ein Zeichen steigender politischer Vitalität, sondern im Gegenteil eine Demonstration politischer Claqueurhaltung und insofern ein Verlust an politischer Substanz.

Literatur: A. Alföldi, Die zwei Lorbeerbäume des Augustus (1973). − W. Hermann, Römische Götteraltäre (1961). − T. Hölscher, Die Geschichtsauffassung in der römischen Repräsentationskunst, JdI 95, 1980, 265 ff. − Ders., Römische Kunst als semantisches System, Abh. Heidelberg 1987, 3. − Ders., Staatsdenkmal und Publikum, Xenia 9 (1984). − P. Hommel, Studien zu den römischen Figurengiebeln der Kaiserzeit (1954). − G. Koeppel, Die historischen Reliefs der römischen Kaiserzeit I, BJb 183, 1983, 61 ff. − M. Oppermann, Römische Kaiserreliefs (1985). − G. Ch. Picard, Les trophées romains (1957). − J. Pollini, Studies in Augustan 'Historical' Reliefs (1978). − I. Scott Ryberg, Rites of the State Religion in Roman Art, MemAmAc 22, 1955. − M. Torelli, Typology and Structure of Roman Historical Reliefs (1982). − Ders., Über die Werkstätten augusteischer Larenaltäre, BullCom 82, 1970−71, 147 ff.

198.199 Die militärische Grundlage
Der Gegner: Marcus Antonius

198 Reliefblock mit Kriegsschiff und Reitern
Wahrscheinlich von einem Denkmal für Marcus Antonius
Rom, Musei Vaticani
Aus Praeneste, Heiligtum der Fortuna Primigenia
Marmor
H 0,74 m, B 1,10 m, T 0,40 m
Um 37−32 v. Chr.
Der Block stammt vom Sockel eines verlorenen Denkmals, der auf mindestens drei Seiten mit Reliefs geschmückt war. Gegenüber der früheren Deutung als Denkmal des Octavian für den Sieg bei Actium scheint die Verbindung mit seinem Gegner Marcus Antonius besser begründet zu sein. Die Reliefs feiern ihn als Herrn einer kombinierten Land- und Seemacht: Ein schweres Kriegsschiff mit wachsamer Mannschaft, das mit einem Krokodil geschmückt ist, gehört zur ägyptischen Flotte des Antonius; nach dem Rest eines zweiten Kriegsschiffes am rechten Bruchrand muß es sich um eine Flottenparade handeln. Die links anschließende Seite zeigt einen Reiterzug; eine weitere Seite muß die Infanterie dargestellt haben. Der Gedanke, in verschiedenen Bildabschnitten die einzelnen Truppengattungen in Paradestellung vorzuführen, ist offenbar vom Leichenwagen Alexanders des Großen abgeleitet (Diod. 18,26 ff.). Das Vorbild Alexanders ist für die hellenistischen Herrscher wie für die großen Feldherren der späten römischen Republik bestimmend gewesen. Insbesondere Antonius hat diese Tradition als Herr des Ostens aufgegriffen.
Der Fundort des Reliefs, im Fortuna-Heiligtum von Praeneste, macht deutlich, welche Anhängerschaft Antonius noch zur Zeit seiner engen Verbindung mit Kleopatra (seit 37 v. Chr.), also während seiner Tätigkeit im Osten, auch in Italien selbst hatte. Nicht nur sein Feldherr konnte damals in Rom mit einem Staatsbegräbnis geehrt werden (Kat. 199), sondern er selbst konnte in unmittelbarer Nähe der Hauptstadt ein höchst anspruchsvolles Denkmal erhalten. Praeneste war schon früher eng mit der Partei des Antonius verbunden gewesen; das Denkmal zeigt, daß es noch bis kurz vor Actium als Stützpunkt der Gegner Octavians eine Rolle spielte. In seinem kräftigen plastischen Stil ist es noch frei von dem programmatischen Klassizismus der augusteischen Zeit.

Literatur: Amelung, Vat.Kat. II 65 ff. Nr. 22. − R. Heidenreich, RM 51, 1936, 337 ff. − P. Mingazzini, RendPontAcc 29, 1956/57, 63 ff. − Helbig[4] I Nr. 489 (E. Simon). − B. M. Felletti Maj, La tradizione italica nell'arte romana (1977) 226 ff. − T. Hölscher, AA 1979, 342 ff. − Alexander-Nachahmung des Antonius: D. Michel, Alexander als Vorbild für Pompeius, Caesar und Marcus Antonius, Collection Latomus 94, 1967, 109 ff. − O. Weippert, Alexander-Imitatio und römische Politik in republikanischer Zeit (1972) 193 ff.

199 Fragmente von der Grab-Exedra eines Feldherrn, vielleicht des P. Ventidius Bassus
Rom, Palazzo dei Conservatori, Inv. 2449 (1), 8908 (2), 2702 (3), 2704 (4)
Aus Rom, Piazza Numa Pompilio−Via Druso
Lunensischer Marmor
H der Blöcke ca. 0,59 m
Um 35 v. Chr.
Die konkaven Blöcke 1, 2 und 4 stammen von der Nische an der Front, der gerade Block 3 von der rechten Nebenseite eines aufwendigen Grabbaus (Rekonstruktion Abb. 165). Die Nische muß im wesentlichen von einer verschlungenen Schlachtszene ausgefüllt gewesen sein (Block 2; ergänzte Länge des Frieses ca. 4,40 m). Der Feldherr, zweifellos der Grabherr, beobachtete das Geschehen in herrscherlicher Pose aus der Distanz (Block 1); er ist umgeben von militärischem Gefolge und einer jugendlichen Idealfigur mit Lanze, am ehesten Honos, der Verkörperung der − in diesem Fall: militärischen − Ehre. Auf der Nebenseite weisen Barbaren, in gefesselter und bittflehender Haltung, durch Physiognomie bzw. orientalische Mütze und Ärmelgewand auf östliche Kriegsschauplätze hin. Zur Entstehungszeit des Monuments kommt am ehesten P. Ventidius Bassus als Grabherr in Frage, Feldherr des Antonius und Sieger über die Parther, der 38 v. Chr. in Rom den Triumph feierte und bald darauf nach seinem Tod

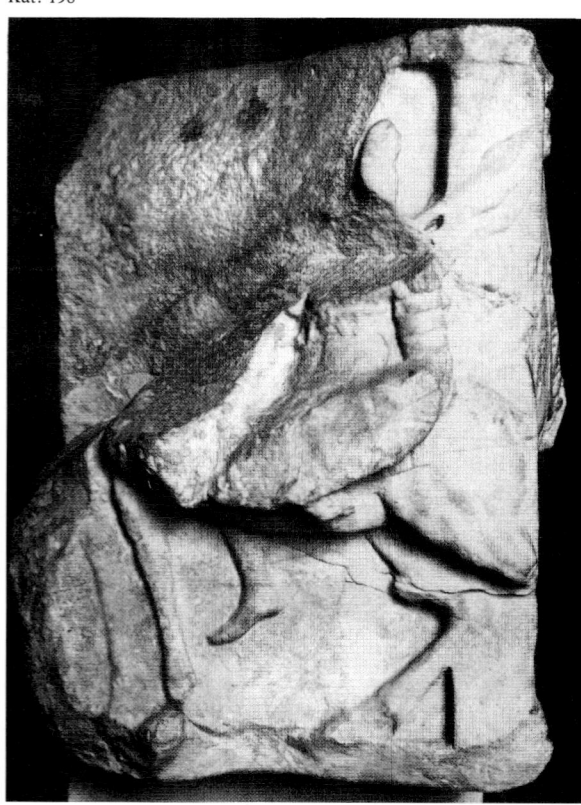

Kat. 198

Kat. 198

mit einem Staatsbegräbnis geehrt wurde. Die vornehme Lage des Grabes am Beginn der Via Appia paßt zu dieser Deutung ebenso wie die Verwendung des damals noch ungewöhnlichen lunensischen Marmors. Im architektonischen Typus wie in den Stilformen der Reliefs steht die Grabanlage in anspruchsvoller hellenistischer Tradition; die Bildsprache mit der Einfügung idealer Figuren in das reale Geschehen weist auf das Niveau der führenden Politiker. Das Denkmal muß zu den provozierenden Projekten in den Auseinandersetzungen zwischen Octavian und Antonius gehört haben.
Literatur: W. v. Sydow, JdI 89, 1974, 187 ff.

200–204   Der Sieger

200   Fragment von einem Fries mit Seetrophäen und Priesteremblemen
Rom, Palazzo dei Conservatori, Inv. 2426
Aus Rom, mittelalterlicher Turm in der Porticus Octaviae
Lunensischer Marmor
H 0,59 m, B 0,78 m, T 0,125 m
Augusteisch
Der Seesieg gegen Antonius bei Actium (31 v. Chr.), mit dem Octavian seine Alleinherrschaft begründete, wurde in Rom an den verschiedensten öffentlichen Bauten und Monumenten verherrlicht. Als Beispiel kann

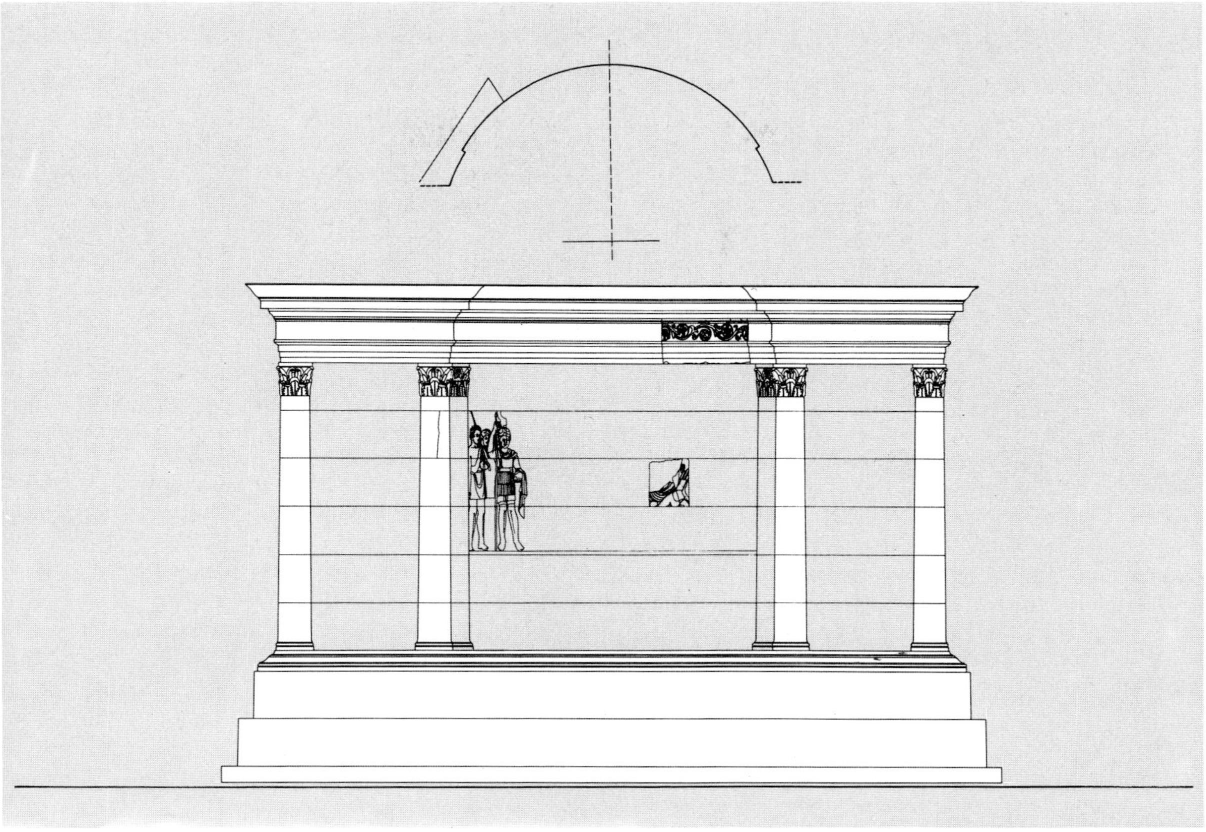

Abb. 165   Rekonstruktion des Grabmonuments (n. JdI 89, 1974, Abb. 17)

Kat. 199

der Actiumbogen am Forum genannt werden, ferner der Fries vom Apollotempel beim Circus Flaminius, der wohl den dreifachen Triumph des Octavian für Illyrien, Actium und Alexandria von 29 v. Chr. darstellt. Aus der großen Münzserie nach Actium kommt etwa das prägnante Bild der Victoria auf einem Schiffsbug (*prora*)

hinzu, das aus der hellenistischen Staatskunst übernommen ist (Abb. 167).

In einer eindrucksvollen Symbolsprache wird das Thema von einem höchst qualitätvollen Fries im Museo Capitolino formuliert (Abb. 166 a−p), zu dem das hier gezeigte Fragment gehört. Darauf sind erhalten: das

Vorderteil eines Kriegsschiffes mit architektonischen Aufbauten, ein Steuerruder, das geschwungene Ende eines Schiffsbugs (*cheniscus*), ferner eine Binde von einem Stierschädel (*bucranium*). Von den weiteren Teilen des Frieses im Museo Capitolino sind vier Blöcke mit Schiffstrophäen, zwei Blöcke mit verschiedenen Opfergeräten und Priesterattributen geschmückt. Die Tradition hellenistischer Friese mit ungeordnet durcheinandergeworfenen Waffen von Freund und Feind ist hier in kunstvoller Weise auf Schiffsteile und Priesterembleme übertragen. Sie sind in Abschnitten zusammengefaßt, von Bukranien und Kandelabern gegliedert und in strenger Symmetrie einander so zugeordnet, daß die Trophäen im Zentrum stehen, die religiösen Gegenstände den Rahmen bilden (Abb. 166).

Die Schiffsteile sind nicht ausschließlich als erbeutete Trophäen zu verstehen, sondern wegen ihres figürlichen Schmuckes mindestens teilweise auf den Sieger selbst zu beziehen: Minerva und Mercur (Abb. 166 m.n) gehören zu Augustus' Schutzgöttern; zwei Porträtköpfe (Abb. 166 l.o) weisen wohl auf seine Vorfahren. Desgleichen deuten die Priesterembleme die religiöse Welt des Siegers an; mit der Schöpfkelle (*simpuvium*) der Priesterschaft der Pontifices, dem Krummstab (*lituus*) der Auguren und der Lederkappe (*apex*) der Flamines oder der

Salier könnten sogar Funktionen angedeutet sein, die Augustus selbst ausgeübt hat. Insgesamt ist deutlich, daß die realen Gegenstände hier zu Symbolen der *virtus* und *pietas*, militärischer Tüchtigkeit und Frömmigkeit, abstrahiert sind, der wichtigsten ideellen Leitbegriffe des Augustus.

Von welchem Bau der Fries stammt, ist unbekannt; wegen seiner ornamentalen Einfassung wird er nicht zum Gebälk über einer Säulenstellung gehört haben, sondern in eine Wand eingelassen gewesen sein. Nach dem Fundort scheint er zu einem Gebäude in der Zone um den Circus Flaminius gehört zu haben, in dem die Triumphzüge begannen und dessen Umgebung seit alter Zeit von siegreichen Feldherren ausgeschmückt worden war. Augustus hat diese ganze Gegend bald nach Actium völlig neu aufgebaut; der neue *princeps* zeigte damit, daß er nun der einzige Sieger war.

Literatur: A. M. Colini, BullCom 68, 1940, 262 f. – Helbig[4] II Nr. 1664 (E. Simon). – Friesblöcke im Museo Capitolino: Stuart Jones, Mus.Cap. 258 ff. Nr. 99, 100, 102, 104, 105, 107. – J. M. Crous, RM 55, 1940, 65 ff. – Helbig[4] II Nr. 1382 (E. Simon). – F. Coarelli, DArch 2, 1968, 191 ff. – Chr. F. Leon, Die Bauornamentik des Traiansforums (1971) 225 f. – T. Hölscher, JdI 99, 1984, 205 ff. – L. Leoncini, Xenia 13, 1987, 13 ff.

Kat. 200

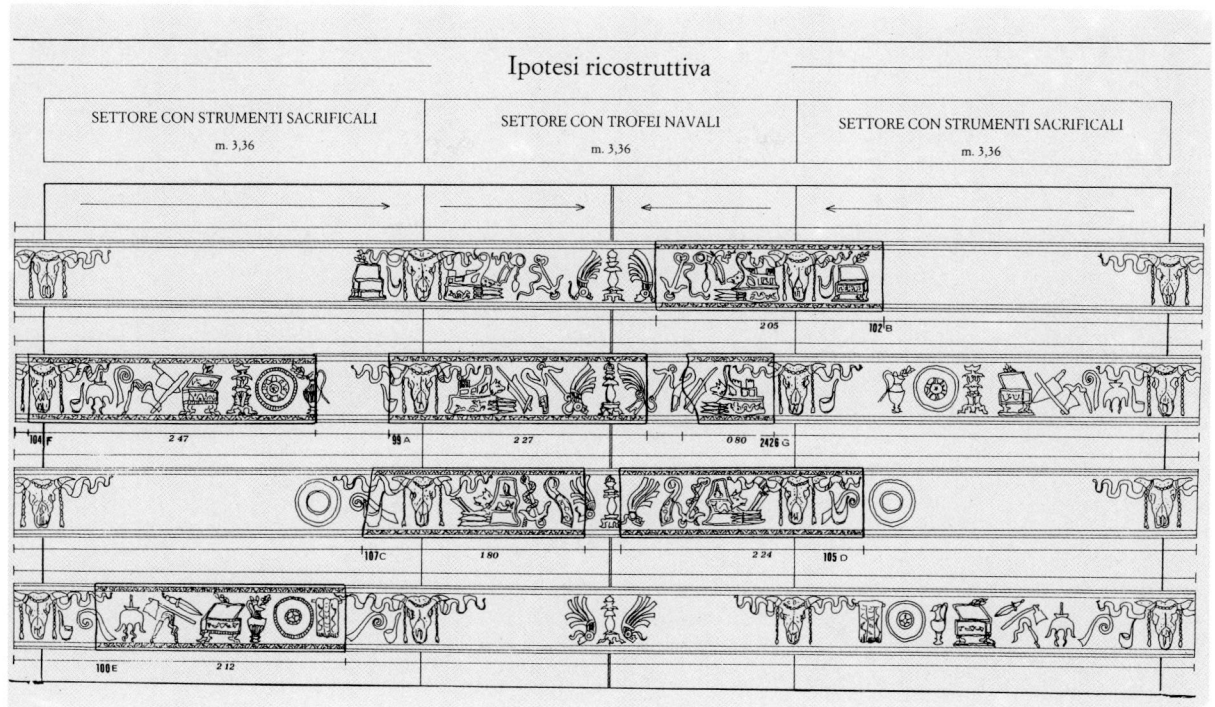

Abb. 166   Ausschnitte von Fries mit Seetrophäen und Priesteremblemen, Rom Mus. Capitolini und Rekonstruktion (n. Xenia 13, 1987, 14 Abb. 1)

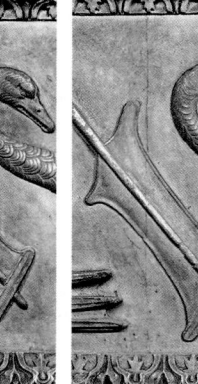

Abb. 166a

Abb. 166b

Abb. 166c

Abb. 166d

Abb. 166 e

Abb. 166 f

Abb. 166 g

Abb. 166 h

Abb. 166 i

Abb. 166 k

Abb. 166 l

Abb. 166 m

Abb. 166 n

Abb. 166 o

Abb. 166 p

201   Stirnziegel mit Schiffstropaeum
Rom, Museo Nazionale Romano, Inv. 4511
Aus Rom, vom Tiber
Terrakotta
H 0,215 m
Typus augusteisch, einzelne Exemplare z. T. später
In augusteischer Zeit ist zum ersten Mal zu beobachten,
daß Bildmotive des führenden Politikers weite Verbrei-
tung im privaten Bereich fanden. Das gilt bereits für die
Verherrlichung der Schlacht von Actium. Besonders
verbreitet ist die Serie von Stirnziegeln (Dachziegel mit
Schmuckplatte an der Traufseite) mit einem Tropaeum
auf einem Schiffsbug (*prora*), flankiert von Delphinen.
Es ist nicht auszuschließen, daß der Typus auf ein verlo-
renes Vorbild (aus Marmor) zurückgeht, das ein öffentliches Gebäude schmückte: Jedenfalls begegnen sehr
ähnliche Tropaea auf Münzen des Octavian, die die
Schlacht von Naulochos gegen seinen Rivalen Sex.
Pompeius 36 v. Chr. feiern. Die Exemplare aus Terrakotta aber sind anscheinend später entstanden und beziehen sich zweifellos vor allem auf Actium, die bedeutendste und entscheidende Seeschlacht des Augustus.
Sie müssen von verschiedenen, wohl meist privaten
Bauwerken stammen; entsprechend zeigen kleine Abweichungen untereinander, daß sie nicht aus einer einzigen Negativform vervielfältigt sind. Wie bei den Stirnziegeln mit Victoria (Kat. 207) und Magna Mater (Kat.
211) handelt es sich um eine Massenproduktion aus der
Hauptstadt und ihrer Umgebung, die es auch Privatleuten erlaubte, ihre Loyalität zum Herrscher in der Öffentlichkeit zur Schau zu stellen.
Literatur: K. Woelcke, BJb 120, 1911, 152 ff. – G. Ch.
Picard, Les trophées romains (1957) 257 ff. – F. Coarelli, DArch 2, 1968, 196 ff. – H. Mielsch, Römische
Architekturterrakotten und Wandmalereien im Akademischen Kunstmuseum Bonn (1971) 24 f. 48. – L. Anselmino, Terrecotte architettoniche dell'Antiquarium

Comunale di Roma 1. – Antefisse (1977) 109 f.
Nr. 132–34. Vgl. S. 39, 42 f. – P. Pensabene – M. R.
Sanzi Di Mino, Museo Nazionale Romano, Le Terre-
cotte III 1 Antefisse (1983) Nr. 958–965 (ausgestellt
Nr. 962).

Kat. 201

Kat. 202

202   Fragment eines Reliefs mit Victoria und Tropaeum

Rom, Museo Nazionale Romano, Inv. 125890
Aus Rom, vom Quirinal
Griechischer Marmor
H 0,55 m, B 0,44 m, T 0,04 m
Frühaugusteisch

Die Siegesgöttin trägt ein *aplustre*, die Heckzier eines Schiffs, sie feiert also einen Seesieg. Das Tropaeum, das sie mit einer Binde schmückt, weist mit seinem charakteristischen Schild auf östliche Gegner hin. Links ist eine weitere Figur, Pendant zur Victoria, verloren. In augusteischer Zeit, in der das Relief nach seinem Stil entstanden ist, kann ein Seesieg über den Osten nur die Schlacht von Actium (31 v. Chr.) sein. Dieser Sieg über Antonius und Kleopatra, der die Alleinherrschaft Octavians begründete, wurde vielfach nicht als Erfolg über einen römischen Gegner, sondern als Niederwerfung östlicher Barbaren ausgegeben, die hier durch den exotischen Schild bezeichnet sind.

Eine weitgehend übereinstimmende Replik des Reliefs in Liverpool zeigt, daß es sich nicht um ein singuläres politisches Denkmal handelt, sondern um eine breite Produktion. Offensichtlich waren solche Reliefs zum Schmuck vornehmer Privathäuser bestimmt. Das hier gezeigte Relief stammt dementsprechend aus einer hochvornehmen Wohngegend auf dem Quirinal. Die eleganten Stilformen, in denen sich archaistische und klassizistische Elemente mischen, entsprechen dem elitären Geschmack der Oberschicht. Dieser Geschmack war bereits in dem spätrepublikanischen Bocchus-Denkmal (Kat. 214) ausgeprägt und kam in der Frühzeit des Augustus zu neuer Blüte.

Während in der späten Republik politische Themen fast ausschließlich in öffentlichen Denkmälern formuliert worden waren, haben unter Augustus zum ersten Mal die Leistungen des führenden Staatsmannes eine gewisse Breitenwirkung im privaten Bereich erzielt. Das Relief mit der Siegesgöttin von Actium zeigt, daß der neue Herrscher sich in der Oberschicht auf eine beträchtliche Zustimmung stützen konnte.
Literatur: B. M. Felletti Maj, NSc 8, ser. 11, 1957, 328f.
– T. Hölscher, JdI 99, 1984, 187ff.

203   Relief mit Krieger und Victoria bei einem Athena-Bild

Berlin, Antikenmuseum, SMPK, Inv. 1987. 9
Marmor
H 0,39 m, B 0,42 m
Frühaugusteisch

Ein siegreicher Krieger ist in demütiger Haltung zu einem Athena-Bild auf einer Säule herangetreten. Auf der anderen Seite steht Victoria, die die Schlange der Göttin füttert und in der linken Hand (wie auf dem Relief Kat. 202) ein *aplustre* hält, also einen Seesieg feiert. Nach dem Typus des bärtigen Kriegers ist kein Ereignis der augusteischen Zeit, sondern ein berühmter Sieg der älteren griechischen Geschichte gemeint: offensichtlich die klassischen Seesiege gegen die Perser, die noch nach Jahrhunderten als Vorbild für die Abwehr von Barbaren aktuell waren. Augustus hat 2 v. Chr., im Rahmen der Feiern zur Einweihung des Augustusforums, in einer großen Inszenierung die Schlacht von Salamis aufführen lassen; sie sollte als klassisches Muster für die eigenen Siege über Antonius und Kleopatra bei Actium und Alexandria (31 und 30 v. Chr.) sowie für die Demütigung der Parther (20 v. Chr.) gelten. Die Reliefkomposition bezeugt diesen Gedanken schon in frühaugusteischer Zeit. Dabei erstreckt sich der Vergleich zwischen Rom und Athen auch auf das Bild der Athena, das die Form des altertümlichen Kultbilds (Palladium) hat: Wie seinerzeit das Kultbild der Stadtgöttin Athens

Kat. 203

Kat. 204

vor den Persern gerettet worden war, so gab sich Augustus als Bewahrer des römischen Palladium, das den Bestand des Staates garantieren sollte. Selbst die Schlange, ursprünglich das heilige Tier der Athena, gewinnt im römischen Kontext als Zeichen des öffentlichen Wohls (*salus publica*) eine zweite Bedeutung. Ob der Krieger der athenische Feldherr Themistokles, ein anonymer Grieche oder etwa ein beistehender Heros wie Aias ist, muß offenbleiben.

Der Relieftypus ist in mehreren Repliken und Varianten überliefert; wie Kat. 202 ist er in klassizistischen Werkstätten zum Schmuck vornehmer Wohnsitze produziert worden. Ob die beiden Kompositionen z.T. als unmittelbare Pendants verwendet wurden, ist unklar. Jedenfalls ist die Darstellung ein Zeugnis für die gebildete Oberschicht, die Athen als geistiges Zentrum der damaligen Welt verehrte und die über die intellektuelle und historische Bildung verfügte, um die griechische Vergangenheit mit der römischen Gegenwart in Parallele zu setzen. Von der Zustimmung dieser Schicht hing die Herrschaft des Augustus in hohem Maße ab.

Literatur: E. Q. Visconti in: F. de Clarac, Description des antiques au Musée Royal (1820) 84f. Nr. 175. – V. Poulsen, Berytus 2, 1935, 51ff. – T. Hölscher, JdI 99, 1984, 194ff.

204 Gemma Augustea (Foto)
Wien, Kunsthistorisches Museum, Inv. IXa 79. Zuerst nachweisbar 1246 in St.-Sernin, Toulouse
Sardonyx
H 0,19 m, B 0,23 m
Wohl 10 n. Chr.
Neben den monumentalen Steinreliefs in architektonischem Zusammenhang war die Gattung der großen Kameen besonders beliebt für Darstellungen politisch-ideologischer Themen. Es handelt sich um Prunkstücke aus reichem Privatbesitz; die Gemma Augustea gehörte wohl sogar zum Schatz des Kaiserhauses. Dieser nicht-

offiziösen Funktion entspricht zumeist eine panegyrische Thematik und eine poetisch gesteigerte Bildersprache.

Thema der komplexen Darstellung ist die militärische Weltherrschaft des Augustus. Der Kaiser sitzt auf einem Bisellium zusammen mit Roma, ähnlich wie in den vielen Heiligtümern des Kaiserkults, in denen beide zusammen verehrt wurden. Vor dem Kopf des Kaisers erscheint auf einer Scheibe in ganz flacher Ritzung das *sidus Iulium*, der Stern der Apotheose Iulius Caesars; darüber in Relief der *capricornus*, das glückliche Sternzeichen des Augustus: beide zusammen ein astrales Emblem der Vorausbestimmung zum Retter der Menschheit. Ergänzend sitzt zu seinen Füßen der Adler als Hinweis darauf, daß der Kaiser auf Erden eine ähnliche Stellung einnimmt wie Iuppiter im Himmel. Die räumliche und zeitliche Ausdehnung seiner Macht wird in seinem Rücken von drei Idealfiguren bezeichnet: Tellus, Göttin der Erde, mit dem Füllhorn der Fruchtbarkeit und zwei Knaben, die vielleicht fruchtbringende Jahreszeiten verkörpern; über ihr wohl Chronos, Gott der Ewigkeit, gleichgesetzt mit Kronos-Saturn, dem Gott des Goldenen Zeitalters; im Hintergrund Oikumene, die dem Kaiser die *corona civica ob cives servatos* über das Haupt hält (vgl. Kat. 216), Repräsentantin der bewohnten Welt, die Augustus als väterlichen Retter aus den Wirren der Bürgerkriegszeit verehrt.

Diese Macht beruht auf militärischen Siegen, von denen die übrigen Teile der Darstellung berichten. Augustus ist durch den *lituus*, den Krummstab der Auguren, als oberster Kriegsherr ausgezeichnet, unter dessen *auspicium* alle Kriege durchgeführt wurden. Leitender Feldherr ist Tiberius, der von einem Zweigespann absteigt, welches von einer Victoria gelenkt wird. Die Szene ist hier unvollständig erhalten und nach einer Abarbeitung in nachantiker Zeit mit einem Goldrahmen eingefaßt worden; man erkennt noch Reste einer Figur, die Tiberius die Hand reichte und ihn vom Wagen leitete, zuletzt als Venus gedeutet. Im Zentrum steht jedoch ein gepanzerter Prinz, die Hand in Paradehaltung an den Schwertknauf legend, durch ein Pferd als Anführer der vornehmen Jugend (*princeps iuventutis*) ausgezeichnet. Er war lange Zeit die umstrittenste Figur der Szene. In der älteren Forschung wurde er häufig als C. Caesar angesehen, der Enkel und Adoptivsohn des Augustus. Die Situation wäre dann die des Jahres 7 v. Chr., als Tiberius den Triumph über die Germanen feierte, der viel jüngere C. Caesar aber immer mehr als vorgesehener Nachfolger des *princeps* in den Vordergrund gerückt wurde. In neuerer Zeit setzt sich aber die Einsicht durch, daß die ganze Konstellation der Hauptpersonen auf einen späteren Zeitpunkt, nach dem frühen Tod des C. Caesar weist, als Tiberius von Augustus zum Nachfolger bestimmt war (seit 4 n. Chr.). Tiberius trägt dasselbe Knaufszepter wie Augustus; in der ursprünglichen Komposition waren beide als Gegengewichte aufeinander bezogen; inhaltlich sind sie durch Motive hervorgehoben, die sich jeweils entsprechen: Victoria und *corona civica*, Wagen und Thron. Dieser hohe Rang ist nur bei dem offiziellen Nachfolger möglich. Tiberius kommt also von seinen Siegen in Pannonien (6–9

n. Chr.) oder in Germanien (10–12 n. Chr.) an. Der Prinz in der Mitte ist dann Germanicus, den Tiberius 4 n. Chr. seinerseits als Nachfolger adoptiert hatte.

Die untere Zone bestätigt diese historische Deutung, bleibt allerdings in vielem rätselhaft. Ein Tropaeum wird errichtet, besiegte Barbaren hocken am Boden, andere flehen um Gnade und werden in Besitz genommen. Die Sieger sind jedoch mindestens teilweise nicht reale Soldaten, sondern Idealfiguren, die freilich schwierig zu deuten und stark umstritten sind. Eine gerüstete Frau und ein Mann mit hutartiger Kopfbedeckung, die von rechts ein Barbarenpaar heranführen, müssen allgemein zu den Göttern oder Personifikationen der imperialen Politik Roms gehören; die Deutung als Diana und Mercur bleibt wegen der ungewöhnlichen Ikonographie hypothetisch. Ebenso müssen die halbnackten Jünglinge, die links am Tropaeum zupacken, Götter oder Heroen sein; sie wurden zuletzt als Dioskuren gedeutet, ihre gerüsteten Genossen als Mars und Quirinus. Wie dem auch sei, deutlich ist jedenfalls, daß die untere Szene der oberen Zone zugeordnet ist: Genau unter Tiberius erscheint auf dem Schild des Tropaeums sein Nativitätsgestirn, der Skorpion. Weiterhin lassen die Waffen eine genauere Bestimmung der besiegten Gegner zu: Der Schild am Tropaeum hat östliche Form, Köcher und Bogen darunter (wegen der Abarbeitung nur halb erhalten) weisen auf balkanische Reitervölker, mit denen Tiberius auf den Feldzügen in Pannonien (6–9 n. Chr.) zu tun bekam. Nichts deutet hingegen darauf hin, daß auch der folgende Feldzug in Germanien schon durchgeführt ist. Es ergibt sich also eine Datierung ins Jahr 10 n. Chr.: Tiberius ist vom pannonischen Kriegsschauplatz zurückgekehrt, aber die Siegesgöttin hält den Wagen schon wieder startbereit zum Aufbruch nach Germanien, wo die katastrophale Niederlage im Teutoburger Wald wettgemacht werden muß.

Wichtiger als diese historische Fixierung ist jedoch das allgemeine Thema der Szene: das Verhältnis des Kaisers zu den nächsten Männern seines Hauses. Der eine Aspekt dieses Verhältnisses ist militärisch: Die oberste Befehlsgewalt über fast alle Truppen lag auf Grund seines *imperium proconsulare maius* beim Kaiser, unter dessen *auspicium* die verschiedenen Feldherren kämpften. Ihre Siege gehörten deshalb dem Augustus. Diese

Kat. 205

Kat. 206

verfassungsrechtliche Konstruktion und die daraus resultierende Monopolisierung des Sieges sind die entscheidende Begründung der Macht des *princeps*. Der andere Aspekt ist dynastisch: Die Szene bringt die Nachfolgeregelung des Augustus zur Anschauung, die anscheinend über Tiberius bis zu dem jungen Prinzen führt. Es ist bezeichnend, daß diese wesentlichen Aussagen bei den verschiedenen vorgeschlagenen Benennungen der Figuren unverändert bleiben: Die Struktur des Prinzipats führte, trotz wechselnder personeller Besetzung, immer wieder zu ähnlichen Grundsituationen. Die Gemma Augustea führt dies ideologisch-verfassungspolitische Konzept in kosmischen Dimensionen, mit astrologischer Begründung und in einer panegyrisch-allegorischen Bildsprache vor Augen.
Sehr ähnlich ist das Verhältnis von Augustus und Tiberius auf zwei berühmten silbernen Reliefbechern aus Boscoreale, wohl aus spätaugusteischer Zeit.
Der eine Becher zeigt Augustus als allgemeinen Weltherrscher mit dem Globus in der Hand; von links naht Venus und verleiht ihm die Herrschaft in Gestalt einer kleinen Victoria, gefolgt von Honos und Virtus, den Göttern der Ehre und der kriegerischen Tüchtigkeit; von rechts führt Mars die Personifikationen von sieben Provinzen heran (Abb.23). Auf der Gegenseite nimmt Augustus die freiwillige Unterwerfung nördlicher Barbaren entgegen. Der zweite Becher ergänzt dies mit der Darstellung des Tiberius beim Opfer vor dem Feldzug (Abb.24) und beim Triumphzug nach dem Sieg. Augustus hat die Herrschaft kraft seines übergeordneten *imperium*, Tiberius erscheint als sein ausführender Feldherr, gleichzeitig als zweiter Mann im Staat und vorgesehener Nachfolger. Die politische Konstellation entspricht den Jahren seit 4 n.Chr., die dargestellten Szenen weisen noch zurück auf den Germanenfeldzug 8–7 v.Chr., nicht auf die Kriege in Pannonien und Germanien seit 6 n.Chr.: Bald nach der Ernennung des Tiberius zum Thronfolger müssen die Szenen konzipiert sein.
Literatur: F. Eichler – E. Kris, Die Kameen im Kunsthistorischen Museum Wien (1927) 52ff. Nr.7. – H. Kähler, Alberti Rubeni Dissertatio de gemma Augustea (1968). – E. Simon, MainzZ 71–72, 1976–77, 101ff. –

Dies., NumAntCl 15, 1986, 179ff. – Dies., Augustus (1986) 156ff. – Silberbecher aus Boscoreale: H. de Villefosse, MonPiot 5, 1899, 134ff. – H. Kähler, Rom und seine Welt (1958–60) 225ff. Taf. 144f. – T. Hölscher, JdI 95, 1980, 281ff. – H. Gabelmann, Antike Audienz- und Tribunalszenen (1984) 127ff. – E. Simon, Augustus (1986) 143f.

205–211 Die Götter des Kaisers

205 Elfenbeinplatte von einem Opferkästchen (acerra)
Rom, Antiquarium Comunale, Inv. 17321
Aus Rom, Via Marsala
Elfenbein
H 0,07 m, B 0,11 m
Augusteisch
Pietas, Frömmigkeit gegen die Götter, ist von Augustus selbst als zentrale Herrschertugend realisiert und den Untertanen als politische Tugend nahegelegt worden (vgl. Kat. 216). Gleichsam als Symbol dafür kann eine Elfenbeinplatte dienen, die überzeugend als Vorderseite eines Opferkästchens für Weihrauchkörner (*acerra*) erklärt worden ist. Sie zeigt in Relief zwei Priester mit verhülltem Haupt beim Opfer. Der eine streut Weihrauch auf einen tragbaren Altar (*foculus*), während ein Opferdiener (*camillus*) von rechts einen Korb mit Früchten herbeiträgt. Die Handlung des zweiten Priesters auf der linken Seite ist nicht ganz klar: entweder wäscht er sich die Hände in einer Schale, die ein *camillus* hält und mit Wasser füllt; oder er opfert selbst aus der Schale, in die der *camillus* die Opferflüssigkeit gießt. Das Erscheinen zweier priesterlicher Figuren in derselben Opferszene ist auffällig. Man könnte darin denselben Priester bei zwei verschiedenen Opferhandlungen sehen; wahrscheinlicher ist es, daß zwei Beamte oder Priester – die heute nicht mehr sicher bestimmt werden können – beim gemeinsamen Opfer gemeint sind. Dabei ist nur ein unblutiges Opfer dargestellt. Das kann mit der Eigenart des Kults zusammenhängen, in dem die *acerra* benutzt worden ist; vielleicht war aber auch ein Tieropfer auf der Gegenseite des Kästchens angebracht; oder man hat nur die spezifische Opferhandlung dargestellt, zu der die *acerra* diente. Nach der Haartracht der *camilli* und der Form der Toga dürfte das Kästchen noch in augusteischer Zeit entstanden sein. Die Reliefs der Ara Pacis zeigen, daß man sich die Opfergeräte bei den großen religiösen Staatszeremonien in der Art dieses Exemplars vorstellen kann.
Literatur: E. La Rocca, BollMC 23, 1976, 1ff.

206 Fragment vom Fries des Tempels des Divus Iulius
Rom, Antiquarium Forense, Inv. 3690
Aus Rom, Forum Romanum
Lunensischer Marmor
H 0,58 m, B 0,80 m, T 0,20 m
42–29 v.Chr.
Die wichtigste ideologische Legitimation für den politischen Aufstieg des jungen Octavian war die Rolle als

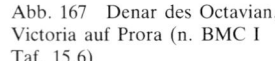

Abb. 167   Denar des Octavian, Victoria auf Prora (n. BMC I Taf. 15,6)

Abb. 168   Terrakottafries, Victoria und Ranken; Paris, Louvre (n. v. Rohden-Winnefeld, Architektonische römische Tonreliefs der Kaiserzeit [1911] 206 Abb. 419)

Erbe seines Adoptivvaters Caesar. Zunächst haben auch Antonius und Lepidus, die sich mit Octavian zu einem Dreimännerkollegium (Triumvirat) zusammengeschlossen hatten, das politische Vermächtnis Caesars fortgeführt; gemeinsam haben die Triumvirn 42 v. Chr. den Tempel des zum Gott erhobenen Caesar (Divus Iulius) am Forum begonnen. Aber es konnte nicht ausbleiben, daß der Sohn des Gottgewordenen (Divi filius) eine exklusivere Verbindung zu seinem Adoptivvater entwickelte; und als er den Tempel nach der Erringung der Alleinherrschaft, wenige Tage nach dem Triumph für den Sieg bei Actium, am 18. August 29 v. Chr. einweihte, war es zugleich ein Ruhmesdenkmal für ihn selbst.

Die stärkste faktische Grundlage seiner Herrschaft war damals der militärische Erfolg. Hier konnte er unmittelbar an Caesar anknüpfen. Auf dem umlaufenden Fries des Tempels sind in fortlaufender Reihung Flügelfrauen dargestellt, die in Akanthusblätter und Spiralranken auslaufen. Es ist das Motiv der alten orientalischen Ve-

getationsgottheit, das hier in einem neuen religionspolitischen Sinn aktuell geworden ist. Die Flügelgöttinnen sind einerseits Victorien; entsprechend können sie auf Terrakottareliefs Tropaea tragen (Abb. 168). Andererseits weist der vegetabile Charakter der Gestalten auf Venus. Damit entsprechen die Figuren einem Konzept Caesars, der seine militärische Schutzgöttin Venus Victrix zugleich als seine göttliche Ahnherrin Venus Genetrix verehrte und sie überdies mit seiner persönlichen Siegesgöttin Victoria Caesaris identifizierte. Diese Ideologie konnte Octavian auf sich selbst übertragen: als Zeichen seiner eigenen Abstammung von Venus, seiner Rolle als Divi filius und seiner Eigenschaft als charismatischer Sieger.

Literatur: M. Floriani Squarciapino, RendLinc 12, 1957, 270ff. – Helbig⁴ II Nr. 2057 (E. Simon). – T. Hölscher, Victoria Romana (1967) 155. – M. Montagna Pasquinucci, MonAnt 48, 1973, 255ff. – H. Hänlein-Schäfer, Veneratio Augusti (1985) 260f.

Kat. 207

207   Stirnziegel mit Victoria und capricorni
Rom, Museo Nazionale Romano, Inv. 62653
Aus Rom, vom Tiber
Terrakotta
H 0,25 m
Typus augusteisch, einzelne Exemplare z. T. später
Die Göttin des militärischen Sieges hatte für Augustus hohe Bedeutung. Unter dem Namen Victoria Augusta oder Augusti wurde sie in exklusiver Weise mit dem Herrscher verbunden. Das entsprach seiner Stellung als Oberbefehlshaber fast sämtlicher Truppen und der Ideologie, daß alle Siege letzten Endes ihm gebührten (vgl. Kat. 204).
Eine große Zahl von Stirnziegeln, d. h. Dachziegeln mit Schmuckplatte an der Traufseite, zeigt Victoria in Verbindung mit zwei *capricorni*, Mischwesen aus Ziege und Fisch. Damit ist das Horoskop des Kaisers – wahrscheinlich nicht seiner Geburt, sondern seiner Zeugung – bezeichnet: das Sternbild der steigenden Sonne, das

Abb. 169 Denar, Capricorn und Globus (n. BMC I Taf. 5,15)

Abb. 170 Denar, Victoria und *vexillum* (n. BMC I Taf. 14,14)

Abb. 171 Denar, Victoria und *signum* (n. BMC I Taf. 9,18)

Abb. 172 Sesterz des Commodus: Kaiser, Victoria auf Säule (BMC IV 110,11)

Sieg, Frieden und eine neue Glückszeit ankünden soll (vgl. Abb. 169). In der Krise der späten Republik hatten die verzweifelten Heilserwartungen zu einer mächtigen Blüte der Astrologie geführt. Augustus hat dem von Anbeginn entsprochen und ist als Retter des Staates aufgetreten, der durch die Sterne seiner Geburt zum Heils- und Friedensbringer prädestiniert war. Monumentales Zeugnis dafür ist seine Sonnenuhr.

Ein früher Typus der Stirnziegel zeigt Victoria vor einer Palmette im Hintergrund, mit geschultertem Tropaeum ausschreitend und von den *capricorni* flankiert. Später erhielt sie einen Globus unter den Füßen. Durch die Zufügung des Globus ist der Typus der berühmtesten Victoriafigur Roms angeglichen worden: einer aus Tarent stammenden Victoria, die Octavian gleich zu Beginn seiner Herrschaft, wenige Tage nach dem Triumph für den Sieg bei Actium 29 v. Chr., in dem von ihm neu geweihten Senatsgebäude, der Curia Iulia, aufgestellt hatte. Als einprägsames Bildzeichen der römischen Weltherrschaft erscheint die Figur mit verschiedenen Attributen (also nicht als genaue Kopie) auf augusteischen Münzen: mit dem Kranz (Kat. 329), mit der Schiffsflagge des Feldherrn Agrippa (Abb. 171), später mit einem der von den Parthern zurückgewonnenen Feldzeichen. Derselbe Typus bekrönte den Giebel der Kurie, wie sie auf augusteischen Münzen wiedergegeben ist (Kat. 332). Die Statue selbst muß man sich auf einer Säule stehend vorstellen (vgl. die Münze des Kaisers Commodus, Abb. 172), vor der Stirnwand des Senatssaales, hoch über der Versammlung schwebend. Sie war eines der charakteristischen ambivalenten Bildzeichen des Augustus: Von den Anhängern der alten Republik konnte sie zunächst als Symbol der Weltherrschaft Roms verstanden werden, die der Kaiser in die Hände des Senats gelegt hatte, für Realisten konnte jedoch kein Zweifel sein, daß diese Weltherrschaft von der Macht des höchsten Heerführers und einzigen Siegers, also des Kaisers, nicht getrennt werden konnte. Jeder Senator wurde auf dieses Thema bereits beim Betreten der Kurie hingewiesen, wenn er an dem berühmten Victoriaaltar das vorgeschriebene Opfer darbrachte. Die Stirnziegel, die eine weite Verbreitung in Rom und Mittelitalien fanden, gehören zu den unzähligen Bildwerken, in denen die Bevölkerung sich im öffentlichen wie im privaten Bereich mit der Idee der vom Kaiser getragenen Weltherrschaft identifizierte.

Literatur: K. Woelcke, BJb 120, 1911, 161 ff. – G. Ch. Picard, Les trophées romains (1957) 263 f. – T. Hölscher, JbZMusMainz 12, 1965, 59 ff. – H. Mielsch, Römische Architekturterrakotten und Wandmalereien im Akademischen Kunstmuseum Bonn (1971) 24 Nr. 34; 46 f. – L. Anselmino, Terrecotte architettoniche dell'Antiquarium Comunale di Roma 1: Antefisse (1977) 73 f. Nr. 8; 110 ff. Nr. 135–138. – P. Pensabene – M. R. Sanzi Di Mino, Museo Nazionale Romano. Le Terrecotte III 1, Antefisse (1983) Nr. 885–907 (ausgestellt Nr. 885). – Zur Victoria in der Kurie: T. Hölscher, Victoria Romana (1967) 6 ff., 180 ff. – U. Hausmann in: Silvae, Festschrift E. Zinn (1970) 55 f. Anm. 20. – P. Zanker, Forum Romanum (1972) 9 ff. – Zum Capricorn: K. Kraft, JNG 17, 1967, 17 ff. – G. Radke in: Antike und Universalgeschichte, Festschrift H. E. Stier (1972) 257 ff. – E. J. Dwyer, RM 80, 1973, 59 ff.

208 Statuenbasis mit Darstellung kaiserlicher Schutzgottheiten

(Gipsabguß)
Rom, Museo della Civiltà Romana
Original: Sorrent, Museo Correale
Aus Sorrent
Lunensischer Marmor
H 1,17 m, B 0,72 m (Block 1) 0,68 m (Block 2); rek. 1,94 m, T 1,00 m
Spätaugusteisch

Von der reich geschmückten Statuenbasis sind zwei Blöcke erhalten, die erkennen lassen, daß auf den vier Seiten bedeutende religionspolitische Maßnahmen des Augustus zusammengefaßt waren. Die Frontseite zeigt den Kult der Vesta: Rechts Vesta selbst auf hohem Thron, flankiert von zwei stehenden Göttinnen unklarer Bedeutung (man hat an Ceres und Libera oder Flora gedacht); gegenüber fünf Vestalinnen. Im Zentrum muß Augustus als Pontifex maximus gestanden haben. Der Schauplatz wird durch eine monumentale Staatsarchitektur im Hintergrund charakterisiert: Hinter Vesta erscheint ihr Tempel auf dem Forum mit dem altehrwürdigen Kultbild der Athena aus Troia, dem Palladium; die anschließende Porticus weist anscheinend, ohne strikte topographische Kohärenz, auf die Verbindung zum Kaiserpalast hin. Als Augustus 12 v. Chr. die Funktion des Pontifex maximus übernahm, war damit die Leitung des Vesta-Kults mit den heiligsten Symbolen des Staates

Kat. 208 a-d

verbunden. Die Szene stellt den *princeps* in der höchsten institutionellen Würde der Staatsreligion dar.

Die übrigen Seiten der Basis zeigen Gottheiten, die der Kaiser persönlich besonders verehrte, ohne daß er dabei selbst in repräsentativer Funktion dargestellt ist. Auf der rechten Seite erscheinen Apollo, Latona und Diana, nachgebildet den Statuen im Apollotempel, den er 28 v. Chr. auf dem Palatin geweiht hatte. Dabei wurden als Kultbilder drei Werke berühmter griechischer Bildhauer in Zweitverwendung aufgestellt: ein Apollon des Skopas, eine Leto des Kephisodot d. J. und eine Artemis des Timotheos. Als klassische Meisterwerke repräsentierten diese Figuren die Würde des neuen, griechisch geprägten Kults. Mit dieser Verehrung der Apol-

Abb. 173   Relief mit apollinischer Trias und Victoria, Villa Albani Inv. 1014

linischen Trias hat Augustus eine breite Strömung von Hoffnung aufgegriffen, die sich in den Wirren der ausgehenden Republik immer stärker auf eine neue Glückszeit im Zeichen des Apoll richtete. Ein Orakel der Sibylle von Cumae wurde in diesem Zusammenhang zum Hinweis auf Augustus als künftigen Herrscher genommen: Diese Sibylle ist zu Füßen der Latona eingefügt, gestützt auf eine Urne mit den Weissagungen, die Augustus dann im Sockel der Kultbilder deponierte.

Dem Schutz dieser Gottheiten verdankte Octavian vor allem die militärischen Erfolge, die seinen politischen Aufstieg sicherten: Nach dem Sieg von Naulochos (36 v. Chr.) feierte er Diana, nach Actium (31 v. Chr.) Apollo als göttliche Helfer. Damals muß ein Relieftypus geschaffen worden sein, der in vielen Repliken zum Schmuck vornehmer Wohnsitze von Parteigängern des *princeps* benutzt wurde: Die Apollinische Trias mit Victoria beim Siegesopfer; im Hintergrund ein Tempel, der wohl auf den neuen Kult auf dem Palatin hinweisen soll (Abb. 173). Wie die Reliefs Kat. 202. 203 bezeugt dieser Typus die Verehrung des Augustus in der vornehmen Oberschicht.

Noch unmittelbarer auf Augustus weist die linke Nebenseite der Basis, die die Front des kaiserlichen Hauses auf dem Palatin zeigt. Über der Tür wird von zwei Putten ein Eichenkranz, die «corona civica» gehalten, die

dort 27 v. Chr. als Ehrung «für die Rettung der Bürger» angebracht worden war. Davor thront eine Figur mit Füllhorn, die gewöhnlich, aber wegen des kurzes Gewandes wohl zu Unrecht, als Genius des Kaisers gedeutet wird. Offenbar ist es Romulus, der mythische Stadtgründer, der im Giebel des Quirinustempels sehr ähnlich dargestellt ist. Augustus verehrte Romulus, den mythischen Stadtgründer und ersten Triumphator, als politisches Vorbild und betonte diese Kontinuität durch die Wahl seines Wohnsitzes unmittelbar neben dessen urtümlicher, sorgsam gepflegter Strohhütte auf dem Palatin. Die Deutung wird bestätigt durch die göttlichen Ahnen Roms und des Kaiserhauses, die die Figur flankieren: rechts Mars, Vater des Romulus, durch Amor als glückbringend charakterisiert; links zweifellos Venus zu ergänzen, die Mutter des Aeneas. Es sind die beiden Götter des Augustus-Forums, wie dort mit Romulus verbunden, hier vor die Fassade des Kaiserpalastes versetzt.

Auf der Rückseite erscheint, als Gegenpol zur römischen Vesta, die kleinasiatische Magna Mater, zwischen Löwen thronend und wild umtanzt von einem ihrer Kultdiener (Korybanten). Die Deutung der Göttin zur Linken und die Ergänzung der Szene sind unklar. Magna Mater repräsentiert die Ursprünge der Römer und insbesondere des Aeneas, des Ahnherrn der Kaiserfa-

milie, aus Troja; zugleich weist sie als Gemahlin des
Kronos-Saturn auf die Wiederkehr der „saturnischen"
goldenen Zeit unter Augustus hin. Ihren Tempel unmittelbar neben seinem Palast hatte der Kaiser 3 n. Chr. erneuert.

Die vier Szenen vereinigen Gottheiten, die Augustus
teils wirklich, teils ideell um seinen Wohnsitz auf dem
Palatin versammelt hatte. Er selbst erscheint auf der
Front als Pontifex maximus: de facto als frommer Verehrer seiner Götter, ideologisch dagegen als Hauptfigur
des Konzepts. Kein anderes Denkmal zeigt besser, daß
die Haltung der Götterverehrung (*pietas*) den Herrscher
nicht in eine dienende Position drängte, sondern ihn sogar mehr und mehr in den Mittelpunkt der römischen
Staatsgötter rückte.

Literatur: G. E. Rizzo, BullCom 60, 1932, 7 ff. – A.
Degrassi, RM 62, 1955, 144 ff. – I. Scott Ryberg, Rites
of the state religion in Roman art. MemAmAc 22, 1955,
49 ff. – M. Guarducci, RM 71, 1964, 158 ff.; RM 78,
1971, 89 ff. – H.-G. Kolbe, RM 73–74, 1966–67, 94 ff.
– N. Degrassi, RendPontAcc 39, 1966–67, 97 ff.

209   Relief-Fragment mit der Front des Tempels des Mars Ultor

(Gipsabguß)
Rom, Museo della Civiltà Romana
Original: Rom, Villa Medici. Aus Sammlung Della
Valle
Lunensischer Marmor
H 1,55 m, B 1,22 m
Claudisch (41–54 n. Chr.)

Die Frömmigkeit (*pietas*) des Augustus ist auch für
seine Nachfolger ein verpflichtendes Vorbild gewesen.
Eine monumentale Reliefserie aus der Zeit des Kaisers
Claudius (41–54 n. Chr.), die im Arcus novus, einem
Ehrenbogen des Kaisers Diocletian an der Via Lata
(303–304 n. Chr.), als Spolien wiederverwendet wurde,
gibt dieser Ideologie Ausdruck: Dargestellt sind feierliche Staatsopfer vor stadtrömischen Tempeln, die Augustus für Götter errichtet hatte, welche er besonders
verehrte. Der genaue Anlaß dieser Opfer ist bisher
nicht zu bestimmen. Ebenso stößt die Zuweisung der
Reliefs an einen bestimmten Bau auf Schwierigkeiten:
Die zumeist genannte Ara Pietatis hat es anscheinend
nie gegeben; die jüngst vorgeschlagene Verbindung mit
der Ara gentis Iuliae bedarf noch der Begründung.

Der prächtigste der dargestellten Tempel ist der des
Mars Ultor auf dem Augustusforum. Besonders wir-
kungsvoll ist die figürliche Komposition des Giebels, die
auf dem Relief wiedergegeben ist. Im Zentrum steht
Mars, nicht nur als Gott des Krieges, sondern als mächtiger Vater der Römer. Links neben ihm repräsentiert
Venus, die Ahnherrin der *gens Iulia*, die unlösbare Verbindung der Kaiserfamilie mit dem ganzen Volk, entsprechend der Kultbildgruppe im Inneren des Tempels.
Fortuna auf der anderen Seite weist auf das glückliche
Geschick hin, das Rom zur Macht geführt und das insbesondere Caesar und Augustus begünstigt hat. Die Genealogie des Mars wird in der linken Giebelecke fortgeführt durch Romulus, der im Hirtengewand auf einem
Felsen sitzt, wie beim Gründungsaugurium Roms; ne-

Kat. 209

ben ihm der gelagerte Mons Palatinus, der Gott des Hügels, auf dem die Stadt ihren Ursprung gehabt hatte.
Von Romulus soll der Betrachter die Linie zu Augustus
ziehen, der sich nach dem Muster des Helden als Neugründer der Stadt fühlte, der auf dem Palatin neben der
uralten Hütte des Romulus wohnte und der nach verbreiteter Meinung nach seinem Tod wie der Stadtgründer zu den Göttern aufsteigen würde. Dieser Hinweis
auf den Kaiser wird jedoch in dem Giebel nicht explizit
ausgeführt: Als Pendants in der rechten Giebelecke sind
Roma und der gelagerte Flußgott Tiberis dargestellt.

Die Komposition ist ein hervorragendes Beispiel dafür,
wie Augustus, ohne seine Person in den Vordergrund zu
stellen, seine eigene Position als Sache des gesamten
Staatswesens zu formulieren verstand. Die Gottheiten
und Heroen, derer er sich dabei bediente, bilden hier
keine konkrete mythische Situation: so ist Venus zwischen Mars und Romulus aus dem Mythos nicht verständlich. Die Figuren sind zu einem Komplex abstrakter Ideen zusammengefügt. Dem entspricht die parataktische Komposition, die die Gestalten nicht in realer
Aktion miteinander verbindet, sondern in eine gedankliche Hierarchie zwingt.

Literatur: M. Cagiano de Azevedo, Le Antichità di
Villa Medici (1951) 37 f. Nr. 3. – P. Hommel, Studien
zu den römischen Figurengiebeln der Kaiserzeit (1954)
22 ff. – P. Zanker, Forum Augustum (1968) 14. – E. Simon, MarbWPr 1981, 13 ff. – M. Torelli, Typology and
structure of Roman historical reliefs (1982) 77 f. – G.
Koeppel, BJb 183, 1983, 98 ff. Nr. 12. – H. Hänlein-
Schäfer, Veneratio Augusti (1985) 121 f. – E. Simon,
Augustus (1986) 48 ff. – Zur ‚Ara Pietatis' und Ara gentis Iuliae zuletzt: Torelli a.O. 70 ff. – G. Koeppel, RM
89, 1982, 453 ff.

210   Relief-Fragment mit der Front des Tempels der Magna Mater

(Gipsabguß)

Rom, Museo della Civiltà Romana

Original: Rom, Villa Medici. Aus Sammlung Della Valle

Lunensischer Marmor

H 1,55 m, B 1,05 m

Claudisch (41–54 n. Chr.)

Aus demselben Reliefzyklus wie das Fragment mit dem Tempel des Mars Ultor (Kat. 209) stammt die Darstellung eines Opfers vor dem Tempel der Göttin Magna Mater. Augustus hatte diesen Tempel, der sich unmittelbar neben seinem Wohnsitz auf dem Palatin befand, 3 n. Chr. nach einem Brand neu errichtet. Im Giebel, den das Relief wiedergibt, wird die Mitte von einem feierlichen Sitz eingenommen, der auf einem ausgebreiteten Gewand die Mauerkrone der Magna Mater trägt. Dies Symbol der Tempelherrin wird flankiert von ihren Trabanten: von zwei *galli*, den Dienern der Göttin, die nach orientalischem Kultbrauch auf eine Trommel (Tympanon) gestützt am Boden liegen; dazu zwei Löwen, die den berauschenden Wein aus Krateren schlürfen. Der orgiastische Charakter des Kults wird durch den rechts erhaltenen Dachschmuck betont: einen weiteren *gallus*, links entsprechend zu ergänzen, der in wildem Tanz begriffen ist. Der Kult der Magna Mater, der im 2. Punischen Krieg (204 v. Chr.) aus Pessinus in Kleinasien nach Rom importiert worden war, hatte für Augustus in zweierlei Hinsicht Bedeutung: Zum einen erinnerte er

Kat. 211

Kat. 210

an die trojanischen Ursprünge Roms durch den julischen Ahnherrn Aeneas; zum anderen war die Göttin, mit Rhea gleichgesetzt, Gemahlin des Saturn, des Gottes des Goldenen Zeitalters, das Augustus wieder heraufführen wollte. Die orientalische Herkunft dieses mit utopischen Zügen ausgestatteten Kults klingt noch in der Ikonographie des Giebels mit feierlichen religiösen Symbolen und exotischen Tieren, Trachten und Bräuchen an.

Literatur: M. Cagiano de Azevedo, Le Antichità di Villa Medici (1951) 40 Nr. 11. – P. Hommel, Studien zu den römischen Figurengiebeln der Kaiserzeit (1954) 30 ff. – J. A. Hanson, Roman Theatre-Temples (1959) 14 ff. – H. Herter, WSt 79, 1966, 563 f. – G. Koeppel, BJb 183, 1983, 101 ff. Nr. 13.

211   Stirnziegel mit Magna Mater zu Schiff

Rom, Musei Vaticani, Museo Gregoriano Profano

Terrakotta

H 0,25 m

Typus augusteisch, einzelne Exemplare z. T. später

Als gegen Ende des 2. Punischen Krieges der Kult der Göttin Kybele, römisch Magna Mater, aus Kleinasien nach Rom übertragen wurde, holte man deren heiligen Stein zu Schiff bis in den Tiberhafen ein. Unter Augustus, als der Kult zu neuer Blüte kam (Kat. 208. 210), wurde das Bild der Göttin unter der Erscheinungsform der Ankunft über das Meer ein beliebter Typus. Der Stirnziegel, ein Dachziegel mit Schmuckplatte an der Traufseite, zeigt die Göttin selbst auf dem Schiff, in frontaler Epiphanie, flankiert von ihren heiligen Löwen und überdacht von dem gerafften Segel wie von einem Baldachin. Der Typus, von dem viele Exemplare erhalten sind, ist zweifellos in augusteischer Zeit entstanden. Er läßt besonders klar die Verbreitungswege solcher Bildmotive erkennen: Ein Exemplar stammt aus unmittelbarer Nähe des Tempels der Magna Mater auf dem Palatin. Vielleicht wurde der Typus dieser Terrakotta-

Stirnziegel überhaupt für ein kleineres Gebäude dieses heiligen Bezirks geschaffen; möglicherweise trug sogar der Tempel selbst Stirnziegel aus Stein mit diesem Bildmotiv. Von hier aus fand der Typus Verbreitung an öffentlichen Gebäuden und reichen Privathäusern in Rom und Umgebung (vgl. Kat. 201. 207). Es entwickelte sich eine reiche Produktion, die bis ins 2. Jh. n. Chr. greifbar ist.

Literatur: I. Jucker, MusHelv 16, 1959, 59 ff. – Helbig[4] I Nr. 1034 (E. Simon). – H. Mielsch, Römische Architekturterrakotten und Wandmalereien im Akademischen Kunstmuseum Bonn (1971) 47 f. – M. J. Vermaseren, Corpus Cultus Cybelae Attidisque III. Italia – Latium, EPRO 50 (1977) 136 f. Nr. 431 ff. – P. Pensabene – M. R. Sanzi Di Mino, Museo Nazionale Romano, Le Terrecotte III 1 (1983) Nr. 966–973.

212.213 Die Heroen des Kaisers

212 Teil vom Fries der Basilica Aemilia mit dem Raub der Sabinerinnen (Foto)

Rom, Antiquarium Forense, Inv. 3/176
Aus Rom, von der Basilica Aemilia
Pentelischer Marmor
H 0,74 m, L 1,87 m
55–34 v. Chr.

Als die Basilica Aemilia am Forum Romanum nach einem Brand unter Augustus 14 v. Chr. neu errichtet wurde, verwendete man im Inneren über der Säulenstellung des Mittelschiffs einen langen Figurenfries wieder, der aus dem Vorgängerbau von 55–34 v. Chr. stammte. Dieses spätrepublikanische Gebäude, bereits der dritte Neubau der immer wieder beschädigten Basilica, war

Abb. 174 a. b

Kat. 212

anscheinend von L. Aemilius Paulus mit Beutegeldern Caesars begonnen und von seinem Sohn vollendet und geweiht worden. Der Fries, ursprünglich ca. 184 m lang, zeigt in fortlaufender Erzählweise Szenen aus der Vorgeschichte Roms. Einigermaßen gut erhalten ist der Raub der Sabinerinnen, die von den zielstrebig vorgehenden Römern ereilt werden. Eine rechts anschließende Szene mit der Schmückung eines Maultiergespanns durch Frauen (Kat. 212) gibt den Anlaß und den Ort des Geschehens an: das Fest der Consualia im Tal des späteren Circus Maximus, bei dem der Raubüberfall ausgeübt wurde. Die theatralisch-pathetischen Gebärden der Frauen bezeugen hellenistische Tradition; der Stil der Marmorarbeit führt bereits zu einer klassizistischen Abklärung der Form: Hier sind die Tendenzen greifbar, die dann zu den harten und klar abgesetzten Formen des augusteischen Klassizismus führten. Andere Fragmente zeigen die Aussetzung der Zwillinge Romulus und Remus; die Bestrafung der Tarpeia (Abb. 174 b); anschließend die Beratung der Römerfrauen über Wege zur Beendigung der Kämpfe: also weitere Szenen aus der Sage des Romulus. Dagegen ist die Enthüllung eines zylindrisch gebildeten Gegenstands durch priesterlich gekleidete Frauen (Abb. 174 a)

kaum auf den Stadtgründer zu beziehen: Nach dem Reif um die Mitte handelt es sich nicht etwa um den Altar des Consus, sondern am ehesten um das Behältnis mit den heiligen Gegenständen, die Aeneas aus Troja gerettet hatte und die hier von Vestalinnen aufgedeckt wurden. Trifft diese Deutung zu, so hat der Fries nicht nur die Sage des Romulus, sondern die ganze Vorzeit Roms mit Aeneas- und Romuluszyklus umfaßt. Die Familie der Aemilier, aus der der Bauherr stammte, behauptete genealogisch mit Romulus wie mit Aeneas verbunden zu sein. Ebenso verehrte Caesar nicht nur Aeneas, sondern auch Romulus als Ahnherrn und politisches Leitbild. Die beiden Vorzeitheroen sind hier zu ideologischen Protagonisten gemacht, in der politischen Situation der ausgehenden Republik, als noch mehrere führende Politiker ihre Ansprüche − konkurrierend oder sich verbündend − nebeneinander formulierten. Als breite Erzählung der Gründungssage greift der Fries die Tradition hellenistischer Bilderfolgen, etwa des Telephos-Frieses am Zeusaltar von Pergamon, auf: Rom löst, geleitet von seinen führenden Politikern, auch in den äußeren Repräsentationsformen die Hauptstädte der hellenistischen Reiche ab.

Augustus hat es verstanden, diese Ansprüche exklusiv

Kat. 213   Kat. 213

mit seiner eigenen Person zu verbinden. Schon früh hat er auf seinen Münzen das Motiv des Aeneas mit seinem Vater Anchises von Caesar übernommen (Abb. 175. 176). Später sind Aeneas und Romulus die Eckpfeiler seiner wichtigsten Bildprogramme geworden. Auf der Ara Pacis erscheint Aeneas in seiner friedenstiftenden Frömmigkeit (*pietas*) gegen die Götter, während Romulus und Remus in der idyllischen Behütung durch die Wölfin unter dem Schutz des göttlichen Vaters Mars dargestellt sind. Noch lapidarer waren die beiden Helden auf dem Augustusforum ins Zentrum gerückt: In den Exedren der Hallen, die den Platz zu beiden Seiten rahmten (vgl. Beitrag M. Hofter, *summi viri*), stand Romulus als Archeget unter den großen Politikern der Republik, Aeneas als Ahnherr unter den Vorfahren der Kaiserfamilie. Zwei pompejanische Wandbilder geben eine Vorstellung dieser berühmten Bildwerke: Romulus erscheint gerüstet, auf der Schulter ein Tropaeum mit den *spolia opima*, die er eigenhändig dem gegnerischen Heerführer abgenommen hat und nun dem Iuppiter Feretrius weihen wird (Abb. 88); Aeneas trägt seinen Vater Anchises mit den trojanischen *sacra* auf der Schulter und führt seinen Sohn Iulus-Ascanius an der Hand in die neue Heimat. Die beiden Helden sind hier pointiert zu *exempla* der *virtus* und *pietas* stilisiert, den beiden wichtigsten politischen Idealen des Augustus. Mit dieser ideologischen Klärung haben die Bilder des Romulus und Aeneas eine lapidare Schlagkraft erhalten, die eine große Breitenwirkung ermöglichte.

Literatur: A. Bartoli, BdA 35, 1950, 289 ff. – G. F. Carettoni, RIA 10, 1961, 5 ff. – H. Furuhagen, OpRom 3, 1961, 139 ff. – Helbig⁴ I Nr. 1008; II Nr. 2062 (E. Simon). – R. Bianchi Bandinelli – M. Torelli, Etruria Romana (1976) Scheda 49. – Aeneas und Romulus in den Exedren des Augustus-Forums und auf pompeianischen Wandbildern: P. Zanker, Forum Augustum (1968) 16 ff. – C. Dulière, Lupa Romana (1979) I 90 ff.

213 Rundbasis mit Aeneas und Göttern
Civita Castellana, Kathedrale
Wahrscheinlich aus dem Gebiet von Falerii novi
Lunensischer Marmor
H 1,04 m, Dm 0,70 m
Um 40 v. Chr.

Die Repräsentationskunst der führenden Politiker war vor Augustus im wesentlichen auf die Hauptstadt beschränkt geblieben. In einzelnen Fällen begann jedoch in den letzten Jahren der Republik eine Verbreitung politischer Bildthemen, wie sie dann in der frühen Kaiserzeit üblich wurde. Die Rundbasis von Civita Castellana, die wohl ein Tropaeum getragen hat, stammt wahrscheinlich aus Falerii novi. Das umlaufende Relief zeigt einen Feldherrn, bekränzt von Victoria, der ein Opfer für die Götter Mars, Venus und Vulcan darbringt. Nach der Barttracht und der damals nicht mehr gebräuchlichen Helmform ist es ein mythischer Held. Man hat an Romulus gedacht, der jedoch kaum mit vollem Bart neben seinem unbärtigen Vater Mars stehen könnte. Of-

Kat. 213

Kat. 213

fenbar ist es Aeneas, der den Göttern seines Sieges
dankt.

Deutlich sind hier religionspolitische Ideen der Hauptstadt wiedergegeben: Die Verehrung des Aeneas wie
der drei Gottheiten weist in den Umkreis Caesars, der
damit zugleich wegweisend für Augustus wurde (s.
Kat. 208). Dazu paßt die untere Begrenzung des Reliefs
aus den steif angeordneten Blättern des römischen Tri-
umphkranzes, der für den Dictator als ständiges Attribut besonders kennzeichnend war. Für Caesar oder den
jungen Octavian muß das Denkmal errichtet worden
sein. Die Anhänger der caesarischen Partei, die in die-

sem Denkmal stadtrömische Bildmotive übernommen
haben, werden aus dem Kreis der Veteranen stammen,
die damals anscheinend in Falerii novi angesiedelt worden sind.

Literatur: R. Herbig, RM 42, 1927, 129 ff. – I. Scott
Ryberg, Rites of the state religion in Roman art. Mem-
AmAc 22, 1955, 27. – G. Ch. Picard, Les trophées ro-
mains (1957) 248 ff. – St. Weinstock, Divus Julius
(1971) 86; 129. – B. M. Felletti Maj, La tradizione ita-
lica nell'arte romana (1977) 190 f. – M. Torelli in: P.
Zanker (Hrsg.), Hellenismus in Mittelitalien. Abhandl.
Akad. Wiss. Göttingen 97, 1976, 101.

Abb. 175 Denar von Caesar mit Aeneas
(n. Crawford Nr. 458/1)

Abb. 176 Denar des Octavian mit Aeneas
(n. Crawford Nr. 494/3)

Abb. 177 Denar des Faustus Sulla
(n. Crawford Nr. 426/1)

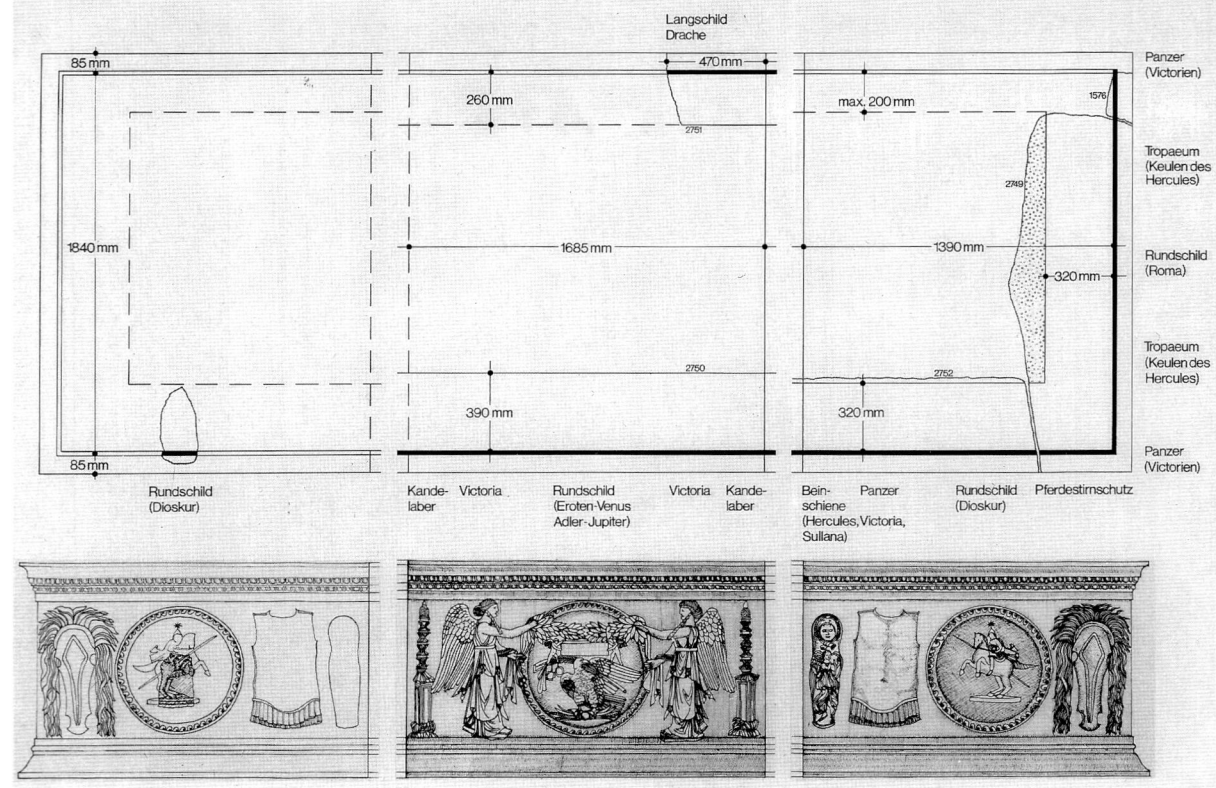

Abb. 178   Rekonstruktion des Bocchus-Denkmals (Zeichnung: W. Meyer)

214–216   Die großen ideologischen Programme

214   Sockel vom Denkmal des Bocchus von Mauretanien für Sulla

Rom, Palazzo dei Conservatori, Inv. 2749–52; Wien, Kunsthistorisches Museum, Inv. 1576
Aus Rom, Area sacra di S. Omobono, gefunden in Sturzlage
Dunkelgrauer Marmor
H ca. 0,91 m, B 1,65 m (1), 1,05 m (2), 1,685 m (3), 0,47 m (4)
91 v. Chr.

Plutarch berichtet von einem berühmten Denkmal, das König Bocchus von Mauretanien 91 v. Chr. auf dem Kapitol in Rom für den römischen Feldherrn und Staatsmann Sulla errichten ließ (Plut. Mar. 32; Sull. 6). Es stellte in goldenen Statuen die Szene dar, wie Bocchus 15 Jahre vorher den großen Feind Jugurtha an Sulla ausgeliefert hatte. Dieser Erfolg, den er unter dem Oberbefehl des Feldherrn Marius im Jugurthinischen Krieg errungen hatte, war für Sulla so wichtig, daß er ihn auf seinem Siegelring darstellen ließ. Ein Nachklang der Statuengruppe ist auf Münzen erhalten, die Sullas Sohn Faustus etwa drei Jahrzehnte später prägen ließ (Abb. 177). Für Sullas politischen Gegner Marius, der den Sieg über Jugurtha für sich selbst beanspruchte, war dies Denkmal eine solche Herausforderung, daß er es abzureißen versuchte und nur durch den Ausbruch eines

Krieges mit den römischen Bundesgenossen in Italien daran gehindert wurde.

Vom Sockel dieses Denkmals sind anscheinend vier Blöcke erhalten, die wohl aus dem Heiligtum der Göttin Fides auf dem Kapitol stammen. Sie zeigen einen reichen Fries von Waffen, deren figürlicher Schmuck ein ganzes ideologisches Konzept des Sulla entfaltet (Rekonstruktion und thematische Übersicht: Abb. 178). Im Zentrum der Vorderseite stehen Motive der Siegesfeier: Kandelaber und zwei Siegesgöttinnen (Victorien), die einen Prunkschild mit einer Lorbeergirlande schmükken. Dieser trägt einen Adler mit Palmzweig und zwei kleinen Siegeskränzen als Zeichen für Iuppiter, den Herrn des Sieges; darüber wird eine Inschrifttafel, auf der der Name des Siegers aufgeschrieben war, von zwei Eroten getragen, die auf Sullas persönliche Schutzgöttin Venus hinweisen. Auf den Rüstungsstücken, die dies Zentrum rahmen, erscheinen weitere Gottheiten, denen Sulla eng verbunden war: Eine Beinschiene zeigt Victoria, der er später unter dem Namen Victoria Sullana alljährliche Spiele eingerichtet hat; darüber der Kopf des Hercules, den er als Vorbild der Tüchtigkeit verehrt, dem er den Tempel am Circus Flaminius erneuert und eine Statue auf dem Esquilin errichtet hat; weiter außen – auf der Gegenseite symmetrisch zu ergänzen – ein Schild mit einem der Dioskuren, die für den konservativen Sulla als Patrone des patrizischen Reiteradels besondere Bedeutung hatten. Auf der einen Schmalseite

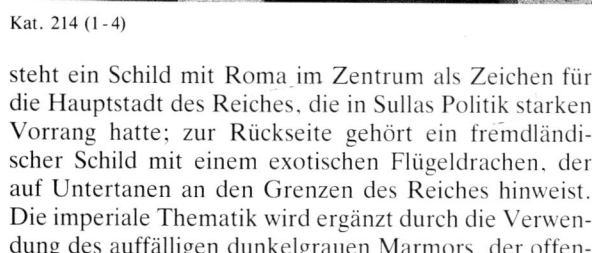

Kat. 214 (1-4)   Kat. 214a

steht ein Schild mit Roma im Zentrum als Zeichen für die Hauptstadt des Reiches, die in Sullas Politik starken Vorrang hatte; zur Rückseite gehört ein fremdländischer Schild mit einem exotischen Flügeldrachen, der auf Untertanen an den Grenzen des Reiches hinweist. Die imperiale Thematik wird ergänzt durch die Verwendung des auffälligen dunkelgrauen Marmors, der offenbar aus den Brüchen der nordafrikanischen Stadt Thala stammt und die Verfügung Roms über die Ressourcen seiner unterworfenen Gegner demonstriert.

Das Denkmal ist zwar von Bocchus gestiftet, aber sicher in enger Verbindung mit Sulla selbst entworfen worden. Die Komposition wird beherrscht von einer hierarchischen Ordnung, die mit rigoroser Strenge durchgeführt ist. Im Zentrum stehen der oberste Staatsgott und Sullas persönliche Schutzgöttin; ihnen sind Iuppiters Söhne, Hercules und die Dioskuren, sowie die Siegesgöttin als Geschenk der zentralen Gottheiten seitlich zugeordnet; auf der Schmalseite wird der Mittelpunkt, auf der Rückseite die Ausdehnung der Herrschaft bezeichnet. Eine

derart umfassende, auf einen führenden Politiker zugeschnittene ideologische Konzeption war damals neu in
Rom. Sie wurde nötig in einer historischen Situation, als
die großen Feldherren eine dauerhafte Machtposition
beanspruchten, die über das jährlich wechselnde Beam-
tentum der Republik entschieden hinausging. Die ideologische Legitimation, die dabei ausgebildet wurde,
steht am Beginn einer Entwicklung, die unmittelbar zur
römischen Monarchie geführt hat. Entsprechend sind
die programmatischen Grundzüge des Bocchusdenk-
mals sehr ähnlich noch am Reliefpanzer der Augustusstatue von Prima Porta (Kat. 215) zu erkennen.
Literatur: G. Ch. Picard, MEFRA 71, 1959, 263 ff. –
Helbig⁴ II Nr. 1650 (E. Simon). – M. E. Bertoldi, Quaderni dell'Istituto di topografia antica 5, 1968, 39 ff. –
C. F. Giuliani, ebenda 55 ff. – Th. Schäfer in: H. G.
Horn – Chr. B. Rüger (Hrsg.), Die Numider (1979)
243 ff. – T. Hölscher in: Tainia, Festschrift R. Hampe
(1980).

214a   Fragment vom Denkmal des Bocchus von Mauretanien

Christoph Reusser

Rom, Musei Capitolini, Inv. 3517
Vom Verfasser in den Substruktionen des Marcellustheaters gefunden. Stammt wahrscheinlich aus den Grabungen von 1939 in der Via della Consolazione (heute
Vico Iugario), nahe der Kirche S. Omobono. Graue
caementicium-Reste auf den Bruchflächen zeigen, daß
das Fragment – wahrscheinlich im Mittelalter – wiederverwendet worden war
H 0,31 m, B 0,215 m, T 0,33 m, L des Standstreifens
0,175 m
Der ungewöhnliche Stein – ein grauer bis dunkelgrauer
Kalkstein mit weißen Kalzitadern und fossilen Ein-
schlüssen – und die Reliefreste eines auf einem schmalen Standstreifen nach rechts sprengenden Reiters erweisen die Zugehörigkeit des Fragments zu der bekannten Basis eines sullanischen Siegesmonuments vom Kapitol. Der Reiter, der als Dioskur zu deuten ist, entspricht in symmetrischer Weise einem Pendant auf dem
Rundschild des rechten Eckblocks des Denkmals. Die
beiden Figuren sind eng verwandt, in den Details aber
nicht streng spiegelbildlich. Der Faltenwurf der Gewänder stimmt nicht genau überein. Unser Dioskur legt den
sichtbaren Arm um den Hals des Pferdes, während sein
Bruder ihn in Hüfthöhe stark angewinkelt hat. Das
kurze Schwert scheint bei beiden auf der linken Seite
befestigt zu sein; es ist auf dem größeren Block gut erkennbar, wird hier aber vom Körper fast vollständig
verdeckt. Die Reliefhöhe des neuen Blocks ist größer,
der Standstreifen stärker abgehoben. Einzelheiten wie
der schmale Gürtel und die hohen Stiefel mit umgeleg-
tem oberen Rand und spitzen Laschen sind besser erhalten. Das wiedergefundene Fragment bestätigt die oben
vorgeschlagene Rekonstruktion der Basis. Es bildete
mit dem links anschließenden Pferdestirnschutz sowie
dem rechts zu ergänzenden Brustpanzer und der Beinschiene den linken Eckblock ihrer Vorderseite.

215   Augustusstatue von Prima Porta

Rom, Musei Vaticani, Braccio Nuovo, Inv. 2290
Aus der Villa der Livia bei Prima Porta
Marmor
H 2,04 m
Bald nach 17 v. Chr.
Die Augustusstatue von Prima Porta ist für die Kenntnis
der römischen Staatskunst ein einzigartiger Glücksfall:
Sie zeigt von allen römischen Kaiserstatuen den reich-
sten programmatischen Schmuck, gibt auf Grund ihres
Fundortes mit Sicherheit Anschauungen des Kaiserhauses wieder und ist dazu hervorragend erhalten. Sie stand
auf einer Gartenterrasse in der Villa der Livia *ad gallinas albas*, nördlich von Rom über dem Tal des Tiber, einem Ort, von dem in der Kaiserzeit die Triumphatoren
den Siegeslorbeer pflückten. Entsprechend erscheint
Augustus als *imperator*; in der rechten, erhobenen
Hand wurde zuletzt eine Lanze, Zeichen der Befehlsgewalt, in der linken ein Lorbeerzweig ergänzt. Den Körper deckt ein Panzer, dessen Reliefschmuck die Segnungen römischer Militärmacht preisen soll.
Die Komposition des Panzerreliefs zeigt im Zentrum die
berühmte Rückgabe der römischen Feldzeichen, die die
römischen Heerführer Crassus und Antonius eingebüßt
hatten, durch die Parther, die großen Gegner im Orient,
im Jahr 20 v. Chr. Sie werden von König Phraates IV. an
einen Vertreter Roms übergeben. Dieser kann nach den
Locken, die an den Schläfen hervorquellen, keine historische Person, sondern wohl nur Mars sein, als Reprä-
sentant der römischen Militärmacht. Die Wiedergewinnung der Feldzeichen, die schon Caesar geplant hatte
und an der Antonius gescheitert war, wurde von Augustus mit großem Propagandaaufwand als säkularer Erfolg gegen den Erzfeind inszeniert; die Durchsetzung
des römischen Anspruchs mit rein diplomatischen Mitteln wurde als Leistung der neuen Friedenspolitik ausgegeben.
Der Parthererfolg ist jedoch nur der Anlaß für ein weit
umfassenderes Konzept. Die Mittelzone wird von zwei
trauernden Personifikationen unterworfener Völkerschaften gerahmt. Rechts ist nach der keltischen Eber-
standarte am ehesten *Gallia*, links nach dem ausge-

Kat. 214 (5)

streckten Schwert vielleicht *Hispania* zu erkennen: Der gedemütigte Osten und die Repräsentanten des bezwungenen Westens fügen sich zu einem Schaubild der römischen Weltherrschaft zusammen.

Unmittelbar darunter erscheinen die persönlichen Schutzgottheiten des Augustus: Apoll, der Gott der Schlacht von Actium gegen Antonius (31 v. Chr.), und Diana, die Helferin bei Naulochos gegen Sex. Pompeius (36 v. Chr.). Beide bedeuten zugleich mehr als nur historische Reminiszenzen: Diana mit Fackel ist eine Göttin der Nacht; Apoll entsprechend ein Gott des Lichts, auf dem Greifen reitend, so wie er nach dem Ende des Winters in Delphi einzog. Als Lichtgott hatte Apoll die Hoffnungen der erlösungsbedürftigen späten Republik auf sich gezogen: Ein Orakel der Sibyllinischen Bücher kündigte damals ein neues Goldenes Zeitalter an, das unter der göttlichen Herrschaft des Sonnengottes stehen sollte, und dieser wurde mit Apoll gleichgesetzt. Kurz nach dem Parthererfolg, 17 v. Chr., hat Augustus darum das neue *saeculum aureum* mit den Saecularspielen zu Ehren des Apoll und der Diana feierlich eingeleitet.

Die Segnungen dieser Vision werden aus der gelagerten Figur am Grund deutlich: Tellus, die Göttin der Erde, mit Ähren bekränzt, ein Füllhorn haltend, im Schoß zwei spielende Kinder bergend. Durch ein Tympanon zu ihren Füßen ist sie zugleich als die kleinasiatische Muttergöttin Kybele – Magna Mater bezeichnet. In diesem Aspekt weist sie zum einen auf die trojanischen Ursprünge Roms und insbesondere der Kaiserfamilie hin; zum anderen auf ihren Gemahl Kronos, römisch Saturnus, den Herrscher der ältesten Glückszeit, deren Wiederkehr für Italien – die „Saturnia Tellus" – ersehnt wurde (vgl. Kat. 204.210).

Als Gegenpol zu den irdischen Gestalten erscheinen in der oberen Zone himmlische Mächte. Sol, im Viergespann aufsteigend, ist wie Apoll ein ankommender Gott, Verheißung der anbrechenden Glückszeit. Vor ihm trägt Aurora, aus einer Kanne Morgentau spendend, Venus durch den Himmel: Die göttliche Ahnherrin der Iulier ist durch die Fackel als Lichtgöttin, d. h. als Morgenstern zu erkennen, so wie sie schon Aeneas vorausgeleuchtet hatte. Alles ist auf Morgen, aufgehendes Licht, Neubeginn gestimmt. Darüber breitet eine ehrwürdige Männergestalt ein breites Manteltuch. Sie wird gewöhnlich als der Himmelsgott Caelus gedeutet, ist aber nach einer neuen suggestiven Erklärung eher Saturnus, der Gott der wiederkehrenden glücklichen Urzeit.

Historische Voraussetzung für das Panzerrelief ist also nicht nur der Parthererfolg von 20 v. Chr., sondern auch die Saecularfeier von 17 v. Chr. Damals muß die Komposition des Panzerreliefs entstanden sein. Sie wurde allerdings kaum für die Statue von Prima Porta geschaffen; denn diese ist durch die Rückseite, auf der bei einem Tropaeum der Flügel einer nicht ausgearbeiteten Victoria erhalten ist, als Kopie eines vollständigeren Originals zu erkennen. Dieses war gewiß aus wertvollerem Material, Gold oder Silber, gearbeitet und stand wohl an einem zentralen Platz in Rom. Die Marmorkopie für die Villa der Livia dürfte bald danach in Auftrag gegeben worden sein.

Von einem konkreten politischen Erfolg ausgehend, wird hier eine umfassende Vorstellung eines neuen Zeitalters entwickelt. Dieses Konzept steht in einer republikanischen Tradition, wie sie an dem sullanischen Denkmal vom Kapitol (Kat. 214) zu erkennen ist: Im Zentrum, statuarisch dargestellt, steht der historische Vorgang; auf der Vorderseite wird er umgeben von den hilfreichen Gottheiten des Geehrten. Neben- und Rückseiten bezeichnen Zentrum und Ausdehnung der Herrschaft. Allerdings ist die Komposition des Panzers noch vielschichtiger und anspruchsvoller, insbesondere durch die kosmische Dimension der Götter von Himmel und Erde, Licht und Nacht. Das offizielle Festlied, das der Dichter Horaz im Auftrag des Kaisers für die Saecularfeier gedichtet hat, ist dem Relief eng verwandt und kann den konzeptuellen Reichtum der Komposition verdeutlichen. Da es ein sehr abstraktes Gedankengebäude ist, sind die Figuren nicht in einem konkreten Aktionszusammenhang verbunden, sondern sind praktisch, nach ideellen Gesichtspunkten aufeinander bezogen.

Die Aussage des Reliefpanzers unterstreicht und erläutert die Bedeutung des Bildnistypus des Augustus, der für diese Statue gewählt wurde: In seiner versteinerten klassizistischen Klarheit strahlt der Kopf die *gravitas* und *sanctitas* des Kaisers aus, der als Friedensherrscher eine neue Zeit heraufführen wollte. In dem gesamten Bildprogramm dieser Figur hat die ideologische und zugleich emotionale Legitimation des römischen Herrschertums gleich zu Beginn einen neuen Höhepunkt erreicht.

Literatur: Ausführliche Bibliographie bei H. Jucker, HefteABern 3, 1977, 16ff. – H. Kähler, Die Augustusstatue von Primaporta (1959). – E. Simon, RM 64, 1957, 46ff. – Dies., WürzbJbAltWiss N.F. 5, 1979, 263ff. – Dies., Augustus (1986) 52ff.

216 Ehrenschild für Augustus (clupeus virtutis)

Arles, Musée Archéologique
Aus Arles, Kryptoporticus
Marmor
Dm 0,965 m
26 v. Chr.

Augustus nennt in seinem Rechenschaftsbericht (Mon. Ancyr. 34,2) mit besonderem Stolz die Ehrungen, die ihm am 13. und 16. Januar 27 v. Chr., bei der Einsetzung der neuen Prinzipatsverfassung, zuteil wurden: die Lorbeerbäume und den Eichenkranz (*corona civica*), mit denen sein Palasteingang geschmückt wurde, sowie den goldenen Schild, aufgestellt im Senatsgebäude, der Curia Iulia, «dessen Inschrift bezeugt, daß der Senat und das römische Volk ihn mir verliehen haben wegen meiner Tapferkeit und Milde, meiner Gerechtigkeit und Frömmigkeit». Es waren Bezeugungen der Dankbarkeit dafür, daß Octavian seine außerordentlichen Vollmachten zurückgegeben und dadurch den Staat wieder in die Gewalt von Senat und Volk gegeben hatte, zugleich aber auch Ehrungen für den künftigen *princeps*.

In Arles (Gallia Narbonensis) hat sich im Heiligtum für den Kaiserkult auf dem Forum eine Marmorkopie des sog. *clupeus virtutis* gefunden, die die Inschrift des Ori-

Kat. 215

MVNIE.PI.IX.P.M.
AN.XVIII

Kat. 215

ginals offenbar weithin getreu wiedergibt; einzige Abweichung ist die Angabe des 8. statt des 7. Konsulats, offenbar weil die Kopie ein Jahr später, 26 v. Chr., beim Besuch des Kaisers in Arelate aufgestellt worden ist. Der Text stimmt mit Augustus' eigener Formulierung im wesentlichen überein: SENATVS / POPVLVSQVE ROMANVS / IMP(eratori) CAESARI DIVI F(ilio) AVGVSTO / CO(n)S(uli) VIII DEDIT CLVPEVM / VIRTVTIS CLEMENTIAE / IVSTITIAE PIETATIS ERGA / DEOS PATRIAMQVE (Senat und Volk von Rom hat dem *imperator* Caesar, dem Sohn des Gottes d. h. des Iulius Caesar, dem Augustus, Konsul zum achten Mal, den Ehrenschild der Tapferkeit, Milde, Gerechtigkeit und der frommen Pflichterfüllung gegen Götter und Vaterland verliehen).

Neben der Gunst und dem Schutz der Götter, die in vielen Monumenten des Augustus gepriesen wurden, repräsentieren die vier Tugenden des Schilds seine persönliche Leistung. Sie waren − in etwas anderer Ausprägung, und neben anderen Begriffen − bereits von der hellenistischen Philosophie als für einen guten Herrscher notwendig erkannt worden und spielten noch in der älteren Kaiserzeit eine bedeutende Rolle für die Legitimation des Herrschertums. Bei Augustus waren sie aber zugleich politisch aktuell: als Anerkennung vollbrachter Leistungen und als Programm für die Zukunft. *Virtus* ist die mannhafte Tüchtigkeit, die er vor allem bei der Überwindung des Antonius und in den anschließenden politischen Auseinandersetzungen gezeigt hatte. Mit *clementia*, die schon Caesar zum Programm erhoben hatte, ist die Milde gegen die politischen Gegner gemeint, mit der er nach Actium die Folgen der Bürgerkriege in einem nationalen Einigungsprogramm zu überwinden suchte. Darüber hinaus soll *iustitia* in einem ganz allgemeinen Sinn wieder Recht und Verfassungsmäßigkeit verbürgen. Und schließlich soll dies alles von *pietas* getragen sein: gegen die Götter, deren Tempel wiederaufgebaut und deren Kulte neu belebt werden sollten; und gegen das Vaterland, dessen Tradition und Macht gegen alle Feinde zu schützen waren.

Wie die Figuren auf dem Panzer von Prima Porta (Kat. 215) sich zu einem Kosmos göttlicher Schutzmächte ordnen, so stellen die Tugenden des Schildes ein umfassendes Konzept idealer politischer Leitbilder dar.

Trotz ihrer vielschichtigen geistigen Verflechtungen sind die vier Begriffe aber so lapidar und eingängig zusammengestellt, daß der *clupeus virtutis* rasch zu einem weitverbreiteten Symbol des Prinzipats wurde (vgl. Kat. 233).

Literatur: F. Benoit, RA 39−40, 1952, 48 ff. − W. Seston, CRAI 1954, 286 ff. − H. Kähler, Rom und seine Welt (1958−60) 188 f. Taf. 119 unten. − T. Hölscher, Victoria Romana (1967) 102 ff. − P. Zanker, RM 76, 1969, 212 ff. − D. Kienast, Augustus (1982) 81 ff. − P. Gros, JdI 102, 1987, 346 ff.

217−224   Altäre für die Lares Augusti und den Genius Augusti, aus Compitalheiligtümern der Stadt Rom

Auf diesen Altären sind eine Reihe von Bildzeichen aufgenommen worden, in denen die Herrschaft des Augustus sehr prägnant und breitenwirksam formuliert worden war (vgl. Kat. 225). 27 v. Chr. war die *corona civica*, eine alte militärische Auszeichnung für die «Rettung der Bürger» (*ob cives servatos*), dem Augustus in einem umfassenden politischen Sinn als dem väterlichen Retter des Staates verliehen und über dem Eingang seines Palasts angebracht worden (Kat. 208). Gleichzeitig hatte man davor zwei Lorbeerbäume gepflanzt, zum Zeichen seiner Siege, des von ihm gebrachten Friedens und seiner Verehrung für Apollo (Ov. trist. 3,1,39 ff.; vgl. Kat. 217−220). Schließlich war ihm in der Curia Iulia, zu Füßen der berühmten Victoriastatue (Kat. 207), der goldene *clupeus virtutis* mit der Nennung seiner vier wichtigsten Tugenden *virtus, clementia, iustitia* und *pietas* aufgestellt worden (Kat. 216). Alle diese Herrschaftszeichen wurden in vielen Kunstgattungen in reichen Variationen miteinander kombiniert, insbesondere in der augusteischen Münzprägung. Die Larenaltäre dokumentieren mit der Aufnahme dieser Motive, daß der Kult an den *compita* im wesentlichen dazu diente, die unteren Schichten der hauptstädtischen Bevölkerung in religiöser Verehrung an den Kaiser zu binden.

Literatur: H. Jordan, AdI 1862, 300 ff. − G. Niebling, Historia 5, 1956, 303 ff. − I. Scott Ryberg, Rites of the state religion in Roman art. MemAmAc 22, 1955, 53 ff. − W. Hermann, Römische Götteraltäre (1961) 23 ff. − P. Zanker, RM 76, 1969, 205 ff. − Ders., BullCom 82, 1970−71, 147 ff. − A. Alföldi, Die zwei Lorbeerbäume des Augustus (1973) 18 ff., 30 ff. − B. M. Felletti Maj, La tradizione italica nell'arte romana (1977) 257 ff. − J. Bleicken, RE VIII A 2, 2480 ff. s.v. vici magistri. − T. Hölscher, Staatsdenkmal und Publikum. Xenia 9 (1984) 27 ff. − M. Hano in: ANRW 16,3 (1986) 2333 ff.

217   Altar für die Lares Augusti, vom Vicus Aescleti
Rom, Palazzo dei Conservatori, Inv. 855
Aus Rom, Via Arenula, Ecke Via S. Bartolomeo dei Vaccinari (in situ)
Lunensischer Marmor
H 1,05 m, B 0,66 m, T 0,66 m
2−3 n. Chr.
Der Altar wurde im 9. Jahr des Kults, also 2−3 n. Chr., von den vier *magistri* des *vicus Aescleti* geweiht. Er ver-

Kat. 216

Kat. 217

stand, weisen auch die Eicheln hin, die in das obere Profil des Altars eingefügt sind.

Gegenüber den großen Staatsdenkmälern stellt dieser Altar in Komposition und Stil eine Reduktion für bescheidenere Ansprüche dar. Im Rahmen seiner Gattung ist er jedoch von einer Qualität, die beträchtlich über der verbreiteten Massenproduktion steht (vgl. Kat. 218. 219).

Literatur: Stuart-Jones, Pal.Cons. 74 f. Nr. 2. – Mustilli 102 f. Nr. 10. – I. Scott Ryberg, Rites of the State Religion in Roman Art. MemAmAc 22, 1955, 59 f. – W. Hermann, Römische Götteraltäre (1961) 89. – Helbig[4] II Nr. 1741 (E. Simon). – A. Alföldi, Die zwei Lorbeerbäume des Augustus (1973) 33. – CIL VI 30957.

218. 219 Zwei Altäre für die Lares Augusti

218 Rom, Palazzo dei Conservatori. Inv. 3352; früher Soriano, Palazzo Chigi
Lunensischer Marmor
H 0,82 m, B 0,73 m, T 0,66 m
Augusteisch

219 Rom, Palazzo dei Conservatori. Inv. 1276
Lunensischer Marmor
H 0,49 m, B 0,63 m, T 0,25 m
Augusteisch

Die beiden bescheidenen Altäre sind fast identisch geschmückt. Sie waren zweifellos den Lares Augusti geweiht, die jeweils auf den Seitenflächen im üblichen symmetrischen Typus dargestellt sind. Auf der Frontseite wird das Opfer von einem Mann in Toga stellvertretend für die vier *magistri* bei Flötenmusik ausgeführt. Von den Opfertieren erscheint nur der Stier, der dem Genius des Kaisers gilt: Der Herrscher ist gegenüber

Kat. 218

einigt in seinem Bildschmuck die normalen Motive stadtrömischer Larenaltäre in relativ reicher Ausführung. Die Vorderseite zeigt das *collegium* der vier *magistri* bei der gemeinsamen Ausübung des Opfers, begleitet von Flötenmusik. Von links führen zwei Kultdiener den Stier für den Genius des Kaisers und das Schwein für die Laren heran. Die ganze Szene ist darauf angelegt, die Würde der *magistri* hervorzuheben: Ihr offizieller Rang wird durch den Lictor mit *fasces* bezeichnet; darüber hinaus muß die Toga, die nach römischem Opferritus über den Kopf gezogen ist, durch die ursprüngliche Bemalung als *toga praetexta* gekennzeichnet gewesen sein. Beide Insignien waren sonst den curulischen Ämtern vorbehalten und den unteren Schichten nur durch das Amt der *vicomagistri* zugänglich. Demselben Ziel dient die Komposition: Die Gruppe der Opfertiere ist unproportional klein in die Ecke gesetzt, um die Priester ins Zentrum zu rücken. Diese versinnbildlichen in ihren strengen Symmetrien und der Konzentration auf die gemeinsame Opferhandlung die Eintracht (*concordia*) im Zeichen imperialer Loyalitätsreligion.

Auf den Kaiser sind auch die übrigen Themen des Altars zugeschnitten. Auf den Seiten erscheinen die Laren im üblichen Typus auf Sockeln stehend, d. h. als Statuetten, wie sie im Compitalkult verwendet wurden (Kat. 223). Als Attribut halten sie einen großen Lorbeerzweig, zum Hinweis auf die beiden Lorbeerbäume vor dem Haus des Augustus. Als Ergänzung dazu wird die Rückseite von der *corona civica* des Kaisers geschmückt. Auf dies Attribut, das aus Eichenlaub be-

Kat. 219

Abb. 179   Denar mit sakralen Emblemen (n. BMC I Taf. 3,18)

den Laren ganz in den Vordergrund des Kults getreten. Entsprechend werden auf den Seiten die Laren von den Lorbeerbäumen des Augustus eingerahmt, und auf dem besser erhaltenen Altar (Kat. 218) wird die Rückseite von Würdezeichen des Kaisers geschmückt: *corona civica* mit *patera* im Zentrum, dazu *lituus* und *simpuvium* als Hinweis auf seine Rolle als Augur und Pontifex maximus (vgl. den Denar Abb. 179 mit den Symbolen seiner Zugehörigkeit zu den vier großen Priestertümern). Die beiden Altäre müssen aus Compitalheiligtümern in Rom stammen und die einfache Variante jener Massenproduktion dokumentieren, die sich durch die plötzlichen Aufträge aus Hunderten von Stadtbezirken ergeben haben muß. Dabei wurden Bildelemente aus reicheren Kompositionen, wie auf dem Altar vom *vicus Aescleti* (Kat. 217), zu einfachen Szenen zusammengefügt, die nur noch wenige wichtige Aussagen enthalten; selbst das Viererkollegium wird nur durch eine einzige Figur repräsentiert. Die Szenen sind durch Nebeneinanderreihung ohne Überschneidung, klare Frontal- und Profilstellungen (vgl. die Opferschale!) und Vergrößerung der Hauptperson einfach «lesbar» gemacht. Es ist eine Formensprache, die den Ansprüchen der Auftraggeber aus niedrigen Schichten genügte und die sich zugleich zu massenhafter Vervielfältigung eignete.
Literatur: C. Pietrangeli, BullCom 64, 1936, 13 ff. – P. Zanker, BullCom 82, 1970–71, 147 ff.

220   Altar für die Lares Augusti, vom Vicus Statae Matris

Rom, Palazzo dei Conservatori, Inv. 2144
Aus Rom von der Via Claudia (Caelius)
Lunensischer Marmor
H 0,68 m, B 0,45 m, T 0,30 m
2 v. Chr.

Die Inschrift besagt, daß der Altar den Lares Augusti im *vicus* der Stata Mater (Caelius) geweiht war. Die Dedikanten sind in diesem Fall nicht die *magistri*, sondern die *ministri* des Bezirks, die wie gewöhnlich aus dem Sklavenstand stammten: Felix, Florus, Eudoxsus, Po-

lyclitus. Sie übten ihr Amt im 6. Jahr des Kults aus, nach der Angabe der Konsuln im Jahr 2 v. Chr.; daraus ergibt sich für die Einrichtung des stadtrömischen Compitalkults das Jahr 7 v. Chr. Als Datum für die Weihung wählten die *ministri* den 18. September, den Schlußtag des Festes der *ludi Romani*.
Gewiß hat man nicht sechs Jahre gewartet, bis man dem Heiligtum einen Altar gab; auch werden die *magistri* dies kaum ihren Untergebenen überlassen haben. Der Altar muß daher eine zusätzliche Stiftung sein, mit der die vier Sklaven ihr kleines Amt nützten, um an eine begrenzte Öffentlichkeit zu treten. Der figürliche Schmuck ist bescheiden und vermeidet, mit den Kompetenzen der *magistri* in Konflikt zu geraten: Da der Kult vor allem Aufgabe der *magistri* war, war dies für die *ministri* kein Thema. Sie beschränkten sich daher auf allgemeine Symbole: *patera* und Lorbeerbäume; dazu auf der Front die kaiserliche Bürgerkrone (*corona civica*), die als Rahmen für ihren Namen dient und ihre Orientierung auf den Herrscher sinnfällig macht.
Literatur: Mustilli 169 f. Nr. 25. – Helbig[4] II Nr. 1750 (E. Simon). – CIL VI 36809 a–b.

221   Altar für die Laren, von Frauen geweiht

Rom, Museo Nazionale Romano, Inv. 49481
Aus Rom, vom Denkmal für Vittorio Emmanuele
Lunensischer Marmor
H 0,64 m, B 0,42 m, T 0,18 m
Augusteisch

Der Altar war den Laren geweiht, die auf der Front in dem normalen Typus als Paar dargestellt sind. Er stammt jedoch nicht von dem offiziellen Kult der Compital-Heiligtümer; denn er ist von Frauen geweiht worden, die sich auf den Seiten beim Opfer haben darstellen lassen. Frauen haben im stadtrömischen Compitalkult anscheinend keine Rolle gespielt; dagegen konnten sie in den vielen privaten Kult- und Bestattungsvereinen, deren Mitglieder sich zumeist aus unteren Bevölkerungsschichten rekrutierten, eine Rolle spielen. In einem derartigen Kultverein für die Laren, wie sie sich in Rom und im ganzen Reich insbesondere aus Freigelassenen des Kaiserhauses gebildet hatten, werden die Frauen als *magistrae*, *ministrae* oder dergleichen eine offizielle Stellung errungen haben. Der Altar läßt erkennen, wie sehr das Streben nach sozialem Prestige bis zu den Frauen der unteren Schichten verbreitet war. Dieses konnte nirgends besser befriedigt werden als im Rahmen der Loyalitätsreligion, die den vom Kaiser geförderten Gottheiten galt.

Literatur: B. Candida, Altari e cippi nel Museo Nazionale romano (1979) 95 ff. Nr. 39. – T. Hölscher, AA 1984, 291 ff.

222 Rundaltar für die Lares vicin(ales?)

(Zeichnung der Abwicklung)
Ostia, Museo
Aus Ostia, Platz vor der Casa di Diana
Lunensischer Marmor
H 1,35 m, Dm 0,88 m
Augusteisch

Angesichts der bereitwilligen Einführung der augusteischen Loyalitätsreligion und ihrer Bildmotive an vielen Orten Italiens ist es erstaunlich, daß in Ostia der Kult der Lares Augusti, wohl zusammen mit dem des Genius Augusti, erst unter Claudius (41–54 n. Chr.) eingeführt wurde. Entsprechend ist der hier gezeigte Larenaltar aus augusteischer Zeit noch weitgehend frei von der neuen Typologie und Ideologie stadtrömischer Larenaltäre. Ein *magister* eines Compitalkults hat ihn, wie die Inschrift besagt, aus eigenen Mitteln aus Marmor anfertigen lassen und den Lares vicin(ales?) geweiht. Der Reliefschmuck zeigt im Zentrum Hercules mit einem Opferschwein an einem Altar, unter einem Baum, an dem der Thyrsos des Bacchus lehnt. Von den Seiten tanzen die beiden Laren, jeweils von einem wilden Pan geführt, heran. Die Zweizahl der Laren zeigt, daß die augusteische Reform schon stattgefunden hat; doch mit dem ausgelassenen Tanz, dazu mit der Einführung des volkstümlichen Hercules und bacchischer Elemente ist noch der fröhliche Charakter ländlicher Kreuzwegfeste der Republik bewahrt. Nimmt man dazu die Rundform des Monuments, die Bezeichnung als Lares vicin(ales?) statt Lares Augusti und das Fehlen des Genius Augusti, so weicht der Altar sehr deutlich von der offiziellen Linie der Hauptstadt ab. Die Erfahrungen unseres Jahrhunderts haben uns gelehrt, daß darin sehr wohl eine Haltung absichtlicher Distanz zu der neuen Herrschaftsform zum Ausdruck kommen könnte. Dennoch dokumentiert der Altar in der stolz bezeugten Verwendung des Marmors wie in den eleganten und sensibel bewegten Stilformen ein beträchtliches Selbstbewußtsein des unbekannten Auftraggebers.

Literatur: G. Calza, NSc 1916, 145 ff. – M. Bulard, La religion domestique dans la colonie italienne de Délos (1926) 243, 332. – M. Floriani Squarciapino, ArchCl 4, 1952, 204 ff. – W. Hermann, Römische Götteraltäre (1961) 97 ff. – H. Bloch, HarvTheolR 55, 1962, 211 ff. – CIL XIV Suppl. 4298.

Kat. 220

Kat. 222

Kat. 221

223   Altar mit kaiserlichen Bildmotiven

Rom, Musei Vaticani, Museo Gregoriano Profano (früher Belvedere), Inv. 1115
Angeblich aus Rom, Palatin (zweifelhaft)
Marmor
H 0,95 m, B 0,97 m, T 0,67 m
12–2 v. Chr.

Der Altar feiert in einer besonders umfassenden Weise die Herrschaft des Augustus als Vollendung der ruhmreichen Geschichte Roms. Auf der Vorderseite wird die Macht des *princeps* mit den wichtigsten Bildzeichen seiner Regierung symbolisiert. Im Zentrum steht ein großer Schild, von einer schwebenden Victoria auf einen Pfeiler gestellt: eine Umsetzung der Victoriastatue und des goldenen *clupeus virtutis*, die zu Beginn der Herrschaft in der Curia Iulia aufgestellt worden waren (Kat. 207. 216). Die Inschrift bezieht sich nicht auf die Weihung des Altars, sondern auf die Aufstellung des *clupeus* 27 v. Chr.; sie ist jedoch in der Titulatur des Kaisers auf den Stand der Entstehungszeit des Altars 12–2 v. Chr. gebracht worden. Victoria erscheint hier als Garantin der neuen Friedenszeit, in der die Tugenden *virtus, clementia, iustitia* und *pietas* herrschen sollen. Dazu kommen seitlich die beiden Lorbeerbäume des Kaisers, die ebenfalls für Triumph und Frieden zugleich stehen. Diese Zeichen der *virtus* werden auf der linken Schmalseite durch eine Szene der *pietas* ergänzt. Der Kaiser, hervorgehoben durch Größe und verhülltes Haupt,

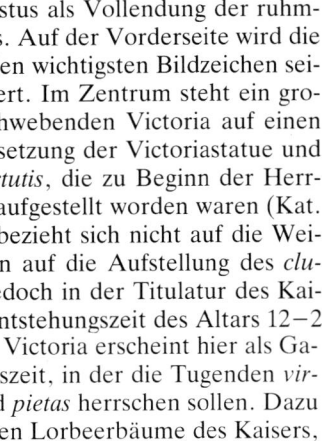

Kat. 223

Kat. 223

Kat. 223

Kat. 223

gründet den Kult der Laren, indem er die Statuetten drei Kultbeamten überreicht. Diese müssen nach ihrer Tracht *ministri* sein, denen die Pflege der Götterbilder oblag. Ob die beiden Männer hinter dem Kaiser staatliche oder religiöse Würdenträger sind, bleibt unklar. Offensichtlich wird gezeigt, wie Augustus die Götterbilder für einen neu begründeten oder reorganisierten Kult

stiftet. Dieser kann jedoch kaum, wie meist angenommen wird, ein normaler Compitalkult in einem der Stadtbezirke sein; in diesem Fall müßten nicht die *ministri*, sondern die *magistri* hervorgehoben werden. Die Szene schildert vielmehr die Neueinsetzung des Larenkults in dem zentralen Larentempel auf der Velia (über dem Forum), den Augustus neu errichtet hatte. Er stiftete dabei nur die Kultbilder der Laren, die Figur seines eigenen Genius muß wohl von einer anderen Instanz (Senat?) zu seinen Ehren aufgestellt worden sein. Der zentrale Larenkult muß dann in seiner neuen Form das Muster für die Bezirkskulte gebildet haben (s. a. Kat. 224).

Die Leistungen des gegenwärtigen Herrschers sind präfiguriert in zwei Szenen der mythischen Vorgeschichte Roms. Dem Larenopfer steht Aeneas gegenüber, wie er die Sau von Lavinium findet, als Zeichen der Ankunft am Ziel seiner Fahrt in Latium. Auch hier deutet die Verhüllung des Hauptes auf das folgende Opfer: Aeneas wird die Sau den Penaten darbringen, so wie auch die Laren mit einem Schweineopfer verehrt wurden (Kat. 217). Eine schwer deutbare sitzende Gestalt mit einer Schriftrolle, jedenfalls eine zukunftskündende Autorität, macht deutlich, daß die Rolle des Aeneas als Begründer der Geschichte von Latium und Rom der *providentia* der Götter entspringt. Sie weist zugleich voraus bis in die Gegenwart, wo der *pius Augustus* die Nachfolge des *pius Aeneas* antreten soll (vgl. die Ara Pacis).

Der Victoria Augusti mit dem *clupeus virtutis* ist eine Szene gegenübergestellt, die die Auffahrt eines vergöttlichten Helden im Panzer auf einer Quadriga von geflügelten Pferden darstellt. Er steigt in den Himmel, der durch Sol, einen kaum erkennbaren Adler als Tier der Apotheose sowie durch Caelus oder Iuppiter bezeichnet wird. Die Deutung der Hauptfigur ist umstritten. Man hat an Augustus, Agrippa, Caesar oder Aeneas gedacht; am wahrscheinlichsten ist es Romulus. Links erscheint Iulius Proculus als Zeuge der Himmelfahrt, rechts grüßt Romulus' Frau Hersilia den Aufsteigenden in Verehrung und weist mit den beiden Kindern auf die Zukunft des römischen Volkes voraus. Entsprechend der Gegenseite wird die Szene von Bäumen gerahmt: Links weist eine Palme mit künstlicher Basis auf den Ort der Himmelfahrt des Romulus beim Comitium (am Forum), wo ein Platz „zur goldenen Palme" genannt wurde; rechts wird durch den Lorbeer des Apoll die Sphäre des augusteischen Schutzgottes in die Vorzeit projiziert. In der Gestalt des Romulus, der für Augustus stets ein Vorbild der *virtus* war, ist die Apotheose des Kaisers noch zu Lebzeiten vorausgebildet.

Aeneas und Romulus erscheinen hier als Archegeten der Kaiserfamilie und des römischen Volkes, und zugleich als Leitbilder von *pietas* und *virtus*. Sie sind wie auf anderen augusteischen Denkmälern (Ara Pacis; Augustus-Forum Abb. 175.176) einander gegenübergestellt; zudem sind sie über die Achsen des Altars auf die betreffenden Tugenden des gegenwärtigen Herrschers bezogen: Aeneas auf die Gründung des Larenkults, Romulus auf Victoria mit dem *clupeus virtutis*. Augustus ist in den mythischen Helden präfiguriert, sein Vorbild Romulus hat die Apotheose erreicht. Er selbst überschreitet nirgends eindeutig die Grenzen zur Vergöttlichung, rückt hier aber doch in einen übermenschlichen Bereich.

Manche Motive des Bilderprogramms erinnern an die Compitalaltäre; doch die Szene des Larenkults scheint nicht aus der Perspektive der *magistri* aufgefaßt zu sein

(s. o.). Auch die komplexe inhaltliche Konzeption und die feine Marmorarbeit mit scharfgratigen flachen Formen übertrifft die gesicherten Beispiele dieser Gattung. Der Altar dürfte daher nicht aus einem *compitum* stammen, wohl aber in den weiteren Umkreis der Herrscherverehrung gehören. Auftraggeber und Kultgottheit sind nicht mehr zu bestimmen, doch dürfte es sich um einen öffentlichen Kult gehandelt haben.

Literatur: Amelung, Vat.Kat. II (1908) 242ff. Nr. 87b. − J. Carcopino, Virgile et les origines d'Ostia (1919) 716ff. − L. Ross Taylor, AJA 29, 1925, 299ff. − I. Scott Ryberg, Rites of the state religion in Roman art. MemAmAc 22, 1955, 56ff. − G. Niebling, Historia 5, 1956, 310ff. − Helbig⁴ I Nr. 255 (E. Simon). − U. Geyer, Der Adlerflug im römischen Konsekrationszeremoniell (1967) 15f. − P. Zanker, RM 76, 1969, 205ff. − Ders., BullCom 82, 1970−71, 153ff. − E. L. Harrison, RA 1971, 71ff. − A. Fraschetti, MEFRA 92, 1980, 957ff. − Ders., Annali della Facoltà di Archeologia e storia antica di Napoli 6, 1984, 164ff. − E. Simon, Augustus (1986) 96f., 99f., 226. − Demnächst R. Capelli, der ich für die Überlassung ihres Manuskripts danke. − CIL VI 876. − Deutung auf Romulus bei Geyer a.O.; demnächst ausführlich H. Prückner.

224 Zwei Reliefblöcke eines Frieses, ‚Ara der vicomagistri'

Rom, Musei Vaticani, Museo Gregoriano Profano, Inv. 1156−1157
Aus Rom, unter dem Palazzo della Cancelleria (antikes Marmordepot, also nicht ursprünglicher Standort)
Marmor
H 1,04 m, B 1,76 m (Block 1); 2,96 m (Block 2); T 0,176 m
Wohl tiberisch (14−37 n. Chr.)

Die religiöse Verankerung der Alleinherrschaft wurde von Augustus und seinen Nachfolgern vor allem durch die Gründung von Kulten für Gottheiten politischer Leitbegriffe und des Kaiserhauses selbst gefördert. Ähnlich wie die Ara Pacis wurden monumentale Altäre für das Numen Augusti (das göttliche Wesen des Kaisers), Providentia Augusta (Voraussicht vor allem bei der Bestimmung des Nachfolgers), Pietas Augusta und Gens Augusta (Verehrung für die vergöttlichten Vorgänger in der Herrschaft) errichtet. An den großen religiösen Festen wurden, mit repräsentativer Beteiligung der verschiedenen großen Priesterschaften, programmatische kombinierte Opfer für mehrere dieser Gottheiten dargebracht. Die beiden großen Reliefblöcke stammen wohl von einem solchen Heiligtum, vielleicht vom Sockel eines Altars, jedenfalls von einer offiziellen Kultanlage etwa aus der Zeit des Kaisers Tiberius (14−37 n. Chr.), des Nachfolgers des Augustus. Sie schließen nicht aneinander an, ihr Verhältnis zueinander im architektonischen Kontext bleibt unklar, auch eine Zuweisung an einen bestimmten Bau ist nicht möglich. Die dargestellte Szene läßt jedoch, da die Nachfolger des Augustus ihre Religionspolitik ganz auf den Dynastiegründer bauten, zugleich dessen Maßnahmen erkennen.

Der von preziösen Ornamenten eingefaßte Fries stellt eine religiöse Prozession für verschiedene Gottheiten dar. Auf dem ersten Block werden zwei Stiere und eine

Kat. 224

Kuh von Opferdienern geführt; im Hintergrund tragen weitere Kultdiener Opfergaben und Kultgerät. An der Spitze schreiten zwei vornehme Priester, begleitet von Lictoren mit Stäben, gefolgt von Kultpersonal und Trompetern, die den staatlichen Charakter des Vorgangs anzeigen. Von der Fortsetzung jenseits der Ecke ist noch der Fuß eines Metallgeräts, vielleicht eines tragbaren Altars, zu erkennen.

Während es bei den Tieren des ersten Blockes unklar bleibt, für welche Gottheiten sie geopfert werden, läßt der zweite Block genauere Bestimmungen zu. Eine Gruppe von vier jungen Männern ist durch kurze, ungegürtete Tunica, Fransentuch über dem Kopf und bloße Füße als Kultpersonal ausgezeichnet. Drei von ihnen tragen Statuetten der Laren und des Genius des Kaisers, der Gegenstand des vordersten, sicher keine Statuette, ist verloren. Zu ihnen gehören die folgenden vier Männer in der Toga und mit Senatorenschuhen, offenbar hochrangige Würdenträger. Um die Ecke folgt ein Opferdiener mit Griffschale, kleiner und in flacherem Relief gebildet. Gewöhnlich erkennt man hier ein Kollegium von *vicomagistri*, Vorstehern des Kults der Laren und des Genius des Kaisers in den 265 Stadtbezirken Roms, mit ihren Dienern (*ministri*), denen die Statuetten anvertraut sind. Doch kann innerhalb der Staatszeremonie kaum ein beliebiger Bezirk mit seinen Vertretern, die aus den unteren Bevölkerungsschichten kamen, erscheinen. Offenbar sind es die Kultbeamten des zentralen Larenheiligtums der Hauptstadt, das von Augustus unter Einbeziehung seines Genius als Vorbild für die Bezirksheiligtümer neu organisiert worden sein muß (vgl. Kat. 223). Dieser Kult ist als staatstragende Idee in die Zeremonie eingefügt. Sein gewiß vornehmes Kollegium ist der Feierlichkeit des Vorgangs angemessen.

So verstanden, gibt der Fries einen wichtigen Einblick in die Verbreitungsmechanismen augusteischer Religionspolitik. Der Kaiser hat zunächst mit der Neuordnung des zentralen Heiligtums und seines Kultes das Muster formuliert, das dann in allen Teilen der Stadt bis in die unteren Schichten vervielfältigt werden konnte. Der

Kult der Laren und des Kaiser-Genius verkündete die Einheit von Gemeinwesen und Herrscher. Er war der breiteste Kanal zur Übermittlung der offiziellen Ideologie an die Masse der Bevölkerung.

Literatur: F. Magi in: Lippold, Vat.Kat. III 2, 505 ff. – I. Scott Ryberg, Rites of the State Religion in Roman Art. MemAmAc 22, 1955, 75 ff. – H. Kähler, Rom und seine Welt (1958–60) 203 f. – Kr. Hanell, OpRom 2, 1960, 51 f. – Helbig⁴ I Nr. 258 (E. Simon). – A. Alföldi, Die zwei Lorbeerbäume des Augustus (1973) 28 f. – B. M. Felletti Maj, La tradizione italica nell'arte romana (1977) 283 ff. – M. L. Anderson, BMonMusPont 5, 1984, 33 ff. – T. Hölscher, Staatsdenkmal und Publikum, Xenia 9 (1984) 27. – Neue technische Beobachtungen werden demnächst von P. Liverani vorgelegt werden, dem ich für Information und die Erlaubnis, sie zu verwenden, danke.

225   Das Compitum Acili

Henner v. Hesberg

Wie die Stadtviertel Roms im einzelnen aussahen, läßt sich nur schwer bestimmen. Gewiß wird ihnen der sterile Charakter moderner Massenquartiere gefehlt haben und in den Straßen ergaben sich aus der Folge ganz unterschiedlicher Häuser, Ladenzeilen und Speicherbauten abwechslungsreiche Bilder, von deren Eigenart vergleichbare Situationen in Pompeji oder Ostia zumindest eine Ahnung vermitteln können. Seit alters her lagen innerhalb solcher Viertel an den Endpunkten wichtiger Straßen kleine Heiligtümer (compita) für die Laren, die man als Schutzgottheiten des Ortes, d. h. des jeweiligen Stadtviertels (vicus) verstehen konnte. Die entsprechenden Feiern (ludi compitalicii) wurden von Vereinen (collegia compitalicia) ausgerichtet, denen vor allem Freigelassene und Sklaven angehörten. Auf diese Weise gewannen sie eine gewisse politische Bedeutung, und so fehlt es in der Zeit der späten Republik auch nicht an Versuchen, diese Gegebenheiten sich nutzbar zu machen bzw. zu reglementieren. Schon 64 v. Chr. und später unter Caesar wurden die Vereine sogar gänzlich verboten.

Unter Augustus entstand in den Jahren nach dem Tode Agrippas (12 v. Chr.) eine neue Ordnung der Binnenstruktur Roms, die die einzelnen Bezirke in ihrer Erstreckung ebenso festlegte wie die Aufgabe der Vereine und ihrer jeweiligen Leiter. Sie war im Jahr 7 v. Chr. abgeschlossen, teilte Rom in 14 Regionen und ihnen zugeordnet in 265 vici. Jedem vicus präsidierten – jährlich neu zu wählen – vier magistri, die die Freigelassenen bestimmen konnten, und vier ministri, die der Gruppe der Sklaven entstammten. Mit dem Amt der magistri war als Ehre verbunden, an den Festtagen in der toga praetexta von zwei Lictoren begleitet aufzutreten. Auf diese Weise konnten die Freigelassenen für kurze Zeit in die Rolle eines gewählten römischen Magistraten schlüpfen. Zugleich kam ihnen die Aufgabe zu, die compita, d. h. die Bezirke mit den Larenkapellen und -altären, instandzuhalten, bei den Festen im Frühjahr und Herbst mit Blumen zu schmücken und die entsprechenden Feierlichkeiten zu leiten.

Diese Umstände boten eine von allen Mitgliedern der Gesellschaft anerkannte Möglichkeit der Selbstdarstellung, denn in der Pracht der Ausstattung von Heiligtümern und Festen konnten sich die Freigelassenen, die ja gerade aus der Gruppe der Sklaven entlassen waren, und die Sklaven selbst hervortun. Da den Angehörigen dieser gesellschaftlichen Gruppen eine Reihe bzw. alle Rechte eines römischen Bürgers fehlten, sie aber dennoch vielfach über beträchtlichen Besitz verfügten, ließ sich der Mangel an sozialem Prestige auf diese Weise kompensieren. Die Denkmäler selbst vermitteln einen Eindruck davon, wie sehr diese Möglichkeit die Beteiligten beflügelte, wie schnell aber auch innerhalb der großen Zahl von 265 vici sich ein bestimmtes Niveau der Ausstattung einpendelte. Denn die erhaltenen Altäre, die aus unterschiedlichen Bezirken und Jahren nach der Neuordnung des Kultes stammen, besitzen untereinander vergleichbare Dimensionen und ähnlichen Dekor. Möglicherweise wirkten hier kaiserliche Stiftungen normbildend, hatte doch Augustus selbst den altehrwürdigen Tempel der Laren an der Sacra via erneuern lassen.

Ein compitum konnte wohl mehrere kleine Ädikulen umfassen, von deren Aussehen Reste aus dem Bezirk, der nach der gens der Acilier genannt wurde und nahe beim späteren Kolosseum lag, eine Vorstellung vermitteln. Das kleine Kultgebäude für die Bilder der Laren und des Genius des Kaisers, der seit der augusteischen Reform mit aufgenommen wurde, steht auf einem Podium hoch über der Gruppe von Altären, die ihn umgeben. Das Gebäude ist aus Marmor errichtet bzw. damit verkleidet, und man hat sich bemüht, auch sonst in den dekorativen Details monumentale Architektur nachzuahmen. Das zeigt besonders das Gebälk mit der Vereinfachung der Ornamente. Der Bau wurde von den magistri vici secundi, d. h. den Inhabern der zweiten Amtsperiode nach der Reform, also im Jahr 6/5 v. Chr. errichtet. Da man kaum annehmen wird, daß die ersten magistri es versäumt hatten, einen entsprechenden Bau zu stiften, wird die Ädikula zu einer schon bestehenden Anlage hinzugekommen sein. Das legt auch die Position der Inschrift auf der linken Nebenseite nahe.

Zu den augusteischen compita gehörten ferner marmorne Altäre, die in ihrem Reliefschmuck die Bilder des Genius und der Laren, kaiserliche Ehrenzeichen und daneben häufig auch die magistri in ihrer neuen Würde zeigen. Offenbar weihten nun die Gruppen der magistri und ministri in ihrer Amtsperiode einen Altar oder eine Ädikula, denn es sind unterschiedliche Stiftungen aus den Jahren nach der Reform erhalten. Wenn es sich auch um handwerklich bescheidene Stücke handelt, so verraten die Reliefs doch gerade in ihrer unbeholfenen Ausführung viel von den Interessen, die die Freigelassenen mit diesem Amt verbanden. Sie konnten so als geachtete, fast wie freigeborene Bürger angesehene Menschen auftreten. Zugleich prägte sich wiederum eine gewisse Hierarchisierung aus, denn auch die der Gruppe der Sklaven entstammenden ministri weihten Marmoraltäre. Sie aber blieben in den Abmessun-

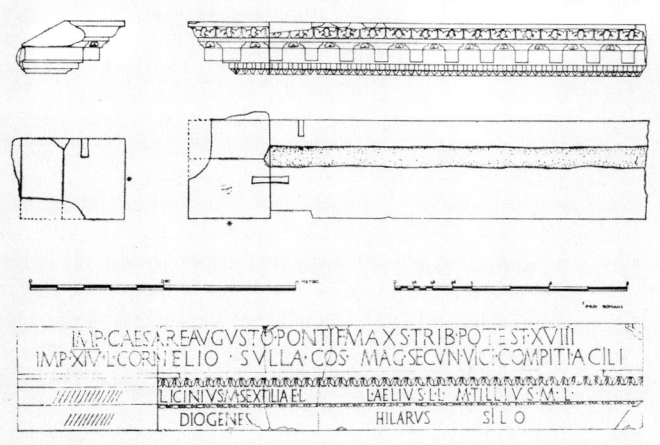

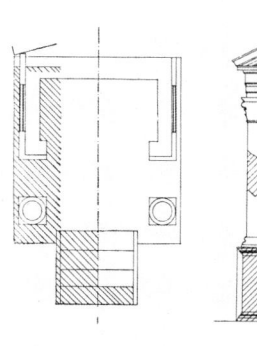

Kat. 225

gen wenig – aber doch deutlich spürbar – kleiner als die der *magistri*. In der Devotion für das Kaiserhaus fanden sich demnach diese beiden Gruppen der Gesellschaft ihren Unterschieden entsprechend wieder. Die Ausrichtung der Feste mit Prozessionen, Opfern und Spielen und der ephemere Schmuck der Heiligtümer boten weitere Gelegenheiten, sich dem vorgegebenen Rahmen entsprechend selbst darzustellen und in der Öffentlichkeit aufzutreten.

Auf diese Weise entstanden innerhalb der einzelnen Viertel kleinere Heiligtümer, die in ihrer Marmorausstattung und der Ornamentik etwas von dem Glanz der großen Prunkbauten und in ihren Festen etwas von dem Ritual der großen Staatsfeierlichkeiten widerspiegelten. Das Herrscherhaus war auf diese Weise in die alten, volkstümlichen Kulte integriert und an den vielfrequentierten Straßenkreuzungen überall in Rom präsent. Da die *magistri* und *ministri* mit der Pflege betraut waren, konnte man auch sicher sein, daß die Kulte nicht vernachlässigt wurden. Die Freigelassenen und Sklaven waren gewiß mit den übrigen Bewohnern des Viertels stolz auf ihr *compitum* und waren auf seinen Erhalt und seine Ausschmückung bedacht. Zugleich bildete der Larenkult Vorbild für weitere entsprechende Institutionen, die offenbar ebenfalls vom Kaiserhaus gefördert wurden. Die Kultlokale der Handwerkercollegia waren ähnlich mit Altären ausgestattet, und das gleiche gilt sicherlich auch für Kasernen (*stationes*) und Stützpunkte (*excubatoria*) der neugegründeten Feuerwehr.

Daneben erhielten die einzelnen Quartiere von Augustus selbst noch kostbare Statuen geschenkt, die einzeln unabhängig von den *compita* in den Straßen aufgestellt wurden. Die Basis einer solchen Statue, in diesem Fall des Mercur, fand sich auf dem Esquilin und die Inschrift weist darauf hin, daß sie von Augustus aus einer Geldspende gestiftet wurde, die ihm das römische Volk in seiner Abwesenheit aus Italien dargebracht hatte. Da zugleich noch in den einzelnen Bezirken die Grundstücksverhältnisse geklärt wurden, wobei man z. B. zu Unrecht privat vereinnahmtes Gelände in den öffent-

lichen Besitz zurückführte und die neuen Grenzen bleibend fixierte, zeichnete sich selbst in diesen verwinkelten Wohnquartieren eine neue Ordnung ab, der in einer zweifachen *pietas* den Göttern und dem Herrscherhaus gegenüber ihr idealer Sinn gegeben wurde.

Das Gebiet, in dem sich das Compitum Acili befand, wurde schon in der Antike häufig überbaut, u. a. durch die Domus aurea des Nero. Als man bei der Anlage der Via dei Fori Imperiali im Jahr 1932 die Reste einer Ädikula wiederfand, ließen sich deswegen aus der Grabung nur noch wenige Anhaltspunkte für die ursprüngliche Situation gewinnen. Vielleicht lag das Compitum am Ende des *vicus Sandaliarius*, wo er auf den *vicus Ciprius* (*Cyprius*), eine auf die Carinae hinaufführende Straße, stieß. Lage und Breite der Straßen bleiben in der Skizze ebenso hypothetisch wie das Aussehen des Compitum insgesamt.

Von der Ädikula selbst war bei der Auffindung noch das Podium mit Treppe und Reste der Marmorverkleidung vorhanden. Trotz dieser Zerstörung erlauben die erhaltenen Teile des Gebälkes, eine Säulentrommel und der Grundriß die Rekonstruktion. Die Inschrift im Fries des erhaltenen Gebälkstückes nennt die Konsuln des Jahres 5 v. Chr., Augustus und L. Cornelius Sulla, auf dem Architrav erscheinen in kleinerer Schrift die Namen von drei *magistri*, der vierte stand auf dem verlorenen Teil. Zur Ausstattung des Bezirkes gehört auch ein Marmoraltar mit Eichenkranz auf der Vorder- und Lorbeerzweigen auf den Nebenseiten. Er wurde von den *magistri* des 10. Jahres nach der Reform, d. h. 3/4 n. Chr., geweiht. Altäre muß es aber schon vorher gegeben haben, so daß es sich nur um einen späteren Zusatz handeln kann. Literatur: G. Niebling, Historia 5, 1956, 303 ff. (zum Larenkult und zur Reform des Augustus). – G. Gatti, BullCom 16, 1888, 221 ff. (zu einer Statuenstiftung des Augustus). – CIL VI Nr. 456–458 (weitere Stiftungen). – Helbig[4] II (1966) Nr. 1238 (E. Simon), (Minervaaltar für Handwerker). – A. M. Colini Tamassia, BullCom 77–78, 1959–62, 147 ff. – Nash I 290 f. (zum Compitum Acili).

Salvatore Settis

Die Ara Pacis

Quellen, Entstehungszeit und allgemeine Fragestellung

In den *res gestae* erwähnt Augustus die Ara Pacis direkt: «Als ich aus Spanien und Gallien nach erfolgreicher Tätigkeit in diesen Provinzen unter den Konsuln Ti. Nero und P. Quintilius nach Rom zurückkehrte, beschloß der Senat einen Altar der Pax Augusta aus Anlaß meiner Rückkehr weihen zu lassen, und zwar auf dem Marsfeld; dort sollten die Beamten, die Priesterschaft und die vestalischen Jungfrauen nach seinem Befehl alljährlich ein Opfer darbringen» (Mon. Ancyr. 12,2).

Die Konsulatsangabe weist ins Jahr 13 v. Chr., und die wohlüberlegten Worte definieren eindeutig den Namen der Gottheit und ihr Epitheton, den Aufstellungsort der Ara sowie das Gesetz, das die betreffenden Kulthandlungen regelt: das jährliche Opfer, *anniversarium sacrificium*, und den Personenkreis, der daran teilnehmen soll. Einige der erhaltenen Fasti sowie Ovid (fast. 1,709 ff.) überliefern nicht nur einen, sondern zwei verschiedene Festanlässe:

a) den 4. Juli, der dem Tag der Beschlußfassung, der *constitutio arae* entspricht. Er wird in den Fasti Amiternini und in den Fasti Antiates angegeben; in Übereinstimmung mit den *res gestae* präzisieren die Fasti Amiternini den Zeitpunkt der *constitutio arae*, nämlich das Konsulatsjahr von Ti. Nero und P. Quintilius Varo, d. h. 13 v. Chr.

b) den 30. Januar, der dem Tag der Weihung, der *dedicatio arae* entspricht und möglicherweise deshalb ausgewählt wurde, da er mit dem Geburtstag der Livia zusammenfiel. Er wird an zwei Stellen in den Acta Fratrum Arvalium, außerdem in den Fasti Caeretani, den Fasti Verulani und den Fasti Praenestini angegeben; letztere besagen auch, daß die *dedicatio* unter dem Konsulat von Drusus und Crispinus, d. h. 9 v. Chr. stattfand. Darüber hinaus wird der 30. Januar auch in den Fasti Ovids (fast. 1,709 ff.) angegeben.

Diese Quellen aus der Zeit des Augustus bis zur zweiten Hälfte des 1. Jhs. n. Chr. geben die beiden ‚Feste‘ der Ara Pacis in ungleicher Verteilung wieder, doch dies kann nur auf Zufall beruhen; ebenso zufällig könnte die Tatsache sein, daß nur für den 30. Januar ausdrücklich Opfer belegt sind, und zwar an zwei Stellen der Acta Arvalium.

Aus dem Quellenkomplex geht eindeutig hervor, in welchem zeitlichen Rahmen die Errichtung der Ara Pacis erfolgte: Dies geschah demnach zwischen dem 4. Juli 13, dem Tag der Rückkehr des Augustus, und dem 30. Januar 9 v. Chr., dem Tag der *dedicatio* der Ara. Im Gegensatz dazu ist weder der Zusammenhang zwischen den beiden jährlichen Festen an der Ara Pacis klar, noch auf welche der beiden sich Augustus in den *res gestae* bezieht. Um diesen Punkt hat sich in der Forschung eine ausgiebige Diskussion entwickelt.

Das Gebiet des Marsfeldes, auf dem das neue Monument aufgestellt werden sollte, war in hohem Maße durch ein Bauprogramm geprägt, das mit der Person des Augustus in engem Zusammenhang stand; dies ist besonders nach den Forschungen und Entdeckungen E. Buchners deutlich geworden: Das Solarium, die ebenso wie die Ara Pacis 9 v. Chr. eingeweihte riesige Sonnenuhr, bildete mit der Ara einen einzigartigen Komplex. Ein heute auf der Piazza di Montecitorio stehender Obelisk, von Augustus ausdrücklich zu diesem Zweck aus Ägypten herbeigeschafft, zeigte Stunden und Jahreszeiten an, indem man seinen Schatten im Wechsel der Stunden, Tage und Monate auf einem ausgedehnten Netz von Linien ablas, das über den Boden gezogen war. Ausrichtung und Struktur des ‚Zifferblatts‘ wurden durch das Horoskop des Augustus bestimmt: Der Obelisk war nicht exakt nordsüdgerichtet, sondern um 18° 37′ gedreht, und genauso wich der Bau der Ara Pacis von der strikten Nord-Süd-Orientierung ab. Ihre Maße wurden durch den Verlauf der Linien von Äquinoktien und Sonnenwende bestimmt: So zeigte der Schatten des Obelisken am 23. September, dem Geburtstag des Augustus, auf die Ara Pacis, während er beim Sonnenuntergang auf das westlich gelegene Mausoleum wies. Die beiden Symmetrieachsen des Obelisken fielen genau auf das Zentrum der Ara Pacis und auf das Zentrum des Augustusmausoleums, das bereits 29 v. Chr. errichtet worden war. Der *mathematicus* Facundius Novus, der nach Plinius (nat. 36,72) das Solarium entworfen hatte, wußte bestimmt, daß «Augustus' Vertrauen in sein Schicksal so groß war, daß er sein Horoskop verbreiten wollte und eine Silbermünze mit seinem Sternzeichen, dem Steinbock, prägen ließ» (Suet. Aug. 94,12). Die Geburt des *princeps*, sein Grab und der Friedensaltar waren somit in einem einzigen Komplex durch die unsichtbaren, doch dauerhaften Linien des Verlaufs der Gestirne vereint.

Das allgemeine Aussehen des Denkmals entspricht, so wie es heute rekonstruiert ist, im wesentlichen der summarischen Darstellung einiger neronischer Münzen des Jahres 66 n. Chr. sowie domitianischer Münzen, die um das Jahr 96 n. Chr. geprägt wurden; auf beiden Münzgruppen ist zwar der Name der Ara Pacis angegeben, aber nur deren monumentale Umfassungsmauer wiedergegeben: auf den neronischen Münzen die Ostseite, auf den domitianischen die Westseite.

Der Altar im eigentlichen Sinne besteht aus einem Opfertisch, der an drei Seiten U-förmig durch Wangen mit einem kleinfigurigen Fries einer Opferprozession eingefaßt ist. Dieser Altar erhebt sich auf einem Stufenbau innerhalb der großen Umfassungsmauer, die innen einen Wandschmuck aus einfachen Lisenen und darüber an Bukranien aufgehängte Girlanden trägt; an der Außenseite hingegen befindet sich über einem unteren Fries mit kunstvoll angeordneten Akanthusranken ein Fries mit großformatigen Figuren. Auf der Ost- und Westseite rahmen je zwei Friesplatten die Türen ein: auf der der Stadt zugewandten Ostseite ist rechts Roma auf den Waffen der Besiegten sitzend dargestellt, vielleicht vom Genius Populi Romani und vom Genius Senatus flankiert, links eine weibliche Gestalt, die zwei kleine Knaben im Arm hält, von Tieren und Pflanzen umgeben ist und zwischen zwei Nymphen, evtl. Personifikationen des Wassers und des Himmels, sitzt. Auf der Westseite, die auf den großflächigen Platz mit der Sonnenuhr und dem Augustusmausoleum gerichtet war, findet sich rechts Aeneas beim Opfer an die Penaten unmittelbar nach der Landung in Latium, während links Mars und Faustulus beim Lupercal dargestellt sind, der Höhle, in der die Wölfin Romulus und Remus säugt. Auf der türlosen Nord- und Südseite entfalten sich die zwei Hälften eines Prozessionszuges, in dem wir nicht nur Augustus und seinen Schwiegersohn Agrippa, sondern die gesamte Familie des *princeps* dargestellt sehen; wie früher schon festgestellt wurde, ist sie beinahe in Form eines Stemma angeordnet. Eine ausführlichere Beschreibung und Interpretation folgt unten.

Geschichte der Wiederentdeckung und des Wiederaufbaues

Der erste neuzeitliche Hinweis auf die Ara Pacis ist eine mittlerweile verlorene Zeichnung von Agostino Veneziano, die ein großes Plattenfragment mit der Darstellung eines Schwanes in einem übergroßen Rankenfries wiedergab; auf diese Zeichnung gehen zwei Versionen eines vor 1536 entstandenen Stiches zurück, deren einer die Signatur AV trägt. Es waren also bereits im frühen 16. Jahrhundert wieder Teile des vergessenen augusteischen Altares aufgetaucht, der seit Jahrhunderten am Ort seiner einstigen Aufstellung, der Kreuzung der heutigen Via in Lucina mit der Via del Giardino Theodoli in der Nähe der Piazza Montecitorio, unter der Erde lag. Dieser Bereich des Marsfelds, auf dem Augustus und sein Schwiegersohn Agrippa ein gewaltiges Urbanisationskonzept eingeleitet hatten, war im 2. Jh. n. Chr. noch einmal völlig neugestaltet worden, indem das Bodenniveau durch eine beträchtliche Erdaufschüttung erhöht wurde; die Ara Pacis lag jetzt fast zwei Meter unter dem neuen Niveau und wurde von einer Ziegelmauer geschützt, die allerdings in späterer Zeit auch nicht verhindern konnte, daß die Ara von neuen Gebäuden überbaut wurde. So ahnte der englische Kardinal Hugo von Evesham bestimmt nicht, daß er die Fundamente des von ihm kurz nach 1280 errichteten, als Residenz der Kardinäle von S. Lorenzo in Lucina jahrhundertelang dienenden Palazzo teilweise auf einen antiken Friedensaltar gesetzt hatte. Umbauten und Restaurierungsarbeiten wurden am Palazzo des öfteren vorgenommen, und nach der endgültigen Rückkehr der Päpste nach Rom waren wohl die des Kardinals Jean de Rochetaille im Jahre 1427 besonders bedeutsam; ihrer gedenkt eine lange, in Hexametern gehaltene lateinische Inschrift. Bei solchen Gelegenheiten kamen möglicherweise Fragmente der Ara Pacis ans Tageslicht, um danach weit verstreut zu werden; unter ihnen befand sich auch die von Agostino Veneziano gezeichnete Platte. «Von diesen schönen Marmorstücken finden sich mittlerweile nur noch wenige», schrieb Kardinal Giovanni Ricci da Montepulciano im Februar 1569 an Bartolomeo Concini, den Sekretär des damals noch nicht im Range des Großherzogs stehenden Cosimo I.; nachdem also kurz davor «fünfzehn oder achtzehn griechische Marmorstücke» gefunden worden waren, «die auf der einen Seite Figuren in Triumphzusammenhängen zeigten, die im Verlauf der Zeit etwas in Mitleidenschaft geraten sind, und auf der anderen Seite eine Art von Girlanden, . . . fanden sich bei solcher Beute viele Hunde zum Kauf ein, doch ich bekam sie schließlich, da ich sie fett bezahlte». Es handelte sich hierbei, was damals noch keiner wußte, um Fragmente der Ara Pacis; doch aus dieser reichen Ausbeute erreichte nur eine einzige Platte Florenz, diejenige, «auf der Sie eine schöne Sonderbarkeit sehen werden, nämlich drei Gestalten, von denen man glaubt, daß sie drei Elemente darstellen, nämlich Luft, Wasser und Erde». Der Rest, der der Länge nach zersägt worden war, womit die «Triumphe» und die «Girlanden» voneinander getrennt wurden, blieb in Rom, und zwar größtenteils in der Villa am Pincio, die sich Ricci gerade bauen ließ, der späteren Villa Medici; ein kleinerer Teil hingegen blieb im Kardinalspalast Lucina, der 1624 in den Besitz der Peretti, der Neffen Sixtus' V., überging und danach bis zum Jahre 1898 den Boncompagni Ottoboni, Herzögen von Fiano gehörte. 1628 wurde eine girlandengeschmückte Platte umgedreht für das Grabmal eines Bischofs von Il Gesù wiederverwendet; noch vor 1772 brachte Cavaceppi eine mit Ornamenten geschmückte Platte, die der von Agostino Veneziano gezeichneten ähnelte, auf den englischen Kunstmarkt; seitdem konnte diese Platte nicht mehr aufgefunden werden; um die gleiche Zeit malte Benjamin West verschiedene Versionen einer «Agrippina mit der Asche des Germanicus», in denen eine Gruppe von Gewandfiguren einen Ausschnitt aus den Reliefs der Ara Pacis wiedergibt. 1780 wurden fast alle Reliefs aus der Villa Medici nach Florenz geschickt, durch den Römer Francesco Carradori 1784 restauriert und in den Uffizien ausgestellt; 1788 kaufte Pius VI. für die päpstlichen Sammlungen ein Relief mit Togati, das im Palazzo Fiano geblieben war. Als Rom unter napoleonischer Herrschaft stand und Madame Récamier im Palazzo Fiano hofhielt, schaffte der französische Gouverneur von Rom, General Miollis, ein anderes mit Figuren geschmücktes Relief von dort in seine Residenz, die Villa Aldobrandini, und ließ es durch Annibale Malatesta mit Stuckköpfen ergänzen; der Marchese Campana kaufte es nach 1835 und ließ die Restaurierung so radikal umändern, daß beim Verkauf seiner Sammlung an den Louvre das Relief als ein ‚Opfer des Antoninus Pius‘ gehandelt wurde. 1859 gelangten neue Zufallsfunde weiterer Platten mit Ornamenten in den Hof des Palazzo Fiano, sowie ein Kopf in den Wiener Kunsthandel. Auf diese Weise wurde das Denkmal, das durch den Niedergang des städtischen Lebens in Rom an seinem ursprünglichen Ort fragmentiert, aber nicht verstümmelt unter der Erde erhalten geblieben war, allmählich wiedergewonnen, wobei es jedoch aus seiner Einheit auseinandergerissen wurde und noch niemand seine Identität ahnte.

Ein Versuch zumindest wurde in der zweiten Hälfte des 16. Jhs. unternommen, die damals bekannten Reliefs wieder miteinander in Zusammenhang zu bringen, vielleicht auf Anregung eines äußerst aufmerksamen Bewohners der Villa Medici, Kardinal Ferdinandos, des späteren Großherzogs. Davon legen einige übriggebliebene verstreute Blätter aus dem Museo Cartaceo von Cassiano dal Pozzo Zeugnis ab, die sich heute teilweise in Windsor befinden und auf die fünf Stiche zurückgehen, die 1633 vom Sieneser Bernardino Capitelli signiert wurden. Die Reliefs werden gewöhnlich als Fragmente eines Triumphbogens des Domitian interpretiert, mit der bemerkenswerten Ausnahme von Filippo Aurelio Visconti, der 1818 die Platte in der Villa Aldobrandini als «Opfer der Familie des Augustus» beschreibt, «ausgezeichnet gemeißelt und einzigartig»; damit kommt er − allerdings zufällig − der Wahrheit recht nahe. 1879 schließlich ist das Jahr der ‚Wiederauferstehung‘ der Ara Pacis: Der deutsche Archäologe Friedrich Carl von Duhn bringt die verstreuten Reliefs miteinander in Zusammenhang und schreibt sie dem bereits aus den Quellen bekannten Altar des Augustus zu; von da an schreitet der Prozeß der Wiedergewinnung des Monuments durch Forschungen Duhns, Eugen Petersens und anderer deutscher Archäologen mit verschiedenen Rekonstruktionsvorschlägen ständig fort und wird immer weiter präzisiert. Petersen identifiziert 1895 den nach Wien gelangten Marskopf, der Duca di Fiano schenkt 1898 dem Staat alle noch in seinem Besitz befindlichen Fragmente, und im gleichen Jahr wird in Wien der Marskopf erworben; 1899 findet man im Verlauf von Restaurierungsarbeiten an der Kirche Il Gesù die 1628 als Grabstein wiederverwendete Platte.

Die wieder identifizierten und neuerworbenen Stücke gelangen in das neu geschaffene Thermenmuseum, und 1903 entschließt man sich zu einer Grabung unter Palazzo Almagià,

Abb. 180   Ara Pacis: Rekonstruktionszeichnung (n. Gatti)

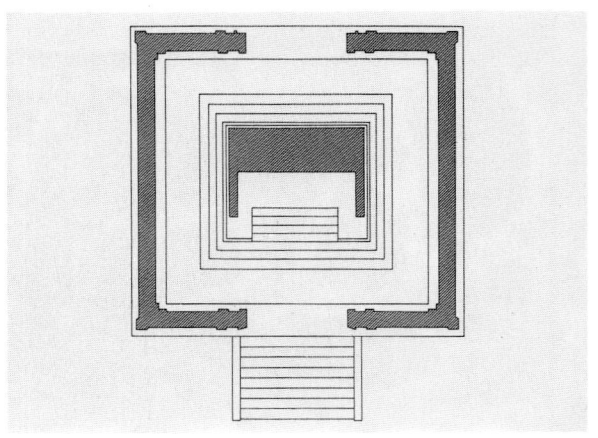

Abb. 181   Ara Pacis: Plan (n. E. Simon, Augustus Abb. 28)

ehemals Fiano, um die Rekonstruktionsvorschläge in die Tat umsetzen zu können. Angelo Pasqui birgt 53 neue Fragmente und fotografiert das mit der Gruppe der Flamen dekorierte, ohne es selbst – aus Gründen der statischen Sicherheit des Palazzo – heben zu können. Schließlich nimmt er den Grundriß des noch in situ gelegenen Fundaments auf, und die Existenz zweier Türen statt wie erwartet einer macht alle bisherigen Rekonstruktionsvorschläge ungültig. Das letzte Kapitel in der Entdeckungsgeschichte der Ara Pacis ist schließlich die Wiederaufnahme der Grabung anläßlich der vom faschistischen Regime initiierten Zweitausendjahrfeier zum Geburtstag des Augustus 1937/38. Die Grabung, die vom Soprintendente Giuseppe Moretti geleitet und deren offizielle Publikation in der Folge auch von ihm herausgegeben wurde, hatte zwei ernste Probleme zu bewältigen: Ein statisches, nämlich das Einstürzen der betreffenden Ecke des Palazzo Fiano zu verhindern, und ein hydraulisches, d. h., die zu erforschende Zone von Grundwasser freizuhalten. Das erste wurde gelöst, indem man zum Auffangen des Gewichts unter die entsprechende Ecke des Palazzo ein Gestell aus Eisenbeton schob, das außerhalb der Fundamentmauern mit einer Reihe von Pfählen verbunden war, so daß die Grabung nicht behindert wurde. Das zweite, indem man die umliegenden Erdschichten einfror und damit das Eindringen des Grundwassers verhinderte. Die Grabung ist in Anbetracht von mehr als 60 neugeborgenen Fragmenten sehr bedeutend; unter den Neufunden sticht das bereits 1903 entdeckte Relief mit den Flamen und viele Bruchstücke des Pflanzendekors hervor, die die völlige Wiederzusammenfügung des ornamental verzierten Teiles ermöglicht haben. Aber vielleicht noch wichtiger war die Entdeckung der Fragmente des eigentlichen Altars mit einer Reihe von Gestalten, die zu einem Opferzug gehörten; diese Stücke erweiterten das damalige Wissen um die Ara um ein ganz neues Element.

Anhand dieser Neufunde wurde noch 1938 schnell der eigentliche Wiederaufbau des Denkmals unternommen, indem man auch die Platten aus den Uffizien nach Rom zurückbrachte. 1954 kehrte durch eine Schenkung Pius' XII. noch die Platte aus dem Vatikan in den ursprünglichen Zusammenhang zurück, während bis heute fünf Platten mit Girlanden in der Villa Medici und das Fragment ehemals Miollis-Campana im Louvre geblieben sind; Gipsabgüsse all dieser Stücke sind in die wiedererrichtete Ara Pacis eingebaut, die jetzt – gegenüber der ursprünglichen Aufstellung um 90° gedreht – am Tiberufer in unmittelbarer Nachbarschaft des Augustusmausoleums steht. Die Arbeiten Morettis, Ausgrabung, Wiederaufbau und Interpretation, wurden in einem großen Band veröffentlicht, der auf Grund der Kriegssituation erst 1948 erscheinen konnte. Fragmente einiger Figuren des Altars fanden in Morettis Rekonstruktion keinen Platz, ihretwegen haben Kähler und De Angelis-Bertolotti je eine Alternativrekonstruktion vorgeschlagen. Trotz einiger problematischer Maße und Details ist Morettis Rekonstruktion im ganzen jedoch richtig.

Interpretationsprobleme

Der Altar, die *ara*, ist natürlich der Mittelpunkt des Monuments, der Teil, der sein Entstehen bedingt und ihm den Namen gegeben hat; aber nicht er, sondern die Umfassungsmauer, und insbesondere deren Außenwand, trägt einen überreichen und hochkomplizierten figürlichen Schmuck. Außerdem geben die neronischen und domitianischen Münzen zwei Ansichten der Umfassungsmauer von außen wieder, und die Beischrift lautet «Ara Pacis». Zwei Nachfolger des Augustus weisen also, indem sie auf ihren Münzen die Ara Pacis als komprimierte Anspielung auf die Politik des Reichsgründers darstellen, die Außenwand der Umfassungsmauer als den bevorzugten Ort für die Anbringung eines Dekorsystems, ja – im ganzen betrachtet – eines politischen Programms aus. Das Publikum Neros und Domitians sollte aus deren Münzen ersehen, daß sich der regierende *princeps* als «neuer Augustus» verstanden wissen wollte; doch gerade diese Funktion der Außenseite der Umfassungsmauer mit ihrem nach gängigen Mustern angelegten Dekor verleitet dazu, darin eher ein explizit politisches, eng auf die Person des Augustus zugeschnittenes ikonographisches Programm zu sehen. Auf jeden Fall muß der Dekor der einzelnen Teile des Monuments so betrachtet werden, daß man an zwei voneinander getrennten Punkten beginnt, an einem innerhalb der Umfassungsmauer und einem außerhalb gelegenen (Kat. 226 Abb. 180. 181). Der innere bot sich den Personen, die die Kulthandlungen am eigentlichen Altar begingen, nachdem sie durch die westliche Tür den umgrenzten Bereich betreten hatten. Der äußere bot sich dem an Festtagen in der Nähe der Ara sich aufhaltenden Publikum, doch ebenso auch jedem Passanten zu beliebigen Zeiten. Der Dekor des eigentlichen Altars muß also von dem der Außenwände sorgfältig geschieden werden, obwohl die auf der äußeren Nord- und Südwand dargestellte Prozession häufig als Opferzug interpretiert und daher mit der des Altars in Zusammenhang gebracht worden ist. Doch es

Abb. 182   Ara Pacis: Ansicht der Ostseite

muß betont werden, daß die Prozessionen des Altars und der Umfassungsmauer von keinem einzigen Punkt aus, nicht einmal ausschnittweise, auf einen Blick erfaßt werden können; außerdem unterscheiden sich die beiden Friese sowohl auf Grund des beträchtlichen Größenunterschieds der Figuren als auch auf Grund der völligen Anonymität der Prozessionsteilnehmer am Altar gegenüber den vielen Porträtdarstellungen auf den Außenwänden stark voneinander.

Ein kleiner Teil vom Dekor des Opferaltars konnte für den Betrachter der Außenwände nur auf der Ostseite des Monuments sichtbar werden (Abb. 182), wo er bei näherem Hinzutreten durch die beiden die Tür flankierenden Platten hindurch vielleicht einen Fries erkennen konnte, der heute nur in stark zerstörten und spärlichen, nicht wieder eingesetzten Fragmenten erhalten ist; man hat für die Deutung dieser Stücke eine Reihe personifizierter Provinzen vorgeschlagen.

Der eigentliche Altar besteht aus einem Opfertisch und aus zwei seitlichen Brüstungen mit kunstvollen volutenförmigen Akroteren über einer plastischen Faszie. Anten in Form geflügelter Löwen, deren Vordertatzen auf den Kelchen von Akanthusblättern ruhen, bilden den Abschluß der Brüstungen. Vom gesamten figürlichen Fries des Altars ist ungefähr ein Drittel erhalten: Es ist ein blutiges Opfer dargestellt, wie es wohl auf der Ara selbst an den entsprechenden Festtagen entrichtet wurde. Auf Grund des äußerst lückenhaften Erhaltungszustandes ist die Rekonstruktion des Gesamtzusammenhangs aber nicht gesichert. Es liegt zwar auf der Hand, daß der Mittelpunkt der Komposition der zentrale Abschnitt des Frieses war, dem sich derjenige gegenübersah, der die Stufen zum Altar emporstieg; wenn auch gerade dieser Teil des Frieses leider völlig verloren ist, so spricht doch einiges dafür, daß wir es hier mit dem Mittelpunkt der Komposition zu tun haben: Die beiden Prozessionen auf dem Fries der Innenseiten der Anten laufen auf diesen Punkt zu, und der Zug setzte sich, nach den erhaltenen Figuren zu schließen, auf der Innenseite fort. So haben wir es mit zwei Prozessionen zu tun, die sich an einem zentralen Punkt trafen, dort, wo möglicherweise der Opferaltar dargestellt war. Der erhaltene Dekor der Innenseite weist nach Morettis Rekonstruktion links sechs Vestalinnen mit drei Opferdienern auf, rechts einen Priester und einen Flamen. Auf der Außenseite der linken Ante befindet sich eine vollständig erhaltene Prozession von Opferpriestern und Opfertieren; die entsprechende Seite der rechten Ante war analog geschmückt. Dieser Teil des Dekors bietet keine besonderen Interpretationsschwierigkeiten, allerdings bleibt es schwer zu entscheiden, ob wir hierin lediglich eine für Altarschmuck übliche genrehafte Opferdarstellung sehen sollen oder vielmehr eine Art Bildtradition der *lex arae*, die vor deren Aufzeichnung entstanden wäre und die die Disposition der Opferordnung und -liturgie beim jährlichen Opfer der Ara Pacis wiedergibt. Sollte die letztgenannte Interpretation zutreffen, könnte man annehmen, daß im Verlauf der hier dargebrachten Opfer die Priester und Vestalinnen die Ara über den Haupteingang der Umfassungsmauer, also die westliche Tür, betraten und über die Treppe zum Altar emporstiegen; die Opfertiere und Opferdiener hingegen gelangten über die östliche Tür hinein. In jedem Fall trafen die beiden Teile des Opferzuges hier zusammen, und hier wurden auch nach den einleitenden Kulthandlungen die Opfertiere geschlachtet.

Die Innenseite der Umfassungsmauer ist auf ihrem unteren Register mit einer einfachen Reihe von Lisenen dekoriert, die einen Lattenzaun nachahmen. Der obere Teil besteht aus einem Fries mit dicken Girlanden aus Früchten und Blumen, die an Stierschädeln (Bukranien) aufgehängt sind (Abb. 183): Die Girlanden verweisen auf die den Opfertieren umgehängten Pflanzengewinde, die Bukranien auf die geschlachteten Opfertiere selbst; zwischen diesen beiden Wandteilen liegt ein Fries von abwechselnden Palmetten und Lotosblüten. Der Wandschmuck stellt eine in Marmor ausgeführte Nachahmung improvisiert dekorierter ‚ländlicher‘ oder provisorischer Heiligtümer dar, wie sie beispielsweise bei Tacitus (hist. 4,53,2) beschrieben sind. Die ostentativ einfache Ausschmückung muß möglicherweise im Zusammenhang mit der Entscheidung gesehen werden, der Pax nur eine *ara* statt des üblichen Komplexes aus Tempel mit vorgelagertem Altar zu errichten: eine Entscheidung, die letztendlich sicherlich auf

Abb. 183   Ara Pacis: Girlandenplatte

Augustus selbst zurückgeht. Es liegt hier eine zweifache Abschwächung, gleichsam die rhetorische Figur einer Litotes des Kultes der neuen Gottheit, der Pax Augusta, vor. Dieser zweifachen Litotes entspricht auch der Kontrast zwischen der einstimmigen Überlieferung der zeitgenössischen Quellen, die alle den Altar beschreiben und nicht die Umfassung, und den bereits erwähnten neronischen und domitianischen Münzen, die umgekehrt die Außenwand der Umfassungsmauer und nicht den Altar wiedergeben. Diese Unterscheidung zwischen ‚innerhalb‘ und ‚außerhalb‘ der Umfassung ist eine wesentliche Voraussetzung für die Interpretation des Dekors beider Seiten der Umfassungsmauer. Allem Anschein nach werden dem Betrachter zwei Ebenen der Leseweise nahegelegt: Auf der einen Seite betont man eindeutig den ländlichen Charakter des Kultes durch einen imitierten Lattenzaun, der den geheiligten Bezirk umgrenzt, und durch Girlanden, die wie frisch aufgehängt wirken; auf der anderen Seite − und zwar im wahrsten Sinne des Wortes: auf der Außenwand − wird ein kunstvoller figürlicher Dekor vorgeführt. Das ‚Innen‘ und das ‚Außen‘ schließen sich gegenseitig aus: Die Quellen, die nur das ‚Innen‘ beschreiben, weisen auf die ‚offizielle‘, die der *ara* zeitgleiche Sichtweise hin; die späteren Münzen hingegen, die das ‚Außen‘ wiedergeben, zeigen, wie sich der Blickwinkel verändert hat. Doch dieses ‚Holz‘ und diese farbenfrohen Girlanden bestehen aus gehauenem und bemaltem Marmor; das nackte Lattengerüst und der bewegte Akanthus schmücken die beiden Seiten ein und derselben Platte. Wenn sich Augustus auch als Wiederhersteller von Sitte und Religion sowie der ‚Bäuerlichkeit‘, der *rusticitas* der Väter zeigt, so überträgt er diese doch in eine neue elegante Ausdrucksweise: Der Kontrast zwischen dem derben Charakter des Holzes und dem glanzvollen des Marmors hätte nicht lebendiger gestaltet werden können als durch die

Abb. 184.185   Ara Pacis: Südfries

Abb. 186.187   Ara Pacis: Nordfries

Abb. 185

Abb. 187

Abb. 189 Ara Pacis, Relief der Ostseite: Aeneas beim Opfer

Nachahmung von Holz in Marmor. Die Götter, die innerhalb der Umfassung auf ihre Opfergaben warteten, konnten mit einem Blick die bewahrte Strenge der uralten Sitten, der *antiqui mores*, und den neuen Dekor von Augustus' Rom erfassen, und zwar in Form von Holz und Marmor; den Bürgern hingegen, die außerhalb der Umfassung den Kulthandlungen beiwohnten, bot sich der Anblick von Akanthusranken und Figurenfries. Der beschriebene Gegensatz löst sich also in Identität auf, die Abschwächung in Emphasis.

Die Außenseite der Umfassungsmauer erhebt sich über einem äußerst einfachen Podium mit lediglich zwei Faszien; wie auf der Innenseite gliedert sich ihr Dekor in zwei Abschnitte, die durch ein Mäanderband − entsprechend dem Lotos-Palmettenband der Innenseite − voneinander getrennt werden: oben der figürliche, unten der mit Akanthusranken verzierte Fries. Aber die Außenseite ist darüber hinaus noch in der Senkrechten durch eine Reihe von Lisenen unterteilt, die alle eine reiche Ausschmückung tragen: Je zwei Paare solcher Lisenen flankieren die beiden Eingangstüren, an den Ecken der Umfassung sind vier Ecklisenen angebracht. So erschöpft sich die Unterteilung des Dekorsystems nicht in der horizontalen Gliederung durch oberen und unteren Fries, sondern zusätzlich erfolgt eine Reihung von Bildfeldern, die an den Seiten durch die Lisenen eingerahmt werden; doch während der Dekor des unteren Abschnittes durch die Wiederholung üppiger Akanthusranken kunstvoll gestaltet ist und somit wie ein Kontinuum erscheint, das nur von den Lisenen und den Türen unterbrochen wird, führt dieselbe senkrechte Unterteilung im oberen Abschnitt zur völligen thematischen und technischen Selbständigkeit jedes einzelnen Bildfeldes; durch die Anordnung der Türen und Lisenen ergeben sich deren sechs: vier kleinere, die paarweise die Türen flankieren, und zwei größere auf der türlosen Nord- und Südseite.

Der Dekor des unteren Abschnittes (Kat. 227) wiederholt konstant ein festes Schema: Aus einem zentralen Akanthus-Busch wächst ein senkrechter Hauptzweig heraus, der bis zum obe-

Abb. 188   Ara Pacis, Relief der Ostseite: Faustulus im Lupercal

Abb. 191   Ara Pacis, Relief der Westseite: Roma

ren Bildrand reicht und das Feld in zwei symmetrische Hälften teilt; aus dem Busch sprießen vier weitere Zweige, die mit ihren volutenförmigen Auswüchsen das gesamte Bildfeld ausfüllen; zwei schlängeln sich symmetrisch links und rechts des Hauptzweiges am unteren Rand bis in die unteren Ecken hinein; die zwei anderen hingegen wachsen nach oben, um sich bald in zwei kleinere Äste zu verzweigen, die ihrerseits viele große und kleine Voluten formen. All diese Voluten enden in verschieden großen Blüten und Kelchen (Calices). Auf zwei dieser Calices befinden sich Schwäne mit ausgebreiteten Flügeln und langen, gekrümmten Hälsen. Auf den Langseiten können sich die Akanthusranken auf größerer Fläche umfangreicher und wesentlich dichter ausbreiten, obwohl das Motiv im Grunde unverändert bleibt; die Zahl der Schwäne auf den Calices hat sich auf sechs erhöht, drei auf jeder Seite mit symmetrisch geneigten Hälsen. Auf diesem nach strengsten Regeln der Symmetrie aufgebauten Fries findet sich trotzdem auch manch genrehaftes Element: hier und da tauchen Insekten und kleine Tiere auf; bei der großen Akanthusranke der Nordseite bemerkt man beispielsweise eine Schlange, die die Brut eines Vogelnestes verschlingt, während eines der Vogeljungen zu fliehen versucht.

Abb. 190   Terrakottaplatte, Aeneas in Lavinium

Abb. 192   Ara der gens Augusta, Tunis, Mus. Bardo: Roma

Es ist hier durchaus nicht leicht auszumachen, wie sich die stark dekorative Funktion der Akanthusranken und ihre Bedeutung im Gesamtzusammenhang der Ausschmückung die Waage halten: Die Üppigkeit der Vegetation, die durch den symmetrischen Aufbau einerseits geregelt, gleichzeitig aber auch betont wird, scheint auf die Vorstellung einer überreichen Natur zu weisen, ein Gedanke, der mit dem Programm der Ara gut in Einklang zu bringen wäre; trotzdem möchten wir auf keinen Fall so weit gehen, zwischen den Akanthusstielen nach verdeckten Spuren einer noch genaueren Botschaft zu suchen, wie es durchaus schon unternommen wurde. Dagegen ist eine vor kurzem gemachte Beobachtung äußerst wichtig: Die Komposition der Figuren im oberen Abschnitt, und zwar speziell auf der Nord- und Südseite der Umfassung (Abb. 184—187, Kat. 226), folgt einem präzisen Rhythmus, der vom darunterliegenden florealen Fries durch ein fein ausgeklügeltes Netz von Entsprechungen herausgestrichen wird. Auch bei den vier kleineren Bildfeldern der West- und Ostseite zeigt der Hauptzweig des Akanthus direkt die Symmetrieachse der darüberliegenden Komposition an: So ist die rationale und dominante geometrische Anordnung also nicht nur eine interne Norm, die die Struktur, die Darbietung und den Verlauf der Akanthusranken bestimmt, sondern darüber hinaus offenbar auch für das Lesen des oberen Abschnittes relevant, hier unterstützt durch Unterteilungen und einen hierarchischen Aufbau der Figuren.

Die Treppe und die Ausrichtung des Altars weisen die westliche Tür als den Haupteingang aus. An seinen Seiten befindet sich nach Morettis Rekonstruktion links die Reliefplatte mit Romulus und Remus (Abb. 188), rechts der opfernde Aeneas (Abb. 189). Auf dem fast gänzlich verlorenen ersten Relief waren Romulus und Remus dargestellt, wie sie von der Wölfin im Lupercal in der Nähe des Feigenbaums, der *ficus ruminalis*, gesäugt wurden; eingerahmt wurde die Szene rechts durch den auf seinem Stock aufgestützten Hirten Faustulus, links durch Mars, den göttlichen Vater der schicksalsträchtigen Zwillinge. Vater und Ziehvater der Knaben scheinen also im Gespräch vereint. Die beiden einzigen uns erhaltenen Reste menschlicher Gestalten dieses Reliefs waren offensichtlich auf die Mitte des Bildes ausgerichtet, um das wunderliche Ereignis der die beiden Zwillinge in der Höhle säugenden Wölfin zu bestaunen; die Komposition beweist eine bemerkenswerte Symmetrie, zumal auch neben Mars ein Baum gestanden haben muß, von dem uns spärliche Reste erhalten sind. Rechts der Gestalt des Faustulus und links von der des Mars bleibt dann noch ausreichend Platz für weitere zwei Gestalten, die wir natürlich nicht exakt benennen können; neben Mars kann man sich mit einiger Wahrscheinlichkeit Venus denken.

Auf der Reliefplatte rechts der westlichen Tür erscheint Aeneas, wie ein Adliger in die Toga gehüllt, nach ältester Sitte aber mit nackter Brust; er bringt gerade ein Opfer dar und hat deshalb sein Haupt verhüllt. Seine Rechte ist auf einen ländlichen Altar gelegt; im Hintergrund steht auf einer felsigen Erhebung der kleine Tempel mit den Penaten. Zwei Knaben, *camilli*, assistieren ihm bei den Kulthandlungen; einer hält eine Schale mit unblutigen Opfergaben, nämlich Früchten; der andere führt das Opfertier heran, eine Sau. Hinter Aeneas stand eine fast gänzlich verlorene zweite Gestalt, die sich auf einen Stock stützte, entweder ein Gefährte des Aeneas, vielleicht Achates, oder – was wahrscheinlicher ist – sein Sohn Iulus. Der Kopf, der dieser Gestalt in der Rekonstruktion hinzugefügt wurde, ist wohl eher ein Fragment der Reliefplatte mit Roma und gehört evtl. dem Genius Populi Romani. Das Thema kehrt auf einem Campanarelief (Abb. 190) und später noch auf einem hadrianischen Medaillon wieder, das möglicherweise direkt auf das Relief der Ara Pacis zurückgeht und Aeneas' Landung in Latium darstellt. Um die *pietas* des Ahnherrn von Rom zu beschreiben, wurde also das Opfer nach der Landung in Latium der darauffolgenden Gründung Laviniums vorgezogen. Moretti hingegen nimmt an, daß die Gestalt des jungen Iulus, der mit der *gens Iulia* so eng in Zusammenhang steht und daher auf der Ara kaum fehlen durfte, ganz in der rechten Ecke zu denken sei, die heute vollkommen verloren ist. Auf jeden Fall beziehen sich die beiden Darstellungen seitlich des Haupteingangs der Umfassung auf zwei grundlegende Episoden aus der Sage um die Ursprünge Roms: auf die Ankunft der Trojaner in Latium und auf die wundersame Säugung der Zwillinge Romulus und Remus durch die Wölfin, die Ausgangspunkte für die Gründung der Stadt.

Auf der gegenüberliegenden östlichen Umfassungsmauer finden sich seitlich der Tür nach Morettis Rekonstruktion links das Relief mit einer weiblichen Personifikation (Kat. 227) und rechts das der Roma (Abb. 191). Von letzterem sind nur noch wenige stark zerstörte Fragmente erhalten, die auf eine zentral angeordnete Roma, als Kriegerin mit Helm und Panzer auf den Waffen der besiegten Feinde sitzend, schließen lassen; die Annahme liegt nahe, daß sie von den Personifikationen des Volks und des Senats von Rom, dem Genius Populi und dem Genius Senatus, flankiert wurde. Der Kopf des Genius Populi könnte derselbe sein, den Moretti dem Gefährten des Aeneas zugewiesen und angestückt hat. Der Typus der auf den Waffen der besiegten Feinde sitzenden Roma ist reich an Parallelen, sei es auf Münzen oder an anderen Denkmälern, etwa auf der Ara der *gens Augusta* in Bardo (Abb. 192). In diesem Zusammenhang genügt es aber, daran zu erinnern, daß die neronischen Münzen mit der Ara Pacis in ihrer summarischen Wiedergabe der östlichen Front der Umfassungsmauer zwei sitzende weibliche Gestalten gut erkennen lassen, die − über dem florealen Dekor angebracht − symmetrisch zum Eingang gerichtet sind.

Die Reliefplatte links der östlichen Tür (Kat. 227), die wegen der «schönen Sonderbarkeit» ihrer Komposition als erste in die mediceischen Sammlungen gelangte, ist heute noch die berühmteste der Ara, doch auch die am stärksten kontrovers interpretierte. In der Mitte thront zwischen überreifen Ähren, Früchten und Blumen eine edle, mütterliche Gestalt, die zwei kleine Knaben im Arm hält und nährt. Im Schatten dieser ruhigen und königlichen Frau ruhen friedlich ein Schaf und ein Rind, ein Bild des Friedens und der Fruchtbarkeit. An den Seiten befinden sich zwei kleine Gestalten; die rechte reitet über gekräuselte Wellen auf einer schuppigen Seeschlange, die linke sitzt auf dem Rücken eines Schwans und fliegt über einen Schilfrohrbusch. Der Wind hat beider Gewänder segelförmig aufgebläht und die Leiber teilweise entblößt, man denkt unmittelbar an Plinius' «Aurae, die mit ihren eigenen Gewändern segeln» (nat. 36,29); doch der Gestus, mit dem sie den weiten Bogen des Mantels festhalten, ist keine Gebärde der Scham. Um sie zu identifizieren, ist der Vergleich mit einem in Karthago zwei Generationen später gearbeiteten Relief (Kat. 228) von Aufschluß; es ist dem der Ara Pacis so ähnlich, daß man eine direkte Abhängigkeit annehmen kann. Auch hier kehrt die zentrale Gestalt mit ihren puttohaften Knaben, dem Schaf und dem Rind, den Blumen und Früchten identisch wieder; doch an die Stelle der symmetrisch das Bild rahmenden nackten Frauengestalten mit ihren aufgeblähten Gewändern ist hier rechts ein kräftiger aus den Wellen emportauchender Meeresgott getreten, links eine Göttin, die sich mit zwei brennenden Fackeln in die Lüfte erhebt. Diese Varianten nehmen der Komposition zwar Symmetrie und Gleichgewicht, können jedoch als ikonographisches Äquivalent der Darstellungen gelten, die sie ersetzt haben; deshalb kann man sowohl im Relief der Ara Pacis wie im karthagischen Relief rechts das Meer, links den Himmel erkennen.

Gegenstand zahlreicher Diskussionen war und ist die Identifikation der Mittelfigur; es wurden verschiedene Personifikationen vorgeschlagen wie Terra Mater, Italia, Pax, bis hin zu großen Gottheiten wie Venus oder Ceres; ebenso fehlte nicht der Versuch, mehr als eine Personifikation in ihr zu vereinigen und gleichzeitig mehrere Bedeutungsgehalte in einer einzigen Gestalt anzunehmen. Diese Interpretation muß mangels Parallelen entschieden zurückgewiesen werden; soweit wir darum aus den Quellen wissen, war nämlich römischem Gebrauch und Mentalität die Möglichkeit völlig fremd, ein und dieselbe Gestalt mit zwei Namen zu belegen. Hier ist eine Unterscheidung zwischen zwei grundverschiedenen Ebenen angebracht: Der der ikonographischen ‚Konstruktion‘, die auch mittels Kontamination von Zügen erfolgen kann, die mehreren Gottheiten entnommen sind, und der zweiten, äußerst zentralen Ebene des *nomen divinum*, des für jede Gottheit einzeln festgelegten Namens, so wie die entsprechende Ikonographie dazu ‚entworfen‘ wurde. Wie Arnaldo Momigliano mit definitiven Argumenten nachweisen konnte, kann ebensowenig der Vorschlag akzeptiert werden, in dieser Gestalt eine personifizierte *Italia* zu sehen. Genauso unwahrscheinlich schließlich ist die Vermutung, daß es sich um Pax handeln könne: Die Gottheit, der der Altar geweiht ist, dürfte sich niemals an der Seite einer Tür befinden und somit auf einer gleichgewichtigen Ebene mit anderen Figuren stehen. Daher ist die von allen am meisten verbreitete, ,sparsamste' und zugleich brauchbarste Interpretation die der Mittelfigur als Terra Mater, was durch den Vergleich mit dem Relief aus Karthago voll und ganz bestätigt wird: tatsächlich weist gerade das unübersehbare Anliegen, die Bedeutung der seitlichen Gestalten durch direktere Identifikationen mit Luft- und Wasserwesen klarer herauszustreichen, in Hinblick auf die inhaltliche Kohärenz des Gesamtzusammenhangs auf eine Interpretation der zentralen Figur als Terra. Insofern hatte Kardinal Ricci fast recht mit seiner Meinung, daß die drei Gestalten dieser Reliefplatte «drei Elemente darstellen, nämlich Luft, Wasser und Erde».

Auf der Nord- und Südseite gibt es keine Türen; hier kann sich, auf die zwei Seiten verteilt, eine lange Prozession von Togati (Kat. 229, Abb. 184—187) entfalten. Der Faltenwurf der Figuren wird von den Händen teils begleitet, teils aufgehalten und schließt sich auf den Schultern in einem weiten Oval, das nicht nur die Gesichter einrahmt, sondern auch die Gesten, die Konversation oder Gruß ausdrücken. Ganz leichten und langsamen Schrittes ziehen alle Gestalten nach Westen, wo sich vor der Treppe zum Altar der Haupteingang öffnet, und ihre Bewegung wird weniger durch den kaum angedeuteten Schritt betont als vielmehr durch ihre Blickrichtung oder durch die auf dem nachgezogenen Bein geknitterte Toga. Manche halten sich im Gang auf und blicken den Betrachter an oder wenden sich nach hinten; weitere Gesichter in flacherem Relief erscheinen hier und da auf einer dahinterliegenden Ebene. Dieses lebendige und abwechslungsreiche Gebärdenspiel nimmt dem Zug nichts von seiner Feierlichkeit und seiner Kraft, im Gegenteil, beinahe jede Gestalt gewinnt dabei — sei es über einen Lorbeerzweig in der Hand, das verhüllte Haupt, die Dreiviertelansicht — ihre eigene Note: Dies ist keine Aneinanderreihung einzelner unzusammenhängender Episoden, sondern vielmehr eine durchsichtige, überlegte Konstruktion, die zwischen Schritt und Handlung sowie Wirkung des Ganzen ausgleicht, eines Ganzen, aus dem Richtung und Würde des Zuges sowie die Exaktheit im Detail unmittelbar abgelesen werden sollen. Auf beiden Seiten finden sich Frauen und Kinder unter den Togati: Es ist die weitverzweigte Familie des *princeps* beim öffentlichen Auftritt, so wie sie von den Zeitgenossen sofort erkannt werden mußte; heute ist die sichere Identifizierung eine Herausforderung für die Archäologie.

Wir müssen uns den antiken Betrachter, das Publikum des Augustus nicht vor der einen oder anderen Figur stehend vorstellen, sondern im Herannahen; von weitem schon erfaßt er — teilweise oder ganz — den Sinn und den äußeren Rahmen der dargestellten Szene; dann kann er auf Grund der Anordnung der Personen ihre Rolle und Stellung in der Hierarchie erschließen; ganz aus der Nähe schließlich erkennt er Gesichter, kann die *fasces* der Liktoren und die Lorbeerzweige zählen. Nähe und Entfernung bedeuten hier keine Gegensätze der Interpretation, sondern sind relative Begriffe des ,Nichtsichtbaren', das allmählich sichtbar wird, was bedingt ist durch die Aufstellung der Ara Pacis außerhalb des Wohngebietes, auf einem von allen Seiten offenen Feld. So wird auch der rigorose Aufbau der Gestalten auf dem figürlichen Fries in ihrer exakten Entsprechung zum darunterliegenden, geometrisch angeordneten florealen Fries verständlicher. Die Akanthusschleifen wurden vom gleichen Zirkel gezogen wie die Faltenkurven, nicht zum Zwecke einer leblosen Zeichnungsübung, sondern gleichsam um mit dem Finger auf Augustus und die ihm wohlgeordnet folgende Familie zu weisen, und die Komposition durch eine andere Norm als die des Kultes zu rahmen.

Die Aufmerksamkeit der Forschung hat sich vor allem der Identifizierung der dargestellten Personen gewidmet, wobei sich aus der großen Anzahl an Hypothesen nur äußerst selten etwas bewahrheitet hat. Die Südseite (Abb. 184. 185. 196), auf der sich auch die verstümmelte Gestalt des Augustus befindet, erscheint unmittelbar als die wichtigere; hier ist jedoch der erste Teil des Zuges im Westen fast gänzlich zerstört. Wir können als sicher nur annehmen, daß sich dort zwölf Liktoren befanden, die dem Ritus gemäß mit *fasces* ohne Beil in der Hand sowie mit dem Lorbeer bekränzt dem Augustus vorangingen; die Versuche hingegen, in diesem Bereich die Existenz einer Statue der Pax oder anderer Gottheiten als Mittelpunkt des Zuges zu suchen, werden durch die Fakten in keiner Weise gestützt. Die Gestalt des Augustus, der im Priestergewand und mit verhülltem Haupt dargestellt ist, ist nur teilweise erhalten, doch mit Sicherheit identifiziert; lediglich der genaue Sinn der Geste seiner Rechten entgeht uns: Er streckte sie einem ihm zugewandten Liktor entgegen; die Vermutung, daß hier ein *foculus* oder ein Altar hingehöre, wird widerlegt durch Faltenfragmente aus dem Gewand eines der Liktoren, die genau an dieser Stelle zu ergänzen sind. Dem Augustus folgen weitere Männer in Priestergewändern, unter denen wir auf Grund ihrer charakteristischen Kopfbedeckung mit *apex* vier Flamen erkennen, unter ihnen in zweiter Reihe möglicherweise Sex. Apuleius, der *flamen Iulialis* gewesen ist. Der letzte Abschnitt der Südseite des Frieses beginnt kurz danach mit der Gestalt des Agrippa, dessen Haupt ebenfalls verhüllt ist; es folgen zahlreiche Mitglieder der Familie des Augustus, unter ihnen einige Frauen und Kinder. Die Gestalten des Augustus und des Agrippa erfüllen somit offenkundig formal die Funktion, den Zug auf dieser Seite in drei Abschnitte zu unterteilen: Die ersten beiden werden durch die Reihen der Liktoren eröffnet und schließen nur Priester ein, während der dritte der Familie des *princeps* vorbehalten ist. Die Gestalt des Sex. Apuleius, der als Flamen fungiert und gleichzeitig mit Augustus verwandt ist, und die des Agrippa stellen das Verbindungsglied dar.

Auf der Nordseite des Frieses (Abb. 186. 187. 196) weicht die heutige Aufstellung stark von der originalen ab; so sind die dritte und vierte Platte zu nah aneinandergerückt, während der Abstand zwischen vierter und fünfter zu groß geworden ist. Die Köpfe im Vordergrund sowie viele auf der dahinterliegenden Ebene gehen noch auf die Restaurierung Francesco Carradoris vom Jahre 1784 zurück, und das fast völlige Fehlen originaler Köpfe erschwert die Identifizie-

Abb. 193   Statue einer weiblichen Gottheit vom Forum in Cumae

rung der dargestellten Personen beträchtlich. Nach einer sorgfältigen neuen Interpretation Torellis ergänzen sich die Friese der Nord- und Südseite gegenseitig perfekt, indem zu Beginn, d. h. an der Seite, die der westlichen Eingangstür der Umfassung näher ist, Priester dargestellt sind, gefolgt von Mitgliedern der *domus* des Augustus, des Kaiserhauses; deren Anordnung entspricht einer Struktur, die sowohl den genealogischen und hierarchischen Grad der Verwandtschaft zur Familie des *princeps* wie auch den Rechtsgrundsatz des *sui iuris esse* genauestens widerspiegelt; letzterer sah eine besondere Hervorhebung solcher Leute vor, die den Rang eines *pater familias* vollständig innehatten. Wenn man diesen Überlegungen Torellis folgt — eine Wiedergabe aller anderen verschiedenen Interpretationen wäre in diesem Rahmen gar nicht möglich —, so ergibt sich nachstehendes Bild:
— Auf der Südseite, in der Reihenfolge von links nach rechts: Agrippa, der kleine C. Caesar, Livia, Tiberius, Antonia minor, der kleine Germanicus, Drusus, Domitia, Antonia maior sowie Sohn und Vater Domitius Ahenobarbus; ungewiß bleibt die Identifizierung einer Gestalt in zweiter Ebene, des sog. Maecenas.
— Auf der Nordseite, nach einer Reihe von Priestern entsprechend denen der Südseite, von links nach rechts: eine Gruppe weiterer Mitglieder des Kaiserhauses, unter denen zumindest L. Caesar, in symmetrischer Anordnung dem C. Caesar auf der Südseite gegenübergestellt, erkannt werden kann, was für die Folgerichtigkeit der Interpretation ganz wichtig ist; außerdem ist auch die Identifikation der Iulia möglich.

Obwohl dieser Vorschlag zweifelsohne noch weiter diskutiert und verbessert werden kann, weist er insofern höchstwahrscheinlich doch den Weg der richtigen Interpretation, als er zwei übereinstimmenden Kompositionsprinzipien gerecht wird: Einerseits sieht er den strikt parallelen Aufbau der beiden Prozessionen der Süd- und Nordseite als zwei nicht zusammen-, sondern parallellaufende Reihen, die sich demnach gegenseitig ergänzen; andererseits erkennt er, daß der Zug nach den internen Normen der Familienhierarchie angeordnet ist, die für die öffentliche Darstellung der Familie des Augustus zu einer stark ritualisierten und an politischen Anspielungen überreichen Form führen; letzteres trifft besonders für die heikle Nachfolgefrage zu.

Ein Weg zur Interpretation

Inwieweit sich das Bildprogramm auf der Außenseite der Umfassungsmauer vom Dekorsystem sowohl der Innenseite der Mauer als auch des Altars unterscheidet, wurde bereits ausgeführt; die allgemeine Interpretation dieses äußeren Schmucks muß sich zwangsläufig um zwei grundlegende Schwerpunkte bewegen. Es ist dies einerseits die Frage danach, welches Fest genau der Anlaß der auf Nord- und Südseite dargestellten Prozession ist, und andererseits, welche Verbindungen zwischen den verschiedenen Reliefbildern und unterschiedlichen Themen der Umfassungsmauer bestehen. Zunächst muß festgestellt werden, daß in den Augen des zeitgenössischen Betrachters der äußere Schmuck der Umfassung mehr bedeutete als nur eine Summe von vielen Einzelbildern: Schon längst nämlich war der Brauch verbreitet, einzelne Zimmer nicht nur öffentlicher Gebäude, sondern auch von Privathäusern mit mehreren Gemälden auszuschmücken; jede einzelne Malerei war natürlich kompositionell und thematisch in sich abgeschlossen, doch sie alle wurden inhaltlich durch ein gemeinsames Programm verbunden. So zeichnen etwa die Geschichten von Medea, Helena und Phaidra auf drei Wänden eines Zimmers in einem pompejanischen Haus einen knappen Zyklus des Themas ‚Fatale Liebe'. Andere Zusammenhänge zeigen in drei unterschiedlichen Geschichten Gunst oder Bestrafung durch die Götter. Derjenige, der diese reichbebilderten Zimmer betrat, erkannte sicherlich nicht nur die einzelnen Themen, sondern auch den ‚roten Faden', der sie alle durchzog, hatte sich doch die Darstellung inhaltlich miteinander verbundener Themenkomplexe allgemein verbreitet. Der strenge Aufbau der einzelnen Abschnitte, Friese und Szenen auf der Umfassungsmauer der Ara Pacis läßt eine ähnliche Norm erwarten, hier allerdings vom Innenraum eines Zimmers auf eine Außenwand übertragen; um die Zusammenhänge zu begreifen, darf der Betrachter also nicht stehenbleiben, wie er es in einem Zimmer machen könnte, sondern er muß die gesamte Umfassung umschreiten. Um zu sehen und zu verstehen.

Die vier Reliefplatten seitlich der Türen (Kat. 227; Abb. 188. 189. 191), diese fast in sich abgeschlossenen und symmetrisch angeordneten einzelnen ‚Bilder' sind es vor allem, die dazu verleiten, den äußeren Dekor der Umfassung wie bei einem ausgemalten Zimmer als ein einheitliches Ganzes zu begreifen. Bei der Beschreibung des Bildprogramms soll zunächst die Reihe von Verbindungssträngen zwischen den einzelnen Reliefplatten herausgestrichen werden: Zwischen den Platten, die jeweils eine Tür flankieren, zwischen den jeweils östlich und westlich sich gegenüberliegenden, sowie zwischen den an entgegengesetzten Ecken diagonal zueinander stehenden. In dieser Reihenfolge verdichten sich zunehmend die verbindenden Elemente.

Naheliegend ist zunächst natürlich eine Gegenüberstellung der paarweise die Türen flankierenden Platten. Im Westen, beim Haupteingang, befinden sich Aeneas beim Opfer an die Penaten sowie die Wölfin, die die göttlichen Söhne des Mars säugt; die beiden Bilder umfassen die gesamte Vorgeschichte Roms, das erste die Ankunft der Trojaner in Latium, das zweite die Geburt des Stadtgründers Romulus. Ähnlich entsprechen sich auf der Ostseite zwei gleichartig matronale symbolische Gestalten, Terra und Roma. Jedes dieser Reliefpaare ist mit einem einzigen Blick zu erfassen, somit definieren sie eindeutig die zwei thematischen Ebenen der Ara Pacis: die historische und die symbolische.

Vergleichbare Verbindungen bestehen auch zwischen den im Osten und Westen sich gegenüberstehenden Reliefpaaren, die allerdings nicht auf einmal gesehen werden können. Die beiden nördlichen Bilder ziehen einen weiten Bogen um die ganze römische Geschichte, von den niederen Anfängen in der Höhle von Romulus und Remus bis zur Gegenwart, dargestellt in Form von Roma als Beherrscherin der feindlichen Waffen; gleichzeitig können die bewaffneten Gottheiten Mars im Westen und Roma im Osten als Ausdruck des kriegerischen Ethos der *virtus* gesehen werden, des Leitfadens römischer Geschichte und beinahe symbolische Destillation Hunderter vergangener und kommender Siege. Genauso verhalten sich die beiden südlich sich gegenüberstehenden Bilder von Aeneas im Westen und Terra im Osten zueinander: Ersterer ist der Begründer einer Religion, die in der Beständigkeit des Kultes das Band zwischen den Göttern und dem römischen Volk auf geschichtlicher Ebene bekräftigt; deshalb spendet die reiche Terra ihre Frucht. In solch einem Zusammenhang erklärt sich auch der Sinn der äußerst üppigen Akanthusranken auf dem unteren Fries als wohlgeordneter dekorativer Ausdruck der Fruchtbarkeit der Erde; eine noch deutlichere Verbindung dieser beiden Themen findet sich übrigens auf einer Statue aus Cumae (Abb. 193). Der *pietas* des Aeneas entspricht die Fruchtbarkeit, die *ubertas* der Terra: Es handelt sich um das Thema des *pius agricola*, des gottesfürchtigen Bauern, der Rückkehr zum einfachen Glück unter der Herrschaft des Saturn, eigentlich das Erbe eines Geschichtsbewußtseins, das durch eine ununterbrochene Serie von religiösen Handlungen und harter Feldarbeit geprägt ist. In der von Augustus neugeschaffenen Ordnung bedeutet das Thema dann aber eine gesicherte Zukunft.

Auch zwischen den an jeweils entgegengesetzten Ecken der Umfassung angebrachten Reliefs können deutliche Entsprechungen festgestellt werden. Den beiden puttohaften Knaben auf den mütterlichen Armen der Terra Mater an der Südostecke entspricht an der Nordwestecke das Bruderpaar Romulus und Remus, wie es von der Wölfin gesäugt wird; der *plebs Romana* wird hiermit dauernde Ernährung versprochen. Die personifizierten Gestalten von Senat und Volk von Rom, die einst Roma an der Nordostecke flankierten, werden auf der Südwestecke durch den bärtigen, reifen Mann Aeneas – analog dem Genius Senatus – und den jungen, bartlosen Iulus – analog dem Genius Populi – reflektiert; der Abstand zwischen den *patres*, den Senatoren, und dem Volk ist hier also auf die Ebene von Altersunterschieden übertragen und der grundlegenden, beständigen gesellschaftlichen Norm der Vater-Sohn-Beziehung angeglichen. Ebenso wie alle anderen hier dargelegten Verbindungen zwischen den ein-

Abb. 194 Neronische Münze mit Darstellung der Ara Pacis (n. Moretti, Ara Pacis)

Abb. 195 Domitianische Münze mit Darstellung der Ara Pacis (n. Moretti, Ara Pacis)

zelnen Reliefplatten könnte man diese symbolischen Bande mit Worten der augusteischen Dichter, etwa Vergils oder Horaz', beschreiben; um die Verbindungen rundherum zu begreifen, war es aber nötig, die Umfassung ganz zu umschreiten. Für das privilegierte Publikum, das die Ara Pacis am Tag ihrer *dedicatio*, dem 30. Januar 9 v. Chr. sah, war ein Verständnis des streng und präzis wiederholten Pflanzendekors sowie der vielfältigen Querverbindungen zwischen den einzelnen figürlich geschmückten Reliefplatten keine zufällige Begleiterscheinung, sondern ein Schlüssel zur Interpretation des Denkmals.

Doch ein solcher Rundgang um die Umfassungsmauer, den der zeitgenössische Betrachter schon aus Gewohnheit zum Verständnis des übergeordneten Sinngehalts aller vier Reliefbilder unternahm, war für ihn − genauso wie für den modernen Besucher − nicht möglich, ohne auf die zwei Reihen der Prozession mit ihren vielen Porträts von Zeitgenossen zu sehen. Eine ganz aktuelle Dimension der Darstellung, ja fast eine ‚Reportage' des kurzen Ereignisses eines einziges Tages tritt also zu den historischen und symbolischen Themen der anderen Seiten hinzu. Dieser Tag muß der 4. Juli 13 v. Chr. sein, als Augustus' Rückkehr nach Rom nach dreijähriger Abwesenheit durch eine ähnliche Prozession gefeiert wurde. Der *princeps*, seine Familie und sein Gefolge befinden sich allein durch die einfache, unausgesprochene Tatsache der räumlichen Nähe, die zum Vergleich geradezu herausfordert, im wahrsten Sinne des Wortes auf derselben Ebene, auf der Aeneas den Penaten opfert, Mars väterlich über Romulus und Remus wacht, Terra immerwährende Fruchtbarkeit verspricht und die bewaffnete Roma die Grenzen hütet. Auch mit seinem Gestus und dem verhüllten Haupt wiederholt Augustus den Typus des ganz in der Nähe befindlichen Aeneas, der jedoch nicht nur *pater* aller Römer war, sondern über seinen Sohn Iulus auch direkter Stammvater der *gens Iulia*, der Familie des Caesar und des Augustus. In der schriftlichen wie in der bildlichen Propaganda des Augustus wird der *princeps* häufig, mehr oder weniger deutlich, einmal mit Romulus und einmal mit Aeneas gleichgestellt; das älteste Ereignis aus der Geschichte Roms und der Ursprung der *gens Iulia* verflechten sich also so stark, bis sie zusammenfallen und natürlich beide im Namen und der Gestalt des Augustus kulminieren.

Die Anwesenheit des 12 v. Chr. gestorbenen Agrippa zeigt, daß das gesamte Bildprogramm unter Berücksichtigung der zum Zeitpunkt der *constitutio* gegebenen Anweisungen ausgeführt wurde. Auswahl der Themen und Entwurf der bildhaften Anspielungen müssen also die historische Situation des Jahres 13 v. Chr. widerspiegeln; wenn wir darin irgendeine Form von *pax* suchen wollen, müssen wir uns fragen, was für Augustus in jenem Jahr ‚Frieden' bedeutete. Bereits in den letzten Regierungsjahren Caesars ist *pax* ein Art Losung, ein politischer Slogan, der das Ende der Bürgerkriege rühmt; seine Verbreitung wird durch die Iden des März jäh unterbrochen, doch in der von Cassius Dio überlieferten Version der Leichenrede des Antonius auf Caesar wurde letzterer als «Friedensbringer» gefeiert. Im Jahre 36 v. Chr. greift der junge Octavian, der spätere Augustus, auf Caesar zurück, indem er ein auf «Frieden und Wohlstand» basierendes politisches Programm verkündet; doch erst nach dem Sieg über Anto-

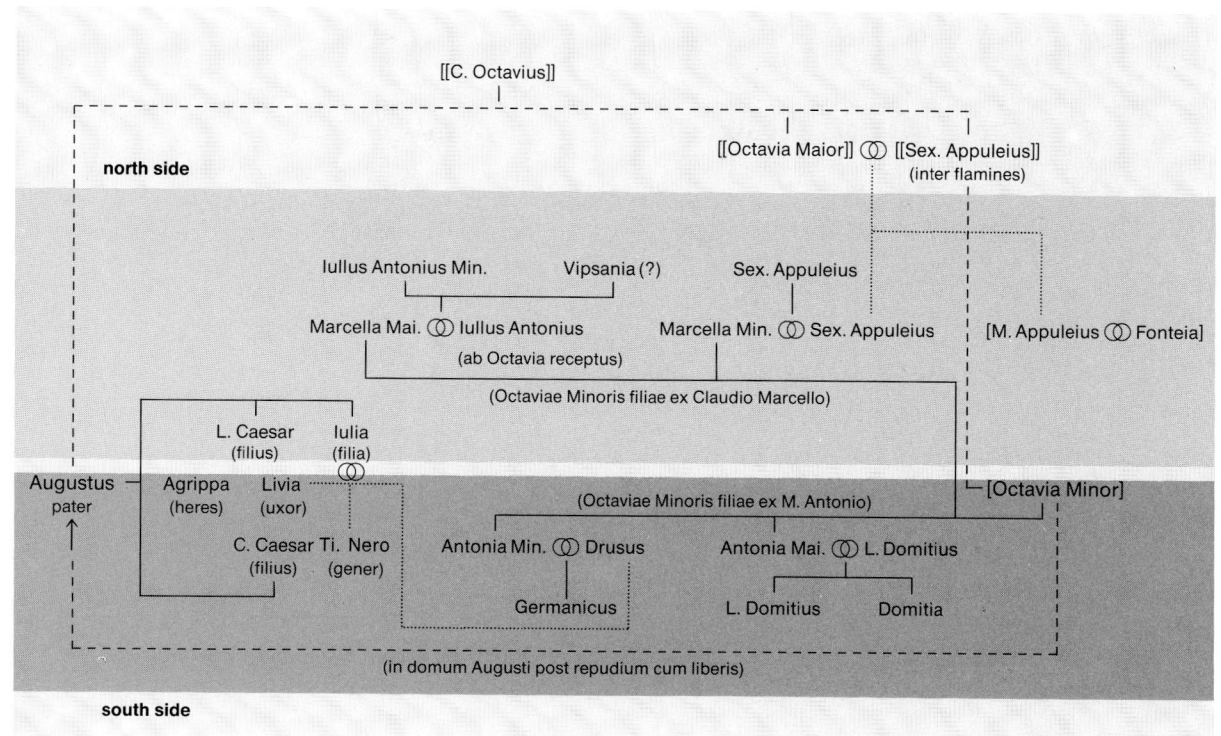

[[C. Octavius]]

north side

[[Octavia Maior]] ⓒ [[Sex. Appuleius]]
(inter flamines)

Iullus Antonius Min.   Vipsania (?)   Sex. Appuleius

Marcella Mai. ⓒ Iullus Antonius   Marcella Min. ⓒ Sex. Appuleius   [M. Appuleius ⓒ Fonteia]
(ab Octavia receptus)

(Octaviae Minoris filiae ex Claudio Marcello)

L. Caesar   Iulia
(filius)   (filia)

Augustus —   Agrippa   Livia   (Octaviae Minoris filiae ex M. Antonio)   └ [Octavia Minor]
pater   (heres)   (uxor)

C. Caesar Ti. Nero   Antonia Min. ⓒ Drusus   Antonia Mai. ⓒ L. Domitius
(filius)   (gener)

Germanicus   L. Domitius   Domitia

(in domum Augusti post repudium cum liberis)

south side

Abb. 196   Schema der Ikonographie der Prozessionsfriese (n. Torelli, Typology and Structure of Roman Historical Reliefs [1982] 49)

nius bei Actium 31 v. Chr. erscheint Pax auf seinen Münzen, und gleichzeitig auch in Vergils Georgica (2,425), worin sie in einer nunmehr kanonischen Form eng mit der Landwirtschaft und der Fruchtbarkeit der Erde in Verbindung gebracht wird. In den folgenden Jahren wird die ideologische Selbstdarstellung des augusteischen Friedens um ein weiteres Charakteristikum erweitert werden, nämlich die Sicherheit der Grenzen; sie wird über ein überall ausgeübtes militärisches Primat ohne Furcht vor Konkurrenten geschaffen. Es ist die Politik, die mit der verschlüsselten Formulierung beschrieben wird, «im ganzen römischen Herrschaftsgebiet» sei «ein durch Siege gefestigter Frieden erreicht» (Mon. Ancyr. 13); sie bringt Festigung der inneren Organisation und Sicherheit der Grenzen, bedeutet gleichzeitig aber auch Verzicht auf eine unbegrenzte Vergrößerung des Römischen Reiches, auf die *cupido proferendi imperii*.

Eine eindeutige Darlegung dieser politischen Linie findet sich in einem Brief des Augustus vom Jahre 20 v. Chr., den der *princeps* im Zuge eines großen diplomatischen Erfolges an den Senat von Rom geschrieben hatte: Die Parther hatten kurz davor ohne Kampfhandlungen dem Augustus die Rückgabe der Feldzeichen zugebilligt, die sie in den letzten 30 Jahren drei römischen Heeren entwendet hatten (Dio Cass. 54,9,1). Im folgenden Jahr kehrte Augustus nach den drei Jahren, die er zur Ordnung der Verhältnisse im Orient gebraucht hatte, nach Rom zurück; so müssen also die Ereignisse der Jahre 19 und 13 v. Chr. parallel gesehen werden: Der Rückkehr im Jahre 13 waren ebenso drei Jahre der Abwesenheit, diesmal im Westen, vorangegangen.

19 v. Chr. beschließt der Senat für Augustus einen feierlichen Empfang, den dieser jedoch strikt ablehnt und statt dessen heimlich nachts die Stadt betritt; erst am Morgen des nächsten Tages, dem 12. Oktober, nimmt er den Beschluß an, einen Altar der Fortuna Redux weihen zu lassen. Der Name der Gottheit feiert die Erfolge der Orientreise, ihr Beiname die Rückkehr des Augustus nach Rom. 13 v. Chr. beklagt Horaz (carm. 4,5) die allzulange Abwesenheit des *princeps* von Rom und erklärt im Namen des römischen Volkes die Erwartung seiner baldigen Rückkehr. Doch es wiederholt sich das gleiche Szenarium wie im Jahre 19: Der Senat

beschließt außerordentliche Ehrungen anläßlich der Rückkehr, *pro reditu*, darunter sogar einen Altar in der Kurie, doch Augustus lehnt alles ab und betritt Rom wiederum nächtlich (Dio Cass. 54,25). Am darauffolgenden Tag, dem 4. Juli, wird trotzdem eine Feier zur Rückkehr abgehalten, und ein Altar wird nicht in der Kurie geweiht, sondern − gewiß auf Augustus' persönlichen Wunsch − auf dem Marsfeld: es ist die Ara Pacis. So, wie sich die beiden Reisen in den Osten und den Westen des Reiches und die dort jeweils unternommenen ‚Befriedungs'-Maßnahmen entsprechen, so entsprechen sich auch das Hin und Her und die Rituale der Rückkehr. Der Ara Fortunae Reducis des Jahres 19 steht eine weitere Ara im Jahre 13 gegenüber, und auch diese wurde *pro reditu* errichtet (Mon. Ancyr. 12); sie ist mittlerweile aber der Pax Augusta geweiht, wie zur endgültigen Besiegelung eines sich als abgeschlossen präsentierenden politischen Werkes.

Doch der Preis des Friedens hält sich nach wie vor im Gleichgewicht mit dem Andenken an Kriegserfolge: In den Jahren 15−13 läßt Augustus in der Prägestelle von Lyon Münzen zur Erinnerung an mittlerweile weit zurückliegende Siege prägen, so an den über Brutus und Cassius bei Philippi 42 v. Chr., über Sex. Pompeius bei Naulochos 36 v. Chr. und über Antonius bei Actium 31 v. Chr.; auch der schon besprochene Obelisk des Solariums erinnert nochmals mit einer stolzen Inschrift öffentlich an den größten Sieg des Augustus, die Eroberung Ägyptens. Ebenso fällt eine Besonderheit auf, die der ‚Rückkehr' des Augustus am 4. Juli 13 eher den Charakter der Feier eines militärischen Erfolges verleiht: Der *princeps* begibt sich aufs Kapitol, um dort den Lorbeer aus seinen *fasces* niederzulegen, wie er es nach jedem siegreichen Krieg zu tun gewohnt war (Mon. Ancyr. 4). Diese feierliche Handlung, die Aufstellung der Ara sowie die Prozession des ersten Opfers *pro reditu* weisen die Festlichkeiten dieses Tages als eine Art verdeckten Triumphes aus; man erinnere sich daran, daß sich Augustus im Jahre 25 v. Chr. zum ersten Mal entschlossen hatte, die ihm von Senat angebotenen Triumphe im eigentlichen Sinne abzulehnen, und diesem Entschluß in den folgenden Jahren treu geblieben war. «Er war schon so groß, daß ihn auch ein Triumph nicht weiter erhöhen konnte» (Flor. 2,34), oder vielmehr, «wenn es nun keine Feinde mehr gibt, gibt es auch keinen Grund, Triumphe zu feiern, für die Feldherren wirst Du, Pax, einen größeren Ruhm bedeuten als jeder Krieg». Mit diesen Worten gedenkt Ovid (fast. 1,713 ff.) eben der Feierlichkeiten an der Ara Pacis: Eine Interpretation aus erster Hand also, die die Umwandlung eines möglichen Triumphes in eine ostentativ gegenstandslose Rückkehr als bewußtes Understatement des Augustus erkennt; die Verlagerung des vom Senat beschlossenen Altars von der Kurie aufs Marsfeld fügt sich in dieses Bild gut ein.

Der Mann, der sich des römischen Staates bemächtigte, indem er ihn tiefgreifend erneuerte, der die republikanischen Magistraturen nur scheinbar wiederherstellte und nur widerwillig Ämter auf sich vereinte, dieser Mann verdeckte jegliche Neuerung stets unter dem strengen Gewande der *antiqui mores*; sein größtes Streben scheint darin bestanden zu haben, sich Ehren antragen zu lassen, um sie in viel größerer Anzahl abzulehnen als anzunehmen. Mit Formulierungen wie «ich habe unterlassen», «ich habe nicht angenommen», «ich habe abgelehnt» beschreiben die *res gestae* eine ganze Reihe von nicht wahrgenommenen Gelegenheiten, die für Augustus' Stellung und die Annahme von Titeln offensichtlich als Vorbereitung und Stütze notwendig waren. Das Amt des Pontifex maximus nimmt Augustus im Jahre 12 v. Chr. nur deshalb an, weil «eine in Rom nie zuvor gesehene Menge an Leuten aus ganz Italien zusammengeströmt war», ihn darum zu bitten (Mon. Ancyr. 20); außerdem rühmt er sich, auf die von ihm restaurierten oder von Grund auf wiederaufgebauten alten Gebäude nie seinen Namen gesetzt zu haben, seien die Ausgaben auch noch so hoch gewesen (Mon. Ancyr. 20). Die Ablehnung von Ehrerweisungen, die Abschwächungen oder Ablenkungen in der Rede werden für ihn zu Machtmitteln. Er kann es sich erlauben, seinen Namen auf den erneuerten Tempeln und Theatern wegzulassen, weiß doch ohnehin jeder, daß die Initiative auf ihn zurückgeht. Einer seiner sehr viel späteren Nachfolger, Julian Apostata, wird ihn auf Grund dieser Eigenart des ‚Sagens und Nichtsagens' als «Chamäleon» bezeichnen.

Abb. 197   Terrakottarelief, Faustulus im Lupercal
(n. v. Rohden-Winnefeld, Architektonische römische Tonreliefs der
Kaiserzeit [1911] Taf. 127,1)

Abb. 198   Ara Pacis: Detail von Nordfries, Paris, Mus. du Louvre

Auch die Prozession auf der Nord- und Südseite der Umfassung der Ara kann in diesem Kontext und in diesem Sinne verstanden werden: Der dargestellte Zug fand weder anläßlich der *constitutio* statt, wo ein solcher gar nicht nötig war, noch am Tag der *dedicatio*, da zu diesem Zeitpunkt der im Bild erscheinende Agrippa schon gestorben war, sondern vielmehr gelegentlich der Rückkehr des Augustus, und zwar in der zeremoniellen Form des 4. Juli 13 v. Chr. Es scheint hier die Niederlegung des Lorbeers für einen verdienten, aber nicht gefeierten Triumph in Marmor festgehalten worden zu sein; tatsächlich hielten − und halten teilweise immer noch − viele Figuren des Frieses, vielleicht ehemals auch Augustus, einen Lorbeerzweig in der Hand (Abb. 198).

In seiner Horaz-Vita berichtet Sueton, daß das Lied des Jahres 13, das nostalgisch die Erwartung der Rückkehr des Augustus besingt, in Wahrheit auf Augustus' eigene Anordnung geschrieben wurde; ebenso hatte Augustus vier Jahre zuvor Horaz den Auftrag für das *carmen saeculare* erteilt. Mit den Worten «er bürdete auf», «er zwang», die Sueton in Zusammenhang mit dem Horaz-Lied nennt, könnte man den Auftrag für die Ara Pacis beschreiben, erkennen wir doch in diesen Reliefs, ebenso wie in den Versen des Horaz, nicht die Preisung des Friedens, sondern der *pax Augusta*, des Friedens des Augustus. Das immerwährende Wirken der Göttin wird durch die Rückkehr, die unmittelbare Gegenwart des *princeps* garantiert; insofern stellt das alljährliche Fest am 4. Juli schon eine gewisse Friedensidee dar, doch nur über die Erinnerung an die Rückkehr des Augustus als «immer präsenter Schutz Italiens und der Herrin Rom» (Hor. carm. 4,14,43 f.). Im vierten Buch der Oden, das Horaz auf Anordnung des Augustus in eben jenem Jahr 13 v. Chr. herausgab, findet man daher mühelos ähnliche und gleiche Themen wie auf der Ara Pacis; speziell im letzten Lied der Sammlung (15) wird der allumfassende Friede besungen, die Macht des Reiches, die Dakern, Geten und Persern Respekt einflößt und sie jenseits der Grenzen hält, sowie die Schließung der Pforten des Ianustempels auf immer, wie es wohl gemeint zu sein scheint. Augustus wird hier als Hüter aller Dinge bezeichnet, als seines gilt das Zeitalter, das von neuem fruchtbare Felder und ausgiebige Ernten gebracht hat. Die Römer werden also aufgefordert, «Troja, Anchises und das ehrwürdige Geschlecht der Venus» zu feiern, kurz: Aeneas und Augustus.

Insofern kann man gut verstehen, warum auf der Ara Pacis die Pax nirgendwo und in keiner Weise direkt dargestellt ist, ja im Gegenteil − unter äußerst scharfsinnigem und gezieltem Gebrauch jenes rhetorischen Kunstgriffes der Aposiopese oder *reticentia* − absichtlich verschwiegen wird. Es wäre natürlich möglich gewesen, eine personifizierte Pax darzustellen, etwa nach dem Muster der griechischen Eirene; doch der Frieden auf der Ara Pacis Augustae ist anderer Natur, keine an Attributen noch so reiche Personifikation könnte ihm ganz gerecht

Kat. 226

Kat. 226

Kat. 227

werden; trotzdem ragt er lebhaft und aktuell aus dem bewußt zusammengestellten Bildprogramm heraus, nicht so sehr als Gottheit, sondern vielmehr als politisches Programm, das über Geschichte, Symbole und Gegenwart dem Volk von Rom vorgestellt wird. Nach Momigliano «folgen diese heiteren Menschen fromm einem Abschnitt im Rahmen einer gegenwärtigen, weil göttlichen Vergangenheit, und einer gesicherten und daher schon gegenwärtigen Zukunft». All dies ist weder auf der Ara Pacis noch anderswo explizit ausgesprochen, weil Dingen, die ausgesprochen sind, leicht auch widersprochen werden kann. Daher ist die gesamte bildliche Erzählung auf der Umfassungsmauer auf Verflechtungen aufgebaut, sie setzt voraus, daß der zeitgenössische Betrachter schon beim Herantreten den Zweck dieses Denkmals kennt, daß es nämlich ein Friedensaltar ist, ein Altar der Pax Augusta, anläßlich der Rückkehr des Augustus aufgestellt. Diese Voraussetzungen rufen beim Betrachter Erwartungen hervor, die die Interpretation der Reliefs prädeterminieren. Jedermann soll in diesen Figuren, im kompakten Gefüge ihrer Zusammenstellung, vielleicht sogar in der Symmetrie und der Üppigkeit der Akanthusranken, den Frieden sehen.

Auf der Ara Pacis ist Pax nicht existent, wenn wir sie als Gottheit nach gängigen olympischen Mustern, als Personifikation einer abstrakten Idee suchen. Doch gerade diese Abwesenheit der Göttin lenkt die Aufmerksamkeit auf Augustus; mehr noch als der Name der Gottheit, Pax, wird hier das Epitheton Augusta gepriesen, mit anderen Worten die Person des *princeps*. Sein nächtliches, heimliches Betreten der Stadt und die Ablehnung der Ehrerweisung eines triumphalen Einzugs verschleiern die Feierlichkeiten der Rückkehr und bereiten sie gleichzeitig vor; sie schlossen übrigens, was uns nur in zwei Inschriften, jedoch nicht in den Quellen überliefert ist, auch Spiele ein, die die Konsuln organisierten; die Rückkehr wiederum wird auch verdeckt, sie wird nicht als solche bildlich dargestellt und gewürdigt, sondern in Form einer Opferprozession an den personifizierten Frieden, an die Pax Augusta; da sie nicht in einem persönlichen Abbild gezeigt wird, sondern durch eine zurückhaltende Reihe von Gesten, Blikken und Figuren, weist sie insofern wieder auf die Gestalt des *princeps*. Die Absicht des Auftraggebers ist es, den Betrachter in seiner Erwartungshaltung zu bestätigen: Die Rückkehr des Augustus garantiert tatsächlich den Frieden, kein anderer Friede ist möglich und verehrungswürdig, wenn nicht die Pax Augusta.

Literatur: 1. Die beste Darstellung des augusteischen Zeitalters und des Zusammenhanges zwischen der Herrschaftsideologie und dem Gebrauch der Bilder vermittelt das kürzlich erschienene Buch von P. Zanker, Augustus und die Macht der Bilder (1987). Die grundlegende Publikation der Ara Pacis ist natürlich nach wie vor G. Moretti, Ara Pacis Augustae (1948); die von Moretti nicht wiedereingefügten Fragmente sind besprochen bei H. Kähler, JdI 69, 1954, 72 ff. und bei R. De Angelis Bertolotti, RM 92, 1985, 221 ff. Aus der Fülle der zum Thema erschienen Literatur, die hier natürlich nicht vollständig aufgeführt werden kann, seien als herausragende neuere Beiträge genannt: E. Simon, Ara Pacis Augustae (1967). − Helbig[4] II Nr. 671 ff. − A. H. Borbein, JdI 90, 1975, 242 ff. − M. Torelli, Typology and Structure of Roman Historical Reliefs (1982) 27 ff. − E. La Rocca u. a., Ara Pacis Augustae. In occasione del restauro della fronte orientale (1983); außerdem die ausgezeichnete Zusammenfassung in RE 18, 2 (1942) 2082 s. v. Pacis Ara Augustae (H. Riemann) − S. Silberberry-Peirce, Art History 9, 1986, 306 ff. Die verschiedenen Ansichten über den Anlaß der Festprozession auf der Außenseite der Umfassung finden sich v. a. bei E. Welin, in: Festschr. M. P. Nilsson (1939) 500 ff., der den Tag der *constitutio* vorzieht; G. Wissowa, Hermes 39, 1904, 156 ff. hingegen bevorzugt die entgegengesetzte Theorie, den Tag der *dedicatio*, wie auch viele andere Forscher, v. a. K. Hanell, der jedoch nach Erscheinen des Aufsatzes von Welin seine Meinung geändert hat: K. Hanell, OpRom 2, 1960, 31 ff. Eine dritte Theorie, die von einer vollkommen fiktiven Prozession ausgeht und keinen Bezug zu irgendeinem tatsächlichen Ereignis sieht, ist kürzlich − nach älteren Vorschlägen von E. Loewy (1926) und J. Sieveking (1937) − von M. Torelli, a. O. vertreten worden. Die Theorie der *constitutio* wurde insbesondere durch J. Pollini, Studies in Augustan 'Historical' Reliefs (1978) 95 ff. wiederaufgegriffen. Mit unterschiedlicher Akzentuierung haben L. Polacco, Atti Venezia 119, 1960/61, 605 ff. sowie E. Simon a. O. auf dem 4. Juli 13 v. Chr. nicht als Tag der *constitutio*, sondern der Rückkehr des Augustus bestanden, womit sie der wahrscheinlich richtigen Interpretation den Weg gewiesen haben und die Prozession als *supplicatio*, als Dankfest charakterisierten. Der Zusammenhang zwischen Ara Pacis und Solarium ist durch E. Buchner, RM 83, 1976, 319 ff. aufgezeigt worden; seine kurz danach unternommene Grabung hat hervorragende Ergebnisse erbracht, die seine Hypothesen bewahrheiteten; dazu ders., RM 87, 1980, 355 ff. Zur Frömmigkeit des Augustus und zu seinem Horoskop: G. Radke in: Festschr. H. E. Stier (1972) 257 ff.; allgemein dazu: A. Momigliano, ClPh 79, 1984, 199 ff. Eine Aufstellung der Münzen Neros und Domitians mit Darstellungen der Ara Pacis findet sich bei Kubitschek, ÖJh 5, 1902, 153 ff.; G. Moretti griff bei seiner Rekonstruktion auf diese Münzen zurück, die später noch öfter untersucht und abgebildet wurden. 2. Zur Topographie des Marsfeldes wie zum Aufstellungsort der Ara: F. Coarelli, Roma (1981) 266 ff. 304 ff. − Zur Erdaufschüttung im 2. Jh. n. Chr.: Moretti, a. O. 198 ff. − Die Ara Pacis war offenbar um das Jahr 145 n. Chr. noch sichtbar, als eine Gemme mit einem Opfer des Aeneas an die Penaten geprägt wurde, das motivisch ganz sicher auf das entsprechende Reliefbild der Ara zurückgeht. Dazu Gnecchi, Medaglioni Romani II (1912) Taf. 66 Nr. 6. Die Tatsache, daß das Monument in späterer Zeit wohl nicht mehr so gut sichtbar war und an Bedeutung verloren hatte, kann indirekt aus einer Stelle bei Dio Cassius erschlossen werden, wo ausführlich die Ereignisse beschrieben werden, die zur Aufstellung der Ara führten, sie selbst jedoch nicht erwähnt wird (Dio Cass. 54,25, 1 ff.). Zur Geschichte des Palazzo Fiano: A. Reumont, ArchStorPatria 7, 1884, 549 ff. − C. D'Onofrio, Via del Corso (1961) 162 ff. − M. Vickers, GettyMusJ 2, 1974, 109 ff. mit Ausführungen zu den Stichen Agostino Venezianos. Auszüge aus der Korrespondenz des Kardinal Ricci finden sich bei Dütschke, Antike Bildwerke in Oberitalien 3 (1878) 9 ff. − Das Schicksal der im Palazzo Fiano verbliebenen Stücke ist gut zusammengefaßt bei E. Michon, MonPiot 17,2 (1910) 157 ff. − Keine Klarheit herrscht über den Verbleib einer Platte, die M. Severoli, Dissertazioni dell'Accademia di Cortona 1,11 (1735) 114 als «zu unserer Zeit entdeckt» bezeichnet. − Die reichste Aufstellung der Zeichnungen und Stiche findet sich bei G. Monaco, Bollettino dell'Istituto Nazionale di Archeologia e Storia dell'Arte 6, 1933, 64 ff., die jedoch auf der Grundlage der oben erwähnten Arbeit Michons noch zu vervollständigen wäre. Zu den Stichen Capitellis: Bernardino Capitelli (1589−1639), Ausstellungskatalog Siena 1985, 84 ff.; zu den Gemälden B. Wests: G. Evans, Benjamin West and the Taste of his Times (1959) 5 ff. Zur Überführung der mediceischen Reliefs von Rom nach Florenz: Documenti inediti per servire alla storia dei Musei d'Italia 4 (1880) 77. − Zu den Ergänzungen Carradoris C. v. Duhn, Annali dell'Istituto di Corrispondenza Archeologica (1881) 330 ff. − Zur Rückführung der Reliefs aus den Uffizien nach Rom: A. Natali in: Galleria degli Uffizi. Inaugurazione della sala archeologica e delle sale del Sei e Settecento (1982) 21 ff. − Zu den alten und neuen Restaurierungen: V. Ruesch − B. Zanardi in: E. La Rocca u. a., a. O. 61 ff. Die einzelnen Etappen der Wiedergewinnung und des Wiederaufbaus der Ara Pacis sind gut bei Moretti, a. O. zusammengefaßt; es gab auch einen Versuch, die Identifizierung als Ara Pacis entschieden in Frage zu stellen: S. Weinstock, JRS 50, 1960, 44 ff., doch das Ergebnis ist mit Sicherheit abzulehnen; trotzdem bleibt der Aufsatz auf Grund der gut vorgestellten

Geschichte des Kultes und der Darstellungsformen der Pax sowie ihrer politischen Bedeutung lesenswert. Für den letztgenannten Aspekt sind die drei wichtigsten Arbeiten A. Momigliano, Quinto Contributo alla storia degli studi classici e del mondo antico 2, Storia e Letteratura (1975) 847 ff., Weinstock a. O. und Welin a. O., worin die Ereignisse der Jahre 19 und 13 v. Chr. gegenübergestellt werden. 3. Zur möglichen Bedeutung des florealen Frieses: H. P. L'Orange, Acta Instituti Romani Regni Norvegiae 1, 1962, 7 ff. − Vorschlag der Ableitung aus pergamenischer Tradition: T. Krauss, Die Ranken der Ara Pacis. Ein Beitrag zur Entwicklungsgeschichte der augusteischen Ornamentik (1953). − Neuattische Schulung der Bildhauer an der Ara Pacis: Borbein a. O. sowie C. Börker, JdI 88, 1973, 83 ff. mit den nötigen Hinweisen. Der Interpretationsvorschlag von G. Sauron, CRAI 1982, 81 ff. geht sicherlich zu weit, der Bezug zwischen florealem Fries und den Figuren im oberen Fries wurde durch H. Büsing, AA 1977, 247 ff. aufgezeigt. Die verschiedenen Interpretationen der hier als Terra Mater gedeuteten Figur sind zusammengestellt bei E. Simon a. O.; die von G. K. Galinski, AJA 70, 1966, 233 ff. vorgeschlagene «polysemantische» Deutung liegt der Interpretation Torellis a. O. 39 ff. zugrunde, in der Gestalt doch eher Pax zu erkennen. Der Bezug zwischen dieser Reliefplatte der Ara und dem entsprechenden Karthager Relief ist gut dargestellt bei T. Hölscher, Staatsdenkmal und Publikum (1984) 31. Die Argumente gegen eine Identifizierung der Gestalt als Italia sind zusammengefaßt bei Momigliano a. O. − Zur Statue aus Cumae: E. Bertoldi, BdA 1973, 40 ff. − Das Campana-Relief mit Aeneas, Iulus und der Bache von Lavinium ist der Zusammenstellung der Darstellungen mit dieser Thematik im LIMC I (1981) 391 (F. Canciani) noch hinzuzufügen. Die Literatur zur Identifizierung der verschiedenen Personen auf Nord- und Südfries ist besonders zahlreich, Zusammenstellungen finden sich bei Simon, a. O., Pollini, a. O., Torelli, a. O. und La Rocca u. a., a. O.; die hier vorgelegte Interpretation folgt prinzipiell dem Vorschlag Torellis. Die im vorliegenden Text summarisch vorgetragene allgemeine Deutung der Ara Pacis werde ich in ausführlicherer Form bald in einem Aufsatz in den Römischen Mitteilungen vorstellen.

Aus dem Italienischen von M. Maischberger

226 Modell der Ara Pacis
Rom, Museo della Civiltà Romana
Gips auf Holz
0,62 m×0,76 m
Literatur: A. M. Colini, Museo della Civiltà Romana, Catalogo (1958) 60 Nr. 12.

227 Gipsabgüsse von der Ostseite der Ara Pacis: Relief mit Terra Mater und Personifikationen von Himmel und Meer und Rankenplatte
Terra Mater: Kopenhagen, Statens Museum for Kunst, Königliche Abgußsammlung
H 1,62 m, B 2,40 m

Kat. 227

Rankenplatte: Berlin, Gipsformerei, SMPK
H 1,83 m, B 1,18 m
Literatur: Zanker, Augustus 177 ff. Abb. 136. − Simon, Augustus 29 ff. Abb. 36−39.

228 Relief mit Terra Mater und Meer- und Luftgottheit
Paris, Louvre, Ma 1838
Aus Karthago
Relief oberhalb der Figuren gebrochen, einschließlich des Kopfes der Luftgottheit; li. Hand und Gesicht der Meergottheit gebrochen
Marmor
H 0,79 m, B 1,11 m
Literatur: Zanker, Augustus 310 f. Abb. 246.

229 Ausschnitt vom Südfries der Ara Pacis, Ostende: Mitglieder des Kaiserhauses
(Gipsabguß)
Berlin, Gipsformerei, SMPK
H 1,62 m, B 1,95 m
Literatur: Zanker, Augustus 164 f. Abb. 124. − Simon, Augustus, 36 ff. 74 f.

Kat. 228

Kat. 230 a

Kat. 230 b

Kat. 230 c

Kat. 230 d. e

230 Fragmente von den Friesen der Ara Pacis

Rom, Museo Nazionale Romano

a) H 0,08 m b) H 0,18 m c) H 0,12 m d) H 0,375 m
e) H 0,11 m

Es handelt sich um Fragmente des ‚großen‘ Prozessions-
(a. b) und des ‚kleinen‘ Opferfrieses (c–e), deren genaue Position nicht bestimmt werden konnte und die daher bei der Rekonstruktion in situ keine Verwendung
fanden. Dennoch können sie einen guten Eindruck von
der guten, jedoch etwas trockenen und sehr klassizistischen Marmorarbeit der mittelaugusteischen Zeit geben. Typisch für die Ara Pacis sind die stehengebliebe-
nen Raspelspuren auf der Oberfläche; ob es sich hier
um ein bewußt angewandtes Stilmittel oder um eine
Vernachlässigung der letzten Oberflächenbearbeitung
handelt, ist nicht zu entscheiden.
Literatur: R. De Angelis Bertolotti, RM 92, 1985,
227 ff. Taf. 93,2. 94,1. 95,1. 3.

231 Terrakottarelief: Aura auf Schwan

Rom, Musei Capitolini, Inv. 3294
Diese ‚Campana‘-Platte, von der noch ein weiteres, aus

derselben Matrize stammendes Exemplar vorhanden
ist, sei hier nur als ikonographischer Vergleich für die
entsprechende Personifikation von Kat. 227 angeführt.
Es ist eines der vielen Beispiele dafür, wie die Typen der
politischen Hofkunst in der dekorativen Sphäre der
Tempel- oder Wohnhausdekoration absorbiert werden.
Literatur: Moretti, Ara Pacis Augustae (1948) Abb.
175.

Kat. 231

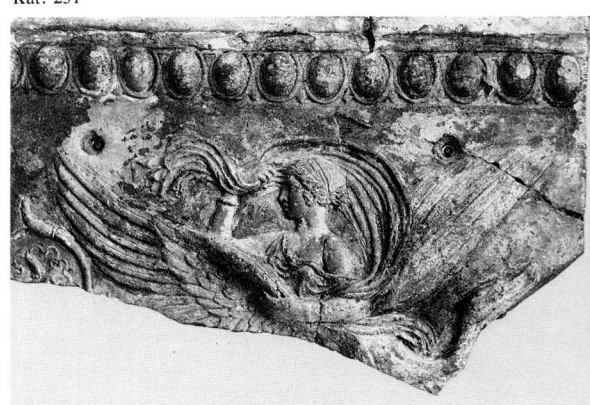

Thomas Schäfer

Sella curulis und fasces als Paradigma

Die zunehmend engeren Verbindungen Roms mit der hellenistischen Welt fanden nicht nur in der Rezeption griechischer Kunstwerke und griechischen Geschmacks ihren deutlichen Niederschlag, sondern schufen auch die Voraussetzung für ein neues Verhältnis des einzelnen zur Gesellschaft. So treten in Rom seit dem 2. Jh. v. Chr. in verstärktem Maße Einzelpersönlichkeiten mit mehr oder weniger klar artikulierten hellenistischen Attitüden hervor, die de facto den Rahmen des republikanisch-oligarchischen Staatswesens mit seinen Grundpfeilern von Annuität und Kollegialität sprengen mußten.

Im Kampf um die jährlich neu zu besetzenden höheren und höchsten Staatsämter nahm auch in der späten Republik die Selbstdarstellung der Politiker eine Schlüsselrolle ein. Wahlreden und Wahlversprechen auf der einen Seite wurden durch Monumente und Stiftungen verschiedenster Art ergänzt, vor allem aber auch die Münzprägung als wirksames Propagandamittel eingesetzt. In der Tat waren die in ihrer Gestaltung weithin von den Münzbeamten bestimmten und daher ständig wechselnden Münzbilder für diesen Zweck von besonderer Effizienz: dies liegt nicht nur an ihrer weiten Verbreitung in allen Bevölkerungsschichten, sondern auch an der ihnen immanenten Notwendigkeit, politische Begriffe und Vorstellungen kurz und prägnant formulieren zu müssen. Die politischen Freunde oder Verwandten eines Amtsbewerbers, die entsprechende Funktionen als Münzmeister innehatten, konnten hiermit etwa auf die Verdienste des Kandidaten oder seiner Vorfahren hinweisen, die ihn für das angestrebte Amt empfahlen.

Nach dem Wertesystem der Oberschicht in der römischen Republik konkretisierten sich Ansehen und Ruhm eines Mannes und seiner Familie in der Regel in seinen curulischen Ämtern. Die unmittelbaren äußeren Abzeichen dieser Magistraturen waren der Amtsstuhl, die ganz oder teilweise aus Elfenbein gefertigte *sella curulis*, auf der der Beamte Platz nahm, sobald er in offizieller Funktion agierte, sowie die ihm von Lictoren vorangetragenen *fasces*, deren Zahl den Rang des jeweiligen Amtsträgers anzeigte. So war es nur eine geringe gedankliche Abstraktion, die für die persönlichen Ambitionen entscheidende Aussage weniger durch die Abbildung der Person selbst, als vielmehr durch die unmittelbare Darstellung von *sella curulis* und *fasces* zu formulieren. Für den sich auch sonst in der Münzprägung spiegelnden, zunehmend schlagwortartigen Charakter der politischen Auseinandersetzung waren *sella curulis* und *fasces* als prägnante Bildmotive geradezu prädestiniert. Es kann also nicht verwundern, wenn diese *imperii insignia* (Liv. 2,7,7) in der Familien- und Parteipolitik der späten Republik eine wichtige Rolle spielten und in der verbal und visuell geführten Tagespolitik immer wieder auftauchen. Im Zentrum stehen dabei natürlich die führenden Männer des 1. Jhs. v. Chr., Sulla, Pompeius und Caesar.

Wie differenziert und kompliziert die Münzprägung in Einzelfällen aussehen konnte, zeigt am besten ein Beispiel aus den Jahren 54–53 v. Chr. im Zusammenhang mit den Konsulatsbestrebungen des Pompeius. Nach seinem zweiten Konsulat 55 v. Chr. erstrebte Pompeius Magnus unter heftigem Widerstand der Senatspartei bereits für das Jahr 53 eine erneute Bekleidung dieses Amtes, wahrscheinlich sogar der Diktatur. Einer der ergebensten Parteigänger des Pompeius war dabei Q. Pompeius Rufus, der den vom Senat favorisierten M. Valerius Messala im Herbst 54 unter dem Vorwurf der Bestechung vor Gericht brachte, um ihn als Gegenkandidaten auszuschalten. Im gleichen Jahr gab er zwei äußerst ungewöhnliche Prägungen heraus (Abb. 199), bei denen die Vorderseiten- sowie die Rückseitenbilder zweier Denare jeweils auf einer Münze kombiniert waren. Vordergründig gesehen feierte Rufus damit seine beiden Großväter Sulla und Q. Pompeius Rufus, die im Jahre 88 v. Chr. gemeinsam den Konsulat bekleidet hatten. Auf dem Vorderseitentyp sind die Porträts der Vorfahren gekoppelt,

Abb. 199   Denare des Q. Pompeius Rufus, Porträtköpfe und *sellae curules* (n. Crawford Nr. 434/1.2)

auf dem Rückseitentyp ihre Amtsinsignien wiedergegeben, wobei sich − durch die Beischrift deutlich − die *sellae curules* auf deren Konsulat beziehen. Wenn Rufus eine Generation später die Zeiten des Sulla als beispielhaft zitierte, ergab sich damit auch implizit eine Empfehlung für Pompeius Magnus, der als junger Mann gerade von Sulla in vieler Hinsicht gefördert und begünstigt worden war: hatte er doch Pompeius zur endgültigen Vernichtung seiner Feinde nach Spanien und Afrika geschickt und ihm außerdem seine Stieftochter zur Frau gegeben. Rufus propagierte also eine Fortsetzung, mindestens aber ein ideelles Anknüpfen an sullanische Politik durch Pompeius Magnus, wie dies in der Tat dem politischen Vermächtnis des Sulla entsprochen haben mag. Als die Senatspartei sich dennoch gegenüber Pompeius durchsetzen konnte und ihr Kandidat Messala mit halbjähriger Verspätung doch noch zum Konsul für das Jahr 53 gewählt wurde, blieb die Reaktion nicht aus: es ist charakteristisch, daß sie auf der gleichen Ebene formuliert wurde, die Rufus mit seinen Münzbildern vorgegeben hatte. Der gleichnamige Sohn des Messala gab noch im selben Jahr auf speziellen Senatsbeschluß eine Sonderprägung heraus, auf der deutlich gegen die gegnerische Darstellung der *sellae curules* und den sich dahinter verbergenden Anspruch propompeianischer Propaganda polemisiert wurde (Abb. 200). Schon die Büste auf der Vorderseite steht mit ihrem betont traditionellen und konservativen Charakter in deutlichem Gegensatz zu der ehrgeizigen Darstellung der Porträts des Sulla und des Q. Pompeius Rufus auf den Münzen des jüngeren Rufus. Das Rückseitenbild schlägt allerdings noch sehr viel schärfere Töne an: die *sella curulis*, die durch die Beischrift PATRE CO(n)S(ule) auf den Konsulat des Messala anspielt, steht triumphierend auf Szepter und Diadem und tritt damit den vergeblichen Alleinherrschaftsanspruch des Pompeius Magnus buchstäblich mit Füßen. Der Münzmeister hätte kaum deutlicher zum Ausdruck bringen können, daß sein Vater ein würdiger Vertreter der Senatspolitik war. Diese in ihrer politischen Symbolik eindeutig zu verstehende Prägung des Messala kann damit gleichsam als Gegenprobe zu unserer Interpretation der Münzen des jüngeren Q. Pompeius Rufus als Propaganda für Pompeius gelten.

War die *sella curulis* innerhalb der Selbstdarstellung wie in den Machtkämpfen der späten Republik bislang ausschließlich in ihrer Funktion als Amtsinsignie in Erscheinung getreten, so erreichte sie im Jahre 44 v. Chr. ein Bedeutungsniveau, das für Rom in jeder Hinsicht revolutionär war. Noch zu Lebzeiten wurde Caesar vom Senat das Recht eingeräumt, anstelle der normalen *sella curulis* ständig eine goldene *sella* zu benutzen. Kurz darauf folgte im Zusammenhang mit anderen göttlichen Ehren ein Beschluß, wonach die goldene *sella* Caesars bei der feierlichen *pompa circensis* mitgeführt und bei allen öffentlichen Spielen aufgestellt werden sollte (Dio Cass. 43,43,1; 44,4,2; 44,6,1.3; 44,11,2; 44,17,3). Diese Ehrungen bedeuteten aber, daß Caesars *sella* nicht mehr mit einem normalen Amtsstuhl vergleichbar, sondern in den Rang eines Götterthrons erhoben war. Die Frage, ob dies noch zu seinen Lebzeiten gelten oder eine postume Ehrung darstellen sollte, ist kaum zu entscheiden, zumal Caesar nur wenige Wochen später ermordet wurde. In den Augen der Zeitgenossen war der goldene Ehrensitz Caesars

Abb. 200 Denar des M. Valerius Messala, Büste der Roma und *sella curulis* (n. Crawford Nr. 435/1)

Abb. 201 Glaspaste mit Kopf des Octavian, Staatliche Museen, Berlin (DDR) (n. Vollenweider, Portraitgemmen Taf. 145,3)

Abb. 202 Denar des Augustus (n. BMC Augustus Nr. 637 Taf. 15,16)

jedenfalls zu einem für Götter bei besonderen Gelegenheiten aufgestellten Pulvinar geworden (Cic. Phil. 2.43,110), das die ideelle Präsenz des Divus Iulius evozieren sollte. Dabei ist wichtig, daß Aufstellung und Verehrung eines leeren Thrones für Sterbliche keine neuen Erfindungen waren, sondern auf Praktiken der Verehrung hellenistischer Herrscher zurückgehen und ihre Wurzeln letztlich bei Alexander dem Großen haben. Die Auseinandersetzung mit der caesarfeindlichen Partei war programmiert, als Octavian im Verlauf des Jahres 44 diese leere *sella* Caesars bei verschiedenen Spielen aufstellen lassen wollte und sich dabei auf den entsprechenden Senatsbeschluß berief (App.civ. 3,28,105 ff. Dio Cass. 45,6,5. Plut.Ant. 16,1). Octavian mußte zwar in der Sache gegenüber Antonius nachgeben, konnte aber die Öffentlichkeit durch die vehemente Forderung nach der Durchführung des Senatsbeschlusses dennoch auf seine Ansprüche aufmerksam machen.

Ein Reflex dieser Auseinandersetzung ist sehr wahrscheinlich in einer reichen Glaspastenemission zu sehen, die den jugendlichen Kopf Octavians entweder über dem Siegelring oder der *sella* Caesars zeigt (Abb. 201). Da Octavian unmittelbar nach dem Tode Caesars weder über genügend institutionalisierte Macht noch über ausreichenden Rückhalt verfügte, mußte es sich für ihn geradezu angeboten haben, durch massenhafte Verteilung dieser zwar inoffiziellen, aber billigen Glaspasten die Stimmung zu seinen Gunsten zu schüren. Die beste Gelegenheit dazu bot sich zweifellos anläßlich der *Ludi victoriae Caesaris*, die zwischen dem 20. und 30. Juli 44 stattfanden und von Octavian aus eigenem Antrieb ausgerichtet wurden: sie galten nicht nur gleichzeitig als Leichenspiele für seinen Adoptivvater, Octavian benutzte diesen Anlaß auch sehr geschickt, um die Legate aus Caesars Erbe an 250 000 Personen zu verteilen!

Durch die faktische Gleichsetzung der *sella curulis* Caesars mit Götter- und Heroenthronen sowie ihre Verwendung als Symbol des Herrscherkults war hier jedenfalls eine inhaltliche Überfrachtung erreicht, die den weiteren Einsatz dieses Bildmotivs kaum mehr gestattete. Es war daher innerhalb der offiziell propagierten Herrschaftsauffassung des Octavian/Augustus als *primus inter pares* nur konsequent, daß er die leere *sella* als abstraktes Bildzeichen nicht im Zusammenhang mit seiner eigenen Person benutzte. Wenn Augustus sich dagegen auf der *sella curulis* sitzend darstellen ließ, so ergibt sich aus dem Zusammenhang stets eindeutig, daß die *sella* in ihrer sehr konkreten Bedeutung als Zeichen für *imperium* oder *ius* verstanden ist und damit auf unproblematische, rein diesseitige Funktionen des Herrschers Bezug nimmt. Das erste Mal erscheint der *princeps* in dieser Weise auf einer Münze, die zu der um 29 v. Chr. geprägten Siegesserie nach Actium gehört (Abb. 202): die kleine Victoria auf seiner Hand sowie die Legende IMP(erator) CAESAR lassen keinen Zweifel hinsichtlich des Kontextes aufkommen, in dem diese Wiedergabe der *sella curulis* zu begreifen ist.

Durch die veränderten Herrschaftsstrukturen des Prinzipats war die faktische Befehlsgewalt der curulischen Magistrate zwar stark beschnitten, dennoch blieben Ämter und Amtskarrieren als solche bestehen. Dies gilt auch für die Insignien, die diesen inhaltlich entscheidenden Wandel nach außen hin unbeschadet überstanden haben. Allerdings hat hier ein grundsätzlicher Bedeutungs- und Funktionswandel stattgefunden, der in vieler Hinsicht als beispielhaft für die neue Stellung der Magistratur sowie das Verhältnis von Senat zum Kaiser angesehen werden kann. Magistratswahlen fielen ganz weg oder wurden zumindest unwichtig, weil der Kaiser für die neu zu besetzenden Stellen die Auswahl aus den Kandidaten zunehmend selbst traf: folglich gab es auch keinen Wahlkampf mehr. Die Leitung des Staates lag in festen Händen, durch die von Augustus verordnete *concordia omnium* war individuelle Familien- oder Parteipolitik ohnehin obsolet geworden. Auch die Münzprägung stand nach ihrer Vereinnahmung durch die kaiserliche Bildpropaganda nicht mehr der magistratischen Selbstdarstellung zur Verfügung. Dabei ist es charakteristisch für die vorsichtig taktierende Politik des Augustus, gleichzeitig aber auch für die nicht mehr zur Diskussion stehende, beherrschende Stellung des Kaisers, daß sich der Antagonismus zwischen dem Anspruch der Magistrate auf traditionelle, republikanische Repräsentation und deren Einschränkung in der Kaiserzeit nicht in einem offenen Konflikt entlud. Dafür dürften besonders zwei Faktoren bestimmend gewesen sein.

Gewissermaßen als Ersatz wurden den hohen Magistraten schon zu Lebzeiten Repräsentationsmöglichkeiten geschaffen, die zwar jedes politischen Charakters entkleidet waren, wegen ihrer Prunkentfaltung für die Senatsaristokratie aber dennoch einen hohen Prestigewert aufwiesen. Zu nennen sind hier die feierlichen Aufzüge des im Laufe des 1. Jhs. n. Chr. neu gestalteten *processus consularis* sowie der *pompa circensis*, anläßlich derer Konsuln und Praetoren die überkommene Triumphaltracht anlegen durften.

Vor allem aber im Sepulkralbereich erschloß sich eine Sphäre, die es der Senatsaristokratie erlaubte, persönliche Repräsentationsbedürfnisse nahezu ungehindert im Privatbereich (*res privata*) zu befriedigen, ohne dabei mit der ‚offiziellen Staatspropaganda' des Kaiserhauses in Konkurrenz zu geraten. Natürlich fällt dieses Phänomen mit einem starken Aufschwung der Sepulkralkunst überhaupt, sowie mit dem Einsatz einer allmählich entstehenden Bildersprache zusammen, die zunehmend auch für andere Bevölkerungsschichten eine berufs- oder standesspezifische Selbstdarstellung am Grabbau ermöglichte. Dennoch liegt es auf der Hand, daß sich gerade die Spitzen der Gesellschaft der Möglichkeiten dieses Mediums in besonderem Maße bedienten, zumal sie schon zur Zeit der späten Republik mit der Praxis der Selbstdarstellung wohlvertraut waren. *Sella curulis* und *fasces* blieben also nach wie vor die signifikanten äußeren Abzeichen römischer Magistrate; den veränderten Gegebenheiten angepaßt, erscheinen sie allerdings jetzt fast ausschließlich auf ihren Gräbern.

Die Verwendung der Insignien auf diesem Bildträger dürfte indes noch eine zweite Wurzel haben, die vor dem Hintergrund der schon älteren republikanischen Bräuche bei Leichenfeierlichkeiten zu verstehen ist. Wie aus der Schilderung eines typischen magistratischen Leichenbegängnisses im 2. Jh. v. Chr. hervorgeht, spielten die Amtsinsignien bei der *pompa funebris* eines curulischen Beamten schon immer eine wichtige Rolle (Polyb. 6,53). Neben dem Verstorbenen selbst wurden auch seine durch Schauspieler dargestellten Ahnen mitgeführt, soweit sie curulische Ämter innegehabt hatten. Die Schauspieler trugen die Wachsmasken der Vorfahren, waren in deren Amtstracht gekleidet und wurden von Lictoren begleitet, deren Zahl jeweils den höchsten Rang anzeigte, den jene zu Lebzeiten innegehabt hatten. Auf dem Forum angekommen, nahmen sie auf ihren *sellae curules* Platz, die auf die Rostra gestellt wurden. Nach der Leichenrede auf den Verstorbenen begab sich der Redner zu den auf den curulischen Stühlen sitzenden ‚Ahnen' und begann der Reihenfolge nach, ihre Verdienste, Erfolge und den daraus resultierenden Ruhm in Form einer *laudatio* aufzuzählen.

Diese Schilderung des Polybius zeigt deutlich den Stellenwert, den die curulischen Insignien noch lange nach dem Tode für die Magistrate und deren Familien hatten. Es kann von daher nicht verwundern, wenn *sella curulis* und *fasces* zu Beginn der Kaiserzeit verstärkt im sepulkralen Zusammenhang erscheinen und dort zusammen mit dem *cursus honorum* der Grabinschrift den Wunsch eines Grabinhabers nach standesgemäßer Repräsentation befriedigen konnten. Die Zahl der erhaltenen Reliefs mit Insigniendarstellung ist gerade in der frühen und mittleren Kaiserzeit so groß, daß dieses Dekorationssystem für Konsular- und Praetorier-gräber als das typische überhaupt angesehen werden darf.

Dabei ist die Wiedergabe der Insignien keineswegs als Manifestation ohnmächtiger senato-rischer Opposition gegen die neue Staatsform aufzufassen. Gerade die frühkaiserzeitlichen Darstellungen auf den kleinen Sitzbankreliefs der *sellae* lassen eher auf eine allgemeine Loyali-tät und eine gewisse Dankbarkeit gegenüber Augustus schließen, der den Senatorenstand trotz des anfänglich schweren Aderlasses wieder aufgefrischt, die Funktionen der Ämter neu gere-gelt und diese mit Personen seines Gutdünkens besetzt hat. In jedem Falle war durch den ver-stärkten visuellen Einsatz von *sellae curules* und *fasces* sowohl für den Verstorbenen selbst, als auch nach außen hin die Fiktion einer republikanischen Ordnung aufrechterhalten, die zudem vordergründig durchaus dem Selbstverständnis des augusteischen Prinzipats entsprach.

Zweifellos war es gerade die Exklusivität dieser höchsten Kreise, die das Festhalten an die-sem relativ einfachen, aber vornehmen Grabschmuck garantierte – gleichviel, ob nun reaktio-näres Traditionsbewußtsein oder loyale Aufsteigermentalität die bestimmenden Elemente waren. Reichte doch die Darstellung der *sella curulis* mit der abgestuften Zahl der *fasces* sowie teilweise weiterer Insignien auf den Gräbern völlig aus, um die Zugehörigkeit des Grabinha-bers zur jeweiligen Amtsaristokratie eindeutig zu dokumentieren. Die nähere Definition der zu Lebzeiten bekleideten Ämter war demgegenüber fast sekundär, konnte aber – abgesehen von der Inschrift – durch spezifische Ausgestaltung der *sella curulis* präzisiert werden: hierzu eigneten sich besonders die Sitzbänke, die vielfach figürliche Reliefs zeigen. Da derartige kleine Szenen mit großer Wahrscheinlichkeit nicht auf den originalen, zu Amtszeiten verwen-deten *sellae* angebracht waren, sondern lediglich auf die Darstellungen solcher Stühle im sepul-kralen Kontext beschränkt sind, liegt von vornherein die Annahme nahe, daß hier jeweils nur typische Szenen wiedergegeben sind, die sich nicht auf spezielle Vorkommnisse beziehen.

Dies gilt allerdings nicht für das früheste uns bekannte Beispiel, das unmittelbar an der Wende von der Republik zum Prinzipat steht (Kat. 232). Die Sitzbank der *sella curulis* trägt eine Darstellung, die schon in Thematik und Szenerie noch ganz der späten Republik verpflich-tet ist. Hier unterwirft sich die Personifikation eines Landes oder Volksstammes einem römi-schen *imperator*, und auch in formaler Hinsicht erinnert die Wiedergabe allegorischer und geo-graphischer Elemente stark an die republikanische Triumphalmalerei.

Der Nachweis einer solchen Szene auf dem Grab eines führenden Vertreters der senatori-schen Oberschicht eröffnet nun auch für die Deutung einer ikonographisch verwandten Dar-stellung auf zwei Terrakottaplatten von der Via Cassia (Kat. 233) neue Möglichkeiten. Bisher stand die Szene in dieser Zeit so vereinzelt dar, daß man glaubte, hier die allegorisch überhöhte Wiedergabe eines besonderen Ereignisses aus der römischen Zeitgeschichte erkennen zu dür-fen: in dem Feldherrn sah man daher Caesar, der von der vor ihm knienden Roma das Diadem angetragen bekäme. Diese sowohl aus ikonographischen Gründen wie auch von allgemeinen Erwägungen her unbefriedigende Deutung muß jetzt endgültig aufgegeben werden, zumal die Platten wahrscheinlich als Wandverkleidung einer privaten (Grab-?)Architektur gedient haben. Die Darstellung dürfte daher mit einem der zahlreichen ambitiösen Feldherren der spä-ten Republik zu verbinden sein. Wiedergegeben ist hier nämlich nicht etwa die kniefällige Unterwerfung oder ein Angebot von seiten der Roma. Der Feldherr streckt seine Hand viel-mehr aus, um die darniederliegende Personifikation der Stadt zu erheben: das Thema der Szene ist also die *resurrectio*, das Wiedererstarken Roms, das durch die *virtus* des erfolgreichen Feldherrn ermöglicht wird. Die Bedeutung des kleinen Reliefs auf der *sella curulis* (Kat. 232) liegt also nicht zuletzt darin, daß es die Adaption prätentiöser Themen dieser Art auch für Imperatoren dieser Zeit belegt, die nicht zu den großen Protagonisten der späten Republik gehört haben.

Besonders prägnant ist in dieser Hinsicht der Vergleich mit einer *sella curulis* aus der Zeit des frühen Prinzipats, deren Sitzbank ebenfalls ein militärisches Thema zeigt (Kat. 234). Die hier wiedergegebenen Kämpfe zwischen Römern und nördlichen Barbaren sowie die Darstellung insignienhafter Rüstungsstücke erlauben eine Bestimmung des Grabinhabers als *legatus Augusti pro praetore* in einer kaiserlichen Provinz. Dazu paßt der Globus als Zeichen seines vom Kaiser mandierten Imperiums, der die Stelle der sonst üblichen Fußbank einnimmt.

Weitaus am häufigsten treten jedoch Szenen auf, die mit der Amtsführung von Praetoren zu verbinden sind. Hier muß sich schon bald eine gängige Ikonographie herausgebildet haben, die den Praetor auf oder neben seinem Amtsstuhl bei der Anhörung von rechtsuchenden Personen zeigt. Natürlich sind auch diese Darstellungen nicht als Momentaufnahmen einer transitorischen Handlung zu verstehen. Charakteristisch ist bei dem hier ausgewählten frühen Beispiel, das an der Wende der Republik zur Kaiserzeit entstanden sein dürfte, die noch etwas steife und parataktische Komposition (Kat. 235). Der Magistrat nimmt stehend die zentrale Position des Feldes ein und wird von seiner leeren *sella curulis* und den Lictoren auf der rechten Seite als den Insignien seines Amtes flankiert, während ganz links die rechtsuchenden Parteien warten. Entscheidend für Auftraggeber und Steinmetz war offenbar, die wichtigsten Personen sowie die repräsentativen Insignien der Magistratur möglichst deutlich vorzuführen: dies wird auch der Grund für die überdimensional große Wiedergabe der *sella curulis* sein.

Das Fragment einer weiteren *sella curulis* (Kat. 236) zeigt die Prozession der für den Marskult zuständigen Priesterschaft der Salier. Da die Salier selbst keine *sella curulis* führten, muß der offenbar später zu curulischen Ämtern gelangte Grabherr die Erinnerung an seine Mitgliedschaft bei einem Salierkollegium aus besonderen Gründen mit der *sella curulis* verbunden haben. Da nur Patrizier den Saliat übernehmen durften, beinhaltet die Darstellung also einen nicht zu übersehenden Hinweis auf die gesellschaftliche Stellung des Verstorbenen. Die akzentuierte Betonung des Patriziats zu einer Zeit, in der Augustus den Patrizierstand erheblich vergrößert hatte, könnte möglicherweise darauf hindeuten, daß der Grabinhaber gerade nicht aus einer alten patrizischen Familie stammte, sondern eben zu diesen Neupatriziern gehörte. Die Anspielung auf ein exklusiv patrizisches Priesteramt wäre hier also nichts anderes als die visuelle Umsetzung der in Grabinschriften geläufigen Formel: *adlectus inter patricios*. Die Aufnahme unter die Patrizier wiederum markierte für die künftige curulische Laufbahn eine wichtige Etappe, da man sich nach der Quaestur unmittelbar um die Praetur bewerben konnte und vielfach auch später noch vom Kaiser gefördert wurde. Abgesehen davon war auch der Saliat selbst eng mit dem religionspolitischen Konzept des Augustus verbunden. Wie andere alte Priestertümer, die in der späten Republik wenig bedeutend gewesen waren, wurden auch diese Bruderschaften vom *princeps* dadurch aufgewertet, daß er seinen Namen in das ehrwürdige Salierlied aufnehmen ließ. Bei der Darstellung des Salierumzuges handelt es sich also weniger um eine anekdotische Schilderung aus der Laufbahn eines curulischen Beamten augusteischer Zeit; im Vordergrund stehen vielmehr Anerkennung und Dankbarkeit für die großzügige Förderung durch den Kaiser.

Interessant ist, daß die Szenen der meisten frühkaiserzeitlichen *sellae curules* unmittelbar von Maßnahmen des Augustus geprägt sind und diese loyal reflektieren. Dies gilt sowohl für den gesellschaftlich aufgewerteten Saliat als auch für die mit neuen Aufgaben betrauten Praetoren oder den Statthalter einer kaiserlichen Provinz mit seiner Ausstattung durch kaiserlich mandierte Macht und spezielle Insignien.

Sella curulis und *fasces* konnten sich als Insignien der staatstragenden Beamtenschaft in Italien auf eine lange und gewichtige Tradition berufen. Galten sie doch als uralte, schon von den Etruskern übernommene Herrschaftsabzeichen, die nach dem Ende der Königszeit auf die obersten Magistrate übertragen und damit gleichsam ,republikanisiert' worden waren. In der Tat läßt sich diese von den Annalisten betonte Herkunft auch archäologisch fassen: mindestens seit spätarchaischer Zeit bis zum Ende der mehr oder weniger eigenständigen etruskischen Herrschaft und Verwaltung sind *sella curulis* und *fasces* − völlig unabhängig von ihrer Adaption durch die Römer − auch bei den Etruskern reine Amtssymbole geblieben.

Deutlich wird dies vor allem in der Sepulkralkunst der Stadt Volaterrae (Volterra), die auch nach der Unterwerfung Etruriens ihre kulturelle Eigenständigkeit und innenpolitische

Ordnung in der Stadtverwaltung bis zu einem gewissen Grad erhalten konnte. Volaterrae ist daher besonders geeignet, den Wandel der Präsentation von Insignien im Übergang von einem vorwiegend etruskisch geprägten Organismus zu einem rein römischen nach der Neuordnung Italiens unter Augustus aufzuzeigen. Gleichzeitig kann die Stadt in der frühen Kaiserzeit als typisch für andere Munizipien oder Kolonien gelten, deren oberste städtische Magistrate in Anlehnung an die curulischen Beamten Roms ebenso *sella curulis* und *fasces* führten.

Der Beamtenaufzug zu Fuß oder zu Pferd war ein traditionelles und beliebtes Thema auf etruskischen Sarkophagen und Urnen. Der Amtsträger erschien dabei umgeben von seinem Gefolge, das neben Lictoren, *scribae* und *praecones* oft auch einen Träger für die *sella curulis* umfaßte (Kat. 237). Zwar ist der Amtsstuhl hier — wie auch sonst — eindeutig als Insignie verstanden, doch bleibt er szenisch eingebunden und wird noch nicht als isoliertes, repräsentatives Bildelement verwendet. Im Laufe des 1. Jhs. v. Chr. ändert sich dies. Von dem bekannten Schema emanzipiert sich die Darstellung auf einer Urne (Kat. 238). Hier wird die *sella curulis* nicht mehr getragen, sondern gewissermaßen zum Zielpunkt des Beamtenzuges: umgeben von zwei ruhig stehenden Lictoren schließt sie die Szene rechts ab. Auf einer weiteren Urne (Kat. 239) ist die *sella* dann völlig von dem Beamtenzug, der sich nun sogar von ihr wegbewegt, getrennt und auf ein hohes Tribunal gestellt. Der unmittelbare ikonographische Einfluß der in Rom geläufigen Auffassung der *sella curulis* als isoliertem Bildmotiv hat sich also auch in Etrurien durchgesetzt. — In der frühen Kaiserzeit wird in Volaterrae dann nicht nur die traditionelle Form der Urnen, sondern auch der Beamtenzug als Typus völlig aufgegeben. In gewisser Hinsicht ist also auch in der sepulkralen Repräsentationskunst eine Gleichschaltung zu konstatieren. Wie in anderen Städten Italiens findet man in Volaterrae jetzt zu einem Kanon magistratischer Selbstdarstellung, der mit der Wiedergabe isolierter Amtsinsignien diejenige der römischen Staatsbeamten kopierte (Kat. 240).

Bedingt durch die politische Situation der späten Republik und die Ausbildung der neuen Herrschaftsform des augusteischen Prinzipats vollzieht sich in dieser Zeit auch im Insignienwesen ein struktureller Wandel. *Sella curulis* und *fasces* als die altehrwürdigen Insignien etruskischer und römischer Amtsgewalt gelangen in der späten Republik zu neuer Aktualität und tauchen in den verschiedensten Zusammenhängen immer wieder auf. Besonders die führenden Männer verwenden sie im Streben nach Ansehen und Macht als Ausdruck ihres gesteigerten Bedürfnisses nach Selbstdarstellung in der tagespolitischen Auseinandersetzung. Als Sonderfall und in Anlehnung an hellenistische Praktiken wurde die *sella curulis* bei Caesar sogar zum Vehikel der Herrscherverehrung. Mit der Alleinherrschaft des Octavian/Augustus und dem von ihm verordneten Ende gesellschaftlicher Divergenzen treten auch die Herrschaftsinsignien in ihrer Funktion als propagandistische Machtsymbole in den Hintergrund. *Sella curulis* und *fasces* konnten von den curulischen Magistraten als abstrakte Bildzeichen künftig fast nur noch in sepulkralem, also vergleichsweise unpolitischem Zusammenhang zur Schau gestellt werden. Damit reflektieren sie zwar das ungebrochene Standesbewußtsein der Senatsaristokratie, letztlich aber auch deren Ohnmacht gegenüber dem Kaiser. In formaler Hinsicht haben die Insignien den tiefgreifenden gesellschaftlichen Wandel von der Republik zur Kaiserzeit unbeschadet überstanden, der Zweck ihres Einsatzes in der individuellen Selbstdarstellung, und damit ihre Bedeutung innerhalb der visuellen Syntax, ist jedoch ein anderer geworden, der jetzt weitgehend der ideologischen Neuorientierung unter Augustus verpflichtet ist.

Literatur: Amtsinsignien der Magistrate: RE VI 2 (1909) 2002 ff. s.v. Fasces (Samter). — RE XIII 1 (1926) 507 ff. s.v. Lictor (Kübler). — A. M. Colini, Il fascio littorio (1932). — RE II A 2 (1923) 1310 ff. s.v. Sella curulis (Kübler). — J. W. Salomonson, Chair, Sceptre and Wreath (1956). — O. Wanscher, Sella curulis (1980) 121 ff. — Th. Schäfer, Imperii Insignia: Sella curulis und Fasces (im Druck). — Münzen als Propagandamittel: A.

Alföldi in: Essays in Roman Coinage presented to H. Mattingly (1956) 63 ff. — G. Belloni in: M. Sordi, I canali della propaganda nel mondo antico (1976) 131 ff. — T. Hölscher in: Actes du 9ème congrès international de numismatique, Bern 1979 (1982) 269 ff. — Prägung des Q. Pompeius Rufus: M. H. Crawford, Roman Republican Coinage (1974) 456 Nr. 434 Taf. 52, 11–12. — A. Alföldi, SchwMBll 2, 1951, 6 f. — Prägung des M. Vale-

434   Thomas Schäfer

rius Messala: Crawford a.O. 457 Nr. 435 Taf. 52, 13. –
Salomonson a.O. 67 ff. – Caesars Sella curulis: A. Alföldi, RevNum 1973, 99 ff. – ders., Caesar in 44 v. Chr.
I (1985) 162 ff. – Leerer Thron als Kultvehikel: H. Herter, RhM 74, 1925, 164 ff. – ders., WSt 79, 1966, 564 f.

– Glaspasten: M. L. Vollenweider, Die Portraitgemmen der Römischen Republik (1972–74) I 199; II 85
Taf. 145, 1–5. – Prägung des Augustus nach Actium:
BMC I Nr. 637 Taf. 15, 16. – K. Kraft, Zur Münzprägung des Augustus (1968) 207 f., 219 ff.

232   Block mit sella curulis vom Grabbau eines Imperators der späten Republik

Zeichnung aus dem Besitz des Baron v. Stosch:
Braunschweig, Herzog-Anton-Ulrich-Museum
Original: Ehem. Rom, Villa Casali; seit Anfang dieses
Jhs. im Münchner Lenbachhaus, dort in den 20er Jahren
verbrannt
Aus Rom oder Umgebung
Marmor
H 0,63 m, B 0,84 m
Die Darstellung einer *sella curulis* nimmt die ganze
Höhe und Breite eines Blockes ein, dessen hinterer Teil
im Mauerverband einer Sepulkralarchitektur verankert
war. Die *sella* steht zusammen mit einer Fußbank auf ei-
ner einfachen Standleiste. Ihre Sitzbank besteht aus ei-
nem mit glatter Leiste gerahmten Mittelteil sowie den

seitlich überstehenden Seitenwangen, die durch schmale
Vertikalleisten abgesetzt sind. Die Sitzbank wird von
geschwungenen Beinen getragen, die unten in Löwen-
klauen münden. Die oberen Beinhälften sind als Halbfiguren nackter, jugendlicher Genien gebildet, die aus einem Blattkelch hervorwachsen und die Sitzbank zusätzlich mit einem Tropaeum stützen.
Das Relief auf dem Mittelteil der Sitzbank zeigt keine
unmittelbar realistisch zu verstehende Szene; dargestellt
sind vielmehr verschiedene, wie Versatzstücke ge-
brauchte und nur gedanklich aufeinander bezogene Motive. Ein siegreicher Feldherr nimmt unter Beisein von
Roma und des Genius populi Romani eine *deditio in fi-
dem* entgegen, die ihm von einer kniefälligen Personifikation angetragen wird. Die Identifikation der Bittflehenden ergibt sich aus den allegorischen und geographi-

Kat. 232

schen Angaben seitlich der Hauptgruppe. Der bogen-
schießende Kentaur erscheint im Typus des Schützen
aus dem Zodiacus und steht in der astrologischen Geo-
graphie wahrscheinlich für Celtia oder Hispania. Der la-
gernde Flußgott in der rechten Ecke des Bildfeldes weist
mit seiner Bärtigkeit auf einen großen und wichtigen
Fluß hin, der nach der topographischen Vorgabe des
Schützen dann wohl den Ebro meint. Unbenannt bleibt
zunächst die mauerbewehrte Stadt am linken Reliefrand, aus deren Tor offenbar ein Bote eilt, um dem
Feldherrn die Übergabe zu melden.

Nähere Hinweise zur Interpretation des Gesamtbildes
ergeben sich durch die chronologische Eingrenzung der
sella curulis. Man wird davon ausgehen dürfen, daß eine
derartige Darstellung für einen Privatmann in der Kaiserzeit kaum vorstellbar ist, hingegen sehr gut zu den
ambitiösen Feldherren der ausgehenden Republik paßt.
Gerade in der Zeit nach dem Tode Caesars und vor dem
Prinzipat des Augustus spielten kriegerische Ereignisse
in Spanien eine besondere Rolle: in der kurzen Zeitspanne erhielten nicht weniger als sechs Prokonsuln von
Spanien imperatorische Akklamationen, denen dann
ein Triumph in Rom folgte.

Diese und andere Gründe sprechen dafür, den Grabherrn in diesem Personenkreis zu suchen. In der Tat gibt
es einen Mann, dessen Biographie alle Voraussetzungen
erfüllt und in dessen Person sich überdies die Szene am
sinnvollsten zu konkretisieren vermag. Es handelt sich
um Cn. Domitius Calvinus, der 53 und 40 v. Chr. den
Konsulat bekleidet hatte und in den Jahren 39 bis 36
v. Chr. Prokonsul von ganz Spanien war. Er beendete
seine Statthalterschaft mit einem großen Sieg bei der
Stadt Osca, den er auch in der Münzprägung feiern ließ.
Nach diesem Sieg wurde er zum *imperator* ausgerufen
und erhielt am 17. Juli 36 v. Chr. den Triumph. Sein To-
desdatum ist nicht bekannt, dürfte aber spätestens in
das darauffolgende Jahrzehnt fallen. War Calvinus
wirklich der Besitzer des Grabbaus unserer *sella curulis*,
wäre die Stadt links auf dem Relief mit Osca zu benennen. Dies vermag die hier vorgeschlagene Identifikation
zu bestätigen, da Osca tatsächlich am Ebro, dem größten Fluß Spaniens liegt.

Die Seitenwangen der Sitzbank zeigen zwei zur Mitte
gewandte Köpfe oder Büsten im Profil: links erscheint
ein bärtiger, langhaariger Mann, rechts eine Frau mit einem Schleier über dem Haupt. Da nach Analogien solcher Profilköpfe auf anderen *sellae* eine Benennung als
Götter oder Personifikationen ausscheidet, können hier
nur Ahnenbilder gemeint sein. Die Bärtigkeit des Mannes sowie seine langen Haare sollen wohl auf das hohe
Alter der Bilder und die damit verbundene *nobilitas* der
Familie anspielen, auf die der Grabherr stolz sein
konnte.

Datierung: Aus thematischen und ikonographischen
Gründen scheint eine Datierung ins 3. Viertel des 1. Jhs.
v. Chr. am wahrscheinlichsten. War Cn. Domitius Calvinus der Grabinhaber, ergibt sich ein chronologischer
Ansatz in die späten 30er oder frühen 20er Jahre des
1. Jhs. v. Chr.

Literatur: Matz-Duhn III Nr. 3704. – Th. Schäfer, Imperii Insignia (im Druck), Kat. 1.

Kat. 233

233   Architektonisches Terrakottarelief
Rom, Museo Nazionale Romano
1935 in der Nähe des VI. Meilensteins an der Via Cassia
gefunden
H 0,225 m, B 0,88 m, T 0,34 m
Die Terrakottaplatte gehört zu einer offenbar größeren
Serie aus der Matrize gezogener Wandverkleidungspa-
neele, von denen ein weiteres, identisches Exemplar an
der selben Stelle gefunden wurde. Nach dem Fundort an
der Via Cassia in der Nähe der sog. Tomba di Nerone
kämen daher als zugehöriges Gebäude entweder eine
Vorstadtvilla oder aber wahrscheinlicher ein Grabbau in
Frage.

Die Hauptperson der Szene ist ein in der Mitte stehender, barhäuptiger Feldherr, der einen Brustpanzer trägt
und sich mit der linken erhobenen Hand auf eine Lanze
stützt. Die Rechte streckt er einer vor ihm knienden
weiblichen Figur entgegen, die wegen ihrer Tracht mit
Roma zu identifizieren ist: sie trägt ein halblanges Gewand, das die rechte Brust frei läßt, und einen Helm mit
hohem Busch. Unter dem linken Arm hält sie eine
Lanze, die Rechte ist zu dem Stehenden erhoben. Auf
die siegreichen Unternehmungen des Feldherrn weisen
eine von links heranfliegende und ihn bekränzende Victoria sowie das hinter ihm aufgerichtete Tropaeum mit
zwei gefesselten Barbaren hin. Die Darstellung wird
seitlich von Mauern und Hebemaschinen eingefaßt, die
von zwei Männern bedient werden.

Fuhrmann deutete das Reliefbild als Darbringung des
Diadems an Caesar beim Lupercalienfest im Februar 44
v. Chr., wobei durch die Übertragung der historischen
Rolle des Antonius auf Roma die Zustimmung der gesamten *res publica* zu diesem Akt deutlich gemacht werden sollte. Dagegen hat Michel zu Recht geltend gemacht, daß Roma dem Feldherrn gar kein Diadem
überreicht. Davon einmal abgesehen, scheint es mir auf
einem römischen Relief auch unvorstellbar, daß Roma
im Schema einer kniefällig Bittflehenden erscheint. Tatsächlich ist hier keine Unterordnung, sondern vielmehr
ein Wiedererstarken der Gottheit, ihre *resurrectio* gemeint: der Feldherr streckt der Roma die Hand entgegen, um sie aufzurichten. Das traditionell wichtigste Attribut der Roma ist der Globus; während sie ihn sonst
stets in der Hand hält, liegt er hier zwischen den beiden
Protagonisten am Boden. Die Aussage dieser Szene läßt
an Deutlichkeit also nichts zu wünschen übrig: der Globus sowie die kniende Roma symbolisieren die darniederliegende Kraft Roms, die durch die Erfolge des Feldherrn jetzt wieder erstarken kann. Damit muß aber jede

Verbindung der Darstellung mit den Begebenheiten am Lupercalienfest aufgegeben werden. Fraglich ist, ob die Hauptperson dennoch mit Caesar identifiziert werden kann; Mauern und Hebekräne bezog man ebenso wie die Barbaren unter dem Tropaeum auf seine Erfolge in Gallien, zumal das letztgenannte Motiv auch in seiner Münzprägung begegnet. Dies scheint mir jedoch für eine Identifizierung mit Caesar kaum ausreichend, da gerade das Wiedererstarken Roms als das wichtigste Motiv der Szene nicht zum Hauptbestandteil caesarischer Propaganda gehörte. Angefangen mit Sulla läßt sich die Szene m.E. mit der gleichen Berechtigung auf eine ganze Reihe anderer ambitiöser Feldherren der späten Republik beziehen, die keineswegs unbedingt zur ersten Garde der führenden Männer gehört haben müssen. Dies zeigt gerade die im Anspruch verwandte Szene auf der in Kat. 232 behandelten *sella curulis*. Vor allem aber spricht gegen einen Bezug auf Caesar die Funktion der Terrakottapaneele als Verkleidungsplatten eines Grab(?)baus, mit denen natürlich der Grabherr selbst gefeiert wurde.
Datierung: Ende der Republik.
Literatur: H. Fuhrmann, MdI 2, 1949, 23 ff. – G. Ch. Picard, Les trophées romains. BEFAR 187 (1957) 223 ff. – A. Alföldi, Studien über Caesars Monarchie (1953) 26 f. Taf. 16. – G. Lugli, La tecnica edilizia ro-

mana I (1957) 225 f. Abb. 39. – G. Hafner, Atlantis 1963, 781 ff. – T. Hölscher, Victoria Romana (1967) 151 Anm. 944. – D. Michel, Alexander als Vorbild für Pompeius, Caesar und Marcus Antonius. Coll.Latomus 94, 1967, 86 ff. 94 Taf. 22,1. – S. Weinstock, Divus Julius (1971) 45 ff. Taf. 4. – J. W. Shaw, Hesperia 36, 1967, 395 Taf. 78 b. – B. M. Felletti Maj, La tradizione italica nell'arte romana (1977) 195 f. Taf. 27 Abb. 70. – G. Zimmer, Römische Berufsdarstellungen. AF 12 (1982) 36 Anm. 251. – LIMC III 1 (1986) 297 Nr. 18 s.v. Clementia (T. Hölscher). – Th. Schäfer, Imperii Insignia (im Druck) Kap. VI.

234 Block mit sella curulis vom Grabbau eines legatus Augusti pro praetore
(Gipsabguß)
Hever Castle (England), im Italienischen Garten und Rom, Musei Capitolini
Aus Rom oder Umgebung, wahrscheinlich von der Via Latina
Lunensischer Marmor
H 0,70 m, B 0,62 m, T 0,40 m
Schon zur Zeit von Matz-Duhn fehlte das rechte Drittel der Sitzbank, das im Zusammenhang mit der Überführung der *sella* nach England ergänzt wurde. Ergänzt sind

Kat. 234

außerdem größere Teile des linken Beinpaars: antik sind lediglich die obere Gesichtshälfte der Stützfigur sowie der Ansatz der unteren Beinhälfte. – Das obere Teil des fehlenden Stücks konnte ich 1980 im Antiquario Comunale in Rom wieder auffinden.

Die Darstellung einer *sella curulis* nimmt die ganze Höhe und Breite eines Blockes ein. Sein gesamter Rückteil steckte im Mauerverband einer Sepulkralarchitektur, so daß nur das Hochrelief mit der *sella curulis* hervorragte. Die *sella* steht auf einer Standleiste, zwischen den Beinen befindet sich an Stelle der üblichen Fußbank ein Globus.

Die mächtige Sitzbank ist ungewöhnlich reich und von der Thematik her einzigartig gestaltet. Das Relieffeld des Mittelteils wird von einer glatten Leiste und einer umlaufenden Welle gerahmt. Darüber befinden sich in einem eingetieften Feld neun Scheiben, die als Köpfe der Nägel zu verstehen sind, mit denen die Bespannung der Sitze am vorderen Balken der *sella* befestigt war. Auf dem entsprechenden unteren Streifen, der seine Fortsetzung auch auf den Seitenwangen findet, sind insgesamt acht Legionärsschilde mit *spina* und *umbo* wiedergegeben. Weitere Rüstungsstücke finden sich auf den Längsholmen sowie in den profilierten Feldern der Seitenwangen. Hier erscheinen jeweils *parazonium* und Muskelpanzer, die nicht von normalen Legionären getragen wurden.

Das zentrale Relieffeld zeigt eine Reiterschlacht. Dargestellt sind auf der rechten Seite zwei Römer in voller Bewaffnung mit Helmen und Rundschilden, die mit Lanzen gegen die von links kommenden Barbaren vorgehen. Diese sind offenbar nackt und führen in der Rechten lediglich Langschwerter; ihre langen Haarschöpfe legen eine Benennung als Germanen nahe. Der vorderste Germane ist mit dem Kopf voran über sein in die Knie gebrochenes Pferd gestürzt, während der Reiter ganz links sich offenbar anschickt, über dieses hinwegzusetzen: dies ist ein geläufiger Topos, der die Unterlegenheit der betreffenden Partei deutlich machen soll. Getragen wird die Sitzbank von zwei geschwungenen Beinpaaren, deren obere Hälften nach Ausweis des neu gefundenen Stücks als Oberkörper nackter, jugendlicher Genien gebildet sind, die aus Blattkelchen hervorwachsen. Wie Bearbeitungsspuren und Bruchreste zeigen, trugen sie in ihrem jeweils äußeren, erhobenen Arm ein Tropaeum, mit dem sie die Sitzbank zusätzlich abstützten.

Die Wiedergabe der Kampfszene auf einer *sella curulis* weist im Zusammenhang mit den übrigen Waffendarstellungen auf ein hohes militärisches Amt des Grabherrn hin. Nähere Hinweise geben Parazonien und Muskelpanzer, die nach Dio Cass. 53,13,6 seit dem frühen Prinzipat typische Insignien des *legatus Augusti pro praetore* einer kaiserlichen Provinz sind. Zu einem solchen Amt (in Germanien?) paßt auch der Globus als Zeichen der unmittelbar vom Kaiser mandierten Befehlsgewalt.

Datierung: Auf stilistischem Wege ist über eine allgemeine Einordnung in die frühe Kaiserzeit nicht hinauszukommen. Die starke Betonung der Paradewaffen sowie die Identifizierung der Barbaren als Germanen las-

Kat. 235

sen wahrscheinlich auf eine augusteische Datierung schließen.

Literatur: Matz-Duhn III Nr. 3866. – Th. Schäfer, Imperii Insignia (im Druck) Kat. 5.

235 Block mit sella curulis im Grabbau eines Praetors

Rom, Museo Nazionale Romano, Inv. 124483
Von der Via Casilina bei km 14
Kalkstein
H 0,69 m, B 0,88 m, T 0,41 m

Die *sella curulis* steht auf einer schmalen Standleiste und nimmt die ganze Höhe und Breite eines Blockes ein. Wie die Zurichtung an Ober- und Nebenseiten zeigt, ragte das Relief mit der *sella curulis* nur 0,10–0,15 m aus dem Mauerverband heraus, während der hintere Blockteil in der Wand einer Grabarchitektur verankert war.

Die Sitzbank besteht aus einem langgezogenen Mittelteil, von dem die Seitenwangen durch schmale Vertikalleisten abgetrennt sind. Die Beine der *sella* sind in ihren oberen Hälften als Oberkörper nackter, jugendlicher Genien gebildet, die aus Blattkelchen hervorwachsen. Die jeweils äußere Hand haben die Knaben wie zum Abmildern des Gewichtes über den Kopf gelegt, in der anderen halten sie ein Tropaeum auf knorrigem Stamm. Die etwas roh ausgeführten unteren Beinhälften enden in kugelig gedrechselten Füßen, zwischen denen eine einfache Fußbank mit darübergestelltem *scrinium* steht. Das Mittelfeld der Sitzbank wird von einer glatten Leiste gerahmt und zeigt eine Magistratsszene in flachem Relief. Neun *togati* gruppieren sich um eine leere *sella curulis*, die das Bild optisch beherrscht. Sie ist gegenüber den Figuren überdimensional groß und zur besseren Erkennbarkeit außerdem in Wechselansicht wiedergegeben: die Sitzbank erscheint frontal, die Beine in Seitenansicht. Der unmittelbar rechts von ihr Stehende darf als die Hauptperson angesprochen werden, da er sich als einziger in voller Breite dem Betrachter präsentiert und überdies genau die Mitte des Feldes einnimmt. Der Magistrat hält in der Rechten einen *rotulus*, den er aus dem vor ihm stehenden *scrinium* entnommen zu haben scheint. Möglicherweise wendet er den Kopf seinen sechs Lictoren zu, die die rechte Bildhälfte ausfüllen und über der linken Schulter die Rutenbündel tragen. Von links nähern sich der *sella* zwei weitere *togati*, die nicht zu dem Gefolge des Beamten gehören. Sie sind römische Bürger, die sich mit einem Anliegen an den Magistraten wenden.

Nach der Sechszahl der Lictoren muß es sich bei der Hauptperson um einen Beamten praetorischen Ranges handeln, wahrscheinlich sogar um einen Praetor urbanus, dessen vornehmste Aufgabe in der Leitung des zivilen Gerichtswesens lag. Zu einem Zivilprozeß passen vor allem das Fehlen eines Tribunals unter der *sella* sowie die beiden *togati* links, in denen man wahrscheinlich die beiden streitenden Parteien erkennen darf.

Die Seitenwangen der Sitzbank weisen wiederum einen männlichen und einen weiblichen Profilkopf ohne eindeutige individuelle Züge auf. Diese Darstellung ist als Hinweis auf den Besitz von Ahnenbildern und damit auf die senatorische Familie des Grabherrn zu verstehen. Indem sich die Ahnenbilder dem Geschehen des Mittelfeldes zuwenden, stellt der Verstorbene sich und seine Leistungen für den römischen Staat in diese Tradition.

Datierung: Die Verwendung von Kalkstein anstelle lunensischen Marmors für die *sella* sowie die einfache Rahmung der Bildfelder mit glatten, aber nicht sehr akkurat gezogenen Leisten spricht für eine vor- oder frühaugusteische Datierung. Dazu paßt auch die knappe Togaform, die ihre nächsten Parallelen in dem Fries des Apollo-Sosianus-Tempels findet.

Literatur: B. M. Felletti Maj, La tradizione italica nell'arte romana (1977) 214. Taf. 31 Abb. 83. – MNR I 2 (1981) 16ff. Nr. 14 (R. Paris) mit der älteren Lit. – H. Wrede, Boreas 4, 1981, 108 Nr. 1. – Th. Schäfer, Imperii Insignia (im Druck) Kat. 2.

236 Fragment der Sitzbank einer sella curulis vom Grab eines Saliers

Rom, Musei Vaticani, Museo Gregoriano Profano, Inv. 9534
Aus Rom oder Umgebung, im Kunsthandel erworben
Lunensischer Marmor
H 0,32 m, B 0,40 m, T 0,38 m
Erhalten ist lediglich die rechte Hälfte vom Mittelteil der Sitzbank einer *sella curulis*. Das Rückteil des Blokkes steckte im Mauerverband eines Grabbaus, aus dem das Relief der *sella* ca. 0,19 m hervorsprang.
Die Bruchsituation unter der Sitzbank deutet darauf hin, daß die Beine der *sella* in ihrer oberen Hälfte als Flügelwesen ausgebildet waren.
Das Bildfeld war ringsum wahrscheinlich von einer Profilwelle gerahmt, die nur noch an der oberen und unteren Einfassung erhalten ist. Das Thema der Darstellung ist eine der im März oder Oktober stattfindenden Feiern der Marspriesterschaft der Salier, bei der der Umzug mit den heiligen Schilden (*ancilia*) den Höhepunkt bildete. Erhalten ist die hintere Hälfte der sich nach links bewegenden Prozession, deren Zentrum zwei Salier bil-

Kat. 237

deten; sie trugen über der Schulter eine Stange, an der die charakteristisch geformten Marsschilde hingen. Zu erkennen sind noch zwei der langovalen *ancilia*, die entlang dem Rand eine leichte Binnenritzung aufweisen. Der hintere Träger ist mit einem wadenlangen Gewand bekleidet, das mit der *trabea* als der alten Tracht der Salier identifiziert werden muß. Sein Haupt ist entweder mit der *trabea* oder dem anderen charakteristischen Kleidungsstück der Salier, der *pescia*, verhüllt. – In einigem Abstand folgt ein Lictor in Toga mit einem Rutenbündel über der linken Schulter und einer *virga* in der gesenkten Rechten. Da die Salier selbst offenbar über keine Lictoren verfügten, muß er inhaltlich auf die drei *togati* am rechten Bildrand zu beziehen sein. Schon wegen ihrer Position sowie ihrer engen Drängung kann in dieser Gruppe indes kaum der Verstorbene vermutet werden. Vielmehr dürfte es sich hier um einen Magistraten handeln, der begleitet von seinem Personal am Umzug der Salier teilnimmt. Als kompositionelles Gegengewicht muß auf der verlorenen linken Hälfte der Darstellung vor den Schildträgern eine ähnliche Gruppe angenommen werden, die etwa aus Musikanten bestanden haben könnte.

Wegen der prononcierten Wiedergabe eines Salierumzugs muß der Grabherr dieser Bruderschaft angehört haben. Da der Patriziat Voraussetzung für eine Mitgliedschaft war, konnte er sich damit gleichzeitig als Pa-

Kat. 236

trizier ausweisen. Die *sella curulis* gehört nicht zu den Insignien der Salier; daher kann diese Szene auf dem Amtsstuhl nur auf die besondere Bedeutung des Saliats für die spätere curulische Karriere des Verstorbenen hindeuten.

Datierung: Die Togaform sowie der flache Reliefstil sprechen für eine augusteische Datierung.

Literatur: G. Q. Giglioli, RendPontAcc 25/26, 1949/50, 95ff. − Th. Schäfer, JdI 95, 1980, 365ff. Abb. 22−23 mit Rekonstruktionsvorschlag (J. Ganzert) und Einzelnachweisen. − Ders., Imperii Insignia (im Druck) Nr. 4.

237 Aschenurne eines städtischen Beamten (Foto)

Volterra, Museo Guarnacci, Inv. 154

Aus Volterra

Alabaster

H 0,45 m, B 0,72 m

Rechts unvollständig

Die Vorderseite der Urne wird oben von einem Profil abgeschlossen und unten von einer Sockelzone begrenzt, auf der Altäre und *paterae* miteinander abwechseln. Das Bildfeld zeigt einen für die spätetruskische Zeit typischen Magistratsaufzug zu Fuß, der sich von links nach rechts bewegt. Die Hauptperson selbst befindet sich zusammen mit drei weiteren *togati*, in denen vielleicht seine Amtskollegen zu sehen sind, am Ende des Zuges. Vor dieser Gruppe schreiten zwei Lictoren, die über der linken Schulter jeweils ihre Rutenbündel sowie die erhobene *virga* in der Rechten tragen. Die Spitze des Zuges bilden vier Apparitoren, die außer den Schreibtafeln in der rechten Hand noch weitere Amtsinsignien mitführen. So hält der dritte auf der Schulter ein *scrinium*, den runden Behälter für die Schriftrollen des Magistraten. Ihm folgt ein weiterer, der die *sella curulis* des Beamten geschultert hat. Wohl aus Gründen der besseren Erkennbarkeit ist sie in nicht zusammengeklapptem Zustande und in reiner Seitenansicht wiedergegeben.

Die Frage nach dem Sinngehalt des Beamtenaufzuges ist noch nicht endgültig geklärt. Seine ältere Deutung als ,Ekphoraprozession' oder ,Reise des Verstorbenen ins Jenseits' ist in neuerer Zeit wahrscheinlich zu Recht verworfen worden, auch wenn eine sepulkrale Komponente nicht auszuschließen ist. Für die zuletzt vorgeschlagene Deutung als einen der römischen *pompa circensis* ähnlichen Brauch spricht vor allem, daß der Aufzug dann inhaltlich an den in der etruskischen Sepul-

kralkunst seit archaischer Zeit geläufigen Topos des Magistraten als Spielgeber anzuschließen wäre.

Datierung: Ende 2. Jh. − 1. Jh. v. Chr.

Literatur: Corpus delle urne etrusche di età ellenistica II (1977) 110 Nr. 134. − B. M. Felletti Maj, La tradizione italica nell'arte romana (1977) 102 Taf. 8 Abb. 17. − Zur Deutung mit älterer Lit.: U. Höckmann, Die Bronzen aus dem Fürstengrab von Castel San Mariano bei Perugia (1982) 152ff.

238 Aschenurne eines städtischen Beamten (Foto)

Volterra, Museo Guarnacci, Inv. 161

Aus Volterra

Alabaster

H 0,35 m, B 0,75 m, T 0,21 m

Die Vorderseite ist mehrfach gebrochen, die Nebenseiten fehlen fast ganz

Die mit reichen Profilen verzierte Vorderseite der Urne zeigt den Typus des Magistratsaufzuges zu Pferde. Die nach rechts gewandte Quadriga in der Mitte zieht den Wagen der mit einer Toga bekleideten Hauptperson. Im Hintergrund wird noch ein nach rückwärts gewandter Reiter sichtbar, der den Zug begleitet. Hinter dem Magistraten folgen zu Fuß ein *togatus* ohne erkennbare Attribute sowie ein kleiner dargestellter *scriba* mit Schreibtafeln. Die beiden obligatorischen Lictoren befinden sich an der Spitze des Zuges, sind aber gleichzeitig in einem eigenen szenischen Kompartiment verhaftet. Sie stehen ruhig dem Betrachter zugewandt und dienen mit ihren hoch aufragenden *fasces* als Staffagefiguren für die zwischen ihnen aufgeschlagene *sella curulis*, neben der noch ein *scrinium* steht. Die *sella curulis* mit den Lictoren ist zwar der ideelle Zielpunkt des Aufzuges, behauptet aber ihre Unabhängigkeit von der Szene schon dadurch, daß sie nicht mehr von einem *apparitor* innerhalb des Zuges getragen wird. Damit erinnert diese statuarische Komposition stark an die seit dem 1. Jh. v. Chr. in Rom gebräuchliche isolierte Wiedergabe von Magistratsinsignien.

Datierung: Aus ikonographischen Gründen dürfte die Urne die Einsetzung von Volterra als römisches Municipium voraussetzen und wird etwa in das zweite Drittel des 1. Jhs. v. Chr. gehören.

Literatur: Corpus delle urne etrusche di età ellenistica II (1977) 162f. Nr. 220. − Th. Schäfer, Imperii Insignia (im Druck) Kap. I.

239 Aschenurne eines städtischen Beamten (Foto)

Volterra, Museo Guarnacci, Inv. 155

Aus Volterra

Alabaster

H 0,36 m, B 0,76 m

Die Urne ist mehrfach gebrochen, aus der Vorderseite fehlt ein größeres, dreieckiges Stück

Mittelpunkt des oben und unten profilierten Vorderseitenreliefs ist ein nach links orientierter, aber ruhig stehender Magistratsaufzug. Er wird von zwei Lictoren mit *fasces* und *virgae* angeführt, dahinter folgt ein weiterer *apparitor* ohne erkennbare Attribute. Die Hauptperson ist durch ihre Größe sowie ein *volumen* in der rechten Hand herausgehoben. Von rechts nähert sich eine

Kat. 238

Kat. 239

Gruppe von Frauen und Kindern, in der nur die von dem Verstorbenen Abschied nehmende Familie gesehen werden kann. Interessant ist jedoch die formale Trennung zwischen dem Beamten und seinen Angehörigen durch die Apparitoren, die noch eine Abhängigkeit von der ikonographischen Tradition des Beamtenaufzuges erkennen läßt.

Hierzu paßt auch das am linken Reliefrand isoliert stehende und nicht in die Episode einbezogene Tribunal. Es nimmt ebensoviel Raum ein wie die Gruppe der Angehörigen auf der anderen Seite und rahmt zusammen mit dieser symmetrisch den zum Torso degenerierten Beamtenaufzug. Das hohe, reich profilierte Tribunal trägt in der Mitte eine *sella curulis* mit freiplastisch ausgearbeiteten, gebogenen Beinpaaren und einer kastenförmigen Fußbank. Ihre Sitzbank ist durch schmale Längsholme in Seitenwangen und ein eingetieftes Mittelfeld gegliedert, in dem schematisch drei Beschläge oder Paterae wiedergegeben sind. Auf der Sitzbank liegt ein flaches Kissen. Von den flankierenden Hockern ist nur der linke erhalten; nach der Beinform müßte es sich um *sellae quaestoriae* handeln, doch dürften hier die Sitze der dem Magistraten beigegebenen *scribae* gemeint sein.

Datierung: im Verlauf des 1. Jhs. v. Chr.

Literatur: Corpus delle urne etrusche di età ellenistica II (1977) 110f. Nr. 135. – B. M. Felletti Maj, La tradizione italica nell'arte romana (1977) 101 Taf. 8 Abb. 15. – S. Steingräber, Etruskische Möbel (1979) 246 Nr. 248. – Th. Schäfer, Imperii Insignia (im Druck) Kap. I.

Kat. 240

240   Aschenurne eines Quattuorvir (Foto)

Volterra, Museo Guarnacci, Inv. 561

Aus Volterra, Nekropole Badia

Weißer Marmor

H 0,27 m, B 0,36 m, T 0,35 m

Der aufgesetzte Deckel ist nicht zugehörig

Die kastenförmige, auf vier Füßen stehende Urne weist nur an der Vorderseite sowie den beiden Schmalseiten Relieffelder auf, die von einem Scherenkymation gerahmt sind. Das Fehlen einer Inschrift mit dem Namen des Verstorbenen läßt darauf schließen, daß die Urne aus einer größeren Grabanlage stammt, innerhalb derer die Inschrift angebracht war.

Die Vorderseite zeigt eine an den oberen Ecken des Bildfeldes aufgehängte Fruchtgirlande. Sie besteht aus Eicheln, großen Fruchtkolben, Granatäpfeln und Pinienzapfen, die sich in der Mitte in einer vierblättrigen Rosette treffen. An den Enden der Girlande flattern Tänien nach oben und unten, die Zwischenräume füllen Lorbeer- oder Olivenblätter mit ihren Früchten.

Die fast identischen Darstellungen auf den Nebenseiten erläutern Amt und Insignien des Verstorbenen. Die *sellae curules* sind in Wechselansicht wiedergegeben: die durch Scharniere verbundenen Beinpaare erscheinen von der Seite, die Sitzbank in Vorderansicht. Auf den Stühlen liegt ein flaches Kissen, zwischen ihren Beinen steht eine kleine Fußbank. Diese Darstellung wird auf beiden Seiten von zwei gegenständig geschnürten *fasces* gerahmt, die nach oben konisch zulaufen und auf der Spitze Lorbeerblätter tragen. An einer Öse am unteren Teil sind je zwei steil nach oben aufragende *virgae* befestigt.

Die Sitzbänke der *sellae* sind durch feine Linien in Mittelfelder und Seitenwangen unterteilt. In den Mittelfeldern erscheinen Inschriften, die die Ämter des Grabherrn nennen: auf der rechten Nebenseite steht IIII V(ir) I(ure) D(icundo), auf der linken [quin]QUEN(nalis). Der Verstorbene hatte also die höchsten munizipalen Ämter von Volaterrae bekleidet und zählte zur Oberschicht der Stadt.

Die isolierte Wiedergabe der Magistratsinsignien hat sich in der frühen Kaiserzeit dem Beispiel Roms folgend auch im etruskischen Kernland durchgesetzt und bleibt für die Folgezeit in ganz Italien verbindlich.

Datierung: Spätaugusteisch – tiberisch.

Literatur: B. M. Felletti Maj, La tradizione italica nell'arte romana (1977) 217. 346 Taf. 33 Abb. 89. – Th. Schäfer, Imperii Insignia (im Druck) Nr. 36.

Caterina Maderna-Lauter

Glyptik

Für die Herrschaft des Augustus scheint es bezeichnend, daß die Themen der kaiserlichen Politik nicht nur auf großen und öffentlichen Staatsdenkmälern erscheinen, sondern auch weite Verbreitung in Werken der Kleinkunst gefunden haben. Besonders interessant ist dabei, mit welch großer Schnelligkeit die Bildersprache und der Motivschatz der politischen Kunst, die zunächst innerhalb der unmittelbaren Umgebung des *princeps*, d. h. von einer kleineren Oberschicht, ausgebildet worden waren, in die Serien- oder z. T. auch Massenproduktion verschiedener Denkmälergattungen aus eher privaten Lebensbereichen eindrangen. So spiegelten beispielsweise Tonlampen, Reliefkeramik, dekorative Wandverkleidungen oder Dachziegel schon bald einen großen Teil der Bildsymbolik des Kaiserhauses und trugen diese damit in den Alltag sehr viel breiterer Schichten der Bevölkerung. (Vgl. Beitrag Hölscher, Historische Reliefs.)

Eine Beschäftigung mit archäologischen Zeugnissen dieser Art, die lange zugunsten der großen, bedeutenden Staatsdenkmäler vernachlässigt wurden, ist auf vielfache Weise aufschlußreich. So wird zunächst das ganze Spektrum der kaiserlichen Bildthemen von solchen Denkmälergruppen sehr viel dichter und sorgfältiger überliefert, als von den im Verhältnis wenigen und oftmals auch nur fragmentarisch erhaltenen staatlichen Monumenten. Darüber hinaus ermöglichen gerade diese Bildzeugnisse aber auch Erkenntnisse darüber, in welchem Umfang die verschiedenen Themen und Motive der offiziellen ‚Hofkunst‘ verstanden wurden, d. h. welche Kreise von Betrachtern damit überhaupt angesprochen werden konnten. In gewisser Weise wird demnach hier die Reaktion breiterer Schichten der Bevölkerung auf die kaiserliche Bildkunst und damit letztendlich auch auf die kaiserliche Politik sichtbar.

Unter all den eben genannten Aspekten ist eine Beschäftigung mit Bildzeugnissen der Glyptik, die zum großen Teil serienmäßig hergestellt wurden, eine massenhafte Verbreitung erfuhren und in überaus großen Mengen erhalten sind, besonders ergiebig.

Innerhalb der Erzeugnisse der Glyptik unterscheidet man zwischen Kameen, Gemmen und Glaspasten. Hinzu kommen Reliefgefäße aus edlem Stein, wie z. B. die sog. Tazza Farnese, oder aus Glas. Der überwiegende Teil der Kameen und Gemmen ist aus Edelsteinen oder Halbedelsteinen gefertigt, wobei neben der Schmuckwirkung der verschiedenfarbigen Steine die einzelnen Steinsorten auch symbolische Bedeutungen haben konnten.

Als ‚Kameo‘ bezeichnet man einen Stein, dessen Bildmotiv erhaben, d. h. in positivem Relief herausgeschnitten ist. Für diese Technik als Material besonders geeignet ist z. B. der Sardonyx, dessen Mehrschichtigkeit es ermöglicht, das eigentliche Reliefbild in hellem Weiß herauszuformen und dieses effektvoll mit verschiedenen dunkleren Schichten in Kontrast zu setzen (Kat. 246, 278–279).

Auf den ‚Gemmen‘ sind die Darstellungen dagegen vertieft, d. h. im Negativ-Relief in den Stein hineingeschnitten, weswegen man sie auch als ‚Intagli‘ oder ‚Intailles‘ bezeichnet.

Darüber hinaus wurden auch die geschnittenen Steine in Glas mit Hilfe von Guß-, Stempel- oder Formschmelzverfahren serienmäßig vervielfältigt, wobei die verschiedenen Herstellungstechniken allem Anschein nach nebeneinander angewandt wurden. Bei den Glasgemmen (auch Glaspasten genannt) und den Glaskameen handelt es sich demnach um mehr oder weniger gut gelungene ‚Kopien‘ jeweils in Stein geschnittener Originale, von denen zu diesem Zweck Abdrücke in weicherem Material, z. B. Ton, abgenommen und dann als Patrize oder Matrize verwendet wurden.

In Italien, wo seit dem späteren 6. Jh. v. Chr. vor allem die Etrusker eine bedeutende Produktion von Erzeugnissen der Glyptik hervorbrachten, haben gerade die Glasgemmen im 1. Jh. v. Chr. eine wichtige Rolle gespielt (s. u.).

Die im Hochrelief geschnittenen Kameen hatten keinen praktischen Verwendungszweck, sondern dienten vor allem als repräsentative Schmuckstücke für den persönlichen Bedarf, zum luxuriösen Dekor kostbarer Gefäße und Einrichtungsgegenstände sowie auch als besonders prunkvolle Kleinode in Daktyliotheken und im Staatsschatz. Viele der in der Regel sehr kostbaren Stücke wurden von bedeutenden Künstlerwerkstätten geschaffen und befanden sich im Besitz von Herrschern oder von Angehörigen ihrer Höfe (vgl. Kat. 246, 278−279).

Gemmen waren dagegen schon seit frühester Zeit nicht nur als Schmuck, sondern auch als Amulette oder Siegel in Gebrauch. Bereits im Babylonien des 5. Jts. v. Chr. fanden sie als Stempelsiegel, in Mesopotamien dann als Rollsiegel (Siegelzylinder) Verwendung. In den Kulturen des minoischen Kreta und des griechischen Festlandes der mykenischen Zeit siegelte man seit der Mitte des 3. Jts. v. Chr. mit verschieden geformten Petschaften, Zylindern, Knopfformen oder Prismen, die später von anderen, wie z. B. linsen- oder mandelförmigen Siegeln abgelöst wurden.

Wohl seit dem 5. Jh. v. Chr. waren die geschnittenen Steine in Griechenland dann teilweise auf Ringen montiert, eine Praxis, die vor allem in hellenistischer Zeit große Verbreitung erfuhr. Auch in Italien wurden seitdem Ringsteine zum marktbeherrschenden Hauptgegenstand der Glyptik.

Gerade die mögliche Verwendung einer Gemme als Siegel macht die Bedeutung sichtbar, welche einzelnen geschnittenen Steinen zukommen konnte. Privates oder staatliches Eigentum wurde mit Hilfe bestimmter Bildzeichen als solches gekennzeichnet und versiegelt, Handelsverträge oder Urkunden mit amtlichem Schriftverkehr beglaubigt. Dabei wurde offenbar nicht zu allen Zeiten streng zwischen einem staatlichen, d. h. ‚öffentlichen‘ Siegel, welches keiner Einzelperson eigen war, sondern von einem speziell dafür beauftragten Amtsträger verwaltet wurde, und einem ‚privaten‘ Siegel, das für die ausschließlich persönlichen Geschäfte seines Trägers benutzt wurde, unterschieden. Römische Beamte unterzeichneten beispielsweise öffentliche Dokumente mit ihren privaten Siegeln. Diese erhielten zwar zu diesem Zeitpunkt öffentlichen Charakter und eine entsprechende Legitimation, welche aber nach Ablauf der Amtszeit ihrer Träger sogleich auch wieder erlosch. Die daraus resultierende starke Verquikkung von persönlichen und öffentlichen Interessen durch die Siegelpraktiken hatte dann im letzten Jahrhundert der Republik entscheidende Auswirkungen auf die Wahl der Bildmotive der Steine.

Gemmen aus Glas wurden ebenfalls zum großen Teil in Ringe gefaßt, wobei man in Rom das Rohglas oftmals auf Vorrat herstellte und das Abschleifen und Einfassen in die Ringe erst dann vornahm, wenn sich ein Käufer für eine bestimmte Ringart und Glasfarbe entschieden hatte. Wie die aus kostbaren Materialien gefertigten originalen Gemmen konnten auch ihre ‚Kopien‘ aus Glas durchaus als Siegel verwendet werden, was zur Folge hatte, daß ein und dieselbe bildliche Darstellung von mehreren Personen zugleich als jeweils persönliches Siegelzeichen verwendet werden konnte. Die starke Vielfarbigkeit der Glasgemmen macht darüber hinaus deutlich, daß auch mit diesen Steinen eine besondere Schmuckwirkung erzielt werden sollte. Daneben lassen die in großen Mengen erhaltenen Glasgemmen, die ungefaßt blieben, die Schlußfolgerung zu, daß viele Stücke dieser Art nicht tatsächlich getragen oder als Siegel benutzt, sondern offenbar teilweise auch als reine Bilder gesammelt wurden.

Seit der 2. Hälfte des 6. Jhs. v. Chr. sind aus Griechenland nicht nur Gemmen erhalten, die den Namen ihrer jeweiligen Besitzer inschriftlich festhalten, sondern auch Steine, die eine Künstlersignatur tragen. Inschriften offenbar berühmter Gemmenschneider oder ihrer Werkstattangehörigen sind in der Folgezeit immer häufiger auf den Bildfeldern einzelner Stücke eingetragen, wobei es sich hier in der Regel um qualitativ hervorragende Exemplare handelt. Auch in den Schriftquellen nehmen Nachrichten über herausragende Meister in diesem Fach sowie über einzelne der von ihnen geschaffenen Werke zu.

Im Rom der späten Republik spielte eine ganze Anzahl von Gemmenschneidern, meist griechischer Herkunft, eine bedeutende Rolle. In der beginnenden Kaiserzeit unter Augustus arbeiteten verschiedene Meister und ihre Werkstätten, wie z. B. Dioskurides, Solon oder Gnaios, in enger Verbindung zum Kaiserhaus und trugen damit ihren Teil zur Entstehung einer neuen ‚Hofkunst‘ bei (vgl. Kat. 265. 271).

Da die geschnittenen Steine in ihrer Eigenschaft als Siegel bedeutende politische Funktion erhalten konnten, herrschte zwangsläufig auch reges Interesse an den bildlichen Darstellungen der Siegelringe berühmter und mächtiger Staatsmänner. So überliefern die Schriftquellen, daß sich Alexander der Große von einem Steinschneider namens Pyrgoteles einen Smaragd mit seinem eigenen Porträt arbeiten ließ (Plin.nat. 7,125 und 37,8), daß Caesars persönlicher Siegelring eine bewaffnete Aphrodite (Venus Victrix, vgl. Kat. 269) zeigte (Dio Cass. 43,43,3) und daß C. Maecenas die Darstellung eines Frosches im Ring trug (Plin.nat. 37,10). Augustus selbst siegelte zuerst mit dem Bild einer Sphinx, trug dann einen Ringstein mit einem Porträt Alexanders des Großen und ließ sich schließlich von dem Gemmenschneider Dioskurides einen Ring mit seinem eigenen Porträt anfertigen (Dio Cass. 51,3,6; Suet. Aug. 50; Plin.nat. 37,10 f.). Bezeichnenderweise wurde dieser letzte Siegelring des Augustus von vielen der auf ihn folgenden Kaiser noch weiter getragen und benutzt, was die Bedeutung des Steines nochmals beleuchtet.

Spätestens seit dem 2. Jh. v. Chr. zeigen römische Gemmen und Glaspasten in verstärktem Maß Bildthemen, die sich auf politische Ereignisse beziehen, wobei die Steine vor allem militärische Erfolge einzelner Feldherren oder die Tapferkeit und die Tugenden ihrer Soldaten feiern. Eine Glasgemme in Kopenhagen, die möglicherweise noch im ausgehenden 3. Jh. v. Chr. entstand (Abb. 203), zeigt beispielsweise einen Römer in kurzärmeliger Tunica, der sein Pferd am Zügel nach links führt. Hinter ihm schreitet Roma mit Helm, Lanze und einem Schild, den sie vor die Schulter hält. Es handelt sich hier mit Sicherheit um einen Feldherrn, dessen symbolische Verbindung mit der Stadtgöttin seine offenbar herausragenden Verdienste und Leistungen zum Wohle Roms dokumentieren sollte. Auf einem im 2. oder 3. Viertel des 1. Jhs. v. Chr. geschnittenen Karneol in Wien (Abb. 204) steht ein siegreicher Feldherr mit Helm, Muskelpanzer und Stiefeln, in der Rechten einen Rundschild, in der Linken ein kurzes, bebändertes Szepter, dagegen repräsentativ isoliert neben einem Tropaeum, eine Darstellungsform, die in verschiedenen Varianten auf unzähligen Gemmen und Pasten erhalten ist.

Neben Motiven dieser Art verdeutlichen zahlreiche Kampf- und Schlachtenszenen den Mut und die dynamische Schlagkraft des römischen Militärs und seiner Protagonisten. So zeigt eine ganze Serie von Steinen, wie z. B. ein qualitätvoller Sard in Wien, der sich wohl auf die Gallienfeldzüge Caesars bezieht, einen römischen Reiter, der einen feindlichen Barbaren niederreitet.

Ein wahres Schlachtgetümmel herrscht auf einer Glaspaste in Hannover, die wohl im gleichen Zeitraum entstand. Zwei römische Reiter, von denen der im Hintergrund größtenteils zerstört ist, stürmen mit nach hinten flatternden Mänteln gegen drei Barbaren vor. Während einer von diesen, mit erhobenem Schwert und langovalem Schild an der Seite, sich nach seinen Gegnern umsehend zu fliehen versucht, ist ein anderer schon zu Boden gesunken. Ein vorgeneigt Kniender umfaßt währenddessen eine Lanze, die ihn getroffen hat, um sich diese aus der Seite zu ziehen. Die dichtgedrängte Szene, deren kompliziert wirkende Komposition auf der Paste etwas unglücklich wiedergegeben scheint, schöpft in ihrer Bildsprache unmittelbar aus vergleichbaren Szenen und Motiven großer Siegesdenkmäler und war im Original sicher auf einem kostbaren Stein im Besitz einer bedeutenden Persönlichkeit dargestellt.

Das deutlich vermehrte Auftreten von Darstellungen dieser Art im 2. und dann vor allem im 1. Jh. v. Chr. zeigt, daß – ähnlich wie die Bildersprache der an öffentlichen Gebäuden und Denkmälern angebrachten Reliefs – auch der Motivschatz der Glyptik auf eine Zeit reagierte, in der einerseits Rom durch eine ständig expandierende kriegerische Außenpolitik zunehmend

Territorium eroberte und in der andererseits die dafür verantwortlichen Heerführer und Feldherren immer mehr Macht auf sich vereinigen konnten, eine Entwicklung, die schließlich die
Konzeption der republikanischen Idee in Gefahr brachte. Da im wesentlichen militärische
Erfolge die wichtigste Grundlage für den Führungsanspruch einzelner Persönlichkeiten bildeten, zeigen die geschnittenen Steine zunächst durchweg kriegerische Szenen. Dabei trifft man
nicht nur auf Kürzel aus monumentalen Schlachtendarstellungen oder auf repräsentativ wiedergegebene siegreiche Imperatoren, sondern auch auf einzelne Symbole oder Motive, die für
einen Sieg kennzeichnend waren. Aus jeglichem szenischen Zusammenhang herausgelöste
Tropaea, an denen z. T. zusätzlich gefesselte Barbaren lehnen, sowie isoliert wiedergegebene
gefangene Barbaren propagieren schlagwortartig die siegreiche Unterwerfung feindlicher Völker, und unzählige Male erscheint Victoria mit Tropaeum, Kranz und Palmzweig als ständige
symbolische Begleiterin der jeweiligen Besitzer der Steine.

Hinzu kommen im Verlauf des 1. Jhs. v. Chr. dann zunehmend Gemmen und Glaspasten,
die Kombinationen von einzelnen Symbolen, wie z. B. Ähren, Mohn, Füllhörnern etc. zeigen
und damit, ähnlich wie zahlreiche Münzemissionen aus dem gleichen Zeitraum, Frieden,
Glück und Wohlstand versprechen.

Darüber hinaus ist bedeutsam, daß mit dem 1. Jh. v. Chr. auch die massenhafte Verbreitung der Gemmen aus Glas einsetzt. Eine ganze Anzahl überaus häufig erhaltener Motive
wurde dabei allem Anschein nach serienmäßig und als Mittel politischer Propaganda hergestellt. Offenbar verschenkten einflußreiche und mächtige Persönlichkeiten an Freunde oder
politische Anhänger Glaspasten, deren Bildmotive bedeutende Taten und Leistungen verherr-
lichten, welche sie selbst, ein Mitglied ihrer Familie, oder ein berühmter Vorfahr vollbracht
hatten, um auf diese Weise alte und neue Gefolgsleute an sich zu binden. Gerade hier werden
wieder enge Parallelen zur gleichzeitigen Münzkunst sichtbar.

Da die Steine nur in seltenen Fällen Inschriften tragen und eine wirklich individuelle physiognomische oder sonstige Kennzeichnung der Figuren fast durchweg fehlt, ist es allerdings in
der Regel heute kaum möglich, die einzelnen Darstellungen konkret mit bestimmten Personen
in Verbindung zu bringen. Dies liegt vor allem auch daran, daß, von wenigen Ausnahmen
abgesehen − Sulla trug beispielsweise einen Siegelring, der die Auslieferung des Iugurtha an
ihn zeigte (Abb. 177) −, für die Selbstdarstellung vieler verschiedener Persönlichkeiten immer
wieder die gleichen oder nur in geringfügigen Details veränderten Motive und Bildthemen verwendet wurden. Auch die inhaltlichen Aussagen der Darstellungen waren so allgemein gehalten, daß sie auf eine Vielzahl von Personen gleichzeitig zutreffen konnten.

Anders als die großen öffentlichen Siegesdenkmäler, die auf viel eindeutigere Weise
Machtpositionen von Einzelpersonen zur Schau stellten, waren die politischen Bildthemen der
spätrepublikanischen Glyptik im Grunde mehr Antwort auf die generelle historische Entwicklung und auf die Bedürfnisse der Zeit, in der sie entstanden, als Träger von wirklich individuellen, nur auf eine bestimmte Person zutreffenden Aussagen.

Gerade unter diesem Gesichtspunkt wird deutlich, daß Augustus auch im Rahmen dieser
Denkmälergattung einerseits auf bereits vorgeprägte und bekannte Traditionen zurückgreifen
konnte, daß andererseits aber der mit ihm vollzogene Wechsel von der Republik zum Prinzipat
entscheidende Veränderungen für die Bildersprache der Glyptik zur Folge hatte.

Die Politik des Augustus im Spiegel von Kameen, Gemmen und Glaspasten

Der Aufstieg Octavians zur Macht hatte für die Bildersprache der Glyptik entscheidende
und unmittelbare Konsequenzen. Dabei sind auffallende Neuerungen in der Auswahl und szenischen Komposition politischer Themen und Motive auf den geschnittenen Steinen vor allem
durch den großen Seesieg von Actium ausgelöst worden, der damit zu einem historischen
Ereignis wurde, welches ebenso wie es die machtpolitischen und gesellschaftlichen Entwicklungen der Folgezeit wesentlich beeinflußte, auch in bildkünstlerischer Hinsicht die wichtigsten

Grundlagen für die Entstehung einer propagandistischen ‚monarchischen' Kunst im Rahmen dieser Denkmälergattung schuf.

Aus der Zeit gleich nach Caesars Ermordung und den Jahren des zweiten Triumvirates, d. h. aus den frühen Phasen der politischen Laufbahn Octavians, sind nur wenige Serien von Gemmen und Glaspasten erhalten, deren Motive eindeutig auf den späteren *princeps* zu beziehen sind. Wie auf zahlreichen anderen Steinen der späten Republik läßt auch hier eine weitgehend allgemein gehaltene Bildersprache − innerhalb der bekannten Themen nehmen Kombinationen einzelner Symbole (s. o.) eine deutliche Vorrangstellung ein − ihre Bindung an eine bestimmte Person, und damit ihre ausschließliche Beziehung auf Octavian, meist sehr willkürlich erscheinen.

Die politischen Ziele und Leitvorstellungen des jungen Caesar wurden in diesem Zeitraum vor allem mit Hilfe einer bedeutenden, in weit über hundert Exemplaren erhaltenen und überwiegend aus Glaspasten bestehenden Serie von Porträtgemmen propagiert, welche den Kopf des Jünglings Octavian mit einer Vielzahl verschiedener Symbole umgeben (Kat. 241−245). Diese dienten gleichsam als bildliche Illustration der politischen Stellung des Caesar-Erben sowie aller Segnungen und Verheißungen, die an seine Person gebunden waren, und dokumentierten programmatisch die ihm daraus erwachsenen Machtansprüche. Betrachtet man die Serie in ihrer Gesamtheit, so scheint zunächst auffällig, daß trotz der Tatsache, daß ein bedeutender Teil der Steine zur Zeit des zweiten Triumvirates entstanden sein muß, die Dokumentation der Einigkeit von Octavian und Marc Anton hier nur einen geringen Stellenwert einnimmt (vgl. Kat. 243). Die überwiegende Anzahl der Gemmen und Pasten ist auf Octavian allein bezogen, wobei bezeichnenderweise immer wieder auch auf die enge Verbundenheit zwischen ihm und seinem Adoptivvater Caesar Bezug genommen wird (vgl. Kat. 241). Die Ziele und Absichten des zukünftigen *princeps* scheinen demnach zumindest im Rahmen der Glyptik von Anfang an weitgehend losgelöst von jeglichen politischen Bindungen an andere Personen propagiert worden zu sein. Die Steine präsentieren ihn als den einzigen wirklichen Protagonisten im Kampf für eine rasche und dauerhafte Beendigung der Wirren und Schrecken der Bürgerkriegszeit. Da die Serie fast ausschließlich aus billigen Glaspasten besteht, ist anzunehmen, daß diese zum größten Teil im Besitz der bedeutenden Klientelschaft waren, die der junge Feldherr von seinem Adoptivvater übernommen hatte und welche die wichtigste Grundlage für seine Macht- und Führungsansprüche bildete. Die Steine konnten demzufolge in gewisser Weise als eine Art ‚Parteiabzeichen' fungieren und wurden darüber hinaus vielleicht auch in größeren Mengen an bestimmte Kreise der Bevölkerung verteilt, um neue Anhänger zu gewinnen. Ganz ähnlich hatte Octavian allem Anschein nach zahlreiche Pasten mit dem Porträt Caesars nach dessen Tod verschenkt, um damit der Rechtmäßigkeit seines Erbanspruches Ausdruck zu verleihen.

Grundsätzlich ist die Bildersprache dieser frühen Porträtgemmen noch fest in den Traditionen der späten Republik verhaftet. Nur der Jünglingskopf und einige spezifisch auf Octavian verweisende Motive wie der Capricorn, der gelegentlich noch zusätzlich im Bildfeld erscheint (Kat. 241), binden die inhaltliche Aussage der Symbole unmißverständlich an die Person des späteren *princeps* und ermöglichen damit dem Betrachter erstmals eine unmittelbare und eindeutige Beziehung der Bildinhalte auf deren Absender.

Erst die durch die entscheidende Seeschlacht von Actium endgültig etablierte Vormachtstellung Octavians und die Position, die er spätestens seit 27 v. Chr. im Staat einnahm, brachte für die Bildersprache der geschnittenen Steine entscheidende Änderungen. Darstellungen wie die des berühmten Actium-Kameos in Wien (Kat. 246) und des Sardes in Boston (Kat. 247), die Octavian als Neptun-gleichen Beherrscher der Meere in einem ikonographischen Schema des Gottes feiern, hat es im Rahmen der Glyptik vorher nicht gegeben. Dabei geht es hier nicht allein um den szenischen und kompositorischen Prunk, der zur Verherrlichung des endgültigen Siegers der Bürgerkriege entfaltet wurde, sondern auch um das Phänomen, wie rasch eine immer stärkere Personalisierung der traditionellen Bildersprache schließlich zu Kompositionen

Abb. 203 Fragment einer gelben Glaspaste. Römer mit Pferd und Roma. Kopenhagen, Nationalmuseum. (n. Vollenweider, Portraitgemmen Taf. 7,8)

Abb. 204 Karneol: Feldherr neben Tropaeum. Wien, Kunsthistorisches Museum Inv. IX B 370. (n. Zwierlein-Diehl, AG-Wien II Nr. 1096 Taf. 84)

Abb. 205 Gelbbraune Paste: Poseidon mit Hippokampenbiga. Ost-Berlin, Antiquarium (A Furtwängler, Beschreibung der geschnittenen Steine im Antiquarium [1896] Nr. 6256 Taf. 43)

Abb. 206 Denar des Sextus Pompeius, zw. 38 und 36 v. Chr. Sizilien. Leuchtturm von Messana mit Neptun und Kriegsgaleere. (n. Grueber II 563 Nr. 18 Taf. 120,13)

führte, die schon von vornherein auf niemand anderen als den neuen *princeps* bezogen werden konnten. Dieser bildliche Wandel, der letztendlich auch den politischen Wandel von der Republik zum Prinzipat widerspiegelt, vollzog sich dabei keineswegs abrupt und schlagartig, sondern in einem allmählichen aber stetigen Entwicklungsprozeß, innerhalb dessen man sich immer wieder bereits fest in dieser Denkmälergattung etablierter spätrepublikanischer Traditionen bediente und sich somit auch die Bekanntheit einzelner Motive zunutze machte.

Eine große Serie von Gemmen und Glaspasten, die einen jugendlichen Helden mit Seesiegsymbolen wiedergibt, hatte beispielsweise ganz ähnlich wie die beiden vorher genannten Steine primär zum Ziel, die Eigenschaften des Siegers von Actium mit denen Neptuns zu vergleichen und auf diese Weise die Macht Octavians über die See mit der des Meeresgottes gleichzusetzen. Um dies zu vermitteln, griff man bei der Darstellung des jungen Caesar hier aber nicht nur ein bekanntes ikonographisches Schema des Gottes auf, sondern auch auf ein Motiv zurück, das schon vor dieser Zeit wiederholt zur Verherrlichung von Seehelden und ihren siegreichen Gefechten verwendet worden war (Kat. 248–49).

Dem Publikum schon bekannte Motive und Symbole wurden demnach größtenteils unverändert übernommen, zunächst durch spezifisch auf Octavian verweisende Beizeichen unmißverständlich an seine Person gebunden und schließlich vollkommen unter das Repertoire der allein auf den *princeps* bezogenen Bildkunst subsumiert.

Diese Personalisierung zahlreicher politischer Themen und Motive der späten Republik, die im Grunde auch eine ‚Vereinnahmung‘ aller mit ihnen verbundenen positiven Werte bedeutete, geschah nicht zuletzt mit Hilfe von wichtigen Gottheiten und deren eindeutiger Parteinahme für Augustus. Wenn Mars oder Mercur auf Gemmen und Glaspasten in der gleichen Pose wie der triumphierende Seesieger erscheinen und darüber hinaus auch noch Seesiegsymbole, d. h. für sie völlig untypische Attribute tragen (Kat. 250–51), dann wird dem Betrachter unmißverständlich vor Augen geführt, daß der neue *princeps* jederzeit ihren mächtigen göttlichen Schutz genießt und mehr noch, daß seine Eigenschaften im Krieg wie im Frieden denen der Götter gleichen. So scheint Augustus von menschlicher Seite aus kaum noch angreifbar. Nun gab es außer den schon bekannten persönlichen Symbolen des *princeps* wie dem Capricorn (Kat. 262–63) bald auch eine Victoria des Augustus (Kat. 255–58), eine bestimmte Tropaeum-Komposition, die nur auf ihn bezogen werden konnte, und so fort, bis im Laufe der Zeit schließlich auch die Darstellung der staatserhaltenden Mythen fast zwangsläufig mit ihm als dem Erhalter des Staates verknüpft wurde. Es bedurfte dann bald keiner zusätzlichen Beizeichen mehr, um in dem jugendlichen Krieger, der auf einem Karneol in Hannover gegen einen Giganten kämpft, eine Anspielung auf den Caesarrächer und Actium-Sieger Octavian zu erkennen (Kat. 254) und schließlich die Darstellungen des Kampfes der Götter gegen die Giganten schlechthin als Metaphern für die Vernichtung der östlichen Barbarei Marc Antons und für den Sieg einer friedvollen Ordnung über das Chaos und die Schrecken der Bürgerkriege zu begreifen (Kat. 252–53). Auch Iuppiters Adler auf einer im Wasser schwimmenden

Weltkugel (Kat. 260) konnte sich jetzt nur auf die Herrschaft des *princeps* zu Lande und zu Wasser beziehen, da ihm allein als dem auserwählten Stellvertreter des mächtigen Staatsgottes das Wohlergehen Roms und der zum römischen Imperium gehörenden Völker anvertraut worden war (vgl. Kat. 259. 261).

Die zunehmende Konzentration der tatsächlichen politischen Macht in der Hand einer einzigen Person zog also sehr schnell die Ausprägung und Etablierung einer für sie allein konzipierten propagandistischen Bildersprache nach sich.

Nach den zu Actium geschnittenen Steinen sind dann in der Glyptik zwar immer wieder zahlreiche neue Motive zur Verherrlichung des *princeps* gefunden oder ausgeprägt worden, doch sind dabei, was die Form und Anwendung der kaiserlichen Bildpropaganda betrifft, keine Neuerungen zu fassen, welche deren Struktur wesentlich verändert hätten.

Für die Propagierung des wohl wichtigsten außenpolitischen Erfolges in der Herrschaft des *princeps*, die Wiedergewinnung der einst an die Parther verlorenen römischen Feldzeichen im Jahr 20 v. Chr., griff man in der Glyptik beispielsweise erstmals verstärkt das Motiv einer stiertötenden Victoria auf, das auch in der zu diesem Ereignis herausgegebenen Münzprägung des Augustus eine bedeutende Rolle spielte (Kat. 265). Auf einer Glaspaste in Ost-Berlin (Kat. 264) bieten dagegen zwei kniefällige Parther als Sinnbild für die Unterwerfung des Ostens die Feldzeichen bezeichnenderweise dem Standbild der Siegesgöttin in der Kurie dar, welches in seiner umfassenden Bedeutung als Victoria des Kaisers und zugleich als Victoria von ganz Rom die stabile Kontinuität der militärischen Macht des *princeps* sichtbar macht und eine deutliche Verbindung zwischen den beiden großen historischen Ereignissen ‚Actium' und ‚Parthererfolg' herstellt.

Für eine Kenntnis der Mechanismen, derer man sich zur Verfestigung der augusteischen Bildpropaganda bediente, sind aber vor allem die unzähligen geschnittenen Steine interessant, deren Bildthemen, Motive und Symbole den Beginn der *aurea aetas*, des neuen Goldenen Zeitalters feiern, dessen Anbruch seit frühester Zeit verheißungsvoll an das Erscheinen des *princeps* gebunden war. Die Götter des Kaisers, die eben noch kämpferisch seine verschiedenen Kriegszüge unterstützt hatten, zeigen nun den Beginn eines harmonischen Friedens in Eintracht, Fruchtbarkeit und Wohlstand an. Mars Ultor kann jetzt in enger Gemeinschaft mit Mercur, dem Gott des friedlichen Handels erscheinen (Kat. 268), die kriegerische Venus Victrix des Caesar ist zur Venus Genetrix des julischen Kaiserhauses geworden, die in einer Zeit idyllischen Friedens herrscht und den Fortbestand der julischen *gens* garantiert (Kat. 269), und Apollo, der wichtigste Schutzgott dieser glücklichen Zeit (vgl. Kat. 266), erscheint als kaiserlicher Garant für die Segnungen der *pax* mit dem *caduceus*, dem Friedensstab in der Hand (Kat. 267). Victoria schließlich, das göttliche Sinnbild für die militärischen Siege des *princeps*, wird zur Künderin des Sieges von Frieden und Fruchtbarkeit und hält statt Palmzweig, Siegeskranz oder Tropaeum nun ein Füllhorn oder gar eine große Weintraube (Kat. 270) in der Hand.

All diese Darstellungen sind nicht nur wegen der schlagkräftigen Prägnanz bedeutsam, mit der sie dem Betrachter die sehr vielschichtigen Aspekte des augusteischen *saeculum aureum* vermittelten, sondern auch wegen der Tatsache, daß die zahlreichen verschiedenen Nuancen der mit diesem Thema verbundenen Inhalte gleichsam komprimiert in verhältnismäßig einfache und einprägsame Bildzeichen gefaßt wurden. Letztendlich bezeugt allein schon die seit Actium in zunehmendem Maß auf Kameen, Gemmen und Glaspasten verbreitete Praxis, einzelne Gottheiten mit ihnen fremden Attributen oder in einem für sie ungewöhnlichen Kontext wiederzugeben (vgl. Kat. 250—51), um damit Schwerpunkte in der Politik des Augustus besser sichtbar zu machen oder seine herausragende Position zu unterstreichen, daß diese, wie auch die übrigen Motive und Symbole der Glyptik, in gewisser Weise als in sich abgeschlossene bildliche Chiffren fungierten, welche wie die Wörter eines Satzes nach Belieben miteinander verbunden werden konnten. Dieses Phänomen verdeutlichen auch zahlreiche Steine, auf denen die augusteische *aurea aetas* mit Hilfe von gedanklich-abstrakt wirkenden Motivkombinationen oder einer dichten Aneinanderreihung einzelner Symbole propagiert wurde (Kat. 272–275). Wenn Mars Ultor, Victoria, Globus, Füllhorn, Adler, Prora, Ähren, Mohn, Vogel und Delphin das Bildfeld eines Amethystes ausfüllen (Kat. 272), dann erhält das zunächst scheinbar wahllose Konglomerat der einzelnen Bildzeichen dadurch einen Sinn, daß jedes Motiv schon für sich allein als Träger bestimmter Wertvorstellungen der Politik des Augustus angesehen werden kann. Durch die Verbindung aller Symbole ist die inhaltliche Aussage der nur knapp über 1 cm hohen und breiten Gemme dann mit der Komplexität eines dichten literarischen Textes zu vergleichen, der dem Betrachter zahlreiche Informationen und vor allem ein großes Spektrum der kaiserlichen Propaganda in aller Ausführlichkeit übermittelt.

Wie bereits angedeutet, waren Zusammenstellungen einzelner Symbole bereits in der späten Republik verbreitet (Kat. 241–45); man setzte demnach auch hier sicher bewußt schon bekannte und vertraute ältere Traditionen fort. Dabei erhielten die Bildzeichen der Steine aber noch eine zusätzliche und tiefergreifende inhaltliche Dimension. Waren sie nun doch längst nicht mehr nur Träger bestimmter programmatischer Aussagen und politischer Leitbegriffe, sondern zugleich immer auch mehr oder weniger direkte Hinweise auf die Person des Kaisers.

Insgesamt gesehen ist die seit Actium faßbare charakteristische Form der augusteischen Bildersprache auf den geschnittenen Steinen der Spätzeit stark gefestigt und durch eine weitgehend abstrakte Handhabung ihrer einzelnen Motive gekennzeichnet. Im Grunde ist hier ein komplexes Zeichensystem zu fassen, dessen verschiedene Glieder weitgehend variabel zu handhaben waren und wie Versatzstücke miteinander kombiniert werden konnten, um eine bestimmte Aussage in diese oder jene Richtung zu lenken. Hatte Actium den Grundstein für die Etablierung einer ,monarchischen' Kunst gelegt, so ist sie hier in ihrer vollen Ausprägung zu fassen.

Innerhalb der augusteischen Glyptik nehmen zahlreiche Steine sicher bewußt auf offiziellere, unter unmittelbarem Einfluß des Kaiserhauses entstandene Denkmäler Bezug. Hier sind einerseits zum Teil direkte Übernahmen einzelner Motive zu fassen, andererseits wird deutlich, daß man daneben für eine Verbreitung der vom Kaiserhaus programmatisch lancierten Ideologien aber auch andere, in diesem Bereich weniger oder gar nicht verbreitete Bildthemen und Symbole aufgriff oder neu erfand. Sehr enge Berührungspunkte gibt es vor allem mit der gleichzeitigen Münzkunst (Kat. 242. 245. 248. 255–56. 262. 264–65), ein Umstand, der allein schon durch die ähnlichen Maßverhältnisse beider Denkmälergattungen stark begünstigt wurde. Hier wie dort war man ja darauf angewiesen, bestimmte historische Ereignisse sowie Ziele und Wertvorstellungen des Prinzipates auf engem Raum mit Hilfe von Bildzeichen zu vermitteln, die möglichst einfach und einprägsam, in ihrer inhaltlichen Aussagekraft aber reich und vielschichtig sein mußten.

Darüber hinaus hat auch die Bildersprache der großen und monumentalen Staatsdenkmäler sicher entscheidende Impulse für die Entstehung einiger Kameen, Gemmen und Glaspasten gegeben. Ein Amethyst in Paris, von dem ein neuzeitlicher Glasabguß in Würzburg erhalten ist (Kat. 271), zeigt beispielsweise eine nicht eindeutig benennbare Göttin, welche in ihrer gesamten Erscheinung, d. h. sowohl in formaler Hinsicht als auch unter inhaltlichen Gesichtspunkten, unmittelbar an Vorstellungen der *pax* des Augustus erinnert, wie sie auf der Ara Pacis, dem großen, für den *princeps* auf dem Marsfeld errichteten Friedensaltar in komplexer Breite versinnbildlicht werden.

Wie vielfältig und unterschiedlich die Möglichkeiten der Auslegung und Propagierung ein und desselben Themas gerade innerhalb der Glyptik waren, kann eine Gegenüberstellung des Actium-Kameos aus Wien (Kat. 246) mit dem Sard in Boston (Kat. 247) exemplarisch verdeutlichen. Obwohl die beiden Steine vordergründig gesehen einige Gemeinsamkeiten aufweisen — Octavian, der jeweils ein Gespann von Meereswesen über die See lenkt, erscheint hier wie dort als Neptun-gleicher Beherrscher der Meere —, unterscheiden sie sich doch in der Art, wie die Verherrlichung des Actium-Siegers in Szene gesetzt wird, erheblich. So ist der Kameo in der

Gesamtaussage seiner Beizeichen durchaus mit Bildzeugnissen anderer, auch in offizielleren Bereichen entstandener Denkmäler zu vergleichen, während die direkte und fast skrupellose Polemik des Bostoner Steines mit dem hilflos vor Octavian in den Fluten treibenden Marc Anton einzigartig scheint. Darstellungen dieser Art, die erheblich von der sonst mit Bedacht zur Schau gestellten Vorstellung eines alle römischen Tugenden verkörpernden und mit moderater Souveränität ausschließlich zum Wohle Roms agierenden *princeps* abweichen, waren mit Sicherheit nur in einer weniger öffentlichen Denkmälergattung wie der Glyptik überhaupt möglich.

Darüber hinaus findet man aber auch, was die Propagierung des Themas ‚Actium' insgesamt betrifft, beim Vergleich der geschnittenen Steine mit offizielleren Monumenten einige Unterschiede. Dies betrifft zum einen die Tatsache, daß hier der glückliche Ausgang der Seeschlacht meist mit Motiven gefeiert wurde, welche die Sieghaftigkeit, den Triumph und die militärische Macht Octavians auf sehr konkrete und direkte Weise in den Vordergrund stellten. Die zu diesem Anlaß entstandenen Gemmen und Glaspasten, die zum Teil sicher bewußt auch auf die vorwiegend militärische Bildersprache der späten Republik Bezug nahmen (s. o.), sind demnach vor allem mit Denkmälern wie z. B. tönernen Stirnziegeln von Privatbauten zu vergleichen, welche den Sieg von Actium ebenfalls schlagkräftig mit durchweg kriegerischen Symbolen feierten. Zwar sind die ehemals sehr zahlreichen großen und öffentlichen Denkmäler für Actium größtenteils nicht mehr erhalten, doch zeigen z. B. die Fragmente eines sehr qualitätvollen architektonischen Frieses im Palazzo dei Conservatori in Rom, auf dem die militärische *virtus* des *princeps* zur See in unmittelbarer Verbindung mit seiner ‚pietas' dokumentiert wird (Kat. 200), daß die offiziellere Propaganda zu diesem Ereignis den eigentlichen Triumph Octavians über seine Feinde wohl meist gemäßigter zum Ausdruck brachte und eher Tugenden und Eigenschaften des Siegers, die für einen dauerhaften Bestand des Prinzipates garantierten, in den Vordergrund stellte.

Betreffen Unterschiede dieser Art weniger tatsächliche inhaltliche Verschiebungen bei der Vermittlung des Themas als vielmehr das Wesen und die Form der auf den verschiedenen Denkmälergattungen eingesetzten Propaganda – die Bildersprache der großen staatlichen Monumente war insgesamt sicher bedeutend zurückhaltender und verfeinerter als die meist direkte und unmittelbar einsehbare Symbolik der Glyptik – und sind damit zahlreiche geschnittene Steine auch in einem engen Verbund mit Kunst- und Gebrauchsgegenständen aus mehr privaten Lebensbereichen zu beurteilen, so sind innerhalb der auf Kameen, Gemmen und Glaspasten verbreiteten Motive aber auch Besonderheiten zu fassen, die offenbar spezifisch an diese Gattung gebunden blieben.

Von der großen Souveränität abgesehen, mit der die einzelnen Symbole der augusteischen Bildpropaganda in immer neuen Kombinationen zusammengestellt werden konnten, ein Phänomen, das in diesem Ausmaß in keiner anderen Denkmälergattung zu beobachten ist, finden sich auf den geschnittenen Steinen auch Themen, die insgesamt von der großen Staatskunst weniger stark oder gar nicht beachtet wurden.

Dies gilt beispielsweise für die große Beliebtheit der Gigantenkampfdarstellungen (Kat. 252–54), welche zwar direkte Verbindungen zu einer entsprechenden Propaganda in literarischen Quellen, im besonderen in der höfischen Dichtung, sichtbar macht, auf offizielleren Denkmälern in dieser Form dagegen nicht zu fassen ist. Bemerkenswert scheint aber vor allem, daß das eigentlich zentrale Thema von Actium innerhalb der Glyptik – der Vergleich Octavians mit dem Meeresgott Neptun (Kat. 246–49) – auf den öffentlichen Monumenten überhaupt nicht begegnet. Auch in der zeitgenössischen Literatur nimmt die Dokumentation einer Gemeinschaft zwischen dem *princeps* und Neptun nur einen sehr untergeordneten Stellenwert ein. Die demnach einzigartige Propagierung des Meeresgottes in der Glyptik erklärt sich wohl aus der Tatsache, daß gerade im Rahmen dieser Denkmälergattung sowie auf Münzen der verherrlichende Vergleich eines Seesiegers mit dem göttlichen Beherrscher der Meere bereits auf lange und fest etablierte Traditionen zurückgreifen konnte, deren Wurzeln in der propagandistischen Selbstdarstellung berühmter Flottenführer der griechisch-hellenistischen Zeit zu suchen sind (vgl. Kat. 248). Octavian und seine Anhänger machten sich in diesem Bereich also lieber die Bekanntheit und Schlagkraft einer bereits vorgeprägten Bildersprache zunutze, als das Publikum, an das sich ihre bildlichen Botschaften hier richteten, mit durchweg neuen, ihm nicht vertrauten Motiven zu verunsichern.

Insgesamt kann man feststellen, daß die Unterschiede, die bei einem Vergleich der Bildmotive der Glyptik mit denen anderer Denkmälergattungen zu fassen sind, im wesentlichen darauf beruhen, daß man sich in diesem Bereich offenbar in weit stärkerem Maß als sonst an bereits bestehenden bildlichen Traditionen orientierte und auf diese Rücksicht nahm. Möglicherweise ist diese Praxis auch als eine der wichtigsten Voraussetzungen für die große Schnelligkeit und Sicherheit anzusehen, mit der einzelne Gemmenschneider sowie die Besitzer der Steine selbst mit dem bildlichen Repertoire der kaiserlichen Propaganda umgehen konnten.

Gerade das sehr große Spektrum von ganz unterschiedlichen Formen, in denen sich die Bildpropaganda des Augustus auf Kameen, Gemmen und Glaspasten äußern konnte, läßt schließlich einige Schlußfolgerungen zu den Besitzern und Auftraggebern der Steine sowie zu dem Publikum zu, das sich mit ihren Motiven und Themen auseinandersetzte. Dabei liegt auf der Hand, daß diejenigen Stücke, die, wie der Wiener Actium-Kameo (Kat. 246) oder der Amethyst in Florenz (Kat. 271), besonders auffallende Übereinstimmungen mit Werken der großen öffentlichen Repräsentationskunst des *princeps* zeigen, wohl in enger Verbindung zum Kaiserhaus entstanden, d. h. von dem neuen Herrscher selbst oder einem seiner Angehörigen und Vertrauten in Auftrag gegeben wurden, eine Vermutung, die in vielen Fällen auch durch die stilistische Ausführung der Stücke bestätigt wird. So zeigen ihre Bildmotive und Kompositionen meist jene klare, ausgewogen proportionierte, mit präzisen Konturlinien arbeitende und z. T. bewußt an griechischen Vorbildern orientierte Formensprache, welche in entsprechender Umsetzung auch in anderen Denkmälergattungen verbreitet war und die man als den ‚augusteischen Klassizismus' bezeichnet (vgl. besonders Kat. 257–58. 266. 271. 276–79). Viele Steine dieser Art oder ihre Vorbilder, falls es sich um Kopien kostbarer Originale in Glas handelt (Kat. 257), wurden von altansässigen oder zugewanderten griechischen Steinschneidern geschaffen, deren Werkstätten das Kaiserhaus stark bevorzugte.

Wurden die Themen der kaiserlichen Propaganda auf solchen, demnach auch hinsichtlich ihres Entwurfes und ihrer Ausführung kostbaren und kostspieligen Stücken in der Regel mit Hilfe einer eher verfeinerten und zurückhaltenderen Bildersprache vermittelt, so scheinen die einfachen, einprägsamen und schlagwortartigen Bildzeichen, welche bezeichnenderweise auch immer wieder serienmäßig auf billigeren Glaspasten Verbreitung erfuhren, vor allem in breiteren Schichten der Bevölkerung kursiert zu haben. Entsprechende Differenzierungen sind in anderen Denkmälergattungen, beispielsweise der Reliefplastik, ebenfalls deutlich ausgeprägt. Darüber hinaus fällt auf, daß, je einfacher das Publikum war, das mit bestimmten Symbolen oder Motiven konfrontiert wurde, desto bekannter und verbreiteter auch die jeweilige Ikonographie dieser Bildzeichen war. So war innerhalb der Actium-Propaganda die recht aufwendig inszenierte Komposition des im Triumphwagen über das Meer rauschenden Seesiegers (Kat. 246–47) wohl Bildsymbol einer verhältnismäßig kleinen und elitären Oberschicht, während das sehr viel bescheidenere, dafür aber traditionsreichere Motiv des jugendlichen Helden mit Seesiegsymbolen (Kat. 248–49) für ein großes und eher einfaches Zielpublikum vervielfältigt wurde. Ganz ähnlich richtet sich das Bild der ‚Pax' auf dem Amethyst in Florenz (Kat. 271) an einen sicher sehr viel gebildeteren Betrachter als ein Karneol in Hannover (Kat. 274), auf dem die Kithara und der Rabe des Apollo einige Friedenssymbole plakativ als Zeichen der augusteischen *aurea aetas* ausweisen.

Dabei wird allerdings ebenfalls deutlich, daß der eigentliche Inhalt der kaiserlichen Propaganda, trotz der verschiedenen Adressatenkreise, an die sich die Bildmotive der Steine richteten, unverändert blieb. Nicht die Botschaft selbst, nur die Art ihrer Vermittlung kann demnach

Auskünfte über die soziale Stellung der jeweiligen Besitzer der Steine geben. Nicht zuletzt diese Übereinstimmungen, aber auch der beinahe selbstverständliche, sich stets wiederholende Umgang mit den auf Augustus bezogenen Motiven und Symbolen können als Zeichen dafür gewertet werden, daß die Kenntnis ihrer Bedeutung, d. h. die Möglichkeit, die Kompositionen der Steine sinnvoll zu ‚lesen‘, innerhalb recht großer Teile der Bevölkerung vorhanden war.

Fragt man sich endlich, welche der beiden verschiedenen Zielgruppen − die höfisch gebildete Oberschicht, oder die breitere Masse der einfacheren Bevölkerung − das grundlegende Wesen der augusteischen Bildpropaganda innerhalb der Glyptik entscheidender beeinflußte, so fällt auf, daß hier die Vermittlung der Ideologie des Prinzipates an weitere Kreise der Untertanen des Kaisers einen ungewöhnlich hohen Stellenwert einnahm. Man trifft in diesem Rahmen sogar keineswegs immer auf eine ‚von oben‘ verordnete, d. h. vom Kaiserhaus selbst initiierte Bildersprache, sondern einige auf den geschnittenen Steinen bereits längst verbreitete Themen wurden im Gegenteil erst nachträglich aufgegriffen und gleichsam für den *princeps* beschlagnahmt. Man kann demnach davon ausgehen, daß zumindest ein Teil der erhaltenen Steine nicht unmittelbar vom Kaiserhaus selbst in Auftrag gegeben, oder ihre Anfertigung von dieser Seite aus kontrolliert wurde. Sie machen vielmehr sichtbar, wie die höfische Propaganda von den verschiedenen Untertanen des *princeps* aufgenommen und verstanden und von diesen selbst in einem nächsten Schritt vervielfältigt und weitergetragen wurde. Konnten die geschnittenen Steine somit einen gewissen Ausgleich zu den vorwiegend an eine kleinere adlige Oberschicht gerichteten großen Staatsdenkmälern schaffen, so war die Glyptik darüber hinaus auch ein Forum, welches einen gewissen Freiraum selbst für gewagte Äußerungen bot. Der Bostoner Sard, der den Sieg Octavians über Marc Anton mit besonders drastischer Polemik zur Schau stellt (Kat. 257), war ursprünglich mit Sicherheit im Besitz eines Mitgliedes der höfischen Oberschicht. Darstellungen dieser Art hätte der *princeps* selbst nie in Auftrag gegeben oder in der Öffentlichkeit gebilligt. Gleichwohl ist anzunehmen, daß noch andere, vergleichbare Gemmen und Glaspasten zirkulierten und damit ‚interne‘ Stellungnahmen zu einzelnen politischen Ereignissen ins Bild setzten.

Die augusteische Glyptik kann gerade deshalb so zahlreiche Charakteristika der Bildersprache des *princeps* und der Mechanismen ihrer Verbreitung verdeutlichen, weil sich ihre Erzeugnisse nicht nur an ein einziges Zielpublikum, sondern an ganz verschiedene Betrachtergruppen richteten. Eine einzige in sich geschlossene Denkmälergattung macht demnach all die vielfältigen Ebenen sichtbar, auf denen sich die bildliche Propaganda des Kaisers bewegte. Dabei entsprechen dem großen Spektrum an Möglichkeiten, das bei der Auswahl der verschiedenen Bildträger zur Verfügung stand − die Extreme reichen vom prunkvollen und kostbaren Kameo bis hin zur einfachen und billigen Glaspaste −, die sehr unterschiedlichen Wege und Kanäle, die für eine Verbreitung der Steine zur Verfügung standen, und schließlich die vielfältigen Funktionen, die diese ausüben konnten. Wertvolle Kameen und Gemmen konnten entweder öffentlich ausgestellt werden, oder ‚unter der Hand‘ innerhalb eines kleinen Kreises von Vertrauten des Kaisers zirkulieren; kostbare oder weniger anspruchsvolle Gemmen sowie einfache Glaspasten wurden zum Zeichen der Zustimmung zu dem Kaiser und der Zugehörigkeit zur ‚Partei‘ des *princeps* getragen oder gleichsam als ‚Werbegeschenke‘ aufbewahrt. Da jede Gemme und jede Glaspaste als Siegel verwendet die auf ihnen wiedergegebenen Bildmotive, je nach der sozialen Stellung ihrer Besitzer in mehr öffentlichen oder privaten Bereichen, noch unendlich vervielfältigen konnte, vermochte die Glyptik einen sicher entscheidenden Beitrag zur Verbreitung und Etablierung der augusteischen Bildkunst insgesamt zu leisten.

Die hier aufgeführten Glaspasten stehen stellvertretend für eine sehr große, in den letzten beiden Jahrzehnten der Republik entstandene Serie von Steinen, die vorwiegend gerade aus Pasten besteht. Ihre Gemeinsamkeit besteht darin, daß sie eine Vielzahl von Symbolen, die hinsichtlich ihres Themas, ihrer Anzahl und ihrer Zusammenstellung variieren, mit der Darstellung eines Jünglingskopfes im Zentrum des Bildfeldes kombinieren. Obwohl dieser Jünglingskopf nicht in allen Fällen deutliche Ähnlichkeiten mit den Münzporträts Octavians auf-weist − was allerdings wegen seines meist winzigen Maßstabes auf den in der Regel etwas groben Glasflüssen auch kaum verwundert − und obwohl die Steine in der Wiedergabe seiner Physiognomie z. T. auch untereinander Abweichungen zeigen, war hier mit größter Wahr-scheinlichkeit tatsächlich durchweg Octavian gemeint. Die Benennung des Kopfes, der dem-nach strenggenommen nicht immer als ein ‚Porträt‘ Octavians bezeichnet werden kann, gründet sich dabei vor allem auch auf die inhaltliche Aussage der ihn umgebenden Beizeichen, unter denen sich auf einzelnen Steinen immer wieder Symbole befinden, die eindeutig auf die Person des jugendlichen Feldherrn hinweisen.

Bereits an dieser Stelle wird offensichtlich, daß die Bedeutung der Symbole und Beizei-chen, die teils in reduzierter Anzahl mit dem Kopf eine ausgewogene Bildkomposition erge-ben, teils in dichter Fülle scheinbar ohne Rücksicht auf die optische Wirkung der Gesamtdar-stellung aneinandergereiht sind, sehr hoch bewertet werden muß. So bildeten sie oft nicht nur den Schlüssel für die Identifizierung des Kopfes − und damit für das Verständnis der Darstel-lung insgesamt, sondern illustrierten darüber hinaus als prägnante bildliche Kürzel wichtige Stationen der politischen Laufbahn Octavians während der Jahre seit Caesars Ermordung 44 v. Chr. bis zu dem großen Seesieg von Actium 31 v. Chr.

Eine Glaspaste aus dem Kunsthistorischen Museum in Wien (Kat. 241) zeigt den wie üblich im Profil und bis zum Halsausschnitt wiedergegebenen Kopf über einem Ring, dessen Reif einen Capricorn umschließt. Die Darstellung wird beiderseits durch je eine nach oben gerich-tete stilisierte Ähre und durch einen nach unten hängenden Mohnkolben eingerahmt. Der im Verhältnis sehr große und an betonter Stelle hervorgehobene Ring, der noch auf zahlreichen weiteren Steinen der Serie mit dem Kopf das Zentrum der Komposition bildet, ist wohl als eine Anspielung auf den Siegelring Caesars zu verstehen, der nach dessen Tod in den Besitz Octa-vians überging und den dieser angeblich als eine Art Glücksbringer ständig bei sich trug (Dio Cass. 43,43,3; 47,41,2). Der Besitz dieses Ringes, der ein Bild der Venus Victrix zeigte (vgl. hier Kat. 269), war für den jungen Adoptivsohn Caesars schon insofern überaus wichtig, als die Übergabe des Siegelringes eines Verstorbenen an einen anderen Menschen den neuen Träger als dessen unmittelbar designierten Nachfolger kennzeichnete. Seine Darstellung auf den Gemmen dokumentierte demnach nicht nur die allgemeine enge Verbundenheit zwischen Caesar und Octavian, sondern wies letzteren gleichzeitig auch als dessen einzigen und legiti-men Nachfolger aus, ein Umstand, der dadurch an Bedeutung gewann, daß Octavian die end-gültige Anerkennung der Rechtmäßigkeit seiner Adoption auf Betreiben des Marc Anton hin erst im August 43 v. Chr. mehr oder weniger gewaltsam erzwingen konnte. Die rahmenden Kornähren und Mohnkolben sind als Symbole der Fruchtbarkeit und des Wohlstandes einer neuen Glückszeit zu verstehen und verhießen dem Betrachter des Bildes, daß der hier wieder-gegebene Jüngling den Schrecken und Hungersnöten der Bürgerkriege ein Ende bereiten werde. Der Capricorn im Reif des Ringes ließ − als glückliches Sternzeichen Octavians − kei-nen Zweifel an der Identität dieses Jünglings zu.

In ganz ähnlichem Tenor verbindet eine Glaspaste aus dem Thermenmuseum in Rom (Kat. 242) den von zwei Kornähren gerahmten Kopf mit der Darstellung zweier im Handschlag verbundener Hände, einem Motiv, das als Sinnbild der *concordia* zusätzlich die Begriffe ‚Ein-tracht‘ und ‚Frieden‘ an die Person des Jünglings knüpfte. Dabei bleibt bezeichnenderweise offen, ob der Betrachter des Steines die Vorstellungen von Wohlstand und Frieden ausschließ-lich mit Octavian verbinden sollte, oder ob das Symbol der verschlungenen Hände auf die neue Eintracht zwischen diesem und Marc Anton innerhalb des 2. Triumvirates anspielte, welches mit M. Aemilius Lepidus 43 v. Chr. geschlossen und 37 v. Chr. noch einmal um 5 Jahre verlän-gert wurde. Entsprechend zeigen aus diesem Anlaß im Jahr 42 v. Chr. herausgegebene Denare des Mussidius Longus das gleiche Motiv mit einem *caduceus* als Zeichen des Friedens verbun-den.

Der einfachste Weg für eine Propagierung der Einigkeit zwischen Marc Anton und Octavian war die Herausgabe von Steinen mit Doppelporträts. Auf einer Paste der Staatlichen Münzsammlung in München (Kat. 243) sieht man beispielsweise zwei Jünglingsköpfe nebeneinandergestaffelt, wobei der im Hintergrund wiedergegebene − mit dem wohl Marc Anton gemeint war − eine etwas schwerere Kinnpartie aufweist. Im Verhältnis zu der hier besprochenen Serie insgesamt sind allerdings Steine mit konkreten Hinweisen auf Marc Anton selten. In der überwiegend größten Anzahl der Fälle zeichnen ihre Motive und Symbole Octavian allein als den eigentlichen Protagonisten der politischen Szene aus.

So spielt eine weitere Paste der Staatlichen Münzsammlung in München (Kat. 244) die Rolle Octavians bei den vorwiegend aus Seegefechten bestehenden Kämpfen gegen Sextus Pompeius in den Vordergrund, indem sie den Jünglingskopf über einem Delphin und einer Prora mit Standarte wiedergibt.

Eine Glaspaste des Kunsthistorischen Museums in Wien (Kat. 245) zeigt schließlich Octavian über einem Globus zwischen zwei gekreuzten Füllhörnern. Während die Füllhörner wieder an das neue glückbringende Zeitalter erinnern, dessen Beginn unverbrüchlich an die Person Octavians geknüpft war, ist der Globus, der schon innerhalb der politischen Bildsymbole Caesars eine zentrale Stellung einnahm, ein deutliches Zeichen seines Herrschaftsanspruches. Die Kombination gerade dieser Symbole mit einem Kopf Octavians ist dabei insofern besonders interessant, als es Marc Anton gewesen war, der programmatisch auf einer Münzserie des Jahres 40 v. Chr. das Motiv des von einem Doppelfüllhorn umschlossenen Globus − wieder zusätzlich mit einem *caduceus* − hatte prägen lassen.

Insgesamt bleibt festzuhalten, daß zahlreiche der mit dem Kopf des Octavian verbundenen Beizeichen in der gleichzeitigen oder unmittelbar vorausgehenden Münzkunst bereits eine bedeutende Rolle gespielt hatten. Sie dienten hier wie dort dazu, besondere Verdienste und Tugenden, aber auch politische Leitvorstellungen und Programme an eine bestimmte Person zu binden. Obwohl damit die besprochene Serie von Steinen in ihrer Bildersprache unmittelbar aus bereits vorgeprägten und dem Betrachter vertrauten Traditionen schöpfte, illustriert sie dabei die Person und den Werdegang Octavians in einer Dichte, die bis zu diesem Zeitpunkt wohl unbekannt war und die ein deutliches Licht auf die politischen Ziele und Ambitionen des zukünftigen *princeps* wirft.

Der Seesieg von Actium

Welch zentrale Bedeutung die Schlacht von Actium nicht nur in machtpolitischer und allgemein gesellschaftlicher, sondern auch in bildkünstlerischer Hinsicht hatte, wird im Rahmen der Glyptik prägnant durch einen kostbaren Sardonyx-Kameo des Kunsthistorischen Museums in Wien (Kat. 246) dokumentiert. Er zeigte den mit einer Toga bekleideten Augustus − die Köpfe der Figuren sind leider durchweg neuzeitlich − frontal in einem Wagen, der von einer Tritonenquadriga durch das Meer gezogen wird. Der triumphierende Seesieger hält in der Rechten einen Zweig, die Linke umfaßte ein Szepter, das heute beschädigt ist. An der Brüstung des Wagens ist ein Eichenkranz, am Deichselende eine Muschel befestigt. Während die beiden mittleren Tritonen − der eine hält in der Rechten ein Horn, der andere in der Linken einen Delphin − ihre inneren Arme, wie auf Augustus weisend, symmetrisch in die Höhe strecken, werden von den beiden äußeren Tritonen die Symbole seiner Herrschaft vorausgetragen: der linke hält einen Globus, über dem zwei *capricorni* den *clupeus virtutis* im Eichenkranz umgeben (vgl. Kat. 216), und der rechte eine Victoria auf dem Globus, welche mit einem Kranz auf den *princeps* zuzufliegen scheint. Ihre jeweils gesenkten Arme halten links ein Horn und rechts ein Steuerruder. Die Form der Toga des Triumphators sowie die stilistische Ausführung des Kameos weisen auf eine Datierung des Steines in spätaugusteische Zeit. Aber auch die mit der Darstellung verbundenen Beizeichen, die sich auf die dem *princeps* im Jahr 27 v. Chr. verliehenen Ehrungen beziehen, machen hinreichend deutlich, daß hier nicht nur vordergründig der triumphierende Actium-Sieger Octavian, sondern die zur Zeit der Entstehung des Steines bereits fest etablierte Stellung und Macht des Augustus verherrlicht werden sollte. Der prunkvolle Kameo ist, wenn nicht vom Kaiserhaus selbst, so sicher in unmittelbarer Nähe zu diesem in Auftrag gegeben worden.

Auf einem Sard aus Hadrumetum, der sich im Bostoner Museum of Fine Arts befindet (Kat. 247), lenkt Octavian, diesmal nur mit einem nach hinten wehenden Mantel bekleidet, einen Dreizack in der linken Hand, eine Hippokampenquadriga über das Meer. Der Kopf ist in der Wiedergabe seiner Physiognomie ein verhältnismäßig getreues Porträt und bildet sogar in der Anlage seiner Haare die Frisur des sog. Octavians- oder Actium-Typus nach. Am linken unteren Rand des Steins wird zusätzlich ein Kopf bis unter den Brustansatz sichtbar, der eine kurze, knapp anliegende Haarfrisur trägt. Er wurde sicher zu Recht als Darstellung des Marc Anton gedeutet, dessen hilfloses Treiben in den Fluten unter den Hufen des Viergespannes seine militärische Niederlage drastisch zum Ausdruck brachte. Da der Stein aus stilistischen Gründen möglicherweise der Werkstatt des Gemmenschneiders Solon zugewiesen werden kann, wird man auch in seinem Besitzer – der Name Popilius Albanus ist am oberen Rand des Bildfeldes eingetragen – einen Angehörigen der höfischen Oberschicht vermuten dürfen.

Die Bostoner Gemme und der Wiener Kameo haben miteinander gemeinsam, daß sie den Actium-Sieger betont als einen Herrscher der Meere feiern und damit zu Neptun, dem göttlichen Herrn aller Meere, in Beziehung setzen. Dieser Vergleich – Augustus hält auf der Gemme bezeichnenderweise einen Dreizack, d. h. das Attribut des Gottes – wurde dabei nicht nur auf inhaltlicher, sondern auch auf ikonographischer Ebene in Szene gesetzt. So zeigt beispielsweise eine spätrepublikanische Glaspaste in Ost-Berlin (Abb. 205) Neptun selbst, der ganz ähnlich eine Hippokampenbiga über das Meer lenkt, wobei vor seinem Gespann der Kopf eines bärtigen Triton aus den Wellen auftaucht. Die überaus engen motivischen Parallelen zum Bostoner Stein sind evident. Das gleiche Thema wird auf einer sehr großen Serie von Steinen, die teilweise aus Gemmen, vorwiegend aber aus billigeren Glaspasten besteht, bildlich stark vereinfacht wiedergegeben. Sie zeigen, wie z. B. ein Onyx der Staatlichen Münzsammlung in München (Kat. 248), einen in Dreiviertelansicht stehenden nackten Jüngling, der, den Kopf ins Profil gedreht, einen Fuß auf eine am Boden befindliche Prora stellt. Auf dem Münchener Exemplar ragt hinter der Prora zusätzlich noch ein etwas undeutlicher Gegenstand auf, bei dem es sich möglicherweise um ein *vexillum* (Zeugfahne) handelt. Während der rechte Arm des Jünglings, der hier größtenteils zerstört ist, auf den anderen Steinen der Serie meist mit einem kurzen Mäntelchen umwickelt ist, ist sein linker Arm nach vorn gewinkelt und hält eine kleine Victoria, die sich dem Betrachter frontal darzubieten scheint. Das Schiffsvorderteil und Victoria weisen den jungen Mann, der auf der überwiegend größten Anzahl der erhaltenen Steine mit diesem Motiv statt der Siegesgöttin ein *aplustre* (gebogene Heckzier eines Schiffes) in der Hand des angewinkelten Armes hält, eindeutig als siegreichen Seehelden aus.

Darüber hinaus geben zahlreiche weitere Gemmen und Pasten in weitgehend identischer Pose den bärtigen Meeresgott Neptun wieder. Auf einem Nicolo der Staatlichen Museen in West-Berlin (Kat. 249) stellt der göttliche Beherrscher der Meere ebenfalls seinen linken Fuß auf ein Schiffsvorderteil. Sein rechter Arm ist nach oben gewinkelt und umfaßt einen Dreizack. Während die Hand des linken, nach vorn genommenen und vom aufgestellten Bein gestützten Armes auf dem Berliner Nicolo einen Delphin hält, zeigen andere Steine der Serie statt des Fisches an dieser Stelle ebenfalls ein *aplustre*. Auch Neptun selbst wurde demnach hier als siegreicher Gott begriffen.

Das damit sowohl für Neptun als auch für einen jungen Seesieger belegte Bildmotiv war in anderen Denkmälergattungen – z. B. auf Tonlampen und in besonderem Maß auf Münzen – ebenfalls verbreitet und wurde schon seit hellenistischer Zeit gezielt zur Verherrlichung einzelner Flottenführer oder Admiräle verwendet. In der ausgehenden Republik spielte der Neptun mit dem Fuß auf der Prora vor allem in der Münzprägung des Sextus Pompeius eine bedeutende Rolle, was eine zwischen 38 und 36 v. Chr. herausgegebene Emission von Denaren verdeutlichen kann, welche die anfänglichen Erfolge des Pompeius gegen Octavian bei Seegefechten in der Meerenge von Messana feiert (Kat. 328). Die Vorderseiten der Münzen zeigen eine Kriegsgaleere vor dem Leuchtturm von Messana, auf dem Neptun in ebendieser Pose steht. Da der Gott einen Helm trägt − ein für ihn sehr ungewöhnliches Attribut −, vermutet man in ihm eine Anspielung auf die Person des Sextus Pompeius selbst.

Auch Octavian griff in seiner Münzprägung sicher bewußt das bekannte Motiv auf. Eine Serie von Denaren, die wohl schon zur Seeschlacht von Naulochos gegen Sextus Pompeius im Jahr 36 v. Chr. herausgegeben wurde, zeigt auf der Rückseite den jungen Caesar mit Szepter und *aplustre*, der seinen Fuß nun auf einen Globus stellt und damit sichtbar macht, daß sich seine Herrschergewalt sowohl über das Meer als auch über die Erde erstreckte.

Obwohl der junge Seeheld auf den Gemmen und Glaspasten keine eindeutigen Porträtzüge aufweist, bezog sich mit Sicherheit eine große Anzahl der Steine auf Octavian und verherrlichte dessen Erfolge bei den großen Seeschlachten von Naulochos und Actium. Für diese Annahme spricht nicht nur der Umfang der Serie insgesamt, sondern vor allem die Tatsache, daß der bärtige Neptun auf einigen Stücken statt des Delphines oder des *aplustre* einen Capricorn − das Sternzeichen des Augustus − in der Hand des nach vorn gewinkelten Armes hält.

Hinzu kommt, daß dieses Motiv dann auch für Darstellungen verwendet wurde, die auf den ersten Blick befremden. So ist es beispielsweise auf einem erst im letzten Viertel des 1. Jhs. v. Chr. geschnittenen Nicolo des Kunsthistorischen Museums in Wien (Kat. 250) Mars, der, den behelmten Kopf nach links gewandt, seinen Fuß in dem schon bekannten Schema auf eine Prora stellt. Um seinen rechten Arm, der auf dem Rücken liegt, ist ein Mantel geschlungen, sein linker stützt sich auf den Oberschenkel des aufgestellten Beines und hält die Lanze.

Ein moderner Glasabguß einer antiken Gemme, der aus dem Würzburger Martin von Wagner-Museum stammt (Kat. 251), zeigt dagegen Mercur, mit Flügelhut und Flügeln an den Fersen, der seinen linken Fuß auf die Prora stellt. Während in seinem, wie bei Mars auf dem Rücken liegenden und mit einem Mantel umwickelten, rechten Arm ein *caduceus* liegt, umfaßt die Hand des nach vorn gewinkelten linken als zusätzliches Seesiegsymbol noch ein *aplustre*. Die Buchstaben am linken Bildrand sind eine moderne Zutat des 18. Jhs.

Die sehr ungewöhnliche Kombination der Götter Mars und Mercur mit Attributen aus dem maritimen Bereich wird erst dann verständlich, wenn man den spezifischen historischen Anlaß für die Entstehung dieser Darstellungen berücksichtigt. In der Tat können nur der Seesieg Octavians bei Actium und die darauf folgende politische Entwicklung in Rom eine sinnvolle Erklärung solcher Bildmotive liefern. Mars, der als der Stammgott des römischen Volkes und damit indirekt auch als einer der mythischen Ahnherren des julischen Kaiserhauses, vor allem aber als rächender Gott nach der Ermordung Caesars im Programm der politischen Propaganda des Augustus von Anbeginn an eine zentrale Stellung eingenommen hatte, verkörpert auf der Wiener Gemme zunächst den erfolgreichen Ausgang der kriegerischen Unternehmungen Octavians bei Actium schlechthin. Die von Neptun übernommene Siegerpose und die Prora machen aber darüber hinaus deutlich, daß mit der Seeschlacht von Actium der letzte große Gegner des Caesar-Erben endgültig besiegt und der durch die Ermordung des Diktators entfesselte Bürgerkrieg beendet wurde. Auf ganz ähnliche Weise spielt auf dem Würzburger Glasfluß Mercur als Gott des friedlichen und ertragreichen Handels einerseits auf den Frieden an, der nun zu Lande und zu Wasser herrscht, versinnbildlicht aber andererseits auch, daß es der Seesieg von Actium war, der die wichtigste Voraussetzung für den Anbruch der kommenden Glückszeit bildete.

In einem unmittelbar ähnlichen Kontext muß eine weitere große Serie von Gemmen und Glaspasten aus diesem Zeitraum gesehen werden. So scheint auffällig, daß gerade innerhalb der augusteischen Glyptik das Thema ‚Gigantenkampf‘ besonders beliebt war. Die erhaltenen Steine mit diesem Sujet können insgesamt in zwei charakteristische Motivgruppen geschieden werden, die beide unmittelbar auf hellenistische Vorbilder zurückzuführen sind. Die eine zeigt, wie eine Glaspaste des Museum of Fine Arts in Boston (Kat. 252), Mars − in selteneren Fällen

Minerva —, der in Ausfallstellung mit nach hinten flatternder Chlamys und einem großen Rundschild an der Seite einen schlangenbeinigen Giganten ersticht, welcher vor ihm in die Knie gebrochen ist. Die andere gibt dagegen, wie ein Karneol des Kunsthistorischen Museums in Wien (Kat. 253), einen aus jeglichem Handlungszusammenhang isolierten, schlangenbeinigen und in Vorderansicht kämpfenden Giganten wieder, dessen mit Fell umwickelte Hand meist zum Schutz vor den Kopf gehoben ist, während die andere einen Stein zum Wurf in die Höhe stemmt.

Eine Beziehung des mythischen Gigantenkampfes auf die historischen Ereignisse, die hier im Vordergrund stehen, ist auch auf anderem Wege möglich. So veranlaßte der Sieg von Actium fast alle augusteischen Dichter, die Schlacht mit dem Kampf der Götter gegen die Giganten gleichzusetzen, ein Topos, der seit Alexander d. Gr. auch in hellenistischer Zeit sehr beliebt war. Dabei werden als göttliche Protagonisten Iuppiter und Mars an erster Stelle genannt (vgl. z. B. Prop. 2,1,17−42; Ov.trist. 2,331 ff.; Tib. 2,5; Verg.Aen. 8,696 ff.). Horaz verwendet in seiner bald nach Actium verfaßten vierten Ode des dritten Odenbuches dieses Bild, indem er den Sieg der Weisheit und Ordnung gegen wilde Roheit mit der Herrschaft des Augustus nach den Bürgerkriegen beschreibt (Hor. carm. 3,4,37 ff.). Gerade hier liegt wohl der deutlichste Hinweis für die Interpretation der Gemmen und Pasten mit diesem Thema. So wie die Götter mit ihrem Sieg über die Giganten das Chaos besiegt hatten, so beendete Octavians Sieg bei Actium Bürgerkrieg und östliche Barbarei. Der auf den Steinen wiedergegebene Mars, bei dem es sich im engeren Sinn wieder um den julischen Mars Ultor handeln wird, ist in der Regel unbärtig und jugendlich, was eine vergleichende Verbindung der Eigenschaften des Gottes und des künftigen *princeps* sicher begünstigte.

Auf einem deutlich vom ‚augusteischen Klassizismus' geprägten Karneol aus dem Kestner-Museum in Hannover (Kat. 254) sieht man anstelle des Kriegsgottes einen Jüngling mit unbehelmtem, kurzgelocktem Kopf gegen den schlangenbeinigen Giganten kämpfen. Sein großer Rundschild ist mit einem Gorgoneion verziert, seine am Hals geknöpfte Chlamys flattert im Schwung der Bewegung an den Seiten des Körpers zurück. Obwohl der durch feine ebenmäßige Züge charakterisierte Kopf keine individuellen Kennzeichen aufweist, scheint mit dieser Darstellung Octavian selbst verherrlicht worden zu sein.

Von ihrer jeweils spezifischen inhaltlichen Aussage abgesehen, haben alle bisher gezeigten Steine miteinander gemeinsam, daß sie nicht nur den Sieg Octavians bei Actium feiern, sondern gleichzeitig auch die Person des zukünftigen *princeps* in enger Beziehung zu für ihn wichtigen Gottheiten dokumentieren. Da Octavian die gleichen Eigenschaften wie Neptun, Mars und Mercur besitzt — eine Aussage, die letztendlich allein schon durch die Darstellung seiner Person in den für die Götter belegten ikonographischen Schemata vermittelt wird —, ist er wie kein zweiter zur Herrschaft über Land und Wasser und zur Wiederherstellung des Friedens befähigt.

Es wurde bereits an anderer Stelle darauf hingewiesen, daß auf zahlreichen Steinen der späten Republik Darstellungen der römischen Siegesgöttin Victoria — oft in einem Zwei- oder Viergespann — schlagwortartig auf die militärischen Erfolge ihrer jeweiligen Besitzer hingewiesen hatten. Untersucht man die Glyptik der augusteischen Zeit unter diesem Gesichtspunkt, so scheint es wieder bezeichnend, daß Victoria nach Actium auf Kameen, Gemmen und Glaspasten zunehmend in ikonographischen Typen erscheint, die eindeutig und ausschließlich auf Octavian bzw. Augustus zu beziehen sind.

Ein moderner Glasabguß nach einem antiken Karneol aus dem Martin-von-Wagner-Museum in Würzburg (Kat. 255) zeigt die Siegesgöttin im Profil nach links auf einer Prora stehend, an der eine Standarte befestigt ist. Während Victoria mit ihrem rechten Arm ein Tropaeum schultert, weist ihr linker mit einem Kranz nach vorn. Das ikonographische Schema der Darstellung geht unmittelbar auf eine bekannte, von Octavian zur Schlacht von Actium herausgegebene Münzserie zurück, auf der nur anstelle des Tropaeums ein Palmzweig im Arm der Göttin liegt. Weisen demnach schon Tropaeum und Prora Victoria eindeutig als die Siegesgöttin von Actium aus, so birgt ihr ikonographischer Typus noch einen zusätzlichen konkreten Hinweis auf die Person des Siegers.

Eine Glaspaste des Kunsthistorischen Museums in Wien (Kat. 256) zeigt dagegen die berühmte, auf dem Globus schwebende Victoria, die Octavian nur einige Tage nach seinem Triumph für Actium im Jahr 19 v. Chr. in der Curia Iulia aufgestellt hatte und die mit variierenden Beizeichen sowohl in der Münzprägung des Augustus als auch auf zahlreichen historischen Reliefs immer wieder begegnet. Auf der Wiener Paste hält sie einen großen Schild in der Rechten, mit dem der Augustus im Jahre 27 v. Chr. verliehene goldene *clupeus virtutis* gemeint ist, der als Sinnbild der Tugenden des Kaisers ebenfalls in der Kurie ausgestellt wurde.

Auf einem Glaskameo aus dem Kunsthistorischen Museum in Wien (Kat. 257) schwebt die Siegesgöttin mit einem großen Palmzweig im linken Arm und einem heute verlorenen Kranz in der gesenkten rechten Hand in Vorderansicht herab, wobei sie Kopf und Oberkörper leicht zu ihrer rechten Seite wendet. Einer ihrer Flügel ist aufgestellt, der andere gesenkt, ihr Gewand vom Flugwind gebauscht. Der deutlich klassizistische Stein zeigt, wie das verbreitete Motiv auf den kostbaren und wohl unmittelbar im Umkreis des Kaisers entstandenen Kameen umgesetzt werden konnte. Obwohl hier der Globus fehlt, sind die Ähnlichkeiten der Darstellungen mit dem vorher genannten Bildtypus so groß, daß der Betrachter der Göttin mit Sicherheit an die Victoria des Augustus erinnert wurde.

Dies gilt auch für die Wiedergabe der Siegesgöttin auf einem klassizistischen Plasma des Kunsthistorischen Museums in Wien (Kat. 258), das dem Gemmenschneider Kleon zugewiesen wurde und möglicherweise schon auf den Panthererfolg des Augustus (vgl. Kat. 264–65) zu beziehen ist. Victoria steht hier, den Palmzweig im linken Arm, auf einer Säule und streckt mit der Rechten den Siegeskranz einer großen Büste der Roma entgegen, welche sich ihr zuwendet. Die Stadtgöttin trägt die Amazonentracht; der Busch ihres Helmes wird von einer liegenden Sphinx getragen.

Gerade dieser Stein, der ebenfalls im engen Umkreis des Kaiserhauses entstanden sein dürfte, versinnbildlicht besonders deutlich, daß Victoria keineswegs in einem ausschließlichen Sinn die Siege des *princeps* personifizieren sollte. Die Victoria der Kurie wurde durch ihre Aufstellung im Senatsgebäude zur Victoria Romana schlechthin und knüpfte damit das Geschick des Senates und des ganzen römischen Volkes auf eine sehr viel hintergründigere, aber auch unauflöslichere Weise an den militärischen Sieg des zukünftigen Kaisers.

Neben den vorher genannten Bildthemen verdeutlichen noch eine ganze Anzahl weiterer, bildlich insgesamt etwas abstrakter gefaßter Motivgruppen den zentralen Stellenwert der Seeschlacht von Actium für den politischen Werdegang Octavians. Eine dieser Gruppen zeigt, mit immer wieder wechselnden Beizeichen, den römischen Adler, der als wichtigstes Tier des obersten Staatsgottes Iuppiter einerseits direkt auf diesen Gott verweist, andererseits aber auch als ein Symbol des römischen Staates angesehen werden kann.

Auf einer Glaspaste des Kunsthistorischen Museums in Wien (Kat. 259) steht der Adler mit weit ausgebreiteten Flügeln und fast ganz in Vorderansicht auf einer Prora, die mit Hilfe von dünnen, zu den Seiten hin abgerundeten Strichen wiedergegeben ist. Zusätzlich hält er einen Palmzweig im Schnabel. Die inhaltliche Aussage des Bildes ist leicht zu entschlüsseln und in ihrer Direktheit fast schlagwortartig: der siegreiche Adler Iuppiters triumphiert nach dem glücklichen Ausgang der Seeschlacht von Actium. Die Darstellung des Adlers auf einem Schiffsvorderteil ist außergewöhnlich und in der Bildkunst bisher wohl ohne Parallele. Der Steinschneider orientierte sich beim Entwurf des Motivs wohl unmittelbar an den bereits genannten Darstellungen von Göttern wie Neptun, Mars, Mercur oder Victoria auf der Prora. Entsprechend ist der Adler hier sicher in erster Linie als ein symbolischer Hinweis auf Iuppiter zu verstehen und weist darauf hin, daß selbst der mächtige Vater der Götter von Anfang an auf der Seite Octavians stand und damit allein schon dem jungen Caesar den Sieg garantierte.

Ganz ähnlich berichtet Properz (4,6,23), daß während der Schlacht von Actium Iuppiter selbst die Segel des Augustus füllte.

Ein Karneol der Staatlichen Münzsammlung in München (Kat. 260) geht in seiner inhaltlichen Aussage weiter. Hier steht der, sich nach hinten umwendende Adler mit einem Kranz im Schnabel auf einem Blitzbündel, welches wiederum auf einem mit Linien und Punkten überzogenen Globus liegt, der im Wasser schwimmt. Im linken oberen Bildfeld erscheint neben dem Kopf des Adlers ein Stern. Sieht man in dem Adler auch hier einen direkten Verweis auf Iuppiter, so ist das Bild in seiner Gesamtaussage zunächst dahingehend zu deuten, daß Iuppiter siegreich gleichermaßen über Land und Wasser herrscht. In dieser Aussage ist allerdings ein weiterer, tiefer gehender Sinn verborgen. Da die betonte Hervorhebung der beiden Bereiche ‚Wasser und Land‘ zusammen mit dem Siegeskranz als direkte Anspielung auf Actium angesehen werden müssen – das Thema spielte in abgewandelter Form auch in der Münzprägung Octavians eine bedeutende Rolle –, weist der Adler im Grunde nicht nur auf den mächtigsten aller Götter, sondern zugleich auch auf seinen Schützling Octavian, welcher in seinem Namen den Sieg davongetragen hat. Der Karneol gehört damit unmittelbar in einen vor allem auch auf Münzen und in literarischen Quellen faßbaren Kontext, der einen direkten Vergleich der herrscherlichen Eigenschaften des obersten Staatsgottes mit dem zukünftigen *princeps* zum Ziel hatte. Die Seeschlacht von Actium ist der Beweis, daß Augustus von Iuppiter selbst zum Herrscher über Land und Wasser eingesetzt wurde, und macht damit den schon hier sehr deutlich formulierten Anspruch auf politische Vorherrschaft unangreifbar. Im Grunde steht damit nicht allein ‚Actium‘ im Vordergrund der Aussage des Steins, sondern die durch Actium errungene Stellung des *princeps*. In Vergils Aeneis (1,257 ff.) wird deutlich hervorgehoben, daß Augustus von Iuppiter auserwählt wurde, als neuer Romulus ein römisches Weltreich zu gründen und in einem neuen Goldenen Zeitalter mit einem Imperium ‚*sine fine*‘ zu herrschen. Nicht nur die Sendung des *princeps*, sondern auch seine dauerhafte und glückliche Herrschaft, d. h. indirekt die Monarchie, war somit von Iuppiter unabwendbar vorausbestimmt. Ob der neben dem Adlerkopf wiedergegebene Stern noch zusätzlich auf das berühmte *sidus Iulium* anspielte, mit dem man nicht zuletzt auch die Wiederkehr des Goldenen Zeitalters verband, oder ob mit diesem Zeichen wie auf republikanischen Münzen eher allgemein auf eine Sphäre von Sieg und Triumph verwiesen werden sollte, blieb darüber hinaus bezeichnenderweise wieder der Interpretation des Betrachters überlassen.

Eine Glaspaste aus dem Kestner-Museum in Hannover (Kat. 261) zeigt schließlich den Adler im Profil mit hochgestellten Schwingen, der ein Blitzbündel in den Fängen und einen Palmzweig, an dem oben ein Kranz befestigt ist, im Schnabel hält. Das Motiv ist eine Variante eines auch in anderen Denkmälergattungen immer wiederkehrenden und noch in der späteren Kaiserzeit verbreiteten Bildtypus, der den Adler meist in Vorderansicht und fast wappenartig mit wechselnden Attributen zeigt, welche auf Sieg und Herrschaft hinweisen. Die Darstellung wird hier in gewisser Weise als Zeichen für monarchische Alleinherrschaft verselbständigt.

Ganz ähnlich wie der Adler auf den Gemmen und Glaspasten stellvertretend für Iuppiter steht, zeigen zahlreiche Steine aus dem hier besprochenen Zeitraum einen Capricorn, der zusammen mit dem übrigen Bildkontext nur als das glückliche Sternzeichen Octavians gedeutet werden kann.

Auf einem Karneol des Kestner-Museums in Hannover (Kat. 262) ist der Capricorn mit einem Dreizack, der hinter seinem Nacken aufragt, sowie mit einem Globus unter seinen Vorderläufen verbunden. Während der Dreizack als Attribut des Neptun auf den Bereich des Meeres hinweist, ist der Globus auch hier wieder als deutliches Herrschaftsabzeichen zu verstehen. Octavian herrscht nach dem Seesieg von Actium über Land und Wasser. Die wappenartige Darstellung läßt sich dabei unmittelbar mit augusteischen Münzserien vergleichen, die nach Actium zuerst im Osten, seit der Zeit um 20 v. Chr. dann auch im Westen geprägt wurden und den Capricorn mit wechselnden Beizeichen wiedergeben.

Eine Glaspaste, die ebenfalls aus dem Kestner-Museum in Hannover stammt (Kat. 263), zeigt ein etwas komplizierteres Bildmotiv. Das Sternbild erscheint über einer bekränzten Basis, deren oberer Rand jeweils mit einem im Profil dargestellten Widderkopf verziert ist. Unten ist an beiden Seiten der Basis zusätzlich noch je ein Schiffsvorderteil befestigt. Die Anbringung der Proren an einem baulichen Monument erinnert an die berühmte, auch auf Münzen wiedergegebene, mit Schiffsschnäbeln verzierte Ehrensäule, welche Octavian schon nach seinem Sieg über Sextus Pompeius bei Naulochos im Jahr 36 v. Chr. verliehen bekommen hatte. Die Kombination der Seesiegsymbole mit der bekränzten Basis, die gleichsam von dem über ihr schwebenden Capricorn bekrönt wird, liefert darüber hinaus eine Parallele zu einer Glaspaste in Ost-Berlin, welche die Rückgabe der Partherfeldzeichen im Jahr 20 v. Chr. feiert (Kat. 264) und über der Basis die Victoria auf dem Globus zeigt.

Der Karneol und die Glaspaste haben miteinander gemeinsam, daß sie einerseits deutlich auf die militärischen Erfolge Octavians, d. h. auf seine kriegerische *virtus* hinweisen, daß sie andererseits aber auch, ganz ähnlich wie die vorher besprochenen Steine mit dem Motiv des Adlers, einen daraus resultierenden Herrschaftsanspruch des jungen *princeps* zum Ausdruck bringen. Auch bei vergleichbaren Bildzeugnissen auf anderen Denkmälergattungen − vor allem auf Münzen − fällt auf, daß das Sternbild des Kaisers, das in verstärktem Maß bildlich erst nach Actium propagiert wurde, in der Regel mit Beizeichen verbunden ist, die nicht nur seine Siege, sondern auch die nach ihnen folgende Friedenszeit dokumentieren.

Der Panthererfolg und die Unterwerfung des Ostens

Wie zahlreiche Monumente aus den verschiedensten Denkmälergattungen feierte auch die Glyptik den herausragendsten außenpolitischen Erfolg des Augustus − die im Jahr 20 v. Chr. gelungene Wiedergewinnung der römischen Feldzeichen, welche Antonius und Crassus bereits 53 v. Chr. an die Parther verloren hatten − mit einer Reihe von neuen, zu diesem Anlaß entworfenen oder wieder aufgegriffenen Bildmotiven.

Eine bekannte Glaspaste der Staatlichen Museen in Ost-Berlin (Kat. 264) zeigt auf einer profilierten Rundbasis, die ein Relief der Siegesgöttin in einer Biga trägt und an der oben seitlich je ein bärtiger Kopf im Hochrelief angebracht ist, die Victoria der Kurie auf dem Globus, welche mit dem linken Arm ein Tropaeum schultert und mit der Rechten einen Kranz nach vorn streckt. Zu beiden Seiten der Basis strecken zwei, mit langen Hosen und kurzen Obergewändern bekleidete, jugendliche Parther im Kniefall der Göttin die römischen *signa* entgegen. Der Typus der kniefälligen Barbaren erinnert an eine bedeutende augusteische Münzemission der Jahre 19/18 v. Chr., auf deren Rückseite ein − hier allerdings älterer und bärtiger − Parther die Feldzeichen darreicht. Sowohl die Barbaren der Münzen als auch die der Paste weisen nicht nur konkret auf die Ereignisse des Jahres 20 v. Chr. hin, sondern sind zugleich Sinnbilder für die Unterwerfung des Ostens schlechthin. Entsprechend wurde die Rückgewinnung der *signa* auch in der Literatur und auf anderen Denkmälern mit großem propagandistischem Aufwand als glänzender Sieg gegen den feindlichen Osten verherrlicht. Bezeichnenderweise ist es hier wieder die Victoria von Actium, die nun als Victoria Romana endgültig über den ganzen Erdkreis herrscht. Die Szene verdeutlicht darüber hinaus, daß auch in der Glyptik die in Wirklichkeit durch geschickte und friedliche Verhandlungen erfolgte Rückgewinnung der Feldzeichen als militärischer Sieg gefeiert wurde. Bei den an der Rundbasis angebrachten bärtigen Köpfen handelt es sich möglicherweise um Köpfe des Iuppiter-Ammon, die auch zur Baudekoration des Mars-Ultor-Tempels gehörten, in dem die *signa* dann feierlich aufbewahrt wurden. Die Darstellung der Glaspaste insgesamt setzt sich demnach aus Motiven zusammen, die jedes für sich mit einer Vielzahl von Inhalten befrachtet waren und auch in offiziellen staatlichen Denkmälern Verwendung fanden. Die Gemme, die der Paste als Vorlage diente, ist sicher in unmittelbarem Umkreis zu solchen Denkmälern entstanden.

Auch eine sehr große Serie von Gemmen und Glaspasten, die eine stieropfernde Victoria wiedergibt, läßt sich konkret auf die Unterwerfung des Ostens beziehen.

Ein sehr qualitätvoller Karneol aus dem Londoner British Museum (Kat. 265), der eine Signatur des Gemmenschneiders Sostratos trägt und wohl unmittelbar zu den historischen Ereignissen geschnitten wurde, zeigt Victoria, die mit dem linken Bein auf dem Rücken eines zusammengebrochenen Stieres kniet. Sie ist nur mit einem dünnen, um die Hüften geschlungenen Mantel bekleidet, biegt mit dem linken Arm den Kopf des Tieres zurück und zückt in der Rechten ein Schwert, um es zu töten.

Das Motiv erscheint in nahezu identischer Weise auf der Rückseite einer bedeutenden Serie von Aurei, die, wohl 19 v. Chr. in Pergamon geprägt, die Legende ARMENIA CAPTA trägt und auf der Vorderseite ein Porträt des Augustus wiedergibt. Sowohl die Münzen als auch die Gemme zeigen die an sich dynamische Aktion der Göttin als eher spannungslos-beruhigtes Repräsentationsbild.

Die unmittelbaren Entsprechungen, die hier zwischen der Münzkunst und der Glyptik faßbar sind, stellen die geschnittenen Steine mit diesem Motiv in den gleichen Kontext wie die Siegesprägungen: Victoria triumphiert über den bezwungenen Stier und opfert ihn nach der Bezwingung des Orients durch Augustus entweder dem kaiserlichen Genius selbst oder Iuppiter, der ihn zu seinem Stellvertreter auf Erden eingesetzt hat.

Das neue Goldene Zeitalter

So wie bereits eine Vielzahl von Kameen, Gemmen und Glaspasten, deren Bildmotive ‚Actium' zum Thema hatten, über eine Verherrlichung des Seesieges hinaus programmatisch immer wieder auch auf die nun folgende Glückszeit – auf Frieden und Wohlstand – hingewiesen hatten, wurde dann der tatsächliche Anbruch des lange geweissagten *saeculum aureum*, welches Augustus durch die glanzvollen Saecularspiele des Jahres 17 v. Chr. eingeleitet hatte, in der Glyptik überaus reich und schlagkräftig gefeiert. Besonders interessant erscheint hierbei die große Prägnanz, mit der die verschiedenen Bildmotive der Steine – einige von ihnen sind überhaupt nur im Rahmen dieser Denkmälergattung zu fassen – die Botschaft des neuen Friedens verkündeten.

Der wichtigste Gott der augusteischen *aurea aetas* war im Rahmen der Glyptik mit Sicherheit Apollo. Unzählige Gemmen und Pasten zeigen, wie ein qualitätvoller Aquamarin des Kunsthistorischen Museums in Wien (Kat. 266), der unter unmittelbarem Einfluß der klassizistischen ‚höfischen' Bildkunst entstanden sein dürfte, den lorbeerbekränzten, jugendlich-schönen Kopf des Gottes im Profil, der nur gelegentlich von einem Beizeichen, wie z.B. dem Lorbeerzweig auf diesem Stein, begleitet wird. Dabei treten seine Eigenschaften als Rächer und Sieghelfer von Actium anscheinend völlig in den Hintergrund. Seine Waffen, Pfeil und Bogen, lehnen, wenn sie überhaupt dargestellt werden, meist unbenutzt und rein zeichenhaft an einem großen Dreifuß, während die Kithara oder die Leier als Attribute betonter hervorgehoben werden.

Auf einer Glaspaste des Thorvaldsen-Museums in Kopenhagen (Kat. 267) stützt der unbekleidete, nach links gewandte Apollo seinen linken Arm auf eine ionische Säule, die von einem Dreifuß bekrönt wird. Entspricht das Motiv der Paste bis zu diesem Punkt zahlreichen weiteren Darstellungen des Gottes in diesem Schema, so ist das Attribut seiner rechten Hand außergewöhnlich. Diese hält nämlich anstelle des sonst üblichen Lorbeerzweiges einen geflügelten *caduceus* – d. h. einen Friedensstab. Offenbar wurde dieses Attribut, das schon seit der späten Republik nicht allein als Wahrzeichen für Mercur oder Pax, sondern als verselbständigtes Symbol für den Frieden anzusehen ist, deswegen hinzugefügt, um ganz sicherzugehen, daß Apollo hier ausschließlich als Gott einer harmonischen, glücklichen und friedvollen Zeit begriffen wurde. Auch hier fällt auf, daß die Waffen des Gottes fehlen.

Sind die dem Bild zugrundeliegenden Leitvorstellungen immerhin in den Eigenschaften Apollos selbst schon von vornherein fest verankert, so wird die Darstellung anderer, eher kriegerischer Gottheiten in einem ähnlichen Kontext erst nach den segensreichen Auswirkungen der augusteischen *aurea aetas* möglich.

Eine Glaspaste aus dem Kestner-Museum in Hannover (Kat. 268) zeigt beispielsweise den bärtigen Mars Ultor mit Schild und Lanze in enger Gemeinschaft mit Mercur, der mit Flügelhut, Geldbeutel und *caduceus* hinter ihm steht.

Auf einem Jaspis des Kestner-Museums in Hannover (Kat. 269) ist dagegen Venus Victrix wiedergegeben, die sich in Dreiviertelansicht von hinten an eine Säule lehnt. Wie der Apollo der Kopenhagener Paste trägt auch sie außergewöhnliche Attribute. Ihr linker Arm stützt sich nicht, wie sonst üblich, auf eine Lanze, sondern wohl auf ein Szepter, und in der vorgestreckten rechten Hand hält sie statt des Helmes ein Füllhorn. Vor Venus steht ein kleiner Amor, der einen Helm zu ihr emporstreckt, hinter ihr befindet sich ein Postament, das einen ithyphallischen Priapus trägt.

Auch diese Bildmotive sind auf vielschichtige Weise interpretierbar. So vermitteln beide Steine zunächst wieder ganz vordergründig, daß die Schrecken der Bürgerkriegszeit nunmehr beendet sind und daß Mars Ultor und Venus Victrix in der neuen Zeit des Friedens weiterwirken. Der kriegerische Mars Ultor hat durch seine Rache an den Caesarmördern und an den Parthern ermöglicht, daß die Segnungen Mercurs, der mit dem Geldsack in der Hand hier ganz deutlich auch für den ertragreichen friedlichen Handel steht, wieder zum Tragen kommen. Venus Victrix, die kämpferische Schutzgöttin Caesars, hat ihre Waffen abgelegt und lebt in einer idyllischen Zeit des Friedens und der überquellenden Fruchtbarkeit als Venus Genetrix des julischen Kaiserhauses weiter. Beide Gottheiten, deren spezifische Eigenschaften untrennbar mit Caesar und Augustus verbunden sind, weisen, wie der persönliche Schutzgott des Kaisers, Apollo, auf den *princeps* als eigentlichen Begründer der *aurea aetas* hin. Sie versinnbildlichen weiterhin den mythischen Ursprung und die stabile Kontinuität der julischen *gens* sowie die glücklichen Folgen, welche die Vorherrschaft dieses Geschlechtes für Rom nach sich zieht. Dabei wird der unverrückbare Herrschaftsanspruch des neuen Kaiserhauses auch durch das Szepter, das seine mythische Ahnherrin trägt, prägnant dokumentiert. Schließlich propagieren die beiden Steine, daß es die kriegerischen Erfolge und die militärische Macht des Augustus sind, die den Frieden bedingen und für seine Stabilität garantieren. Sie setzten damit die auch sonst verbreitete Vorstellung, daß Frieden durch Sieg errungen und durch Kriegsmacht geschützt werden mußte, bildlich um.

Als unmittelbare Entsprechung zu diesen Szenen zeigt eine Glaspaste aus dem Londoner British Museum (Kat. 270) Victoria, die sich, nur mit einem dünnen, durchscheinenden Gewand bekleidet, dem Betrachter fast ganz in Vorderansicht darbietet. Sie hebt mit einer graziösen Geste ihrer rechten Hand die feinen Falten ihres Kleides an, so daß ihr rechtes, leicht vorgestelltes Bein plastisch hervortritt. Mit der Hand ihres erhobenen linken Armes hält sie ein Bündel Weintrauben in die Höhe. Auch hier wird zunächst sichtbar gemacht, wie die über Antonius und die Parther triumphierende Siegesgöttin in der Zeit des Friedens weiter wirkt. Die Victoria des Krieges ist zur Ruhe gekommen und verkündet nun den Sieg der Pax. Statt eines Palmzweiges, Siegeskranzes oder Tropaeum ist eine Weintraube als Zeichen für die Fruchtbarkeit des neuen Goldenen Zeitalters ihr Attribut. Stimmt schon die enge Verbindung von Victoria und Pax mit dem Grundtenor der vorher besprochenen Steine überein, so birgt die Gesamterscheinung der Göttin vielleicht, wenn auch hintergründig, einen zusätzlichen Hinweis auf Venus in ihrer ambivalenten Eigenschaft als ,Victrix' und ,Genetrix' des Kaiserhauses. Sind die Botschaften der bisher genannten Steine wegen der Eindeutigkeit ihrer einzelnen Motive noch verhältnismäßig einfach zu entschlüsseln, so sind daneben auch Steine erhalten, die entsprechende Inhalte auf sehr viel abgehobenere und verfeinertere Weise vermitteln.

Auf einem neuzeitlichen Glasabguß eines antiken Amethystes aus dem Martin von Wagner-Museum in Würzburg (Kat. 271) sieht man die Büste einer weiblichen Göttin in Vorderansicht, die einen Ärmelchiton mit darüberliegendem Peplos trägt, dessen Rückenteil als Schleier über ihren lorbeerbekränzten Kopf gelegt ist. Den Hals schmückt eine kostbare Kette mit tropfenförmigen Anhängern. Die gesamte rechte Seite der Büste wird von einem großen Füllhorn gerahmt, das in der Beuge des rechten Armes der Göttin liegt und in dem Trauben, Ähren und kleine runde Früchte sichtbar sind. Durch die rahmenden Konturlinien des Füllhornes einerseits und des Schleiers andererseits sowie durch die leichte Neigung und Blickrichtung des Kopfes nach rechts unten wirkt die Darstellung geschlossen und in sich ruhend. Der originale Stein wurde aus stilistischen Gründen sicher zu Recht der Werkstatt des berühmten Gemmenschneiders Dioskurides zugewiesen und entstand demnach wohl in unmittelbarer Umgebung des Kaiserhauses.

Eine konkrete Benennung der Göttin fällt schwer. Weist das große Füllhorn in ihrem Arm auf Fortuna hin, die allerdings nur selten mit verhülltem Haupt dargestellt wird, so ist der Lorbeerkranz möglicherweise ein Hinweis auf Concordia oder Pax. Eine der beiden Personifikationen erscheint mit Füllhorn und Zweig auch auf Denaren der Actium-Serie, die ebenfalls unterschiedlich gedeutet werden. Möglicherweise liegt aber gerade in der Vieldeutigkeit der Figur ihr besonderer und beabsichtigter Reiz. Wie auf der Ara Pacis die Präsenz der Pax nicht durch eine konkrete Darstellung der Göttin selbst, sondern durch ihr unmittelbar erfahrbares Wirken in allen Szenen des Denkmals symbolisch vermittelt wird, so verkörpert die auf der Gemme wiedergegebene Gottheit gleichsam alle Eigenschaften der Fortuna, Concordia und Pax zusammen. Wie auch immer man sie demnach benennen mag, sie bleibt in jedem Fall Sinnbild für die vielschichtige Wirkungsweise der Pax Augusta schlechthin.

Besonders charakteristisch für die Bildsprache der Glyptik dieser Zeit sind zahlreiche Gemmen und Glaspasten, welche die bereits skizzierten inhaltlichen Vorstellungen mit Hilfe variierender, etwas abstrakter wirkender Zusammenstellungen von einzelnen, an sich isolierten Motiven oder Symbolen vermitteln.

Ein besonders interessanter Amethyst aus dem Kunsthandel (Kat. 272) zeigt im Zentrum seines Bildfeldes frontal und in voller Rüstung Mars Ultor mit Lanze und Schild. Von rechts schreitet Victoria, einen Palmzweig im linken Arm, auf Zehenspitzen auf ihn zu und hält ihm einen Kranz entgegen. Hinter ihr nehmen ein Globus und ein großes Füllhorn den linken Rand des Steines ein. Hinter Mars sieht man unten einen Adler, darüber eine Prora, zwei Ähren, die eine Mohnkapsel umschließen, einen großen Vogel und hinter diesem einen nach unten gerichteten Delphin. Die Aussage des Bildes ist offensichtlich: Mars Ultor hat seine Rachefeldzüge gegen die Caesarrächer und Parther beendet und nimmt von Victoria den Siegeskranz entgegen. Nun herrscht Frieden zu Lande und zu Wasser, Fruchtbarkeit und Wohlstand im ganzen Reich. All diese Segnungen sind an Augustus gebunden, der als Stellvertreter Iuppiters über die Erde herrscht.

Jedes der auf dem Amethyst wiedergegebenen Zeichen verdeutlicht dabei einen inhaltlichen Aspekt der Aussage: Die Prora läßt an Octavians Seesiege denken; Füllhorn, Ähren und Mohnkapsel sind Zeichen für die Fruchtbarkeit und den Wohlstand des neuen Goldenen Zeitalters; der große Vogel und der Delphin sind Glückssymbole, die allgemein auf den Frieden zu Lande und zu Wasser hinweisen; der Adler steht stellvertretend für Iuppiter; der Globus ist einerseits Sinnbild dafür, daß sich der Frieden nun über den ganzen Erdkreis ausgebreitet hat, andererseits aber auch deutliches Herrschaftssymbol. Die von den Symbolen umgebenen Gottheiten − das Motiv der auf Zehen schreitenden Victoria begegnet gerade mit Denkmälern der augusteischen Zeit sehr häufig − sind untrennbar mit Augustus verbunden.

Auf einem Karneol aus dem Römisch-Germanischen Museum in Köln (Kat. 273) sieht man dagegen in der Mitte ein *signum* mit einem Adler darauf, neben dem sich rechts ein großer Dreifuß und links eine füllhornbekrönte Keule sowie eine Kornähre befinden. Hier werden Fruchtbarkeit und Stärke offenbar als unmittelbare Folgen der Siege über den Osten begriffen. Dafür spricht nicht allein das Feldzeichen, sondern vor allem die Kombination der Motive mit dem Dreifuß, der einerseits auf Apollo hinweist, andererseits aber gerade in augusteischer Zeit als klassisches Siegeszeichen für die Unterwerfung der Parther eine bedeutende Rolle gespielt hat. Obwohl der Stein sicher erst in nachaugusteischer Zeit geschnitten wurde, schöpfen seine Bildmotive damit doch aus einem Repertoire von Symbolen, das unter Augustus etabliert worden war.

Ein fragmentierter Karneol aus dem Kestner-Museum in Hannover (Kat. 274) gibt zwei im Handschlag verbundene Hände wieder, die zusätzlich noch ein Doppelfüllhorn umschließen. Dieses rahmt eine Kithara im Zentrum der Darstellung, auf der sich ein teilweise zerstörter Vogel, wohl ein Rabe, niedergelassen hat. Unmittelbar vergleichbar zeigt schließlich eine Glaspaste des Kunsthistorischen Museums in Wien (Kat. 275) eine von zwei Füllhörnern auf Globen flankierte Rundbasis − oder einen Altar −, auf dem ein Rabe steht. Vor dem Vogel liegt eine Leier.

Die beiden zuletzt genannten Steine haben miteinander gemeinsam, daß sie die vertrauten Symbole des Goldenen Zeitalters mit Beizeichen verbinden, die stellvertretend für Apollo stehen. Leier, Kithara und Rabe sind seine Zeichen und weisen ihn damit wieder als zentralen Gott der mit Augustus angebrochenen Friedenszeit aus.

Unter den sehr zahlreichen Porträtdarstellungen des Augustus auf Kameen, Gemmen und Glaspasten gibt es auch nach der Schlacht von Actium und der darauf erfolgten Etablierung der Vorherrschaft des *princeps* immer wieder Steine, die das Bildnis des Kaisers mit Attributen oder Beizeichen verbinden, welche sowohl seine Eigenschaften und Tugenden als auch einzelne Aspekte seines Herrschertums näher spezifizieren oder verdeutlichen sollten.

Ein moderner Glasabguß einer antiken Glaspaste aus dem Martin von Wagner-Museum in Würzburg (Kat. 276) zeigt die Halbfigur des Augustus im Muskelpanzer mit Feldherrenbinde und einem *paludamentum*, das auf der rechten Schulter aufliegt und unten um den rechten Vorderarm gewickelt ist. Im Haar des *princeps*, dessen Anordnung weitgehend dem Prima-Porta-Typus entspricht, liegt ein Lorbeerkranz. Während die jetzt beschädigten Finger der rechten Hand möglicherweise einen Schwertgriff umfaßten, hält seine Linke die Figur einer schlanken, auf Zehenspitzen im Laufschritt herbeischwebenden Victoria, welche mit beiden Händen ein Tropaeum schultert. Daß hier vor allem die herausragenden militärischen Qualitäten des Kaisers im Zentrum der Bildaussage stehen, ist offensichtlich. Dabei bezieht sich die gesamte Darstellung möglicherweise auf die Panthererfolge des Jahres 20 v. Chr. Für diese Annahme spricht nicht allein die stilistische Ausführung des Steines, sondern möglicherweise auch ein kleiner Reliefkopf, der in der Brustmitte auf dem Panzer des Kaisers aufsitzt. Da es sich dabei nicht um ein Gorgoneion, sondern um einen Kinderkopf handelt, wird hier allem Anschein nach auf die im gleichen Jahr erfolgte Geburt des C. Caesar angespielt. Sollte dies der Fall sein, so wurde mit Hilfe des Steines nicht nur der Sieg über den Osten sichtbar gemacht, sondern gleichzeitig auch auf den neuen Nachkommen des Kaiserhauses hingewiesen. Die Duplizität beider Ereignisse war sicher von besonderer propagandistischer Wirkungskraft.

In deutlichem Gegensatz dazu sieht man auf einem fragmentierten Achat in englischem Privatbesitz (Kat. 277) eine Büste des Augustus nach rechts, vor der im rechten Bildfeld des Steines ein großer *caduceus* erscheint. Die Züge des Kaisers sind deutlich idealisiert. Stellt die vorher genannte Glaspaste die kriegerischen Leistungen des *princeps* zur Schau, so wird er auf diesem Stein, der in den 20er Jahren des 1. Jhs. v. Chr. entstanden sein dürfte, als Begründer des Friedens, des *saeculum aureum*, gefeiert. Dabei weist der *caduceus* einerseits als verselbständigtes Symbol für den Frieden auf den glücklichen Zustand und die Segnungen des neuen Zeitalters hin, erinnert andererseits aber auch als eines der Hauptattribute Mercurs an die engen Gemeinsamkeiten des Kaisers mit diesem Gott. Entsprechend nennt Horaz in einer bald nach Actium verfaßten Ode (carm. 1,2,41 ff.) den *princeps* «*almae filius Maiae*» und setzt die Eigenschaften des Siegers von Actium damit denen des Mercur gleich. Wie Mercur selbst wird

Augustus, nachdem die friedvolle Ordnung über Schrecken und Chaos den Sieg errungen hat, zum Überbringer von *pax, concordia* und *felicitas.*

Auf einem Sardonyx-Kameo der Staatlichen Museen in West-Berlin (Kat. 278), der aus stilistischen Gründen in den letzten Regierungsjahren des Augustus entstanden sein dürfte, sieht man den lorbeerbekränzten Kopf des Kaisers von einem weiteren großen Lorbeerkranz umschlossen, welcher von den Hörnern zweier rückwärts gegeneinandergesetzter Capricorne gehalten wird. Während diese sowie der das Bildnis rahmende Kranz in weißem Relief dargestellt, d. h. in Kameentechnik geschnitten sind, erscheint das Porträt des Augustus in eine braune Lage des Steines vertieft eingraviert. Die Kombination beider Schnittechniken auf ein und demselben Stein wirkt insofern besonders raffiniert, als dadurch in gewisser Weise der Eindruck eines ‚Steines im Stein‘, d. h. einer Porträtgemme mit kostbarer Rahmung erweckt wird. Gleichzeitig wird die inhaltliche Aussage des Bildes im Verhältnis zu einer gewöhnlichen Porträtdarstellung stark verdichtet. Der durch seine zweifache Wiedergabe besonders hervorgehobene Lorbeerkranz erinnert nicht nur an den siegreichen Ausgang aller militärischer Unternehmungen des *princeps*, sondern auch an die Ehrungen des Jahres 27 v. Chr., bei denen gerade die beiden Augustus verliehenen Lorbeerbäume eine zentrale Stellung eingenommen hatten. Wird bereits hier der Herrschaftsanspruch des neuen Kaisers versinnbildlicht, so lassen die Capricorne als Träger des großen Kranzes an die Weissagungen denken, die an die Geburt des Augustus geknüpft waren, und weisen demnach indirekt auf die Vorherbestimmung des Prinzipates hin. Schließlich vermittelt auch die Form der Gesamtkomposition selbst, die vor allem durch die gegenständigen Sternzeichen einen wappenartigen Charakter erhält, das in sich ruhende Zustandsbild einer fest etablierten und unangefochten bestehenden Herrschaft.

Ein großer und kostbarer Sardonyx-Kameo aus dem British Museum in London (Kat. 279), der wohl erst in tiberischer Zeit, also nach dem Tod des Augustus entstand, zeigt schließlich eine schräg vom Rücken her gesehene Büste des verstorbenen *princeps*, der seinen Kopf in das Profil nach links dreht. Die sonst völlig unbekleideten Schultern, über die ein Schwertriemen gelegt ist, werden durch die Aegis Iuppiters geschützt; zusätzlich ist der Kaiser noch mit einer Lanze bewaffnet, deren Schaft im linken Bildfeld vor ihm aufragt. Bei dem Metalldiadem, das den Kopf des Augustus schmückt, handelt es sich um eine nachantike Zutat − ursprünglich lag an dieser Stelle ein Kranz im Haar.

Die Wiedergabe des Kaisers mit einem der Hauptattribute des Iuppiter sollte − trotz der postumen Entstehung des prunkvollen, in vier Schichten gearbeiteten Steines − keineswegs vordergründig seine Gleichsetzung mit dem höchsten Staatsgott oder gar eine Vergöttlichung des Augustus versinnbildlichen. In dem Gesamtbild sind vielmehr verschiedene Topoi zu einer Einheit verschmolzen, die in der antiken Herrscherrepräsentation bereits eine lange Tradition hatten. So diente, wie bereits an anderer Stelle gezeigt wurde (Kat. 260−261), die auch außerhalb der Glyptik verbreitete Verbindung des Herrschers mit Iuppiter in erster Linie einem verherrlichenden Vergleich seiner herrscherlichen Tugenden und Eigenschaften mit denen des Göttervaters, wobei nicht die Person, sondern die Macht- und Führungsposition des Monarchen mit der des Gottes gleichgesetzt wurde. Der von Iuppiter selbst zu diesem Amt auserwählte Kaiser regierte als unmittelbarer Stellvertreter des höchsten Gottes auf Erden und war demnach von menschlicher Seite aus nicht mehr angreifbar. Die Darstellung des Augustus kann unter diesem Gesichtspunkt auch als Sinnbild der Monarchie schlechthin verstanden werden.

Die Wiedergabe des Kaisers mit der Aegis ist dabei keine römische Erfindung, sondern ein bekannter und zu diesem Zeitpunkt bereits fest etablierter Bildtypus, der in griechisch-hellenistischer Zeit weit verbreitet war und in der bildlichen Repräsentationskunst Alexanders des Großen sowie zahlreicher Herrscher der auf ihn folgenden Königshäuser einen wichtigen Platz einnahm. Auch die Ansicht der Büste von schräg hinten ist eine Bilderfindung der hellenistischen Zeit. Darüber hinaus kann die Kombination von Aegis und Lanze in einem noch konkreteren Sinn als direkte Anspielung auf Alexander den Großen gewertet werden, da die enge

Gemeinschaft des jungen Makedonenkönigs mit Zeus auf zahlreichen Werken verschiedener Denkmälergattungen gerade durch seine Darstellung mit diesen beiden Attributen dokumentiert wurde. Wie eine große Anzahl berühmter Feldherren der späten Republik und viele der auf ihn folgenden Kaiser hatte sich auch Augustus die Person des jungen Eroberers zum Vorbild genommen und dessen dynamischen Kampfgeist und strahlende Sieghaftigkeit mit seinen eigenen kriegerischen Erfolgen und militärischen Tugenden verglichen.

Insgesamt gesehen werden demnach hier vor allem die Feldherrn-Qualitäten des *princeps* als konstituierende Grundlage seines Kaisertums begriffen. Die Tatsache, daß das monarchische Herrschertum des Augustus mit hellenistischen Bildformen versinnbildlicht wird, macht gleichzeitig sichtbar, welch ein starkes Nachleben die aus dem griechischen Hellenismus übernommenen Repräsentationsformen in der Kunst der höfischen Oberschicht hatten, aus der mit Sicherheit der Auftrag für den kostbaren Stein stammte.

Literatur: Grundlegend zur Herstellung und Geschichte der antiken Glyptik: A. Furtwängler, Die antiken Gemmen. Geschichte der Steinschneidekunst im klassischen Altertum I–III (1900) (mit der älteren Literatur). – RE VII 1 (1910) 1052 ff. s. v. Gemmen (O. Rossbach). – G. Lippold, Gemmen und Kameen des Altertums und der Neuzeit (1922). – H. B. Walters, Catalogue of the Engraved Gems and Cameos, Greek, Etruscan and Roman in the British Museum (1926) Introduction IX ff. – M. Wellmann, Die Stein- und Gemmenbücher der Antike (1935). – EAA III (1960) 956 ff. s. v. «Glittica» (L. Breglia). – G. M. A. Richter, The Engraved Gems of the Greeks and Etruscans (1968). – J. Boardman, Greek Gems and Finger Rings. Early Bronze Age to Late Classical (1970). – G. M. A. Richter, The Engraved Gems of the Romans (1971). – Ch. Meier, Gemma Spiritalis. Methode und Gebrauch der Edelsteinallegorese vom frühen Christentum bis ins 18. Jh. (1977). – B. Czurda-Ruth, Zur Herstellung von Glaspasten in der Antike. Litterae Numismaticae Vindobonensis. Roberto Goebl dedicatae (1979) 159 ff. – P. Zazoff, Die antiken Gemmen. HdArch (1983) (mit ausführlicher Bibliographie zu den verschiedenen Bereichen der Glyptik). – H. Möbius, Sinn und Typen der römischen Kaiserkameen in: ANRW II 12,3 (1985) 32 ff. – G. Sena Chiesa – G. M. Facchini, Gemme romane di età imperiale in: ANRW II 12,3 (1985) 3 ff. Wertvolle Hinweise auch in Publikationen einzelner Sammlungen. Darunter besonders: Antike Gemmen in Deutschen Sammlungen: Bd. I Staatliche Münzsammlung München. – I 1 E. Brandt, Griechische Gemmen von der minoischen Zeit bis zum späten Hellenismus (1968). – I 2 E. Brandt – E. Schmidt, Italische Gemmen etruskisch bis römisch-republikanisch; Italische Glaspasten vorkaiserzeitlich (1970). – I 3 E. Brandt – W. Gercke – A. Krug – E. Schmidt, Gemmen und Glaspasten der römischen Kaiserzeit sowie Nachträge (1972). – Bd. II E. Zwierlein-Diehl, Staatliche Museen Preußischer Kulturbesitz, Antikenabteilung Berlin (1969). – Bd. III V. Scherf, Herzog-Anton-Ulrich-Museum Braunschweig – P. Gercke, Sammlung des Archäologischen Institutes der Universität Göttingen – P. Zazoff, Staatliche Kunstsammlungen Kassel (1970). – Bd. IV M. Schlüter – G. Platz-Horster, Kestner-Museum Hannover – P. Zazoff, Museum für Kunst und

Gewerbe Hamburg (1975). – M. Maaskant-Kleibrink, Classification of ancient engraved Gems. A Study based on the Collection in the Royal Coin Cabinet The Hague, with a History of that Collection (1975). – E. Zwierlein-Diehl, Die antiken Gemmen des Kunsthistorischen Museums in Wien Bd. I (1973) Bd. II (1979). – M. L. Vollenweider, Catalogue Raisonné des sceaux, cylindres, intailles et camées. Musée d'Archéologie et d'Histoire de Genève Bd. II (Tafeln 1976–Text 1979). – A. Krug, Antike Gemmen im Römisch-Germanischen Museum Köln. Sonderdruck aus Bericht der Römisch-Germanischen Kommission 61, 1980 (1981). – G. Platz-Horster, Die antiken Gemmen im Rheinischen Landesmuseum Bonn (1984). – M. L. Vollenweider, Deliciae Leonis. Antike geschnittene Steine und Ringe aus einer Privatsammlung (1984). – E. Zwierlein-Diehl, Glaspasten im Martin von Wagner-Museum der Universität Würzburg Bd. I (1986). Speziell zu spätrepublikanischen und augusteischen Bildmotiven: P. Cesaro, La sfinge sulle monete antiche e sull'anello-sigillo di Augusto (1926). – J. Gagé, MEFRA 53, 1936, 37 ff. – M. L. Vollenweider, MusHelv 12, 1955, 27 ff. – E. Simon, Die Portlandvase (1957). – G. Ch. Picard, Les Trophées Romains (1957). – M. L. Vollenweider, SchwNumRu 39, 1958/59, 22 ff. – H. U. Instinsky, Die Siegel des Kaisers Augustus (1962). – H. Jucker, SchwMbll 13–14, 1963/64, 83 ff. – H. Möbius, Alexandria und Rom (1964). – M. L. Vollenweider, Die Steinschneidekunst und ihre Künstler in spätrepublikanischer und augusteischer Zeit (1966). – T. Hölscher, Victoria Romana (1967). – G. M. A. Richter, RA 1968, 279 ff. – M. L. Vollenweider, Genava XVIII I (1970) 59 ff. – M. L. Vollenweider, Die Porträtgemmen der römischen Republik I. II (1972). – G. Heres, Eirene 11, 1973, 99 ff. – E. J. Dwyer, RM 80, 1973, 59 ff. – H. P. Laubscher, JdI 89, 1974, 242 ff. – P. Moreno, Quaderni di Archeologia della Libia 8. Cirene e la Grecia, a cura di S. Stucchi (1976) 81 ff. – E. Zwierlein-Diehl, KölnJbVFrühGesch 17, 1980, 12 ff. – J. Pollini, Studies in Augustan «Historical» Reliefs (1980) 274 ff. – H. Jucker, BABesch 57, 1982, 100 ff. – D. Salzmann, BJb 184, 1984, 141 ff. bes. 158 ff. – E. Lemberg-Ruppelt, RM 91, 1984, 89 ff. – P. Arnaud, MEFRA 96, 1984, 53 ff. – T. Hölscher, JdI 99, 1984, 187 ff. – ders., Klio 67, 1985, 81 ff. – R. M. Schneider,

Bunte Barbaren (1986) 38 ff. 44 f. 48 f. 61.63.70.76. – Simon, Augustus 153 ff. – W. R. Megow, Kameen von Augustus bis Alexander Severus. Antike Münzen und geschnittene Steine XI (1987) bes. 8 ff. 71 ff. 90 ff. 130 ff.

Zum Motiv der stiertötenden Victoria und zur Siegesgöttin des Augustus in der *aurea aetas* demnächst ausführlich R. M. Schneider, dem ich freundliche Hinweise und die Entdeckung von Kat. 272 verdanke.

241   Honiggelbe Glaspaste: Jünglingskopf über Ring mit Capricorn, Ähren und Mohn
Wien, Kunsthistorisches Museum, Inv. XI B 508
1,35×1,13 cm
3. Viertel 1. Jh. v. Chr.
Literatur: E. Zwierlein-Diehl, AGWien II (1979) Nr. 810 Taf. 36.

242   Blaue Glaspaste: Jünglingskopf über im Handschlag verbundenen Händen mit Ähren (Foto)
Rom, Museo Nazionale Romano, Inv. 61 928
1,20×1,00 cm
3. Viertel 1. Jh. v. Chr.
Literatur: M. L. Vollenweider, Die Porträtgemmen der römischen Republik (1972) Taf. 146,13.

243   Braune Glaspaste: Zwei Jünglingsköpfe nebeneinander gestaffelt
München, Staatliche Münzsammlung, Sammlung Arndt Nr. 5057
1,10×0,95 cm
3. Viertel 1. Jh. v. Chr.
Literatur: M. L. Vollenweider, Die Porträtgemmen der römischen Republik (1972) Taf. 150,5.

244   Gelbe Paste: Jünglingskopf über Delphin und Prora mit Standarte
München, Staatliche Münzsammlung, Sammlung Arndt Nr. 1044
1,24×1,08 cm
3. Viertel 1. Jh. v. Chr.
Literatur: E. Schmidt, AGD I 3 (1972) Nr. 3355 Taf. 319. – M. L. Vollenweider, Die Porträtgemmen der römischen Republik (1972) Taf. 150,12.

245   Gelb-braune Glaspaste: Jünglingskopf über Globus mit gekreuzten Füllhörnern
Wien, Kunsthistorisches Museum, Inv. XI B 220
1,30×1,08 cm
3. Viertel 1. Jh. v. Chr.
Literatur: E. Zwierlein-Diehl, AGWien II (1979) Nr. 801 Taf. 35.

246   Sardonyx-Kameo in moderner Fassung: Augustus mit Tritonenviergespann
Wien, Kunsthistorisches Museum, Inv. IX a 56
6,0×6,6 cm
Spätaugusteisch
Literatur: F. Eichler – E. Kris, Die Kameen im Kunsthistorischen Museum, Publikationen aus den Kunsthistorischen Sammlungen in Wien (1927) 50 f. Nr. 5 Taf. 7. – J. Gagé, MEFRA 53, 1936, 85 ff. Taf. 1,2. – E. Si-

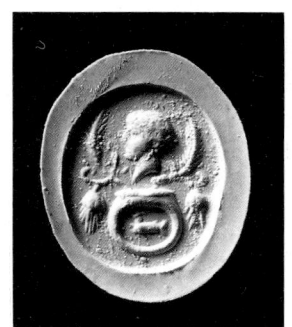

Kat. 241   Kat. 242

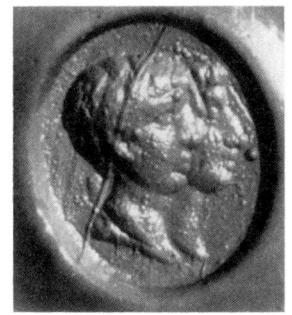

Kat. 243   Kat. 244
Kat. 245

Kat. 246

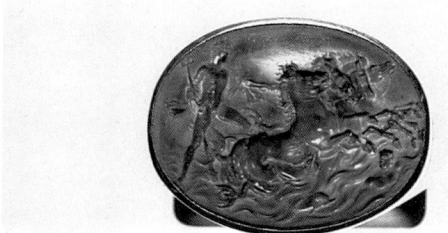

Kat. 247

Kat. 248

Kat. 250

Kat. 249

Kat. 251

mon, Die Portlandvase (1957) 28. − T. Hölscher, JbZMusMainz 12, 1965, 65. − ders., Victoria Romana (1967) 9.181 VG 13 Taf.1,12. − V. v. Gonzenbach, Opuscula Carolo Kerenyi dedicata. Acta Universitatis Stockholmiensis 5, 1968, 95. 116 Anm. 87. − E. J. Dwyer, RM 80, 1973, 64 Taf.21. − H. P. Laubscher, JdI 89, 1974, 250.253 Anm.46. − J. Pollini, Studies in Augustan 'Historical' Reliefs (1980) 275 f. − H. Möbius, Zweck und Typen der römischen Kaiserkameen in: ANRW 12,3 (1985) 70 f. − T. Hölscher, Klio 67, 1985, 97 f. Abb. 11. − W. R. Megow, Typen der römischen Kaiserkameen von Augustus bis Alexander Severus (1987) 12 f. 137. 139. 164 Nr. A 11 Taf.7,19.

247 Sard aus Hadrumetum, ehem. Slg. Tyszkiewicz: Octavian mit Hippokampenquadriga (Foto)
Boston, Museum of Fine Arts, Inv. 27 733
1,3×1,9 cm
3. Viertel 1. Jh. v. Chr.
Literatur: A. Furtwängler, Die antiken Gemmen (1900) 242 zu Taf.50 Nr.19. − S. Reinach, Apollo (1906) 81 Abb.117. − H. Stuart Jones, Companion to Roman History (1912) 426 Abb.61. − J. D. Beazley, The Lewes House Collection of Ancient Gems (1921) Nr.105. − G. Lippold, Gemmen und Kameen des Altertums und der Neuzeit (1922) Taf.4,7. − M. L. Vollenweider, Die Steinschneidekunst und ihre Künstler in spätrepublikanischer und augusteischer Zeit (1966) 51 Anm.23 f. 52 Anm.28. 61 Anm.75. 109 Taf.49,2. − G. M. A. Richter, Engraved Gems of the Romans (1971) Nr.483. − Boston, Museum of Fine Arts, Greek & Roman Portraits 470 B.C. − A.D. 500 (1972) Nr.40. − H. P. Laubscher, JdI 89, 1974, 248 ff. Abb.9. − J. Pollini, Studies in Augustan 'Historical' Reliefs (1980) 275. − T. Hölscher, Klio 67, 1985, 97 Abb.10.

248 Blau-schwarzer Onyx in moderner Goldfassung: Jugendlicher Seeheld mit Victoria stellt Fuß auf Prora
München, Staatliche Münzsammlung
1,29×0,92 cm
2. Hälfte 1. Jh. v. Chr.
Literatur: W. Gercke, AGD I 3 (1972) Nr.2339 Taf.209.

249 Nicolo: Neptun mit Dreizack und Delphin stellt Fuß auf Prora
Berlin, Antikenmuseum, SMPK, Inv. FG 8155
1,37×1,13 cm
3. Viertel 1. Jh. v. Chr.
Literatur: Description des pierres gravées du feu Baron de Stosch, dediée à son Eminence Monseigneur le Cardinal Aléxandre Albani par M. l'Abbé Winckelmann, Bibliothecaire de son Eminence. A Florence 1760. Chez André Bonducci II 443. − E. H. Tölken, Erklärendes Verzeichnis der antiken, vertieft geschnittenen Steine der Königlich Preußischen Gemmensammlung Berlin (1835). − A. Furtwängler, Beschreibung der geschnittenen Steine im Antiquarium (1896) Nr.8155 Taf.59. − E. Zwierlein-Diehl, AGD II (1969) Nr.361 Taf.65.

Kat. 252

Kat. 253

Abformung von Kat. 253

Kat. 254

Kat. 255

Kat. 256

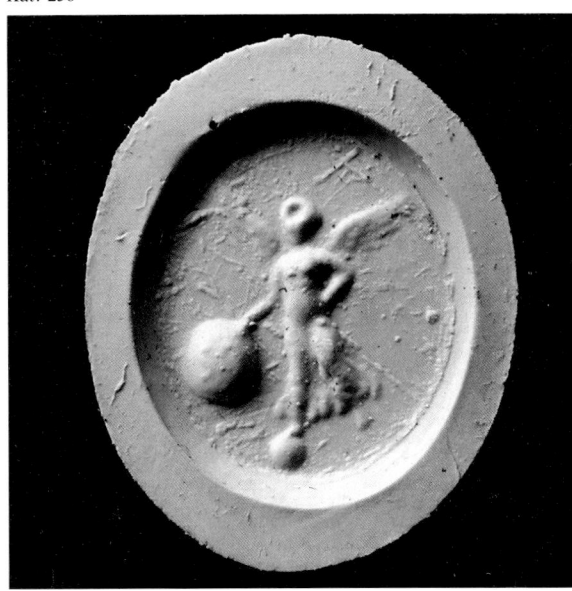

250 Nicolo: Mars stützt Fuß auf Prora
Wien, Kunsthistorisches Museum, Inv. IX B 378
1,52×1,23 cm
Letztes Viertel 1. Jh. v. Chr.
Literatur: E. Zwierlein-Diehl, AGWien I (1973) Nr. 416
Taf. 69.

**251 Moderner Glasabguß einer antiken Gemme.
Rand der Fassung mitabgegossen. Original:
Sardonyx, Kopenhagen, Thorvaldsens Museum.
Mercur mit aplustre und Fuß auf Prora**
Würzburg, Martin von Wagner-Museum
1,80 x 1,64 cm
Entstehung des Originals: 2. Hälfte 1. Jh. v. Chr.
Literatur: E. Zwierlein-Diehl, Glasplasten im Martin
von Wagner-Museum der Universität Würzburg (1986)
Nr. 290 Taf. 55 (mit der Literatur zum Original des Stük-
kes).

252 Glaspaste: Mars beim Gigantenkampf (Foto)
Boston, Museum of Fine Arts
2,5×2,1 cm
3. Viertel 1. Jh. v. Chr.
Literatur: A. Furtwängler, Antike Gemmen (1900) 181
zu Taf. 38,7; M. L. Vollenweider, Die Steinschneidekunst und ihre Künstler in spätrepublikanischer und augusteischer Zeit (1966) 21 f. Anm. 30. 32. 95 Taf. 11,2.

253 Karneol: Gigant
Wien, Kunsthistorisches Museum, Inv. IX B 556
1,90×1,66 cm
Letztes Drittel 1. Jh. v. Chr.
Literatur: E. Zwierlein-Diehl, AGWien I (1973) Nr. 263
Taf. 45.

**254 Fragment eines Karneols: Jüngling beim Gigan-
tenkampf**
Hannover, Kestner-Museum, Inv. K 665
1,79×1,55 cm
3. Viertel 1. Jh. v. Chr.
Literatur: A. Furtwängler, Antike Gemmen (1900) 293
zu Taf. 64, 53. – M. Schlüter – G. Platz-Horster, AGD
IV (1975) Nr. 255 Taf. 40.

**255 Moderner Glasabguß einer antiken Gemme.
Original: Karneol in Florenz: Victoria auf der Prora**
Würzburg, Martin von Wagner-Museum
2,13 x 1,70 cm
Entstehung des Originals: 2. Hälfte 1. Jh. v. Chr.
Literatur: E. Zwierlein-Diehl, Glasplasten im Martin
von Wagner-Museum der Universität Würzburg (1986)
Nr. 343 Taf. 63 (mit der Literatur zum Original des Stük-
kes).

**256 Gelbe Glaspaste in moderner Silberfassung:
Victoria der Kurie**
Wien, Kunsthistorisches Museum, Inv. XI B 423
1,02×0,87 cm
Letztes Drittel 1. Jh. v. Chr.
Literatur: E. Zwierlein-Diehl, AGWien II (1979)
Nr. 649 Taf. 14.

Kat. 257   Kat. 258

257   Glaskameo: Victoria mit Palmzweig und Kranz
Wien, Kunsthistorisches Museum, Inv. XI B 199
1,77×1,22 cm
Letztes Viertel 1. Jh. v. Chr.
Literatur: F. Eichler − E. Kris, Die Kameen im Kunst-
historischen Museum, Publikationen aus den Kunsthi-
storischen Sammlungen in Wien 2 (1927) Nr. 40 Taf. 14.
− E. Zwierlein-Diehl, AGWien II (1979) Nr. 1017
Taf. 67.

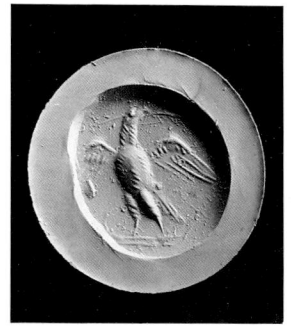

258   Dunkelgrünes Plasma in moderner Goldfassung: Kat. 259   Kat. 260
Roma und Victoria
Wien, Kunsthistorisches Museum, Inv. IX A 55
3,70×3,01 cm   Kat. 261   Kat. 262
Letztes Viertel 1. Jh. v. Chr.
Literatur: A. Furtwängler, Antike Gemmen (1900) 191
zu Taf. 40, 11. − C. C. Vermeule, The Goddess Roma
in the Art of the Roman Empire (1959) 68. 71. − E.
Zwierlein-Diehl, AGWien II (1979) Nr. 1071 Taf. 78. −
E. Simon, Augustus (1986) 232 Abb. 295.

259   Hellgrüne Glaspaste in moderner Silberfassung:
Adler auf Prora
Wien, Kunsthistorisches Museum, Inv. XI B 596
2,20×1,95 cm
Spätes 1. Jh. v.−Frühes 1. Jh. n. Chr.
Literatur: E. Zwierlein-Diehl, AGWien I (1973) Nr. 895
Taf. 47.

260 Karneol: Adler mit Blitz auf Globus im Wasser
München, Staatliche Münzsammlung
1,21×0,91 cm
Spätes 1. Jh. v.–Frühes 1. Jh. n. Chr.
Literatur: E. Brandt, AGD I 3 (1972) Nr. 2437 Taf. 221.

261 Gelbbraune Glaspaste: Adler mit Blitz und Palmzweig
Hannover, Kestner-Museum, Inv. K 43 a
1,43×1,12 cm
Letztes Drittel 1. Jh. v. Chr.
Literatur: M. Schlüter – G. Platz-Horster, AGD IV (1975) Nr. 1258 Taf. 171.

262 Karneol: Capricorn mit Globus und Dreizack
Hannover, Kestner-Museum, Inv. K 496
0,80×0,96 cm
Ende 1. Jh. v./1. Jh. n. Chr.
Literatur: M. Schlüter – G. Platz-Horster, AGD IV (1975) Nr. 1143 Taf. 154.

263 Gelbbraune Glaspaste: Capricorn über Basis mit Proren
Hannover, Kestner-Museum, Inv. K 499
1,35×1,07 cm
Ende 1. Jh. v./1. Jh. n. Chr.
Literatur: M. Schlüter – G. Platz-Horster, AGD IV (1975) Nr. 1145 Taf. 154.

264 Weiße Glaspaste: Mit Feldzeichen kniende Parther vor Victoria Romana (Foto)
Ehem. Berlin, Staatliche Museen, Antiquarium, Inv. 2816
Augusteisch

Literatur: A. Furtwängler, Beschreibung der geschnittenen Steine im Antiquarium (1896) 128 Nr. 2816 Taf. 24. – ders., Antike Gemmen (1900) 178 zu Taf. 37, 25. – Roscher, ML III 1, 354 Abb. 25. 356 s.v. Nike (H. Bulle). – F. Studniczka, RM 25, 1919, 35 Abb. 8. – J. Gagé, MEFRA 49, 1932, 73. – D. Mustilli in: Quaderni augustei. Studi italiani 6 (1938) 15 Taf. 2, 7. – G. Ch. Picard, Les trophées romains (1957) 263. 281. – C. C. Vermeule, AJA 61, 1957, 245 Taf. 75 Abb. 27. – T. Hölscher, Victoria Romana (1967) 17. 181 VG 14 Taf. 1,13. – R. M. Schneider, Bunte Barbaren (1986) 39 f. mit Anm. 168 Taf. 18,2 (mit vollständiger Bibliographie zu dem Stück).

265 Karneol: Stieropfernde Victoria
London, British Museum
1,10×0,80 cm
Augusteisch
Literatur: A. Furtwängler, Antike Gemmen I (1900) 237 zu Taf. 49, 19. – O. M. Dalton, Catalogue of the Engraved Gems of the Post-Classical Periods in the British Museum (1915) 111 Nr. 770 Taf. 27. – L. Curtius, AA 1944/45, 12 Anm. 1. – M. L. Vollenweider, Die Steinschneidekunst und ihre Künstler in spätrepublikanischer und augusteischer Zeit (1966) 36 mit Anm. 65. 43 Taf. 27,2.8. – A. H. Borbein, Campanareliefs. Typologische und stilkritische Untersuchungen. 14. Ergh. RM (1968) 65 Anm. 307. – G. M. A. Richter, Engraved Gems of the Romans (1971) 150 Nr. 702 mit Abb. – P. Zazoff, Die antiken Gemmen, HdArch (1983) 289 f. mit Anm. 140. – E. Zwierlein-Diehl, Die Glasplasten des Martin von Wagner-Museums der Universität Würzburg I (1986) 116 f. zu Nr. 156 (mit der älteren Literatur).

Kat. 267

Abformung von Kat. 267

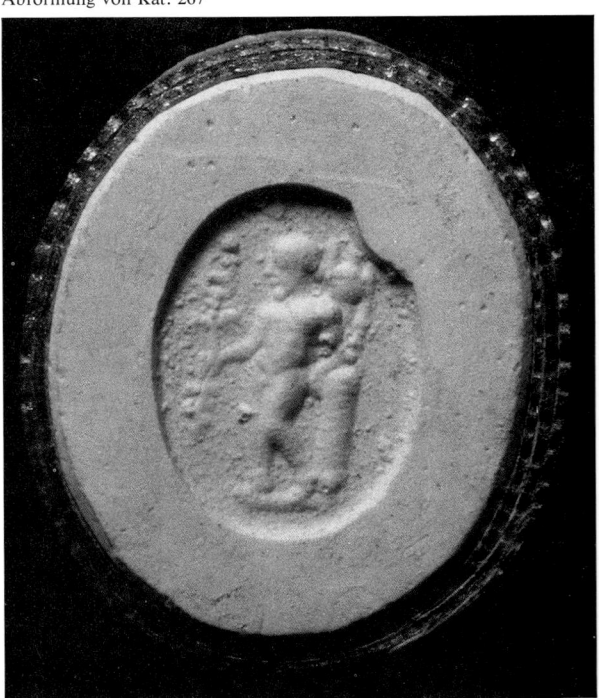

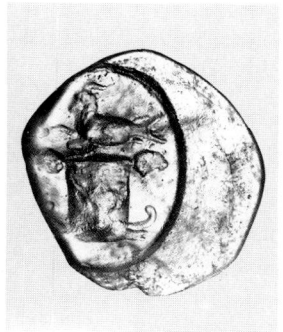

Kat. 263   Kat. 264   Kat. 265   Kat. 266

**266 Aquamarin in moderner Gold-Emaille-Fassung.
Büste des Apollo**
Wien, Kunsthistorisches Museum, Inv. IX B 311
1,52×1,16 cm
Ende 1.Jh. v.–Anfang 1.Jh. n.Chr.
Literatur: E. Zwierlein-Diehl, AGWien I (1973) Nr. 412
Taf. 69.

**267 Braune Glaspaste: Apollo mit Dreifuß und
caduceus**
Kopenhagen, Thorvaldsens Museum, Inv. I 687
1,0×0,80 cm
Augusteisch
Literatur: P. Fossing, The Thorvaldsen Museum. Catalogue of the Antique Engraved Gems and Cameos
(1929) 98 Nr. 556 Taf. VII.

268 Violette Glaspaste: Mars Ultor und Mercur
Hannover, Kestner-Museum, Inv. K 703
0,88×0,91 cm
1.Jh. n.Chr.
Literatur: M. Schlüter – G. Platz-Horster, AGD IV
(1975) Nr. 789 Taf. 102.

**269 Jaspis: Venus Victrix mit Szepter und Füllhorn,
Amor und Priapus**
Hannover, Kestner-Museum, Inv. K 168
1,14×0,90 cm
1.Jh. n.Chr.
Literatur: A. Furtwängler, Antike Gemmen (1900) 294
zu Taf. 64, 65. – M. Schlüter – G. Platz-Horster, AGD
IV (1975) Nr. 798 Taf. 103.

270 Blaue Glaspaste: Victoria mit Weintraube
London, British Museum
2,20×1,60 cm
Augusteisch
Literatur: H. B. Walters, Catalogue of the Engraved
Gems and Cameos, Greek, Etruscan and Roman in the
British Museum (1926) 292 Nr. 3057 Taf. XXXI.

**271 Moderner Glasabguß einer antiken Gemme.
Original: Amethyst, Paris, Cabinet des Médailles:
Büste der Pax (?)**
Würzburg, Martin von Wagner-Museum
2,90 x 1,82 m
Entstehung des Originals: 20–10 v. Chr.
Literatur: E. Zwierlein-Diehl, Glaspasten im Martin-
von-Wagner-Museum der Universität Würzburg (1986)
Nr. 267 Taf. 51 (mit der Bibliographie zum Original des
Stückes).

**272 Amethyst: Mars Ultor, Victoria, Füllhorn,
Globus, Adler, Prora, Ähren, Mohnkapsel, Vogel,
Delphin (Foto)**
Zürich, Kunsthandel
1,04×1,38 cm
Augusteisch
Literatur: Frank Sternberg, Antike Münzen, Auktion
XIII 17./18. November 1983 (1983) 60 Nr. 369.3
Taf. XVIII.

Kat. 268   Kat. 269   Abformung von Kat. 269   Kat. 270

Kat. 272   Kat. 273

Kat. 271   Kat. 274

273   Karneol: signum mit Adler, Dreifuß, Keule mit Füllhorn, Kornähre
Köln, Römisch-Germanisches Museum, Inv. 8876
1,20×1,00 cm
1. Jh. n. Chr.
Literatur: A. Krug, Antike Gemmen im Römisch-Germanischen Museum Köln. Sonderdruck aus Bericht der Römisch-Germanischen Kommission 61, 1980 (1981) 251 Nr. 458 Taf. 131. – R. M. Schneider, Bunte Barbaren (1986) 63 Taf. 23,1.

274   Karneol: Im Handschlag verbundene Hände halten zwei Füllhörner, dazwischen Kithara und Rabe
Hannover, Kestner-Museum, Inv. K 1281
1,15×1,81 cm
1. Jh. n. Chr.
Literatur: M. Schlüter – G. Platz-Horster, AGD IV (1975) Nr. 1319 Taf. 181.

275   Schwarze Glaspaste: Altar, von Füllhörnern auf Globen flankiert. Darauf Rabe und Leier
Wien, Kunsthistorisches Museum, Inv. XI B 479
1,31×1,13 cm
1. Jh. n. Chr.
Literatur: E. Zwierlein-Diehl, AGWien II (1979) 83 Nr. 925 Taf. 51.

276   Moderner Glasabguß einer antiken Glaspaste. Original: Türkisfarbene Glaspaste Florenz: Augustus im Panzer mit Victoria
Würzburg, Martin-von-Wagner-Museum
2,40×1,88 cm
Entstehung des Originals: um 20 v. Chr.
Literatur: E. Zwierlein-Diehl, KölnJbVFrühGesch 17, 1980, 31 f. Taf. 9,50. – Dies., Glaspasten im Martin-von-Wagner-Museum der Universität Würzburg (1986) Nr. 559 Taf. 99.

277   Fragmentierter Achat, ehem. Slg. Marlborough: Augustus mit caduceus (Foto)
London, Sammlung Ionides
Zwanziger Jahre des 1. Jhs. v. Chr.
Literatur: A. Furtwängler, Die Antiken Gemmen (1900) 184 zu Taf. 38, 30. – The Burlington Fine Art Club, Exhibition of Greek Art (1904) Taf. 110. 86. – K. Lehmann-Hartleben, RM 42, 1927, 174 Abb. 3. – M. L. Vollenweider, Die Steinschneidekunst und ihre Künstler in spätrepublikanischer und augusteischer Zeit (1966) 53 ff. Anm. 39. 111 Taf. 53,1. – J. Boardman, Engraved Gems, The Ionides Collection (1968) 28.94

Kat. 275

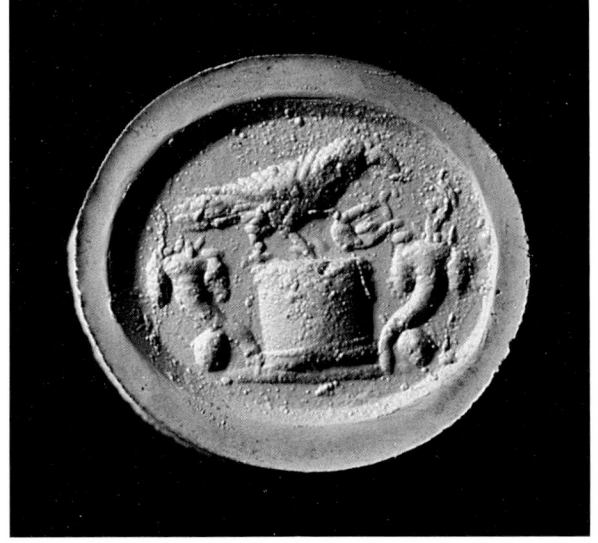

Kat. 276

Nr. 19 mit Abb. und Farbtaf. − W. H. Gross, GGA 220, 1968, 54. − H. P. Laubscher, JdI 89, 1974, 242 ff. − J. Pollini, Studies in Augustan 'Historical' Reliefs (1980).

278 Sardonyx-Kameo: Porträt des Augustus im Lorbeerkranz, von zwei capricorni gehalten
Berlin, Antikenmuseum, SMPK, Inv. FG 11074
2,44×2,03 cm
Um 10−14 n. Chr.
Literatur: A. Furtwängler, Die Antiken Gemmen (1900) 344 zu Taf. 66. − T. Hölscher, JbZMusMainz 12, 1965, 67 Anm. 51. − E. Zwierlein-Diehl, AGD II (1969) Nr. 491 Taf. 86. − W. R. Megow, Typen der römischen Kaiserkameen von Augustus bis Alexander Severus (1987) 164 Nr. A 12 Taf. 7,21.

279 Sardonyx-Cameo, ehem. Slg. Strozzi und Blakus; Augustus mit Aegis und Lanze
London, British Museum
12,8×9,3 cm
Tiberisch
Literatur: R. Delbrueck, JdI 40, 1925, 15 Anm. 5. − H. B. Walters, Catalogue of the Engraved Gems and Cameos, Greek, Etruscan and Roman in the British Museum (1926) 336 f. Nr. 3577 Taf. 38. − R. Delbrueck, Die Antike 8, 1932, 9 f. Abb. 7. − B. Schweitzer, RM 57, 1942, 94 Anm. 2. 98. − L. Curtius, MusHelv 8, 1951, 219 Abb. 3. − P. Schmitz, Gymnasium 59, 1952, 211 ff. Taf. 11,1. − EAA II (1959) 290 Abb. 430 s.v. Cammeo (Breglia). − M. L. Vollenweider, Die Steinschneide-kunst und ihre Künstler in spätrepublikanischer und augusteischer Zeit (1966) 60. 67. 68. 79 Taf. 60,1. − H. Kyrieleis, BJb 171, 1971, 169 Anm. 25. 180 Abb. 5. − E. Zwierlein-Diehl, KölnJbVFrühGesch 17, 1980, 19. 30. 32 f. Taf. 9, 52. − J. Pollini, Studies in Augustan 'Historical' Reliefs (1980) 277. − H. Möbius, Zweck und Typen der römischen Kaiserkameen in: ANRW 12,3 (1985) 43. 56. − W. R. Megow, Typen der römischen Kaiserkameen von Augustus bis Alexander Severus (1987) 22 f. 140. 166 Nr. A 18.

Kat. 279

Kat. 277

Kat. 278

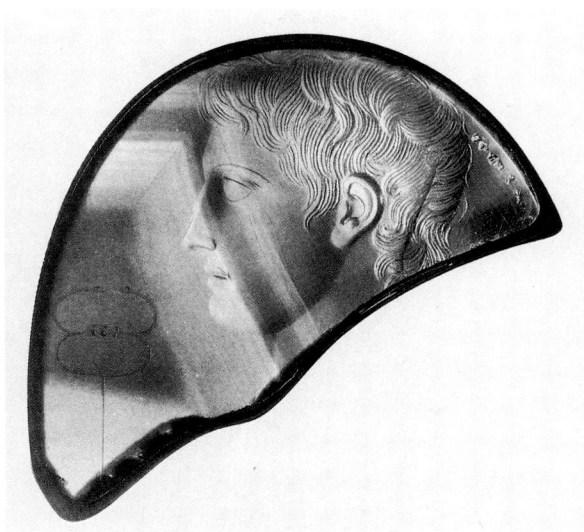

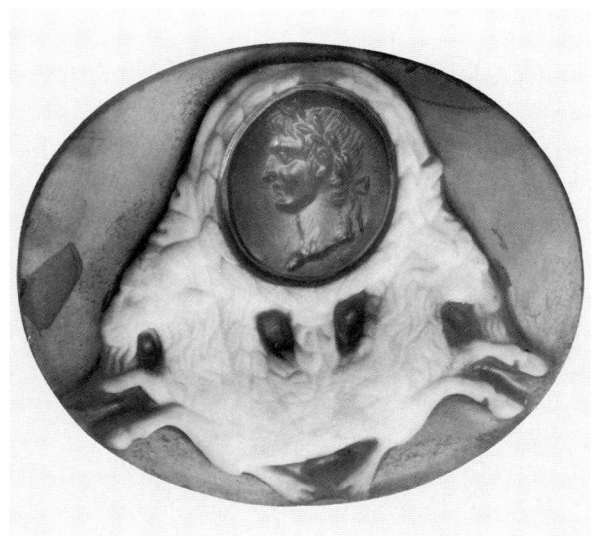

Walter Trillmich

Münzpropaganda

Die Münze ist dazu bestimmt, als handliches und wertbeständiges Zahlungsmittel unentwegt den Besitzer zu wechseln. Darum ist sie zugleich ein nicht nur schnelles, sondern auch viele Adressaten erreichendes und weite Entfernungen überbrückendes Vehikel politischer und ideologischer Botschaften. Insofern kann ihr propagandistischer Wirkungsgrad − trotz ihrer bescheidenen Größe − erheblich über dem noch so eindrucksvoller ortsfester Monumente liegen. Die der Münzprägung anvertraute Propaganda unterliegt aber auch einem Risiko: durch ihre tausendfache Auflage und unkontrollierbare Verbreitung ist die einmal ausgesandte Botschaft nie mehr zurückzurufen. Monumente kann man abtragen oder umarbeiten, Inschriften tilgen, schriftliche Verlautbarungen später für Fälschungen erklären; eine Münzauflage bleibt materiell und damit in ihrer authentischen Aussage in alle Ewigkeit erhalten. Wer also Münzen prägt − Staatsmann oder Revolutionär −, muß sich vorher gut überlegen, was er in Bild und Schrift daraufsetzen will, zumal ihm nicht viel Raum zur Verfügung steht, um seine Botschaft zu artikulieren.

Aus alledem geht die besondere Bedeutung der Münze als Propagandamittel, aber auch als Geschichtsquelle hervor. Für den Historiker kommen noch methodische Vorteile hinzu, etwa die vielfach gegebene Möglichkeit genauer und genauester Datierung. Die Münzprägung eignet sich deshalb dazu, wie ein mit originalen Illustrationen und Texten der Zeit ausgestattetes Bilderbuch zur Geschichte gelesen zu werden. Deshalb ist in unserer − natürlich am Thema der Ausstellung orientierten − Auswahl der Münztypen deren chronologische Abfolge mehr oder weniger eingehalten und nur gelegentlich zum Zwecke deutlicherer Strukturierung einzelner Aspekte verlassen.

Ein einziger Gesichtspunkt sei herausgelöst und hier vorab kurz angesprochen, weil er durch unsere Gewohnheit des Sehens sogar im Überblick über die Exponate einer Ausstellung leicht untergeht: fast alle unsere Münzen zeigen auf einer ihrer Seiten einen Porträtkopf. Das ist nicht selbstverständlich; vielmehr ist die Einführung des Porträts von Potentaten, Prätendenten und ‚Vorgängern‘ in die Münzprägung der Römer eines der ganz alarmierenden Zeichen für die Aushöhlung der republikanischen Staatsform, und später zeigt die zunehmende Uniformierung der Vorderseiten die Festigung der Monarchie an. Natürlich ist bei dem skizzierten Charakter der Münze als einem in der Aussage stark komprimierten und in der Wirkung besonders erfolgreichen Propagandamittel auch die Porträtseite nie ‚verschenkt‘, sondern stets Träger und Verkünder politischer Botschaft. Das Bildnis und sehr bald der immer wieder replizierte Bildnis-Typus wird zu einem Leitmotiv monarchischen Führungsanspruchs in der Bildpropaganda.

Wenn man dies sich bewußtmacht und die erste Münze unserer Auswahl (Kat. 280) betrachtet, so sieht man, daß zumindest in der Münzprägung die Republik schon gestorben war, bevor noch der spätere Kaiser Augustus, neunzehnjährig, ins politische Leben trat.

Die Porträt-Denare Caesars (44 v. Chr.)
Kat. 280−282

C. Iulius Caesar ist − nach dem einsamen Vorgang des T. Quinctius Flamininus anderthalb Jahrhunderte zuvor (Abb. 207) − der erste Römer, der das eigene Porträt auf Münzen erscheinen läßt. Der in den letzten Monaten seines Lebens entwickelte Macht-Anspruch des Alleinherrschers wird durch das namentlich gekennzeichnete ‚Selbstbildnis‘ dieser reichen Denarserien dokumentiert; Caesar begründet hiermit typologisch die Kaisermünze. Die Macht-Grund-

Abb. 207   Goldstater:
Bildnis des Titus Quinc-
tius Flamininus.
197 v. Chr.
(Hirmer Foto)

Abb. 208 a

Abb. 208 b

Abb. 208   Die sullanische Vorstufe: ‚Quasi-Porträtmünzen‘.
a. Aureus des L(ucius) SVLLA, IMPER(ator) ITERVM. Um 86/85 v. Chr. Vs.: Kopf der Venus, der persönlichen
Schutzgottheit Sullas, gewissermaßen in Vertretung eines Porträtkopfes des Imperators selbst (Hirmer Foto)
b. Aureus, um 80 v. Chr. Rs. (porträthafte) Reiterstatue des L(ucius) SVLL(a) FELI(x) DIC(tator), 81 v. Chr. vom
Senat errichtet (Hirmer Foto)

lage wird in den Beischriften unserer Kat. 280 und 281 genannt: Caesar prägt als *imperator*
bzw. als Diktator, darin ganz in der Tradition Sullas (Abb. 208, a−b).

Der Globus der Rückseite des Denars Kat. 281 weist auf den Anspruch auf Weltherrschaft
hin; deutlicher noch wird das Thema *aeternitas* in seiner Beziehung auf die Person des Herrschenden angesprochen durch Astralsymbole wie Stern (Kat. 280) oder Mondsichel hinter dem
Bildniskopf des Diktators. Die persönliche Schutzgottheit Caesars und Ahnherrin der *gens
Iulia* wird als Venus Victrix zur Schutzgottheit von Volk und Staat der Römer (Kat. 280), und
Caesar selbst wird schließlich (Kat. 282 und Abb. 209) zum *parens patriae*. Dieses bloße *cognomen*, wie Sueton es absichtsvoll nennt (Iul. 76,1), beinhaltet weder Münzbefugnis noch Staatsamt, und dennoch vertritt der Ehrenname «Vater des Vaterlandes» auf den Münzen alle zuvor
verwendeten Titel wie *imperator* und *dictator*, wird gewissermaßen zur ‚Amtsbezeichnung‘
eines Monarchen.

Augustus fühlte sich erst über 40 Jahre später stark genug, den ihm mehrfach angetragenen
Titel *pater patriae* anzunehmen (2 v. Chr.), und es ist aufschlußreich, daß er davon im allerletz-
ten Kapitel (35) seiner *res gestae* und am Ende seines Lebens berichtet: die Monarchie war
gegründet; sein Weg dahin aber war lang gewesen.

Der Kampf um das Erbe Caesars (44−43 v. Chr.)
Kat. 283−289

Unmittelbar nach dem Tode Caesars meldete in Rom M. Antonius seinen Anspruch auf die
Nachfolge bzw. das Erbe des Diktators an. Die Münzen (Kat. 283) sprechen hier eine deutliche, durch keine parteiische Überlieferung getrübte Sprache: M. Antonius usurpiert kurzerhand einen Münztyp Caesars, die *parens-patriae*-Denare des P. Sepullius Macer (Abb. 209; vgl.
auch zu Kat. 282.283). Sein Bildnis ersetzt den Kopf Caesars, in einer geradezu frechen direkten Angleichung: auch der ‚Nachfolger‘ erscheint als Priester, das Haupt verhüllt, umgeben von
entsprechenden Attributen, Augur-Stab und Opferkrug. Es fehlt freilich jegliche Beischrift,
und dennoch konnte niemand bezweifeln, daß das Bildnis mit dem Trauerbart den Konsul M.
Antonius meinte, der sich anschickte, die Nachfolge Caesars in der Macht anzutreten.

Doch im Testament des Ermordeten stand vor ihm dessen Neffe und Adoptivsohn C. Iulius
Caesar (Octavianus), der denn auch sogleich auf der politischen Bühne mit seinen entsprechenden Verlautbarungen auf den Münzen auftrat.

Für das Verständnis der Münzpropaganda des Octavian während der formativen Phase seiner Machtergreifung von der Ermordung Caesars bis zur Schlacht von Actium (44−31 v. Chr.)
gibt es keinen besseren Begleittext als den Rechenschaftsbericht aus der Feder des Protagonisten selber, seine *res gestae*, die uns am vollständigsten durch das sog. Monumentum Ancyranum überliefert sind. Fast gänzlich kongruent sind die Aussagen der etwa ein halbes Jahrhun-

dert nach den Ereignissen geschriebenen *res gestae* mit denen der damals erschienenen Münzemissionen. Augustus sah sich selbst und seine Handlungen am Ende seines Lebens offenbar vor der Geschichte und durch die Geschichte bestätigt und sanktioniert – eine erstaunliche und fast unheimliche Konsequenz in einem politischen Leben, das er als ‚Condottiere' begann und als *pater patriae* beschließen sollte. Daß die fast als Tagespropaganda zu bezeichnende Münzprägung der frühesten Jahre noch im voll etablierten Prinzipat in ihrem propagandistischen Gehalt brauchbar oder vertretbar sein würde, das war in jener wilden Zeit des Kampfes um die Nachfolge Caesars in der Macht sicher nicht vorauszusehen. Erklärbar ist das alles nur aus dem totalen Anspruch auf Richtigkeit und schicksalhafte Konsequenz des augusteischen Prinzipats, der eine Art von göttlicher Vorsehung für seine Existenz und Berechtigung für sich in Anspruch nahm. Natürlich wurde dieser *providentia* in allen Phasen der Etablierung des Prinzipats ideologisch und propagandistisch nachgeholfen. Es ist interessant, daß noch ein aufgeklärter Historiker wie der spätere Kaiser Claudius gerade über die Ereignisse von den Iden des März 44 v. Chr. bis zum Ende des Bürgerkrieges (31/30 v. Chr.) in seinem Geschichtswerk nicht schreiben durfte, was er wirklich darüber wußte oder dachte: er wurde daran gehindert sowohl von seiner Mutter Antonia, Tochter des M. Antonius und der Octavia, als auch von seiner Großmutter Livia, der Gattin bzw. Witwe des Augustus – im persönlichen Bereich eigentlich Exponenten der beiden Parteien des Bürgerkriegs zwischen Antonius und Octavian, hinsichtlich ihrer ‚Staatsraison' aber völlig durchdrungen von der Ideologie des augusteischen Prinzipats und von der Aufgabe, diesen im Sinne jener *providentia* aufrechtzuerhalten und fortzuführen.

In der Münzprägung der Monate nach Caesars Ermordung kommen die damals herrschende Zersplitterung der Parteien und die politische Ratlosigkeit und Ohnmacht in Rom deutlich zum Ausdruck, aber auch die persönlichen Ambitionen und der überwiegend ungesetzliche Status der verschiedenen Prätendenten. Auf das Fehlen einer Legende bei den von M. Antonius, noch durch Caesars Quattuorvir P. Sepullius Macer ausgebrachten Denaren (Kat. 283) hatten wir schon hingewiesen; Antonius hatte dort keinen triftigen Grund anzugeben, warum sein Bildnis auf Münzen erscheinen sollte: er war einer der Konsuln des Jahres 44 v. Chr. und sonst nichts.

Ähnlich steht es mit den anonymen Porträts auf den Denaren der folgenden Münzmeister. L. Servius setzt den Kopf des Caesarmörders Brutus auf seine Denare, die Dioskuren als Symbol der Freiheit auf ihre Rückseite (Kat. 284): er repräsentiert die Partei der Republikaner. Der Kopf Caesars als politisches Programm erscheint auf den Denaren des C. Numonius Vaala (Kat. 285), den man für einen vorsichtig taktierenden Parteigänger des Antonius halten könnte. M. Arrius Secundus schließlich setzt auf Octavian und dessen militärische Macht, symbolisiert durch die *dona militaria* auf der Rückseite seiner Münzen (Kat. 286). Deren Vorderseite trägt das früheste bekannte Porträt des Octavian, noch ohne Namen und vor allem ohne Ämter – ein eindrucksvolles Zeugnis aus jener allerersten Phase seines Kampfes um die Macht im römischen Staate, den der testamentarisch bestimmte Erbe Caesars als Anführer einer illegalen Privatarmee begann.

Die ein Menschenleben später redigierten *res gestae* stellen die Vorgänge vom ersten Auftreten Octavians bis zur Gründung des Triumvirats unter Verkehrung der Kausalitäten dar, lügen aber nicht eigentlich: tatsächlich hat der Senat – meistens nachträglich – alle ungesetzlichen Schritte Octavians in irgendeiner Weise legalisiert oder sie wenigstens offiziell ignoriert. Und Octavian setzte in diesem Spiel von Anfang an sein überragendes propagandistisches Geschick ein.

Ein erstaunlich raffiniertes Beispiel dafür sind schon die allerersten von ihm selbst ausgebrachten Münzen (Kat. 287). Sie stammen aus einer Phase erneuter politischer Rechtlosigkeit, als nach dem Sieg über den (gleichfalls) aufständischen Antonius in der Schlacht von Mutina (15. April 43 v. Chr.) und der Erledigung des entsprechenden Senatsauftrages der zunächst allein übriggebliebene Feldherr Octavian – beide Konsuln waren gefallen – von der Kaltstellung durch die republikanische Partei bedroht war. Die Vorderseite dieser Denare mußte durch das Porträt und den damals erworbenen (freilich rechtlich unverbindlichen) *imperator*-Titel dem Senat Octavian und seine gewaltige militärische Macht nachdrücklich in Erinnerung rufen und konnte nur als eine kaum verhüllte Drohung verstanden werden, die in der Tat wenig später der Delegationschef seiner Legionen in der deutlicheren Sprache der Centurionen − nämlich unter Hinweis auf sein Schwert − in der Kurie vortrug (Suet.Aug. 26,2). Die Rückseite aber zeigt jene noch in späteren Jahren berühmte Reiterstatue des Octavian, deren Errichtung auf den Rostra der Senat einige Monate vorher (Januar 43 v.Chr.) beschlossen hatte. Diese ganz außerordentliche Ehrung hatte zusammen mit anderen Verfügungen nachträglich die Aufstellung von Octavians Privatarmee legalisieren und sozusagen in einen Staatsauftrag umwandeln sollen. Auch daran erinnerte also Octavian mit diesen Münzen und erzielte einen doppelten Effekt: einmal wurden jene Maßnahmen des Senats in ihrer geschichtlichen ‚Richtigkeit‘ durch den siegreichen Ausgang des *bellum Mutinense* und der entsprechenden Mission des Octavian nachträglich sanktioniert; zum anderen wurde sein Anspruch, weiterhin auf der politischen Bühne zu verbleiben, durch den Appell an voraufgegangene staatliche Ehrungen zumindest moralisch unterstützt, mußte sogar legitim erscheinen: nicht umsonst wird unter der Reiterstatue durch die großen Buchstaben «S C» (*senatus consulto*) auf den ihrer Errichtung zugrundeliegenden Senatsbeschluß ausdrücklich hingewiesen.

Soweit die wenn auch meisterliche Propaganda. In der Realpolitik war natürlich auf letztlich unverbindlichen Ehrungen nichts aufzubauen; Octavian brauchte vielmehr ein Staatsamt und besorgte es sich: durch einen erneuten Marsch auf Rom − von dem freilich weder die *res gestae* noch die Münzen Zeugnis ablegen − erzwang er seine Wahl zum *consul suffectus* und gelangte auf diese Weise abermals zu einer Legalisierung seiner Machtstellung und seiner Ansprüche.

Der Konsul Octavian verstand sich ausdrücklich als ‚Rächer‘ Caesars, nicht nur im Sinne einer privaten Blutrache, die ihm durch die Annahme der Adoption und der Erbschaft Caesars zur Pflicht geworden war. Zu seinem Kollegen im Konsulat ließ er seinen Onkel und Miterben Q. Pedius wählen, der den Namen hergeben mußte für die alsbald verabschiedete *lex Pedia*, die Rechtsgrundlage für die Bestrafung der Caesarmörder, die zunächst zur Verbannung verurteilt wurden − *iudiciis legitimis*, betonen die *res gestae* − und in den anschließenden Bürgerkriegen einer nach dem anderen untergehen sollten.

Im Sinne dieser auch gesetzlich verankerten Verpflichtung zur Rache erscheint nun das Bild Caesars auf den Münzen Octavians (Kat. 288); auffallen muß dabei die Erwähnung von Caesars Oberpontifikat und − parallel dazu − der Priesterämter des Octavian, Pontifikat und Augurat, was dem Ganzen eine sehr weihevolle Färbung verleiht. Fast etwas armselig wirkt daneben eine offensichtlich gleichzeitige ‚Konkurrenzprägung‘ des Antonius (Kat. 289), der nur in seiner Eigenschaft als *imperator* prägen konnte, dies noch dazu außerhalb Italiens tun mußte und über das politische Programm und seine ‚Nachfolge‘-Absichten, die das Bildnis Caesars (in beiden Fällen) selbstverständlich auch bedeutete, nicht jenen frommen Schleier der *pietas* eines Sohnes breiten konnte.

Trotz der Konkurrenzsituation beider Prätendenten weisen solche parallelen Münztypen warnend auf die bevorstehende Einigung der Caesarianer und die hilflose Lage der Republik hin.

Die Einigung der Caesarianer und der letzte Kampf um die Republik (43−42 v.Chr.) Kat. 290−297

Als Konsul hatte Octavian, wieder durch einen entsprechenden Antrag seines Kollegen Q. Pedius, die Aufhebung der *senatus consulta ultima* (Ächtung) gegen M. Antonius und M. Aemilius Lepidus durchgesetzt; am 27. November 43 v.Chr. unterschrieb der Senat sein eigenes Todesurteil in Gestalt der *Lex Titia*, durch die die *triumviri rei publicae constituendae*

Abb. 209 Caesar als *pater patriae* auf einem sehr seltenen Denar des Münzmeisters P(ublius) Sepullius Macer, 44 v. Chr.; vgl. zu Kat. 282 und 283

Abb. 210 Aureus des L(ucius) Livineius Regulus (42 v. Chr.) Vs.: Bildnis des Triumvirn C. Caesar (= Octavian), Rs.: Darstellung des mit seinem Vater aus Troia fliehenden Aeneas. Vgl. auch Kat. 302 und besonders 303

(Dreimännerkollegium zur Herstellung des Staates) auf zunächst fünf Jahre eingesetzt und mit im Grunde diktatorischen Vollmachten ausgestattet wurden. Auf diese Weise wurde der Bürgerkrieg beendet und im Staate wieder ‚Ordnung' hergestellt, die nichts anderes war als ein legalisierter Ausnahmezustand, der Hunderte politisch mißliebiger oder wegen ihres Vermögens interessanter Männer das Leben kostete.

Das Bündnis der drei neuen Machthaber wurde gewissermaßen publiziert durch die Wiederaufnahme einer regulären Münzprägung in Rom unter Aufsicht eines dafür zuständigen Viererkollegiums von Monetalen. Eine durch das Rückseiten-Thema der verschränkten Hände als typische «*concordia*»-Prägung gekennzeichnete Serie von *aurei* des Münzmeisters C. Veibius Vaarus zeigt auf der Vorderseite jeweils den Kopf eines der drei Triumvirn (Octavians-Münze: Kat. 290) mit dem neuen Titel (IIIVIR R P C). Das große Füllhorn auf der Rückseite einer Gold-Serie des L. Mussidius Longus (Octavians-Münze: Kat. 291) stellt die Triumviri vor als Garanten einer glücklichen Zukunft, von *pax, fortuna, abundantia* oder was immer man da assoziieren konnte. Eine ‚republikanische' Note bringt eine Serie von *aurei* des Münzmeisters L. Livineius Regulus mit den Bildnissen je eines der Triumviri auf dem Obvers: das Rückseitenthema spielt auf die mythischen Ahnen der jeweiligen Familie an; bei L. Aemilius Lepidus (Kat. 292) ist es die Vestalin Aemilia, bei M. Antonius (Kat. 293) der Heraklessohn Anton und bei Octavian (Abb. 210) Aeneas, der Stammvater der Iulier. Doch konnten solche opportunen Rückgriffe auf republikanische Traditionen nicht über die tatsächliche Situation der römischen Staatsverfassung in jenem Augenblick hinwegtäuschen. Ungeniert gaben die Triumviri neben oder sogar noch vor der regulären Prägung der dafür zuständigen Beamten aus eigener Machtvollkommenheit eine Münzserie mit ihren Bildnissen heraus, wie ein *aureus* mit Antonius und Octavian (Kat. 294) sowie ein anderer mit Antonius und Lepidus (Kat. 295) zeigen. Sie führen nicht nur die *concordia* innerhalb dieses Kollegiums, sondern damit auch die tatsächlichen Machtverhältnisse vor Augen.

In der offenbar später als die genannten Goldserien ausgebrachten Silberprägung des von den Triumviri eingesetzten Münzmeisterkollegiums klingt dann auch der Rachegedanke an: das wohlbekannte Caesar-Bildnis erscheint erneut, auf Münzen des P. Clodius (Kat. 296), bezeichnenderweise nur mit dem wohl besonders Caesars alte Soldaten ansprechenden Titel IMP(erator); auf der Rückseite dieser Denare sehen wir das Bildnis des Mars (Ultor?), das vermutlich auf den Krieg gegen die Caesarmörder vorausweist. Dieselbe Mars-Rückseite verbindet P. Clodius dann auch mit Vorderseiten, die jeweils das bärtige Bildnis eines der beiden verbündeten und zugleich konkurrierenden ‚Rächer' Octavian (Kat. 297) und Antonius tragen. Der dritte Triumvir fehlt in dieser Serie: der nur wegen seiner Legionen wichtige Lepidus steht auch in der Münzpropaganda immer am Rande und hatte gerade in diesem Konzept gar keinen Platz.

Von der Zweiteilung der Macht zur Alleinherrschaft (42–31 v.Chr.)
Kat. 298–319

Nach der Schlacht von Philippi wird die Münzprägung insgesamt spärlicher; ihre Thematik reflektiert aber trotzdem sehr deutlich – außer der totalen Machtlosigkeit des Senats – die lange Agonie des Triumvirats, besser gesagt der Bündnisse und Zerwürfnisse zwischen Octavian und Antonius, zugleich den Aufbau entgegengesetzter Ideologien und Propaganda, kurz, den Weg von Philippi bis Actium, zur Alleinherrschaft des Octavian.

Zweifelhafte «concordia»

Bald nach der Schlacht von Philippi begannen wiederum die offenbar so notwendigen «concordia»-Beteuerungen auf Münzen mit der schon üblichen Verbindung der Porträts der beiden Triumvirn Antonius und Octavian. Einige Monate später und bereits wieder in einer sehr kritischen Phase des Verhältnisses folgen ähnliche, durch einen Quaestor des in Griechenland weilenden Antonius ausgebrachte Münztypen (Kat. 298), die die Einigkeit der beiden Machthaber eher beschwören als propagieren. Derselbe M. Barbatius Pollio prägt aber dann auch Denare (Kat. 299), die sehr von diesem concordia-Gedanken abweichen und das heraufziehende bellum Perusinum ankündigen: auf der Vorderseite steht auch hier der Kopf des Triumvirn M. Antonius, auf der Rückseite aber das Porträt von dessen Bruder L. Antonius, Konsul 47 v. Chr. und Erzfeind des Octavian. Diese Münzen sind extrem selten; man kann sich denken, daß Octavian, vielleicht sogar M. Antonius selber, sofort scharf protestierte.

Nach all den fürchterlichen Wirren, die im Zusammenhang mit der Landverteilung an die Veteranen der Schlacht von Philippi über Italien hereingebrochen waren, nach dem Blutbad von Perusia und der vorübergehenden Annäherung Octavians an Sex. Pompeius wurde die drohende Fortsetzung des Bürgerkrieges zunächst abgewendet im foedus Brundisinum, das die stets mehr als zweifelhafte concordia zwischen den Triumvirn Antonius und Octavian wiederherstellte und durch eine familiäre Bindung besiegelte: Antonius heiratete Ende 40 v. Chr. in Rom die Schwester seines Kollegen und Rivalen, Octavia. Auch in der Münzprägung wurde das Ereignis gefeiert: aus der sehr seltenen Goldprägung gibt unsere Kat. 142 das berühmteste und schönste Stück wieder. Reichlicher ist die entsprechende Bronzeprägung; Kat. 300 bietet ein Beispiel, das den ausdrücklich politischen Charakter der Hochzeit und den Auftrag der Octavia – Festigung des Bündnisses der beiden Triumvirn Octavian und Antonius – in aller Klarheit bildlich vorstellt. Trotz dieser familiären Verbindung und trotz der geradezu heroischen Bemühungen Octavians gingen von hier ab jedoch die Wege der beiden Schwäger endgültig auseinander; auf Münzen treten ihre Bildnisse seither nie mehr gemeinsam auf.

Octavian als «Divi filius»

Octavian begann nach der Schlacht von Philippi, zur Unterstützung seines langen Ringens mit Antonius um die Alleinherrschaft, mit einer neuen Art von religiöser Propaganda, die von verschiedenen Aspekten her die Idee seiner ,Sendung' aufbauen sollte, ähnlich wie es in der politischen Dichtung der Zeit geschah und wie es der Tenor noch seiner res gestae ist.

Die Rache für Caesar war vollzogen, Caesar als restauratives politisches Programm war nicht mehr recht brauchbar, und dennoch taucht er in der Propaganda des Octavian erneut auf. Im Jahre 42 v. Chr. war Caesar, der längst verschiedentlich göttliche Ehrung und Kult genoß, gewissermaßen offiziell oder endgültig zum «Divus Iulius» konsekriert worden; sein Adoptivsohn Octavian machte nun hieraus politisches Kapital.

Auf aurei des Münzmeisters Ti. Sempronius Graccus (Kat. 301) ist sein Porträt umgeben von dem ,Prädikat' DIVI IVLI F(ilius) – das Programmatische dieser Bezeichnung wird besonders deutlich dadurch, daß der Name dieses «Divi filius» gar nicht genannt zu werden brauchte.

Vielleicht noch auffallender ist, daß nicht einmal das ‚Staatsamt' (IIIVIR R P C), kraft dessen Octavians Porträt auf die Münzen gesetzt wurde, erwähnt ist.

Denare desselben Münzmeisters (Kat. 302) nehmen auch das Bildnis des vergöttlichten Caesar wieder auf − ebenfalls ohne Namensbeischrift, an deren Stelle hier das S(enatus) C(onsultum) tritt, das sich eigentlich nur auf die im Jahre 42 v. Chr. offiziell ‚institutionalisierte' Divinisierung Caesars beziehen kann, dessen Tempel auf dem Forum sich im Bau befand und an den auch auf den Münzen dieser Jahre erinnert wurde (Kat. 308).

Deutlicher ausgesprochen wird die Beziehung Divus Iulius − Divi filius auf den bekannten Bronzemünzen (Kat. 303), die das Bildnis des Octavian auf der einen mit dem stark idealisierten, in seiner relativen Jugendlichkeit und gelegentlich sogar seinen Gesichtszügen dem des Octavian angeglichenen Bild des Divus Iulius auf der anderen Seite verbinden. Ein eng verwandter Münztyp (Kat. 304) setzt vor das Bildnis des Divi filius (!) Caesars Kometen, das *sidus Iulium*, und komprimiert die politische Botschaft der Rückseite auf eine bloße Inschrift «Divos Iulius» im Lorbeerkranz.

Aus dem Jahre 38 v. Chr. stammt eine merkwürdige Münzserie (Kat. 305−307), die auf der Rückseite den M. Agrippa als *consul designatus* vorstellt. Auf der Vorderseite des seltenen *aureus* (Kat. 305) ist ein lorbeerbekränztes, jugendliches Bildnis mit leichtem Bartanflug zu sehen, vor dessen Stirne ein großer achtstrahliger Stern steht. Die Umschrift lautet eindeutig auf Octavian, das Porträt wird dennoch allgemein als jugendliches Bild des Divus Iulius beschrieben. Wir kennen aber kein Münzbild Caesars mit Bart. Ein Blick auf einen Denar-Typ derselben Serie (Kat. 306), der die Bildnisse von Divus und Divi filius auf seiner Vorderseite einander gegenüberstellt, zeigt zudem, daß das Bildnis des *aureus* Kat. 305 dem Caesar-Bild (links) des Denars viel weniger ähnelt als dem gegenübergestellten Bild des Octavian, *Divi filius*. Denken wir schließlich an die gelegentlich weit getriebene Bildnisangleichung von Vater und Sohn auf den schon genannten Dupondien (Kat. 303) und daran, daß das *sidus Iulium* bei dem zweiten jener Bronze-Typen (Kat. 304) nicht auf der «Divos-Iulius»-Seite untergebracht, sondern für das Octavians-Porträt der anderen Seite ‚usurpiert' ist, so wird aus alledem deutlich, daß hier ganz bewußt ein Bildnis auf die *aurei* (Kat. 305) gesetzt wurde, das gewissermaßen Caesar und Octavian zugleich darstellen konnte bzw. in seiner Identität nicht eindeutig war.

Dieser Münztyp ist in dieser Beziehung ein besonders eindrucksvolles Zeugnis nicht nur der Divi-Filius-Ideologie Octavians, sondern überhaupt eines Grundzuges seiner Propaganda auf Münzen und in der Kunst: jener zweideutigen, verschleierten Bildsprache, mit der besonders gewagte Ideologien und Konzepte vorgetragen werden und die im Falle oppositioneller Proteste die Möglichkeit zum unbeschadeten Rückzug offenließ; einer propagandistischen Technik also, der in der Politik das ständige Bemühen Octavians entspricht, seiner Monarchie einen konstitutionellen Anschein zu verleihen.

«Apollo gegen Dionysos»

Der Sieg über Sextus Pompeius in der Schlacht von Naulochos (3. September 36 v. Chr.) markiert einen der bedeutenden Wendepunkte in der Politik, Ideologie und Propaganda Octavians. Vor seinen Soldaten und vor Senat und Volk in Rom erklärte er die Bürgerkriege für abgeschlossen (App.civ. 5,128.130). Die Milde, die er zunächst gegenüber dem unterlegenen Pompeius walten ließ, dann auch gegenüber dem entmachteten Lepidus − der zeit seines Lebens Pontifex Maximus bleiben durfte −, gehört bereits in das neue Konzept von *pietas* und *religio* als Grundlage von Politik und Staat; ebenso seine Bescheidenheit hinsichtlich der ihm nach seinem Sieg angetragenen Ehrungen, schließlich − ganz besonders augenfällig − die Deklaration seines Wohnhauses auf dem Palatin als Staatsbesitz und die Errichtung des berühmten Apollotempels und seines Bezirks auf dem entsprechenden Grundstück.

So verstärkt Octavian in diesen Jahren auch in seiner Münzpropaganda den religiösen

Aspekt unter dem allgemeinen Schlagwort der *pietas* und dem speziellen seiner persönlichen Verbindung mit dem Gott Apollo.

Vermutlich während der Vorbereitung des Krieges gegen Sextus Pompeius begonnen und nach dem Siege fortgesetzt wurde die Prägung von Denaren (Kat. 309), auf deren Rückseite durch eine aufdringliche Anhäufung von Kultgeräten der Triumvir und designierte Konsul Octavian in seiner Eigenschaft als Pontifex und Augur vorgestellt wird.

Apollos Dreifuß ziert die eine, sein Lorbeer umgibt als Kranz die Legende der anderen Seite bei zwei einander sehr ähnlichen, bildnislosen Münztypen, von denen der jüngere (Kat. 310) durch ein kleines, bedeutsames Detail die neue und auch in der späteren Propaganda so dauerhafte Verbindung Octavians mit Apollo zum Ausdruck bringt. Das Ende der Vorderseitenlegende, die um den Dreifuß läuft, steht auf dem Kessel selber (die Buchstaben R P C): Octavian legt, seine eigene Titulatur (IIIVIR ITER...) durchschneidend, die Aufgabe *rei publicae constituendae*, also das Staatswesen der Römer wieder in geordnete Verhältnisse zu führen, in die Macht des Gottes. Auch der Verzicht auf das eigene Bildnis im Falle dieser Apollo-Münzen ist programmatisch zu verstehen, als ein Akt religiös motivierter Bescheidenheit.

Im Gegensatz zu Octavians frommer Zeichensprache steht der Barock in Auftreten und Selbstdarstellung des Antonius, den sein Weg endgültig in den ‚hellenistischen' Osten geführt hatte. Die propagandistische Antithese der Jahre zwischen dem Einigungsversuch der beiden Triumvirn im *foedus Brundisinum* (Vertrag von Brindisi, 40 v. Chr.) und der Entscheidungsschlacht von Actium (31 v. Chr.) hat D. Mannsperger treffend «Apollo gegen Dionysos» benannt. Die vier ausgestellten Münztypen des Antonius aus dieser Zeit (Kat. 311–314) sollen erklären, warum Octavians Propaganda sich vor allem auf die Verurteilung seines Gegners als orgiastisch, unrömisch, ‚asianisch' und schließlich gar als wahnsinnig stützte.

Auf den Cistophoren des Antonius ist sein mit dem Efeukranz des Dionysos geschmücktes Porträt zusätzlich vom Efeu des Gottes umgeben (Kat. 311) oder in der Art hellenistischer Königsmünzen mit dem der Octavia im Doppelbildnis vereint (Kat. 312). In dieser ‚asianischen' Umgebung wirken die wenigen römischen Elemente (lateinische Legende, Titulatur) geradezu fremd, während Octavian später zeigte, wie man solche östlich-barocken Münztypen zu ‚romanisieren' hatte (s. u. Kat. 320.337.341.368).

Während aber diese Münzen mit dem Octavia-Porträt immerhin noch auf der Linie der im *foedus Brundisinum* erstrebten *concordia* lagen, tragen spätere Prägungen des Antonius, auf denen das Bildnis seines meist Antyllus genannten Sohnes aus der Ehe mit Fulvia erscheint (Kat. 313), nicht nur unrömische dynastische Ambitionen vor, sondern man konnte in ihnen auch separatistische Tendenzen erkennen.

Den endgültigen Bruch des Antonius nicht nur mit Octavian, sondern mit Rom besiegeln schließlich Denare, die sein Bildnis mit dem der Kleopatra vereinen (Kat. 314). Nicht nur das Auftreten der souveränen Königin einer ausländischen Macht auf römischen Münzen gehört zu der propagandistischen Schockwirkung dieser Gepräge; Antonius führt in seiner Legende auch keinen römischen Titel mehr, während das Bildnis der ägyptischen Herrscherin von der provozierenden Legende umgeben ist, in der sie als Königin über Könige und Königskinder vorgestellt wird.

Unter propagandistischem Aspekt gesehen, konnte freilich Antonius dem Octavian keinen größeren Gefallen tun, als diese Verbindung mit Kleopatra einzugehen: die unvermeidliche Kriegserklärung des einen an den anderen Triumvirn richtete sich offiziell an die Königin von Ägypten, nachdem das Testament des Antonius durch Verrat in Rom bekanntgeworden war. Die beharrlich aufrechterhaltene Fiktion, es handle sich bei der bevorstehenden Auseinandersetzung um keinen Bürgerkrieg, wird Lügen gestraft durch die riesige Militärprägung des Antonius, auf dessen Seite immerhin etwa dreißig Legionen standen (Beispiele: Kat. 315–317). Und Tausende römischer Bürger fielen auf den Schiffen des Antonius am 2. September des Jahres 31 v. Chr., dem Tag der Entscheidungsschlacht von Actium.

Am Ende der Auseinandersetzungen bietet ein in der Cyrenaica geprägter Münztyp (Kat. 318—19) ein eindrucksvolles und direktes Zeugnis für den endgültigen Umschwung zu alleinigen Gunsten des Octavian. So wie seinerzeit M. Antonius nach dem Tode Caesars einen von dessen Münztypen (vgl. Abb. 209) kurzerhand besetzt hatte, um seine Erb- und Nachfolgeansprüche vorzutragen (Kat. 283), so beerbte jetzt Octavian seinen unterlegenen Rivalen: auf den ursprünglich für Antonius ausgebrachten Münzen mit dem Ammonskopf (Kat. 318) wird dessen Victoria ersetzt durch die neue Victoria des Siegers (Kat. 319), die künftig sogar die Kurie des römischen Senats zieren sollte (Kat. 332). Die Ereignisse nach dem Untergang des M. Antonius gaben in der Summe dessen wiederholter — freilich einseitig polemischer — Behauptung recht, daß Octavian das einzige Hindernis für die Wiederherstellung der alten republikanischen Staatsform darstelle (Suet. Aug. 28,1).

Die unausgesprochene Überwindung des M. Antonius
Kat. 320—322

Die Losung nach der Schlacht von Actium und der Einnahme von Ägypten heißt «Frieden», und die Welt bereitete sich darauf vor, die Früchte von Octavians Triumph über Antonius und Kleopatra genießen zu dürfen. Von Antonius oder vom Bürgerkrieg sprach freilich niemand, und auch der Münzpropaganda merkt man an, wie sehr sie bemüht ist, unverfängliche Formulierungen zu finden. Das war einfach bei den Denaren, die die Eingliederung des Reiches der Kleopatra in das römische Imperium feierten (Kat. 322); schwieriger lag schon der Fall der Quinare (Kat. 321), deren Legende «*Asia re-cepta*» unweigerlich darauf hinwies, daß Asia hatte wieder-erobert werden müssen vor allem wegen des Verrats des Antonius an Rom.

Trotz allen Friedens- und Freiheitsjubels erheben unausgesprochene Anklage auch die im Jahre 28 v. Chr. herausgekommenen berühmten PAX-Cistophoren (Kat. 320). Hier wird der Sieger und Friedensfürst Octavian vorgestellt als derjenige, der als Anwalt des römischen Volkes sich dessen Freiheit zur eigenen Angelegenheit gemacht und sie schließlich wiederhergestellt hatte — so jedenfalls kann man die Selbsternennung zum *vindex libertatis populi Romani* paraphrasieren. Nach dem Sprachgebrauch der Zeit war es klar, daß damit der Sieg in einer innenpolitischen Auseinandersetzung gemeint war, doch werden die gegnerische Partei und ihr Führer nicht beim Namen genannt: der zum Staatsfeind erklärte Antonius und sein Andenken sollten totgeschwiegen werden. Eine fast unheimliche Parallele zur Formulierung dieser Münzen findet sich gleich im allerersten Satz der *res gestae*: «*rem publicam dominatione factionis oppressam in libertatem vindicavi*» (Mon. Ancyr. 1). Augustus beginnt seinen Tatenbericht mit der Schilderung seines allerersten Auftretens in der Politik, im Jahre 44 v. Chr., als er mit seiner privat angeworbenen Armee «dem von einer bestimmten Partei unterdrückten Staat die Freiheit wiedererkämpft» habe: der ungenannte Gegner hieß auch damals schon M. Antonius.

Die ‚weltgeschichtliche‘ Grundlage des neuen Friedens
Kat. 323—325

An der soeben zusammengestellten Gruppe von drei Münztypen (Kat. 320—322), die sozusagen die unmittelbaren außen- und innenpolitischen Konsequenzen der Auseinandersetzung zwischen ‚Apollo‘ und ‚Dionysos‘ vor Augen führen, muß auffallen, daß sie relativ spät nach den Ereignissen ausgebracht wurden, auf die sie Bezug nehmen. Aber gerade das ist typisch für die Propaganda des Octavian seit der Erringung der Alleinherrschaft: er macht nicht mehr nur Politik, er macht Geschichte.

Während in dem voraufgehenden Abschnitt oftmals die hektische Tagespolitik sich auf den Münzen niederschlägt und man bei vielen Münztypen den Eindruck hat, sie seien unmittelbar vor oder nach einem bedeutsamen Wendepunkt, Vertrag oder Schlacht, ausgebracht, so spielt jetzt die genaue Chronologie der realen Vorgänge keine Rolle mehr: vielmehr gewinnen ausgewählte Ereignisse und Taten Ewigkeitswert. Dementsprechend arbeitet die Propaganda nun mit lange vorbereiteten und sorgfältig abgestimmten Programmen, ja panoramahaften Inszenierungen. Zu dieser propagandistischen Technik gehören auch Rückgriffe auf längst Geschichte gewordene Ereignisse.

Eines dieser Programme, ein ‚Satz‘ aus drei bildnislosen Münztypen (Kat. 323–325), führt vor Augen, daß der neugewonnene Frieden auf drei Ereignissen von weltgeschichtlicher Dimension und Tragweite beruht, die jeweils mit der Person des Octavian und dem Beistand ‚seiner‘ Götter verbunden sind. Mars (Kat. 323) war der Siegeshelfer in der Schlacht von Philippi, in der die Caesarmörder unterlagen, Diana (Kat. 324) half beim sizilischen Naulochos, den aufständischen Sextus Pompeius zu unterwerfen, und ihr Bruder Apollo (Kat. 325) ist der Siegeshelfer von Actium gegen Kleopatra. Die Stadtgründungsszene auf der Rückseite dieses letztgenannten Münztyps anstelle der Waffen des Krieges (Kat. 323) oder des Tropaion des Sieges (Kat. 324) mag man so verstanden haben, daß nunmehr wirklich aller Kampf zu vergessen sei und man sich einer ruhigen Zukunft und den Werken des Friedens zuwenden dürfe.

Dasselbe Programm «Philippi – Naulochos – Actium» wird mit neugestalteten Typen noch viele Jahre später erneut aufgelegt (vgl. zu Kat. 358–363), womit sich bestätigt, als wie grundlegend für die *pax Augusta* jene damals schon fast Mythos gewordenen drei Siege angesehen wurden.

Der Garant des neuen Friedens: Octavian
Kat. 326–331. 332

In einem doppelten Dreiersatz von Denar-Typen (Kat. 326–331; vgl. Abb. 211), den in dieser Form zuerst K. Kraft zusammengestellt hat, entsprechen die Köpfe von Venus, Victoria und Pax auf den Vorderseiten der einen (Kat. 326. 328. 330) den ganzfigurigen Darstellungen dieser Göttinnen auf den Rückseiten der anderen Dreiergruppe (Kat. 327. 329. 331), deren Vorderseite stets das Bildnis Octavians trägt, welcher seinerseits in Ganzfigur auf allen Rückseiten der erstgenannten Dreiergruppe auftritt. Die durch solchermaßen über Kreuz geführte Bezüge ihrer beiden Seiten gewonnene Sechsergruppe von Denaren ist nicht in allen Aspekten wirklich homogen, und Kraft las ihre Botschaft anders ab, als es jüngst P. Zanker tat, während J. Liegle eine etwas andere Gruppierung wählte und folglich zu einer anderen Lesart des Programms gelangte. Dies spricht aber gegen keine der bisher vorgeschlagenen Gruppierungen und Interpretationen: diese Münzen regten nicht nur zum Sammeln an – ein Aspekt, auf den P. Zanker aufmerksam gemacht hat; – man konnte damit auch geradezu spielen (Abb. 211). Wenn wir bei Krafts doppeltem Dreier-Satz von Denaren bleiben, so konnte man beispielsweise (Abb. 211, Möglichkeit 1) die Köpfe (Vs. der Kat. 326. 328. 330) der drei Göttinnen nebeneinanderlegen und in dieser Reihung die göttliche Sendung (Abstammung von Venus), die Sieghaftigkeit (Victoria) und die Garantie Octavians auf eine glückliche Zukunft (Pax) sehen. Man konnte auch (Abb. 211, Möglichkeit 2) die drei Statuen Octavians (Rs. der Kat. 326. 328. 330) zusammen betrachten und ihn als zu Lande (Panzerstatuen) und zu Wasser (Octavian als Neptun) siegreichen Heerführer sehen. Man konnte aber auch (Abb. 211, Möglichkeit 3) die Rückseitenbilder der Venus mit den Waffen des Mars, auf dessen Schild das *sidus Iulium* groß erscheint (Kat. 327), der Statue Octavians als Neptun (Kat. 328) und der über die Weltkugel eilenden Victoria des Octavian (Kat. 329) zusammenlegen und damit ein Programm herstellen, das dem der zuvor besprochenen Dreiergruppe der Kat. 323–325 gleicht: der sehr ‚caesarisch‘ wirkende Venus-Typ stand dann für Philippi, die von Münzen des Sex. Pompeius übernommene Neptun-Darstellung Octavians für Naulochos und das neugeschaffene Bild der Victoria auf dem Globus natürlich für Actium. Legte man die drei Rückseitenbilder der Göttinnen (Kat. 327. 329. 331) nebeneinander, so konnte man daran nicht nur wieder

 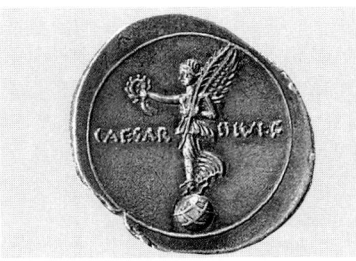 

Abb. 211   «Spielmöglichkeiten» innerhalb der «Caesar-Divi-F»-Gruppe der sog. Triumphalprägung: 4 Programme
aus dem Dreiersatz Kat. 326—331

das oben schon als Möglichkeit 1 beschriebene Programm ablesen, sondern (Abb. 211, Möglichkeit 4) abermals eine direkte Parallele herstellen zu einer Aussage des Dreisatzes «Philippi – Naulochos – Actium» (vgl. zu Kat. 323–325): die Waffen der Venus (Kat. 327) deuten wie die Waffen der Rückseite von Kat. 323 auf den Krieg, der für die gerechte Sache zu führen ist; die Victoria (Kat. 329) bezeichnet wie in der anderen Serie das Tropaion (Kat. 324) den siegreichen Ausgang des Kampfes, und am Ende steht Pax (Kat. 331), die Göttin des Friedens, zu deren Werken die Gründung von Städten (Kat. 325) gehört.

Und wenn man von jedem dieser Typen zwei oder mehr Münzen hatte, konnte man auch die Bezüge von Vorder- zu Rückseitenbildern sehen (so wie wir heute vermittels der Photographien zu sehen gewohnt sind) und die Münzen zu noch weit komplizierteren und beziehungsreicheren Konzepten zusammenlegen, in die man auch andere Münztypen dieser reichen Prägung noch einbeziehen möchte.

Freilich kreiste in jedem denkbaren Falle und jeder möglichen Kombination die Programmatik, die politische Botschaft der ‚Spielsteine‘ unausweichlich und ausschließlich um die Person Octavians, und nicht zu Unrecht hat J. Liegle (JdI 56, 1941, 117) die Münztypen dieser sog. Triumphalprägung als die «einzige monarchische Prägung Octavians» bezeichnet. Dies alles paßt eigentlich wirklich nur in die politische Situation der Jahre 31 bis 28 v. Chr., also in die Zeit zwischen Actium und dem Angebot der Rückgabe aller Gewalt an den Senat (28 v. Chr.), in der erstmals, wie Dio Cassius (51,1,1) in unmittelbarem Anschluß an seine Schilderung der Schlacht bei Actium sagt, Octavian die gesamte Macht im Staate ganz alleine innehatte. Aus diesem Grunde fehlt ab jetzt auch jegliche Polemik in der Propaganda: es gab niemanden mehr, der ihm den Führungsanspruch ernsthaft hätte streitig machen können. In der Bildsprache der politischen Propaganda der Zeit war wohl eines der deutlichsten Zeichen für diese faktische Stellung des Octavian die Aufstellung ‚seiner‘ Victoria im Innern der im Jahre 29 v. Chr. eingeweihten Curia Iulia (Kat. 332).

Augustus
Kat. 333–344

Um die Jahreswende 28/27 v. Chr. änderte sich das Bild grundlegend: Octavian erklärte seinen Verzicht auf die weitere Ausübung seiner Macht (*potestas*) und übergab den Staat wieder der Regierung durch Senat und Volk von Rom (Mon. Ancyr. 34).

Vor dem Hintergrund der zuvor an einigen Beispielen der Münzprägung geschilderten gewaltigen programmatischen Inszenierung, die Octavian an zentraler Stelle in das von ihm wohlwollenden Göttern gelenkte Weltgeschehen und das Geschick des römischen Staates einbaute, wirkt sein Angebot, sich nach getaner Pflicht ins Privatleben zurückzuziehen, reichlich unglaubwürdig: er mußte wohl seiner Sache inzwischen sehr sicher sein.

a) Auf Senatsbeschluß «Augustus»

In der Tat war die allgemeine Ansicht, daß es ohne ihn nicht mehr gehen könne, und statt auf sein Angebot einzugehen, beschwor ihn der Senat, an der Spitze des Staates zu bleiben: die Zeit war reif für die Monarchie, Autarchie und Hegemonie (so drückt sich Dio Cassius, 53, 11–12 aus), und Octavian wurde auf Senatsbeschluß zum «Augustus». Welchen geradezu konstitutionellen Wert dieser Ehrenname und die übrigen mit seiner Verleihung verbundenen Ehrenbeschlüsse jener historischen Senatssitzung für den Monarchen hatten, zeigt sich auch in der mit einem Schlage völlig veränderten Inszenierung der Münzprägung, die auf breitester Ebene und in vielfältigen Kombinationen die von jetzt ab gültigen Symbole seiner Herrschaft vorführte.

Am dichtesten zusammengefaßt und am deutlichsten vorgetragen ist die neue Ideologie in einem bereits im «Augustus»-Jahr 27 v. Chr. ausgebrachten Goldstück (Kat. 333). Der ‚Gestaltwandel‘ des Octavian zum Augustus zeigt sich hier in ganz aktueller Weise, indem noch der neue Ehrenname vom eigentlichen Namen («Caesar») getrennt wie ein Prädikat, als eine neue Qualität auf der Rückseite erscheint, auf welcher der Adler des Iuppiter den Eichkranz hält, die dem Augustus «wegen der Errettung aller Bürger» (*civibus servateis*) verliehene *corona civica* (vgl. auch Kat. 334 und 335), die man über dem Eingang zu seinem Hause auf dem Palatin aufzuhängen beschlossen hatte. Die rechts und links der Tür zu pflanzenden Lorbeerbäume (vgl. auch Kat. 335) sind im Hintergrund dargestellt, und der all diesen Ehrungen zugrundeliegende Senatsbeschluß (S C) ist ausdrücklich erwähnt. Dies gibt die konstitutionelle Note, wirkt freilich fast prosaisch in einer Umgebung, in der der höchste der Götter durch seinen Adler und die ihm gleichfalls heilige Eiche und der persönliche Schutzgott des Monarchen, Apollo, durch seinen Lorbeer präsent sind. In die sakrale Aura eines solchen Münztyps paßte nicht einmal der ebenfalls im Zusammenhang der Augustus-Werdung verliehene, in der Kurie aufzustellende goldene Ehrenschild (*clipeus virtutis*; Kat. 336), das dritte der neuen Hoheitszeichen, das sonst in der Münzprägung wie anderweitig häufig auftritt und auch gern mit der *corona civica* und den Lorbeerbäumchen verbunden wird.

b) Prädestiniert zum Friedensfürsten

Augustus erinnerte denn auch — bei aller Wertschätzung der ihm zuteil gewordenen Ehrungen — bald daran, daß er nicht von Menschen zu dem gemacht worden war, was er darstellte, sondern vom Geschick: das Sternzeichen seiner Geburtsstunde, der Capricornus, erschien auf Münzen in Ost (Kat. 337) und West (Kat. 338) und führte vor Augen, daß er — einem schon zu Zeiten der Republik gängigen ideologischen Modell folgend — zum Heile des römischen Staates geboren sei. Die häufige Verbindung des Capricornus mit dem Namen «Augustus» deutet zwar auf einen engen zeitlichen Zusammenhang solcher Münztypen mit der Verleihung jenes Ehrennamens; die Botschaft ist aber doch die, daß auch diese seine Erhöhung bereits in den Sternen vorgeschrieben gewesen war. Der Capricornus in der Version mit dem Füllhorn ist zugleich Symbol für den «Augustus» als Friedensbringer, als Stifter eines neuen Zeitalters in einer glücklicheren Welt.

Darum erscheint der Capricornus auch später wieder auf Münzen (Kat. 340) des seit dem Jahre 20 oder 19 v. Chr. laufenden *signis-receptis*-Programms, das der breiten propagandistischen Verherrlichung der friedlichen Wiedergewinnung der römischen Feldzeichen und Kriegsgefangenen von den Parthern gewidmet war (Kat. 340—344): auch diese Großtat — ohne Blutvergießen — zu vollbringen, war von den Sternen dem Augustus vorbestimmt und vorbehalten, nachdem es Caesar — aus dessen politischem Erbe der entsprechende Auftrag an Augustus resultierte (vgl. Kat. 339—342) — nicht vergönnt gewesen war, die Schande der Niederlage des Crassus auszulöschen. Die wiedergewonnenen Feldzeichen wurden dem Mars Ultor geweiht (Kat. 341—342), dem Gott, der schon in der Schlacht von Philippi auf der Seite des Rechts und damit des Octavian gestanden hatte — der Bezug auf Caesar (vgl. zu Kat. 342), aber auch die Einbindung der neuen Leistung in die Erfüllung des schicksalhaften Willens der Götter und der Weltgeschichte sind auch hier wieder (vgl. Kat. 339) nicht zu übersehen.

Die Münzprägung nahm aber nach dem Erfolg der parthischen Mission in der *signis-receptis*-Inszenierung auch auf die von Senat und Volk beschlossenen ‚weltlichen' Ehrungen des Friedensstifters Augustus ausgiebig und mit gelegentlich ausgesprochen panegyrischen Tönen Rücksicht (Kat. 343 und 344). Eine Konsequenz der *natus-ad-pacem*-Propaganda war es sicher, wenn man ihn im Überschwang der Freude über die Rückgabe der Feldzeichen jetzt als *parens et conservator* des römischen Volkes bezeichnete (Kat. 344). Wobei man nicht übersehen darf, daß es natürlich Augustus selbst war, der dieses hymnische, durchaus inoffizielle Prädikat auf die Münzen setzen ließ.

Opposition und Gleichschaltung
Kat. 345–355

Nachdem die zwanziger Jahre hindurch die Münzprägung nach ihrer äußeren Erscheinung von Augustus selbst veranstaltet worden war und in ihrer Thematik ausschließlich ihn, seine Sendung, seine Erfolge und die darauf bezogenen Ehrungen propagiert hatte, gibt es in den folgenden Jahren gewisse Veränderungen, die man mit den Schlagworten von der «republikanischen Fassade» oder dem «konstitutionellen Gewand» der Monarchie gekennzeichnet hat: die seit über zwanzig Jahren unterbrochene Tradition der Münzbeamten wird wieder aufgenommen, jetzt mit einem Dreierkollegium (tresviri). Thematik und Typologie der von ihnen ausgebrachten Edelmetall-Münzen erinnern vielfach an republikanische Usancen, beispielsweise wenn L. Aquillius Florus das relativ nichtssagende Thema einer Blüte (flos) in Anspielung auf sein cognomen auf einem seiner Münztypen erscheinen läßt (Kat. 347).

a) Letzte Möglichkeit republikanischer Verlautbarung

Interessanter sind freilich solche Typen, aus deren Thematik man oppositionelle Töne herauszuhören glaubt. Das ausdrückliche Kopieren nach Münztypen der republikanischen Zeit (Vs. bei Kat. 345, Rs. bei Kat. 346) kann so verstanden worden sein; die Darstellung der Rettung Siziliens durch den Sieg des M'. Aquillius über die aufständischen Sklaven (Kat. 346) konnte man in Parallele setzen zu des Augustus sizilischem Sieg über Sextus Pompeius, in dessen Heer ebenfalls entlaufene Sklaven eine große Rolle gespielt hatten. Vielleicht wollte der Münzmeister Aquillius mit dem Hinweis auf jenen Sieg seines Vorfahren andeuten, daß Naulochos eben nichts Einzigartiges gewesen war. Man weiß, wie eifersüchtig Augustus auf die Erfolge seiner eigenen Generale war. Die gänzlich ungewöhnliche Darstellung einer Krabbe auf den Münzen des M. Durmius schließlich (Kat. 348) mußte jeden Kenner der propagandistischen Bildersprache an die entsprechende Rückseite jener Libertas-Denare erinnern, die etwa 25 Jahre zuvor der Caesarmörder Cassius geprägt hatte.

Dennoch ist Augustus natürlich auch in der Prägung dieser ‚republikanischen‘ und möglicherweise zu einem Teil auch wirklich republikanisch gesinnten Münzmeister überall gegenwärtig: in ihrer Edelmetallprägung ist jeweils eine Seite der Münze dem Augustus oder seinen Leistungen vorbehalten. Trägt die Vorderseite einen auf den jeweiligen Monetalen bezogenen Götterkopf, so stellt die Rückseite Taten des Augustus vor (Kat. 345); ist das Rückseitenthema in althergebrachter Weise szenisch (Kat. 346) oder wappenartig (Kat. 347) auf den Münzmeister oder seine Familie bezogen bzw. eigenständig von ihm ausgewählt (so wohl bei Kat. 348), so trägt die Vorderseite doch immer das Porträt des princeps.

b) Die uniforme Botschaft des Kleingeldes

Die mit der Wiedereinrichtung des Münzmeisterkollegiums nach langer Unterbrechung wiederaufgenommene stadtrömische Kupferprägung sieht von Anfang an fast wie die Prägung einer Stadt in der Provinz aus: typologische Einförmigkeit geht einher mit propagandistischer Gleichschaltung. Die römischen Sesterze (Kat. 349) zeigen corona civica und Lorbeerbäume des Augustus, die Dupondien (Kat. 350) sprechen von der tribunicia potestas des Augustus, der im Jahre 23 v. Chr. neugeschaffenen Absicherung seiner ‚Amtsausübung‘, und die Asse (Kat. 351) tragen auf der Vorderseite das Porträt des Augustus. Der auf der Rückseite untergebrachte Name des Münzmeisters spielt eine ebenso unwichtige Rolle wie der eines zufällig amtierenden Nationalbank-Präsidenten auf modernen Geldscheinen.

Daß der «Vater und Erhalter» (parens et conservator; vgl. Kat. 344) des römischen Staates selbst gelegentlich großen Gefahren von außen und innen ausgesetzt war, lag auf der Hand. Aber Kriege und weite Reisen, Verschwörungen und auch die eigene schwache Gesundheit waren Bedrohungen nicht mehr nur für ihn persönlich, sondern auch für die von ihm bewirkte Prosperität und den Frieden in Rom und im ganzen Reich und damit für die Gesamtheit der

Bürger. In zahlreichen Beschlüssen und Ehrungen spiegelt sich die Sorge um die physische Integrität des Augustus und dahinterstehend die Besorgnis um den Verlust der von ihm garantierten politischen Stabilität (*tranquillitas*), wie es die wortreiche Legende unserer Kat. 354 in aller Klarheit zum Ausdruck bringt: «Senat und Volk von Rom haben dem Iuppiter Optimus Maximus Gelübde für das Heil des Imperator Caesar dargebracht, weil der Staat durch ihn vergrößert und in einen ruhigeren Zustand versetzt wurde».

Vielleicht lancierte Augustus dieses ‚Programm‘ selber mit der wegen des damit verbundenen göttlichen Zeichens (*prodigium*) ganz unverdächtig aussehenden Dedikation eines Tempels für Iuppiter Tonans (Kat. 352), der ihn während des cantabrischen Krieges in Spanien vor einem in unmittelbarer Nähe seiner Sänfte niederfahrenden Blitz bewahrt hatte. In der Folge nahmen öffentliche Körperschaften und gar Privatpersonen diese Anregung in verschiedener Weise auf. Ein berühmtes, auch auf Münzen (Kat. 353) erscheinendes Monument dieser Art ist der im Jahre 19 v. Chr. errichtete Altar der Fortuna Redux, die den Augustus glücklich vom syrischen Kriegsschauplatz in die unruhige Hauptstadt heimgeführt hatte. Persönlicher noch, fast in familiärem Ton gehalten sind die zahlreichen öffentlichen Gelübde und Danksagungen für den Erhalt seiner Gesundheit (Kat. 354–55), die – so sah es jedenfalls die Propaganda – *communi consensu* (Kat. 354), also in Übereinstimmung aller mit allen, zustande kamen (vgl. auch Mon. Ancyr. 9).

Augustus wird zum Denkmal
Kat. 356–369

Und so wurde, in einem von diesem allgemeinen *consensus* getragenen Prozeß, die Figur des Augustus und mit ihr die Monarchie im Bewußtsein der Bürger langsam zur Institution.

a) Verkündung eines neuen Zeitalters

Gelegentlich mußte man dieser Bewußtseinsbildung etwas nachhelfen. Von Augustus selbst mit größter Sorgfalt vorbereitet und zu einem günstigen Zeitpunkt inszeniert wurden die *Ludi saeculares*, mit denen im Juni des Jahres 17 v. Chr. der Anbruch eines neuen «Goldenen Zeitalters» gefeiert wurde. Der auf uralten, frommen Brauch der Väter anspielende gewappnete Herold, der zu den Feiern einlud (Kat. 357), konnte ebensowenig wie die bescheidene Nennung des sakralen Amts eines *quindecimvir sacris faciundis* (Kat. 356) darüber hinwegtäuschen, daß sich seit den mythischen Zeiten des Saturn und selbst seit der letzten voraufgehenden Säkularfeier (146 v. Chr.) einiges geändert hatte: es war Augustus, der die neue *aurea aetas* heraufgeführt hatte, und dies obendrein in Erfüllung eines Vermächtnisses seines Adoptivvaters, des Diktators Caesar, dessen verjüngtes Bild mit dem Kometen über dem Scheitel wieder auf Münzen erschien (Kat. 357). Die mit ehrwürdigen Reliquien ältester Tradition vollgestopfte Liturgie war Fassade: die *Ludi saeculares*, zu Zeiten der Republik ein Sühnefest, waren zur Eröffnungsfeier der Epoche des Prinzipats geworden, und ihr Mittelpunkt war Augustus.

b) Historische Ereignisse als Staatsmythos

Über zwanzig bzw. fünfzehn Jahre nach den entsprechenden Ereignissen und später noch wird auf Münzen und Medaillen erneut an die Siege von Naulochos (36 v. Chr.; Diana: Kat. 360–61; Abb. 211) bzw. Actium (31 v. Chr.; Apollo: Kat. 362–63) erinnert; nach einer bestechenden Theorie von K. Kraft wäre noch ein entsprechender Typ mit dem angreifenden Stier als Symbol des Mars (Kat. 358–59) hinzuzustellen, der die Schlacht von Philippi (42 v. Chr.) beschwört: der so gewonnene Dreiersatz von vermutlich in Lugdunum (Lyon) geprägten Münztypen entspräche hinsichtlich des Programms genau dem unserer Kat. 323–25. Tatsächlich konstatiert man eine offenbar bewußt gesuchte typologische und stilistische Angleichung dieser über mehrere Jahre hin aufgelegten Münzserie an die sog. Triumphalprägung der Zeit um 29 v. Chr.: die Titulatur AVGVSTVS DIVI F(ilius) entspricht dem damaligen

Abb. 212   Goldmedaillon aus Pompeji, Neapel, Museo Nazionale Fiorelli 3692; 2 n. Chr. Das Gewicht von fast 31 Gramm entspricht dem von vier normalen Aurei. Vgl. Kat. 359−363

CAESAR DIVI F (Kat. 326−331); die als Zeile mitten im Feld stehende Rückseitenbeschriftung der Diana- und der Apollo-Münzen (Kat. 360−61 bzw. 362−63) erinnert ebenfalls an die entsprechende Manier bei den genannten Münzen der sog. Triumphalprägung, und schließlich wird auch deren Stil imitiert mit den großen, isoliert vor einen leeren Hintergrund gesetzten Figuren des Stieres, der Diana und des Apollo. Neben der Prägung regulärer Münzserien gab es auch Sätze von repräsentativen Goldstücken, Medaillons ohne Geldwert, die vermutlich in der Art von Orden verdienten Staatsbürgern geschenkt wurden (Abb. 212). Seinerzeit hatte der Dreiersatz «Philippi − Naulochos − Actium» (Kat. 323−325; vgl. übrigens auch Abb. 211, Möglichkeit 3) den weltgeschichtlichen Hintergrund des soeben erst von Octavian etablierten Friedens vor Augen geführt; inzwischen hatten jene Ereignisse an Aktualität in der Erinnerung der Menschen verloren, aber dafür an Ewigkeitswert gewonnen. Sie gehörten jetzt zum Gründungsmythos des augusteischen Prinzipats, und ihre symbolische Darstellung auf Münzen (übrigens auch der römischen Münzmeisterprägung: Kat. 364) und Medaillen schmückte gleichsam wie Reliefs den Sockel des Denkmals, zu dem die Figur des Augustus bereits zu Lebzeiten ausgestaltet wurde.

c) Überlebensgröße des Herrscherbildes

In der Bildsprache − nicht nur der Münzen − bemerkt man die Tendenz, die Gestalt des Augustus im Verhältnis zu den durch die übrige Darstellung gegebenen Proportionen zu vergrößern, und sei es durch kompositorische Kunstgriffe (z. B., Kat. 365−66), die übrigens oftmals der Realität des inzwischen ausgebildeten Zeremoniells abgesehen sein dürften: in bestimmten Szenen, die sich sogar konkret auf aktuelle Tagesereignisse beziehen, wird Augustus, der Erhabene, über das Niveau der normalen Sterblichen erhoben, tritt als der im hierarchischen Sinne «Höchste» auf. Seine Feldherren reichen ihm den gewonnenen Lorbeer in seine einsame Höhe hinauf (Kat. 365), denn sie siegen «iussu et auspicio» (Mon. Ancyr. 26) des obersten Kriegsherrn bzw. dieser siegt selbst durch die Erfolge seiner Generale (Mon. Ancyr. 30). Auch die durch seine Feldherren unterworfenen Barbarenvölker strecken zu ihm (vgl. die Formulierungen Mon. Ancyr. 29−33) ihre Hände und gar ihre Kinder hinauf: die Szene unserer Kat. 87 ist aufschlußreich im Vergleich zu entsprechender Sieges- und Triumphthematik früherer Zeiten, z. B. in dem *signis-receptis*-Programm (Kat. 341 und 342): Augustus hat in der Bildsprache der Münzen die Götter verdrängt bzw. geradezu ihren Platz eingenommen.

Die Monumentalität seines neuen ,image' kommt auch zum Ausdruck auf den großen Kupfermedaillons römischer Münzmeister (Kat. 367), die in einer völlig neuen Ikonographie eine kleine Victoria zeigen, die das riesige Porträt des Augustus bekränzt. Wie anders war die Rolle der triumphierend über dem Globus schwebenden Siegesgöttin von Actium gewesen (Kat. 319. 329)!

d) «pater patriae» und Kult

Vor dem Hintergrund von Zeremoniell und Bildsprache dieser Art versteht man, warum (im Jahre 2 v. Chr.) der Erhabene den Zeitpunkt für gekommen hielt, den ihm schon öfter (vgl.

Kat. 344) angetragenen Namen eines «Vaters des Vaterlandes» unter Tränen der Rührung anzunehmen (Suet. Aug. 58,2) und von da ab das *pater patriae* als ständigen Bestandteil seiner Titulatur einzufügen (Mon. Ancyr. 35; vgl. als einen frühen Beleg in der Münzprägung unsere Kat. 373).

Kein Wunder, daß sich die Menschen gedrängt fühlten, den Stifter und Garanten der *pax Augusta* nicht nur auf alle erdenkliche Weise zu ehren, sondern auch zu verehren und zwar in kultischen Formen. Entsprechende Darstellungen erscheinen denn auch auf Münzen, im Osten früher (Kat. 368) als im Westen (Kat. 369). Die von Augustus in diesen beiden und in anderen Fällen zur Auflage gemachte Verbindung seiner Verehrung mit dem Kult der Dea Roma war eine Vorsichtsmaßnahme, als Bescheidenheit deklariert; sie zeigte aber zugleich doch auch in aller Deutlichkeit, daß Staat und Geschick Roms von der Person des Augustus nicht mehr zu trennen waren.

Dynastie als Zukunftssicherung
Kat. 370—374

Natürlich mußte für die über die Lebenszeit eines sterblichen Menschen hinausgehende Zukunft der Monarchie Sorge getragen werden, und Augustus hatte beizeiten, freilich in dieser Beziehung nicht eben vom Schicksal begünstigt, mit der Sicherung seiner Nachfolge und dynastischer Planung angefangen. Auf den Münzen ist besonders breit und ausführlich die vorletzte Phase der entsprechenden Propaganda dokumentiert, in der sich Augustus ganz auf die Familie des Agrippa stützte. Agrippa als General, Staatsmann und seit dem Jahre 18 v. Chr. sogar Teilhaber an der *tribunicia potestas* war auch in der Münzprägung eine bereits geläufige Erscheinung; auf Denaren des Jahres 13 v. Chr. (Kat. 370) begegnet er nun als Familienvater, auf anderen (Kat. 371) sogar ein Bildnis seiner ihm im Jahre 21 v. Chr. zwangsweise angetrauten Frau, der Augustus-Tochter Iulia, und ein weiterer Münztyp, der diese mit den Bildnissen ihrer kleinen Söhne Caius (geb. 20 v. Chr.) und Lucius (geb. 17 v. Chr.) Caesares vereinigt (Kat. 372), wirkt wie ein Familienbild im Schatten der *corona civica* des Augustus, der hier seine Enkel als von ihm (im Jahre 17 v. Chr.) adoptierte Söhne und damit Nachfolger vorstellt. Das ‚Familiäre‘ dieser Münzbilder ist ein wichtiger Bestandteil der entsprechenden Ideologie; die ‚rechtliche‘ Seite solcher dynastischer Pläne wurde abgedeckt, indem man den heranwachsenden Knaben alle möglichen Ehrungen antrug und für sie Titel erfand wie «*principes iuventutis*» (Kat. 373), ihre Ämterlaufbahn vorzeichnete und vorzeitig einleitete und sie — ebenso verfrüht — mit hochwichtigen Staatsaufgaben betraute (Mon. Ancyr. 14).

Nachdem ihm das Geschick die jungen Prinzen entrissen (Mon. Ancyr. 14) und damit eine über zwanzig Jahre verfolgte Planung zunichte gemacht hatte, mußte sich Augustus im Sinne der Nachfolgesicherung bequemen, den von ihm aus ebendiesem Grunde nach dem Tode des C. Caesar (4 n. Chr.) adoptierten Stiefsohn Tiberius zum Thronfolger zu stilisieren. In der Tat fehlt auf der Rückseite unserer Kat. 374 in der Titulatur des hier schon an der Schwelle der Regierungsübernahme stehenden Prinzen eigentlich nur das AVGVSTVS zu einer regelrechten Kaisertitulatur.

Divus Augustus
Kat. 375—376

Mehr oder weniger um die Zeit der Ausgabe dieser Münzen, die seinen designierten Nachfolger Tiberius propagierten, stand Augustus im 76. Lebensjahr und schickte sich an, den Rechenschaftsbericht über sein politisches Leben endgültig zu redigieren (Mon. Ancyr. 35). Allerlei Vorzeichen hatten seinen baldigen Tod angekündigt, aber auch seine bevorstehende Vergöttlichung (*divinitas post mortem*; Suet. Aug. 97,1). Trotzdem bedurfte es natürlich eines förmlichen Senatsbeschlusses, um ihm die «*honores caelestes*» zu dekretieren (CIL I² p. 329

Kat. 369

zum 17. September), ihn also sozusagen auf dogmatische Weise zum Divus zu erklären. Dieses Dogma verkünden Münzen des Tiberius (Kat. 375), die den Stern der Vergöttlichung über das Porträt des «Divos» Augustus setzen. Nicht nur dies erinnert an Caesar und entsprechende Maßnahmen des Octavian (vgl. Kat. 304 mit Verweisen); auch die altertümelnde Form «Divos» zitiert offensichtlich «Divos-Iulius»-Münzen des Octavian (Kat. 303. 306). Der neue Staatsgott Divus Augustus war Sohn eines Divus gewesen; der neue Augustus war Sohn eines Divus – die Dynastie war fest begründet im Himmel, und auf Erden die Monarchie. Für Tiberius ging es trotz der weiterhin vorhandenen und auch aktiven Opposition nicht mehr, wie am Beginn für Octavian, darum, die Macht im Kampfe zu erringen oder zu behaupten. Augustus hatte etwas geschaffen und hinterlassen, das es um jeden Preis zu erhalten galt, wollte man nicht alles wieder verlieren. So jedenfalls war die einhellige öffentliche Meinung, die den selbst eher republikanisch oder zumindest ‚bürgerlich' denkenden Tiberius schließlich bewog, «aus Vernunft» die Nachfolge des Augustus als Monarch anzutreten (Vell. 2,124,2).

Tiberius verschanzte sich dabei hinter der Providentia Augusta, der er einen Altar errichten ließ, welcher auf Münzen dargestellt ist (Kat. 376), die am Schluß unseres Überblicks über die Münzpropaganda vom Ende der Republik bis zur Einrichtung des Prinzipats als der ständigen Staatsform stehen: die Voraussicht des Augustus hatte ihn im Interesse des Staates und dessen Erhaltes zum Nachfolger bestimmt; der Stiftungstag der Ara Providentiae Augustae war der 26. Juni, der Tag seiner Adoption durch den Dynastiegründer. Zugleich aber weisen diese berühmten Providentia-Asse über das Verhältnis Augustus-Tiberus und die entsprechende Nachfolge-Thematik hinaus.

Die Legende um das Bildnis der Vorderseite heißt nämlich nicht DIVVS AVGVSTVS PATER «*Tiberi Caesaris Augusti*», und der Altar der Rückseite ist nicht korrekt als Altar der PROVIDENT(ia) «*Augusta*» bezeichnet. Das in der Propagandasprache so bewährte schlichte Mittel des Weglassens ermöglichte eine über die vordere Ebene hinausgehende erweiterte Interpretation der Botschaft.

In der Vorderseiten-Legende klingt so neben der Filiation das «*pater patriae*» an: Augustus, nunmehr als Gott, wacht wie ein Vater nicht nur über seinen (Adoptiv-)Sohn und Nachfolger, sondern über das Geschick des ganzen Reiches und somit aller Römer. Die entsprechende Unterdrückung der Spezifizierung «*Augusta*» bei dem Begriff *providentia* ließ die verallgemeinerte Assoziation zu, daß man sich in dem von Augustus geschaffenen und einem nachfolgenden legitimen Sachwalter hinterlassenen neuen Staat in einem von der göttlichen Vorsehung gewollten Zustand befand. Ob die Vorsehung den Augustus gesandt oder ob dieser die Vorsehung auf Erden verkörpert hatte, mochte zu diesem Zeitpunkt bereits zu philosophischen Erörterungen Anlaß geben; Tiberius als loyaler Verwalter des politischen Erbes des Augustus hatte jedenfalls mit dem stoischen Begriff der *providentia* − in späteren Zeiten nur noch eine Tugend der Kaiser ‚von Amts wegen' − die lebenslange Propaganda des Augustus zu einer Summe zusammengezogen und dem Anspruch des augusteischen Prinzipats einen theologischen Sinn gegeben.

Dem modernen Historiker ist natürlich nichts erklärt mit dem Begriff «*providentia*», der uns aber dennoch auf der Zunge liegt, wenn wir die unbeirrte Konsequenz betrachten, mit der die vor unseren Augen liegende Münzpropaganda eines halben Jahrhunderts mit der am Ende seines Lebens verfaßten Rechenschaftslegung und darin enthaltenen Wertung seiner Leistungen durch Augustus selber zur Deckung gebracht ist. Augustus sah sich zu keinerlei Vergangenheitsbewältigung genötigt, seine Münzen konnten getrost weiter zirkulieren: es war alles richtig gewesen.

Kat. 280   Vs.   Rs.

280 Denar   44 v. Chr.
Vs. Kopf Caesars mit (goldenem?) Kranz, rechts; dahinter sechsstrahliger Stern
CAESAR IMP
Rs. Venus Victrix, links; auf der ausgestreckten rechten Hand Victoria, linker Arm auf Szepter gestützt.
P SEPVLLIVS MACER
London, British Museum, Inv. 28478.1.
Typ: Crawford 489 Nr. 480/5 Taf. 57; Grueber I 548 Nr. 4165−4167.

Allgemein wird angenommen, daß die Denare mit dem
Imperator-Titel Caesars parallel zu denen mit Diktator-
Titeln (z. B. Kat. 281) ausgebracht wurden; vgl. den An-
ordnungsvorschlag von A. Alföldi, Caesar in 44 v. Chr.
II (1974) 2 ff. Die Diskussion zur Bedeutung des Titels
«Imperator» bei Crawford 494 Anm. 1.
Zum Kranz des Porträts: K. Kraft, Der goldene Kranz
Caesars und der Kampf um die Entlarvung des ‚Tyran-
nen‘, JNG 3/4, 1952/3, 7–97; Alföldi a.O. I (1985) 105 ff.
Die Rückseite ist ebenfalls ganz auf Caesar bezogen:
Die kleine Victoria auf der Hand der Göttin kennzeich-
net diese als Venus Victrix, die persönliche Schutzgott-
heit Caesars. – Zu den vier Münzbeamten dieser Serie
des Jahres 44 v. Chr. vgl. Kat. 282.

Kat. 282　　　Vs.　　　Rs.

Kat. 281　　　Vs.　　　Rs.

281 Denar　44 v. Chr.
Vs. Kopf Caesars mit (goldenem?) Kranz, rechts
CAESAR DICT PERPETVO
Rs. *Fasces* (ohne Beil) und *caduceus*, gekreuzt; links
verschränkte Hände, oben Globus, unten Beil
Rechts: L BVCA
Neapel, Museo Nazionale, Fiorelli 456
Typ: Crawford 489 Nr. 480/6 Taf. 57
Das Diktator-Amt wurde Caesar nach dreimaliger Ver-
längerung im Februar 44 v. Chr. auf Lebenszeit übertra-
gen: DICT(ator in) PERPETVO heißt es auf dieser
Münze.
Die Rückseite ist überladen mit glückverheißenden
Symbolen: Die *fasces* (Rutenbündel) ohne Beil meinen
libertas, der *caduceus* (Hermes-Stab) *felicitas*, die verschränkten Hände *concordia* (der politischen Kräfte);
das Beil spielt auf die Priesterämter Caesars an (*religio*),
und der Globus meint die Weltherrschaft Roms (und
Caesars, wie man wohl assoziieren durfte). Vgl. zu dieser Art der Symbolkomposition T. Hölscher, JdI 95,
1980, 278; ders. in: IX. CongrIntNumismatique, Bern
1979 (1982) 275 f. Taf. 34,8. Zum Kranz Caesars vgl.
Kat. 280; zu den Münzbeamten und ihren Titeln
Kat. 282.

282 Denar　44 v. Chr.
Vs. Kopf Caesars mit (goldenem?) Kranz und Ver-
schleierung durch die Toga, rechts; davor Lituus, dahin-
ter Apex
CAESAR PARENS PATRIAE
Rs. C COSSVTIVS-MARIDIANVS, in Kreuzform an-
geordnet; in den Zwickeln: A A A F F
London, British Museum, Inv. 28478.2

Typ: Crawford 491 Nr. 480/19 Taf. 57; Grueber I 552
Nr. 4187
Es ist nicht einzusehen, warum die *parens patriae*-Mün-
zen Caesars erst postum geprägt sein sollen, wie seit
dem Vorschlag von S. L. Cesano (RendPontAcc 23/24,
1947–49, 147 ff.) meistens angenommen; so z. B. A. Alföldi, SNR 47, 1968, 85–103; ders., Der Vater des Vaterlandes im römischen Denken (1971) 83 ff.; ders.,
Caesar in 44 v. Chr. II (1974) 6 (April 44 v. Chr.); Crawford 494 f. mit handlicher Zusammenstellung der Quellen zur Verleihung dieses Titels. Das von der Toga verhüllte Haupt Caesars erscheint nämlich auch auf Denaren des C. Cossutius Maridianus sowie seines Kollegen
P. Sepullius Macer mit dem Titel *Dictator in perpetuo*
und der von unserer Kat. 280 her bekannten Venus Vic-
trix-Rückseite (Crawford 490 Nr. 480/15 bzw. Nr. 480/14
Taf. 57). Vgl. auch zu Kat. 283.
Die *parens patriae*-Münzen des Cossutius und die des
Sepullius (Abb. 209; Typ: Crawford 491 Nr. 480/20
Taf. 57) stellen Caesar mit verhülltem Haupt, also in
priesterlicher Eigenschaft dar; zusätzlich spielen *lituus*
(Krummstab) und *apex* (Lammfellmütze) auf Augurat
und Flaminat an, so daß die Darstellung einen außerordentlich ‚religiösen‘ Charakter erhält, der die vom Senat
(wohl zu Anfang 44 v. Chr.) beschlossene Erhöhung
Caesars zum ‚Vater‘, will heißen: Retter und Erhalter
des Vaterlandes weihevoll unterstreicht.
Der Titel dieses und der anderen drei von Caesar im
Jahre 44 v. Chr. eingesetzten Münzbeamten (L. Aemilius Buca, M. Mettius, P. Sepullius Macer) lautet vollständig IIIIVIR A(uro) A(rgento) A(ere) F(lando) F(e-
riundo): Mitglied des Viererkollegiums zum Gießen
bzw. Prägen von (Geld aus) Gold, Silber und Bronze.

283 Denar　Nach 15. März 44 v. Chr.
Vs. Kopf des M. Antonius, bärtig, verschleiert durch
die Toga, rechts; davor *lituus*, dahinter Opferkrug
Keine Legende
Rs. Reiter mit Beipferd (*desultor*), nach rechts spren-
gend; dahinter Kranz und Palmzweig
P SEPVLLIVS MACER
London, British Museum
Typ: Crawford 491 Nr. 480/22 Taf. 57; Grueber I 550
Nr. 4178 ff.
Der hier von M. Antonius ‚besetzte‘ *parens patriae*-Typ
des P. Sepullius Macer mit derselben Rückseite, aber
Caesarbildnis auf der Vorderseite (Abb. 209; vgl. unter
Kat. 282) fehlt in unserer Ausstellung, weil jene Denare
extrem selten sind: ihre Ausprägung setzte offenbar spät

ein und wurde mit dem Tode Caesars abgebrochen. Überhaupt kann man sich schwer vorstellen, daß der – gar nicht so seltene – Münztyp des Antonius (unser Kat. 283) etwa neben den typologisch fast identischen *parens patriae*-Münzen mit Bildnis Caesars hätte ausgebracht werden können; anders aber A. Alföldi, SNR 47, 1968, 90 ff. (vgl. auch zu Kat. 282). Das Rückseitenthema dieser Denare und ihres Vorbildes, der siegreiche Kunstreiter, muß keineswegs zwingend auf Spiele bezogen werden, die nach Caesars Tod stattgefunden hätten (vgl. dazu Crawford 495).

Lituus und Opferkrug spielen – abgesehen von dem Zitat der entsprechenden Caesarmünzen – auf das Augurenamt des Antonius an, das dieser seit dem Jahre 50 v. Chr. innehatte; eine Würde, auf die Antonius zeit seines Lebens großen Wert legte. Der Augur-Stab erscheint denn auch auf seinen Münzen sehr häufig als Beizeichen neben seinem Porträt (s. Kat. 289. 294. 295), sogar noch auf den späten, kleinasiatischen Cistophoren (Kat. 311).

284 Denar   Nach 15. März 44 v. Chr.
Vs. Bärtiger Porträtkopf (M. Iunius Brutus), rechts
L SERVIVS RVFVS
Rs. Die beiden Dioskuren mit *Pileus*, Speer und Schwert; über den Köpfen je ein Stern
Keine Legende
London, British Museum
Typ: Crawford 523 Nr. 515/2 Taf. 62 (mit Datierung ins Jahr 41 v. Chr.); Grueber I 566 Nr. 4205
Zu der heftig umstrittenen Chronologie dieses und der Münzmeister unserer Kat. 285 und 286 s. A. Alföldi, Die stadtrömischen Münzporträts des Jahres 43 v. Chr., in: Eikones. Festschrift H. Jucker, 12. Beih. AntK (1980) 17–28, bes. die tabellarische Übersicht der weit auseinandergehenden Datierungsvorschläge (ebenda

18). Unsere Vorstellung, daß diese Münzen bereits im Jahre 44 v. Chr. erschienen sein können, kollidiert nicht unbedingt damit, daß ‚das' Münzmeisterkollegium jenes Jahres (Crawford 487 ff. Nr. 480; vgl. unsere Kat. 280–282) bekannt sei (Alföldi a.O. 19 Nr. 1). Über alle die fraglichen Münzbeamten (vgl. die Zusammenstellung der Namen bei Crawford I 96) wissen wir wenig oder nichts außer dem, was ihre Prägungen bezeugen. Wie Alföldi selber betont (a.O. 17. 25), darf man keineswegs für die Monate oder gar Jahre, die auf Caesars Ermordung folgten, überall regelmäßige Verhältnisse in der Besetzung der Staatsämter unterstellen: man kam damals relativ leicht um Amt und Leben. Es ist daher durchaus mit der Möglichkeit zu rechnen, daß im Jahre 44 v. Chr. mehr als die regulären vier Münzmeister amtierten, freilich auch damit, daß sich die Prägung eines Kollegiums oder einzelner seiner Mitglieder ins Jahr 43 v. Chr. fortsetzte.

Zur Benennung des Vorderseiten-Porträts auf den Caesarmörder Brutus vgl. Alföldi a.O. 21 ff. Nr. 2. Der kurze Bart muß als Zeichen der Trauer um die untergegangene bzw. schon wieder gefährdete *libera res publica* verstanden werden; vgl. die Porträts auf den späteren eigenen Münzen des Brutus (z.B. Crawford 517 Nr. 506/1 Taf. 61; Hirmer 90 Nr. 98 und 99 Taf. 26 und Farbtaf. II. Zur Münzprägung des Brutus, auf die wir hier aus Raumgründen nicht eingehen können, treffend Mannsperger 331 f.).

Die mit dem *pileus* (dazu T. Hölscher, JdI 95, 1980, 275) ausgestatteten Dioskuren Castor und Pollux stehen ebenfalls für *libertas* im Sinne der republikanischen Staatsform.

285 Denar   Nach 15. März 44 v. Chr.
Vs. Porträtkopf (C. Julius Caesar), rechts
C NVMONIVS VAALA
Rs. Mit Schild und Schwert ausgerüsteter Soldat greift von rechts her eine Befestigung an, die von zwei ebenfalls mit Schild und Schwert bewaffneten Soldaten verteidigt wird
Unten: VAALA
London, British Museum
Typ: Crawford 523 Nr. 514/2 Taf. 62; Grueber I 571 Nr. 4216
Zur Chronologie vgl. Kat. 284.
Alföldis Benennung des Vorderseiten-Porträts auf C. Vibius Pansa, einen der Konsuln des Jahres 43 v. Chr.

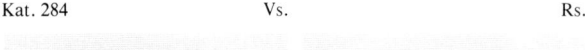

(a.O. 24 Nr. 4), kann man schwer folgen; auch nicht seiner Deutung der Victoria auf den Aurei desselben Münzmeisters (Crawford 522 Nr. 514/1 Taf. 62) auf Servilia, die Mutter des Brutus (Alföldi a.O. 23 f. Nr. 3). Die Kampfszene der Rückseite ist bisher nicht überzeugend erklärt. Möglicherweise ist sie − ebenso wie jener Victoria-Kopf − in einem sehr allgemeinen Sinne zu verstehen als programmatische Vorausschau auf eine Rache für Caesar an dessen Mördern.

286 Denar   Nach 15. März 44 v. Chr.
Vs. Jugendlicher Porträtkopf mit kurzem Backenbart (Octavian), rechts
M ARRIVS SECVNDVS
Rs. Militärische Ehrenzeichen: Kranz, *hasta pura* und Riemengeflecht mit *phalerae*
Keine Legende
London, British Museum
Typ: Crawford 522 Nr. 513/2 Taf. 62; Grueber I 568 Nr. 4210
Zur Chronologie vgl. Kat. 284.
Zur Benennung des Vorderseiten-Porträts auf den neunzehnjährigen Octavian vgl. Alföldi a.O. 20 f. Nr. 1. Wir halten dieses Bildnis für das früheste bekannte des späteren Kaisers Augustus (anders z. B. W. H. Gross, s. zu Kat. 288). Der kurze Bart kann hier − wie auch im Falle des Antonius-Porträts auf Kat. 283 − nur als Zeichen der Trauer um den ermordeten Caesar verstanden werden.
Wenn sich die militärischen Orden der Rückseite, wie wir glauben, auf das zu dieser Zeit einzige Machtinstrument in der Hand des Octavian beziehen, so würde das

Kat. 286   Vs.   Rs.

für die Chronologie dieser Münzen, vielleicht der ganzen Serie, eine Einengung bedeuten: mit der Werbung seiner privaten Armee begann Octavian im Oktober 44 v. Chr. Daß sich das Rückseitenthema dieses Münztyps mit dem Porträt des Octavian nur ganz allgemein an die Veteranen Caesars wende, ist weniger wahrscheinlich, da diese ja auch von Antonius umworben wurden (vgl. A. Alföldi, Octavians Aufstieg zur Macht [1976] 63 ff.).

Kat. 287   Vs.   Rs.

287 Denar   Zwischen Mitte April und 19. August 43 v. Chr.
Vs. Kopf des Octavian mit kurzem Backenbart, rechts
C CAESAR IMP
Rs. Octavian mit ausgestrecktem rechten Arm auf stehendem Pferd, links
Unten: S C
London, British Museum, Inv. 28478.4
Typ: Crawford 499 Nr. 490/1 Taf. 58; Grueber II 406 Nr. 81 f.
Zur Interpretation dieses Münztyps s. Einleitung; vgl. auch D. Mannsperger, in: Praestant Interna. Festschrift U. Hausmann (1982) 333 ff.; zuletzt Zanker, Augustus 46−48. Die Datierung seiner Ausbringung ergibt sich aus dem Imperator-Titel (Sieg von Mutina, 15.4.43 v. Chr.) und der noch fehlenden Angabe des Konsulats, den Octavian am 19.8.43 v. Chr. antrat (vgl. Kat. 288). Es ist interessant, daß Octavian dieselbe Reiterstatue und den entsprechenden ehrenden Senatsbeschluß vom Januar 43 v. Chr. auch noch nach Gründung des Triumvirats auf seine Münzen setzt: Crawford 500 Nr. 490/3 Taf. 58 (mit Rechtswendung der Statue); vgl. Mannsperger a.O. 334 Taf. 74,3−6. Die ikonographisch enge Verwandtschaft der Darstellung von Octavians Reiterstatue auf diesen Prägungen mit der des Sulla (vgl. Abb. 208 b) ist auffallend; vgl. auch Mannsperger a.O. 336 Taf. 74,10; Zanker a.O. 46 f. Abb. 30, b.

288 Aureus   Zwischen 19. August und 27. November 43 v. Chr.
Vs. Kopf des Octavian mit kurzem Backenbart, rechts
C CAESAR COS PONT AVG
Rs. Kopf Caesars mit Kranz, rechts
C CAESAR DICT PERP PONT MAX
London, British Museum, Inv. 28478.5
Typ: Crawford 499 Nr. 490/2 Taf. 58; Grueber II 404 Nr. 74

Kat. 288   Vs.   Rs.

Grundlegend zu diesem Münztyp: J.-B. Giard, Les monnaies du premier consulat d'Octave, RevNum 13, 1971, 90–105; vgl. auch W. H. Gross, Zum frühesten Münzbild Octavians, Boreas 5, 1982, 105–110 (vgl. aber hierzu Kat. 286).

Zum Konsul wurde Octavian nach seinem zweiten Marsch auf Rom (Juli 43 v. Chr.) gewählt; er trat das Amt am 19. August an. Bald danach wählte man ihn zum AVG(ur). Auch der Titel PONT(ifex) unterstreicht die politische und religiöse Legitimität Octavians, der schon seit 48 v. Chr. Pontifex war.

Ein ähnlicher Münztyp (Denar) ist von Octavian − in geringer Auflage allerdings − kurz nach der Gründung des Triumvirats ausgebracht worden: Crawford 500 Nr. 490/4 Taf. 58. Dort ist das Rückseitenbild Caesars derart zum allgemeinverständlichen Symbol geworden, daß es von keiner Legende mehr begleitet wird.

Kat. 289   Vs.   Rs.

289 Denar   43 v. Chr. (vor 27. November)
Vs. Kopf des M. Antonius mit leichtem Bartanflug, rechts; dahinter *lituus* (Augur-Stab)
M ANTON IMP
Rs. Kopf Caesars mit (goldenem?) Kranz, rechts; dahinter Opferkrug
CAESAR DIC
London, British Museum, Inv. 28478.3
Typ: Crawford 498 Nr. 488/1 Taf. 58; Grueber II 397 Nr. 53f.
Der Münztyp stammt wahrscheinlich aus der Zeit nach der Aufhebung der Ächtung des M. Antonius durch den Konsul Octavian. Wie im Falle von dessen entsprechenden Münzen (vgl. Kat. 288) ist festzuhalten, daß die gewissermaßen einseitige Caesarpropaganda auch von Antonius noch nach der Gründung des Triumvirats eine Zeitlang fortgesetzt wurde: Crawford 498 Nr. 488/2.

290 Aureus   42 v. Chr.
Vs. Kopf des Octavian mit leichtem Bartanflug, rechts
C CAESAR IIIVIR R P C
Rs. Zwei verschränkte rechte Hände
C VEIBIVS VAARVS
London, British Museum
Typ: Crawford 504 Nr. 494/12 Taf. 59; Grueber I 588 Nr. 4292
Grundlegend für die Prägung, der die Goldmünzen Kat. 290–93 angehören: Th. V. Buttrey, The Triumviral Portrait Gold of the Quattuorviri Monetales of 42 B. C., NNM 137 (1956); zur Chronologie bes. 32ff.

Kat. 290   Vs.   Rs.

Den Konsulat (vgl. Kat. 288) hatte Octavian mit Gründung des Triumvirats wieder abgegeben, weswegen der entsprechende Titel hier nicht mehr erscheint.

Die verschränkten Hände, ein altes «Concordia»-Symbol, bezeichnen die Eintracht der drei Triumvirn Lepidus, Antonius und Octavian. Die entsprechenden Münztypen mit Porträt des Lepidus bzw. des Antonius auf der Vorderseite: Crawford 504 Nr. 494/10 bzw. Nr. 494/11 Taf. 69.

291 Aureus   42 v. Chr.
Vs. Kopf des Octavian mit leichtem Bartanflug, rechts
C CAESAR IIIVIR R P C
Rs. Füllhorn
L MVSSIDIVS LONGVS
London, British Museum
Typ: Crawford 505 Nr. 494/15 Taf. 59; Grueber I 575 Nr. 4231
Literatur und Chronologie: vgl. Kat. 290.
Die entsprechenden Münztypen der Füllhornserie mit Porträt des Lepidus bzw. des Antonius auf der Vorderseite: Crawford 504 Nr. 494/13 bzw. Nr. 494/14 Taf. 59.

Kat. 291   Vs.   Rs.

292 Aureus   42 v. Chr.
Vs. Kopf des M. Aemilius Lepidus, rechts
M LEPIDVS IIIVIR R P C
Rs. Bekleidete weibliche Figur, links; in der rechten Hand *simpulum* (Opferkelle), im linken Arm langes Szepter
L REGVLVS IIIIVIR A P F
London, British Museum
Typ: Crawford 502 Nr. 494/1 Taf. 58; Grueber I 580 Nr. 4259
Literatur: vgl. Kat. 290.
Die Figur der Rückseite meint nach allgemeiner Ansicht wahrscheinlich Aemilia, Tochter des Aeneas und der

Kat. 292   Vs.   Rs.

Lavinia, Mutter des Romulus, auf die die sehr alte patrizische *gens* der Aemilii gelegentlich zurückgeführt wurde.

Die Amtsbezeichnung des Regulus auf der Rückseite wird allgemein gelesen als IIIIVIR A(uro) P(ublico) F(eriundo), also «Mitglied des Viererkollegiums zur Prägung (von Geld) aus ö f f e n t l i c h e m Gold», worin der Hinweis auf eine erneute Regelung und Stabilisierung der zentralen, staatlichen (*publico*) Münzprägung liegen mag.

293 Aureus   42 v. Chr.
Vs. Kopf des M. Antonius mit leichtem Bartanflug, rechts
M ANTONIVS IIIVIR R P C
Rs. Auf Felsen sitzende männliche Gestalt (der Heros Anton?) im Hüftmantel; rechter Arm auf Speer gestützt, im linken Arm Schwert; zu seiner Linken Schild mit Gorgoneion
L REGVLVS IIIIVIR A P F
Neapel, Museo Nazionale, Fiorelli 3141
Typ: Crawford 502 Nr. 494/2 Taf. 58

Kat. 293   Vs.   Rs.

Literatur: vgl. Kat. 290; zum Titel des Münzmeisters Kat. 292. Die Deutung der Figur auf der Rückseite als Herakles (Crawford a. O. und S. 510) scheint wegen der Art der Bewaffnung ausgeschlossen; das Kleidungsstück ist ein typischer Hüftmantel. Angesichts der genealogischen Anspielungen auf den Rückseiten der parallel von L. Regulus ausgebrachten Typen für Lepidus (Kat. 292) und Octavian (Abb. 210; Typ: Crawford 502 Nr. 494/3 Taf. 58) liegt die Deutung auf Anton (nicht Anteon) nahe, einen Sohn des Herakles, auf den sich die Antonii zurückführten (Plut. Ant. 4); vgl. auch Zanker, Augustus 53 f. mit Abb. 34.

294 Aureus   Nach 27. November 43,
vor November 42 v. Chr.
Vs. Bärtiger Kopf des M. Antonius, rechts; dahinter *lituus* (Augur-Stab)
M ANTONIVS IIIVIR R P C
Rs. Bärtiger Kopf des Octavian, rechts
C CAESAR IIIVIR R P C
London, British Museum, Inv. 28478.6
Typ: Crawford 501 Nr. 492/1 Taf. 58; Grueber II 396 Nr. 47

Die genaue Datierung der Ausbringung dieser Goldserie ist schwierig; der zeitliche Rahmen ergibt sich aus der Gründung des Triumvirats am 27. November 43 v. Chr. und dem Fehlen der nach der Entscheidung von Philippi (November 42 v. Chr.) angenommenen Imperatoren-Titel. Es ist möglich, daß diese Prägung (vgl. auch Kat. 295) der des römischen Münzmeisterkollegiums

Kat. 294   Vs.   Rs.

(vgl. Kat. 290–93 und Abb. 210) noch voraufging, also ins Ende des Jahres 43 v. Chr. gehört.
Die Benennung von Vorder- und Rückseite ist bei diesem und dem folgenden Münztyp (Kat. 295) arbiträr.

295 Aureus   Nach 27. November 43,
vor November 42 v. Chr.
Vs. Bärtiger Kopf des M. Antonius, rechts; dahinter *lituus* (Augur-Stab)
M ANTONIVS R P C
Rs. Kopf des M. Aemilius Lepidus, rechts; dahinter *simpulum* (Opferkelle) und *aspergillum* (Wasserwedel)
M LEPIDVS IIIVIR R P C
London, British Museum, Inv. 28478.7
Typ: Crawford 501 Nr. 492/2 Taf. 58; Grueber II 395 Nr. 46
Zur Chronologie vgl. Kat. 294.
Die Opfergeräte der Lepidus-Seite spielen auf dessen Amt als Pontifex Maximus an, das ihm Augustus bis zu seinem Tode (12 v. Chr.) nicht zu nehmen wagte, obwohl die offizielle Version später besagte, daß Lepidus jenes Amt «während der Bürgerkriegswirren an sich gerissen» habe (Mon. Ancyr. 10).
Der *lituus* als ,Gegengewicht' auf der anderen Seite ist als Abzeichen seines Augur-Amtes dem Antonius immer besonders wertvoll gewesen (vgl. Kat. 283).
Daß Lepidus auf diesen Münzen im Gegensatz zu Antonius und Octavian (Kat. 294) unbärtig erscheint, ist kein Zufall: er steht schon hier, in der allerersten Phase des

Kat. 295   Vs.   Rs.   Kat. 297   Vs.   Rs.

Triumvirats, deutlich hinter den Caesar-Rächern zurück (vgl. Kat. 296.297)

296 Denar   42 v. Chr.
Vs. Kopf Caesars mit (goldenem?) Kranz, rechts
CAESAR IMP
Rs. Mars, den behelmten Kopf nach links gewandt; im linken Arm Schwert, den rechten Arm auf die Lanze gestützt
P CLODIVS M F
London, British Museum
Typ: Crawford 505 Nr. 494/16 Taf. 59; Grueber I 585 Nr. 4280 f.
Zur Chronologie des Münzmeisters P. Clodius vgl. Literatur zu Kat. 290; zu Caesars Kranz Kat. 280.
Zur Marsfigur der Rückseite könnte man die spätere Darstellung des Mars Ultor auf Münzen vergleichen, die die Rückgewinnung der Feldzeichen von den Parthern (20 v. Chr.) feiern: s. Kat. 342.

Kat. 296   Vs.   Rs.

297 Denar   42 v. Chr.
Vs. Kopf des Octavian mit Backenbart, rechts
CAESAR IIIVIR R P C
Rs. Mars, den behelmten Kopf nach links gewandt; im linken Arm Schwert, den rechten Arm auf die Lanze gestützt
P CLODIVS M F
Neapel, Museo Nazionale, Fiorelli 3344
Typ: Crawford 505 Nr. 494/18 Taf. 59
In der Vorderseiten-Legende ist das Fehlen des zu dieser Zeit üblicherweise noch geführten Vornamens C(aius) auffallend. Die Datierung dieses Münztyps bzw. der Amtszeit des P. Clodius P(ubli) F(ilius) in die Zeit zwischen Errichtung des Triumvirats und Philippi (Nov. 43 – Nov. 42 v. Chr.) ist aber durch einen typologisch völlig gleichartigen parallelen Münztyp des P. Clodius

mit Vorderseiten-Bildnis des M. Antonius (Crawford 505 Nr. 494/17 Taf. 59) gesichert. Vgl. im übrigen zu diesem Münzmeister die zu Kat. 290 genannte Arbeit von Th. V. Buttrey.

298 Aureus   Etwa Mitte 41 v. Chr.
Vs. Kopf des M. Antonius, rechts
M ANT IMP AVG IIIVIR R P C M BARBAT Q P
Rs. Kopf des Octavian mit Backenbart, rechts
CAESAR IMP PONT IIIVIR R P C
London, British Museum
Typ: Crawford 525 Nr. 517/1 (Aureus). 2 (Denar) Taf. 62; Grueber II 489 Nr. 98 f. (Aureus); 490 Nr. 100 ff. (Denar)
Auflösung der Vorderseiten-Legende: *Marcus Antonius Imperator Augur Tresvir rei publicae constituendae, Marcus Barbatius Quaestor P(ro praetore?)*.
Der Imperator-Titel beider Triumviri bezieht sich auf den siegreichen Ausgang des Kampfes gegen die Caesarmörder in der Schlacht von Philippi. Die oben genannten «Concordia»-Prägungen des Antonius bzw. des Octavian sind die Typen Crawford 501 Nr. 439 Taf. 58 bzw. 531 f. Nr. 528 Taf. 63, die man mit Bahrfeldt, Goldmünzenprägung 75 f. Nr. 74–75 Taf. 8,6–9, in die Zeit bald nach Philippi setzen möchte.
Der die Prägung unserer Kat. 298 veranstaltende Quaestor ist M. Barbatius Pollio, jener Gesandte des M. Antonius, der im Sommer des Jahres 41 v. Chr. dessen Anhänger, insbesondere seinen Bruder, den Konsul L. Antonius, und seine Frau Fulvia zur Räson bringen sollte: diese schickten sich nämlich an, durch ihre Maßnahmen gegen Octavian und Lepidus und ihre Agitation gegen das Triumvirat auch dem Triumvirn Antonius die Legitimation zu entziehen. Möglicherweise steht die Ausbringung dieser Concordia-Münzen des Barbatus ganz kurz vor der nächsten Phase der zugespitzten kriegerischen Auseinandersetzung (s. Kat. 299).

Kat. 298   Vs.   Rs.

Kat. 299   Vs.   Rs.

299 Denar   41 v. Chr.
Vs. Kopf des M. Antonius, rechts
M ANT IMP AVG IIIVIR R P C M BARBAT Q P
Rs. Kopf des L. Antonius, rechts
L ANTONIVS COS
Paris, Cabinet des Médailles
Typ: Crawford 525 Nr. 517/3
Die Ausgabe dieser Denare erfolgte vermutlich nach der der Münzen in der Art von Kat. 298 (vgl. dort) und vor der Einschließung des L. Antonius in Perugia (gegen Ende 41 v. Chr.). Vielleicht hatte M. Barbatius nach dem Scheitern seiner Vermittlungsversuche den Auftrag erhalten, sich auf die Seite der übereifrigen Antonianer zu stellen. Die große Rarität dieser Denare läßt aber auch daran denken, daß L. Antonius selbst hinter dieser Prägung steht, also den Quaestor kurzerhand auf seine Linie zwang.
Ein solch kurzlebiger, geradezu improvisierter Münztyp ist ein beredtes Zeugnis für die sich überstürzenden Ereignisse und die wüsten Verhältnisse im gequälten Italien der Zeit zwischen Philippi und Naulochos. Diese Phase des Bürgerkrieges endete mit der Einnahme von Perusia, der Ergebung und Begnadigung des L. Antonius (Februar 40 v. Chr.) und der folgenden grausamen Vernichtung der Stadt und ihrer Führungsschicht durch den Sieger Octavian.

300 Tripondius (= 3 Asse)   Nach Sommer 39–35 v. Chr.
Vs. Köpfe des M. Antonius und des Octavian, hintereinander gestaffelt, rechts; gegenüber Büste der Octavia, links
M ANT IMP TER COS DES ITER ET TER IIIVIR R P C

Kat. 300

Rs. Drei Galeeren hintereinander, rechts; darunter Γ und Triskeles
L BIBVLVS M F PR DESIG
Typ: Sydenham, CRR 197 Nr. 1256; Grueber II 511
Auflösung der Vs.-Legende: *Marcus Antonius Imperator tertium, Consul designatus iterum et tertium, Tresvir rei publicae constituendae.*
Die Designation des M. Antonius für seinen zweiten und dritten Konsulat (für die Jahre 34 bzw. 31 v. Chr.) wurde im Vertrag von Misenum (Sommer 39 v. Chr.) festgelegt, der dem *foedus Brundisinum* und der Hochzeit des Antonius und der Octavia als weiterer Bestandteil dieses umfangreichen Vertragswerkes zuzuordnen ist.
Der designierte Praetor L. (Cornelius) Bibulus, ein ehemaliger Republikaner in Antonius' Diensten, war dessen *praefectus classis* (Admiral). Die drei Kriegsschiffe der Rückseite versinnbildlichen vermutlich eine wichtige Abmachung des Vertrages von Brindisi: die Zusage des Antonius, mit dem Druck seiner Flotte zur Aussöhnung des Octavian mit Sextus Pompeius oder zu dessen Vernichtung beizutragen.
Der griechische Buchstabe Γ in der Legende der Rückseite ist ein Zahlzeichen und bedeutet die Angabe des Nominals (3 Asse).

301 Aureus   Zwischen 42 und ca. 39/38 v. Chr.
Vs. Kopf des Octavian mit leichtem Backenbart, rechts.
DIVI IVLI F
Rs. Fortuna mit nach links gewandtem Kopf: im linken Arm Füllhorn, mit der rechten Hand ein am Boden stehendes Ruder haltend

Kat. 301   Vs.   Rs.

TI SEMPRON GRACCVS IIIVIR Q D
London, British Museum, Inv. 28478.13
Typ: Crawford 529 Nr. 525/1 Taf. 63; Grueber I 593 Nr. 4313
Die genaue Chronologie dieses Münztyps ist schwierig; der auf der Rückseite genannte Münzmeister, der Q(uaestor) D(esignatus) Ti. Sempronius Graccus, ist ansonsten nicht bekannt, ebensowenig der Münzmeister Q. Voconius Vitulus einer offensichtlich parallelen Typenreihe (Crawford 530f. Nr. 526 Taf. 63). Nicht überzeugend ist allerdings der Ansatz aller dieser Münzen schon in die zweite Hälfte des Jahres 43 v. Chr. durch A. Alföldi, RevNum 15, 1973, 99ff.; ders., SchwMbll 24, 1974, 107ff. = Caesariana (1984) 292ff.; ders. in: Eikones. Festschrift H. Jucker, 12. Beih. AntK (1980), 24ff. Gegen diesen frühen Ansatz zuletzt auch D. Mannsper-

ger in: Praestant Interna. Festschrift U. Hausmann (1982) 334/5 Anm. 35. – Ab dem Jahre 38 v. Chr. scheint eine Umstellung in der Namensform des Octavian zu beobachten (vgl. dazu Kat. 317); daraus ergibt sich die untere Grenze unseres Datierungsvorschlages. Die Fortuna der Rückseite entspricht ikonographisch derjenigen auf Quinaren des P. Sepullius Macer vom Jahre 44 v. Chr. (Crawford 492 Nr. 480/25 Taf. 57) und dürfte die Fortuna Caesaris meinen; vgl. St. Weinstock, Divus Julius (1971) 125. In der Übernahme gerade dieses Götterbildes klingt wieder der Gedanke göttlicher Sendung auch des Sohnes an.

Die genaue Chronologie ist wieder schwierig. Das Fehlen des Imperator-Titels beim Namen des Octavian hat man benutzen wollen, um eine Ausbringung noch vor der Schlacht von Philippi vertreten zu können. Wahrscheinlicher ist aber, daß er ebenso wie die Amtsbezeichnung des Triumvirn deswegen fehlt, weil die eben nicht durch Titel oder Ämter, sondern durch die Herkunft von einem *Divus* schicksalhaft begründete Sendung Octavians propagiert werden sollte. Zur unteren Grenze unseres Datierungsvorschlages vgl. Kat. 301; bei einem jener dort genannten Münztypen des Jahres 38 v. Chr. (unsere Kat. 306) kommt auch die etwas altertü-

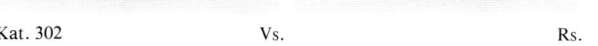

Kat. 302   Vs.   Rs.   Kat. 303   Vs.   Rs.

302 Denar   Zwischen 42 und ca. 39/38 v. Chr.
Vs. Kopf Caesars mit (goldenem?) Kranz, rechts
Links und rechts im Feld: S C
Rs. *vexillum, aquila*, Pflug und stabartiger Gegenstand
TI SEMPRONIVS GRACCVS Q DESIG
Neapel, Museo Nazionale, Fiorelli 3033
Typ: Crawford 530 Nr. 525/4a
Zur Chronologie vgl. Kat. 301.
Der neben den beiden Feldzeichen und dem Hakenpflug abgebildete stabartige Gegenstand auf der Rückseite, früher meistens als Szepter bezeichnet, ist von M. Crawford auf eine *decempeda* gedeutet worden, eine Meßlatte von 10 Fuß Länge, die zur Landvermessung diente und gut zu dem Pflug passen würde. Möglicherweise bezieht sich die ganze Darstellung der Rückseite auf die von Octavian in den Jahren nach der Schlacht von Philippi vorzunehmende Landverteilung an die Veteranen; vgl. dasselbe Rückseitenthema auf Denaren dieses Münzmeisters (Crawford 529 Nr. 525/2), deren Vorderseiten (wie Kat. 301) das bärtige Porträt Octavians tragen.

303 Dupondius (?)   Zwischen 42 und ca. 39/38 v. Chr.
Vs. Kopf des Octavian, rechts
CAESAR DIVI F
Rs. Jugendlicher Porträtkopf Caesars mit (goldenem?) Kranz, rechts
DIVOS IVLIVS
London, British Museum
Typ: Crawford 535 Nr. 551/1 Taf. 63 (datiert «? 38 B.C.»); Grueber II 412 Nr. 105. – Vgl. A. Alföldi – J.-B. Giard, NumAntCl 13, 1984, 147–161 (mit Abbildung zahlreicher Stücke); M. Amandry, BCercleNum 23, 1986, 23 (mit Datierung in Winter 41/40 v. Chr.); Zanker, Augustus 45 Abb. 28, a–b

melnde Schreibung «Divos» vor, was an eine entsprechend späte Datierung auch dieser Dupondien denken läßt.
Zum Problem des Nominals dieser Stücke aus Bronze vgl. Alföldi – Giard a.O. 149f.; überzeugend scheint der jüngste Vorschlag von Amandry, a.O. 25. 34 («deux têtes = deux as» = Dupondius).
Die Benennung von Vorder- und Rückseite nehmen wir hier nach einer Gewohnheit vor (Kopf des ‚Herrschers' = Vorderseite), die vielleicht aber einer auch schon damals, zur Prägezeit dieser Stücke, erreichten Gewohnheit in der Betrachtung solcher Münzen und der Lesung ihrer Botschaften entspricht!

304 Dupondius (?)   Zwischen 42 und ca. 39/38 v. Chr.
Vs. Kopf des Octavian mit leichtem Backenbart, rechts; davor achtstrahliger Stern
DIVI F
Rs. In großem Lorbeerkranz: DIVOS IVLIVS
London, British Museum
Typ: Crawford 535 Nr. 535/2; Grueber II 413 Nr. 108ff.
Zu Chronologie und Nominal vgl. die unter Kat. 303 genannte Literatur.

Kat. 304   Vs.   Rs.

Zu dem Stern, der eigentlich zum Bildnis Caesars gehörte, vgl. F. Bömer, Über die Himmelserscheinungen nach dem Tode Caesars, BJb 152, 1952, 27 ff., sowie das Kapitel «Caesaris astrum» bei St. Weinstock, Divus Julius (1971) 370 ff., auch unsere Kat. 308. 327. 339. 357. 375.

305 Aureus   38 v. Chr.

Vs. Bekränzter Kopf Octavians mit leichtem Bartanflug, rechts; vor der Stirne achtstrahliger Stern.
IMP DIVI IVLI F TER IIIVIR R P C
Rs. M AGRIPPA COS DESIG

Kat. 305   Vs.   Rs.

London, British Museum, Inv. 28478.14
Typ: Crawford 535 Nr. 534/1 Taf. 63; Grueber II 411 Nr. 102. – Vgl. Bahrfeldt, Goldmünzenprägung 100 ff. Nr. 99 Taf. 10, 1–6
Nur ein einziges Stempelpaar bekannt.
Die Datierung dieser und der folgenden Münzen (Kat. 306. 307) ergibt sich aus der Designation des Agrippa zum Konsul (für das Jahr 37 v. Chr.); vgl. Bahrfeldt a. O., bes. 102 f.
Zur Interpretation des Caesar-ähnlichen Octavianporträts mit dem Stern auf dem Scheitel vgl. Einleitung. Die schwierige Nomenklatur bzw. Titulatur der Vs.-Legende (es ist wohl wirklich mit Bahrfeldt «Imperator ... tertium» zu lesen) scheint anzudeuten, daß man sich hier bezüglich der Umwandlung des Imperator-Titels in einen Bestandteil des Namens noch in einem Stadium des Experimentierens befand, das mit der Formulierung auf den Denaren vom Typ unserer Kat. 307 überwunden war.
Zur Rückseite vgl. auch Kat. 307.

306 Denar   38 v. Chr.

Vs. Links bekränzter Kopf Caesars, rechts Kopf Octavians, einander zugewandt

Kat. 306   Vs.   Rs.

DIVOS IVLIVS DIVI F
Rs. M AGRIPPA COS DESIG
London, British Museum
Typ: Crawford 535 Nr. 534/2 Taf. 63; Grueber II 410 Nr. 100 f. – Vergrößerte Abb.: NumAntCl 13, 1984, 161 Taf. 8, g–h
Zur Chronologie vgl. Kat. 305; zur Rückseite Kat. 307.

307 Denar   38 v. Chr.

Vs. Kopf des Octavian mit kurzem Bart, rechts
IMP CAESAR DIVI IVLI F
Rs. M AGRIPPA COS DESIG

Kat. 307   Vs.   Rs.

London, British Museum, Inv. 28478.15
Typ: Crawford 535 Nr. 534/3 Taf. 63; Grueber II 412 Nr. 103 f.
Zur Chronologie vgl. Kat. 305.
Der Münztyp ist wichtig, weil er zum ersten Mal die für die nächsten Jahre gültige Titulatur bzw. Namensform Octavians belegt. Die Hereinnahme eines akklamatorischen Ehrennamens (Imperator) in seinen Namen, und zwar als Praenomen anstelle des eigentlichen (Caius), zeigt an, daß Octavian sich von diesem Titel nicht mehr zu trennen gedachte; ein bis dahin unerhörter Vorgang. Tatsächlich war schon Caesar vom Senat angeboten worden, den Imperator-Titel als Praenomen zu führen, wovon er freilich keinen Gebrauch machen wollte, wie Münzen wie unser Kat. 280 eindeutig zeigen; vgl. auch Crawford 494 Anm. 1.
Die typologisch in mancher Beziehung merkwürdige Rückseite dieses und der beiden voraufgehenden Münztypen (Kat. 305. 306), die auch in ihrer historischen Bedeutung noch nicht voll erklärt ist (interessant der Vorschlag von Ph. V. Hill, NumAntCl 4, 1975, 186), zeigt einmal in aller Deutlichkeit, was auch für die Bildersprache vieler Typen gegolten haben mag, daß nämlich die Münzen auf das (große) Publikum der Analphabeten gelegentlich wenig Rücksicht nahmen: diese Rückseite mußte solchen Leuten völlig unverständlich sein; ihre politische Aussage ging dort verloren. Wichtiger als alle Botschaft war diesen Schichten vermutlich auch das Geldstück selber; wem man dafür zu danken hatte, sah man ohnehin am Porträt.

308 Denar   Zwischen 37 und 34 v. Chr.

Vs. Kopf des Octavian mit leichtem Bartanflug, rechts
IMP CAESAR DIVI F IIIVIR ITER R P C
Rs. Frontansicht des geplanten Divus-Iulius-Tempels, darin die Statue Caesars als Augur mit durch die Toga

Kat. 308   Vs.   Rs.

verschleiertem Kopf und *lituus* in der rechten Hand; im Giebelfeld Stern (*sidus Iulium*); auf dem Architrav: DIVO IVL. Links vom Tempel Rundaltar mit Opferfeuer
COS ITER ET TER DESIG
Neapel, Museo Nazionale, Fiorelli 3358
Typ: Crawford 538 Nr. 540/2
Die Erneuerung des Triumvirats auf weitere fünf Jahre (IIIVIR ITER(um)) fand im Vertrag von Tarent (Spätsommer 37 v. Chr.) statt. Die Rückseitenlegende gibt die Designation Octavians (festgelegt schon im Vertrag von Misenum, Sommer 39 v. Chr.) zu seinem zweiten und dritten Konsulat an (COS II: 33 v. Chr.; COS III: 31 v. Chr.). Der Münztyp muß also zwischen 37 und Ende 34 v. Chr. ausgebracht worden sein.
Die Errichtung des auf der Rückseite zu sehenden Tempels des Divus Iulius (auf dem Forum) war zwar schon im Jahre 42 v. Chr. von den Triumvirn beschlossen worden; inzwischen aber konnte die Fortsetzung dieses Projekts nur mehr Octavians Sache sein. Die Arbeiten zogen sich lange hin, und die Kultstätte konnte erst am 18. August 29 v. Chr. eingeweiht werden. Um so wichtiger war es offenbar, zwischenzeitlich an dieses Heiligtum des vergöttlichten Caesar zu erinnern, das hier übrigens als fertig und in voller Funktion dargestellt ist: die Kultstatue Caesars steht in der Cella, das *sidus Iulium* schmückt den Giebel, und das Opferfeuer brennt auf dem neben dem Tempel dargestellten Rundaltar. Vgl. G. Fuchs, Architekturdarstellungen auf römischen Münzen der Republik und der frühen Kaiserzeit, AMuGS I (1969) 37 Taf. 4f. Nr. 57–58; Ph. V. Hill, NumAntCl 9, 1980, 201 f.; F. Prayon in: Praestant Interna. Festschrift U. Hausmann (1982) 322 Taf. 71,6; Zanker, Augustus 43 f. Abb. 26.
Zum Problem der Kultstatue vgl. P. Zanker, Il foro Romano. La sistemazione da Augusto alla tarda antichità (1972) 35 Anm. 55–57; romantisch die Interpretation von Prayon a.O. (Caesar als Pontifex maximus zieht von der Regia in den neuen Tempel um), verfehlt Simon, Augustus 85 f. (Octavian als Augur). Daß die im mittleren Intercolumnium des Tempels erscheinende Figur das Kultbild in dessen Cella meint, ist nach den typologischen Gepflogenheiten solcher Münzdarstellungen nicht zu bezweifeln. Daß sie hingegen angesichts ihres weiten Schrittmotivs, der Bekleidung mit der Toga und des Augur-Stabes nicht gerade wie ein Kultbild aussieht, ist gleichfalls nicht zu leugnen. Die Lösung des Dilemmas liegt in der auch an einem verwandten Beispiel beschriebenen (vgl. zu Kat. 305), bewußt unschar-

fen Formulierung der Bildsprache octavianischer Propaganda im Falle besonders riskanter Konzepte und bei möglicherweise zu erwartender republikanischer Opposition: man stellte hier den künftigen Inhaber des Tempels schon am Platz der Kultstatue des Divus Iulius, aber noch als Caesar im Habitus eines Priesters dar.

309 Denar   Zwischen 37 und 34 v. Chr.
Vs. Kopf des Octavian, rechts
IMP CAESAR DIVI F IIIVIR ITER R P C
Rs. Kultgeräte: *simpulum* (Schöpfkelle), *aspergillum* (Wasserwedel), *urceus* (Opferkrug), *lituus* (Augur-Stab)
COS ITER ET TER DESIG
London, British Museum, Inv. 28478.16
Typ: Crawford 537 Nr. 538/1 Taf. 64; Grueber II 415 Nr. 116 ff.
Zum zeitlich möglichen Rahmen der Ausbringung dieser Münzen vgl. Kat. 308. Da das Octavianporträt dieses Münztyps bärtig (Crawford Taf. 64,4) und unbärtig (ebenda Taf. 64,5) vorliegt, könnte man daran denken, daß ein Teil der Emission vor der Schlacht von Naulochos (3. September 36 v. Chr.) ausgebracht wurde, der andere Teil danach, als nämlich Octavian den Bart endgültig abgelegt hatte, um auch damit das Ende der Rachekriege zu verkünden.

Kat. 309   Vs.   Rs.

310 Denar   Zwischen 37 und 34 v. Chr.
Vs. Dreifußkessel; darauf: R P C
IMP CAESAR DIVI F IIIVIR ITER
Rs. Lorbeerkranz; darin: COS ITER ET TERT DESIG
Paris, Cabinet des Médailles
Typ: Crawford 537 Nr. 538/2 Taf. 64
Zum chronologischen Rahmen für die Ausbringung dieser Münzen vgl. Kat. 308.
Ein ähnlicher Typ mit Vertauschung der Seiten (deren Benennung sich hier aus der Abfolge der Titulatur er-

Kat. 310   Vs.   Rs.

gibt) und ohne den Titel eines Triumvirn: Crawford 536 Nr. 537/2 Taf. 64. Die beiden Varianten könnten den unter Kat. 309 beschriebenen entsprechen und sich wiederum auf die Zeit vor bzw. nach Naulochos verteilen.

311 Cistophoros   Zweite Hälfte 39 v. Chr.
Vs. Kopf des M. Antonius mit Efeukranz, rechts; darunter *lituus*
M ANTONIVS IMP COS DESIG ITER ET TERT
Außen herum großer Efeukranz
Rs. Zwischen zwei großen hochgereckten Schlangen *cista mystica*; darüber Porträtbüste der Octavia
IIIVIR R P C
London, British Museum, Inv. 28478.17
Typ: Sydenham, RRC 193 Nr. 1197 Taf. 29; Grueber II 502 Nr. 133f. – Vgl. Sutherland, Cistophori 86ff.; D. Mannsperger, Gymnasium 80, 1973, 384ff. Taf. 21,3–4. Die Prägezeit dieser Münzen ergibt sich mit einiger Sicherheit aus der Erwähnung der Designation zum zweiten und dritten Konsulat des Antonius (für 38 bzw. 34 v. Chr.), wie im Vertrag von Misenum (Sommer 39 v. Chr.) vereinbart; vgl. auch Mannsperger a.O. 384f. Anm. 10
‚Kistophoroi‘ nannte man dieses von den pergamenischen Königen eingeführte Silbernominal wegen des ständigen Hauptmotivs ihrer Vorderseiten, des Korbes

Rs. Zwischen zwei hochgereckten großen Schlangen *cista mystica*; darauf stehend Dionysos, links; in der rechten Hand Kantharos, den linken Arm auf den Thyrsos-Stab gestützt.
IIIVIR R P C
London, British Museum, Inv. 28478.18
Typ: Sydenham, RRC 193 Nr. 1198; vgl. Grueber II 503 Nr. 135–137 Taf. 114,3–4; Sutherland, Cistophori 87; D. Mannsperger, Gymnasium 80, 1973, 385ff. Taf. 21,5–6
Zu Datierung und Nominal vgl. Kat. 311.

313 Aureus   Zwischen 34 und 32 v. Chr.
Vs. Kopf des M. Antonius, rechts
ANTON AVG IMP III COS DES III IIIV R P C
Rs. Kopf des M. Antonius (iunior), genannt Antyllus, rechts
M ANTONIVS M F F
London, British Museum
Typ: Crawford 538 Nr. 541/2 Taf. 64; Grueber II 521 Nr. 174. – Vgl. Bahrfeldt, Goldmünzenprägung 95ff. Nr. 93 Taf. 9,11–17
Seinen zweiten Konsulat trat Antonius nicht wie vorgesehen im Jahre 38 v. Chr. (vgl. zu Kat. 311), sondern am 1. Januar 34 v. Chr. für nur einen einzigen Tag an; seitdem bis zum Antritt seines dritten Konsulats (1. Januar

| Kat. 311 | Vs. | Rs. | Kat. 313 | Vs. | Rs. |

der Dionysos-Mysterien (*cista mystica*). Die beiden hochgereckten Schlangen waren das ebenfalls ständige Rückseitenmotiv. Diese Thematik wird seit Augustus aufgegeben, das Nominal, das drei römischen Denaren entspricht, dagegen noch lange weitergeprägt.

312 Cistophoros   Zweite Hälfte 39 v. Chr.
Vs. Kopf des M. Antonius mit Efeukranz, dahintergestaffelt Kopf der Octavia, rechts.
M ANTONIVS IMP COS DESIG ITER ET TERT

31 v. Chr.) führte er den Titel *Consul designatus tertium*. Die Rückseite zeigt Antyllus, den ältesten Sohn des Antonius und der Fulvia, der ebenso wie der Vater M(arcus) hieß; die Legende ist offenbar M(arcus) Antonius, M(arci) F(ilius), F(ilius) zu lesen; vgl. Grueber II 522 Anm. zu Nr. 174; Bahrfeldt a.O. 96ff. Antyllus wurde später von Octavian in Alexandria hingerichtet, gemeinsam mit Caesarion, dem Sohn der Kleopatra von Caesar, weil beide möglicherweise ‚dynastisch‘ motivierte Ansprüche hätten erheben können.

314 Denar   Zwischen 34 und 31 v. Chr.
Vs. Kopf des M. Antonius, rechts; dahinter armenische Tiara
ANTONI ARMENIA DEVICTA
Rs. Gewandbüste der Kleopatra VII. mit Diadem, rechts; davor Schiffsschnabel
CLEOPATRAE REGINAE REGVM FILLIORVM REGVM
London, British Museum
Typ: Crawford 539 Nr. 543/1 Taf. 64; Grueber II 525 Nr. 179ff.

Kat. 312   Vs.   Rs.

Kat. 314   Vs.   Rs.

Kat. 316   Vs.   Rs.

Im Jahre 34 v. Chr. triumphierte Antonius in Alexandria (!) über Armenien; es folgten die skandalösen Landschenkungen an Kleopatra und ihre Proklamation zur «Königin der Könige» (Plut.Ant. 54,3–6). Der Schiffsschnabel vor dem Porträt der Königin weist auf die ägyptische Seemacht hin, die in dem bevorstehenden Kriege gegen Octavian eine so große Rolle spielen sollte; das Erscheinen dieses Symbols wird darum meist als ein Indiz dafür gewertet, daß die Denare schon in der Vorbereitungsphase der kriegerischen Auseinandersetzungen, also etwa 32 oder 31 v. Chr., ausgebracht wurden.
Die Genitive der Legenden stehen ganz in der Tradition hellenistischer Königsmünzen.

315 Denar   31 v. Chr.
Vs. Galeere ohne Besegelung, rechts
ANT AVG IIIVIR R P C
Rs. *Aquila* zwischen zwei *vexillae*
LEG XII ANTIQVAE
London, British Museum, Inv. 28478.19
Typ: Crawford 540 Nr. 544/9; Grueber II 530 Nr. 222
Taf. 116,13
Die Datierung dieser Militärprägung in die Zeit unmittelbar vor der Schlacht von Actium ist allgemein akzeptiert.

316 Denar   31 v. Chr.
Vs. Galeere ohne Besegelung, rechts
ANT AVG IIIVIR R P C
Rs. *Aquila* zwischen zwei *vexillae*
LEG XVIII LYBICAE (sic)
London, British Museum, Inv. 28478.20
Typ: Crawford 540 Nr. 544/11; Grueber II 530 Nr. 225
Taf. 116,15
Vgl. zu Kat. 315.

Kat. 317   Vs.   Rs.

317 Denar   31 v. Chr.
Vs. Galeere ohne Besegelung, rechts
ANT AVG IIIVIR R P C
Rs. *Aquila* zwischen zwei *vexillae*
LEG X
London, British Museum, Inv. 28478.21
Typ: Crawford 540 Nr. 544/24; Grueber II 529 Nr. 202
Vgl. zu Kat. 315.

318 Denar   31 v. Chr., vor der Schlacht von Actium
Vs. Kopf des Iuppiter Ammon, rechts
M ANTO COS III IMP IIII
Rs. Victoria im gegürteten Peplos, nach rechts schreitend; in der rechten Hand Kranz mit herabhängenden Bändern, auf der linken Schulter großen Palmzweig tragend
ANTONIO AVG SCARPVS IMP
London, British Museum, Inv. 28478.22
Typ: Crawford 542 Nr. 546/2 Taf. 64; Grueber II 584 Nr. 2
Antonius trat, unbekümmert um die im Vorjahr erfolgte Aberkennung aller seiner Ämter, am 1. Januar 31 v. Chr. in Patras seinen dritten Konsulat an. Auch das ihm immer so wertvolle Augurenamt figuriert weiter in der Titulatur. Dagegen vermeidet Scarpus, vorsichtiger

Kat. 315   Vs.   Rs.

Der von Antonius geführte Titel eines Triumvirn *rei publicae constituendae* wäre demnach eine Anmaßung: das zweite Lustrum des Triumvirats lief mit dem Ende des Jahres 32 v. Chr. ab. Während Octavian auch in seiner späteren Propaganda peinlich genau auf diesen Endpunkt achtete (Mon.Ancyr. 7,1), hielt Antonius offenbar darüber hinaus an dem ‚Amt' und seinem Auftrag fest.

Kat. 318   Vs.   Rs.

als M. Antonius, den illegal gewordenen Titel eines *Tresvir rei publicae constituendae* (vgl. zu Kat. 315). Die vierte Imperator-Akklamation des Antonius ist nicht genau datierbar.

Der Kopf des (Iuppiter) Ammon ist von alters her eines der «Wappenbilder» der kyrenäischen Münzen; die Victoria der Rückseite steht für den erwarteten Sieg des M. Antonius in der bevorstehenden Auseinandersetzung. Der dieses Militärgeld für M. Antonius (vgl. auch den Typ Crawford 542 Nr. 546/1 Taf. 64) prägende Imperator L. Pinarius Scarpus (vgl. RE XX 2 [1950] 1404 ff. Nr. 24) ist offenbar identisch mit jenem Verwandten Octavians, der in Caesars Testament zusammen mit Q. Pedius als Erbe eines Viertels der Hinterlassenschaft eingesetzt und der anscheinend im Laufe der Auseinandersetzungen schließlich auf die Seite des Antonius geraten war. Er befehligte vier von dessen Legionen, die zum Schutze Ägyptens in der Cyrenaica stationiert worden waren und die er später Octavians General in Africa, Cornelius Gallus, übergab. Vgl. auch zu Kat. 319.

319 Denar   31 v. Chr., nach der Schlacht von Actium, oder 30 v. Chr.
Vs. Victoria in flatterndem Chiton auf Globus, rechts; in der rechten ausgestreckten Hand Kranz mit herabhängenden Bändern, auf der linken Schulter großen Palmzweig tragend
IMP CAESAR DIVI F
Rs. Kopf des Iuppiter Ammon, rechts
AVGVR PONTIF
London, British Museum, Inv. 28478.23
Typ: Crawford 543 Nr. 546/4 Taf. 64; Grueber II 584 Nr. 4 Taf. 122,10. – Vgl. Giard I 43. 142 Nr. 897–898 Taf. 34
Zur Chronologie vgl. Kraft 223 f.
Die Benennung von Vorder- und Rückseite dieses Münztyps, bei dem die Seiten des übernommenen Typs

Kat. 319   Vs.   Rs.

(Kat. 318) vertauscht sind, ergibt sich mit Sicherheit aus der nur in dieser Anordnung lesbaren Titulatur des Octavian.

Zum Typus von Octavians neuer Victoria auf dem Globus vgl. T. Hölscher, Victoria Romana (1967) 6 ff.; Zanker, Augustus 85 ff. mit Abb. 62. 64; unten zu Kat. 329. Die enge Beziehung dieser Münzen zur Prägung des Scarpus (vgl. Kat. 318) ist gegeben durch dessen Typen mit seinem Namen und derselben Victoria des Octavian auf der Rückseite (Crawford 543 Nr. 546/5–7 Taf. 64; Vs.: geöffnete rechte Hand; s. u.). Man muß sich aber fragen, ob auch die Münzen vom Typ unserer Kat. 319 noch – wie allgemein angenommen – von Scarpus selbst ausgegeben wurden, zumal dessen Name hier nicht mehr erscheint: er ist offensichtlich von Octavian zugleich mit der Okkupation eines seiner Münztypen abgesetzt worden (der Münztyp Grueber II S. 586, der den Scarpus angeblich noch nach dem Jahre 27 v. Chr. als Statthalter der Cyrenaica im Amt erweisen soll, ist kaum antik; vgl. M. H. Crawford, Roman Republican Coin Hoards [1969] 41 Nr. 8b). Eindrucksvolles Zeugnis von Scarpus' Bereitschaft zur Übergabe und zur Versöhnung mit Octavian sind dagegen die oben erwähnten Münztypen mit seinem Namen und dem des Octavian (dieser im Dativ stehend wie der des Antonius bei Kat. 318), die auf der Vorderseite eine geöffnete rechte Hand zeigen, welche nur im Sinne eines Angebots von *fides* verstanden werden kann (vgl. Crawford II 744 Anm. 7).

Kat. 320   Vs.   Rs.

320 Cistophoros   28 v. Chr.
Vs. Kopf des Octavian mit Lorbeerkranz, rechts
IMP CAESAR DIVI F COS VI LIBERTATIS P(opuli) R(omani) VINDEX
Rs. Langgewandete weibliche Figur mit Diadem, links; in der rechten Hand Kerykeion. Die Göttin steht auf einem *parazonium*. Rechts von ihr *cista mystica*, aus der sich eine Schlange aufreckt
Links im Feld: PAX
Außen herum großer Lorbeerkranz
London, British Museum, Inv. 28478.54
Typ: BMC I 112 Nr. 691 Taf. 17,4; Giard I 144 Nr. 908 Taf. 35; Grueber II 537 Nr. 248 Taf. 117,6; RIC I 60 Nr. 10 Taf. 4,72; RIC² I 79 Nr. 476 Taf. 8. Vgl. Sutherland, Cistophori 12 ff.; 40 f. Nr. 1–72 Taf. 1–2. 15–17
Zur Interpretation: K. Kraft, JNG 17, 1967, 24 f.; R. Scheer, Gymnasium 78, 1971, 182–188; D. Mannsperger, Gymnasium 80, 1973, 381–404.

Die Erwähnung des sechsten Konsulats (COS VI) des Octavian datiert diese Cistophoren präzise in das Jahr 28 v. Chr.

Das in die Scheide geschobene Kurzschwert (*parazonium*), auf dem die Friedensgöttin steht, versinnbildlicht die Überwindung bzw. das Ende aller kriegerischen Auseinandersetzungen. Die sehr in den Hintergrund gerückte *cista mystica* ist ein typologischer ‚Rest' der Münzgattung der «Kistophoroi» (vgl. zu Kat. 311). In dieselbe Münztypologie gehört auch der große, die Darstellung der Pax umgebende Kranz; nur ist der auf den griechischen Cistophoren und noch auf denen des M. Antonius (Kat. 311) verwendete Efeu des Dionysos hier nun durch den Lorbeer des Apollon ersetzt.

Die Vorderseite dieses Münztyps hat bereits typologisch und auch stilistisch alles Griechische verloren und sieht ganz römisch aus (vgl. dagegen Kat. 314). Übrigens bieten ausgerechnet diese Cistophoren das früheste Beispiel für die Ausstattung des Porträts mit dem später so geläufigen Lorbeerkranz mit im Nacken herabhängenden Bindenenden.

Kat. 321   Vs.   Rs.

321 Silber-Quinar   Zwischen 29 und 27 v. Chr.
Vs. Kopf des Octavian, rechts
CAESAR IMP VII
Rs. Zwischen zwei hochgereckten Schlangen, deren Schwanzenden ineinander verschlungen sind, *cista mystica*; daraufstehend Victoria, links; in der rechten ausgestreckten Hand Kranz, über der linken Schulter großen Palmzweig tragend
ASIA RECEPTA
London, British Museum
Typ: BMC I 105 Nr. 647 Taf. 15, 20; Giard I 143 Nr. 899–904 Taf. 34f.; Grueber II 536 Nr. 240 Taf. 117,2; RIC I 61 Nr. 18 Taf. 3,55; RIC² I 61 Nr. 276
Die Angabe der siebenten Imperator-Akklamation des Octavian erlaubt die Datierung nach seinem Triumph im August 29 v. Chr. Die untere Grenze ist nicht genau zu bestimmen; ab 27 v. Chr. müßte «Augustus» im Namen zu erwarten sein.
Das typologische Vorbild für die Rückseite dieser Quinare sind die Cistophoren (vgl. zu Kat. 320), aber im Gegensatz zu jenen des Antonius (Kat. 312) steht hier auf der *cista mystica* nicht mehr Dionysos, sondern Victoria als Symbol für den endgültigen Sieg des «Apollo» über «Dionysos».

Kat. 322   Vs.   Rs.

322 Denar   28 v. Chr.
Vs. Kopf des Octavian, links; dahinter *lituus*
CAESAR COS VI
Rs. Krokodil, rechts
AEGVPTO CAPTA
London, British Museum, Inv. 28478.52
Typ: BMC I 106 Nr. 652 Taf. 16,2; Giard I 144 Nr. 907 Taf. 35; Grueber II 537 Nr. 245 Taf. 117,4; RIC I 61 Nr. 19; RIC² I 61 Nr. 275b
Die Angabe des sechsten Konsulats (COS VI) des Octavian datiert diese Münzen in das Jahr 28 v. Chr. Es gibt aber eine wichtige, in Aurei ausgeprägte Variante (BMC a.O. Nr. 655 Taf. 15,19 vgl. unter Kat. 338), die den siebenten Konsulat erwähnt, noch ohne den Beinamen «Augustus», und die deswegen in der Zeit zwischen dem 1. und dem 16. Januar 27 v. Chr. erschienen sein muß. Jene Variante markiert somit die sofortige Einstellung dieses Münztyps mit dem Umschwung, den die Annahme des Namens «Augustus» in der Propaganda bedeutete.
Die Rückseite bezieht sich auf die Eroberung Ägyptens und seine Eingliederung in das Römische Reich (30 v. Chr.); es ist auffallend, daß der Name mit «u» geschrieben, also weitestmöglich latinisiert ist. Das Land der Kleopatra ist repräsentiert durch ein möglichst ‚neutrales' Symbol, das Krokodil, das keine weitergehenden als geographische Assoziationen auslösen konnte.

323 Denar   ca. 29/28 v. Chr. (?)
Vs. Behelmter Kopf des Mars mit kurzem Bart, rechts
Unten: IMP
Rs. Rundschild, auf dessen Mittelbuckel achtstrahliger Stern; darunterliegend gekreuzt Schwert und Speer. Oben auf dem Band des Schildes: CAESAR
Keine Legende
London, British Museum

Kat. 323   Vs.   Rs.

Typ: BMC I 105 Nr. 644 Taf. 15,18; Giard I 71
Nr. 87–90 Taf. 4; Grueber II 17 Nr. 4368 Taf. 60,9; RIC
I 60 Nr. 8; RIC² I 61 Nr. 274 Taf. 5

Zur Chronologie dieses und der folgenden Münztypen
der sog. Triumphalprägung (bis Kat. 332) s. am Ende
des Textes zu dieser Kat.Nr. Umstritten ist besonders
der Beginn dieser Prägung. Die untere Grenze ihrer Datierung ergibt sich natürlich in allen Fällen aus dem Fehlen des Anfang 27 v. Chr. angenommenen Beinamens
«Augustus».

Unsere Interpretation von Kat. 323–25 folgt der Zusammenstellung dieser Münztypen zu einem Dreier-
Satz durch K. Kraft (214 mit Taf. 2,18–20). Die Beziehung des Typs mit dem Marskopf auf Caesar bzw. auf
die Schlacht bei Philippi ist außer wegen jenes Serienzu-
sammenhangs fast zwingend durch die ungewöhnliche
und bedeutungsvolle Anordnung seiner Beschriftung,
bei der der Name des Octavian (Imperator Caesar) zerrissen bzw. in seine Bestandteile zerlegt wird, die dadurch eigenständige Bedeutung gewinnen und einen
zweiten Sinn erhalten. Der inzwischen zum Praenomen
gewordene IMP(erator)-Titel erscheint allein auf der
Vorderseite und soll wohl dort, in Verbindung mit dem
Kopf des Siegeshelfers Mars, an die Ausrufung Octavians zum Imperator nach der Schlacht von Philippi erinnern, vielleicht aber gleichzeitig auch an den «Imperator» Caesar selbst (vgl. zu Kat. 296). Der andere Bestandteil des Namens, «Caesar», erscheint dagegen auf
der Rückseite, und zwar nicht als Legende (Umschrift),
sondern in der Art einer Losung auf dem Rand des
Schildes, der den Kometen des vergöttlichten Caesar,
das *sidus Iulium*, in seinem Zentrum trägt! Zum Stern
auf dem Schild vgl. auch noch Kat. 327.

Hinsichtlich Interpretation und Datierung der sog. Triumphalprägung mit der Namensform IMP(erator)
CAESAR bzw. CAESAR DIVI F(ilius) des Octavian,
der unsere Kat. 323–32 angehören, halten wir es nach
wie vor im grundsätzlichen mit K. Kraft, seinen im Anschluß an den entscheidenden Vorstoß von J. Liegle
(JdI 56, 1941, 91–119) vorgenommenen typologischen
und inhaltlichen Gruppierungen und der Auffassung,
daß die hierhergehörigen Münztypen sämtlich den Sieg
über Antonius und Kleopatra in der Schlacht von Actium voraussetzen (Kraft 206–225). Der gegenteiligen
Ansicht englischer Numismatiker (Zusammenstellung
bei D. Mannsperger in: Praestant Interna. Festschrift
U. Hausmann [1982] 331 Anm. 8–10; vgl. auch F.
Prayon, ebenda 323 Anm. 30; dazu Ph. V. Hill, Num
AntCl 9, 1980, 215; RIC² I [1984] 30 f., 59 ff.), daß nämlich zumindest Teile dieser Prägung schon vor der
Schlacht von Actium, ja sogar bald nach der von Naulochos (36 v. Chr.) herausgekommen seien, schließt sich
mehr und mehr auch die deutsche Forschung an; vgl.
Mannsperger a.O. 331 f.; Prayon a.O. 322 ff.; zuletzt
Zanker, Augustus 45. 48–50. 61–65. Neuerdings wird
auch J.-B. Giard schwankend (RevNum 26, 1984, 78 f.
Anm. 7). Die Diskussion, zu der auch die Frage nach
dem möglichen Prägeort (Ost oder West) und der Herkunft der überwiegend hervorragenden Stempelschnei-
der gehört, ist im Fluß und kann hier nicht aufgerollt
werden (vgl. zu einzelnen Gesichtspunkten und Argu-

menten für oder gegen Kraft Kat. 325. 329–32). Die bisher vorgetragenen numismatischen und inhaltlichen Argumente gegen Krafts Interpretation und Datierung reichen m.E. nicht aus, um diese grundsätzlich zu erschüt-
tern (so auch Th. Fischer, NumAntCl 13, 1984, 163 f.).

324 Aureus ca. 29/28 v. Chr. (?)
Vs. Bekleidetes Brustbild der Diana mit reicher Frisur
und Ohrring, rechts; Bogen und Köcher über der linken
Schulter tragend
Keine Legende
Rs. Viersäuliges Tempelchen; darin auf linksgerichte-
tem Kriegsschiffsvorderteil (*prora* mit *rostrum*) Tro-
paion: Rüstung mit Helm darüber, am rechten Arm
zwei Speere, am linken Ovalschild mit Mittelrippe; da-
vor Anker und Ruder gekreuzt. Im Giebel Triskeles.
Auf dem Architrav: IMP CAESAR
Keine Legende
London, British Museum, Inv. 28478.51
Typ: BMC I 104 Nr. 643 Taf. 15, 14; Giard I 71 Nr. 91
Taf. 4; Grueber II 15 Nr. 4355 Taf. 60,1; RIC I 60 Nr. 5;
RIC² I 61 Nr. 273

Kat. 324 Vs. Rs.

Zum Problem der Chronologie vgl. Kat. 323; zur Deutung: F. Coarelli, Il tempio di Diana «in circo Flaminio»
e alcuni problemi connessi, DArch 2, 1968, 191–209.
Vgl. auch Prayon a.O. 323 Taf. 71,7. Es darf bemerkt
werden, daß der Münztyp unserer Kat. 324 der einzige
aus der gesamten Triumphalprägung ist, der in Gold
ausgemünzt wurde.

Das aus drei menschlichen Beinen zusammengesetzte
Wirbel-Ornament im Giebel ist ein altes ,Wappen' Siziliens und erlaubt zweifelsfrei den Bezug des Tropaion
und des ganzen Münztyps auf Octavians Sieg über Sex.
Pompeius in der Seeschlacht bei Naulochos im Jahr 36
v. Chr., was aber natürlich nicht zu einer entsprechend
hohen Datierung dieser Münzen zwingt; vgl. unsere Interpretation des Dreier-Satzes Kat. 323–25. Bis auf die
Vertauschung von Anker und Ruder und die Rechts-
richtung der Prora-Basis identisch ist die vergrößerte
Darstellung des Tropaion auf Denaren vom Typ I 102
Nr. 625 Taf. 15,9 (vgl. Zanker, Augustus 64 Abb. 43 a),
die also kaum mit H. Jucker, MusHelv 39, 1982, 89 f.,
auf den Sieg bei Actium bezogen werden kann.

Die Göttin Artemis (Diana), die bei dem dicht neben
Naulochos gelegenen Mylai ein Heiligtum besaß, hatte
nach allgemeiner Auffassung den Römern schon in der
berühmten ersten Seeschlacht ihrer Geschichte beige-
standen, als im Jahre 260 v. Chr. C. Duilius die Kartha-

ger besiegte. Octavian suchte offenbar bewußt seinen
Seesieg bei Naulochos mit dem des Duilius bei Mylai zu
parallelisieren; vgl. zu dem Münztyp I 103 Nr. 633
Taf. 15, 15, der eine Statue Octavians auf einer der des
Duilius nachgebildeten, mit Schiffschnäbeln verzierten
Säule darstellt, Coarelli a. O. 192 f. Abb. 3; Zanker, Au-
gustus 50 mit Abb. 32.

325 Denar   ca. 29/28 v. Chr. (?)
Vs. Kopf des Apollo mit langen Nackenlocken und Lor-
beerkranz ohne Nackenschleifen, rechts
Keine Legende
Rs. Von einem Rindergespann gezogener Pflug, rechts;
der Pflüger ist durch die über den Kopf gezogene Toga
als Priester gekennzeichnet
Unten: IMP CAESAR
London, British Museum

Kat. 325   Vs.   Rs.

Typ: BMC I 104 Nr. 638 Taf. 15, 17; Giard I 72 Nr. 92 ff.
Taf. 4; Grueber II 17 Nr. 4363 Taf. 60,8; RIC I 60 Nr. 6;
RIC² I 60 Nr. 272 Taf. 5. Vgl. Hirmer Taf. 32 Nr. 123
Die Rückseitenszene ist aus ikonographischen Gründen
auf eine Stadtgründung zu deuten, bei der durch den mit
der Gründung beauftragten Beamten mit dem von einem Stier und einer Kuh gezogenen Pflug eine Furche
zur Angabe des Umfangs der künftigen Siedlung (*sulcus
primigenius*) gezogen wurde. Wenn sich die Darstellung
dieser Münzen wirklich konkret auf die Gründung von
Nikopolis nach der Schlacht von Actium bezieht (so der
sehr einleuchtende Vorschlag von Kraft, 213 f.), so wäre
das ein entscheidendes Argument für unsere Datierung
dieses und der zum selben ,Satz' gehörigen Münztypen
Kat. 323—24 in die Zeit nach 31 v. Chr. (vgl. zum chronologischen Problem dieser sog. Triumphalprägung
Kat. 323).

326 Denar   ca. 29/28 v. Chr. (?)
Vs. Weiblicher Kopf mit langen Halslocken, Diadem,
Ohrring und Perlen-Halskette, rechts
Keine Legende
Rs. Gepanzerter in Ausfallstellung, links; der rechte
Arm ist vorgestreckt; im linken, über den das Paluda-
mentum nach hinten flattert, einen Speer haltend
Im Feld: CAESAR DIVI F
London, British Museum, Inv. 28478.48
Typ: BMC I 100 Nr. 609 Taf. 15,3; Giard I 65 Nr. 1—4
Taf. 1; Grueber II 9 Nr. 4327 Taf. 59,6; RIC I 60 Nr. 2;
RIC² I 59 Nr. 251 Taf. 5
Zum Problem der Chronologie vgl. Kat. 323; zur Deu-

Kat. 326   Vs.   Rs.

tung im Serienzusammenhang (Kat. 326—31), aus dem
die Benennung des Vorderseiten-Kopfes auf Venus und
die der Panzerstatue der Rückseite auf Octavian eindeutig hervorgehen, Kraft 206 ff. Taf. 1,1—6 und hier
Abb. 265.
Eine seltene Variante (Giard a. O. Nr. 5 Taf. 1) zeigt die
Figur der Rs. mit einem Globus auf der rechten Hand,
welcher den Anspruch Octavians auf die Herrschaft
über die gesamte Oikumene symbolisiert.

327 Denar   ca. 29/28 v. Chr. (?)
Vs. Kopf des Octavian, links
Keine Legende
Rs. Venus, nur die Beine vom Gewand bedeckt, in
Rückansicht; den linken Ellenbogen auf einen Pfeiler
gestützt, an dessen linker Flanke ein mit großem acht-
strahligen Stern verzierter Rundschild lehnt; im linken
Arm hält sie einen Speer, auf der rechten ausgestreck-
ten Hand einen Helm
Im Feld: CAESAR DIVI F
London, British Museum, Inv. 28478.45
Typ: BMC I 99 Nr. 601 Taf. 14, 17; Giard I 67 Nr. 24
Taf. 1. 3 (Vs. vergrößert); Grueber II 10 Nr. 4334
Taf. 59,9; RIC I 62 Nr. 26; RIC² I 59 Nr. 250 b
Zum Problem der Chronologie vgl. Kat. 323; zur Deu-
tung im Serienzusammenhang (Kat. 326—31) s. o. zu
Abb. 211.

Kat. 327   Vs.   Rs.

Der Stern auf dem Schild meint ebenso wie im Falle des
Münztyps Kat. 323 das *sidus Iulium*, jenen Kometen,
der während der Spiele zu Ehren der Victoria Caesaris
im Juli des Jahres 44 v. Chr. erschienen und inzwischen
zu einem Symbol für die Vergöttlichung Caesars geworden war (vgl. die Literatur zu Kat. 304; ferner Zanker,
Augustus 43 f.).

Kat. 328   Vs.   Rs.   Kat. 329   Vs.   Rs.

328 Denar ca. 29/28 v. Chr.
Vs. Brustbild der Victoria mit reicher Frisur, rechts;
Gewand von den Schultern herabgeglitten; Flügel aus-
gebreitet
Keine Legende
Rs. Nackte männliche Figur mit auf Globus aufgestütz-
tem rechtem Bein, links; Schwert an der linken Seite, an
der auch ein Zipfel des um den Hals gelegten Paluda-
mentum herabfällt; in der Hand des auf den Oberschen-
kel gestützten rechten Armes *aplustre*, den linken Arm
auf Speer gestützt
Im Feld: CAESAR DIVI F
London, British Museum
Typ: BMC I 100 Nr. 615 Taf. 15,5; Giard I 66 Nr. 12 ff.
Taf. 1; Grueber II 12 Nr. 4341 Taf. 59,14; RIC I 60 Nr. 1;
RIC² I 59 Nr. 256
Zum Problem der Chronologie vgl. Kat. 323; zum Serienzusammenhang s. o. zu Abb. 211.
Da die Figur der Rückseite aus ikonographischen Gründen (Paludamentum, Schwert und Speer) nicht Neptun
darstellen kann, wie früher meist angenommen, kann
sie nur Octavian selber meinen, dessen Sieghaftigkeit
zur See (darauf weist die Heckzier eines Schiffs, *aplustre*, in der rechten Hand) seine Weltherrschaft (Globus
unter dem rechten Fuß) begründet. Die Beziehung dieses Münztyps auf die Überwindung des Sex. Pompeius
und konkret auf die entscheidende Seeschlacht von
Naulochos ergibt sich nicht nur aus dem Serienzusammenhang (Kat. 326–31), sondern auch daraus, daß die
Rückseitenfigur von einem Münztyp abgeleitet ist, der
Sex. Pompeius in einer ganz ähnlichen Neptun-Pose,
freilich damals als Sieger über Octavian zeigte (Crawford 520 Nr. 511/3 Taf. 62); vgl. Zanker, Augustus
48–50 mit Abb. 31.

329 Denar ca. 29/28 v. Chr. (?)
Vs. Kopf des Octavian, links
Keine Legende
Rs. Victoria in flatterndem Chiton auf Globus, links; in
der rechten ausgestreckten Hand Kranz mit herabhän-
genden Bändern, auf der linken Schulter einen großen
Palmzweig tragend
Im Feld: CAESAR DIVI F
London, British Museum, Inv. 28478.46
Typ: BMC I 99 Nr. 603 Taf. 14, 19; Giard I 67 f.
Nr. 36–40 Taf. 2; Grueber II 11 Nr. 4339 Taf. 59, 11;
RIC I 62 Nr. 27; RIC² I 59 Nr. 254 b
Zum Problem der Chronologie vgl. Kat. 323; zum Se-
rienzusammenhang o. zu Abb. 211.

Zum Typus der Victoria auf der Weltkugel vgl. die Literatur zu Kat. 319; jener Münztyp ist ebenso wie die dort
genannten Münzen des Scarpus mit dieser Victoria (Hirmer Taf. 29 Nr. 114) sicher erst nach der Schlacht von
Actium herausgegeben, was in dem Streit um die Chronologie dieser sog. Triumphalprägung (vgl. zu Kat. 323)
zu berücksichtigen ist.
Eine Variante dieses Münztyps Kat. 329 zeigt die Victoria von der rechten Seite (I 99 Nr. 604 Taf. 15,1); in genauer Vorderansicht ist sie dargestellt auf einem verwandten Münztyp der IMP CAESAR-Serie (I 101
Nr. 622 Taf. 14, 14; vgl. Zanker, Augustus 87 Abb.
62 b), dort allerdings mit einer Standarte statt des Palm-
zweigs über der linken Schulter. Diese ‚Rundumansicht‘
der Victoria auf den Münzen hat man immer als ein Anzeichen dafür gewertet, daß sie nach einem plastischen
Vorbild gestaltet sei, als welches natürlich vor allem die
von Octavian nach der Schlacht von Actium aus Tarent
in die Kurie des römischen Senats überführte Nikesta-
tue in Frage kommt (vgl. auch zu Kat. 332 und 336). P.
Zanker, Augustus 85, vermutet, daß erst dabei die
Montage jener Nike auf eine Weltkugel vorgenommen
wurde; in der Tat gibt es einen weiteren Münztyp (I 101
Nr. 616 Taf. 15,6 bzw. Nr. 617 Taf. 15,7; vgl. Hirmer
Taf. 32 Nr. 122), der dieselbe Victoria ohne Weltkugel
zeigt, wie sie über das Vorderteil (*prora*) eines Kriegsschiffes eilt. Dieser letztgenannte Münztyp verklammert
übrigens durch seine beiden genannten Varianten die
IMP CAESAR- und die CAESAR DIVI F-Serien der
‚Triumphalprägung‘, welche neuerdings gelegentlich auf
die Zeit vor bzw. nach Actium verteilt werden.

330 Denar ca. 29/28 v. Chr. (?)
Vs. Weiblicher Kopf mit langen Halslocken, Diadem
und Ohrring, rechts; davor Zweig, dahinter Oberteil ei-
nes Füllhorns
Keine Legende
Rs. Gepanzerter mit Paludamentum und Speer über der
linken Schulter, nach rechts schreitend; rechten Arm im
adlocutio-Gestus erhoben
Im Feld: CAESAR DIVI F
London, British Museum, Inv. 28478.49
Typ: BMC I 100 Nr. 611 Taf. 15,4; Giard I 65 f. Nr. 6–11
Taf. 1; Grueber II 10 Nr. 4329 Taf. 59,7; RIC I 60 Nr. 3;
RIC² I 59 Nr. 253 Taf. 5
Zum Problem der Chronologie vgl. Kat. 323. Die Dar-
stellungen auf Vorder- und Rückseite dieses und des fol-
genden Münztyps (Kat. 331) sind im Unterschied zu al-
len übrigen Typen der sog. Triumphalprägung (zu der

Kat. 330   Vs.   Rs.

Kat. 323−29 und 332 gehören) nicht von einem linearen, sondern von einem geperlten Kreis umzogen. Zu
dieser Besonderheit, die in der Datierungsproblematik
dieser Prägung eine Rolle spielt, vgl. Kat. 331.
Die Deutung des Vorderseiten-Kopfes auf Pax ergibt
sich aus den Attributen und dem Serienzusammenhang
(Kat. 326−31; vgl. Abb. 211); die Panzerstatue der
Rückseite findet ein Gegenstück in Kat. 326 und meint
auch hier wieder den siegreichen Feldherrn Octavian.

331 Denar   ca. 29/28 v. Chr. (?)
Vs. Kopf des Octavian, rechts
Keine Legende
Rs. Mit gegürtetem Chiton und Mantel bekleidete weib-
liche Figur mit Halslocken und Diadem, links; in der
rechten ausgestreckten Hand Zweig, im linken Arm
Füllhorn haltend
Links und rechts der Figur, senkrecht: CAESAR
DIVI F
London, British Museum, Inv. 28478.47
Typ: BMC I 99 Nr. 605 Taf. 15,2; Giard I 67 Nr. (26−)33
Taf. 1; Grueber II 535 Nr. 236ff. Taf. 117,1; RIC I 62
Nr. 24 Taf. 3,49; RIC² I 59 Nr. 252 Taf. 5
Diese Denare fallen − ebenso wie die Kat. 330 − durch
den die Darstellungen umgebenden Perlkreis typolo-
gisch aus dem Rahmen der hier im Anschluß an K.
Kraft als inhaltlich zusammengehörig interpretierten
Sechser-Serie (Kat. 326−31); hinzu kommt in diesem
Falle noch die ungewöhnliche Anordnung der Rückseitenlegende in zwei senkrechten Zeilen. Diese Abweichungen stören die Einheit der Serie tatsächlich, sind
aber − numismatisch gesehen − rein typologischer Art
und können keinen ausreichenden Anlaß zu weitgehenden chronologischen Folgerungen geben (vgl. zum Problem der Datierung Kat. 323). Am ehesten möchte man
annehmen, daß die beiden Pax-Typen ausgemünzt wurden, als man sich noch in einem Stadium des stilistischen

Kat. 331   Vs.   Rs.

Experimentierens dieser neuen und ungewöhnlichen
Prägung befand. Kat. 331 und ihre Variante mit der
noch dem Münzrund folgenden Legende (Giard
Taf. 1,27−32) wäre dann tatsächlich der «altertümlich-
ste» Typ der ganzen Serie (vgl. Prayon a.O. 323
Anm. 32), aber eben doch nur in stilistischer Hinsicht.
Die beiden Varianten unseres Typs werden in den o.g.
Katalogwerken nicht auseinandergehalten und sind ja
auch nicht erheblich; dennoch trägt ihre Existenz dazu
bei, das hier vermutete Stadium des Probierens noch
einmal plausibler zu machen. Es könnte auch nicht verwundern, wenn die allerersten Münztypen der neuen
Prägung die nächstliegende Botschaft «Frieden» enthalten hätten und erst anschließend hieran das komplizierte, historisierende und mythologisierende Programm (Kat. 326−29) angehängt worden wäre.

332 Denar   ca. 29/28 v. Chr. (?)
Vs. Kopf des Octavian, rechts
Keine Legende
Rs. Curia Iulia mit vorgelegter Säulenhalle; auf dem
First als Mittelakroter schwebende Victoria auf Weltku-
gel, Kranz in der rechten Hand, großen Palmzweig über
der linken Schulter tragend. Zwei stehende Gestalten
mit auf Speer (?) gestütztem rechtem bzw. linkem Arm
als Seitenakrotere. Im Giebelfeld sitzende weibliche Fi-
gur (?). Auf dem Architrav: IMP CAESAR
Keine Legende
London, British Museum, Inv. 28478.50
Typ: BMC I 103 Nr. 631 Taf. 15,12; Giard I 68f.
Nr. 52−56 Taf. 2; Grueber II 16 Nr. 4358f. Taf. 60,3−4;
RIC I 63 Nr. 35; RIC² I 60 Nr. 266 Taf. 5.

Kat. 332   Vs.   Rs.

Daß das Gebäude auf der Rückseite dieser Münzen die
von Caesar im Jahre 44 v. Chr. begonnene, von Octavian im Triumphjahr 29 v. Chr. fertiggestellte und eingeweihte Curia Iulia darstellt, ist heute allgemein anerkannt (vgl. Prayon a.O. 324 mit Anm. 43ff.). Die Victoria auf der Weltkugel auf dem First zitiert eindeutig die
von Kat. 329 her (s. dort) bekannte Figur; vgl. Zanker,
Augustus 85f. mit Abb. 62. Ob ihre Darstellung als Mittelakroter der Curia der Realität entspricht, oder ob für
diese Münzdarstellung die im Innern des Gebäudes aufgestellte Victoria sozusagen herausgeholt und auf das
Dach versetzt wurde, läßt sich schwer sagen.
Der Münztyp kann sich nur auf die geplante oder vollzogene Einweihung des neuen Senatsgebäudes beziehen,
in dem Octavian von Anfang an mit seiner aus Tarent
herbeigebrachten Victoria an zentraler Stelle gegenwär-

tig war. Dies muß bei der Datierung dieser Münzen berücksichtigt werden (zum chronologischen Problem vgl. Kat. 323). In diesem Falle halten wir die Zusammenstellung dieses Typs mit den Typen CRE I 102 Nr. 625 Taf. 15,9 (vgl. hier unter Kat. 324) bzw. Nr. 624 Taf. 15,8 zu einem Dreier-Satz unter dem angeblich gemeinsamen Thema «Siegesmonumente» durch Kraft (210 mit Taf. 1,11–13), die Schule gemacht hat und neuerdings zu einem Ansatz auch dieses Kurie-Typs vor Actium verwendet wird (z. B. Prayon a.O. Anm. 47; Zanker, Augustus 62. 64 Abb. 43), aus inhaltlichen Gründen nicht für richtig: es ist ein Irrtum von Kraft (210. 221), daß die bei Actium erbeuteten Schiffsschnäbel an der Curia Iulia angebracht worden seien (dagegen schon H. Jucker, MusHelv 39, 1982, 90); sie zierten vielmehr das Podium des Divus-Iulius-Tempels (Dio Cass. 51,19,1).

333 Aureus 27 v. Chr.

Vs. Kopf des Augustus, rechts
CAESAR COS VII CIVIBVS SERVATEIS
Rs. Adler mit ausgebreiteten Schwingen und zurückgewandtem Kopf, rechts, auf großem Eichkranz sitzend; hinter den Flügeln je ein Lorbeerbäumchen sichtbar.
Links und rechts vom Kranz: S C
Oben: AVGVSTVS
London, British Museum, Inv. 28478.53
Typ: BMC I 106 Nr. 656 Taf. 16,4; Giard I 144 f. Nr. 911 f. Taf. 35; Grueber II 18 Nr. 4371 Taf. 60,10; RIC I 62 Nr. 22; RIC² I 61 Nr. 277 Taf. 5; vgl. Hirmer Taf. 34 Nr. 135
Die Datierung ergibt sich aus der Erwähnung des Konsulats, den Augustus zum 7. Male im Jahre 27 v. Chr.,

Kat. 333   Vs.   Rs.

zusammen mit M. Agrippa (dieser zum dritten Mal) innehatte. Der Münztyp wird meist einer kleinasiatischen Münzstätte zugewiesen; wir möchten ihn mit Grueber a.O. und Bahrfeldt, Goldmünzenprägung 115 f. Nr. 113 für stadtrömisch halten. Zur Interpretation der Rückseiten-Darstellung s. Einleitung.

334 Denar Ab 27 v. Chr.

Vs. Kopf des Augustus, rechts
CAESAR AVGVSTVS
Rs. Eichkranz mit Mittelmedaillon (obenstehend) und nach innen flatternden Bindenenden; darin: OB CIVIS SERVATOS
London, British Museum
Typ: BMC I 66 Nr. 378 Taf. 8,7; Giard I 173 f.

Kat. 334   Vs.   Rs.

Nr. 1154 ff. Taf. 46; Grueber II 24 Nr. 4391 Taf. 61,5; RIC I 86 Nr. 290; RIC² I 47 Nr. 77 a
Die Zuweisung dieses und ähnlicher Typen an spanische Münzstätten ist ebenso unsicher wie die allgemein vorgeschlagene Datierung in die Jahre nach 19 v. Chr. Unter inhaltlichen Gesichtspunkten hat ihre chronologische Anbindung an den sicher im «Augustus-Jahr» 27 v. Chr. geprägten Münztyp Kat. 333 mehr Wahrscheinlichkeit, auch wenn man mit einer relativ langen Laufzeit dieses «Augustus»-Programms rechnen muß. So könnte man den Münztyp Kat. 334 wegen der ziemlich weit getriebenen Stilisierung der corona civica (zu dieser vgl. Kat. 335) für später halten als den verwandten Typ BMC I 60 Nr. 220–331 Taf. 6,10–11, der in den meisten seiner Ausprägungen (vgl. Giard I Taf. 51, 1287–1290) das Eichenlaub des Kranzes viel deutlicher erkennen läßt.

335 Aureus Ab 27 v. Chr.

Vs. Zwei Lorbeerbäumchen; dazwischen: CAESAR AVGVSTVS
Rs. Eichkranz mit Mittelmedaillon (obenstehend); darin: OB CIVIS SERVATOS
London, British Museum
Typ: BMC I 58 Nr. 317 Taf. 6,2; Giard I 189 Nr. 1280 Taf. 51; Grueber II 424 Nr. 147 Taf. 106,16; RIC I 84 Nr. 249
Zur Chronologie vgl. Kat. 334.
Die aus Eichenlaub bestehende corona civica ist eigentlich ein militärischer Orden, der für die Rettung eines römischen Bürgers vor dem Tode in der Schlacht verliehen wurde. Dem Augustus wurde in der Senatssitzung vom Januar 27 v. Chr. sozusagen kollektiv für sein Verdienst der ‚Errettung aller Bürger' eine offenbar vergrößerte Version dediziert, die über dem Eingang zu seinem Hause auf dem Palatin befestigt wurde (Mon. Ancyr. 34), wie es auf späteren Münzen (BMC I 26 Nr. 126

Kat. 335   Vs.   Rs.

Taf. 4,15; vgl. M. D. Fullerton, AJA 89, 1985, 478 f.
Taf. 55,12) deutlich dargestellt ist. Jene Münzen geben
auch zu den Seiten der Tür die beiden Lorbeerbäume
wieder, die dort auf Senatsbeschluß gepflanzt worden
waren (Mon. Ancyr. 34); vgl. A. Alföldi, Die zwei Lorbeerbäume des Augustus, Antiquitas Reihe 3, XIV
(1973). Es ist bezeichnend, daß auf dem in dieser Beziehung ungewöhnlichen Münztyp Kat. 335 Augustus nicht
durch sein Bildnis, sondern nur durch die Symbole seines neuen Status vertreten ist.

336 Denar   Ab 26 v. Chr.
Vs. Kopf des Augustus, rechts
CAESAR AVGVSTVS
Rs. Runder Ehrenschild; darauf: S P Q R CL V
Keine Legende
London, British Museum
Typ: BMC I 60 Nr. 334 Taf. 6,13; Giard I 191 Nr. 1311 ff.
Taf. 53; Grueber II 420 Nr. 128 Taf. 106,5; RIC I 84
Nr. 257; RIC² I 44 Nr. 42 a; vgl. Hirmer Taf. 36 f.
Nr. 141
Die Beschriftung des Schildes auf der Rückseite lautet
aufgelöst: S(enatus) P(opulusque) R(omanus) − CL(u-
peus) V(irtutis) und bezieht sich in dieser Kurzform auf
die in der berühmten Senatssitzung vom Januar 27
v. Chr. beschlossene Verleihung eines goldenen Ehren-
schildes (*clupeus virtutis*), der in der Curia Iulia aufgehängt wurde.
Die auf diesem Schild angebrachte Inschrift, von Augustus selbst für so bedeutsam gehalten, daß er ihren
Wortlaut in seinen *res gestae* (34) paraphrasierte, ist erhalten auf einer marmornen Kopie jenes *clipeus* aus
Arles vgl. Kat. 226 und besagt, daß Senat und Volk von
Rom dem Augustus diesen Schild verliehen wegen seiner *virtus* (Tapferkeit im Kampfe), *clementia* (Milde gegenüber dem unterlegenen Gegner), *iustitia* (Gerechtigkeit) und *pietas* ('Frömmigkeit') in seinem Verhältnis zu
den Göttern und zum Vaterlande.
Die Tatsache, daß der Schild von Arles den achten Konsulat des Augustus erwähnt und damit aus dem Jahre 26
v. Chr. stammt, kann nicht dazu benutzt werden (zuletzt
Giard I 4 f. mit der älteren Literatur), die Verleihung
des *clupeus virtutis* von den übrigen mit der Augustus-
Werdung verbundenen Ehrungen des Jahres 27 v. Chr.
zu trennen. Dagegen sprechen außer anderen Gründen
auch die Münztypen, die die *corona civica* mit der Beschriftung OB CIVIS SERVATOS mit der Darstellung
des *clupeus virtutis* inhaltlich und kompositorisch aufs
engste verbinden (z. B. I 67 Nr. 381−383 Taf. 8,8−9),
oder solche, auf denen der Ehrenschild zwischen den
beiden Lorbeerbäumchen (zu diesen vgl. Kat. 335) dargestellt ist (z. B. I 63 Nr. 353−356 Taf. 7,7−8). Die Kopie von Arles ist eben erst ein Jahr nach dem entsprechenden Senatsbeschluß hergestellt und dabei hinsichtlich der Titulatur des Augustus auf den aktuellen Stand
gebracht worden (vgl. Gros, JdI 102, 1987, 346 mit
Anm. 34).
An die Aufhängung des Ehrenschildes in der Curia erinnert die auch auf Münzen häufige Verbindung seiner
Darstellung mit der der ebenfalls dort, nach dem Siege
von Actium, aufgestellten Victoria (zu dieser vgl.

Kat. 336   Vs.   Rs.

Kat. 329): z. B. I 61 Nr. 342 Taf. 6,19 (Victoria trägt den
Schild, zusammen mit einem Lorbeerzweig); I 71
Nr. 409 Taf. 9,8 (Victoria in Vorderansicht mit dem
Schild); I 70 Nr. 404 Taf. 9,5 (schwebende Victoria be-
kränzt den vor einem Pfeiler stehenden Schild).

337 Cistophoros   Ab 27 v. Chr.
Vs. Kopf des Augustus, rechts
Unten: IMP CAESAR
Rs. Tierkreiszeichen des *capricornus*, Füllhorn auf dem
Rücken tragend, mit rückwärts gewandtem Kopf, rechts;
darunter: AVGVSTVS
Außen herum großer Lorbeerkranz
London, British Museum
Typ: BMC I 113 Nr. 696 Taf. 17,11; Giard I 145 Nr. 916
Taf. 35; Grueber II 541 Nr. 263 Taf. 117,15; RIC I 61
Nr. 12; RIC² I 81 Nr. 493 Taf. 9. Vgl. Sutherland, Cisto-
phori 21 ff. 51 f. Nr. 123−136; 94 ff. Taf. 3. 19−20
Zur Gattung der «Kistophoroi» vgl. zu Kat. 311. Die in
der Literatur anzutreffenden Zuweisungen dieses
Münztyps an eine bestimmte Münzstätte des Ostens
sind ebenso unbeweisbar wie alle Vorschläge zur Präzi-
sierung seiner Chronologie. Es existiert eine Variante
des Typs (I 113 Nr. 698 Taf. 17,8; Giard I 148 Nr. 950
Taf. 37), die dem Kopf des Augustus einen *lituus* als
Beizeichen hinzufügt und auch stilistisch, besonders in
der Darstellung des Lorbeerkranzes auf der Rückseite,
stärker 'romanisiert' ist; sie wird meist einer anderen
Prägestätte zugeschrieben, belegt aber eher eine längere
Laufzeit dieses Cistophoren-Typs.
Der *capricornus* ist ein aus Ziege und Fisch zusammen-
gesetztes Fabelwesen, das das Tierkreiszeichen des
Steinbocks darstellt. Ob sich die Wahl dieses Symbols
auf die Stunde der Geburt oder den Tag der Empfängnis
des Augustus bezieht, ist nach wie vor umstritten; vgl.
E. Buchner, RM 83, 1976, 346−348; Kienast, Augustus
183 mit Anm. 52 (weitere Literatur). Zur Bedeutung des
capricornus in der Münzpropaganda des Augustus
grundlegend: K. Kraft, JNG 17, 1967, 17−27 = Gesam-
melte Aufsätze zur antiken Geldgeschichte und Numis-
matik I (1978) 262−267, der den jedenfalls klaren Bezug des Sternzeichens auf die Geburt bzw. die physische
Existenz des Augustus im Sinne einer schon für die
späte Republik mehrfach belegten Vorstellung als *natus
ad rei publicae salutem* (zum Heile des Staates geboren)
o. ä. interpretiert. Entsprechende Bezüge zwischen der
römischen Sonnenuhr des Augustus und der Ara Pacis
legen auch die Assoziation *natus ad pacem* (als Frie-
densstifter geboren) nahe (Buchner a. O.), und in der

Kat. 337   Vs.   Rs.   Kat. 338   Vs.   Rs.

Tat entspricht unser Münztyp Kat. 337 durch den um die Rückseite gelegten großen Lorbeerkranz auffallend den «Vindex Libertatis»-Cistophoren vom Typ Kat. 320, dessen Rückseite die Figur der Pax in diesem Lorbeerkranz zeigt (vgl. Kraft a. O. 26). Das auf unserem Cistophor vom Capricornus getragene Füllhorn weist zusätzlich auf Glück und Wohlstand, als Folge des hergestellten Weltfriedens; gleichfalls im Sinne von «Sieg und folgender Frieden» (T. Hölscher, JbZMusMainz 12, 1965, 59–73) ist das Auftreten des *capricornus* im Zusammenhang des «Signis Receptis»-Programms zu verstehen.

Zu weiteren Bedeutungsvarianten und zur Einführung des Capricornus in die Münzpropaganda vgl. zu Kat. 338; ferner Kat. 340.

Sueton (Aug. 94,12) überliefert die noch in Apollonia, also im Jahre 44 oder gar 45 v. Chr. spielende Geschichte, daß der *mathematicus* Theogenes sich vor Octavian niederwarf, um ihn anzubeten, nachdem er diesem die astrologischen Daten seiner Geburt mitgeteilt hatte. Daraus habe Octavian so viel Zutrauen in sein vorbestimmtes Geschick (*fatum*) gefaßt, daß er u. a. später eine Silbermünze mit dem Sternzeichen des *capricornus*, in dem er geboren war, habe prägen lassen. Es ist durchaus wahrscheinlich, daß die Bezeichnung *nummus argenteus* (anstelle von *denarius*) sich konkret auf die Prachtprägung dieser Cistophoren bezieht, die somit zu den ganz wenigen römischen Münztypen gehörten, die in der Literatur erwähnt werden.

338 Aureus   Ab 27 v. Chr.
Vs. Kopf des Augustus, rechts
Keine Legende
Rs. Tierkreiszeichen des *capricornus* mit Füllhorn auf dem Rücken, rechts; zwischen den Beinen Globus und Steuerruder haltend
Unten: AVGVSTVS
Neapel, Museo Nazionale, Fiorelli 3722
Typ: BMC I 62 Nr. 346 f. Taf. 7,3 (Denar); Giard I 186 Nr. 1264 (Aureus); 187 Nr. 1266 f. (Denar) Taf. 50; Grueber II 20 Nr. 4374 ff. Taf. 60.12 (Denar); RIC I 85 Nr. 264
Die Zuweisung dieses bzw. eines eng verwandten Münztyps (I 56 Nr. 305 ff. Taf. 5,15–16) an bestimmte Münzstätten in Hispanien oder Gallien und präzisere Chronologie-Vorschläge sind wie im Falle von Kat. 337 bisher unzureichend begründet.
Zur Bedeutung des Capricornus s. ausführlich unter Kat. 337. Beim Typ Kat. 338 trägt der Capricornus nicht

nur das Frieden und Wohlstand verkündende Füllhorn auf dem Rücken, sondern hält zwischen seinen Vorderbeinen zusätzlich eine Weltkugel und ein Steuerruder; dies bringt zu den schon genannten Assoziationsmöglichkeiten die Komponente «Weltherrschaft zu Wasser und zu Lande» o. ä. hinzu (vgl. E. J. Dwyer, RM 80, 1973, 59–67; auch Buchner a. O. 348).

Das früheste Auftreten des Capricornus in der Münzprägung ist genau datierbar: Anfang Januar 27 v. Chr. erscheint er als kleines Beizeichen unter dem Vorderseiten-Porträt auf der im Text zu Kat. 322 genannten Variante des «Aegupto Capta»-Typs (Abbildung eines relativ deutlichen Stücks bei Hirmer Taf. 34 Nr. 134 = Buchner a. O. Taf. 116,1 a–b). Beziehungen des Capricornus zum ägyptischen Sieg des Octavian sind auch sonst durchaus festzustellen (vgl. Kienast a. O.), und in der Tat gehört in das Bündel der Siegerehrungen des Jahres 30 v. Chr. (Dio Cass. 51,19) auch der Senatsbeschluß, von nun an den Geburtstag des Octavian zum Feiertag zu erklären: eine Art staatlicher Sanktion der astrologischen Gegebenheiten. Damit war der Weg frei und abgesichert für die von Octavian-Augustus in der Folge auf breiter Ebene angelegte und vielfach ausgestaltete astrologische Propaganda.

339 Denar   Um 20 v. Chr. (?)
Vs. Kopf des Augustus mit Eichkranz, links
CAESAR AVGVSTVS
Rs. Achtstrahliger Komet mit Feuerschweif
Im Feld: DIVVS IVLIVS
London, British Museum
Typ: BMC I 59 Nr. 326 Taf. 6,7; Giard I 190 Nr. 1298 ff. Taf. 51; Grueber II 422 Nr. 138 Taf. 106,10; RIC I 84 Nr. 253; RIC² I 44 Nr. 37 b
Münzstätte und vor allem die genauere chronologische Eingrenzung dieses und verwandter Typen sind leider wieder unsicher. Wir ordnen diesen Münztyp trotz des Fehlens eindeutiger chronologischer Indizien an dieser Stelle in unsere Auswahl ein, weil er durch seine Rückseiten-Darstellung, den Kometen Caesars (*sidus Iulium*; vgl. zu Kat. 304. 323. 327. 357), zwischen der astralen Thematik der Sendung des Auserwählten (Kat. 337. 338) und dem folgenden «Signis Receptis»-Programm (Kat. 340–44) inhaltlich vermittelt. Einerseits wird – auf einer Vorstufe dynastischer Propaganda – die göttliche Sendung des Augustus in eine voraufgehende Generation projiziert: Der Komet hatte seinerzeit angezeigt, daß Caesar zum Divus geworden war. Ein Stern auf bestimmten Denaren Caesars (Kat. 280) hatte auch

schon auf dessen vom Geschick bestimmte Rolle im
Weltgeschehen hingewiesen, und diesen in der Bildsprache nachträglich wohl mit dem *sidus Iulium* gleichge-
setzten Stern hatte Octavian sich bei verschiedentlichen
Angleichungsversuchen bereits aus der Caesar-Ikono-
graphie entliehen (Kat. 304. 305).

Zugleich vertritt der Münztyp − ob er nun in die Zeit
der propagandistischen Vorbereitung oder der Erfolgs-
meldung des Parther-Unternehmens gehört − mit seinem Appell an das Andenken Caesars wiederum die nie
ganz übersehene oder ausgelassene ‚konstitutionelle'
Komponente auch in dieser propagandistischen Inszenierung: der Feldzug gegen die Parther als ein noch un-
erledigter Auftrag, der aus Caesars politischem Erbe resultierte (vgl. zu diesem Bezug auch Kat. 352), lieferte
in der denkwürdigen Senatssitzung vom Januar 27
v. Chr. den handlichsten Vorwand für die Übertragung
eines *imperium proconsulare* an Augustus, der somit,
kaum daß er auf seine *potestas* verzichtet hatte, wiederum im Besitze eines staatlichen Mandats war, das
seine militärische Macht und seine Führerrolle insgesamt glänzend legitimierte.

Das Porträt des Augustus ist hier mit einem Kranz aus
Eichenlaub geschmückt, in dem man sowohl die ihm im
Jahre 27 v. Chr. *ob cives servatos* verliehene *corona civica* (vgl. Kat. 345) als auch gewisse Iuppiter-Anspie-
lungen erkennen mochte (vgl. zu Kat. 333). Auf der Variante I 63 Nr. 357 Taf. 7,9 trägt Augustus den geläufige-
ren Lorbeerkranz.

340 Aureus   Ab 20 v. Chr.
Vs. Kopf des Augustus, rechts
Unten: AVGVSTVS
Rs. Tierkreiszeichen des Capricornus, rechts
SIGNIS RECEPTIS
London, British Museum
Typ: BMC I 110 Nr. 680 Taf. 17,2; Giard I 152f. Nr. 976.
979 Taf. 38; Grueber II 547 Nr. 298 Taf. 119,1; RIC I 63
Nr. 46
Zur Symbolik des Capricornus vgl. Kat. 337 mit wei-
teren Verweisen; zu seinem Auftauchen im Zusammen-
hang der «Signis (Parthicis) Receptis»-Propaganda s.
Einleitung; zum historischen Hintergrund jenes Pro-
gramms vgl. Kat. 341.
Einzelne Vs.-Stempel des Münztyps Kat. 340 (z. B.
Giard I 152 Nr. 976) haben Verwendung gefunden für
die Prägung von Vorderseiten des «Armenia Capta»-
Münztyps (I 108 Nr. 671 Taf. 16,14) mit der stiertötenden Victoria auf der Rückseite (z. B. für Giard I 153
Nr. 977; weitere ähnliche Kombinationen ebenda
151f.). In Armenien waren im Jahre 20 v. Chr. die Verhältnisse durch Tiberius geordnet worden. Im Gegensatz zu der relativ ausführlichen Schilderung der politischen und dynastischen Wechselfälle jenes Vasallen-
staates in den *res gestae* (27) ist die diesbezügliche Bildpropaganda (vgl. auch Kat. 345) wenig umfänglich und
offensichtlich kurzlebig; in der Münzprägung scheint sie
sich auf die Jahre 20/19 v. Chr. beschränkt zu haben.
Die genannten Stempelkoppelungen sprechen demnach
für einen Beginn des «Signis Receptis»-Programms
ebenfalls bald nach den entsprechenden Ereignissen. In

Kat. 339   Vs.   Rs.

Kat. 340   Vs.   Rs.

der Tat stammen unsere genau datierbaren Kat. 341
bzw. 343 aus dem Jahre 19 bzw. 18/17 v. Chr.
K. Kraft, JNG 17, 1967, 26f., hat in diesem Münztyp
eine propagandistische Spitze gegen M. Antonius sehen
wollen, der die Rückgewinnung der römischen Feldzeichen von den Parthern versucht, aber nicht erreicht
hatte und obendrein eine Niederlage hatte hinnehmen
müssen. An dergleichen mochte angesichts dieser Münzen natürlich denken, wer wollte; in der Absicht des
Augustus, der sie ausbrachte, lag es aber wohl kaum,
Erinnerungen an diese und andere, ihn selbst direkter
betreffende ungute Ereignisse der dreißiger Jahre wach-
zurufen.

341 Cistophoros   19/18 v. Chr.
Vs. Kopf des Augustus, rechts
Unten: IMP IX TR PO V
Rs. Rundtempel auf fünfstufigem Unterbau; im mittle-
ren der insgesamt drei dargestellten Interkolumnien
wird ein Kohorten-Feldzeichen (*signum*) sichtbar
Im Feld: MART VLTO
London, British Museum, Inv. 28478.56
Typ: BMC I 114 Nr. 704 Taf. 17,12; Giard I 154 Nr.
989−991 Taf. 39; Grueber II 551 Nr. 311 Taf. 119,12;
RIC I 61 Nr. 16; RIC² I 82 Nr. 507 Taf. 9. Vgl. Sutherland, Cistophori 81ff. Nr. 536−588 Taf. 12−14. 34f.
Die Angabe der fünften Erneuerung der *tribunicia potestas*, welche Augustus erstmals im Juni 23 v. Chr. übertragen worden war, datiert den Münztyp auf das Jahr
19/18 v. Chr.
Die Legende der Vorderseite enthält nicht den Namen
des Augustus: man wußte inzwischen ohnehin, wer mit
diesem Porträt und einer solchen Titulatur gemeint war.
Die Angabe der neunten imperatorischen Akklamation
bezieht sich ebenso wie die Darstellung der Rückseite
auf den Erfolg in der Angelegenheit der in der Schlacht
von Carrhae (53 v. Chr.) von Crassus an die Parther verlorenen Feldzeichen, um deren Rückgabe sich die Rö-

Kat. 341   Vs.   Rs.   Kat. 342   Vs.   Rs.

mer seither vergebens bemüht hatten. Im Jahre 20
v. Chr. war es Augustus, der selbst in Syrien operierte,
im Verein mit dem gegen Armenien rückenden Tiberius
gelungen, die Parther soweit zu bedrängen, daß ihr König Phraates IV. die Feldzeichen und auch die noch immer gefangengehaltenen römischen Bürger kampflos an
den ihm zunächst stehenden Tiberius übergab; diese
Szene ist auf dem Panzer der Statue von Prima Porta
dargestellt (vgl. Kat. 215).
Die nach Rom zurückgeführten Feldzeichen wurden zunächst provisorisch in einer eigens dafür errichteten und
am 12. Mai des Jahres 20 v. Chr. eingeweihten Kapelle
des Mars Ultor auf dem Kapitol aufgestellt. Dieses Gebäude ist auf unserem Cistophor wiedergegeben. Zu seinem sehr bewußt gewählten Standort in der Nachbarschaft des Tempelchens des Iuppiter Feretrius, das die
spolia opima, die Beutewaffen des Romulus, beherbergte, vgl. Zanker, Augustus 190; zu den verschiedenen Varianten der Darstellung der Mars-Ultor-Kapelle
und der in ihr aufgestellten Feldzeichen in der Münzkunst vgl. G. Fuchs, Architekturdarstellungen auf römischen Münzen der Republik und der frühen Kaiserzeit,
AMuGS I (1969) 38 Taf. 5 f. Nr. 65–74. Erheblich später, im Jahre 2 v. Chr., wurden dann die Feldzeichen in
den inzwischen fertiggestellten Tempel des Mars Ultor
auf dem Forum Augustum überführt, wie Augustus selber berichtet (Mon. Ancyr. 29); vgl. auch Kat. 342 und
Beitrag Ganzert.

342 Denar   Ab 20 v. Chr.
Vs. Kopf des Augustus, links
CAESAR AVGVSTVS
Rs. Mars, unbekleidet bis auf den Helm auf dem zu sei-
ner Linken gewandten Kopf und eine lang im Rücken
herabfallende Chlamys; im linken Arm Kohorten-
signum tragend, den rechten auf ein Legionsfeldzeichen
(Adler) gestützt
Links und rechts, senkrecht im Feld: SIGNIS RECEP-
TIS
London, British Museum
Typ: BMC I 71 Nr. 412 Taf. 9,10; Giard I 169 Nr. 1115
Taf. 45; Grueber II 26 Nr. 4404 Taf. 61,13; RIC I 86
Nr. 303; RIC² I 47 Nr. 81 Taf. 2
Zum ungefähren chronologischen Ansatz vgl. Kat. 340;
zum Thema der von den Parthern im Jahre 20 v. Chr.
zurückerhaltenen Feldzeichen vgl. Kat. 341.
Die Statue des Mars auf der Rückseite meint offensicht-
lich dieselbe, die auf anderen Münztypen in der capitoli-
nischen Tholos des Mars Ultor (vgl. zu Kat. 341) sicht-

bar wird: BMC I 65 Nr. 366 ff. Taf. 7,18–8,1. Daß es
sich um ein Kultbild in jener Kapelle handelt, ist eher
unwahrscheinlich; vgl. Th. Kraus in: Festschrift E. v.
Mercklin (1964) 66 ff. Auffallend ist aber die ikonographische Verwandtschaft dieser Marsfigur mit der auf
Denaren des Jahres 42 v. Chr., die wir mit der ideologischen Vorbereitung der Rache für Caesars Ermordung
und damit auch mit Mars Ultor in Zusammenhang bringen möchten (Kat. 296–97). Vor der Schlacht von Philippi hatte Octavian dem Mars einen Tempel gelobt, in
dem er mit dem Beinamen «Ultor» (der Rächer) verehrt
werden sollte, und Ovid (fast. 5,545–598) führt in aller
Breite aus, daß Augustus mit der Wiedererlangung der
Feldzeichen von den Parthern dem Mars ein zweitesmal
den Beinamen «Ultor» gewonnen habe. Dieses Thema
steht also in deutlichem Bezug zu Caesar und seinem
von Augustus so erfolgreich verwalteten Erbe (vgl. die
Interpretation von Kat. 339).

343 Aureus   18/17 v. Chr.
Vs. Kopf des Augustus, rechts
S P Q R IMP CAESARI AVG COS XI TRI POT VI
Rs. Dreitoriger Bogen; über dem mittleren Durchgang
Quadriga mit Lenker in Vorderansicht; über dem linken
bzw. rechten Durchgang je ein Parther, der ein Kohor-
tenfeldzeichen bzw. einen Legionsadler in die Höhe
hält; der rechte trägt einen Bogen in der gesenkten lin-
ken Hand
CIVIB ET SIGN MILIT A PART RECVP
Neapel, Museo Nazionale, Fiorelli 3600
Typ: BMC I 73 Nr. 427 Taf. 10,2; Giard I 182 Nr. 1228
Taf. 48; Grueber II 37 Nr. 4453 Taf. 63,11; RIC I 87
Nr. 311; RIC² I 50 Nr. 135
Datiert auf 18/17 v. Chr. durch die Angabe der 6. Erneuerung der *tribunicia potestas*. Der Titel COS XI
rührt aus dem Jahre 23 v. Chr. her, in dem Augustus für
lange Zeit zum letztenmal dieses Amt bekleidete (der
12. Konsulat fällt erst ins Jahr 5 v. Chr.) und in dem ihm

Kat. 343   Vs.   Rs.

zum ersten Male die *tribunicia potestas* übertragen worden war.

Die im Dativ abgefaßte, sich von der Vorder-'auf die Rückseite der Münze fortsetzende Legende gibt die Bauinschrift des abgebildeten ,Partherbogens' wieder: «Senat und Volk von Rom (widmen dieses Monument) dem *imperator* Caesar Augustus, elffachen Konsul, im sechsten Jahr seiner *tribunicia potestas*, wegen der Wiedergewinnung der Bürger (= Kriegsgefangenen) und der Feldzeichen von den Parthern».

Zum Bogen, der an der Stelle des sog. Actiumbogens an der Südflanke des Caesartempels errichtet wurde, vgl. o. Beitrag E. Nedergaard; zu seiner Darstellung auf Münzen: Fuchs a.O. (vgl. Kat.341) 41 Taf.8,91–92; ferner F. Prayon in: Praestant Interna. Festschrift U. Hausmann (1982) 325 f. mit Taf.71,11 und Verweis auf das früheste Auftreten dieses Monuments auf Cistophoren mit der Datierung «TR PO IV» = 20/19 v.Chr. (ebenda Anm.60: der Münztyp: BMC I 114 Nr.703 Taf.17,7 mit Darstellung einer eintorigen Version des damals gewiß noch nicht vollendeten Bogens).

Kat. 344   Vs.   Rs.

Kat. 345   Vs.   Rs.

344 Denar   Ab 20 v.Chr.

Vs. Vierspänniger leerer Wagen, rechts: über der Stirnseite Giebel, darauf vier nach rechts sprengende Pferde: auf Vorder- und Seitenwand des Wagenkastens stehende bzw. schwebende Victoria
Oben: CAESARI; unten: AVGVSTO
Rs. *Toga picta* über *tunica palmata*: links dahinter Legionsadler, rechts davon Lorbeerkranz mit Mittelmedaillon und herabhängenden Schleifen
Oben: S P Q R PARENT; unten: CONS SVO
London, British Museum
Typ: BMC I 69 Nr.397 Taf.8,20; Giard I 177 Nr.1191 Taf.47; Grueber II 33 Nr.4435 Taf.61,19; RIC I 86 Nr.296; RIC² I 48 Nr.99 Taf.2
Die Beziehung des Wagens auf die Rückgabe der an die Parther verlorenen Feldzeichen ist gesichert durch einen ähnlichen Münztyp, bei dem ein Legionsadler im Wagen aufgestellt ist (BMC I 68 Nr.390 Taf.8,15), außerdem durch den Legionsadler neben dem Triumphalornat, den *ornamenta triumphalia*, welche ebenso wie der leere Wagen anzeigen sollen, daß Augustus auf den ihm zugedachten Triumphzug verzichtete. H. Mattingly (BMC I S.CXI) hat wahrscheinlich zu Recht diesen Münztyp mit der bei Cassiodor, Chronica zum Jahre 19 v.Chr., vermerkten Notiz in Verbindung gebracht «*Caesari ex provinciis redeunti currus cum corona aurea decretus est, quo ascendere noluit*» (Mon.Germ.Hist. XI, ed. Th. Mommsen [1894] p.135); die dort erwähnte «*corona*» ist vermutlich auf unserem Münztyp ebenfalls, neben den Triumphalgewändern, dargestellt. Den entsprechenden bei Cassiodor genannten Beschluß dieser Ehren bringt die Formel S P Q R zum Ausdruck; die ganze Legende steht daraufhin im Dativ. Der Münztyp ist obendrein bildnislos; auch darin kommt die große Bescheidenheit des Augustus inmitten aller ihm für seine Verdienste zugedachten Ehrungen zum Ausdruck. Indem die Münze aber diesen Verzicht propagiert, treten die Ehrungen natürlich allesamt bildlich auf, und die Quintessenz steht allerdings in der Legende: Augustus

wird von Senat und Volk als deren *parens* und *conservator* begrüßt (vgl. dazu Kat.282: Caesar als *parens patriae*). Es liegt hier ein fast erstaunlicher und in der Münzprägung auch nicht wiederholter Vorgriff auf den Ehrennamen eines «Vaters des Vaterlandes» vor, den Augustus in der dann endgültigen Formulierung «*pater patriae*» offiziell erst im Jahre 2 v.Chr. annehmen mochte.

Zum Wagen mit Giebel vgl. A. Alföldi, Die zwei Lorbeerbäume des Augustus (1973) 14. 38 f. Taf.17. 30,4–6; zum Titel «Parens (et) Conservator» ders., Der Vater des Vaterlandes im römischen Denken (1971) passim, bes. 69 ff.

345 Denar   Wohl 19 v.Chr.

Vs. Bekleidete Büste der Virtus, rechts; am Helm mit hohem Roßschweifkamm steckt eine Feder
L AQVILLIVS FLORVS IIIVIR
Rs. Kniender Armenier mit Tiara und langem Gewand, rechts; beide Hände nach vorne gestreckt
CAESAR DIVI F ARME CAPT
Neapel, Museo Nazionale, Fiorelli 3542
Typ: BMC I 8 Nr.43 Taf.2,3; Giard I 79 Nr.177 Taf.8; Grueber II 69 Nr.4547 Taf.66,19; RIC I 71 Nr.119; RIC² I 63 Nr.306
Zur Chronologie dieses und der übrigen augusteischen Münzmeister: F. Panvini Rosati, Le emissioni in oro e argento dei «Tresviri Monetales» di Augusto, ArchCl 3, 1951, 66–85; K. Kraft, Zur Datierung der römischen Münzmeisterprägung unter Augustus, MZ 46/47, 1951/2, 28–35; Giard I 41–43; M. D. Fullerton, AJA 89, 1985, 473–483.

Zu der vom Stiefsohn des Augustus, Tiberius, durchgeführten Armenien-Unternehmung, die in der Propaganda wie ein Anhang zum Partherfeldzug behandelt wurde, vgl. Kat.340. Der kniende Armenier auf der Rückseite hat in der Tat ikonographische Ähnlichkeit mit dem Parther, der in demütig kniender Haltung ein

Kat. 346   Vs.   Rs.

Kat. 347   Vs.   Rs.

Feldzeichen ausliefert, auf einem Münztyp desselben Monetalen: BMC I 8 Nr. 40 Taf. 2,2. Der Gestus der beiden ausgestreckten Hände des Armeniers, wahrscheinlich doch des Königs Tigranes selber, mag Bitte oder Unterwerfung ausdrücken; möglich wäre auch die Interpretation, daß er die Herrschaft über sein Land aus der Hand des (nicht dargestellten) Augustus entgegennimmt (vgl. Mon. Ancyr. 27; R. M. Schneider, Bunte Barbaren [1986] bes. 18 ff. Partherpropaganda des Augustus. 30 ff. Zu den Münzen mit knienden Orientalen). Die Vorderseite dieses Münztyps ist eine ‚Kopie' nach einer Prägung eines Vorfahren, des M'. Aquillius M'. Filius M'. Nepos, Triumvir Monetalis wohl im zweiten Viertel des 1. Jhs. v. Chr. Dort ist die Virtus-Büste inschriftlich benannt: Crawford 412 Nr. 401/1 Taf. 50; Grueber I 416 Nr. 3364 ff. Taf. 43,6. Wollte L. Aquillius Florus mit der Wahl dieses Vorderseitenbildes ausdrükken, daß Augustus die *virtus* nicht allein gepachtet hatte? Vielleicht mit einem ähnlichen Hintersinn ist auch die Rückseite jener älteren Münze von unserem augusteischen Münzmeister kopiert worden: vgl. Kat. 346. Die Vorstellung einer oppositionellen Einstellung, die es selbstverständlich in vielen senatorischen Familien nach wie vor gab, ist gerade im Falle des L. Aquillius Florus nicht eben abwegig: zwei seiner Verwandten waren im Gefolge der Schlacht von Actium auf niederträchtige Weise von Octavian in den Tod getrieben worden: Dio Cass. 51,2,5–6; Suet. Aug. 13,2.

346 Denar   Wohl 19 v. Chr.
Vs. Kopf des Augustus, rechts
CAESAR AVGVSTVS
Rs. Krieger mit Panzer und Rundschild, nach links ausschreitend, aber rückwärts blickend, der eine zu Boden gesunkene Frau an ihrem linken Arm aufhebt
Unten: SICIL
L AQVILLIVS FLORVS IIIVIR
London, British Museum, Inv. 28478.25

Typ: BMC I 9 Nr. 49 f. Taf. 2,7; Giard I 80 Nr. 187 Taf. 8; Grueber II 71 Nr. 4556 f. Taf. 67,4; RIC I 71 Nr. 125 Taf. 1,9; RIC² I 63 Nr. 310
Zur Chronologie vgl. die Literatur zu Kat. 345.
Die Rückseite zeigt den Konsul (101 v. Chr.) Manius Aquillius, einen Vorfahren unseres Münzmeisters, der die darniederliegende *Sicilia* aufrichtet: er beendete während seines Konsulats und im Jahr danach siegreich den Aufstand der sizilischen Sklaven unter Athenion. Die symbolische Darstellung dieser Episode ist wieder, diesmal von der Rückseite des schon unter Kat. 345 genannten Münztyps eines jüngeren Vorfahren des L. Aquillius Florus übernommen, worin außer Familienstolz möglicherweise auch eine oppositionelle Gesinnung dieses Münzmeisters zum Ausdruck kommt.

347 Denar   Wohl 19 v. Chr.
Vs. Kopf des Augustus, rechts
CAESAR AVGVSTVS
Rs. Große geöffnete Blüte
L AQVILLIVS FLORVS IIIVIR
London, British Museum, Inv. 28478.24
Typ: BMC I 9 Nr. 47 Taf. 2,6; Giard I 80 Nr. 183–85 Taf. 8; Grueber II 70 Nr. 4553–55 Taf. 67,3; RIC I 71 Nr. 124; RIC² I 63 Nr. 309
Zur Chronologie vgl. die Literatur zu Kat. 345.
Die Blüte der Rückseite spielt in guter republikanischer Tradition auf das *cognomen* des Münzmeisters (Florus) an, der in seinen übrigen Münztypen auf Prägungen eigener Vorfahren aus der Zeit der Republik zurückgreift (z. B. Kat. 345–46).

348 Aureus   Wohl 19 v. Chr.
Vs. Kopf des Augustus mit Eichkranz, rechts
CAESAR AVGVSTVS
Rs. Große Krabbe, zwischen den Scheren einen Schmetterling haltend
Oben: M DVRMIVS; unten: IIIVIR
London, British Museum
Typ: BMC I 11 Nr. 60 Taf. 2,13; Giard I 74 Nr. 111 f. Taf. 5; Grueber II 73 Nr. 4566 Taf. 67,10; RIC I 72 Nr. 135; RIC² I 64 Nr. 316 Taf. 6. Vgl. Bahrfeldt, Goldmünzenprägung 141 f. Nr. 174 Taf. 13,21
Zur Chronologie vgl. die Literatur zu Kat. 345. Der Münzmeister M. Durmius ist uns nur durch seine Prägung bekannt (BMC I 10–12).
Die Rückseite (Großaufnahme bei Giard I Taf. 6,112) erinnert an sizilische Prachtprägungen des 5. Jhs. v. Chr., besonders von Akragas (vgl. P. R. Franke – M.

Kat. 348   Vs.   Rs.

Hirmer, Die griechische Münze [1964] Taf. 59 und
65,2), sie erinnert aber auch fatal an die Denare des
Caesarmörders C. Cassius Longinus aus dem Jahre
43/42 v. Chr., deren Rückseite eine Krabbe zeigt, die ein
aplustre packt, während die Vorderseite einen Libertas-
Kopf trägt: Crawford 516 Nr. 505/3 Taf. 61; Grueber II
484 Nr. 84 Taf. 112,8.

Kat. 349   Vs.   Rs.

349 Sestertius   ca. 18 v. Chr. (?)
Vs. Im Zentrum großer Eichkranz; rechts und links je
ein Lorbeerbäumchen
OB CIVIS SERVATOS
Rs. Im Feld: S C
Q AELIVS L F LAMIA IIIVIR A A A F F
London, British Museum, Inv. 28478.60
Typ: BMC I 35 Nr. 175 Taf. 18,7; Giard I 84 Nr. 229 ff.
Taf. 10; Grueber II 86 Nr. 4613 Taf. 69,7; RIC I 68
Nr. 93; RIC² I 65 Nr. 323
Eine ungefähre Datierung dieser und der folgenden
Kupfermünzen (Kat. 350–51) ergibt sich nach der von
K. Kraft aufgestellten Faustregel, daß in einer senatori-
schen Karriere zwischen dem Münzmeisteramt und dem
Konsulat etwa 10 Jahre anzusetzen seien (MZ 46/47,
1951/52, 28 ff.). Q. Aelius Lamia war Konsul im Jahre 8
v. Chr. Vgl. Literatur zu Kat. 345.
Die Vorderseite zeigt wappenartig die dem Augustus im
Jahre 27 v. Chr. verliehene *corona civica* mit der Be-
gründung für jene Ehrung (*ob cives servatos*), das
Ganze flankiert von den beiden Lorbeerbäumchen, die
am Eingang seines Hauses standen; vgl. dazu Kat. 335.
Zum auf den Kupfernominalen ausführlicher als in der
Edelmetallprägung wiedergegebenen Titel dieses und
anderer Münzmeister vgl. Kat. 282.
Zum Problem des S(enatus) C(onsulto) der Rückseite:
K. Kraft, JNG 12, 1962, 7–49; A. Bay, JRS 62, 1972,
111–122; Kienast, Augustus 326 ff.; RIC² I (1984) 32.

Kat. 350   Vs.   Rs.

350 Dupondius   ca. 17 v. Chr. (?)
Vs. Großer Eichkranz; darin: AVGVSTVS TRIBVNIC
POTEST
Rs. Im Feld: S C
CN PISO CN F IIIVIR A A A F F
London, British Museum
Typ: BMC I 29 Nr. 136. Taf. 19,1; Giard I 103 f.
Nr. 439 ff. Taf. 21; RIC I 66 Nr. 71; RIC² I 70 Nr. 381.
Zur Ermittlung einer ungefähren Chronologie vgl. zu
Kat. 349; Cn. Calpurnius Piso gelangte im Jahre 7
v. Chr. zum Konsulat
Im Gegenzug zu einer erneuten ‚republikanischen' Ver-
zichtserklärung, der Niederlegung des über viele Jahre
hin regelmäßig bekleideten Konsulats (23 v. Chr.), hatte
man dem Augustus die *tribunicia potestas* auf Lebenszeit verliehen. Er kam damit in den Genuß dauernder
Immunität (*sacrosanctitas*) und anderer Vorrechte, die
amtierende Volkstribunen genossen, ohne eigentlich
deren Amt auszuüben.

351 As   ca. 17 v. Chr. (?)
Vs. Kopf des Augustus, rechts
CAESAR AVGVSTVS TRIBVNIC POTEST
Rs. Im Feld: S C
C PLOTIVS RVFVS IIIVIR A A A F F
London, British Museum
Typ: BMC I 31 Nr. 153 Taf. 19,16; Giard I 109 Nr. 503
Taf. 24; Grueber II 92 Nr. 4639 ff. Taf. 70,9; RIC I 65
Nr. 69; RIC² I 71 Nr. 389
Zur ungefähren Chronologie vgl. zu Kat. 349. Der
Münzmeister C. Plotius Rufus war in dieser Funktion
ein Amtskollege des Piso Kat. 350; vgl. BMC I 28
Anm. *.

Kat. 351   Vs.   Rs.

352 Aureus   22 v. Chr. (?)
Vs. Kopf des Augustus, rechts.
CAESAR AVGVSTVS
Rs. Sechssäulig dargestellter Tempel; darin das Kultbild
des Iuppiter Tonans, den Blitz in der gesenkten Rech-
ten, den linken Arm auf ein Szepter gestützt.
Links und rechts im Feld: IOV TON
London, British Museum
Typ: BMC I 64 Nr. 362 Taf. 7,14; Giard I 167 Nr. 1094
Taf. 44; RIC I 85 Nr. 276; RIC² I 46 Nr. 63a Taf. 2. Vgl.
Bahrfeldt, Goldmünzenprägung 133 f. Nr. 163.
Die Errichtung eines Tempels für den «Donnerer» Iup-
piter gelobte Augustus in Spanien im Jahre 26 v. Chr.,
als er auf wunderbare Weise einen Blitzschlag überlebt

Kat. 352   Vs.   Rs.

auf die glücklich überstandenen Gefahren der Reise, sondern auch darauf, daß die Fortuna den Augustus nach Rom zurückgeführt hatte, wo er nach Meinung von Senat und Volk ganz besonders dringend benötigt wurde. Den mit der Errichtung dieses Altares auch verbundenen triumphalen Aspekt hebt hervor M. Torelli, Typology and Structure of Roman Historical Reliefs (1982) 28 f.

hatte (Suet. Aug. 29,3); der Tempel wurde auf dem Kapitol errichtet und am 1. September 22 v. Chr. eingeweiht. Bei dem verwandten Münztyp Giard I 166 Nr. 1090 Taf. 44 (= RIC² I 46 Nr. 59) steht auf der Rückseite vollständiger IOVIS TONANTIS; der Genitiv der Legende bedeutet im Gegensatz zu dem üblicheren Dativ (Dedikation) soviel wie «dies ist der Tempel des Iuppiter Tonans». Das läßt daran denken, daß die Münzen erst nach Fertigstellung des Tempels ausgebracht wurden.

Zu dem Gebäude vgl. Platner-Ashby 305 f.; Nash I 535 (mit stark vergrößerter Abbildung einer Münze verwandten Typs); G. Fuchs, Architekturdarstellungen auf römischen Münzen der Republik und der frühen Kaiserzeit, AMuGS I (1969) 38 Taf. 5,63 f.; zur Kultstatue, die vielleicht ein (umgestaltetes?) Werk des Leochares war: Plin. nat. 34,79; Kat. 119.

354 Denar   16 v. Chr.

Vs. In umgebendem Eichkranz: I O M S P Q R V S PR S IMP CAE QVOD PER EV R P IN AMP ATQ TRAN S E
Rs. Cippus mit Inschrift: IMP CAES AVGV COMM CONS
Im Feld: S C
L MESCINIVS RVFVS IIIVIR
London, British Museum, Inv. 28478.28
Typ: BMC I 17 f. Nr. 91 ff. Taf. 3,14; Giard I 94 Nr. 345 Taf. 16; Grueber II 53 Nr. 4483 ff. Taf. 64,13; RIC I 75 Nr. 160; RIC² I 68 Nr. 358 Taf. 7
Zur Amtszeit des Münzmeisters L. Mescinius Rufus (und seiner Kollegen C. Antistius Vetus und L. Vinicius), die man zuversichtlich in das Jahr 16 v. Chr. setzen kann, s. Kat. 364. Vgl. auch die zu Kat. 345 genannte Literatur.
Die Obvers-Legende dieser bildnislosen Denare ist die ausführlichste aller bekannten römischen Münzlegenden. Sie muß folgendermaßen gelesen werden: *Iovi Optimo Maximo senatus populusque Romanus vota suscepta pro salute imperatoris Caesaris quod per eum res publica in ampliore atque tranquilliore statu est* (Übersetzung s. Einleitung).

353 Denar   Ab 19 v. Chr.

Vs. Kopf des Augustus mit Kranz (Eiche? Lorbeer?), rechts
Keine Legende
Rs. Altar mit zwei *pulvini*, darauf Inschrift: FORT RED CAES AVGV S P Q R
London, British Museum
Typ: BMC I 64 Nr. 359 f. Taf. 7,11; Giard I 197 Nr. 1345–1348 Taf. 54 f.; Grueber II 34 Nr. 4442 f. Taf. 63,4; RIC I 85 Nr. 272 Taf. 2,30; RIC² I 45 Nr. 54 a. Vgl. auch Fuchs a. O. 39 mit Taf. 7,79–82
Die Altarinschrift bezieht sich auf den Senats- und Volksbeschluß zur Errichtung eines Altars der Fortuna «Redux» anläßlich der Rückkehr des Augustus aus den östlichen Provinzen am 12. Oktober 19 v. Chr. (Mon. Ancyr. 11; vgl. Platner-Ashby 218). Diese Rückreise hatte Augustus sehr beschleunigt vor allem wegen der in Rom ausgebrochenen Wahlunruhen, und so bezog sich wahrscheinlich die Dedikation dieses Altares nicht nur

Kat. 354   Vs.   Rs.

Die Inschrift auf dem Postament der Rückseite lautet aufgelöst: *imperatori Caesari Augusto, communi consensu.* Dargestellt ist vermutlich das Monument, auf dem die hier zitierten *vota* inschriftlich festgehalten waren.

355 Denar   16 v. Chr.

Vs. *Imago clipeata* des Augustus; als Schildrand Lorbeerkranz
S C OB R P CVM SALVT IMP CAESAR AVGVS CONS
Rs. Statue des Mars auf einem Postament stehend, bekleidet nur mit Paludamentum, das über den linken Arm herabfällt, und Helm mit hohem Busch auf dem

Kat. 353   Vs.   Rs.

Kat. 355   Vs.   Rs.   Kat. 356   Vs.   Rs.

nach links gewandten Kopf; er trägt einen Speer über die rechte Schulter gelehnt und im linken Arm ein *parazonium*. Auf dem Postament: S P Q R V P S PR S ET RED AVG
L MESCINIVS RVFVS IIIVIR
London, British Museum, Inv. 28478.27
Typ: BMC I 17 Nr. 90 Taf. 3,13; Giard I 93 Nr. 341 Taf. 16; Grueber II 52 Nr. 4482 Taf. 64,12; RIC I 75 Nr. 159 Taf. 1,17; RIC² I 68 Nr. 356 Taf. 6
Zur Chronologie vgl. Kat. 354.
Die Vorderseiten-Legende lautet aufgelöst: *Senatus consulto ob rem publicam cum salute imperatoris Caesaris Augusti conservatam*; die der Rückseite: *Senatus populusque Romanus vota publica suscepta pro salute et reditu Augusti.*
Der auf der Vorderseite dargestellte Bildnisschild (*imago clipeata*) des Augustus ist möglicherweise auf Senatsbeschluß gestiftet worden, um die Wiederherstellung des Augustus nach einer seiner zahlreichen Krankheiten zu feiern; die Legende besagt, daß mit der Gesundheit des *imperator* Caesar auch der Staat erhalten worden sei.
Die Rückseitenlegende bezieht in die *vota publica* außer dem Heil (*salus*) auch die Rückkehr (*reditus*) des Augustus ein; dies und die Marsstatue mit Speer und Kurzschwert dürften darauf hinweisen, daß der Münztyp auf den bevorstehenden Aufbruch zu einem auswärtigen Kriege Bezug nimmt (etwa nach Gallien um die Mitte des Jahres 15 v. Chr.?).

356 Denar   16 v. Chr.
Vs. Kopf des Augustus mit Lorbeerkranz, rechts
CAESAR AVGVSTVS TR POT
Rs. Cippus mit Inschrift: IMP CAES AVG LVD SAEC
Im Feld: XV S F
L MESCINIVS RVFVS IIIVIR
London, British Museum, Inv. 28478.26
Typ: BMC I 17 Nr. 89 Taf. 3,12; Giard I 93 Nr. 337–339 Taf. 16; Grueber II 54 Nr. 4488 Taf. 64,15; RIC I 75 Nr. 157; RIC² I 68 Nr. 354
Zur Datierung vgl. Kat. 354.
Für die langen und sorgfältigen Vorbereitungen der *Ludi saeculares* hatte sich Augustus zum *magister* (Vorsitzenden) des Priesterkollegium der *XVviri sacris faciundis*, dem auch Agrippa angehörte, wählen lassen (Mon. Ancyr. 22; «XV S F» der Rückseite). Hierzu und zu den in der Nacht vom 31. Mai auf den 1. Juni des Jahres 17 v. Chr. durch Augustus selbst eröffneten Feierlichkeiten und den anschließenden Spielen vgl. Helbig⁴

III (1969) 321 ff. Nr. 2400 (G. Kolbe); Kienast, Augustus 99. 187 f.; Zanker, Augustus 171 ff. Der auf der Rückseite dieser Münze abgebildete Cippus ist möglicherweise das Denkmal, auf dem die Namen der an Planung, Ausrichtung und teilweise auch Finanzierung des Festes beteiligten *quindecimviri* inschriftlich festgehalten waren.

357 Denar   Wohl 17 v. Chr.
Vs. Herold in langem Gewand, links: am linken Arm Rundschild, in der ausgestreckten Rechten großes Kerykeion; am Helm zwei lange Federn
AVGVST DIVI F LVDOS SAE
Rs. Jugendlicher Kopf des Divus Iulius mit Lorbeerkranz, rechts: auf dem Scheitel das *sidus Iulium*
M SANQVINIVS IIIVIR
London, British Museum, Inv. 11224
Typ: BMC I 13 Nr. 70 Taf. 2,20; Giard I 87 f. Nr. 273 ff. Taf. 12 f.; Grueber II 79 Nr. 4584 Taf. 68,4; RIC I 73 Nr. 141 Taf. 1,13; RIC² I 66 Nr. 340 Taf. 6. Vgl. auch Kienast, Augustus 99 Anm. 129; Zanker, Augustus 172 Abb. 132
Die Amtszeit des Münzmeisters M. Sanquinius wird wegen der Anspielungen seiner Münztypen auf die *Ludi saeculares* allgemein in das Jahr der Feier (17 v. Chr.) gesetzt, vgl. die zu Kat. 347 genannte Literatur.
Der Münztyp, der durch den Herold der Vorderseite die von Augustus veranstalteten *Ludi saeculares* (dazu s. Kat. 356) gewissermaßen ankündigt, ist voller Anspielungen auf Caesar, welcher im Jahre 49 oder 46 v. Chr. den Anbruch eines neuen *saeculum* hätte feiern müssen (vgl. St. Weinstock, Divus Julius [1971] 191 ff.). Schon die um diese Zeit nicht eben häufige Bezeichnung als DIVI F(ilius) im Namen des Augustus geht in diese Richtung. Der Stern auf dem Schild des Herolds mag den Kometen meinen, der 17 v. Chr. zu den Säkularspielen erschien; er erinnert aber doch auch sehr an den

Kat. 357   Vs.   Rs.

Kat. 358   Vs.   Rs.

,caesarischen' Stern auf den Schilden unserer Kat. 323 oder 327. Der Stern über dem Kopf der Rückseite ist eindeutig das *sidus Iulium* (vgl. Kat. 339); der Kopf kann darum trotz seiner Jugendlichkeit nur den Divus Caesar meinen, zumal das Augustusporträt, das bei einem anderen Münztyp desselben Münzmeisters mit jenem Kopf auf der Rückseite den Herold der Vorderseite ersetzt (BMC I 13 Nr. 71 Taf. 3,1), völlig ,normal' aussieht.

358 Aureus   15–12 v. Chr.
Vs. Kopf des Augustus, rechts
AVGVSTVS DIVI F
Rs. Angreifender Stier, links
Unten: IMP X
London, British Museum, Inv. 28478.39
Typ: BMC I 79 Nr. 457 Taf. 11,4; Giard I 201 Nr. 1388 Taf. 56; Grueber II 430 Nr. 169 Taf. 107,17; RIC I 88 Nr. 327; RIC² I 52 Nr. 168
Die Datierung ins Jahr 15 v. Chr. (oder danach) ergibt sich aus der Erwähnung der 10. imperatorischen Akklamation des Augustus (ab 12 v. Chr. wäre dann «IMP XI» zu erwarten). Die Prägung dieses und der folgenden Münztypen, auf denen keine Münzmeisternamen auftreten (Kat. 358–63. 365–66), wird der Münzstätte Lugdunum (Lyon) zugewiesen.
Wir folgen in der Interpretation des Dreier-Satzes der Münztypen Kat. 358/59–360/61–362/63 im wesentlichen der These von Kraft 225–238 (die Erweiterung zu einem Vierer-Satz durch Einbeziehung des nur in der IMP X-Gruppe vorkommenden Münztyps unserer Kat. 365 durch Kraft, dem hierin Zanker, Augustus 226ff. Abb. 179 folgt, leuchtet nicht recht ein). Der Stier auf den Rückseiten von Kat. 358–59 verträte demnach die Gestalt des Mars, des Siegeshelfers in der Schlacht von Philippi (vgl. dazu Kat. 323). Nicht überzeugend ist der Vorschlag von H. W. Ritter, IX Con-

grIntNum, Bern 1979 (1982) 365ff., in diesem Stier eines der vier Rinder des Myron zu sehen, die um den Altar des Apollo Palatinus aufgestellt waren (Prop. 2, 31,7–8).
Zu den Gründen für die Angabe verschiedener imperatorischer Akklamationen in dieser Münzserie (Kat. 358–63 sowie 365–66) vgl. zu Kat. 365.

359 Denar   11/10 v. Chr.
Vs. Kopf des Augustus mit Lorbeerkranz, rechts
AVGVSTVS DIVI F
Rs. Stier in Angriffshaltung, rechts
Unten: IMP XII
London, British Museum, Inv. 28478.40
Typ: BMC I 81 Nr. 472 Taf. 11,19; Giard I 206f. Nr. 1433–36 Taf. 59; Grueber II 435 Nr. 185ff. Taf. 108,17; RIC I 89 Nr. 338; RIC² I 54 Nr. 187a Taf. 3.
Die hier erwähnte 12. imperatorische Akklamation des Augustus fällt in das Jahr 11 oder 10 v. Chr. (IMP XIII: 9 v. Chr.)
Der Unterschied zu dem Vorgänger-Typ (Kat. 358) liegt in der Verwendung eines etwas anderen Stierbildes auf der Rückseite und der Bekränzung des Vorderseiten-Porträts (vgl. hierzu und zur Bewertung dieser Varianten Kat. 360). Zur Interpretation vgl. Kat. 358.

360 Denar   11/10 v. Chr.
Vs. Kopf des Augustus, rechts
AVGVSTVS DIVI F
Rs. Diana in kurzem Jägergewand, nach links antretend, den Kopf aber zurückgewandt; in der herabhängenden Linken Bogen, den rechten Arm auf Speer gestützt. Links von ihr ein Hund, nach links, mit zurückgewandtem Kopf
Im Feld: IMP XII; unten: SICIL
London, British Museum, Inv. 28478.41
Typ: BMC I 83 Nr. 487 Taf. 12,10; Giard I 204 Nr. 1414 Taf. 58; Grueber II 436 Nr. 189 Taf. 108,13; RIC I 89 Nr. 337; RIC² I 54 Nr. 195
Zur Chronologie vgl. Kat. 359. Die typologisch gleiche frühere Emission mit IMP X: BMC I 80 Nr. 463 Taf. 11,10 RIC I 88 Nr. 329. Unsere Münze Kat. 360 in ihrem Verhältnis zu dem Schwesterstück Kat. 361 veranschaulicht, daß der Übergang zur Bekränzung des Vorderseiten-Porträts bzw. der Wechsel in der Gestaltung des Rückseiten-Bildes während der mit IMP XII gekennzeichneten Emission stattfand (vgl. Kraft 229, d und die Erklärung ebenda 237f.). Schon dies läßt vermuten, daß es sich bei den genannten Änderungen um nicht mehr als eine formale und stilistische Korrektur bzw. einen Wandel im Geschmack handelt, vielleicht ausgelöst durch eine Veränderung in der künstlerischen Leitung der Münzstätte. Jedenfalls besteht zwischen den unbekränzten (Kat. 358. 360. 362) und den bekränzten (Kat. 359. 361. 363) Augustusporträts der Serie nicht nur dieser antiquarische, sondern zugleich ein ganz erheblicher stilistischer Unterschied, wobei die künstlerische Qualität der bekränzten (= späteren) Bildnisse wesentlich besser ist. An diese Beobachtungen schließt sich die Folgerung, daß mit dem etwas genrehaften Diana-Bild Kat. 360 und mit dem ganz anderen, archai-

Kat. 359   Vs.   Rs.

Kat. 360   Vs.   Rs.   Kat. 361   Vs.   Rs.

stisch-hieratischen oder folgenden (Kat. 361) offenbar nicht bestimmte Kultbilder gemeint sein sollen.

361 Aureus   11/10 v. Chr.
Vs. Kopf des Augustus mit Lorbeerkranz, rechts
AVGVSTVS DIVI F
Rs. Diana in langem Chiton und mit Polos auf dem Kopf, nach rechts weit ausschreitend; in der linken ausgestreckten Hand den Bogen haltend, mit der Rechten einen Pfeil aus dem Köcher ziehend
Im Feld: IMP XII; unten: SICIL
London, British Museum, Inv. 28478.42
Typ: BMC I 84 Nr. 489 Taf. 12,11; Giard I 207 Nr. 1437 Taf. 59; Grueber II 436 Nr. 191 Taf. 108,15; RIC I 89 Nr. 342; RIC² I 54 Nr. 196 Taf. 4
Zur Chronologie vgl. Kat. 359. Die vorausgehende Version dieses Typs (ebenfalls mit IMP XII): Kat. 360 s. dort. Das archaistische Diana-Bild dieser Münzen hat auch Verwendung gefunden für das Abb. 212 wiedergegebene Goldmedaillon aus dem Jahre 2 n. Chr. (zu diesem vgl. Bahrfeldt, Goldmünzenprägung 168 f. Nr. 237 Taf. 16,16; G. Gorini, AnnIstItNum 15, 1968, 42 ff. Taf. 2,1).

362 Aureus   15–12 v. Chr.
Vs. Kopf des Augustus, rechts
AVGVSTVS DIVI F
Rs. Apollo im langen Gewand, frontal stehend, Kopf ins linke Profil gewandt; im linken Arm Kithara, in der rechten herabhängenden Hand Plektron
Im Feld: IMP X; unten: ACT
London, British Museum
Typ: BMC I 79 Nr. 459 Taf. 11,7; Giard I 202 Nr. 1394 f. Taf. 56; Grueber II 432 Nr. 173 Taf. 108,1; RIC I 88 Nr. 328 Taf. 3,41; RIC² I 52 Nr. 170
Zur Chronologie vgl. Kat. 358.
Die Apollo-Figur auf der Rückseite ähnelt der von

Kat. 364 durchaus; der Gott trägt aber hier eine Kithara statt einer Lyra im Arm und hält das Plektron statt einer Schale in der rechten Hand. Es kann sich daher unmöglich um Darstellungen derselben Statue handeln, wie H. Jucker wollte (MusHelv 39, 1982, 82 ff., bes. 91–93), der auch noch die Apollo-Figur Kat. 363 dazurechnete. Man muß sich ähnlich wie im Falle der beiden Diana-Varianten (vgl. zu Kat. 360) vielmehr fragen, ob die Apollo-Darstellungen der beiden Typen Kat. 362 und 363 überhaupt auf konkrete statuarische Vorbilder zurückgreifen. Daß sie beide den Apollo meinen, der bei Actium zum Sieg verhalf, ist durch die Beschriftung «ACT» eindeutig.

363 Aureus   11/10 v. Chr.
Vs. Kopf des Augustus mit Lorbeerkranz, rechts
AVGVSTVS DIVI F
Rs. Apollo im langen Gewand, rechts; im linken Arm Lyra, in der ausgestreckten Rechten das Plektron haltend
Im Feld: IMP XII; unten: ACT
London, British Museum

Kat. 363   Vs.   Rs.

Typ: BMC I 82 Nr. 481 Taf. 12,5; Giard I 207 Nr. 1443 Taf. 59; Grueber II 438 Nr. 197 Taf. 107,19; RIC I 89 Nr. 339; RIC² I 54 Nr. 192 a Taf. 4
Zur Chronologie vgl. Kat. 359. Die voraufgehende Version dieses Typs (mit IMP X): Kat. 362 s. dort. Die typologische und stilistische Entwicklung des Götterbildes geht hier wie im Falle der Diana von Kat. 359 und 360 in Richtung auf ein hieratisches Archaisieren.

364 Denar   16 v. Chr.
Vs. Kopf des Augustus, rechts
IMP CAESAR AVGVS TR POT IIX
Rs. Statue des Apollo Actius im langen Gewand, links; im linken Arm Lyra; mit der Rechten ein Spendeopfer aus einer Patera über einem girlandengeschmückten

Kat. 362   Vs.   Rs.

Kat. 364   Vs.   Rs.   Kat. 365   Vs.   Rs.

Rundaltar mit Opferfeuer darbringend; das Ganze auf
einer langgestreckten Basis, an der drei *rostra* und zwei
Anker angebracht sind. Im Feld über der Basis: APOL-
LINI; unten: ACTIO
C ANTISTIVS VETVS IIIVIR (oben)
London, British Museum
Typ: BMC I 18 Nr. 95 Taf. 3,15; Giard I 96 Nr. 362
Taf. 17; Grueber II 55 Nr. 4489 Taf. 64,16; RIC I 74
Nr. 152; RIC² I 69 Nr. 365.
Die Datierung dieses Münztyps ergibt sich aus der An-
gabe des 8. Jahres der *tribunicia potestas* (16/15 v. Chr.);
da ein Kollege unseres Münzmeisters, L. Vinicius, einen
mit der Angabe «TR POT VII» (17/16 v. Chr.) verse-
henen Münztyp ausbrachte (BMC I 15 Nr. 79 Taf. 3,5),
muß das Jahr 16 das der Amtszeit dieser Tresviri Monetales gewesen sein. Vgl. die zu Kat. 347 genannte Literatur, ferner Kat. 354.
Der Sieg von Actium war von den in der Lyoner (?)
Edelmetallprägung dieser Jahre (Kat. 358−63) propagierten Ereignissen der Vergangenheit zweifellos das
wichtigste, so daß dieses Thema auch in der stadtrömischen Münzmeisterprägung aufgenommen wurde. Zur
Darstellung des Apollo «Actius» auf Münzen und besonders zu diesem Münztyp vgl. H. A. Cahn, MusHelv
1, 1944, 203−208; H. Jucker, MusHelv 39, 1982,
82−100. Bestechend ist Juckers Vorschlag, in dem
Rückseitenbild dieser Denare eine Darstellung des von
Dio Cassius (51,1,3) überlieferten und in Resten erhaltenen (Jucker a.O. 97 ff. Abb. 16−18) Siegesmals in Actium selber zu erkennen. Freilich kann man nicht ausschließen, daß ein ähnliches Monument in Rom stand;
die Beschreibung der Apollo-Statue im Hof der Danai-
den-Porticus auf dem Palatin durch Properz (2,31,5−6)
paßt nicht schlecht auf die Darstellung unserer Münzen
(vgl. Zanker, Augustus 90 f. mit Abb. 68), zumal dort
unmittelbar anschließend (v. 7) von einem Altar die
Rede ist. Dieser Altar, doch wohl zum dahinterstehen-
den Tempel des Apollo Palatinus gehörig, könnte in der
Münzdarstellung − ähnlich wie bei unserer Kat. 308 mit
Darstellung des Divus-Iulius-Tempels − auf das Podium
gesetzt worden sein, um den Spendegestus der Statue
verständlicher zu machen.

365 Aureus   15−12 v. Chr.
Vs. Kopf des Augustus, links.
AVGVSTVS DIVI F
Rs. Zwei gepanzerte Feldherren mit Schwert und Palu-
damentum, rechts; sie strecken in der erhobenen Rech-
ten je einen Lorbeerzweig gegen einen auf einem Podest

auf der *sella curulis* sitzenden Togatus aus, der den rech-
ten Arm gegen die Zweige hin ausstreckt
Unten: IMP X
London, British Museum
Typ: BMC I 77 Nr. 447 Taf. 10,17; Giard I 200 Nr. 1370
Taf. 55; Grueber II 428 Nr. 159 Taf. 107,10; RIC I 88
Nr. 326 Taf. 2,37; RIC² I 52 Nr. 164 b
Zum 10. Mal wurde Augustus zum *imperator* ausgeru-
fen, als seine Stiefsöhne Drusus und Tiberius im Jahre
15 v. Chr. Raetien erobert hatten. Die Rückseite zeigt
die symbolische Überreichung des Siegeslorbeers durch
die erfolgreichen Feldherren an den eigentlichen
Kriegsherrn, Augustus, unter dessen Auspizien der
Krieg geführt und gewonnen wurde. Vgl. die gelungene
Interpretation dieses Münztyps durch Kraft 235 f.
Taf. 3,35; ferner H. Gabelmann, Antike Audienz- und
Tribunalszenen (1984) 118 ff. Nr. 36 Taf. 12,4.
Dieser Münztyp und ein verwandter, der nur einen
Feldherrn vor dem sitzenden Augustus zeigt (BMC I 78
Nr. 449 Taf. 10,19; RIC I 88 Nr. 325; Kraft 238 ff.
Taf. 3,36; Gabelmann a.O. 120 f. Nr. 37 Taf. 12,5), ge-
ben auch die Erklärung dafür, daß auf den Lugduner
Münzen des Dreier-Satzes Kat. 358−63 die imperatori-
schen Akklamationen des Augustus aufgeführt sind:
Augustus weist damit auf seine eigene *virtus* und sein
vielfach bewährtes Kriegsglück hin, auf Qualitäten also,
durch die er seine beiden Stiefsöhne, deren militärische
Tüchtigkeit hier erstmals auf Münzen propagiert wird,
weit überragt (Kraft 237). Vielleicht hängt auch die
Ausstattung seines Porträts mit dem Lorbeerkranz bei
einem Teil der späteren IMP XII-Serie (z. B. Kat. 359.
361. 363) damit zusammen.

366 Denar   8 v. Chr.
Vs. Kopf des Augustus mit Lorbeerkranz, rechts
AVGVSTVS DIVI F
Rs. Augustus in der Toga, auf der *sella curulis* auf nied-
rigem Podium sitzend, links. Er streckt den rechten
Arm aus gegen einen von links herantretenden Barba-
ren in langen Hosen und kurzem Mantel, der ihm ein
Kind entgegenhält
Unten: IMP XIIII
London, British Museum
Typ: BMC I 85 Nr. 494 Taf. 12,14; Giard I 209
Nr. 1453 ff. Taf. 60; Grueber II 442 Nr. 216 ff.
Taf. 109,10; RIC I 89 Nr. 346; RIC² I 55 Nr. 201 a Taf. 4
Die 14. imperatorische Akklamation des Augustus be-
zieht sich auf die wiederum (vgl. zu Kat. 365) durch ei-
nen seiner beauftragten Feldherren, seinen Stiefsohn

Tiberius, errungenen Erfolge gegen die Stämme im freien Germanien im Jahre 8 v. Chr. Die Rückseitendarstellung könnte sich konkret auf das große Umsiedlungsprogramm beziehen, bei dem 40 000 der unterworfenen Germanen auf die linke Seite des Rheins verpflanzt wurden (anders Gabelmann a.O. 121 ff. Nr. 38 Taf. 12,6).

367 Kupfer-Medaillon   7 v. Chr. (?)

Vs. Kopf des Augustus mit Lorbeerkranz, links; dahinter schwebend langgewandte Victoria, im linken Arm Füllhorn, mit der rechten Hand die Kranzschnürung des Augustus-Porträts berührend
CAESAR AVGVST PONT MAX TRIBVNIC POT
Rs. Im Feld: S C
M SALVIVS OTHO IIIVIR A A A F F
London, British Museum, Inv. 28 478.61
Typ: BMC I 43 Nr. 224 Taf. 20,5; Giard I 125 Nr. 684 ff. Taf. 29; Grueber II 106 Nr. 4689 Taf. 72,10; RIC I 79 Nr. 191; RIC² I 75 Nr. 429
Chronologie, Nominal und Bedeutung dieser sog. Triumphal-Asse sind stark umstritten; es handelt sich offensichtlich um eine Sonderprägung, die möglicherweise aus einem konkreten Anlaß heraus vorgenommen wurde. Die übliche Datierung in das Jahr 7 v. Chr. möchte einen Bezug auf den Triumph des Tiberius über die Germanen sehen; das Fehlen jeglicher Anspielung auf den triumphierenden Feldherrn selbst wäre dabei kein Gegenargument (vgl. zu Kat. 365). Interessant ist aber auch der Vorschlag von K. Kraft (MZ 46/47, 1951/52, 31), der diese Sonderprägungen (vgl. auch BMC I 41 * und 42 Nr. 217 Taf. 20,6) mit der Einweihung des Forum Augustum (2 v. Chr.) und dessen Triumphalsymbolik in Verbindung bringen möchte.

368 Cistophoros   19/18 v. Chr.

Vs. Kopf des Augustus, rechts
Unten: IMP IX TR PO V
Rs. Frontansicht eines sechssäuligen Tempels korinthischer Ordnung; auf dem Architrav: ROM ET AVGVST
Im Feld: COM ASIAE
London, British Museum, Inv. 28 478.52
Typ: BMC I 114 Nr. 705 Taf. 17,13; Giard I 153 Nr. 986 ff. Taf. 39; Grueber II 552 Nr. 312 Taf. 119,13; RIC I 61 Nr. 15 Taf. 5,75; RIC² I 82 Nr. 506. Vgl. Sutherland, Cistophori 77 ff. Nr. 479 ff. Taf. 12 f. 32–34
Zu Datierung und Titulatur vgl. Kat. 341. Während dort aber die römische Kapelle des Mars Ultor dargestellt ist, in der die von den Parthern wiedererlangten Feldzeichen ausgestellt waren, ist hier ein großer Tempel für die Göttin Roma und den Kaiser Augustus wiedergegeben, der möglicherweise in Pergamon stand. Diese Cistophoren sind das früheste numismatische Zeugnis für einen regelrechten Kult des Augustus: bezeichnenderweise stammen sie aus dem griechischen Osten (vgl. allgemein: H. Hänlein-Schäfer, Veneratio Augusti [1985]). Das «Commune Asiae» der Rückseite ist die lateinische Übersetzung von κοινὸν Ἀσίας. Der Zusammenschluß zahlreicher kleinasiatischer Stadtgemeinden zu einer Kultgemeinschaft «Romae et Augusto» entspricht in seinen Intentionen der Gründung der

Kat. 366   Vs.   Rs.

Kat. 367   Vs.   Rs.

Kat. 368   Vs.   Rs.

gallischen Stammesgemeinschaft um den Altar für Roma und Augustus bei Lugdunum (s. Kat. 369).

369 Sestertius   Zwischen 2 v. Chr. und 14 n. Chr.

Vs. Kopf des Augustus mit Lorbeerkranz, rechts
CAESAR AVGVSTVS DIVI F PATER PATRIAE
Rs. Altar mit reliefverzierter Frontseite: im Zentrum die *corona civica*, rechts und links davon je ein Lorbeerbäumchen; seitlich außen je ein Kranz (?). Auf dem Altar Opfergaben (?). Rechts und links vom Altar auf je einer Säule zwei nach innen gewandte Victorien, die je einen Kranz in die Höhe halten
Unten: ROM ET AVG
London, British Museum
Typ: BMC I 94 Nr. 565 Taf. 21,1; Giard I 231 Nr. 1695–1706 Taf. 67 f.; RIC I 91 Nr. 361; RIC² I 57 Nr. 231 a
Die genaue Chronologie dieser Massenprägung, die in Lugdunum hergestellt wurde, ist schwierig; die zeitliche Eingrenzung der Serie, zu der unser Sesterz gehört, ergibt sich aus dem im Jahre 2 v. Chr. angenommenen Ehrennamen «pater patriae» und dem Todesjahr des Augustus (14 n. Chr.).
Der auf der Rückseite dargestellte große Altar wurde im Jahre 12 v. Chr. von Drusus gestiftet und vermutlich im Beisein des Augustus am 1. August des Jahres 10

Kat. 369   Vs.   Rs.

Kat. 370   Vs.   Rs.

Kat. 371   Vs.   Rs.

v. Chr. eingeweiht. Der Kult galt der Göttin Roma und dem Augustus und in politischer Hinsicht dem Zusammenschluß der gallischen Stämme im *concilium trium Galliarum* und ihrer Romanisierung im Zeichen dieses Reichskults. Das religiöse Oberhaupt Galliens war seitdem der *sacerdos Romae et Augusti ad aram ad confluentes Araris et Rhodani*, wo eben dieser Altar seinen Standort hatte und wo in jedem Jahr am 1. August jenes *concilium* tagte. Archäologisch ist die Anlage noch nicht nachgewiesen; zu einigen vielleicht dazugehörigen Marmorplatten mit Eichengirlanden vgl. H. Dragendorff, Der Altar der Roma und des Augustus in Lugdunum, JdI 52, 1937, 111–119. – Hänlein-Schäfer, a.O. 246–251; zuletzt D. Fishwick, BAntFr 1986, 90–111. Der große, von zwei Zweigen oder Bäumchen flankierte Kranz kann natürlich nur die *corona civica* des Augustus zwischen den beiden Lorbeerbäumen meinen (vgl. hierzu Kat. 335). Die rechts und links von diesem Mittelmotiv dargestellten Objekte sind nicht eindeutig zu bestimmen; es könnte sich um kleinere Kränze handeln, von denen zwei lange Bindenenden herabhängen, oder auch um die Endquasten der heiligen Wollbinde (*infula*). Ein Exemplar der Serie mit Tiberius-Porträt auf der Vorderseite (BMC I 94 Nr. 570) in Glasgow (A. S. Robertson, Roman Imperial Coins in the Hunter Coin Cabinet I [1962] 46 Nr. 237 Taf. 7) zeigt zwei nackte

Knaben in tänzerischer Haltung. Das Stück ist in mancher Beziehung ungewöhnlich (z. B. Stufenunterbau des Altars). Weil die Figuren hier sicher unbekleidet sind, kann es sich nicht um Laren (so Giard in seinen Beschreibungen) handeln. In den ebenfalls ungedeuteten Gegenständen auf der Altarplatte hat kürzlich P. Zanker (Augustus 300 Abb. 236,2) zwei Schreine für Roma und Augustus (in der Mitte) sowie Büsten von Angehörigen der kaiserlichen Familie vermutet.

370 Denar   Wohl 13 v. Chr.
Vs. Kopf des Augustus, rechts
CAESAR AVGVSTVS
Rs. Kopf des M. Agrippa, rechts
M AGRIPPA – PLATORINVS IIIVIR
Neapel, Museo Nazionale, Fiorelli 3663
Typ: BMC I 23 Nr. 112 ff. Taf. 4,7; Giard I 112 Nr. 533 ff. Taf. 25; Grueber II 97 Nr. 4654 ff. Taf. 71,8; RIC I 77 Nr. 169; RIC² I 73 Nr. 408
Zur Datierung der Amtszeit des Münzmeisters C. Sulpicius Platorinus vgl. Kat. 371.
Die ikonographische Gleichsetzung des ‚Mitregenten‘ Agrippa mit Augustus ist auf diesem Münztyp sehr weit getrieben. Der gänzliche Verzicht auf Insignien und Titel gibt eine zusätzliche familiäre Note.

371 Denar   Wohl 13 v. Chr.
Vs. Kopf des Augustus, rechts; dahinter *lituus*
AVGVSTVS
Rs. Weiblicher Kopf mit Bildniszügen (Gesicht, Stirnbausch, Nackenknoten), rechts; dahinter Köcher
C MARIVS TRO IIIVIR
Neapel, Museo Nazionale, Fiorelli 3659
Typ: BMC I 21 Nr. 104 Taf. 4,2; Giard I 111 Nr. 522 ff. Taf. 25; Grueber II 96 Nr. 4651 Taf. 71,6; RIC I 76 Nr. 167; RIC² I 72 Nr. 403 Taf. 7
Nach allgemeiner Auffassung gibt die Abkürzung «TRO» in der Rs.-Legende die Tribuszugehörigkeit (*Tromentina tribu*) des Münzmeisters C. Marius C. F. an. Die Datierung seiner Münzen und der des C. Sulpicius Platorinus (Kat. 370) in das Jahr 13 v. Chr. beruht vor allem auf der Herausstellung des M. Agrippa, dem im Jahre 13 v. Chr. ebenso wie Augustus die *tribunicia potestas* um weitere fünf Jahre verlängert wurde (Agrippa starb im folgenden Jahr). Vgl. zur Datierung zuletzt M. D. Fullerton, AJA 89, 1985, 473 ff., bes. 476 f.; ferner die zu Kat. 345 genannte Literatur.
Das Bildnis der Rückseite ist – als das einer Frau – durch keinerlei Beischrift identifiziert, kann aber nur Iulia meinen; es kehrt in genau gleicher Form zwischen den Porträts des Caius und Lucius auf Kat. 372 wieder. Agrippa hatte im Jahre 21 v. Chr. die durch den Tod seines Rivalen M. Claudius Marcellus (23 v. Chr.) verwitwete Tochter des Augustus heiraten müssen: die Dynastie sollte um jeden Preis begründet werden. Iulia erscheint hier – als Pendant zum Agrippa Kat. 370 – in ihrer Eigenschaft als Mutter der präsumtiven Nachfolger. Der über der Schulter erscheinende Köcher gibt die Assoziation der Göttin Diana, ohne daß man mit Sicherheit die Bedeutung dieser Verbindung von Porträt und Götterattribut ermitteln kann: handelt es sich um

Iulia als Diana oder um Diana bzw. Diana Augusta (so jüngst Zanker, Augustus 218 mit Abb. 167c) mit den Zügen der Iulia? In jedem Falle dient das Attribut ebenso wie das Fehlen des Namens der Dargestellten in der Legende auch dazu, den Porträtcharakter des Kopfes abzuschwächen, denn es war für die damalige Zeit noch ein erheblich gewagter Schritt, das Bildnis einer Frau aus dem Kaiserhause auf Münzen der Reichsprägung zu setzen.

372 Denar   Wohl 13 v. Chr.
Vs. Kopf des Augustus, rechts; dahinter *lituus*
AVGVSTVS
Rs. Drei Porträtköpfe im Rechtsprofil: in der Mitte Iulia, darüber großer Kranz; links und rechts Caius bzw. Lucius Caesares
C MARIVS TRO IIIVIR
London, British Museum
Typ: BMC I 21 Nr. 106 Taf. 4,3; Giard I 111 Nr. 526 Taf. 25; Grueber II 95 Nr. 4648f. Taf. 71,5; RIC I 76 Nr. 166 Taf. 2,19; RIC² I 72 Nr. 404 Taf. 7
Zu Namen und Amtszeit des Münzmeisters vgl. Kat. 371.
Trotz fehlender Beischrift ist an der Benennung der drei Porträts auf der Rückseite nicht zu zweifeln. Der große Kranz kann eigentlich nur die *corona civica* des Augustus (vgl. Kat. 335) meinen, welche «gleichsam als dynastisches Zeichen» (Zanker, Augustus 218 mit Abb. 167b) dem ,Familienbild' einen eindeutig politischen Hintergrund gibt.

373 Aureus   2/1 v. Chr.
Vs. Kopf des Augustus mit Lorbeerkranz, rechts
CAESAR AVGVSTVS DIVI F PATER PATRIAE
Rs. Togafiguren des Caius Caesar und Lucius Caesar, frontal; zwischen ihnen am Boden stehend zwei Rundschilde, deren oberen Rand sie mit der nach innen weisenden Hand halten, sowie zwei Speere; zwischen deren Spitzen links *simpulum*, rechts *lituus*
Unten: C L CAESARES
AVGVSTI F COS DESIG PRINC IVVENT
London, British Museum, Inv. 28478.44
Typ: BMC I 88 Nr. 513ff. Taf. 13,7−8; Giard I 226 Nr. 1648−1650 Taf. 66; RIC I 90 Nr. 350 Taf. 3,47; RIC² I 55 Nr. 206. Vgl. M. L. Vollenweider, Principes Iuventutis, SchwMbll 13/14, 1964, 76−81. Der Münztyp ist, ebenfalls in großer Menge, auch in Denaren (BMC I 89ff. Nr. 519ff. Taf. 13,9ff.; Hirmer Taf. 38 Nr. 148) ausgeprägt und vielfach nachgeahmt worden (vgl. z. B. Giard I 228f. Nr. 1669ff. Taf. 66)
Als im Jahre 5 v. Chr. der älteste der Söhne des Agrippa und der Iulia, C. Caesar, die *toga virilis* anlegte, wurde er (für das Jahr 1 n. Chr.) zum Konsul designiert (COS DESIG der Rs.-Legende) und von der römischen Ritterschaft zum *princeps iuventutis* (Führer der Jungmannschaft) ernannt; die entsprechenden Abzeichen waren ein Schild und eine Lanze aus Silber. Die gleichen Ehrungen erfuhr der jüngere Bruder, L. Caesar, im Jahre seiner Volljährigkeit (2 v. Chr.), in dem er auch zum Augur bestellt wurde (*lituus* auf der Rs.); das *simpulum* (Schöpfkelle) weist vermutlich auf das Amt eines Ponti-

Kat. 372   Vs.   Rs.

Kat. 373   Vs.   Rs.

Kat. 374   Vs.   Rs.

Kat. 375   Vs.   Rs.

Kat. 376   Vs.   Rs.

fex hin, das C. Caesar schon seit 6 v. Chr. innehatte. Die bildliche Parallelisierung der Figuren und Abzeichen beider Brüder ebenso wie die Zusammenfassung ihrer beiden Namen und Titel in der Revers-Legende mag dafür sprechen, daß die Ausbringung dieses Münztyps direkt auf die Gleichstellung der Prinzen im Jahre 2 v. Chr. Bezug nimmt und also damals begann. Die untere Grenze seiner Ausmünzung ist nicht, wie meist angenommen, mit dem Todesjahr des Lucius (2 n. Chr.) oder des Caius (4 n. Chr.) gleichzusetzen, sondern mit dem 1. Januar des Jahres 1 n. Chr., als nämlich C. Caesar, bereits in seiner armenisch-parthischen Mission auf Reisen, den Konsulat antrat, zu dem er fünf Jahre vorher designiert worden war. Dieses Ereignis hätte in der Legende berücksichtigt werden müssen, wenn der Münztyp danach noch in der Prägung gewesen wäre. Vgl. schon Bahrfeldt, Goldmünzenprägung 167 (zu Nr. 235 Taf. 16,10–13).

374 Aureus   13/14 n. Chr.
Vs. Kopf des Augustus mit Lorbeerkranz, rechts
CAESAR AVGVSTVS DIVI F PATER PATRIAE
Rs. Triumphalquadriga, rechts; der im Wagen stehende bekränzte Mann hält in der Rechten einen Lorbeerzweig, in der Linken ein Adlerszepter
Unten: TI CAESAR
AVG F TR POT XV
London, British Museum, Inv. 28478.43
Typ: CRE I 87 Nr. 508 Taf. 13,3; Giard I 230 Nr. 1687 Taf. 67; RIC I 90 Nr. 355; RIC² I 56 Nr. 223 Taf. 4. Vgl. Bahrfeldt, Goldmünzenprägung 169f. Nr. 238; Kraft 242ff. Taf. 3,40
Die *tribunicia potestas* war dem Tiberius im Jahre 6 v. Chr. zum ersten Mal verliehen worden; sie wurde aber erst nach seiner Rückkehr aus dem freiwilligen Exil in Rhodos und seiner Adoption durch Augustus (4 n. Chr.) regelmäßig Jahr um Jahr erneuert. Die 15. Periode fällt in die Zeit zwischen 1. Juli 13 und 30. Juni 14 n. Chr.
Die Rückseiten-Darstellung des auf der Quadriga fahrenden Triumphators bezieht sich – in einer vorderen Ebene – vermutlich auf den dakisch-pannonischen Triumph des Jahres 9 v. Chr., den Tiberius wegen der im gleichen Jahr erfolgten Niederlage des Varus nicht hatte feiern können und erst im Jahre 12 n. Chr. nachholte. Sie propagiert aber zugleich in einem allgemeineren Sinne die militärische Tüchtigkeit (*virtus*) des Prinzen, der als gebürtiger und übrigens sehr familienstolzer Claudier nicht am iulischen Familienmythos teilhatte, sich vielmehr durch eigene Leistungen das Anrecht auf die Nachfolge des Augustus erwerben mußte, was sich auch in der Bildkunst niederschlug. Es ist interessant, daß Tiberius die Prägung gerade dieses Rückseitenbildes fortsetzte, auch nachdem er selbst Kaiser geworden war (BMC I 120 Nr. 1 Taf. 22,1: 14/15 n. Chr.; 120f. Nr. 2ff. Taf. 22,2–3: 15/16 n. Chr.; vgl. Hirmer Taf. 40 Nr. 150).
Gleichzeitig mit dem Münztyp Kat. 374 erschien ein weiterer mit dem Porträt des designierten Nachfolgers auf der Rs. (BMC I 87 Nr. 506f. Taf. 13,1–2; vgl. Kraft 242f. Taf. 3,41), das in der Kupferprägung von Lugdu-

num (BMC I 94f. Nr. 570ff. Taf. 21,5; vgl. zu Kat. 369) schon etwas früher (ca. 10/11 n. Chr.) und auf den Vss. aufgetreten war.

375 Aureus   Ab 14 n. Chr.
Vs. Kopf des Tiberius mit Lorbeerkranz, rechts
TI CAESAR DIVI AVG F AVGVSTVS
Rs. Kopf des Divus Augustus mit Lorbeerkranz, rechts; darüber großer sechsstrahliger Stern
DIVOS AVGVST DIVI F
London, British Museum, Inv. 28478.58
Typ: BMC I 124 Nr. 29 Taf. 22,19; RIC I 103 Nr. 1; RIC² I 95 Nr. 24
Augustus starb am 19. August des Jahres 14 n. Chr. in Nola und wurde nach der Beisetzung in seinem Mausoleum durch Senatsbeschluß am 17. September zum Divus erklärt (Fasti Amiterni; CIL I² p. 244. 329: *Divo Augusto honores caelestes a Senatu decreti*). Ikonographisch griff Tiberius mit der Verwendung des Sterns bei der Divinisierung seines Adoptivvaters auf dessen Repertoire in bezug auf Caesar zurück, ebenso auf die Divi-filius-Propaganda des Octavian-Augustus. Es ist in diesem Zusammenhang auch interessant, daß Tiberius seine Leichenrede auf Augustus vom Podium des Divus-Iulius-Tempels herab hielt (Suet. Aug. 100,3).

376 As   Ab 14 n. Chr.
Vs. Kopf des Divus Augustus mit Strahlenkrone, links
DIVVS AVGVSTVS PATER
Rs. Front eines monumentalen Altars mit Doppelflügeltür und Eckakroteren
Rechts und links im Feld: S C
Unten: PROVIDENT
London, British Museum, Inv. 28478.67.
Typ: BMC I 141 Nr. 146 Taf. 25,12. 26,2; RIC I 95 Nr. 6; RIC² I 99 Nr. 80. Vgl. G. Fuchs, Architekturdarstellungen auf römischen Münzen der Republik und der frühen Kaiserzeit, AMuGS I (1969) 44. 80 Taf. 9,105–106
Die numismatische Begründung für die seit C. H. V. Sutherland (NumChron 1, 1941, 97–116) übliche Datierung dieser Asse in die Zeit nach 22/23 n. Chr. (vgl. A. S. Robertson a.O. [Kat. 369] S. LIVf.; E. Zwierlein-Diehl, KölnJbVFrühGesch 17, 1980, 20f. 29 mit Anm. 162) ist keineswegs überzeugend; ebensowenig die Verbindung der Errichtung der römischen *Ara Providentiae Augustae* (zu dieser vgl. die bei P. Herz in: ANRW II 16:2 [1978] 1162 Anm. 180 zusammengestellte Literatur) mit der Aufdeckung der Seian-Verschwörung und eine entsprechend noch spätere Datierung des Altars und mit ihm der Asse in die Zeit um 31 n. Chr. (H. Jucker in: Mélanges d'histoire ancienne et d'archéologie offerts à Paul Collart [1976] 250 mit älterer Literatur im Anschluß an den berühmten Aufsatz von M. P. Charlesworth, Providentia and Aeternitas, HarvTheolR 29, 1936, 107–132, bes. 112). Auch die durch einige wenige über Caligula-Asse geprägte *providentia*-Münzen gegebene Möglichkeit, daß deren Prägung in provinziellen Werkstätten noch bis in die Regierung des dritten römischen Kaisers fortgesetzt wurde (C. M. Kraay, Die Münzfunde von Vindonissa [1962] 34 mit Anm. 2 Taf. 5, 4237; vgl. ders., JRS 53, 1963, 177;

Th. Pekárky, SchwMbll 15, 1965, 128–130), beweist nichts für einen derart späten Beginn dieses Münztyps. Entscheidend ist vielmehr eine sehr wahrscheinlich richtige, neuere Ergänzung der Arvalakten (des Jahres 38 n. Chr.), derzufolge ein dort verzeichnetes Opfer an der *Ara Providentiae Augustae* auf den 26. Juni fiele, den Tag der Adoption des Tiberius durch Augustus (4 n. Chr.): P. Herz, BJb 181, 1981, 94f.; M. Torelli, Typology and Structure of Roman Historical Reliefs (1982) 64f. «*providentia Augusta*» bezieht sich zweifellos in erster Linie auf die Voraussicht des Augustus (und später anderer Kaiser) bezüglich einer stabilen Nachfolgeregelung. Es ist darum sehr wahrscheinlich, daß diese Asse des Tiberius – entgegen der üblichen Meinung – in den Anfang seiner Regierung gehören und sozusagen eine Rückversicherung seiner eigenen Regentschaft in der allgemein anerkannten und gar zum Kultobjekt erhobenen *providentia* seines Vorgängers propagieren.

Zu einer allgemeineren Bedeutung der Botschaft dieser *providentia*-Asse im Sinne einer «emotional rather than an intellectual exegesis» Charlesworth a.O. 132. – Ferner allgemein: J. P. Martin, Providentia Deorum (1982).

Zum Strahlenkranz als Zeichen der Göttlichkeit des Augustus vgl. ausführlich Zwierlein-Diehl a.O. 21ff., bes. 39–47.

V. Germanien und Rom

Johann-Sebastian Kühlborn — Ernst Künzl

Vorbemerkung

Eine organisierte Provinz Germania hat es im engen Sinn des Wortes nie gegeben. Die Gebiete zwischen Rhein und Elbe waren von der Offensive des Jahres 12 v. Chr. bis zur Varus-katastrophe 9 n. Chr. nie ganz besetzt oder gar konsequent verwaltet worden. Eine längere militärische Präsenz ist bisher archäologisch nur im Lippegebiet nachgewiesen worden, wenn auch die augusteischen Anlagen in der Wetterau und in Franken (Marktbreit) zur Vorsicht raten; Überraschungen sind in der Zukunft jederzeit noch möglich.

Nach den Ergebnissen der archäologischen Bodenforschung der letzten hundert Jahre erscheint das Wirken der Römer in den kurzen 20 Jahren zwischen der Drususoffensive und der Niederlage im Teutoburger Wald insgesamt gesehen merkwürdig zwiespältig. Römische Zivilsiedlungen, wie immer sie gewesen sein mögen, hat man noch nicht entdeckt. Eine Heer-straße ist zumindest im Lippegebiet vorauszusetzen, doch auch sie ist noch nicht geortet wor-den.

Wir befinden uns immer noch in der von Mommsen skizzierten Situation: «Es sind also in diesem Abschnitt nicht eigentlich die Zustände einer römischen Landschaft zu schildern, son-dern die Geschichte einer römischen Armee...» (Th. Mommsen, Römische Geschichte V [1885] Kap. V). Mommsens Urteil hat sich in dem seither verstrichenen Jahrhundert als richtig erwiesen, die Geschichte der römischen Armee allerdings läßt sich jetzt detaillierter darstellen. Die Grabungen der Kastelle im Lippegebiet ergeben ein eindrucksvolles Bild der stationären Militäranlagen (vgl. u. J.-S. Kühlborn). Mehr und mehr erschließen sich die augusteischen Kastelle zwischen der Schweiz und der Nordsee. Zu den Legionssammelplätzen Vetera bei Xanten (gegenüber der Lippemündung) und Mainz (gegenüber der Mainmündung) gesellte sich zeitweilig ein weiterer Legionsstützpunkt, Dangstetten am Oberrhein, dessen strategische Lage auf die Donauquellen und den östlich anschließenden Raum gerichtet war.

Die historische Topographie der zentralen Orte Trier, Köln und Mainz wird für die Früh-zeit unter Augustus und Tiberius zusehends deutlicher (Mainz: Kat. 380).

An den Militärgrabsteinen läßt sich die Romanisierungspolitik schon in der Zeit des Augu-stus nachweisen (Kat. 392−394). Das an den Kunstmonumenten der Hauptstadt ablesbare politische Konzept des Augustus, das dort in vielfacher Variation wie Intensität erscheint, fin-den wir in charakteristischer Weise in Auswahl auf den römischen Waffen wieder, die man besonders in den Nordprovinzen fand; die Armee war nicht nur Garant der Macht, sondern auch Träger der Ideologie.

Die Wirkung des Reiches auf die ihm unterlegenen Randvölker, die man dennoch zu unter-werfen weder vermochte noch nach einiger Zeit auch wollte und die sich in ihrer Stammes-struktur vom sozialen Ständestaat der Römer sehr unterschieden, läßt sich an einer besonderen Eigenart reicher germanischer Gräber ablesen: in den sogenannten Fürstengräbern der Lüb-sow-Gruppe finden sich sowohl importierte römische Silbergefäße wie auch germanische, nach römischem Vorbild gearbeitete Imitationen, die über den wirtschaftlichen Hintergrund hinaus verraten, wie stark Roms politisches und kulturelles Vorbild wirksam war. Paradox genug ist es, daß wir es in den Jahren bis 9 n. Chr., solange römisches Militär zwischen Rhein und Elbe stand, tatsächlich mit der Geschichte einer Armee zu tun haben; nachdem Tiberius die Grenze an den Rhein zurückgenommen hatte, kam allerdings die ökonomische und kulturelle Wirkung Roms auf das sogenannte freie Germanien erst richtig zur Geltung. Vom Rhein und von der

Donau aus exportierte man Metallarbeiten, Keramiken und Gläser in die germanischen Siedlungsgebiete bis nach Skandinavien. Rom wurde für einen Teil der germanischen Führungsschicht zum bewunderten und imitierten Vorbild.

Johann-Sebastian Kühlborn

Die Zeit der augusteischen Angriffe gegen die rechtsrheinischen Germanenstämme

Für die Beurteilung der Germanenkriege ist die Frage nach der Zielsetzung der augusteischen und frühtiberischen Kriegszüge gegen die rechtsrheinischen Germanen von grundsätzlicher Bedeutung. Handelte es sich hier wirklich um jenes großangelegte Konzept zur definitiven Eroberung des germanischen Siedlungsraumes zwischen Rhein und Elbe, das die Forschung bis zum heutigen Tage im großen und ganzen annimmt?

Th. Mommsen (V 24) behandelt die militärischen Unternehmungen im rechtsrheinischen Germanien in seiner Römischen Geschichte unter dem Kapitel «Die Nordgrenze Italiens». Aus seiner Sicht gab im Jahre 16 v. Chr. die *clades Lolliana* «die nächste Veranlassung... zur Aufnahme jener großen Offensive, die, mit dem Rätischen Krieg 739 (15) beginnend, weiter zu den Feldzügen des Tiberius in Illyricum und des Drusus in Germanien führte.» Danach war zum Schutze Galliens die Eroberung Germaniens vom Rhein bis zur Elbe beschlossene Sache und eingebettet in ein von Augustus selbst bestimmtes Gesamtkonzept, das, mit den Alpenfeldzügen gegen die Räter und Vindeliker beginnend, eine Grenzziehung von der Elbe bis an die Donau zum Ziele hatte. Diese generalstabsmäßige Planung, die die Akteure bestimmt haben soll, ist als Ideenkonzept nicht überliefert. Sie ist allein aus dem Ablauf der tatsächlichen Ereignisse erschlossen. Diese These Mommsens, von K. Kraft zuletzt noch ausgebaut, hat sich weitgehend durchgesetzt.

Zweifel sind gegenüber diesem aus der Sicht der Moderne plausibel wirkenden Konzept in neueren Arbeiten zum Thema der augusteischen Germanienpolitik angemeldet worden. Der englische Historiker R. Syme hat sich bereits in den 30er Jahren entschieden dagegen ausgesprochen, die *clades Lolliana*, die Sueton Aug. 23 mit den Worten *maioris infamiae quam detrimenti* umschreibt, als auslösendes Moment für eine grundlegende Wende der römischen Politik gegenüber den rechtsrheinischen Germanen, namentlich die Stämme der Sugambrer, Brukterer und Tenkterer, verantwortlich zu machen. K. Christ hat darauf hingewiesen, daß die Feldzüge gegen die Räter und Vindeliker des Jahres 15 v. Chr. nicht als unmittelbare Auswirkung der Lolliusniederlage in Betracht kommen können, da diese unter Drusus und Tiberius durchgeführten Unternehmungen bereits durch die vorjährigen Kriegszüge des P. Silius Nerva gegen die Alpenvölker vorbereitet worden waren. Nach D. Timpe darf der Beginn der Drususfeldzüge gegen die rechtsrheinischen Germanenstämme «als letzte einer Reihe von Eskalationen angesehen werden, die darauf abzielten, die Grenze Galliens zu befrieden.»

Literarisch sind die Vorgänge im rechtsrheinischen Germanien u. a. von Dio Cassius, Velleius Paterculus und Tacitus überliefert. Aus archäologischer Sicht haben im Anschluß an die heimische Lokalforschung die Grabungen sowohl in den augusteischen Standorten Haltern und Oberaden, daneben in den zeitgleichen rheinischen Stützpunkten entscheidend zur Mehrung unserer Kenntnisse beigetragen. Auf dieser historischen und archäologischen Grundlage aufbauend, ergibt sich folgendes Bild.

Die wiederholten Einfälle germanischer Stämme in Gallien zeigen, daß die östliche Grenze Galliens militärisch ungenügend geschützt war. Die hauptsächliche Ursache ist in der Vertei-

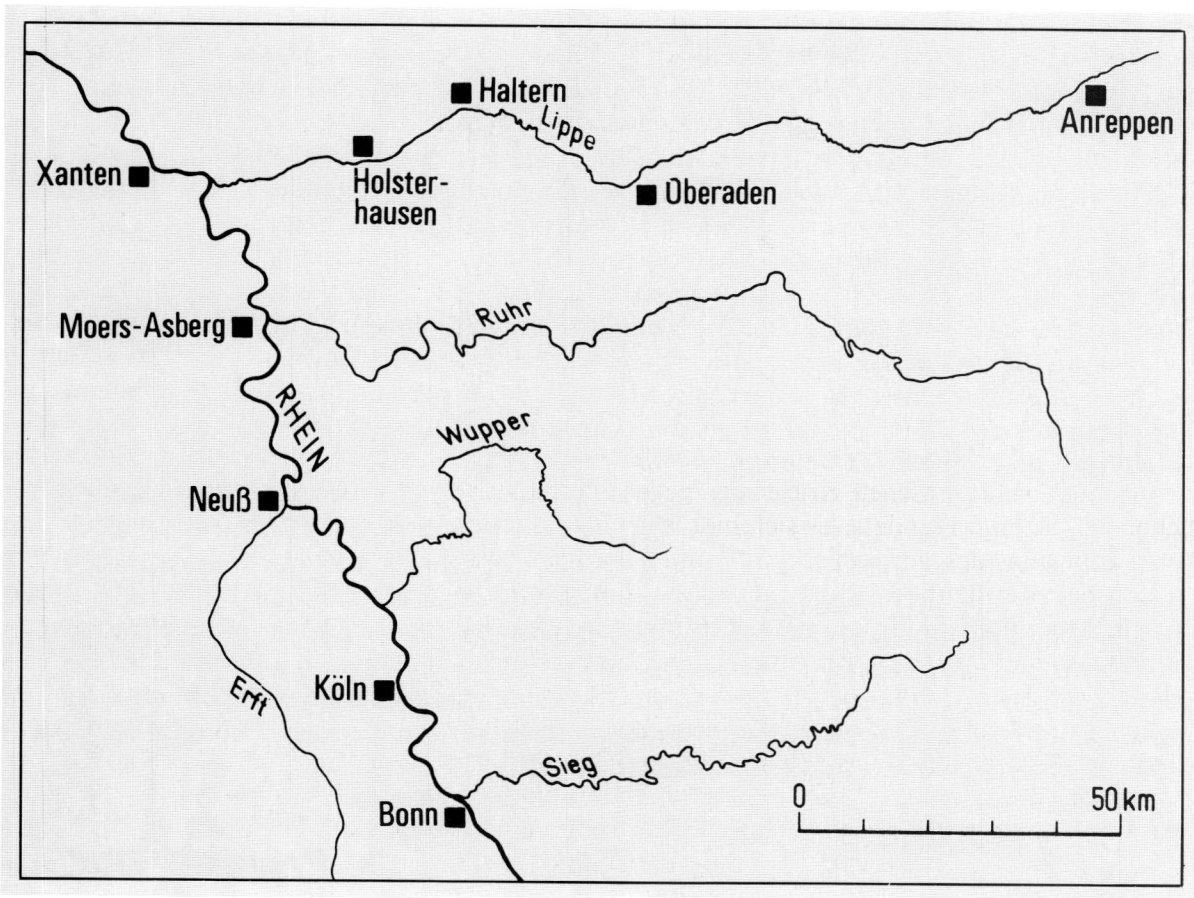

Abb. 213 Die römischen Lager an Rhein und Lippe (n. S. v. Schnurbein, Die Römer in Haltern [1979] 6 Bild 1)

lung der römischen Truppen zu sehen, die fernab vom Rhein im Inneren Galliens stationiert waren. Als gesichert kann angesehen werden, daß in den Jahren 16 bis 13 v. Chr. Augustus energisch die gesamte Neuorganisation Galliens betrieb. Zu diesem Zwecke versah Augustus weitgehend seine Amtsgeschäfte von Gallien aus. Im Jahre 13 v. Chr. gingen die Provinzen Aquitania, Belgica und Lugdunensis verwaltungsmäßig in der neuen Provinz Tres Galliae auf. Provinzhauptstadt wurde Lugdunum/Lyon. In Novaesium/Neuss erscheinen um 15 v. Chr. am Niederrhein erstmalig römische Truppen zur Sicherung der Rheinlinie. Möglicherweise zur gleichen Zeit wird am Hochrhein mit dem Lager der *legio XIX* bei Dangstetten ein rechtsrheinischer Vorposten bezogen.

Am Vorabend der ersten römischen Offensive (12 v. Chr.) gegen rechtsrheinische Germanenstämme standen inzwischen am linken Rheinufer fünf bis sechs Legionen und zusätzliche Auxiliarverbände. Militärische Operationsbasen waren im Süden Mogontiacum/Mainz und im Norden Castra Vetera bei Xanten (Abb. 213). Die Standortwahl des Legionslagers Castra Vetera, an der anscheinend Augustus beteiligt war (Tac. hist. 4,23), konnte geschickter nicht vorgenommen werden. Gegenüber der Lippemündung gelegen, kontrollierte es den Siedlungsraum jener rechtsrheinischen Germanenstämme, deren Vorliebe für räuberische Einbrüche in Gallien inzwischen leidvoll bekannt war. Weitere römische Truppen standen in Nimwegen, Moers-Asberg, Neuss und eventuell bei Bonn. Fraglich ist, ob bereits in drusianischer Zeit in Bunnik-Vechten ein Stützpunkt für die entlang der Nordseeküste operierende Flotte existiert hat.

Der erste Feldzug des Drusus fiel in eine politisch ungünstige Gesamtsituation, die schwerlich mit der Vorstellung eines von langer Hand vorbereiteten Expansionskrieges in Einklang zu

bringen ist. Dem Einmarsch römischer Truppen in Germanien ging eine unmittelbare Provokation der Sugambrer und anderer mit ihnen verbündeter Germanen voraus. Sie machten sich
schwere innere Unruhen anläßlich des im Jahre 12 v. Chr. durchgeführten Provinzialzensus der
Tres Galliae für einen neuerlichen Einfall nach Gallien zunutze. Der Statthalter Nero Drusus
Claudius reagierte unmittelbar. Nach Abschluß der Feierlichkeiten anläßlich der Einweihung
des Altars für Roma und Augustus in Condate bei Lyon am 1. August 12 v. Chr. richtete sich
die erste römische Offensive, wahrscheinlich von Xanten ausgehend, zunächst gegen die Usipeter, dann gegen die südlich zwischen Lippe und Ruhr siedelnden Sugambrer. Gleichzeitig
fuhr die römische Flotte den Rhein abwärts in die Nordsee und operierte im friesischen
Küstengebiet. Aus Unkenntnis über die Verhältnisse in Küstennähe geriet die Flotte bei Ebbe
auf Grund. Die Kürze der zur Verfügung stehenden Zeit ließ einen entscheidenden Schlag
gegen die Sugambrer nicht zu. Während die römischen Truppen in ihren linksrheinischen Win-
terquartieren lagen, kam eine antirömische Allianz zwischen den bedrängten Sugambrern, den
Cheruskern und Sueben zustande.

Das Jahr 11 v. Chr. brachte die entscheidenden Schläge gegen die Usipeter und Sugambrer.
Die Ereignisse schildert Dio Cassius 54,33,1: «Zum Frühjahr brach er (Drusus) wieder zum
Krieg auf, überquerte den Rhein und bezwang die Usipeter. Er schlug eine Brücke über die
Lippe und fiel in das Land der Sugambrer ein, durchquerte es und zog weiter in das Gebiet der
Cherusker bis hin an die Weser... Er hätte auch die Weser überschritten, wenn er nicht Man-
gel an Proviant gelitten und der Winter vor der Tür gestanden hätte. . .» Ferner berichtet Dio
Cassius, daß Drusus auf dem Rückzug in die Winterquartiere «in seiner Verachtung gegen sie
(die Sugambrer) ein Lager als Bollwerk am Zusammenfluß von Lippe und Elison anlegen ließ,
ein anderes im Gebiet der Chatten, nahe am Rhein.»

Abb. 214   Lageplan der Lager Oberaden und Reckinghausen (n. J. E. Bogaers und C. B. Rüger [Hrsg.], Der niedergermanische Limes. Kunst und
Altertum am Rhein 50, 1974, 120 Abb. 41)

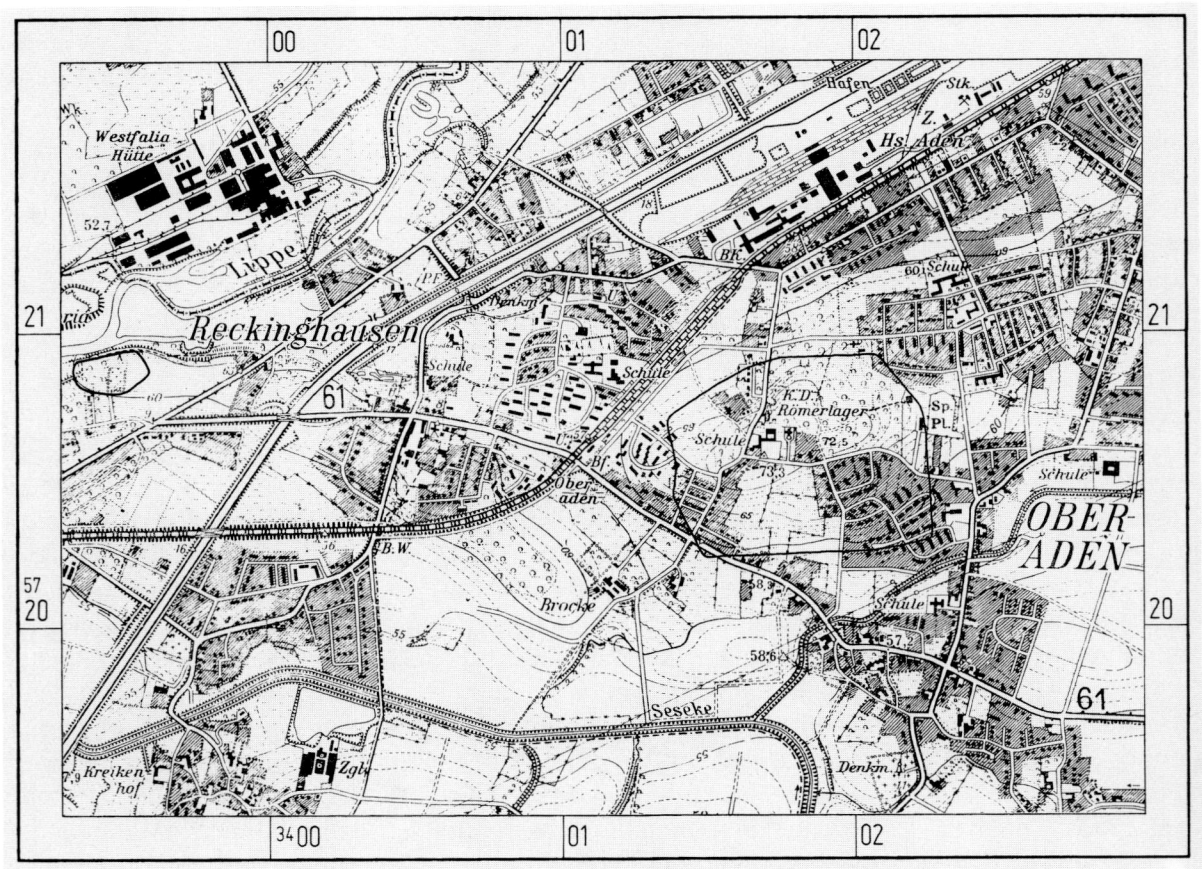

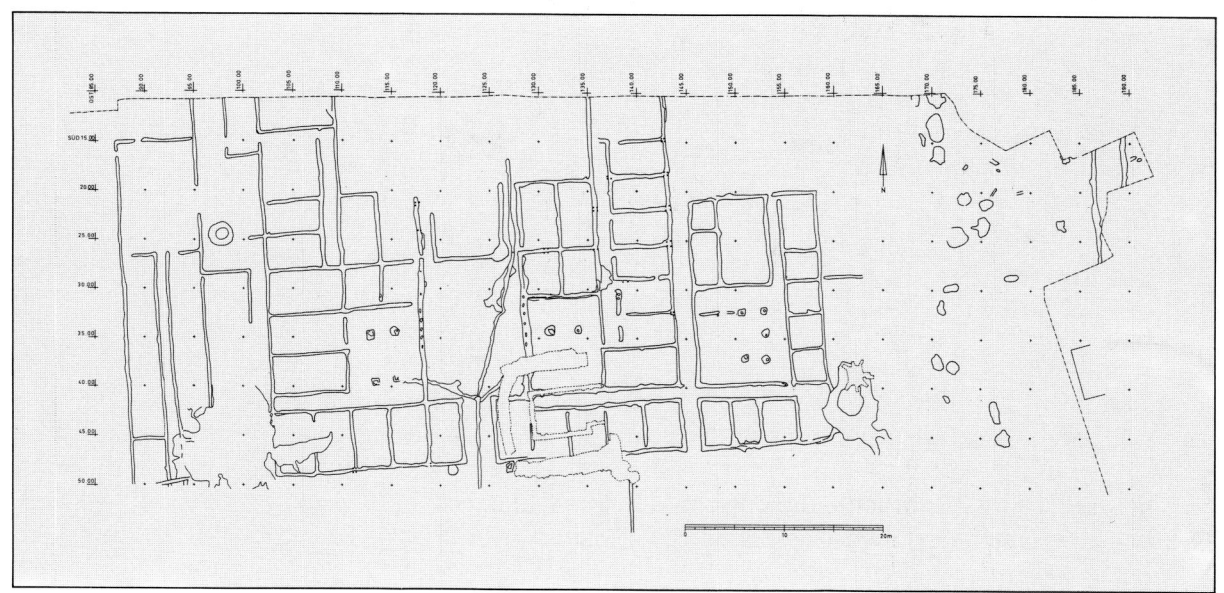

Abb. 215   Oberaden, Plan der *principia* mit seitlichen Nebengebäuden; im Osten ein Tribunenhaus.

Die letztere von Dio Cassius im Chattengebiet genannte Lagergründung ist bislang nicht lokalisierbar, sie kann jedoch als Indiz gewertet werden, daß in diesem Jahr auch von Mainz ein Heereskeil gegen die Germanen gerichtet war. Dagegen ist die andere Lagergründung an der Lippe auf archäologischem Wege bekannt geworden. Im Mündungsgebiet von Lippe und Seseke wurde bei Oberaden, Stadt Bergkamen in den Jahren 1906−1914 ein ca. 54 ha großes Standlager (Abb. 214) aufgedeckt. Neuere dendrochronologische Untersuchungen haben ergeben, daß das Bauholz für die Holz-Erde-Mauer dieses Lagers im Spätsommer oder Herbst des Jahres 11 v. Chr. geschlagen worden ist. Unter Ausnutzung der Vorteile des Geländes wurde das Lagerareal von einer 3 m breiten Holz-Erde-Mauer mit vorgelagertem Spitzgraben umzogen. Geländebedingt entstand ein Lager in der Form eines unregelmäßigen Siebenecks. Dem Flächeninhalt zufolge wird man mit einer Besatzung von zwei Legionen zu rechnen haben. Zusätzliche Auxiliartruppen, zumeist östlicher Herkunft, sind durch Funde belegt. Da die hier stationierten Truppen besonders im ersten Winter auf ungefährdeten Nachschub angewiesen waren, muß in diesem Gebiet bereits gegen Ende des Kriegsjahres 11 v. Chr. mit einer für die römischen Truppen militärisch weitgehend stabilen Situation gerechnet werden. Über die Infrastruktur des Mehrlegionenlagers von Oberaden haben die Grabungen der Jahre 1906−1914 und die jüngsten Untersuchungen im Bereich der NW-Ecke und der *principia* nähere Aufschlüsse geliefert. Die Innenbebauung wurde den zeitgleichen Militärlagern links des Rheins entsprechend nicht in Stein, sondern in einer Art Fachwerktechnik ausgeführt. Im Zentrum lagen die *principia*. Die z. Zt. laufende Nachuntersuchung des erstmals 1908 ergrabenen Gebäudekomplexes hat ergeben, daß es sich hier um den frühesten Vertreter der *principia* des sog. Forumstypus handelt (Abb. 215). Die an der *via principalis* gelegene Frontseite beläuft sich auf 41 m, die Tiefe des Gebäudes mißt ca. 59 m. Östlich der *principia* lag ein 13,5×26 m großes sog. Tribunenhaus mit einem 9×9 m großen Innenhof, westlich ein ca. 34 m tiefes Gebäude von bislang unbekannter Funktion. Im Bereich der NW-Ecke (Abb. 216) sind in den letzten Jahren die Quartiere einiger Centurien aufgedeckt worden. Dabei war festzustellen, daß lediglich die Gebäude der Centurionen erbaut worden waren, die Mannschaften dagegen waren noch provisorisch untergebracht. Weitere einzelne Bauten sind während der frühen Grabungen in den Jahren 1906−1914 aufgedeckt worden, ihre Interpretation ist jedoch ohne Nachgrabungen nicht möglich, da anscheinend nur die Unterkonstruktionen der Fußbodendielung, nicht aber die eigentlichen Fundamentgräben freigelegt worden waren. Paläobotanische

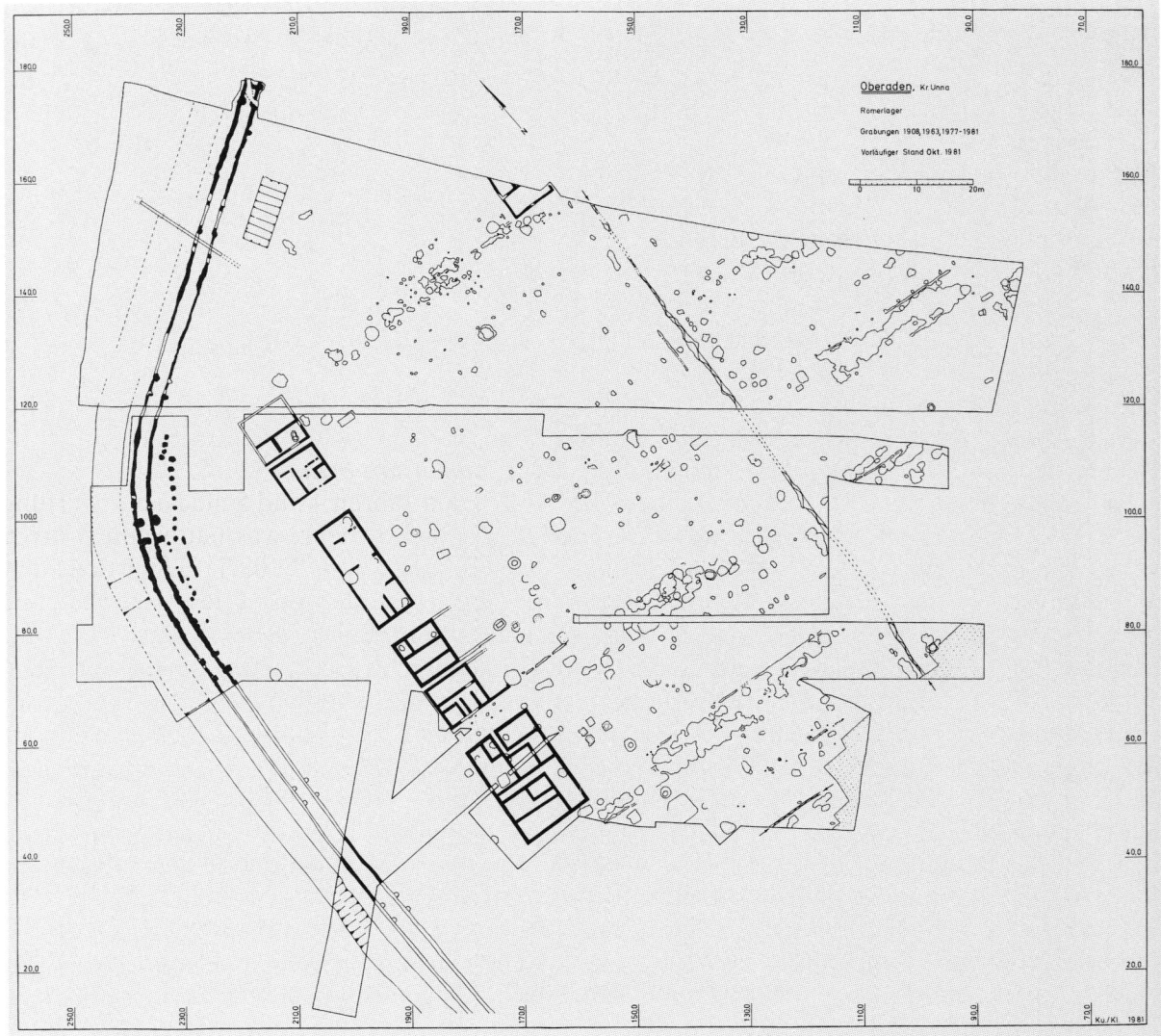

Abb. 216   Oberaden, Grabungsplan der NW-Ecke (n. Germania 60, 1982, Beilage 8)

Untersuchungen am Fundmaterial haben ergeben, daß u. a. Oliven, Feigen, Weintrauben, Mandeln und sogar Pfefferkörner nach Oberaden geliefert wurden. Die Versorgung mit größeren Mengen an Wein ist durch Amphoren und Weinfässer gut belegt.

Kurz erwähnt sei in diesem Zusammenhang das ca. 2,5 km westlich von Oberaden gelegene, ca. 1,6 ha große sog. Uferkastell. Möglicherweise war zur gleichen Zeit in Reckinghausen ein Legionsdetachement oder eine Auxiliareinheit zur Sicherung des auf der Lippe transportierten Nachschubs stationiert.

Mehrere Trinkwasserbrunnen im Oberadener Lager waren absichtlich unbrauchbar gemacht worden. Durch Tierkadaver oder Fäkalien, in letzteren waren mediterrane Pflanzenreste nachweisbar, wurden sie z. T. regelrecht vergiftet. Demzufolge ist eine römische Urheberschaft anzunehmen. Brandspuren waren wiederholt festgestellt worden. Allem Anschein nach wurde das Lager planmäßig geräumt und die Anlage durch In-Brand-Setzen unbrauchbar zurückgelassen. Archäologische und numismatische Kriterien belegen die Kurzfristigkeit dieses Lagers. Aus historischer Sicht kann für diese Auflassung lediglich das Jahr 8 v. Chr. in Betracht kommen. In diesem Jahr ließ Tiberius, der nach dem Tod seines Bruders Drusus (9 v. Chr.) die Kriegszüge im rechtsrheinischen Germanien zu einem vorläufigen Ende brachte, etwa vierzigtausend Menschen, darunter vor allem Sugambrer, an den linken Niederrhein deportieren. Damit verlor das vorrangig gegen diesen Gegner gerichtete Lager seine Funktion.

Die Auflassung des Mehrlegionenlagers Oberaden zu dieser Zeit ist kein Einzelfall. Gleichzeitig sind weitere Lager zurückgenommen worden, so das Nachschublager Rödgen bei Bad Nauheim und das Legionslager Dangstetten am rechten Hochrhein. Die Auflassung dieser Lager läßt sich schwerlich mit dem hypothetischen Konzept der Eroberung und Einverleibung des Raumes zwischen Rhein und Elbe in Einklang bringen. Sie müssen vielmehr als Hinweise auf die begrenzten Kriegsziele gegenüber den Germanen gewertet werden. Mit einem weiter bestehenden Einfluß römischer Macht, insbesondere im Lippegebiet, wird man rechnen können, eine regelrechte Besatzungsarmee läßt sich für die nachfolgenden Jahre nicht nachweisen.

Auffällig ist das fast völlige Schweigen unserer Quellen über gravierende militärische Vorgänge im rechtsrheinischen Gebiet. Dies sollte sich im Jahre 1 n. Chr. grundlegend ändern. Eine Revolte germanischer Stämme brach aus, über deren Veranlassung und Motive nichts bekannt ist. Der damalige Statthalter der gallischen Provinzen und zugleich erfolgreiche General M. Vinicius führte gegen die Aufständischen ein *immensum bellum* (Vell. 2,104), jedoch ohne durchschlagende Wirkung. Erst Tiberius gelang in den Jahren 4 und 5 die Niederwerfung der Aufständischen. «Von nun an gab es in Germanien nichts mehr, was hätte unterworfen werden können, vom Stamme der Markomannen abgesehen» (Vell. 2,108,1). Über den wahren Sachverhalt täuscht diese euphemistische Äußerung jedoch hinweg. Diese Einschätzung sollte sich in der Amtszeit des Varus verhängnisvoll auswirken. In Wirklichkeit waren am Vorabend der Varusschlacht nur vereinzelte Gebiete der römischen Kontrolle unterworfen. «Die Römer hatten nur einzelne Punkte des Landes in ihrer Gewalt, nicht ein zusammenhängendes Gebiet, sondern wie sie gerade hier und da von ihnen unterworfen waren» (Dio Cass. 56,18,1).

Mit diesem Aufstand des Jahres 1 begann eine zweite Phase in den kriegerischen Auseinandersetzungen zwischen römischer Macht und rechtsrheinischen Germanenstämmen. Wie die Aktivitäten des seit dem Jahre 7 amtierenden Statthalters P. Quinctilius Varus andeuten, war die bewußt betriebene Provinzialisierung der eroberten Gebiete Ziel der Militärpolitik. Als untrügliche Anzeichen sind Erhebung von Steuern und römische Rechtsprechung auszumachen. In diesem Zusammenhang muß auch der im Jahre 6 angelaufene, aber jäh abgebrochene Zangenangriff gegen Marbod gesehen werden. Von Mainz waren Sentius Saturninus und von Carnuntum Tiberius mit ihren Truppen aufgebrochen. Die Nachrichten über den Aufstand in Pannonien und Dalmatien zwangen jedoch zu einem eiligen Friedensschluß mit Marbod. Ob das jüngst südlich von Kitzingen bei Marktbreit entdeckte Lager in diesen zeitlichen Zusammenhang gebracht werden darf, werden die angelaufenen Grabungen erst ergeben. Ein erfolgreiches militärisches Vorgehen gegen Marbods Armee, die 70 000 Mann an Fußtruppen und 4000 Reiter umfaßte und durch elbgermanische Stämme starke Unterstützung fand, hätte sich aus römischer Sicht stabilisierend auf die Machtverhältnisse im Gebiet zwischen Rhein und Elbe ausgewirkt.

Es erscheint nicht ausgeschlossen, daß erst zu Beginn dieser Phase das Hauptlager von Haltern erbaut worden ist. Strittig sind die Schlußfolgerungen, die sich aus dem Vergleich der Terra Sigillata von Oberaden und Haltern ergeben. Deutliche Unterschiede sind festzustellen, die einen zeitlichen Hiat zwischen den beiden Lagern anzeigen könnten. Ähnliches gilt auch für die Fundmünzen aus den Lagern Oberaden und Haltern. Ein anderes Erklärungsmodell geht davon aus, daß die an der Terra Sigillata festzustellenden Unterschiede auf andersgeartete Belieferungsverhältnisse der Lager Oberaden bzw. Haltern zurückzuführen sind.

Das sog. Hauptlager von Haltern (Abb. 217) hatte zunächst einen Flächeninhalt von 16,7 ha, wurde aber später auf 18 ha vergrößert und war von einer 3 m breiten Holz-Erde-Mauer und zwei vorgelagerten Spitzgräben umgeben. In ein festes Achsensystem waren die Hauptstraßen, die *via principalis* und die *via praetoria*, eingebunden. Bis auf die wohl geländebedingte Lage des Nordtors liefen diese Hauptstraßen jeweils auf ein Tor zu. Im Zentrum lagen

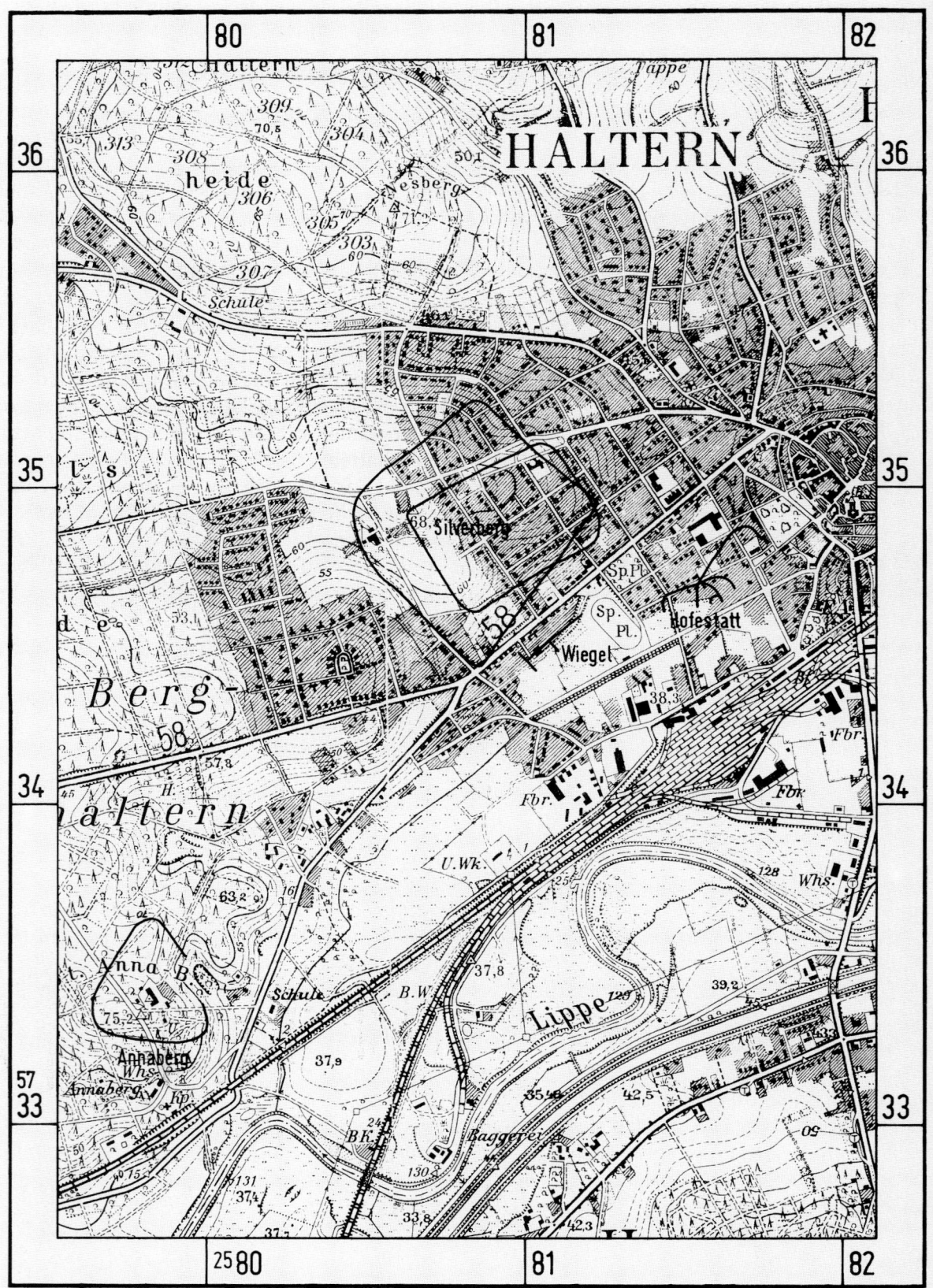

Abb. 217   Lageplan der römischen Anlagen im Raume Haltern (n. J. E. Bogaers und C. B. Rüger [Hrsg.], Der niedergermanische Limes. Kunst und Altertum am Rhein 50, 1974, 117, Abb. 40)

die *principia*, die sich vom älteren Stabsgebäude von Oberaden durch einen wesentlich einfacheren Grundriß abheben. Nördlich dieses Baues befand sich ein großes Gebäude mit Innenhof, das gewöhnlich als *praetorium* angesprochen wird. Die Wohnbauten für die Offiziere (sog. Tribunenhäuser) standen vornehmlich im Westen und im Nordosten der *principia*. Ca. 70 m lange Kasernen sind längs des nördlichen und östlichen Wallabschnittes nachgewiesen. Weitere Spezialbauten können teilweise in ihrer damaligen Funktion noch angesprochen werden. So ein lagereigenes Handwerkerzentrum (*fabrica*) und das Truppenlazarett (*valetudinarium*). Ungewöhnlich ist die Häufung der sog. Tribunenhäuser. Dadurch hebt sich das Halterner Hauptlager in seiner Innenbebauung von anderen augusteischen Legionslagern deutlich ab. Diese über den normalen Bedarf hinausgehenden Bauten lassen die Vermutung aufkommen, daß Haltern zu dieser Zeit Hauptstützpunkt römischer Macht und vor allem vorgelagerter Sitz des militärischen Verwaltungsapparates im rechtsrheinischen Germanien war.

Dem Hauptlager war an gleicher Stelle das 34,5 ha große sog. Feldlager vorausgegangen (Abb. 218). Innenbauten wurden nicht beobachtet, dagegen vereinzelt Abfallgruben und Backöfen. Ein ca. 2,5 m breiter und ca. 1,5 m tiefer Spitzgraben mit aufgeschüttetem Erdwall bildete die Umwehrung. In dem sog. Feldlager liegt ein kurzfristig belegtes Marschlager vor, das römische Truppen in einer Stärke von ca. zwei Legionen während eines Sommerfeldzuges nicht lange vor Gründung des Hauptlagers bezogen hatten.

Drei weitere augusteische Anlagen sind im Umfeld des Hauptlagers bekannt. Das Kastell auf dem Annaberg war ein 7 ha großes römisches Befestigungswerk in der annähernden Form eines Dreiecks. Ungesichert ist die in der wissenschaftlichen Literatur geäußerte Vermutung, daß hier die älteste Anlage anzunehmen ist. Die irreguläre Art der Anlage läßt zudem Zweifel an einem römischen Ursprung aufkommen. – Auf der Flur Am Wiegel wurden in den Jahren 1899/1900 römische Gräben und Gruben sowie die Reste von römischen Gebäuden freigelegt. Die ersten Ausgräber sahen in diesen Überresten den römischen Anlegeplatz für die auf der Lippe transportierten Versorgungsgüter. – Auf der Flur Hofestatt kamen in den Jahren 1901 bis 1904 die sog. Uferkastelle zum Vorschein. Hier sind vier aufeinanderfolgende, durch Spitzgräben und Holz-Erde-Mauer geschützte Befestigungen nachweisbar. Obgleich Partien dieser Uferkastelle in nachrömischer Zeit durch die Lippe zerstört sind, scheint sich dennoch die

Abb. 218 Schematisierter Plan des Hauptlagers von Haltern (n. S. v. Schnurbein, Die Römer in Haltern [1979])

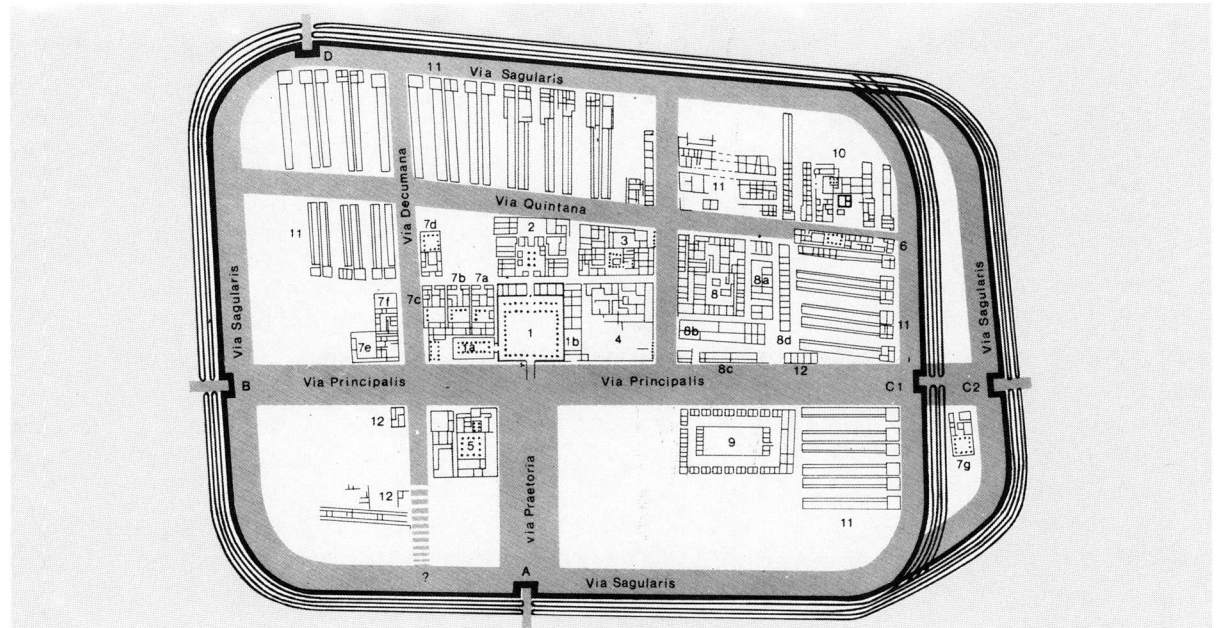

Funktion dieser Anlagen abzuzeichnen. Ein 55×40 m großes Gebäude, bislang als Getreide-speicher angesprochen, ist nach einer neueren Interpretation als Schiffshaus zu verstehen. Damit ist in den Uferkastellen die befestigte Schiffslände erkennbar.

Die bedeutendste römische Anlage in Haltern ist sicherlich die des Hauptlagers. Nach Aus-weis archäologischer Belege waren in der Endphase zumindest Teile der *legio XIX* stationiert, eine der drei Legionen, die in der Schlacht im Teutoburger Wald zugrunde gingen. Die Fund-münzen belegen eindeutig, daß das römische Haltern sein unmittelbares Ende im Zusammen-hang mit der Varusniederlage des Jahres 9 fand. Eine Wiederbesetzung des Platzes während der Feldzüge des Germanicus ist archäologisch und numismatisch nicht nachweisbar.

Weitere römische Militärlager an der Lippe sind bei Dorsten-Holsterhausen und Delbrück-Anreppen auf archäologischem Wege bekannt geworden.

Die ca. 900×550 m große, im Süden durch Erosion beeinträchtigte Anlage Holsterhausen belief sich im Flächenmaß auf eine Gesamtgröße von über 50 ha. Ein max. 4 m breiter und max. 2,5 m tiefer Spitzgraben umschloß das Lager. Unterbrechungen im Spitzgraben sind als Tordurchlässe zu erklären. Indizien für eine Holz-Erde-Mauer und feste Lagerbauten fehlen, vereinzelt sind Abfallgruben und Backöfen beobachtet worden. Wegen dieser mit dem sog. Feldlager von Haltern vergleichbaren Befundsituation kann Holsterhausen nur als zeitweilig belegtes Marschlager in Frage kommen. Eine mehrfache Nutzung des Platzes scheint sich durch ein Spitzgrabenfragment anzudeuten. Von der Lagergröße ausgehend, wird man mit einer Belegungsstärke von zwei Legionen und zugehörigen Auxiliarverbänden zu rechnen haben. Die Spärlichkeit datierbarer Funde erlaubt vorerst nur eine grobe chronologische Ein-ordnung in die Zeit der augusteischen und frühtiberischen Germanenkriege (12 v. bis 16 n. Chr.). – Das östlichste aller Lippelager ist das von Anreppen. Bislang besteht lediglich Klar-heit über die Ausdehnung des unmittelbar am heutigen Lippeufer gelegenen Lagers, Untersu-chungen im Innenbereich stehen noch aus. Die Fläche des im Umriß längsovalen Lagers (ca. 750×330 m) nahm ca. 23 ha in Anspruch und war damit um einiges größer als das Hauptlager von Haltern. Einige Testschnitte zeigen an, daß der Innenraum weitgehend bebaut war. Mit nur 5 m über dem heutigen Lippepegel liegt das Lager knapp im hochwasserfreien Bereich. Über die hier stationierten Truppen ist nichts bekannt. Wegen ausstehender Erkenntnisse über die Art der Innenbebauung erübrigt sich derzeit die Erörterung, ob Anreppen als Nachschub-station auf dem Wege zur Weser zu verstehen ist. Die Funde deuten eine zeitliche Gleichstel-lung mit denen aus den augusteischen Militäranlagen bei Haltern an.

In der Folge der Schlacht im *«Teutoburgensi saltu»* (Tac. ann. 1,60) gingen den antiken Nachrichten zufolge alle römischen Lager östlich des Rheins verloren. Diese Überlieferung steht im Einklang mit den derzeitigen archäologischen Fakten. Bereits 1558/60 lokalisierte Philipp Melanchthon die Varusschlacht in Westfalen, zwischen den Flußläufen Ems und Lippe. Eine genauere Lokalisierung der *clades Variana* blieb bis zum heutigen Tage spekulativ. Ähn-liche Schwierigkeiten bereiten die in sich widersprüchlichen Nachrichten von Dio Cassius und Florus über den tatsächlichen Ablauf der Schlacht.

Die zahlreichen Theorien der Wissenschaft und Populärliteratur haben in beiden Fällen keine allgemein anerkannte Klärung geliefert. Ohne neue – wohl archäologische – Fakten ist eine Lösung der Lokalisierungsprobleme nicht zu erwarten. Als einzig verwertbare ‚geographi-sche' Angabe ist die Passage bei Tacitus (ann. 1,60,3) anzuführen: *ductum inde agmen ad ulti-mos Bructerorum, quantumque Amisiam et Lupiam amnes inter vastatum, haud procul Teuto-burgensi saltu, in quo reliquiae Vari legionumque insepultae dicebantur.* Von archäologischer Seite ist dieser Textstelle lediglich das Xantener Kenotaph des im «bello Variano» gefallenen *centurio* Marcus Caelius gegenüberzustellen.

Die Ursache des von Arminius getragenen Aufstandes und die Auswirkungen der *clades Variana* sind im großen und ganzen erkennbar. Allem Anschein nach betrieb der seit dem Jahre 7 amtierende Statthalter Varus Maßnahmen zur Provinzialisierung der besetzten rechts-rheinischen Gebiete. Die Innenbebauung des Hauptlagers von Haltern scheint dies zu bestäti-

Abb. 219 Hermanns-Denkmal bei Detmold. Kopf des Arminius in der Werkstatt. Links daneben der Bildhauer E. v. Bandel (nach einer Postkarte um 1866)

gen. Mindestens neun sog. Tribunenhäuser sind bekannt, zuviel für eine Legion. Diese Bauten belegen die Präsenz höchster Offiziere und sind zugleich ein Spiegelbild der Militärverwaltung in Germanien. Einen einsetzenden Romanisierungsprozeß verzeichnete Dio Cassius 56,18,2 «die Barbaren wurden zur Ordnung der Römer erzogen: sie gewöhnten sich an ihre Märkte und hatten friedliche Zusammenkünfte». Von verhängnisvoller Wirkung sollte sich die unter Varus' Amtsführung eingeführte römische Rechtsprechung und das Eintreiben von Steuern erweisen, denn damit wurde der Nährboden für die Empörung angelegt. Unsere Quellen lassen nicht erkennen, ob Varus in dieser Vorgehensweise einem politischen Auftrag folgte, oder ob er selbständig die endgültige Provinzialordnung betrieb. Im Verlauf des Jahres 9 kam es zur geschickt getarnten Verschwörung unter Führung des Cheruskers Arminius (Abb. 219), die im September offen ausbrach und schließlich zur Vernichtung der 17., 18. und 19. Legion führte.

«Der Kampf eines zivilisierten und organisierten Großstaates gegen eine tapfere, aber politisch und militärisch barbarische Nation» (Mommsen V 45) ist untrennbar mit der Person des Arminius verbunden. In diesem Individualschicksal vereinigte sich Stammesadel, römische Bürgerschaft und eine ritterliche Offizierslaufbahn. Die einzelnen Stationen seiner Laufbahn in der römischen Armee sind unbekannt, ebenso seine militärischen Funktionen zur Zeit des varianischen Kommandos. Denkbar ist eine Verwendung als Auxiliaroffizier einer selbständigen cheruskischen Hilfstruppe. In Verbindung mit der Führungsmacht eines Stammesadligen waren es gerade seine militärischen, im römischen Heeresdienst erworbenen Kenntnisse, die der Rebellion erst die vernichtende Kraft gegenüber zwar arglosen, dafür aber äußerst kampferfahrenen Legionen verliehen (Vell. 2,119,2: *exercitus omnium fortissimus*).

In Rom lösten anfänglich die Nachrichten aus den Wäldern Germaniens Schock und hysterische Panik aus, sah man doch schon die Lager am Rhein und damit die gallischen Provinzen unmittelbar bedroht. Die eigentliche Gefahr drohte aber durch eine germanisch-markomannische Koalition, die Arminius wohl im Auge hatte. Anders ist das Übersenden des Varushauptes an Marbod nicht zu verstehen. Durch die politische Neutralität des Markomannenkönigs blieb der Aufstand im rechtsrheinischen Germanien trotz des Verlustes der römischen Vorherrschaft letztlich ein auf diesen geographischen Raum beschränktes Ereignis, das die Sicherheit Galliens nicht ernsthaft tangieren konnte.

Die militärische Reorganisation der rheinischen Verhältnisse war das Werk des Tiberius (10–12 n. Chr.), sein Nachfolger Germanicus betrieb dann in den Jahren 14 bis 16 die eigentlichen Rachefeldzüge gegen Arminius und seine Verbündeten. Sie änderten trotz zahlreicher Einzelerfolge nichts an der durch die *clades Variana* eingetretenen Situation. Die Einstellung der Germanenkriege veranlaßte Tiberius. Aufschlußreich sind die Beweggründe des in dieser Frage äußerst pragmatisch entscheidenden Kaisers. Brieflich äußerte er sich gegenüber Germanicus (Tac. ann. 2,26,2), «es sei schon genug der Erfolge, genug auch der Rückschläge. . . Er selbst sei neunmal vom göttlichen Augustus nach Germanien geschickt worden und habe dort mehr durch Klugheit als durch Gewalt erreicht. So seien damals die Sugambrer unterworfen, so den Sueben und ihrem König Marbod durch einen Friedensschluß die Hände gebunden worden. Man könne auch die Cherusker und die übrigen aufrührerischen Stämme, da man ja der Rache Roms genug getan, ihrer inneren Zwietracht überlassen.» Darüber hinaus sprach Tiberius auch die hohen Kosten der Kriegszüge an. Aus der Erfahrung heraus, daß erst der römische Militärapparat die Germanen zu einem gemeinsamen Vorgehen zwang, änderte Tiberius die römische Politik gegenüber den rechtsrheinischen Germanenstämmen grundlegend. Diese neue Politik entzog den germanischen Stämmen das einigende Feindbild. Der Wechsel von der militärischen auf die diplomatische Ebene ermöglichte auf dem politischen Felde eine Förderung der Zwietracht, die sich bereits im folgenden Jahr in den Auseinandersetzungen zwischen Cheruskern und Markomannen bestens bewährte. Der Rhein war damit im Sinne Caesars wieder die Grenzlinie zum germanischen Barbaricum.

Literatur: Zur Geschichte und den Zielen der augusteischen und frühtiberischen Germanienpolitik: A. Riese, Das rheinische Germanien in der antiken Litteratur. 1892 (Nachdruck 1969). – Th. Mommsen, Römische Geschichte V (1904, 5. Aufl.). – W. Capelle, Das alte Germanien, Die Nachrichten der griechischen und römischen Schriftsteller. 1937. – R. Syme, Some notes on the legions under Augustus. JRS 23, 1933, 14 ff. – F. Koepp, Varusschlacht und Aliso. Vorträge und Nachreden aus drei Jahrzehnten (1940). – K. Kraft, Das Enddatum des Legionslagers Haltern. BJb 155/156, 1955/56, 95 ff. – Ders., Die Rolle der Colonia Julia Equestris und die römische Auxiliar-Rekrutierung. JbZMusMainz 4, 1957, 88 ff. – W. John in RE XXIV (1963) Sp. 907–984 s. v. Quinctilius. – D. Timpe, Arminius-Studien (1970). – Ders., Der römische Verzicht auf die Okkupation Germaniens. Chiron 1, 1971, 267 ff. – Ders., Zur Geschichte der Rheingrenze zwischen Caesar und Drusus. Monumentum Chiloniense. Studien zur augusteischen Zeit. Kieler Festschrift für Erich Burck. 1975, 124 ff. – C. M. Wells, The German policy of Augustus (1972). – H. Schönberger u. H.-G. Simon, Römerlager Rödgen. Limesforschungen 15, 1976, 247 ff. – K. Christ, Zur augusteischen Germanienpolitik. Chiron 7, 1977, 149 ff. – J.-S. Kühlborn, Die Zeit der römischen Angriffe. In: W. Kohl (Hrsg.), Westfälische Geschichte 1 (1983) 144 ff. – H. Ament, Der Rhein und die Ethnogenese der Germanen. PZ 59, 1984, 37 ff. – Allgemeine Betrachtungen zu den augusteischen Militärlagern im links- und rechtsrheinischen Gebiet: J. E. Bogaers und C. B. Rüger (Hrsg.), Der niedergermanische Limes. Kunst und Altertum am Rhein 50, 1974. – M. Gechter, Die Anfänge des Niedergermanischen Limes. BJb 179, 1979, 1 ff. – S. v. Schnurbein, Untersuchungen zur Geschichte der römischen Militärlager an der Lippe. BerRGK 62, 1981, 5 ff. – H. Schönberger, Die römischen Truppenlager der frühen und mittleren Kaiserzeit zwischen Nordsee und Inn. BerRGK 66, 1985, 322 ff. – Augusteische Militärlager an der Lippe: Zu Haltern: S. v. Schnurbein, Die römischen Militäranlagen bei Haltern. Bodenaltertümer Westfalens 14, 1974. – Ders., Die unverzierte Terra Sigillata aus Haltern. Bodenaltertümer Westfalens 19, 1982. – B. Galsterer, Die Graffiti auf der römischen Gefäßkeramik aus Haltern. Bodenaltertümer Westfalens 20, 1983. – R. Aßkamp u. J.-S. Kühlborn, Die Ausgrabungen im römischen Gräberfeld von Haltern, Vorbericht. Ausgrabungen und Funde in Westfalen-Lippe 4, 1986, 129 ff. – Zu Oberaden und Reckinghausen: Chr. Albrecht, Das Römerlager in Oberaden, Veröffentlichung aus dem Städtischen Museum für Vor- und Frühgeschichte. Dortmund 2, Heft 1, 1938, Heft 2, 1942. – J.-S. Kühlborn, Die neuen Grabungen in der Nordwestecke des römischen Legionslagers Oberaden. Germania 60, 1982, 501 ff. – J.-S. Kühlborn, H. Schardt, G. Schwitalla, Erneute Untersuchungen der Principia des römischen Legionslagers von Oberaden. Ausgrabungen und Funde in Westfalen-Lippe 4, 1986, 125 ff. – Zu Anreppen: H. Beck, Ein römisches Lager an der oberen Lippe bei Anreppen. Germania 48, 1970,

60 ff. − A. Doms, Die Entdeckung des Römerlagers in Anreppen im Jahre 1968. Westfalen 48, 1970, 160 ff. − Ders., Das Römerlager an der oberen Lippe in Anreppen, Kr. Büren. AKorrBl 1, 1971, 215 ff. − A. Doms, Delbrück-Anreppen. Ausgrabungen und Funde in Westfalen-Lippe 1, 1983, 267 f. − Zu Holsterhausen: W. Winkelmann, Ein neues Römerlager in Holsterhausen bei Dorsten. Westfalen 31, 1953, 47 ff. − A. Stieren, Das neue römische Lager in Westfalen. Germania 32, 1954, 165 ff. − Sonstige frühe Militärlager im rechtsrheinischen Gebiet: G. Fingerlin, Dangstetten, ein augusteisches Legionslager am Hochrhein. Vorbericht über die Grabungen 1967−1969. BerRGK 51−52, 1970−1971, 207 ff. − H. Schönberger u. H.-G. Simon, Römerlager Rödgen. Limesforschungen 15, 1976.

Ernst Künzl

Politische Propaganda auf römischen Waffen der frühen Kaiserzeit

Waffen der Neuzeit tragen bis in unsere Tage Erkennungszeichen, Wappen, Staatssymbole, Landesfahnen und Wahlsprüche («Gott mit uns»). Es ist uns diese Verhaltensweise so vertraut geworden, daß wir kaum über ihre Genese nachdenken. Ein Teil dieser Symbole ist außerdem keine Propaganda mehr, sondern bei den schnellen modernen Flugapparaten, Kraftfahrzeugen oder gepanzerten Fahrzeugen eine notwendige Markierung für die eigene Truppe. Dennoch hat auch heute noch jedes dieser Symbole einen politischen Inhalt. Geht man in die Vergangenheit zurück, so scheint die Zeit der Armee des Augustus die Keimzelle dieser Art von Waffendekor gewesen zu sein. Dekorierte Waffen gab es allerdings schon vorher und wahrscheinlich zu allen Zeiten, in welchen differenzierte Waffen produziert worden waren. Die Ersatzwaffen des Achilleus werden demonstrativ von Götterhand selbst ausgeschmückt. Auf Schilden und Panzern finden sich seit der Bronzezeit ornamentaler und figürlicher Dekor. Selbst wenn es sich im Einzelfall um sehr reichen Figurenschmuck handelte, wie z. B. eben am mythischen Schild des Achilleus oder an den realen goldenen Köchern wie jenem aus dem Königsgrab von Verjina in Makedonien, so ist bisher aus vorrömischer Zeit nirgendwo ein wirklich politisches System im Waffendekor erkennbar.

Dies änderte sich mit den Römern. Vielleicht war Augustus nicht der erste, der seine Truppen mit politisch interpretierbaren Symbolen versah. Das sullanische Siegesdenkmal von San Omobono (Rom) zeigt auf Panzer und Schilden Motive wie Roma, Venus, Eroten, Adler, Blitzbündel, Victoria, Medusa, Dioskur u. a., die man als eine auf Sulla Felix bezogene Siegesikonographie deuten kann, wobei wir jedoch nicht wissen, ob reale Waffen dargestellt sind, und − wenn ja − wieweit die sullanischen Truppen allgemein mit solch dekorierten Waffen versehen waren.

Mit Augustus begann allerdings sicher jene Periode, in der besonders das römische Angriffsschwert, der *gladius*, und sein Koppel zum Träger präziser politischer Aussagen wurden. Daneben lassen die beiden Panzerstatuen des Augustus von Prima Porta und von Cherchel vermuten, daß der metallene Muskelpanzer, der sich als Träger von Reliefs von vornherein anbietet, manchmal ganze Systeme religiöser und politischer Inhalte vorführte. Wieweit dies realen Panzern entsprach, wissen wir nicht. Der Muskelpanzer, der von den Legaten und Tribunen, bisweilen jedoch auch noch von den Truppenoffizieren (*centuriones*, Kat. 402) getragen wurde, gehört leider zu den unbekanntesten Details der römischen Bewaffnung. Die vielen Panzerstatuen sind nur bedingt ein Ersatz, weil eben das Verhältnis zu den realen Waffen problematisch bleibt.

Um so wichtiger erscheint der merkliche Wille, *gladius* und *cingulum* (Schwert und Koppel) als Inhaltsträger auszustatten. Das erfolgreiche Stichschwert, mit dem sich die Legionare der

Abb. 220   Abb. 221 a-c

Republik allen Gegnern überlegen erwiesen, wurde zum Träger der Symbolik römischer *virtus*, römischen Triumphes, dynastischer Hoffnungen und Beschwörungen von Glück und Gedeihen.

Manchmal sind die Themen aktuell wie die Porträts des Kaisers Tiberius auf zeitgenössischen Koppelbeschlägen (Kat. 384). Das ‚Schwert des Tiberius‘ läßt sich sogar einigermaßen genau datieren, weil der dem sitzenden *princeps* Tiberius die kleine Victoria überreichende Feldherr nur der im Jahre 17 den Germanentriumph feiernde Germanicus sein kann (Kat. 383). Die umfassende Triumphalsymbolik dieses Schwertes — welches einen siegreichen aktuellen Feldherrn, Germanicus, zum regierenden *princeps* Tiberius stellt, welches die *felicitas* des Tiberius ebenso wie den Augustus im Lorbeerkranz zitiert, welches an die militärischen Heiligtümer ebenso wie an die Rätersiege der Brüder Tiberius und Drusus erinnert — ist ein Muster für das römische Geschick, alles in Siege umzudeuten. Der Feldherr Germanicus durfte über die Germanen im Jahre 17 triumphieren und dabei des Arminius gefangene Frau den Römern vorführen, er selbst jedoch wurde vom Kommando der Rheinarmee entbunden, seine Feldzüge waren vergeblich gewesen, Tiberius nahm die Grenze endgültig an den Rhein zurück.

Die Symbole auf Schwert und Koppel gehen auch über die Siegessymbolik hinaus. Die Götter Minerva und Neptun verkörpern die Herrschaft über Land und Meer, Zitate aus der Geschichte Spartas stellen die römische *virtus* zu einem berühmten Vorbild, die Astralgötter Sol und Luna geben einem solchen Koppel einen den Panzerstatuen von Prima Porta und von Cherchel vergleichbaren kosmischen Rahmen (Kat. 388).

Ein Staatswappen oder eine Landesfahne im modernen Sinne hat es in Rom nicht gegeben. Die Symbole wechselten, mit der Stadt Rom selbst als Ort verband man die *lupa capitolina* auf Schwertscheiden und Koppeln (Kat. 384). Roma selbst wird ebenfalls zitiert, meist in Verbindung mit der sie bekränzenden Victoria (Kat. 388). Auf Schwertscheidenbeschlägen aus Vindonissa/CH sitzt Roma mit Füllhorn auf Waffen, eine Victoria mit Kranz fliegt auf sie zu. Weitere Themen von Schwertscheidenbeschlägen tiberischer Zeit, die mit der in Vindonissa stationierten 13. Legion zusammengebracht werden, sind ein gefesselter nackter Barbar zwischen zwei Trophäen, ferner zwei Eroten, die einen Ehrenschild (*clipeus*) mit Büste halten, unter dem ein Adler sitzt, sowie Kampfszenen (Abb. 220.221). Die *felicitas temporum*, die *aurea aetas* — garantiert von den römischen Legionen — zitiert man nicht nur durch diese Eroten, Füllhörner und Globen (vgl. Kat. 384), man wandelt das Motiv auch ins Unpräzise; die in der frühen Kaiserzeit beginnende Rankensymbolik, die wohl schon in der Zeit des Augustus beginnt (Kat. 386), steht parallel zur überaus beliebten Rankendekoration auf dem Edelmetalltrinkgeschirr (Kat. 388) und ist als eine Beschwörung der von den römischen Waffen geschützten Welt eines friedlichen Gedeihens gedacht (Kat. 386.389).

Von Kaisern und Angehörigen des Kaiserhauses finden wir nur Augustus (Kat. 383.387), Tiberius (Kat. 383.384) oder prominente Mitglieder des julisch-claudischen Hauses unter den ersten beiden *principes* (Kat. 383.385.391) auf Waffen wieder. Nach Tiberius hört die dynastische Propaganda auf Waffen auf. Die sehr ausführliche flavische Judensiegpropaganda konzentrierte sich auf religiöse Motive (Mars, Victoria), auf topographische Hinweise (Palmbaum) und auf die Personifikation des Provinz Iudaea.

Einen direkten dynastischen Bezug boten natürlich auch in der Zeit nach Tiberius die Reliefs oder Büsten, die an den Feldzeichen befestigt waren. Die zufällig erhaltene Scheibe aus Niederbieber (Kat. 390) bietet zwar beträchtliche Interpretationsschwierigkeiten, ist aber ein kostbarer Beleg einer sonst weitgehend verlorenen Denkmälergattung. Kaiserbüstchen lassen sich im einen oder anderen Falle auf Feldzeichen beziehen, originale Legionsadler (*aquilae*)

Abb. 220   Beschlag einer Schwertscheide aus Vindonissa/CH. Brugg, Vindonissamuseum Inv. 1923:378. Bronze. Kampfszene und Trophäe. 1. Jh. n. Chr.

Abb. 221   Tiberische Schwertscheidenbeschläge. Bronze. a−c aus Vindonissa (CH), d aus Baden (CH), e aus Poetovio (YU). Victoria vor Roma (a,b), Eroten und Clipeus, Büste und Adler (c), Gefangener zwischen Trophäen (d,e)

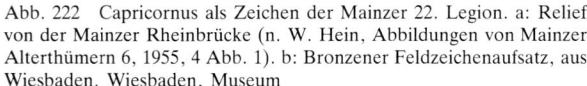

Abb. 222   Capricornus als Zeichen der Mainzer 22. Legion. a: Relief von der Mainzer Rheinbrücke (n. W. Hein, Abbildungen von Mainzer Alterthümern 6, 1955, 4 Abb. 1). b: Bronzener Feldzeichenaufsatz, aus Wiesbaden. Wiesbaden, Museum

Abb. 223   Personifikationen der Germania. a: Weihrelief für Caligula aus Kula/Lydien. Gefesselte Germania (n. AM 13, 1888, 18). b: Sesterz des Domitian mit Germania capta (n. Schumacher-Klumbach, Germanendarstellungen⁴ [1935] 43 Abb. 1). Denar des Hadrian: Germania mit Schild und Speer. 134−138 n. Chr.

haben sich bisher nicht gefunden. Neben den Adlern hatten die Legionen totemzeichenähnliche Symbole wie Eber, Widder, Stier oder − wie im Falle der Mainzer 22. Legion − den *capricornus*, das Nativitätssternbild des Augustus. Auf Steinreliefs, Feldzeichenteilen und Ziegelstempeln, die mit der 22. Legion zusammenhängen, wird der *capricornus* oft zitiert (Abb. 222). Er war außerdem Beizeichen der *legiones I Adiutrix, II Augusta* und *XIII Gemina*. Bisweilen erscheinen diese Legionssymbole auch auf Waffen.

Literatur: A. Alföldi, Römische Porträtmedaillons aus Glas. Ur-Schweiz 15, 1951, 66 ff. − Ders., Zu den Glasmedaillons der militärischen Auszeichnungen aus der Zeit des Tiberius. Ur-Schweiz 21, 1957, 80 ff. − V. von Gonzenbach, Tiberische Gürtel- und Schwertscheidenbeschläge mit figürlichen Reliefs (1966) 183 ff. − G. Ulbert, Gladii aus Pompeji. Vorarbeiten zu einem Corpus römischer Gladii. Germania 47, 1969, 97 ff. − E. Künzl, Cingula di Ercolano a Pompei. CronPomp 3, 1977, 177 ff. − Die Bildnisse des Augustus. Herrscherbild und Politik im kaiserlichen Rom. Katalog Ausstellung München 1978. − E. Künzl, Zwei silberne Tetrarchenporträts im RGZM und die römischen Kaiserbildnisse aus Gold und Silber. JbZMusMainz 30, 1983, 381 ff. (*imagi-*

nes von Feldzeichen). — E. Ettlinger — M. Hartmann, Fragmente einer Schwertscheide aus Vindonissa und ihre Gegenstücke vom Großen St. Bernhard. JberProVindon 1984, 5 ff. (Rankendekor). E. Ettlinger — H.

W. Doppler, Nochmals Schwertscheiden-Fragmente und verwandte Stücke aus Vindonissa. JberProVindon 1986, 5 ff.

Ernst Künzl

Die römische Personifikation der *Germania*

Länder oder Staaten als weibliche Personifikationen aufzufassen und ihnen damit einen äußerlich ebenso einprägsamen wie innerlich abstrakten Sinn zu geben, war zwar schon griechische Erfindung, doch wie auf vielen Gebieten haben den Gedanken erst die Römer weiterentwickelt. Allerdings tat man sich in der römischen Kaiserzeit (und nur von ihr ist die Rede) mit den diversen weiblichen Verkörperungen von Provinzen, Ländern oder Landesteilen zuweilen recht schwer. Eine kanonische Reihe römischer Provinzpersonifikationen wurde anscheinend versucht (Podiumsreliefs des Hadriantempels in Rom, Münzen), ohne daß eine über die Zeiten verständliche Linie erkennbar wäre, was angesichts wechselnder Grenzen und Grenzkonzepte auch nicht zu erwarten ist.

Germania wurde als stehende oder kauernde Frau in langem Gewande und mit langen Haaren dargestellt, was einer sehr vereinfachten Form germanischer Frauentracht entsprach. In der Zeit des Augustus und des Tiberius ist das Thema noch nicht erkennbar. Wohl kennt man den Barbarenkampf und das Tropaion als Siegessymbol (Abb. 220), man zitiert durchaus auch abstrakt verstehbare weibliche Figuren als geographischen Hinweis, wie es auf dem ‚Schwert des Tiberius' mit der amazonenartigen Frau mit Doppelaxt geschah, die auf das Land der Räter und Vindeliker hinweisen sollte (Kat. 383). Eine unterworfene *Germania* kann man sich also im augusteischen Repertoire durchaus bereits vorstellen, doch sie ist bisher unbekannt geblieben. Da auf den gut bekannten augusteischen Münzen nichts zu finden ist, wird man annehmen dürfen, daß damals diese Personifikation noch keine Rolle spielte.

Der Begriff Germanien war zwischen Augustus und den Flaviern außerdem variabel. Nach dem unter Tiberius vollzogenen Rückzug aus dem Gebiet zwischen Rhein und Elbe gab es 80 Jahre lang keine richtige Bezeichnung für eine Provinz, sondern nur den rheinischen Militärbezirk als Grenzsicherung vor den gallischen Provinzen. Dieser Bereich wurde nach dem Saturninusaufstand unter Domitian neu organisiert, es entstanden die beiden germanischen Grenzprovinzen Niedergermanien (Germania inferior) und Obergermanien (Germania superior), wobei Obergermanien mit der Hauptstadt Mogontiacum (Mainz) fast ausschließlich keltisches Siedlungsgebiet erfaßte.

Die älteste personifizierte *Germania*, die wir kennen, ist ausgerechnet eine Figur auf einem kleinen Weihrelief für Caligula aus Kula in Lydien (Kleinasien; Abb. 223a). Die ephemeren Germanenaktivitäten des Caligula als Anhaltspunkt der Erfindung dieses ikonographischen Personifikationstypus zu sehen, fällt allerdings schwer, und so bleibt das Problem, ob nicht doch in der Zeit des Augustus oder des Tiberius dieses Thema zumindest angeschlagen wurde.

Die Münzpropaganda schweigt jedoch bis zur Zeit des Domitian, der seine Germanenpropaganda als Gegengewicht zur Judensiegpropaganda seines Vaters Vespasian und seines Bruders Titus ausbaute (Abb. 223b).

In der Zeit des Marcus Aurelius erscheint eine ähnliche kauernde und trauernde *Germania* noch einmal auf den Münzen.

Bisher kann man eine regelrecht besiegte *Germania* nur auf einigen wenigen Monumenten der Zeit des Caligula, des Domitian und des Marcus Aurelius nachweisen, eine angesichts der historischen Realität geradezu angemessene Ikonographie. Unter Hadrian erfolgt eine bemerkenswerte Neuerung. In seiner Münzserie von 134–138 erscheint statt der gefangenen oder trauernden *Germania* eine der Minerva ähnliche stehende Frau, die Schild und Speer trägt (Abb. 223 c). Die Umschrift seiner Münzen nennt nur *Germania*, von einer *Germania capta* oder *subacta* ist nicht mehr die Rede. Kann man dieses Zitat noch im Rahmen der integrativen Reichspolitik des Hadrian verstehen, so wird die mit Speer und *vexillum* bewaffnete Gestalt einer der *Germania* angeglichenen Frau auf einer Goldmünze des Laelianus von 268 n. Chr. zum Symbol der römischen *virtus militum* schlechthin.

Wenn man e silentio schließen darf, so hat sich die augusteische und tiberische politische Propaganda von der Figur einer personifizierten *Germania* ferngehalten. Daß die Römer in der Spätantike, als sie immense germanische Hilfstruppen engagiert hatten, militärische *virtus* mit der Figur der *Germania* illustrierten, ist ebenso bemerkenswert wie daß sie über die Zeiten hinweg mit der inhaltlichen und geographischen Personifikation der *Germania* Probleme hatten.

Literatur: K. Schumacher – H. Klumbach, Germanendarstellungen I. Teil. Darstellungen aus dem Altertum⁴ (1935). – A. Alföldi, Die Germania als Sinnbild der kriegerischen Tugend des römischen Heeres. Germania 21, 1937, 95 ff. – B. Overbeck, Rom und die Germanen. Das Zeugnis der Münzen (1985). – E. Künzl, LIMC s.v. Germania (im Druck).

Ernst Künzl

Romanisierung am Rhein – Germanische Fürstengräber als Dokument des römischen Einflusses nach der gescheiterten Expansionspolitik

Was ist von den Römern in Germanien geblieben? Die Frage muß entsprechend den historischen Vorgängen dreigeteilt werden:

1) die von der Armee importierte Sachkultur in den Jahren zwischen 12 v. Chr. und 9 n. Chr. und im Gebiet zwischen Rhein und Weser (vgl. oben Beitrag Kühlborn, mit den entsprechenden Katalogbeiträgen) verschwand, die Bauten, Waffen und sonstigen Objekte wurden zu archäologischen Bodendenkmälern, die erst im 20. Jh. durch die neueste Forschung wieder geborgen wurden, und die deshalb einen außerordentlich wichtigen Rang für unser Bild der augusteischen Zeit einnehmen.

2) am Rhein entwickelten sich mit der Kastellkette der Drususzeit, mit den beiden großen Militärplätzen Vetera bei Xanten und Mogontiacum/Mainz sowie mit dem Ubieraltar (*ara Ubiorum*) und der dazugehörigen Siedlung von Köln organisatorische und kulturelle Zentren, die seither in der römischen, frühmittelalterlichen und deutschen Geschichte ihren Rang behielten. Schon in der Zeit des Augustus läßt sich aus den Grabsteinfunden von Vetera bei Xanten (Kat. 392) und Mainz (Kat. 394) ablesen, wie man Stil und soziale Funktion der italischen Kunst importierte; in diesem Falle erleben wir die Transplantation der oberitalischen Provinzialkunst, im Falle der imperialen Porträtkunst muß man mit Objekten rechnen, welche auf dem Niveau der Stadt Rom standen. Die weitere Entwicklung der Romanisierung am Rhein, in den beiden späteren Provinzen Germania inferior und Germania superior, ist allerdings ein Thema, welches mit dem rechtsrheinischen Germanien nur insofern etwas zu tun hat, als die reichen Importe des 1.–3. Jhs. n. Chr. nach dem sogenannten freien Germanien zu einem großen Teil über das Rheinland liefen.

3) Roms Wirkung auf die Germanen wurde erst nach Roms Rückzug an die Rheingrenze wirklich bemerkenswert. Den aus den Fürstengräbern der Lübsowgruppe ablesbaren römischen Kultureinfluß haben die Römer sicherlich nicht gewollt, weil ihnen am Export ihrer Erzeugnisse allgemein gelegen war. Für uns jedoch zeigt sich in der Reaktion einer kleinen germanischen Führungsschicht, wie dominierend das Vorbild der im Jahre 9 n. Chr. im Teutoburger Wald besiegten Römer geblieben war.

An der Rheingrenze kann man den Wert, den die Römer selbst ihrer äußeren Repräsentation beilegten, neben dem Kölner Ubieraltar besonders deutlich an dem Kenotaph ablesen, welches in Mainz an der Verbindungsstraße zweier großer Heerlager für den 9 v. Chr. verstorbenen älteren Drusus angelegt wurde (Kat. 380). Das römische Mainz der Drususzeit und der folgenden Offensivzeit bis 9 n. Chr. war eine Doppellageranlage mit den Militärstützpunkten Mainz (Kästrich) und Mainz-Weisenau, beide auf der Niederterrasse über dem Rheintal gelegen. Das Drususmonument war auf die Verbindungsstraße zwischen den beiden Lagern bezogen, es markierte als große, 30 m hohe Landmarke die Lage der großen Militärfestung Mainz und die Mainmündung. Mainz war unter Drusus und Tiberius Ausgangspunkt der offensiven Aktionen zur Elbe und nach Böhmen. Schon früh baute man in Mainz repräsentative Anlagen. Der 1986 entdeckte dreitorige Ehrenbogen in Mainz-Kastel (Karte Kat. 380) könnte mit einem überlieferten Germanicusbogen identisch sein. Die Rheinbrücke war anscheinend auch älter als bisher angenommen, sie ist schon in der Regierungszeit des Tiberius angelegt worden.

Während sich jedoch zwischen Alpen und Nordsee am Rhein jene provinzialrömische Zivilisation formierte, die für zwei Jahrhunderte bis zur Reichskrise des 3. Jhs. n. Chr. das vorher keltische und germanische Land verändern sollte, räumten die Römer 16/17 das Gebiet rechts des Rheines. Die Einbeziehung der Wetterau und die verschiedenen Grenzverläufe im Odenwald und im Dekumatenland sind nur historische Korrekturen gewesen.

Zugleich beginnt jedoch der Handel zu florieren. mit den römischen Exportobjekten in das nichtrömische, «freie» Germanien, also nach Böhmen und der Slowakei, Deutschland, Polen, Dänemark und Skandinavien eröffnet sich ein immenses archäologisches Fundgebiet. Im Jahre 1980 kannte man 872 Fundkomplexe aus der sog. Germania libera mit 1607 Importgefäßen (bes. Metall u. Glas), die man in die Chronologiestufen Eggers A, B1 und B2 einordnen kann. Es ist dies ein Zeitraum von über 200 Jahren, wobei die Stufe A etwa die Regierungszeit des Augustus umfaßt, die Stufe B1 etwa von Christi Geburt bis in flavische Zeit (70/80) reicht und die anschließende Stufe B2 bis zur Zeit der Markomannenkriege gehen dürfte (bis 180).

In diese Zeit gehören auch die germanischen Fürstengräber des Lübsow-Typus, wobei die Stufe A bisher nicht vertreten ist, die erhaltenen Gräber also in die Stufen B1 und B2 gehören (von Christi Geburt etwa bis in die zweite Hälfte des 2. Jhs. n. Chr.; vgl. Karte Kat. 395).

Unter den anderthalbtausend importierten Gefäßen zwischen Augustus und Commodus befinden sich nur etwas über 100 Silbergefäße, den Hildesheimer Schatz mitgerechnet; zieht man diesen ab, so hält sich der Import von Silbergefäßen im Mengenbereich von unter 3%. Unsere Karte (Kat. 395) ist als bewußter Ausschnitt gemeint: es sind nur jene Lübsowgräber erfaßt, welche römisches Trinkgerät aus Silber aufweisen, dafür sind jedoch auch die germanischen Imitationen aufgenommen.

Nach Eggers weisen die Fürstengräber der Lübsow-Gruppe folgende gemeinsame Kennzeichen auf: römischer Import, allgemeiner Beigabenreichtum, Waffenlosigkeit, Körperbestattung, besonders aufwendige Grabanlage und Lage der Gräber abseits der großen sonstigen Friedhöfe. Da es nicht einfach ist, diese «Fürsten» zu definieren, hat man versuchsweise die Parameter geändert und etwas anders akzentuiert (Gebühr 1974): Beigaben von Gold und Silber, römische Importgefäße und mehr als zehn Beigaben pro Grab.

Die Kriterien für die sog. Lübsowgräber sind bis heute etwas flexibel geblieben. Sicher ist nur, daß man eine herausragende germanische Schicht bei den Elb-, Ost- und Nordgermanen damit erfassen kann. Die Distanz zum Römerreich ist ein weiteres Kriterium, im Raum der

Rhein-Weser-Germanen fehlen solche Gräber bislang (vgl. unsere Karte Kat. 395 und die frühere Kartierung von Eggers 1949/1950, 106 Abb. 11).

Ob es sich bei diesen Gräbern wirklich um solche von Fürsten (*principes*, vgl. Tac. Germ. 5) oder nur um solche von wohlhabenden Großbauern handelt, wird weiterhin in der Diskussion bleiben. Um in den erhaltenen Lübsowgräbern die historisch benennbare germanische Führungsschicht der Arminius, Marbod etc. zu orten, scheinen die Lübsowgräber etwas zu eng beieinander zu liegen: «... entweder war die oberste soziale Schicht Germaniens sehr zahlreich und entsprechend kleinräumig strukturiert, dann umfaßte ihr Machtbereich nur wenige Gehöfte, und wir erkennen diese Schicht in der hier vorgestellten Personengruppe; oder aber sie war auf wenige, äußerst machtvollkommene Familien beschränkt, dann haben wir − sofern sie sich auch im Bestattungsbrauch von den ‚Nächst-Ärmeren‘ abhoben − bis heute noch keins ihrer Gräber entdeckt» (Gebühr 1974, 128).

Wir müssen uns fragen, ob Tacitus wirklich die Situation richtig umschreibt, wenn er (Germ. 5) notiert: «*est videre apud illos argentea vasa, legatis et principibus eorum muneri data, non in alia vilitate quam quae humo finguntur* (Man kann sehen, daß bei ihnen Silbergefäße, die man ihren Gesandten oder ihren Fürsten schenkte, nicht höher als Keramiken geschätzt wurden)».

In der Tat, Silbergefäße kommen in den germanischen Gräbern nur selten vor. Soll man daraus schließen, daß man sie gering einschätzte? Oder sind sie etwa nur deshalb so selten, weil sie − gegen Tacitus − doch rar und hochgeschätzt waren? Wie stehen die Lübsowgräber zur Definition des Tacitus, daß man König durch Abstammung, Heerführer durch Tapferkeit wurde (*reges ex nobilitate, duces ex virtute sumunt.* Germ. 7)?

Nach dem Beigabenreichtum der Lübsowgräber und nach unserer Kenntnis des römischen Exports allgemein versuchte man anscheinend kontinuierlichen Handelskontakt mit dem Römerreich zu halten, wobei der Handel bis nach Germanien wohl in römischer Hand blieb, auf den germanischen Märkten dann auch lokale Einzelhändler in Erscheinung traten (J. Kunow, Negotiator et vectura. Händler und Transport im freien Germanien, 1980).

Die Zweibechersätze in den germanischen Gräbern sind auffällig. Es entsprach dies in etwa den römischen Bräuchen, wo Trinkgarnituren von zwei oder vier Bechern üblich waren, deren Bildprogramme aufeinander abgestimmt sein konnten, und die dann zumindest theoretisch ein entsprechendes mediterranes Bildungsniveau voraussetzten (A. Linfert, Zwei Versuche über antiken Witz und Esprit. RdA 1, 1977, 19 ff.). Eine solche Bildung ist bei den germanischen Kunden kaum anzunehmen. Die römischen Becher mit erzählendem Inhalt sind denn auch in Germanien selten. Die Hobybecher sind die große Ausnahme (Kat. 396.397). Bei dem spätrepublikanischen oder frühaugusteischen Seewesenbecher von Goslawitz-Wichulla (Abb. 226),

Abb. 224   Zwei kleine germanische Silberbecher aus dem Grab 2 von Łeg Piekarski. Warschau, Nationalmuseum. H 5,9 cm

Abb. 225   Zwei Silberbecher aus dem Grab 3 von Łeg Piekarski. Ehem. Posen (Poznan), Archäologisches Museum. Inzwischen verschollen. H 8 cm

dessen Gegenstück fehlt, wüßte man beispielsweise gerne, ob er ursprünglich im Rahmen der nach Actium faßbaren positiven augusteischen See- und Seewesenpropaganda zu verstehen sein könnte.

Es ist nicht akzeptabel, daß die germanischen Benutzer der römischen Importbecher zugleich auch die hellenistisch-römischen Tischsitten mit den halbkreisförmig um einen Tisch gruppierten Sofas (und mit den entsprechenden stilisierten Tischkonversationen) nachahmten. Wenn dennoch in den Lübsowgräbern immer wieder zwei Silbergefäße auftauchen, so sind es Imitationen römischer Lebensweise, die wohl nur symbolischen Charakter haben; die einheimischen Trinksitten wird man beibehalten haben, auch in den Gräbern der Lübsow-Gruppe (römische Becher vorhanden oder nicht) erscheinen die germanischen Trinkhörner mit ihrem entsprechenden Volumen. Das Vorhandensein der römischen Becher hatte vielmehr reinen Prestigecharakter. Man wollte es den berühmten Römern gleichtun, die trotz des Rückzugs an den Rhein das germanische Bezugsvolk ersten Ranges geblieben waren.

Typischerweise bevorzugte man auch am römischen Import den ornamentalen Dekor. Mythologische Erzählungen, die man manchmal auch politisch ausdeuten konnte, waren nicht geschätzt; sie fehlen selbst im Beutegut des Hildesheimer Schatzes (vgl. Kat. 403.404.405). Dies unterstreicht einmal mehr den Charakter der beiden Hobybecher (Kat. 396.397) als diplomatische Geschenke und nicht als Handelsware.

Warum man bei den Ost- und Nordgermanen eigene Becher in einem dem Römischen nachempfundenen Stil schuf, kann man nur vermuten. Vermutlich blieb hie und da der Fernhändler aus, und man mußte sich mit eigenen Arbeiten begnügen. Es ist jedoch nicht auszuschließen, daß man sich unabhängig von äußeren Zwängen an einer künstlerischen Aufgabe neuer Art versuchte; die Ergebnisse sind denn auch ästhetisch befriedigend, vor allem im Falle der beiden Dollerupbecher (Kat. 399.400). Die immer wiederkehrenden Trinkhörner (Kat. 398) und die kleine germanische Silbertasse im Hobygrab (Kat. 396.397) sind Vertreter der einheimischen traditionellen Richtung. Zu ihnen gesellen sich jene Becher, welche die äußere römische Form nachahmen. Man erkennt sie an der Blattvergoldung statt der bei den Römern bereits üblichen Feuervergoldung, an der unrömischen und den zeitgenössischen germanischen Keramiken verwandten Ornamentik und an den stilisierten Tieren, z. B. jenen an den Griffen der Dollerupbecher (Kat. 399.400).

Richtungweisend wurde O. Kunkel 1927 in seiner Publikation des 1925 gefundenen Becherpaares von Lübsow-Tunnehult. Kunkels Theorie, daß es sich bei diesen beiden Bechern um germanische Arbeiten handeln müsse, hat den Bann gebrochen und hat sich seither als tragfähig erwiesen, wobei Neufunde das Bild inzwischen erweiterten.

Als germanisch sind folgende Arbeiten anzusehen:
- die beiden Becher aus dem Grab 2, 1925, von Lübsow-Tunnehult. Die Becher sind leider seit 1945 verschollen (ehem. Provinzialmuseum Stettin).
- die beiden Becher aus dem Grab von Dollerup (Kat. 399.400).
- vielleicht der Griff eines *scyphus* aus Agersbøl (DK), der in eigenartiger Weise stilisiert ist, doch ist diese Frage noch nicht entschieden (Kat. 395).
- die beiden kleinen *scyphi* aus dem Grab 2 von Łeg Piekarski (Abb. 224). Sie verbinden die römische Scyphusform mit germanischer Ornamentik; die Griffe sind etwas unproportioniert geraten.
- die beiden Silbertassen mit Buckeldekor aus dem Grab 3 von Łeg Piekarski (Abb. 225). Die Ornamentik ist vereinfacht und stilisiert, auf eine Doppelwandigkeit hat man verzichtet (vgl. als Kontrast den kleinen römischen Buckelnapf von Hildesheim, Kat. 406). Da die Becher seit einem Vierteljahrhundert gestohlen sind, ist eine detaillierte technische Prüfung leider nicht mehr möglich (ehem. Arch. Mus. Posen).

Durch das Verschwinden der beiden Becher von Lübsow-Tunnehult und Łeg Piekarski 3 (Abb. 225) ist das Problem der germanischen Nacharbeitungen allein auf das Beispiel der Becher von Dollerup (Kat. 399.400) und Łeg Piekarski 2 (Abb. 224; sie wurden leider nicht nach Berlin ausgeliehen) beschränkt, wobei inzwischen für beide Becherpaare die nichtrömische Provenienz akzeptiert wird. Der Hildesheimer Depotfund erlaubt es, für die glatten Becher ebenso wie für den Buckeldekor die entsprechenden sicher römischen Belege vorzuführen (Kat. 405.406). Die Auswahl der Hildesheimer Gefäße wurde für die vorliegende Ausstellung gerade auch unter diesem Gesichtspunkt getroffen.

Man kann sich der Theorie, daß bei den Ost- und Nordgermanen solche Becher hergestellt wurden, auch nicht durch den Ausweg entziehen, fiktive provinzialrömische Ateliers irgendwo an Rhein oder Donau dafür verantwortlich zu machen. Die beiden Hildesheimer Humpen (Kat. 407) sind in ihrer merkwürdigen Art zumindest der Beleg für eine bestimmte Richtung der Toreutik im frühkaiserzeitlichen Gallien, wo immer man den Produktionsort annehmen mag. Repräsentative Arbeiten von Silberwerkstätten aus den Nordwestprovinzen setzen wohl erst wieder mit dem 2. Jh. n. Chr. ein; im Tempelschatz von Berthouville (Eure; F) sind noch alle Stücke des 1. Jhs. Import aus Italien. Es paßt zu diesem Bild, daß man aus den germanischen Gräbern der Stufen B1 und B2, zwischen Augustus und Marcus Aurelius, keine provinzialrömischen Silberarbeiten, sondern nur italische Stücke und germanische Imitationen besitzt.

Die germanischen Arbeiten beschränken sich auf den Siedlungsbereich der Nord- und Ostgermanen (Karte Kat. 395; zu den Germanenstämmen in der Zeit des Augustus und Tiberius vgl. auch die Karte Kat. 377.378). Diese Beschränkung dürfte wohl in der Handelsdistanz ihren Hauptgrund haben. Es scheint den Germanen auch nicht auf das Trinken allein bei diesen Bechern angekommen zu sein; Trinkhörner kommen daneben ja nach wie vor in die Gräber, und einige der von den Germanen imitierten Gefäße sind für Trinkgefäße sehr klein, vor allem die fast miniaturhaften beiden kleinen Becher von Łeg Piekarski 2 (Abb. 224). Diese Gefäße dienten mehr einem sozialen Zweck. Man dokumentierte den Reichtum der Familie ebenso wie die Vertrautheit mit den bewunderten mediterranen Erzeugnissen.

Im Rahmen der frühkaiserzeitlichen Fürstengräber unterstreichen also diese Imitationen den Rang der entsprechenden Familien, die man deshalb wohl doch etwas oberhalb der Großbauernebene wird annehmen dürfen. Für die Genese des germanischen Kunsthandwerks sind diese Arbeiten im römischen Geschmack Zeugnisse beträchtlichen Ranges. Sie unterstreichen die technische Geschicklichkeit der Handwerker ebenso wie den Hang zu einem strengen ornamentalen Dekor. Für eine Übernahme figuraler Reliefs, wie sie in der mittleren Kaiserzeit im Thorsberg-Horizont und an den sog. Seelandbechern geschah, war in den Stufen B1 und B2 die

Abb. 226 Silberbecher aus dem Grab von Goslawice-Wichulla. Breslau, Archäologisches Museum. H 8 cm, Dm ohne Griffe 10 cm (n. H. Lendel–E. Schmidt, Mannus 27, 1935, 303 Abb. 3)

Zeit noch nicht reif. Daß man sich jedoch die Mühe von Nacharbeitungen machte, zeigt deutlich, welchen Rang man bei den vom Reich weit entfernten Nord- und Ostgermanen dem römischen Vorbild einräumte.

Literatur: Import: H. J. Eggers, Der römische Import im freien Germanien (1951). – K. Majewski, Importy rzymskie w Polce (1960). – J. Kunow, Der römische Import in der Germania libera bis zu den Markomannenkriegen. Studien zu den Bronze- und Glasgefäßen (1983). – Ders., Römisches Importgeschirr in der Germania libera bis zu den Markomannenkriegen: Metall- und Glasgefäße. ANRW II 12,3 (1985) 229 ff. – U. Lund Hansen, Römischer Import im Norden (1987). Lübsowgräber: H. J. Eggers, Lübsow, ein germanischer Fürstensitz der älteren Kaiserzeit. PZ 34/35, 1949/1950, 58 ff. – M. Gebühr, Zur Definition älterkaiserzeitlicher Fürstengräber vom Lübsow-Typ. PZ 49, 1974, 82 ff. – J. Oldenstein, Die Zusammensetzung des römischen Imports in den sogenannten Lübsowgräbern als möglicher Hinweis auf die soziale Stellung der Bestatteten. AKorrBl 5, 1975, 299 ff. Germanische Silberbecher: O. Kunkel, Vorläufige Mitteilungen über neue kaiserzeitliche Funde in Pommern. 5. Ergbd. Mannus (1927) 122 f. Taf. 15 Abb. 1. – E. Sprockhoff, Ein ostgermanisches Brandgrab der römischen Kaiserzeit aus Sampohl. MainzZ 23, 1928, 40 (Kunkel u. Sprockhoff über den Becher von Lübsow-Tunnehult). – E. Petersen, Ein neues wandalisches Fürstengrab des 1. Jahrhunderts aus dem Wartheland. Altschlesien 9, 1940, 44 (macht auf den vielleicht germanischen Charakter der beiden Becher aus dem Grab 2 von Łeg Piekarski, unsere Abb. 224, aufmerksam). – O.

Voss, Die Gefäße aus Bronze und Silber. ActaArch 19, 1948, 265 ff. (zu Dollerup, unsere Kat. 399. 400, Lübsow, Łeg Piekarski, Agersbøl u. a.). – Eggers 1949/1950, 86 ff. (Lübsow-Tunnehult). – J. Wielowiejski, Römische Silbergefäße und ihre Nachahmungen in Polen. Concilium Eirene XVI 2 (1982) 221 ff. (Lübsow, Łeg Piekarski, Dollerup).
Germanische Nacharbeitung römischer Waffen (gladius, pugio, cingulum) in der Mitte des 1. Jhs. n. Chr.: M. Gechter – J. Kunow, Der frühkaiserzeitliche Grabfund von Mehrum. Ein Beitrag zur Frage von Germanen in römischen Diensten. BJb 183, 1983, 449 ff., bes. 452.
Ornamente auf germanischen Keramiken: Stufe A und B1: K. Motyková–Šneidrová, Die Anfänge der römischen Kaiserzeit in Böhmen. Počátky doby římské v Čechách. Fontes Archaeologici Pragenses 6 (1963) Beilage 1. – J. Werner, Das Aufkommen von Bild und Schrift in Nordeuropa. Sitzber. Bayer. Akad. Wiss., 1966, H. 4, 10 Abb. 2. Davon zu unterscheiden ist die rollrädchenverzierte frühkaiserzeitliche Keramik: Vgl. z. B. H. Bernhard, Eine Töpferei aus tiberischer Zeit in Speyer. MHistVerPfalz 78, 1980, 109 ff.

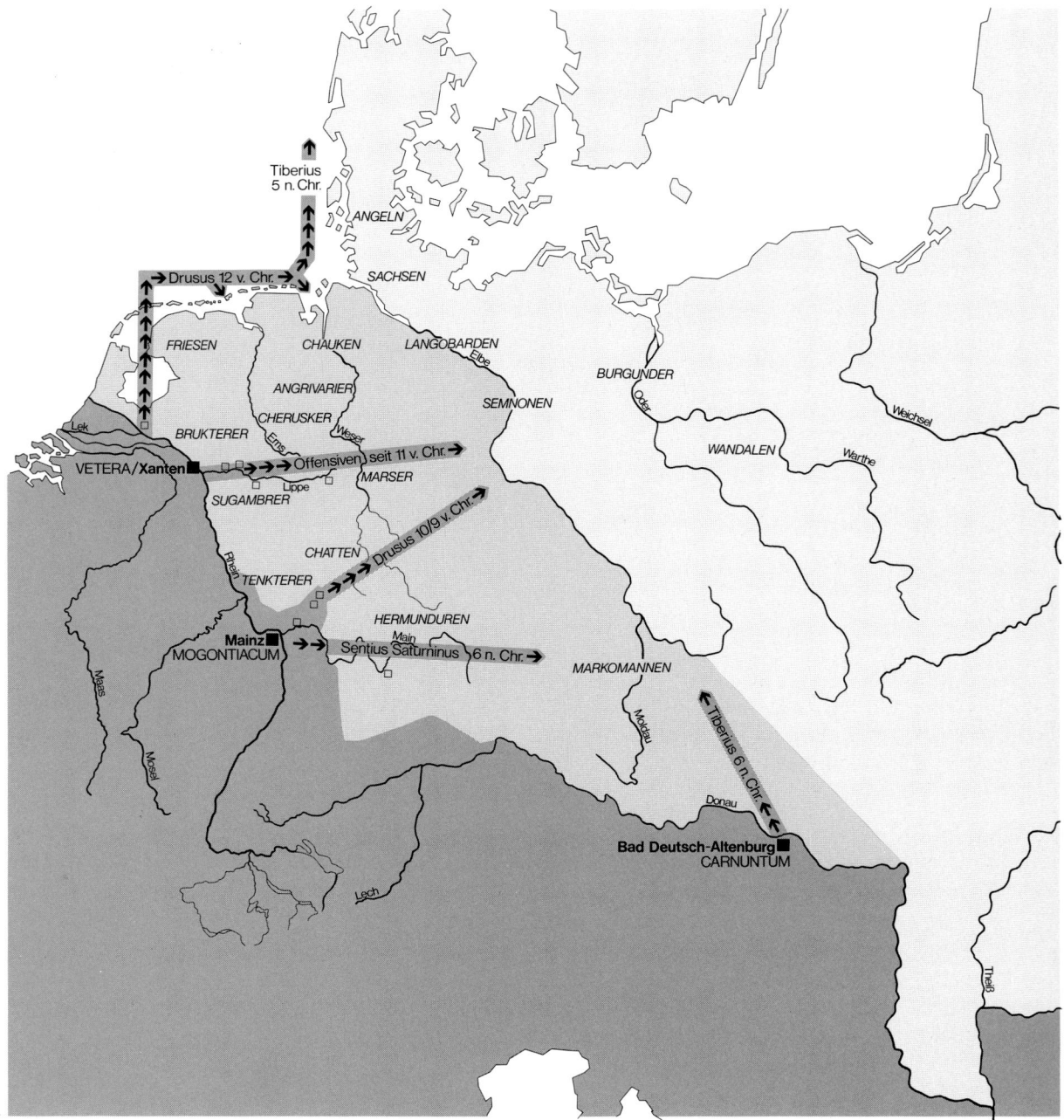

Kat. 377

Ernst Künzl

377–407 Katalog

377 Karte: Die offensive Germanienpolitik unter Augustus

378 Karte: Die Reichsgrenzen unter Augustus
(Abb. S. 16 f.)
In Richtung der hypothetisch als strategisches Ziel der Römer eingezeichneten Elb-Donau-Linie sind in vereinfachter Form die Stoßlinien der römischen Offensiven angegeben.

Die wichtigsten Ausgangspunkte sind die Militärbasen von Vetera bei Xanten, Mogontiacum/Mainz und Carnuntum bei Bad Deutsch-Altenburg. Zu den augusteischen Militäranlagen im Detail vgl. Kat. 379.

1. Seeunternehmen des Drusus 12 v. Chr. gegen die Küstenstämme.

2. Jütlandexpedition des Tiberius 5 n. Chr.

3. Hauptstoßrichtung über das Lippetal entlang der Nordgrenze der Mittelgebirge. Ab der Drususoffensive von 11 v. Chr.

4. Offensiven des Drusus 10 und 9 v. Chr. von Mainz aus zur oberen Weser und zur Elbe.

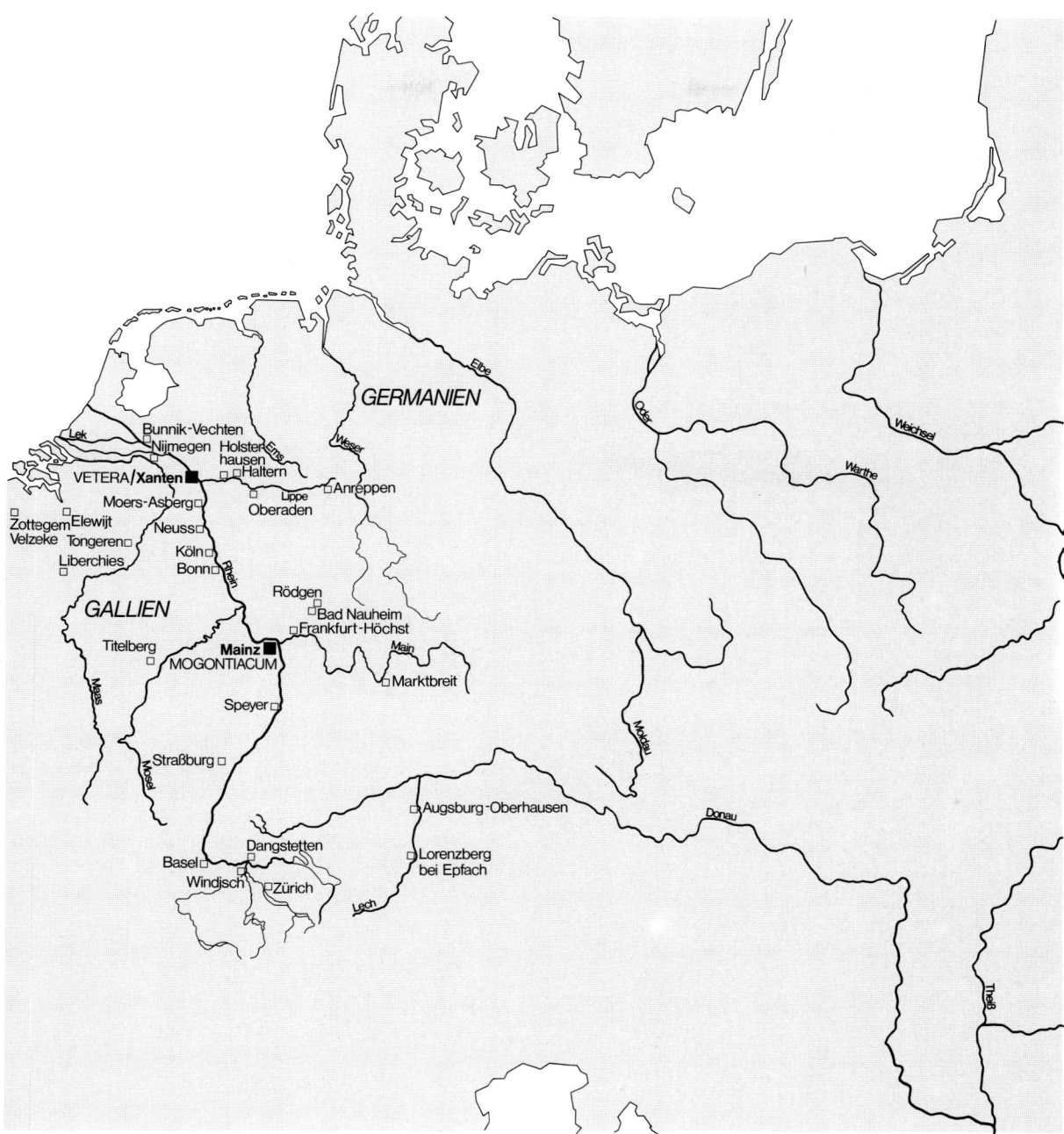

GERMANIEN

Bunnik-Vechten
Nijmegen Holster-
hausen
VETERA/**Xanten** ■   □ Haltern
Moers-Asberg □   □ Anreppen
□ □ Elewijt   Lippe
Zottegem   Neuss □   Oberaden
Velzeke Tongeren □
Liberchies □   Köln □
Bonn □   Rödgen
□ Bad Nauheim
GALLIEN   □ Frankfurt-Höchst
Titelberg   **Mainz** ■
□   MOGONTIACUM
□ Marktbreit
Speyer □

Straßburg □

□ Augsburg-Oberhausen

Dangstetten
Basel □   □ Lorenzberg
Windisch □ Zürich   bei Epfach

Elbe · Oder · Weichsel · Warthe · Weser · Ems · Rhein · Main · Mosel · Donau · Lech · Theiß · Lek · Maas

Kat. 379

5. Abgebrochenes Zangenunternehmen gegen die Markomannen in Böhmen. Sentius Saturninus aus Mainz, Tiberius aus Carnuntum.

Der Ort der Schlacht im Teutoburger Wald ist nicht eingetragen. Er lag wohl irgendwo im cheruskischen Siedlungsgebiet zwischen Weser, oberer Ems und oberer Lippe, doch hat man trotz unendlicher Spekulationen den Platz noch nicht entdeckt.

Die Stammesnamen und ihre geographische Lokalisierung sind angesichts der lückenhaften Quellenlage und der Mobilität der Stämme teilweise hypothetisch. Bestimmte Stämme wie die Angeln und Sachsen, die Bur-

gunder und Wandalen müßten für die augusteische Zeit mit einem Fragezeichen versehen werden, doch ist nach der Evidenz der frühen Kaiserzeit die Annahme der Existenz in der Zeit um Christi Geburt vertretbar. Manche Stämme machten beträchtliche Bewegungen, z. B. die suebischen (elbgermanischen) Markomannen, von denen Teile auch zeitweilig im Gebiet des Maintals siedelten.

Verzichtet habe ich auf die Kennzeichnung der Gebiete anhand der archäologischen Fundgruppen: Rhein-Weser-Germanen, Elbgermanen, Ostgermanen und Küstenstämme sowie Nordgermanen.

Literatur: Vgl. oben Einleitung, Beitrag Kühlborn, mit der dort zitierten Literatur. Ferner: R. von Uslar, Westgermanische Bodenfunde des ersten bis dritten Jahrhunderts nach Christus aus Mittel- und Westdeutschland (1938). – Ders., Archäologische Fundgruppen und germanische Stammesgebiete vornehmlich aus der Zeit um Christi Geburt. HZ 71, 1952, 1 ff. – R. Hachmann, G. Kossack, H. Kühn, Völker zwischen Germanen und Kelten (1962). – Die Germanen. Geschichte und Kultur der germanischen Stämme in Mitteleuropa. Autorenkollektiv, Hrsg. B. Krüger (1973). – H. Jankuhn, Siedlung, Wirtschaft und Gesellschaftsordnung der germanischen Stämme in der Zeit der römischen Angriffskriege. ANRW II 5,1 (1976) 65 ff.

379 Karte: Augusteische Militäranlagen zwischen Alpen und Nordsee

Die Karte bietet ein in manchen Punkten vereinfachtes Bild von unserem aktuellen Wissensstand über die römischen Militäranlagen in der Zeit des Augustus. So ist innerhalb der augusteischen Regierungszeit zeitlich nicht differenziert, was manchmal durchaus möglich ist (Oberaden ist z. B. älter als Haltern). Außerdem habe ich zwischen jenen Lagern, die man im Umfang vollständig oder fast vollständig kennt, und jenen, die man mit geringerer Sicherheit als Militärplätze der Zeit des Augustus anspricht, um eines klareren Bildes willen nicht differenziert.

Die Beurteilung der Bereitstellungslager oder der sonstigen militärischen Plätze im gallischen Hinterland ist ferner ein eigenes Problem. Die Offensivsammelplätze Vetera bei Xanten und Mogontiacum/Mainz wurden hervorgehoben. Zu den Einzelheiten der Lippelager vgl. den Beitrag von J.-S. Kühlborn.

Die Anlage fester militärischer Plätze bestätigt, daß von einer flächenmäßigen Besetzung des Landes zwischen Rhein und Elbe nicht die Rede sein kann. Das neu gefundene Lager von Marktbreit bei Ochsenfurt, halben Wegs zwischen Mainz und Böhmen gelegen, bietet sich zwar als Denkmal der großen Zangenoffensive von 6 n. Chr. an, doch muß man die Einzelheiten der Ausgrabung abwarten.

Literatur: M. Gechter, Die Anfänge des Niedergermanischen Limes. BJb 179, 1979, 1 ff. – H. Schönberger, Die römischen Truppenlager der frühen und mittleren Kaiserzeit zwischen Nordsee und Inn. BerRGK 66, 1985, 321 ff.

380 Mogontiacum-Mainz in augusteischer und tiberischer Zeit
Kenotaph für Drusus (Rekonstruktion)

Nach H. G. Frenz, JbZMusMainz 32, 1985, 419 Abb. 20

Ergänzung der Legende:
K = Militärlager Mainz, Kästrich
W = Militärlager Mainz-Weisenau
B = Rheinbrücke
Bogen: 1986 entdecktes Fundament eines dreitorigen Ehrenbogens
(Die Zeichen für den Bogen, das Theater und den «Eichelstein» sind unmaßstäblich, da stark vergrößert.)

Unter Drusus wurde Mogontiacum-Mainz als große Militärstation mit zwei Legionslagern (Auf dem Kästrich und in Mainz-Weisenau) ausgebaut, die beide auf dem hochwasserfreien Gelände oberhalb der Uferniederung lagen und die von einer großen Straße verbunden wurden. An dieser Straße, der Mainmündung gegenüber, erbaute man dem 9 v. Chr. in Germanien gestorbenen Drusus, dem Bruder des späteren Kaisers Tiberius, ein Kenotaph, von dem noch beträchtliche Reste des Kernmauerwerks unter dem Rufnamen «Eichelstein» erhalten sind. Das 100 Fuß = ca. 30 m hohe Runddenkmal wurde noch in der Regierungszeit des Augustus errichtet. Der *tumulus honorarius* für den verehrten Feldherrn Drusus diente in der Folgezeit als Ort einer jährlichen Gedenkparade des Heeres am Todestag des Drusus und eines Opfers (*supplicatio*) von Vertretern der gallischen *civitates*.

Man hat deshalb bereits in der Zeit des Augustus in Mainz mit beträchtlicher Bauaktivität zu rechnen, und zwar nicht allein für die zeitweilig auf vier Legionen und ihre Hilfstruppe angeschwollene Armeegruppe, die 25 000–30 000 Mann umfaßt haben mußte, sondern auch im zivilen Bereich. Die Anlage eines mit dem Drusustumulus in topographischer Beziehung stehenden Bühnentheaters ist wohl schon für die frühe Kaiserzeit anzunehmen. Die früher erst in flavische Zeit datierte Rheinbrücke ist jetzt dendrochronologisch schon auf die Zeit des Tiberius vorgerückt (bei Mainz-Weisenau besorgte man die Überfahrt mit Fährbooten).

Besonders deutlich wird der Rang des frühen Mainz durch den rezenten Fund eines von der 14. Legion errichteten großen, dreitorigen Ehrenbogens in Mainz-Kastel auf der rechten Rheinseite. Der Bau hatte die Dimensionen des Bogens von Arausio-Orange. Die Ausgräber und Bearbeiter des Bogens (F.-R. Herr-

Kat. 380

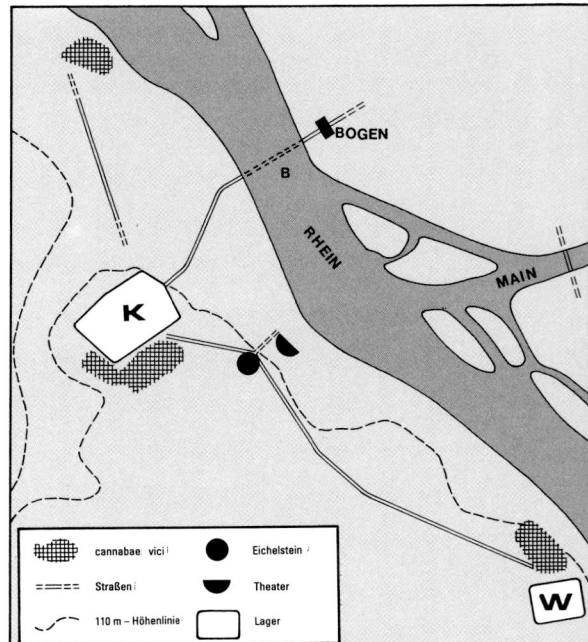

mann/Wiesbaden, und H. G. Frenz/Mainz) halten einen Bezug des Bogens auf einen überlieferten Germanicusbogen in Mainz für möglich.

Nach den neuen Funden und Überlegungen muß man die Rolle von Mainz in der frühen Kaiserzeit neu bewerten. Neben den schon immer vorausgesetzten Militäranlagen scheint man bereits unter Augustus und Tiberius den Platz überlegt und deutlich mit politisch repräsentativen und aussagekräftigen Anlagen versehen zu haben. Literatur: K.-V. Decker – W. Selzer, Mogontiacum: Mainz von der Zeit des Augustus bis zum Ende der römischen Herrschaft. ANRW II 5,1 (1976) 457ff. – H. G. Frenz, Drusus maior und sein Monument zu Mainz. JbZMusMainz 32, 1985, 394ff. – Der Neuansatz der Rheinbrücke in tiberische Zeit (Dendrochronologiedaten) und der Bogen von Mainz-Kastel sind noch unpubliziert. Zu den Germanicusbögen im Circus Flaminius, Rom, am Paß des Amanusgebirges zwischen Syrien und Kilikien sowie am Rhein in der Nähe des Drususkenotaphs in Mainz: W. D. Lebek, Die drei Ehrenbögen für Germanicus: Tab. Siar. frg. I 9–34; CIL VI 3119a 2–17. ZPE 67, 1987, 129ff.

381 Schema des Straßennetzes von Augusta Treverorum-Trier in augusteischer und tiberischer Zeit

Nach: Trier. Augustusstadt der Treverer. Stadt und Land in vor- und frührömischer Zeit. Kat. Ausstellung Trier 1984 (1984) 308

Während in Köln die Lage des *oppidum Ubiorum* und des Zweilegionenlagers zu Beginn der Kaiserzeit topographisch noch zu unklar ist, um mit einiger Sicherheit in den Stadtplan eingezeichnet zu werden (vgl. z. B. H. Hellenkemper, Oppidum und Legionslager in Köln. Überlegungen zur frührömischen Topographie. Köln-

JbVFrühGesch 13, 1972/1973, 59ff. – P. La Baume, Zur Lage von Oppidum Ubiorum und Zweilegionenlager. In: Köln I 1. Führer zu vor- und frühgeschichtlichen Denkmälern 37/1 [Mainz 1980] 53ff. – H. G. Horn [Hrsg.], Die Römer in Nordrhein-Westfalen [1987] 459ff.), scheint sich in Trier als dem Zentrum des Trevererlandes bereits zur Zeitenwende ein Rasterstadtplan abzuzeichnen, der die rasch stärker werdende Rolle Triers als ziviler Siedlungsmittelpunkt kennzeichnet. Funde auf dem Petrisberg östlich von Trier deuten auf eine Ansiedlung bereits in den Jahren um 30 v. Chr., die Pfahljochbrücke über die Mosel ist dendrochronologisch auf 17 v. Chr. datiert (E. Hollstein in: Trier. Augustusstadt der Treverer ... a.O. 121). Während der Stadtplan der Doppelmilitäranlage Mogontiacum-Mainz (vgl. Kat. 380) in augusteisch-tiberischer Zeit zivile Siedlungsformen nur in den *canabae* aufweist, richtete sich die augusteische Stadt in Trier anscheinend von Anfang an axialsymmetrisch aus. Die Anbindung der West-Ost-Straße (*decumanus maximus*) an die Lage der augusteischen Moselbrücke sowie weitere Siedlungsspuren und Funde im Stadtareal machen es zumindest hypothetisch annehmbar, bereits in augusteischer Zeit ein regelmäßig geplantes Straßennetz für eine Stadt von ca. 85 ha vorauszusetzen.

Eine solche Stadtanlage einer relativ großen Siedlung kennt man für Köln ab claudischer und für die Colonia Ulpia Traiana bei Xanten ab traianischer Zeit. In Mainz, welches anders als Trier, Köln oder die Colonia Ulpia Traiana nie den Rang einer *colonia* erhielt (trotz seiner unbestreitbaren Bedeutung), hat sich die spätere Zivilstadt zwischen dem Legionslager auf dem Kästrich (Plan Kat. 380: K) und dem Rhein auch nie in einer solch graphisch klaren Planung entwickelt. Literatur: Trier. Augustusstadt der Treverer. Stadt und

Kat. 380

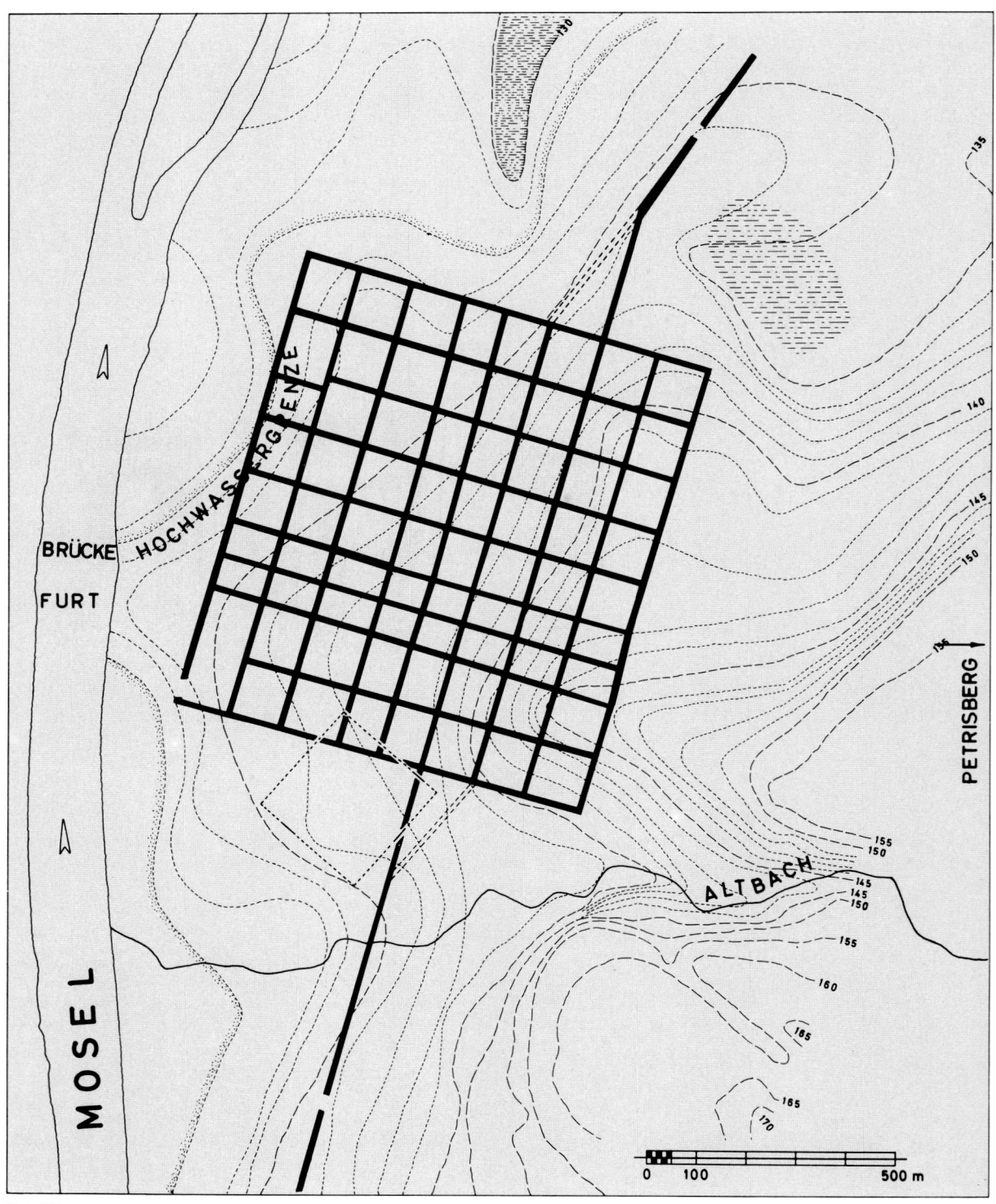

Kat. 381

Kat. 382

Land in vor- und frührömischer Zeit. Kat. Ausstellung Trier 1984 (1984) mit der jeweils älteren Literatur. Darin: H. Heinen, Augustus in Gallien und die Anfänge des römischen Trier. a.O. 32 ff. — H. Cüppers, Frührömische Siedlungsreste und Funde aus dem Stadtgebiet von Trier. a.O. 48 ff.

382 Vier Soldaten (Fotos)

Rekonstruktionen n. Connolly (Mainz, Römisch-Germanisches Zentralmuseum)

Von links: Legionär der Zeit Caesars; Truppenoffizier (*centurio*), Legionär und Adlerträger (*aquilifer*) der Zeit des Augustus

Tracht und Waffen römischer Soldaten der Offensivtruppen unter Caesar und Augustus können mit Hilfe zeitgenössischer Darstellungen, vor allem von Grabreliefs, und originaler Funde hinreichend rekonstruiert werden. Die Legionssoldaten trugen als Schutzwaffen den Helm (*galea*), den Panzer (*lorica*) und den Schild (*scutum*); Angriffswaffen waren die Spezialwurflanze (*pilum*) mit langer Spitze und das kurze Stichschwert (*gladius*). Die hier nicht dargestellten Hilfstruppen (*auxilia*) unterschieden sich von den Bürgersoldaten der Legionen vor allem durch unterschiedliche Angriffswaffen in Form einer Lanze und eines längeren Schwertes (*spatha*).

Die Materialien waren Eisen und Kupferlegierung (Bronze oder Messing). Der immer wieder angestrebte Farbeffekt der Waffen war der von Gold und Silber,

auch wenn direkte Vergoldung oder Versilberung nur in Ausnahmefällen nachgewiesen ist. Neben dem Kettenhemd (*lorica hamata*) und dem Schuppenpanzer (*lorica squamata*) trugen Offiziere vom *centurio* aufwärts (Legionstribunen, Legionskommandeure, Kommandeure von Hilfstruppeneinheiten) den Muskelpanzer, wie ihn der Grabstein des Caelius (Kat. 392) zeigt. Gesicherte originale Muskelpanzer fehlen unter dem archäologischen Fundmaterial bisher, so daß offenbleibt, wieweit der Schmuck dieser Panzer politische Bezüge aufwies. Nach dem Vorbild der erhaltenen marmornen Panzerstatuen (Augustus von Prima Porta) ist dies allerdings zu vermuten. Ansonsten konzentrierte sich die politische und religiöse Symbolik auffällig auf die Dekoration des Schwertes (*gladius*) und des Koppels (*cingulum*). Man unterstrich damit wohl die Bedeutung dieser klassischen Angriffswaffe (vgl. Kat. 383; Schwert ‚des Tiberius‘, *gladii* aus Jugoslawien und Deutschland, Cingulumbeschläge aus Deutschland und Italien).

Der Dolch (*pugio*) spielte kampftaktisch keine Rolle. Die Dolche wurden auch von Werkstätten hergestellt, die sich an Dekorschemata hielten, welche von der Gladiusdekoration unabhängig waren. Man bevorzugte einen ornamentalen Dekor mit Einlagen aus farbigem Email, aus Niello (Schwefelsilber) und aus eingehämmerten Metallfäden oder Metallteilen (Tauschierung). Ganz mit Schmuckelementen waren bisweilen nur das *cingulum* und die Scheide des *gladius* überzogen. Im Falle des *cingulum* schmückte man bisweilen sogar die

vor dem Unterleib herabhängenden Lederstreifen mit reliefverzierten Knöpfen (Kat. 387).
Literatur: H. Ubl, Waffen und Uniform des römischen Heeres der Prinzipatsepoche nach den Grabreliefs Noricums und Pannoniens. Masch.schr. Diss. (Wien 1969). – H. von Petrikovits, Die römischen Streitkräfte am Niederrhein (1967). – H. R. Robinson, The Armour of Imperial Rome (1975). – P. Connolly, Greece and Rome at War (1981).

383   Schwert ‚des Tiberius‘

London, British Museum, Walters, Bronzes Nr. 867
Aus Mainz, 1848, in der Nähe des Winterhafens
Klinge aus Eisen, Scheidenbeschläge aus Kupferlegierung (Messing). Das Scheidenmundblech ist mit Zinn überzogen. Frühere Angaben von Silber und Vergoldung sind unzutreffend (vgl. Klumbach 1970)
L 0,534 m
Tiberisch (vor 19 n. Chr.)

Kat. 383 a

Kat. 383 b

Der *gladius* mit dem Rufnamen Schwert ‚des Tiberius‘ ist das wohl bisher prominenteste römische Schwert überhaupt. Es handelt sich jedoch keinesfalls um einen «Ehrendegen» oder um eine als Auszeichnung verliehene Waffe. Ein Graffito auf der Rückseite des Mundbleches nennt mit AURELI einen Aurelius ohne weitere Erläuterungen als Besitzer. Da *gladii* nur bis zum Range der Centurionen getragen wurden, kann es sich um einen *centurio* handeln, doch sind sogar einfache Soldaten als Besitzer solcher Schwerter vorstellbar.
Der vegetabilische Schmuck auf den die Holzteile der Scheide zusammenhaltenden Metallbändern zitiert mit der Eiche den Triumph wie die Errettung römischer Bürger (Motiv der *corona civica*). Der triumphale Lorbeer umrahmt das Mittelmedaillon eines Kaisers im Lorbeerkranz, das eher Augustus als Tiberius darstellt. Das Lagerheiligtum (*sacellum*) mit dem Legionsadler (*aquila*) sowie die amazonenartige Personifikation mit Speer und Doppelaxt (Vindelicia) verweisen auf den Sieg der römischen Adler unter Tiberius und seinem Bruder Drusus im Alpenfeldzug gegen die Räter und Vindeliker (15 v. Chr.), welcher die Voraussetzungen für die von Drusus 12 v. Chr. begonnenen Germanenfeldzüge bot. Die Jahre erfolgloser Operationen und vor allem die Varuskatastrophe von 9 n. Chr. werden im Bildprogramm des *gladius* elegant überspielt: das Scheidenmundblech zeigt den regierenden Kaiser Tiberius und zitiert die *felicitas Tiberi* ebenso wie die Victoria dieses Kaisers, den neben der Siegesgöttin der Gott Mars flankiert. Als Zeichen des römischen Triumphes reicht ein vor Tiberius stehender Feldherr, bei dem es sich nur um Germanicus handeln kann, dem Kaiser eine kleine Victoria. Germanicus war Oberkommandieren-

der am Rhein seit 13 n. Chr. Der *gladius* dürfte auf die Feldzüge des Germanicus gegen die Chatten und vor allem die Cherusker in den Jahren 15 und 16 anspielen; er ist sicher vor dem Tode des Germanicus (19) entstanden, wohl am ehesten im Jahre 17, als Germanicus den Triumph feiern durfte; im gleichen Jahr wurde Germanicus allerdings abberufen und die Offensivpolitik gegenüber den Germanen nicht weitergeführt. Die Siegessymbolik dieses Schwertes wurde demnach von der Realität ad absurdum geführt. Die sonstigen Schwertdekorationen römischer Zeit enthalten sich allerdings auch der konkreten Anspielungen auf lebende Personen, mit Ausnahme des Tiberius selbst.

Literatur: L. Lersch, Das sogenannte Schwert des Tiberius. Bonner Winckelmann-Programm 1849. − BMC, Walters, Bronzes Nr. 867. − Römer am Rhein. Katalog Ausstellung Köln 1967, C 31. − H. Klumbach, Altes und Neues zum ,Schwert des Tiberius'. JbZMusMainz 17, 1970, 123 ff. − Ch. Unz, Zu den Schwertscheidenmedaillons aus Vindonissa. JberProVindon 1972, 43 ff. − H. Gabelmann, Antike Audienz- und Tribunalszenen (1984) 124 f. − E. Simon, Augustus (1986) 228 ff.

384   Bronzene Beschläge eines Koppels (cingulum)

(Kopie)
Stuttgart, Württembergisches Landesmuseum
Aus Rißtissen
Bronze
H 0,055 m, B 0,04 m (Lupa) und 0,048 m (Tiberius)
Tiberisch

Die beiden Bronzebleche dienten zum Schmuck eines Koppels, die Nietlöcher an den vier Ecken weisen auf diese Befestigung hin. Die von einem Perlkranz gerahmten Medaillons zeigen Tiberius zwischen zwei über einem Globus gekreuzten Füllhörnern sowie die *lupa capitolina* mit den Zwillingen Romulus und Remus, darüber Eber und Bär. Das Relief ist relativ grob gearbeitet, der Hintergrund ist wie oft auf Waffen durch die Anwendung der Punze aufgerauht (vgl. Kat. 385. 386. 389). Eine Reihe derartiger Beschlagbleche stammt vom Legionsstützpunkt Vindonissa/Brugg in der Schweiz, Funde aus Deutschland (Rißtissen; Oberstimm; Mainz) und Frankreich (Chassenard; Allier) belegen Verbreitung wie Begrenzung auf den Bereich der Rheinarmee.

Die *felicitas* des regierenden *princeps* ist mit dem Hinweis auf die *Urbs Roma* durch das Lupamotiv verbunden. Derartige Beschlagbleche scheinen besonders bei der 13. Legion während der Regierungszeit des Tiberius beliebt gewesen zu sein, die 45 n. Chr. von Vindonissa nach Poetovio/Slowenien verlegt wurde.

Direkte politische oder politisch interpretierbare religiöse Themen beherrschten die römische Gladiusdekoration in der Zeit des Augustus und des Tiberius, wobei die thematische Auswahl wohl allenthalben auf die augusteische Zeit zurückzugehen scheint. Seit der Zeit des Caligula verschwinden die politischen Themen; sie erleben dann noch einmal eine begrenzte Renaissance unter den Flaviern, wo auf Gladiusscheiden öfters in knapper Symbolik (Palmbaum, Victoria) auf den jüdischen Sieg von Vespasianus und Titus hingewiesen wird.

Literatur: G. Ulbert, Das römische Donau-Kastell Rißtissen 1. Die Funde aus Metall, Horn und Knochen (1970) 20 Taf. 1, 1−2. − Allgemein: V. von Gonzenbach, Tiberische Gürtel- und Schwertscheidenbeschläge mit figürlichen Reliefs. Helvetia Antiqua. Festschrift Emil Vogt (1966) 183 ff. − Flavische *gladii*: G. Ulbert, Gladii aus Pompeji. Vorarbeiten zu einem Corpus römischer Gladii. Germania 47, 1969, 97 ff. − G. Rupprecht, Cingulumbeschlag mit Lupadarstellung aus Mainz. AKorrBl 17, 1987, 223 ff.

385   Mundblech einer Schwertscheide

Bonn, Rheinisches Landesmuseum, Inv. 4320
Aus Bonn
Bronze
B 0,083 m
Um Christi Geburt; vor 2 n. Chr.

Das Mundblech ist die obere Dekoration einer Schwertscheide an der Vorderseite. Das getriebene Bonner Relief zeigt in der Mitte eine Frau zwischen zwei jungen Männern in Panzer und *paludamentum*. Es handelt sich vermutlich um die Augustustochter Iulia mit ihren Söhnen Caius und Lucius Caesar, die in den Jahren 2 bzw. 4 n. Chr. starben. Eine posthume Entstehung ergäbe kei-

Kat. 384

Kat. 385

nen Sinn, es handelt sich demnach um einen Einblick in die dynastische Propaganda aus der mittleren Regierungszeit des Augustus, bevor er wieder auf den Claudier Tiberius zurückgreifen mußte. Da viele Beispiele politischer Thematik auf Waffen erst seit Tiberius belegt sind, kommt dem Bonner Beschlag ein besonderer Rang als einem augusteischen Primärzeugnis zu. Der originale Reliefschmuck römischer Metallpanzer nach Art des Augustus von Prima Porta ist leider verloren; die Aussicht, hier Fragmente oder ganze Teile zu finden, ist äußerst gering. Um so bemerkenswerter sind die Porträts des Augustus, des Tiberius oder Angehöriger des iulisch-claudischen Hauses, die auf Schwertscheidenbeschlägen erscheinen. Den Bonner Beschlag mit Iulia und den beiden Caesares ergänzen thematisch die aus der Schweiz (Vindonissa/Brugg und andere Fundorte) stammenden Schwertscheidenmedaillons mit Augustus oder Tiberius. Die Attribute der Victoria oder des *lituus* weisen dort auf die militärische Befehlsgewalt (*imperium*) ebenso wie auf den Triumphalcharakter dieser Reliefs hin.

Literatur: H. Dressel, BJb 95, 1894, 61 ff. – H. v. Petrikovits, Die römischen Streitkräfte am Niederrhein (1967) 23, 58 Abb. 13. – Die Bildnisse des Augustus. Herrscherbild und Politik im kaiserlichen Rom. Katalog Ausstellung München 1979, 22.

386 Gladius mit Schwertscheidenmundblech
(Kopie)
Mainz, Römisch-Germanisches Zentralmuseum
Original: Ljubljana, Narodni Muzej
Aus Vrhnika (Nauportus; Slowenien)
Schwert aus Eisen, Scheidenbeschläge aus Silber
L des Schwertes 0,41 m. Mundblech 0,07×0,075 m (Außenmaße, ohne das unten anschließende Querband)
Augusteisch
Der *gladius* ist Teil eines Hortfundes, der in den zwanziger Jahren von einem Gendarmen geborgen wurde, so daß leider keine exakten Fundbeobachtungen vorliegen. Der Depotfund enthielt neben diesem *gladius* noch zwei Spätlatèneschwerter, zwei eiserne Gabeln zum Fischfang und eine eiserne Sense. Man kann den Fund,

der am Ufer der Ljubljanica in einem Meter Tiefe lag, gewiß mit den kriegerischen Aktivitäten der Römer auf dem nordwestlichen Balkan in Verbindung bringen. Der inhaltliche Zusammenhang des Hortfundes ist allerdings nicht ganz sicher, die beiden Schwerter im Spätlatènestil kann man auch nicht exakt festlegen, so daß die stilistische Datierung des silbernen Scheidenmundblechs der wichtigste Anhaltspunkt bleibt.

Der Reliefhintergrund ist gepunzt und damit dunkler getönt. Vergoldungsspuren hat man nicht gefunden. Ein Band rahmt das Relief ein, welches teils wie ein Astragal, teils tordiert erscheint. Aus einem Akanthuskelch wächst ein im ganzen symmetrisches Rankenmotiv mit leichten Variationen, dem sich oben zwei fliegende Vögel zuwenden. Die Treibarbeit ist routiniert und flott, durch den aufgerauhten Hintergrund wirkt die Szene sehr bewegt. Mit Erzeugnissen claudisch-neronischer Zeit aus dem mittleren 1. Jh. n. Chr. kann man das Relief allerdings nicht mehr zusammenbringen, so daß sich die auch aus den Fundumständen erschließbare Verbindung mit der Zeit des Augustus zu bestätigen scheint. Das Relief vertritt als Erzeugnis eines Militärhandwerkers einen ganz anderen Stil als der sehr kalligraphische Hildesheimer Krater (Kat. 403).

Den Fundort Nauportus (ca. 20 km südwestlich von Emona/Ljubljana) nennt Tacitus (ann. 1,20) im Rahmen der pannonischen Meuterei beim Regierungsantritt des Tiberius. Sollte der Hortfund damit zu verbinden sein, wäre dies eine Bestätigung für die augusteische Datierung des *gladius*.

Literatur: F. Starè, Pomemben zaklad z Vrhnike (Nauportus). Ein bedeutender Depotfund aus Vrhnika-Nauportus. Arheološki Vestnik 4, 1953, 94 ff. – J. Werner, Spätlatène-Schwerter norischer Herkunft. In: Symposium. Ausklang der Latène-Zivilisation und Anfänge der germanischen Besiedlung im mittleren Donaugebiet. Hrsg. B. Chropovský (1977) 367 ff. – G. Ulbert, Gladii aus Pompeji. Vorarbeiten zu einem Corpus römischer Gladii. Germania 47, 1969, 122, 128 Nr. 23 Abb. 3,2 und Taf. 33.34. – E. Ettlinger – M. Hartmann, Fragmente einer Schwertscheide aus Vindonissa und ihre Gegenstücke vom Großen St. Bernhard. Jber ProVindon 1984, 20 f. Abb. 10.

387 Cingulumknopf mit Augustusporträt
Mainz, Römisch-Germanisches Zentralmuseum,
Inv. 0.12238
Fundort unbekannt
Kupferlegierung
Dm 0,028 m ohne die hervorstehende Öse
1. Jh. n. Chr.
Der kleine Knopf war nach Ausweis der gebogenen Öse wahrscheinlich in einen Lederriemen eingehängt. Er diente deshalb vermutlich als Dekoration der vor dem Bauche römischer Soldaten herabhängenden Cingulumstreifen. Im Rahmen der politischen Symbolik auf römischen Waffen hat es sich bisher ergeben, daß gerade das kurze Angriffsschwert (*gladius*) und das damit verbundene Koppel (*cingulum*) bevorzugte Träger von politischen oder religiösen Inhalten geworden waren (vgl. Kat. 388 und die Soldatenrekonstruktionen Kat. 382).

Das hier erscheinende Augustusporträt ist keinem der bekannten großplastischen Typen direkt zuzuordnen, was angesichts des Formates und des Zweckes auch nicht zu erwarten ist. Der Kopf des Augustus wird von einer Kanne und dem Augurenstab (*lituus*) gerahmt. Neben dem Hinweis auf das Priesteramt ist der *lituus* immer auch als Anspielung auf die *auspicia* (heilige Weissagungen) und damit auf den Inhaber der militärischen Befehlsgewalt (*imperium*) zu verstehen.

Die Mode dieser Cingulumanhänger geht seit trajanischer Zeit immer mehr zurück, eine Datierung bis spätestens in flavische Zeit ist deshalb anzuraten.

Die vor dem Unterleib römischer Soldaten (bis zum Range des *centurio*, nicht höher; Militärtribunen und Legionskommandeure trugen andere Tracht) herabhängenden Cingulumstreifen bezeugen die Verbreitung politischer Themen im römischen Waffendekor der frühen Kaiserzeit selbst an vermeintlich beiläufigen Stellen. Literatur: E. Künzl, Cingula di Ercolano e Pompei. CronPomp 3, 1977, 195 Abb. 18. — Die Bildnisse des

Augustus. Herrscherbild und Politik im kaiserlichen Rom. Kat. Ausstellung München 1979, 25. — Allgemein: G. Ulbert, Römische Bronzeknöpfe mit Reliefverzierung, Fundber. Schwaben, N.F. 19, 1971, 278 ff.

Kat. 387

Kat. 386

Kat. 388

388   Silberne Beschläge eines Koppels (cingulum)
Neapel, Museo Nazionale, Inv. 5687 und 5688
Aus Herculaneum
Silber
L 0,09 m, Dm der runden Knöpfe 0,048−0,05 m
1. Jh. n. Chr.
Die beiden aus Herculaneum stammenden Koppel-
beschläge gehören zusammen mit vier weiteren Fragmenten zu einem Satz einheitlicher silberner Gürtel-
beschläge, wobei die auf Pompeji und Herculaneum
verteilten Fundorte eine größere Produktion vermuten
lassen: Inv. 5689. L 0,081 m. Pompeji. − Inv. 114251.
0,048×0,048 m. Herculaneum oder Pompeji. − Inv.
25581. Dm. des Zentralmedaillons 2,4 cm, Außenmaße
ca. 4×4 cm. Herculaneum. − Inv. 25583. Dm. des Zentralmedaillons 2,3 cm, Außenmaße ehem. ca. 4×4 cm.
Es dienten die kleinen Plättchen zur Dekoration des le-

dernen Koppels. Die beiden Gegenstücke mit den runden, hervorstehenden Knöpfen waren zur Befestigung
des Dolches gedacht, wie an der Rekonstruktion des
centurio (Kat. 382 von links) verglichen werden kann.
Massives Silber als Material ist selten, denselben Effekt
erreichte man normalerweise durch Verzinnung oder
Versilberung. Die Beschläge vom Golf von Neapel weisen auch griechische Themen auf. Sol und Luna auf den
Medaillons der Knöpfe gehören in die Reihe der auf
Waffen häufigen Astralsymbole, die jedoch meist in
Kurzform als Stern oder Halbmond erscheinen. Der
kauernde Krieger ist der Spartiade Othryades, dessen
Heldentod legendär geworden war. In einem Kampfe
von Sparta gegen Argos blieb er als einziger auf dem
Schlachtfelde übrig. Er errichtete sterbend ein Tro-
paion, den Sieg Spartas festhaltend. Als Symbol der *virtus* (vgl. Ov. fast. 2, 663−666) war er auch auf Gemmen

Kat. 389

und Glaspasten der späten Republik ein geläufiges Thema.

Die vier übrigen Fragmente bringen noch einmal den Othryades (Neapel, Inv. 25583), zweimal die von Victoria bekränzte Roma (Inv. 25581 und 114251) sowie eine Gruppe von Neptun und Minerva, die sich friedlich gegenüberstehen (Inv. 5689).

Die zufällig erhaltenen Fragmente stammen zwar wohl von verschiedenen *cingula*, doch aus der gleichen Produktion; da all diese Themen deshalb vielleicht auch auf einem einzigen Gürtel vereinigt sein konnten, ist die thematische Kombination von erheblichem Anspruch: eine triumphale Roma, die Beherrschung von Land und Meer (Neptun-Minerva) in Anspielung an die klassische attische Ikonographie, die römische *virtus* im Spiegelbild Spartas und die Rahmung durch die kosmischen Götter Sol und Luna, ein Motiv, welches im phidiasischen Parthenonschmuck exemplarisch eingeführt wurde.

Zumindest der Entwurf dieser *cingula* läßt sich in der Zeit des Augustus am besten verstehen, wenn auch die Stücke selbst nicht mit Sicherheit genau datiert werden können. Die Produktion war anscheinend auf den Golf von Neapel beschränkt, ein Bezug auf Soldaten der Flotte von Kap Misenum liegt deshalb nahe.

Die Dolchbefestigung spricht dafür, daß es sich um die Ausrüstung von Soldaten bis höchstens zum Rang eines *centurio* (vgl. Kat. 382) gehandelt haben wird. Die umfassende politische und religiöse Symbolik ist deshalb um so auffälliger.

Literatur: E. Künzl, Cingula aus Campanien. Annales de l'Université Jean Moulin, Lyon. Actes du IVe Colloque International sur les bronzes antiques 1976 (1977) 83 ff. – Ders., Cingula di Ercolano e Pompei. CronPomp 3, 1977, 177 ff.

389 Dekorierte Gladiusscheide (Kopie)
Mainz, Römisch-Germanisches Zentralmuseum, Inv. 697
Original: Wiesbaden, Museum, Sammlung Nassauischer Altertümer, Inv. 474
Aus Wiesbaden
Bronze
L 0,40 m

Die zu zwei Dritteln erhaltene Schwertscheide ist ganz mit Ranken und Tieren dekoriert, so daß für das verlorene Mundblech oben ein ähnlicher Schmuck zu vermuten ist. Das Relief ist grob aus dem Bronzeblech herausgetrieben, das rechteckige zentrale Scheidenfeld ist durch ein tordiertes Band eingegrenzt. Den Reliefhintergrund hat der Handwerker durch Punktierung aufgerauht, um wie am *gladius* von Nauportus (Kat. 386) eine optische Differenz zu den golden glänzenden Reliefmotiven zu erhalten. Auch die Umrahmung des Reliefs durch das tordierte Band entspricht dem *gladius* von Nauportus, so daß Folgerungen auf die Lokalisierung von Werkstätten mit Vorsicht zu ziehen sind.

Thema der beiden Reliefs ist jeweils die Modifizierung eines Akanthusornamentes. Die Ranken entfernen sich in ihrer phantastischen Form mit eingestreuten Rosetten und zahlreichen Einschnürungen sehr weit vom natürlichen Vorbild. Im zentralen Feld ist die Mittelachse des Motivs zugunsten von hin- und herschwingenden Rundmotiven aufgegeben. Als Tiere erscheinen unten im Dreiecksfeld zwei Vögel am oberen Rand, im Mittelfeld (von unten aus gezählt) das Vorderteil eines Hundes oder eines vergleichbaren Tieres, ein Ketoskopf, ein dicklicher Hase und noch einmal ein hundeartiger Kopf; die Tiere stehen alternierend nach rechts oder links. Im Vergleich zu den Ranken der Ara Pacis, jenen des Kraters von Hildesheim (Kat. 403) und sogar des *gladius* von Nauportus (Kat. 386) verrät die Ausführung nicht allein einen bescheidenen Handwerker, sondern zeigt wegen der Gestaltung der Tiere und einiger Rosetten vielleicht sogar noch Spuren spätlatènezeitlicher Tradition.

Die an den Ranken der Ara Pacis besonders deutliche Konzeption einer blühenden und gedeihenden Welt fand seit augusteischer Zeit offenbar Eingang in die Dekoration römischer Schwertscheiden und verband sich dort mit der präziseren politischen Symbolik (Schwertscheide aus Fulham/London: Ranken und *Lupa capitolina*). Die *virtus* der Armee garantierte das Glück der von den Römern beherrschten Welt.

Literatur: E. Ritterling und L. Pallat, Römische Funde aus Wiesbaden. Nassauische Annalen 29, 1897/1898, 139 Nr. 34. – Römer am Rhein. Katalog Ausstellung Köln 1967, C 36. – E. Ettlinger – M. Hartmann, Frag-

Kat. 390

mente einer Schwertscheide aus Vindonissa und ihre Gegenstücke vom Großen St. Bernhard. JberProVindon 1984, 18 ff. Abb. 8.

390   Silberscheibe (phalera) von einem Feldzeichen (signum)

Bonn, Rheinisches Landesmuseum, Inv. 77.0131
Aus Niederbieber bei Koblenz
Silber, vergoldet
Dm 0,19 m
1. Jh. n. Chr.

Die vergoldete Silberphalera befand sich bis 1977 im Besitz des Fürsten zu Wied, sie wurde dann vom Rheinischen Landesmuseum Bonn erworben. Als originaler Rest eines Feldzeichens ist die *phalera* beachtenswert, da sie noch dazu in situ gefunden wurde. Sie war Teil des Feldzeichens der 7. berittenen Räterkohorte (*cohors VII Raetorum equitata*). Im Kastell Niederbieber fand man das Skelett des Feldzeichenträgers (*imaginifer*), daneben Reste der Lanze des Feldzeichens, die vorliegende Scheibe und eine Silberinschrift der Kohorte. Die 7. Räterkohorte war seit domitianischer Zeit (um 90) in Koblenz-Niederberg stationiert, sie kam beim Angriff der Franken 259/260 den in Niederbieber stationierten Truppen zu Hilfe und ging mit ihnen unter; man räumte damals bis auf einige Brückenköpfe das rechtsrheinische Gebiet. Man versuchte folgerichtig, in dem bartlosen Feldherrn der *phalera* einen *princeps* oder Caesar des 3. Jhs. n. Chr. zu erkennen, z. B. Saloninus, den Sohn des Gallienus (G. Nottbohm, Festschrift B. Schweitzer, 1954, 364 ff.). Das zwar wenig unterschnittene, dafür aber recht hohe Relief paßt jedoch im Vergleich zu den sonstigen römischen Silberreliefs keineswegs in das 3. Jh. n. Chr.; eine Datierung in das 1. Jh. n. Chr. ist plausibler. Da die Kohorte beim Revirement nach dem Saloninusaufstand von Baden-Baden nach Koblenz-Niederberg versetzt worden war (vgl. zuletzt B. Oldenstein-Pferdehirt, JbZMusMainz 30, 1983,

331), böte sich eine Erklärung als Domitian an, der seine Germanensiegpropaganda als Gegengewicht gegen die jüdische Triumphpropaganda von Vater Vespasianus und Bruder Titus besonders betonte.

Einem Domitian sieht der Feldherr jedoch absolut nicht ähnlich, wobei man allerdings immer zu beachten hat, daß die Porträtähnlichkeit auf den kleinformatigen Signumscheiben nicht über Gebühr strapaziert werden darf; die Truppe wußte oder bestimmte, wer dargestellt war, und Umschreibungen von Porträts sind nicht nur auf Feldzeichen beschränkt gewesen. Zu allen *principes* des 1. Jhs. n. Chr. scheint das Köpfchen des Feldherrn schlecht zu passen, doch muß dies nicht entscheidend sein, da die Truppe ja w u ß t e, wen man mit der *phalera* meinte. Germanensiege oder allgemein Siege über nördliche Barbaren verbinden sich hauptsächlich mit Augustus, Tiberius, Caligula und Domitian. Caligula wurde auch oft als Erklärung genannt (Neuffer).

Der Feldherr der Niederbieberer *phalera* trägt Muskelpanzer und *paludamentum*, er hält Schwert und Lanze. Er stellt den rechten Fuß auf einen unterworfenen bärtigen Barbaren, zu dem das Fell neben ihm gehörte. Der Waffenhaufen enthält Helme, ovale Schilde, Lanzen, Streitäxte, Krummschwert und Kriegstrompeten, darunter den keltischen *karnyx*. Es sind allgemein Barbaren des Nordens gemeint.

Wenn man von Domitian absieht, fällt es allerdings schwer zu akzeptieren, daß eine Auxiliarkohorte über mehr als 200 Jahre ausgerechnet das Bild des Caligula auf ihrem *signum* bewahrt hätte, dessen Germanenpropaganda ephemer blieb. In der Zeit vor Galba, Vitellius und den Flaviern gab es nur einen einzigen *princeps*, der es wert war, als Sieger über Nordvölker und als *imperator* in Kriegstracht dargestellt und über die Zeiten hinweg auf einem *signum* bewahrt zu werden: Tiberius. Es ist auch nicht erstaunlich, daß deshalb nach den bisherigen Funden Tiberius noch am häufigsten auf den frühprinzipatszeitlichen Militärausrüstungen persönlich erscheint (Kat. 383.384). In seiner Zeit setzte man dynastische Themen auch auf militärische Orden (Kat. 391). Den Bruder des verehrten Drusus maior, den Sieger über Räter und Vindeliker, den Oberkommandierenden am Rhein und den Retter der Rheingrenze für die Römer kann man sich als dauernden Signumschmuck durchaus denken.

Von den augusteischen *signa* hat sich nichts erhalten, weder von jenen Adlern, die Augustus von den Parthern zurückerhielt, noch von den drei an die Germanen in der Varusschlacht verlorenen Adlern und sonstigen *signa* (wobei man die drei Adler in den Jahren 15, 16 und 41 zurückerhielt; Tac. ann. 1,60,30. 2,25,1. Dio Cass. 60,8,7). Der Zufall fügte es, daß eine *phalera* von einem *signum* aus der Katastrophe von 259/260 vermutlich als Rest eines *signum* der frühen Prinzipatszeit gelten kann, uns somit wenigstens als kleiner Ersatz des Verlorenen dient.

Das umrahmende Ornament, das wie ein stilisierter Triglyphen-Metopen-Fries wirkt, ist im übrigen eine weitere Eigenart, die allerdings weder zur frühen noch zur späten Datierung recht zu passen scheint. Vermutlich ist es im weiteren Sinne als eine Eierstabvariation

aufzufassen; dieses Ornament wurde bereits in der frühkaiserzeitlichen aretinischen Reliefkeramik beträcht-
lichen Veränderungen unterworfen.
Literatur: K. Schumacher — H. Klumbach, Germanen-
darstellungen⁴ (1935) Nr. 151 Taf. 38 (mit der ält. Lit.).
— E. Neuffer, Die Signumscheibe aus Niederbieber.
Festschrift August Oxé (1938) 191 ff. — Römer am
Rhein. Katalog Ausstellung Köln 1967, C 46. — Die
Bildnisse des Augustus. Herrscherbild und Politik im
kaiserlichen Rom. Katalog Ausstellung München 1979,
21 links. — H. G. Horn, Cohors VII Raetorum equitata.
Signumscheibe aus Niederbieber. RheinMusBonn 4/82,
52 ff. — Feldzeichen allgemein: A. von Domaszewski,
Die Fahnen im römischen Heere (1885).

391 Militärischer Orden

Speyer, Historisches Museum der Pfalz
Aus Rheingönnheim
Blaues Glas in Fassung aus Kupferlegierung
Dm des gläsernen Mittelmedaillons 0,039 m
20—23 n. Chr.

Ein Teil der militärischen Auszeichnungen (*dona militaria*), die wir seit der Zeit des Augustus beurteilen können, bestand aus runden Scheiben (*phalerae*), die auf einem Riemengestell vor der Brust getragen wurden. Die
Tragevorrichtung ist auf dem Grabstein des *centurio*
Marcus Caelius (Kat. 392) dargestellt (vgl. die Rekonstruktion Kat. 382). Es sind zahlreiche römische *phalerae* erhalten, bei denen man jedoch im Einzelfall nicht
sicher sein kann, ob es sich um richtige Auszeichnungen
oder um Bestandteile der Pferdeanschirrung handelt,
bei der dekorierte *phalerae* auch eine Rolle spielten.
Politische Inhalte sind auf diesen Orden selten; im anscheinend kompletten Satz von Silberorden aus Lauers-
fort (Antikenmuseum Berlin) erscheinen beispielsweise
keine politischen, sondern nur religiöse Themen wie
Ammon, Medusa, Löwenköpfe oder Personen des bacchischen Kreises. Den regierenden Kaiser direkt auf die
Orden zu setzen, scheint man — aus welchen Gründen
auch immer — vermieden zu haben.
Um so auffälliger ist eine kurzfristige Mode von Glasorden mit Personen des julisch-claudischen Hauses. Die
Datierung der Fundplätze in den Nordwestprovinzen
weist allgemein auf das 1. Jh. n. Chr., die ikonographische und stilistische Methode scheint diese Emissionen
auf die Person des Tiberius zu konzentrieren. Entweder
wird Tiberius selbst dargestellt, wobei man an die Zeit
zwischen 4 und 14 gedacht hat, also an die Spätzeit des
Augustus, als Tiberius designierter Nachfolger war,
oder es erscheinen Personen aus der Regierungszeit des
Tiberius wie auf dem vorliegenden Stück: es handelt
sich wohl um den jüngeren Drusus, den Sohn des Tiberius, der nach dem Tode des Germanicus (19) eine
Schlüsselstellung im dynastischen Konzept einnahm,
mitsamt seinen drei Kindern.
Militärische Orden als Platz dynastischer Propaganda
sind eine kühne Idee. Sie wurde dann auch nicht weiter-
verfolgt, was angesichts von Neigung, Charakter und
Ausbildung der Tiberiusnachfolger Caligula und Claudius nicht wundernimmt. Von allen Kaisern vor Vespasian (69—79) war Tiberius jedoch mit Abstand der fä-

Kat. 391

higste General gewesen, den die Römer nach Marcus
Antonius und Agrippa hatten. Auch wenn Datierung
und Interpretation der Glasorden im einzelnen immer
noch umstritten sind, drängt sich der Eindruck auf, daß
es sich dabei um ein auf Tiberius persönlich zurückge-
hendes Konzept handelte, welches nur für einen begrenzten Zeitraum durchgehalten wurde. Dafür spricht
auch die Konzentration der Fundorte auf die Rheinarmee zwischen der Schweiz und dem Niederrhein sowie
die einheitliche Verwendung von dunklem Glas.
Auf den vor der Brust getragenen Orden sind dynastische Themen nach Tiberius außer Gebrauch gekommen. Kleine Porträts auf Scheiben sind jedoch besonders auf den Feldzeichen bis in die Spätantike üblich
gewesen.
Literatur: A. Alföldi, Römische Porträtmedaillons aus
Glas. Ur-Schweiz 15, 1951, 71 Taf. 2,1—2. — Römer am
Rhein, Katalog Ausstellung Köln 1967, D 3 (Exemplar

aus Brugg). – Die Bildnisse des Augustus. Herrscherbild und Politik im kaiserlichen Rom. Katalog Ausstellung München 1979, 24. – H. Jucker in: Gesichter. Griechische und römische Bildnisse aus Schweizer Besitz. Katalog Ausstellung Bern 1982, 295–296. – W.-R. Megow, Kameen im Rheinischen Landesmuseum Bonn. BJb 186, 1986, 460ff. – Allg.: V. A. Maxfield, The Military Decorations of the Roman Army (1981).

392 Grabstein des centurio Marcus Caelius
(Abguß)
Mainz, Römisch-Germanisches Zentralmuseum, Inv. 1525
Original: Bonn, Rheinisches Landesmuseum, Inv. U 82. Vom Fürstenberg zwischen Xanten und Birten (Niederrhein); zum Legionslager Vetera gehörig
Kalkstein
H 1,27 m
9 n. Chr. oder etwas später
Die Reliefplatte gehörte zu einer hohen Grabstele, deren im 17. Jh. noch vorhandener unterer Teil später abgearbeitet wurde. Das fast quadratische Relieffeld steht in einer Ädikula, darunter erscheint die Inschrift:
M(arco) Caelio T(iti) f(ilio) Lem(onia tribu) Bon(onia) / [I] o(rdini) leg(ionis) XIIX ann(orum) LIII s(emissis). / [ce]cidit bello Variano. ossa / [lib(ertorum) i]nferre licebit. P(ublius) Caelius T(iti) f(ilius) / Lem(onia tribu) frater fecit.
Dem Marcus Caelius, Sohn des Titus, von der *tribus Lemonia*, aus Bononia (Bologna), *centurio* ersten Ranges der 18. Legion, 53 ½ Jahre alt. Er fiel im Varuskrieg. Die Gebeine seiner Freigelassenen dürfen (in diesem Grab) beigesetzt werden. Der Bruder Publius Caelius,

Kat. 392

Sohn des Titus, aus der *tribus Lemonia*, ließ das Grab erstellen.
Den Ädikulagiebel schmücken Akanthus und Blütenranke, die Akrotere bestehen aus Halbpalmetten mit gewellten Bändern. Der Tote, der in Halbfigur dargestellt ist, trägt Panzer (*lorica*), Bürgerkrone (*corona civica*) und den Stock aus Rebholz (*vitis*), Kennzeichen der *centuriones*. Der Panzer mit seinen *pteryges* an Hüfte und Oberarm war vielleicht aus Leder. Die Auszeichnungen (*dona militaria*), die neben Stock, Kranz und dem Mantel des auffälligste Attribut des Caelius sind, bestehen aus fünf Scheiben (*phalerae*) vor der Brust, aus der schon genannten *corona civica*, aus zwei Armringen (*armillae*) und zwei Ringen (*torques*), die an Schlaufen, welche von Löwenkopfscheiben gehalten werden, vor den Schultern hängen.
Beiderseits des *centurio* stehen die Büsten der beiden Freigelassenen auf profilierten Sockeln mit den Inschriften *M(arcus) Caelius M(arci) l(ibertus) Privatus* (links) und *Thiaminus* (rechts). Die Freigelassenen Marcus Caelius Privatus und Marcus Caelius Thiaminus geben sich durch das *cognomen* (Beinamen) zu erkennen, an ihrem ehemaligen Herrn Marcus Caelius selbst erscheint das *cognomen* noch nicht, es wird erst im Laufe des 1. Jhs. n. Chr. auf den Inschriften vermerkt.
Figuralstil und Stelenarchitektur der ersten Grabreliefs in der Rheinzone wurden aus Oberitalien (Gallia cisalpina) übernommen, wo sich auch der wichtigste Rekrutierungsraum für die Legionäre der Zeit befand. Im Laufe einer Generation entstanden am Rhein selbständige Werkstätten, welche den oberitalischen Stil weiterentwickelten. Nach der Invasion Britanniens 43 findet man dann einen Ableger dieser Kunst in den frühesten britannischen Plastiken römischer Zeit.
Der Caeliusstein ist das archäologische Zeugnis der Teilnahme der 18. Legion am Varusfeldzug von 9 n. Chr., wenn auch die Formulierung *bello Variano* nicht erklärt, ob Caelius im Teutoburger Wald oder sonstwo umkam.
In den Zentren der Offensivarmee, Mainz und Vetera/Xanten, gab es anscheinend von Anfang an Bildhauerateliers, die den Ansprüchen ihrer Kunden im Sinne der oberitalischen Lokalkunst gerecht wurden.
Literatur: CIL XIII 8648 und Suppl. S. 143. – CSIR Deutschland III/1 (1978) Nr. 1 mit Bibl.

393 Grabstein des Bogenschützen Monimus
(Abguß)
Mainz, Römisch-Germanisches Zentralmuseum, Inv. 18098
Original: Mainz, Landesmuseum, Inv. S. 166
Kalkstein
H 1,35 m
Tiberisch
Der pilastergerahmte Ädikulagrabstein zeigt die Büste des Toten mit der Inschrift darunter. Der bartlose Soldat trägt einen Kapuzenmantel (*paenula*) und ansonsten nur die Charakteristika seiner Waffengattung, Bogen und Pfeile. Es ist ein Orientale:
Monimus / Ierombali f(ilius) /

mil(es) c(o)hor(tis) I /
Ituraeor(um) /
ann(orum) L stip(endiorum) XVI /
h(ic) s(itus) est.

Monimus, Sohn des Ierombalus, Soldat der 1. Ituräerkohorte, 50 Jahre alt, 16 Dienstjahre, ist hier bestattet.
Unter den Hilfstruppen der frühen Kaiserzeit sind aus Mainz relativ häufig Orientalen bezeugt, so insgesamt fünf Angehörige der 1. Ituräerkohorte (aus Palästina), ein Angehöriger vielleicht einer 3. Ituräerkohorte und ein Bogenschütze einer parthisch-arabischen Reitereinheit (*ala Parthorum et Araborum*). Man nimmt an, daß sie wahrscheinlich zum Heeresverband jener vier Legionen gehörten, die in Mainz am Mittelrheinzentrum die Front nach der Varusschlacht hielten: *legio XIIII Gemina, legio XVI Gallica, legio II Augusta* und *legio XIII Gemina*. Das würde bedeuten, daß in tiberischer Zeit bereits die Hilfstruppen, auch wenn sie aus weiter Ferne kamen, die Grabsteinsitten der Legionstruppen imitierten. Mehr noch, sie akzeptierten offenbar den oberitalischen Lokalstil, den die Legionen an den Rhein mitgebracht hatten. Nur am Namen und an der Einheit, sonst aber durch kein Detail gibt sich der Grabstein des Monimus als der eines Orientalen zu erkennen.
An den Hilfstruppengrabsteinen der Rheinzone des 1. Jhs. n. Chr. zeigt sich deutlich der Romanisierungseffekt. Die Grabsteine jener Auxiliarsoldaten, die vor dem Ende der 25jährigen Dienstzeit starben, die also gar nicht mehr in den Genuß des dann fälligen römischen Bürgerrechts gekommen waren, sind besonders «römisch» und besonders aufwendig. Sie sind fast immer figürlich verziert, was Legionssoldaten oft gar nicht taten (vgl. Kat. 394), und sie sind sehr oft aus dem teuren Lothringer Kalkstein gearbeitet. All dies gilt für diesen Grabstein eines Bogenschützen aus dem Vorderen Orient.
Literatur: CIL XIII 7041. – W. Boppert, Beobachtungen zu den Grabsteinen orientalischer Einheiten in Mainz. AKorrBl 16, 1986, 93 ff.

394 Grabstein des Präfekten Gnaeus Petronius Asellio
(Abguß)
Mainz, Römisch-Germanisches Zentralmuseum,
Inv. 33879
Original: Mainz, Landesmuseum, Inv. S. 610
Aus Mainz (1874 in situ, an der Kreuzung Walpodenstr./Emmerich-Joseph-Str., gefunden)
Kalkstein
H 1,96 m
Augusteisch

Das Grabmal wirkte ehemals aufwendiger, weil über dem Giebel noch ein Aufsatz angebracht war, und weil die Stele unten noch mit einem 39 cm hohen Sockel verdübelt war, der nicht in das Museum gelangte.
Thema der Ädikulastele ist die Grabinschrift, alle anderen Dekorelemente ordnen sich ihr unter. Den Giebel schmücken Rundschild, zwei Lanzen und Voluten, über ihm erscheinen Eckvoluten als Akrotere und ein leierartiges Simaornament.

Der Architrav über den korinthischen Pilasterkapitellen trägt einen Fries aus Efeuranken. Die Inschriftplatte ruht wie eine spezielle Einlage auf drei tuskanischen Säulchen.

Cn(aeus) Petronius /
Cn(aei) f(ilius) Pom(ptina tribu) /
Asellio /
trib(unus) militum /
praef(ectus) equit(um) /
praef(ectus) fabrum /
Ti(berii) Caesaris.

Gnaeus Petronius Asellio, Sohn des Gnaeus, aus der *tribus Pomptina*, Militärtribun, Reiterpräfekt, Präfekt der Pioniertruppen des Tiberius Caesar.
Die Herkunft aus Italien ist nur durch den Stimmbezirk (*tribus*), nicht durch den Geburtsort angegeben, vgl. das

Kat. 393

Kat. 394

schickt, Akrotere und Simaornament hingegen unbeholfen gearbeitet. Ein lokaler Steinmetz mußte anscheinend hinzugezogen werden.
Ob der Verzicht auf ein figürliches Grabrelief für ritterliche und senatorische Militärs allgemein galt, ist angesichts der wenigen erhaltenen Monumente nicht zu beweisen.
Literatur: CIL XIII 6816 Add. S. 108. − E. Espérandieu, Rec. Gaule VII 5813. − E. Ritterling, Fasti des römischen Deutschland unter dem Principat (1932) 145. − B. Dobson, The praefectus fabrum in the Early Principate. Festschrift E. Birley (1965) 66 ff. 73. 82. − H. G. Frenz, Drusus Maior und sein Monument zu Mainz. JbZMusMainz 32, 1985, 417.

395   Karte: Germanische Fürstengräber mit römischen und einheimischen Trinkgefäßen aus Silber (1.−2. Jh. n. Chr.)
Dunkle Fläche: Römisches Reich im 2. Jh. n. Chr.
Zum Schatzfund von Hildesheim vgl. Kat. 403−407
● zu den Germanen exportierte römische Silberbecher
○ Germanische Silberbecher
1. Lübsow/Pommern (jetzt Lubieszewo, Wojewodschaft Szczecin, PL). Vgl. Kat. 398.
2. Łeg Piekarski (Wojewodschaft Konin, PL). Lit.: K. Jaźdźewski − G. Rycel, Habent sua fata tumuli! Zotchani wieków 47, 1981, 30 ff.
3. Goslawitz-Wichulla (jetzt Goslawice, Wojewodschaft Opole, PL). Lit.: H. Lendel − E. Schmidt, Das wandalische Fürstengrab von Goslawitz-Wichulla bei Oppeln, OS. Mannus 27, 1935, 300 ff.
4. Hoby (Lolland, DK). Vgl. Kat. 396.397.
5. Dollerup (Amt Ribe, DK). vgl. Kat. 399.400.
6. Agersbøl (Amt Vejle, DK). Lit.: O. Voss, ActaArch 19, 1948, 257 f. Abb. 45.
7. Byrsted (Amt Aalborg, DK). Lit.: O. Voss, ActaArch 19, 1948, 254 ff. Abb. 42.
8. Apensen (Stade). Lit.: W. Wegewitz, Ein Bronzeeimerfund aus der frühen Kaiserzeit in der Feldmark Apensen, Kr. Stade. Mannus 21, 1929, 148 ff.
9. Marwedel (Lüchow-Dannenberg). Vgl. Kat. 401. 402.
10. Prag-Holubice (CS). Lit.: St. Berger, Der Grabfund von Holubic. Mittheil. der K. K. Central-Commission z. Erh. u. Erforsch. d. ... Denkmale N.F. 10, 1884, LXXXVII ff.
11. Zohor (Bratislava/Preßburg-Land, Slowakei, CS). Lit.: L. Kraskovská, Hroby z doby rímskej v Zohore. Gräber der römischen Zeit in Zohor. Slovenská Archeológia 7, 1959, 99 ff.
Die Karte ist nicht mit einer Gesamtverbreitungskarte der sog. Lübsowgräber identisch (vgl. Einleitungsaufsatz), sondern auf die Demonstration des Imports römischen Trinkgeschirrs und die entsprechenden germanischen Imitationen beschränkt. Die römischen Importe verteilen sich auf das gesamte Gebiet zwischen Donau, Weichsel und Jütland. Eine Reaktion im Sinne eigener germanischer Arbeiten beschränkt sich auf Dänemark und den Raum östlich der Oder.
Da der zeitliche Rahmen der Funde über mehr als ein Jahrhundert geht, wurde auf die Eintragung germanischer Stammesnamen verzichtet.

Zeugnis des Namens aus derselben *tribus* in Arretium/Arezzo (CIL XI 1856). Gnaeus Petronius Asellio durchlief eine Militärkarriere des Ritteradels, die ihn vom ritterlichen Militärtribunen einer Legion über das Kommando einer Reitereinheit zum Präfekten der *fabri* (Pioniere, technische Einheiten) des Tiberius aufsteigen ließ. Die Formel Tiberii Caesaris datiert den Stein vor den Regierungsantritt des Tiberius 14 n. Chr.
Tiberius war dreimal Oberkommandierender der Rheinarmee (9−7 v. Chr., 4−6 n. Chr. und 10−12 n. Chr.). Mit dem 2. Kommando 4−6 n. Chr. hat H. G. Frenz versuchsweise den Bau des Mainzer Kenotaphs für den Tiberiusbruder und Germanienfeldherrn Drusus in Verbindung gebracht (vgl. Karte Kat. 380). In Gnaeus Petronius Asellio den Verantwortlichen für den Bau des Drusustumulus in Mainz zu sehen, ist verführerisch, wenn auch unbeweisbar. Der Grabstein ist als Dokument eines ritterlichen Offiziers aus dem augusteischen Germanien eine Rarität. Die Ausführung verrät vielleicht eine gewisse Eile bei der Grablegung: Inschrift, Architektur und Architravranken sind sehr ge-

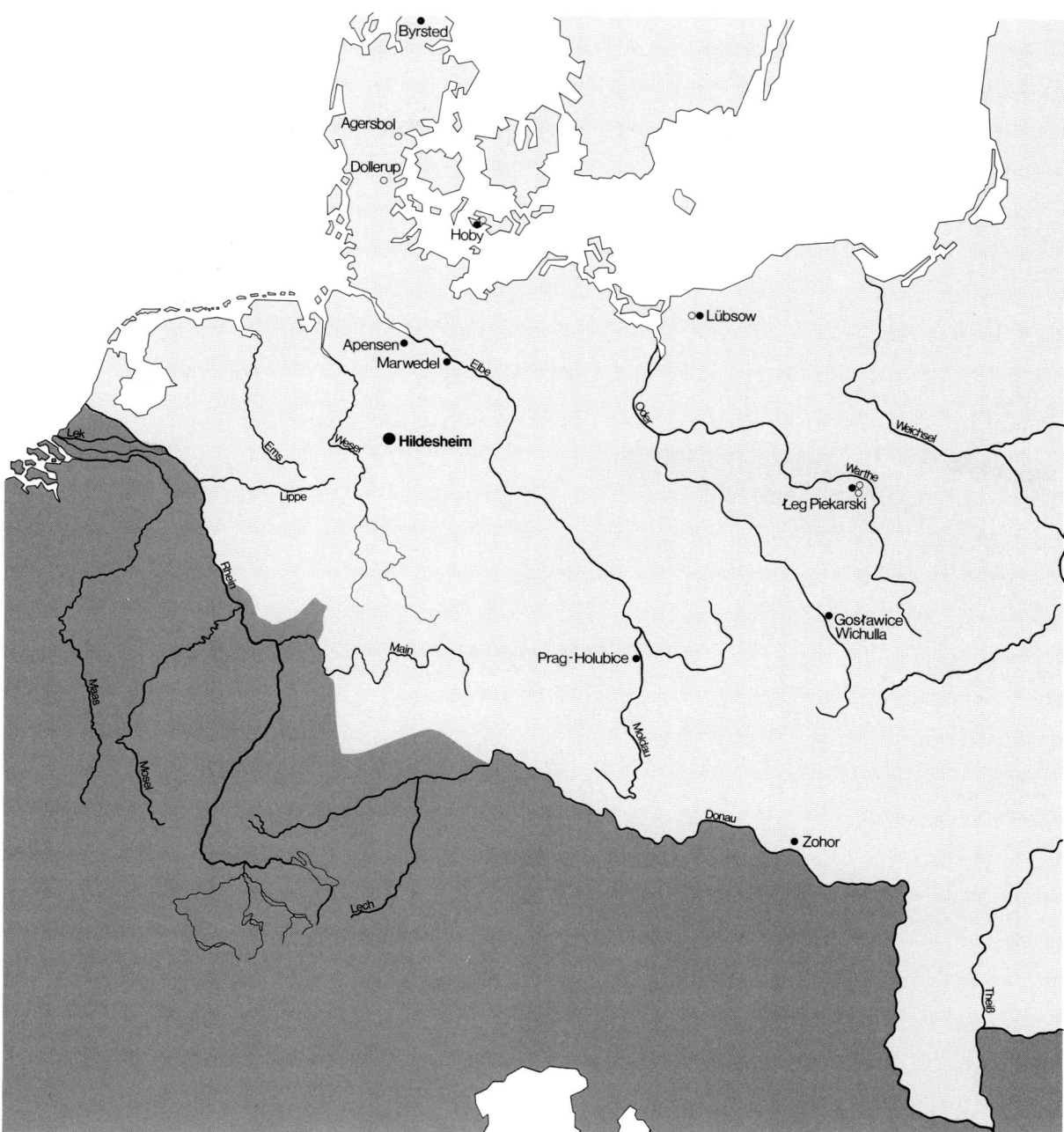

Kat. 395

396. 397 Die zwei Silberbecher des Cheirisophos von Hoby

Kopenhagen, Nationalmuseum, Inv. 9/20 (Philoktetesbecher) und Inv. 10/20 (Achilleusbecher)
Aus Hoby, Amt Maribo (Insel Lolland)
Silber
H 0,109 m, Dm ohne Griffe 0,13 m, mit Griffen 0,217 m
Augusteisch

Das 1920 entdeckte Körpergrab von Hoby, das einem erwachsenen Mann gehörte, ist das reichste Fürstengrab vom Lübsowtypus aus Dänemark. Es enthielt reichen römischen Import: außer den beiden vorliegenden Be-

chern noch einen Eimer, ein Becken, einen Teller, eine Kanne und eine Kasserolle, alle aus Bronze und teilweise mit Reliefschmuck (bes. Kanne und Becken). Das Inventar wird ergänzt durch: eine Silbertasse, drei Keramiken, Bronzebeschläge von zwei Trinkhörnern, ein Bronzemesser, fünf Silber- und zwei Bronzefibeln, zwei goldene Fingerringe, eine Bronzeschnalle und einige kleinere Objekte.

Das Grab wird in die Stufe Eggers B1 datiert, gehört demnach in die erste Hälfte bis in die Mitte des 1. Jhs. n. Chr., doch hat man auch auf eine mögliche spätere Datierung des Bronzebeckens aufmerksam gemacht (J. Graue, Ein bronzenes Fußbecken vom Typ «Hoby» aus

Pedemonte bei Gravellona [Toce]. AKorrBl 5, 1975, 205 ff.). Die allgemein akzeptierte augusteische Datierung der beiden *scyphi* wird davon jedoch nicht tangiert. Als augusteische Arbeiten kennzeichnet die beiden Becher ein Bündel von Argumenten. Der steilwandige *scyphus* in dieser sehr exakten Form ist eine frühkaiserzeitliche Erscheinung. Aretinische Reliefkeramiken zitieren ein gemeinsames Vorbild. Der Kopf des Achilleus ist zwar kein Augustusporträt, soll aber durch eine dem Augustuskopf ähnliche Gestaltung der Huldigung und dem Kniefall des Priamos einen politischen Hintersinn verleihen.

Die Huldigungsszene des orientalischen Fürsten Priamos, der dem Griechen Achilleus kniefällig die Hand küßt, um seinen toten Sohn Hektor auszulösen, erhält noch einen aktuellen Bezug, wenn man annimmt, daß die beiden Becher nicht als Handelsware oder Beute, sondern als diplomatisches Geschenk in den Norden gelangten. Zumindest als Arbeitshypothese darf man in dem Namen Silius, der am Boden beider Becher eingeritzt ist (Friis Johansen 130 Abb. 7/8), jenen Caius Silius vermuten, der unter Tiberius von 14–21 Kommandeur der oberrheinischen Armeegruppe mit Sitz in Mainz gewesen war.

Silbergefäße, die den Gesandten oder Fürsten der Germanen geschenkt wurden, erwähnt Tacitus in seiner *Germania* (Kap. 5); daß sie allerdings von den Germanen nicht höher als Keramiken eingeschätzt worden seien, wie Tacitus anmerkt, kann zumindest nicht allgemein gültig gewesen sein.

Die Hypothese eines Diplomatengeschenkes läßt auch die Künstlersignatur des Cheirisophos in einem besonderen Licht erscheinen. Sie steht in Griechisch auf der Rückseite des Achilleusbechers, auf einem Pfeiler, der den Wagen des Priamos halb verdeckt; der Wagenlenker des Priamos und schlafende Griechen rahmen ihn ein. Die Signatur ΧΕΙΡΙCΟΦΟC ΕΠΟΕΙ wird auf dem Philoktetesbecher in phonetischer lateinischer Umschrift CHIRISOPHOS EPOI wiederholt, vor dem Kopf des von der Schlange auf Lesbos gebissenen Philoktetes. Eine solche Lesehilfe wäre schon für den normalen gebildeten Römer unnötig gewesen, sie ist es noch mehr, wenn man an die Familie der Silii denkt (der Va-

ter des Caius Silius, Publius Silius, war ein Freund des Augustus; Caius Silius war 13 n. Chr. Konsul gewesen und genoß das Vertrauen des Tiberius). Die Umschrift dürfte als Lesehilfe für den germanischen Empfänger des Becherpaares gedacht gewesen sein.

Der politische Hintersinn der Achilleusszene mit dem Kniefall des Priamos ist allerdings leichter verstehbar als die beiden Philoktetesszenen des zweiten Bechers. Auf diesem sind durch zehn Jahre zeitlich getrennte Vorgänge auf Lesbos dargestellt; der von der Schlange gebissene unbärtige Philoktetes wird versorgt, zehn Jahre später suchen Diomedes und Odysseus den gealterten und leidenden Philoktetes auf, um seinen Bogen zu erhalten.

Die Becher des sonst nicht bekannten Silberschmiedes Cheirisophos sind charakteristische Werke der figuralen Toreutik aus der Zeit des Augustus. Der nordgermanische Fürst auf der Ostseeinsel Lolland hatte daneben ein ganzes Repertoire römischer Metallgefäße, die in dieser oder jener Form zum Gelage dienen konnten. Er besaß jedoch auch zwei Trinkhörner und eine Silbertasse, die nur 5,8 cm hoch ist und die in Form und im eigentümlichen Griff, der in einem Tierkopf endet, den lokalen Silberschmied verrät (Kopenhagen, Nat.Mus. Inv. 11/20). Da es sich weder um ein provinzialrömisches Erzeugnis noch um einen spätlatènezeitlichen Import handelt, ist es ein von römischen Vorbildern unabhängiges Werk eines germanischen Handwerkers, das sich von Bechern wie jenen aus Dollerup (Kat. 399.400), Lübsow und Łeg Piekarski deutlich unterscheidet.

Literatur: K. Friis Johansen, Hoby-fundet. Nordiske Fortidsminder 2, 1923, 119 ff. Abb. 1–9. – H. J. Eggers, Lübsow, ein germanischer Fürstensitz der älteren Kaiserzeit. PZ 34/35, 1949/1950, 108 f. Tab. I. – Ders., Der römische Import im freien Germanien (1951) Nr. 246. – C. Vermeule, Augustan and Julio-Claudian Court Silver. AntK 6, 1963, 36 ff. Taf. 12/13. – V. H. Poulsen, Die Silberbecher von Hoby. AntPl 8, 1968, 69 ff., Taf. 42–55. – H. Gabelmann, Antike Audienz- und Tribunalszenen (1984) 142 f. Taf. 14,1.

Aretinische Reliefkeramik und Silber: K. Friis Johansen, An Antique Replica of the Priam Bowl from Hoby. ActaArch 1, 1930, 273 ff. – Ders., New Evidence about

Kat. 396

Kat. 397

the Hoby Silver Cups. ActaArch 31, 1960, 185 ff. — M. Labrousse, Céramiques ornées d'Arezzo trouvées à Saint-Bertrand de Comminges. Gallia 12, 1954, 301 ff. — A. Stenico, I figli di Agamennone a Sminthe. Toreutica e ceramica arretina. Arte in Europa. Raccolta … in onore di Wart Arslan (1965) 5 ff. — E. Ettlinger, Arretina und augusteisches Silber. Gestalt und Geschichte. Festschrift Karl Schefold (1967) 115 ff. Signaturen auf Silber: E. Künzl, Quod sine te factum est hoc magis archetypum est? AKorrBl 8, 1978, 311 ff. Politische Symbolik auf Metallgefäßen: Vgl. oben Vermeule und Gabelmann. — Ein Sonderfall sind die beiden Becher von Boscoreale, vgl. dazu die umfangreiche Lit. bei T. Hölscher, JdI 95, 1980, 282 ff. — Gabelmann a.O. 127 ff. und zuletzt F. Baratte, Le trésor d'orfèvrerie romaine de Boscoreale (1986). — Zu Silberarbeiten vgl. E. Künzl, BJb 169, 1969, 321 ff. und ders., JbZMus-Mainz 31, 1984, 365 ff. — Der Silberbecher von Manching mit dem Opfer des troischen Gefangenen vor Achilleus ist nicht augusteisch, sondern spätes 1. Jh. n. Chr. bis frühes 2. Jh. n. Chr. (vgl. die Lit. zuletzt bei H. Froning, JdI 95, 1980, 339). — Bronzekrater aus Balčik: W. Schindler, Klio 62, 1980, 99 ff., mit der ält. Lit. — Zu C. Silius A. Caecina Largus: W. Eck, Die Statthalter der germanischen Provinzen vom 1.—3. Jahrhundert. Epigr. Studien 14 (1985) 3 ff. Nr. 1.

398 Fürstengrab von Lübsow

Berlin, Antikenmuseum, SMPK, Inv. 31061
Aus Lübsow, Kr. Greifenberg/Pommern, jetzt Lubieszewo/PL (vgl. Karte der Fürstengräber Kat. 395)
Maße der beiden Silberbecher: H 0,09 m, Dm 0,098 m, mit Griffen 0,16 m. — Für die übrigen Stücke des Grabinventars sei auf die Literatur verwiesen.
Die beiden Becher sind aus Silber, Hohlkehle und Ornamentband sind feuervergoldet. Zum Material der übrigen Stücke vgl. unten die Liste.
Datum der Silberbecher: augusteisch, des Grabes: 1. Jh. n. Chr., Stufe Eggers B1.
Nordwestlich und nordöstlich des Dorfes Lübsow in Pommern lagen zwei kleine römerzeitliche Nekropolen, wobei der «Sandberg» vier Bestattungen enthielt (das 4.

Grab war bereits im Altertum geplündert); die Nekropole im «Tunnehult» hatte drei Gräber, die dem 2. Jh. n. Chr. angehören. Die beiden germanischen Lübsowbecher (vgl. oben, Einleitung) stammen aus dem Grab 2, 1925, von Lübsow-Tunnehult. Das vorliegende Grab 1, 1908, kommt vom Sandberg. Es dürfte ein Körpergrab gewesen sein, wenn auch die Fundbeobachtungen unbefriedigend sind.
Das Grab enthielt reichen römischen Import:
a/b) zwei Silberbecher; c) Bronzeeimer; d) Bronzebekken; e) Bronzekanne; f/g) zwei Bronzekasserollen unterschiedlicher Größe; h/i) zwei blaue gläserne Rippenschalen; j) versilberter Bronzespiegel; k) goldene Fibel; diese Stücke sind alle römischer Import. — Germanische Objekte: l/m/n) drei Silberfibeln, Almgren IV 69—71; o/p) zwei Silbernadeln; q) silberner Gürtelhaken; r/s) Silberbeschläge zweier Trinkhörner, mit Hornresten; t) ferner weitere Reste, darunter Fragmente einer Keramik.
Das reiche Grab besteht nach der Zahl ungefähr zur Hälfte, nach Masse und Wirkung jedoch betont aus römischen Importstücken. Die beiden Nekropolen von Lübsow-Sandberg und Lübsow-Tunnehult sind zu Recht für eine besondere Gruppe kaiserzeitlicher germanischer Gräber eponym geworden (zu den «Lübsowgräbern» vgl. oben die Einleitung). Die Gräber von Lübsow zeigen ferner die Wirkung des römischen Imports am gleichen Ort exemplarisch auf. Die zwei Silberbecher des vorliegenden Grabes sind italische Arbeiten der frühen Kaiserzeit, die man trotz einer merklichen Stilisierung wohl noch in die Zeit des Augustus datieren kann, wenn sich auch dieser Ansatz aus den geschlossenen Funden nicht zwingend ergibt. Die beiden glatten Becher aus dem Hildesheimer Fund (Kat. 405) sind nur eine Kleinigkeit größer, ihr Fuß ist niedriger, doch sie sehen ansonsten wie Erzeugnisse derselben Werkstatt aus. Die beiden inzwischen leider verschollenen germanischen Silberbecher des Grabes von Lübsow-Tunnehult 2, 1925 zeigen die germanische Reaktion auf das formale und soziale Vorbild des römischen Imports auf.
Literatur: E. Pernice, Der Grabfund von Lübsow bei Greifenberg i. P. PZ 4, 1912, 126 ff. — H. J. Eggers,

a

b

Kat. 398 a - d   c

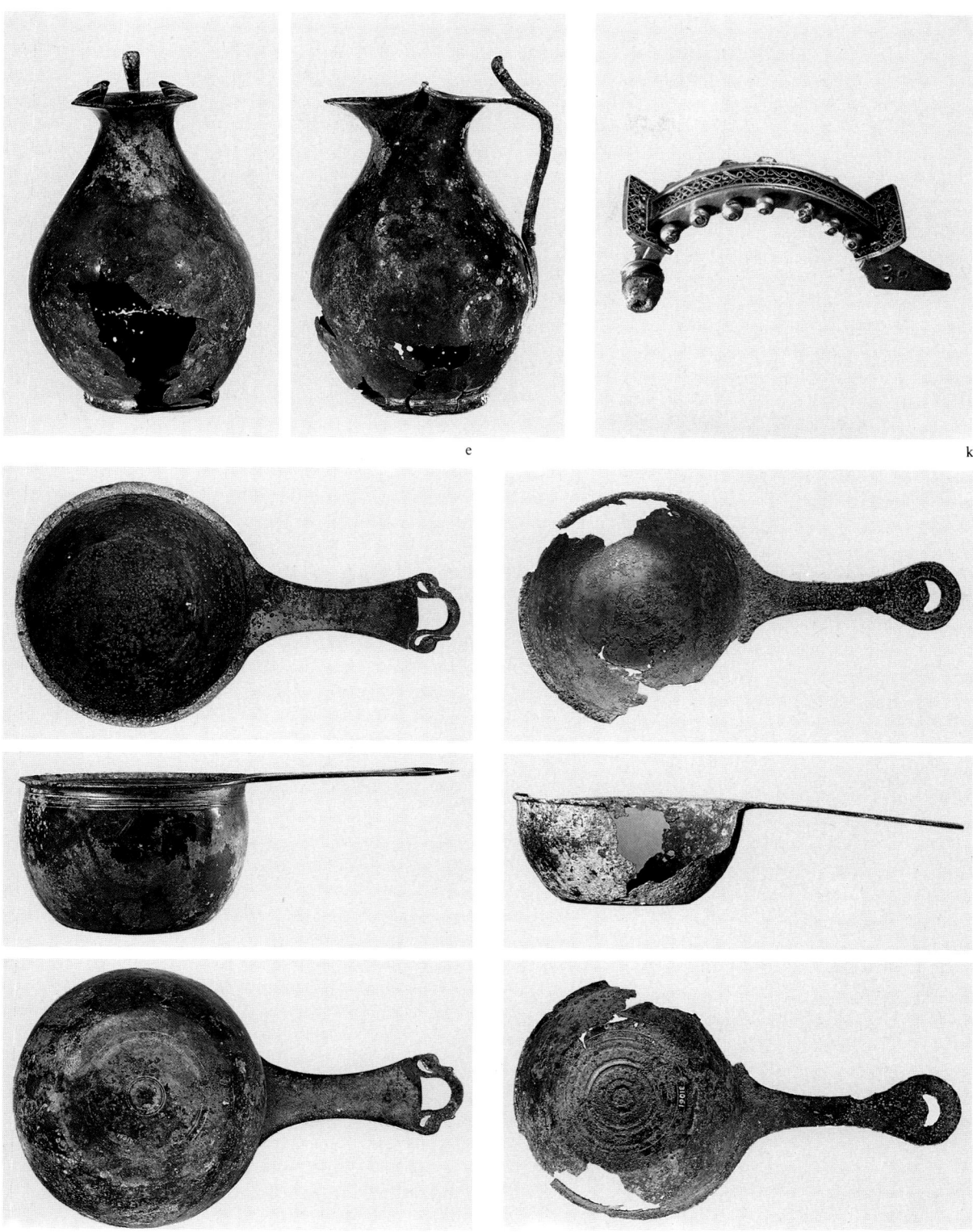

e

k

Kat. 398 e - g, k   f   g

h
                                                                j

Lübsow, ein germanischer Fürstensitz der älteren Kaiserzeit. PZ 34/35, 1949/1950, 58 ff. – Ders., Der römische Import im freien Germanien (1951) Nr. 688. – M. Gebühr, Zur Definition älterkaiserzeitlicher Fürstengräber vom Lübsow-Typ. PZ 49, 1974, 82 ff. – Rippenschalen h/i: G. Platz-Horster, Antike Gläser. Kat. Berlin 1976, Nr. 18/19. – Fibel k: A. Greifenhagen, Schmuckarbeiten in Edelmetall (Kat. Antik. SMPK Berlin) 2 (1975) Nr. 112 Taf. 75. – Trinkhörner r/s: Ch. Müller, Die Trinkhörner der Vorzeit im mitteleuropäischen Raum (Diss. Mainz 1955, unpubl.) 49 f.

399. 400   Zwei Becher aus Dollerup
Kopenhagen, Nationalmuseum, Inv. C 25898–25899
Aus Dollerup, Amt Ribe, Jütland
Silber mit Blattgoldverzierung
H 0,10 m
1./2. Jh. n. Chr.
Neben dem Grab von Hoby (Kat. 396. 397) gehört das Doppel-Körpergrab von Dollerup zu den prominentesten Vertretern der Fürstengräber des Lübsowtypus in Dänemark. Im Gegensatz zum zur älteren Stufe B1 zählenden Hobyfund datiert man das Grab von Dollerup als zur Stufe B2 gehörend bereits in das 2. Jh. n. Chr. Man kann deshalb auch die beiden germanischen Silberbecher dieses Grabes nur allgemein in das 1.–2. Jh. datieren, ein Ansatz um 100 n. Chr. wäre symbolisch.
Germanisch sind die beiden Becher, weil sie zwar die äußere Form römischer *scyphi* oder *calices* bewahren, in Technik und Dekor jedoch abweichen. Die Vergoldung der Ornamente ist in Blattgold ausgeführt; im Süden wandte man zu dieser Zeit bereits die Feuervergoldung an. Die Zierbänder orientieren sich – auch wenn sie römische Arbeiten wie die glatten Hildesheimer Becher (Kat. 405) zitieren – mehr an der Ritzornamentik germanischer Keramiken. Auch die Griffe mit dem stilisierten Tierkopf unten sind unrömisch. Die beiden in den Maßen bescheidenen Becher gehören zu den charakteristischsten Zeugnissen für die Wirkung, die römische Toreutik auf die germanischen Silberschmiede ha-

ben konnte. Diese Becher sind auch nicht als provinzial-römisch erklärbar, weil es in der frühen Kaiserzeit keine nennenswerte provinziale Silberproduktion gab, und wenn einmal seltene Belege wie die Hildesheimer Humpen auftauchen, so verraten sie sofort eine andere Herkunft als die Becher von Dollerup.

Das Doppelkörpergrab enthielt im Grab A1 überhaupt keine römischen Importstücke, im Grab A2, zu dem unsere Becher gehörten, sind zwei Eimer und zwei Becken zu nennen. Ansonsten fand man zehn Keramiken, zwei Trinkhörner, zwei Eisenmesser, eine Silberfibel, eine Eisenfibel, drei goldene Fingerringe, eine silberne Perle, sechs Silberbeschläge, eine eiserne Schnalle und zwei bronzene Stuhlsporen. – Als vermutlich germanische Arbeiten wurden die beiden Becher bereits in der Erstpublikation von O. Voss angesprochen.

Literatur: O. Voss, Die Gefäße aus Bronze und Silber. ActaArch 19, 1948, 252 ff. Abb. 38–39. – H. J. Eggers, Der römische Import im freien Germanien (1951) Nr. 17. – Ders., Lübsow, ein germanischer Fürstensitz der älteren Kaiserzeit. PZ 34/35, 1949/1950, 110 f. Tab. II. – M. Gebühr, Zur Definition älterkaiserzeitlicher Fürstengräber vom Lübsow-Typ. PZ 49, 1974, 95 f.

401. 402 Zwei Silberbecher von Marwedel

Hannover, Niedersächsisches Landesmuseum,
Inv. 1/3:47 und E6:64
Aus Marwedel, Gem. Hitzacker (Kr. Lüchow-Dannenberg)
Silber
Becher mit Griff: H 0,062 m, Dm 0,095–0,097 m, (ohne Griff)
Becher ohne Griff: H 0,059 m, Dm 0,088–0,09 m
1. Jh. n. Chr.

Die beiden Becher gehören zum Fürstengrab von Marwedel 2, welches 1944 geborgen wurde, und welches man 20 Jahre danach vervollständigen konnte, als ein ehrlicher Finder noch einige Stücke nachlieferte. Das Grab selbst, ein Körpergrab, gehört bereits etwa in die Mitte des 2. Jhs. n. Chr. (Stufe Eggers B2). Es enthält viel römischen Import: Bronzeeimer, zwei Silberkasserollen, Bronzekasserolle mit passendem Sieb, Bronzekasserolle aus der Produktion des Publius Cipius Polybius aus Capua, zwei konische Glasbecher. Das weitere Inventar umfaßt Bronzebeschläge von zwei Trinkhörnern, silberne Kniefibel, fünf Ringfibeln aus Bronze, goldner Fingerring, zwei Stuhlsporen aus Bronze mit

Kat. 399

Kat. 400

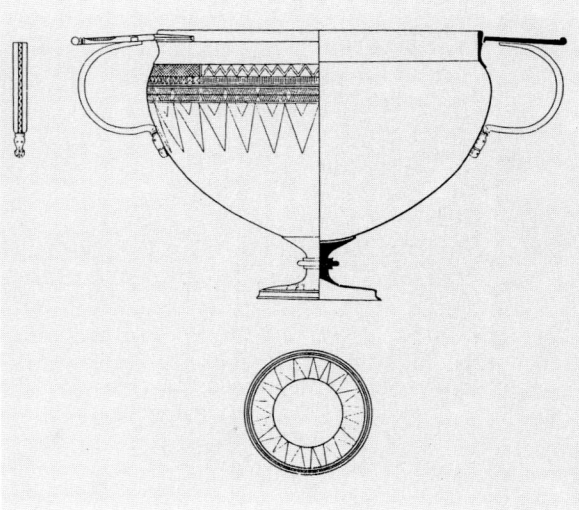

Kat. 401

Silbertauschierung, Rest eines Schuhs und vier Zierbuk-
kel, wohl von den Schuhen.
Wegen der Kasserolle des Cipius, der Glasbecher und
der Stuhlsporen gehört das Grab bereits in das 2. Jh.
n. Chr. Die beiden einheimischen Trinkhörner ergänzen
die importierten römischen Trinkgefäße. Die beiden Silberbecher sind einwandig, die Griffe sind bis auf einen
verloren.
Er besteht aus zwei Zweiglein, um die sich eine Ranke
mit runden Blättern und kleinen Knospen schmiegt.
Ähnliche Griffe finden sich unter den Funden aus Germanien mehrmals im Hildesheimer Schatz, darunter an
dem *simpulum* Kat. 404, wo Efeu gemeint ist.
Die Maßdifferenzen der beiden Marwedeler Becher lassen vermuten, daß sie aus zwei verschiedenen Serien
stammen, wegen der identischen Dekoration jedoch
vom Käufer akzeptiert wurden. Nach einer sehr ähnlich
dekorierten Kasserolle aus dem Boscorealeschatz (Paris, Louvre) und nach den Parallelen zum vegetabili-
schen Griff sind die Becher Erzeugnisse des 1. Jhs.
n. Chr. Die beiden Gräber von Marwedel sind kostbare
Zeugnisse aus dem Siedlungsgebiet der Langobarden an
der unteren Elbe.
Literatur: H. J. Eggers, Lübsow, ein germanischer Fürstensitz der älteren Kaiserzeit. PZ 34/35, 1949/1950,
110 f. Taf. II. − Ders., Der römische Import im freien
Germanien (1951) Nr. 1058. − G. Körner, Marwedel II.
Lüneburger Blätter 3, 1952, 34 ff. − Ders., Die Vervoll-
ständigung des Fürstengrabes Marwedel II. Die Kunde,
N. F. 16, 1965, 99 ff. − H. J. Eggers, Zur Umwelt der
Fürstengräber von Marwedel I und II. Die Kunde N. F.
16, 1965, 95 ff. − P. La Baume, Besonders wertvolle rö-
mische Funde in Niedersachsen, Bremen und Hamburg.
Die Kunde N. F. 22, 1971, 129 ff. − Kasserollen des
Publius Cipius Polybius: J. Kunow, Die capuanischen
Bronzegefäßhersteller Lucius Ansius Epaphroditus und
Publius Cipius Polybius. BJb 185, 1985, 215 ff. (von
Claudius/Nero bis in die Zeit des Domitian). − G. Mas-
sari − M. Castoldi, Vasellame in bronzo romano. L'offi-
cina dei *Cipii* (1985).

Kat. 402

**403−407 Gefäße aus dem Schatzfund
von Hildesheim**
Berlin, Antikenmuseum, SMPK
Aus Hildesheim
Silber
Der umfangreiche Schatzfund von Silbergefäßen und
Silbergerät, den man durch Zufall 1868 in Hildesheim
fand, gehört mit seinen an die 70 Stücken zusammen mit
den noch etwas größeren Schätzen aus der Casa del Me-
nandro in Pompeji (Nationalmuseum Neapel) und der
Villa von Boscoreale am Vesuv (Paris, Louvre) zu den
drei größten Ansammlungen römischen Edelmetallge-
schirrs, die wir aus der frühen Kaiserzeit besitzen. Doch
während für die Funde aus den Vesuvgegenden mit dem
Vulkanausbruch vom August 79 n. Chr. ein sicherer
Terminus ante quem besteht, ist die Datierung des Hildesheimer Fundes frei und hängt von historischen, epigraphischen, typologischen und stilanalytischen Kriterien sowie vom Urteil über die Zusammensetzung ab.
Von der früher manchmal vertretenen Datierung in die
Zeit des Augustus hat man sich inzwischen gelöst, da einige Formen und Namen es wahrscheinlich machen, daß

der Fund in der zweiten Hälfte des 1. Jhs. n. Chr. in den Boden kam. Daraufhin hat man die Stücke versuchsweise als Händlerdepot betrachtet, doch ist jüngst mit Recht betont worden (Bogaers), daß der Fund auch zahlreiche Formen enthält, welche in den germanischen Gräbern nicht vorkommen, von denen man also vermuten darf, daß sie auch im Handel keine Rolle spielten; dazu zählt besonders das Eßgeschirr mit den verschiedenen Tellern. Auch die verzierten Schalen mit Innenmedaillons (Minerva, Hercules, Magna Mater, Attis) gehören zu den Formen, die auf dem germanischen Markt anscheinend keine Rolle spielten. Der Schatzfund dürfte also doch am ehesten als Beutegut zu betrachten sein, wobei die Detailfragen im Rahmen der vorliegenden Ausstellung nicht diskutiert zu werden brauchen.

Die hier gezeigten Stücke wurden vielmehr unter dem Gesichtspunkt ausgewählt, zu anderen Objekten der Ausstellung (Waffen, Silberbecher aus germanischen Gräbern) ergänzende Informationen zu liefern.
Literatur: E. Pernice − F. Winter, Der Hildesheimer Silberfund (1901). − U. Gehrig, Hildesheimer Silberschatz aus dem Antikenmuseum[2] (1980). − R. Nierhaus, Der Silberschatz von Hildesheim. Seine Zusammensetzung und der Zeitpunkt seiner Vergrabung. Die Kunde, N. F. 20, 1969, 52 ff. − H. U. Nuber, Zum Vergrabungszeitpunkt der Silberfunde von Hildesheim und Berthouville. BMusArt 46, 1974, 23 ff. − J. E. Bogaers, Zum Geheimnis von Hildesheim. BABesch 57, 1982, 182 ff. (verbindet den Fund mit dem Bataveraufstand 69/70).

Kat. 403

403 Großer Krater

(Kopie)

Berlin, Antikenmuseum, SMPK, Inv. 3779,62

Der Reliefmantel wurde im Zweiten Weltkrieg zerstört

H 0,36 m, Dm 0,353 m

Der Einsatz mißt in der H 0,331 m, im Dm 0,381 m

Der Glockenkrater zeigt in feinstem Relief eine zauberhafte Wasserlandschaft, die sich vom Meeresgrund aus aufbaut, auf dem Adler- und Löwengreifen sitzen. In den Akanthusranken und den Algen, die sich aus den Greifen entwickeln, jagen kleine Amores (Eroten) nach Muscheln, Tintenfischen und anderen Meerestieren.

Die Arbeit ist im Rahmen der augusteischen oder allenfalls noch der tiberischen Zeit als feinstes toreutisches Produkt zu verstehen, welches den Wert etwa der rankenverzierten Waffen relativieren mag (vgl. Kat. 386. 389).

Literatur: Pernice-Winter 61 ff. Taf. 32−34. − Gehrig Abb. 2−4. − Zu den Ranken auf dem Krater und auf anderen Hildesheimer Objekten vgl. zuletzt E. Simon, Augustus. Kunst und Leben in Rom um die Zeitenwende (1986) 148 ff.

404 Schöpfkelle (simpulum)

Berlin, Antikenmuseum, SMPK, Inv. 3779,36

H 0,111 m

Das kleine Gefäß besteht aus einer dickwandigen Schale und einem umgebogenen Griff, der es erlaubte, die Kelle an der Wand eines Kraters (s. o.) aufzuhängen. Der Griff hat die Form eines an beiden Enden auseinandergehenden Zweiges, um den sich eine Efeuranke schlingt. Die Efeublätter waren vergoldet. Der vegeta-

Kat. 404

Kat. 405

bilische Griff mit seinem bacchischen Thema ist dem Griff der Becher des Fürstengrabes von Marwedel (Kat. 401. 402) vergleichbar.

Literatur: Pernice-Winter 43 f. Taf. 20 oben. − Gehrig Abb. 37.

405 Zwei glatte Becher

Berlin, Antikenmuseum, SMPK, Inv. 3779,7 (nicht abgebildet) und 8

H 0,109 m, Dm 0,119 m

Die beiden mit den Füßen aus einem Stück hergestellten Becher tragen als einzigen Dekor unter einer Hohlkehle einen doppelten Perlkranz und dazwischen einen aus stilisierten Blättern und ornamentalen Zwischengliedern gebildeten Dekorstreifen. Wegen der sparsamen Verzierung sind sie einwandig gearbeitet. Die nach den Lötspuren und nach der Typologie sicher ehemals vorhandenen Griffe sind abgebrochen. Die beiden Becher sind die Hälfte eines ehemals aus vier Bechern bestehenden Satzes. Sie sind den beiden Silberbechern aus dem einen der beiden Fürstengräber von Lübsow (Kat. 398) sehr ähnlich.

Literatur: Pernice-Winter 30 f. Taf. 8. − Gehrig Abb. 21.

406 Kleiner Napf mit Buckeldekor

Berlin, Antikenmuseum, SMPK, Inv. 3779,19

H 5 cm, Dm 8,2 cm

Der kleine Napf besteht aus glattem Einsatz und getriebenem Mantel, der den Buckeldekor trägt. Zwei Griffe waren nach den Lötspuren vorhanden. Die Hohlkehle unter dem Mündungsrand war vergoldet. Nach der Gewichtsinschrift ist das Gefäß der Rest eines Dreiersatzes. Wegen der Dimensionen dürfte es sich um einen Soßennapf (acetabulum) und somit um den Teil eines Eßgeschirrs handeln. Buckelverzierung dieser Art kommt nicht häufig vor; der Meister der beiden kleinen silbernen Trinkbecher aus dem Körpergrab 3 von Łeg Piekarski (vgl. Einleitung) hatte offensichtlich solche Vorbilder vor Augen. Die ornamentale Gestaltung kam dem germanischen Geschmack entgegen: den Fuß zie-

ren sorgfältig eingedrehte Kreise, die Pflanzen in den Buckelzwickeln sind sehr stilisiert.
Literatur: Pernice-Winter 41 Taf. 17 Mitte. — Gehrig Abb. 47.

407 Großer Trinkbecher

Berlin, Antikenmuseum, SMPK, Inv. 3779,66
H 0,359 m, Dm 0,175 m
Der Hildesheimer Schatz enthielt zwei dieser großen, ebenso merkwürdigen wie in der Gestaltung seltenen Trinkgefäße; vom zweiten Humpen ist nur ein Rest des oberen Teils erhalten (Gehrig, Farbtafel IV). Das schwere Gefäß (1688 gr.) war bis auf die glatten Felder und das Fußmuster vergoldet, die Körper der Tiere hat man des farblichen Kontrastes wegen ebenfalls silberfarben gehalten. Der vegetabilische Schmuck besteht von oben aus einer Wellenranke, einem Lorbeerkranz und über dem Fuß aus einem hohen Feld aus Ranken und Pflanzen. Im Tierfries erscheinen zwei Kampfgruppen von Hund und Eber neben dem Paar Löwe-Stier, wobei der Stier nach Art von Opfertieren einen Gurt trägt. In den Konturen ist ausführlich mit eingepunzten Linien gearbeitet, der Reliefgrund ist durch Hämmern aufgerauht und uneben gemacht. Lötspuren oben am

Kat. 406

Rande der Mündung zeigen, daß entweder ein Einsatz oder eine Anstückung sonstiger Form dort angebracht war; über die genaue Ergänzung ist man sich jedoch nicht einig.
Formparallelen in Keramik und Metall lassen es angeraten scheinen, in den beiden Gefäßen Arbeiten aus den Nordwestprovinzen, vermutlich aus Gallien, zu sehen. Trotz aller ungelöster Detailfragen sind die Hildesheimer Humpen deshalb ein wertvoller Beleg für frühkaiserzeitliche provinziale Silberwerkstätten. Das Problem

Kat. 407

spielt bei der Frage nach den germanischen Imitationen römischen Silbers eine Rolle. Man hat immer wieder mit dem Gedanken gespielt, die in den germanischen Gräbern gefundenen ‚unrömischen' Becher, wenn schon nicht als stadtrömisch oder italisch, so doch wenigstens als Provinzarbeiten, was immer damit gemeint war, zu erklären. Die beiden Hildesheimer Humpen als sicher römische, wenn auch nicht italische Arbeiten sind dabei als Korrektur eine wichtige Hilfe.

Literatur: Pernice-Winter 67 ff. Taf. 38–41. – Gehrig Abb. 8. – H. Küthmann, Beiträge zur hellenistisch-römischen Toreutik II. Die sogenannten Hildesheimer Humpen. JbZMusMainz 5, 1958, 128 ff.

Johann-Sebastian Kühlborn

408–455   Katalog

408   Modell des Hauptlagers Haltern

Münster, Westfälisches Museum für Archäologie
Das Modell (Maßstab 1:250) zeigt die beiden Ausbaustadien des Hauptlagers von Haltern, dessen ursprünglicher Flächeninhalt im Laufe seines Bestehens von 16,7 ha auf 18 ha vergrößert worden war. Die Innenbauten des Hauptlagers waren nicht in Stein, sondern durchgängig in den Baumaterialien Holz und Lehm errichtet worden. Eine 3 m breite Holz-Erde-Mauer und zwei vorgelagerte Spitzgräben schützten die Anlage. Der Standort der Tore nahm Rücksicht auf die im rechtwinkligen System angelegten *via principalis* und *via praetoria*. Die abweichende Lage des Nordtores ist wohl topographisch bedingt. Im Verlauf der Mauer waren zur besseren Verteidigung Türme einbezogen. Der Abstand dieser Türme zueinander ist wegen ausstehender Untersuchungen unbekannt; im Legionslager Oberaden betrug der Abstand 25 m.

In der mittleren *insula* lag das Stabsgebäude (*principia*), unmittelbar dahinter ein großer Baukörper mit einem kleinen Innenhof (*praetorium?*). Die Funktion des östlich der *principia* gelegenen, großen Gebäudekomplexes ist unbekannt. Die weiteren Bauten dieser *insula*, im

Westen und im Nordosten der *principia* gelegen, werden als Wohnbauten für Offiziere (sog. Tribunenhäuser) interpretiert. Weitere Offiziersbauten liegen an den Straßenecken von *via praetoria / via principalis* und *via decumana / via principalis* sowie am östlichen Ende der *via quintana*. Östlich der zentralen *insula* wird das lagereigene Handwerkerzentrum (*fabrica*) angenommen, im Süden der *fabrica*, jenseits der *via principalis*, das Truppenlazarett (*valetudinarium*). Die bis zu 70 m langen Kasernen sind längs des nördlichen und östlichen Wallabschnittes nachgewiesen. In den Straßen verliefen holzverschalte und mit Bohlen abgedeckte Kanäle, die vor allem das von den Dachflächen der Lagerbauten stammende Regenwasser aus dem Lager führten. Ungewöhnlich ist die Häufung der sog. Tribunenhäuser. Dadurch hebt sich das Halterner Hauptlager in seiner Innenbebauung von anderen augusteischen Legionslagern deutlich ab.

409   Lackprofil eines Spitzgrabens

Münster, Westfälisches Museum für Archäologie
Aus Haltern
L 3 m, H 1,68 m
Dieser Lackabzug wurde einem Profilschnitt durch den Spitzgraben des römischen Feldlagers von Haltern, nordwestlich des Hauptlager-Nordtores, entnommen. Deutlich zeichnet sich der in die anstehenden «Halterner Sande» der Oberkreide eingetiefte Spitzgraben ab. Die an verschiedenen Stellen der Lagerumwehrung festgestellten Böschungswinkel des Grabens variieren zwischen 45° und 60°. Die Grabentiefe ist an diesem Lackprofil noch mit 1,5 Metern erhalten. Die ursprüngliche Tiefe ging wohl um einiges darüber hinaus, da die römische Oberfläche im Bereich der heutigen Humusschicht zu vermuten ist. Die obere Partie des Spitzgrabens erscheint durch Erosion verbreitert. Die Grabenböschungen müssen ursprünglich mit abgestochenen Grassoden bedeckt worden sein, um ein Abrutschen der Grabenwände bei schweren Regengüssen zu vermeiden. Auf diese Grassoden ist das häufig zu beobachtende hellgraue Sediment in der Grabenspitze zurückzuführen. Nach Auflassung des Feldlagers verflachte der Graben durch die natürliche Erosion zunächst muldenförmig.

Kat. 408

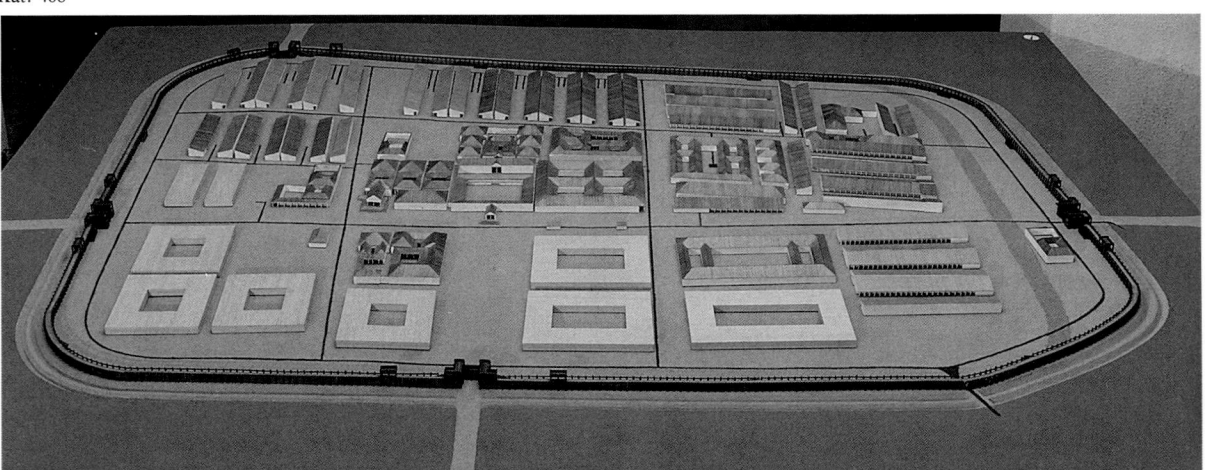

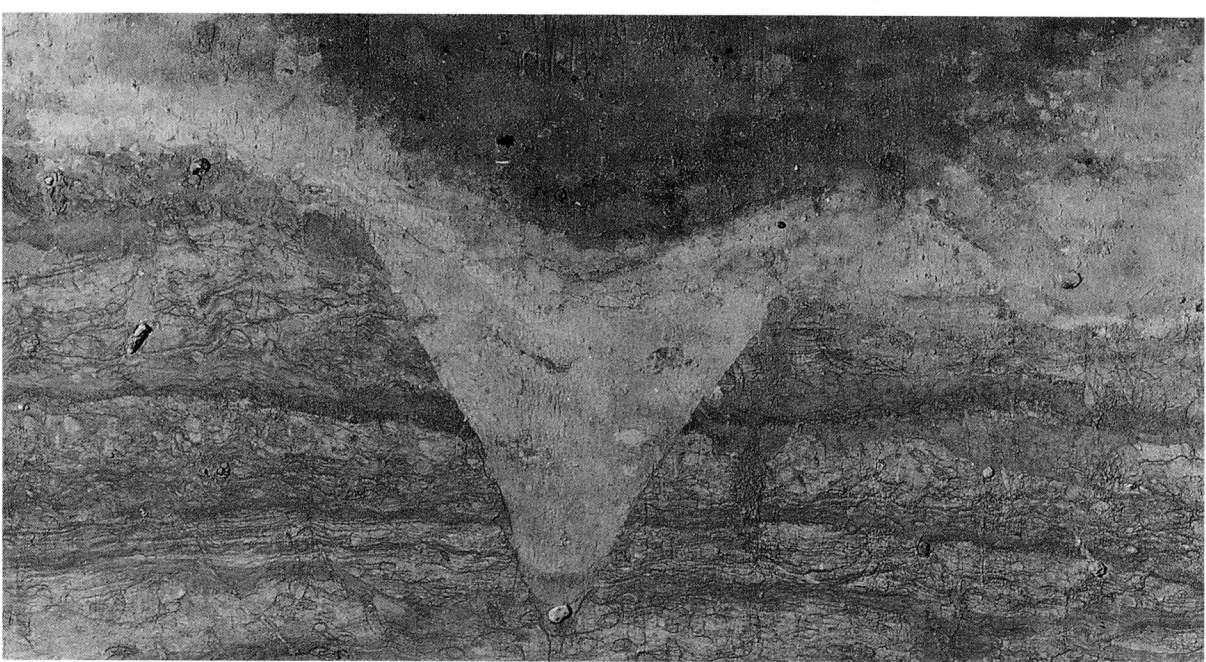

Kat. 409

Die obere Grabenfüllung enthält eine dunkle Schicht, die in der Hauptsache aus Abfall und Schutt des jüngeren Hauptlagers besteht. Dieses Phänomen ist besonders im Vorfeld des Hauptlager-Nordtores nachgewiesen. Hier hat man in größerem Umfang den alten Spitzgraben und angrenzende Bereiche mit Schutt und Abfall aus dem Hauptlager aufgefüllt.

410 Eichenpfosten einer Holz-Erde-Mauer

Münster, Westfälisches Museum für Archäologie
Aus Oberaden
Pfosten A: Fundnr. Oa 80/Pfosten Ost 27
L 0,89 m, B 0,18 m, T 0,115 m
Pfosten B: Fundnr. Oa 80/Pfosten Ost 39
L 0,79 m, B 0,19 m, T 0,11 m
In dem feuchten Boden an der Nordwestecke des Legionslagers Oberaden haben sich neben den bekannten *pila muralia* u. a. auch Hölzer der Holz-Erde-Mauer, der Centurionenbauten und der Grundwasserbrunnen gut erhalten. Mit Hilfe der rechtwinklig zugebeilten Pfosten der Holz-Erde-Mauer ist auf dendrochronologischem Wege für Oberaden ein präzises Gründungsdatum erarbeitet worden. Der dendrochronologische Befund ist eindeutig: die als Bauholz verwendeten Eichenpfähle wurden nach Abschluß der Wachstumsphase im Sommer bzw. Spätjahr 11 v. Chr. gefällt und in saftfrischem Zustand verbaut. Diese Datierung steht im besten Einklang zur bisherigen, auf archäologischen und historischen Erwägungen basierenden Datierung. Damit ist auch die Identität des Legionslagers Oberaden mit der bei Dio Cassius 54,33,4 für das Jahr 11 v. Chr. angeführten Lagergründung gesichert. Nach Dio Cassius hat Drusus auf dem Rückmarsch des Heeres in die linksrheinischen Winterquartiere ein Lager gegen die Sugambrer an der Lippe anlegen lassen.

Literatur: E. Hollstein, Mitteleuropäische Eichenchronologie. Trierer Grabungen und Forschungen 11, 1980, 102 f.

411 Transportfaß

Münster, Westfälisches Museum für Archäologie
Aus Oberaden, Fundnr.: Oa 63/Br. I
Erhaltene max. H 1,20 m, unterer Dm 0,69 m
Die Wandungen der Grundwasserbrunnen im Legionslager Oberaden wurden mit hölzernen Verschalungen gesichert. Diese können aus Eichenbohlen gezimmert sein, doch am häufigsten wurden der Einfachheit halber ausgediente Transportfässer abgeteuft. Alle in Oberaden geborgenen Holzfässer stammen aus derartigen Brunnen. Sie weisen in den meisten Fällen Spundlöcher auf und kommen damit als Weinfässer in Betracht. Gelegentliche Brandstempel auf den Faßdauben zeigen keltische Namen (z. B. Gallus) aus dem oberitalischen und südfranzösischen Raum. Das Ursprungsgebiet der Oberadener Weinfässer ist am ehesten in Südfrankreich zu vermuten. Bekannt ist der Amphorenschutt bei Chalon-sur-Saône. Hier wurde wahrscheinlich Wein aus Amphoren in Fässer umgefüllt, um ihn dann auf dem Land- und Wasserwege in größeren Gebinden kostengünstig weitertransportieren zu können. Darüber hinaus erreichte die Militärlager auch Wein in Amphoren. Für Haltern sind u. a. Weinamphoren aus Knidos und der Tarraconensis gesichert. Neben Wein wurden auch andere Güter in diesen Fässern transportiert. Am vorliegenden Faß fehlt das Spundloch, dagegen fällt eine große, durch vier Faßdauben gesägte Öffnung auf; dies ist kein Einzelfall. Offensichtlich war in diesen Fässern auch festes Gut ins Oberadener Legionslager gelangt. Die Fundstelle dieses als Brunnenverschalung verbau-

ten Fasses lag außerhalb des Lagers, etwa 150 m vor
dem Westtor.
Literatur: S. v. Schnurbein, Riesige Weinfässer im
Brunnen. Kölner Römer-Illustrierte 2, 1975, 140. – P.
Kneissl, Die utriclarii. Ihre Rolle im gallorömischen
Transportwesen und Weinhandel. BJb 181, 1981, 169 ff.
– J.-S. Kühlborn, Die neuen Grabungen in der Nord-
westecke des römischen Legionslagers Oberaden. Ger-
mania 60, 1982, 509 f.

412 Handwerkszeug
Münster, Westfälisches Museum für Archäologie
Aus Haltern und Oberaden
Hacke mit quer zum Holm verlaufender Schneide und
zweizinkigem Endteil. Fundnr.: Ha 73E/Fridag. – Axt.
Fundnr.: Ha 73/95W 60S. – Flachdechsel mit abgesetz-
tem, hammerförmigem Kopfteil. Fundnr.: Ha 84. 550.
– Flachdechsel. Fundnr.: Ha 71/Gr. 131. – Axtblatt.
Fundnr.: Ha 73A/Gr. 98. – Sense mit zweigeteiltem,
genietetem Blatt. Fundnr.: Oa 82. 095/c1. – Blatt-
hacke. Fundnr.: Ha 67/Gr. 158. – Stechbeitel mit Tülle.
Fundnr.: Oa 77/Gr. 262. – Sense. Fundnr.: Ha 65/Gr.
177.
Handwerksgeräte gehören neben den Fundstücken aus
der militärischen bzw. alltäglichen Sphäre zum üblichen
Fundbestand römischer Lager. Das Militär führte in eigener Regie die Befestigungs- und sonstige Bauarbeiten
in den Lagern aus. Entsprechend gut sind gerade in Hal-

tern u. a. Werkzeuge für Erdarbeiten und Holzbearbei-
tung im Fundmaterial belegt. Darüber hinaus wird ein
größerer Baukomplex im Hauptlager von Haltern, aus
dem viele Werkzeuge stammen, als Handwerkerzentrum interpretiert.
Literatur: S. v. Schnurbein, Die Römer in Haltern
(1979) 44, Abb. 30.

413 Helm aus Olfen
Münster, Westfälisches Museum für Archäologie,
Inv. C 395; 29/566
Aus Olfen, Kr. Coesfeld
H 0,16 m, mit Knauf 0,188 m; L 0,253 m, B 0,212 m
Die konische Kalotte des Bronzehelmes endet in einem
runden Knauf, der mit dem Helm aus einem Stück gearbeitet ist. Das Innere des Knaufes ist mit Blei ausgegos-
sen und mit einer senkrechten Durchbohrung versehen
worden, in die der Helmbusch eingesetzt werden
konnte. Der Nackenschutz des Helmes ist relativ schmal
(B max. 3,5 cm). Seine verdickte Umrandung setzt sich
im unteren Abschluß des Helmes fort, die auf der Wan-
gen- und Stirnseite mit schräg gesetzten Kerben versehen ist. Ein Nietloch im Nackenschutz geht auf die hintere Befestigung des Helmriemens zurück. Die Scharniere der Wangenklappen waren mit jeweils einem seitlichen Niet am Helm angebracht. – Dieser Helm wurde
im 19. Jh. jenseits der heute bekannten augusteischen
Militärlager bei Olfen in der Lippe gefunden.

Kat. 410a.b

Kat. 411

Kat. 412

Kat. 413

Kat. 414

Die konische Form verweist diesen Helm in die typologische Gruppe Montefortino C (nach Robinson). Die Frühform dieser nach Montefortino, einem Fundort an der Adria, benannten Typus datiert in das 4. Jh. v. Chr. Zur Zeit der Punischen Kriege war er der Standardhelm des Legionärs. Mit dem Aufkommen des Hagenauer Helmtypus kommt in der ersten Hälfte des 1. Jhs. n. Chr. außer Gebrauch.

Literatur: H. Zeiß, Westfalen 19, 1934, 177 ff. – H. Hinz, Ein Bronzehelm der Latène-Zeit vom Niederrhein. BJb 160, 1960, 4. – H. Klumbach, Römische Helme aus Niedergermanien. Kunst und Altertum am Rhein 51, 1974, 19 f. Taf. 4. – H. R. Robinson, The armour of imperial Rome (1975) 13 ff.

414 Helm aus Haltern

Haltern, Römisch-Germanisches Museum
Aus Haltern, Fundnr. Ha 61/Gr. 4
H 0,20 m, L 0,282 m, B 0,21 m

Der Helm ist aus Bronze gefertigt. Auf der annähernd halbkugeligen Kalotte befindet sich ein kegelförmiger Knauf zur Aufnahme des Helmbusches (*crista*). Der Helm hat einen leicht abfallenden Nackenschutz, dessen verdickte Umrandung sich im unteren Abschluß des Helmes fortsetzt. Der Stirnbügel wurde mittels zweier Nieten gehalten. Die Scharniere der verlorenen Wangenklappen waren durch jeweils zwei Nieten mit dem Helm verbunden. Auf die hintere Befestigung des Helmriemens deutet ein Nietrest in der Mitte des Nak-

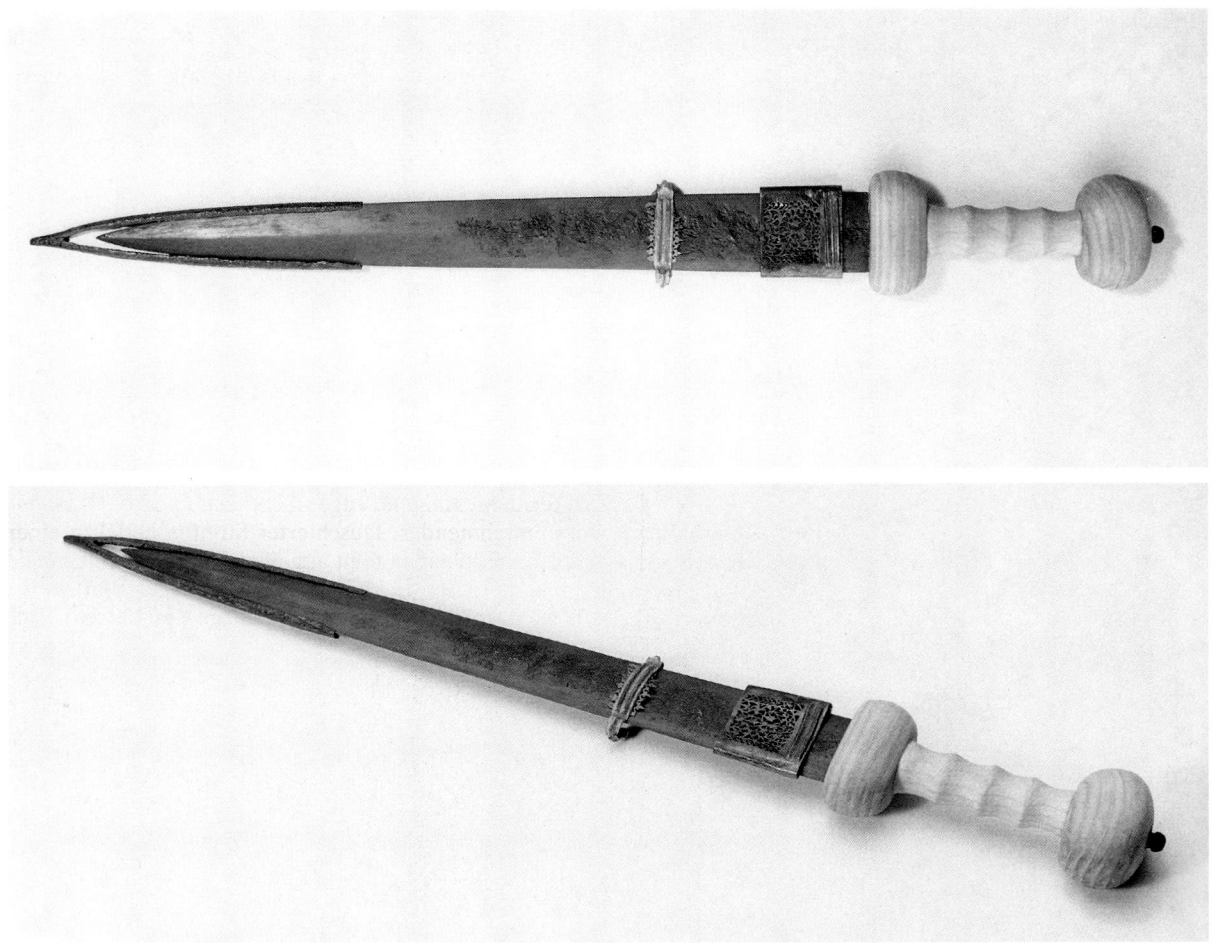

Kat. 415

kenschirmes hin. Auf der Innenseite haben sich in der
Oxydschicht Partien eines textilen Innenfutters erhal-
ten.
Der Helm ist dem Typus Hagenau zuzuordnen. Diese
Helmform läßt sich entwicklungsgeschichtlich aus dem
Typus Montefortino (s. Helm von Olfen) ableiten. Der
Querschnitt der Kalotte nähert sich dem einer Halbku-
gel. Gegen Schwerthiebe von vorne schützte der Stirnbügel, den Nacken ein breiterer Schirm. Der Knauf auf
dem Helm ist separat angelötet. Dieser Helmtypus hat
sich als gebräuchlichster Legionarshelm in der ersten
Hälfte des 1. Jhs. n. Chr. durchgesetzt.
Literatur: P. La Baume in: Römer am Rhein 204 C 26.
– H. Klumbach, Römische Helme aus Niedergermanien. Kunst und Altertum am Rhein 51, 1974, 27 f. Taf.
15. – H. R. Robinson, The armour of imperial Rome
(1975) 30, Abb. 46–47.

415 Rekonstruktion eines Gladius
Münster, Westfälisches Museum für Archäologie
Aus Haltern
Gesamtlänge 0,766 m

Für die Rekonstruktion des Kurzschwertes (*gladius*)
sind fundmäßig nicht zusammengehörige, aber aus den
Grabungen in Haltern stammende Fundstücke montiert
worden. Die Klinge ist nach dem Original im Römisch-
Germanischen Museum, Haltern (Fundnr. Ha 25/29.
464) weitgehend ergänzt, der Griff in Holz rekonstruiert. Als Beschläge einer Schwertscheide wurden ein
Scheidenmundstück (Ha 56/Gr. 244), ein Schwertriemenhalter (Ha 64B/Gr. 24) und ein Ortband (Ha 56/Gr.
267) verwendet. Das z. T. ergänzte Mundstück besteht
aus einem umgeschlagenen Bronzeblech. Die Vorderseite ziert als Durchbruchsarbeit ein Rankengeflecht mit
lotusartigen Blütenkelchen; auf der Rückseite befindet
sich eine gepunzte Inschrift: *J. MARI/MATTI*. Der Bügel des ebenfalls in Bronze gearbeiteten Schwertriemen-
halters ist durch Kehle und Rippen profiliert, an die sich
in Durchbruchstechnik eine auf einem dünnen, hinter-
legten Bronzeblech gearbeitete Knospenreihe anschließt. An den Seiten läuft der Schwertriemenhalter
zur Aufnahme von Ringen (vergl. das sog. Schwert des
Tiberius aus Mainz) in schlaufenartigen Enden aus, die
zur Befestigung des Schwertes am Tragriemen (*balteus*)
dienten. Das eiserne Ortband diente dem Zusammenhalt der beiden Scheidenschalen.

416 Dolch mit tauschierter Scheide
(Kopie)
Nürnberg, Germanisches Nationalmuseum, Inv. R 381
(Dolch) und R 382 (Scheide)
Aus Rösenbeck, Kr. Brilon
Dolch: Gesamtlänge 0,382 m
Scheide: Gesamtlänge 0,255 m

Der Griff des Dolches besteht aus zwei Griffschalen,
zwischen denen ein vergangenes, aus organischem Material gefertigtes Futter angebracht war. Sie waren
durch acht Nieten miteinander verbunden. Am oberen
Ende läuft der Griff in einer halbkreisförmigen Scheibe
aus. In der Mitte befindet sich eine kleine Mittelscheibe.
Das untere Ende wird durch die leicht schräg abfallende
Parierstange gebildet. Auf der Klinge verläuft ein deutlicher Mittelgrat. Der Klingenumriß ist stark korrodiert,
doch verweist die Konturierung der Scheide auf eine geschwungene Form.
Von der Scheide ist lediglich die Vorderseite erhalten,
ein Eisenblech mit reicher Messingtauschierung und
ausschließlich roten Einlagen aus Emaille. Die Verzierung gliedert sich in vier Felder; drei annähernd rechteckige und ein dreieckiges.
In Tauschierung sind das Rahmenwerk, die Kreis- und
die Halbkreisbögen angelegt. Darüber hinaus sind die
Blätter der Rosetten im Wechsel mit roten Emailleeinlagen und Messingtauschierung gearbeitet. Die Ornamentik des ersten und dritten Feldes ist weitgehend
identisch. Eine Rosette aus sechzehn Blütenblättern,
die abwechselnd in roter Emaille und Messingtauschierung gearbeitet sind, bildet das Mittelmotiv. Im Zentrum sitzt ein messingfarbener Niet. Die Rosette wird
von einem tauschierten Kreis und einem anschließenden
Kranz aus gegenständigen, rautenförmigen Blättchen
umgeben. Ein doppelter, konzentrischer, tauschierter
Ring schließt das Rund des Mittelmotivs ab. In den vier
Zwickeln befinden sich Winkelhaken und drei kleine
Kreuze in Emaille. Zur Längsseite folgen ein schmales
Messingband, eine Reihe kleiner, emaillierter Kreuze
und ein, das gesamte Feld einrahmender, etwa 1,5 mm
breiter, tauschierter Streifen. — Das zweite Feld ist an
den Seiten leicht konkav eingezogen. Es paßt sich damit
der äußeren Kontur der Scheide an. Umschlossen wird
die gesamte Dekoration des zweiten Feldes durch ein
breiteres und ein schmales, tauschiertes Band, zwischen
denen eine allseitig umlaufende Reihe emaillierter, kleiner Kreuze verläuft. Hauptelemente dieser Dekoration
sind zwei gleichartige, antithetisch angeordnete, halb-
kreisförmige Bögen. Zwischen ihnen verläuft ein mes-
singtauschiertes Band, das jeweils in einer Gabel endet.
Die seitlichen Zwickel zwischen den Halbbögen werden
durch floral wirkende Emailleeinlagen gefüllt: ein von
seitlichen, herzförmigen Elementen begleitetes anker-
förmiges Motiv, dessen seitliche Spitzen in geschwungenen, tauschierten Linien auslaufen. Das Zentrum der
Kreisbögen füllt eine emaillierte Pelta mit seitlich einge-
rollten Endspitzen und einer kreuzförmigen Ausbildung
in der Mitte. Auf einen einrahmenden, tauschierten
Halbbogen folgt ein rautenblättriger Kranz, in dessen
Scheitelpunkt ein emaillierter Niet angebracht war.
Nach außen folgen zwei schmale, tauschierte Halbbö-

gen. — Das untere, von einem breiten, tauschierten
Band eingefaßte Feld ist dreigliedrig aufgebaut. Das
obere Segment setzt sich aus Halbbogen mit Peltenzier
und Kranz zusammen. Die unteren Zwickel füllen Winkelhaken mit den drei kleinen Kreuzen. In diesem Feld
wiederholen sich einige der aus den ersten drei Feldern
bekannten Motive. Das zweite Segment ist durch zwei
tauschierte, schmale Streifen abgesetzt. Dazwischen
verläuft ein schmaler Dekorationsstreifen mit vier quadratischen, tauschierten Feldern, die jeweils durch An-
dreaskreuz und herzförmige Motive, beides in Emaille,
ausgefüllt sind. Das abschließende Segment zeigt im
Zentrum nach unten weisende Doppelblätter, die im
Wechsel emailliert bzw. tauschiert sind. Sie werden
durch einen schmalen tauschierten Streifen eingerahmt.
Durch einen Zwischensteg im unteren Bereich wird ein
kleines Feld abgeteilt. In den Winkeln dieses Dreiecks
ist je ein Messingniet angebracht. Ein zweiter, den inneren umrahmender, tauschierter Streifen endet in einer
Raute. Nach außen folgt auf allen drei Seiten in Emaille
jeweils eine Reihe kleiner, gegenständiger Blättchen.
Der angebliche Fundort (Burganlage des 12. Jh.) trägt

Kat. 416

Kat. 417a   Kat. 417b   Kat. 418

nichts zur Datierung bei. Typologisch läßt sich die Dolchscheide von Rösenbeck einer in claudische bis flavische Zeit zu datierenden Dolchgruppe zuweisen.
Literatur: AuhV 4 (1900) Taf. 52,2. – K. Exner, Römische Dolchscheiden mit Tauschierung und Emailverzie- rung. Germania 24, 1940, Taf. 9,3. – J. Ypey, Drei römische Dolche mit tauschierten Scheiden aus niederländischen Sammlungen. Ber. Amersfoort 10–11, 1960/61, 359, Abb. 14. – E. Thomas, Helme, Schilde, Dolche (1971) 49, Taf. 78,1.

417   Dolch aus Oberaden

Dortmund, Museum für Kunst und Kulturgeschichte,
Inv. Oa 1

Aus dem Römerlager Oberaden

Maße: erhaltene Gesamtlänge 0,235 m, ergänzt 0,28 m;
erhaltene Klingenlänge 0,138 m, ergänzt 0,185 m

Der eiserne Dolch (*pugio*) stammt aus den Grabungen
der Jahre 1906 bis 1914 im Legionslager Oberaden; die
näheren Fundumstände sind unbekannt. Die Kontur
des Klingenumrisses ist leicht geschwungen. Beidseits
der Mittelrippe verlaufen lamellenartige Stege. Sie gehen auf eine unterschiedliche Schmiedestruktur des
Klingenblattes zurück und sind erst durch die Korrosion
sichtbar geworden. Der Griff besteht aus zwei, durch
sechs Niete zusammengehaltenen Griffschalen. Als
Zwischenfutter wurde Holz verwendet. Der Griffknauf
endet in einer großen Scheibe, eine kleinere sitzt in der
Griffmitte. Die Parierstange ist dreieckig ausgebildet.
Die vordere Griffschale des Dolches war ursprünglich
messingtauschiert. Die Dekoration des Griffes besteht
aus einfachen Tauschierungselementen. Die beiden
Scheiben wurden durch radiale Linien in einzelne Segmente unterteilt. Mit Ausnahme der an den Griffsteg
anschließenden Segmente, die durch diagonal laufende
Linien verziert waren, weisen die übrigen konzentrische
Strichgruppen auf. Von der Mittelachse fällt der Griffsteg nach den Seiten hin leicht ab. Die Seiten sind von
längsrechteckigen Zierfeldern bedeckt, deren lineares
Rahmenwerk und die von ihm eingeschlossenen, senkrecht verlaufenden Zickzacklinien ebenfalls tauschiert
waren. Die Parierstange trägt ein dreieckiges Zierfeld
mit senkrechten, tauschierten Linien. Auf der Grundlinie des Dreiecks ist ein schmales, längsrechteckiges Feld
ausgespart, dem nach den Seiten hin kleine, halbbogen-
förmige Elemente folgen. Die hintere Griffschale ist
weitgehend zerstört.

Lit.: Albrecht, Das Römerlager in Oberaden. Veröffent-
lichungen aus dem Städt. Museum für Vor- und Frühgeschichte Dortmund 2,2 (1942) 160, Nr. E 101, Taf. 52,6.

418   Dolch aus Haltern

Münster, Westfälisches Museum für Archäologie

Aus Haltern, Fundnr. Ha 67/Gr. 67

Maße in ergänztem Zustand: Gesamtlänge 0,323 m,
Klingenlänge 0,234 m

Der eiserne Dolch (*pugio*) wurde in einem Kasernenbe-
reich des Hauptlagers, nahe einem Centurionenquar-
tier, gefunden. Der Griff des Dolches ist auf der Vorderseite mittels Messing- und Silbertauschierung sowie
roten Emailleeinlagen reich verziert. Den Griff des Dolches bilden zwei durch Nieten miteinander verbundene,
eiserne Griffschalen; das Futter zwischen den beiden
Griffschalen bestand aus Bein und Holz. Der Griff endet in einem halbkreisförmigen Knauf. In der Mitte des
Steges befindet sich eine kleine Mittelscheibe. Das untere Ende geht in die leicht schräg abfallende Parierstange über. Die acht etwa 0.4 cm hervorstehenden Nieten mit ihren roten Emailleeinlagen und einer seitlichen
kreisförmigen Tauschierung sind nur Zierwerk, die
sechs die Griffschalen zusammenhaltenden Nieten sind
dagegen weitgehend überarbeitet. Auf der Vorderseite

des Griffes befinden sich fünf Zierniete, auf der Oberseite des Knaufes drei weitere. Die übrigen Verzierungselemente — Swastika, Kreisbögen, gerade Linien
und Zickzacklinien — sind tauschiert. Mitten zwischen
den beiden Ziernieten des halbkreisförmigen Knaufes
ist eine Swastika angebracht. Zierniete und Swastika
werden durch ein bogenförmiges Rahmenwerk umschlossen, gebildet von zwei Halbkreislinien mit unterschiedlichem Radius. Zwischen ihnen verlaufen von der
Mittelachse schräg nach außen orientierte, kurze, parallele Linien. Gegen die Seiten des Knaufes schließt sich
je eine Zickzacklinie an. Nach oben hin wird die Knauf-
dekoration durch eine waagerechte Zickzacklinie abgeschlossen. Parallel zur Mittelachse des Griffsteges sind
— unterbrochen von fünf bzw. vier Kreisbögen, welche
die Mittelscheibe umrahmen — zwei parallele, gerade
Linien angelegt, denen nach den Seiten hin zwei durch
eine gerade Linie abgesetzte Zickzacklinien folgen. Das
Schmuckfeld der Parierstange entspricht der ansonsten
recht einfachen Dekorationsweise. Die Mitte wird
durch ein freies Dreieck betont. Von ihm gehen schräg
nach außen angeordnete, kurze, parallele Linien ab, an
die sich in den seitlichen Zwickeln zu den Ziernieten hin
je eine kurze Zickzacklinie anschließt. Eingerahmt wird
das Dekorationsfeld im oberen Bereich durch eine
leicht gebogene, im unteren durch eine gerade Linie.
Der Dolch ist vornehmlich an der Klinge stark ergänzt.
Die Klingenkontur war offensichtlich geschweift. Beidseits eines durchgehenden Mittelgrates verlaufen feine,
parallel angeordnete Lamellen, die in der Klingenspitze
V-förmig enden. Metallurgische Untersuchungen haben
ergeben, daß diese Lamellen auf eine Damaszierung der
mittleren Klingenpartie zurückzuführen sind. Ob der
Fundort nahe einem Centurionenbau eine Zuweisung
des Dolches an einen Offizier erlaubt, erscheint angesichts der allgemeinen Fundstreuung im Hauptlager von
Haltern zumindest problematisch.

Literatur: S. v. Schnurbein, Die Römer in Haltern
(1979) 38, 40. — H.-J. Höper, Damaszenerstahl — eine
alte Schmiedetechnik. Westfalen im Bild, Reihe: Tech-
nikgeschichte in westfälischen Museen 5, 1984, 30 ff.

419   Kurzschwert mit gebogener Klinge

Münster, Westfälisches Museum für Archäologie

Aus dem Römerlager Oberaden, Fundnr. Oa 77/Gr. 8 —
F 306

L 0,465 m

Zwei Charakteristika kennzeichnen dieses Kurzschwert:
Material und Klingenform. Es ist in einem Stück aus
Eschenholz geschnitzt und gliedert sich in Knauf, Griff,
Parierscheibe und gekrümmte Klinge mit Mittelgrat.
Diese Waffenattrappe kann lediglich zu Übungszwek-
ken verwendet worden sein. Die gekrümmte Klingenform hat ihre nächsten Parallelen in dem im thrakischen
Bereich gebräuchlichen Kurzschwert, der *sica*. So ist
auch in den Gladiatorenkämpfen die *sica* die typische
Waffe des *Thrax*. In diesem Zusammenhang sind auch
zwei Phalerae aus Oberaden zu sehen, die aus stilistischen Gründen dem dakisch-thrakischen Raum zugewiesen werden. Neben diesen Phalerae könnte die hölzerne *sica* von Oberaden als Beleg für die Präsenz einer

auf dem Balkan rekrutierten Hilfstruppe in Oberaden herangezogen werden, wenn man sie nicht als Übungswaffe von Gladiatoren, die für die Unterhaltung der Lagerbesatzung tätig waren, auffassen will.
Literatur: S. v. Schnurbein, Eine hölzerne Sica aus dem Römerlager Oberaden. Germania 57, 1979, 117 ff. − Ders., Dakisch-thrakische Soldaten im Römerlager Oberaden. Germania 64, 1986, 409 ff. − H. v. Petrikovits, Lixae. Roman Frontier Studies 1979. BAR 71,3 (1980) 1028.

420−423   Vier Phalerae aus Haltern und Oberaden

Zu den *dona militaria* zählen diese vier Zierscheiben, sog. Phalerae. Ihre Anbringung auf der Brustpartie des Panzers verdeutlicht der Grabstein des *centurio* Marcus Caelius aus Xanten (s. Künzl, Kat. 402). Die vier Scheiben sind aus unterschiedlichen Materialien gefertigt.

420   Glasphalera mit Medusenkopf

Haltern, Römisch-Germanisches Museum
Aus Haltern, Fundnr. 06. 300
Dm 0,058 m
Die weiß entfärbte Glasphalera war ursprünglich in eine verzinnte oder versilberte Bronzeunterlage eingebettet. Zur Befestigung der Phalera z. B. auf einem Panzer waren auf der Rückseite der Fassung drei Ösen angebracht. Die Phalera zeigt in flachem Relief ein Medusenhaupt. Die unruhige Frisur füllt mit ihren gewellten Strähnen die oberen zwei Drittel des Bildfeldes aus. Über der Stirn liegt ein Haarknoten mit seitlichen, kleinen Flügeln. Die fülligen Gesichtszüge der Medusa sind weich modelliert. Unter dem Kinn verlaufen zwei Schlangen, die miteinander verknotet sind.
Literatur: G. Kropatscheck, Ausgrabungen bei Haltern. Die Fundstücke der Jahre 1905−1907 (mit Ausnahme der keramischen Funde). Mitt. Alt.-Komm. Westfalen 5, 1909, 368 ff. Taf. 38. 1−1b.

421   Phalera aus Blei

Münster, Westfälisches Museum für Archäologie
Aus Haltern, Fundnr. Ha 65/Gr. 177 A
Dm der Bleischeibe 0,071 m
Dm der Bronzeunterlage 0,065 m
Die Bleiphalera weist durch Brüche des Bleies und durch Zerstörung der linken Partie starke Beeinträchti-

gungen auf. Dargestellt ist ein von drei Ringen eingefaßtes Medusenhaupt mit weit aufgerissenen Augen. Die Frisur war, soweit es der Erhaltungszustand erkennen läßt, in dicken, gewellten Strähnen angelegt. Unterhalb der Kinnpartie ist fragmentarisch ein Schlangenleib erkennbar. Die reliefierte Bleiphalera war auf einer Bronzescheibe befestigt, auf deren Rückseite ein schmales, streifenförmiges Bronzeblech mit zwei Nieten befestigt war.
Unpubliziert.

422   Silberne Phalera mit der Darstellung eines Hundes

Bergkamen, Stadtmuseum
Aus dem Römerlager Oberaden
Dm 0,055 m
Der Rand der vergoldeten Silberscheibe wird durch eine Bordüre sich überschneidender Kreispunzen gebildet. Dargestellt ist ein Tier in Seitenansicht nach rechts. Über einer wellig verlaufenden Linie liegt es allem Anschein nach sprungbereit in geduckter Körperhaltung mit einem schräg nach oben gerichteten Kopf und einem zwischen den Hinterbeinen eingezogenen Schwanz. Die Zeichnung des Felles ist weitgehend stilisiert gehalten und in Kaltarbeit vorgenommen. Kopf und Hals weisen Punktpunzen auf, der Körper und die rechte Vorderpfote sind mit scharf gravierten Strähnen überdeckt. Auf der abgesetzten Rückenpartie sind in dichter Folge kleine Kreissegmente angebracht. Auf dem Oberschenkel der rechten Vorderpfote befinden sich in ornamentaler Manier eng nebeneinander gesetzte kreisförmige Punzen. Über Hals und Brust führen zwei mit Kreispunzen verzierte Riemen. Auf Grund anatomischer Merkmale ist das Tier am ehesten als doggenartiger Hund anzusprechen.
Ansonsten ist die Fläche der Phalera in den oberen zwei Dritteln von einer gepunzten Mittelrosette, gepunzten Rankenspiralen und Kreispunzen überzogen. Die durch die wellige Grundlinie angegebene Bodenpartie weist in lockerer Folge Kreis- und Punktpunzen auf.
Die Interpretation dieser Zierscheibe als Phalera ist mit letzter Sicherheit nicht gegeben. Aus stilistischen Gründen ist ihre Herstellung im westpontisch-thrakischen Bereich anzunehmen. Sie kann u. U. als Indiz für die Anwesenheit thrakischer Truppenangehöriger im Legionslager von Oberaden zu werten sein.

Kat. 419

Kat. 420

Kat. 422

Kat. 421

Kat. 423

Literatur: D. F. Allen, The Sark Hoard. Arch. London 103, 1971, 1 ff. – S. v. Schnurbein, Dakisch-thrakische Soldaten im Römerlager Oberaden. Germania 64, 1982, 409 ff. mit weiterer Literatur.

423   Phalera mit weiblichem Kopf

Münster, Westfälisches Museum für Archäologie
Aus dem Römerlager Oberaden, Fundnr. 63/Gr. 26
Dm 0,09 m

Die aus dünnem Kupferblech getriebene Scheibe stellt einen Frauenkopf in frontaler Sicht dar, der von einem gerippten Wulst eingefaßt ist. Die linke Gesichtspartie ist stark zerdrückt. Die Gesichtszüge sind in grober Manier gearbeitet. Die breite Gesichtsform, eine kräftige, in breiten Nasenflügeln auslaufende Nase und mandelförmige, wulstige Augenlider wirken bestimmend. Die Frisur ist dreiteilig angelegt. Die Scheitelpartie läuft blattförmig über der Stirn aus. Vom Mittelscheitel gehen schräg nach vorne Haarsträhnen ab. Auf der Kalotte endet dieser Frisurteil an einer quer geführten Haarpartie. Die seitlich an den Schläfen angrenzenden Haare sind offensichtlich nach hinten gedreht. Seitlich der Wangen hängt bis in Kinnhöhe jeweils ein Zopf herab. – Zu dieser Zopffrisur lassen sich als nächste Parallelen Theatermasken der Neuen Attischen Komödie anführen.

Auch für dieses Stück ist eine Herkunft aus dem thrakisch-dakischen Bereich angenommen worden. Ein im Motiv ähnliches Stück ist aus dem frührömischen Lager Dangstetten der 19. Legion am Oberrhein bekannt.

Literatur: S. v. Schnurbein, Dakisch-thrakische Soldaten im Römerlager Oberaden. Germania 64, 1982, 409 ff. – G. Fingerlin, Dangstetten I. Katalog der Funde (1986) 194 und 426, Nr. 533,1 und Taf. 4.

Kat. 424

424 Bleibarren der 19. Legion
Münster, Westfälisches Museum für Archäologie
Aus Haltern, Fundnr. Ha 64/Gr. 186c (LF)
L 0,625 m, B 0,103 m, H 0,115 m, Gewicht 64 kg
Der Bleibarren stammt aus einer Abfallgrube in der *via
principalis* des Hauptlagers Haltern. Mit dem Meißel ist
in unterschiedlichem Duktus eine zweiteilige Inschrift
eingeschlagen: *CCIII* und *L y XIX*. Die Zahlen *CCIII*
geben das Gewicht wieder, nämlich 203 römische
Pfund. Von größerem Interesse für die Geschichte des
Hauptlagers Haltern ist dagegen die Nennung der *legio
XIX*, eine der drei Legionen, die in der Varusschlacht
im *Teutoburgensi saltu* (Tac. ann. 1,60) untergingen. Ob
diese Nennung die 19. Legion als Hersteller oder Besitzer des Barrens ausweist, ist nicht ganz sicher. Deutliche
Unterschiede sind in der Ausführung der Inschrift festzustellen, so daß eine nachträgliche Anbringung der Inschrift *L y XIX* nicht ausgeschlossen werden kann. In
diesem Fall möchte man die Nennung dieser Legion als
Hinweis auf den Besitzer verstehen. Damit erscheint
eine zumindest zeitweilige Stationierung von Teilen dieser Truppe in Haltern nicht ausgeschlossen. – In diese
Richtung könnte auch der Halterner Graffito auf einem
Terra-Sigillata-Teller eines Soldaten mit dem äußerst
seltenen Namen Fenestela weisen. Neben lediglich zwei
weiteren Belegen dieses anscheinend nur in augusteischer Zeit bezeugten Namens ist epigraphisch ein Fenestella, Veteran der 19. Legion, aus Forum Iulii / Fréjus
bekannt. Da die drei vernichteten Legionen der varianischen Armee nie wieder aufgestellt wurden, kann der
aus Fréjus bekannte Veteran Fenestella nur vor dem
Jahre 9 als Angehöriger dieser Truppe gedient haben.
Die extreme Seltenheit dieses Namens macht eine Identifikation des Namensträgers von Haltern mit dem von
Fréjus möglich und damit die Anwesenheit der 19. Legion in Haltern wahrscheinlich.
Literatur: S. v. Schnurbein, Ein Bleibarren der 19. Legion aus dem Hauptlager von Haltern. Germania 49,
1971, 132 ff. – Ders., Untersuchungen zur Geschichte
der römischen Militärlager an der Lippe. BerRGK 62,
1981, 48 ff. – B. Galsterer, Die Graffiti auf der römischen Gefäßkeramik aus Haltern. Bodenaltertümer
Westfalens 20, 1983, 30 ff.

425 Münzschatzfund
Haltern, Römisch-Germanisches Museum
Aus Haltern, Fundnr. Ha 53/170N 385W
In einem kleinen Topf mit ausbiegendem Rand (Typus
Haltern 57) waren 184 Denare, ein halbierter Denar so-

wie ein Aureus des L. Mussidius Longus, 42 v. Chr. geprägt, im Boden vergraben. Etwa die Hälfte der Denare
stammt aus augusteischer Zeit, der Rest ist republikanischer Zeitstellung. Dem Wert nach ist annähernd der
Jahressold eines Legionars, der mit einem jährlichen *sti-
pendium* in Höhe von 225 Denaren (1 Aureus = 25 Denare) rechnen konnte, dem Boden anvertraut worden.
Es ist nicht völlig auszuschließen, daß dieser Münz-
schatz in der Folge der Varusschlacht von seinem be-
sorgten Besitzer im Boden versteckt wurde. Aus dem
römischen Hauptlager Haltern sind einige weitere Hort-
funde bekannt; u. a. waren in einer Grube Tausende eiserner Geschützpfeile vergraben worden, um sie frem-
dem Zugriff zu entziehen. Mit Hilfe der zahlreichen römischen Fundmünzen aus den Militäranlagen bei Haltern kann das Enddatum der Präsenz römischer Truppen festgestellt werden. Keine einzige Münze aus diesen
Lagern weist über das Jahr 9 n. Chr. hinaus. Das Ende
dieser Lager ist eindeutig als Folge der Varusschlacht zu
verstehen.
Literatur: H. Aschemeyer, Die Grabungen im Lager
von Haltern seit 1953. Germania 37, 1959, 290. – B.
Korzus, FMRD VI 4 Münster Nr. 4056,1–186. – K.
Kraft, Das Enddatum des Legionslagers Haltern. BJb
155/156, 1955/56, 95 ff.

426. 427 Münzen mit Schlagmarke VAR

426
Münster, Westfälisches Museum für Archäologie
Aus Haltern, Fundnr. Ha 62/Fp 11

427
Münster, Westfälisches Landesmuseum für Kunst und
Kultur, Inv. 4053 MZ
Fundort unbekannt; aus Kunsthandel

Kat. 426   Kat. 427

Kat. 428 a. b   Kat. 429 a. b

Aus Haltern stammen bislang achtzehn Münzen mit der Schlagmarke VAR: eine Münze der Nemausus-Serie I und siebzehn Asse der ersten Lyoner Altarserie. Im Gebiet zwischen Rhein und Elbe sind ansonsten lediglich zwei weitere Münzen mit dem Gegenstempel VAR bekannt geworden. Dagegen sind mit dem Stempel VAR kontermarkierte Münzen in den frührömischen Militärlagern am Rhein häufiger vertreten. Die Schlagmarke VAR wird allgemein auf den *legatus Augusti pro praetore* der Tres Galliae P. Quinctilius Varus zurückgeführt. Die derartig gekennzeichneten Münzen wird man als Geldgeschenke des Varus an Truppenangehörige aufzufassen haben.
Literatur: B. Korzus, FMRD VI 4 Münster Nr. 4057,192; 4057,1393−1409. − Zu Schlagmarken allgemein M. Grünwald, Die römischen Bronze- und Kupfermünzen mit Schlagmarken im Legionslager Vindonissa. Veröffentlichung der Gesellschaft Pro Vindonissa II (1946). − H. Chantraine, Novaesium III. Limesforschungen 8 (1968) 25. − Ders., Novaesium VIII. Limesforschungen 20 (1982) 33 ff.

428 Dupondius für Germanicus
Münster, Westfälisches Landesmuseum für Kunst und Kultur, Inv. 4220 MZ
Fundort unbekannt; aus dem Kunsthandel
Die Münze wurde unter Caligula für dessen Vater Germanicus geprägt. Auf der Vorderseite ist Germanicus in einer Quadriga mit der Legende GERMANICVS CAESAR wiedergegeben. Das Reversbild zeigt ihn im Muskelpanzer mit erhobener Rechten und einem Legionsadler in der Linken. Die Inschrift SIGNIS RECEPT DEVICTIS GERM S. C. nimmt Bezug auf die Wiedergewinnung zweier Legionsadler der Varusarmee in den Jahren 15 und 16 n. Chr. Neben der Wiedererlangung der Feldzeichen werden mit der Formel DEVICTIS GERM die letztlich ergebnislosen Siege über die Germanenstämme angesprochen. Die Formel GERMANIA CAPTA begegnet auf Münzen erst in der Folge des domitianischen Chattenkrieges (83−85 n. Chr.), der Gebietsgewinne zwischen Main und Donau einbrachte. − Im gleichen Tenor ist die über die Tabula Siarensis bekannte Inschrift des in Rom errichteten Ehrenbogens für Germanicus gehalten: «Senat und Volk von Rom hätten dieses Denkmal (...) geweiht dem Andenken an Germanicus Caesar, weil dieser, nach Besiegung der Germanen im Kriege und ihrer (...) Abdrängung von Gallien und nach Wiedergewinnung der Feldzeichen und Rächung der betrügerisch herbeigeführten Nieder-

lage des Heeres des römischen Volkes, nach Regelung der Verhältnisse der gallischen Provinzen...».
Literatur: K. Christ, Die antiken Münzen als Quelle der westfälischen Geschichte. Westfalen 35, 1957, 1 ff. − J. Gonzalez, Tabula Siarensis, Fortunales Siarenses et Municipium Civium Romanorum. ZPE 55, 1984, 55 ff. − W. D. Lebek, Schwierige Stellen der Tabula Siarensis. ZPE 66, 1986, 31 ff.

429 Kupfermünze mit dem Bildnis des Varus
(Kopie)
Mainz, Römisch-Germanisches Zentralmuseum, Inv. O. 39569
Fundort unbekannt; aus Kunsthandel
In der Amtszeit des Varus als Prokonsul der Provinz Africa (7/6 v. Chr.) wurden von den Städten Achulla und Hadrumetum Münzen mit dem Bildnis des Varus geprägt.
Das Mainzer Exemplar zeigt auf der Vorderseite den Kopf des Augustus, flankiert von den kleineren, ihm zugewandten Köpfen der Adoptivsöhne Caius (links) und Lucius (rechts). Die Legende der Vorderseite lautet: AVG PONT MAX. Die Rückseite zeigt in rechtem Profil den Kopf des Varus mit der Umschrift P QVINCTILI VARI ACHVLLA.
Wiederholt sind die Münzbilder des Varus zur Zeichnung seines Charakterbildes herangezogen worden. Insbesondere hat man die in der Tendenz abfälligen anti-

Kat. 425

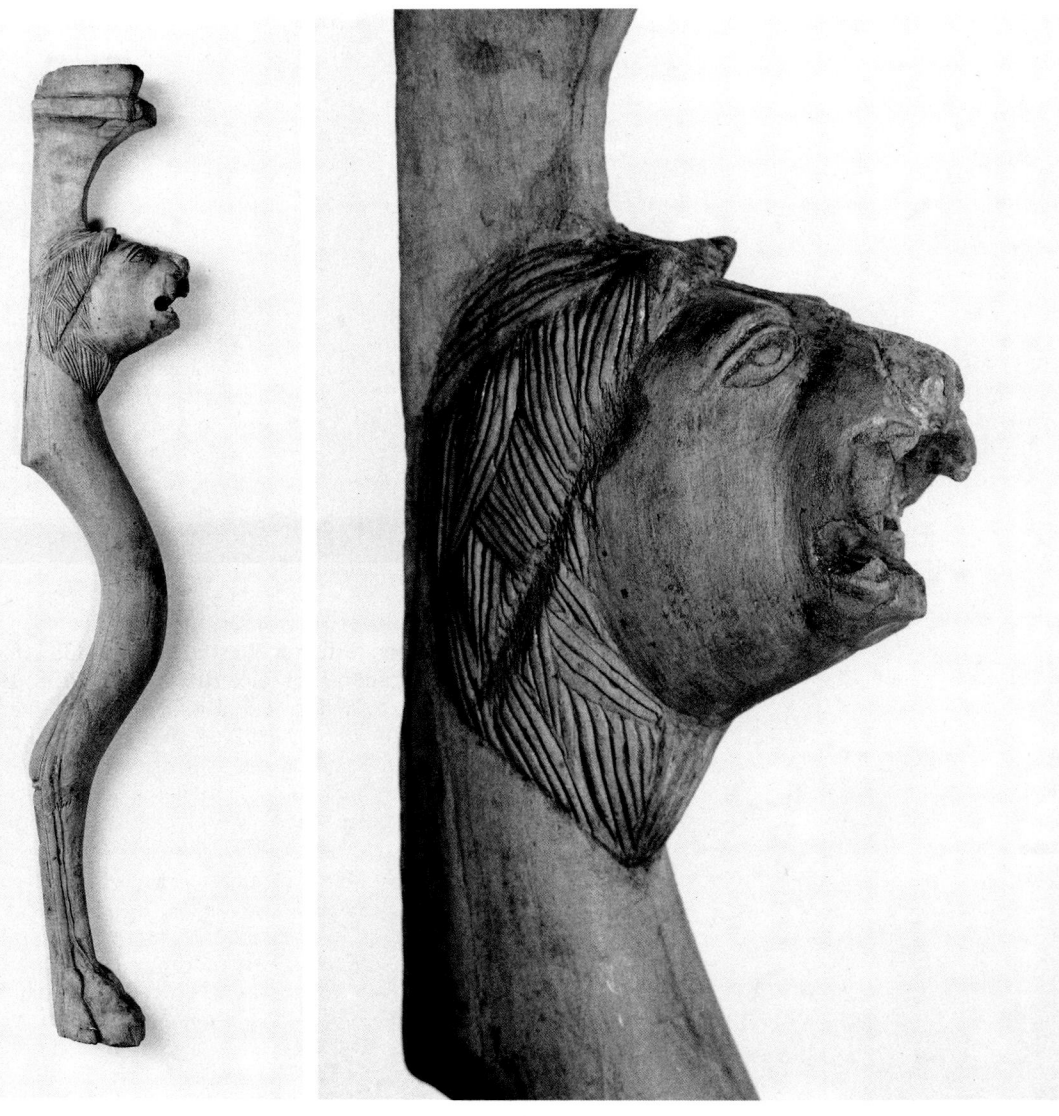

Kat. 430

ken Äußerungen über den Verantwortlichen der *clades Variana* in die Münzbildnisse hineininterpretiert. Dabei wird jedoch weitgehend die mangelnde künstlerische Qualität der bekannten Münzbildnisse des Varus verkannt.

Die Reihe der Ämter verweist auf eine erfolgreiche Laufbahn. Den Konsulat teilte er sich im Jahre 13 v. Chr. mit Tiberius, 7/6 verwaltete er als Prokonsul die senatorische Provinz Africa, und daran anschließend als *legatus Augusti pro praetore* bis 4 v. Chr. die kaiserliche Provinz Syria. Wahrscheinlich im Frühjahr 7 n. Chr. übernahm er als *legatus Augusti pro praetore* die Statthalterschaft über die Tres Galliae und damit zugleich auch den Oberbefehl über die Rheinarmee. Die erfolgreiche Ämterlaufbahn fand mit der Vernichtung der varianischen Truppen im *Teutoburgensi saltu* im Jahre 9 ein abruptes Ende. Nach Angaben der antiken Historiker traf Varus verwaltungsrechtliche Vorkehrungen zur Überleitung der eroberten Gebiete in den Status einer römischen Provinz. Dazu zählten die Einführung römi-

scher Rechtsprechung und Steuererhebungen. Seine Maßnahmen, die letztlich die Erhebung der Germanen herbeiführten, können eigentlich nur aufgrund höherer Billigung oder Weisung durchgeführt worden sein. Gleichwohl wurde Varus als alleiniger Sündenbock für die fehlgeschlagene Politik gegenüber den rechtsrheinischen Germanenstämmen verantwortlich gemacht.

Literatur: F. J. Hassel, Zur Münze des Varus im RGZM. JbZMusMainz 20, 1973, 191 mit weiterer Literaturangabe in Anm. 5. − Zur charakterlichen Beurteilung des Varus RE 24 (1963) 958 ff. s. v. Quinctilius (W. John).

430 Hölzernes Tischbein

Münster, Westfälisches Museum für Archäologie
Aus dem Römerlager Oberaden, Fundnr. Oa 82. 193/k1
H 0,575 m

Das aus Ahornholz geschnitzte Tischbein ist in der oberen Partie in Gestalt eines Löwenkopfes gearbeitet. Das Maul mit den seitlichen Eckzähnen, den Schnurrhaaren

und der stark hervortretenden Nasenpartie ist weit geöffnet. Die Augen sind mandelförmig angelegt, die Pupillen halbkreisförmig gezeichnet. Die Augenbrauen
weisen eine unterschiedliche Länge auf. Die in scharfen
Einschnitten gearbeitete Mähne gliedert sich in zottelige
Partien. Es folgt ein glattes, konvex gebogenes Mittel-
stück, das in einem Löwenbein endet. Die Muskel- und
Sehnenstränge des Unterschenkels treten stark hervor,
sie erscheinen auf der Rückseite teilweise ornamental
überzeichnet. Die einzelnen, klauenbesetzten Tatzen
sind durch tiefe Einschnitte voneinander abgesetzt. Reste einer roten Farbschicht haben sich an mehreren Stellen, besonders aber an der Mähne des Löwen erhalten.
Das Oberadener Tischbein zählt zu den nur selten erhaltenen Möbeln aus Holz. Es läßt sich in seinem ursprünglichen Funktionszusammenhang als Fragment eines
dreibeinigen, runden Tisches bestimmen. Bei der Räumung von Oberaden (8 v. Chr.) geriet es mit einigen anderen Gerätschaften in einen Brunnen.
Literatur: J.-S. Kühlborn, Ausgrabungen und Funde in
Westfalen-Lippe 2, 1984, 223 f.

Kat. 431

431 Bleideckel einer Arzneibüchse

Haltern, Römisch-Germanisches Museum
Aus dem Hauptlager Haltern, Fundnr. 25/29. 909
Dm 0,102 m
Vier konzentrische Kreise sind in den Deckel eingraviert. Zwischen den beiden äußeren verläuft die Inschrift: EX RADICE BRITANICA. Der Bleideckel
wurde nicht beim Truppenlazarett (*valetudinarium*),
sondern an der Ostwand der *principia* gefunden.
In der *naturalis historia* 25,6,20 berichtet Plinius der Ältere von einer Pflanze *herba quae appellatur Britannica*,
die im Gebiet der Friesen und an der Küste Britanniens
häufig vorkommt. Nach Plinius litten die Soldaten der
Armee des Germanicus an Zahnausfall und an einer
Lähmung der Kniesehnen, ein Krankheitsbild, hinter
dem Anzeichen von Skorbut vermutet werden können.
Seine Beschreibung der *herba Britannica* wird auf eine
Ampferart (Rumex obtusifolius L.) bezogen, die sich
durch einen hohen Gehalt an Vitamin C auszeichnet.
Neben dem Hinweis auf den Einsatz der *radix Britannica* in der Medizin ist ein anderer Aspekt von Bedeutung. Nach Plinius hätten die römischen Militärärzte
erst zu Zeiten der Germanicusfeldzüge (15−16 n. Chr.)
die Wirkung der Pflanze von den Friesen kennengelernt. Da der Bleideckel aus Haltern stammt, folgerte
man zwangsläufig eine Belegung des Hauptlagers noch
zur Zeit des Germanicus. Diese Schlußfolgerung steht
jedoch in eklatantem Gegensatz zur stattlichen Anzahl
von Fundmünzen, über 3000 Exemplare, von denen
keine über das Jahr der Varusschlacht (9 n. Chr.) hinaus
reicht. Die Evidenz der Münzen zeigt damit an, daß die
radix Britannica bereits einige Zeit vor dem von Plinius
genannten Zeitpunkt den römischen Militärärzten bekannt war.
Literatur: F. Drexel, Radix Britannica. Germania 12,
1928, 172 f. − A. Stieren, Die neuen Grabungen in Haltern. Germania 12, 1928, 70, 75. − Chr. Albrecht, Die
Fundstücke der Jahre 1912−1913 und 1925−1932 (mit
Ausnahme der Terra Sigillata- und der Münzfunde).

Bodenaltertümer Westfalens 6, 1943, 118, Taf. 30a. −
W. Müller, Ex radice Britannica. PZ 38, 1960, 309 ff. −
R. W. Davies, The Roman military medical service.
SaalbJb 27, 1970, 92. − A. Krug, Heilkunst und Heil-
kult. Medizin in der Antike (1985) 112 f.

432 Terra Sigillata

Münster, Westfälisches Museum für Archäologie
Haltern, Römisch-Germanisches Museum
Aus Haltern
Das Spektrum der glatten Terra Sigillata aus den römischen Anlagen bei Haltern setzt sich vor allem aus Platten, Tellern (Fundnr. Ha BAW6. 409, Ha 68/Gr. 417,9)
sowie großen und kleinen Tassen (Fundnr. Oa 79.
100/a1, Oa 79. 083/a1, Ha 09. 11, Ha 68/Gr. 361c) zusammen. Die Formen des Service Ib/Ic (Rand mit Hän-
gelippe) und häufiger noch die des Service II (gliederter Steilrand) sind vorherrschend. Abgesehen von einigen in Haltern selbst hergestellten lokalen Terra-Sigilla-
ta-Erzeugnissen, stammen die Halterner Sigillaten aus
Lyon, sowie aus den mittelitalischen Produktionsstätten
von Pisa, Arezzo und Puteoli. Nach chemischen Ton-
analysen kam ungefähr die Hälfte aus Lyon, ein gutes
Drittel aus Pisa. Andere mittelitalische Produktionsstätten, darunter auch Arezzo, sind in Haltern nur schwach,
die padanische Ware gar nicht vertreten. − Die aus Haltern bekannten Erzeugnisse des Töpfers Ateius werfen
ein bezeichnendes Licht auf die marktorientierte Vorgehensweise dieser bedeutenden Manufaktur. Die Produkte des in Arezzo beheimateten Mutterbetriebes blieben für die Versorgung des Stützpunktes Haltern mit
unverzierter Terra Sigillata völlig bedeutungslos, vielmehr gelangte die Ware dieser Firma ausschließlich
durch ihre Filialbetriebe in Pisa und Lyon nach Haltern.
Pisa ist mit einem Drittel, Lyon mit zwei Dritteln im
Lieferungskontingent des Ateius vertreten. Die ver-
kehrsgeographische Lage der küstennahen Produktion
in Pisa, erst recht aber der Standort Lyon gewährleistete
einen kostengünstigeren Transport zu den Endabneh-

mern, die sich in dieser Zeit weitgehend auf das Militär beschränkten. Alle Lyoner Terra-Sigillata-Betriebe, zumeist italische Filialen wie die des Ateius, profitierten von dem in der Hauptstadt der Tres Galliae amtierenden militärischen Oberkommando, das als Hauptabnehmer in Frage kommt. Die Verbreitung ihrer Produkte scheint weitestgehend auf den Norden und Nordosten der Tres Galliae beschränkt gewesen zu sein.
Literatur: S. v. Schnurbein, Die unverzierte Terra Sigillata aus Haltern. Bodenaltertümer Westfalens 19,1. 2, 1982.

433 Reliefkelch mit erotischen Szenen

Haltern, Römisch-Germanisches Museum
Aus Haltern, Fundnr. Ha 09. 25/R13 K88
H 0,116 m, Randdurchmesser 0,178 m
Der Kelch stammt aus einer Grube in der *via quintana*, die neben zahlreichen glatten Sigillaten und anderem Fundmaterial auch sechzehn Reliefkelche enthielt. Er hat einen niedrigen Stengelfuß und ist von breiter, niedriger Form. Auf der Innenseite des Kelchbodens befindet sich ein zweizeiliger Bodenstempel: CRESTI ATE(I)/EVHODI. Zwischen Eierstab und einer gezackten Bodenlinie verläuft die Reliefzone. Ihre Hauptelemente sind zwei abwechselnde, erotische Szenen. Das erste Motiv zeigt eine auf einer Kline liegende Frau mit einem zwischen ihren Beinen auf einem Schemel stehenden Mann. Das zweite zeigt einen auf einer Kline liegenden Mann, auf dessen Schoß eine Frau sitzt. In Fußhöhe des Mannes sitzt ein Vogel. Zwischen beiden figürlichen Szenen befinden sich alternierend Leier mit Tympanon sowie ein Krater, über dem zwei kleine, geflügelte Eroten schweben.
Literatur: K. Hähnle, Ausgrabungen bei Haltern, Die Reliefkelche. Mitt. Alt.-Komm. Westfalen 6, 1912, 82 f., Taf. 9.

434 Reliefkelch mit Kampfszene

Münster, Westfälisches Museum für Archäologie
Aus Haltern, Fundnr. Ha 68/Gr. 361c1 K119
Erhaltene Höhe 0,108 m
Der ursprünglich an den Eierstab anschließende Gefäßabschluß ist verloren; dadurch erhält der Kelch seine

ungewöhnliche, schüsselartige Form. Der Standfuß des Gefäßes geht übergangslos in den Kelchboden über. Durch den inneren, zweizeiligen Bodenstempel CN. ATEIVS/HILARUS besteht kein Zweifel über die Werkstattzuweisung. Die dargestellte Kampfszene zwischen einem Berittenen und einem Krieger wiederholt sich auf beiden Seiten des Kelches. Der Reiter galoppiert von links auf einem Pferd heran und schwingt in der Rechten die wurfbereite Lanze. Er trägt einen Muskelpanzer mit Pteryges, auf den Schultern liegt ein Himation auf. Der rechte, bärtige Krieger trägt ebenfalls einen Muskelpanzer mit Pteryges, ein Helm fehlt. Sein Körper erscheint in komplizierter Dreiviertelausrichtung nach rechts gedreht, der Kopf aber dem anstürmenden Reiter zugewandt. Der rechte Arm holt über die Schulter zum Schwerthieb aus. Die Relieffiguren sind plastisch durchgebildet, vor allem die Muskelpartien sind lebhaft durchmodelliert. Selbst kleinteilige Details wurden sorgfältig angelegt. Der Kelch zeichnet sich trotz sichtbarer Fertigungsfehler durch eine hohe künstlerische Qualität der Reliefdarstellung aus.
Literatur: S. v. Schnurbein, Die unverzierte Terra Sigillata aus Haltern. Bodenaltertümer Westfalens 19,2, 1982, Taf. 94.

435 Keramische Produkte aus Haltern

Münster, Westfälisches Museum für Archäologie
Sechs Töpfereien sind durch drei Öfen und drei Gruben mit Töpfereiabfall bislang im Hauptlager von Haltern belegt; die Deutung eines vierten Ofens als Töpferofen ist unsicher. Diese Töpfereien lagen an den Lagerstraßen und stehen als Zeugnis für das vielfältige Militärhandwerk in der Truppe. In ihnen wurde weitestgehend für den eigenen Bedarf produziert. Zu den Erzeugnissen zählten neben einfacher Gebrauchskeramik, wie Ein- bzw. Zweihenkelkrügen, Töpfen (Fehlbrand eines Kochtopfes vom Typus Haltern 57; Fundnr. Ha 61/Gr. 14), Schüsseln und Reibschalen, auch dünnwandige Becher, Bildlampen, Terra Sigillata und figürliche Terrakotten.
Die Bildlampen mit eckiger Volutenschnauze (Loeschcke IA) sind am meisten verbreitet. Mindestens zehn unterschiedliche Bildmotive, teilweise von hoher Quali-

Kat. 432

Kat. 433   Kat. 434

tät, lassen sich aus der Abfallgrube einer einzigen Töpferei in unmittelbarer Nähe der *porta praetoria* ausson-
dern. Der Ton ist weißgelb; als Bildmotive sind folgende Darstellungen vertreten: Stier, Tierreigen, Biga,
Gladiator, Desultore, Triton mit Fisch oder Knabe, Polyphem, zwei Sitzende und das Oresturteil. Annähernd
hundert abgebrochene Lampenhenkel und 87 Spiegel-
fragmente sprechen für eine recht umfangreiche Produktion. — Aus dem gleichen Töpfereiabfall stammen
drei fragmentierte Formschüsseln für die Herstellung
reliefierter Terra-Sigillata-Kelche. Ausformungen sind
bislang jedoch unbekannt. Die Punze einer Formschüssel (Fundnr.: Ha 64/Gr. 4) ist identisch mit der Erinnye
aus dem Lampenspiegel mit dem Oresturteil (Fundnr.:
Ha 64/Gr. 11). Daneben fanden sich in diesem Töpfereiabfall ein glatter Terra-Sigillata-Kelch und Fragmente
figürlicher Keramik: ein Gefäß in Taubenform, ein
Maskenrhyton, Phalloi und figürliche Terrakotten
(Köpfe: Ha 64/Gr. 1, Ha 64/Gr. 69; Togati: Ha 64/LF,
Ha 64/Gr. 91a). Zum Togatus ist ein modelgleiches, allerdings grünglasiertes Exemplar aus Haltern bekannt.
Die Verwendung der großen Phalloi aus dem Töpfereiabfall (Fundnr. Ha 64/Gr. 91a) und eines kleineren,
glasierten Exemplars aus anderem Fundzusammenhang

Kat. 436

(Fundnr. Ha 53/Gr. 100a) ist unklar. Phallische Rhyta
bzw. ithyphallische Priaplampen kommen in Betracht.
In beiden Fällen sind die Stücke hohl, die Spitze durchbohrt.

Aus einer weiteren Abfallgrube an der *via decumana*
sind Erzeugnisse einer in Haltern produzierten Terra Sigillata bekannt, Teller der Serviceform I und Tassen der
Serviceform II. Die Teller tragen einen Gemmenstem-
pel, die Tassen in Ligatur den Stempel SATVRN.
Literatur: S. v. Schnurbein, Bemerkenswerte Funde aus
einer Töpferei des Hauptlagers von Haltern. Germania
52, 1974, 77 ff. — Ders., Die Produktion der Halterner
Töpfereien. Acta RCRF 17/18 (1977) 38 ff. mit weiterer
Literatur.

436   Terra-Nigra-Tasse des P. Flos
Haltern, Römisch-Germanisches Museum
Aus Haltern, Fundnr. Ha 56/Gr. 276
H 0,05 m, Mündungsdurchmesser 0,084 m
Aus Haltern stammen drei Teller und zwei Tassen mit
dem Rundstempel des Töpfers P. FLOS. Abgesehen
von dieser einen Terra-Nigra-Tasse handelt es sich um
Terra-Sigillata-Erzeugnisse. Die chemische Tonanalyse
erweist die Produkte des P. FLOS als Halterner Erzeugnisse. In der chemischen Zusammensetzung des Tones
ist ein Teller des P. FLOS aus Mainz weitgehend identisch. Weitere sechs Terra-Sigillata-Produkte dieses in
Haltern produzierenden Töpfers sind aus Wiesbaden,
Andernach, Köln und Neuss bekannt. Bei allen am
Rhein gefundenen Stücken ist eine Stempelidentität und
eine optische Gleichartigkeit des Tones zu den Stücken
aus Haltern gegeben.
Literatur: S. v. Schnurbein, Halterner Sigillata-Pro-
dukte in rheinischen Stützpunkten. Germania 64, 1986,
45 ff.

437   Öllampen aus Haltern
Münster, Westfälisches Museum für Archäologie
Haltern, Römisch-Germanisches Museum
Öllampen aus Ton sind im Fundmaterial von Haltern
stark, in dem von Oberaden vergleichsweise selten ver-
treten. An Typen sind in Haltern u. a. sog. Vogelkopf-

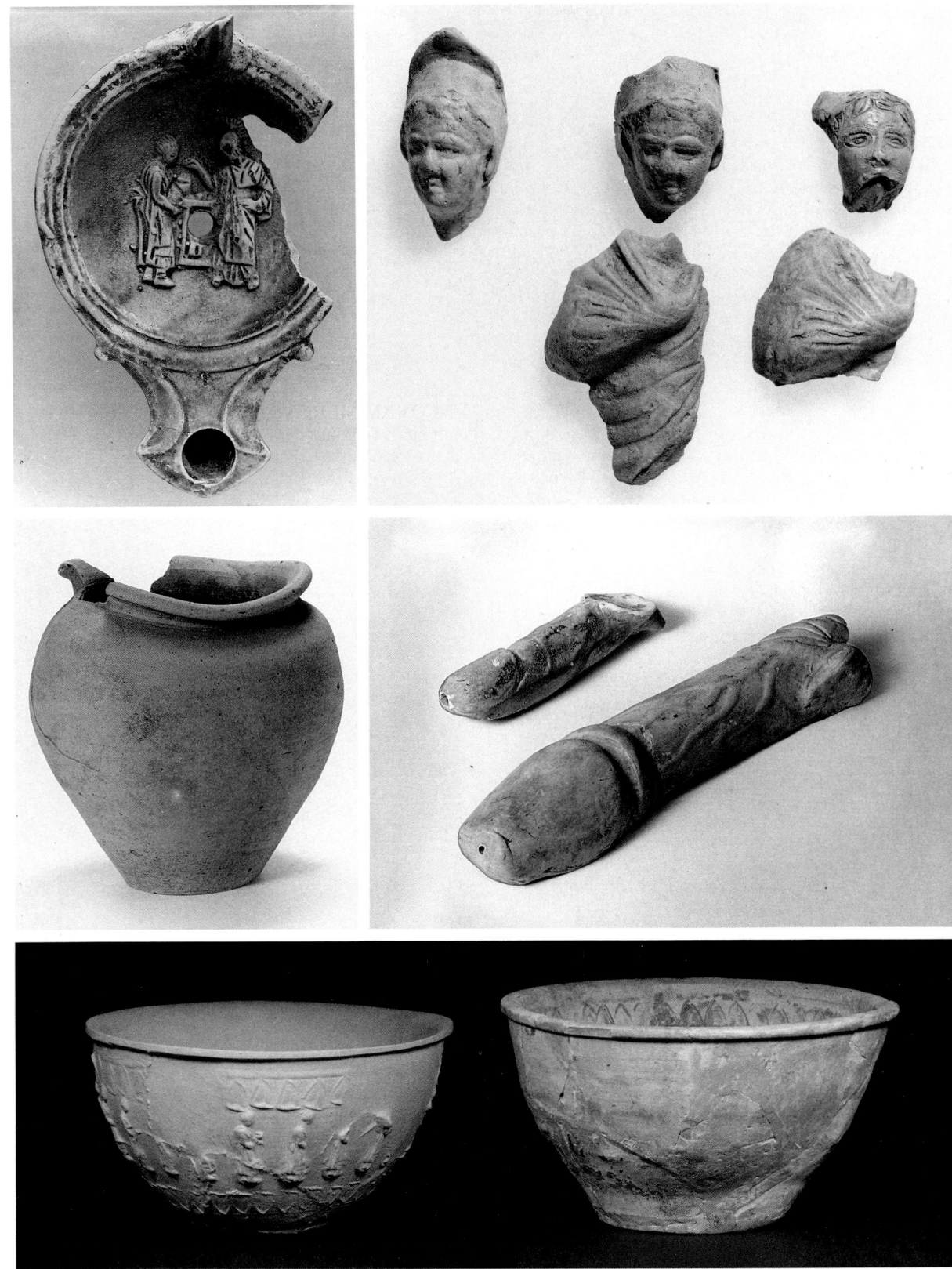

Kat. 435

lampen, Warzenlampen, Lampen mit eckiger und runder Volutenschnauze und einige Prachtlampen vertreten. Die Spiegel der Bildlampen zeigen neben Themen mythologischen Inhalts (Mänade: Fundnr. Ha 1925/29,913; Satyr mit Thyrsosstab und Nebris: Fundnr. Ha s. n.; Ganswürgender Erot: Fundnr. Ha 67B/Gr. 297; Odysseus mit Polyphem: Ha Fundnr. 81. 025/a1) u. a. Szenen mit Gladiatoren, Bigen, Quadrigen, Kampfdarstellungen, Tieren (Stier: Fundnr. Ha 64/Gr. 60), alltäglichem Leben (zwei Frauen am *labrum*: Fundnr. Ha 25/29. 912) sowie Darstellungen mit vegetabilen und geometrischen Elementen; erotische Darstellungen fehlen gänzlich. Viele der Bildmotive sind von italischen Lampen, bei denen eine oberitalische Provenienz vermutet wird, bekannt. Inwieweit hier jedoch z. T. direkte oberitalische Fabrikate, Abformungen oder eine auf andere Weise erfolgte Tradierung der Bildmotive vorliegen, läßt sich nach dem derzeitigen Bearbeitungsstand der Lampen aus den römischen Lagern an der Lippe nicht sicher entscheiden. Lampenproduktion in den rheinischen Lagern ist für die augusteische Zeit belegt. Nach S. Loeschckes Meinung sind im Gesamtbestand des Halterner Lampenmaterials Produkte aus Xanten und Neuss enthalten. Darüber hinaus belegen zahlreiche Fragmente von Bildlampen, die aus Töpfereiabfallgruben stammen, eine recht qualitätvolle Lampenproduktion (z. B. das Oresturteil: Fundnr. Ha 64/Gr. 11) im Hauptlager von Haltern.
Literatur: S. Loeschcke, Die Ausgrabungen bei Haltern. Die keramischen Funde. Mitt. Alt.-Komm. Westfalen 5, 1909, 202 ff. – Chr. Albrecht, Die Fundstücke der Jahre 1912–1913 und 1925–1932 (mit Ausnahme der Terra-Sigillata und der Münzfunde). Bodenaltertümer Westfalens 6, 1943, 82 ff., Taf. 21 ff.

438   Acastus-Becher

Münster, Westfälisches Museum für Archäologie
Aus Haltern, Fundnr. Ha 56/Gr. 355 K94
H 0,098 m, oberer Dm 0,114 m, Dm des Bodens 0,047 m

Der glockenförmige, mit einem feinen, flachen Reliefdekor und einer zweizeiligen Inschrift verzierte Becher stammt aus einem westlich der *principia* gelegenen Wohngebäude, das als Tribunenhaus interpretiert wird. Der aus gelblich grauem, feingeschlämmtem Ton hergestellte Becher ist aus einem Model gezogen und mit 2 mm Stärke sehr dünnwandig. Die Dekoration des Gefäßes ist in drei Zonen untergliedert, die mittels Schnurleisten voneinander getrennt sind. Die oberste Zone setzt sich aus einem laufenden Mäander und zwei Zeilen einer fragmentarisch erhaltenen Inschrift zusammen: ACAS(TVS)... ABERE OPORTET QVAE NIHIL HABET SECRETVM. MVL... / ... MODO E... VNCQVAM MERGVS. In der nächsten Frieszone verläuft ein Zweig, aus dem im Wechsel scharf gezackte Eichenblätter und Eicheln hervorgehen. Den Abschluß bildet ein aus Rundbogen, Kapitell und Blatt aufgebauter rundbogiger Arkadenfries, in den feine Palmetten eingestellt sind.
Das Gefäß zählt zur Gruppe der sog. Aco-Becher, die nach ihrem bedeutendsten Töpfer, Aco, benannt ist. Ihre Blüte liegt in augusteischer Zeit. Auf einigen Gefäßen tritt der Name Acastus mit dem des Aco gemeinsam auf. Acastus ist demnach ein Mitarbeiter in der Werkstatt des Aco. Die Fundorte der von Acastus signierten Becher sind auf Oberitalien, vor allem auf die Poebene beschränkt, so daß sich in diesem Gebiet die Werkstatt vermuten läßt. Der Acastusbecher aus Haltern ist bislang das einzige Exemplar, das außerhalb dieser Region

Kat. 437

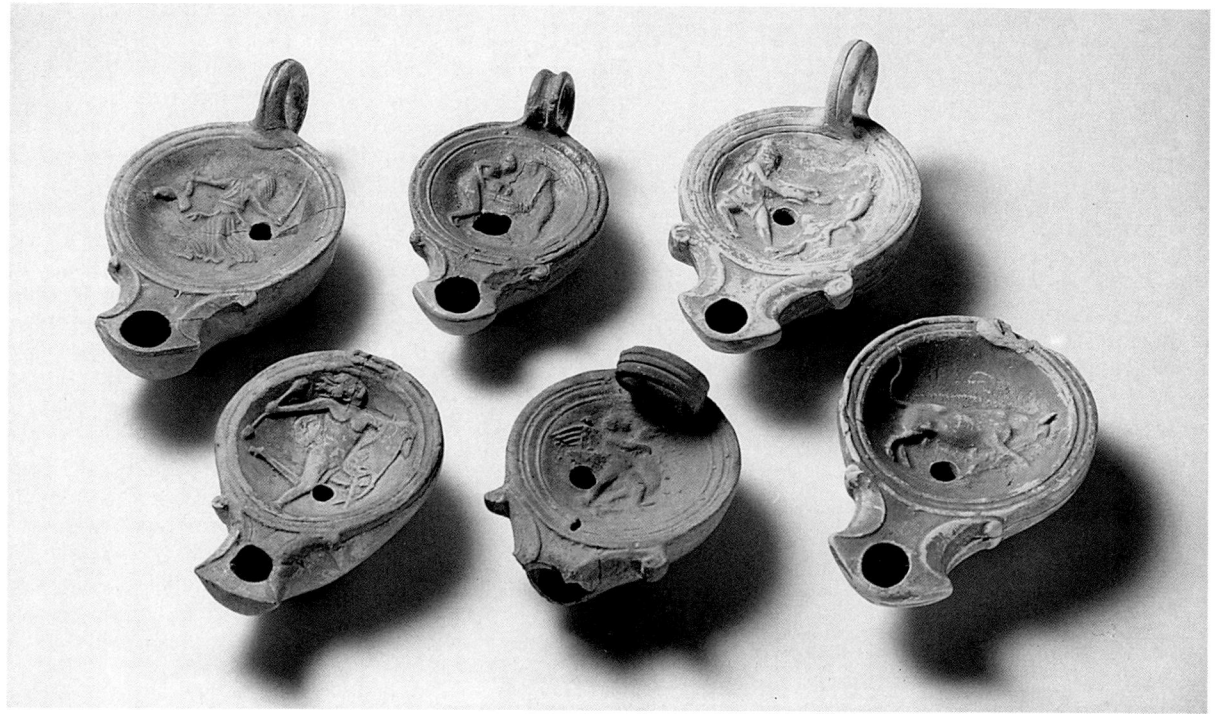

Kat. 439

Kat. 438

Kat. 440

gefunden wurde. Es kam wohl im Gepäck als persönlicher Besitz nach Haltern.
Literatur: H. Aschemeyer, Die Grabungen im Lager
von Haltern seit 1953. Germania 37, 1959, 290 f. — M.
Vegas, Aco-Becher. Acta RCRF XI/XII, 1969—1970,
107 ff.

439. 440 Stachel- und Faltenbecher

439
Münster, Westfälisches Museum für Archäologie
Aus Haltern, Fundnr. Ha 68/Gr. 361a
H 0,063 m, Mündungsdurchmesser 0,091 m

440
Haltern, Römisch-Germanisches Museum
Aus Haltern, Fundnr. 07. 43
H 0,088 m, Mündungsdurchmesser 0,082 m
Neben der einfachen Gebrauchskeramik, die teilweise
im Lager Haltern selbst hergestellt wurde, war besonders beim Trinkgeschirr eine dünnwandige Firnisware in
Gebrauch. Hierzu sind besonders die einfachen halbkugeligen und konischen Trinkbecher zu zählen, die sich
deutlich von vergleichbar wertvollen Gefäßen in der Art
des Acastusbechers absetzen. Etwas anspruchsvoller ist
der halbkugelige Stachelbecher (entsprechend Typus
Haltern 40a) und der seltene, glimmerhaltige Faltenbe-
cher (Typus Haltern 44), dessen horizontale, ohrmu-
schelförmige Falten mit dem Daumen eingedrückt wurden.
Literatur: S. Loeschcke, Die Ausgrabungen bei Haltern. Die keramischen Funde. Mitt. Alt.-Komm. Westfalen 5, 1909, 217 ff.

441 Gurtbecher
Münster, Westfälisches Museum für Archäologie
Aus Haltern
Exemplar A: Fundnr. Ha 64/Gr. 62, Gefäß 10
H 0,189 m, Mündungsdurchmesser 0,161 m
Exemplar B: Fundnr. Ha 64/Gr. 62, Gefäß 1
H 0,195 m, Mündungsdurchmesser 0,169 m
Die Gefäße sind tongrundig, der Ton feingeschlämmt
und außen von fahlgelblicher bis orangegelber Farbe.
Die Färbung des Gefäßinneren und des unteren Drittels
der äußeren Gefäßwandung erscheint zinnoberhell, offensichtlich hervorgerufen durch die Stapelung der Gefäße im Töpferofen. Im Gegensatz zu einem dritten,
heute verlorenen, aber in Maßen und im Aufbau gleichartigen Stück (Typus Haltern 87) sind die beiden Gurtbecher nicht geschmaucht. Charakteristisch ist die Ein-
schnürung in der Gefäßmitte durch einen plastisch hervortretenden, zweigeteilten Gurt. Eingefaßt von einem
weiteren, dreigeteilten Gurt unterhalb der Gefäßmün-
dung verläuft ein breites Band, das mit einem scharfen,
vierzackigen, an beiden Gefäßen identischen Kamm-
strichmuster verziert ist. Die beiden Gefäße sind aus der
gleichen Werkstatt und wurden in einer Grube gefunden, die unmittelbar an eine Grube mit Töpfereiabfall
grenzt. Eine Fabrikation dieser Stücke in Haltern erscheint nicht ausgeschlossen.

Literatur: E. Krüger, Ausgrabungen bei Haltern. Die Fundstücke aus dem großen Lager und dem Uferkastell 1903 und 1904. Mitt. Alt.-Komm. Westfalen 4, 1905, 103, Taf. 20,5. – S. Loeschcke, Die Ausgrabungen bei Haltern. Die keramischen Funde. Mitt. Alt.-Komm. Westfalen 5, 1909, 288ff., Taf. 15,87.

442–449   Gemmen aus Haltern und Oberaden

Münster, Westfälisches Museum für Archäologie
Die Datierung dieser Gemmen ist durch die Chronologie der Fundorte aufs engste eingegrenzt. Für Oberaden gilt der Terminus ante quem 8 v. Chr., für Haltern der von 9 n. Chr. Insgesamt sind aus Oberaden vier, aus Haltern neunundzwanzig Ringsteine bekannt. Sie waren, soweit die Fassungen sich erhalten haben, in massiven Eisenringen gefaßt. In einigen Fällen wurde den Steinen eine goldfarbene Folie unterlegt, um ihnen eine gewisse Brillanz zu geben. Die Bildfläche ist flach und im Umriß oval. Fast die Hälfte der Steine besteht aus Glaspasten, ansonsten sind Karneol, Bänderachat und Onyx vertreten.
Symbolcharakter kommen Füllhorn und Capricorn zu. Der Capricorn erscheint bald nach der Schlacht bei Actium. Als Sternzeichen, unter dem Augustus geboren wurde, gilt er in der augusteischen Zeit als glücksbringendes Symbol. Auf dem Münzbild einer pergamenischen Cistophorenserie (27/26 v. Chr.) mit der Legende AVGVSTVS trägt der Capricorn auf dem Rücken ein Füllhorn. Zwei gleichartige Ringsteine aus Haltern zeigen die Kombination der beiden Symbole. Die Darstellung des Füllhorns mit einem Schiffsruder dürfte wohl auch in Zusammenhang mit der Seeschlacht bei Actium zu sehen sein.

442   Kombination eines Füllhorns und Capricorns nach links
Dunkle Glaspaste
Fundnr. Ha 65/RTLF:1
B 1,2 cm

443   Kombination eines Füllhorns und Capricorns nach links in eiserner Ringfassung
Glaspaste
Fundnr. Ha 85. 059,1
B 1,1 cm

444   Füllhorn mit Schiffsruder
Karneol mit hinterlegtem Folienrest in eiserner Ringfassung
Fundnr. Ha 81. 019,4
H 1,2 cm

445   Greif nach links
Gebänderter Achat
Fundnr. Oa 82. 021
B 1,3 cm

446   Männerkopf mit Torques nach links
Onyx in eiserner Ringfassung
Fundnr. Ha 84. 523,3
H 1,4 cm

447   Frauenkopf nach links
Gebänderter Achat mit hinterlegter Kupferfolie in eiserner Ringfassung
Fundnr. Ha 74E/Gr. 64,5
H 1,25 cm

Kat. 441

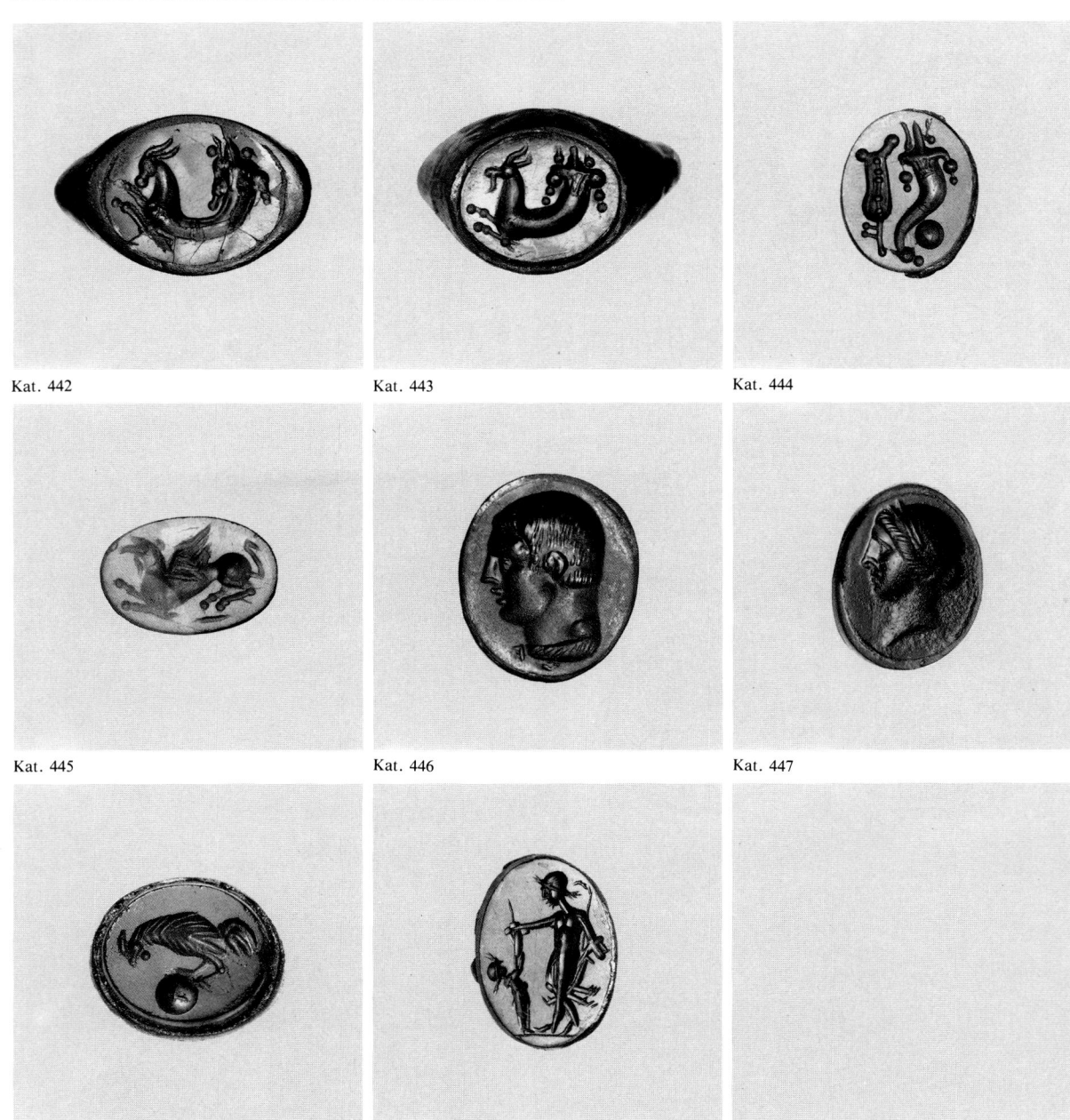

Kat. 442   Kat. 443   Kat. 444

Kat. 445   Kat. 446   Kat. 447

Kat. 448   Kat. 449

448   Hahn nach links auf Kugel
Karneol in eiserner Ringfassung
Fundnr. Ha 74E/Gr. 75,1
B 1,3 cm

**449   Zweifigurige Szene, rechts eine größere,
männliche Gestalt, links eine kleinere mit erhobenen
Armen; beide sind bekränzt**
Onyx mit hinterlegter Folie
Fundnr. Ha 84. 592
H 1,4 cm
Unpubliziert

450   Millefiori-Schale
Münster, Westfälisches Museum für Archäologie
Aus Haltern, Fundnr. Ha 73 A/Gr. 194
Dm 0,172 m
Die flach gewölbte Schale ist in einer Form gepreßt, der
Boden nach innen gewölbt (Isings Form 1). Die Schale
weist konzentrische Drehrillen auf. Die Grundmasse ist
von dunkelweinroter Farbe. Die vorherrschenden gelben Blümchen sind achtblättrig, die Blütenblätter durch
feine Linien goldgelb voneinander abgesetzt. Das Zentrum des Blütenkorbes ist weiß gehalten und von einem
kräftigen roten Band umgeben. Eingestreut zwischen
den Blüten finden sich hellblaue, von einer dünnen,

Kat. 450

Kat. 451

Kat. 453a

weißen Linie eingefaßte Pfauenaugen mit einem weißen Kern. Teilweise ersetzen die Pfauenaugen die dunkle, weinrote Grundmasse. Die gelben Blütenmuster und die Pfauenaugen sind, besonders im Randbereich, durch Pressung unterschiedlich verdrückt. Die Millefiorischale wurde in einer Abfallgrube nahe einem sog. Tribunenbau gefunden.
Unpubliziert.

451 Blauer Glasteller
Münster, Westfälisches Museum für Archäologie
Aus Haltern, Fundnr. Ha 79. 007/g1
Randdurchmesser 0,188 m, Dm des Standringes 0,121 m
Teller mit steiler Wandung und horizontalem, auf der Oberseite leicht gewölbtem Rand und Standring. Toreutischen Vorbildern entsprechend akzentuiert die

Mitte ein 2,3 cm großer, leicht erhabener, matt gehaltener Kreis mit Mittelpunkt. Die warme Glasmasse für den miloriblauen Teller (Form Isings 5) ist in eine Form gepreßt und anschließend in erstarrtem Zustand poliert worden; daher rühren die konzentrischen Drehrillen. Das Fundstück stammt aus den römischen Anlagen am Wiegel.
Unpubliziert.

452 Bronzekasserolle mit reliefiertem Griff
Haltern, Römisch-Germanisches Museum
Aus Haltern, Fundnr. Ha 07. s. n.
H 0,085 m, L 0,236 m, Dm 0,115 m
Unterhalb der Kasserollenmündung verläuft ein aus der Wandung getriebener, mit einem Flechtband verzierter Wulst. Das Relief des Griffes gibt eine Szene aus dem Mythos von Amor und Psyche wieder. Ein geflügelter, nackter Amor greift nach Psyche, die in der Gestalt eines Schmetterlings davonzufliegen scheint. Die Figur des Amors steht in rechtem Profil auf einem Blütenstengel, der aus einer Palmette hervorgeht. Unterhalb der Palmette ist der Griff durch zwei runde und ein rautenförmiges Loch durchbrochen. Das Griffende läuft in einer Knospe aus. Zur Kasserolle geht der Griff in seitliche Schwanenköpfe über, die sich der Gefäßwandung anpassen. Der Amor ist in hohem Relief gearbeitet, Details wurden nachträglich in Kaltarbeit ziseliert.
Literatur: G. Kropatscheck, Die Ausgrabungen bei Haltern. Die Fundstücke der Jahre 1905–1907 (mit Ausnahme der keramischen Funde). Mitt. Alt.-Komm. Westfalen 5, 1909, 344 ff., Taf 34, 1–1a.

453 Reliefiertes Bronzeblech
Münster, Westfälisches Museum für Archäologie
Aus Haltern, Fundnr. Ha 68/Gr. 417a
H 0,13 m, L (ausgerollt) 0,26 m
Die Reliefdekoration des fragmentarisch erhaltenen und bei der Auffindung zusammengebogenen Bleches zeigt eine reiche Rankendekoration. Aus einem Akan-

Kat. 453b

Kat. 452 a. b

thuskelch sprießt ein kandelaberartiger Stengel, der sich aus drei geschlossenen Blüten zusammmensetzt, sowie eine aufwärts strebende große Rankenspirale, mit einer äußeren, nach beiden Seiten abgehenden Spirale. Die in die Höhe wachsende Rankenspirale weist fleischige, gelappte Blätter auf. Von ihr geht jeweils eine kleinere, einwärts gerichtete Ranke ab, an der eine Kelchblüte hängt. Die zur rechten Seite S-förmig verlaufende Ranke ist ähnlich aufgebaut. Von ihr gehen kleinere Ranken aus, die in einer Kelchblüte enden. Die Blüten öffnen sich jeweils im Wechsel nach unten bzw. nach oben. Links unterhalb und rechts oberhalb der ersten Volute pickt ein Vogel am Blattwerk.

Die äußere Kontur des reliefierten Bleches verläuft unten im mittleren Bereich konvex und ist zur Seite leicht konkav gebogen. Die obere Begrenzung steigt von rechts außen leicht an und knickt am Mittelmotiv deutlich nach oben ab. Den Rand bildet ein Rundstab, an den sich ein 1 cm breiter, glatter Streifen mit regelmäßigen Durchbohrungen anschließt. Das Reliefblech war demnach auf einer Unterlage befestigt. Der Verwendungszweck ist unklar, da eine funktionale Zuordnung bislang nicht gelungen ist.

Das qualitätvoll ausgebildete Rankenwerk zeigt unverkennbare Anklänge an annähernd zeitgleiche Ornamentik, wie sie von Erzeugnissen frühkaiserzeitlicher Toreutik und vornehmlich durch die Rankenfriese der Ara Pacis bekannt ist.

Unpubliziert

454 Adlerlampe

Haltern, Römisch-Germanisches Museum
Aus Haltern, Fundnr. Ha 64A/LF
H 0,125 m, L 0,143 m

Die figürliche Öllampe ist in der Gestalt eines stark stilisierten Greifvogels mit ausgebreiteten Schwingen, wohl eines Adlers, gearbeitet. Sie wurde als Hohlguß in Bronze hergestellt, einige Details sind in Kaltarbeit ausgeführt. Der Vogelkopf wurde separat gearbeitet, um die Lampe mit Brennöl füllen zu können. Die ursprünglich eingelegten Augen fehlen. Aus der Brust des Vogels ragt eine lange Tülle mit rudimentär ausgebildeten seitlichen Voluten. Das Ende der Lampenschnauze ist halbrund ausgebildet. Das Stück ist singulär.

Literatur: H. Aschemeyer, Die Grabungen im Lager von Haltern seit 1953. Germania 37, 1959, 289 f. − Römer am Rhein (1967) 250, Nr. C 226.

Kat. 454

Kat. 455

455   Vollständiges Grabinventar
Münster, Westfälisches Museum für Archäologie
Aus Haltern, Fundnr. Ha 87. 069
Die Grabgrube lag innerhalb einer im Durchmesser
13 m großen oktogonalen Grabanlage. Das Grab war
als Brandschüttungsgrab angelegt und ungestört ange-
troffen worden. Das Inventar kann als vollständig angenommen werden. Mit dem Toten wurde auch ein reich
mit Beinschnitzereien verziertes Bett verbrannt, von
dem sich zahlreiche Beinfragmente erhalten haben.

Dem Toten waren mindestens neun Unguentarien aus
Ton mitgegeben worden. Sie sind durch die Hitzeent-
wicklung des brennenden Scheiterhaufens teilweise ver-
schlackt und verzogen. Zum Grabinventar zählen noch
weitere, völlig zerscherbte Gefäße, die jedoch nicht
dem Brand ausgesetzt waren: ein Kochtopf (Typus Haltern 57), zwei Weinamphoren (Typus Haltern 67), der
Fehlbrand eines Einhenkelkruges (Typus Haltern 48)
und ein intaktes Glasbalsamarium (Isings Form 6). Neben einfachen Urnengräbern und Brandschüttungsgrä-

Kat. 455

bern sind in den letzten Jahren im augusteischen Gräberfeld von Haltern auch aufwendigere, bis zu 14 m
große Grabanlagen festgestellt worden. Charakteristisch ist für diese ein kreisförmiger, oktogonaler oder
rechteckiger Graben. Im Inneren der runden bzw. oktogonalen Anlagen befand sich in einigen Fällen ein konzentrischer Pfostenkranz. Die Grabgruben waren häufig

dezentral angelegt worden. Diese Grabanlagen waren
obertägig als Tumuli ausgebildet und in einem zwischen
Annaberg und Hauptlager verlaufenden, bis zu 50 Meter tiefen Streifen angelegt.
Literatur: R. Aßkamp und J.-S. Kühlborn, Die Ausgrabungen im römischen Gräberfeld von Haltern. Ausgrabungen und Funde in Westfalen-Lippe 4, 1986, 129 ff.

Kat. 168

VI. Ausblicke

Manfred Fuhrmann

Literatur unter Augustus

«Nimm zur Kenntnis, daß ich Dir böse bin, weil Du Dich in derartigen Schriften nicht vor allem an mich wendest. Fürchtest Du etwa, es könne Deinem Rufe bei der Nachwelt schaden, wenn sich zeigt, daß Du mit mir befreundet warst?» So ein Brief des Augustus an Horaz, des Kaisers an den Dichter. Horaz war dem Kaiser zu sparsam mit Erwähnungen und Lob; der Kaiser wünschte, Horaz möge ihm auch eine jener Versepisteln widmen, die er damals, als Alternder, verfaßte. Das Verhältnis zwischen Politik und Literatur, zwischen Macht und Geist war heikel unter dem neuen Regime, heikler denn je: der Herrscher und sein System wollten verherrlicht sein; die Dichter aber − jedenfalls die älteren, die noch in der Republik wurzelten − vermochten derlei Ansprüchen nicht vollauf, nicht ohne gewisse Vorbehalte zu genügen. Zwei gegenstrebige Gründe waren es hauptsächlich, die diesen Spannungszustand bedingten: einerseits waren die Dichter großenteils, wie schon immer, so auch in der Kaiserzeit, von Gönnern abhängig, unter Augustus vor allem von dessen Helfer Maecenas; andererseits aber konnten sie bei dem neuen Alleinherrscher jedenfalls zu Anfang nicht übersehen, daß er mit den Bürgerkriegen auch der Republik, der republikanischen Freiheit ein Ende bereitet und den Frieden mit Strömen von Blut erkauft hatte.

Die Dichter waren von Gönnern abhängig. Es gab in Rom keinen eigenen Literatenstand, nichts, was sich mit dem Humanisten der frühen Neuzeit oder gar mit dem freien Schriftsteller der Gegenwart vergleichen ließe. Roms Bürgerschaft gliederte sich, solange sie existierte, in politisch und ökonomisch streng voneinander geschiedene Schichten, und diese vorgegebene Hierarchie hat sich auch in erheblichem Maße auf die literarische Produktion ausgewirkt. Die Angehörigen der führenden Schicht, der Senatsaristokratie, gingen in der Politik auf; sie pflegten sich, wenn sie sich literarisch betätigten, vor allem der Gattungen anzunehmen, die ihre politische Lebenssphäre spiegelten: der Beredsamkeit, der Geschichtsschreibung, der Jurisprudenz. Das Dichten aber blieb im wesentlichen denen überlassen, die hierzu Talent und Neigung verspürten, und das waren oft kleine Leute, strebsame Unbemittelte und Unbekannte aus dem Norden oder Süden Italiens. Sie hatten, wenn sie ihr Talent entfalten wollten, nur eine Möglichkeit: sie mußten sich nach Rom begeben und dort als Schützling eines hohen Herrn ihr Glück zu machen suchen. Die Römer kleideten das Verhältnis von Gönner und Dichter in die bei ihnen weitverbreitete Form des Patronats, der Schutzherrschaft: der adlige Patron gewährte materiellen und rechtlichen Beistand; der Dichter-Klient übernahm die moralische Pflicht, den Patron poetisch zu verherrlichen.

Augustus, der Friedensfürst, hatte mit den Bürgerkriegen auch der einstigen Bürgerfreiheit ein Ende bereitet, und so vermochten sich die Dichter-Klienten, die sein Freund Maecenas um sich geschart hatte, allen voran Vergil und Horaz, nicht ohne Reserven in den Dienst des neuen Regimes zu stellen: auf dieser Spannung beruht ein gut Teil der augusteischen Literatur. Nicht als ob man nicht gesehen hätte, welch Segen der endlich wiederhergestellte Friede für Rom und das Reich war, nicht als ob man sich nicht auch freudig dazu bekannt hätte − man beanspruchte jedoch, daß man selber Form und Maß des propagandistischen Preises bestimmen dürfe, indem man sich selber und seiner Dichtung politikfreie, private Bereiche vorbehielt und indem man, wenn man öffentlich sprach, nicht so sehr den Kaiser wie Rom und dessen gesamte Geschichte von den Ursprüngen bis zur Gegenwart in den Mittelpunkt stellte.

Derlei Zurückhaltung ist nicht nur aus der zufällig erhaltenen brieflichen Äußerung des

Augustus ersichtlich, die zu Anfang zitiert wurde. Die Dichter selber machten aus ihrer Not eine Tugend, d. h. aus ihrer heiklen Situation kunstvolle Gedichte. Die moderne Philologie hat sich angewöhnt, diesen Typ als *recusatio* − etwa: «Abwehr-, Ablehnungsgedicht» − zu bezeichnen. Horaz z. B. wendet sich in seiner Ode 1,6 an Agrippa, den Generalissimus des Augustus; er argumentiert dort etwa wie folgt: «Varius, ein Dichter, der Epen im Stile Homers verfaßt, mag deine Siege preisen; ich verstehe mich weder auf mythische noch auf zeitgeschichtliche Stoffe. Mein Talent ist zu gering, deinen und des Kaisers Ruhm angemessen zu würdigen: mir gelingen nur Trinklieder und Liebesgedichte.» Die Beteuerung des eigenen Unvermögens, verbunden mit Komplimenten für den, dessen Preis abgelehnt wird, und dem Hinweis auf einen Fähigeren: dieser Typus kehrt bei Horaz, ferner bei Vergil sowie bei Properz wiederholt wieder. Er ist gewiß auch durch künstlerische Überzeugungen bedingt: für den Herrscherpreis galt nun einmal seit eh und je das Epos, das große Epos in der Weise Homers als die einzige angemessene Gattung; ein solches Epos aber trauten sich die augusteischen Dichter schon deshalb nicht zu, weil sie sehr strenge Ansprüche an die metrische und stilistische Form ihrer Werke stellten und weil sie glaubten, daß sich derartige Ansprüche nur im Rahmen kleiner Gattungen − der Idylle, der Ode, der Elegie − verwirklichen ließen. Zugleich aber bekundet sich in der Ablehnung des panegyrischen Epos auch so etwas wie Distanz zur Politik, zu den Erfolgen des Augustus: so rasch (und auch: so laut), wie die Machthaber es wünschten, wollte man sich nicht zum Herold der neuen Ordnung machen; man hielt sich zurück und pries erst, wenn man aus eigener Überzeugung preisen zu können glaubte.

Daß Mächtige gefeiert zu werden wünschen, ist etwas ganz Gewöhnliches, und auch daß wahre Künstler sich solchem Ansinnen versagen, kommt häufig genug vor. Doch daß ein Herrscher, der auf Lob und Propaganda dringt, bei leisem Widerstand der Gedrängten nicht ungeduldig wird, daß er nicht alsbald fügsame Kreaturen vorzieht, sondern denjenigen, die er für die Tüchtigsten hält, seine Gunst nicht entzieht und sie gewähren läßt: das ist ein seltener Glücksfall, und durch solch einen Glücksfall ist die Literatur bedingt, die unter Augustus entstand. Für die Dichter, die von Maecenas gefördert wurden, wie Vergil, Horaz und Properz, leuchtet das unmittelbar ein − es gilt jedoch auch für die anderen, da die Toleranz und Liberalität, welcher sich die Schützlinge Maecenas' erfreuten, den Außenstehenden, den nicht von Maecenas und Augustus Abhängigen, um so weniger vorenthalten werden konnte. Es geht daher nicht an, Vergil oder Horaz als ‚Hofdichter' zu klassifizieren, als hätten sie ihre Werke nach der Maxime «Wes Brot ich esse, des Lied ich singe» verfaßt: die Skrupel der Dichter und die verständnisvolle Geduld der Förderer ermöglichten Bekenntnisse zur neuen Ordnung, die weder den politischen Überzeugungen noch dem künstlerischen Gewissen der Autoren Gewalt antaten. Wie prekär indes die Lage war, wie leicht die politische Macht ernstlich Anstoß an der von den Dichtern beanspruchten Freiheit nehmen konnte, geht aus nichts anderem so deutlich hervor wie aus der einzigen Entgleisung, die der alternde Monarch sich zuschulden kommen ließ: dem Bann, der Ovid an die Küste des Schwarzen Meeres trieb. Und unter Augustus' Nachfolger Tiberius konnte die preisende Erwähnung eines republikanischen Freiheitshelden, zu welcher sich Horaz noch ganz unbefangen verstanden hatte, bereits zum Tode führen.

Der augusteische Dichter, der den Konflikt zwischen dem Leiden am Elend der Bürgerkriege und der Einsicht, daß Augustus eine geschichtliche Mission erfülle, am konsequentesten austrug, war Vergil. Er verfaßte schließlich doch ein großes Epos, das dem Preise des neuen Zeitalters dienen sollte, die Aeneis, und er verfaßte mit ihr das für die Epoche repräsentative Werk. Er fand eine Lösung, die er mit seiner politischen Überzeugung und seinem künstlerischen Gewissen vereinbaren konnte: er ließ die Handlung nicht in seiner Gegenwart spielen, wie es bei panegyrischen Epen auf lebende Herrscher üblich war, sondern verlegte sie in die mythische Vorzeit. Denn die Aeneis schildert, wie Aeneas, ein Sohn des Priamos, nach dem Untergang Trojas für sich und die Seinen eine neue Heimat sucht, wie er sich schließlich in Italien, am Unterlauf des Tiber, am Ort seiner Bestimmung weiß und wie er dort eine Stadt gründet, aus der einmal Rom hervorgehen sollte. Dieses der zeitgenössischen Wirklichkeit weit entrückte Sujet erlaubte dem Dichter, mit allem Prunk der traditionellen Epik aufzuwarten, mit Göttern, einer Fahrt in die Unterwelt und anderem mehr, ohne daß er sich unglaubwürdig oder gar lächerlich gemacht hätte. Der mythische Stoff aber − und hierin besteht die Pointe der vergilischen Lösung − ist nicht einfach um seiner selbst willen da: er hat Gleichnischarakter und verweist auf Vergils Gegenwart, auf die Zeit des Augustus, ja, die Ereignisse der mythischen Vergangenheit und die eigene politische Wirklichkeit verhalten sich dort zueinander wie Verheißung und Erfüllung.

Die Aeneis faßt mit kühnem spekulativen Griff die gesamte mythische und historische Überlieferung der Römer zur Einheit einer durch göttliche Mächte verbürgten zielgerichteten Entwicklung zusammen: einer Entwicklung, die vom Untergang Trojas bis zur größten Ausdehnung der römischen Macht unter dem Friedensfürsten Augustus reicht. In dieser Deutung erhalten auch alle Leiden und Rückschläge ihren Sinn, da sie ja notwendiger Teil eines Ereigniszusammenhangs mit glücklichem Ausgang sind. Diese Leistung, in den Ursprüngen Roms den augusteischen Staat als das Ziel des geschichtlichen Prozesses erkennen zu lassen, hat Vergil vor allem mit Hilfe zweier Kunstmittel vollbracht. Er hat einmal eine Aeneas-Figur geschaffen, die in ihrer Makellosigkeit als Modell für den Römer schlechthin, insbesondere für den Herrscher Augustus aufgefaßt werden will: Aeneas, der in einer idealen Sphäre handelnde Held, verkörpert die Quintessenz römischen Wesens. Vergil hat zum anderen seinem mythischen Epos eine historische, bis auf die eigene Gegenwart sich erstreckende Perspektive dadurch verliehen, daß er prophetische Visionen einfügte, die zu erkennen geben, was die Taten des Aeneas und aller seiner Nachfolger dereinst bewirken würden. So verkündet schon im 1. Buch Iuppiter seiner Tochter Venus, der Mutter des Aeneas, daß sich Rom, die Gründung des Romulus, unter Augustus bis an den Ozean erstrecken werde. Im 6. Buch wiederum, im Buch der Hadesfahrt, führt Anchises, der Vater des Aeneas, dem Sohne in einer Art Heldengalerie Roms Geschichte und Bestimmung vor Augen − hier sind auch die Jahrhunderte der Republik in die gewaltige Zusammenschau einbezogen. Besonders ausführlich wagt sich die dritte und letzte Prophetie der Aeneis in die Zeitgeschichte Vergils vor. Der Schild, den Venus ihrem Sohne verschafft, zeigt in seinem Bildschmuck unter anderem die Schlacht bei Actium (31 v. Chr.), die Schlacht also, in der Augustus durch seinen Sieg über Antonius und Kleopatra die Alleinherrschaft errang. Daß sich diese ingeniöse Verknüpfung von konventioneller Handlungseinheit (auf der Ebene des Aeneas-Geschehens) und zeitenthobener Rom-Idee nicht gänzlich ohne künstlerische Einbußen verwirklichen ließ, leuchtet unmittelbar ein: Aeneas, der Ideal-Römer, droht mitunter zu einer Projektion politischer Wunschvorstellungen, zu einer abstrakten allegorischen Figur zu verblassen. Gleichwohl, die Aeneis, die repräsentative Schöpfung der Epoche, ja der römischen Literatur überhaupt, avancierte sofort zum wichtigsten Schulbuch und vornehmsten Bildungsbesitz der gesamten lateinisch sprechenden Welt.

Der römische Staat hat während des Jahrhunderts von den Gracchen bis zur Schlacht bei Actium die schwerste Krise seiner Existenz erlebt, und die Revolutionen und Bürgerkriege dieser Zeit führten schließlich zu dem Ergebnis, daß die römische Republik unterging und die Monarchie an ihre Stelle trat. Eine derart tiefe Zäsur im gesamten politischen Gefüge Roms legt die Annahme nahe, daß auch bei der römischen Literatur mit einer Epochenschwelle gerechnet werden müsse, und so fehlt es nicht an Darstellungen, welche die Kategorien der politischen Geschichte − Republik, Kaiserzeit − ohne Bedenken auf die Literatur übertragen und welche demgemäß die Literatur der ausgehenden Republik und die Literatur der beginnenden Kaiserzeit als zwei scharf voneinander geschiedene Kapitel der römischen Literaturgeschichte behandeln. Diese Annahme ist indes falsch. Sie würde nämlich zu der absonderlichen Konsequenz führen, daß Cicero und seine Zeitgenossen nicht zur römischen Klassik gerechnet werden dürften. Denn da sich den großen Dichtern der augusteischen Zeit, einem Vergil, einem Horaz oder einem Ovid, der Rang von Klassikern nun wirklich nicht streitig machen läßt, müßten sich ein Cicero, ein Caesar oder ein Sallust, vorausgesetzt, sie gehörten einer anderen Epoche an als die Autoren der folgenden Generation, mit der Standortbestimmung ‚Vorklassik' begnügen. Man tut also gut daran, die Literatur als eine relativ selbständige Größe zu betrachten, die nicht exakt denselben Gesetzen gehorcht hat wie die politische Geschichte. In literarischer Hinsicht gehören, da bei allen Unterschieden die Gemeinsamkeiten deutlich überwiegen, die Zeit Ciceros (etwa 100−40 v. Chr.) und die Zeit des Augustus (etwa 40 v. Chr. − 14 n. Chr.) zusammen: es handelt sich bei ihnen um zwei eng miteinander verzahnte Phasen einer und derselben Periode, eben der römischen Klassik.

Wer versuchen will zu bestimmen, was die Eigenart dieser Epoche ausmacht, kann nicht umhin, auch in Betracht zu ziehen, was ihr vorausging und was ihr folgte: die römische Klassik ist keine absolute Größe; ihre Besonderheit tritt am deutlichsten hervor, wenn man sie mit der Vor- und der Nachklassik vergleicht. Die römische Literatur war insgesamt ein Derivat der griechischen im Repertoire der Gattungen und Versmaße, großenteils auch im Repertoire der Stoffe. Die Vorklassik aber (sie reichte von den Anfängen um 240 v. Chr. bis zur Zeit Ciceros) unterschied sich dadurch von den folgenden Epochen, daß ihre Erzeugnisse aufs stärkste von den griechischen Vorbildern abhingen: man begnügte sich weithin mit Übersetzungen und Bearbeitungen und erzeigte sich, wenn man römische Stoffe zu formen versuchte, als unfähig, die Teile des Werkes zu einem überzeugenden Ganzen zu verbinden. So erklärt sich auch, daß aus dieser Lernzeit der römischen Literaten außer den Komödien des Plautus und Terenz nur ein Trümmerhaufen von Zitaten erhalten blieb: die sei es unselbständige, sei es unförmige, oft bunte und grelle Hinterlassenschaft der Vorklassik vermochte späterem Anspruch und Geschmack nicht mehr zu genügen; sie wurde nicht mehr gelesen und ging unter.

Die Werke der römischen Klassik zeichnen sich demgegenüber zuallererst dadurch aus, daß von ihnen ein erheblicher Teil die Zeiten überdauert hat. Von den achtziger Jahren des 1. Jhs. v. Chr. an sind in ununterbrochener Folge aus jedem Dezennium vollständige Schriften erhalten: die Reihe der Autoren, denen die Nachwelt diese Schriften verdankt, setzt mit Cicero, Lukrez und Catull ein und führt über Caesar und Sallust zu Livius und den augusteischen Dichtern. Die Genannten waren allesamt Kinder der Krisen- und Revolutionszeit; nie zuvor und nie hernach hat Rom in so verschwenderischem Maße überragende literarische Talente hervorgebracht. Es waren sehr verschiedenartige Talente, die indes in einem für Römer ungewöhnlichen Ausmaß nach Individualität strebten und ihren Werken durchweg den Stempel des persönlichen Engagements, der persönlichen Überzeugung aufprägten. Die klassischen Autoren mochten sich wie immer zu den brodelnden politischen Verhältnissen ihrer Zeit stellen, sie mochten mitstreiten oder sich zurückziehen: sie gingen stets irgendwelche Bindungen ein − in der Politik, in der Philosophie oder in der privaten Sphäre −, und ihre Werke pflegten eben diese Bindungen zu bezeugen, die ihrem Leben Inhalt und Sinn gaben. So eignet den Erzeugnissen der Klassik bei aller Vielfalt und trotz ihrer zunächst zerklüfteten Umwelt eine schier ungebrochene, ja kraftstrotzende Positivität: sie haben von Anfang an, und nicht erst unter Augustus, etwas Kündendes und Programmatisches.

Die griechischen Muster dienten jetzt als Orientierungspunkte selbständigen Hervorbringens. Man transponierte die griechischen Gattungen und Formen souverän in die eigene römische Welt, wobei man sich bewußt war, daß man den Vorbildern Ebenbürtiges zustande brachte. Die Literatursprache unterlag, nunmehr vollendet, auf Jahrhunderte keinem Wandel mehr. Mit der saloppen Behandlung von Vers und Stil, welche die älteren Werke zur Schau trugen, war es vorbei; die klassischen Autoren wandten viel Mühe darauf, selbstgesetzten, überaus strengen Maßstäben der Perfektion und Eleganz zu genügen. Einen besonderen Ruhmestitel des neuen Zeitalters macht die Komposition aus: während die Vorklassiker, wenn sie überhaupt den Versuch machten, einen Stoff aus Eigenem zu gestalten, nur ziemlich unförmige Gebilde hervorgebracht hatten, galt es seit dem Lehrgedicht des Lukrez als ausgemacht, daß sich jeder Schriftsteller um eine klare Makrostruktur, um einen einleuchtenden und sachgemäßen Aufbau bemühen müsse.

Die Werke aus der Zeit des Übergangs von der Republik zur Monarchie bekunden im allgemeinen ein wohlkalkuliertes, ein (relativ) ‚klassisches' Verhältnis von Stoff und Form sowie von Fiktion und Wirklichkeit. Gerade dieses Verhältnis (man kann es als ‚ausgewogen' bezeichnen) läßt sich kaum anders als durch den Vergleich mit den anderen Epochen bestimmen. So war die Vorklassik oft geneigt, die Form zu vernachlässigen oder gewaltsam mit ihr zu experimentieren; die Nachklassik wiederum, die Zeit von Seneca bis Tacitus, zeigte eine starke Tendenz zur Verselbständigung der Form, zur Manier. Die Klassik hingegen pflegte die Form an den Stoff zu binden und rein als Funktion des Stoffes zu verwenden – sie mied die Extreme, d. h. sowohl den die Form sprengenden Stoff als auch die den Stoff überwuchernde, um ihrer selbst willen kultivierte Form. Entsprechendes gilt für das Verhältnis von poetischer Fiktion und Lebenswirklichkeit. Die Vorklassik hatte weder Szenen von krasser Realistik noch Erfindungen gescheut, die sich weit von der Realität entfernten; die Nachklassik aber huldigte in noch höherem Maße dem kühnen Bild, dem Schwulst, der ans Grausige und Absurde grenzenden Phantastik. Die klassischen Autoren jedoch waren auch in dieser Hinsicht meist auf Zurückhaltung und Dämpfung bedacht: ihr Streben nach Dezenz hinderte die Wiedergabe greller, abstoßender Wirklichkeit; ihr Streben nach Wahrscheinlichkeit verbot ihnen das provozierend Wirklichkeitsfremde.

Die römische Klassik läßt, wie schon angedeutet, zwei sich überschneidende Phasen erkennen, die ciceronische und die augusteische Zeit. Die beiden Phasen zeigen Unterschiede. In ciceronischer Zeit hatte die Prosa den Vorrang inne; später, unter Augustus, überwog die Dichtung. Außerdem rief der Kontrast der Verhältnisse – der Bürgerkriege auf der einen und des Augustus-Friedens auf der anderen Seite – gegenläufige Tendenzen hervor. Die Zeit Ciceros war gleichsam zentrifugal: das Elend der sich auflösenden Republik veranlaßte manches Talent, sich vom Zentrum alles römischen Strebens, vom Staat, zu lösen und in der apolitischen Sphäre, im Freundeskreis oder in der Hingabe an eine philosophische Lehre, einen Ersatz zu suchen. Die augusteische Reform hat zwar diesen Emanzipationsprozeß nicht gänzlich wiederaufgehoben: das Private blieb, wie vor allem die Lyrik und die Elegie beweisen, ein legitimer Gegenstand dichterischen Gestaltens. Immerhin vermochte Augustus die führenden Geister der Zeit, allen voran Vergil und Horaz, an den von ihm geschaffenen Staat, eine durch eine republikanische Fassade verschleierte Monarchie, zu binden, und die neue Staatsgesinnung wurde zum beherrschenden Thema der damaligen Literatur.

Die beiden Phasen der römischen Klassik teilen sich nicht nur in die erwähnten Prinzipien des Kunstwollens: sie haben auch eine bestimmte Sicht auf die römische Überlieferung – auf Geschichte, Kultur und Sprache – gemeinsam. Mit der großen Staatskrise und ihrem Reflex, einem ausgeprägten Dekadenzbewußtsein, hatte eine energische Rückbesinnung auf die eigene Vergangenheit, auf eine angeblich oder wirklich bessere Vorzeit eingesetzt. So entstand in ciceronischer und augusteischer Zeit nach mancherlei Vorstufen eine Reihe von Literaturwerken, welche die verschiedenen Aspekte der römischen Überlieferung in ihrer Ganzheit vorzuführen suchten: die ciceronisch-augusteische Klassik war eine Periode der großen, abschließenden historisch-antiquarischen Synthesen. Als erstes Beispiel sei Ciceros staatsphilosophische Schrift *de re publica* («Über das Staatswesen») genannt: das 2. Buch gibt einen Überblick über die Entwicklung der republikanischen Verfassung bis zum Beginn der Krise. In weit größerem Umfange hat der Polyhistor Varro römische Vergangenheit für seine Zeitgenossen verfügbar gemacht; sein nicht erhaltenes Hauptwerk, die *antiquitates* («Altertümer») waren eine nach sachlichen Rubriken geordnete Enzyklopädie der römischen Vorzeit. Entsprechend legte der Philologe Verrius Flaccus mit seinem Lexikon *de verborum significatu* («Über die Bedeutung von Wörtern», auszugsweise erhalten) eine Zusammenfassung dessen vor, was eine über hundertjährige Forschungstradition auf dem Felde der Erklärung veralteter Wörter ermittelt hatte. Sodann Livius, der Verfasser des teilweise erhaltenen Geschichtswerks *ab urbe condita libri* («Geschichte Roms seit Gründung der Stadt»): sein geradezu gigantisches Unternehmen zog den Schlußstrich unter die gesamte Historiographie der späten Republik. Romantische

Rückgewandtheit hatte somit dem Publikum der ciceronisch-augusteischen Zeit alle Überlieferung, deren man noch habhaft zu werden vermochte, in großangelegten Schriftwerken vor Augen geführt: vor diesem Hintergrund wird deutlich, daß die mythisch-historische Zusammenschau der vergilischen Aeneis gewissermaßen in der Luft lag.

Nach dem Tode des Augustus erstarb mit einem Schlage jegliche Hinwendung zu Roms entfernterer Vergangenheit: man interessierte sich nur noch für die eigene Gegenwart und deren unmittelbare Voraussetzungen. Diese Tatsache ist ein weiteres Indiz für die Richtigkeit der Annahme, daß das Kapitel «Literatur unter Augustus» enger mit dem vorausgehenden Kapitel «Literatur der späten Republik» zusammenhängt als mit dem folgenden Kapitel «Literatur der frühen Kaiserzeit» – das Regiment des Augustus war eben janusköpfig, republikanisch in den Formen und monarchisch in der Substanz, und so ging denn mit ihm die gültigste Gestalt römischer Staatlichkeit, die Republik, verloren, während sie zugleich in repräsentativen Literaturwerken aufgehoben wurde.

Literatur: J.-M. André, Le siècle d'Auguste (1974). – H. Bardon, Les empereurs et les lettres latines d'Auguste à Hadrien (1940). – J. W. Duff, A Literary History of Rome: From the Origins to the Close of the Golden Age[3] (1963). – L. Friedländer, Darstellungen aus der Sittengeschichte Roms[10] II (1922) 191 ff. Kap. X: Die schöne Literatur. – P. Grimal, Vergil (1987). – R. Heinze, Die augusteische Kultur[2] (1933).

Mariella Cagnetta

Die Rezeption in Geschichtsschreibung und Politik der Neuzeit

Der Vergleich zwischen Persönlichkeiten, Geschehnissen und Situationen aus verschiedenen Zeiten ist eine konstante Form des historischen Verständnisses sowie der politischen Analyse. Interpretationen, die auf analogischen Nebeneinanderstellungen beruhen, konzentrieren sich besonders auf Schlüsselereignisse, so die Revolutionen, die in ihrem Charakter als organisierte politische Initiative eine radikale Erneuerung sowohl der Institutionen als auch des Bewußtseins bewirken und regelrechte Brüche in der geschichtlichen Entwicklung darstellen. Solche Krisenpunkte, was auch immer sie sonst noch bedeuten mögen, veranlassen die historisch-politische Vorstellungskraft späterer Jahrhunderte dazu oder drängen es ihr oft geradezu auf, jene zeitgenössischen Ereignissen gegenüberzustellen, die ihrem Wesen und ihren Auswirkungen nach den vergangenen ähneln.

Die «Römische Revolution» (Rostovtzeff, Syme), die die Machtübernahme durch Augustus und die Einrichtung einer autoritären und dynastischen Regierungsform nach den Wirren der späten Republik mit sich brachte, läßt sich mit Recht in die Reihe solcher epochemachender Ereignisse einfügen, die Anlaß zum Vergleich hervorriefen.

Der entscheidende Charakter einer Wende, den dieses Ereignis für die antike Geschichte besitzt, in der es fast die Rolle einer Wasserscheide einnimmt, ist für jedermann klar ersichtlich. Für den Historiker allerdings bleibt eine ganze Reihe von Fragen offen: die formale Kennzeichnung der Stellung des Augustus, das Wesen seiner Machtbefugnis, die politische Ausrichtung seiner Handlungen etc. Unabhängig von der Frage jedoch, ob die von Augustus bekleidete Stellung persönlichen Charakter hatte oder sich in das traditionelle Ämterschema einfügte; unabhängig von der Frage, ob das Wesen seiner Machtbefugnis monarchischer Art war, wie von den meisten Forschern angenommen wird, oder auf einer Dyarchie von *princeps* und Senat beruhte (Mommsen), oder gar geradezu den Charakter einer republikanischen Restauration aufwies (Ferrero); ebenso unabhängig davon, ob in dem von ihm geschaffenen politischen System die fortschrittlichen Elemente überwogen (man denke z. B. an die erneuerte und verbesserte Verwaltung der Provinzen, an das stärkere politische Gewicht, das den Italikern nunmehr zukam, sowie an die Einschränkung der politischen Übermacht der Optimaten), oder eher Elemente eines puren und schlichten Konservatismus, unabhängig von all diesen Fragen scheint sich die Erkenntnis durchzusetzen, daß die von Augustus begründete Regierungsform einen ‚starken‘, autoritären Charakter hatte.

Und es ist dieser schwerlich zu leugnende Aspekt der politischen Schöpfung des Augustus, so komplex und reich an unterschiedlichen Nuancen diese immer gewesen sein mag − man bedenke nur, daß sie erst in einem Zeitraum langer Jahre Gestalt annahm und daß ihr Urheber eine vielschichtige, wechselhafte und nicht selten widersprüchliche Persönlichkeit war −, der mehr als einmal Vergleiche zwischen der Gestalt des ersten Kaisers entstehen ließ und solchen «Männern der Ordnung» von unterschiedlichem Ursprung und Bedeutung, die sich in einer Situation des Verfalls der Herrschaft bemächtigten und mit der Einrichtung eines selbstherrlichen oder diktatorischen Regimes eine gewaltsame «Befriedung» von oben herbeiführten.

Für die Schaffung solcher vergleichender Mythen war, im Gegensatz zum idealisierten Bild des großen Friedensstifters im innenpolitischen Zwist, der andere bedeutende Aspekt augusteischer Politik weniger ergiebig, nämlich der der Neuordnung oder vielmehr der Neuschaffung eines großen, universalen und kosmopolitischen Staatsgebildes. Die Gestalt des Augustus als des Organisators eines übernationalen Reiches sollte erst in den dreißiger Jahren unseres Jahrhunderts verwertet werden, als der italienische Faschismus den imperial-zivilisatorischen Aspekt augusteischer Ideologie für seine eigenen Zwecke kolonialer Propaganda bis auf den Grund ausbeutete und sich unzählige Male auf den Ausspruch Vergils berief: «Denke daran, Römer, du sollst die Völker beherrschen (das wird deine Kunst sein) und dem Frieden das Gesetz geben».

Der universale Charakter der politischen Einheit, die mit Augustus ins Leben getreten war, hatte im Mittelalter und zu Beginn der Neuzeit im Mittelpunkt der historischen Überlegungen gestanden. Die Vorstellung Dantes − die ihrerseits den Gedanken Thomas v. Aquins widerspiegelt − vom Römischen Reich als höchster Macht, die alle Völker und Königreiche im Namen einer höheren Garantie des Friedens und der universellen Eintracht unterwarf, ist diejenige, die sich wieder im 15. Jh. bei Nikolaus Cusanus findet; sie erscheint später im ersten wirklich modernen Geschichtswerk, das Augustus behandelt: in Le Nain de Tillemonts «Histoire des empereurs et des autres princes qui ont régné durant les six premiers siècles de l'église», erschienen in Paris 1690−1738, der ersten systematischen Quellensammlung zur Geschichte des Römischen Reiches. Eine solche Auffassung über das Reich fügt sich in eine vorsehungsbestimmte Sicht ein, die in der Vorherrschaft Roms über die Welt das Schutzinstrument einer friedvollen und gerechten Ordnung erkannte und daher besonders eifrig auch die Zeitgleichheit der Herrschaft des Augustus mit der Geburt Christi zu verwerten suchte: dieser Vorstellung zufolge habe die Geburt Christi als Hinweis auf den guten Charakter der imperialen Ordnung gedient, da sie durch den Willen der göttlichen Vorsehung eben gerade unter Augustus stattgefunden habe; ebenso habe die unter der Regierung des Tiberius erfolgte Unterwerfung Christi unter römische Gerichtsbarkeit in gewisser Weise die Anerkennung der kaiserlichen Autorität dargestellt (mystische Vorstellungen dieser Art sollten noch in unserem Jahrhundert nicht fehlen, als Frucht klerikal-faschistischer Phantasterei; als Beispiel seien die Thesen des Kardinals von Mailand, Schuster, genannt, eines begeisterten Anhängers des faschistischen Regimes).

Im 16. Jh. hatte indessen mit der Verbreitung und Festigung der Reformation eine andere, entgegengesetzte Sehweise der kaiserzeitlichen Geschichte Gestalt angenommen, die letzten Endes auf Augustinus zurückgeht: ihr zufolge hätte das Werk des Augustus keine andere Konsequenz gehabt, als den Geist der einzelnen ‚Nationen‘ eben im Namen einer universalen Ordnung zu unterjochen. Diese Sicht fügte sich gut in den Prozeß eines erstarkenden deutschen

Nationalgefühls ein, das schon im 15. Jh. durch die Auffindung der Germania des Tacitus Auftrieb erhalten hatte. Sie sollte sich dann konsequent fortentwickeln, um in späterer Zeit mit dem antiaugusteischen Mythos schlechthin, dem des Arminius, des Vernichters der Legionen des Varus, den höchsten Überschwang zu erreichen (man denke hier nur an die zwischen 1838 und 1875 erfolgte Errichtung des gigantischen Denkmals bei Detmold als eines ansehnlichen Symbols deutschen Nationalgefühls). Als Gipfelpunkt dieser Denkweise, die in die nationalistische Ideologie Preußens einfließt, kann man vielleicht die durch Wilamowitz nicht zufällig in der «Kriegsrede» vom 12. März 1915: «Das Weltreich des Augustus» ausgesprochene Verurteilung der *pax Augusta* bezeichnen. Hier nimmt Wilamowitz an, daß der wichtigste Grund für den Niedergang der römischen Welt gerade in der überaus langen Friedensperiode ausgemacht werden kann, die mit dem Aufkommen des Augustus begonnen hatte: «Langer Weltfriede braucht mindestens kein Segen zu sein (. . .) Denn er kann die Menschen feige und faul machen, mürbe und müde, krumm und krank (. . .) Der Friede hat die Menschen nicht milder, sondern roher gemacht»; darüber hinaus setzt er diese Degeneration in Zusammenhang mit dem Einfließen griechischer, orientalischer und später sogar barbarischer Kräfte in die Spitzen der administrativen und militärischen Strukturen des Reiches. Eine weitere Grundlage der Wilamowitzschen Überlegungen ist die Vermischung verschiedener Rassen; auch wenn sie von Augustus weder direkt gewollt gewesen noch von ihm vorhergesehen worden sei − im Gegenteil, sein Verdienst sei es gewesen, Rom vor den universalistischen Tendenzen cäsarischer oder alexandrischer Art zu schützen −, so habe sie doch die führende Schicht immer stärker erfaßt, und zwar zu vollem Schaden der gesunden Kräfte, aus denen heraus sich jedoch später die romanisch-germanische Kultur entwickeln sollte: «unsere romanisch-germanische europäische Kultur hat sich nur auf dem Boden entwickelt, den diese Reaktion gegen das cäsarisch-alexandrische Weltreich, gegen den Osten gesichert hat». Wie man sieht, ist in dieser rassistischen Sehweise über die geschichtliche Entwicklung der Struktur des Reiches und über die Gründe seines Niedergangs, einer Sehweise, die zwischen auserwählten und nicht auserwählten Rassen unterscheidet, kein Platz mehr für universalistische Vorstellungen.

Anderer Prägung ist die antiaugusteische Zielsetzung der Kultur der französischen Aufklärung im Kampfe gegen den Absolutismus. Die Historiker der Aufklärung setzen in ihrer Überlegung den Akzent auf den autokratischen Aspekt der Persönlichkeit des Augustus, den des Zerstörers der bürgerlichen Freiheiten. Sie urteilen nicht negativ über die vervollkommnungsfähige monarchische Macht als solche, stehen aber den Mitteln, durch die Augustus zur Macht gelangt war, sowie den Fällen seiner offen zutage getretenen, nur um ihrer selbst willen verübten Grausamkeit mit großem Vorbehalt gegenüber und mißbilligen die Durchsetzung eines Friedens, der auf dem Blut getöteter Gegner beruhe. Und wenn Voltaire als Historiker beim Vergleich des augusteischen Zeitalters mit dem Ludwigs XIV. nicht umhinkann, auf Grund einer solchen Analogie das größere historische Format des antiken Herrschers und seines Werkes zu unterstreichen, so läßt er sich im Artikel «Auguste Octave» des «Dictionnaire philosophique» zu einem Angriff gegen den Kaiser hinreißen, dessen Grausamkeit «ruhig und überlegt» sei und der sich von einem Straßenräuber nicht unterscheide: «Es ist mehr als sicher, daß die Welt vom Euphrat bis ans Ende von Spanien verwüstet wurde von einem schamlosen, treulosen, ehrlosen, gewissenlosen, einem schlauen, undankbaren, geizigen, blutrünstigen, beim Verbrechen seelenruhigen Mann, der in einem wohlgeordneten Staat schon beim ersten seiner Verbrechen der höchsten Strafe anheimgefallen wäre (. . .) Er war ein kluger Politiker, nachdem er ein Barbar gewesen war». Eine ähnliche Verurteilung findet sich in der Einschätzung Montesquieus, der in den «Considérations sur les causes de la grandeur et de la décadence des Romains» «Augusteische Ordnung» mit «Sklaverei» gleichsetzt. Dem entspricht die historische Analyse des Engländers Gibbon, wonach das gesamte von Augustus geschaffene Staatsgebilde nichts anderes sei als die betrügerische Manifestation einer doppelten Wahrheit: scheinbar die Unterwerfung des *princeps* unter den Senat, tatsächlich die totale Abhängigkeit der Senatoren vom Autokraten. Der Dichter Alfieri wiederum verabscheut in Augustus den Tyrannen, der die Literatur gänzlich den Interessen politischer Macht dienen sehen will.

Nach dem Höhepunkt der Französischen Revolution, der Schreckensherrschaft und dem Thermidor gewinnt durch den Sieg Napoleons und das von ihm geschaffene cäsarische System der Vergleich mit dem antiken Römischen Reich erneut an Aktualität, aber unter entgegengesetztem Aspekt. Neben einem allgemeinen Vergleich zwischen zwei Zeitabschnitten politischer und militärischer Wirren, aus denen ein Sieger hervorgeht, dem es gelingt, seine Form von Befriedung durchzusetzen und in der Verteidigung des Staates zu wachen, indem er die Ergebnisse der langen, ‚revolutionären‘ Mühen seinen eigenen Zwecken unterwirft, nimmt man mit Wohlgefallen die Gelegenheit wahr, eine Gegenüberstellung paralleler historischer Begebenheiten bei Augustus und Napoleon bis in die Einzelheiten durchzuführen (im Werk De Fontanes z. B. – dieses Werk wird zu einer Art offiziellen Regierungstextes und durch das Innenministerium in allen Präfekturen verteilt – versäumt man nicht, darauf hinzuweisen, daß beide Persönlichkeiten einen siegreichen Feldzug in Ägypten geführt haben).

Die Konsequenz dieses einmal eingeschlagenen historiographischen Wegs des einfühlenden Vergleichs in der Deutung der Ereignisse augusteischer Zeit und der Gegenwart ist eine positivere Beurteilung der Gestalt des Augustus und des universalen Aspektes des von ihm begründeten Staatsgebildes. Arnaldo Momigliano schreibt in diesem Zusammenhang, daß «die französische Geschichtsschreibung des 19. Jhs. das zurückgewann, was die des 18. Jhs. verloren hatte: das Wissen um ein spezifisches Kennzeichen des Reiches, das nun in seiner Multinationalität definiert wurde. – Man sagt gewöhnlich, daß die für Deutschland negative Erfahrung mit Napoleon in Frankreich zum impliziten oder expliziten Bezugspunkt für ein positives Verständnis des Reiches als Mittel zur Schaffung einer größeren übernationalen Einheit wird». Der politische und ideologische Konflikt stellt sich in jenen Jahren und dann neuerlich zur Zeit des Zweiten Kaiserreichs in Begriffen von Cäsarismus und Anticäsarismus zueinander: die Kultur römischen Ursprungs wird als konformistisch und regimeabhängig angesehen, während die Freiheit und mit ihr das Prinzip der Nation durch eine Art Staatsgewalt augusteischer Prägung auf jeden Fall unterdrückt bleibt. Byron hatte 1821 in seinem Tagebuch notiert: «Ein freies Italien! Und etwas Ähnliches hat es seit den Tagen des Augustus nicht gegeben!».

Nach dem Fall Napoleons III. sollte das Deutsche Reich in den Augen der Franzosen als Unterdrücker auf einer Ebene mit dem Römischen Reich erscheinen, während sich im viktorianischen England die Gegenüberstellung und der Wetteifer mit dem antiken Weltreich gerade im Augenblick höchsten Glanzes und perfektester Organisation des neuen Kolonialreiches entfalteten.

In den zwanziger und dreißiger Jahren unseres Jahrhunderts ist das Urteil über Augustus so stark wie noch nie durch die vergleichbare politische Situation geprägt, d. h. in erster Linie durch die Errichtung eines autoritären Regimes in Italien, das sich auf Rom als seinen historischen Vorgänger explizit und immer wieder beruft. In der faschistisch inspirierten Geschichtsschreibung ist die zentrale Stellung der Gestalt und des Werkes des Augustus ein unmittelbar evidentes Faktum; es wirkt viel tiefer als in jeder anderen vorangegangenen oder gleichzeitigen historiographischen Strömung, die jene Phase der Geschichte als Bezugspunkt hat.

Es sind die Jahre, in denen sich die Überlegungen Webers über den «charismatischen Führer» («Wirtschaft und Gesellschaft», das Werk, worin Weber mit diesem Konzept arbeitet, war 1922 postum erschienen) mit den politischen Analysen und Bewertungen verflechten, die internationale Beobachter der Gestalt Mussolinis und dem von ihm begründeten Regime widmen, während sich gleichzeitig auf der internationalen politischen Bühne ‚starke‘ Gestalten durchsetzen, von Lenin bis Kemal Atatürk. Noch einmal werden die Studien über Augustus vom Zeitgeist geprägt und durch ihn neu belebt. Eines der ersten Beispiele dieser Verflechtung von Vergangenheit und Gegenwart, auf der Ebene wissenschaftlicher Ergebnisse vielleicht das aufsehenerregendste, ist das Hineinwirken des Weberschen Gedankens der «charismatischen Autorität» in eine neue Lesart und Interpretation der *res gestae* des Augustus. «Ein eigentümliches Zusammentreffen sachlicher epigraphischer Studien und aktueller politischer Erfahrungen führte 1924 zu einem neuen Kurs in der Augustus-Forschung: so konnte einerseits v. Premerstein mit Hilfe des Monumentum Antiochenum das Wort *auctoritate* im fundamentalen Kapitel 34 der *res gestae* ergänzen (...); andererseits zog die tragische Tendenz zur Bildung autoritärer bürgerlicher Regierungen in einigen europäischen Staaten die Aufmerksamkeit auf die Möglichkeit, ‚liberale‘ Formen bar jeden Inhalts in ‚autoritären‘ staatlichen Organismen zu erhalten; schließlich machten neue Anforderungen soziologischer Forschung (wie sie später im Denken Max Webers immer klarer wurden) die Verständlichkeit charismatischer Formen im römischen Staat der Kaiserzeit möglich. Daraus ging in der neuen Phase der Forschung ein außergewöhnliches Beharren auf der *auctoritas* des Augustus hervor, sei es daß man sie als ethisch-politisches Charisma persönlichen Charakters verstand, sei es ohne weiteres als neues Element öffentlichen Rechts (und daher nicht rein persönlicher Natur, sondern mit genauem rechtlichem Inhalt ohne persönlichen Charakter)» (Mazzarino).

Wenn es wahr ist, daß die nationalistische und faschistische Ideologie paradoxerweise den «positiven Effekt (hat), Forschungen zu wichtigen und vorher vernachlässigten Themen anzuregen» (Momigliano), darunter gerade und vielleicht gar zuallererst zum Übergang von der Republik zur Kaiserzeit, dann wird es verständlich, daß sich vor allem in Italien, aber auch im Ausland eine gewaltige Anzahl von wissenschaftlichen Arbeiten zur Gestalt des Augustus, Ausgaben der *res gestae*, Gedenk- und Sammelbänden u. v. a. ansammelten, die sich alle um das Werk des ersten Kaisers drehten. Das Phänomen beschränkt sich, wie gesagt, nicht auf den italienischen Raum. Ein äußerst bezeichnendes Beispiel ist Ronald Symes «The Roman Revolution» von 1939, ein Buch, das ungeheuren Einfluß ausgeübt hat und offenkundig selbst vom Phänomen der sog. faschistischen Revolution beeinflußt ist. Die analogische Projektion nicht nur der Gegenwart auf die Vergangenheit, sondern auch der Vergangenheit auf die Gegenwart ist in diesem Buch überaus klar erkennbar: das nicht ganz von Sympathie freie Interesse, das der italienische Faschismus zumindest in seiner Anfangsphase in nicht unbedeutenden Politikerkreisen der westlichen Demokratien weckte, spiegelt sich subtil in der differenzierten und deutlichen, aber nicht absolut negativen Gesamtbewertung des augusteischen Werkes, die das Buch beschließt: «Aus dem Dux war der Prinzeps geworden; er hatte eine Partei in eine Regierung umgewandelt. Für die Macht hatte er alles aufgeopfert; er hatte den Höhepunkt allen menschlichen Strebens erreicht und in seinem Streben das römische Volk gerettet und zu neuem Leben erweckt». Ein nicht weniger bezeichnender Hinweis darauf, daß Symes Interpretation von Analogieschlüssen geprägt war, ist auch die Wahl einer Terminologie im Verlauf seines ganzen Werkes, die jeder Leser mit dem italienischen Faschismus in Verbindung bringen mußte: das Kapitel über Actium und die unmittelbar darauffolgenden Jahre ist mit «Dux» überschrieben, während schon vorher von einem ersten und zweiten «March on Rome» gesprochen worden war, Termini, die als Überschriften diesbezüglicher Kapitel dienen; vielleicht wird auch der Begriff «Revolution» durch Syme absichtlich doppeldeutig gebraucht: einerseits scheint er auf Mommsen anzuspielen, der das vierte Buch seiner «Römischen Geschichte», das über die Gracchen handelt, mit dem Titel «Die Revolution» überschrieben hatte − und solch eine Anspielung war für den liberalen Historiker sicherlich naheliegend −, andererseits aber klingen darin die Eigendefinition der Faschisten über ihren Staatsstreich sowie das Verständnis faschistischer Historiker über die Machtübernahme des Augustus wieder an.

Anläßlich der Feierlichkeiten im Zusammenhang mit dem 2000jährigen Geburtstag des Augustus, die sich über ein Jahr erstreckten (23. September 1937 bis 23. September 1938), wurde die aktualisierende Suggestion römischer Geschichte deutlicher sichtbar als je zuvor. Es sei hier an die Worte einer Gelehrten wie Eugenie Strong, Vizedirektorin der Scuola Britannica di Roma, anläßlich des «Convegno Augusteo» (23.−27. September 1938) erinnert. An Mussolini, der sich am Ort der Neuerrichtung der Ara Pacis eingefunden hatte und dort durch den Applaus und den römischen Gruß von dreihundert Wissenschaftlern aus zahlreichen ausländischen Staaten empfangen worden war, richtete Frau Strong ein Grußwort, in dem die «weise Politik» angesprochen wurde, die sich unter der Gunst des Duce entfalten konnte (in diesen Tagen fand die Begegnung zwischen Chamberlain und Hitler in Godesberg statt und es wurden bezüglich der Aussiedlung der Sudetendeutschen erste Zugeständnisse gemacht, die innerhalb weniger Tage zum Münchner Abkommen führen sollten). Unter anderem sagte Frau Strong: «Der großartige Wiederaufbau der Ara Pacis ist uns allen ein neuer Beweis dafür, was ein Auserwählter ausführen kann, der wie Sie, o Duce, unter der Inspiration jener göttlichen Kraft wirkt, die Ihr Plinius so definierte: ‹immensa Romanae pacis maiestas›». Eine ähnliche Geisteshaltung hatten in jenen Jahren Hugh Last, Mitarbeiter der Cambridge Ancient History, und Gerhart Rodenwaldt, der einflußreichste klassische Archäologe der Nazizeit, bewiesen, als sie den kosmopolitischen Geist der Feierlichkeiten herausstrichen, die im Italien des zweiten Dux und des erneuerten Reiches organisiert wurden (wobei man präzisieren muß, daß dieses neue Reich ein Kolonialreich war und überdies nur wenige und armselige Kolonien besaß).

Der theoretische Rahmen für solcherlei Feierlichkeiten, die ursprünglich vom «Istituto di Studi Romani» angeregt wurden – ein Forschungszentrum, dem die Gruppe klassischer Altertumswissenschaftler voranstand, die dem faschistischen Regime am organischsten verbunden war –, kann mit den Worten umschrieben werden, die Giuseppe Bottai, brillanter und gebildeter Minister für das Erziehungswesen, auf einer Konferenz über «L'Italia di Augusto e l'Italia di oggi» äußerst klar herausgestellt hat: «Unsere eigene Geschichte inspiriert uns, die Italiener des 20. Jhs., zu Darlegungsweisen unserer aktuellen Probleme, die ich fast perspektivisch nennen möchte. Hinter den aktuellen Aspekten unserer politischen, sozialen und wirtschaftlichen Probleme zeichnen sich nämlich in unserem Bewußtsein und in unserem Gedächtnis stets auch mehr oder weniger weit zurückliegende Aspekte derselben Probleme ab. Das verleitet leider viele zur Rhetorik oder gar zur Suche nach literarischen Lehren aus der Geschichte. Wenn die Geschichte aber eine Lehrmeisterin ist, dann ist sie es auf eine ganz andere Art und Weise. (. . .) In unserem Fall, beim Vergleich von Italien zur Zeit des Augustus und zur Zeit Mussolinis, zeigt uns die Geschichte zwei große Führer, die viele gleiche oder ähnliche oder vergleichbare Probleme zu bewältigen haben; jeder von ihnen findet darauf die Lösungen, die seiner Zeit angemessen sind. Gewiß, bei genauerer Betrachtung verkleinern sich die Unterschiede der Lösungen, wenn man eher auf die Substanz denn auf die äußere Form der Probleme achtet». Danach folgt ein Verzeichnis der wichtigsten Analogien: die völlige Neuordnung der Institutionen durch Handeln ‚von innen heraus‘, die für die Gründung eines Weltreiches nötige Verschmelzung ziviler und militärischer Macht, die Umwandlung der Parteimilizen in solche der nationalen Verteidigung und Sicherheit, ferner die formale Respektierung, gleichzeitig jedoch grundlegende Neuerung der Rolle der repräsentativen Staatsorgane, die Aussöhnung der Verhältnisse außerhalb Roms mit der Zentralisierungsrolle der Hauptstadt, der Wiederaufbau der Stadt Rom, die wiederhergestellte Einigkeit zwischen den Generationen sowie die Religions- und Sittenpolitik.

Die politischen Implikationen dieser so sorgfältig ausgerichteten Feier sind offenkundig: in der vom Regime geförderten Organisation des allgemeinen Konsenses stellte sie ein überaus wichtiges Kapitel dar. Dieser Gedanke war davor schon sehr oft aus akademischen Kreisen heraus, und zwar besonders durch die Altertumswissenschaftler unterstützt worden, die sich äußerst bereitwillig zur Erarbeitung einer offiziellen Ideologie des Regimes zur Verfügung stellten. Die ‚römische‘ Komponente spielte bei dieser Ideologie eine bevorzugte Rolle. Die Augustus-Feiern hatten sozusagen fast überwiegend den Charakter einer Lobpreisung. Hatte in den vorangegangenen analogen Feierlichkeiten für Vergil (1930) und Horaz (1935), hauptsächlich aber in der für Vergil, die die erste bedeutsame politisch-kulturelle Massenveranstaltung des Regimes darstellte und auf breiter Front mit dem Ziel organisiert wurde, auch im Ausland Konsens herzustellen, die Betonung auf Fragen des ländlichen Lebens gelegen, der Stärke eines ‚friedlichen‘ und konservativen Faschismus, so wird nun bei der 2000-Jahr-Feier des Augustus die Aufmerksamkeit nicht nur Italiens, sondern des gesamten Auslandes vor allem auf die ‚imperiale' Komponente der faschistischen Ideologie gelenkt und damit indirekt auf den Größenwahn und auf die immer stärker augenfällige Tendenz zur Aggressivität in den internationalen Beziehungen, letztere legitimiert im Namen einer glorreichen, dank der erneuerten nationalen Kräfte zu neuem Leben zu erweckenden Vergangenheit: die Eroberung Äthiopiens liegt erst kurz zurück.

Die demonstrative und politische Kraft der zwischen augusteischem und faschistischem Zeitalter gezogenen Analogie, derzufolge die Geschichte Italiens als Ablauf der Ereignisse zwischen den «Zwei Römischen Reichen» verstanden wird («I due imperi di Roma» ist der Titel eines Werkes von Pareti), wird zur bildlichen Darstellung von Schlüsselthemen der Ideologie des Regimes und seiner politischen Praxis eingesetzt. Als Schlüsselthema gilt zunächst, wie man gesehen hat, die Durchführung einer ‚Revolution', die dann zu einer stabilen Regierungsform führte und im Namen der Rückkehr zur Vergangenheit und der Wiederherstellung früherer Werte durchgesetzt wurde; des weiteren zählen dazu die Polemik gegen die repräsentativen Verfassungsorgane im Namen der Überlegenheit der Herrschaft des einzelnen, die Notwendigkeit des Bevölkerungszuwachses (den man mittels Einführung strikterer Lebensnormen und strengerer Sexualmoral zu erreichen suchte), die imperiale römische Sendung, Mutter der Zivilisation, als ethische Grundlage der nationalen Expansionspolitik, sowie die notwendige Hierarchie unter Völkern, Sprachen und Religionen innerhalb des Reiches.

Der letztgenannte Aspekt ‚augusteischer' Ideologie, der von faschistischen Altertumswissenschaftlern gerne hervorgehoben wird, erregte bei deutschen Forschern besonderes Interesse. So pries z. B. Wolfgang Aly gegenüber der Gestalt Caesars, der aufgrund seiner besonders dem Orient zugeneigten kosmopolitischen Sympathien als kontrovers galt, Augustus als den Sieger über Antonius, der wiederum sich im verderblichen «Levantinertum» verstrickt hatte. «Rom war nicht und konnte nicht Vaterland sein für Angehörige minderwertiger Rassen» – so Goffredo Coppola –, und mit dieser These stimmten deutsche Forscher überein, die im Wirken des Augustus vorrangig die Sorge um «das Rassische und Völkische» sahen. Die Theoretiker der auserwählten Rasse konnten nicht umhin, gerade im immer stärker werdenden kosmopolitischen Charakter des von Augustus begründeten Staatsgebildes den Hauptgrund für die Vereitelung seines politischen Werkes und somit sogar für den Untergang des Römischen Reiches zu erkennen.

Literatur: U. v. Wilamowitz-Moellendorff, Das Weltreich des Augustus, in: Reden aus der Kriegszeit (1915) 201 ff. – R. Korherr, Regresso delle nascite: morte dei popoli (1928). – K. Scott, Mussolini and the Roman Empire, ClJ 27, 1932, 645 ff. («Wie Augustus lenkte Mussolini seine Aufmerksamkeit plötzlich auf die Außenpolitik, und seit dem Aufkommen des Faschismus hat Italien eine wesentlich bedeutendere Stellung innerhalb der großen Mächte angenommen»; «Im Jahre 1925 verließ Mussolinis rebellisches Parlament seine Regierungssitze und zog sich auf den Aventin zurück (...) ein weiterer Hinweis auf den magischen Einfluß der römischen Geschichte auf das moderne Italien»; «das Römische Reich ging niemals richtig zugrunde, sondern lebt fort im Neuen Italien und seinem Premier»; der Aufsatz ist in der L'Année Philologique 1932 im Abschnitt «Histoire Romaine» aufgeführt). – M. A. Levi, Ottaviano capoparte. Storia politica di Roma durante le ultime lotte di supremazia (1933). – Ders., La politica imperiale di Roma (1936). – A. Momigliano, La formazione della moderna storiografia sull'impero romano, Rivista Storica Italiana, S. 5,1, 1936, Bd. I, 35 ff., Bd. II, 19 ff. (= Contributo alla storia degli studi classici, 1955, 107 ff.). – F. A. Rehrmann, Kaiser Augustus,

Neuschöpfer Roms, Retter des römischen Reichs und der abendländischen Kultur. Ideal eines genialen und sozialen Friedensfürsten (1937). (Nach einem Rezensenten, dem Italiener M. Pallottino, bemühe sich der Autor sehr, in der historischen Physiognomie des Augustus die in Hitlerdeutschland herrschenden Werte zu erfassen.) – M. Weber, Princeps. Studien zur Geschichte des Augustus (1936). – Ausstellungskatalog Mostra Augustea della Romanità, G. Q. Giglioli (Hrsg.) (1937). Anhang: Bibliographie und Index (1938) (die Ausstellung verfolgte das Ziel, ein komplettes Bild der römischen Kultur zu vermitteln; zur Veranschaulichung dienten Pläne, Gipsabgüsse, Rekonstruktionen und Modelle). – Augustus. Studi in onore del bimillenario Augusteo. Mit Beiträgen von V. Arangio-Ruiz, G. Cardinali, P. De Francisci, A. Ferrabino, N. Festa, E. Gabrici, A. Momigliano, A. Monteverdi, D. Mustilli, R. Paribeni, R. Pettazzoni, S. Riccobono (1938). – G. Coppola, L'erede di Cesare (1938). – E. Pais, Roma dall'antico al nuovo impero (1938). – L. Pareti, I due imperi di Roma (1938). – Conferenze Augustee del bimillenario della nascita (1939). – R. Syme, The Roman Revolution (1939). – N. A. Maschckin, Prinzipat Augusta (1949). – F. Chabod, Storia della politica estera italiana dal 1870 al 1896 (1951). – A. Momigliano, Per un riesame della storia dell'idea di Cesarismo, Rivista Storica Italiana 68, 1956, 220 ff. (= Secondo contributo alla storia degli studi classici [1960], 273 ff.). – P. Treves, L'idea di Roma e la cultura italiana del secolo XIX (1962). – S. Mazzarino, Trattato di storia romana. L'impero romano (1962). – F. Fabbrini, L'impero di Augusto come ordinamento sovrannazionale (1974). –

M. Cagnetta, Il mito di Augusto e la «rivoluzione» fascista, Quaderni di storia 3, 1976, 139 ff. – Dies., Antichisti e impero fascista (1979). – L. Canfora, Ideologie del classicismo (1980). – Ders., Analogia e storia. L'uso politico dei paradigmi storici (1982).

Aus dem Italienischen von M. Maischberger

Luciano Canfora

Wilamowitz und die augusteische Dichtung

«Jetzt schwillt dem Italiener die Brust im Gedanken an Macht und Glanz des augusteischen Rom.» Das Bild ist etwas komisch und wahrscheinlich ironisch gemeint: dieser Italiener ist offensichtlich ein Nachahmer Mussolinischer Posen. Der alte Wilamowitz, der 1930 mit jenen Worten seinen Essay über die 2000-Jahr-Feier Vergils abschließt («Deutsche Rundschau» Nr. 225, Oktober–Dezember), hat dabei sicherlich die Arroganz in den Gebärden des faschistischen Italien vor Augen. Als adeliger Junker kann er wohl dieses Modell für eine ‚minderwertige' Welt wie die italienische nicht anders als geeignet empfinden. Für solch eine Welt ist der Faschismus eine gute Sache; und so schließt Wilamowitz in Einklang mit den in jenem Jahr in Italien überhandnehmenden offiziellen Feierlichkeiten (die Situation in Italien ist ihm, auch über seine Schüler, wohlbekannt) folgendermaßen ab: «Glücklich das Volk, das solche nationalen Dichter (es geht um Dante und Vergil) besitzt, und aus dem Gedächtnis an eine große Vergangenheit Kraft und Hoffnung für die Gegenwart zu schöpfen weiß!» Dieser Schlußsatz ist eine höfliche Floskel: am Ende eines langen Beitrages, der auf subtile Weise den Vergil-Mythos und die Bedeutung der augusteischen Dichtung im allgemeinen heruntergespielt hatte, wirkt er beinahe schon wie nachträglich hinzugefügt. Ein fast väterlich wohlwollender Schlußsatz auf derselben Ebene wie jene Komplimente, die schon zwei Jahre zuvor in den letzten Seiten der «Erinnerungen» ausgestreut worden waren: Komplimente von oben herab an das faschistische Italien, das mittlerweile «fa da se». Der positive Charakter dieser Beurteilungen wird jedoch sozusagen vom Kontext eingeschränkt: Italien hat durch sein neues autoritäres Regime Fortschritte gemacht, nur so konnte es aus seinem karikaturhaften und unsicheren Zustand herauskommen, der vom Räuberunwesen auf den Straßen und von Diebstählen in Gasthöfen geprägt gewesen war. Wilamowitz selbst hatte das Land viele Jahre davor so kennengelernt und geringgeschätzt.

Als Rudolf Borchardt, der größte italophile Anhänger Georges, einige Jahre nach dem Tod des «Princeps Philologorum» über dessen dergestaltigen, äußerst ungewöhnlichen Beitrag zu den Vergil-Feierlichkeiten von 1930 nachdachte, tadelte er Wilamowitz dafür, bei dieser Gelegenheit «keinen einzigen Schritt gegen das kalkulierte Pathos der augusteischen Restauration» unternommen zu haben (L'Orazio di Schröder, 1937). Stark von George und Hofmannsthal geprägt, schätzte Borchardt Wilamowitz überhaupt nicht: so sprach er denn sehr freizügig über ihn, nachdem er endlich gestorben war und nicht mehr persönlich, mit seiner spitzen Feder, drohend über den krankhaften Dilettanten des klassischen Altertums stand. Trotz oder vielleicht gerade aufgrund dieser wenig wohlwollenden Einstellung erfaßte Borchardt den Grundtenor des Wilamowitzschen Aufsatzes genau.

Wilamowitz hatte sich, als Beitrag zu den Feierlichkeiten, für die Erarbeitung einer intellektuellen Vergil-Biographie entschieden, die im Rahmen eines allgemeinen Bildes der augusteischen Dichtung unter gleichzeitiger Berücksichtigung der künstlerischen wie der politischen Ebene gestaltet werden sollte. «Vergilius. Zu seinem 2000. Geburtstag» ist ein bewundernswerter Aufsatz: Wilamowitz erscheint hier so gekonnt wie noch nie als «populärer» Autor, der es versteht, sich allen verständlich zu machen, aber dennoch nicht als Verkünder banaler Selbstverständlichkeiten, sondern origineller Gedanken, die auf seiner ungeheuren Quellenkenntnis beruhen. Der konzeptionelle Kern des Aufsatzes liegt in einem geringschätzigen Satz, der sich fast genau in der Mitte der umfangreichen Schrift befindet: «Auch die Menge, die ihm (scil. dem Vergil) bei seinem jetzigen Jubiläum huldigt, nimmt seine Gedichte unbefangen und ohne alles geschichtliche Verständnis hin» (S. 366). Mit diesem Satz ist Wilamowitz jeglichen Verdachts der Sympathie für die vom faschistischen Italien begangene nationalistische Zweitausendjahrfeier befreit. Allein der Ausdruck «die Menge, die ihm . . . huldigt» reicht aus, jegliche diesbezügliche Unterstellung zu widerlegen.

Was ist für Wilamowitz das «geschichtliche Verständnis», dessen die heutigen «sklavischen» Bewunderer Vergils entbehren? Sie können nicht verstehen − und das ist der zentrale Gedanke des ganzen Aufsatzes −, daß nicht nur die Bucolica sowie die Aeneis, sondern die gesamte augusteische Dichtung (deren bedeutendste Zeugnisse die Aeneis sowie die Oden des Horaz sind) groß sind, «indem sie die klassische griechische Dichtung nachahmten». Also keine Originalität, sondern bewußt gewählte Nachahmung. Aus diesem Grunde war Ennius lächerlich («selbstgefällig» [S. 365]), als er annahm, daß Homers Geist auf ihn übergegangen sei; aus diesem Grunde müßte, anstatt der Aeneis, den Georgica viel größere Bedeutung beigemessen werden, da hierfür keine griechischen Vorbilder zur Nachahmung bereitstanden (S. 364); aus diesem Grunde letztlich überrascht auch die vergleichsweise Geringschätzung des Werkes von Cicero durch die heutigen Bewunderer des antiken Rom: war doch Cicero stärker noch als Vergil und Horaz Vermittler in der Begegnung mit der griechischen Kultur (S. 366 f.). Ihm schreibt Wilamowitz das Verdienst zu, bereits vor der augusteischen Literatur «klassische Werke» geschaffen zu haben, «die Rom neben Demosthenes und Platon stellen durfte». Man darf nicht vergessen, daß in dem faschistischen Romkult jener Jahre das Bild über Cicero eher kontrovers ist, nicht nur wegen seiner politischen Rolle als Republikaner, sondern auch wegen seiner Gestalt als Zeugnis und Opfer des Zynismus des Triumvirn Octavian.

Doch nicht einmal Augustus entgeht der kritischen Prüfung durch Wilamowitz. Ist der Ursprung und der Nährboden der augusteischen Dichtung griechisch, so ist der kulturelle Horizont eben dieses Augustus auch griechisch: sein persönliches Glaubensbekenntnis ist die Stoa, Apollo der von ihm als Beschützer seines Hauses gewählte Gott, und deswegen stimmt Horaz, sein Hofdichter, in sapphischen Versen das «Festlied» für das neue Zeitalter an (S. 367). Nun, und hier wird aus der Beurteilung eine umfassende historische Bewertung, verstanden weder der Kaiser noch seine Dichter den «Widerspruch», der zwischen der «Unterordnung» unter griechische Kunst und Kultur sowie der versuchten Durchsetzung einer römischen Weltherrschaft bestand. Das augusteische Experiment war also unter diesem Gesichtspunkt zum Scheitern verurteilt: im übrigen übernehmen bereits zu Zeiten Hadrians die Griechen «die Führung» (S. 368). Hier stellt sich das negative Urteil über das Scheitern der «lateinischen», «abendländischen» Restauration des Augustus aus historischer Perspektive deutlich dar und fügt sich gut zur anderen Einschätzung des Autors, die seinerzeit in «Das Weltreich des Augustus» («Rede aus der Kriegszeit» vom 12. März 1915) ausgeführt worden war und nach der gerade die *pax Augusta* nicht etwa das Heilsinstrument gewesen war, wie es die augusteischen Dichter nicht müde geworden waren zu propagieren, sondern der Beginn des Verfalls, des überaus langen Verfalls des Römischen Reiches.

Kein gutes Haar läßt Wilamowitz vor allem an der Aeneis: offensichtlich möchte er fast zu verstehen geben, daß Vergil nicht ganz falsch lag, als er verlangte, das unvollkommene Epos solle verbrannt werden. Als völlig gescheitert seien die Versuche anzusehen, große Persönlichkeiten zu schaffen: Vergil sei es niemals gelungen, Charaktere bzw. lebensnahe Gestalten («wirklich individuelle Menschen») zu kreieren; lediglich die Nebenfiguren seien gelungen (Niso, Camilla u. a.). Wem sei es schon jemals gelungen, das Profil einer so abstrakten Gestalt wie der des Turnus im Gedächtnis zu bewahren? Die Kehrtwendung des Aeneas bei der Konfrontation mit Dido bleibe für den Leser dichterisch unbegreifbar. Allenfalls die Gestalt der Dido sei als gelungen anzusehen, vor allem in der Schlußszene: doch «original ist Vergil indessen auch hier nicht» (S. 369), da dahinter die gesamte Tradition der griechischen Tragödie steht. Ebenso spart Wilamowitz nicht mit taktvoller Ironie über die Überstrapazierung von historischen Prophezeiungen post eventum, deren Instrument Aeneas im Verlauf des Epos wird. Ein Werk also «des feinsten Kunstverstandes, aber eben des Verstandes»: zusammenfassend kann man die Aeneis als «ein Werk des Klassizismus» ansehen, «und der ist klug und fein, aber kühl» (S. 373). Wenn also in jüngster Vergangenheit «die Zeit des deutschen Klassizismus» nur spärliche oder gar keine Aufmerksamkeit für Vergil hegte, so sei dies nur allzu gut verständlich: «sie hatte Homer und das Griechentum entdeckt, an ihm wollte sie sich bilden» (S. 374). Die Wertschätzung dieser Großen und letztendlich auch von Wilamowitz selbst gilt allenfalls Dante, der definiert wird als «einer der seltenen Sterne erster Größe (...) unter den wahren Klassikern der Weltliteratur»: doch «in diesen Rang gehört der klassizistische Nachahmer (scil. Vergil) nicht» (S. 373). Die Ursprünge einer solch negativen Einstellung über Vergil und Augustus beruhen auf einer langen Tradition, auf die Wilamowitz selbst anspielt, wenn er über die Vorliebe des deutschen Klassizismus für Homer und die Griechen spricht. Die Parteinahme für oder gegen Vergil hat in der Kultur Deutschlands Symbolwert über die Befreiung von der lateinischen und französischen Vorherrschaft auf geistigem Gebiet hinaus. Wenn Borchardt Wilamowitz tadelt, erinnert er an den zwischen Naphta und Settembrini ausgebrochenen bitteren Streit um die Beurteilung des Vergil in Thomas Manns «Zauberberg»: eine erregte Diskussion, in deren Verlauf auch der Vergil-Gegner Naphta, genau wie Wilamowitz bei der 2000-Jahr-Feier, seine Bewunderung für den «großen Dante» heraushebt gegenüber dem «gekrönten Hofdichter, Schmeichler des Iulischen Hauses», der nur mit einem «Geist aus zweiter Hand» ausgestattet sei und «einfach ein Franzose in augusteischem Ornat» sei.

Anders als Naphta jedoch kann Wilamowitz in seinem Beitrag zur 2000-Jahr-Feier trotz seiner Polemik den nationalistischen Zeitgeist überwinden und bravourös die historisch-kulturelle Fragestellung des Verständnisses einer so schwierigen und verfeinerten Kunst wie der römischen Dichtung ansetzen. Deshalb bemerkt er abschließend, bevor er sich zur unnützen, nachträglichen und ,pro-faschistischen' Floskel des Schlußsatzes hinreißen läßt, daß im Unterschied zu den Großen der deutschen Klassik wir durchaus in der Lage sind, auch eine klassizistische Kunst wie die augusteische zu schätzen: beispielsweise können wir über «die Anerkennung des Römischen in der Aeneis» zu einer dem Werk gerechteren Bewertung und besserem Verständnis des Epos gelangen. Und das ist genau die von seinen besten Schülern praktizierte Vorgehensweise, die man vom Plautus-Forscher Fraenkel bis zum Horaz-Forscher Pasquali vorfinden kann.

Aus dem Italienischen von M. Maischberger

Paul Zanker

Klassizismus und Archaismus.
Zur Formensprache der neuen Kultur

Es ist seit langem unbestritten, daß Kunst und Architektur der Augustuszeit entscheidend vom Rückgriff auf die griechische Kunst der klassischen Zeit geprägt sind, daß sie einen ästhetischen Höhepunkt der römischen Kunst darstellen und daß diese neuen formalen Qualitäten irgendwie mit Augustus und seiner Politik zusammenhängen. Problematisch ist aber, wie man diesen Zusammenhang konkret fassen soll. Für Gerhart Rodenwaldt stellt sich der Sachverhalt 1937 («Kunst um Augustus») noch sehr einfach dar. Die Kunst war ihm «bildhaft zugänglicher Ausdruck der politischen und kulturellen Gesamtleistung», denn «das Wesen des Herrschers» deckte sich mit dem «Wesen der Kunst». Also Stil als unmittelbarer Ausdruck der Zeit. Später sah man dann mehr das planvolle Vorgehen und verstand die klassizistische Kunst als besonders geeignet zur Verbreitung der Ideologie, als ideales Medium der Propaganda. Denn die klassische Form verleihe den politischen Aussagen höheren Rang und zeitlose Gültigkeit. Das ist nicht falsch, aber es ist nur ein Teilaspekt des Phänomens.

Der neue Stil als Ausdruck der «Wende»

Nach Errichten der Monarchie veränderte sich nach und nach das gesamte System der visuellen Kommunikation. Eine neue Bildersprache stellte sich in den Dienst der umfassenden Kulturpolitik des Augustus, deren Ziel nicht nur Herrschaftssicherung, sondern tiefgreifende Mentalitätsveränderung war.

Ich will im folgenden zeigen, daß die formale Ausgestaltung der neuen Bildersprache oft bis ins einzelne auf Reflexionen beruht, und daß diese Reflexionen von denselben Wertmaßstäben beherrscht werden wie die ideologischen Botschaften. Meine These ist: Die neue Kunstsprache, in der klassische und archaische griechische Formen eine überragende Rolle spielten, ist auf Grund bestimmter Überlegungen im Rahmen der umfassenden kulturpolitischen Konzeption des neuen Regimes entstanden. Die Auswahl der Formen muß zunächst durch einen Kreis von Beratern und führenden Künstlern erfolgt sein, war jedenfalls nicht dem Belieben der ausführenden Meister überlassen.

In der Einleitung zu seiner Schrift «Über die alten Redner» preist Dionysios von Halikarnass seine eigene Zeit in den höchsten Tönen, weil in ihr die allgemeine Bildung, vor allem die Redekunst von Grund auf erneuert worden sei. Durch die Nachahmung der besten attischen Autoren der klassischen Zeit des 5. und 4. Jhs. sei eine neue literarische Kultur entstanden, die es mit den Besten der Vergangenheit aufnehmen könne. Das emphatische Bekenntnis zum Vorbild Klassik (Attizismus) verbindet er mit wüsten Beschimpfungen des asianisch barocken Geschmacks, der zuvor die ganze Kultur verpestet habe mit seiner Schamlosigkeit, seinen ganz auf das Erregen primitiver Instinkte angelegten Schauspielereien. Prunksucht und vulgärer Glanz hätten selbst Athen mit seiner großen alten Kultur zu einem Bordell gemacht.

Dionysios kam wie so viele andere griechische Literaten und Künstler um 30 v. Chr. nach Rom − unmittelbar nachdem die Entscheidung im Kampf um die Alleinherrschaft bei Actium gefallen war. Seine etwas primitive Polemik ist getragen von der Aufbruchstimmung, die zur Zeit des Saecularfestes (17 v. Chr.) in Rom herrschte, als die Erneuerungsprogramme des Augustus einen Mentalitätsumschwung herbeigeführt hatten.

Dionysios geht es um mehr als eine attizistische Redekunst. Diese ist ihm Ausdruck und Bestandteil einer neuen moralischen Kultur. Daß der kulturelle Umschwung unmittelbar mit der Politik zu tun hat, sagt Dionysios selbst. Die Ursache für die wunderbare Metabole

(Umschwung, Wende) sieht er in der Weltherrschaft Roms und der hohen Moral und Bildung der jetzt dort Herrschenden. Ihnen allein sei es auch zu verdanken, daß sich die Wende zum Guten so schnell und allerorts vollzogen hat. Nur in ein paar entlegenen Städten Mysiens, Phrygiens und Kariens finde die alte Lasterkultur noch Anhänger. Wer wird sich darüber wundern. Die Schlechtigkeit war immer aus dem Orient gekommen.

Der abrupte Wechsel in der Vorbildwahl ist auch in der offiziellen Kunst Roms trotz der Spärlichkeit der Denkmäler noch klar zu erkennen. Ich erinnere nur an zwei signifikante Beispiele. Das um 40 v. Chr. entstandene Bildnis des jungen Octavian (Kat. 146. 148) zeigt diesen noch mit den vertrauten Pathosformeln der hellenistischen Herrscherbilder. Das nach 27 v. Chr. konzipierte neue Bildnis (Kat. 167) dagegen präsentiert den inzwischen zum «Augustus» Gewordenen mit einem aus hochklassischen Formzitaten zusammengesetzten Kunstgesicht: Gegen das affektbezogene Pathos wird distanzgebietende Erhabenheit gesetzt. Und das zweite Beispiel: Noch auf den für die Entlohnung der Truppen, die die Entscheidungsschlachten gegen Marc Anton schlugen, geprägten Silberdenaren erscheint die Sieghelferin Venus trotz der Waffen in einem reizvoll erotischen Bild (Kat. 327), das jedem Freund asianischer Sinnenfreude gefallen haben muß. Nach dem Umschwung aber findet man sie nur noch in Gestalt würdevoller klassischer Statuentypen dargestellt. So in der Venus von Brescia, der eine spätklassische Aphrodite zugrunde liegt und die erst später mittels der großen Flügel zur Victoria umgebildet wurde. Diese Venus spiegelt sich nicht mehr im Schild wie das griechische Vorbild, sondern schrieb die Siege ihrer Nachkommen darauf. Es ist Venus Genetrix, die Ahnfrau des Kaiserhauses. Dank der neuen Sittlichkeit mußte der Künstler auch den nackten Oberkörper mit einem Chiton verhüllen: Die Würde der klassischen Form gesteigert mit augusteischer Moral!

Das umfassende moralische und kulturelle Erneuerungsprogramm des Augustus, von dem diese Paradigmatawechsel in der Kunst zeugen, war eine Antwort auf die kulturelle Krise der spätrepublikanischen Gesellschaft. Das schnelle Eintauchen Roms in die Kultur der hellenistischen Welt hatte zu einer Fülle von Akkulturationsproblemen, zu geistiger Orientierungslosigkeit geführt. Trotz Weltherrschaft prägten Verzweiflung und Zukunftsangst die allgemeine Mentalität. Abkehr von den Göttern, Hingabe an die *luxuria* des Ostens, Egoismus und Verweichlichung hatten Rom in die inneren Katastrophen getrieben und fast zum Untergang der *res publica* geführt.

Jedenfalls stellte sich den Zeitgenossen die Situation in diesen Schlagwörtern dar. Dagegen setzte Augustus die alten Werte: *pietas* und *mores, virtus* und *publica magnificentia*. Entscheidend war, daß es diesmal nicht bei den Slogans blieb: Die Priesterschaften und Rituale wurden erneuert, überall entstanden die glänzendsten Marmorbauten, die Parther wurden in geradezu ritueller Form besiegt. Sogar der Unmoral versuchte der *princeps* mit Gesetzen und Belohnungen beizukommen. Erstrebt und erreicht wurde dadurch ein neues Selbstbewußtsein, ein stolzes neues römisches Identitätsgefühl, das sich selbst gegen den ständigen Stachel der kulturellen Minderwertigkeit gegenüber den Griechen zu behaupten wußte.

Die neue Kultur sollte eine Art Superkultur sein, die das Beste der griechischen Tradition mit dem Besten der eigenen verband. Griechische Ästhetik mit römischer Sittlichkeit und *virtus*. Eine vorbildliche Kultur sollte es sein, würdig des Herrschaftsvolkes, maßgebend für das Imperium. So verkündeten es die schreibenden Zeitgenossen und Bildkünstler.

Erst in diesem Rahmen werden die Eigenarten der augusteischen Rückgriffe auf klassische und archaische Stilformen verständlich. Es war keine primär ästhetisch orientierte Geschmacksmode wie der Klassizismus der späthellenistischen Zeit und der neuattischen Werkstätten mit ihren nostalgischen Konnotationen der einstigen Größe Athens. Dieser war eine besonders bei Intellektuellen beliebte Kunstrichtung gewesen, eine neben anderen im «Stildelta» des späten Hellenismus. Die Rückgriffe der augusteischen Zeit dagegen folgten politisch-moralischen Auswahlkriterien.

Apollo gegen Dionysos

Der weltanschaulich-aggressive Charakter der neuen Kultur-Ideologie war in der Auseinandersetzung mit Marc Anton entstanden. Dieser war ein dezidierter Anhänger des asianischen Geschmacks gewesen und hatte im Osten den Lebensstil dionysischer Üppigkeit (Try-
phe) in einzigartiger Weise ausgelebt und zur Schau gestellt. Der austere Klassizismus und
Archaismus vor allem der frühaugusteischen Zeit wandte sich gegen die Dionysosangleichung
und den schwelgenden Lebensgenuß des Marc Anton und gegen das Luxusleben seiner Anhänger bei der römischen jeunesse dorée mit ihren neoterischen Dichtern. Daß die Octavianer mit
Apollo den Attizismus in der Literatur und den Klassizismus-Archaismus in der Kunst auf den
Schild hoben, war zweifellos eine Reaktion gegen Selbstverständnis und Selbstdarstellung des
Neos Dionysos Marc Anton in Alexandrien. In den Jahren der gegenseitigen Anwürfe scheinen sich sogar Umrisse eines dionysischen und apollinischen Kulturkonzepts entwickelt zu
haben.

Damals entstanden z. B. ungewöhnlich viele Kopien zweier etwa gleich großer Reliefbilder,
des Einzugs des trunkenen Dionysos bei einem Verehrer (Abb. 227) und der Apollinischen
Trias mit der Siegesgöttin (Abb. 173).

Während die Szenerie des Hintergrunds und die Kompositionsprinzipien auf beiden Bildern sehr ähnlich sind, ist der Figurenstil hier und dort völlig verschieden. Auf dem einen
Relief (Abb. 227) zieht Dionysos mit seinem weinseligen Thiasos unter Flötenklängen im Haus
eines seiner Verehrer ein. Man denkt unwillkürlich an den Einzug des Antonius in Ephesos.
Der trunkene Gott stützt sich auf einen kleinen Satyr, ein anderer eilt, ihm die Schuhe auszu-
ziehen. Neben dem Verehrer, der den Gott freudig begrüßt, liegt eine Frau auf der Kline und
bestaunt das wundersame Bild. Masken zu Füßen des Bettes weisen auf Bildung und Theater
hin. Hinter dem Gott steht ein Weihrelief für ihn selbst; auf einer anderen Replik eine Victoria
auf galoppierendem Gespann.

Abb. 227 Neuattisches Relief, Dionysos bei Ikarios, Neapel, Museo Nazionale

Beim anderen Relief (Abb. 173) spielt Victoria eine sehr viel größere Rolle. In einem heiligen Bezirk schreitet die Apollinische Trias feierlich auf einen Altar zu. Victoria gießt dem Apollo Wein in die Opferschale. Im Hintergrund steht ein Tempel mit überproportioniert großen Siegesgöttern als Akroterfiguren. Links und rechts von den Figuren tragen hohe Pfeiler einen Dreifuß bzw. eine altertümliche Apollostatue.

Auch wenn ihre Ikonographie zum Teil aus früherer Zeit stammt, müssen die beiden Reliefs angesichts wachsender politischer und moralischer Polarisierung zwischen apollinischer und dionysischer Programmatik mit neuen Augen gesehen worden sein. Die entsprechenden Assoziationen lagen damals auf der Hand.

Im Gegensatz zur hellenistisch-barocken Formensprache des Dionysoseinzugs sind die Gestalten des Apolloreliefs in einem hieratisch-archaistischen Stil dargestellt. Dies ist die Sprache, deren sich das neue Regime im Zusammenhang mit seiner religiösen Erneuerungspolitik bald programmatisch bedienen sollte. Es scheint, als könne man auch den Stilkontrast der beiden Reliefs mit dem gegensätzlichen Selbstverständnis der beiden Lager in Zusammenhang bringen. Auch in der Redekunst war Antonius ein Anhänger des prunkvollen und sinnlichen «asianischen Stils» gewesen (Suet. Aug. 86,2), der Sprache des Ostens, die nach Meinung der Klassizisten (Attizismus), denen sich Octavian angeschlossen hatte, nicht nur ästhetisch höchst unerfreulich, sondern auch Ausdruck moralischer Verderbtheit war. *Talis hominibus fuit oratio qualis vita* – «wie der Rede- so der Lebensstil» – liest man später bei Seneca (epist. 114,1).

Die griechischen Originale im Apollotempel auf dem Palatin

Die erste große Manifestation der neuen Kunstsprache des augusteischen Regimes war die statuarische Ausstattung des Apollotempels auf dem Palatin, in deren Mittelpunkt klassische und archaische Originale standen. Die Kultbildgruppe in der Cella des Tempels bestand aus drei Meisterwerken des 4. Jhs. v. Chr., die literarisch überliefert (Plin. nat. 36,5,24–32) und auf einer Basis in Sorrent (Kat. 208) dargestellt sind: Die Apollostatue war ein Werk des Skopas, die Artemis/Diana stammte von Timotheos und die Leto/Latona von Kephisodot. Dies ist der erste überlieferte Fall von klassischen Originalen, die in Rom als Kultbilder wiederverwendet wurden. Noch Caesar hatte das Kultbild seiner Venus Genetrix nicht anders als die großen Triumphatoren vor ihm von einem zeitgenössischen griechischen Künstler anfertigen lassen. Von Augustus aber sind weitere Fälle dieser Art der Wiederverwendung bekannt, so z. B. der nackte Zeus des Leochares im Tempel des Iuppiter Tonans (Kat. 119). Dem klassischen Original scheint man also über den Kunstwert hinaus eine besondere sakrale Aura zugesprochen zu haben. Deshalb ließ man auch die beschädigte Artemis des Timotheos lieber von dem kurz zuvor aus Alexandria immigrierten Bildhauer Euander restaurieren, als sie durch eine Kopie zu ersetzen.

Neben der sakralen Aura aber spielt offenbar auch die Berühmtheit der klassischen Bildhauer eine Rolle. Zwei von ihnen hatten am Mausoleum von Halikarnass, einem der Sieben Weltwunder, mitgearbeitet. Der dritte war ein Sohn des in Rom überaus beliebten Praxiteles. Auch Wertungen einer klassizistischen «Kunsttheorie», die im späteren 2. Jh. v. Chr. im Osten aufgekommen war, haben die Auswahl offenbar beeinflußt. Nach dieser Anschauung galt etwa Myron als größter Tierbildner unter den klassischen Meistern. Vor dem Apollotempel kamen nun gleich vier Stiere oder Rinder von diesem Myron zur Aufstellung. Diese *armenta Myronis* («Herde des Myron», Prop. 2,31) stand zu seiten des an einem Altar spendenden Apollo von Actium (Abb. 228), der nach Ausweis der Münzbilder ebenfalls ein klassisches Werk gewesen sein könnte.

Trotz dieser Fülle griechischer Meisterwerke war die späthellenistische Kunsttheorie, die der Klassik den höchsten Rang einräumte, bei der Ausstattung des Apollotempels sicher nicht allein maßgebend. Das zeigt die Verwendung archaischer Skulpturen, die nach dieser Kunstauffassung als steif, altertümlich und ästhetisch minderwertig galten. Nach Plinius (nat.

Abb. 228   Denar des C. Antistius Vetus, Rom, 16 v. Chr. Die Statue des Apollo Actius auf hoher, mit *rostra* geschmückter Basis (Foto Hirmer)

Abb. 230   Fragment einer spätarchaischen Athenastatuette, vom Palatin. Rom, Antiquario Palatino

Abb. 231   Sesterz des Claudius, 41–54 n. Chr. Rs: archaistische Statue der Spes. Privatbesitz (Foto Hirmer)

36,5,12) standen archaische Bildwerke (*signa*) des Bupalos und Athenis, der Söhne des archaischen Meisters Archermos aus Chios, sogar *in fastigio* (im Giebel) des Apollotempels. Diese Art der Wiederverwendung war kein Einzelfall. Im Giebel des gleichzeitig entstandenen Apollotempels des C. Sosius befand sich eine originale Amazonenschlacht, die man aus einem griechischen Tempel des 5. Jhs. v. Chr. hierher versetzt hatte. Auch andere augusteische Heiligtümer waren mit archaischen und klassischen Spolien geschmückt (Abb. 229).

Vor einigen Jahren erst hat man auf das kostbare Fragment einer kleinen archaischen Athenastatue aufmerksam gemacht, das auf dem Palatin gefunden worden ist und dessen ionische Stilformen die Vermutung nahelegen, wir hätten hier einen Rest der Skulpturen der Archermossöhne (Abb. 230) vor uns. Auch bei diesen archaischen Bildhauern handelte es sich um hochberühmte Meister. Durch einen Streit mit dem Dichter Hipponax waren sie sogar in der literarischen Welt bekannt geworden. Schon Attalos II. von Pergamon (gest. 134 v. Chr.) besaß eines ihrer Werke. Augustus scheint sie besonders geschätzt zu haben. Plinius (nat. 36,5,12) berichtet sogar, er habe «in fast allen seinen Tempeln», *in omnibus fere aedibus*, Werke der Archermossöhne aufstellen lassen. Dabei ging es ihm nicht nur um diese berühmten archaischen Meister, sondern, wie eine breite Überlieferung bezeugt, um den archaischen Stil als solchen. Weshalb diese Vorliebe für die archaische Form neben der klassischen, sogar trotz deren negativer Bewertung in der klassizistischen Ästhetikdiskussion?

Die sakrale Bedeutung der archaischen Form

Schon im 5. Jh. v. Chr. wurde der archaische Stil in bestimmten religiösen Funktionen als hieratische Form weiterbenutzt. Diese Bedeutung ging selbst im Hellenismus nicht verloren, als man den outrierten spätarchaischen Stil als Manierismus genoß. Noch in der hohen Kaiserzeit besaßen die archaischen Formen offenbar eine besondere religiöse Ausstrahlung. Pausanias berichtet z. B., daß eine künstlerisch ganz unscheinbare altertümliche Heraklesstatue «irgendwie heilig» gewirkt habe (Paus. 2,4,5). Diese alte Tradition mußte natürlich im Rahmen der religiösen Restauration des Augustus zum Blühen kommen. In Rom hatten die tönernen, alten Götterbilder schon seit Cato dem Älteren als besonders ehrwürdig gegolten. Die Literaten lieferten die entsprechenden Etiketten: Für Cicero (De orat. 3,153) z. B. wirkt eine Rede durch Verwendung altertümlicher Wörter «großartiger und würdevoller» und für Quintilian erhält die Sprache Vergils durch entsprechende Archaismen «ähnlich wie bei den Bildern jene unnachahmliche Würde, *auctoritas*, des Alters» (8,3,24). Die Konnotationen des archaischen Stils, auch des etruskisch-italischen, waren eindeutig sakraler Natur. So empfindet Plinius der Ältere sogar die Terrakottastatuen der Etrusker als «*sanctiora auro*» (nat. 35,157f.). Bezeichnenderweise sind denn auch fast alle archaistischen Schöpfungen augusteischer Zeit Götterbilder: ernsthafte und bislang noch wenig analysierte Versuche, neue religiöse Bildwerke zu schaffen.

Neben vertrauten Ikonographien wie der laufenden Diana, der Athena Promachos und der archaistischen Apollostatue entstanden auch neuartige, unmittelbar auf die Anliegen des *princeps* zugeschnittene Götterbilder. Wahrscheinlich gehört zu diesen auch die bekannte Statue der Spes, eine archaistische Kore, die eine Blüte in der Hand hält. Das von Spes geschützte Blühen und Wachsen bezog sich zunächst vor allem auf die Prinzen des Kaiserhauses, später dann auf die Jugend überhaupt. Claudius prägte das Bild der Spes aus Anlaß der Geburt des Britannicus sogar auf die Münzen (Abb. 231).

Man scheute sich auch nicht, vertrauten alten Gottheiten eine neue archaistische Gestalt zu geben. Eine hochraffinierte Priapstatue gibt dem alten phallischen Fruchtbarkeitsgott eine der neuen Zeit entsprechende dezentere Erscheinungsform (Abb. 232). Neben seinen früheren Attributen, Ziege und Feldfrüchte, tauchen jetzt andere auf: Mehrere nackte Knäblein klettern an ihm herum und reklamieren seine bewährten Zeugungskräfte unübersehbar für den erhofften Kindersegen. Auf Grund anderer Priapusbilder wissen wir, daß einst ein lächelndes Gesicht, umrahmt von akkurat gedrehten Bartlöckchen und fein frisiertem Haupthaar, auf die Kinder herunterblickte.

Hinter der Vorliebe für Archaisches stand also nicht nur eine ästhetische Mode, sondern die *pietas* des augusteischen Kulturprogramms. Aber die klassizistische Ästhetik war deshalb keineswegs ganz neutralisiert. Die Klassik behielt, wie wir gleich sehen werden, durchaus ihren

Abb. 229   Relief mit dem Giebel eines ionischen Tempels. Die Giebelfiguren scheinen klassische Originale gewesen zu sein. Rom, Musei Capitolini

Rang, und zwar als höchste Möglichkeit der Menschendarstellung. Die beiden konkurrierenden Werte *pietas* und klassische Ästhetik und ihre formalen Äquivalente führten sogar zu neuartigen Stilmischungen. Archaische Formen wurden mit klassischen durchsetzt und umgekehrt:
Religiöse und ästhetische Aura sollten durch Kombination zu einem neuen, höheren Stil
gesteigert werden, der die Werte der neuen Zeit in vollkommener Weise zum Ausdruck
brachte.

Die wunderbar erhaltenen frühaugusteischen Terrakottaplatten vom Palatin bieten gute
Beispiele hierfür. Im Gegensatz zu älteren, rein archaistischen Versionen späthellenistischer
Manier zeigen z. B. die neuen Verkleidungsplatten mit Darstellungen des Dreifußkampfes
(Kat. 121) und der Tötung der Medusa durch Perseus überwiegend frühklassische Formen. Das
archaistische Element ist auf die steife Haltung und die heraldische Komposition reduziert.
Dieser neue, aus einer gedanklichen Synthese hervorgegangene Stil unterscheidet sich deutlich
vom spielerischen Archaisieren hellenistischer Zeit. Die Stilmischungen sind von Fall zu Fall
verschieden, aber es gibt kaum ein archaisierendes Werk augusteischer Zeit, bei dem man
nicht ästhetische Korrekturen mittels klassischer Formen nachweisen könnte. Dabei wird das
archaistische Element gelegentlich auch ganz zurückgedrängt und nur noch als symbolisches
Zeichen verwendet.

Abb. 232   Archaistische Priaposstatue. Rom, Musei Capitolini

Abb. 233   Statue einer augusteischen Göttin mit den Porträtzügen der
Livia. Körper und Gewand nach klassischen Vorbildern. Kopenhagen,
Ny Carlsberg Glyptotek

Der moralische Anspruch der klassischen Form

Auch die Hochschätzung der klassischen Kunst beruhte nicht primär auf ästhetischen, sondern auf ethischen Wertvorstellungen. Das zeigte sich bereits an der sakralen Wiederverwendung der klassischen Originale im Apollotempel. Schon in der klassizistisch orientierten Ästhetikdiskussion des späteren 2. Jhs. v. Chr. hatte man begonnen, Kunstwerke nicht mehr wie früher gleichsam mit den Augen des Künstlers nach Gestaltungskriterien, sondern vom Standpunkt des betrachtenden Laien, des Kunstliebhabers aus zu beurteilen. Dabei bildete sich eine rasch ärmer werdende Begrifflichkeit heraus, die die ästhetischen Kriterien wie von selbst in die Nähe moralischer Kategorien brachte. Wirkungsästhetische Begriffe wie *decor*, *auctoritas*, *pondus* bezeichneten jetzt Formqualitäten, nach denen die klassischen Meister in Ranglisten geordnet wurden. Diese gipfelten in der Kunst eines Phidias und Polyklet. Im Klima der augusteischen Reformen wurde nun aber aus dieser ursprünglich von Kunstkennern und für sie entwickelten ästhetischen Werteskala eine Orientierungshilfe für die konkrete Auswahl, und diese war noch stark von den neuen Werten und politischen Zielen bestimmt.

Wir sind hier nicht nur auf Vermutungen angewiesen. Rhetorische Schriften, vor allem die des Dionysios von Halikarnass, aber auch die *ars poetica* des Horaz geben eine Vorstellung vom Assoziationsrahmen der Zeitgenossen. Wir dürfen diese Autoren um so unbedenklicher heranziehen, als sie selbst gelegentlich literarischen und künstlerischen Stil ausdrücklich miteinander vergleichen. Zum Beispiel geht es Dionysios von Halikarnass in seiner schon eingangs zitierten Schrift «Über die alten Redner», einer Art Stilkunde, um die spezifischen Stilqualitäten der einzelnen klassischen Autoren. Dabei beschreibt er die Eigenarten in einem Vokabular, das die ethischen Wertvorstellungen der Zeit unmittelbar widerspiegelt. Kaum ein Autor, dem er nicht Einfachheit, Klarheit, Genauigkeit oder Reinheit des Stils nachrühmte. Keine Frage, daß die charakteristischen Werke der offiziellen augusteischen Kunst gerade diese Qualitäten zum Teil in geradezu penetranter Form ausstrahlen: Klarheit der Umrisse, Präzision der teilweise wie ziseliert wirkenden Formen, Einfachheit und Übersichtlichkeit in der Komposition.

Auch für die Kriterien, nach denen die augusteischen Künstler die klassischen Vorbilder für bestimmte Aufträge auswählen, gibt Dionysios Hinweise, denn er würdigt die speziellen Vorzüge der einzelnen Autoren ganz unter dem Aspekt möglicher Anwendbarkeit. So werden z. B. an dem Redner Lysias (spätes 5. Jh. v. Chr.) neben seiner Klarheit und Einfachheit die «Leichtigkeit» (leptotes) und «Anmut» (charis) gerühmt, aber das Fehlen von Sprachgewalt negativ vermerkt. Isokrates dagegen, ebenfalls um 400 v. Chr., ist Lysias zwar an «charis» unterlegen, vermag jedoch durch einen erhabeneren Stil zu beeindrucken. Dieser entspräche mehr heroischer als menschlicher Natur, meint Dionysios und fügt hinzu: «Meines Erachtens wäre es nicht falsch, die Redekunst des Isokrates mit der Kunst des Polyklet und des Phidias zu vergleichen, was das semnon (Erhaben-Heilige), das megalotechnon (das Sublime, Hehre) und das axiomatikon (das Ehrwürdige) anlangt. Den Stil des Lysias aber könnte man mit dem der Bildhauer Kallimachos (spätes 5. Jh. v. Chr.) und Kalamis vergleichen wegen ihrer leptotes und charis» (orat. vet. Isokr. 4).

Dionysios übernimmt hier deutlich die Wertungen der späthellenistischen Klassizisten, die Polyklet und Phidias als Höhepunkt der Menschen- und Götterdarstellungen ansahen. Aber jetzt sind die Wertungen nicht mehr ästhetischer, sondern explizit ethischer Natur. Im zitierten Passus bedeuten bezeichnenderweise alle drei für Isokrates bzw. Polyklet und Phidias genannten Eigenschaften ungefähr dasselbe und immer ist der sakral überhöhende Tenor unüberhörbar.

Nach dieser Wertung scheint nun aber — zumindest in der konstitutiven Phase der augusteischen Staatskunst — auch wirklich ausgewählt worden zu sein. Die klassischen Kunstgesichter der Augustus- und Prinzenporträts haben wir bereits kennengelernt. Aber auch die nackten Körperteile der Statuen verstorbener Herrscher und Prinzen sind zum Teil in aufdringlicher Weise in klassische Proportionen gebracht und in polykletischer Manier gegliedert.

Besonders deutlich wird das an einem wahrscheinlich zuerst für die Kultstatue des Divus Iulius geschaffenen Statuenschema mit nacktem Oberkörper und einem ebenfalls klassisch drapierten Hüftmantel. Es wurde dann für die Statuen verstorbener, auf diese Weise als «heroisch» gekennzeichneter Prinzen und auch Kaiser verwendet. Die Oberschicht der italienischen Städte empfand diese erhöhende Bildform aber in keiner Weise als kaiserliches Reservat, sondern übernahm sie ebenfalls für ihre Verstorbenen.

Diese beliebte Bildformel war ein charakteristischer Kompromiß zwischen der hellenistisch-spätrepublikanischen Tradition und den neuen Werten. Noch in den dreißiger Jahren hatten sich auch Octavian und Agrippa bedenkenlos in asianischem Geschmack darstellen lassen: völlig nackt, mit pathetischen Bewegungen, flatterndem Mantel und schwellenden Muskeln (Abb. 22). Auch nach der «Wende» wollte man offenbar wenigstens bestimmten Toten die inzwischen so beliebte nackte Darstellungsform als erhöhendes Zeichen zuteil werden lassen. Aber die erneuerten Sitten ließen eine Bedeckung zumindest des Unterkörpers tunlich erscheinen, und dank der klassischen Formen reklamierten die nackten Körper jetzt keinen auftrumpfenden Führungsanspruch mehr, sondern konnten als Bekenntnis zu den neuen moralisch-ästhetischen Werten verstanden werden.

Vir gravis et sanctus nennt Quintilian den Doryphoros des Polyklet (5,12,20). Mit denselben Worten könnte man den Ehrentitel Augustus umschreiben. Daß die Künstler und Auftraggeber tatsächlich nach diesem gedanklichen Konzept verfuhren, zeigt das Beispiel des Königs Herodes von Iudaea. Er ließ in seiner neuen, nach Augustus benannten Repräsentationsstadt Caesarea einen großen, die Hafensilhouette beherrschenden Roma- und Augustustempel errichten und das Kultbild des Augustus darin dem Goldelfenbeinbild des olympischen Zeus des Phidias, das der Roma aber der Hera von Argos des Polyklet nachformen (Ios. bell. Iud. 1,408). Man darf vielleicht bezweifeln, ob es Augustus beim Anblick seiner Kultstatue ganz wohl gewesen wäre. Aber daß Herodes bei seinem Auftrag den Leitlinien des offiziellen römischen Klassizismus folgte, ist evident.

In diesen Zusammenhang gehören auch die Statuen-Schemata der weiblichen Begriffsgottheiten wie Fortuna, Concordia, Pietas, Pax, Felicitas Augusta und für die von diesen oft nicht klar zu trennenden Ehrenstatuen der weiblichen Mitglieder des Herrscherhauses. Auch hier wurden jetzt klassische Modelle verwendet, aber weniger Vorbilder des Strengen Stils und der feierlichen Hochklassik, als solche des späteren fünften und vierten Jahrhunderts. Vermutlich spielt hier bei der Wahl das Kriterium «charis» eine Rolle, in den Stilmodellen des Dionysios ausgedrückt: Lysias bzw. Kallimachos. Eine schöne Statue tiberischer Zeit z. B. stellt eine dieser Begriffsgottheiten mit Bildniszügen und Frisur der Livia dar (Abb. 233). Das lockere Standmotiv und das in der Art des sogenannten Reichen Stils bewegte und eng am Körper anliegende Gewand sind typische Charakteristika der ‚Kallimachosmanier' des späten 5. Jhs. v. Chr. Kam es bei den Statuen der Herrscher und Prinzen auf Würde und Erhabenheit an, so sollten diese weiblichen Gottheiten mit Anmut und Leichtigkeit ihre aus dem Füllhorn quellenden Gaben gewähren. Die Porträtzüge aber sollten auch hier veranschaulichen, daß alles Gute vom Kaiserhaus ausgeht. Keine sehr zurückhaltende Form der Panegyrik!

Besondere Möglichkeiten der Steigerung ästhetischer Vorzüge meinten die eklektischen Künstler − entsprechend den Lehren der attizistischen Rhetoriklehrer − durch die Kombination mehrerer vorbildlicher Stile zu erreichen. Beispiele dafür haben wir schon in Form klassisch veredelter archaischer Schemata kennengelernt (Kat. 120ff.). Bei der reizvollen Diana Braschi in der Münchner Glyptothek (Abb. 234) wurde ähnlich verfahren. Der Gesamteindruck dieser meisterhaften Neuschöpfung eines augusteischen Götterbildes wird aber von reich bewegten Formen der ‚Kallimachosmanier' beherrscht. «Leptotes» und «charis» entsprachen der schwerelosen Erscheinung der jungfräulichen Göttin in besonderem Maße. Aber dem Künstler lag auch an hieratischer Würde, und die versuchte er wieder mittels archaischer Formanspielungen zu erreichen. Der gestelzte Gang mit durchgedrückten Knien, die attributive Verbindung mit der kleindimensionierten Hindin, die steif auf die Brüste fallenden Locken und die Götterkrone mit durchbrochenem Tierfries sind weitere archaische Elemente, die demselben Zweck dienten.

«Um die Griechen zu übertreffen, darf man sich nicht auf die Nachahmung eines ihrer Vorbilder beschränken. Sondern es gilt, vom einen dies, vom anderen jenes zu übernehmen. Nur so kommt man zu höherer Vollkommenheit» (Quint. 10,2,25 f.).

Geradezu lehrhaft wurden solche Stilkombinationen in Statuengruppen vorgeführt, die zwei verschiedene klassische Vorbilder verschiedener Zeit in einer «Komposition» verbinden. Die in unserem Zusammenhang interessanteste Gruppe dieser Art, von der leider nur spätere Kopien überliefert sind, haben wir schon früher kennengelernt (Abb. 235). Wenn Venus hier in Gestalt einer ‚spätklassischen‘ Aphrodite einen Mars in Gestalt eines ‚hochklassischen‘ Ares umarmt, der seinem Typus entsprechend ungeachtet der Umarmung trotzig zu Boden starrt, dann versteht dies die neue Ästhetik als Einsatz angemessener, ja erhabener bildnerischer Mittel – so schwer es uns fällt, das nachzuvollziehen. Galt es doch damals, ein zentrales Mysterium des neuen Staatsmythos ins Bild zu setzen. Die klassischen Formen hoben das dargestellte Geschehen in einen auratischen Raum, der die gewünschten Vorstellungen hervorrufen sollte.

Abb. 234   Statue der ‚Diana Braschi‘. Neuschöpfung der frühen Kaiserzeit unter Rückgriff auf archaische und klassische Formen. München, Glyptothek

Abb. 235   Statuengruppe: Mars und Venus. Die Köpfe der spätantoninischen Arbeit sind mit zeitgenössischen Porträtköpfen versehen. Die Zusammenstellung der klassischen Vorbilder zu einer Gruppe geht auf augusteische Zeit zurück. Rom, Museo Nazionale Romano

‚Attizistische‘ Kompositionen

Bisher war nur von der Formenwahl und den ihr zugrundeliegenden Wertvorstellungen die Rede. Für die Wirkung des Stils sind die neuen Kompositions- und Darstellungsweisen indes nicht weniger wichtig. Auf dem Panzer des Augustus von Prima Porta (Kat. 215) sind die verschiedenen Figuren in einer äußerst einfachen Zentralkomposition rund um die entscheidende Mittelszene angeordnet. Jede Figur ist dabei wie ausgeschnitten auf einen leeren Hintergrund gesetzt. Das entspricht dem feierlichen Stil, dem «semnon» frühklassischer Malerei, von dem uns die attischen Vasenbilder der Zeit um 450 v. Chr. eine Vorstellung geben. Der Verzicht auf Bewegung und die Zusammensetzung der Komposition aus wenigen Chiffren sollen den Betrachter zum langsamen und nachdenklichen Lesen des Bildes anhalten. Aber im Gegensatz zu den starken psychischen Spannungen der klassischen Mythenbilder geht es hier meist um das Andeuten bedeutungsvoller Zusammenhänge. In noch stärkerem Maße gilt das für rein symbolische oder allegorische Bilder, wie das Pax-Relief der Ara Pacis (Kat. 227), das in einfachster axialsymmetrischer Kompositionsweise aus Versatzstücken ‚zusammengebaut‘ ist. Man glaubt hier fast den Entstehungsprozeß nachvollziehen zu können, meint die Unterhaltung zwischen dem Auftraggeber, der die Leitmotive des *saeculum aureum* dargestellt sehen will, und dem Künstler verfolgen zu können, der fast ohne die Möglichkeit, seine Phantasie entfalten zu können, die entsprechenden Chiffren in ästhetisch übersichtlicher Weise zu arrangieren hat. Das Bild strahlt die Gedanklichkeit und Kühle der politischen Programmatik aus. Nur wenn man Einzelheiten und Ausschnitte betrachtet, eröffnet sich ein unmittelbarer Zugang, kommen die künstlerischen und handwerklichen Qualitäten des Meisters zum Vorschein.

Das Andachtsbild mit dem opfernden Aeneas (Abb. 189) ist nach ähnlich einfachen Prinzipien aufgebaut. Dank des mythischen Vorgangs wirkt es jedoch trotz der hochgradigen Überladung mit Sinnbezügen weniger dogmatisch. Das Innehalten läßt hier eine feierliche Stimmung entstehen, die um Aeneas eine Aura von Geheimnis und Tiefsinn verbreitet. Diese eigenartige Wirkung auf den Betrachter war zweifellos eine besondere Stärke des neoklassischen Kompositionsstils. Die stille Sprache wurde von kultivierten Kunstfreunden offensichtlich als ästhetisch reizvoll empfunden und deshalb rasch in die private Bilderwelt übernommen. Ob in der Wandmalerei ein mythologisches Genrebild zu entwerfen oder auf einem Silberbecher eine Szene aus den homerischen Heldenepen darzustellen war, überall versuchten die Künstler, möglichst einfache und übersichtliche Bilder zu schaffen und dabei eine weihevolle Stimmung zu evozieren.

Dies gilt selbst für die schon in der hellenistischen Reliefkeramik so beliebten erotischen Szenen (Kat. 443). Im Gegensatz zu deren sinnlicher Unmittelbarkeit werden die Paare auf den frühen arretinischen Bechern in geradezu würdevoll verhaltenen Bewegungen gezeigt. Die Reinheit der Umrisse und die Klassizität der Proportionen dominieren. Auch dies ein Bild der neuen Sittlichkeit! Die Szenen sind ein gutes Beispiel dafür, wie sehr sich die ideologisch beladene Form verselbständigte und die Überhand über den Darstellungsinhalt gewinnen kann.

Handlungsarmut, klassizistischer Chiffrencharakter und Gedanklichkeit haben eine merkwürdige ‚Offenheit‘ der Bilder zur Folge. Das Aufrufen von Assoziationen, die über die dargestellte Handlung hinausführen, war den Künstlern dabei sogar wichtiger als eindeutige ikonographische Kennzeichnung. Deshalb sind manche Gestalten wie die Pax auf der Ara Pacis auch nicht eindeutig zu benennen.

Im privaten Bereich scheint diese Art von Bildkonzeption nicht selten ins gebildete Ratespiel überführt. Die Vieldeutigkeit muß bei manchen Bildern ein gewünschter und deshalb vom Künstler inszenierter Reiz gewesen sein. Ein Beispiel dafür bietet die berühmte Portlandvase (Abb. 25). Warum sonst hätte der Steinschneider seine Figuren nicht mit klärenden Attributen versehen? Das dunkelblaue Glasgefäß veranschaulicht den eigenartigen Erzählstil in exemplarischer Weise. Die beiden Dreifigurenbilder sind völlig ausbalancierte Kompositionen. Fast jede Figur zitiert ein berühmtes griechisches Statuenschema. Die geheimnisvollen Bilder haben zwei Dutzend mehr oder weniger originelle Interpretationen hervorgerufen − und noch immer kommt der hermeneutische Scharfsinn nicht zur Ruhe. Wie so oft in der augusteischen Kunst sind zwei Bilder sinnbildhaft und kontrastierend aufeinander bezogen. Hier wie dort geht es um eine Frau, auf der einen Seite in glücklicher Liebesverbindung, auf der anderen in Trauer versunken. Die eine hält eine Art Drachen im Arm und begrüßt freudig einen von Eros begleiteten Helden. Die andere ist im Trauergestus mit gesenkter Fackel dargestellt und hat sich von ihrem Helden abgewandt. Vielleicht war das Glasgefäß ein mit mythologischen Gleichnissen geschmücktes Hochzeitsgeschenk?

Der Symbolwert des Zitats

Natürlich betraf die ideologisch begründete Entscheidung für den klassischen und archaischen Stil nicht die gesamte Bilderwelt. In großen Bereichen wie der Gartenskulptur und bei allen Sujets, für die es nur hellenistische Vorlagen gab, etwa den ganzen dionysischen Bereich, bleiben Ikonographie und Stil unverändert. Aber selbst in der Staatskunst bedienten sich die Künstler gelegentlich ganz und gar unklassischer Formen und Darstellungsweisen. Man denke nur an die Landschaftsdarstellungen und die Rankenfrise der Ara Pacis oder an die tiefenräumlich gestaffelten Menschenansammlungen auf den Bechern von Boscoreale (Abb. 23.24). Daß man in dieser Weise von einem umfassenden Klassizismus/Archaismus sprechen kann, zeigen vor allem auch die großen neuen Sakralbauten, die sich so grundsätzlich von den griechischen Tempeln klassischer Art unterscheiden. Gerade weil der augusteische ,Klassizismus' nicht primär ästhetischer, sondern gedanklicher Natur war, blieb er offen für andere Formtraditionen und ließ sich selbst mit Hellenistischem verbinden. Ausgewählt wurde eben offenbar jeweils das, was der Veranschaulichung der ethischen Werte am besten diente.

Im Falle der Tempel und öffentlichen Bauten hieß der neue Wert *publica magnificentia*. Das neue Rom sollte es mit den Marmorbauten der Griechen, selbst mit denen Athens aufnehmen können. Die *maiestas imperii* sollte in den *egregiae auctoritates* der Tempel zum Ausdruck kommen − so das bei Vitruv überlieferte offizielle Vokabular. Höchster Aufwand an Baumaterialien, Prachtentfaltung im Dekor, großartige Wirkung, das waren die Kriterien, auf die es in diesem Bereich primär ankam.

Die dorische Ordnung, mit der die Griechen auch jetzt noch gelegentlich an ihre große Zeit erinnerten und die auch in Italien nicht selten benutzt wurde, genügte hier nicht mehr. Zusammen mit der ionischen wurde sie in der Folge von der aufwendigen korinthischen Ordnung zumindest im Tempelbau fast vollständig verdrängt.

Die neuen augusteischen Tempel sind ein bewußt als solches konzipiertes «Mixtum compositum». Podium, Vorhalle und hoher lastender Giebel stammen aus der eigenen Kulttradition. In der Höhe der Säulen, in der Kapitellform und der Inszenierung der Fassaden dagegen orientierte man sich an hellenistischen Vorbildern. Im Aufwand an Materialien bis hin zur veritablen Vergoldung einzelner Teile aber überbot man alles Frühere. Vor allem: die neuen Tempel waren aus leuchtenden, sorgfältig behauenen Marmorquadern gefügt und hoben sich schon dadurch dramatisch von den alten Tufftempeln ab.

Trotz des so unklassischen Gesamtbildes lag den Bauherren nun aber offensichtlich daran, den neuen römischen Tempeln auch noch das Gütesiegel «klassisch» aufzuprägen. Schon das so prononciert aufgebotene Material Marmor besaß zweifellos einen entsprechenden Zeichenwert. Vor allem aber sprechen die zahlreichen Zitate im Ornament eine eindeutige Sprache. Die schönsten Beispiele bietet das Augustusforum mit seinen maßgleichen, peinlich genauen Kopien der Erechtheionkoren an der Attika der Säulenhallen. Aber auch am Tempel selbst hat man mehrere genaue Zitate entdeckt. So wiederholt z. B. die Säulenbasis die Profile der Akropolis-Propyläen und ein ionisches Kapitell kopiert das Erechtheionkapitell. Auch die beiden Typen von Löwenwasserspeiern scheinen Zitate zu sein. Dazu kommen Kassetten, Zierstreifen und anderes mehr.

Abb. 236   Gebälk des Concordiatempels, 12 n. Chr. Rom, Tabularium

Abb. 237   Kandelaberbasis. Der Dekor zitiert klassische Vorbilder. Venedig, Museo Archeologico

An jedem Tempel der frühen Kaiserzeit kann man solche Zitate entdecken, selbst an dem überbordenden Reichtum von Gebälk und Sima des Concordiatempels, dessen Gesamtbild so ganz unklassisch anmutet (Abb. 236). Schon der mit lesbischem und ionischem Kyma gerahmte große Zahnschnitt erweist sich vor dem Hintergrund der schmalen und verschatteten Zahnschnitt-Gitter hellenistischer Bauten als klassisches Zitat. Das schwere Konsolengesims ist eine charakteristische Neuerung der augusteischen Zeit. Bezeichnenderweise wurde die Form auch hier wieder von dem berühmten Musterbau Erechtheion übernommen. Aber die klassische Form der Konsole genügte nicht, sie mußte zusätzlich noch mit reichen, ebenfalls klassischen Ornamentbändern verziert werden. Über den Konsolen baut sich dann eine steile Wand aus vier weiteren Ornamentbändern auf, die die klassische Gliederung in Geison und Sima völlig aufhebt. Im übrigen ist diese hohe Krempe als solche ebenfalls ein Archaismus. Nicht von ungefähr sitzt hier auch der von den altertümlichen Tondächern italischer Tempel her so vertraute Pfeifenfries.

Die Abfolge der Ornamente ist von Tempel zu Tempel verschieden, aber nirgends fehlen die klassischen Zitate oder archaisierenden Elemente. Der Sinn dieses ‚Zitierens‘ ist eindeutig: Die neuen Tempel erhalten das Beste der eigenen, aber eben zugleich auch das Beste der griechischen Tradition. Selbst die aufwendigsten Marmorbauten des Hellenismus werden so bei weitem überboten.

Daß es sich dabei nicht um eine auf den Architekturdekor beschränkte Erscheinung, sondern um ein durchgängiges Gestaltungsprinzip handelt, dafür findet man in allen Gattungen Belege. Es gibt kaum eine figurative Darstellung ‚politischer‘ Thematik, die nicht an einer wichtigen Stelle mit einem entsprechenden Zitat aufwarten würde. Man erinnere sich an den opfernden Aeneas von der Ara Pacis, dessen Kopf und Körper in frühklassischen Formen wiedergegeben sind. Das klassische Zitat hatte auch dort symbolischen Charakter, gab der Gestalt des Aeneas das «semnon» und das «megalotechnon», von denen Dionysios von Halikarnass sprach. Aber auch im spielerischen Dekor, wie z. B. auf den Kandelabern (Abb. 237) und anderen schmuckreichen Marmorbasen erscheint das Gütesiegel «wie beste griechische Kunst» zumindest in Form eines klassischen Ornamentzitats.

Symbolischen Charakter hat aber auch die Klarheit und Präzision der Formen, die ja in der Bauornamentik so ausgeprägt ist und von deren ethischen Konnotationen schon oben die Rede war.

Vos exemplaria Graeca nocturna versate manu, versate diurna — «Ihr müßt die griechischen Vorbilder Tag und Nacht zur Hand nehmen» (Hor. ars 268).

Mühevolle Arbeit und Ausdauer — *labor* und *mora* — sind die Voraussetzungen für das Eindringen in die Kunst der Griechen. Wer sich nicht intensiv und bis ins kleinste Detail hinein mit diesen Vorbildern beschäftigt, vermag sie nicht zu übertreffen, so liest man es auch bei Dionysios von Halikarnass. Nun haben die Lehrer ihre Schüler ja seit eh und je in diesem Sinne ermahnt, ohne daß dies in der Regel große Folgen zeigte. Um so erstaunlicher ist es, daß sich die augusteischen Bildhauer diese Devise in so einzigartiger Weise zu eigen gemacht haben. Jedes Akanthusblatt an den Kapitellen der großen Bauten und jede Haarsträhne der qualitätvollen Skulpturen zeugen von der Verinnerlichung dieser ethisch-künstlerischen Forderung. Man kann mit Recht häufig auf die toreutisch präzise Arbeitsweise der augusteischen Künstler hinweisen. Nie zuvor hatte es so genaue, bis in letzte Detail ‚puristische‘ Kopien klassischer Meisterwerke gegeben wie in dieser Zeit. Das war nicht das Ergebnis einer allgemeinen, von der sog. neuattischen Kunst des späten Hellenismus ausgehenden Stilentwicklung, wie man gelegentlich lesen kann. Es war vielmehr die Folge des Mentalitätswandels, der «metabole». Diese Genauigkeit und Detailliebe ist undenkbar ohne eine wie immer geartete Identifizierung der Künstler mit dem ‚Geist der neuen Zeit‘ und der Rolle, die jedem einzelnen bei der Verwirklichung des Kulturprogrammes zufiel.

Die Emphase der kulturellen Aufbruchstimmung und des damit eng verbundenen klassizistisch-archaistischen Stilprogramms hat nicht lange gedauert und war zunächst vor allem ein stadtrömisches Phänomen. Die Folgen für die kaiserzeitliche Kunst aber sind gleichwohl tiefgreifend gewesen.

Natürlich lebte die hellenistische Kunsttradition weiter, erlebte sogar in bestimmten Bereichen Renaissancen. Aber mit der unmittelbaren Sinnlichkeit der plastischen Form war es vorbei. Die Meisterwerke des 5. und 4. Jhs. v. Chr. blieben die Muster für repräsentative Ausstattungen. An ihrem Stil orientierten sich die Werkstätten, auch wenn sie nicht kopierten. Die normierten und abstrakten Formen der klassischen Kunst wurden nach und nach zum selbstverständlichen, gar nicht mehr reflektierten Ausdrucksmittel. Es gibt deshalb kaum eine kaiserzeitliche Kopie eines hellenistischen Meisterwerkes, die nicht durch Interpolationen klassischer Formeln in ihrer Wirkung gedämpft wäre. Durch die Kulturpolitik des Augustus wurde der «Klassizismus» zum ‚Schicksal‘ der kaiserzeitlichen Kunst bis ins frühe dritte Jahrhundert n. Chr. Hätte M. Antonius die Schlacht bei Actium gewonnen, so hätten die römischen Ateliers der nächsten Generationen vermutlich in einem anderen Stil gearbeitet.

Leicht veränderter Nachdruck aus: P. Zanker, Augustus und die Macht der Bilder (1987) mit freundlicher Genehmigung des C. H. Beck Verlages, München

VII. Anhang

Allgemeine Abkürzungen

Abb.	Abbildung(en)
Abh.	Abhandlung(en)
Abt.	Abteilung
Anm.	Anmerkung(en)
a.O.	am angeführten Ort
B	Breite
Bd.	Band
Beih.	Beiheft
Beil.	Beilage
bzw.	beziehungsweise
ca.	circa
cos.	Konsul
ders.	derselbe
dess.	desselben
d. Gr.	der Große
d. h.	das heißt
dies.	dieselbe
Diss.	Dissertation(en)
d. J.	der Jüngere
Dm	Durchmesser
ehem.	ehemals
Ergbd.	Ergänzungsband
Ergh.	Ergänzungsheft
etc.	et cetera
f.	und folgende (Singular)
Festschr.	Festschrift
ff.	und folgende (Plural)
FO	Fundort
geb.	geboren
gest.	gestorben
griech.	griechisch(e)
H	Höhe
H.	Heft
Hrsg.	Herausgeber
Inv.	Inventar, Inventar-Nr.
Jh(s).	Jahrhundert(s)
Jt(s).	Jahrtausend(s)
Kap.	Kapitel
Kat.	Katalog, Katalog-Nr.
L	Länge
li.	links
max.	maximal(e)
Mus.	Museum, Museo, Musée
n.	nach
N. F.	Neue Folge
Nr.	Nummer
re.	rechts
RGZM	Römisch-Germanisches Zentralmuseum
röm.	römisch(e)
Rs.	Rückseite
s.	siehe
S.	Seite
s. a.	siehe auch
scil., sc.	scilicet
Ser.	Serie
Slg.	Sammlung
SMPK	Staatliche Museen Preußischer Kulturbesitz
s. n.	ohne Inventarnummer
s. o.	siehe oben
sog.	sogenannt
Suppl.	Supplement
s. u.	siehe unten
s. v.	sub voce
T	Tiefe
Taf.	Tafel
u. a.	unter anderem, und andere
u. ä.	und ähnliche(s)
u. U.	unter Umständen
u. zw.	und zwar
v. a.	vor allem
vgl.	vergleiche
Vs.	Vorderseite
z. B.	zum Beispiel
z. T.	zum Teil

Zeitschriften- und Literaturabkürzungen

AA	Archäologischer Anzeiger
AbhHeidelberg	Abhandlungen der Heidelberger Akademie der Wissenschaften
ActaArch	Acta archaeologica, København
ActaRCRF	Rei Cretariae Romanae Fautorum Acta. Augst, Musée romain
AdI	Annali dell'Instituto di Corrispondenza Archeologica
AF	Archäologische Forschungen
AJA	American Journal of Archaeology
AKorrBl	Archaeologisches Korrespondenzblatt
AM	Mitteilungen des Deutschen Archäologischen Instituts, Athenische Abteilung
Amelung, Vat. Kat.	W. Amelung, Die Sculpturen des Vaticanischen Museums I (1903); II (1908)
AMuGS	Antike Münzen und Geschnittene Steine
AnalRom	Analecta romana Instituti Danici
AnnIstItNum	Annali. Istituto italiano di numismatica
ANRW	Aufstieg und Niedergang der römischen Welt
AntK	Antike Kunst
AntPl	Antike Plastik
ArchCl	Archeologia classica
ArchStorPatria	Archivio della Società romana di storia patria
Atti Acc.S. Luca	Atti dell'Accademia di S. Luca
AuhV	Die Altertümer unserer heidnischen Vorzeit. Hrsg.: Lindenschmit, Römisch-Germanisches Centralmuseum in Mainz I–V (1858–1911)
BABesch	Bulletin antieke beschaving. Annual Papers on Classical Archaeology
Bahrfeldt, Goldmünzenprägung	M. v. Bahrfeldt, Die römische Goldmünzenprägung während der Republik und unter Augustus. Eine chronologische und metrologische Studie (1923)
BAR	British Archaeological Reports
BCercleNum	Bulletin. Cercle d'études numismatiques
BdA	Bollettino d'arte
BEFAR	Bibliothèque des Écoles Françaises d'Athènes et de Rome
BerRGK	Bericht der Römisch-Germanischen Kommission
BJb	Bonner Jahrbücher des Rheinischen Landesmuseums in Bonn und des Vereins von Altertumsfreunden im Rheinlande
BMC I. II	H. Mattingly, Coins of the Roman Empire in the British Museum (1923 ff.)
BMC, Walters, Bronzes	H. B. Walters, Catalogue of the Bronzes, Greek, Roman, and Etruscan, in the Department of the Greek and Roman Antiquities, British Museum (1899)
BMonMusPont	Bolletino. Monumenti, musei e gallerie Pontificie
BMusArt	Bulletin des Musées royaux d'art et d'histoire, Bruxelles
BollIst	Bolletino dell'Istituto
BollMC	Bolletino dei Musei comunali di Roma
Boreas	Boreas. Münstersche Beiträge zur Archäologie
BrBr	Brunn – Bruckmann's Denkmäler griechischer und römischer Skulptur
BSR	Papers of the British School at Rome
BullCom	Bullettino della Commissione archeologica comunale di Roma
BullIst	Bullettino dell'Istituto di corrispondenza archeologica
Capitolium	Capitolium. Rassegna mensile del comune di Roma
ClJ	The Classical Journal
CIL	Corpus Inscriptionum Latinarum
ClPh	Classical Philology
ClRev	The Classical Review
CongrIntNumismatique	Congrès International Numismatique
CRAI	Comtes rendus des séances de l'Académie des inscriptions et belles-lettres
Crawford	M. H. Crawford, Roman Republican Coinage (1974)
CronPomp	Cronache pompeiane
CSIR	Corpus Signorum Imperii Romani
DArch	Dialoghi di archeologia
EAA	Enciclopedia dell'arte antica classica e orientale
EPRO	Etudes préliminaires aux religions orientales dans l'empire romain
Fiorelli	Neapel, Museo Archeologico Nazionale, Medagliere; Numerierung nach G. Fiorelli, Catalogo nel Museo Nazionale di Napoli. Monete romane (1970)
Fittschen, Erbach	Katalog der antiken Skulpturen in Schloß Erbach. AF 3 (1977)
Fittschen–Zanker	K. Fittschen – P. Zanker, Katalog der römischen Porträts in den Capitolinischen Museen der Stadt Rom I (1985); III (1983)
FMRD	Die Fundmünzen der römischen Zeit in Deutschland
Fond.Hardt	Entretiens de la fondation Hardt
Gallia	Gallia. Fouilles et Monuments archéologiques en France métropolitaine
Germania	Germania. Anzeiger der Römisch-Germanischen Kommission des Deutschen Archäologischen Instituts
GettyMusJ	The J. Paul Getty Museum Journal
GGA	Göttingische gelehrte Anzeigen
Giard I	J.-B. Giard, Catalogue des monnaies de l'Empire Romain I: Auguste (1976)
Gnecchi	Rom, Museo Nazionale Romano, Medagliere, Collezione Gnecchi (unpublizierte Numerierung und Anordnung nach Gnecchi)
Gros, Aurea Templa	P. Gros, Aurea Templa. Recherche sur l'architecture religieuse de Rome l'époque d'Auguste. BEFAR 229 (1979)
Grueber	H. A. Grueber, Coins of the roman Republic in the British Museum I–III (1910)
Gymnasium	Gymnasium. Zeitschrift für Kultur der Antike und humanistische Bildung
HarvSt	Harvard Studies in Classical Philology
HarvTheolR	The Harvard Theological Review
HdArch	Handbuch der Archäologie im Rahmen des Handbuchs der Altertumswissenschaft. Hrsg. von W. Otto, fortgeführt von R. Herbig
HefteABern	Hefte des Archäologischen Seminars der Universität Bern
Helbig⁴ I–IV	W. Helbig, Führer durch die öffentlichen Sammlungen der Stadt Rom⁴ I–IV, Hrsg. H. Speier (1963–1972)
Hirmer	J. P. C. Kent – B. Overbeck – A. U. Stylow, Die römische Münze (1973)
Historia	Historia. Zeitschrift für alte Geschichte
HZ	Historische Zeitschrift
IG	Inscriptiones Graecae
JbBerlMus	Jahrbuch der Berliner Museen
JberProVindon	Jahresbericht. Gesellschaft Pro Vindonissa
JbZMusMainz	Jahrbuch des Römisch-Germanischen Zentralmuseums, Mainz
JdI	Jahrbuch des Deutschen Archäologischen Instituts
JHS	Journal of Hellenic Studies
JNG	Jahrbuch für Numismatik und Geldgeschichte
JRS	The Journal of Roman Studies
Kaisersaal	W. Eck – K. Fittschen – F. Naumann, Kaisersaal. Porträts aus den Kapitolinischen Museen in Rom (Ausstellungskatalog Köln 1986)
Kat. Mus. Naz.	Museo Nazionale Romano, Hrsg. A. Giuliano, (1979 ff.)
Kienast	D. Kienast, Augustus. Prinzeps und Monarch (1982)
Klio	Klio. Beiträge zur alten Geschichte

KölnJbFrühGesch	Kölner Jahrbuch für Vor- und Frühgeschichte
Kraft	K. Kraft, Zur Münzprägung des Augustus. Sitzungsbericht Frankfurt VII 5 (1986) 205–251
La Rocca, Amazzonomachia	E. La Rocca, Amazzonomachia. Le sculture frontoniali del tempio di Apollo Sosiano (Ausstellungskatalog Rom 1985)
Latomus	Latomus. Revue d'études latines
LIMC	Lexicon Iconographicum Mythologiae Classicae
MainzZ	Mainzer Zeitschrift
Mannsperger	D. Mannsperger, ROM. ET AVG. Die Selbstdarstellung des Kaisertums in der römischen Reichsprägung, in: ANRW II 1 (1974) 919–992
MarbWPr	Marburger Winckelmann-Programm
Matz-Duhn	F. Matz, Antike Bildwerke in Rom mit Ausschluß der größeren Sammlungen. Weitergeführt und hrsg. von F. v. Duhn I–III (1891)
MDAVerb	Mitteilungen des Deutschen Archäologen-Verbandes e. V.
MdI	Mitteilungen des Deutschen Archäologischen Instituts
Meddelels NCG	Meddelelser fra Ny Carlsberg Glyptotek
MEFRA	Mélanges de l'Ecole française de Rome, Antiquité
MemAmAc	Memoirs of the American Academy in Rome
MemPontAcc	Memorie. Atti della Pontificia Accademia romana di archeologia
MHistVerPfalz	Mitteilungen des historischen Vereins der Pfalz
Mitt.Alt.-Komm. Westfalen	Mitteilungen der Altertums-Kommission für Westfalen
MNR	Museo Nazionale Romano, Hrsg.: A. Giuliano (1979 ff.)
MonAnt	Monumenti antichi
MonInedIst	Monumenti Inediti pubblicati di corrispondenza archeologica. Roma I–XII (1829–1885)
MonPiot	Monuments et mémoires. Fondation E. Piot
MüJb	Münchner Jahrbuch der bildenden Kunst
MusHelv	Museum helveticum
Mustilli	D. Mustilli, Il museo Mussolini (1938)
MZ	Mainzer Zeitschrift
Nash I–II	E. Nash, Bildlexikon zur Topographie des antiken Rom² I–II (1968)
NNM	American Numismatic Society. Numismatic Notes and Monographs
NSc	Notizie degli scavi di antichità
NumAntCl	Numismatica e Antichità classiche, Quaderni Ticinesi
OpRom	Opuscula romana
Pfuhl, Malerei	E. Pfuhl, Malerei und Zeichnung der Griechen I–III (1923)
Planter-Ashby	S. B. Planter – Th. Ashby, A Topographical Dictionary of Ancient Rome (1929)
PZ	Prähistorische Zeitschrift
Quad.Centro Arch. Laz.	Quaderni Centro Archeologia Laziale
RA	Revue archéologique
RdA	Rivista di archeologia
RE	Paulys Realencyclopädie der classischen Altertumswissenschaft. Neue Bearbeitung
RendLinc	Atti dell'Accademia nazionale dei Lincei, Rendiconti
RendPontAcc	Rendiconti. Atti della Pontificia accademia romana di archeologia
RevNum	Revue numismatique
RheinMusBonn	Das Rheinische Landesmuseum Bonn
RhM	Rheinisches Museum für Philologie
RIA	Rivista dell'Istituto nazionale d'archeologia e storia dell'arte
RIC I	H. Mattingly – E. A. Sydenham, The Roman Imperial Coinage I: Augustus to Vitellius (1923)
RIC² I	C. H. v. Sutherland – R. A. G. Carson, The Roman Imperial Coinage I: C. H. V. Sutherland, From 31 BC to AD 69 (1984)
RM	Mitteilungen des Deutschen Archäologischen Instituts, Römische Abteilung
Roscher, ML	W. H. Roscher, Ausführliches Lexikon der griechischen und römischen Mythologie
RostWissZ	Rostocker wissenschaftliche Zeitschrift
SaalbJb	Saalburg-Jahrbuch. Bericht des Saalburg-Museums
SchwMbll	Schweizer Münzblätter
SchwNR	Schweizerische numismatische Rundschau
Simon, Augustus	E. Simon, Augustus. Kunst und Leben in Rom um die Zeitenwende (1986)
Sitzber.Bayr-Akad.Wiss.	Sitzungsbericht der bayrischen Akademie der Wissenschaften
SNR	Schweizerische numismatische Rundschau
Stuart Jones, Mus.Cap.	H. Stuart Jones, The Sculptures of the Museo Capitolino (1912)
Stuart, Jones, Pal.Cons.	H. Stuart Jones, The Sculptures of the Palazzo dei Conservatori (1926)
Sutherland, Cistophori	C. H. V. Sutherland – N. Olcay – K. E. Merrington, The Cistophori of Augustus (1970)
Sydenham, CRR	E. A. Sydenham, The Coinage of the Roman Republic (1952)
TrZ	Trierer Zeitschrift für Geschichte und Kunst des Trierer Landes und seiner Nachbargebiete
Vierneisel – Zanker	K. Vierneisel – P. Zanker, Die Bildnisse des Augustus. Herrscherbild und Politik im Kaiserlichen Rom (1978)
WSt	Wiener Studien
WürzbJbAltWiss	Würzburger Jahrbücher für die Altertumswissenschaft
Zanker, Actiumtypus	P. Zanker, Studien zu den Augustus-Porträts I. Der Actium-Typus (1973)
Zanker, Augustus	P. Zanker, Augustus und die Macht der Bilder (1987)
ZPE	Zeitschrift für Papyrologie und Epigraphik

Wir versichern Kunst und Antiquitäten.

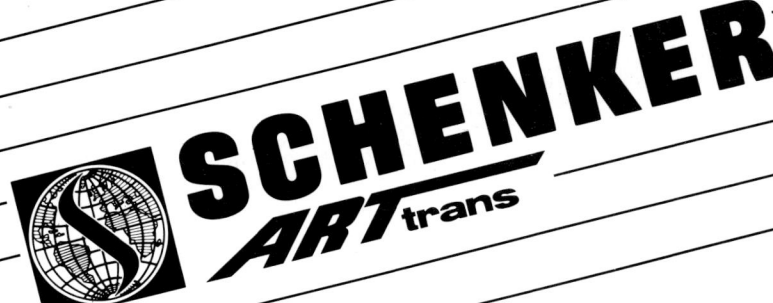